CHRONIK DER DEUTSCHEN – VON DEN ANFÄNGEN BIS HEUTE

CHRONIK DER

DEUTSCHEN

VON DEN ANFÄNGEN BIS HEUTE

HERAUSGEGEBEN VON CHRISTIAN ZENTNER

OTUS

Otto von Bismarckin Kürassieruniform, Gemälde von Franz von Lenbach.

Vorwort

Schon in der Steinzeit besiedelt, wurde der heutige deutsche Raum seit der Bronzezeit von Germanen besetzt, die, von Norden vordringend, die in diesem Gebiet ansässigen Kelten allmählich verdrängten, sich zum Teil auch mit ihnen vermischten. Von den Kimbern und Teutonen abgesehen, die im 2. Jahrhundert v. Chr. Teile des römischen Reiches durchzogen, wurde das Vordringen der Germanen über den Rhein jedoch allgemein bis ins 3. Jahrhundert n. Chr. von den Römern aufgehalten. Im Grenzgebiet entwickelten sich fruchtbare Kontakte mit der römischen Zivilisation, die für die Heranbildung einer eigenen deutschen Kultur bestimmend werden sollten. Charakteristisch für die Germanen war das Leben in Stammesverbänden (gentes).

Aus zahlreichen kleinen Stämmen bildeten sich gegen Ende der Völkerwanderung zwischen Rhein und Elbe die sechs Hauptstämme der Friesen, Sachsen, Thüringer, Alemannen, Bayern und Franken heraus, deren Stellung sich seit Mitte des 5. Jh. sichtlich festigte. Dabei wurde die fränkische Kultur und Staatsbildung für die Zukunft entscheidend: Auf der Grundlage germanischer, römischer und christlicher Elemente (historische Bedeutung des Übertritts des merowingischen Frankenkönigs Chlodwig zum katholischen Christentum 496) entwickelte sich ein politischer Verband besonderen Gepräges.

Chlodwig einigte die Teilreiche seiner Stammesrivalen und hinterließ seinen Nachfolgern ein festgefügtes „Fränkisches Reich". Nach dem Verfall der Merowinger-Herrschaft trat das Geschlecht der Karolinger deren Erbe an. Ihr Sieg über die Araber bei Tours und Poitiers 732 bedeutete die Rettung der christlichen-germanischen Kultur vor dem Islam und die endgültige Verlegung des politischen und kulturellen Schwergewichts vom Mittelmeer nach Norden. Die Entwicklung gipfelte in dem abendländischen Reich Karls des Großen (Kaiserkrönung 800).

Im Ostfränkischen Reich Ludwigs des Deutschen kam es nach dessen Tod (876) zu neuen Teilungen und mangels einer starken Zentralgewalt zur Erneuerung der Stammesherzogtümer in Sachsen, Bayern, Schwaben und Franken. Gegen die anderen Herzöge vermochte sich der 911 zum deutschen König gewählte Frankenherzog Konrad I. nicht völlig durchzusetzen; sein Reich war Übergang zu dem eigentlichen deutschen Reich, das Heinrich I., der erste sächsische Herrscher, sowie sein Sohn und Nachfolger Otto I. der Große (Kaiserkrönung 962) begründeten.

Im Mittelalter herrschten nacheinander sächsische, salische und staufische Dynastien, die das Reich nach Osten erweiterten, aber auch Italien in ihre Politik einbezogen; es kam zu Konflikten mit dem Papsttum und zum Erstarken lokaler Gewalten. Nach der kaiserlosen Zeit des Interregnums (1256-1273) erfolgte eine Schwächung der Zentralgewalt zugunsten des Adels, besonders der Kurfürsten („Goldene Bulle" Karls IV. 1356).

Als letzte Dynastie herrschten mit kurzer Unterbrechung die Habsburger (1438-1806). Die Reformation bewirkte im 16. Jahrhundert erneut eine Zersplitterung des Reiches, ebenso der Dreißigjährige Krieg (1618-1648) zwischen protestantischen und katholischen Staaten. 17. und 18. Jahrhundert standen im Zeichen des Dualismus der beiden deutschen Führungsmächte Preußen und Österreich. In den Napoleonischen Kriegen gerieten weite Teile Deutschlands unter französische Vorherrschaft. 1806 kam das formale Ende des alten Reiches mit der Niederlegung der Kaiserkrone durch Franz II. Nach den Befreiungskriegen (1813-15) regten sich Einigungsbestrebungen, doch die1848 versuchte Konstituierung eines Nationalstaats scheiterte; erst im Krieg gegen Frankreich 1870/71 gelang es Preußen unter der Regie des Kanzlers Bismarck, die deutschen Staaten (ohne Österreich, kleindeutsche Lösung) zum Deutschen Reich zusammenzuschließen. Hielt Bismarck damit das Reich nach außen für „saturiert", wollten sich seine Nachfolger mit dem Erreichten nicht begnügen.

Im Zeichen der Weltpolitik Wilhelms II. („Ich führe euch herrlichen Zeiten entgegen") kam es zum Ersten Weltkrieg und mit der Niederlage auch zum Ende des Deutschen Kaiserreiches.

Die Weimarer Republik, belastet durch den Versailler Vertrag, war so liberal, dass sie im Zeichen der Weltwirtschaftskrise mit einem Heer von Millionen Arbeitslosen ihren geschworenen Feinden, den Nationalsozialisten, die „Machtergreifung" ermöglichte.

Die Diktatur des Dritten Reiches führte über spektakuläre innen- und außenpolitische Erfolge zur Katastrophe des Zweiten Weltkriegs und zur bedingungslosen Kapitulation. Wehrlos den Siegern preisgegeben, war Deutschland am Tiefpunkt seiner Geschichte angelangt.

Der Kalte Krieg spaltete die Welt in zwei feindliche Blöcke. Auf deutschem Boden etablierten sich als geteilte Nation zwei souveräne Staaten, die freiheitlich-demokratische Bundesrepublik Deutschland und die totalitär-kommunistische Deutsche Demokratische Republik.

Mit der Öffnung der ungarischen Grenze für DDR-Bürger brach der Ostblock zusammen. Mauer und Todesstreifen verschwanden, die deutsche Einheit wurde, wie es die Präambel des Grundgesetzes forderte, am 3. Oktober 1990 „vollendet".

Von der Vor- und Frühgeschichte bis zur unmittelbaren Gegenwart findet Deutschlands Geschichte in unserer Chronik in allen Bereichen – Politik, Wirtschaft, Kultur, Sport und Gesellschaft – eine Darstellung, wie es sie bislang auf dem Büchermarkt noch nicht gegeben hat.

Dr. Christian Zentner

Vor- und Frühgeschichte

Steinzeit: Die Epoche der Menschheitsgeschichte vom Homo heidelbergensis bis zum Homo sapiens, also der Zeitraum von etwa 600.000 bis 8000 v. Chr., wird als Steinzeit bezeichnet, nach dem Material, aus dem der Mensch seine frühesten nachweisbaren Werkzeuge gestaltete, dem Stein. Die Steinzeit wiederum wird unterteilt in Altsteinzeit/Paläolithikum (Altpaläolithikum, Mittelpaläolithikum, Jungpaläolithikum), Mesolithikum und Jungsteinzeit.

Altpaläolithikum: Der Unterkiefer von Mauer, 1907 in der Nähe von Heidelberg gefunden, ist das bislang älteste Fossil der Gattung Homo, das in Deutschland geborgen wurde. Nach Rekonstruktionsversuchen des auf 600.000 Jahre alt datierten Homo erectus vom Typ Homo heidelbergensis ist der Schädel durch eine schnauzenförmige Mundbildung, Überaugenwülste, flache Stirn, fehlenden Kinnvorsprung und ein relativ geringes Gehirnvolumen (etwa 900–1200 cm^3) gekennzeichnet. Bei den auf ein Alter von 370.000 Jahren datierten Funden bei Bilzingsleben im Kreis Artern in Thüringen wurden mehr als 37 Reste von Menschen freigelegt. Das bislang geborgene Fundmaterial umfasst mehr als 140.000 Feuersteinartefakte, tausende andere Geräte aus Stein, Knochen, Geweih, Elfenbein und Holz sowie mehrere Tonnen an faunistischem und botanischem Material. Annähernd gleich alt sind die zwischen 1995 und 1998 in Schöningen südöstlich von Braunschweig entdeckten Funde, bei denen die Schönberger Speere als älteste vollständig erhaltene Jagdwaffen von Angehörigen der Gattung Homo gelten und dem Homo heidelbergensis zugeschrieben werden. Daneben lagen zahlreiche Tierknochen, Tierskelette von Bären, Hirschen, Rehen sowie ein drei Meter langer Stoßzahn aus Elfenbein. Mit einem Alter von 250.000 bis 300.000 Jahren etwas jünger ist der 1933 gefundene Schädel von Steinheim an der Murr. Er vereint urtümliche Merkmale, wie eine geringe Schädelkapazität (etwa 1070 cm^3), kräftige Überaugenbögen, breite Nase, mit fortgeschrittenere wie eine verringerte Rundung des Hinterhauptes und ein höheres Schädeldach.

Da der Schädel des „Urmenschen von Steinheim“ Merkmale des Homo heidelbergensis und des Neandertalers zeigt, wird er auch als eine Übergangsform vom Homo heidelbergensis zum Homo neanderthalensis gedeutet werden, durch den der Homo heidelbergensis im Mittelpaläolithikum verdrängt wurde.

Mittelpaläolithikum: Der Neandertaler (Homo sapiens neander-

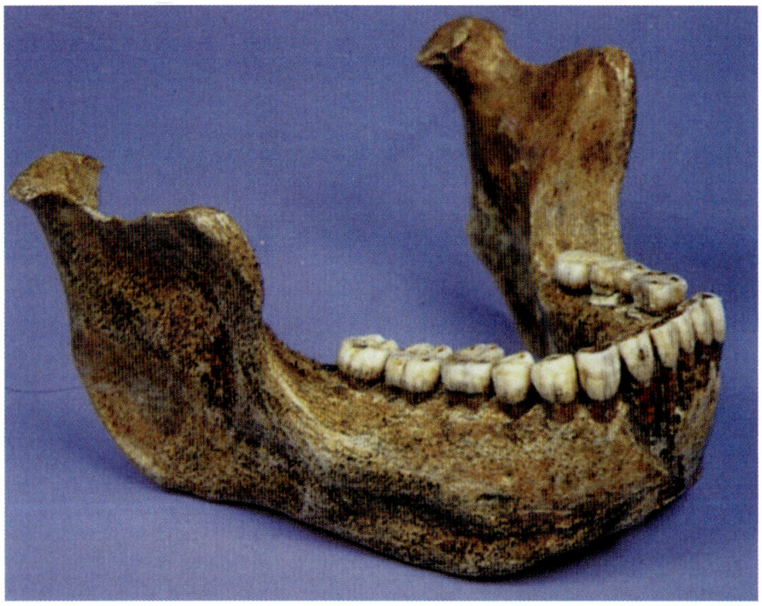

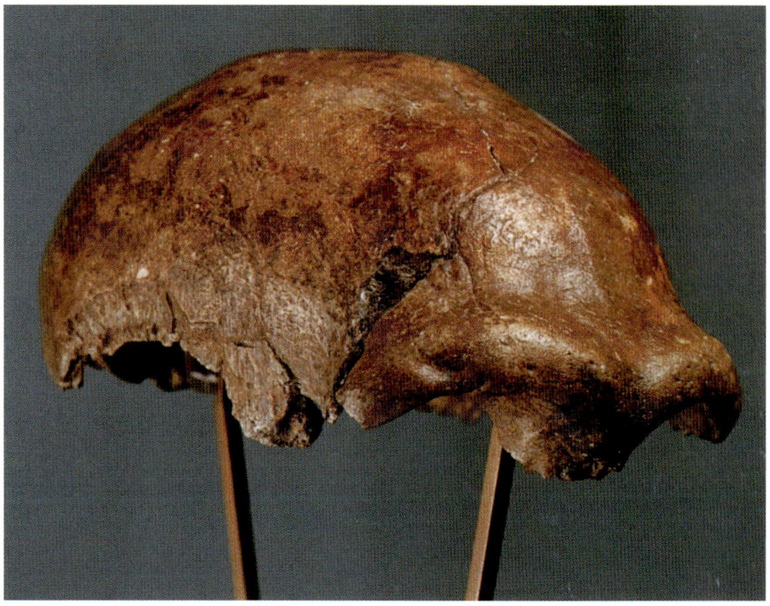

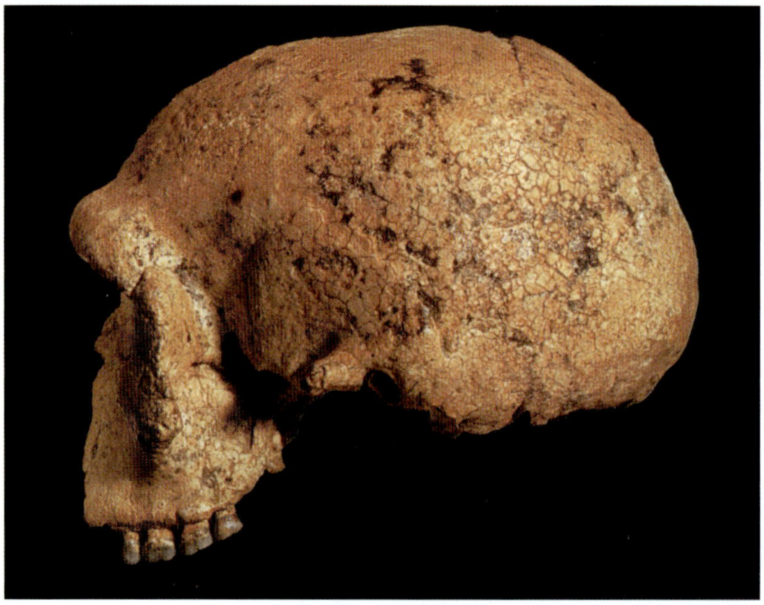

Bild oben links: *Unterkiefer des Frühmenschen Homo erectus heidelbergensis aus dem Protoacheuléen vor etwa 630.000 Jahren von Mauer bei Heidelberg in Baden-Württemberg. Länge 12,5 Zentimeter, Höhe 6,8 Zentimeter. Original im Geologisch-Paläontologischen Institut der Universität Heidelberg.*

Bild oben rechts: *Früher Neandertaler: Oberschädel einer Frau aus dem Jungacheuléen vor mehr als 300.000 Jahren von Steinheim an der Murr (Kreis Ludwigsburg) in Baden-Württemberg. Länge 18,5 Zentimeter, Breite 13,2 Zentimeter. Original im Staatlichen Museum für Naturkunde in Stuttgart.*

Bild rechts: *Später Neandertaler: Schädeldach des Neandertaler-Fundes von 1856 aus dem Moustérien vor etwa 70.000 Jahren vom Neandertal bei Düsseldorf-Mettmann in Nordrhein-Westfalen. Länge 18,5 Zentimeter, Breite 13,2 Zentimeter. Original im Rheinischen Landesmuseum Bonn.*

Bild rechte Seite: *„Venus von Willendorf“, Statuette aus Kalkstein mit Rötelbemalung, Höhe 10,5 Zentimeter, um 25.000 v. Chr., Willendorf, Wachau, Niederösterreich. Der Öffentlichkeit wurde die Original-Venus erstmals im Rahmen einer Ausstellung im Jahr 1998 im Schloss Schönbrunn gezeigt. Anlässlich des 100. Jahrestages des Fundes wurde sie im niederösterreichischen Landesmuseum und am Jahrestag selbst an ihrem Fundort präsentiert.*

thalensis) ist nach dem Neandertal zwischen Düsseldorf und Elberfeld benannt, wo man 1856 die ersten Skelettreste fand. Nach den zahlreichen Funden, die heute aus West-, Mittel- und Osteuropa, Süd- und Nordafrika und Palästina vorliegen, war er eine gedrungene, massige Erscheinung mit tierhaften Zügen. Bei etwa 1,6 Metern Größe hatte er kurze Beine und überlange Arme. Auf dem Rumpf ruhte ein sehr großer Kopf mit starken Überaugenbögen, fliehender Stirn, ausladendem Hinterhaupt und schnauzenartiger Mundpartie, der ein ausgeprägtes Kinn noch fehlt. Der Neandertaler lebte etwa zwischen 150.000 und 50.000 v. Chr. und war speziell Träger des vornehmlich in Süd- und Westdeutschland verbreiteten Moustérien (nach dem französischen Fundort Le Moustier), das namentlich von Höhlenrastplätzen bekannt ist.

Hauptkennzeichen sind Spitzen (Handspitzen, Doppelspitzen) und Schaber (Bogenschaber, Geradschaber, Winkelschaber) aus Abschlägen, hoch entwickelte Abschlagtechnik, Faustkeile, erste Knochengeräte (einfach zugespitzte Knochen- und Geweihstücke). Fundplätze: Schulerloch im Fränkischen Jura, Vogelherdhöhle in der Schwäbischen Alb, Balver Höhle in Westfalen, Salzgitter-Lebenstedt (südlich von Braunschweig). Salzgitter-Lebenstedt ist der bedeutendste Freilandfundplatz; u. a. angespitzte Mammutrippen, Rengeweihschlagwaffe, geflügelte Knochenspitze.

Der Nahrungserwerb beruht auf Jagd und Sammeln. Hauptbeute sind Großsäugetiere (Waldelefant, Waldnashorn, Bison, Wildpferd, Hirsch, Bär in den Warmzeiten; Mammut, Wollhaarnashorn, Ren, Wisent, Wildpferd, Bär in den Kaltzeiten). Die Jagdmethoden sind vielfältig, an erster Stelle stehen wohl Fallgrubenjagd (Fallgrube mit Mammutüberresten bei Polch nahe Koblenz) und Schleich- und Hetzjagd mit Stoßwaffen (Eibenholzlanze von Lehringen). Gesammelt werden Wildfrüchte, Kräuter, essbare Wurzeln und Kleingetier.

Jungpaläolithikum: In diesem letzten Abschnitt des Paläolithikums setzt eine neue Kulturentwicklung ein, die sowohl in Bezug auf die Techniken als auch auf die Kunst als Höhepunkt der Altsteinzeit gilt, vor allem aber dadurch gekennzeichnet ist, dass die Neandertalgruppen vom Homo sapiens vom Jetztmenschen abgelöst werden. Die meisten Steingeräte werden nun aus regelmäßigen schmalen Klingenabschlägen gefertigt, ihre Ränder oder Flächen sind bearbeitet. Viele Geräte werden geschäftet. Es gibt zahlreiche differenzierte Typen mit speziellem Verwendungszweck, darunter auch Werkzeuge zur Werkzeugherstellung (Stichel, Bohrer). In zunehmendem Maße werden Knochen und Geweih verarbeitet. Eine wichtige Neuerung für die Jagdtechnik ist die Erfindung von Pfeil und Bogen. Spätestens seit dem Jungpaläolithikum wird die Feuererzeugung beherrscht.

Anfangs ist das Mammut die Hauptbeute; mit seinem Aussterben und der Entwicklung der Fernwaffen (Speer, Pfeil und Bogen) konzentriert sich später die Jagd auf flüchtiges Herdenwild (Wildpferd, Ren). Seit dem Jungpaläolithikum gibt es in Deutschland auch Brandbestattungen Verstorbener (Skelett in Rötelumhüllung in der Mittleren Klause bei Neuessing in Bayern; zwei Skelette in Rötelumhüllung und mit Beigaben in Oberkassel bei Bonn); der Bestattungsritus deutet auf Vorstellungen von einem Leben nach dem Tod.

Beim künstlerischen Schaffen finden wir Rundplastiken und Halbreliefs von Tieren (Mammut, Wildpferd, Ren) und Menschen, Tiergravierungen und Ornamentik auf Steinplatten, Knochenstücken sowie Gebrauchsgegenständen aus Knochen und Geweih.

Hinzu kommen stark stilisierte Frauenplastiken, sog. Venusstatuetten. Sie waren kleine geschnitzte oder geformte Figuren nackter Frauen mit übersteigerten Merkmalen wie einem großen Gesäß, schwellenden Brüsten, breiten Hüften und deutlich ausgeprägten Genitalien. Sie wurden aus Geweih, Knochen, Elfenbein, Stein oder Ton hergestellt. Oft werden sie als Sexualsymbolik gedeutet und als Beleg für einen Fruchtbarkeitskult betrachtet.

Mesolithikum: Das Ende der Eiszeit wird mit dem Zeitpunkt der raschen Klimaverbesserung (um 8000 v. Chr.) angesetzt. Es wandern wärmeabhängige, waldbildende Baumarten ein, die Fauna verändert sich und wird formenreicher; Waldtiere lösen die Tundrenfauna ab.

Die Jagd mit Pfeil und Bogen wird vorherrschend; als Pfeilspitzen, Pfeilwiderhaken und Werkzeugschneiden gefasste Mikrolithen sind besonders kennzeichnend und erfahren eine breite Differenzierung. Die Erfindung geschlagener Silexbeile steht mit dem Leben in Wäldern und verstärkter Holzverwertung in Verbindung. Zu Jagd (Hirsch, Reh, Wildschwein, Ur) und Sammeln gesellt sich der Fischfang, verbunden mit entsprechenden Geräten (Angelhaken, Fischspeer, Netz, Boot). Der Hund ist Jagdhelfer des Menschen und damit sein erstes Haustier. Standwildjagd mit höherem Ertrag und Fischfang führen zu größerer Sesshaftigkeit in bestimmten Landstrichen und an den Wohnplätzen, wo einfache Hütten gebaut werden. Die Siedlungsstellen liegen zumeist in Gewässernähe.

Als sich die besseren, nährstoffreicheren Böden mit dichtem Eichenmischwald bestocken, werden diese Gebiete verlassen, da die Beweglichkeit der Jäger stark eingeschränkt wird. Man zieht sich auf sandige Böden und Gebirgsränder zurück. Das Mesolithikum ist nicht von einheitlicher Dauer. In Süd- und Mitteldeutschland endet es mit dem Eindringen der Bodenbauern und Viehzüchter der Bandkeramik, im norddeutschen Flachland mit der Ausbildung der Trichterbecherkultur. Überall leben aber neben den neolithischen Kulturen außerhalb von deren Siedlungsgebieten und vereinzelt bis in das Spätneolithikum Jäger und Fischer weiter. Die Zahl der Bestattungen nimmt zu, steht jedoch in keinem Verhältnis zur Menge der Wohnplätze und der daraus abzuleitenden relativ dichten Besiedlung. Vielleicht kann man einen vorwiegend oberirdisch vollzogenen Grabritus annehmen. Bei den Gräbern weisen sitzende Hockerbestattung, Gerät- und Schmuckbeigaben, Rotfärbung und Beisetzung auf dem Siedlungsplatz auf Vorstellungen von einem Leben nach dem Tod; Teil- und Schädelbestattungen deuten darüber hinaus auf rituellen Kannibalismus. Im norddeutschen Siedlungsgebiet finden sich Hinweise auf Jagdopfer sowie jagdmagische Praktiken (Hirschschädelmasken als Kulttanzmasken?). „Schwirrgeräte" aus Knochen hängen vielleicht mit totemistischem Ahnenkult zusammen. Unter den Kunstäußerungen des Mesolithikums in Deutschland fehlen naturnahe Darstellungen gänzlich. Lediglich ornamentale Ausgestaltung von Gebrauchsgegenständen aus Knochen und Geweih (Lochstäbe, Hacken, „Schwirrgeräte") mit geometrischen Mustern ist bekannt. Die Kompliziertheit mancher Verzierungen lässt vermuten, dass sich hinter ihnen Stilisierung und abstrakte Darstellung realer Gegenstände verbirgt.

Neolithikum: Lebten die Menschen des Paläolithikums und des Mesolithikums als herumschweifende Jäger vom erlegten Wildbret, vom Fischfang und vom Sammeln wilder Früchte, so markiert der Übergang von dieser aneignenden Wirtschaft zur produzierenden Wirtschaft, von der Jägerkultur zur Bauernkultur, den Beginn des Neolithikums. Dieser epochale Wandel der Menschheitsgeschichte führte zur Sesshaftigkeit, zu Ackerbau und Viehzucht und damit zur wesentlichen Grundlage für die Herausbildung einer berufsständisch und sozial differenzierten Gesellschaft. Vom Vorderen Orient ausgehend – die älteste, dem 8. Jahrtausend angehörige neolithische Siedlung wurde in Jericho am Jordan ausgegraben –, drang die neue Wirtschaftsform auf zwei Wegen nach Europa vor: auf dem Landweg über den Balkan und über das Mittelmeer. Die älteste bäuerliche Kultur Mitteleuropas, die „Bandkeramik", so benannt nach den Spiral- und Mäanderornamenten ihrer halbkugeligen Tongefäße, verbreitete sich in der ersten Hälfte des 5. Jahrtausends von Mähren bis zu den südlichen Niederlanden. Sie beruht in erster Linie auf Bodenbau und Viehhaltung. Die Urbarmachung des Bodens erfolgt wahrscheinlich durch Brandrodung; Bodenbearbeitungsgeräte (Grabstock, Furchenstock?) sind nicht erhalten.

An Getreide werden mehrere Gerste- und Weizenarten angebaut, daneben Erbsen, Linsen, Hirse und Lein. Wichtigstes Erntegerät ist die aus Feuersteinklingen zusammengesetzte Sichel. Der schnellen Erschöpfung der Bodenfruchtbarkeit wird durch das System des Wanderfeldbaus, d.h. durch Verlegen der Siedlungen und Äcker nach Erschöpfung des Ackerlandes, im Umkreis der Dörfer begegnet. Unter den Haustieren überwiegt das Rind; außerdem werden Schwein, Schaf, Ziege und Hund gehalten. Da offenes Weideland kaum vorhanden ist, kann man Laubfütterung und Eichelmast annehmen; das Einstallen von Vieh ist im Neolithikum unbekannt. Im Allgemeinen deckt die Viehhaltung wohl den Fleischbedarf, sodass der Jagd keine größere Bedeutung mehr zukommt. Als Jagdtiere sind Hirsch, Reh, Wildschwein, seltener auch Wisent und Ur belegt. Steinwerkzeug mit plankonvexem Querschnitt (sog. Schuhleistenkeile und Flachhacken) dienen als Querbeile geschäftet zur Rodung und Holzbearbeitung: Andere Kleingeräte werden in alter Tradition aus Feuersteinklingen, Geweih oder Knochen gefertigt; dreieckige Pfeilspitzen sind nur im westlichen Verbreitungsgebiet häufiger nachweisbar. Für die Siedlungsweise ist das planmäßige Anlegen großer Dörfer typisch (Köln-Lindenthal, Zwenkau-Harth). Die rechteckigen Pfostenhäuser mit von drei Trägerreihen gestütztem Firstdach sind auffallend übereinstimmend Nordwest-Südost orientiert und ergeben in ihrer gestaffelten Anordnung den Typus einer lockeren Streusiedlung. In der Regel wird das bis 45 Meter lange bandkeramische Haus von ei-

ner Großfamilie bewohnt, die zugleich wirtschaftliche und soziale Einheit ist. Aufgrund der unterschiedlichen Pfostenverteilung im Hausinneren lässt sich eine Dreiteilung des Großhauses in Speicher, mittleren Wohnraum und Vorraum, der an der südlichen Eingangsseite liegt, annehmen. Eine jüngere Erscheinung sind trapezförmige Hausgrundrisse sowie befestigte Siedlungen mit Graben, Wall oder Palisade. Im Vergleich zur Anzahl der Siedlungen gibt es Grabfunde verhältnismäßig selten. Größere Gräberfelder sind nur aus dem Rheinland (Flomborn bei Worms) und aus Thüringen (Sondershausen) bekannt. Es herrschen Flachgräber mit Hockerbestattungen ohne besonderen Steinschutz vor; gestreckte Skelette und Brandbestattungen trifft man erst in der Zeit der Stichbandkeramik häufiger an. Als Beigaben sind, abgesehen von Keramik, Steinwerkzeuge aus Männergräbern und Spondylusschmuck aus Frauengräbern belegt.

Bronzezeit: Mit der Bronzezeit, gekennzeichnet durch die Verwendung dieser Kupfer-Zinn-Legierung für Waffen, Geräte und Schmuck, endet in Mitteleuropa die Steinzeit. Noch immer stellen zwar Ackerbau und Viehzucht die Grundlage der Nahrungsgewinnung dar, doch lässt die gesteigerte Ergiebigkeit der Landwirtschaft es zu, Arbeitskräfte für Erzsuche, Schmelzen und Verarbeiten des Metalls freizustellen. Abgebaut werden die Flözausbisse. Diese Bedingungen sind gegeben am Süd- und Ostrand des Harzes, im Hochharz, am Südrand des Thüringer Beckens, im Frankenwald, in der Rheinpfalz, in Baden-Württemberg und im Alpengebiet. Vorerst wird Bronze durch den Abbau natürlicher Kupfer-Zinn-Legierungen gewonnen. Sie wird schließlich durch das Zusammenschmelzen von Kupfer und Zinn in gewünschter Qualität hergestellt. Von diesem Zeitpunkt an beginnt der getrennte Abbau von Kupfer- und Zinnerz. Ein Teil der Geräte und Waffen besteht weiterhin aus Feuerstein bzw. Felsgestein.

Im Zusammenhang mit den zunehmenden kriegerischen Auseinandersetzungen zwischen den Stämmen entsteht eine umfangreiche Produktion von Bronzewaffen. Außerdem wird Bronze in großem Umfang zu Schmuckgegenständen verarbeitet. Metall wird als Träger von Tauschwert in großen Hortfunden thesauriert (z. B. 500 Spangenbarren in München). Die Hortfunde enthalten Rohkupferbarren und Fertigwaren, in der jüngeren Hälfte der frühen Bronzezeit Brucherz. Die Siedlungen liegen in Tälern und an natürlich geschützten Plätzen (Inseln, Plateaus). Gelegentlich sind einige bedeutendere Siedlungen befestigt. Kleine Gräberfelder, 20 bis 30 Gräber mit in Hockerstellung beigesetzten Toten im Flachgrab sind belegt. Gelegentlich haben sie Steineinbauten oder Holzeinfassung. Die Grabsitte knüpft an neolithische Traditionen an. Durch Größe der Hügel, hausähnliche Einbauten und reiche Beigabenausstattungen heben sich einzeln gelegene Gräber aus der Masse der anderen Bestattungen als Zeugnis sozialer Differenzierung heraus (Leubingen, Helmsdorf, Sömmerda).

Nach dem Abbruch der frühbronzezeitlichen Kulturen bildet sich die Hügelgräberkultur heraus, in der auch die bisher nicht genutzten Höhengebiete besiedelt werden. Die Viehzucht tritt in den Vordergrund. Die Zahl der Hortfunde nimmt ab. Das Metall gelangt

Bild linke Seite oben: *Gefäß der Bandkeramik, Fundort: Rauschenberg-Bracht, Kreis Marburg-Biedenkopf, Hessen, Deutschland. Universitätsmuseum für Kulturgeschichte, Marburg.*

Bild linke Seite unten links: *Neolithische Steinbeile, Schnurkeramik-Kultur, ca. 2500 v. Chr. Schlossmuseum in Linz, Oberösterreich.*

Bild linke Seite unten rechts: *Feuersteinklinge aus dem Mesolithikum, Fundort: Plößnitz. Das Mesolithikum war gekennzeichnet durch eine den veränderten Umweltbedingungen angepasste Lebensweise (Jagd auf Standwild, verstärkter Fischfang).*

Bild oben: *Himmelsscheibe von Nebra aus der Bronzezeit. Sie gilt als die weltweit älteste konkrete Himmelsdarstellung und als einer der wichtigsten archäologischen Funde aus dieser Epoche. Landesmuseum für Vorgeschichte Sachsen-Anhalt in Halle.*

durch Tauschhandel auch in Gebiete, die von den Erzlagerstätten weit entfernt sind, darunter Nord- und Nordwestdeutschland. Charakteristisch ist Körperbestattung in Hügelgräbern, gelegentlich mit Steinkranz oder Steinschutz, verbunden mit kultischen Bräuchen (Sakralfeuer, Leichenschmaus, Tieropfer). Vereinzelt, besonders im Donaugebiet, ist Leichenverbrennung üblich. Die Toten werden mit ihrem persönlichen Eigentum (Kleidung, Schmuck, Waffen) beigesetzt.

Der Hügelgräberkultur folgt in der Spätbronzezeit die Urnenfelderkultur. Die Stämme betreiben vorwiegend Ackerbau, daneben Viehzucht, Jagd, Fischfang und Sammeln. Der Pflug findet allgemein Verwendung, Waldflächen werden neu gerodet. Die Töpferei erreicht einen hohen Stand (Modellierhölzer, Glättsteine, drehbare Scheibenplatte als Unterlage, Brennöfen). Die Keramik wird noch vorwiegend im Hauswerk hergestellt; daneben entstehen einzelne Werkstätten. Die Erzgewinnung (Kupfer, Zinn) erfolgt größtenteils im Untertageabbau (in Mitterberg bis 100 Meter Tiefe; gelegentlich sind Holzverzimmerungen, Stempel bzw. Verschalungen erhalten). Spuren von Feuersetzung und Abkühlung durch Wasserschütten, Absprengen des Gesteins mithilfe von Holzkeilen, Steinwerkzeugen, Hirschhorn- und Bronzegeräten. Förderbehältnisse aus Holz, Leder und Gewebe, Stiegen und Leitern. Beim Untertageabbau bereits einfache Arten der Wetterführung (mit Ästen, Matten oder Büschen). In Grubennähe liegen Aufbereitungs- und Schmelzplätze (Schlackenhalden). Seit dem 10 Jh. v. Chr. wird Salzsiederei neuer Produktionszweig in Mitteldeutschland (Halle, Frankenhausen) und in den Alpen (Reichenhall, Soldau, Niederhall) und wird Salz montanmäßig abgebaut (Salzkammergut, Dürrnberg bei Hallstatt, Österreich). Zahlreiche Tonzylinder (sog. Briquetage) dienen zur Herstellung von genormtem Formsalz für den Austausch.

Seit dem 9. Jh. v. Chr. entstehen im Bereich der Lausitzer und der Süddeutschen Urnenfelderkultur befestigte Anlagen (Kappelberg bei Fellach, Runde Burg bei Urach, Großer und Kleiner Gleichberg bei Römhild, Dresden-Coschütz u. a.) als Zentren des wirtschaftlichen, kulturellen und politischen Lebens. Aus der Masse der Bestattungen heben sich einzelne, besonders sorgfältig und reich ausgestattete Gräber ab (Wagengrab von Harth in Oberbayern, Singen). Die starken donauländischen Einflüsse bewirken in den kultischen Vorstellungen der Stämme der Urnenfelderkultur und des Nordischen Kreises Veränderungen (an die Stelle des Pferdekopfsymbols tritt die Vogelsonnenbarke; Radmotiv, Kreuz, Spirale, Tiergefäße, Tierfiguren, Kultwagen). Im Mittelpunkt steht die Sonnenverehrung. Erste Hinweise auf personifizierte Sonnengottheiten (Götterstein von Anderlingen, Niedersachsen). Opfer- und Weihefunde (Versenkungsopfer) für Erd- und Sonnengottheiten. Befestigte Kultplätze (Wasserfeldhügel bei Oberaudorf) und Heiligtümer werden angelegt (in Bad Frankenhausen; Menschenopfer, Anthropophagie, Weihefunde).

Hallstattzeit: Der bronzezeitlichen Urnenfelderkultur folgt die letzte vor- und frühgeschichtliche Epoche, die Eisenzeit, deren älteste Periode noch dem Fundort Hallstatt in Oberösterreich als Hallstattzeit bezeichnet wird. Eisenerz ist als Montanerz und, vor allem in den Niederungsgebieten, als Raseneisenerz weit verbreitet. Die Stämme sind daher nicht mehr wie in der Bronzezeit von einzelnen Bergbaugebieten abhängig. Der Abbau geschieht größtenteils noch im Tagebau. Das Erz wird gewaschen, getrocknet und in Schmelzgruben oder kuppelförmigen Öfen mit Windschacht im Rennverfahren geschmolzen. Die sehr weiche Luppe wird weiterverarbeitet (ausgehitzt, gedengelt) und zu Barren (3–10 kg) geformt. Diese Tätigkeit üben Spezialisten aus. Die Weiterverarbeitung des Rohmetalls geschieht durch Schmiede: Schweißen, Nieten, Spalten des Metalls, Tauschieren. Die Werkzeuge (Hammer, Amboss, Punze, Feile, Meißel) werden zuweilen den Toten mit ins Grab gegeben. Roheisenbarren und Schmiedeerzeugnisse werden für den eigenen Bedarf der Stämme und für den Tauschhandel hergestellt.

Die Stämme der Hallstattkultur betreiben Ackerbau (neu: Roggen), Viehzucht (neue Pferderasse), Eisen-, Salz- und Graphitabbau und vereinzelt Goldwäscherei. Neben Siedlungen (einzelne Hofgruppen oder Weiler mit Wohn-, Web-, Vorratshäusern, Ställen) existieren befestigte Anlagen (Lüderich bei Overath, Neuhäusel [Westerwald], Kyberg bei Oberhaching, Kleiner Gleichberg bei Römhild, Lochenstein bei Balingen). In der jüngeren Hallstattzeit werden erstmals befestigte Wohnstätten und Höfe der sog. Herren- oder Fürstensitze erbaut (Kleine Heuneburg bei Sigmaringen, Goldberg bei Nördlingen, Hohenasperg bei Ludwigsburg).

Im gesamten Hallstattbereich sind etwa gleiche Bestattungs- (Körperbestattung in Hügeln) und Beigabensitten üblich. Unter den Gräbern heben sich einige besonders große und prunkvoll ausgestattete ab. Sie enthalten Holzkammern, vierrädrige Streitwagen, Pferdegeschirr, Rüstungen, Gegenstände aus Edelmetall und importierte Keramik (Hohmichele bei Hundersingen, Kappel, Cannstatt, Oß, Vilsingen). Die Fürstensitze als Zentren wirtschaftlicher und politischer Macht unterhalten umfangreiche Handels- und Tauschbeziehungen. Gegen landwirtschaftliche Erzeugnisse, Salz und Gold werden aus dem griechisch-kleinasiatischen Gebiet über Marseille (Massilia, um 600 gegründet) die Rhone aufwärts bronzene Kannen und Vasen, attische schwarzfigurige Keramik und Wein in tönernen Amphoren eingeführt. Mit dem Aufblühen der

Bild oben: *Hallstattzeitlicher Bronzedolch, Replik im Neanderthal-Museum. Die Hallstattkultur ist eine nach der vorgeschichtlichen Fundstätte Hallstatt (Salzkammergut) benannte europäische Epoche (ältere Eisenzeit), in der neben der Bronze Eisen zum Werkstoff wurde.*

Bild rechte Seite oben: *Der Keltenfürst vom Glauberg, Deutschland. Die bis auf die Füße vollständig erhaltene lebensgroße Stele eines Kriegers ist mit einer haubenartigen Kopfbedeckung versehen, die als (Mistel-)„Blattkrone" gedeutet wird und als Grabbeigabe gefunden wurde. Dies kann auf die Rolle des Bestatteten als Priester hinweisen. Diese Figur ist bislang der bedeutendste Fund der Latènekultur in Hessen.*

Bild rechte Seite unten: *Die Pfalzfelder „Flammensäule", ein keltischer Obelisk. Gefunden im rheinland-pfälzischen Pfalzfeld, aufgestellt im Rheinischen Landesmuseum Bonn.*

etruskischen Metallherstellung im 5. Jh. v. Chr. übernimmt Norditalien den Hauptanteil des Imports, der auf Pferd und Wagen bzw. Maulesel über die Alpenpässe (Brenner) nach Deutschland kommt: Schnabelkannen, komplette Garnituren von Bronzegefäßen für Festgelage, Wein, griechische rotfigurige Keramik. Diese Entwicklung dauert bis zur Expansion der keltischen Stämme in der La-Tène-Zeit (nach dem Schweizer Fundort La Tène am Neuenburger See).

La-Tène-Zeit: Aus den Fürstensitzen des 5. und 4. Jh. v. Chr. geht Mitte des 2. Jh. das keltische Oppidum hervor. Diese Großsiedlungen werden Mittelpunkte von Handel- und Marktverkehr. Anlageschema und Bauweise der Oppida knüpfen an griechisch-römische Stadtvorbilder an. Die Bauweise der Befestigungen (murus gallicus) dagegen geschieht westlich des Rheins in hallstattzeitlicher Tradition. Bedeutende Oppida in Deutschland sind Manching bei Ingolstadt (380 ha groß), Hauptort der Vindelizier; Kelheim (Oppidium Alkimoennis des Claudius Ptolemaios) (600 ha groß); Zarten bei Freiburg in Baden (Tarodunon des Ptolemaios) (200 ha groß), Vorort der Helvetier; Steinsburg bei Römhild (Bezirk Suhl) (65 ha groß). In den Kunstwerkstätten, die in der 2. Hälfte des 5. Jh. v. Chr. an keltischen Fürstenhöfen besonders zwischen Mosel, Saar und Rhein entstehen, bildet sich ein eigener künstlerischer Stil vor allem in der Metallverarbeitung (Gold, Silber, Bronze, Eisen) und der künstlerischen Verzierung der Handwerksprodukte heraus. Dieser Früh-La-Tène-Stil knüpft an italisch-etruskische Vorbilder an und nimmt griechische, skythische, iranisch-persische und kleinasiatische Elemente auf. Seine Hauptmotive sind Maskendarstellung, Fischblasenmuster, Pflanzenornamente, namentlich blattförmige Palmetten, Ranken und Lotosblüten, die mit S-Motiven zu verschiedenartigen, meistens symmetrisch aufgebauten Mustern zusammengefügt werden. Die Spirale beherrscht in zunehmendem Maße die Ornamentik. Tierdarstellungen, insbesondere Eber und Widder werden in die Gestaltung einbezogen.

Die Stammesführung bestattet ihre Toten zunächst in Körpergräbern unter Grabhügeln (sog. Fürstengräber Süddeutschlands und des Rhein-Mosel-Gebiets). Die Männer werden mit Streitwagen und Waffen (eisernes kurzes Schwert), langem Rechtecksschild, Lanzen, Helm, Trinkgeschirr u. a. beigesetzt. In den Frauengräbern findet sich kostbarer Edelmetallschmuck (etruskische, griechische und andere Importe und heimische Arbeit). In der späten La-Tène-Zeit im 1. Jh. v. Chr. erlangt die Emaillier-Kunst größere Bedeutung. Im Vergleich zu den älteren Zeiten ist jedoch insgesamt eine Verarmung im Kunstschaffen zu verzeichnen. Die Toten werden jetzt (unter römischem Einfluss?) überwiegend verbrannt und in Brandgräbern beigesetzt. Lange Schwerter, Hiebschwerter, schlanke Speerspitzen, eiserne Sporen werden Kriegergräbern beigegeben. Unter den Schmuckstücken sind zu nennen: Nauheimer Fibel, Schlangenkopfarmringe, Glasarmringe, Glasperlen, bronzene Tierfiguren und figurale Gebrauchsgegenstände (Feuerböcke mit Tierköpfen).

Die Kunst, in erster Linie die Großplastik, ist eng mit Religion und kultischen Vorstellungen verbunden. In Hainen und an auffallenden Naturstätten (Wälder, Berge, Brunnen, Bäume) werden Gottheiten mit magischen Zeremonien und Ritualen verehrt, um sie günstig zu stimmen. Die Götter sind in der Spätzeit, also im 1. Jh. v. Chr. personifiziert und als Statuen dargestellt. Verehrung an bestimmten, architektonisch gestalteten, quadratischen Heiligtümern, die von großen Erdwällen umgeben sind (sog. Viereckschanzen, in Süddeutschland und dem Rheingebiet etwa 250). Eine besondere Priesterkaste (Druiden) entsteht. Ebenso wie im politischen Bereich gibt es auch auf religiösem Gebiet keine kultische Einheit. Jeder Stamm hat eigene Gottheiten, deren Wesenszüge einander jedoch gleichen.

Können sich die Kelten somit als Staaten bildende Kraft nicht behaupten, beginnt erst durch dem Zusammenstoß germanischer Stämme mit Rom die Geschichte des mittelalterlichen und modernen Deutschlands und Europas.

Römisch-germanische und fränkische Zeit (bis 918)

Im 1. Jh. v. Chr. macht die römische Eroberung Galliens durch Caesar die Germanen zu direkten Nachbarn des Römischen Reiches. Dieser Kontakt führte in der darauf folgenden Zeit zu ständigen Konflikten: Immer wieder kommt es zu Übergriffen der Germanen auf die Römer. Im Gegenzug führt Caesar in den Jahren 55 und 53 v. Chr. Strafexpeditionen gegen die Germanen durch, bei denen er in spektakulärer Weise eine Rheinbrücke in nur zehn Tagen errichten lässt. Diese Expeditionen haben vor allem demonstrativen Charakter und führen zu keiner dauerhaften rechtsrheinischen Präsenz der Römer. Caesar erkennt den Rhein als Grenzlinie zwischen Germanen und Römern an.

Drusus und Tiberius – Vorstoß bis zur Elbe: Auch in der Folgezeit aber kommt die Rheingrenze nicht zur Ruhe. Der römische Kaiser Augustus beschließt deshalb die Verlagerung von Truppen an den Rhein, die bisher in Gallien stationiert gewesen sind. Die Rheingrenze bleibt dennoch unsicher, woraufhin Augustus seine Taktik ändert: Er beabsichtigt, das Römische Reich bis an die Elbe auszudehnen. Zwischen 12 v. Chr. und 9 v. Chr. führt Drusus, Stiefsohn von Augustus, mehrere Feldzüge gegen die Germanen.

Die Varusschlacht: Nachdem der Widerstand der Germanen gebrochen scheint, wird Publius Quinctilius Varus damit beauftragt, in den Gebieten rechts des Rheins römisches Recht einzuführen und Steuern zu erheben. Als Statthalter ist er gleichzeitig Oberbefehlshaber über die rheinischen Legionen. Varus, der sich zuvor in der römischen Provinz Syrien den Ruf eines brutalen und korrupten Verwaltungsfachmanns erworben hat, bringt die Germanen bald gegen sich auf. Gegner der Besatzung lässt er mit aller Härte des römischen Rechts bestrafen. Die von ihm eingeführten Steuern werden von den Germanen zudem als zutiefst ungerecht empfunden, da sie eine solche Abgabe nur für Unfreie kennen.

Unter diesen Umständen gelingt es dem Cheruskerfürst Arminius, der die römischen Bürgerrechte und Ritterwürden besitzt, mehrere germanische Stämme zu einen. Arminius nutzt das Vertrauen Varus' aus und lockt ihn in einen Hinterhalt. In der darauf folgenden Schlacht („Varusschlacht" oder „Schlacht im Teutoburger Wald" genannt) verlieren die Römer drei Legionen (etwa 18.000 Legionäre plus etwa 2.000 bis 3.000 zusätzliche Truppen). Laut den Überlieferungen des Sueton soll Augustus daraufhin ausgerufen haben: „Quinctili Vare, legiones redde!" („Quinctilius Varus, gib mir die Legionen zurück!"). Der römische Eroberungsversuch scheitert damit im Jahre 9 n. Chr. Germanien bleibt danach bis zur Völkerwanderung von der römischen Kultur wenig beeinflusst.

Die römisch-germanischen Beziehungen nach der Varusschlacht: Unter der Führung von Germanicus unternehmen die Römer zwischen 14 und 16 n. Chr. weitere Vorstöße über die Rheingrenze hinweg. Ob es sich dabei um Strafexpeditionen oder die Fortsetzung der römischen Expansionspläne handelt, ist umstritten. In den Folgejahren kommt es immer wieder zu kriegerischen Auseinandersetzungen zwischen Germanen und Römern: Im Jahr 29 schlagen die Römer einen Aufstand der bis dahin römerfreundlichen Friesen nieder. Im Jahr 69 müssen sogar Truppen aus Spanien und Britannien zur Verstärkung herangezogen werden, um die Revolte der Bataver (Bataver-Aufstand) unter Führung des Julius Civilis niederzuschlagen.

83-85: Anlage des Rhein-Main-Limes durch Domitian nach erfolgreichem Feldzug gegen die Chatten. Der Limes verläuft von der Mündung der Lahn in den Rhein bis zur Mündung der Kinzig in den Rhein (etwa 178 km). Errichtung hölzerner Wachttürme und Erdschanzen (Saalburg, Zugmantel), im Hinterland Steinkastelle (Höchst, Kesselstadt, Hedernheim, Frankfurt, Wiesbaden, Hofheim u. a.).

89-90: Errichtung der Provinzen Obergermanien (Germania superior) auf beiden Rheinufern und Un-

Bild oben: *Hermannsdenkmal bei Detmold. In der Varusschlacht (auch: Schlacht im Teutoburger Wald oder Hermannsschlacht, von römischen Schriftstellern als clades Variana, als „Varusniederlage" bezeichnet) im Herbst des Jahres 9 n. Chr. erlitten drei römische Legionen samt Hilfstruppen und Tross unter Publius Quinctilius Varus eine vernichtende Niederlage gegen ein germanisches Heer unter Führung des Arminius („Hermann"), einem Fürsten der Cherusker.*

Bild links: *Büste des Gaius Iulius Caesar (100.-44 v. Chr.). 60 schloss er mit Pompejus und Crassus das erste Triumvirat. 59 wurde er Konsul (Ausschaltung des Senats). 58-52 eroberte und befriedete er als Statthalter* tergermanien (Germania inferior) links des Rheins unter Statthaltern mit dem Titel Legati Augusti pro praetore; in ihren Händen liegt die oberste militärische und zivile Gewalt. Beide Provinzen werden als Germania Romana von Germania magna oder libera (Freies Germanien) unterschieden.

98: Kaisererhebung des obergermanischen Legaten Marcus Ulpius Trajanus in Köln; dieser lässt den oberrheinischen Limes weiter ausbauen (Trajanskastelle).

Der römische Historiker Cornelius Tacitus berichtet in seiner Studie „De origine et situ Germaniae" (Germania) über Land, Stämme, Wirtschaft, Gesellschaft und Kultur der Germanen östlich des Rheins.

121-122: Fortsetzung des Limesausbaus durch Hadrian. Die Hilfstruppen werden an die Grenze verlegt, die Kastelle im Landesinneren (Wiesbaden, Hofheim u. a.) als Militärlager aufgegeben und zu Zivilsiedlungen ausgebaut. Verstärkung des Limes durch Palisadenvorbau und Ersatz älterer Erdkastelle durch Steinbauten (Saalburg).

166-167: Beginn der Markomannenkriege unter Teilnahme anderer suebischer Stämme. Einfall von Langobarden aus dem Niederelbegebiet und Goten in Pannonien, von Quaden und Markomannen in Noricum, von Hermunduren und Naristen in Rätien; die Langobarden ziehen sich nach der Niederlage zurück.

177-180: Beendigung der Markomannenkriege. Böhmen und Mähren werden von den Römern besetzt. Erzgebirge und Sudeten bilden die zeitweilige römische Reichsgrenze.

212: Der freien Bevölkerung der Provinzen wird durch Kaiser Caracalla das römische Bürgerrecht verliehen.

233-235: Vordringen germanischer Stämme über Rhein und Donau während der Perserkriege des Kaisers Severus Alexander. Der daher von Truppen entblößte Limes wird im Süden von Quaden, im Westen vorwiegend von Alemannen durchbrochen. Eroberung der Kastelle nördlich der Donau am rätischen Limes (Böhming, Pfünz, Gunzenhausen u. a.) sowie der am obergermanischen Limes (Saalburg, Zugmantel, Welzheim u. a.) und im Hinterland bis nach Lothringen (Neuenheim bei Heidelberg, Baden-Baden, Saarburg, Mainz). Ein Feldzug Severus Alexanders über den Rhein bleibt im Wesentlichen erfolglos.

235: Severus Alexander wird am Rhein von meuternden Soldaten erschlagen, der aus Thrakien gebürtige Maximinus Thrax zum Kaiser ausgerufen. Der rätische Limes wird aufgegeben und die Reichsgrenze an die Donau zurückverlegt. Der obergermanische Limes wird wiederhergestellt.

Um 250: Die Franken werden im Zusammenhang mit den großen germanischen Invasionen erstmals in römischen Quellen erwähnt.

258: Die Franken plündern Gallien, dringen bis nach Spanien (Eroberung von Tarraco-Tarragona) und Afrika vor und werden erst um 270 geschlagen.

259-260: Erster Vorstoß der Alemannen nach Italien bis vor Ravenna und Mailand. Dort werden sie von Gallienus geschlagen. Zerstörung weiterer Limeskastelle (Niederbieber). Ausdehnung der alemannischen Herrschaft bis zum Oberrhein. Die römische Reichs-

das noch freie keltische Gallien, das Rom oft bedrohte (Südgallien war bereits römische Provinz = Gallia Narbonensis). Gaius Julius schaffte sich dort ein zuverlässiges Heer und überwarf sich mit Pompejus und dem Senat, 49 überschritt er mit seinem Heer den Rubikon (Grenze seiner Provinz). 48 schlug er Pompejus bei Pharsalus, 47 überließ er das mühsam befriedete Ägypten Kleopatra, 47/46 vernichtete er die Reste der Pompejaner in Nordafrika und Spanien. Ab dann war er unumschränkter Alleinherrscher in Rom, ließ sich alle wichtigen Staatsämter unter Wahrung der verfassungsmäßigen Formen („Cäsarismus": Alleinherrschaft auf demokratischer Grundlage) übertragen und reorganisierte das Reich: u. a. Überwachung der Steuererhebung; Verleihung des römischen Bürgerrechts an zahlreiche Provinziale. Caesars Streben nach der Krone in den Formen des hellenistischen Absolutismus führte schließlich zu seiner Ermordung an den Iden des März (15. März).

***Bild oben:** Neumagener Weinschiff; das Grabmal eines römischen Weinhändlers aus der Zeit um 220 n. Chr. Ursprünglich bestand dieses Grabmal aus zwei Weinschiffen, die als eine Darstellung des Berufs des Verstorbenen dienten. Das Original befindet sich im Rheinischen Landesmuseum in Trier.*

***Bild links:** Grabmal des Iulius Baccus, Ende 1. Jh. n. Chr., Römisch-Germanisches Museum Köln.*

grenze verläuft an Rhein, Iller und Donau.
268-269: Zweiter Vorstoß der Alemannen nach Italien, die von Kaiser Claudius II. am Gardasee vernichtend geschlagen werden.
Um 275: Germanische Stämme, v. a. Alemannen und Franken dringen in Gallien ein und erobern 60 bis 70 bedeutende Städte, darunter Trier. Die römische Rheingrenze bricht zusammen. Gleichzeitig wird die alemannische Ansiedlung im rechtsrheinischen ehemaligen Limesgebiet bis zum Bodensee, zur Iller und Donau, im Norden über den Main hinaus bis zur Wetterau abgeschlossen. Die alemannische Ostgrenze im Maingebiet gegen die Burgunder folgt dem Verlauf des früheren oberrheinischen Limes.
285: Trier wird Residenz des westlichen römischen Reichsteils. Prunkvoller Ausbau (u. a. Porta Nigra).
285-286: Germanen dringen nach Gallien ein; die Franken über den Niederrhein, die Sachsen und West-Heruler plündern im Bunde mit den Chaibonen (wohl Avionen aus Ostholstein) und Franken von batavischen Häfen aus die Küsten Galliens. Vorstoß der Alemannen und Burgunder über den Mittelrhein. Sie werden vom Mitregenten des Diokletian, Maximian, besiegt bzw. durch Zusammenziehung der Lebensmittel in den ummauerten Städten ausgehungert und zum Rückzug gezwungen. Danach finden Kämpfe zwischen Burgundern und Alemannen um das Oberrheingebiet statt, das die Alemannen behaupten. Die von den Sachsen von der Yssel in das Bataverland verdrängten Salier geraten unter römische Herrschaft, die mittelrheinischen Franken werden in der Maingegend geschlagen und unterworfen.
Um 290: Neueinteilung der römischen Provinzen im Rahmen der Reformen Diokletians und Sicherung der Rhein- und Donaugrenze. Aus der Provinz Germania inferior wird die Provinz Germania secunda gebildet. Der südliche Teil der Germania superior bildet mit Helvetier- und Sequanerland die Provinz Maxima Sequanorum, der Rest die Provinz Germania prima. Daran angrenzend befindet sich die Provinz Rätien, die in Raetia prima und

***Bild oben:** Die Porta Nigra in Trier, das besterhaltene römische Bauwerk nördlich der Alpen und UNESCO-Weltkulturerbe.*
***Bild links:** Kaiser Konstantin der Große (306-337) verwarf die Politik der Christenverfolgung: Er wollte die Christen als einigende Kraft zur Stabilisierung des Imperiums für sich gewinnen. Vor der Schlacht gegen seinen Nebenbuhler Maxentius an der Milvischen Brücke nördlich von Rom (312), so berichtet die Legende, soll ihm beim Anflehen der Götter das Siegeszeichen des Kreuzes erschienen sein und daneben die Inschrift „In hoc signo vinces!" – „In diesem Zeichen wirst du siegen!". Konstantin ließ die Initialen Christi in griechischen Buchstaben (XP) an den Standarten seiner Legionen anbringen. Kurz vor seinem Tod nahm Konstantin die Taufe an. Er starb als erster christlicher Kaiser. Von Kaiser Theodosius dem Großen (379-395) wurde das Christentum zur Staatsreligion erhoben und alle heidnischen Kulte verboten.*
***Bild rechte Seite oben:** Schlacht auf den Katalaunischen Feldern. Im Juni 451 besiegte das überwiegend aus Franken und Westgoten bestehende Heer des römischen Feldherrn Aëtius auf den „Katalaunischen Feldern" bei Achâlons-sur-Marne*

den Hunnenkönig Attila, auf dessen Seite gleichfalls Germanen (Franken, Sueben und Ostgoten) kämpften. Der römische Geschichtsschreiber Ammianus Marcellinus schrieb um 393 über die Hunnen: „(...) Das Volk der Hunnen, aus alten Berichten nur wenig bekannt, wohnt über den Maiotischen Seen hinaus gegen das Eismeer hin, und ihre Wildheit übersteigt alles Maß. Da bald nach der Geburt den Kindern tiefe Einschnitte in die Wangen gemacht werden, damit der zu seiner Zeit einsetzende Haarwuchs durch die Runzeln der Narben gehemmt werde, entbehren sie bis in ihr Alter jeglicher Zierde des Bartes, gleich den Verschnittenen. Sie haben einen gedrungenen, starken Gliederbau und dicken Nacken, eine abenteuerliche, verzerrte Gestalt, dass man sie für zweibeinige Tiere oder für plump zugehauene Klötze halten könnte, wie man sie auf Brücken angebracht findet."

Bild rechts: *Rekonstruierter Holzturm am Limes in der Nähe von Rainau-Buch, Baden-Württemberg. Der Turm ist einer der wenigen, die auf Basis moderner Forschungen rekonstruiert wurden. Die Erforschung der Holztürme fußt auf den Arbeiten von Prof. Dr. Dietwulf Baatz.*

Raetia secunda geteilt ist. Die Statthalter sind nur noch Verwaltungsbeamte, der Oberbefehl über die Grenztruppen liegt in Händen eines besonderen Heerführers (dux).

4. Jh.: Seit Konstantin nimmt der Anteil von Barbaren, darunter auch vielen Germanen, im römischen Heer beständig zu.

310: Kaiser Konstantin der Große vertreibt bzw. unterwirft nach Gallien eingedrungene germanische Stämme, errichtet das Kastell Deutz als rechtsrheinischen Brückenkopf mit steinerner Rheinbrücke nach Köln. Grenzbesatzung und Rheinflotte werden verstärkt. Verheerung ostrheinischer germanischer Gebiete.

350-353: Nach der Erhebung des Usurpators Magnus Magnentius, Sohn eines germanischen Kriegsgefangenen und römischen Offiziers, gegen Kaiser Konstans dringen Franken und Sachsen in Gallien ein und nehmen am Italienzug des Magnentius teil. Kaiser Konstantius II. verbündet sich unter vertraglicher Zusicherung von linksrheinischem Land mit den Alemannen. Diese schlagen 350/51 unter Führung ihres Fürsten Chnodomar das Heer des Magnentius. Daraufhin erfolgt eine breite germanische Landnahme auf dem gesamten linken Rheinufer. Zerstörung von 45 Städten (darunter Straßburg, Speyer, Worms, Mainz, Wiesbaden, Xanten, Bonn). Die Alemannen besiedeln das Elsass, die Pfalz und Rheinhessen, fränkische Teilstämme das Kugerner Land und die Bataver-Insel.

378: Mit dem Einfall der Hunnen in Europa beginnt die Zeit der Völkerwanderung. Die Hunnen sind ein nomadisch lebendes mongolisches Reitervolk, deren Reich im 2. Jh. westlich fast bis an den Aralsee reicht. Der Weg nach Europa wird für die Hunnen frei, nachdem sie die in den westlichen Steppengebieten lebenden Völkergruppen iranischen Ursprungs unterworfen haben. Die Kriegszüge im Westen richten sich zunächst gegen die byzantinischen Provinzen mit Einbrüchen in Armenien und Kleinasien. Eine ernsthafte Gefährdung des Römischen Reiches tritt allerdings erst mit dem Sieg der Hunnen über die Goten ein: Ein Teil der Goten, der

nicht unter hunnische Herrschaft gelangt, weicht über die Donau aus und vereinigt sich hier mit den Westgoten unter Fritigern.
388: Die Franken unter Markomer, Genobaudus und Sunno überschreiten den Rhein und durchbrechen den Limes. Köln wird zerstört. Der Vorstoß der Römer unter Quinctius in das fränkische Gebiet schlägt fehl.
392-393: Gegenfeldzug der Römer unter dem Franken Arbogast. Rheinübergang bei Köln. Plünderung der Siedlungsgebiete der Brukterer, Chamaven, Chattuarier und Amsivarier. Danach folgen Friedensverhandlungen und Bündnis. Letzter Feldzug der Römer in rechtsrheinische Gebiete.
395/402 oder nach 407: Unter dem Druck fränkischer, alemannischer, suebischer, burgundischer und wandalischer Vorstöße gibt Rom mit der Verlegung des Sitzes der Regionalpräfektur von Trier nach Arles die nördlichen Teile Galliens und Germaniens preis.
Seit 401: Die Westgoten brechen nach Italien auf, erobern 410 Rom, gründen dann aber seit 418 im südwestlichen Frankreich und in Spanien ein eigenes Reich.
406: Die Franken treten vergeblich als Verbündete Roms gegen den Rheinübergang und die teilweise Besetzung Galliens durch Vandalen, Quaden und Alanen auf. Große Gebiete Galliens bleiben von den Germanen besetzt. Stilicho verlegt den gallischen Regierungssitz von Trier nach Arles.
413: Die Franken plündern und zerstören Trier.
420: Erneute Zerstörung Triers durch die Franken, der 440 eine dritte folgt.
432: Chlodio, der erste bekannte Merowinger, und die ripuarischen Franken werden durch Aëtius gezwungen, die römische Oberhoheit als Föderaten anzuerkennen.
436: Der römische Heermeister Aëtius verhindert mit der Hilfe hunnischer Truppen das Vorhaben der Burgunder. Sie werden vernichtend geschlagen. Die Königssippe mit König Gunther und angeblich 20.000 Burgunder finden den Tod. Ausgangspunkt der Nibelungensage. Der Rest des Volkes siedelt in die Landschaft Sabaudia über, insbesondere in die Gegend von Genf. Nur ein kleiner Teil, der an dem Vorstoß 406/407 über den Rhein nicht teilgenommen hat, bleibt im späteren deutschen Gebiet rechts des Rheins ansässig. Entstehung des Burgunderreiches an der Rhone.
451: Schlacht auf den Katalaunischen Feldern. Unter den germanischen Hilfstruppen befinden sich auf Seiten Roms auch Franken. Ein Teil der ripuarischen Franken kämpft dagegen neben Ostgoten, Rugiern, Skiren, Herulern, Quaden und Thüringern auf Seiten der Hunnen unter Attila.

Taufe des Frankenkönigs Chlodwig (466-511) aus dem Hause der Merowinger um 496, dargestellt auf einem Gobelin des 16. Jahrhunderts. Dass der heidnische König Chlodwig, Begründer des fränkischen Reiches, den für die abendländische Entwicklung bedeutsamen Entschluss fasste, zum katholischen Glauben überzutreten, geht auf einen Sieg über die Alemannen zurück. Erst nach der Anrufung Christi habe sich der Feind geschlagen gegeben. Daraufhin, berichtet Gregor von Tours, „bekannte sich der König zum allmächtigen Gott als dem dreieinigen und ließ sich taufen im Namen des Vaters, des Sohnes und des heiligen Geistes und wurde gesalbt mit dem heiligen Öl unter dem Zeichen des Kreuzes Christi".

454: Tod des Aëtius. Die Franken brechen den Föderatenvertrag. Die Chattuarier besetzen das Gebiet an der Ruhr und das Kugerner Land, den späteren Hattergau (Pagus Hattuariensis). Die Usipier und Tubanten erobern das Maifeld, die weiter rheinaufwärts gelegenen Gebiete und den Nahegau.
476: Romulus Augustulus, der letzte weströmische Kaiser, wird durch den Ostgotenführer Odoaker abgesetzt; mit diesem Akt endet das weströmische Reich.
480: Mosel- und Saargebiet einschließlich Luxemburg sind in fränkischer Hand. Stärkerer Zusammenschluss der fränkischen Stämme und Auseinandersetzungen mit den Burgundern und Alemannen unter König Chlodwig. Damit Begründung des fränkischen Reichs.
482-511: Chlodwig, Sohn Childerichs II., König der salischen Franken und bedeutendster Herrscher aus dem Hause der Merowinger; es gelingt ihm, durch erfolgreiche Eroberungskriege alle fränkischen Teilstämme (Salier, Ripuarier, Chatten) zu vereinen und das fränkische Reich zu begründen.
486: Chlodwig schlägt bei Soissons den römischen Statthalter (dux) in Nordgallien, Syagrius, und erobert dessen Herrschaftsgebiet zwischen Somme und Loire. Das Krongut als entscheidende Machtgrundlage wird durch Beschlagnahme von Gütern des römischen Fiskus gestärkt.
493: In Italien gründet Theoderich der Große nach der Ermordung Odoakers das Ostgotenreich, das bis 555 besteht.
Um 496: Chlodwig unterwirft, mit den ripuarischen Franken verbündet, einen Teil der Alemannen der fränkischen Oberherrschaft. Absage Chlodwigs an den Arianismus und Übertritt zum katholischen Glauben. Er versucht damit, den politischen und ideologischen Einfluss der katholischen Kirche auf die gallo-römische Bevölkerung für sich zu nutzen, die er auf diese Weise leichter zu beherrschen hofft. Er will auch die Unterstützung der Kirche im Kampf gegen die arianischen Westgoten gewinnen.
506: In einem zweiten Krieg gegen die Alemannen wird die fränkische Herrschaft gesichert und bis zur Donau ausgedehnt.

Bild oben: *Der heilige Bonifatius (um 672-754) tauft Heiden und erleidet den Märtyrertod. Handschrift aus einem um 975 in Fulda entstandenen Sakramentar; Göttingen, Universitätsbibliothek. Der im Südwesten Englands geborene Angelsachse war einer der bekanntesten Missionare und der wichtigste Kirchenreformer im Frankenreich. Er wird seit der Reformation von der katholischen Kirche als „Apostel der Deutschen" bezeichnet.*

Bild links: *Diese mittelalterliche Miniatur stellt die Schlacht bei Tours und Poitiers im Jahr 732 dar, in der Karl Martell (688 oder 689-741) durch seinen entscheidenden Sieg über die Araber deren weiteres Vordringen nach Norden über die spanische Halbinsel hinaus verhinderte. Karl Martell der Hammer war ein Sohn Pippins von Heristall (des Mittleren), seit 714 Hausmeier und an Stelle der schwachen Merowingerkönige Herrscher des Frankenreiches, das er wieder in einer Hand zusammenfasste und zur Großmacht erhob. Er wurde in der Schlacht bei Tours und Poitiers durch das Aufgebot gepanzerter Reiter (anstelle des Volksaufgebots) zum Begründer des auf der Gefolgspflicht von (adligen) Vasallen beruhenden Heerwesens des Mittelalters. Karl Martell regierte seit 732 selbstherrlich und teilte das Reich unter seinen beiden Söhnen auf.*

507: Chlodwig schlägt, mit König Gundobad von Burgund verbündet, bei Vouglé (bei Poitiers) die Westgoten unter Alarich II. und gliedert Aquitanien dem Frankenreich ein.
507-511: Aufzeichnung des bedeutendsten Volksrechts des fränkischen Reiches, des salischen Volksrechts, in Form des 65 Titel umfassenden „Pactus legis Salicae" (Lex Salica).
508: Eine Gesandtschaft des oströmischen Kaisers überbringt Chlodwig die Ernennung zum Ehrenkonsul und spricht damit die Anerkennung seines Königtums aus.
509-511: Auch die Gebiete der noch verbliebenen sal- und rheinfränkischen Kleinkönige kommen unter Chlodwigs Herrschaft.
511: Tod Chlodwigs in seiner Residenz in Paris. Entsprechend dem fränkischen Recht sind auch die Königssöhne bei der Nachfolge in der Königswürde gleichberechtigt. Deshalb wird nun das Frankenreich unter seinen vier Söhnen Theuderich I., Chlodomer, Childebert I. und Chlothar I. aufgeteilt, denen das gleiche Recht auf Nachfolge in der Königswürde bleibt.
531: König Theuderich I., dessen Herrschaftsbereich vor allem die östlichen Gebiete des Frankenreichs umfasst und der bereits 529 gegen die mit den Ostgoten verbündeten Thüringer gezogen war, besiegt diese, mit Chlothar und den Sachsen verbündet, in einer Schlacht an der Unstrut.
534-548: Theudebert I., Nachfolger Theuderichs; er besetzt das bayerische Gebiet und bringt die letzten Reste der Alemannen und Alpenromanen unter seine Herrschaft (vor 537). Er unterwirft Oberitalien und nennt sich als erster Frankenkönig Augustus.
558: Unter Chlothar I., einem der vier Söhne Chlodwigs, wird das Frankenreich für kurze Zeit wieder in einer Hand vereint.
561: Tod Chlothars. Sein Reich wird unter seine Söhne Charibert I., Gunthram, Sigibert I. und Chilperich I. aufgeteilt.
562: Einen Angriff der Awaren nutzt König Chilperich zu einem Vorstoß in das Herrschaftsgebiet seines Bruders Sigibert. Es beginnt ein jahrzehntelanger blutiger Bruderkrieg, der auch von den Nachfahren fast ununterbrochen bis 613 fortgeführt wird.
573: Gregor wird Bischof von Tours. Verfasser der zehn Bücher fränkischer Geschichten.
613: Chlothar II. von Neustrien vereinigt das Frankenreich unter maßgeblicher Mitwirkung des Adels. Ihn rufen die austrasischen und burgundischen Großen unter Führung des Ahnherrn der Karolinger, Pippins des Älteren, und des Bischofs Arnulf von Metz im Kampf gegen Brunhild, Repräsentantin einer starken Zentralgewalt, zu Hilfe. Brunhild, die durch ihre zentralistische Politik beim austrasischen Adel verhasst ist, wird schließlich hingerichtet. In jedem Reichsteil verbleibt je ein Hausmeier; sie treten nun immer mehr in den Vordergrund.
622-640: Pippin der Ältere festigt als Hausmeier im östlichen Reichsteil die Machtstellung der Karolinger.
657: König Chlothar III. von Neustrien vereint für kurze Zeit das Gesamtreich, muss aber bereits 662 seinen jüngeren Bruder Childerich II. als König in Austrasien einsetzen. Nach Chlothars III. Tod erhebt sich der neustrische Adel gegen den Hausmeier Ebroin, der eine gegen den Adel gerichtete Politik zu treiben sucht.

687: Pippin der Mittlere, von Austrasien, besiegt in der Schlacht bei Tertry bei Saint-Quentin Berthar, den Nachfolger Ebroins von Neustrien. Pippin, der in Burgund und Neustrien anerkannt wird, übernimmt als Vertreter der austrasischen Aristokratie die Vorherrschaft im Reich, das er als Hausmeier regiert. Die Merowingerkönige sinken zu Schattenkönigen herab.
690: Nach Unterwerfung eines Teils des friesischen Gebiets unter fränkischer Herrschaft beginnt der Angelsachse Willibrord unter den Friesen als Missionar zu wirken. 695 lässt ihn Pippin der Mittlere in Rom von Papst Sergius I. zum Erzbischof weihen (Sitz: Bistum Utrecht). Erster Kontakt der Karolinger mit dem Papsttum.
7. Jh.: Entstehung des dem ostgotischen Sagenkreis entstammenden Hildebrandsliedes (Aufzeichnung im Kloster Fulda um 815), dessen Thematik aus der sich auflösenden urgesellschaftlichen Ordnung stammt. Es handelt sich um das einzige althochdeutsche Heldenlied, das – wenn auch nur als Fragment – überliefert ist.
716-741: Karl Martell (martellus = Hammer), unehelicher Sohn Pippins des Mittleren, Hausmeier in Austrasien; er greift bei der Belehnung von Vasallen, die er zur Durchführung seiner zahlreichen Eroberungszüge benötigt, auf das Kirchengut zurück. Es gelingt ihm, die Einheit des Frankenreichs zu sichern.
Um 720: Gründung des Klosters St. Gallen, das im 10./11. Jh. zu einem Zentrum des frühfeudalen Schulwesens (Klosterschule), der Literatur (Ekkehard), der Musik (Notker Balbulus), der Kunst (Bildschnitzer Tuotilo) sowie der Sprachwissenschaft (Notker Labeo) wird.
722: Bonifatius, angelsächsischer Mönch aus Wessex, der seit 721 bei Hessen und Thüringern missioniert, wird von Papst Gregor II. zum Bischof geweiht. 716 hält er sich mit Willibrord bei den Friesen auf, 732 wird er Erzbischof und errichtet Bistümer in Hessen, Thüringen und Bayern (741); 744 gründet er das Kloster Fulda.

732: Karl Martell schlägt zwischen Tours und Poitiers die Araber, die aus dem von ihnen besetzten Spanien in das Frankenreich eindringen. Karl wendet mit diesem Sieg eine schwere Gefahr von Europa ab, wenn auch die Expansionskraft der Araber durch innere Machtkämpfe im 8. Jh. bereits geschwächt war. Das von den Arabern mehrfach bedrohte Burgund, Aquitanien und die Provence werden nun fester ins Reich eingegliedert.
741: Karl Martell, der in den letzten Jahren seines Lebens ohne einen merowingischen König regiert, verfügt souverän über seine Hausmeierwürde. Er teilt das fränkische Reich unter seine Söhne Karlmann (Osten) und Pippin den Jüngeren (Westen).
747: Nachdem sich Karlmann in ein Kloster zurückgezogen hat, übernimmt Pippin der Jüngere allein die Regierung. Er benutzt die Kirche, um die Stellung der Zentralgewalt zu festigen.
751: Pippin der Jüngere wird mit Billigung von Papst Zacharias von einer Reichsversammlung in Soissons zum König erhoben. Dabei soll die von Bonifatius vorgenommene geistliche Salbung das fehlende Geblütsrecht ersetzen. Der letzte Merowingerkönig Childerich III. wird in ein Kloster gebracht. Die bisher faktische Herrschaft der Karolinger im Frankenreich wird damit legalisiert.
754: Papst Stephan II. bittet König Pippin um Hilfe gegen die Langobarden, die seit 751 in Italien Eroberungen machen. Am 7. Januar 754 wird zu Ponthion dem Papst ein dauerndes Schutzverhältnis gewährt. In der sog. Pippinischen Schenkung (vom 14. April 754 in Quierzy bei Laon) sichert ihm der König bestimmte italienische Gebiete (Exarchat, Dukat von Rom) zu. Pippin und seinen Söhnen wird der Titel „Patricius Romanorum“ (Patrizius der Römer) verliehen.
754, 5. Juni: Bonifatius, in seiner Wirksamkeit durch fränkische Geistliche wie Fulrad von St. Denis und Chrodegang von Metz beschränkt, wird von den um ihre Freiheit kämpfenden Friesen erschlagen.
756: Die Langobarden müssen sich fränkischer Oberhoheit unterwerfen; die von ihnen eroberten Gebiete um Ravenna gibt Pippin an den Papst weiter. Sie bilden die Keimzelle des späteren Kirchenstaates.
760-768: In nahezu jährlichen Feldzügen kann Pippin die fränkische Herrschaft in Aquitanien und in der Provence ausbauen und stabilisieren.
765: Entstehung eines lateinisch-deutschen Wörterbuchs in Freising, nach den ersten Wörtern dieser alphabetisch geordneten Vokabelsammlung „Abrogans“ genannt; als eines der ältesten Schriftdenkmäler gibt es Einblick in die Entwicklung der althochdeutschen Sprache in der sog. vorliterarischen Periode (5.-8. Jh.).
768: Tod Pippins des Jüngeren. Ihm folgen seine Söhne Karl, der den Norden Austrasiens, Neustriens und Westaquitaniens erhält, und Karlmann, dem der Süden des Reiches zufällt.
768-814: Karl der Große; unter seiner Herrschaft erreicht das Frankenreich seine größte Ausdehnung und eine vorübergehende innere Festigkeit. Er setzt zur Verwaltung des fränkischen Reichs die Grafschaftsverfassung allgemein durch. Karl der Große erwirbt als erster fränkischer Herrscher die Kaiserwürde, die seitdem von den mittelalterlichen deutschen Königen immer wieder erstrebt wird.
770-800: Entstehung des sog. Wessobrunner Gebets im Kloster Fulda, des ältesten Denkmals der volkssprachigen (frühdeutschen) Dichtung. Anfang des 9. Jh. entsteht das in Stabreimen geschriebene geistliche Gedicht „Muspilli“, das den Weltuntergang beschreibt und zur Bußfertigkeit aufruft.
772: Karl der Große beginnt den Krieg gegen die Sachsen, der sich bis 804 hinzieht. 772 wird die Eres-

Bild oben: *Karl der Große nimmt in Paderborn Widukinds Unterwerfung an, Gemälde von Ary Scheffer, 1840, Galerie des Batailles in Versailles. Widukind (um 743-zwischen 804 und 812) war mehrmals Heerführer der Sachsen gegen Karl den Großen. Er entwich nach der Unterwerfung der Sachsen 777 nach Jütland, kehrte nach Karls Abzug zurück und drang verwüstend bis zum Rhein vor. Die Vernichtung eines fränkischen Heeres durch Widukind führte zum Blutbad von Verden durch Karl den Großen. Nach dreijährigem Ringen folgte die Unterwerfung und Übertritt zum Christentum, die Taufe Widukinds fand 785 in Attigny statt.*
Bild linke Seite: *Tassilokelch. Als Tassilokelch bezeichnet man einen im Stift Kremsmünster aufbewahrten Kelch, der um 780 von dem bayerischen Herzog Tassilo III. (um 741-um 796) und seiner Gemahlin Liutpirga (vor 750-793)gestiftet wurde. Die Inschrift am Fuß lautet: „TASSILO DVX FORTIS + LIVTPIRC VIRGA REGALIS“, übersetzt: „Tassilo, tapferer Herzog + Liutpirg, Jungfrau königlichen Geblüts“. Aufgrund dieser Inschrift wird auch angenommen, dass es sich um den Hochzeitskelch von Tassilo handeln könnte. Tassilo III. war der letzte bayerische Herzog aus dem Geschlecht der Agilolfinger und ein Vetter Karls des Großen. Herzog blieb Tassilo III., bis er im Jahr 787 von Karl aus politischen Gründen (geplantes Bündnis mit den Langobarden zur Sicherung der bayerischen Eigenständigkeit; später Kooperation mit den Awaren) zum Lehnsmann degradiert wurde. Im Jahr 788 wurde Tassilo durch einen lehnsrechtlichen Prozess in der Ingelheimer Pfalz wegen der Vorgänge von 763 und seines Bündnisses mit den Awaren in Anwesenheit seiner Landsleute erst zum Tode verurteilt, später begnadigt und endgültig in die Abtei Jumièges verbannt. Es ist unsicher, wann und wo Tassilo gestorben ist. Möglicherweise verbrachte er die letzten Jahre seines Lebens im Kloster Lorsch als einfacher Mönch. In der inzwischen zerstörten Basilika soll sich eine Grabinschrift befunden haben, die sich auf Tassilo bezog.*

Kaiserkrönung Karls des Großen (747-814) am 25. Dezember 800. Karl I. wird durch Papst Leo III. in Rom zum Kaiser des Heiligen Römischen Reiches gekrönt. Französische Miniatur aus dem 15. Jh.

burg an der Diemel erobert; die Irminsul, das zentrale heidnische Heiligtum, wird zerstört. Die Sachsen zerfallen in vier Gruppen: Engern, West- und Ostfalen, Nordalbingier. Sie sind die größte germanische Völkerschaft, die sich noch außerhalb des fränkischen Reiches befindet.

773-774: Karl der Große zieht gegen die Langobarden, von Papst Hadrian I. zu Hilfe gerufen, der sich weigert, der Forderung von König Desiderius nach Salbung der Söhne Karlmanns zu fränkischen Königen zu entsprechen und deshalb von den Langobarden bekriegt wird. Pavia wird erobert. Desiderius wird in ein Kloster verbannt; das langobardische Reich wird dem fränkischen angegliedert (neuer Titel Karls: rex Francorum et Langobardorum, König der Franken und Langobarden). Der Titel „Patricius Romanorum" wird ihm von Hadrian I. gegen Erneuerung der Pippinschen Schenkung verliehen. Sächsischer Aufstand gegen die fränkische Oberhoheit. In den folgenden Jahren kommt es immer wieder zu Erhebungen der Sachsen, sobald die fränkischen Heere wieder abgezogen sind.

781: Karl der Große setzt seinen Sohn Pippin als Unterkönig in Italien ein, seinen Sohn Ludwig in Aquitanien.

781: Karl der Große beruft den angelsächsischen Mönch Alkuin, eine der bedeutendsten Gelehrtenpersönlichkeiten dieser Periode, von der Domschule in York an den fränkischen Hof.

782: Machtvolle Erhebung sächsischer Frilinge und Liten, von Widukind geführt, gegen die fränkische Herrschaft. Nachdem die Sachsen im Norden des Süntels eine fränkische Heeresabteilung geschlagen haben, wirft Karl der Große den Aufstand nieder und lässt bei Verden eine große Zahl Aufständischer hinrichten. Die Quellen sprechen von 4500 Toten.

783-785: Karl der Große zieht erneut gegen die Sachsen, die bei Detmold und an der Haase überwältigt werden, und verwüstet weite Landstriche bis zur Elbe. Er legt in Sachsen sein Heer in Winterquartiere; der sächsische Widerstand bricht zusammen.

785: Der Edeling Widukind, der sich an die Spitze der sächsischen Bauern gestellt hatte, folgt einer Einladung Karls des Großen an den fränkischen Hof in Attigny und wird getauft. Damit ist der noch bis 804 andauernde Kampf der Sachsen entschieden. Der Papst ordnet ein dreitägiges Dankfest der Christenheit an.

786: Erstmals ist die Bezeichnung „theodisca lingua" für die nicht lateinisch oder romanisch sprechenden Völker belegt.

788: Karl der Große nimmt den gegen die fränkische Oberhoheit rebellierenden Herzog Tassilo von Bayern, seit 766 verheiratet mit der Tochter des langobardischen Königs Desiderius, der das bayerische Herzogtum zu verselbstständigen sucht und 787 von Karl dem Großen zur Leistung des Vasalleneids gezwungen wurde, auf der Reichsversammlung zu Ingelheim fest und schickt ihn in ein Kloster; Beseitigung des letzten Stammesherzogtums, Einführung der Grafschaftsverfassung in Bayern.

790-792: Entstehung der „Libri Carolini".

795: Karl der Große gründet nach der Niederlage des Grafen Wilhelm von Toulouse bei Narbonne gegen die Araber die Spanische Mark, die in der folgenden Zeit die Gebiete von Barcelona bis Pamplona und bis zum Ebro erfasst.

795-796: Markgraf Erich von Friaul und Pippin, Sohn Karls des Großen, unterwerfen das Awarenreich, dessen Häuptlinge die fränkische Herrschaft anerkennen müssen, aber noch bis 803 Plünderungszüge unternehmen. Erbeutung großer Schätze.

795-805: Bau der Aachener Pfalzkapelle durch Odo von Metz in Anlehnung an das Schema des byzantischen Zentralbaus.

797: Karl der Große erlässt das „Capitulare Saxonicum", das Maßnahmen zur Unterwerfung der Sachsen unter die fränkischen Herrschaft enthält.

Seit Ende des 8. Jh.: Gebrauch des Wortes „diutise" (im späteren Neuhochdeutschen: deutsch, lateinische Form: lingua theodisca; 786 belegt) als Bezeichnung für die Sprache der germanischen Bewohner des fränkischen Reichs. Dieses Wort bezeichnet die Volkssprache im Gegensatz zum Latein und zu den romanischen Sprachen.

800: Karl der Große zieht nach Italien, um die gegen den Papst vorgebrachten Beschwerden zu prüfen. Am 25. Dezember 800 krönt Leo III. Karl den Großen in der Peterskirche zu Rom zum Kaiser. Die hegemoniale Stellung Karls des Großen als Beherrscher des fränkischen Großreichs findet im Kaisertum seinen staatsrechtlichen Ausdruck, dessen materielle Machtgrundlagen nördlich der Alpen liegen. Karl der Große will zudem als Kaiser dem byzantischen Kaiser, der als Nachfolger der römischen Kaiser Herrschaftsansprüche auf das ehemalige römische Gesamtreich ableiten kann, gleichberechtigt gegenüberstehen. Der byzantische Kaiser wertet die Kronung Karls des Großen als Usurpation.

Seit 804: Der hervorragendste Gelehrte des 9. Jh., Hrabanus Maurus, nimmt seine Tätigkeit an der Klosterschule in Fulda auf. Er erhält später wegen seiner auf den sog. Kirchenvätern aufbauenden Schriften über die Klerikerbildung den Ehrentitel „Praeceptor Germaniae" (Lehrer Germaniens).

806: Karl projektiert eine Reichsteilung unter seine drei Söhne, die aber durch den Tod Pippins 810 und Karls 811 hinfällig wird.

812: Vertrag von Aachen zwischen Karl dem Großen und dem byzantischen Kaiser. Nach langen Kämpfen mit den Byzantinern in Italien erkennt der oströmische Kaiser Michael die Kaiserwürde Karls an, der auf Venedig, Dalmatien und in seinem Kaisertitel auf die Bezeichnung „Romanum imperium gubernans" verzichtet; d. h. Byzanz wird als alleiniger legitimer Nachfolger des römischen Reiches anerkannt.

814-840: Ludwig der Fromme; er stützt sich besonders gegen die weltlichen Adligen auf die an der Reichseinheit interessierte Kirche; unter seiner Herrschaft kommt es wiederholt zu Reichsteilungen, die Anlass zu Auseinandersetzungen zwischen seinen Söhnen geben. Unter dem Einfluss seiner Berater beginnt er eine umfassende kirchliche und weltliche Reformgesetzgebung.

817: Ludwig der Fromme bestimmt in der „Ordinatio imperii" seinen Sohn Lothar I. zum Mitkaiser und sichert ihm bei seinem Tod die Oberherrschaft über seine Brüder zu. Ludwig versucht damit, das Auseinanderfallen des Reiches aufzuhalten und die Reichseinheit, an der die im gesamten Reich über Grundbesitz verfügende Geistlichkeit interessiert ist, zumindest formal zu wahren.

818: Ein gegen die Ordinatio gerichteter Empörungsversuch des Königs Bernhard von Italien wird im Keim erstickt.

819: Vollendung der Ingelheimer Kaiserpfalz, eines typischen karolingischen Profanbaus; die Königshalle dient als Versammlungsort (Wandmalerei mit historischen Motiven). Ihr Vorbild ist der kirchliche Bautypus (querschiffslose Basilika).

Um 820: Ein unbekannter Meister entwirft den allerdings nicht ausgeführten Bauplan für das Kloster St. Gallen, dessen quadratischer Schematismus charakteristisch für die Bauweise der Zeit ist. Der Plan dieser und ähnlicher Klosteranlagen nimmt oft das römische Militärlager zum Vorbild.

822: Das 815 östlich von Höxter an der Weser gegründete, 822 auf das andere Weserufer verlegte Kloster Corvey ist das erste Benediktinerkloster in Sachsen.

823: Papst Paschalis I. krönt Lothar I., den Ludwig der Fromme zum Regenten in Italien ernannt hat, in Rom zum Kaiser.

824: In der „Constitutio Romana" sichert Lothar I. die 817 von Ludwig preisgegebenen kaiserlichen Rechte im Kirchenstaat.

829: Entgegen den Bestimmungen der Ordinatio stattet Ludwig der Fromme auf dem Wormser Reichstag seinen nachgeborenen Sohn Karl den Kahlen mit Gebietsanteilen aus; dagegen lehnen sich die älteren Söhne gewaltsam auf.

Nach 830: Abfassung des Heliands in altsächsischer Sprache (6000 Stabreimverse) mit der Darstellung des Lebens von Jesus Christus (Heiland), um den christianisierten Sachsen das Christentum durch Umdeutung heidnisch-germanischer Vorstellungen bzw. Einrichtungen im christlichen Sinne in einer ihnen verständlichen Form nahe zu bringen.

833: Ludwig der Fromme unterliegt bei Colmar gegen seine aufständischen Söhne; er ist damit abgesetzt, unterzieht sich einer öffentlichen Kirchenbuße und verzichtet auf die Herrschaft.

834: Ludwig der Deutsche und Pippin fürchten die Übermacht Kaiser Lothars I. und setzen Ludwig den Frommen als Kaiser wieder ein. Lothar I. unterwirft sich; sein Herrschaftsgebiet wird auf Italien

Ludwig der Fromme (778-840) auf einer Elfenbeinarbeit, entstanden um 820, Kunstmuseum Dijon. Der Kaiser des Heiligen Römischen Reiches teilte 817 durch „ordinatio imperii" (Gliederung des Reiches und Erbfolgeordnung) wie ein Grundherr sein Reich unter seine Söhne Ludwig, Lothar (Mitkaiser und Nachfolger) und Pippin, änderte aber zugunsten seines Sohnes Karl aus zweiter Ehe die Teilung ab, sodass es zur Empörung der drei älteren Brüder gegen den Vater kam, der auf dem Lügenfeld bei Colmar besiegt und gedemütigt wurde (öffentliche Kirchenbuße) und nur durch die Uneinigkeit der Sieger den Thron behaupten konnte. Nach seinem Tod entstand ein Bruderkrieg, die Reichsteilung wurde durch den Vertrag von Verdun 843 festgelegt.

beschränkt. Die Normannen plündern Friesland (Dorestad) und das Gebiet um die Loire (Noirmoutier). Im 9. Jh. unternehmen die Normannen häufig Raubzüge weit in das Innere des fränkischen Reichs, das durch die schweren inneren Kämpfe unter den Nachfolgern Ludwigs des Frommen geschwächt ist und über keine Flotte verfügt.

839: Nach Pippins Tod teilt Kaiser Ludwig der Fromme das Reich zugunsten Karls des Kahlen und Lothars I. Ludwig der Deutsche, der nur Bayern behält, empört sich, wird aber unterworfen.

840: Nach dem Tod Kaiser Ludwigs des Frommen kämpfen die Söhne um das Erbe. Gegen Lothar I., der entsprechend der Ordinatio imperii von 817 die volle Kaisergewalt fordert, empören sich seine Brüder Karl der Kahle und Ludwig der Deutsche.

841, 25. Juni: Ludwig der Deutsche und Karl der Kahle schlagen das Heer ihres Bruders Lothar I. bei Fontenay (Fontanetum; südwestlich von Auxerre) entscheidend.

842, 14. Febr.: In den sog. Straßburger Eiden, den ältesten Denkmälern für das Altfranzösische und Althochdeutsche, bekräftigen Ludwig der Deutsche und Karl der Kahle ihren Bund gegen Lothar. In diesen Sprachdenkmälern findet die sich anbahnende selbstständige Entwicklung des westlichen und des östlichen Reichsteils Ausdruck.

843, Aug.: Vertrag von Verdun. Kaiser Lothar I. erhält Italien und nördlich der Alpen einen Landstreifen von der Zuidersee bis zur provenzalischen Küste mit Rom und Aachen; Ludwig der Deutsche übernimmt die ostrheinischen Gebiete außer Friesland, dazu Gebiete der Bistümer Mainz, Speyer und Worms; Karl der Kahle erhält die westlichen Reichsgebiete, westlich von der Schelde, Maas, Saône und Rhone. Kaiser Lothar I. muss auf die Oberhoheit über seine Brüder verzichten, die mit ihm gleichberechtigt herrschen. Es bilden sich drei voneinander weitgehend unabhängige Königreiche. Die historische Bedeutung des Vertrages besteht darin, dass er den Zerfall der Reichseinheit endgültig besiegelt und die Voraussetzungen für die Entstehung des deutschen und

Karl II. der Kahle (823-877) thront zwischen zwei Waffenträgern und den weiblichen Personifikationen der Länder Francia und Gotia. Miniatur, Reims um 870, Codex Aureus von St. Emmeram, heute München, Bayerische Staatsbibliothek. König des westfränkischen Reiches (840-77) und Römischer Kaiser (875-77). Der vierte Sohn Ludwigs des Frommen erhielt 843 im Vertrag von Verdun den Westen des fränkischen Reiches zugesprochen, der sich in der Folge zum Königreich Frankreich entwickelte. 870 teilte er sich mit Ludwig dem Deutschen das Reich Lothars II. 875, nach dem Tod Kaiser Ludwigs II., des Sohnes Lothars, erhielt Karl Italien und wurde in Rom von Papst Johannes VIII. zum Kaiser gekrönt. Karl wurde beim Versuch, die Grenze bis zum Rhein vorzuschieben, 876 von Ludwig III. bei Andernach zurückgeschlagen.

französischen Staats beinhaltet, die sich in den nächsten Jahrhunderten vollzieht.

843-876: Ludwig der Deutsche, Sohn Ludwigs des Frommen; unter seiner Herrschaft vollzieht sich eine weitgehend selbstständige Entwicklung des ostfränkischen Reiches, in dem sich allmählich eine politische Einigung der späteren deutschen Stämme anbahnt.

855, 29. Sept.: Tod Kaiser Lothars I. Teilung des Mittelreichs unter seine Söhne: der von Papst Leo IV. zum Kaiser gekrönte Ludwig II. behält Italien; Lothar II. (855-869) erhält das Gebiet von den Maas- und Moselquellen bis zur Nordsee (Lothari regnum, Lothringen); Karl werden Burgund und die Provence zugesprochen.

862: Die Magyaren greifen zum ersten Mal das ostfränkische Reich an.

863: Tod Karls, des Sohnes Lothars I.; sein Reich (Burgund, Provence) wird zwischen Ludwig II. und Lothar II. geteilt.

870, 8./9. Jan.: Vertrag von Meerssen. Nach dem Tod Lothars II. (869) wird Lothringen zwischen dem Westfranken Karl dem Kahlen und Ludwig dem Deutschen geteilt, der den östlichen Teil Lothringens mit Aachen, Köln, Trier und Metz und einen Teil Frieslands erhält.

875: Mit dem Tod Kaiser Ludwigs II. erlischt die in Italien regierende Linie der Karolinger. Karl der Kahle zieht nach Italien und wird am 25. Dezember vom Papst zum Kaiser gekrönt.

876: Nach dem Tod Ludwigs des Deutschen teilen seine Söhne das ostfränkische Reich: Karlmann (876-880) erhält Bayern und die südöstlichen Marken; Ludwig III., d. J., werden Ostfranken, Thüringen und Sachsen übertragen; Karl III., der Dicke (876-887), bekommt Alemannien und Rätien; Karl der Kahle versucht Lothringen zu erobern, wird aber von Ludwig III., d. J., bei Andernach geschlagen.

880: Nach dem Tod Karlmanns fällt Bayern an Ludwig III., d. J.; Arnulf, der uneheliche Sohn Karlmanns, behält nur Kärnten. Vertrag von Ribémont. Ludwig III., d. J., erreicht nach erfolgreichen kriegerischen Aktionen gegen Karl den Kahlen von Frankreich in den Verträgen von Verdun (879) und Ribémont (880) die Eingliederung des westlichen Teils von Lothringen in sein Herrschaftsgebiet. Die nun geschaffene Grenze zwischen dem entstehenden deutschen und französischen Staat besteht im Wesentlichen während des ganzen Mittelalters.

881: Papst Johannes VIII. krönt Karl III., den Dicken, auf seinem 2. Italienzug zum Kaiser.

882: Karl III., der Dicke, übernimmt nach dem Tod seiner Brüder Karlmann (884) und Ludwig III., d. J. (882), deren Gebiete und wird damit Herrscher des gesamten ostfränkischen Reichs. Karl III. schließt die Wikinger in Elsloo (Friesland) ein. Trotz günstiger militärischer Lage erkauft er ihren Abzug, ohne künftige Einfälle verhindern zu können. Ihr Führer Gottfried wird später ermordet (885). Damit endet die Herrschaft der Wikinger in Friesland.

885: Nach dem Tod der westfränkischen Könige, der Enkel Karls des Kahlen, Ludwig III. (882) und Karlmann (884), bietet der Adel

Karl III., dem Dicken, die Krone an. Damit vereinigt Karl III. das Reich Karls des Großen (außer Niederburgund) noch einmal.

887: Reichstag zu Tribur. Der ostfränkische Adel zwingt den unfähigen Karl III., den Dicken (888 gestorben), zur Abdankung und erhebt Arnulf von Kärnten, einen unehelichen Sohn Karlmanns von Bayern, zum König. Weiterer Schritt auf dem Wege zur Abtrennung des westfränkischen Reiches vom ostfränkischen.

888: Tod Karls III.

891, Okt.: Arnulf von Kärnten besiegt bei Löwen an der Dyle die Normannen, die seitdem nicht mehr in das ostfränkische Reich einfallen.

900: Die Ungarn fallen in Bayern ein. Es folgen fast jährlich weitere Raubzüge, durch die weite Gebiete von Kärnten, Sachsen, Thüringen und Schwaben verwüstet werden.

900-911: Ludwig IV., das Kind, Sohn Arnulfs von Kärnten; der ostfränkische Episkopat und weltliche Große erheben den sechsjährigen Ludwig in Forchheim zum König im ostfränkischen Reich. Die Regentschaft übernehmen Erzbischof Hatto von Mainz und Bischof Salomo III. von Konstanz. Unter seiner Herrschaft erstarken die im Abwehrkampf gegen die Ungarn mächtig gewordenen Stammesherzogtümer weiter. Einige Adelsfamilien treten in den Vordergrund: Burchardinger in Schwaben; Liutpoldinger in Bayern, Liudolfinger in Sachsen, Konradiner in Franken.

911-917: Mit seinem Versuch, die Zwischengewalt der sog. jüngeren Stammesherzogtümer auszuschalten, löst König Konrad deren Erhebung aus, gegen die er nur mit wechselndem Erfolg agiert.

911, Nov.: In Forchheim wird Konrad mit maßgeblicher Beteiligung des ostfränkischen Episkopats unter Umgehung des einzigen legitimen Karolingers Karl des Einfältigen von Franken und Sachsen, denen sich dann die Schwaben und Bayern anschließen, zum König gewählt. Der Bruch mit dem karolingischen Erbrecht bedeutet einen weiteren wichtigen Schritt auf dem Wege zum deutschen Staat.

918: Unter Umgehung seines Bruders Eberhard, der Herzog in Franken wurde, designiert Konrad I. vermutlich kurz vor seinem Tod (23. Dezember 918) den mächtigsten seiner Widersacher, Herzog Heinrich von Sachsen, in richtiger Einschätzung der tatsachlichen Kräfteverhältnisse zum Nachfolger.

Eine Gruppe von mit Lanzen bewaffneten Reitern zieht in die Schlacht. Durch die Verwendung von Steigbügeln und Sätteln, die das Tragen einer schweren Rüstung aus Metall erlaubten, wurde das fränkische Reiterheer fast unschlagbar. Die Abbildung zeigt eine Miniatur aus dem Goldenen Psalter von St. Gallen, einer der bedeutendsten Handschriften der Karolingerzeit (9. Jh.).

Germanen

Die ältesten Nachrichten über germanische Völker gehen auf den Griechen Pytheas zurück, der um 305 v. Chr. von Marseille aus eine Fahrt in die Nordsee unternahm und nach Thule (Westküste Norwegens) und wahrscheinlich nach Helgoland kam. Er berichtete, dass in Nordjütland Teutonen wohnten. Gegen Ende des 3. Jh. v. Chr. wurden auf ihrer Südostwanderung zum Schwarzen Meer Skiren und Bastarnen erwähnt, die von ihren Wohnsitzen im Gebiet der unteren Weichsel aufgebrochen waren. Die aus der jütischen Halbinsel abgewanderten Kimbern und Teutonen stießen 113 v. Chr. in Kärnten mit den Römern zusammen.

Es war dies das erste feindliche Zusammentreffen zwischen Römern und Germanen. In zwei großen Schlachten (102 v. Chr. bei Aquae Sextiae und 101 v. Chr. bei Vercellae) gelang den Römern unter Marius der entscheidende Sieg. Zu Beginn des 1. Jh. v. Chr. drangen Sweben unter Ariovist aus dem Gebiet der unteren Elbe über Main und Oberrhein in das östliche Gallien (Elsass) vor, wo sie von Caesar 58 v. Chr. geschlagen wurden. Nun geriet Gallien in den römischen Herrschaftsbereich, und das Vordringen germanischer Verbände nach Gallien wurde unterbunden. Bis zum Jahr 51 v. Chr. gelang es Caesar, den Rhein als Grenze zu festigen und ein Menschenalter der Ruhe herbeizuführen. Nach wiederholten Übergriffen rechtsrheinischer Verbände nach Gallien erlitt der römische Legat Marcus Lollius im Jahre 16 v. Chr. eine schmachvolle Niederlage durch Sugambrer, die wahrscheinlich von Usipetern und Tenkterern unterstützt wurden. Dieses Ereignis veranlasste Augustus zu groß angelegten Germanenzügen unter Drusus (12-9 v. Chr.) und Tiberius (4-6 n. Chr.). Das Ziel dieser Unternehmungen sollte eine Verschiebung der römischen Grenze bis zur Linie Elbe (Albis)–March (Marus)–Donau (Danuvius) sein. Drusus erreichte die Elbe zwar bei Magdeburg, starb aber auf dem Rückzug. Erfolgreicher war Tiberius, der über die Weser vordrang und im Jahre 6 n. Chr. mit Heer und Flotte bis zur Elbmündung kam. Als er gegen Marbod aufbrechen wollte, der die Markomannen und Quaden vor der von Drusus drohenden Gefahr nach Böhmen und Mähren geführt hatte, brach in Pannonien ein Aufstand aus, und Tiberius wurde an diesen neuen Schauplatz abberufen.

Unter Tiberius erreichten die Römer durch Föderativ- und Freundschaftsverträge eine lockere Angliederung germanischer Stämme zwischen Rhein und Elbe. Der Sieg der Cherusker, Chatten u. a. unter Arminius über drei Legionen des römischen Statthalters Quinctilius Varus im Jahre 9 n. Chr. verhinderte endgültig eine Ausdehnung des römischen Herrschaftsanspruches auf rechtsrheinisches Gebiet nördlich des Mains. Auch die Unterwerfungsversuche des Germanicus (14-16 n. Chr.) scheiterten trotz des Erfolges bei Idistaviso an der mittleren Weser. Nach dem Abzug des Germanicus standen sich in Germanien zwei Bünde unter Arminius und dem römerfreundlichen Marbod gegenüber. Marbod unterlag und floh zu den Römern. Ehe sich Arminius gegen diese wenden konnte, wurde er von Verwandten ermordet (19 oder 21 n. Chr.). Noch einmal kam es durch Civilis zu einem Aufstand der Bataver und anderer Stämme (69/70 n. Chr.). Danach waren die Germanen zunächst „befriedet", zumal mit dem Ausbau (83-145 n. Chr.) des Limes (Grenzwall, -mauer) ein Schutz gegen das freie oder große Germanien bestand (Germania libera bzw. Germania magna). Gegen Ende des 1. Jh. n. Chr. wurden unter Domitian die beiden römischen Grenzprovinzen Obergermanien (Germania superior) und Untergermanien (Germania inferior) eingerichtet. In diesen Gebieten vollzog sich die Romanisierung ziemlich schnell und strahlte auch auf benachbarte Territorien aus. In der Mitte des 2. Jh. durchbrachen den Limes Chatten, Markomannen (Kriegszüge des Kaisers Marc Aurel) und Langobarden, die ihr Kerngebiet an der unteren Elbe verlassen hatten. Im Jahre 213 werden Alamannen, auch Sweben genannt und aus den Semnonen hervorgegangen, am oberen Main erwähnt. Sie drangen um 260 über den Limes vor, eroberten das zwischen Oberrhein und oberer Donau gelegene Dekumatland und fielen wiederholt in Helvetien ein. Bald nach der Mitte des 3. Jh. traten die Franken, die aus mehreren Kleinstämmen zusammengewachsen waren, hervor und fielen 274 in Gallien ein. Die Eindringlinge konnte Kaiser Probus wieder zurückdrängen.

Eine Zeit der Ruhe setzte mit der Reorganisation der Grenzüberwachung durch Diokletian am Oberrhein und Konstantin dem Großen am Niederrhein ein. Dadurch konnten sich aber auch Alamannen und Franken für neue Vorstöße rüsten, die 352/353 den Rheinlauf entlang erfolgten. Kaiser Julian schlug die Alamannen bei Straßburg 357 und kämpfte auch erfolgreich gegen die Franken (Salier). In der Völkerwanderungszeit (ab 375) konnten die Römer die Grenzen nicht mehr halten und verschiedene germanische Stämme setzten sich in den römischen Gebieten fest.

Unter den germanischen Stämmen im Osten stachen die Goten hervor. Sie waren aus Skandinavien abgewandert und hatten um 100 n. Chr. ihre Wohnsitze an der unteren Weichsel. In der zweiten Hälfte des 2. Jh. brachen sie von dort aus nach Südosten auf und setzen sich am Dnjepr und am Schwarzen Meer fest. Ihre Einfälle ins römische Reich konnten in zwei Kriegen des Kaisers Decius (Mitte des 3. Jh.) nicht unterbunden werden.

In diesem Zeitraum teilten sich die Goten in Westgoten und Ostgoten. Zu Beginn der Völkerwanderung wichen die Westgoten dem Hunnenansturm auf römisches Gebiet aus (Thrakien) und siegten über Kaiser Valens bei Adrianopel (378). Unter den großen Wanderbewegungen der folgenden Zeit sind bemerkenswert die Züge der Westgoten nach Spanien und Südfrankreich, der Ostgoten nach Oberitalien, der Wandalen über Spanien nach Nordafrika, der Sweben in den Nordwesten der iberischen Halbinsel, aber auch der Angeln und Sachsen vom Festland nach England. Die Eroberung Roms durch Alarich I. (410 n. Chr.) und später noch einmal durch die Wandalen (455 n. Chr.) bedeutete eine moralische Erschütterung für die antike Welt. Die germanischen Stammesreiche auf römischem Boden gingen jedoch bald wieder unter.

Schriftliche Zeugnisse, Bodenfunde und ihre Deutung geben Aufschluss über wirtschaftliche und gesellschaftliche Verhältnisse, Religion und Recht, Dichtung und Kunst der Germanen vor allem in nachchristlicher Zeit. Auch hier sind allgemeine Aussagen schwierig, da vielfach die Kenntnis auf regionale Nachrichten und Untersuchungen beschränkt ist und nicht ohne weiteres auf eine Gesamtheit übertragen werden darf. Als Ausgangspunkt kann ein kritischer Kommentar zur Germania des Tacitus dienen. Das Innere Germaniens darf man sich vorwiegend als Waldland vorstellen, in das verstreute oder dicht beieinander liegende Siedlungsgebiete – durch Ödmarkengrenzen voneinander abgetrennt – eingebettet waren. Es scheint auch stadtartige Ansiedlungen gegeben zu haben. Befestigte Höfe- und Hofgruppen konnten archäologisch nachgewiesen wurden, ebenso verschiedene Haustypen. Ackerbau und Viehhaltung bildeten die wichtigsten Erwerbsquellen. Auf den vieleckigen oder rechteckigen, durch breite Streifen getrennten Ackerfluren wurden verschiedene Getreidearten (vor allem Gerste) und Hülsenfrüchte angebaut. Das Problem des sog. Agrarkommunismus ist noch immer ungelöst. Die Viehhaltung erstreckte sich auf alle Haustiere. Die Jagd scheint eine geringe Rolle gespielt zu haben. Zahlreich gefundene Eisenverhüttungsplätze setzen eine intensive Erzgewinnung und Eisenverarbeitung voraus, für die nur Berufshandwerker in Frage kommen. Das Schmiedehandwerk scheint hohes Ansehen genossen zu haben. Ein ausgedehnter Handel mit den Römern hat sich durch zahlreiche Funde römischer Importwaren (Gläser, Silberwaren u. a.) nachweisen lassen. Innerhalb einer egalitären Gesellschaft zeichnen sich vereinzelt Anfänge einer kriegerischen Herrschaftsbildung ab. In der Zeit um Christi Geburt hebt sich eine kleine, sozial hoch stehende Schicht ab. Sie dokumentiert sich in den Funden

Bild linke Seite: *Gürtel aus dem Arnegunde-Grab. Im Jahr 1959 wurde in der Basilika Saint-Denis bei Paris ein Sarkophag mit der außerordentlich reichen, gut erhaltenen Bestattung einer ungefähr 45 Jahre alten Frau gefunden. Ein am linken Daumen getragener goldener Ring mit der Inschrift ARNEGUNDIS REGINE ermöglichte die Identifikation der Toten. Arnegunde wurde um 515/520 geboren und starb um 565/570. Die Ehefrau des fränkischen Königs Chlothar I. war die Schwester von Chlothars erster Frau Ingund und Mutter von Chilperich I. Manche Forscher zweifeln jedoch aufgrund der Tierstilverzierungen einzelner Funde, die eigentlich in eine spätere Zeit gehören, an der Identität der Begrabenen.*

Bild rechts: *Chlodwig I. diktiert die Lex Salica; Miniatur aus den „Chroniken von St. Denis". Der Frankenkönig Chlodwig I. wurde 466 geboren und starb am 27. November 511. Das um 500 aufgezeichnete Thronfolgegesetz der salischen Franken setzte den aus dem salischen Recht abgeleiteten Ausschluss der weiblichen Glieder der Herrscherhäuser von der Thronfolge fest. Das Salische Gesetz ging in das französische, später auch in das deutsche Thronfolgerecht über. 1713 bis 1830 auch in Spanien bestimmend, setzte es sich jedoch nicht in England durch. Daraus sollten die englisch-französischen Auseinandersetzungen um den vakanten französischen Thron entstehen (1328), die schließlich zum Hundertjährigen Krieg führten.*

der sog. Fürstengräber, die bisher allerdings nur im östlichen Germanien gefunden wurden. In der Siedlung Feddersen-Wierde (bei Bremerhaven) fällt ein Herrenhof auf, dessen Besitzer eine wirtschaftlich begründete soziale Sonderstellung eingenommen hat. Auf der unteren sozialen Stufe hat es Unfreie und Sklaven gegeben. Das Bild der germanischen Gefolgschaft, das aus dem Bericht des Tacitus gezeichnet worden ist, muss wohl auf diese Skizze reduziert werden: Gefolgschaft war ein Anhang, den sich Fürsten in ihren Stämmen schufen und der sie im Krieg, aber auch bei friedlichen Zusammenkünften (Dingversammlung) begleitete. Auf Dingversammlungen wurden politische Entscheidungen getroffen und Recht gesprochen. Von den verschiedenen Todesstrafarten kann das Versenken im Moor durch zahlreich aufgefundene Moorleichen bestätigt werden. Rechtssatzungen wurden wahrscheinlich mündlich überliefert.

Die sog. germanischen Volksrechte entstanden erst seit dem 5. Jh. und lehnten sich stark an römisch-rechtliche und kanonische Vorstellungen an. Ihre germanischen Elemente sind nur schwer herauszuarbeiten. Zur Religion liegen antike Nachrichten und schriftliche Zeugnisse vor (Muttergottheiten gewidmete Steindenkmäler am Niederrhein und vereinzelte Runeninschriften). Wenige heidnische Reste bietet auch die literarische Überlieferung. Meist wird die altnordische Literatur (Lieder- und Snorra-Edda, Skaldik und Saga), in der sich ein stark mythologisierender Zug zeigt, zur Rekonstruktion germanischer religiöser Vorstellungen ausgewertet. Da sich außerdem verschiedene Forschungsrichtungen gegenüberstehen, kann ein einheitliches Bild nicht gezeichnet werden. Tacitus spricht von drei Hauptgottheiten der Germanen und nennt sie mit den Namen der entsprechenden römischen Götter: Merkur = Wodan (Odin), Mars = Ziu (Tyr) und Herkules = Donar (Thor). An anderen Stellen wird dieser Gott als Jupiter von den Römern interpretiert, und auch die frühe Übertragung der römischen Wochentagsnamen stützt diese Gleichsetzung. Tacitus erwähnt ferner Lieder auf einen erdgeborenen Gott Tuisto (Zwitter), dessen Sohn Mannus Stammvater der Germanen sei. Seine drei Söhne wiederum hätten den Kultverbänden der Ingäwonen, Hermi(n)onen und Istäwonen den Namen gegeben. Von den Sweben berichtet Tacitus eine Kultfeier in einem heiligen Hain, in dem auch Menschenopfer stattfinden. Die dort verehrte Gottheit wird nicht mit Namen genannt, man vermutet, sie sei Wodan oder Ziu. Im norddeutschen-süddänischen Bereich gab es einen Kultverband, der die Nerthus, die Mutter Erde, verehrte. Sie wurde in Gestalt einer Götterfigur auf einem von Kühen gezogenen Wagen umhergefahren. Friede und Ruhe während der kultischen Umfahrt deuten auf einen Fruchtbarkeitskult. Germanische Dichtung vor der Bekehrung ist nicht erhalten, doch werden Helden- und Preislieder in der Literatur seit Tacitus erwähnt. Von den wenigen Beispielen plastischer Kunst sind aus der Zeit um Christi Geburt einige holzgearbeitete menschliche Figuren zu erwähnen (Götterpaar von Braak bei Eutin). Reste von Malerei haben sich nicht erhalten. Sicher waren die Runensteine farbig ausgemalt. Schmuckstücke und Waffen der Völkerwan-

Bild oben: *Die Weihkrone von Rekkeswinth, König der Westgoten, aus dem Schatz von Guarrazar. Rekkeswinth starb am 1. September 672. Der ostgermanische Volksstamm der Westgoten (eigentlich: Wisigoten = die wackeren Goten) hatte 418 ein Reich in Südwestgallien begründet, wurde jedoch von den Franken 507 nach Spanien verdrängt. Dort schufen die Westgoten ein neues Reich (Hauptstadt Toledo), das 586 zum Katholizismus übertrat und schließlich mit der ibero-romanischen Bevölkerung verschmolz.*

Bild rechte Seite oben: *Sechsteiliger Spangenhelm (Typ Baldenheim), ca. 500 n. Chr. (St. Vid/Narona II), Kunsthistorisches Museum Wien. Aufgrund ihrer prunkvollen Ausstattung wird gelegentlich spekuliert, dass es sich bei den Baldenheimer Spangenhelmen lediglich um Prunkhelme gehandelt habe, die nicht primär zum Kämpfen gebraucht wurden. Dies wird jedoch durch sichtbare Kampfspuren auf mehreren dieser Helme widerlegt.*

Bild rechte Seite unten: *Der byzantinische Kaiser Justinian I., Detail aus dem Chormosaik in San Vitale, Ravenna, datiert vor 547. Justinian I. wurde um 482 geboren und starb am 14. November 565. Seine Regierungszeit markiert eine wichtige Stufe des Übergangs von römischer Tradition zu byzantinischer Regierung; er legte den Grundstein zur Hagia Sophia.*

derungszeit lassen in Technik und Ornamentik Anregungen provinzialrömischen und byzantinisch-hellenistischen Kunsthandwerks erkennen (Kerbschnitt und Tiermuster, Glas- und Emaillefluss, Filigran und Granulation). Seit dem 6. Jh. überwiegt die Tierornamentik, die in mehreren Stilvarianten überliefert ist und im Norden bis ins 11. Jh. hinein beliebt war.

Völkerwanderung

Der Begriff bezeichnet die große Wanderbewegung besonders der germanischen Völker nach West- und Südeuropa, die vom 4. bis zum 6. Jh. dauerte und das politische Bild Europas völlig neu gestaltete. Als Anfang der Völkerwanderung wird allgemein der Einbruch der Hunnen in Europa 375 n. Chr. bezeichnet, Vorläufer der großen Bewegung waren jedoch bereits früher die Wanderungen der keltischen Stämme in die Donauländer, nach Italien und Kleinasien, auch die Züge der Zimbern und Teutonen sind hierzu zu zählen. Bereits seit der Mitte des 2. Jh. drängten die Germanen fortgesetzt gegen Rhein und Donau. Seit dem Ende des 3. Jh. drangen die Alemannen in das römische Zehntland ein, von wo sie sich westlich über den Rhein bis zu den Vogesen, nach Süden bis zu den Alpen und nach Osten bis zum Lech ausbreiteten. Die mittel- und unterrheinischen Germanenstämme, die Franken, stießen ebenfalls über den Fluss vor; unter ihrem König Chlodwig gründeten die salischen Franken das fränkische Reich.

Die an Weser und Elbe ansässigen sächsischen Stämme unternahmen im 4. Jh. Raubzüge an die gallischen Küsten, gründeten dort im folgenden Jahrhundert Siedlungen und eroberten zusammen mit Angeln und Juten das von den Römern verlassene Britannien. Bajuwaren und Thüringer traten ab Anfang des 6. Jh. in ihren heutigen Gebieten in Erscheinung. Während diese Völker ihre ursprünglichen Wohnsitze nicht verlassen haben, sondern lediglich Teile von ihnen die eigentlichen Stammesgebiete ausweiteten, verließen die Völker des nordöstlichen Germaniens ihre Stammsitze gänzlich. Schon um 200 wanderten die Goten von der unteren Weichsel und der Ostsee zum Schwarzen Meer. Von dort fielen sie im Laufe des 3. Jh. mehrfach verheerend in die römischen Provinzen Mösien, Dakien, Griechenland und Kleinasien ein; von Konstantin dem Großen und anderen Kaisern wurden sie wiederholt geschlagen. Mit den Goten zogen andere germanische und auch nichtgermanische Stämme. Sie traten dann z. T. in römische Dienste gegen ihre Stammesgenossen, verbündeten sich aber stets wieder mit diesen gegen die Römer. Die Stämme zogen mit Weib und Kind, die Masse der Goten blieb zunächst im Gebiet zwischen Don und Donau. Dem Ansturm der Hunnen und Alanen konnte das Gotenreich des Hermanerich nicht standhalten, die Ostgoten unterwarfen sich den Hunnen, die Westgoten überschritten die Donau und durchzogen, teils im Bündnis, teils im Kampf mit den Römern, 395 n. Chr. die Balkanhalbinsel, Italien, Gallien und Spanien. 419 gründeten sie an der Garonne das erste aller germanisch-romanischen Reiche.

In den Gebieten nördlich der Donau waren die Hunnen das herrschende Volk. Das Hunnenreich erreichte seine größte Ausdehnung unter Attila, der alle Kräfte des Volkes zusammenschloss. Als er 451 die Donau aufwärts zog und in Gallien einbrach, wurde er von Theoderich I. und Aetius auf den Katalaunischen Feldern geschlagen. Nach Attilas Tod 453 zerfiel das Reich; Ostgoten, Langobarden und andere germanische Völker gewannen wieder das Übergewicht im Donauraum. Von dort zogen die Ostgoten nach Italien, wo sie ein starkes Reich gründeten, das allerdings nach dem Tod ihres bedeutendsten Königs, Theoderichs des Großen, 526 zerfiel. 568 gründeten die Langobarden ihr Reich. Es hielt sich bis zur Vereinigung mit dem fränkischen Reich Karls des Großen 774. Das Langobardenreich bildete die Grundlage der mittelalterlichen Entwicklung Italiens.

Die weitesten Züge unternahmen die Wandalen: Von Pannonien aus erreichten sie 406 Gallien, dann Spanien und 429 Nordafrika, wo sie sich ungefähr 100 Jahre hielten.

Etwa im Jahr 410 gründeten die Burgunder, die ursprünglich an der Warthe siedelten, um Worms ein noch ganz germanisches Reich. 443 wurden sie von Aetius geschlagen und an der Rhone angesiedelt. Neben dem weströmischen wurde das burgundische Reich ein Berührungspunkt zwischen Germanen und Romanen, bis es im 6. Jh. im fränkischen Reich aufging.

In die von den Germanen verlassenen Gebiete drängten slawische Stämme, die um 600 Elbe und Saale erreichten. Das mächtige Reich der Awaren an der unteren Donau wurde 796 von Karl dem Großen vernichtet. Gegen Ende des 7. Jh. kam

die Völkerbewegung zum Stillstand, nachdem die Bulgaren im Gebiet an der unteren Donau 679, die Serben und Kroaten in den noch heute nach ihnen benannten Gebieten um 620 sesshaft geworden waren.
Ausläufer der Völkerwanderung waren die Züge der Normannen gegen das fränkische Reich, der Waräger nach Russland und das Eindringen der Madjaren (Magyaren) in die ungarische Tiefebene. Als Ursachen der Völkerwanderung werden Landnot, kriegerischer Geist, aber auch die Kenntnis des warmen und damit für das Siedeln angenehmen Südens vermutet. Das Ergebnis war eine völlige Neuordnung der staatlichen, wirtschaftlichen, kulturellen und kirchlich-religiösen Verhältnisse Europas. Die Völkerwanderung schuf durch die Verschmelzung von Germanentum und Christentum mit dem antiken Kulturerbe die Grundlagen der mittelalterlichen Kultur, Wirtschaft und Gesellschaft.

Alkuin und die karolingische Renaissance

In Parma traf der fränkische König Karl der Große 781 mit dem angelsächsischen Gelehrten Alkuin zusammen und berief ihn ins Frankenreich. Alkuin initiierte als Leiter der fränkischen Hofschule die karolingische Renaissance. Stationen aus dem Leben Alkuins beschrieb 824, zwanzig Jahre nach Alkuins Tod, ein Mönch von Ferrières:
„Alkuin wurde von Erzbischof Eanbald (von York 781) nach Rom gesandt, um ihm das Pallium vom Papst zu holen. Nachdem er es für seinen Erzbischof erhalten hatte, reiste er in seine Heimat nach England zurück. Auf der Reise traf er den König Karl in Parma. Der König redete ihm eindringlich zu, nach Erledigung seines Auftrags zu ihm in das Frankenreich zu kommen. Karl kannte nämlich Alkuin schon seit längerer Zeit, da er ihm früher einmal durch seinen Lehrer vorgestellt worden war. Alkuin, der stets gerne dem Wohl anderer diente, sagte unter der Bedingung zu, dass sein König und sein Erzbischof damit einverstanden seien und dass er später wieder in seine Heimat zurück dürfe. So kam Alkuin unter Christi Führung zu König Karl. Der König umarmte ihn, als wäre er sein Vater, ließ sich von ihm in die freien Künste einführen, und wenn er vielleicht auch im Laufe der Zeit etwas nachließ, so wurde er des Lernens doch nicht völlig überdrüssig, dafür war sein Eifer zu groß.
Nachdem der König Alkuin einige Zeit in seiner unmittelbaren Umgebung festgehalten hatte, überwies er ihm zwei Klöster, Ferrières und St. Lupus zu Troyes. Alkuin wollte jedoch ohne die Genehmigung seines Königs und Erzbischofs nicht völlig die Zugehörigkeit zu dem Orte aufgeben, wo er erzogen, zum Mönch geschoren und zum Kleriker geweiht worden war. Er bat also den großen König, in seine Heimat zurückkehren zu dürfen. Da redete ihm Karl freundlich zu: ‚Ausgezeichneter Meister, wir besitzen irdischen Reichtum in Überfluss und würden uns freuen, euch damit wie unser Vater zu ehren. Dagegen bitten wir, durch himmlische Schätze, nach denen wir uns schon lange sehnen und von denen wir kaum je etwas gefunden haben, erleuchtet zu werden.‘ Darauf Alkuin: ‚Mein Herr und König, ich will deinem Wunsche nicht widerstreben, wenn nur die kirchlichen Satzungen eingehalten werden. Und besitze ich auch in meiner Heimat ein beträchtliches Erbgut von meinem Vater, so verzichte ich doch darauf und blei-

Bild links: *Hrabanus Maurus (links), unterstützt von seinem Lehrer Alkuin (Mitte), übergibt sein Werk „De laudibus sanctae crucis“ an Otgar von Mainz (rechts). Darstellung aus „Manuscriptum Fuldense“, um 830. Der angelsächsische Theologe und Philosoph Alkuin (um 730-19. Mai 804) setzte sich maßgeblich für die Ausbreitung der karolingischen Renaissance ein; er förderte die Septem Artes Liberales und verfasste Werke zu Grammatik, Orthografie, Rhetorik, Dialektik, Mathematik, Musik und Astrologie sowie Bibelkommentare und eine Textrevision der Bibel. Bedeutend war er auch bei der Entwicklung der karolingischen Minuskel, die sich im Frankenreich und darüber hinaus schnell durchsetzte.*
Bild rechte Seite links: *Der Evangelist Lukas aus dem Lorscher Evangeliar, um 810, heute in der Vatikanischen Bibliothek. Die karolingische Bilderhandschrift entstand vermutlich in der Hofschule Karls des Großen und war bedeutend für die Entwicklung der Buchmalerei.*
Bild rechte Seite rechts: *Abschrift einer althochdeutschen Passage der um 830 entstandenen poetischen Erzählung des Lebens Jesu „Heliand“; British Museum, London.*

be gerne arm bei dir, falls ich dir nur nützen kann; doch musst du dies bei meinem Könige und Bischöfe durchsetzen.' Der König stimmte schließlich Alkuins Gründen zu und ließ ihn ziehen, gab jedoch nicht nach, bis er seine abermalige Rückkehr und seinen ständigen Aufenthalt im Frankenlande erreicht hatte.

Nachdem geraume Zeit seit dieser Übersiedelung Alkuins verflossen war, wurde er zum Hirten des St.-Martins-Klosters bei Tours bestellt. Er stand dieser wie den übrigen Abteien, die ihm übertragen wurden, würdig vor und suchte den Lebenswandel seiner Untergebenen, soweit er nur konnte, zu bessern. Unablässig bemühte er sich, die Mönche, die er zuchtlos übernommen, zu einem vernünftigen und ehrbaren Lebenswandel zu bestimmen und sie mit der Liebe zur Weisheit zu erfüllen.

Vater Alkuin hat Kaiser Karl mit großer Sorgfalt in die Wissenschaft und die Heilige Schrift eingeführt, sodass er seit Christi Geburt der weiseste unter den Königen der Franken wurde. Er unterrichtete ihn auch Zeit seines Lebens, welche Psalmen er als Bußpsalmen mit den Bitt- und Fürbittgebeten, welche Psalmen er für seine persönliche Andacht, welche er zum Lobe Gottes, welche in irgendeiner Not oder schwierigen Lage und welche er, um sich im Preisen Gottes zu üben, singen solle. Wer Näheres hierüber wissen will, lese Alkuins Schriftchen an Karl über das Gebot.

In seiner Jugend las dieser Mann Gottes die Bücher der alten Philosophen und die Lügen des Vergil, die er [später] weder hören wollte und sie auch seine Schüler nicht lesen ließ: ‚Die Dichter Gottes mögen euch genügen, und ihr braucht euch nicht mit der üppigen Beredsamkeit Vergils beflecken.' Sigulf Vetulus versuchte heimlich, dies Verbot zu übertreten, wurde aber dafür öffentlich beschämt. Sigulf rief nämlich den Adalbert und Aldrich, die er zu erziehen hatte, zu sich, hieß sie insgeheim in seiner Gegenwart den Vergil lesen und verbot ihnen, irgendjemandem etwas davon zu erzählen, damit es nicht Vater Alkuin erfahre. Doch der berief den Sigulf wie sonst zu sich und fragte ihn: ‚Von wannen kömmst du, Jünger des Vergil? Warum hast du gegen unseren Willen und Rat den Vergil zu lesen begonnen und dies vor mir zu verbergen gesucht?' Da warf sich Sigulf dem Alkuin zu Füßen, bekannte, dass er äußerst töricht gehandelt, und bereute demütig sein Vergehen. Der gütige Vater nahm nach seinem Tadel die Genugtuung wohlwollend entgegen und ermahnte ihn nur noch, künftig solches nicht mehr zu tun. Noch heute bezeugt der würdige Abt Aldrich, dass er und Adalbert niemandem etwas von ihrer Vergillektüre erzählt, sondern der Weisung ihres Lehrers gemäß immer darüber geschwiegen hätten.

Auf Wunsch Kaiser Karls schrieb er ein sehr gutes Buch über die Dreifaltigkeit und außerdem über die Rhetorik, Dialektik und Musik; der Gundrada widmete er eine Schrift ‚Über die Seele', und auf Wunsch der beiden Damen Gisela und Hruodtrud stellte er aus eigenen Gedanken und Auszügen aus dem heiligen Augustin ein wundervolles Werk über das Evangelium des heiligen Johannes zusammen. Außerdem verfasste er Kommentare zu den vier Briefen Pauli an die Epheser, Titus, Philemon und die Hebräer und einen zu den Psalmen für Fredegis, dem Grafen Wido widmete er Homilien über die Hauptlaster und Haupttugenden, seinem lieben Sigulf sehr gute Erörterungen über die Genesis, die Sprüche Salomos, den Prediger und das Hohe Lied, alles trotz der Kürze durchaus lichtvoll. Ein sehr nettes Büchlein über die Grammatik schrieb er in Form von Fragen und Antworten

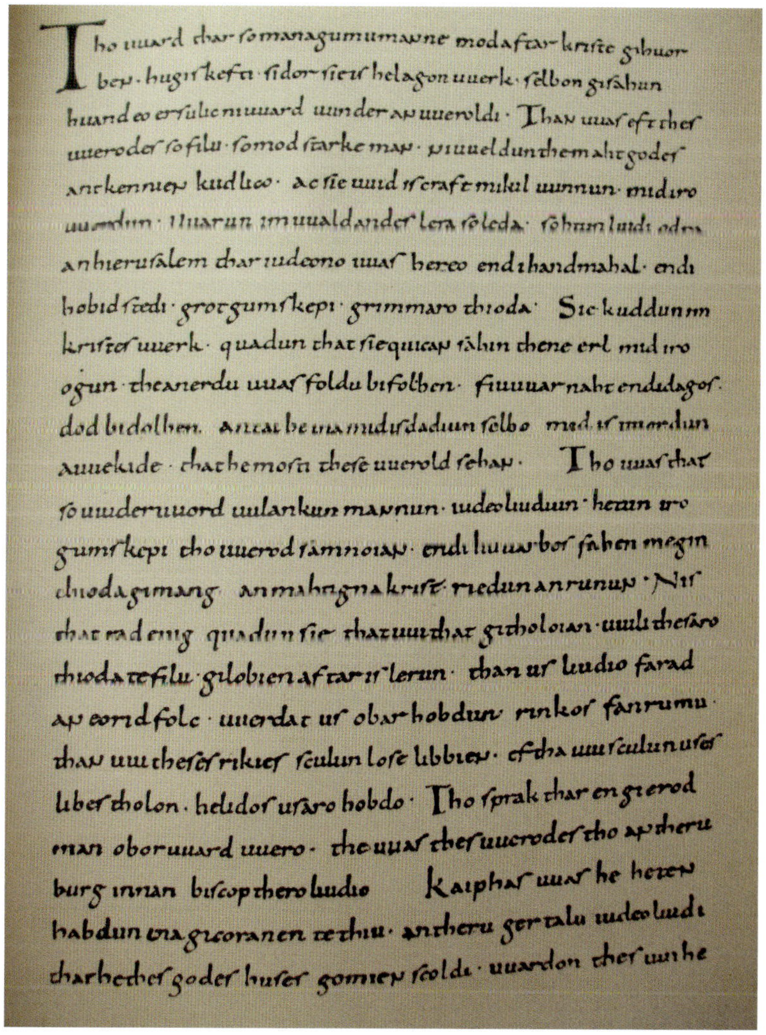

zwischen einem Franken und Sachsen. Aus einer großen Anzahl von Werken der Kirchenväter stellte er zwei Bände Homilien zusammen. Auch über die Orthographie verfasste er eine Schrift.
Über den hundertundachtzehnten Psalm schrieb er ganz wundervoll. Außerdem hat er noch viele Schriften abgefasst, in denen der aufmerksame Leser manches zu seiner Erbauung finden wird. Das Gleiche gilt auch von seinen Briefen, die er an die verschiedensten Persönlichkeiten geschrieben hat. – Auf diese Weise verbrachte er den Rest seiner Tage und führte auf Erden ein himmlisches Leben. Bis zum Schlusse wachsam erwartete er die Ankunft des Menschensohnes, um mit ihm einzugehen zur Hochzeit. Nächtens benetzte er sein Bett mit Tränen und schirmte sich alle Zeit durch die Fürbitte der Heiligen, deren Gedächtnis er Tag für Tag feierte, damit ihn keiner der Pfeile des alten Feindes treffe. Der konnte sich auch nicht so heimlich in sein Haus einschleichen, dass er von Alkuin unbemerkt blieb und nicht sofort durch das Kreuzzeichen vertrieben wurde.
Als Alkuin eines Nachts in der Stille wie gewohnt dem Psalmengebet obliegen wollte, ward er von schwerer Schläfrigkeit befallen. Nun erhob er sich von seinem Bette und warf sich seine Cappa um. Doch übermannte ihn die Müdigkeit alsbald wiederum, und er legte mit Ausnahme des Hemdes und der Hose alle Kleider ab. Als die Schläfrigkeit trotzdem nicht weichen wollte, ergriff er ein Weihrauchfass und begab sich zu der Stelle, wo das Feuer unter der Asche aufbewahrt wurde. Er füllte das Rauchfass mit glühenden Kohlen an und legte Rauchwerk darauf, sodass der ganze Raum mit süßem Wohlgeruch erfüllt wurde. Da erschien ihm der Teufel in sichtbarer Gestalt. Er war groß wie ein Riese, pechschwarz, hässlich und hatte einen Bart. Er schmähte nun Alkuin: ‚Was treibst du Heuchler Alkuin? Wozu suchst du dir vor den Menschen den Anschein eines Gerechten zu geben, während du doch ein Betrüger und großer Blender bist? Oder glaubst du dich durch deine Verstellung Christus angenehm zu machen?‘ Aber der Krieger Christi stand unüberwindlich mit David auf dem Turme, der mit Brustwehr gebauet, daran tausend Schilde hangen und allerlei Waffen der Starken, und rief mit himmlischer Stimme: ‚Der Herr ist mein Licht und mein Heil, wen soll ich fürchten? Er ist meines Lebens Stärke, vor wem soll ich zittern? Herr, höre mein Flehen, neige dein Ohr meinem Rufe, du mein König und Gott, weil ich dich, mein Herr, anrufe. Am frühen Morgen wirst du meine Stimme vernehmen …‘ Da ward der Feind endlich verjagt, und Alkuin legte sich nach Beendigung seines Gebetes zur Ruhe. Zu jener Stunde wachte ein einziger seiner Schüler, Waltramn, der noch heute lebt. Er beobachtete insgeheim den ganzen Vorgang und ist dessen Zeuge.“

Der Tod Karls des Großen

Am 28. Januar 814 starb Karl der Große in Aachen, Nachfolger und Alleinherrscher im Frankenreich wird sein Sohn Ludwig der From-

Bild links: *Idealbild des Königs des Fränkischen Reiches und römischen Kaisers Karl „des Großen“ (2. April 747 oder 748-28. Januar 814) mit erst lange nach seinem Tod hergestellten Teilen der Reichskleinodien, gemalt 1513 von Albrecht Dürer im Auftrag seiner Vaterstadt Nürnberg; Germanisches Nationalmuseum, Nürnberg.*
Bild rechte Seite: *Das Aachener Münster. Den Kern des heutigen Münsters bildet ein achteckiger Zentralbau (Oktogon), die Pfalzkapelle Karls des Großen. Odo von Metz begann 796 in des Kaisers Auftrag mit ihrer Errichtung nach dem Vorbild der byzantinischen Hofkirche San Vitale zu Ravenna, und zwar auf den Fundamenten einer von Pippin III. 752 erbauten Rundkirche. Diese wiederum stand auf der Anlage eines römischen Rundbades aus dem Jahre 100 n. Chr., das den frühen Christen zur Taufe gedient hatte. Das Münster repräsentiert das Selbstbewusstsein des karolingischen Reiches, das kräftig genug geworden war, die Vorbilder aus der von ihm überwundenen spätantiken und frühchristlichen Kultur zu übernehmen, sie aber in seinem Sinne umzugestalten und mit frischem Leben zu erfüllen. Karl wurde in der Pfalzkapelle – vermutlich in dem heute in der Michaelskapelle aufgestellten römischen Proserpina-Sarkophag – beigesetzt; die Grabstätte kann nicht mehr festgestellt werden. Kaiser Otto III., der 1002 ebenfalls in der Kirche beigesetzt wurde, soll Karls Gruft geöffnet haben; diese Szene ist auf einer Zeichnung des Historienmalers Alfred Rethel wiedergegeben. Der 1215 vollendete Karlsschrein auf dem Kapitelaltar im Chor barg ursprünglich Karls Gebeine und war ein religiöses und politisches Reichsheiligtum. Seit der Stauferzeit wurden an der Kirche Erweiterungen vorgenommen.*

me. Das letzte Lebensjahr schildern die „Annales Regni Francorum“ (788-793-829):
„Der Kaiser legte nun am nächsten Sonntag die königlichen Prunkgewänder an, setzte sich eine Krone auf das Haupt und schritt also herrlich geschmückt einher, wie es sich für ihn geziemte. Er ging zu der Kirche, die er selbst von Grund auf erbaut hatte, und begab sich an den Hochaltar, der zu Ehren unseres Herrn Jesus Christus geweiht war.
Der Kaiser befahl auf diesen Altar eine Krone, und zwar eine andere als er selbst auf dem Haupte hatte, niederzulegen. Nachdem er und sein Sohn geraume Zeit gebetet hatten, wandte sich der Kaiser vor allen geistlichen und weltlichen Würdenträgern an seinen Sohn, legte ihm zunächst ans Herz, Gott den Allmächtigen zu lieben und zu fürchten, in allem seine Gebote zu beobachten, die Kirchen des Herrn zu leiten und sie gegen böse Menschen zu schirmen.
Er hieß ihn auch gegen seine Schwestern, jüngeren Brüder, Neffen und alle Verwandte sich immer mild und erbarmungsvoll zu erweisen. Die Priester solle er gleich Vätern ehren, das Volk wie seine Kinder lieben, die Hochmütigen und Schlechten auf den Weg des Heiles zwingen, den Klöstern ein Tröster und den Armen ein Vater sein; die Ämter gottesfürchtigen Männern anvertrauen, die ungerechte Geschenke verabscheuten, niemand ohne vernünftigen Grund seiner Würden und Ämter entsetzten und sich jederzeit vor Gott und allem Volke als untadeliger Herrscher erwiesen.
Nachdem er dies und noch manch anderes vor allen Anwesenden zu seinem Sohne gesagt hatte, fragte er ihn, ob er seinen Worten gehorchen wolle. Ludwig antwortete, er sei fest dazu entschlossen und wolle mit Gottes Hilfe allen Weisungen seines Vaters folgen. Daraufhin befahl ihm sein Vater, die Krone mit eigener Hand vom Altare zu nehmen und eingedenk der eben empfangenen Ermahnungen sich aufs Haupt zu setzen. Ludwig tat es. Sie wohnten dann noch einem Hochamte bei, worauf sie zur Pfalz zurückgingen.
Bei dem Hin- wie Rückwege stützte der Sohn den Vater. Nach einigen Tagen ehrte Kaiser Karl seinen Sohn mit zahllosen, herrlichen Geschenken und entließ ihn hierauf nach Aquitanien. Beim Abschied umarmten und küssten sie sich und vergossen Tränen süßer Liebe. Pippins Sohn Bernhard übertrug der Kaiser Italien und gebot, ihn König zu nennen.
Auf des Kaisers Befehl hin hielten die Bischöfe durch ganz Gallien hin Synoden zur Besserung der kirchlichen Zustände ab; und zwar zu Mainz, Reims, Tours, Chalons sur Saône, Arles. Auf dem bereits erwähnten Reichstage zu Aachen wurden in Gegenwart des Kaisers die Satzungen, die auf jenen Kirchenversammlungen festgestellt wurden, in einer Gesetzessammlung vereinigt.
Als der Herr Kaiser Karl den Winter in Aachen zubrachte, schied er ungefähr im einundsiebzigsten Jahre seines Lebens, im siebenundvierzigsten Jahre seiner Regierung, im dreiundvierzigsten Jahre nach der Unterwerfung Italiens und im vierzehnten Jahre, nachdem er in der Tat Imperator und Augustus hieß, am 28. Januar aus dieser Welt.“

Hochmittelalter (919-1257)

10. Jh.: Aufzeichnung der in das 8. Jh. zurückreichenden sog. Merseburger Zaubersprüche. Zusammen mit anderen ähnlichen Spruchdichtungen zählen sie zu den ältesten literarischen Denkmälern der althochdeutschen Sprachperiode.
919-936: Heinrich I. Der historische Verdienst Heinrichs I. ist es, den Grundstein für eine starke Zentralgewalt gelegt und den Zusammenhalt zwischen den deutschen Stämmen entscheidend gefördert zu haben.
919-921: Gegen den ungeteilten Herrschaftsanspruch König Heinrichs erheben bayerische und ein Teil der schwäbischen Adligen Herzog Arnulf von Bayern zum Gegenkönig. Durch Zugeständnisse – vor allem hinsichtlich der Verfügungsgewalt über die Kirche – an die Herzöge von Bayern und Schwaben beschwichtigt Heinrich I. ihren Widerstand und erreicht ein Einvernehmen.
921, 7. Nov.: Vertrag von Bonn. In der Auseinandersetzung um den Besitz am Herzogtum Lothringen einigen sich König Heinrich I. und Karl III. von Frankreich vorübergehend und sichern sich gegenseitige Anerkennung zu. Lothringen bleibt beim westfränkischen Reich. Damit trennt sich endgültig der entstehende deutsche Staat von dem westfränkischen französischen Staat.
921-926: Erneute verheerende Einfälle der Magyaren (Ungarn) in Sachsen, Bayern und Schwaben. Heinrich I. erreicht gegen Freilassung eines ungarischen Großen und Zahlung eines Tributs einen neunjährigen Waffenstillstand. Um die Einfälle wirkungsvoll abwehren zu können, stellt Heinrich I. ein gepanzertes Reiterheer auf und legt Befestigungen besonders in Sachsen und Thüringen, aber auch in Schwaben, Bayern und Hessen an.
925: Nach dem Sturz Karls III. setzt sich Heinrich über die Bonner Vereinbarung hinweg und gliedert Lothringen als fünftes Herzogtum in das ostfränkische Reich ein.
928-929: Mit einem Eroberungszug gegen die Heveller, deren Hauptort Brandenburg erobert wird, beginnt die erste Phase der Ostexpansion, die durch Raubzüge gegen die Elbslawen gekennzeichnet ist.
929: In der berühmten „Quedlinburger Hausordnung“ bestimmt Heinrich I., dass künftig der älteste Sohn allein die Nachfolge antreten solle. Auf einem Umritt durch das Reich gewinnt Heinrich die Zustimmung der Großen.
932: Heinrich I. zieht gegen die Lausitz; 934 unterwirft er die Ukrer, die Tribut zahlen müssen.
933, 15. März: Heinrich I. schlägt mit einem Heer, an dem alle deutschen Stämme beteiligt sind, bei Riade die nach Ablauf des Waffenstillstands wieder in Sachsen und Thüringen eindringenden Ungarn in die Flucht. Dieser entscheidende Erfolg stärkt die Autorität Heinrichs I.
936-973: Otto I., der Große; er setzt die Politik Heinrichs fort, baut den deutschen Staat weiter aus und festigt ihn.
936, 7. Aug.: Die in der Aachener Kaiserpfalz Karls des Großen versammelten weltlichen Großen wählen Otto zum deutschen König; während die Erzbischöfe Hildebert von Mainz und Wigfried von Köln die Salbung und Krönung vornehmen, versehen die Herzöge erstmalig die Erzämter (Kämmerer, Truchsess, Mundschenk und Marschall).
938: Gegen den Versuch Ottos I., auf Kosten der Herzöge die Königsgewalt zu stärken, kommt es verschiedentlich zu Aufständen. So lehnt es Eberhard, der Sohn des 937 verstorbenen Herzog Arnulf von Bayern, der nun das bayerische Herzogtum übernimmt, ab, auf die Einsetzung der Bischöfe zu verzichten. Otto I. unterwirft ihn, übt künftig die Bischofsinvestitur selbst aus, nimmt das karolingische Reichsgut in Eigenbesitz und setzt Berthold, den Bruder Arnulfs, als Herzog von Bayern ein, dessen selbstständige Stellung beseitigt wird.
940: Nach der Niederwerfung des fränkisch-lothringischen Aufstands zieht Otto I. gegen König Ludwig IV. von Frankreich, den er im Kampf um Lothringen bis nach Burgund verfolgt. Bedeutende französische Herren huldigen Otto I., der 942 im Frieden von Visé (Maas) den mit Gerberga, der Witwe des Herzogs Giselbert von Lothringen, vermählten König Ludwig IV. ver-

Reitender König Heinrich I. mit Beizvogel (Zeichnung der noch in Fragmenten vorhandenen Stuckfigur des Dollingersaals von 1280 in Regensburg von Jeremias Grienewaldt 1611/14), Bayerische Staatsbibliothek. Heinrich stammte aus dem sächsischen Haus der Liudolfinger (Ottonen genannt). 912 wurde er Herzog der Sachsen. Er war ein Gegner Konrads I., der ihn trotzdem als Nachfolger empfahl. Heinrich setzte sich gegen den Gegenkönig Herzog Arnulf von Bayern durch, unterwarf Lothringen und begann die Unterwerfung der ostelbischen Slawen. Er zwang den Herzog von Böhmen zur Lehenshuldigung, gewann die Mark Schleswig zurück, legte besonders in Sachsen Burgen an („der Städtegründer“) und schlug die Ungarn (denen er Tribut gezahlt hatte, um inzwischen ein Reiterheer zu schaffen) 933 bei Riade. Er erwarb die Heilige Lanze, das älteste Stück der Reichskleinodien der römisch-deutschen Könige und Kaiser des Heiligen Römischen Reiches.

anlasst, auf Lothringen erneut zu verzichten.
944: Der Franke Konrad der Rote, mit Liutgart, einer Tochter Ottos I., vermählt, wird von Otto I. als Herzog in Lothringen eingesetzt. Damit wird die in der Folgezeit von Otto I. durchgeführte Politik erkennbar, die einzelnen Herzogtümer durch Übertragung an Familienangehörige eng an das Königtum zu binden.
947: Heinrich, ein Bruder Ottos I., wird als Herzog in Bayern eingesetzt.
948, Juni: Gründung der Bistümer Schleswig, Ripen, Aarhus in Dänemark und der Bistümer Oldenburg, Havelberg und Brandenburg im slawischen Gebiet, um die Christianisierung der in den eroberten Räumen unterworfenen Bevölkerung zu beschleunigen.
950: Liudolf, ein Sohn Ottos I., der 946 zum Nachfolger designiert wurde, wird Herzog von Schwaben. Otto I. unterwirft Herzog Boleslaw I. von Böhmen.
Seit 950-960: Das Zentrum der frühromanischen Bautätigkeit verlagert sich in das Herzogtum Sachsen, wo in Magdeburg, Hildesheim und Quedlinburg Dome bzw. Kirchen großen Ausmaßes entstehen und sich architektonische Neuerungen durchsetzen.
951: Otto I., der seine Macht auch über Italien auszudehnen sucht, zieht, nach einem Vorstoß 941, nach Italien. Als Anlass dient ein Hilfeersuchen Adelheids, der Tochter Rudolfs II. von Hochburgund und Witwe König Lothars von Italien, der Berengar II. von Ivrea, König der Langobarden, die Herrschaft über Italien streitig macht. Otto I., der Berengar in die Flucht schlägt, heiratet Adelheid und nennt sich zunächst in Anknüpfung an die Karolinger bis Anfang 952, der Zeit seiner Rückkehr nach Deutschland, „Rex Francorum et Langobardorum". Die von Otto I. gewünschte Kaiserkrönung wird von Papst Agapet II. abgelehnt.
953-954: Liudolfingischer Aufstand. Liudolf, Sohn Ottos I., Herzog von Schwaben, der seine Thronfolge durch die Ehe seines Vaters mit Adelheid gefährdet sieht, Konrad der Rote, Herzog von Lothringen, und Erzbischof Friedrich von Mainz erheben sich gegen Otto I. Die Lage verschärft sich, als 954 die Ungarn in Deutschland einfallen. Otto I. kann den Aufstand, der Franken, Bayern, Schwaben und Sachsen erfasst, niederwerfen. Der Aufstand zeigt, dass der Versuch Ottos I., sich die Herzogtümer durch Besetzung mit Verwandten zu verpflichten, an den partikularistischen Interessen der Stammesherzogtümer scheitert. Otto I. schafft sich nun gegenüber den Herzögen ein Gegengewicht in den geistlichen Fürsterzbistümern. Über die Bistümer und Reichsabteien, die reiche Schenkungen, Immunität und Königsschutz erhalten, mit Aufgaben der Reichsverwaltung betraut werden und Heeresdienst zu leisten haben, hat der König die Verfügungsgewalt (Reichskirchensystem).
955, 10. Aug.: Schlacht auf dem Lechfeld. Die Ungarn nutzen die durch die Kämpfe zwischen Otto I. und den Territorialherren bedingte vorübergehende Schwächung

Ungarischer Reiter, auf einem Goldgefäß, etwa 10. Jahrhundert. Die Magyaren (Ungarn) brachen ab dem ausgehenden 9. Jh. vom oberen Theiß-Gebiet aus immer wieder zu langen Plünderungszügen durch ganz Europa auf, die als Ungarneinfälle in die Geschichte eingingen. So überfielen sie unter anderem Gebiete in Bayern, Italien, Frankreich und Spanien. Ab 901 kehrten sie nicht wieder an die obere Theiß zurück, sondern siedelten sich am Plattensee an und eroberten in den nachfolgenden Jahrzehnten auch Gebiete der Marchia orientalis bis zur Enns (Ostösterreich) und der heutigen Slowakei.

Kaiser Otto I., „der Große" (912-973), Elfenbeinschnitzerei um 975.

des deutschen Staats aus, verwüsten Bayern und Schwaben und belagern Augsburg. Unter der Führung Ottos I. schlägt ein Heeresaufgebot aus fast allen Teilen Deutschlands, verstärkt durch ein tschechisches des 950 unterworfenen Herzog Boleslaw I., in der Schlacht auf dem Lechfeld (südlich von Augsburg) die Ungarn, die nun allmählich sesshaft werden und weitere Angriffe unterlassen. Der gemeinsame Kampf gegen die Ungarn zeigt die Stabilität des Staates und hebt das Ansehen Ottos I. beträchtlich, den Widukind von Corvey nach der Schlacht, sieben Jahre vor der Kaiserkrönung durch den Papst, als Imperator bezeichnet (sog. Heerkaisertum).

955, 16. Okt.: Schlacht an der Recknitz. Gegen die drohende Unterjochung erheben sich 955 die Obodriten, denen sich die Wilzen, Zirzipanen und Tollenser anschließen. Otto I. unterwirft sie in der Schlacht an der Raxa (Recknitz in Nordmecklenburg).

957-973: Der Benediktinermönch Widukind, in dem westfälischen Kloster Corvey, schreibt seine drei Bücher über die Geschichte der Sachsen vor und unter Heinrich I. und Otto I. (Res gestae Saxoniae).

961: Otto I. lässt seinen nachgeborenen, aus der Ehe mit Adelheid stammenden, noch nicht sechs Jahre alten Sohn Otto in Worms zum König erheben und in Aachen krönen. Bald darauf zieht er – vom Papst zu Hilfe gerufen – zum zweiten Mal nach Italien.

962, 2. Febr.: Kaiserkrönung Ottos I. in Rom. Nachdem Otto I. dem Papst den üblichen Sicherheitseid geleistet hat (Schutz der römischen Kirche und des Papstes; Befragung des Papstes bei Erlass neuer Verordnungen, die Rom oder den Papst betreffen; Wahrung des Besitzes des Kirchenstaates und dessen Verteidigung durch einen Statthalter), krönt Johann XII. Otto I. in Rom zum Kaiser, der im sog. Ottonianum am 13. Februar 962 die Pippinsche Schenkung und alle der Kirche vermachten Besitzungen bestätigt.

965, Jan.: Nach der Sicherung seiner Herrschaft kehrt Otto I. nach Deutschland zurück.

966: Der von seinen Gegnern vertriebene Papst Johann XIII. ruft Otto I. nach Italien zu Hilfe, der seinen 955 zum König erhobenen Sohn Otto II. dort 967 zum Kaiser krönen lässt und die Huldigung der langobardischen Fürsten von Capua, Benevent und Salerno entgegennimmt.

966-972: 3. Italienzug Ottos I.

967: Die Nonne Hroswitha von Gandersheim, die erste nachweisbare dichtende Frau in Deutschland, vollendet ein Epos über das Leben Ottos I.; außerdem verfasst sie eine Geschichte ihres Klosters sowie Dramen, Gedichte und Legenden nach antiken römischen Vorbildern.

967, 25. Dez.: Otto II. wird im Petersdom vom Papst zum Mitkaiser gekrönt.

968: Gründung des Erzbistums Magdeburg, nachdem Otto I. und Papst Johann XIII. auf der Synode von Ravenna (April 967) die christliche Mission in den eroberten slawischen Gebieten organisiert haben. Dem Erzstift Magdeburg werden die Bistümer Merseburg, Meißen, Zeitz, Brandenburg und Havelberg unterstellt.

Krönung von Otto II. (955-983) und seiner Ehefrau Theophanu (um 960-991). Elfenbeintafel, 982/983. Die wohl von Johannes Philagathos gestiftete Tafel betont die Gleichrangigkeit zwischen Otto und Theophanu. Sie tragen griechische Gewänder und empfangen ihre Kronen aus den Händen Christi. Erstmals im Abendland werden hier Kaiser und Kaiserin gleich groß dargestellt. Allerdings steht Theophanu auf der weniger vornehmen linken Seite des Heilands.

968-972: Ottos I. Vordringen nach Süditalien führt zu einem kriegerischen Konflikt mit Byzanz, der nach langem Ringen aber mit der Anerkennung von Ottos Kaisertum diplomatisch beigelegt werden kann.

972: Vermählung Ottos II. in Rom mit der byzantischen Prinzessin Theophano. Otto I. erhält die Anerkennung seines Kaisertums durch Ostrom. Wie Karl der Große übernimmt er den römischen Kaisertitel nicht.

973, 7. Mai: Nach einem letzten Hoftag in Quedlinburg stirbt Kaiser Otto I. und wird im Magdeburger Dom beigesetzt.

973-983: Otto II.; auf seine Regierung üben die Kaiserin Theophano, Erzbischof Willigis von Mainz und Bischof Dietrich von Metz bedeutenden Einfluss aus. Er hat zwar noch eine imperiale Machtstellung inne, doch kommt es unter ihm zu einer Schwächung des deutschen Königtums. Bei seinem Tod hat das ottonische Imperium seinen Höhepunkt bereits überschritten, wenn es Otto II. auch im Wesentlichen gelang, die väterliche Position in Deutschland und Oberitalien zu wahren.

974: Aufstand Herzog Heinrichs des Zänkers von Bayern gegen Otto II. Zusammen mit seiner Mutter Judith sucht Heinrich II. die Unabhängigkeit Bayerns wiederherzustellen. Zug Ottos II. gegen König Harald Blauzahn von Dänemark, der in Norddeutschland eingefallen ist, sich aber schließlich unterwerfen muss.

975: Otto II. fällt in Böhmen ein und bekriegt Herzog Boleslaw II., der den gegen Otto II. opponierenden Herzog Heinrich von Bayern, den Zänker, unterstützt.

976: Otto II. setzt Herzog Heinrich den Zänker auf einem Reichstag in Regensburg ab und überträgt das Herzogtum Bayern an Otto von Schwaben.

978: König Lothar III. von Westfranken nutzt einen Konflikt um das

Herzogtum Lothringen, um in einem handstreichartigen Unternehmen bis nach Aachen vorzustoßen; Otto demütigt ihn mit einem demonstrativen Heereszug bis vor die Tore von Paris.
978, März: Der Hoftag zu Magdeburg beendet die inneren Kämpfe der letzten vier Jahre; Herzog Heinrich von Kärnten wird des Landes verwiesen, sein Herzogtum erhält Otto, der Sohn Konrads des Roten. Heinrich der Zänker wird dem Bischof Volkmar von Utrecht zur Haft übergeben. Herzog Boleslaw II. von Böhmen leistet erneut den Treueeid.
980-983: Italienzug Ottos II. Er führt den von den Römern vertriebenen Papst Benedikt VII. nach Rom zurück, nennt sich seit 982 im Unterschied zu Otto I., der den römischen Kaisertitel nicht führte, „Romanorum imperator augustus"; er wendet sich nach dem von den Sarazenen verwüsteten Süditalien und erobert Bari und Tarent.
982, 13. (15.) Juli: Otto II. wird in der Schlacht bei Cotrone am Kap Colonne (Süditalien) vom Emir von Palermo, Abul Kassim, vernichtend geschlagen und kann sich gerade noch der Gefangennahme entziehen.
983, Mai-Juni: Auf dem Reichstag von Verona billigen die großen Feudalherren die Eroberungspolitik Ottos II., erheben seinen dreijährigen Sohn als Otto III. zum König und senden ihn zur Krönung nach Deutschland. Aufstand der Liutizen, Obodriten, Tschechen und südlichen Elbslawen gegen die Sachsen. Die Bischofssitze Brandenburg und Halberstadt werden als Stützpunkte der christlichen Mission zerstört, Hamburg wird niedergebrannt. In der Schlacht bei Stendal gelingt es sächsischen Aufgeboten, die Slawen am weiteren Vordringen zu hindern, die in den rechtselbischen Gebieten ihre politische Unabhängigkeit für etwa 150 Jahre behaupten können.
983, 24. Dez.: Die Erzbischöfe Willigis von Mainz und Johann von Ravenna krönen den dreijährigen Otto III. in Aachen.
983-1002: Otto III.; seine einseitig nach Italien ausgerichtete Politik schwächt die Position der Zentralgewalt und führt zu einer Stärkung der Partikulargewalten.

Heinrich II., der Zänker (973 oder 978-1024). Der Vetter Ottos III. war der letzte Herrscher aus dem sächsischen Haus.

984: Heinrich der Zänker, dem 976 das Herzogtum Bayern entzogen worden war, lässt sich nun, unterstützt von den Erzbischöfen von Trier, Köln und Magdeburg, Otto III. übergeben und nimmt mit König Lothar III. von Frankreich Verbindung auf, dem er Lothringen verspricht. Bald strebt er offen nach der Erhebung zum König, die seine Anhänger Ostern, am 23. April 984, in Quedlinburg vollziehen.
984, 29. Juni: Auf dem Reichstag zu Rohr (Thüringen) wird Heinrich der Zänker von Erzbischof Willigis von Mainz, der zu seiner Unterstützung die in Italien weilenden Kaiserinnen Adelheid und Theophano zurückrief, gezwungen, den König auszuliefern. Theophano wird Regentin in Deutschland. Heinrich der Zänker erhält Bayern nicht zurück.
985: Um die andauernde Opposition Heinrich des Zänkers zu beschwichtigen, der mit Herzog Heinrich d. J. um das bayerische Herzogtum kämpft, erhält er schließlich Bayern, das um einige Gebiete (Kärnten, italienische Marken) verkleinert wird, die Herzog Heinrich d. J. als Entschädigung zugesprochen werden.
991, Juni: Tod der Theophano, die zuletzt eine kaiserliche Herrschaft ausgeübt und als „Theophano von Gottes Gnaden Kaiserin" (Theophanu divina gratia imperatrix augusta) geurkundet hatte. Kaiserin Adelheid übernimmt die Vormundschaft.
994: Otto III. übernimmt, 15-jährig, die Regierung des erheblich geschwächten Reiches.
996: 1. Italienzug Ottos III. Er wird Ostern 996 in Pavia von den italienischen Feudalherren anerkannt. Nach dem Tod Papst Johanns XV. lässt Otto III. seinen Vetter Bruno von Kärnten als Gregor V. zum Papst erheben (erster Papst deutscher Abkunft), der am 21. Mai 996 Otto III. zum Kaiser krönt. Er führt den römischen Kaisertitel „Romanorum imperator augustus".
997-999: 2. Italienzug Ottos III. Rom wird zur Reichsresidenz, wo sich Otto III. vorwiegend aufhält. Er lässt auf dem Aventin in Rom eine Kaiserpfalz errichten und schafft sich einen Hofstaat nach byzantinischem spätantikem Muster. Sein Ziel ist die „Erneuerung des römischen Reichs" mit der Hauptstadt Rom (Renovatio imperii Romanorum).
999: Nach dem Tod Gregors V. ernennt Otto III. seinen Freund, den Gelehrten Gerbert von Aurillac, als Silvester II. zum Papst, der Ottos Plan zur Wiedererrichtung des Römischen Reiches unterstützt.
Anfang des 11. Jh.: Das Kloster Reichenau wird zum Zentrum einer hoch entwickelten Buchmalerei (Handschriften).
1000-1001: 3. Italienzug Ottos III. Er muss wegen eines Aufstandes in Rom die Stadt verlassen. Die kaiserliche Herrschaft in Italien bricht zusammen. Der Versuch Ottos III. einer „Wiederherstellung des römischen Imperiums" ist damit gescheitert.
1001: Der Hildesheimer Bischof Bernward (in dessen Auftrag Dachziegel und widerstandsfähiger Backstein hergestellt werden) legt den Grundstein für die Klosterkirche St. Michael (Vollendung 1033).
1002, 23./24. Jan.: Otto stirbt im Alter von 22 Jahren und ohne Nachkommen.
1002: Die unter der Herrschaft Ottos III. gestiegene Macht der deutschen Feudalherren zeigt sich deutlich in den Kämpfen, die nach dessen Tod um die Nachfolge ausbrechen. Gegen die Thronansprüche von Markgraf Ekkehard von Meißen, der ermordet wird, und von Herzog Hermann von Schwaben, der am 1. Oktober 1002 zurücktritt, setzt Heinrich, Sohn des 995 verstorbenen Heinrichs des Zänkers, seine Wahl und Krönung zum deutschen König durch. Heinrich besitzt als Herzog in Bayern eine stabile Position, stützt sich auf einen Großen Teil des deutschen Episkopats

unter Führung des Erzbischofs Willigis von Mainz.
1002-1024: Heinrich II. Im Gegensatz zu Otto III. will Heinrich II. eine „Erneuerung des Reiches der Franken“ (Renovatio regni Francorum). Er versucht, die königliche Gewalt u. a. durch eine Reform der Reichsklöster zu stärken, die einen Teil des Reichsheeres zu stellen haben. Er ist mit Abt Odilo von Cluny, dem Haupt der cluniazensischen Reformbewegung, befreundet. Heinrich stützt sich auf die Bischöfe und hält am königlichen Einsetzungsrecht trotz gelegentlichen Widerstandes fest.
1003-1018: Die expansive Politik des polnischen Herzogs Boleslaw I. führt zu einem lang andauernden Konflikt, in dem Heinrich II. mehrfach vergeblich sowohl eine militärische Entscheidung herbeizuführen als auch eine Verständigung zu erreichen versucht. Erst mit dem Frieden von Bautzen 1018 klingen die Auseinandersetzungen ab.
1004: 1. Italienzug Heinrichs II. Er lässt sich zum König von Italien krönen und bekämpft den nach dem Tod Ottos III. zum italienischen König erhobenen Markgrafen Arduin von Ivrea, der 1014 auf das italienische Königtum verzichtet.
1006: In einem Erbvertrag mit seinem kinderlosen Oheim Rudolf III. von Burgund sichert sich Heinrich II. die Nachfolge in Burgund, mit dessen Erwerb er u. a. die Herrschaft des deutschen Königtums über Italien stützen will.
1007: Heinrich II. begründet das Bistum Bamberg, dem die Christianisierung der slawischen Bevölkerung südlich des Frankenwaldes, am oberen Main und an der Regnitz obliegt, stattet es mit Königsgut und bayerischem Herzogsgut aus und stellt es unter päpstlichen Schutz.
1008-1012: Burchard von Worms stellt eine Sammlung kirchlicher Rechtssätze zusammen, die dann allgemeine Verbreitung finden. Die königlichen Rechte im Bereich der Kirche werden entsprechend der realen Lage anerkannt.
1013/1014: 2. Italienzug Heinrichs II. Benedikt VIII., den Heinrich II. als Papst unterstützt, ruft ihn gegen die Familien des römischen Stadtadels zu Hilfe. Er krönt Heinrich II. zum Kaiser (1014).
Um 1015: Guss der Bronzetüren der St. Michaelskirche in Hildesheim; Ausdruck des hoch entwickelten niedersächsischen Bronzegusses. In diese Zeit fallen auch die großen Leistungen auf dem Gebiet der Goldschmiedearbeit, die Anfertigung von Reliquiaren und Elfenbeinschnitzereien.
1021/1022: 3. Italienzug Heinrichs II., der, vom Papst zur Abwehr des byzantischen Vormarschs in Süditalien herbeigerufen, die süditalienischen Fürstentümer Capua und Salerno unterwirft.
1022: Synode zu Pavia, auf der Beschlüsse zur Kirchenreform gefasst werden. Verschärfung der Bestimmungen über die Ehelosigkeit der Geistlichen, damit u. a. das Kirchengut, als Stütze der kaiserlichen Herrschaft, erhalten bleibt.
1024, 13. Juli: Mit dem Tod Kaiser Heinrichs II. erlischt im Deutschen Reich die Ottonische Dynastie.
1024-1039: Konrad II.; nach dem Aussterben der männlichen Linie des sächsischen Königshauses beginnt das salische Geschlecht. Konrad II. setzt die Politik Heinrichs II. fort. Es gelingt ihm, die deutsche Zentralgewalt weiter auszubauen, wobei er sich vor allem auf die kleinen Vasallen, Ministerialen und auf die Reichskirche stützt. Er begünstigt die Reform der Reichsklöster insofern, als er ihre wirtschaftliche Leistungsfähigkeit steigert, und vermehrt das Reichsgut. Die Bezeichnung „Imperium Romanum“ (Römisches Reich) setzt sich unter Konrad durch.
1024: Wahl Konrads II. zwischen Mainz und Worms zum deutschen König. Dieser entstammt dem bei Worms und Speyer begüterten – erst später so genannten – Geschlecht der Salier.
1026/1027: 1. Italienzug Konrads II. Er wirft eine gegen die deutsche Herrschaft in Italien gerichtete Erhebung nieder (Einnahme von Pavia), lässt sich 1026 zum italienischen König krönen und erhält von Papst Johann XIX. die Kaiserkrone (26. März 1027).
1028, 14. April: Konrad lässt seinen elfjährigen Sohn Heinrich zum

Nachfolger designieren und zum König krönen; der Kaiser demonstriert damit seinen Willen zur Dynastiebildung.
Um 1030: Kaiser Konrad II. legt in Speyer den Grundstein zum Dom, später die Grabstätte mehrerer römisch-deutscher Herrscher.
1031-1033: Konrad II. bekriegt König Mieszko II. von Polen, der in deutsches Gebiet eingefallen ist. Im Frieden zu Merseburg (Juli 1033) erkennt Mieszko die deutsche Lehnsoberhoheit an, verzichtet auf den Königstitel und restituiert die Lausitz. Graf Dietrich von Wettin (seitdem Wettiner) wird mit der Ostmark belehnt (1031).

Bild linke Seite: *Die Darstellungen im Evangelienbuch Ottos III. (980-1002), um 1000, zeigen den Kaiser von Erzbischöfen und Würdenträgern umgeben, wie er maejstätisch thronend die Huldigung der Völker entgegennimmt (rechts). Links nähern sich Vertreter der Slawen, Deutschlands, Galliens und Roms dem Thron mit Geschenken für die Nachfolger der Caesaren. – Otto III. wurde 983 in Aachen zum König gekrönt. Mit seiner Mündigkeit übernahm Otto 994 selbst die Regierung. 996 zog er nach Rom, erhob seinen Vetter Brun als Gregor V. zum Papst und wurde von ihm zum Kaiser gekrönt. Nach der Vertreibung Gregors durch den römischen Adel eroberte Otto 997 Rom, nahm blutige Rache, ließ den erhobenen Gegenpapst hinrichten und machte seinen Berater Gerbert von Aurillac zum Papst (Silvester II.). Otto III. strebte nach der Erneuerung des Römischen Reiches (Renovatio imperii Romanorum) und wollte von Rom aus in engem Zusammenwirken mit dem Papsttum seine hohe Auffassung des christlichen Herrschertums verwirklichen, starb jedoch nach einem Aufstand des stadtrömischen Adels auf der Flucht in Paterno. Otto wurde in Aachen beigesetzt; sein Nachfolger wurde Heinrich II.*
Bild rechts: *Stammtafel der alten deutschen Herrscher aus der Kölner Königschronik. Sie reicht von den Vorfahren Heinrichs I., der mit seiner Gemahlin Mathilde in dem doppelt umrandeten größten Kreis dargestellt ist, bis zu dem letzten Hohenstaufen Konradin (unterste Reihe links außen).*

1033, 2. Dez.: Nach dem Tod des letzten burgundischen Königs Rudolf III. 1032 empfängt Kaiser Konrad entsprechend dem 1006 geschlossenen Erbvertrag die burgundische Krone.
1037/1038: Auf seinem 2. Italienzug scheitert Konrad zwar mit seinen Bemühungen, den aufständischen Mailänder Bischof zu unterwerfen, aber er gewinnt die Unterstützung der weltlichen Fürsten und – durch die Zusage erblicher Lehen – auch die des niederen Adels.
1039, Juni: Heinrich III., den Konrad II. bereits am 14. April 1028 in Aachen hatte zum König krönen lassen, übernimmt nach dem Tod seines Vaters ohne Schwierigkeiten die Regierungsgewalt.
1041: Ein erneuter Überfall auf Prag zwingt Herzog Bretislav von Böhmen, sich Heinrich III. in Regensburg zu unterwerfen, 4000 Mark in Gold als Tribut zu zahlen und Heerfolge zu versprechen.
1042-1046: Nach mehreren Feldzügen gelingt es Heinrich 1045, in Ungarn den vom Adel vertriebenen König Peter wieder einzusetzen und seine Huldigung zu erlangen, doch geht Ungarn nach dem Sturz Peters bereits 1046 für das Reich verloren.
1045: Der thüringische Grafensohn Adalbert von Goseck wird Erzbischof von Hamburg und Bremen und beginnt eine erfolgreiche Missionstätigkeit in Skandinavien und gegenüber den slawischen Obodriten in Ostholstein und Mecklenburg.
1046/1047: 1. Italienzug Heinrichs III. Er greift in die Papstwirren ein; auf den Synoden von Sutri und Rom lässt er drei rivalisierende Päpste absetzen; an ihrer Stelle wird Bischof Suidger von Bamberg als Clemens II. zum Papst erhoben.
1046, 25. Dez.: Kaiserkrönung Heinrichs III.; als Patricius von Rom soll ihm bei zukünftigen Papstwahlen das Designationsrecht zustehen.
1048, Dez.: Bischof Brun von Toul, ein strenger Anhänger der Kirchenreform, wird als Leo IX. zum Papst erhoben und die Reformpartei gewinnt damit in Rom entscheidenden Einfluss. Ausgangspunkte der seit Ende des 10., Anfang des 11. Jh. hervortretenden kirchlichen Reformbewegung sind das burgundi-

Bild oben: *Bernhard von Clairvaux (um 1090-1153).*
Bild links: *Heinrich III. (1017-1056) sieht den neuen Stern über der Stadt Tivoli (Tyburtina), Werkstatt des Diebold Lauber, unbekannter Künstler, um 1450.*
Bild rechte Seite: *Kaiser Heinrich IV. (1050-1106) springt vom Schiff seines Entführers, des Erzbischofs von Köln, Radierung von Bernhard Rode, 1781. „Der bereits im Knabenalter zum Kaiser gekrönte Heinrich der Vierte wird von dem Erzbischof Anno seiner Mutter Agnes zu Schiffe aus Kaiserswerth am Rhein entführt. (...) Ihr Sohn springt aus dem Schiffe in den Rhein, worüber der Erzbischof voll Schrecken die Hände gen Himmel erhebt. Graf Ekbert von Braunschweig streckt höchst mitleidig die Hände aus, um ihn noch zu ergreifen. – Die Geschichte setzt hinzu, dass dieser Graf sogleich mit Gefahr seines Lebens nachgesprungen sey und ihn gerettet habe." (Katalog der Berliner Akademie-Ausstellung 1786). Anno führte den König anschließend nach Köln und erpresste von Kaiserin Agnes die Herausgabe der Reichsinsignien. Damit lag die Staatsgewalt in den Händen der Aufrührer.*

sche Kloster Cluny (gegründet 910) und die lothringische Abtei Gorze. Die Ausstrahlung in Deutschland erfolgt im 11. Jh. u. a. durch das Schwarzwaldkloster Hirsau. Die Reformer streben zunächst die Beseitigung innerklösterlicher und innerkirchlicher Missstände an – Einhaltung der Klosterregel, Hebung der ökonomischen Kräfte des Klosters, Ehelosigkeit, Verbot der Simonie (Ämterkauf).

1053: Heinrich III. lässt seinen 1050 geborenen gleichnamigen Sohn in Tribur zum König wählen.

1055: Bei seinem 2. Italienzug sichert sich Heinrich die Unterstützung der oberitalienischen Städte gegen den hohen Adel durch die Verleihung von Privilegien.

1056, Okt.: Nach dem Tod Heinrichs III. (5. Oktober) führt Papst Viktor II. die Verhandlungen mit den Gegnern des verstorbenen Kaisers weiter und erreicht u. a. durch Bewilligung der Ansprüche Gottfrieds von Lothringen, Balduins von Flandern u. a., dass die Fürsten die Nachfolge des bereits gewählten und gekrönten Heinrichs IV. anerkennen. Die Regentschaft für den Sechsjährigen liegt in der Hand der Kaiserin Agnes.

1057-1061: Agnes gelingt es nicht, bei der Neuvergabe der Herzogtümer Schwaben, Sachsen und Bayern die Unterstützung der Fürsten zu gewinnen. Autorität und Durchsetzungsfähigkeit des Königshofes sind in dieser Zeit der Regentschaft gering.

1059, Apr.: Um den Einfluss des römischen Adels auszuschalten, beschließt die Lateransynode, dass nur noch die Kardinäle den Papst wählen dürfen. Die Befugnisse des deutschen Herrschers bei der Papstwahl werden bewusst unklar ausgedrückt. Außer dem Papstwahldekret fasst die Synode Beschlüsse gegen die Priesterehe und verbietet die Investitur geistlicher Würdenträger durch Laien.

1061: Einweihung des 1030 begonnenen Doms zu Speyer, neben Worms und Mainz einer der drei großen romanischen Kaiserdome Deutschlands. Der Dom ist die Grabstätte der salischen Kaiser (Konrad II., Heinrich III., IV. und V.), Ausdruck ihrer Zentralisationsbestrebungen (Repräsentationsraum für die Reichsversammlungen).

1062, Apr.: Entführung Heinrichs IV. und der Reichsinsignien von der Rheininsel Kaiserswerth durch Anno von Köln und einige mit ihm verbündete Fürsten, die damit die Regentschaft gewinnen („Staatsstreich" von Kaiserswerth) und ihren Einfluss sofort benutzen, um sie störende Maßnahmen der Zentralgewalt rückgängig zu machen. Kaiserin Agnes, die schon 1061 den Schleier genommen hat, zieht nach Italien.

1065: Heinrich IV. übernimmt die Regierungsgewalt selbstständig und versucht, gestützt auf Stadtbewohner und Ministerialen, durch den Ausbau eines Königsterritoriums am Harz die Zentralgewalt auf neue Grundlagen zu stellen. Seine Pläne scheitern jedoch am zähen Widerstand der Fürsten, die im Reformpapsttum einen mächtigen Verbündeten finden.

1067: Die Wartburg bei Eisenach wird erbaut durch Graf Ludwig den Springer. 1190 bis 1217 wird der Palas errichtet. Die Wartburg ist Sitz des thüringischen Landgrafen und eine berühmte Pflegestätte ritterlicher Kultur, insbesondere der Ritterdichtung. Hier hat der Sage nach im ersten Jahrzehnt des 13. Jh. der sog. Sängerkrieg stattgefunden.

1070: Das Vorgehen Heinrichs, der im Harz und östlich davon ein geschlossenes Gebiet unmittelbarer Herrschaft aufzubauen versucht, bringt ihn in Konflikt mit Otto von Northeim. Heinrich lässt ihn als Herzog von Bayern absetzen und ächten; das Herzogtum vergibt der König neu an Welf IV.

1073, Aug.: Ausbruch eines Aufstandes in Sachsen, wobei es dem Adel gelingt, die Bauern auf seine Seite zu ziehen. Heinrich, vom Ausbruch des Aufstandes in Goslar überrascht, zieht sich auf die Harzburg zurück, muss sie aber heimlich verlassen und flieht nach Hersfeld.

1074, 2. Febr.: Im Frieden von Gerstungen gewährt der König Straffreiheit, sichert die Rehabilitierung Ottos von Northeim zu und verspricht, in sächsischen Angelegenheiten nur nach dem Rat des Adels zu entscheiden.

1075, März: Im „Dictatus papae", einer Sammlung päpstlicher Leitsätze, postuliert Gregor VII. nochmals den absoluten Vorrang des Apostolischen Stuhls vor jeder weltlichen Gewalt. Der Papst darf u. a. den Kaiser absetzen.

1075, Frühjahr: Heinrich IV. sammelt das Heer, mit dem er in Sachsen einfallen will, bei Breitungen an der Werra. Die sächsischen Bauern – zum weiteren Widerstand fest entschlossen – beziehen bei Eisenach ein Lager. Auch ein Teil des Adels findet sich dort ein, ist aber mehr zum Verhandeln als zum Kampf bereit.

1075, 9. Juni: Nach nochmaligen ergebnislosen Verhandlungen treffen die beiden Heere bei Homburg a. d. Unstrut aufeinander. Die Sachsen erleiden schwere Verluste und werden geschlagen.

1075, Okt.: Die Sachsen unterwerfen sich in der Ebene von Spier bei Sondershausen. Heinrich IV. lässt ihre Anführer in Haft nehmen und die umstrittenen Burgen wieder aufbauen. Die Unterdrückung des Aufstandes in Sachsen ist zugleich eine Niederlage für die gesamte fürstliche Opposition.

1075, Okt.: Heinrich IV. erteilt seinem Kaplan Tedald, einem Mailänder Kleriker, gegen den Willen Gregors VII. die Investitur für das Erzbistum Mailand und ernennt für Fermo und Spoleto neue Bischöfe.

1076, 24. Jan.: Die Synode der deutschen Bischöfe in Worms spricht die Absetzung Gregors VII. aus; Heinrich IV. fordert den „Mönch Hildebrand" auf, der Papstwürde zu entsagen.

1076, 15. Febr.: Gregor VII. erklärt auf der Fastensynode in Rom seinerseits Heinrich IV. für abgesetzt sowie alle dem König geleisteten Eide für ungültig und verhängt den Bann über ihn.

1076, Okt.: Zahlreiche weltliche und geistliche Fürsten versammeln sich in Tribur, während Heinrich IV. in Oppenheim auf der anderen Seite des Rheins lagert. Die Fürsten beschließen, Gregor VII. aufzufordern, als Schiedsrichter über die Alpen zu kommen. Sie wollen Heinrich IV. nur noch bis Februar 1077 als König anerkennen, wenn er sich bis dahin nicht vom Bann lösen kann.

1077, Jan.: Heinrich IV. zieht mit wenigen Begleitern nach Italien, leistet in Canossa (Nordabhang des Apennin) vor dem Papst, der bereits auf dem Wege nach Deutschland war, die vorgeschriebene Kirchenbuße, sodass ihm Gregor – wenn auch widerstrebend – Absolution erteilen muss. Die Vorgänge von Canossa bedeuten zwar einen taktischen Erfolg für Heinrich IV., sind aber gleichzeitig ein Ausdruck für den wachsenden politischen Einfluss des Papsttums gegenüber dem Kaiser.

1077, März: Trotz der Lösung des Banns wählt in Forchheim eine Minderheit der deutschen Fürsten Rudolf von Schwaben zum neuen König, wobei er auf das bisher geübte Recht, den Thronfolger vorzuschlagen (Designationsrecht), feierlich verzichten und auch freie Bischofswahlen zusichern muss.

1078: Papst Gregor VII. lässt von einer Synode in Rom ein generelles Investiturverbot verhängen.

1089: Heinrich enthebt die Herzöge von Bayern, Schwaben und Kärnten ihrer Ämter; Schwaben wird Friedrich von Staufen übertragen, der zudem eine Tochter Heinrichs heiratet und der wichtigste Unterstützer des Königs wird.

1080, März: Gregor VII. verhängt über den König abermals den Bann.

1080, Juni: In Brixen beschließt eine Synode italienischer und deutscher Bischöfe im Beisein des Königs, Gregor VII. abzusetzen und Erzbischof Wibert von Ravenna zum Papst zu wählen.

1080, 15. Okt.: Ein erneuter Vorstoß Heinrichs IV. nach Sachsen führt zur Schlacht bei Hohenmölsen a. d. Elster, in der das königliche Heer zwar unterliegt, Rudolf aber tödlich verwundet wird. Die fürstliche Opposition verliert an Gefährlichkeit und beginnt auseinander zu fallen.

Bild oben: *Papst Gregor VII. (um 1020-1085).*
Bild links: *„Heinrich vor Canossa", Eduard Schwoiser, Öl auf Leinwand, München, Stiftung Maximilianeum, nach 1852. Heinrich IV. (1050-1106) geriet mit der Kirche wegen der Besetzung des mailändischen Bistums in Konflikt; als Papst Gregor VII. die Laieninvestitur vehement ablehnte, ließ Heinrich IV. den Papst von der Synode von Worms absetzen, dafür wurde er im Gegenzug von Gregor mit dem Kirchenbann belegt. Sofort stellten sich die deutschen Fürsten auf die Seite des Papstes und wählten einen Gegenkönig. Durch den geschickt inszenierten „Gang nach Canossa" im Januar 1077, in dem Heinrich als reumütiger Büßer auftrat, zwang er den Papst, den Bann gegen ihn aufzuheben.*

1081-1084: Italienzug Heinrichs IV.

1081-1136: Hauptbauperiode des Mainzer Doms, dessen älteste Anlage aus der Zeit zwischen 978 und 1037 stammt. Er stellt eines der schönsten Zeugnisse des romanischen Baustils auf deutschem Boden dar.

1081, Frühjahr: Heinrich IV. bricht nach Italien auf, um die Beschlüsse von Brixen in die Tat umzusetzen, findet die Unterstützung der lombardischen Bischöfe, vermag aber erst nach wiederholten Vorstößen 1084 in Rom einzuziehen.

1082-1091: Bau der neuen Klosterkirche St. Peter in Hirsau, die für viele Kirchen Deutschlands (z. B. Paulinzella, begonnen um 1107) Vorbild wird (Hirsauer Bauschule).

1084, Ostern: Nach der Einnahme Roms wird Wibert von Ravenna nochmals unter Mitwirkung von 13 Kardinälen zum Papst gewählt und als Clemens III. feierlich inthronisiert. Am 31. März krönt der neue Papst Heinrich IV. in der Peterskirche zum Kaiser. Vor einem anrückenden normannischen Entsatzheer räumt der Kaiser Rom und kehrt im Sommer 1084 nach Deutschland zurück.

1085, Apr.: Die auf der Synode in Mainz mit dem Kaiser versammelten Bischöfe gebieten für das gesamte „regnum" den Gottesfrieden und bedrohen Verletzungen des Friedens nicht nur mit kirchlichen, sondern auch mit weltlichen Strafen an Vermögen, Leib oder Leben.

1087, 30. Mai: Der Kaiser lässt in Aachen seinen Sohn Konrad zum König krönen und schickt ihn, zur Betonung der kaiserlichen Ansprüche, nach Italien.

Bild oben links: *Rudolf von Schwaben (um 1025-1080), Gegenkaiser von Heinrich IV., verliert im Treffen den Arm. Radierung von Bernhard Rode, 1781. „Rudolf, Herzog von Schwaben, wurde an Heinrich des Vierten Stelle zum deutschen König gewählt; als er aber in einer Schlacht gegen denselben tödlich verwundet und ihm die rechte Hand abgehauen wurde, sagte er kurz vor seinem Ende beim Anblick derselben zu den anwesenden Bischöfen: 'Das ist die Hand womit ich Heinrichen meinem Herrn Treue geschworen habe. Ihr, die ihr mich auf seinen Thron gesetzt habt, möget nun zusehen, ob ihr mich auf den rechten Weg geführet habt.'" (Katalog der Akademie-Ausstellung 1788)*

Bild oben rechts: *Stifterstatue Heinrichs XI. des Löwen (1129-1195) im Braunschweiger Dom. Der Herzog von Sachsen und Bayern verweigerte 1176 dem Kaiser die Heerfolge gegen die lombardischen Städte und verschuldete dadurch die Niederlage von Legnano. 1180 geächtet und in beiden Herzogtümern 1181 entrechtet, erhielt er nur seine Eigengüter (Braunschweig-Lüneburg), kehrte aber erst nach zweimaliger Verbannung 1189 zurück. Er versöhnte sich mit Kaiser Heinrich VI.*

1090: Erneuter Italienzug Heinrichs IV. (bis 1097). Er kann Clemens III. vorübergehend wieder nach Rom zurückführen, stößt aber auf wachsenden Widerstand der lombardischen Städte, die nach Unabhängigkeit von den bischöflichen Stadtherren streben.

1093: Konrad fällt von seinem Vater ab, lässt sich von der päpstlichen Partei in Mailand zum König von Italien krönen und sperrt im Bunde mit Welf IV. von Bayern und den lombardischen Städten dem Kaiser den Rückweg nach Deutschland, dessen Herrschaft nun vier Jahre lang auf ein enges Gebiet Venetiens beschränkt bleibt.

1093: Baubeginn der Abteikirche Maria Laach, 1156 geweiht, Ostchor und Westempore werden bis 1177 ausgebaut; zwischen 1120 und 1230 kommt die westliche Vorhalle hinzu. Die Abteikirche ist das schönste Denkmal hochromanischer Baukunst im Rheinland.

1095, Nov.: Papst Urban II. ruft in Clermont zum Kreuzzug für die „Befreiung der bedrängten Kirchen" im Orient auf.

1096: Im Reich kommt es im Verlauf der Kreuzzugsvorbereitungen vor allem in rheinischen Städten zu schweren Ausschreitungen gegen die jüdische Minderheit.

1096, Aug.: Auf verschiedenen Wegen brechen französische, normannische, lothringische und flandrische Kreuzritter nach dem Orient auf, vereinigen sich bei Konstantinopel, erobern 1098/1099 Antiochia, Edessa, die syrischen Küstengebiete (Tripolis) und im Juli 1099 Jerusalem.

1098, Mai: Auf dem Reichstag in Mainz lässt Kaiser Heinrich IV. durch Fürstenentscheid König Konrad (1101 politisch machtlos in Florenz gestorben) absetzen und seinen zweiten Sohn Heinrich V. zum König wählen. Am 6. Januar 1099 wird er in Aachen gekrönt. Nach seiner Rückkehr aus Italien versucht der Kaiser, durch Maßnahmen gegen das Fehdeunwesen, durch Beschneidung der Blutgerichts- und Vogteirechte des Hochadels diesem wichtige Grundlagen für den Aufbau von Territorialherrschaften zu entziehen.

1103: Erlass eines allgemeinen Reichslandfriedens in Mainz, der auf die Dauer von vier Jahren sämtliche Fehdehandlungen verbietet und alle Friedensbrecher – gleich welchen Standes – mit „peinlichen" Strafen bedroht, womit der Kaiser das Adelsvorrecht angreift, Strafen an Leib oder Leben durch Geldbußen ablösen zu können.

1104, Sommer: Adelsverschwörung in Bayern und Sachsen gegen Heinrich IV. Heinrich V. konspiriert mit den Fürsten.

1104/1105, Winter: Heinrich V. stellt sich offen auf die Seite der Fürsten und findet in Bayern und Sachsen zahlreiche Anhänger.

Um 1105: Annolied, ein Lobgedicht auf den Erzbischof Anno von Köln. Es entsteht im Kloster Siegburg und stellt eines der frühesten zeitgeschichtlichen Werke in deutscher Sprache dar.

1105, Dez.: Heinrich V. nimmt seinen Vater am Mittelrhein gefangen, hält ihn auf Burg Böckelheim und dann in Ingelheim in Haft und erzwingt die Herausgabe der Reichsinsignien.

1106, Herbst: Heinrich V. belehnt nach dem Tod des letzten Billungers, Herzog Magnus, den Grafen Lothar von Supplinburg mit dem Herzogtum Sachsen.

Vor 1127: Frau Ava schreibt geistliche Gedichte in deutscher Sprache. Sie ist die erste deutsche schreibende Dichterin („Das Leben Jesu", „Der Antichrist", „Das jüngste Gericht").

1110/1111: 1. Italienzug Heinrichs V.

1111, 4. Febr.: Heinrich V. schließt mit Papst Paschalis II. einen Geheimvertrag, in dem der König verspricht, auf sein Investiturrecht zu verzichten und der Papst neben der Kaiserkrönung zusagt, die deutschen Bischöfe und Äbte zur Rückgabe aller Reichsgüter und -rechte zu veranlassen, die in Kirchenbesitz sind.

1111, 13. Apr.: Kaiserkrönung Heinrichs V. durch Paschalis II.

1112: Die erzwungene Anerkennung der Investitur wird von der Kurie widerrufen; Heinrich V. wird vom Papst gebannt.

1115, 11. Febr.: In der Schlacht am Welfesholz bei Mansfeld unterliegt Heinrich V. der Fürstenopposition. Heinrichs Stellung als Herrscher ist geschwächt.

Bild oben: *Darstellung des Kreuzzugsgedankens. Christus auf dem Wege nach Jerusalem, gefolgt von seinen Rittern, 14. Jahrhundert, British Museum, London. Die Kreuzzüge umfassten insgesamt sieben Züge der abendländischen Christenheit (Kreuzfahrer oder -ritter) im 11. bis 13. Jahrhundert ins Heilige Land, zur Befreiung der heiligen Stätten vom Islam und Einbeziehung des Heiligen Grabes in das christliche Herrschaftsgebiet, auch zur Erringung der Vorherrschaft im Mittelmeerhandel.*
Bild linke Seite: *Konrad III. (geb. 1094), der erste Staufer, der die Königskrone trug, auf dem unglückseligen, besonders von Bernhard von Clairvaux gepredigten Kreuzzug des Jahres 1149. Die Niederlage der Heere schon in Kleinasien hatte einen schweren Prestigeverlust des Papsttums zur Folge. Konrad III. starb 1152 in Deutschland, als er sich gerade darauf vorbereitete, nach Rom zu ziehen, um dort die Kaiserkrone zu empfangen.*

1116-1118: 2. Italienzug Heinrichs V.
1116, März: Um das Erbe der im Juli 1115 verstorbenen Mathilde von Tuszien anzutreten, bricht Heinrich V. nach Italien auf. Die Regentschaft in Deutschland überträgt er seinem Neffen, dem schwäbischen Herzog Friedrich II. von Staufen.
1116/1117: Der Kaiser nimmt die Mathildischen Güter in seinen Besitz, gewinnt durch Erteilung von Privilegien auch die oberitalienischen Städte für sich, vermag jedoch die Investiturfrage weder in Verhandlungen mit der Kurie noch durch die Einsetzung eines Gegenpapstes (Gregor VIII.) zu lösen.
1122, 23. Sept.: Der Abschluss des Konkordats von Worms beendet den Investiturstreit. Heinrich V., der auf Investitur mit Ring und Stab verzichtet, gesteht die freie kanonische Wahl zu, die aber in seiner Gegenwart oder der seines Bevollmächtigten stattfinden soll, sodass er faktisch seinen Einfluss geltend machen kann. Er behält das Recht, den weltlichen Besitz, die Temporalien, mit dem Szepter zu übertragen, in Deutschland vor erfolgter kirchlicher Weihe, in Arelat (Burgund) und Italien jedoch erst nach der Inthronisation, wodurch seine Stellung gegenüber der Kirche hier erheblich geschwächt wird.
1125, 23. Mai: Heinrich V. stirbt in Utrecht, nachdem er seinen Neffen, Herzog Friedrich II. von Staufen, zum Erben des salischen Hausgutes eingesetzt hat. Ende des salischen Königshauses.
1125, 25. Aug.: Die in Mainz versammelten Fürsten wählen nicht den Neffen Heinrichs V., Friedrich von Staufen, sondern den hartnäckigen Gegner der Salier, Lothar III. von Supplinburg, zum deutschen König.
1126: Der Welfe Heinrich der Stolze, Herzog von Bayern, heiratet Gertrud, die einzige Tochter und Erbin Lothars III., und erwirbt damit die Anwartschaft auch auf das Herzogtum Sachsen.
1127, Dez.: In Nürnberg wird Konrad von Staufen von seinen Anhängern zum Gegenkönig erhoben. Auf einem anschließenden Zug nach Italien lässt sich Konrad am 29. Juni 1128 zum italischen König krönen.
1130: Lothar III. erobert die staufische Hochburg Nürnberg.
Um 1130-1140: Entstehung des Alexanderliedes des Trierer Pfaffen Lamprecht. Es ist die deutsche Bearbeitung der Alexandersage und schildert die Heldentaten Alexanders des Großen. Erste Behandlung eines antiken Stoffs in deutscher Sprache.
1132/1133: 1. Italienzug Lothars III. Er kann jedoch nur den östlich des Tiber gelegenen Teil Roms in seine Hand bringen.
1133, 4. Mai: Kaiserkrönung Lothars III. im Lateran. Vor seiner Rückkehr nach Deutschland erkennt der Kaiser das Obereigentum der Kurie an den Mathildischen Gütern an und belehnt im Einverständnis mit dem Papst seinen Schwiegersohn, den Welfen Heinrich den Stolzen, Herzog von Bayern, mit diesem reichen Besitz.
1134/1135: Die Staufer müssen sich dem Kaiser unterwerfen, Konrad legt den Königstitel ab.
Um 1135-1147: Entstehung der Kaiserchronik, eines der ältesten Geschichtswerke in deutscher Sprache, verfasst wahrscheinlich von dem Geistlichen Konrad von Regensburg. In über 17.000 Versen reicht sie von der römischen Kaiserzeit bis 1147.
1136/1137: 2. Italienzug Lothars III.
1137: Lothar stößt mit einem großen Heeresaufgebot nach Süden vor und erobert Apulien und Kalabrien gegen die Normannen; nach Lothars Abzug können diese Gebiete jedoch nicht gehalten werden.
1137, 4. Dez.: Auf dem Rückweg nach Deutschland stirbt Lothar III. in Breitenwang (Tirol). Vor seinem Tod belehnt er Heinrich den Stolzen mit Tuszien und übergibt ihm die Reichsinsignien.
1138-1152: Konrad III.; mit ihm beginnt die Herrschaft der staufischen Dynastie (bis 1254). Er muss sich ständig mit den ihm überlegenen

Welfen auseinandersetzen, die er nicht zu unterwerfen vermag.

1138, Juli: Konrad III. erkennt die Nachfolge Heinrichs des Stolzen als Herzog von Sachsen nicht an. Der Welfe verweigert deshalb die Huldigung und verfällt der Reichsacht.

1139, 20. Okt.: Tod Herzog Heinrichs des Stolzen; Sachsen erkennt seinen Sohn, Heinrich den Löwen, als Herzog an; in Bayern setzt dessen Onkel Welf VI. den Widerstand gegen die Staufer fort.

1142, Mai: Heinrich der Löwe verzichtet auf Bayern und wird von Konrad III. mit Sachsen belehnt.

1146: Auf Drängen Bernhards von Clairvaux entschließen sich Konrad III. und andere vorwiegend süddeutsche Fürsten zur Teilnahme an einem neuen, dem 2. Kreuzzug (1147-1149), zu dem Papst Eugen III. 1145 wegen der Rückeroberung Edessas durch die Seldschuken (1144) aufgerufen hat.

1147-1148: Die verschiedenen Abteilungen der deutschen und französischen Kreuzfahrer werden von den Seldschuken in Kleinasien aufgerieben. Niederlage Konrads bei Doryläum im Oktober 1147. Konrad III. und Ludwig VII. von Frankreich erreichen zu Schiff Jerusalem, müssen aber ohne jeden Erfolg das Heilige Land wieder verlassen.

1149: Köln ist die erste deutsche Stadt, für die ein Stadtsiegel als Symbol städtischer Autonomie nachgewiesen ist.

1149-1151: Konrad III. muss sich erneut mit dem Widerstand der Welfen und deren Ansprüchen auf Bayern auseinandersetzen: Welf VI. wird 1149 bei Flochberg geschlagen, doch ein Angriff des Königs auf das welfische Braunschweig scheitert 1151.

Um 1152: Die Magdeburger Gießhütte stellt Bronzetüren für die Nowgoroder Sophienkirche her. Aus dieser Hütte stammt auch die Grabplatte des Friedrich von Wettin im Magdeburger Dom, dessen Darstellung zu den schönsten monumentalen Grabfiguren hochmittelalterlicher Plastik gehört.

1152-1190: Friedrich I. Barbarossa.

1152, 4. März: Die Fürsten wählen in Frankfurt am Main den Neffen des Königs, Herzog Friedrich von Schwaben, zum Nachfolger. Am 9. März wird er in Aachen gekrönt. Wahrscheinlich schon 1152 erlässt Friedrich I. ein Reichslandfriedensgesetz mit verschärften Strafandrohungen gegen Friedensbrecher. Er vergleicht sich mit Welf VI. von Bayern und überträgt ihm große Teile des Reichsbesitzes in Italien zur Verwaltung.

1153: Friedrich verpflichtet sich im Vertrag von Konstanz, den Papst gegen die aufständischen Römer und die Bedrohung durch die Normannen zu unterstützen.

1154, Juni: Der Fürstentag in Goslar bringt den vorläufigen Ausgleich zwischen Staufern und Welfen: Heinrich der Löwe erhält das Herzogtum Bayern, das den Babenbergern abgesprochen wird, und außerdem das Recht, die Bischöfe von Oldenburg, Ratzeburg und Mecklenburg zu investieren.

1154-1155: 1. Italienzug Friedrichs I.

1155, Frühjahr: Die norditalienischen Städte huldigen – mit Ausnahme von Mailand – dem König. Friedrich I. nimmt den Reformprediger Arnold von Brescia gefangen und liefert ihn der Kurie aus, die Arnold hinrichten lässt.

Friedrich I. Barbarossa (1122-1190) mit seinen Söhnen Heinrich VI. (1165-1197) und Herzog Friedrich von Schwaben (1164-1169/70). Miniatur aus der Welfenchronik, Weingarten, um 1180, Fulda, Hessische Landesbibliothek. Der Herrscher aus dem Hause der Hohenstaufen gilt neben Karl dem Großen als die Idealgestalt abendländischen Herrschertums im Mittelalter (Kyffhäusersage).

1155, 18. Juni: Kaiserkrönung Friedrichs I. durch Papst Hadrian IV.

1156, Juni: Rainald von Dassel wird Kanzler des Reiches und übt starken Einfluss auf die kaiserliche Politik aus. 1159 wird er Erzbischof von Köln.

1156, Sept.: Die Babenberger verzichten auf die bayerische Herzogswürde; sie werden dafür zu Herzögen von Österreich erhoben und erhalten vom Kaiser im „Privilegium minus" Vorrechte, die dem Streben der Territorialfürsten nach dem Ausbau ihrer Landesherrschaften und nach Unabhängigkeit von der Zentralgewalt entsprechen: volles Erbrecht, Bestimmung des Nachfolgers bei erbenlosem Tod (Ius affectandi), volle Gerichtshoheit, Einschränkung der Hoffahrts- und Heerfolgepflichten.

1157: Markgraf Albrecht der Bär erobert die slawische Brandenburg; die planmäßige Kolonisation der Mark Brandenburg durch deutsche Siedler beginnt.

1157, Okt.: Reichstag in Besançon. In einem dort verlesenen Schreiben bezeichnet Hadrian IV. die Kaiserkrone als päpstliches „beneficium" (Lehen oder Wohltat?) und entfacht dadurch aufs Neue den schwelenden Streit um das Verhältnis von Papsttum–Kaisertum. Stärkeres Hervortreten der staufischen Staatsauffassung: Das Reich wird nun als heilig bezeichnet (Sacrum imperium); es gründe sich allein auf die Gnade Gottes und die freie Wahl der Fürsten.

1158: Heinrich der Löwe gründet die Städte Lübeck und München.

1158-1162: 2. Italienzug Friedrichs I.

1158, Sept.: Mailand muss sich nach mehrwöchiger Belagerung ergeben und dem Kaiser den Treueeid leisten.

1158, Nov.: Friedrich I. verlangt unter Berufung auf das römische Recht, das er für seine Ziele ausnutzt, auf dem Reichstag zu Roncaglia vor allem von den italienischen Städten die Rückgabe der Regalien, d.h. von Zoll- und Münzrechten, Grafschafts- und Vogteigewalten, Geleits- und Gerichtsbefugnissen, soweit sie die Verleihung dieser Regalien nicht urkundlich nachweisen können, und beansprucht auch die

Schlacht von Legnano, Gemälde von Amos Cassioli. Die Schlacht von Legnano fand am 29. Mai 1176 etwa 30 Kilometer nordwestlich von Mailand statt. Dabei besiegten die im Lombardenbund („Lega Lombarda") vereinten norditalienischen Kommunen das Heer Kaiser Friedrich I. Barbarossas. Friedrich sah die Zukunft seines Reiches außerhalb Deutschlands. Um seine Kaiseridee zu verwirklichen, hatte er sich Italien zugewandt. Er stieß dabei auf den zähen Widerstand der reichen oberitalienischen Stadtrepubliken.

Einsetzung der Stadtverwaltungen als kaiserliches Recht.
1161: Friedrich Barbarossa verbietet die Schwurgemeinschaft der Trierer Bürger. 1163 nimmt der Kaiser den Mainzern alle Privilegien und zwingt sie, ihre Stadtmauern niederzulegen, weil sie im Streit um die Rechte ihres Gemeinwesens den Erzbischof erschlagen haben. Augsburg hat 1156 von Barbarossa zwar ein wichtiges Stadtrechtsprivileg erhalten, das aber stark die Stellung des Stadtherrn betont.
1162, März: Mailand muss sich nach langer Belagerung erneut unterwerfen und wird zerstört. Der Widerstand gegen die Herrschaft staufischer Ministerialen in Oberitalien bricht damit vorübergehend zusammen.
1163-1170: Hildegard von Bingen, Äbtissin des Klosters Rupertsberg bei Bingen, schreibt ihr „Buch von den göttlichen Werken" (Liber divinorum operum). In den Jahren 1150 bis 1160 diktiert sie dem Mönch Volmar die „Subtilitas diversarum naturarum creaturarum", ein Doppelwerk, das eine Beschreibung damals bekannter Heilpflanzen samt deren Verwendbarkeit und die Ursachen und Behandlungsweisen der zu dieser Zeit erkannten Krankheiten enthält, ein typisches Beispiel der Mönchsmedizin in Deutschland.
1164: Venedig, Verona, Vicenza und Padua schließen den Veroneser Bund und weigern sich, dem Kaiser mehr Abgaben zu leisten.
1165, Mai: Auf dem Reichstag zu Würzburg wird von allen Teilnehmern unter Androhung von Sanktionen ein Eid gegen Papst Alexander III. gefordert.
1165, Weihnachten: Friedrich I. Barbarossa veranlasst „zur Kräftigung des Römischen Reiches" die Heiligsprechung Karls des Großen und nimmt damit die imperiale Tradition Karls des Großen für das Reich in Anspruch.
1166: Aufstellung des Braunschweiger Löwen, der, nach italienischem Vorbild gestaltet, eine der größten Leistungen der Plastik in frühstaufischer Zeit darstellt.
1166-1168: Erneute Kämpfe zwischen Heinrich dem Löwen und den sächsischen Fürsten (Albrecht der Bär, Wichmann von Magdeburg).
1166-1168: 4. Italienzug Friedrichs I.
1167, Apr.: Cremona, Bergamo, Brescia und Mantua verpflichten sich zur wechselseitigen Hilfe bei Bedrückungen durch den Kaiser.
1167, Juli-Aug.: Barbarossa erobert Rom, verliert aber wenige Tage später durch eine Seuche große Teile seines Heeres; u. a. Tod Rainalds von Dassel.
1168: In Sachsen erringt Heinrich der Löwe aufgrund seiner kriegerischen Erfolge gegen die Slawen und seiner Heirat mit der englischen Königstochter Mathilde eine königsgleiche Stellung.
Nach 1168: Verstärkter Ausbau des von Ministerialen verwalteten Reichs- und Hausgutes im Elsass, in Schwaben, Ostfranken, im Vogtland, Pleißner Land und Osterland nach dem Scheitern der staufischen Pläne Friedrich Barbarossas in Italien.
1169, Juli: Der Kaiser lässt seinen Sohn Heinrich (1165 geboren) zum König und Nachfolger wählen.
Um 1170: Rolandslied des Pfaffen Konrad. Episches Gedicht in früh-

mittelhochdeutscher Sprache, das die Rolandsage (Heldentod des Vasallen Karls des Großen, Roland, im Kampf gegen die Mauren im Pyrenäental Ronceval) nach französischem Vorlagen (Chanson de Roland) frei bearbeitet.

1170-1190: Entstehung des Rathauses in Gelnhausen (romanischer Bau), des ältesten noch erhaltenen Rathauses in Deutschland, Wahrzeichen des aufstrebenden Städtebürgertums.

Vor 1171: Tod Dietmars von Eist (Aist), eines der frühesten mittelhochdeutschen Minnesänger, der das erste überlieferte Tagelied schrieb.

1172: Pilgerfahrt Heinrichs des Löwen nach Jerusalem über Byzanz; der Welfe befindet sich auf dem Höhepunkt seiner Macht.

1174: Welf VI. verkauft seine italienischen Besitzungen an die Staufer.

1174-1178: 5. Italienzug Friedrichs I. Barbarossas mit etwa 8000 Rittern.

1176, 29. Mai: Das kaiserliche Ritterheer wird bei Legnano von Mailänder Fußvolk und lombardischen Rittern geschlagen.

1176, Nov.: Im Vorvertrag von Anagni verständigt sich Friedrich daraufhin mit Papst Alexander III. und erkennt ihn als rechtmäßigen Papst an.

1177, 24. Juli: Feierlicher Abschluss des Friedens mit Alexander III. in Venedig. Vereinbarung eines Waffenstillstands auf 6 bzw. 15 Jahre mit dem Lombardenbund und Sizilien.

1179, Juni: Der Reichstag in Magdeburg verhängt über Heinrich den Löwen die Acht, da er wiederholten gerichtlichen Ladungen keine Folge leistet.

Zwischen 1180 und 1190: Hartmann von Aue vollendet den „Erek" (höfischer Roman von einem Ritter aus König Artus' Tafelrunde) nach der französischen Vorlage des Chrétien de Troyes, die um 1160 entstanden war.

1180, Jan.: Heinrich dem Löwen werden in Würzburg nach Lehnsrecht die Reichslehen durch Fürstenspruch aberkannt.

1180, Apr.: Aufteilung der Lehen Heinrichs des Löwen auf dem Reichstag von Gelnhausen. Erzbischof Philipp von Köln erhält Westfalen als neues Herzogtum, Ostsachsen fällt an Bernhard von Anhalt.

1180, Juni: Heinrich der Löwe verfällt, da er sich nicht unterwirft, der Oberacht und wird völlig fried- und rechtlos.

1180, Sept.: Otto von Wittelsbach wird mit Bayern (ohne Steiermark) belehnt (bis 1918 Wittelsbacher in Bayern).

1180/1181: Feldzug des Kaisers und der Fürsten gegen Heinrich den Löwen; die welfischen Ministerialen fallen ab.

1181, Nov.: Heinrich der Löwe unterwirft sich in Erfurt dem Kaiser, erhält von seinen Allodialgütern Braunschweig und Lüneburg zurück und geht im Sommer 1182 zu seinem Schwiegervater, Heinrich II. von England, ins Exil.

1183-1189: Heinrich von Veldeke, Begründer der höfischen Epik, vollendet die „Eneit", das erste Reimpaarepos in mittelhochdeutscher Sprache; es stellt eine freie Bearbeitung der Äneis dar. Das Epos wird zum Vorbild der höfischen Epik in Deutschland.

1183, 25. Juni: Friedrich I. erkennt nach Ablauf des Waffenstillstands im Frieden von Konstanz, einem Kompromiss zwischen beiden Seiten, den Lombardenbund an.

1184, Pfingsten: Die Schwertleite seiner Söhne begeht Friedrich I. mit einem glanzvollen Hoffest in Mainz, bei dem mehr als 40.000 Menschen anwesend sind; der Kaiser befindet sich auf dem Höhepunkt seiner Macht.

1186: Friedrichs Sohn Heinrich VI., bereits seit 1169 römisch-deutscher König, wird in Mailand zum König von Italien gekrönt und mit Konstanze, der Erbin des normannischen Königreichs Sizilien, vermählt.

Bild oben: *Gefangennahme von Richard I. Löwenherz (1157-1199) im Jahr 1192 in Erdberg bei Wien. Ausschnitt aus einer Seite des Liber ad honorem Augusti sive de rebus Siculis des Petrus de Ebulo (fol. 129 recto), um 1196. Der Sohn und seit 1189 Nachfolger Heinrichs II. überwarf sich auf dem dritten Kreuzzug mit Leopold V. von Österreich und Philipp II. von Frankreich. Er schloss nach deren Abzug mit Saladin Frieden, geriet aber auf seiner Rückkehr in die Gefangenschaft Kaiser Heinrichs VI. Im Zuge der welfisch-staufischen Versöhnungspolitik (als Schwager Heinrichs des Löwen) wurde er nach Erstattung eines hohen Lösegelds 1195 aus der Haft (auf dem Trifels) entlassen.*

Bild rechte Seite: *Otto IV. von Braunschweig (um 1176-1218), Christian Tunica, 1836, Kunstschätze aus den Sammlungen des Königlichen Hauses zu Hannover. Der Sohn Heinrichs des Löwen war seit 1198 Gegenkönig Philipps von Schwaben. Otto zeigte sich den Bestrebungen des Papstes Innozenz III., den Kirchenstaat zu vergrößern, Sizilien vom kaiserlichen Italien zu trennen und die Wahl des deutschen Königs zu bestimmen, geneigt und wurde nach der Ermordung Philipps (durch Otto von Wittelsbach 1208) 1209 zum Kaiser gekrönt. Später überwarf er sich mit dem Papst durch den Versuch der Eroberung Siziliens, weshalb der Papst im Einvernehmen mit den deutschen Fürsten 1211 Friedrich II. zum deutschen König bestimmte. In der Entscheidungsschlacht von Bouvines 1214 besiegt, starb Otto von Braunschweig 1218 völlig vergessen auf der Harzburg.*

1188: Der Kaiser und seine Gefolgschaft nehmen das Kreuz, um das „Heilige Grab" wiederzugewinnen, das von Sultan Saladin 1187 erobert wurde.
1189, Apr.: Heinrich der Löwe weigert sich, am 3. Kreuzzug (1189-1192) teilzunehmen, und muss deshalb erneut ins Exil.
1189, Mai: Aufbruch des Kreuzfahrerheeres von Regensburg; Heinrich VI. bleibt als Regent in Deutschland.
1190, Jan.: Ein Teil des normannischen Adels erkennt das staufische Erbrecht nicht an und erhebt Tankred von Lecce zum König.
1190, 10. Juni: Auf dem Marsch durch Kleinasien kommt Kaiser Friedrich I. im Fluss Saleph ums Leben.
1190, Juli: Heinrich VI. vergleicht sich in Fulda mit Heinrich dem Löwen, um die Erbansprüche seiner Frau in Sizilien durchsetzen zu können.
1190-1197: Heinrich VI. verschiebt das Schwergewicht der staufischen Politik völlig nach dem Mittelmeergebiet. Obwohl in Deutschland von einer zunehmenden fürstlichen Opposition bedroht, plant er die Eroberung des östlichen Mittelmeerraums, stirbt jedoch vor der Durchführung.
1191: 1. Italienzug Heinrichs VI. Er zwingt Papst Cölestin III., ihn zum Kaiser zu krönen (15. April), scheitert aber mit seinen sizilischen Ambitionen in einer Schlacht bei Neapel. – Im gesamten deutschen Reichsgebiet bildet sich um den Sohn Heinrichs des Löwen eine breite Fürstenopposition, die den staufischen Herrschaftsanspruch massiv in Frage stellt.
1192, Dez.: Leopold von Babenberg nimmt König Richard Löwenherz von England bei dessen Rückkehr vom Kreuzzug in der Nähe von Wien gefangen und liefert ihn dem Kaiser aus.
1192-1219: Umbau der St.-Aposteln-Kirche in Köln.
1193/1194: Mit der Drohung, ihn an Philipp II. von Frankreich auszuliefern, zwingt der Kaiser Richard Löwenherz zur Vermittlung im Streit mit der opponierenden welfischen Fürstenpartei sowie zur Zahlung eines Lösegeldes von 150.000 Mark Silber und zur Leistung des Lehnseides für England.
1194/1195: 2. Italienzug Heinrichs VI.
1194: Der Kaiser erobert Unteritalien und mithilfe einer genuesisch-pisanischen Flotte auch Sizilien.
1194, 25. Dez.: Heinrich VI. lässt sich im Dom von Palermo zum König von Sizilien krönen.
1195, März: Reichstag zu Bari. Heinrich setzt seine Frau Konstanze zur Regentin von Sizilien ein und legt die Verwaltung des Landes in die Hände staufischer Ministerialen.
1195, Okt.-Dez.: Heinrich VI., der im Juli noch einmal nach Deutschland gekommen ist, veranlasst die deutschen Fürsten zur Teilnahme am geplanten Kreuzzug, vermag jedoch nicht die Wahl seines Sohnes Friedrich Roger (am 26. Dezember 1194 geboren) zum deutschen König durchzusetzen.
1196: Die deutschen Fürsten und der Papst lehnen den „Erbreichsplan" Heinrichs ab, nach dem das staufische Königtum und – als Gegenleistung – auch die an die Fürsten vergebenen Reichslehen erblich werden sollen. Nur die Wahl seines 1194 geborenen Sohnes Friedrich II. zum römisch-deutschen König setzt Heinrich durch.
1197, Mai: Ein Aufstand der normannischen Barone in Sizilien und Unteritalien gegen die staufische Herrschaft kann vom Kaiser unterdrückt werden.
1197, 28. Sept.: Heinrichs VI. plötzlicher Tod in Messina hinterlässt ein Machtvakuum in Deutschland und Italien.
Seit 1198: Anfänge der Spruchdichtung Walthers von der Vogelweide, des größten mittelhochdeutschen Lyrikers und Spruchdichters.
1198: In Italien lässt Kaiserin Konstanze am 17. Mai ihren Sohn Friedrich zum König krönen und von Papst Innozenz III. mit Sizilien belehnen; dieser übernimmt auch nach dem Tod der Kaiserin am 28. November die Vormundschaft und versucht zugleich, den päpstlichen Herrschaftsbereich auf ganz Italien auszudehnen. Doppelwahl in Deutschland; Beginn des Thronstreits.
1198-1208: Philipp von Schwaben; er verteidigt die staufische Stellung gegen die Welfen und die wachsenden Ansprüche der Kurie, fällt jedoch vor sichtbaren Erfolgen einer Privatrache zum Opfer.
1198, März: Die staufische Partei wählt in Thüringen, um welfisch-englischen Absichten zuvorzukommen, Philipp von Schwaben, einen Bruder Heinrichs VI., zum deutschen König.
1198, Juni: Beeinflusst von Richard Löwenherz wählen die Gegner der Staufer in Köln Otto, einen Sohn Heinrichs des Löwen, zum deutschen König und bitten den Papst um Konfirmation der Wahl.
Anfang des 13. Jh.: Wahrscheinlich zwischen 1200 und 1210 wird in Österreich das Nibelungenlied von einem unbekannten Dichter zum ersten Heldenepos der deutschsprachigen Literatur umgestaltet.
1. Hälfte des 13 Jh.: Aufzeichnung der Carmina Burana (Beurener Lieder), bedeutendste Sammlung von Vagantenliedern, vor allem aus dem 12. Jh. im Kloster Benediktbeuern. Sie enthält etwa 250 lateinische und 55 deutsche Lieder, darunter Perlen mittelalterlicher Poesie von unvergleichlicher Frische und Schönheit (Natur-, Liebes-, Trink- und Spiellieder).

1200/1201: Otto IV. unterwirft sich den Bedingungen der Kurie; Innozenz III. erkennt ihn daraufhin als allein rechtmäßigen König an. Seine Machtstellung in Deutschland bleibt jedoch schwach. Dagegen kann der inzwischen mit dem französischen König verbündete Philipp, der sich 1205 nochmals wählen und „ordnungsgemäß" in Aachen krönen lässt, seine Position beständig ausbauen.

Um 1204: Stedinger Bauern verteidigen erfolgreich ihre Unabhängigkeit, die sie bei der Besiedlung der Wesermarschen gewonnen haben; sie zerstören die neu erbauten Burgen der Grafen von Oldenburg und des Erzbischofs von Bremen und vertreiben deren Besatzungen aus ihrem Land.

1208: König Philipp wird – unmittelbar vor der allgemeinen Anerkennung stehend – in Bamberg durch Otto von Wittelsbach aus persönlichen Rachemotiven erschlagen.

1208, 11. Nov.: Der Welfe Otto IV. wird in Frankfurt am Main von den deutschen Fürsten einmütig zum König gewählt.

1209-1211: Italienzug Ottos IV.

1209, 4. Okt.: Innozenz III. krönt in der Peterskirche von Rom Otto IV. zum Kaiser.

Vor 1210: Gottfried von Straßburg arbeitet an seinem Epos „Tristan", das jedoch unvollendet bleibt. Gottfried ist der Sänger der irdischen Liebe, die den Menschen zum höchsten Glück und zum tiefsten Leid führt.

Um 1210: Wolfram von Eschenbach, neben Gottfried von Straßburg der größte Epiker des hohen Mittelalters in Deutschland, vollendet seinen „Parzival", der den Weg des „tumben toren" zum Gralskönig schildert.

1210: Der Kaiser sammelt in Norditalien Truppen und eröffnet im Herbst entgegen aller dem Papst gemachten Zusagen den Angriff auf Sizilien.

1210, Nov.: Innozenz III. verhängt über Otto IV. den Kirchenbann.

1210-1250: Bau des Naumburger Doms, ursprünglich als romanischer Bau nach dem Vorbild des Bamberger Doms in Angriff genommen, später unter dem Einfluss der Gotik in gotischen Übergangsformen weitergeführt, am 25. Juni 1242 eingeweiht. Der Westchor, der um 1250 zusammen mit dem ersten Geschoss des nordwestlichen Turmes ausgeführt wird, ist schon

***Bild links:** Die Wahl des deutschen Königs, Heidelberger Sachsenspiegel, um 1300. Oben: die drei geistlichen Fürsten bei der Wahl, sie zeigen auf den König; Mitte: der Pfalzgraf bei Rhein überreicht als Truchsess eine goldene Schüssel, dahinter der Herzog von Sachsen mit dem Marschallsstab und als letzter der Markgraf von Brandenburg, der als Kämmerer eine Schüssel mit warmem Wasser bringt; unten: der Wahlkandidat bereits als König vor den Großen des Reiches.*

***Bild rechte Seite:** Das Standbild des „Bamberger Reiters" im Bamberger Dom ist die wichtigste gotische Bildhauerarbeit Deutschlands aus dem 13. Jahrhundert. Das lebensgroße Standbild zeigt einen jungen, einfach gewandeten Mann zu Pferd, den Blick in die Ferne gerichtet. Wer dargestellt werden sollte, ist nicht bekannt, möglicherweise handelt es sich um eine idealisierte Darstellung Konstantins des Großen. Stilistisch gehört das Reiterstandbild zur staufischen Kunst und gilt als Inbegriff des edlen, hoch gesinnten Menschenbildes im Mittelalter. Als frühestes nachantikes Reiterstandbild ist der Bamberger Reiter bedeutend für die weitere Entwicklung dieser Denkmalform.*

rein gotisch. Das zweite Geschoss und der Ostchor entstehen erst im 14. Jh.

1211, Sept.: Auf Veranlassung der Kurie und Philipps II. von Frankreich wählen in Nürnberg Ottokar von Böhmen, Hermann von Thüringen, Siegbert von Mainz und andere deutsche Fürsten Friedrich Roger (Friedrich II.) von Sizilien in Abwesenheit zum deutschen König.

1212, Dez.: Friedrich lässt sich in Frankfurt am Main von den Fürsten nochmals zum König wählen und in Mainz krönen.

1212-1250: Friedrich II.; wissenschaftlich hoch gebildet und interessiert, von Toleranz in religiösen Fragen, baut in Süditalien einen von besoldeten Beamten straff verwalteten Staat auf, dem er ganz Italien eingliedern will. Deutschland spielt in seinen politischen Plänen eine völlig untergeordnete Rolle. Er überlässt hier die Macht den Fürsten und erkennt deren territoriale Integrität durch verschiedene Privilegien an.

1213, 12. Juli: Mit Zustimmung der Reichsfürsten legalisiert Friedrich II. in der Goldbulle von Eger alle Forderungen der Kurie, die schon Otto IV. besonders in der Speyrer Urkunde 1209 anerkannt hat.

1214, 27. Juli: Otto IV., der sich an einer antifranzösischen Koalition unter englischer Führung beteiligt hat, wird bei Bouvines vom französischen König Philipp II. August vernichtend geschlagen und büßt damit auch jede Macht in Deutschland ein.

1215, 23. Juni: Friedrich II. lässt sich in Aachen nochmals krönen und gelobt einen Kreuzzug.

1215, Nov.: Das 4. Laterankonzil bestätigt die Wahl Friedrichs II. und beschließt einen allgemeinen Kreuzzug; das Papsttum zeigt sich unter Innozenz III. (am 16. Juli 1216 gestorben) auf dem Höhepunkt seiner Macht und Geltung.

1216: Friedrich II. lässt seinen Sohn Heinrich nach Deutschland bringen und überträgt ihm 1217 das Herzogtum Schwaben.

Um 1222: Tod Heinrichs von Morungen, des höfischen Minnesängers aus Thüringen, der neben Walther von der Vogelweide, Reinmar von Hagenau und Wolfram von Eschenbach der Vollender der mittelhochdeutschen Liedkunst ist.

Um 1220: Entstehung des bronzenen Taufbeckens des Hildesheimer Doms. Es gehört zusammen mit den Taufbecken in Brandenburg und Bremen vor allem durch die Trägerfiguren und Deckelreliefs zu den großen plastischen Schöpfungen des Hochmittelalters in Deutschland.

Um 1220: Eike von Repkow schreibt in lateinischer Sprache, wenig später in niederdeutscher Überarbeitung, die erste umfassende Aufzeichnung geltenden Land- und Lehnrechts nieder, den Sachsenspiegel, auf dem alle späteren Land- und Lehnrechtsbücher aufbauen.

1220, 26. Apr.: Für ihre Zustimmung zur Wahl Heinrichs (VII.) verzichtet Friedrich II. in der „Confoederatio cum principibus ecclesiasticis" (Übereinkunft mit den geistlichen Fürsten) auf eine Ausweitung der königlichen Herrschaftsrechte zugunsten der geistlichen Fürsten und erkennt diese damit als selbstständige Landesherren an.

1220, 22. Nov.: Kaiserkrönung Friedrichs II. durch Papst Honorius III., der dem Staufer das erneute Versprechen abnimmt, Sizilien nicht mit dem Reich zu vereinigen.

Nach 1220: Rasche Ausbreitung der Bettelorden in Deutschland: Franziskaner im Rheingebiet (1222), in Bayern, Franken, Sachsen (1223), in Thüringen (1224); Dominikaner in Köln, Straßburg, Worms (nach 1220), in Magdeburg (1224), in Bremen (um 1225), in Regensburg (1229).

1225/1226: Der polnische Herzog Konrad von Masowien ruft den

Deutschen Ritterorden zu Hilfe gegen die Pruß.

1227, Juni: Friedrich II. bricht zum (5.) Kreuzzug (1228-1229) auf, gewinnt durch Verhandlungen mit dem Sultan im März 1229 die „Heilige Stadt" und krönt sich selbst zum König von Jerusalem.

1227, 22. Juli: Schlacht hei Bornhöved zwischen Waldemar II. von Dänemark und den Aufgeboten norddeutscher Städte (Lübeck, Hamburg) und Territorialherren; Dänemark verliert seine Eroberungen in Holstein und Mecklenburg.

Um 1230: Aufzeichnung des Gudrunlieds, neben dem Nibelungenlied das bedeutendste anonyme Heldenepos des deutschen Mittelalters.

1230-1240: Der Bamberger Reiter im Ostchor des Bamberger Domes wird vollendet.

1231: Der Deutsche Orden, 1190 vor Akkon als Krankenpflegeorden gegründet, beginnt mit kaiserlicher Privilegierung seine Eroberungen im Kampf gegen die noch heidnischen Prußen.

1231, 1. Mai: Durch das „Statutum in favorem principum" (Statut zugunsten der Fürsten) muss Heinrich (VII.) auf die Ausübung königlicher Hoheitsrechte in den Gebieten weltlicher und geistlicher Landesherren (domini terrae) verzichten und den Städten die Aufnahme von Hörigen und Pfahlbürgern verbieten. Schritt zur weiteren Konsolidierung der fürstlichen Territorien unter Verletzung der städtischen Interessen.

1231/1232: Der Kaiser bestätigt in Ravenna und Cividale den Wormser Fürstenspruch gegen die Kommunen sowie das „Statutum" und verbietet darüber hinaus Bischofsstädten die Einrichtung von Selbstverwaltungsorganen.

1232: Verbrennen von Ketzern durch Konrad von Marburg.

1232, März: Friedrich II. bestimmt als generelle Strafe für Ketzerei den Feuertod.

1232, Mai: Konrad von Marburg, seit Oktober 1231 mit der Inquisition in Deutschland beauftragt, lässt in Köln, Trier, Straßburg, Goslar und Erfurt Ketzer aufspüren und verbrennen. Er wird 1233 von Rittern erschlagen.

1234, 27. Mai: Die Stedinger erleiden bei Altenesch gegen ein weit überlegenes Kreuzfahrerheer aus dem gesamten Niederrhein-, Maas- und Wesergebiet eine schwere Niederlage und müssen sich den Grafen von Oldenburg und dem Erzbischof von Bremen wieder unterwerfen.

1234, Sept.: Heinrich (VII.) empört sich gegen seinen Vater und schließt mit der lombardischen Liga ein Bündnis.

1235: Beginn des Baus der Elisabethkirche zu Marburg. Sie ist die erste vollgotische Konstruktion in Deutschland, die sich am Beispiel der Kathedrale von Soissons (um 1180 begonnen) orientiert. Der Bau wird 1314 vollendet.

1235, Frühjahr: Friedrich II. kommt nach Deutschland und lässt in Worms Heinrich (VII.) durch Fürstenspruch absetzen (Juli). In Haft genommen und nach Apulien gebracht, stirbt Heinrich dort 1242.

1235, Aug.: Der Kaiser lässt auf dem Hoftag in Mainz einen Landfrieden verkünden, der zum ersten Mal auch in deutscher Sprache aufgezeichnet wird (Mainzer Reichslandfrieden): Androhung schwerer Strafen für Anmaßung und Missbrauch von Gerichts-, Münz-, Zoll- und Geleitrechten, Einsetzung eines Reichshofrichters.

1235, Aug.: Der Enkel Heinrichs des Löwen, der Welfe Otto, wird Herzog von Braunschweig-Lüneburg. So wird die Aussöhnung mit den Welfen erreicht.

1237: In Wien lässt Friedrich seinen neunjährigen Sohn Konrad zum römisch-deutschen König wählen.

1239: Ratsschule in München gegründet. Sie ist die erste Ratsschule in Deutschland, die speziell für die praktischen Bildungsbedürfnisse errichtet wird, als die „äußeren Abteilungen" der Domschulen und die Privatschulen nicht mehr ausreichen.

1240/1241: Vorstoß der Mongolen bis Polen und Ungarn, Sieg bei Liegnitz (9. April 1241) über ein schlesisch-polnisches Heer.

1240-1250: Entstehung des Reiterstandbilds in Magdeburg (Otto I. oder II.?), eine der ersten monumentalen Freiplastiken des mittelalterlichen Europas. Vorbild ist der Bamberger Reiter.

1245, 17. Juli: Papst Innozenz IV. verkündet auf dem Konzil in Lyon die Absetzung Friedrichs II., bezeichnet ihn als Ketzer und fordert eine Neuwahl.

1246/1247: Eine antistaufische Koalition wählt zunächst den thüringischen Landgrafen Heinrich Raspe zum König und nach dessen baldigem Tod den Grafen Wilhelm von Holland. In dem anschließenden Ringen zwischen päpstlicher und kaiserlicher Partei kommt es jedoch vorläufig zu keiner Entscheidung.

1248: Albertus Magnus, aus der Familie der Grafen von Bollstädt, wird nach einer dreijährigen Tätigkeit als Magister an der Universität Paris an das Studium generale der Dominikaner nach Köln berufen, wo 1248 bis 1252 Thomas von Aquin sein Schüler ist.

1248: Der Bau des Kölner Doms wird begonnen, des hervorragendsten Bauwerks der Hochgotik in Deutschland.

Nach 1249: Der Naumburger Meister beginnt die 12 Stifterfiguren im Naumburger Dom. Zusammen mit den Werken des Straßburger und Bamberger Meisters stellen seine Schöpfungen den Höhepunkt der mittelalterlichen Plastik in Deutschland dar, die von großer Kraft und Ausdrucksstärke ist.

1250, 13. Dez.: Friedrich II. stirbt in Fiorentino in Apulien und wird im Dom zu Palermo beigesetzt.

1250-1254: Konrad IV.; seit 1237 deutscher König. Sein Versuch, jetzt auch das sizilianische Erbe anzutreten, scheitert am Widerstand der Kurie und der Lombarden.

1250-1265: Mechthild von Magdeburg, eine der größten deutschen Mystikerinnen, verfasst ihr Hauptwerk „Das fließende Licht der Gottheit", in dem sie mystische Visionen mit großer dichterischer Kraft gestaltet.

1251: Konrad IV. nimmt den Titel eines Königs von Sizilien und Je-

Bild oben: *Das Castel del Monte (ursprünglich: castrum Sancta Maria de Monte), erbaut zur Zeit von Kaiser Friedrich II. in Apulien im Südosten Italiens. Das Schloss wurde von 1240 bis um 1250 errichtet, wahrscheinlich aber nie ganz fertiggestellt. Insbesondere der Innenausbau scheint nicht vollendet worden zu sein.*

Bild rechts: *Friedrich II. (1194-1250) bei der Falkenjagd. Aus dem Geschlecht der Staufer stammend, war er von 1220 bis zu seinem Tode römisch-deutscher Kaiser. Er war der Sohn von Kaiser Heinrich VI. und dessen Gemahlin Konstanze von Sizilien. Friedrich II. wurde von seinen Zeitgenossen äußerst kontrovers beurteilt: Galt der hochgebildete, tolerante und naturwissenschaftlich interessierte Kaiser seinen Anhängern als „Stupor mundi", als „Staunen der Welt", setzten ihn die Anhänger der päpstlichen Partei mit dem Antichristen gleich. Der Schweizer Kulturhistoriker Jacob Burckhardt bezeichnete ihn als den „ersten modernen Menschen auf dem Thron". Grund für diese Einschätzung war, dass Friedrich mit teilweise modern anmutenden Mitteln versuchte, das universelle Kaisertum zu behaupten.*

Bild linke Seite: *Friedrich II. mit seinem Falken, spätes 13. Jahrhundert. 1246 schrieb er das Buch „Über die Kunst mit Vögeln zu jagen", eine Unterweisung in der Falkenjagd.*

rusalem an und verlässt Ende des Jahres Deutschland, um die staufische Erbschaft in Italien anzutreten (1254 in Italien gestorben; Ende der Staufer in Sizilien).

1254: Ausgehend von einer Gruppe rheinischer Städte um Mainz, Worms, Oppenheim und Bingen bildet sich – vor allem zur Sicherung des Landfriedens – der Rheinische Städtebund, der sich bald auf weite Teile des westlichen Reiches ausdehnt und dem auch einige Fürsten beitreten; König Wilhelm erkennt den Bund seit 1255 an und stützt sich auf ihn.

1254, 21. Mai: Wilhelm von Holland, 1247 noch gegen Friedrich II. zum König gewählt, ist nach dem Tod des ungekrönt gebliebenen Staufers Konrad IV. alleiniger Herrscher im Reich.

1256/1257: Englische, französische, spanische und böhmische Fürsten versuchen, die deutsche Königskrone als Ausgangsposition für die Erwerbung der Kaiserkrone zu gewinnen und verhandeln mit den Fürsten, welche nach dem Sachsenspiegel die Königswahlen entscheiden und denen inzwischen das alleinige Wahlrecht zusteht. Bei der Doppelwahl von 1257 treten die sieben Kurfürsten endgültig als die ausschließlichen Wähler in Erscheinung.

1257: Ulrich von Lichtenstein schreibt seinen „Frauendienst", der die Absonderlichkeiten und Verirrungen des späten ritterlichen Minnedienstes zeigt.

1257, 13. Jan.: Ein Teil der Kurfürsten (Erzbischöfe von Köln und Mainz, Pfalzgraf bei Rhein und der König von Böhmen) wählt vor den Toren von Frankfurt am Main Richard von Cornwall zum deutschen König.

1257, 1. Apr.: Der andere Teil der Kurfürsten (Erzbischof von Trier, Herzog von Sachsen und der Markgraf von Brandenburg) wählt in Frankfurt am Main Alfons von Kastilien zum deutschen König. Böhmen schließt sich auch dieser Wahl an. Alfons hat allerdings Deutschland nie betreten.

1257, Mai: Richard von Cornwall kommt für kurze Zeit nach Deutschland und lässt sich in Aachen krönen, besitzt hier jedoch keine Machtgrundlage.

Nibelungenlied

Die Heimat des Nibelungenliedes und seines unbekannten Dichters ist das babenbergische Österreich. Schon im 10. Jahrhundert soll der Überlieferung nach Bischof Pilgrim von Passau durch seinen Schreiber Konrad eine Nibelungias in lateinischer Sprache haben aufzeichnen lassen. Darauf geht wohl die Einfügung der Gestalt des Bischofs in die spätere Fassung des Nibelungenliedes zurück, genau so wie Markgraf Rüdiger von Bechlarn sein geschichtliches Urbild in einem Markgrafen des Ostlandes hat, vielleicht in jenem Burckhard I., der zu Pöchlarn seinen Sitz hatte und auf den die Babenberger folgten. Bestimmt aber hat der spätere Dichter auch Charakterzüge der Babenberger Herzoge in der Gestalt Rüdigers verherrlichen wollen.

Ein selbständiges Werk aus dem Kreis der Nibelungensage, älter als das Lied, ist die „Klage", von einem unbekannten Dichter, wahrscheinlich einem Kleriker, zu Ende des 12. Jahrhunderts niedergeschrieben.

Nach dem Tode der Nibelungen, für die eine allgemeine Leichenfeier im Hunnenlande abgehalten wird, sendet Etzel auf Dietrichs Rat den Spielmann Schwämel mit 12 Recken nach Worms, um den Untergang der Könige zu melden. Auf ihrer Reise kehren sie in Pöchlarn bei Rüdigers Witwe und in Passau bei Bischof Pilgrim ein, der sich alles genau erzählen lässt und den Entschluss fasst, die Erzählung niederschreiben zu lassen.

Die alte Königin Ute stirbt aus Gram über den Tod ihrer Kinder und Gunters junger Sohn wird zum König im Burgundenlande ausgerufen. Dietrich aber begibt sich mit seiner Frau Herat und dem Waffenmeister Hildebrand über Pöchlarn in sein Land zurück.

Das Nibelungenlied selbst hat ein unbekannter Dichter um die Wende des 12. und 13. Jahrhunderts im Stil und Geschmack seiner Zeit auf Grund der vorhandenen Überlieferungen und kleineren Lieder niedergeschrieben. Es besteht guter Grund zur Annahme, dass es zum erstenmal Pfingsten 1203 anlässlich der Schwertleite Herzog Leopolds VI. des Glorreichen in Wien in die Öffentlichkeit trat. Die Vertrautheit mit den geographischen und geschichtlichen Verhältnissen an den Ufern der niederösterreichischen Donau legt die Vermutung nahe, dass die Sage in Niederösterreich ihre letzte Formung erhielt. Die Bedeutung, die Wien, der Residenz der Babenbergischen Herzoge, beigelegt wird – von Wien reitet Etzel Kriemhilden bis Tulln entgegen, in Wien feiert Kriemhild ihre Hochzeit mit dem Hunnenkönig –, macht es wahrscheinlich, dass der Verfasser der Dichtung ein Ministeriale, ein kleinadeliger Dienstmann der Babenberger Herzoge war, der bereits die Regeln und Anschauungen der ritterlichen Dichtung kannte, die von Frankreich aus ihren Siegeszug durch Europa angetreten hatte.

Nibelungenlied, Bildhandschrift aus dem 15. Jahrhundert. Nachfolgend ein Auszug aus dem Ersten Abenteuer, „Wie Kriemhilden träumte": „Viel Wunderdinge melden die Mären alter Zeit / Von preiswerthen Helden, von großer Kühnheit, / Von Freud und Festlichkeiten, von Weinen und von Klagen, / Von kühner Recken Streiten mögt ihr nun Wunder hören sagen. – Es wuchs in Burgunden solch edel Mägdelein, / Daß in allen Landen nichts Schönres mochte sein. / Kriemhild war sie geheißen, und ward ein schönes Weib, / Um die viel Degen musten verlieren Leben und Leib. – Die Minnigliche lieben brachte Keinem Scham; / Um die viel Recken warben, Niemand war ihr gram. / Schön war ohne Maßen die edle Maid zu schaun; / Der Jungfrau höfsche Sitte wär eine Zier allen Fraun. – Es pflegten sie drei Könige edel und reich, / Gunther und Gernot, die Recken ohne Gleich, / Und Geiselher der junge, ein auserwählter Degen; / Sie war ihre Schwester, die Fürsten hatten sie zu pflegen."

Das Nibelungenlied ist, als Ganzes betrachtet, das Werk eines hochbegabten Dichters, der Altes und Neues nach einem einheitlichen Grundgedanken verwertet und eine Dichtung geschaffen hat, deren einzelnen Teilen man wohl älteren oder jüngeren Ursprung, größere oder geringere Selbständigkeit der Fassung anmerkt, aus der man aber mit Sicherheit weder einzelne Partien als älter ausscheiden noch die ursprüngliche Vorlage wieder herausschälen kann.

Liebeswerben bildet den Anfang, Mord und Brand den Schluss des Gedichtes. In einer Art Doppeltragödie entwickelt sich Siegfrieds Tod und Kriemhildens Rache; beide Stücke aber bilden ein einheitliches Ganzes. Der Verfasser huldigt der moralischen Auffassung von Treue, Ehre und Liebe, wie sie dem feudalen Zeitalter und dem ritterlichen Standesbewusstsein angemessen ist.

Das Nibelungenlied ist in der vierzeiligen Nibelungenstrophe abgefasst, die uns in den Anfängen des österreichischen Minnesanges in der „Kürenberger Weise" wieder begegnet. Das Lied war nach Form und Inhalt von großem Einfluss auf die zeitgenössische und nachfolgende volkstümliche Dichtung.

Wie allgemein die Bewunderung des Epos durch das ganze Mittelalter bis ins 16. Jahrhundert gewesen ist, dies zeigen die zahlreichen Zeugnisse und die große Zahl mehr oder minder vollständiger Handschriften. Wir besitzen deren 31, teils vollständig, teils bruchstückweise. Sie reichen vom 13.-16. Jahrhundert. Die drei ältesten gehen auf das 13. Jahrhundert zurück und befinden sich gegenwärtig in (Handschrift A) München, (Handschrift C) in Donaueschingen und (Handschrift B) in St. Gallen.

Inhalt des Nibelungenliedes:

I. Zu Worms am Rhein lebt Kriemhild, die Schwester der Burgundenkönige Gunter, Gernot und Giselher. Die Kunde von Kriemhilds Schönheit ist bis an den Nieder-

Miniatur aus dem Psalter für den Erzbischof Egbert von Trier (um 950-993; Erzbischof 977-993), der kurz nach 980 wohl im Skriptorium des Klosters Reichenau angefertigt wurde. Das Widmungsbild zeigt den Mönch Ruodprecht, der sein Werk überreicht. Der Psalter gehört zur sog. Reichenauer Schule der ottonischen Buchmalerei. Cividale del Friuli, Museo Archeologico Nazionale.

rhein gelangt. Held Siegfried, Siegmunds Sohn, zieht aus, die Schöne zu gewinnen.

Durch seinen Kampf mit einem Drachen ist er wundfest geworden und hat den reichen Nibelungenschatz gewonnen, in dem sich auch die Tarnkappe befindet, die ihren Träger unsichtbar macht. Aber erst nach Verlauf eines Jahres sehen sich Siegfried und Kriemhild zum erstenmal.

Um diese Zeit gelangt die Kunde an den Königshof zu Worms, dass auf Island die stolze Brunhild als Herrin hause, die alle ihre Bewerber im Dreikampf überwinde und sie dann töten lasse. König Gunter will um Brunhild werben und Siegfried verspricht ihm seine Hilfe, wenn er dafür Kriemhild zum Weib erhalte. Zusammen mit Dankwart und Hagen von Tronje, Dienstmannen der Burgunden, fahren die Könige nach dem Isenstein. Siegfried, der Brunhild von früher kennt, stellt sich ihr als Gunters Vasall vor und fordert sie im Namen Gunters zum Kampf auf. In allen drei Kämpfen besiegt Gunter scheinbar die Königin, indes Siegfried in der Tarnkappe für ihn den Wettkampf durchficht, und Brunhilde muss den Burgunden nach Worms folgen. Dort wird eine prunkvolle Doppelhochzeit gefeiert.

Nach zehn Jahren reisen Siegfried und Kriemhild zum Fest der Sommersonnenwende nach Worms. Brunhilde und Kriemhild schauen den Waffenspielen der Helden zu; jede der Frauen rühmt die Tapferkeit ihres Gemahls. Dabei geraten sie in Streit. Und dieser Streit setzt sich am kommenden Morgen vor der Kirchenpforte fort. Kriemhild beweist Brunhilde, dass nicht Gunter, sondern Siegfried der Sieger über sie gewesen ist. Aufs tiefste in ihrer Ehre als Königin und Frau getroffen, verlangt Brunhild von ihrem Gatten Siegfrieds Tod.

Durch eine List entlockt Hagen Kriemhild das Geheimnis, an welcher Stelle Siegfried verwundbar sei und tötet ihn während einer Jagd im Odenwald.

II. Kriemhild schwört dem Mörder des geliebten Gatten Rache. Sie lässt Siegfrieds Nibelungenhort nach Worms kommen und verteilt ihn freigebig unter dem Volke. Da wirft Hagen den Schatz in die Fluten des Rheins, damit Kriemhild nicht in der Lage wäre, Helfer anzuwerben. 13 Jahre vergehen. Dann wirbt der mächtige Hunnenkönig Etzel durch den Mund des Markgrafen Rüdiger von Bechelaren um die Hand der Witwe Siegfrieds. Da Rüdiger Kriemhild schwört, stets für sie einzutreten, nimmt diese voll Verlangen, Beistand in der Rache für Siegfrieds Mord zu finden, den Antrag Etzels an. Wieder vergehen 13 Jahre. Nunmehr lädt Etzel auf Kriemhilds Bitten seine burgundischen Schwäger zu einem Hoffest in das Hunnenland. Kaum sind diese bei Etzel angekommen, beginnen die Feindseligkeiten. Hagen und Volker halten Nachtwache, während die Könige schlafen. Am nächsten

Morgen schlagen die Hunnen die burgundischen Knechte nieder. Der todwunde Dankwart schleppt sich noch in den Festsaal, allwo die Könige tafeln, und meldet den Tod der Gefährten. Als Kriemhild in ihrer Rachbegier auch die letzten überlebenden Burgunder nicht schont, schlägt ihr Meister Hildebrand das Haupt ab.

Schon im Nibelungenlied tritt Dietrich von Bern als Heldenideal des Österreichers in Erscheinung. Seine Beliebtheit beweisen die zahlreichen sagenhaften Überlieferungen, die sich an ihn knüpfen. Sie haben in einer Reihe von Dichtungen, zum Teil Tiroler Herkunft, ihren Niederschlag gefunden (Biterolf, Dietrichs Flucht, König Laurin, die Rabenschlacht, Alpharts Tod, Sigenot, das Eckenlied, Virginal u. ä.)."

Ernst J. Görlich, Österreichische Literaturgeschichte, Wien o. J.

Die Schlacht auf dem Lechfeld

Otto I. der Große (deutscher König 936-973) trat ein schwieriges Erbe an. Im Innern machten ihm Rivalen den Thron streitig, von außen drängten die Ungarn gegen das Reich. Die äußere Gefahr aber bannte die innere, weil sie die deutschen Fürsten einte. Der sächsische Geschichtsschreiber Widukind von Corvey (um 925-3. Februar 973) preist Ottos Heldentum in der siegreichen Schlacht gegen die Ungarn auf dem Lechfeld im Jahre 955:

„Als der König den Feind zugleich die Front und die Nachhut bedrängen sah, schickte er den Herzog mit dem vierten Zuge ab. Der befreite die Gefangenen, entriss dem Feinde die Beute und jagte dessen plündernde Scharen in die Flucht. Hierauf kehrte er mit siegreichem Banner zum König zurück. Merkwürdigerweise hatte er seinen glänzenden Erfolg mit jungen Streitern, die den Krieg noch kaum kannten, errungen, während die alten, sieggewohnten und ruhmbedeckten Krieger sich zaudernd zurückhielten. Wie nun der König sah, dass sich die ganze Wucht des Kampfes ihm gegenüber in der Front zusammenballte, ermunterte er seine Mannen: ‚Meine Kämpen, jetzt heißt es guten Mutes sein! Nicht in weiter Ferne, unmittelbar vor euch steht der Feind! Bis jetzt siegte ich durch eure nimmer rastende Faust, durch eure allum in fremden Landen ruhmreichen, nie bezwungenen Waffen, und nun sollte ich in meinem Lande und Reiche den Rücken zeigen müssen? Ich weiß, die Feinde sind uns über an Zahl, nicht aber an Tapferkeit, nicht in der Rüstung. Nahzu allen von ihnen fehlen fast jede Waffen, und – unsere größte Zuversicht – ihnen fehlt Gottes Hilfe. Noch manch ein Wort würde ich an euch, meine Mannen, richten, wüsste ich, dass dadurch euer Mut und eure Tapferkeit gesteigert werden könnten. Doch so wollen wir lieber mit dem Schwert als mit der Zunge den Streit beginnen.‘ Hierauf ergriff der König den Schild und die Heilige Lanze und sprengte als Erster gegen die Feinde vor, zugleich der tapferste Krieger und der beste Feldherr. Die verwegensten Feinde leisteten zuerst Widerstand, als sie jedoch ihre Kameraden den Rücken kehren sahen, befiel sie Schrecken; die Unseren drangen in ihre Reihen ein und erschlugen sie."

Kaiser Friedrich I. Barbarossa, Landfriedensgesetz

Nach dem Tod von König Konrad III. wird am 4. März 1152 dessen Neffe Friedrich von Schwaben – Friedrich I. Barbarossa – zum König gewählt. Im selben Jahr erlässt er ein Landfriedensgesetz, um das Fehdewesen einzudämmen: „Wer jemand während eines aufgerichteten Landfriedens tötet, soll sein Leben verlieren, wenn er nicht im Zweikampf zu beweisen vermag, dass er, um sein eigenes Leben zu verteidigen, jenen getötet hat. Wenn aber dem ganzen Gericht klar ist, dass die Tat nicht in Notwehr, sondern absichtlich vollbracht wurde, so darf sich der Schuldige weder durch Zweikampf noch sonstwie rechtfertigen.

Streiten zwei um ein Lehen, und der eine führt den Lehensherrn vor, so soll der (untersuchende) Graf dessen Zeugnis annehmen, wenn der Lehensherr die Belehnung anerkennt; kann dieser Mann außerdem durch glaubhafte Zeugen nachweisen, dass er in den Besitz des Lehens ohne Raub gekommen ist, so soll er es ohne weiteren Streit erhalten. Wird er aber vor dem Richter des Raubes überwiesen, muss er die doppelte Buße zahlen und verliert das Leben.

Klagt ein Bauer einen Ritter des Friedensbruches an, so soll der Ritter mit eigener Hand schwören, dass er nicht absichtlich, sondern in Notwehr gehandelt hat, und den Reinigungseid mit vier Eideshelfern schwören. Wenn ein Ritter einen Bauern des Landfriedensbruches anklagt, so muss dieser mit eigener Hand schwören, dass er in Notwehr gehandelt, und dann entweder durch Gottesgericht (im Zweikampf) oder durch Menschengericht seine Unschuld erweisen oder durch sieben vom Richter ausgewählte Zeugen sich reinigen. Klagt ein Ritter einen anderen Ritter des Friedensbruches oder sonst eines Kapitalverbrechens an, so wird jenem der Zweikampf nicht

Friedrich I. Barbarossa und sein Kanzler Bischof Otto von Freising, Skulptur vom Portal des 1205 geweihten Freisinger Doms. Der Kaiser des Heiligen Römischen Reiches aus dem Hause der Hohenstaufen (1122-1190) ertrank im Fluss Saleph, heutige Türkei.

Bildnis Kaiser Heinrichs VI. aus der Manessischen Liederhandschrift. Heinrich VI. (1165-28. September 1197), Sohn Kaiser Friedrichs I. Barbarossa, war ein kühler und bedenkenloser Realpolitiker mit der kühnen Konzeption eines staufischen Weltkaisertums weltlicher Prägung. Er zog drei Mal nach Italien, besonders um die aus seiner Ehe mit Konstanze erwachsenen Herrschaftsansprüche auf das Königreich Sizilien durchzusetzen. 1191 zum Kaiser gekrönt, wurde er durch die Gefangennahme des englischen Königs Richard Löwenherz, den er zum Lehenseid zwang, zugleich der (besonders welfischen) Fürstenopposition Herr. Ab 1194 war er König von Sizilien; sein Einzug in Palermo markierte den Höhepunkt und die größte Ausdehnung des staufischen Reiches. Heinrich konnte sich jedoch mit dem Plan, Deutschland zum Erbreich zu machen, gegen Papst und Fürsten nicht durchsetzen. Mit seinem Tod wurde der Weg frei für die nationalstaatliche Aufspaltung Europas.

gestattet, außer er kann nachweisen, dass er und seine Eltern von alters her dem Ritterstand angehören.
Nach Mariä Geburt soll jeder Graf sieben Mann von gutem Rufe auswählen und in seiner Provinz sorgfältig festsetzen, um welchen Preis die Ernte entsprechend der Witterung des Jahres zu verkaufen ist. Wer gegen die von dem Grafen getroffene Verfügung innerhalb Jahresfrist den Scheffel teurer zu verkaufen wagt, soll als Friedensbrecher gelten und dem Grafen sovielmal zwanzig Pfund zahlen, als er den Scheffel erwiesenermaßen teurer verkauft hat.
Trägt ein Bauer Waffen, Lanze oder Schwert, so soll ihm der Richter seines Amtsbezirkes die Waffen wegnehmen oder ihm eine Buße von zwanzig Schillingen auferlegen.

Der Kaufmann, der handelnd das Land durchzieht, soll sein Schwert an den Sattel binden oder auf den Wagen legen, damit er keinen Unschuldigen verletze, sondern sich nur gegen Räuber verteidige.
Niemand darf Schlingen, Netze oder anderes Fangwerkzeug benutzen, außer gegen Bären, Schwarzwild und Wölfe.
Zum Grafengericht darf der Ritter nur dann mit Waffen kommen, wenn ihn der Graf hierzu aufgefordert hat.
Wenn die Ministerialen eines Herren unter sich in Fehde geraten, soll der für sie zuständige Graf oder Richter mit Gesetz und Urteilspruch gegen sie einschreiten.
Wer zu Pferd durch das Land zieht, darf für sein Ross so viel Futter von der Weide wegnehmen, als er am Wege stehend erlangen kann. Ferner sei es erlaubt, dass jeder an der Weide und am grünen Walde, ohne Verwüstung und Schaden anzurichten, nach seinem Bedürfnis nehme.

Der Tod Friedrich Barbarossas

Der deutsche König und Römische Kaiser Friedrich I. Barbarossa ertrank während des Dritten Kreuzzuges am 10. Juni 1190 in dem kleinasiatischen Fluss Saleph. (Die Herrschaft in Deutschland führte sein 1169 zum König gekrönter Sohn Heinrich VI.). Nach dem Tod Fried-

Um 960 entstanden, ist die Reichskrone die Krone der Könige und Kaiser des Heiligen Römischen Reiches seit dem Hochmittelalter. Die meisten römisch-deutschen Könige seit Konrad II. wurden mit ihr gekrönt. Die Reichskrone war, neben dem Reichkreuz, dem Reichsschwert und der Heiligen Lanze, der wichtigste Teil der Reichskleinodien. Bei der Krönung wurde sie zusammen mit dem Zepter und dem Reichsapfel an den neuen König übergeben. Aufbewahrt wurden die Reichskleinodien in der Stauferzeit auf Burg Trifels am Rhein, seit 1424 in Nürnberg, von 1805 bis 1848 auf Schloss Karlstein in Böhmen, bis 1938 in Wien, dann in Nürnberg und nach dem Zweiten Weltkrieg wieder in der Wiener Hofburg.

rich Barbarossas zeigte das Kreuzfahrerheer Auflösungserscheinungen. Barbarossas Sohn Herzog Friedrich V. von Schwaben führte den Rest des Heeres nach Akko und starb dort während der Belagerung. Am 12. Juli 1191 eroberte der französische König Philipp II. August Akko und kehrte nach Frankreich zurück. Der englische König Richard I. Löwenherz belagerte noch bis 1192 Jerusalem. Der zeitgenössische byzantinische Geschichtsschreiber Niketas Choniates schilderte in seinem historischen Werk „Diegesis Chronike“ die Ereignisse während des Dritten Kreuzzuges bis zum Tod von Kaiser Friedrich Barbarossa:

„Die Alamannen (= das Kreuzfahrerheer) zogen durch das so genannte Aetosgefilde und schlugen dann im phrygischen Laodikeia ihr Lager auf. Dort wurden sie freundlich und gastlich aufgenommen wie nirgends sonst, und alle erbaten von Gott alles Gute für die Bewohner Laodikeias, besonders der König (Friedrich I. Barbarossa) selbst. Er beugte das Knie zur Erde, hob Augen und Hände aufwärts zum Himmel und betete, wenn etwas im irdischen Leben Nutzen bringe, wenn etwas den Seelen heilsam sei, so möge es ihnen von Gott dem Vater und Lenker der Welt zuteil werden. Er fügte noch hinzu, wenn das rhomäische Land an solchen Christen reich wäre, und wenn die Rhomäer die Streiter Christi überall so wohlwollend aufgenommen hätten, so hätten auch diese ihnen mit Freuden alle Schätze geschenkt, die sie mit sich führten. Er hätte dann freilich die Lebensmittel erhalten und wäre schon längst jenseits der rhomäischen Grenzen, und die Waffen seiner Leute hätten unbefleckt von Christenblut in der Scheide geschlummert.

Als die Alamannen weiter landeinwärts zogen, fanden sie auch die Türken ihnen nicht freundlich gesinnt. Aber auch diese wichen einer offenen Schlacht aus und raubten bloß, wie sie nur konnten, obwohl sie sich ebenso wie die Rhomäer verpflichtet hatten, die Alamannen kampflos durch ihr Land ziehen zu lassen und alles zur Verfügung zu stellen, was Reisende brauchen. Es wäre auch für die Türken gut gewesen, wenn sie den Vertrag gehalten hätten. So aber wagten sie, von leeren Hoffnungen gebläht, den Kampf, dessen Ausgang sie ja voraussehen hätten können. In der Nähe der Festung Philomilion erhob sich die Schlacht zwischen dem König und den Söhnen des Sultans von Ikonien, die ihren Vater gestürzt, aus Ikonien vertrieben und ihn, den reichen Erben, zu einem armen, alten Mann gemacht hatten. Der König schlug sie ohne Anstrengung, eroberte Philomilion und steckte es in Brand.

Aber auch bei Ginklarion traf er mit ihnen zusammen und trug den Sieg davon. Die Türken hatten dort eine Wegenge besetzt und erwarteten die Ankunft der Alamannen. Der König durchschaute jedoch die Absicht seiner Gegner und schlug in einer Ebene sein Lager auf. In der Nacht teilte er sein Heer in zwei Abteilungen. Dem einen Teil befahl er, bei den Zelten zu bleiben, der Rest sollte im Morgengrauen eine Flucht vortäuschen und einen anderen Weg einschlagen. Die Perser hielten nun die List für eine wahre Flucht, kamen jubelnd aus der Wegenge heraus in die Ebene und strömten in das Lager der Alamannen. In ihrer Torheit freuten sie sich, dass ihnen die vielen Schätze des Lagers mühelos zufallen sollten, denn jeder Barbar ist habgierig und tut und sagt das meiste, wenn nicht alles, nur des Silbers wegen. Als aber die zum Schein Geflohenen zurückkehrten und die in den Zelten Versteckten den Türken kühn entgegentraten, waren diese in der Falle und wurden niedergemacht.

Nicht allein dieser zwei Schlachten wegen wurde der König bei den östlichen Völkern berüchtigt und gefürchtet; sondern vor allem, weil er den Türken vor Ikonion selbst eine ebenso schwere Niederlage beibrachte. Der Sultan, der nach Caxara geflohen war, entschuldigte sich selbst damit, er habe nichts von dem gewusst, was seine Söhne verübten, weil Kopattinos, einer von ihnen, ihn von der Herrschaft verjagt habe.

Die Türken besetzten die Bewässerungsgräben, die in den Gärten rings um Ikonion dicht beieinander liegen, und benutzten die steinernen Gartenmauern als Brustwehr. Damit glaubten sie, den Alamannen den Zugang nach Ikonion versperren zu können, weil sie, lauter tüchtige, auf einem Platz zusammengeballte Bogenschützen,

Bild links: *Hildegard von Bingen empfängt eine göttliche Inspiration und gibt sie an ihren Schreiber weiter; Miniatur aus dem Rupertsberger Codex des Liber Scivias. Hildegard wurde 1098 geboren und starb am 17. September 1179 in Kloster Rupertsberg. Sie gründete zwischen 1147 und 1150 das Kloster Rupertsberg bei Bingen und 1165 ein Filialkloster in Eibingen (heute zu Rüdesheim). Neben mystisch-visionären Schriften verfasste sie unter anderem 70 selbst vertonte geistliche Lieder, außerdem naturkundliche Bücher. Sie galt als eine der bedeutendsten Heilkundigen ihrer Zeit (Naturheilkunde). Zeitlebens war sie sehr gebrechlich und oft an das Bett gefesselt.*

Bild rechte Seite links: *Statue von Wolfram von Eschenbach auf der Burg Abenberg. Der Dichter und Epiker wurde um 1170 geboren und starb um 1220. Er war einer der wichtigsten Dichter des deutschen Mittelalters. Wolfram von Eschenbach hielt sich längere Zeit am Hofe des thüringischen Landgrafen Hermann auf. Sein nach 1200 entstandenes, 25.000 Verse umfassendes Epos „Parzival“ war der erfolgreichste deutsche Versroman des Mittelalters, der auch in der Neuzeit, v. a. seit dem 19. Jahrhundert., eine außergewöhnliche Wirkungsgeschichte entfaltete. Neben zwei weiteren Epen, dem „Willehalm“ und dem „Titurel“, schrieb der Dichter auch einige Lieder.*

leicht die gepanzerten Reiter in dem schwierigen Gelände würden bekämpfen können. Aber auch damals erwies sich ihr Plan als unwirksam. Die Alamannen sahen, dass die Türken die Einfriedungsmauern der Gärten besetzt hielten und von dort wie von einem Bollwerk aus schossen. Da machten sie Folgendes: Jeder Reiter nahm einen schwerbewaffneten Fußsoldaten mit auf sein Pferd und ließ ihn von dem Pferd wie von einer Staffel aus auf die Mauer steigen, wo sich die Türken zusammendrängten. Die Fußsoldaten wurden mit den Türken handgemein, und die Reiter unterstützten sie, soweit sie mit ihren Pferden durchkamen. Und auch damals kamen die meisten der elenden Türken elendiglich um, nur wenige wurden versprengt oder retteten ihr Leben. Auch durch das Zeugnis der Feinde wurde die Menge der Gefallenen bestätigt …

Der Ruhm seiner Klugheit und seines unbezwinglichen Heeres wuchs von Tag zu Tag, und kein Feind trat ihm mehr entgegen. Da kam er einst zu einem Fluss – o diese unerwarteten, unverhofften Zufälle! Oder soll man die dem Menschengeist unergründliche Ratschlüsse Gottes nennen? In den Wirbeln dieses Flusses versank er, ein Mann, wohl wert, guter und dauernder Erinnerung behalten und ob seines Endes von einsichtigen Menschen glücklich gepriesen zu werden, nicht bloß deshalb, weil er einem edlen Geschlecht entstammte und als Enkel großer Herrscher über viele Völker gebot, sondern auch, weil er von Liebe zu Christus mehr als alle anderen christlichen Herrscher seiner Zeit entbrannt, sein Vaterland, die Annehmlichkeiten eines Herrscherdaseins, Ruhe und das Glück daheim bei seinen Lieben und ein Leben in Glanz und Pracht aufgab, die Fremde der Heimat vorzog und mit den Christen in Palästina für den Namen Christi und zur Ehre des Heiligen Grabes, aus dem der lebendige Gott auferstanden ist, alle Mühseligkeiten teilen wollte. Sein Eifer erlahmte nicht auf dem langen, überall leidvollen Weg, die feindseligen Völker, durch deren Gebiet er ziehen musste, der Mangel an Wasser, das kärglich bemessene Brot, das er noch dazu kaufen und sich manchmal sogar mit Gewalt holen musste, machten ihn in seinem Vorsatz nicht wankend, die Tränen seiner Kinder, ihre Umarmungen und Abschiedsküsse verwirrten nicht seine Seele und ließen ihn nicht schwach werden, sondern wie der Apostel Paulas achtete er das eigene Leben gering und zog seines Weges, bereit, nicht nur Fesseln zu ertragen, sondern auch sein Leben hinzugeben für den Namen Christi. So war der Eifer dieses Mannes der Eifer eines Apostels, sein Ziel das Ziel eines glühenden Verehrers Gottes und seine Leistung die Leistung eines jener überragenden Männer, die alle ihre Gedanken, all ihre Kräfte darauf richten, das erhabene und schwierige Leben zu führen, welches das Evangelium verlangt, und die alles Irdische als Kehricht missachten.

Darum sage ich mir, dass er ein seliges Ende gefunden hat.

Sein Sohn übernahm das Führeramt und zog nach Antiochia und

***Bild oben:** Bassenheimer Reiter. Das frühgotische Sandsteinrelief in der Pfarrkirche in Bassenheim bei Koblenz stellt den berittenen heiligen Martin dar, der mit einem Bettler seinen Mantel teilt. Das um 1240 für den Martinsaltar des Mainzer Domes geschaffene Werk wird dem Naumburger Meister zugeschrieben. Die Gotik gilt als erste große, das Abendland umfassende Eigenschöpfung der Kunst nördlich der Alpen. Ihre kulturellen Grundlagen sind Scholastik und Mystik, der Geist der Kreuzzüge und das Selbstbewusstsein des Bürgertums. Die Bildhauerkunst der Gotik erreichte eine Synthese von Architektur und Bauplastik; sie schuf Portalskulpturen in höchster Vollendung. Ausgehend von Frankreich (Chartres ab 1150, Reims) entstanden auch in Deutschland ausdrucksstarke Figuren mit reich bewegten Gewändern (Straßburg, Bamberg, Naumburg).*

von dort weiter nach Koilesyrien, unterwarf das aufständische und zu den Ismaeliten neigende Laodikeia, besetzte ohne Mühe Berytos und sehr viele andere syrische Städte, die früher einmal den Lateinern gehört hatten, damals aber sich den Sarazenen angeschlossen hatten. Er kam auch nach Tyros, belagerte das von Sarazenen besetzte Akko, ertrug noch lange Zeit viele Mühsale für den Namen Christi und gab auch dort im Lande sein Leben auf. Die Leute, die von seinem Heer noch übrig waren, beschlossen, nicht mehr auf dem Landweg zurückzukehren, weil sie die Völker, durch deren Gebiet sie gezogen waren, als ungetreu erkannt hatten, sondern bestiegen die dickbäuchigen Schiffe, die von ihren Landsleuten in den Hafen von Tyros gebracht wurden, und kamen wohlbehalten nach Hause."

Walter von der Vogelweide

Mit Walter erreichte der ritterliche Minnesang seinen Höhepunkt. Er war Minnesänger und Spruchdichter zugleich und vereinigte in seiner Person den Sang des Ritters mit dem des Fahrenden. Er handhabte Wort und Weise in einer früher nicht gekannten Reinheit; er führte dem Minnesange aus dem fließenden Born der Volkspoesie neue, fruchtbare Motive zu. Er fügte in die Lieder der höfischen Minne mit ihren herkömmlichen Liebesklagen und dem Preise vornehmer Frauen eine Fülle individueller Züge ein, setzte die Gemütsstimmung in enge Verbindung mit dem Wechsel der Jahreszeiten und schuf in den Naturbildern einen stimmungsvollen Hintergrund für den Ausdruck seiner Gefühle. Er sang aber auch Lieder der volkstümlichen Minne, in denen er seine Gefühle für Mädchen aus dem Volke in ungekünstelter, naturwahrer Weise lebendig, oft mit balladenhafter Bewegung aussprach. So führte er das eigentliche Liebeslied in die Kunstpoesie ein. Auch die Spruchdichtung wurde von ihm in eine höhere Sphäre gehoben, indem er Lebensweisheit des Volkes in ihr aussprach, eine Fülle eigener Züge aus seinem reich bewegten Leben in sie aufnahm und sie zum Spiegelbilde der weltbewegenden Ereignisse seiner kampfdurchtobten Zeit machte. Was wir von Walters Leben wissen, ist fast ausschließlich aus seinen Sprüchen geschöpft.

Der Dichter war ritterlicher Herkunft, aber arm. Seine Geburt fällt etwa in das Jahrzehnt 1160–1170. Wo seine Wiege gestanden hat, ist unbekannt; denn der Name Vogelweide kommt sehr häufig vor. Da sich im Laiener Ried (Eisacktal, oberhalb Waidbruck am Eingange des Grödener Tales in Tirol) ein Vogelweidhof befindet, auf dem noch im 15. Jahrhundert ein ritterliches Geschlecht gesessen hat, nimmt man heute allgemein Tirol als Walters Heimatland an. Er selbst sagt, dass er in Österreich „singen und sagen" gelernt habe, auf Österreich deuten Eigentümlichkeiten seiner Sprache und an Österreich hängt er mit der größten Liebe. Seine Jugendjahre verbrachte der Dichter am Hofe des Babenbergers Friedrichs I. des Katholischen (1194–1198). Hier wurde er Reinmars Schüler und beklagte später den Tod des Meisters. Reinmar dagegen zeigte manche Züge neidischer Anwandlung gegen den größeren Erben des Ruhmes.

Mit dem Tode Friedrichs I. verlässt Walter den Wiener Hof. Denn Friedrichs Nachfolger, Herzog Leopold VI. der Glorreiche (1198–1230) ist Walter nicht so freundlich gesinnt wie sein verstorbener Bruder. Er ist der große Freund des mächtig aufstrebenden Bürgertums und daher der ritterlich-höfischen Seite in Walters Dichtung gegenüber nicht so aufgeschlossen. Walter zieht in die weite Welt, und es kommt ihm zugute, dass damals der alte Kampf zwischen Ghibellinen und Welfen in neuer Stärke entbrennt. Am Hofe Philipps von Schwaben kämpft er in seinen Sprüchen für die ghibellinische Parteisache. Als er von dort scheidet, beginnt für ihn ein unstetes Wanderleben: Es führt ihn an die Elbe und Trave, den Rhein, die Seine und den Po und wieder im Osten bis in das Ungarland. Aber immer wieder strebt er nach Österreich heim und flehentlich bittet er Leopold VI. um Aufnahme an seinen Hof.

Walter von der Vogelweide (um 1170–um 1230). Buchmalerei aus der Manessischen Liederhandschrift, 13. Jahrhundert.

Es ist umsonst, und er muss wieder in die Fremde ziehen. In diese Zeit fällt auch das einzige urkundliche Zeugnis, das über Walters Leben erhalten ist: Im November 1203 begegnet Walter dem Bischof Wolfger von Passau in der Nähe von Zeiselmauer in Niederösterreich und erhält von ihm ein Geschenk zur Anfertigung eines Pelzrockes. In den Reiserechnungen des bischöflichen Rentmeisters findet sich „Waltherus cantor de Vogelweide" erhalten.

Erst in seinem vierzigsten Lebensjahre findet Walters Wanderleben ein Ende. Nach dem Siege der Ghibellinen schenkt Friedrich II. von Hohenstaufen (1212–1250) dem Dichter auf dessen Bitte ein kleines Lehensgut, in der Nähe von Würzburg, wie man vermutet. Nach Würzburg verlegt auch die Sage Walters Grabstätte. In einem letzten wehmütigen Gedicht begrüßt Walter im Alter noch einmal die Heimat Österreich. Von der Verwandlung der äußeren Umgebung, vom Kehraus der ritterlichen Gesellschaft seiner Jugend wendet er sich der Aufforderung zu, an das Seelenheil zu denken und sich den Wallfahrten ins Heilige Land anzuschließen. Ihm selbst war freilich, soweit bekannt ist, versagt, an einer Kreuzfahrt teilzunehmen. Aus seinem Verstummen schließt man, dass er kurze Zeit nach diesem letzten Gedicht – wahrscheinlich bald nach 1228 – gestorben ist.

Rudolf von Habsburg

Mathias von Neuenburg, ein Chronist des 14. Jh., berichtet in seiner „Chronik" von der Wahl Rudolfs zum deutschen König am 30. September 1273. Die Wahl Rudolfs beendete das Interregnum, jenen Zeitraum seit dem Tode Konrads IV. 1254, als die Reichsfürsten bei Fehlen einer starken Zentralgewalt ihre Position hatten stärken können:

„Der Erzbischof berief (...) die Fürsten zur Erwählung eines Königs in die Stadt Frankfurt am Main. Unterdessen hatte es sich ereignet, dass die Psitiche in Basel die Sternträger ausgetrieben hatte, weshalb Graf Rudolf seine Freunde und die Sternträger mit ihren Anhängern bei der Kapelle Biningen sammelte und Basel belagerte. Als aber die Wahlfürsten versammelt waren, miteinander über die Gefahren der Thronerledigung und den Verlust aller fürstlichen Rechte klagten und sich über die Person eines zu wählenden Fürsten besprachen, rühmte der Mainzer Erzbischof den Mut und die Klugheit des Grafen Rudolf von Habsburg, und da viele mächtige Fürsten genannt waren, sagte er, Klugheit und Tapferkeit gingen über Macht und Reichtum, und stimmte für Rudolf. Er brachte auch den Erzbischof von Köln und den von Trier dazu. Der Herzog von Bayern aber, der seine edle Gemahlin, eine Tochter des Herzogs von Brabant und einer holländischen Mutter, wegen des ungerechten Verdachts eines Ehebruchs hatte enthaupten lassen, Vater des nachmaligen Fürsten Ludwig IV., nahm den Burggrafen von Nürnberg, welcher zugegen war, einen Neffen Rudolfs, beiseite und sagte zu ihm: ‚Welche Sicherheit habe ich, wenn Rudolf erwählt wird, vor seiner Verfolgung? Hat er eine Tochter, die er mir zur Gemahlin geben würde?' Als nun jener versicherte, dass Rudolf sechs Töchter hätte, und dafür, dass ihm eine von diesen würde gegeben werden, mit Einsetzung aller seiner Besitzungen sich verbürgte, stimmte der Herzog dem Mainzer bei. Da dies der Herzog von Sachsen und der Markgraf von Brandenburg hörten, welche auch beide keine Frauen hatten, stimmten sie gleichfalls bei, nachdem ihnen Sicherheit gegeben war, dass sie Töchter Rudolfs zu Gemahlinnen erhalten würden. (...)

Der Burggraf nahm die schriftlichen Erklärungen der Fürsten über die vollzogenen Wahl in Empfang, eilte mit diesem Aktenstück nach Basel und kam mitten in der Nacht beim Heer Rudolfs an. Als er Rudolf ankündigte, dass er zum König erwählt wäre, glaubte dieser, man wollte ihn zum besten haben, und wurde unwillig über den Burggrafen. Dieser aber sagte: ‚Das sei ferne, dass ich euch, den mächtigsten aller Herren, zum Besten hätte!', und erzählte ihm den ganzen Hergang der Wahlhandlung. Da der König hörte, dass seine Töchter mit so vornehmen Fürsten vermählt werden sollten, freute er sich mit Recht seines Glücks und schickte den Burggrafen nach Basel zum Bischof und den Psitichen, seinen Feinden, um mit ihnen Frieden zu schließen. Der Bischof aber schlug sich, als er vernahm, was geschehen war, vor die Stirne und rief: ‚Herr Gott, sitze fest auf deinem Thron, sonst nimmt Rudolf deinen Platz ein!'"

***Bild oben:** Der Krönungsmantel, das Pluviale (lateinisch Mantel), gehört zu den Reichskleinodien des Heiligen Römischen Reiches Deutscher Nation und ist das Hauptstück des Krönungsornates der römisch-deutschen Kaiser. Die arabisch-normannische Arbeit aus einer sizilianischen Werkstatt des 12. Jahrhunderts wurde von der Zeit Friedrichs II. bis zum Ende des alten Reiches für die meisten Krönungen der römisch-deutschen Kaiser verwendet. Zusammen mit den anderen Krönungsinsignien wie Reichskrone, Reichsschwert und Reichsapfel wird der Mantel heute in der Weltlichen Schatzkammer der Wiener Hofburg ausgestellt.*

***Bild links:** Der Reichsapfel des Heiligen Römischen Reiches, erstmals 1191 bei der Kaiserkrönung Heinrichs des VI. dem neuen Kaiser überreicht, gehört zu den Reichskleinodien. Als Attribut des römischen Gottes Jupiter war der Erdball in der Hand des Kaisers bzw. des römisch-deutschen Königs als künftigen Kaisers Sinnbild der Weltherrschaft. Er befindet sich heute ebenfalls in der Weltlichen Schatzkammer in Wien.*

Spätmittelalter (1257-1517)

Nach 1257: Interregnum in Deutschland; keine handlungsfähige Zentralgewalt, Verlust der Reichsgutreste an die Fürsten, Festigung der territorialen Landeshoheit: Wittelsbacher in Bayern und Rheinpfalz, Welfen in Braunschweig-Lüneburg, Askanier in Brandenburg und Sachsen, Wettiner in Thüringen und Meißen.

1259: Der Erzbischof von Köln erkennt den seit dem 12. Jh. bestehenden Stapelzwang der Stadt Köln an, der seit 1349 und 1355 von Kaiser Karl IV. erneut bestätigt wird.

1262: Straßburg befreit sich von der Herrschaft des Bischofs und wird freie Reichsstadt.

1266: Manfred, ein Halbbruder Konrads IV. und der letzte Stauferkönig von Sizilien, fällt in der Schlacht von Benevent.

1268, 29. Sept.: Konradin, der letzte Staufer, wird in Neapel hingerichtet, nachdem Karl von Anjou sein Königreich erobert und sich zum König von Sizilien proklamiert hat.

Um 1273: Der Bau des Klosters Chorin wird begonnen, nachdem 1262 Lehnin fertig gestellt ist. Die Choriner Kirche ist einer der Höhepunkte der Zisterzienserarchitektur in Deutschland im Stil der Backsteingotik (turmlose, dreischiffige kreuzförmige Pfeilerbasilika, 1334 geweiht).

1273, 1. Okt.: Auf Drängen des Papstes Gregor X., der ein wieder aktionsfähiges Königtum als Stütze gegen die französische Bedrohung der Kurie gewinnen will, wählen die Kurfürsten den Grafen Rudolf von Habsburg zum König. Gegen die Wahl protestiert König Ottokar II. von Böhmen (1232-1278), der eigene Thronpläne hegt.

1273, 26. Okt.: Erneuerung des Mainzer Reichslandfriedens von 1235. In der Folgezeit werden territoriale Landfrieden abgeschlossen, so für Österreich (1276), Thüringen (1278), Franken, die Rheinlande, Bayern und Schwaben (1281). Die Landfriedensordnungen sind in deutscher Sprache abgefasst, die auch im Urkundenwesen unter Rudolf üblich wird.

1276: Feldzug Rudolfs gegen Ottokar II., der durch die Opposition des böhmischen und österreichischen Adels geschwächt ist. Im Wiener Frieden vom 21. November huldigt Ottokar für Böhmen und Mähren und muss die Herzogtümer Österreich, Steiermark, Krain, Kärnten und Egerland ausliefern.

1278, 26. Aug.: Bei Dürnkrut auf dem Marchfeld besiegt Rudolf im Bündnis mit den Ungarn König Ottokar, der sich dem Wiener Frieden nicht gefügt und erneut losgeschlagen hat. Ottokar wird auf der Flucht getötet. Der Sieg gibt Rudolf die endgültige Verfügungsgewalt über die von Ottokar okkupierten Reichslehen, die er zunächst selbst verwaltet. Die Erbländer Böhmen und Mähren behält Ottokars Sohn Wenzel.

1279-1283: Abschluss von Bedeverträgen in der Mark Brandenburg zwischen dem Markgrafen und den Ständen (Ritter und Städte). An die Stelle der bisher unregelmäßig erhobenen landesherrlichen Steuer tritt eine jährlich fixierte Bede (direkte Steuer, vom Landesherrn „erbeten“ = erhoben). Auch in anderen Territorien (Ober- und Niederbayern, Schwerin, Sachsen-Lauenburg, Schlesien) wird das Besteuerungsrecht der Fürsten durch die sich seit dem Ende des 13. Jh. entwickelnden Stände (Vertreter der Geistlichkeit, Ritter und Städte, in wenigen Gebieten auch der Bauern) beschränkt.

1282, 27. Dez.: Belehnung der Söhne Rudolfs von Habsburg, Albrecht und Rudolf, mit Österreich, Steiermark, Kärnten und Krain. Damit entsteht im Südosten des Reiches eine konzentrierte habsburgische Hausmacht als Grundlage für eine starke Reichspolitik.

1283-1285: Erfolgreicher Handelskrieg gegen Norwegen, in dem erstmals eine Gruppe deutscher Seestädte unter Führung Lübecks und getragen von dem 1283 abgeschlossenen Rostocker Landfriedensbund (Rostock, Stralsund, Wismar, Greifswald) vereint gegen eine ausländische Macht auftritt.

1284: Rudolf von Habsburg fordert von den Reichsstädten eine Vermögenssteuer, den „Dreißigsten Pfennig“, nachdem er bereits 1274 von elsässischen und schwäbischen Städten außerordentliche Steuern erhoben hat.

1288, 5. Juni: In der Schlacht bei Worringen siegt der Herzog von Brabant über Geldern und den mit ihm verbündeten Kölner Erzbischof, dessen Schwächung Köln praktisch zur freien Reichsstadt aufsteigen lässt.

1289: Feldzug Rudolfs gegen Besançon. Pfalzgraf Otto von Burgund

Rudolf I. besiegt Ottokar II. in der Schlacht bei Dürnkrut am 26. August 1278. Rudolf I. steht mit seinem linken Bein auf dem besiegten Böhmenkönig. Links hinten trauert die Bohemia mit dem Wappen Böhmens auf dem Schild. Rechts auf dem Scheiterhaufen der sich als wiedergekehrter Kaiser Friedrich II. ausgebende Tile Kolup, der Habsburgs Macht gefährdete und schließlich als Ketzer verbrannt wurde. Im Hintergrund links eine sehr frühe Darstellung des später so wichtigen Habsburgermythos: Rudolf von Habsburg überlässt dem Priester mit dem Allerheiligsten sein Pferd, damit jener einen Fluss überqueren kann. Anschließend wehrt Rudolf die Rückgabe des Pferdes ab. Auf den Steinblöcken links im Vordergrund die Inschrift „Discite ivsti/tiam moniti“: „Lernet Gerechtigkeit, lasst euch warnen.“

Einzug Rudolfs von Habsburg in Basel im Jahre 1273. Gemälde von Franz Pforr, 1809-1819.

wird zur vorübergehenden Lehnshuldigung gezwungen. Trotzdem nimmt der französische Einfluss an der westlichen Reichsgrenze von Flandern über Lothringen bis ins Arelat zu.

1289/1290: Rudolf hält sich zur Friedenswahrung in Thüringen auf, geht in der Umgebung Erfurts gegen Raubritterburgen vor und lässt Friedensbrecher hinrichten.

1290: Rudolf beruft ein Städte-„Parlament" nach Nürnberg ein. Beratung der Reichsfinanzen und Bewilligung größerer Summen durch die Städte.

1291, 15. Juli: König Rudolf I. stirbt ohne geregelte Nachfolge.

1291, Aug.: „Ewiger Bund" der drei Waldstätte Uri, Schwyz und Unterwalden gegen Gewalt und Unrecht. Keimzelle der Schweizer Eidgenossenschaft; gegen die habsburgische Territorialpolitik gerichtet.

1292, 5. Mai: Wahl des Grafen Adolf von Nassau zum deutschen König. Durch diese erneute Grafenwahl, die mit einem Wechsel der Dynastie verbunden ist, sollen die Errungenschaften der habsburgischen Hausmachtpolitik für die Reichsgewalt zunichte gemacht und das Königtum wieder enger an die Kurfürsten gefesselt werden.

1294/1295: Feldzug Adolfs gegen Thüringen und Meißen zur Festigung seiner dort kürzlich errichteten Herrschaft. Adolf kauft (April 1294) dem Landgrafen Albrecht Thüringen ab und zieht die Mark Meißen als heimgefallenes Reichslehen ein. Im Mai 1296 setzt er dort seinen Vetter Graf Heinrich von Nassau als Statthalter ein.

1298, Juni: Kurfürstenversammlung in Mainz beschließt die Absetzung Adolfs wegen zahlreicher Vergehen und Untauglichkeit als König und wählt Herzog Albrecht von Habsburg zum deutschen König. Albrecht macht den Kurfürsten, besonders dem Böhmenkönig, für die Wahl bedeutende Zugeständnisse.

1298, 2. Juli: Schlacht bei Göllheim (Rheinpfalz). Albrecht schlägt Adolfs Heer, Adolf fällt.

1298-1308: König Albrecht I. von Habsburg.

Nach 1300: Niederschrift der ursprünglichen „Manessischen Handschrift", so benannt nach dem Züricher Ratsherrn Rüdiger Manesse II., der alles zusammenträgt, was an ritterlicher Lyrik in dieser Zeit vorhanden ist. Die heute als manessische Liederhandschrift in Heidelberg aufbewahrte (daher auch „Große Heidelberger Liederhandschrift" genannte) Sammlung wird um 1340 auf Grund anderer älterer Sammlungen zusammengestellt und enthält 140 meist süddeutsche Sänger mit 138 prächtigen Miniaturen, die den Dichter durch ein symbolisches Bild charakterisieren.

1301/1302: Unterwerfung der vier rheinischen Kurfürsten durch Albrecht. Durch die Aufhebung aller nach 1250 neu errichteten oder erhöhten Rheinzölle und das Privileg zur Bildung von Landfriedensbünden der Städte zieht Albrecht das rheinischen Bürgertum auf seine Seite, schließt mit Basel, Straßburg, Speyer, Worms, Mainz und Köln Bündnisse und kann das finanzielle und militärische Aufgebot der reichen Städte und des niederen Adels gegen die Kurfürsten nutzbar machen, die nacheinander geschlagen werden.

1302, 18. Nov.: Bulle „Unam sanctam" Papst Bonifaz' VIII., zur Zeit der Auseinandersetzungen zwischen dem Papsttum und König Philipp dem Schönen von Frankreich erlassen, steigert die Lehre von der päpstlichen Allgewalt aufs höchste und erhebt den Anspruch des Papsttums auf die Weltherrschaft.

1303: König Albrecht I. erlangt die Approbation von Papst Bonifaz VIII., der Bundesgenossen gegen Frankreich sucht, doch wendet sich Albrecht in der Folgezeit gegen Böhmen, wo die Dynastie der Przemysliden 1306 ausstirbt.

1304, 23. Mai: Albrecht I. erneuert den Vertrag Friedrichs II. von 1214, d. h. er tritt die Südwestküste der Ostsee mit Ausnahme von Lübeck an den dänischen König Erich Menved (1286-1319) ab.

1307, Mai: Schlacht bei Lucka. Niederlage der Truppen Albrechts, der die Eroberungspläne seines Vorgängers gegenüber Thüringen und Meißen wieder aufgenommen hat, durch den Wettiner Landgrafen Friedrich den Freidigen, welcher seine Besitzungen zurückgewinnt.

1308, 1. Mai: Ermordung Albrechts durch seinen Neffen Johann (genannt Parricida) während erneuter Rüstungen gegen Meißen-Thüringen und Böhmen-Polen.

1308/1309: Eroberung des Herzogtums Pommerellen und damit der Hafenstadt Danzig durch den Deutschen Orden. Der Hochmeister verlegt seinen Sitz von Venedig nach der Marienburg.
1308-1313: Kaiser Heinrich VII. von Luxemburg; nachdem der Luxemburger das reiche Böhmen für seine Hausmacht gewonnen hat, verzichtet er auf eine Fortsetzung der Hausmachtpolitik.
1309: Der Hochmeister des Deutschen Ordens verlegt nach dem vorläufigen Abschluss der Bildung eines Ordensstaates seinen Sitz von Venedig auf die Marienburg.
Um 1310: Tod Dietrichs von Freiberg, der 1297 Magister in Paris wurde. Von ihm sind 23 Traktate erhalten, darunter viele naturwissenschaftliche. Berühmt ist „De iride" (Über den Regenbogen), in dem er erstmalig eine Erklärung des Sonnenspektrums gibt.
1310, 31. Aug.: Heinrich VII. belehnt seinen Sohn Johann, den er zuvor mit der Tochter König Wenzels II. Przemysl vermählt hat, mit Böhmen und sichert so den Luxemburgern bis 1437 eine große Territorialmacht.
1310, 19. Dez.: Verständigung Heinrichs mit dem Wettiner Friedrich dem Freidigen, der mit Meißen und Thüringen belehnt wird.
1310-1313: Italienzug Heinrichs VII., von Dante in seinem Werk „De Monarchia" (Über die Monarchie) lebhaft begrüßt als Anbruch einer besseren Zeit des Friedens für das von Parteikämpfen zerrissene Italien. Am 6. Januar 1311 findet die Krönung zum König der Lombarden in Mailand statt. Gegenüber den italienischen Stadtstaaten kann sich Heinrich nicht durchsetzen, so bringt die Belagerung Brescias, das am 5. November 1311 erobert wird, große Verluste für das königliche Heer. Am 29. Juni 1312 wird die Kaiserkrönung in Rom durch zwei Kardinäle vorgenommen. Beim Aufbruch gegen König Robert von Neapel, der die Forderung vertritt, das überlebte Kaisertum abzuschaffen, stirbt Heinrich am 24. August 1313. Nach seinem Tod gehen die Zwistigkeiten in Italien weiter.
1314, 19./20. Okt.: Doppelwahl: Die habsburgische Partei (Pfalz, Köln, Kärnten [für Böhmen] und Sachsen-Wittenberg) wählt Herzog Friedrich den Schönen von Österreich zum deutschen König, die luxemburgische Partei (Mainz, Trier, Sachsen-Lauenburg, Brandenburg und Böhmen) entscheidet sich für Herzog Ludwig von Oberbayern. Der durch diese Doppelwahl ausgelöste Thronstreit wird durch den militärischen Sieg Ludwigs 1322 zugunsten der Wittelsbacher entschieden.
Um 1315: In 40 österreichischen Gemeinden des Bistums Passau werden Waldenser, Anhänger einer um 1173 in Lyon entstandenen sozial-religiösen Bewegung, entdeckt. Verfolgungen und Hinrichtungen von Waldensern im ganzen Reichsgebiet während des 14. und 15. Jh.
1315, 15. Nov.: Schlacht am Morgarten, in der die drei Schweizer Waldstätte Schwyz, Uri und Unterwalden die Habsburger unter Herzog Leopold, dem Bruder Friedrichs des Schönen, vernichtend schlagen. Dadurch wird Friedrich gegenüber Ludwig entscheidend geschwächt. In der Folgezeit wird die Eidgenossenschaft, deren Reichsfreiheit Ludwig bestätigt, durch den Anschluss von Luzern (1332), Zürich (1351), Glarus (1352 und 1386), Zug (1352 und 1364) und Bern (1353) zum „Bund der acht alten Orte".
1315-1318: Mehrere Missernten führen in Deutschland und anderen europäischen Ländern zu großen Hungersnöten und leiten eine demografische Stagnationsphase ein.
1322, 28. Sept.: Sieg Ludwigs des Bayern über Friedrich den Schönen in der Schlacht bei Mühldorf am Inn.

1323, Apr.: Reichstag in Nürnberg. Übertragung der Mark Brandenburg, in der 1320 das Geschlecht der Askanier ausgestorben ist, an Ludwigs Sohn Ludwig d. Ä. Bis 1373 verbleibt die Mark im Besitz der Wittelsbacher.
1323, 8. Okt.: Prozess Johanns XXII. gegen Ludwig IV., den Bayern. Anklage des Papstes gegen den zwiespältig gewählten, vom Papst nicht bestätigten Ludwig: Ludwig nehme Königstitel und Herrschaftsbefugnisse in Deutschland und Italien widerrechtlich in Anspruch und solle binnen drei Monaten seine Regierung niederlegen.
1324: Beginn einer antikurialen Bewegung in Deutschland, die besonders vom Bürgertum und der niederen Geistlichkeit getragen wird. Diese Bewegung der 20er- und 30er-Jahre des 14. Jh. äußern sich in zahlreichen Einzelaktionen: Weigerungen, die päpstlichen Prozesse zu verkünden (Straßburg, Regensburg, Salzburg, Speyer); Briefe der Reichsstädte an den Papst mit der Bitte, die Prozesse gegen Ludwig zu widerrufen, da sonst Ungehorsam und Rebellion gegen den Papst und seine Vertreter drohen würden; gewaltsame Aktionen (Ermordung papsttreuer Kleriker in Basel und Berlin); schließlich theoretische Schriften des Klerus. Der italienische Gelehrte Marsilius von Padua (Magister und Rektor an der Pariser Universität, flüchtet 1326 aus Paris an den Hof Ludwigs, den er im Kampf gegen die päpstlichen Ansprüche mit theoretisch-publizistischen Mitteln unterstützt) vollendet seine Schrift „Defensor pacis" (Verteidiger des Friedens).
1324, 23. März: Johann XXII. verhängt den Bann über Ludwig und belegt seine Anhänger und das Reich mit Bann und Interdikt (Verbot gottesdienstlicher Handlungen).
1324, 22. Mai: Appellation von Sachsenhausen. Ludwig bekräftigt die Rechtmäßigkeit seiner durch Kurfürstenmehrheit erfolgten Wahl und weist die päpstliche Approbationstheorie zurück.
1325, 5. Sept.: Um sich mit den Habsburgern auszusöhnen, erkennt Ludwig IV. den von ihm gefangen gehaltenen Friedrich den Schönen als Mitregenten an; Friedrich spielt

jedoch politisch bis zu seinem Tod 1330 keine Rolle.

1326/1327: Heinrich Seuse schreibt sein „Büchlin der Wahrheit“, bald darauf sein Hauptwerk „Buch der ewigen Weisheit“, das er selbst als „Horologium sapientiae“ ins Lateinische übersetzt. Seuse ist der dichterisch begabteste unter den deutschen Mystikern, sein Werk gehört zu den frühesten Zeugnissen deutscher Kunstprosa.

1328: Wilhelm von Ockham (englischer Gelehrter und Professor an der Pariser Universität), der, wegen Ketzerei verurteilt, am päpstlichen Hof in Avignon festgehalten wird, flieht zu Ludwig, den er mit seinen Lehren stark beeinflusst. Ockham vertritt die Auffassung, dass zwischen Staat und Kirche scharf zu trennen sei und der Kirche keine Gewalt in weltlichen Dingen zustehe. Als höchstes kirchliches Organ betrachtet er wie Marsilius das allgemeine Konzil.

1328, 17. Jan.: Kaiserkrönung unter Einfluss der Ideen des Marsilius von Padua durch Sciarra Colonna als Vertreter der gegen die päpstliche Herrschaft revoltierenden Römer.

1330: Beginn des Baus der Kreuzkirche in Schwäbisch Gmünd. Der Chor wird 1351 dem Langhaus hinzugefügt. Mit diesem Bau setzt sich in Deutschland die aus Westfalen (Paderborn) kommende Tendenz zur Hallenkirche durch.

1330: Esslinger Erlasse Ludwigs gegen alle Priester, die das Interdikt einhalten: Sie sollen gefangen genommen, ihre Güter eingezogen werden. In der Folgezeit kommt es zur Maßregelung sich widersetzender Priester und Mönche, z. B. in Worms und Straßburg.

1330: Kaiser Ludwig, der sich in seiner Politik nicht zuletzt auf die Reichsstädte stützt, verleiht Frankfurt am Main zusätzlich zur Herbst-

Bild oben: *Kaiser Ludwig IV. der Bayer (1281 oder 1282-1347). Thronsiegel, 1340.*

Bild oben: *Zeitgenössische Darstellung der Schlacht bei Mühldorf. In dieser Schlacht, oft auch Schlacht bei Ampfing genannt, am 28. September 1322, besiegte der Wittelsbacher Ludwig IV. der Bayer den Habsburger Friedrich den Schönen. Die seit 1314 anhaltenden Kompetenzstreitigkeiten um die Nachfolge des verstorbenen Heinrich VII. im Amt des römisch-deutschen Königs fanden hier ihr militärisches Ende. Ludwig wurde König und am 17. Januar 1328 schließlich Kaiser des Heiligen Römischen Reiches. Um eine Aussöhnung mit den Habsburgern zu erreichen, erkannte Ludwig seinen Kontrahenten Friedrich im September 1325 als Mitkönig an. Die Schlacht von Mühldorf gilt heute als die letzte Ritterschlacht ohne Feuerwaffen.*

Bild linke Seite oben: *Die sieben Kurfürsten wählen am 27. November 1308 in Frankfurt den Grafen Heinrich VII. von Luxemburg zum deutschen König.*

Bild linke Seite unten: *Der Erwählte wird von den sieben Wählern auf den Altar gesetzt. Diese „Sessio super altarem“ hat die ältere germanische Erhebung auf den Schild verdrängt.*

eine Fastenmesse und fördert damit den Aufschwung der Messestadt entscheidend.
1330, 6. Aug.: Vertrag von Hagenau. Bündnis Ludwigs mit den Habsburgern, die auf den Thron verzichten. Am Ende des Italienzuges ist trotz Bann und päpstlicher Einmischung die Stimmung in Deutschland für Ludwig günstig und seine Lage gefestigt.
1331, 20. Nov.: Bund von 22 schwäbischen Reichsstädten mit dem Bischof von Augsburg, König Ludwig und seinen Söhnen zur Sicherung des Landfriedens und zur Unterstützung der Wittelsbacher. Abschluss von Landfriedensbünden auch in anderen deutschen Gebieten.
1335-1337: Trotz langwieriger Verhandlungen mit dem neuen Papst Benedikt XII. gelingt es nicht, den Konflikt zwischen Kaiser und Kurie beizulegen, nicht zuletzt wegen des französischen Widerstands. Ludwig sucht gegen Frankreich die Unterstützung Eduards III. von England.
1337-1453: Hundertjähriger Krieg zwischen England und Frankreich um die englischen Festlandbesitzungen in Südfrankreich und Flandern, ausgelöst durch den Anspruch des englischen Königs auf den französischen Thron. Im Ergebnis des anfänglich durch englische Siege charakterisierten Kriegsverlaufs verliert England schließlich alle Besitzungen bis auf Calais. In Frankreich entstehen Voraussetzungen zur Überwindung der staatlichen Zersplitterung des Landes und zur Stärkung der königlichen Zentralgewalt. Die Bündnispolitik des Reichs in dieser Zeit wird beeinflusst von dem jeweiligen Kräfteverhältnis zwischen England und Frankreich und deren Stellung zur Kurie und zu den deutschen Fürsten.
1338, 16. Juli: Kurverein von Rhens. Die Kurfürsten (außer König Johann von Böhmen) schwören, die Freiheiten und Gewohnheiten des Reichs und ihre Kurfürstenrechte gegen jedermann zu schützen. Erlass eines Weistums über die Königswahl: Ein von den Kurfürsten oder ihrer Mehrheit gewählter König bedürfe nicht der Bestätigung durch den päpstlichen Stuhl.
1339, März: Reichstag in Frankfurt am Main. Die Mehrheit der Kurfürsten bezieht die Position Ludwigs. In einem scharf formulierten Weistum wird als Reichsrecht erkannt, dass der von den Kurfürsten gewählte deutsche König bei Widerstand des Papstes von einem Erzbischof oder Bischof auch außerhalb Roms zum Kaiser gekrönt werden kann.
1340: Ludwig, im Besitz Oberbayerns, erwirbt Niederbayern und vereinigt das ganze bayerische Herzogtum, das aber bereits 1349 wieder in drei Teile zerfällt, von denen Niederbayern 1353 und Oberbayern 1392 erneut geteilt werden. Diese ständigen, mit zahlreichen Erbfolgekriegen verbundenen Teilungen der Fürstentümer (1442 z. B. Teilung der Grafschaft Württemberg), schmälern die Macht der Landesfürsten und kommen unmittelbar den Ständen des Landes zugute.
1341: Ludwig wechselt die Seite und schließt ein Bündnis mit König Philipp VI. von Frankreich, allerdings ohne ein greifbares Ergebnis.
1342, 10. Febr.: Kaiser Ludwig greift gegen die Luxemburger in einen Streit um die Grafschaft Tirol ein und erwirbt diese durch Heirat seines Sohnes Markgraf Ludwig von Brandenburg; die Mehrheit der Kurfürsten geht auf Distanz zum Kaiser.
1346, 11. Juli: Angeregt von Clemens VI., erheben die Kurfürsten – mit Ausnahme der Wittelsbacher (Brandenburg und Pfalz) – in Rhens Karl zum Gegenkönig gegen Kaiser Ludwig den Bayern. Damit beginnt der wittelsbachisch-luxemburgische Thronstreit, der, mit diplomatischen und militärischen Mitteln geführt, schließlich zur allgemeinen Anerkennung Karls führt.
1346, 26. Nov.: Nachdem der Papst die Wahl Karls bestätigt hat, findet in Bonn (die Bürger von Aachen lassen Karl nicht in die Krönungsstadt) die Königskrönung statt.
1346-1378: Kaiser Karl IV.; Sohn König Johanns von Böhmen aus dem Hause Luxemburg, der bei Crécy 1346 fällt. Mit dem Tod Ludwigs des Bayern (11. Oktober 1347) ist der Thronstreit noch nicht zugunsten Karls IV. entschieden. Es folgen langjährige Auseinandersetzungen mit den Wittelsbachern.
1348, Jan.: Karl erwirbt die Anerkennung der schwäbischen Reichsstädte. Er bestätigt ihre Freiheiten, verspricht, sie nicht zu verpfänden, und erlaubt ihnen, sich in Gefahren gegenseitig beistehen zu dürfen.
1348, 7. Apr.: Gründung eines „Studium Generale" in Prag, der ersten Universität in Mitteleuropa. Durch Anlage der Prager Neustadt wird die böhmische Metropole weiter ausgebaut.
1348-1351/52: Im Zusammenhang mit der Pest, dem „Schwarzen Tod", kommt es in einigen Städten,

***Bild oben:** „Die Geißler zu Doormik im Jahre 1349". Religiöse Fanatiker, die das Ende der Welt kommen sahen, zogen durch das Land und geißelten sich selbst, um Gottes Zorn von sich abzulenken.*
***Bild links:** Votivbild des Prager Erzbischofs Johann Ocko von Vlasim, aus dem Umkreis des Meisters Theoderich von Prag, um 1370.*
***Bild rechte Seite:** Die Goldene Bulle Karls IV. in einer 1400 entstandenen Prachthandschrift König Wenzels, ein Meisterwerk böhmischer Buchmalerei. Das Verfassungsgesetz des Heiligen Römischen Reiches Deutscher Nation diente dem Ausgleich mit den Kurfürsten.*

z. B. in Nürnberg und Straßburg, zu Erhebungen der Bevölkerung und zur Verfolgung von Juden, denen die Schuld an der Seuche unterstellt wird. Um 1349 findet eine Bußbewegung zur Abwehr des „Großen Sterbens“ weite Verbreitung. Diese Geißlerbewegung wird 1349 vom Papst verboten.

1349, 30. Jan.: Die wittelsbachische Fürstenpartei – Mainz, Pfalz, Brandenburg und Sachsen-Lauenburg – wählt den thüringischen Grafen Günther von Schwarzburg zum Gegenkönig.

1349, 4. März: Zweite Ehe Karls mit Anna von der Pfalz, die ihm die Anwartschaft auf die Oberpfalz sichert. Durch Kauf- und Erbverträge bringt er 1355 die oberpfälzischen Besitzungen tatsachlich an sich.

1349, 26. Mai: Durch militärische Überlegenheit zwingt Karl seine Gegner aufzugeben. Der Gegenkönig wird mit einer Geldsumme zum endgültigen Verzicht bewogen; den Wittelsbachern bestätigt Karl alle ihre Länder und Lehen (einschließlich Tirol). Am 16. Februar 1350 erfolgt die Belehnung der Wittelsbacher mit der Kurmark und der Lausitz.

1349, 25. Juli: Königskrönung Karls in Aachen.

1349-1352: Konrad von Megenberg, der in seinen Arbeiten theologische, kirchenrechtliche, politische und naturwissenschaftliche Themen behandelt, verfasst das „Buch der Natur“, die erste in deutscher Sprache geschriebene Naturkunde.

1350: Tod von Matthias von Neuenburg, der in seiner Chronik – der letzten zur allgemeinen Reichsgeschichte – die Geschichte von der Zeit Friedrichs II. bis zur Erhebung Karls IV. (1245-1350) behandelt und ganz die Partei der Habsburger vertritt. Sie ist das am meisten benutzte Geschichtswerk des 14. Jh.

1350-1370: Das Rathaus mit dem berühmten Hansesaal in Köln wird errichtet. Die durchlaufende spitzbögige Decke mit ihren Rippen erinnert an die Wände eines Schiffs.

1354: Die wichtigsten elsässischen Städte schließen sich zu einem „Zehnerbund“ zusammen.

1354/1355: 1. Italienzug Karls IV., von dem Cola di Rienzo (1347 an der Spitze einer Volkserhebung gegen den stadtrömischen Adel em-

porgekommen, 1354 ermordet) und der Dichter Francesco Petrarca die Beendigung der anarchischen Zustände in Rom und Italien erhoffen. Noch am Tage der Kaiserkrönung (5. April 1355) verlässt Karl vertragsgemäß Rom und kehrt nach Deutschland zurück.

1355: Vollendung des Rathauses zu Münster mit prächtiger gotischer Fassade. Das Maßwerk und die Fialen des Giebels stammen aus dem folgenden Jahrhundert.

1356: Die Hanse, zu der im 14. Jh. etwa 30 größere und mehr als 100 kleinere Städte gehören, hält in Lübeck ihren ersten Tag ab.

1356, 10. Jan. und 25. Dez.: Erlass eines Reichsgesetzes, das seit dem 15. Jh. die „Goldene Bulle“ genannt wird. Es wird u. a. bestimmt: 1. Regelung der Königswahl und Festlegung des Wahl- und Krönungszeremoniells. Die Wahl des deutschen Königs wird endgültig den sieben Kurfürsten (Erzbischöfe von Mainz, Köln, Trier, Pfalzgraf bei Rhein, König von Böhmen, Herzog von Sachsen-Wittenberg und Markgraf von Brandenburg) übertragen, die mit Stimmenmehrheit entscheiden, um in Zukunft Doppelwahlen zu vermeiden. Die weltlichen Kurfürstentümer werden für unteilbar erklärt, die Erbfolge wird nach dem Erstgeburtsrecht geregelt. 2. Einräumung von Vorrechten für die Kurfürsten: Privilegia de non appellando et de non evocando (Untertanen dürfen nicht vor fremde Gerichte gerufen werden bzw. dorthin appellieren), Berg-, Salz-, Zoll-, Münz- und Judenschutzregal (Inhaber des Judenschutzregals erhalten von den Juden, deren Schutz sie übernehmen, hohe Abgaben). Dadurch wird die Landesherrschaft gefestigt. 3. Städtefeindliche Bestimmungen, die die Aufnahme von Pfahlbürgern und Bünde der Städte untereinander verbieten.

Die „Goldene Bulle“ bedeutet einen gewissen Einschnitt in der deutschen Geschichte. Sie umgeht den päpstlichen Approbationsanspruch und löst damit den zwischen Ludwig dem Bayern und dem Papsttum ausgetragenen Kampf mit diplomatischen Mitteln, verankert aber reichsrechtlich das sich im 13. Jh. herausgebildete Wahlrecht der Kurfürsten. So entscheidet sich in Deutschland der Kampf zwischen Erb- und Wahlkönigtum endgültig zugunsten des letzteren. Mit seinen fürstenfreundlichen und städtefeindlichen Bestimmungen fordert das Gesetz die politische Zersplitterung und erschwert das Bündnis zwischen Zentralgewalt und Bürgertum.

1357: Bau einer steinernen Brücke über die Moldau (Karlsbrücke), eine der zahlreichen Maßnahmen Karls, Prag zu einer Handelsmetropole zu erheben.

Um 1358/1359: In der Kanzlei Herzog Rudolfs IV. von Österreich wird das „Privilegium minus“ von 1156 zum „Privilegium maius“ umgefälscht (die Fälschung wird erst im 19. Jh. erkannt). Durch das Privileg werden die österreichischen Leistungen zugunsten des Reiches (z. B. Heeresfolge) auf ein Minimum beschränkt, die Unteilbarkeit der Lande und das Recht der Primogenitur (Erstgeburt) festgelegt. Karl IV. bestätigt die Urkunde nicht, erst 1453 werden die Bestimmungen zur Grundlage der „Freiheiten des Hauses Österreich“.

1361/1362: 1. Krieg der Hansestädte gegen Waldemar wegen der Bedrohung ihrer wichtigsten Handelsbezirke. Niederlage der hansischen Kriegsflotte vor der Sundfeste Helsingborg. Bündnis Waldemars mit Karl IV.

1364, 10. Febr.: Karl IV. belehnt – ungeachtet der Ansprüche des Hauses Wittelsbach – die Habsburger, die 1335 bereits Kärnten und Krain erhalten haben, mit Tirol, das die Erbtochter Margarete Maultasch 1363 an Herzog Rudolf IV. von Österreich übertragen hat. Gleichzeitig schließen Habsburger und Luxemburger den Erbvertrag von Brünn, demzufolge beim Aussterben einer

Familie der anderen alle Besitzrechte zufallen.

1365: Gründung der Universität Wien durch Rudolf IV. von Österreich. Sie ist die erste deutsche Universität. Nach dem Auszug der deutschen Magister aus der Universität Prag im Jahre 1409 nehmen viele ihre Tätigkeit in Wien auf.

1365, 4. Juni: In Arles wird Karl zum burgundischen König gekrönt. Der Verlauf des englisch-französischen Kriegs und die englischen Siege sowie innere Unruhen in Frankreich befreien Deutschland für längere Zeit von dem französischen Druck und gebieten der französischen Ausbreitung an der deutschen Westgrenze Einhalt.

1367, 11. Okt.: Karl kauft die Niederlausitz für Böhmen, nachdem er bereits 1364 das von den Wittelsbachern 1353 an die Wettiner verpfändete Territorium eingelöst hat.

1367-1370: 2. Krieg der Hanse gegen König Waldemar von Dänemark. Eroberung der Sundschlösser Helsingborg, Skanör, Malmö und Falsterbo durch die Flotte der Konföderation. Flucht des dänischen Königs aus Dänemark. Lübeck stellt die Zahlungen an den dänischen König ein.

1368: Zur Unterstützung des vorübergehend aus Avignon nach Rom zurückgekehrten Papstes Urban V. zieht Kaiser Karl IV. ein zweites Mal nach Italien, doch bleiben seine Friedensinitiativen ohne Erfolg.

1370: Erneute Erhebung der Zünfte, besonders der Weber, in Köln ist erfolgreich. Ein Teil der Ratsstellen wird mit Vertretern der Zünfte besetzt. Ein Jahr später gelingt es den Patriziern, die Erfolge der Zünfte von 1370 zunichte zu machen. 33 Weber werden hingerichtet, die Zahl der Webstühle wird herabgesetzt (Weberschlacht).

Um 1370-1393: Blütezeit der Werkstattkunst des Prager Dombaumeisters Peter Parler, den Karl IV. 1353 nach Prag ruft. In seinen späten Werken offenbart sich schon eine Renaissance-Gesinnung. Die Prager Werkstattkunst hat großen Einfluss auf Deutschland.

1370, 7. Febr.: Karl kauft Fürstenberg an der Oder, das er stark befestigen lässt, um hier eine Operationsbasis für seinen beabsichtigten Angriff auf die Mark Brandenburg zu besitzen. Karls erster Einmarsch in die Mark 1371 endet mit einem Waffenstillstand.

1370, 24. Mai: Friede von Stralsund zwischen der Hanse und König Waldemar von Dänemark. Zur Sicherung der Märkte von Schonen, werden die vier Sundschlösser mit zwei Dritteln ihrer Einkünfte für 15 Jahre den verbündeten Städten übergeben. Die Hanse erhält ein Mitspracherecht bei der dänischen Thronfolge. Der Stralsunder Frieden bedeutet einen Höhepunkt in der Entwicklung der Hanse. Er sichert ihre Vormachtstellung im Ostseeraum.

1373, 15.-18. Aug.: Vertrag von Fürstenwalde. Die Wittelsbacher verzichten gegen eine Entschädigungssumme von 500.000 Gulden für immer auf ihre Rechte an der Mark Brandenburg zugunsten der Söhne Karls IV. Markgraf Otto erhält das Kurrecht auf Lebenszeit und wird mit Besitzungen in der Oberpfalz und mit Renten abgefunden. Damit endet die Herrschaft der Wittelsbacher in Brandenburg. Für die Luxemburger ist der Kauf der Mark Brandenburg der wichtigste Gewinn im Zuge ihrer Hausmachtpolitik.

1376, 10. Juni: Einmütige Wahl von Karls Sohn Wenzel zum König durch die sieben Kurfürsten, gegen den Protest des Papstes. Die

Bild links: *Judenverbrennung während einer Pestepidemie, aus der Schedel'schen Weltchronik von 1493. „Das ellend iamerig und trostlose volck der iuden (...) hat das allerhailigst sacrament vilfeltiglich gestochen (...) do warden die iuden (...) mit gepürlicher peen des tods gestraft". Die erste große Pestepidemie in Europa brach 1347 aus („Schwarzer Tod"). Sie wurde aus Ostasien über Indien eingeschleppt und erfasste beinahe alle europäischen Länder bis Island. Die Pest raffte in drei Jahren ein Drittel bis die Hälfte der Bewohner Europas hin (20 bis 30 Millionen Tote). Die wirtschaftlichen und kulturellen Auswirkungen waren gewaltig. Phänomene wie Geißlerzüge, Totentänze und Pestgelübde sind eng mit den Epidemien verbunden. Juden gerieten sehr schnell in den Verdacht, durch Giftmischerei und Brunnenvergiftung die Epidemie ausgelöst zu haben. Dies führte in vielen Teilen Europas zu Judenpogromen und einem lokalen Aussterben der jüdischen Gemeinden.*

Bild rechte Seite: *Miniatur aus der Toggenburg-Bibel (Schweiz) von 1411. Die Krankheit wird allgemein für Pest gehalten. Die Lage der Beulen oder Blasen deuten aber eher auf Pocken hin. Die Kreuzritter des 11. und 13. Jahrhunderts trugen zur Verbreitung der oft tödlich verlaufenden Pocken wesentlich bei.*

Stimmen der Kurfürsten werden durch diplomatische Verhandlungen und materielle Zugeständnisse gewonnen. Damit erreicht Karl als erster Kaiser seit der Stauferzeit die Wahl seines Erben zum Nachfolger und schafft die Voraussetzungen für eine kontinuierliche Fortsetzung der luxemburgischen Hausmachtpolitik.

1376, 4. Juli: Schwäbischer Städtebund von 14 schwäbischen Städten unter der Führung Ulms. Ziel ist der Schutz gegen hohe Besteuerung und Verpfändung. Um die Wittelsbacher für die Abtretung Brandenburgs und die Kurfürsten für die Wahl und Anerkennung Wenzels entschädigen zu können, hat Karl von den Reichsstädten sehr hohe außerordentliche Steuern erhoben und auch mehrere Städte verpfändet. In dem Bündnisvertrag versprechen sich die Städte gegenseitigen Beistand gegen alle, die ihre Rechte, Freiheiten und guten Gewohnheiten angreifen, sie unrechtmäßig besteuern und verpfänden. In den folgenden Jahren erweist sich dieser Städtebund, der bis 1388 schon 40 Mitglieder zählt, als ein schlagkräftiges Instrument des reichsstädtischen Bürgertums gegenüber den Territorialherren.

1377: Der Bau des Ulmer Münsters wird nach dem Sieg des Schwäbischen Städtebunds über Karl IV. (1376) begonnen. Die Einwölbung erfolgt erst 1449. Das Münster ist ursprünglich als Hallenbau geplant, wird jedoch durch Ulrich von Ensingen (ab 1392) als Basilika weitergeführt. Erst Ende des 15. Jh. ist der Bau vollendet.

1378: Weihe der Klosterkirche zu Doberan, eines der frühen und bedeutenden Zeugnisse der Backsteingotik.

1378, 20. Sept.: Gegen Urban VI. opponierende Kardinäle wählen Clemens VII. zum Papst, der in Avignon residiert. Damit beginnt die 39 Jahre währende Zeit der Kirchenspaltung, das „Große Schisma" (bis 1417).

1378, 29. Nov.: Kaiser Karl IV., der Papst Urban unterstützt hat, stirbt in Prag.

1379, Febr.-März: Reichstag in Frankfurt am Main. Erklärung Wenzels und der vier rheinischen Kurfürsten für Papst Urban VI. (Urbansbund), gegen das avignonensische Papsttum Clemens' VII. und die mit ihm verbündeten deutschen Fürsten (z. B. Herzog Leopold III. von Österreich).

1379, 25. Sept.: Teilung des habsburgischen Besitzes zwischen Herzog Leopold III. und seinem Bruder Albrecht III., wodurch Leopold alle Erblande außer Ober- und Niederösterreich erhält und damit sein Interesse auf territoriale Ausdehnung nach Schwaben und dem Gebiet der Schweizer Eidgenossen gelenkt wird.

Seit 1380: Bildung von Ritterbünden zur Wahrung der ritterlichen Interessen gegenüber dem Landesfürstentum und vor allem zum Kampf gegen das städtische Bürgertum, so der Hörner-, St. Wilhelms-, St. Georgs-Gesellschaft und der Rittergesellschaft „vom Löwen". Im 15. Jh. ist von besonderer Bedeutung die Rittergesellschaft mit St. Jörgenschild in Franken und Schwaben.

1380: Aus drei Ravensburger Familiengesellschaften bildet sich in Oberdeutschland die größte deutsche Handelsgesellschaft des Mittelalters, die „Große Ravensburger Gesellschaft", die ganz auf den Export der oberdeutschen Textilproduktion spezialisiert ist.

1381, 20. März: Durch den Beitritt von Straßburg, Speyer, Worms, Mainz und Frankfurt erweitert sich der Elsässische zum Rheinischen

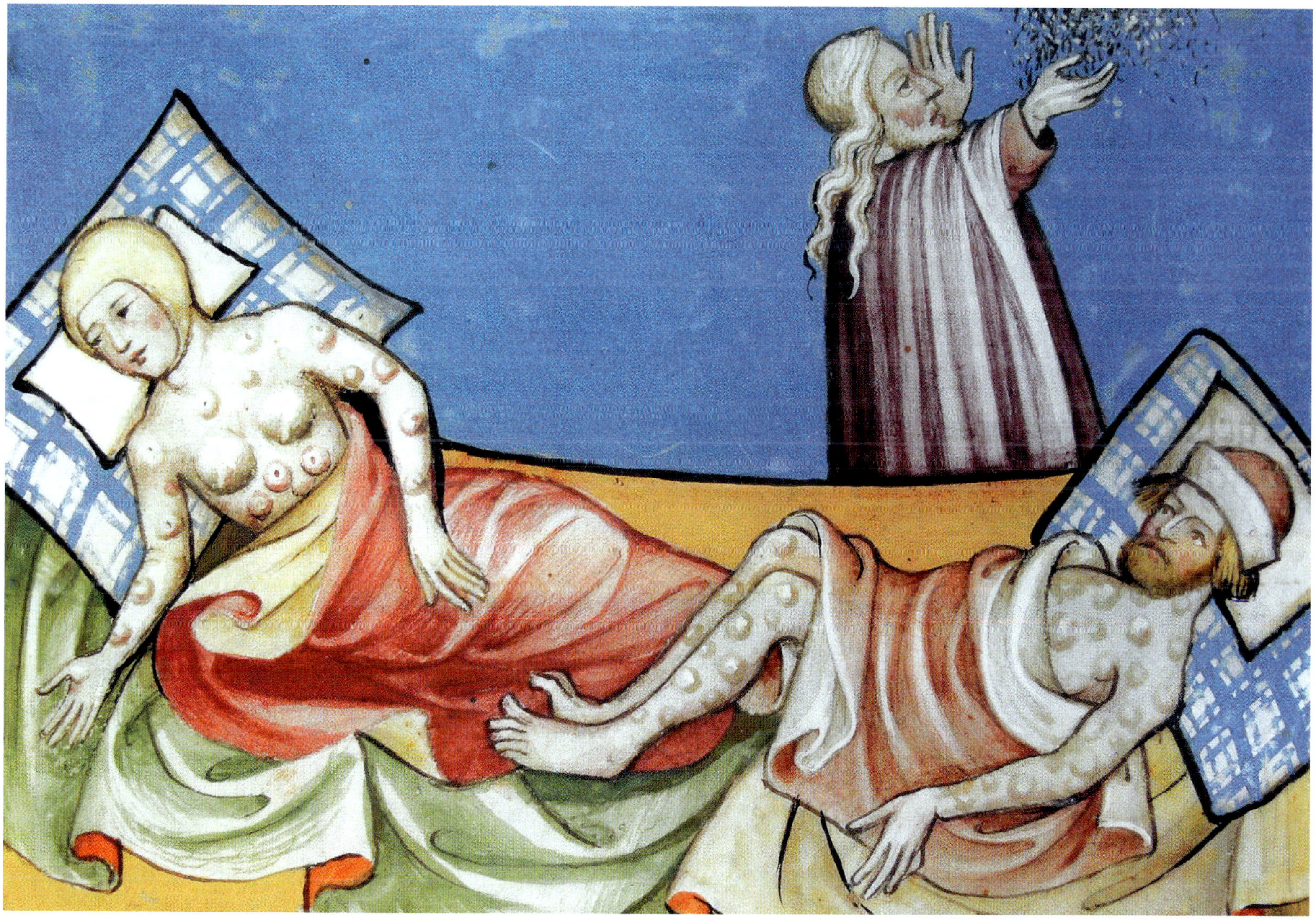

Städtebund. Er richtet sich namentlich gegen die städtefeindliche Politik der Rittergesellschaft „vom Löwen“.

1383, 11. März: Wenzel erlässt einen Landfrieden für das ganze, in vier „Parteien“ (Kreise) eingeteilte Reich, um die Sonderbünde der Städte zu schwächen bzw. zu zerschlagen. Da die Städte ihren Beitritt zu diesem städtefeindlichen Landfrieden verweigern, wird aus ihm ein „Herrenbund“ unter Führung des Königs. Verhandlungen zwischen den Städtebünden und dem „Herrenbund“ führen zur „Heidelberger Stallung“ vom 26. Juli 1384, einem von König Wenzel bestätigten Landfrieden zwischen Fürsten und Städten für vier Jahre.

1384, 26. Juli: Zur Beilegung der immer stärker eskalierenden Konflikte zwischen Städten, Rittern und Fürsten schließen die Städtebünde und der neu gebildete „Herrenbund“ einen Landfriedensvertrag, die „Heidelberger Stallung“.

1385, 21. Febr.: Bündnis der schwäbisch-rheinischen Städte mit Zürich, Bern, Solothurn, Luzern und Zug für den Fall eines Krieges mit den Habsburgern. In den Schlachten bei Sempach (9. Juli 1386) und Näfels (9. April 1388) werden den habsburgischen Ritterheeren durch die Schweizer Niederlagen beigebracht.

1386, 8. Juni: Die rheinischen Kurfürsten verbinden sich zum „Rheinischen Münzverein“, der den rheinischen Gulden prägen lässt; dieser ist bald die führende Handelsmünze des Reiches.

1386, 9. Juni: In der Schlacht bei Sempach siegen die Eidgenossen über ein Ritterheer Herzog Leopolds von Österreich, der im Kampf fällt; eine weitere Niederlage der Österreicher folgt 1388 bei Näfels.

1386-1409: Gründung der Universitäten Heidelberg (1386), Köln (1388), Erfurt (1392), Würzburg (1402), Leipzig (1409) und Rostock (1419).

1387, 31. März: Krönung Sigismunds, Bruder Wenzels, zum ungarischen König. Zuvor waren nach dem Tod König Ludwigs von Polen und Ungarn (11. September 1382) langwierige Kämpfe der Luxemburger um Ungarn ausgebrochen.

1388, Mai: König Sigismund verpfändet die Mark Brandenburg an seinen Vetter Jobst von Mähren für dessen Unterstützung bei Sigismunds ungarische Unternehmungen. Am 10. April 1397 findet die Belehnung Jobsts mit der Mark Brandenburg statt.

1388, 23. Aug.-6. Nov.: Der Schwäbische Städtebund unterliegt in der Schlacht bei Döffingen dem königlichen Heer unter Graf Eberhard II. von Württemberg und der Rheinische Städtebund wird von Pfalzgraf Ruprecht I. bei Worms entscheidend geschlagen.

1389, 5. Mai: Verkündung eines Reichslandfriedens zu Eger. Aufhebung der städtischen Bündnisse, erneutes Verbot der Pfahlbürger. Der Landfrieden ist ein Erfolg der innenpolitischen Bestrebungen Wenzels, Vereinigungen der Städte zu verhindern, und erschwert eine selbstständige Politik der Städte im Bündnis mit der Zentralgewalt gegen die Fürsten.

1393/1394: Verfolgung von Anhängern der Waldenser in Brandenburg und Pommern. Diese ketzerische Volksbewegung breitet sich auch in Bayern, Franken und im Rheingebiet aus.

1394, 8. Mai: Der Konflikt zwischen der böhmischen Adelsopposition und König Wenzel erreicht seinen Höhepunkt: Der König wird von seinem Vetter Jobst von Mähren gefangen gesetzt und erst auf Drängen der Reichsstände freigelassen.

1394-1401: Aktionen der Vitalienbrüder (Likendeeler) unter ihren Anführern Gödeke Michels, Klaus Störtebeker und Magister Wigbold in der Ost- und Nordsee. 1398 wird ihr Hauptstützpunkt, Gotland, durch das Heer des Deutschen Ordens besetzt. 1401 holen die Hanseflotten Hamburgs und Bremens zum entscheidenden Schlag aus, die Hauptmacht der Likendeeler wird bei Helgoland vernichtet, Störtebeker und Michels werden in Hamburg hingerichtet.

1394-1417: Papst Benedikt XIII. in Avignon, Nachfolger Clemens' VII.;

Bild links: *Wenzel von Luxemburg (1361-1419), überlebensgroße Plastik am Altstädter Brückenturm, östliches Ende der Karlsbrücke, Prag. Der Sohn Kaiser Karls IV. war ab 1363 als Wenzel IV. König von Böhmen; Regierungszeit als römisch deutscher König 1376-1400. Machtlos im Kampf gegen die Territorialgewalten im Reich und in Böhmen war er trotzdem bemüht um Festigung des Landfriedens. 1400 wurde er von den Kurfürsten wegen seiner Untätigkeit abgesetzt, blieb aber bis zu seinem Tode König von Böhmen.*

Bild rechte Seite: *Schlacht bei Sempach, Buchmalerei um 1450. Am 9. Juli 1386 siegten hier die Schweizer über Herzog Leopold III. von Österreich. Dieser Sieg war entscheidend im Unabhängigkeitskampf der Eidgenossen. Er stellt durch den Epoche machenden Sieg der wendigen Fußtruppen über das durch übermäßig schwere Rüstung behinderte, schon am Morgarten 1315 der gleichen Taktik erlegene Ritterheer den Wendepunkt in der Kriegführung des Abendlands dar. – Die Schlacht ist auch die Geburtsstunde der Heldenlegende des Arnold von Winkelried, der im Sempacher Schlachtenlied besungen wird. Dieser habe sich mit dem Ausruf „Ich will euch eine Gasse bahnen, sorget für mein Weib und meine Kinder!“ in die Speere der habsburgischen Ritter geworfen und diese niedergedrückt, so dass die eidgenössischen Fusstruppen mit ihren Hellebarden über seinen Körper hinweg in die Phalanx des Ritterheeres einbrechen konnten. Eine Variante seiner letzten Worte ist: „Der Freiheit eine Gasse!“*

die Wahlen von Benedikt XIII. und Bonifaz IX. bedeuten die Fortsetzung des Schismas.
1396, 14. Sept.: In Köln tritt nach einer unblutigen Erhebung der Kaufleute und Handwerker gegen die Herrschaft der Patrizier der „Verbundbrief" in Kraft, der diese politisch vollständig zugunsten der Gewerbetreibenden, vor allem der Kaufleute, entmachtet.
1396, 28. Sept.: Sigismunds Machtstellung in Ungarn wird durch seine Niederlage gegen die Türken bei Nikopolis schwer erschüttert.
1396, 24. Okt.: Das Machtvakuum, das König Wenzels geringe Präsenz im Reich hinterlässt, nutzen die Kurfürsten und andere Landesherren: In Oppenheim verständigen sich die Häuser Nassau und Wittelsbach auf ein gemeinsames Vorgehen gegen die Luxemburger.
1399, 11. Apr.: Mainz, Köln und Kurpfalz schließen in Boppard eine gegen König Wenzel gerichtete „Einung zur Wahrung ihrer Kurrechte", der bald auch Trier und Sachsen beitreten.
1399, 20. Aug.: Absetzung Wenzels (als König von Böhmen 1419 gestorben) und Wahl des Pfalzgrafen Ruprecht III. zum König durch die rheinischen Kurfürsten.
Um 1400: Johannes von Saaz, Stadtschreiber und Schulrektor in Saaz, schreibt seine Lehrdichtung „Der Ackermann aus Böhmen". Erste Prosadichtung in neuhochdeutscher Sprache.
1400-1410: König Ruprecht von der Pfalz.
1401/1402: Missglückter Italienzug Ruprechts. Niederlage der königlichen Truppen bei Brescia durch Giangaleazzo Visconti, der von König Wenzel 1395 vom Reichsvikar zum Herzog von Mailand ernannt worden war.
1401-1408: Appenzeller Krieg. Diese Bauernbewegung im südlichen Bodenseegebiet („Bund ob dem See") fügt im Bunde mit der Stadt St. Gallen besonders Österreich und Württemberg, 1403 bei Speicher und 1405 bei Altstatten, Niederlagen zu. 1408 Niederlage des Bundes vor Bregenz und Friedensschluss: Auflösung des Bundes, Befreiung der Bauern von Reichsacht und Kirchenbann, Erlass der Schadenersatzleistung für die Bauern. 1411 bedingte Aufnahme in die Schweizer Eidgenossenschaft.
1404: Das Roland-Standbild am Rathaus zu Bremen wird errichtet als Symbol der städtischen Freiheit und Gerichtsbarkeit. Ähnliche Rolandssäulen entstehen in Halle, Halberstadt, Nordhausen, Magdeburg, Perleberg, Zerbst, Stendal und anderen norddeutschen Städten.
1405, 14. Sept.: Marbacher Bund zwischen Städten und Fürsten unter Führung des Erzbischofs Johann von Mainz, da sich die Beteiligten durch Ruprechts Politik (z. B. Versuche zur Ausdehnung der Pfalz) in ihren Freiheiten geschädigt sehen. Ruprecht zerschlägt den Bund.
1406: Bund Allgäuer Bauern gegen den Bischof von Augsburg und andere Territorialherren. Im Vertrag von Isny (Oberschwaben) am 28. September wird die Auflösung des Bundes, aber Straffreiheit für die Bauern vereinbart.
1408: In Böhmen beginnt der Konflikt um den Prager Theologen Jan Hus, der mit zunehmender Radikalität für eine Reform der verweltlichten Kirche kämpft. Seine Anhänger und Nachfolger verbinden diese Ziele mit nationaltschechischen Bestrebungen und starkem sozialem Engagement.
1409: Konzil von Pisa. Absetzung Benedikts XIII. und Gregors XII. (5. Juni) und Wahl eines neuen Papstes, Alexanders V., der aber nicht von allen Staaten anerkannt wird. Faktisch gibt es nun drei Päpste.
1409, 2. Dez.: Markgraf Friedrich von Meißen gründet – vorwiegend mit Professoren, die Prag wegen der dortigen konfessionellen und nationalen Spannungen verlassen haben – die Universität Leipzig.
1410, 15. Juli: Schlacht bei Grunwald (Tannenberg). Dem Deutschen Ritterorden wird von dem (seit 1386) vereinigten Polen-Litauen eine vernichtende Niederlage zugefügt. Im 1. Frieden von Thorn (1. Februar 1411) werden die Ab-

tretung Samaitens an Litauen und eine Geldbuße an Polen festgelegt. Im Innern des Ordensstaates wächst die Opposition der Stände gegen die Ordensherrschaft.

1410, 20. Sept. und 1. Okt.: Doppelwahl nach dem Tod Ruprechts am 18. Mai 1410. Wahl von König Sigismund von Ungarn und des Markgrafen Jobst von Brandenburg und Mähren nach dem Verzicht des 1400 abgesetzten Königs Wenzel zu Königen. Durch den Tod Jobsts (18. Januar 1411) findet Sigismund allgemeine Anerkennung.

1410-1437, 8. Juli: Einsetzung des Burggrafen Friedrich von Nürnberg und seiner Erben als oberster Hauptmann und Verweser der Mark Brandenburg. Diesem Akt folgen 1415 und 1417 die Übertragung der Mark und des Kurfürstentums mit Kurwürde und Erzkämmereramt zu erblichem Besitz sowie die feierliche Belehnung. Damit geht die Mark Brandenburg an das Haus Hohenzollern über.

1411, 18. Jan.: Der plötzliche Tod Jobsts von Mähren ermöglicht es Sigismund, ohne weitere Konflikte allgemeine Anerkennung zu finden. Seine Herrschaft ist vor allem darauf konzentriert, sich in Böhmen und Ungarn durchzusetzen und die Kirchenspaltung zu überwinden.

1411, 1. Febr.: Im Ersten Frieden von Thorn verliert der Deutsche Orden Samaiten an Polen und muss eine hohe Kriegsentschädigung leisten, deren Aufbringung den Ordensstaat in eine dauerhafte Krise stürzt.

1411, 8. Juli: König Sigismund überträgt die Mark Brandenburg an den Burggrafen Friedrich VI. von Nürnberg und seine Erben aus dem Hause Hohenzollern.

1413/1414: Die Unterwerfung der unter Führung der Quitzows stehenden Ritter der Kurmark durch Friedrich I. von Hohenzollern (1415-1440) ist ein Ausdruck für die Erfolge des Landesfürstentums gegenüber den Ständen seit dem 15. Jh.

1414-1418: Konzil zu Konstanz (am 5. November eröffnet). Die Teilnehmer sind nach vier „Nationen" zusammengefasst. Wichtigste Verhandlungspunkte: 1. Wiederherstellung der Einheit der Kirche (causa unionis); Beschlüsse: Absetzung bzw. Abdankung der drei amtierenden Päpste. Ende des Schismas mit der Wahl Martins V. am 11. November 1417. 2. Reform der Kirche an Haupt und Gliedern (causa reformationis), da seit dem 14. Jh. die Kritik an den Missständen in der Kirche zunimmt (seit dem Schisma steigern sich die finanziellen Ansprüche der zwei bzw. drei Kurien) und ihr Ansehen weiter sinkt; Beschlüsse: In Zukunft sollen in regelmäßigen Abständen Konzilien einberufen werden; Superiorität des Konstanzer Konzils, dem jeder, auch der Papst, Gehorsam schulde. Der schnelle Abschluss des Konzils (22. April 1418) durch den neuen Papst trägt dazu bei, dass nur wenige grundsätzliche Reformbeschlüsse gefasst werden. 3. Auseinandersetzung mit der Ketzerei (causa fidei), den Lehren des Engländers Wiclif und des Tschechen Jan Hus (Magister; Prediger an der Bethlehemskapelle in Prag; hält trotz kirchlicher Verdammung der Schriften Wiclifs weitgehend an dessen Lehren fest; wendet sich gegen die Lehre vom Ablass; in der Schrift „De ecclesia" [Über die Kirche] formuliert er 1413 den hussitischen Kirchenbegriff). Beide vertreten den Gedanken der apostolischen Armut der Kirche und fassen sie als eine Gemeinschaft der Auserwählten auf. Hinzu kommen Reformforderungen, die den augenblicklichen Mängeln der Kirche entsprechen. Am 6. Juli 1415 wird Hus in Konstanz als Ketzer verbrannt.

1414-1418: Das satirisch-didaktische Poem „Des tüfels segi" (Des Teufels Netz) wird von einem unbekannten Autor in der Gegend des Bodensees niedergeschrieben.

1415, 18. Apr.: Markgraf Friedrich I. von Bamberg wird von König Sigismund auch noch mit der Kurwürde belohnt.

1419, 16. Aug.: Nach dem Tod König Wenzels verschärfen sich die Auseinandersetzungen mit den böhmischen Hussiten, da diese in dem nach der böhmischen Krone strebenden Sigismund den Mörder von Hus sehen. Zugleich gehen die gemäßigte und die radikale Richtung der Hussiten gewaltsam gegeneinander vor.

1420, 1. März: Aufruf Papst Martins V. zum Kreuzzug gegen die hus-

Bild oben: *Porträt des Kaisers Sigismund, Albrecht Dürer, um 1509-1516; Germanisches Nationalmuseum, Nürnberg. Sigismund (1368-1437) war ab 1387 König von Ungarn. Die Beseitigung der Bedrohung durch die Osmanen misslang nach gescheiteter Verteidigung Ungarns 1388. 1419 bis 1436 war er König von Böhmen; ab 1410 römischer König; ab 1433 Kaiser. Ihm gelang die Wiederherstellung einer einheitlichen Kirche auf dem Konzil zu Konstanz. Die Niederlage gegen die Osmanen zwang ihn 1388 zur Verpfändung der Mark Brandenburg.*

Bild rechte Seite oben: *Hussitische Wagenburg. Zeitgenössische Darstellung. Die Anhänger des Jan Hus im frühen 15. Jh. verbanden reformatorischen Glaubenseifer mit nationaltschechischen politischen Forderungen. Der Kaiser führte 1419 bis 1434 die Hussitenkriege gegen sie.*

Bild rechte Seite unten: *Feuertod des Johannes Hus (geb. 1369) am 6. Juli 1415 in Konstanz. Diebold Schilling d. Ä., Spiezer Chronik, 1485.*

sitischen „Ketzer“. Sigismund, der sich nach dem Tod König Wenzels in Prag zum König von Böhmen krönen lässt (28. Juli 1420), erleidet 1420 und 1421 schwere Niederlagen durch die Hussiten, die ihn am 7. Juli 1421 als König absetzen.

1421: Verfolgung und Hinrichtung von zwei deutschen Hussiten in Regensburg. Den mit dem Eindringen hussitischer Ideen ins Reichsgebiet zugleich einsetzenden Verfolgungen durch die deutschen Fürsten fallen 1424, 1425 und 1426 weitere Anhänger der hussitischen Lehre in Zittau und Heidelberg zum Opfer.

1422: In der königlichen Kanzlei wird die erste, noch unvollständige Reichsmatrikel erarbeitet, ein Register der von den Reichsständen zu erbringenden militärischen und fiskalischen Verpflichtungen.

1422, 13. Sept.: König Sigismund verleiht der Ritterschaft das Privileg, sich in Bünden zusammenzuschließen; damit erhalt auch der bereits 1407 gegründete schwäbische Ritterbund seine offizielle Anerkennung.

1423, 6. Jan.: Sigismund belehnt Friedrich den Streitbaren, Markgraf von Meißen aus dem Hause Wettin, mit dem Kurfürstentum Sachsen-Wittenberg, wodurch sich Markgraf Friedrich I. von Brandenburg in seinen eigenen Hoffnungen auf das Herzogtum zurückgesetzt sieht.

1424, 17. Jan.: Die sechs Kurfürsten schließen sich im „Binger Kurverein“ gegen König Sigismund zusammen, um ein Mitspracherecht bei der Regierung des Reiches zu erlangen.

1426: Die Hussiten beginnen verheerende Einfälle in die Nachbarländer, gegen die sich die Reichsbzw. Kreuzzugsheere als machtlos erweisen.

1426-1434: Verhandlungen zwischen dem Schwäbischen Städtebund und der Rittergesellschaft mit dem St. Jörgenschild, durch die Sigismund die Gegensätze zwischen den beiden Ständen zu überwinden sucht, scheitern.

1426-1435: Krieg der wendischen Hansestädte unter Führung Lübecks gegen Dänemark. Ursache ist die hansefeindliche Wirtschaftspolitik des dänischen Königs Erich von Pommern (1412-1439), die z. B. in der Erhöhung des Sundzolls zum

Ausdruck kommt. Im Frieden von Wordingborg (15. Juli 1435) werden die Hanseprivilegien der wendischen Städte durch König Erich bestätigt.

1427, 2. Dez.: Erlass eines Reichskriegssteuergesetzes auf dem Reichstag zu Frankfurt am Main, das erstmals eine allgemeine Reichssteuer (Gemisch von Kopf-, Vermögens- und Einkommenssteuer) zur Ausrüstung eines Söldnerheeres gegen die Hussiten vorsieht. Die Erhebung des „gemeinen Pfennigs“ scheitert, vor allem am Fehlen von Exekutivorganen.

Um 1430: In Deutschland entwickelt sich die neue Technik des Kupferstichs. Seine ersten Repräsentanten sind der Spielkartenmeister (Mitte 15. Jh.), Martin Schongauer und Meister E. S. (Oberrhein, um 1450-1467).

1431: Lukas Moser vollendet den Magdalenenaltar in der Stiftskirche zu Tiefenbronn in Baden, der vier Szenen aus dem Leben der Hl. Maria Magdalena darstellt. Er ist frühester Ausdruck der Umsetzung des flämischen realistischen Stils (von Eyck, Meister von Flémalle, Claus Suter) ins Deutsche.

1431-1432: Bauernaufstand in der Umgebung von Worms, zunächst gegen jüdische Wucherer gerichtet, dann weitergehende Forderungen (z. B. gegen die Geistlichkeit) erhebend. Die Wormser Vorgänge beschäftigen das Baseler Konzil, König Sigismund und einen Städtetag in Straßburg im Februar 1432. Unterdrückung des Wormser Aufstandes durch Pfalzgraf Ludwig.

1431-1449: Konzil von Basel. Lösung der Hussitenfrage durch Vergleich zwischen Gesandten des Konzils und Sigismunds sowie den Kalixtinern in den Prager (1433) und Iglauer (1436) Kompaktaten. Der Abschluss der Prager Kompaktaten tragt zur Aufspaltung des hussitischen Lagers und insofern zur Niederlage der Taboriten bei Lipany 1434 bei. Weitgehende allgemeine Reformbeschlüsse des Baseler Konzils: Verbot von Geldzahlungen an die Kurie für die Übertragung kirchlicher Stellen, Grundsatz der Periodizität von Generalkonzilien, freie Wahl der Bischöfe (durch Domkapitel) und Äbte (durch die Mönche) ohne Eingriffe des Papstes. Eugen IV. missachtet das Konzil und versucht, es zu verlegen (Ferrara-Florenz). Das Konzil setzt schließlich am 25. Juni 1439 Eugen ab und wählt am 5. November einen neuen Papst, Felix V. 1448 weist Friedrich III. das Konzil aus dem Reichsgebiet aus, es siedelt nach Lausanne über. 1449 tritt Papst Felix zurück, das Konzil erkennt in Form einer Neuwahl Nikolaus V. als rechtmäßigen Papst an und löst sich auf. Damit ist die konziliare Bewegung gescheitert, die Superiorität des Papstes gegenüber dem Konzil hat sich durchgesetzt, jede Appellation an ein Konzil wird mit Kirchenstrafen bedroht. In den westeuropäischen Ländern erreicht die Kirche eine begrenzte Selbstständigkeit gegenüber der Kurie im Rahmen des zentralisierten Staates (z. B. Gallikanische Freiheiten für die französische Kirche), in Deutschland kommen einige Zugeständnisse der Entwicklung des landesherrlichen Kirchenregiments in den Territorien zugute.

1432: Der deutsche Hussit Friedrich Reiser wird zum Priester geweiht.

1433: Nikolaus von Kues legt dem Baseler Konzil seine Reformschrift „De concordantia catholica" (Über die katholische Übereinstimmung) vor. Sie enthält Gedanken über eine Kirchenreform: Generalkonzil als Repräsentation der Kirche, der Papst ist ihm untergeordnet und an seine Beschlüsse gebunden. Einschränkungen: päpstliche Bestätigung von Konzilsbeschlüssen; Abschaffung gewisser Missbräuche, z. B. Stellenvergabe durch die Kurie. Die Schrift enthält außerdem Gedanken zur Reichsreform: Einrichtung von Reichsversammlungen (neben den Reichstagen), auf denen neben den Kurfürsten vor allem die Reichsstädte vertreten sein sollen; Einteilung des Reiches in Kreise mit jeweils einem Kreisgericht (Sorge für den Landfrieden, Verbot der Fehde); Stärkung des Kaisers durch ein neues Wahlgesetz, stehendes Heer und regelmäßige Reichssteuer.

1433, 31. Mai: Kaiserkrönung Sigismunds in Rom durch Papst Eugen IV., der den Ausgleich mit Venedig vermittelt.

1436, 5. Juli: Abschluss der Iglauer Kompaktaten zwischen Sigismund, Vertretern des Baseler Konzils und dem gemäßigten Flügel der Hussiten. Die katholische Kirche gesteht zu, dass in Böhmen das Abendmahl in beiderlei Gestalt genommen werden kann. Der Weg für Sigismund nach Böhmen ist wieder frei. Erneute Krönung zum böhmischen König.

Friedrich III. (1415-1493) im kaiserlichen Ornat. Gemälde des 16. Jahrhunderts im Kunsthistorischen Museum Wien.

1438, 17. März: Die Kurfürsten erklären sich im Kirchenstreit zwischen Papst und Konzil für neutral.

1438, 18. März: Wahl Herzog Albrechts V. von Österreich zum deutschen König als Albrecht II., nachdem er bereits am 18. Dezember 1437 zum ungarischen und am 27. Dezember 1437 zum König von Böhmen gewählt worden ist.

1439 und 1443/1444: Erste Bauernbewegungen unter dem symbolischen Zeichen des Bundschuhs in Südwestdeutschland im Zusammenhang mit den räuberischen Einfällen der Armagnaken (Söldnerscharen aus Frankreich).

1440: Preußischer Bund zwischen 53 Adligen und 19 Städten, um die ständische Mitbestimmung gegenüber dem Ordensstaat durchzusetzen. Erbliche Belehnung des Schauenburger Grafen Adolf VIII. von Holstein mit dem Herzogtum Schleswig durch den dänischen König Christoph III.

1440, 2. Febr.: Nach dem plötzlichen Tod König Albrechts am 27. Oktober 1439 wird der habsburgische Herzog Friedrich von Steiermark einstimmig zu dessen Nachfolger gewählt; Friedrich III. konzentriert sich in seiner ungewöhnlich langen, bis 1493 dauernden Regierungszeit vorwiegend auf den Ausbau der habsburgischen Machtstellung.

1442: Kurfürst Friedrich II. von Brandenburg (1440-1470) bricht die Selbstständigkeit der durch innerstädtische Konflikte erschütterten und geschwächten Doppelstadt Berlin-Kölln: Spaltung der seit 1432 durch eine Union verbundenen Städte, kurfürstliche Bestätigung der Ratswahl, Aufhebung des Berliner Stapelrechts, Zwang zum Austritt aus der Hanse und Verbot von Bündnissen mit anderen Städten, Beginn des Schlossbaus.

Seit 1442: Allmähliches Aufkommen der Bezeichnung „Heiliges Römisches Reich Deutscher Nation" für den deutschen Teil des Reichs. Ausdruck des gesteigerten Nationalgefühls dieser Zeit (1486 Begriff erstmals in einem Reichsgesetz gebraucht).

1443: Stefan Lochner malt den Dreikönigsaltar zu Köln. Er ist der Hauptmeister der älteren Kölner Malerschule, die Einflüsse der altniederländischen Malerei verarbeitet.

1444: Nach dem in Fragen der Reichsreform wiederum ergebnislos verlaufenen Reichstag zu Nürnberg kehrt Friedrich III. 27 Jahre lang nicht mehr in das Kerngebiet des Reiches zurück.

1444: Das Lübecker Rathaus wird vollendet, „das großartigste Rathaus des deutschen Mittelalters, wie es dem Vororte der Hansa nicht anders ziemt" (Dehio).

1444: Konrad Witz malt das erste Landschaftsbild nach der Natur

(„Fischzug Petri"). Witz gehört neben Lukas Moser und Hans Multscher zu den frühen deutschen Realisten, die durch die neue Kunst der Niederländer angeregt werden und die alte Kölner Schule an Wirklichkeitsnähe weit übertreffen.

1444-1449: Soester Fehde. Kampf um die Vorherrschaft in Westfalen zwischen dem Erzbistum Köln und Kleve-Mark. Der Friede von Maastricht spricht die Stadt Soest wie auch Xanten dem Herzog von Kleve zu.

1445, Sept.: Konkordat zwischen Friedrich III. und Papst Eugen IV. für Österreich, das die Anerkennung des Papstes durch Friedrich und das Ernennungsrecht in einigen österreichischen Bistümern und andere kirchliche Befugnisse für Friedrich vorsieht.

1447 und 1448: „Berliner Unwille". Aufstand der Bürger, um ihre alte Freiheit wiederzugewinnen. Vernichtung der schriftlichen Zugeständnisse an den Kurfürsten, Verjagung der fürstlichen Beamten, Unterbrechung des Schlossbaus, Wiederherstellung der Union von Berlin-Kölln von 1432. Der Aufstand scheitert, nicht zuletzt durch das Versagen praktischer militärischer und finanzieller Hilfe von Seiten der Hanse.

1447-1476: Abschluss von Fürstenkonkordaten zwischen dem Papsttum und den deutschen Fürsten, welche die Grundlagen für die Entwicklung des landesherrlichen Kirchenregiments legen. 1447 z. B. erhält Kurfürst Friedrich II. von Brandenburg das Recht der Bischofsernennung in Brandenburg, Havelberg und Lebus sowie weitere kirchliche Befugnisse.

1448, 17. Febr.: Wiener Konkordat zwischen Friedrich III. und Papst Nikolaus V. für Deutschland. Es hebt die weitreichenden Beschlüsse des Baseler Konzils für die deutsche Kirche praktisch auf, lässt dem päpstlichen Einfluss auf die deutsche Kirche weiten Raum (Vergabe von Pfründen, Erhebung von Annaten) und nimmt dem König den Einfluss auf die Reichskirche. Deutschland bleibt das Hauptobjekt der päpstlichen Finanzpolitik. Während des ganzen 15. Jh. kommt es zu „Gravamina Germanicae nationis" (Beschwerden der deutschen Nation) gegen die kurialen Ansprüche.

1449-1453: In einem fünf Jahre währenden Krieg gegen einen Fürstenbund unter Markgrafen Albrecht Achilles von Hohenzollern (1470-1486) leistet die Reichsstadt Nürnberg Widerstand gegen ihre Einbeziehung in das Territorialfürstentum. Schließlich behauptet sie ihre Stellung, muss aber eine Abfindungssumme von 80.000 Gulden zahlen.

1449, 25. Apr.: Das Basler Konzil, das im Zuge seiner Radikalisierung und des von ihm verursachten Schismas immer mehr an Bedeutung verloren hat, löst sich unter dem Druck der weltlichen Mächte, allen voran Frankreichs, auf; die Epoche der Konzilien geht zu Ende.

Belagerung Konstantinopels durch die Truppen Scheich Mohammeds III. Schon ab 1300 waren die islamischen Türken in stetem Vordringen. Mit dem Fall Konstantinopels ging das Byzantinische Reich 1453 endgültig zugrunde.

Um 1450: Hans Rosenplüt verfasst in Nürnberg seine Fastnachtsspiele. Entstehung einer anonymen Schwanksammlung in Norddeutschland, in deren Mittelpunkt Till Eulenspiegel steht.
1452, 9. März: Kaiserkrönung Friedrichs III. in Rom. Letzte Krönung eines deutschen Kaisers durch den Papst in Rom.
1453-1455: Johannes Gensfleisch zum Gutenberg in Mainz gibt als erstes gedrucktes größeres Buch die 42-zeilige lateinische Bibel, die sog. Gutenbergbibel heraus, nachdem er um 1446 den Buchdruck mit beweglichen gegossenen Metalllettern für Europa erstmalig erfunden hat.
1453, 29. Mai: Nach der Eroberung Konstantinopels durch die Osmanen verstärkt sich deren Druck auf Ungarn und die östlichen Grenzen des Reiches.
1454-1466: Offener Aufstand und Krieg der preußischen Stände (Ritter und Städte) gegen den Orden. Bündnis der Stände mit dem polnischen König Kasimir IV.
1458: Unter Umgehung des Erbrechts der Habsburger wählen die Stände in Ungarn (am 24. Januar Matthias I. Corvinus) und in Böhmen (am 2. März Georg Podiebrad) einheimische Könige. Ein Aufstand im Erzbistum Salzburg, veranlasst durch die Einführung neuer Steuern und schlechte Münzverhältnisse, ist gegen die Maßnahmen der sich herausbildenden Landesherrschaft gerichtet. 1458 erringen die aufständischen Bauern und Städte einen Erfolg. Bei einem erneuten Aufstand 1462 kommt es zu einem Schiedsspruch des bayerischen Herzogs.
1460, 2. März: Nach dem Aussterben der Schauenburger wird der dänische König Christian I. zum schleswig-holsteinischen Landesherrn gewählt; ein Vertrag zwischen ihm und den Ständen schreibt die Untrennbarkeit der beiden Länder und ihre Unabhängigkeit von Dänemark fest.
1461-1463: Im Bündnis mit Adel und Ständen versucht Erzherzog Albrecht VI. von Österreich, in einem Krieg gegen seinen Bruder, Kaiser Friedrich III., die Alleinherrschaft in den österreichischen Ländern an sich zu bringen; erst durch den Tod Albrechts am 2. Dezember 1463 scheitern diese Bestrebungen.
1466, 19. Okt.: 2. Friede von Thorn zwischen dem Deutschen Orden und Polen. Kulmerland, Pommerellen mit Danzig sowie Elbing und die Marienburg fallen an Polen. Der Orden behält Preußen, muss aber die Oberhoheit des polnischen Königs anerkennen. Die Macht des Ordens ist damit endgültig gebrochen.

Das Rosenkranzfest, Kopie nach Albrecht Dürer, 1506. Maximilian I. (1459-1519) stand 1506 – kurz vor dem Italienzug (1508) – auf dem Höhepunkt seines Ansehens. Darum zeigt Dürer ihn zur Linken der Madonna und Papst Julius II. zu ihrer Rechten. Die Idee des Heiligen Römischen Reiches als europäischer Einheit, wie sie Maximilian propagierte, ist hier von Dürer bewusst in den Mittelpunkt gesetzt worden. Da das Original in Prag infolge radikaler späterer Eingriffe zu zwei Dritteln verändert ist, hat diese Kopie vom Ende des 16. oder vom Anfang des 17. Jahrhunderts großen dokumentarischen Wert.

1468-1474: Die Schließung des Stalhofs (1468), des hansischen Kontors, durch England führt zum Kaperkrieg der Hanse gegen England. Frieden von Utrecht 1474.
Um 1470: Die Bevölkerungszahl des Reichs erreicht mit etwa 7-10 Millionen Einwohnern ihren Tiefpunkt; gegenüber dem Höchststand von 1340 ist dies ein Rückgang um ca. 4 Millionen Menschen.
1472-1477: Gründung der Universitäten Ingolstadt (1472), Trier (1473), Mainz (1477) und Tübingen (1477).
1473: Kurfürst Albrecht Achilles von Brandenburg erlässt die „Disposito Achillea“, ein hohenzollersches Hausgesetz, das die Unteilbarkeit des Landes garantieren soll.
1474: Regiomontanus (Johannes Müller), der größte deutsche Naturwissenschaftler, Mathematiker und Astronom des 15. Jh., gibt die Ephemeriden heraus, die ein umfangreiches astronomisches Tafelwerk mit mindestens 300 000 Zahlenangaben enthalten, die für die Jahre 1475 bis 1506 genaue Angaben über die Stellungen der der Sonne, des Mondes und der fünf Planeten zur Erde und zueinander machen. Die Ephemeriden sind die ersten gedruckten astronomischen Jahrbücher Deutschlands. Im gleichen Jahr erscheint sein „Deutscher Kalender“, einer der ersten des Mittelalters, der für die Jahre 1475 bis 1530 die Tage berechnet.
1474, 30. März: In der „Ewigen Richtung“ verständigt sich der habsburgische Herzog Siegmund mit den Eidgenossen und gewinnt deren Unterstützung gegen die Expansionspolitik Karls des Kühnen von Burgund.
1475, Juni: Karl der Kühne von Burgund versucht, Streitigkeiten im Kölner Erzbistum für eine Ausdehnung seiner Herrschaft zu nutzen, und belagert fast ein Jahr Neuss, er zieht sich jedoch vor dem Reichsheer Friedrichs III. zurück.
1476, 13. Okt.: Abschluss eines Bündnisses zwischen den Städten Lübeck, Bremen, Hamburg, Rostock, Stralsund, Wismar, Lüneburg, Stade, Uelzen, Magdeburg, Braunschweig, Halle, Halberstadt, Goslar, Hildesheim, Göttingen, Stendal, Hannover und Einbeck auf sechs Jahre.

Der junge Weißkunig erlernt die Münzmeisterei, Holzschnitt aus: „Der Weiß Kunig. Eine Erzehlung von den Thaten Kaiser Maximilian des Ersten“. Der „Weißkunig“ gehört neben dem „Theuerdank“ zu den beiden autobiografischen Veröffentlichungen Kaiser Maximilians I. und ist eine Mischung aus Heldenroman, Chronik und Fürstenspiegel.

1477, 19. Aug.: Nachdem Herzog Karl der Kühne von Burgund am 5. Januar in einer Schlacht vor Nancy gefallen ist, heiratet seine Tochter Maria Maximilian, den Sohn des Kaisers; damit bauen die Habsburger ihren Besitz in Burgund und vor allem in den reichen Niederlanden aus. Maximilian ist gezwungen, seine Erbansprüche in den folgenden Jahren in mehreren Kriegen gegen Frankreich durchzusetzen.
1477, 1. Dez.: Gmünder Frieden zwischen Kaiser Friedrich III. und Matthias Corvinus. Friedrich III. belehnt Matthias mit Böhmen und zahlt ihm für die Räumung der eroberten Gebiete 100.000 Gulden.
1484, 5. Dez.: Der Papst erlässt eine Bulle, in der die Hexenverfolgung kirchenrechtlich legitimiert wird.
1485: Nach mehreren Einfällen der Ungarn in den Jahren zuvor geht Wien an den ungarischen König Matthias Corvinus verloren.
1485, 8. Nov.: Wettinische Hauptteilung. Im Kampf um die Macht zwischen den Brüdern Ernst und Albrecht, die beide 1485 von Kaiser Friedrich III. belehnt worden sind, kommt es zur Teilung des Wettiner Territoriums (Vertrag vom 17. Juni), wobei Kurfürst Ernst das Herzogtum Sachsen, das mittlere und südliche Thüringen, den größten Teil des Osterlandes (des alten Pleißener Landes), das Vogtland und die fränkischen Gebiete sowie die Schutzherrschaft über das Bistum Naumburg-Zeitz, Albrecht aber die Mark Meißen, den nördlichen Teil des Osterlandes (Leipzig) und Nordthüringen erhält.
1486: In Speyer erscheint der sog. Hexenhammer („Malleus Maleficarum“), ein Gerichtsverfahren gegen die der Hexerei verdächtigen Personen regelndes Gesetzbuch, das die

Anwendung der Folter ausdrücklich verfügt, um das Eingeständnis des Verkehrs mit dem Teufel zu erpressen.

1486, 16. Febr.: Kaiser Friedrich gelingt es auf dem Reichstag in Frankfurt am Main, die Wahl seines Sohnes Maximilian zum römischen König durchzusetzen. Die Reichsreformbestrebungen scheitern erneut, da der Kaiser eine Einschränkung seiner Rechtsprechungskompetenzen ablehnt; nur ein Reichslandfrieden auf zehn Jahre wird beschlossen.

1488, 14. Febr.: Gründung des Schwäbischen Bundes. In Esslingen schließen sich der Adel und die Reichsstädte Schwabens zum Schwäbischen Bund zunächst bis 1496 zusammen. Aus der anfangs lokalen Vereinigung, die sich gegen die Expansion der bayerischen Herzöge richtet, wird der Schwäbische Bund bald durch den Beitritt Eberhard von Württembergs, der Markgrafen von Brandenburg, des Markgrafen von Baden, des Erzherzogs von Österreich, des Bischofs von Augsburg und des Erzbischofs von Mainz, schließlich aber auch der ursprünglich befehdeten bayerischen Herzöge (1492) zu einem erheblichen Machtfaktor in Deutschland. Sein Ziel ist es, die Stellung der Reichsstände im Südwesten Deutschlands zu garantieren und den von den Ständen beschlossenen Landfrieden durchzusetzen.

1490, 16. März: Herzog Siegmund von Tirol verzichtet zugunsten von König Maximilian auf seine Erblande.

1490, Aug.: Maximilian zieht, nachdem er nach dem Tod von Matthias Corvinus (5. April) die Steiermark zurückerobert hat, in Wien ein. Nach kurzer Belagerung ergeben sich am 29. August auch die in der Burg verbliebenen ungarischen Truppen. Maximilian führt seinen Vater, Kaiser Friedrich III., nach Wien zurück und lässt seine Truppen in Ungarn einfallen, wo sie am 17. November Stuhlweißenburg einnehmen.

1491, 7. Nov.: Im Vertrag von Preßburg erreicht Maximilian gegen die Anerkennung der Herrschaft des Jagiellonen-Königs Wladislaw in Böhmen und Ungarn ein habsburgisches Nachfolgerecht für den Fall des Aussterbens der jagiellonischen Nebenlinie.

1492: Martin Behaim, Nürnberger Forschungsreisender, Geograf und Kosmograf, stellt im Jahr der Entdeckung Amerikas durch Christoph Kolumbus den ersten Erdglobus, der erhalten geblieben ist, her. Er findet u. a. seine Bestätigung durch die Entdeckung des Seewegs nach Indien durch Vasco da Gama 1498 sowie durch die erste Erdumsegelung Fernao de Magalhães' (Ferdinand Magellan) 1519 bis 1522.

1493: Herausgabe der von Michael Wohlgemuth (dem Lehrer Albrecht Dürers) und Wilhelm Pleydenwurff illustrierten Weltchronik von Hartmann Schedel; sie stellt eine der bedeutendsten Leistungen des deutschen Holzschnitts dar.

1493, 19. Aug.: Kaiser Friedrich III. stirbt in Linz. Seinem Sohn und Nachfolger Maximilian I. gelingt es, durch eine geschickte Heiratspolitik die Grundlage für die habsburgische Universalmonarchie zu schaffen.

1494: In dem satirischen, durch zum größten Teil von dem jungen Dürer stammende Holzschnitte illustrierten Lehrgedicht „Das Narrenschiff" (in Basel gedruckt) nimmt der Straßburger Sebastian Brant u. a. gegen den Papst und für Kaiser Maximilian Partei und kritisiert die Reichsfürsten.

1495, 26. März-Sept.: Reichstag zu Worms. Die Stände unter Führung von Berthold von Henneberg zwingen Maximilian I., der im Kampf um Italien die Unterstützung der Stände zu finden bemüht ist, einer Reihe von Reformen zuzustimmen, und zwar dem Ewigen Landfrieden und der Bildung eines Reichskammergerichts, das als oberste rechtliche Institution des Reichs über die Einhaltung des Landfriedens zu wachen hat. Dafür erklären sich die Stände mit der Erhebung einer Reichssteuer, dem Gemeinen Pfennig, einverstanden. Den Vorschlag zur Bildung eines Reichsrats weist Maximilian I. zurück. Stattdessen willigt er in der „Handhabung Friedens und Rechts" (Annahme der vier Beschlüsse am 7. August) in eine alljährliche Durchführung von Reichstagen ein.

1495, 31. März: Bildung der Liga von Venedig.

1496, 21. Okt.: Hochzeit der Tochter Maximilians I., Margarete, mit dem spanischen Thronerben Don Juan, die aber erbrechtlich ohne Bedeutung bleibt, da Don Juan bald stirbt und keine Erben hinterlässt. Ihr folgt später (19. März 1497) die Trauung Erzherzog Philipps des Schönen mit der spanischen Prinzessin Johanna (genannt die Wahnsinnige). Sie ist die Grundlage für die spätere Einbeziehung Spaniens in die habsburgische Hausmacht.

1499, Febr.-Sept.: Schweizer oder Schwabenkrieg. Kriegerische Auseinandersetzung zwischen dem Schwäbischen Bund und Maximilian I. einerseits und den von Frankreich unterstützten Schweizer Eidgenossen andererseits. Die Schweizer fühlen sich durch die Beschlüsse des Wormser Reichstags von 1495 und die nachfolgenden Bemühungen, sie auch in der Schweiz durchzuführen, in ihrer eigenen Entwicklung bedroht. Mit dem Frieden von Basel (22. September) scheidet die Schweiz faktisch aus dem Reich aus.

1500, 10. Apr.-10. Sept.: Auf dem Augsburger Reichstag muss Maximilian I. den Reichsständen die Einrichtung eins Reichsregiments zugestehen, das als unabhängiges ständisches Organ mit Sitz in Nürnberg vor allem die Außenpolitik kontrollieren soll. Maximilians Obstruktion führt jedoch bereits 1502 zur Auflösung des Reichsregiments.

1500, Okt.: Papst Alexander VI. dehnt das für 1500 angesetzte römische Jubeljahr auf alle Länder des Christentums aus. Der päpstli-

che Legat, Kardinal Peraudi, muss sich jedoch am 12. August 1501 auf den Druck der Stände hin verpflichten, alle gesammelten Ablassgelder für den Krieg gegen die Türken zu verwenden und sie zur Verfügung des Reichsregiments zu belassen.

1501: Herausgabe der Opera Roswithae (Werke Hroswithas) durch Celtes, der im Kloster St. Emmeran die Handschriften der lateinischen Dramen der im 10. Jh. lebenden, ersten deutschen Dichterin Hroswitha von Gandersheim entdeckt.

1502, Juni-Juli: Zusammenkunft der Kurfürsten in Gelnhausen. Durch die faktische Auflösung des Reichsregimentes in Opposition geraten, beschließen sie, künftig in allen wichtigen Fragen zusammenzuarbeiten, und kündigen den nächsten Reichstag ohne Wissen des Kaisers an.

1504-1516: Im Auftrag Maximilians I. zeichnet Hans Ried mittelhochdeutsche Epen (z. B. das Gudrunlied) auf; sie werden später nach dem Fundort, dem Tiroler Schloss Ambras, als Ambraser Heldenbuch benannt und stellen ein wertvolles literarisches Denkmal der mittelhochdeutschen Dichtung dar.

1505, 17. Juli: Martin Luther tritt in das Kloster der Augustinereremiten in Erfurt ein.

1507: Bamberger Halsgerichtsordnung. Von Johann von Schwarzenburg verfasste Gerichtsordnung für Strafrecht und Strafprozess für das Bistum Bamberg. Spätere (1516) Übernahme mit geringen Änderungen in Brandenburg, Ansbach, Kulmbach. Die Bamberger Halsgerichtsordnung ist ein wesentlicher Schritt zur Vereinheitlichung des Strafrechtes in Deutschland.

Bild linke Seite: *Kaiser Maximilian I. (1459-1519), Gemälde von Bernhard Strigel (Öl/Pergament/Holz), 1496. Der Habsburger – Sohn und Nachfolger Friedrichs III. – war seit 1486 Römischer König und seit 1493 Kaiser. Er gewann 1477 durch seine Heirat mit Maria von Burgund (Tochter Karls des Kühnen) die Niederlande. 1490 vertrieb er die Ungarn aus Österreich, 1492 schlug er die Türken bei Villach. In zweiter Ehe vermählte er sich mit Bianca Sforza von Mailand. Durch geschickte Heiratspolitik (Sohn Philipp verheiratet mit der spanischen Erbtochter Johanna) brachte er 1504 Krone und Erbreich Spanien an das habsburgische Haus. Er erhob schließlich Habsburg zur Weltmacht, zugleich Erbverbündung mit Ungarn und Böhmen. 1508 nahm er den Titel „Erwählter Römischer Kaiser" ohne päpstliche Krönung an. Maximilian I. war ein volkstümlicher Herrscher und galt als „der letzte Ritter".*

Bild oben links: *Johanna I. von Kastilien (1479-1555), genannt die Wahnsinnige. 1496 heiratete Johanna Herzog Philipp „den Schönen" aus Flandern, den Sohn Maximilians I. Schon bei der ersten gemeinsamen Reise zeigte sich die Kluft zwischen den Interessen der spanischen Krone und denen des frankreichfreundlichen Philipp, worauf er sich allein (ohne Johanna) nach Flandern begab. Nach seinem Tod soll Johanna mit dem Sarg ihres geliebten Gatten durch ganz Andalusien gereist sein. Die letzten 42 Jahre ihres Lebens verbrachte sie in Gefangenschaft auf der Festung Tordesillas.*

Bild oben rechts: *Philipp I. der Schöne (1478-1506).*

1507, Mai-26. Juli: Reichstag zu Konstanz. Die Stände gewähren eine Reichshilfe von 12.000 Mann für den Zug Maximilians nach Rom zur Erlangung der Kaiserkrone und beschließen die Erneuerung des Reichskammergerichtes. Die Reichskreise erhalten das Recht, Beisitzer für das Reichskammergericht vorzuschlagen.

1508, 6. Febr.: Maximilian I. erklärt sich in Trient mit Zustimmung des Papstes Julius II. zum Erwählten Römischen Kaiser.

1508, Anfang Febr.-6. Juni: Kriegerische Auseinandersetzungen zwischen den Truppen Maximilians I. und der Republik Venedig. Nach anfänglichen Erfolgen (Februar) müssen sich die kaiserlichen Truppen (seit März) zurückziehen. Am 6. Mai ergibt sich Triest der Republik Venedig. Der am 6. Juni geschlossene dreijährige Waffenstillstand bestätigt die venezianischen Eroberungen in Friaul, Görz und Istrien.

1510, 2. März-22. Mai: Reichstag zu Augsburg. Maximilian I. fordert erneut Reichshilfe gegen Venedig, die ihm schließlich am 6. April gewährt wird. Die Diskussion über Reformvorschläge Maximilians I. wird wiederum vertagt.

1512: Bau der Fuggerkapelle bei St. Anna in Augsburg, einer der ersten Renaissancebauten in Deutschland; die engen wirtschaftlichen Beziehungen zwischen dieser oberdeutschen Handelsmetropole und Venedig bilden eine entscheidende Voraussetzung für die Rezeption des italienischen Stils.

1512, Apr.-Aug.: Reichstag zu Trier und Köln. Verhandlungen über eine neue Reichshilfe gegen Venedig. Beschluss über eine Neuordnung der Exekutive zum Landfrieden. Das Reich wird in zehn Landfriedenskreise aufgeteilt. Zu den seit 1500 existierenden kommen nun Österreich, Burgund, Kurrhein und Obersachsen. Hier taucht auch erstmals der Name „Heiliges Römisches Reich Deutscher Nation" auf.

1512-1515: Gothart-Neithart (Grünewald) malt den Altar für das Antoniterhospital in Isenheim bei Colmar (Isenheimer Altar).

1514, 11. Juni: Beginn der Erhebung des Armen Konrad in Bühl (Baden). Die Aufständischen wenden sich gegen den Ausbau der neuen Landesverwaltung, vor allem gegen die 1511 durchgeführte Neuregelung des Erbrechts. Sie verlangen die Tilgung aller Schulden, wenn die Zinsen die Höhe des Hauptguts erreicht haben. Am 15. Juli überfallen Truppen des Markgrafen Philipp von Baden die Aufständischen und bereiten ihnen eine Niederlage.

1511, 2. Aug.: Der Herzog von Württemberg zwingt die in Schorndorf versammelten Bauern, ihre Waffen niederzulegen. Er nimmt 1682 Mann in Haft und lässt die Führer der Aufständischen hinrichten. Ende des Armen Konrad in Württemberg.

1515: Erster hochdeutscher Druck der anonymen Schwanksammlung „Ein kurzweilig Lesen von Dyl Ulenspiegel, geboren us dem Land zu Brunßwieck, wie er sein Leben vollbracht hat ..."

1515, 31. März: Erlass einer Bulle durch Papst Leo X., die dem Erzbischof von Mainz und Magdeburg und Administrator von Halberstadt, Albrecht von Brandenburg, einen Ablass für die Dauer von acht Jahren in seinen Gebieten bewilligt. Die Ablassgelder sollen dazu dienen, die Schulden Albrechts von Brandenburg bei den Fuggern zu begleichen. Die Hälfte der eingenommenen Gelder geht nach einer Absprache daher an die Fugger, die andere an den Papst.

1516: Hans Holbein d. Ä. schafft sein reifstes Werk, den Sebastianaltar, der eine schöpferische Weiterentwicklung der italienischen Vorbilder durch die deutsche Malerei ist und deutlich die Verschmelzung zwischen deutschen und italienischen Formen zeigt.

1516/1517: Erscheinen einer fingierten anonymen Briefsammlung unter dem Titel „Epistulae obscurorum virorum" (Dunkelmännerbriefe).

1516, 15. März: Das 5. Laterankonzil (1512-1517) beschließt, in allen Ländern der Christenheit einen neuen Zehnten von allen Kirchengütern für einen angeblichen Türkenkrieg zu gewähren. Gleichzeitig sind in Deutschland Ablasskommissare tätig, die Gelder für den Bau der Peterskirche in Rom eintreiben.

Albertus Magnus (Albert der Große)

Albert der Große ist der erste große Theologe des Mittelalters, der der Scholastik das Denken des Aristoteles erschloss. Er schrieb Kommentare zu den meisten seiner Schriften und vermittelte dem Abendland außerdem philosophische Gedanken des Neuplatonismus und wissenschaftliche Kenntnisse aus dem arabisch-jüdischen Kulturkreis in Spanien und Nordafrika. Damit beeinflusste er entscheidend das scholastische Denken. Nicht nur in der philosophischen Tradition, auch auf verschiedenen naturwissenschaftlichen Gebieten, vor allem der Botanik und Zoologie, verfügte er über hervorragende Kenntnisse. Durch Experimente und genaues Beobachten der Natur war er seiner Zeit weit voraus. Man hat ihn deshalb nicht zu Unrecht schon damals Albert den Großen genannt.

Albert stammte aus der Familie der Ritter von Bollstädt und wurde 1193, vielleicht auch 1206/07, zu Lauingen in Schwaben geboren. Er studierte in Padua, wo er auch 1223 durch Jordan den Sachsen für den Dominikaner-Orden gewonnen wurde. Anschließend lehrte er an Ordensschulen in Hildesheim, Regensburg und Straßburg; ebenso an der Universität in Paris, wo er im Jahre 1247 „Lehrer der Glaubenslehre“ wurde. Drei Jahre später ging er als Leiter der zentralen Studienstätte (Generalstudium) der deutschen Dominikaner nach Köln, das er bis an sein Lebensende nur noch vorübergehend verließ: für Reisen nach Italien oder Böhmen, wo er den Kreuzzug predigte, aber auch (zwischen 1260 und 1262) für seine Amtsführung als Bischof von Regensburg oder zuvor (1254/57) als Provinzial der deutschen Ordensprovinz der Dominikaner. In Köln war in den Jahren 1248 bis 1252 Thomas von Aquin sein Schüler. Alberts Einfluss auf ihn war so groß, dass das Denken des jungen Thomas erst verständlich wird, wenn man Alberts Kommentare zur Metaphysik des Aristoteles und zu den Schriften des Neuplatonikers Pseudo-Dionysius kennt.

Ein Angebot, zum zweiten Mal an der Universität Paris zu lehren, lehnte Albert ab; nur 1277 trat er dort noch einmal auf, um verschiedene Lehren Thomas von Aquins zu verteidigen. Am 15. November 1280 starb Albert in Köln und wurde in der Andreaskirche begraben. Er wurde 1622 selig- und 1931 heiliggesprochen. Die katholische Kirche verehrt Albertus Magnus als den Schutzpatron der Naturforscher.

Carmina Burana

Die Sammlung vereint vorwiegend weltliche Dichtungen in lateinischer Sprache aus der Hand von Klerikern (Liebes- und Trinklieder, ein Oster- und ein Weihnachtsspiel). Sie ist um 1300 entstanden und gehörte früher dem Kloster Benediktbeuern (Bura Sancti Benedicti), ist heute im Besitz der Bayerischen Staatsbibliothek. Die geistlichen Spiele, die gattungsgeschichtlich mit den liturgischen Dramen des Mittelalters zusammenhängen, beruhen auf biblischen und liturgischen Texten. Sie sind teils wörtlich übernommen, teils paraphrasiert und so dramatisiert, dass die direkten Reden gesungen werden, während der handlungstragende Text zu Rubriken umgeformt ist: Er ist rot notiert und dient als szenische Anweisung. In den Spielen sind auch zahlreiche deutsche Gesänge enthalten, z.B. in den Passionsspielen die Gesänge der Maria Magdalena und die Klagegesänge der Mutter Jesu.

Einige Texte der Lieder verwendete Carl Orff für seine Carmina Burana (1935/36). Er hat damit dank seiner eigentümlichen musikalischen Gestaltung die Carmina Burana musikalisch lebendig werden lassen und zugleich eines der bedeutendsten Werke der Musik des 20. Jh. geschaffen.

Meister Eckart

Meister Eckart, der bedeutendste Vertreter der deutschen Mystik, wurde um 1260 in Hochheim bei Gotha oder Erfurt geboren und starb 1328 an unbekanntem Ort. Früh trat er in Erfurt in den Dominikanerorden ein, studierte in Köln und lehrte 1293/94 in Paris Theologie. Danach wählte man ihn in Erfurt zum Klostervorsteher, bald auch zum Verwalter der thüringischen Ordensprovinz. In die-

Bild links: *Albertus Magnus. Der große Theologe wurde um 1200 geboren und starb am 15. November 1280.*
Bild rechte Seite links: *Mechthild von Magdeburg, Chorgestühl der Pfarrkirche Merazhofen, Peter Paul Metz, 1896. Mechthild wurde um 1210 geboren und starb 1282. Sie ist die hervorragendste Vertreterin der deutschen Frauenmystik des Mittelalters. Mit 20 Jahren begann sie in Askese und Armut ohne bindendes Gelübde nach der Dominikanerregel zu leben. Um 1271 trat sie in das Zisterzienserinnenkloster Helfta bei Halle ein. Von ihrem Beichtvater ermutigt, begann sie seit 1250 ihre Visionen unter dem Titel „Das fließende Licht der Gottheit“ aufzuzeichnen. Dieser in einer mittelhochdeutschen Handschrift überlieferte Text gilt als bedeutendstes Zeugnis der deutschen Mystik vor Meister Eckart. In bildkräftiger, ausdrucksstarker Sprache feiert er die mystische Vereinigung mit Gott als geistliche Hochzeit. Die Sprache des Minnesangs formte Mechthild zu einer neuen und einmaligen Sprachgebärde um, die die tiefe Erschütterung ihrer Visionen auszudrücken vermag.*
Bild rechte Seite rechts: *Miniatur aus der mittelalterlichen Vagantenlyrik-Sammlung „Carmina burana“, 12.-13. Jahrhundert.*

ser Zeit entstanden die „Reden der Unterweisung", Ansprachen philosophisch-religiösen Inhalts, die er vor den Klosterinsassen hielt.
1302 erhielt er in Paris den zweiten Lehrstuhl der Dominikaner an der theologischen Fakultät der dortigen Universität.
Von 1304 bis 1311 unterbrach er seine Lehrtätigkeit, weil man ihn zum Provinzial der norddeutschen Ordensprovinz gewählt hatte. In dieser Zeit entstand das der Königin Agnes von Ungarn gewidmete „Buch der göttlichen Tröstung". Nach Paris zurückgekehrt, konzipierte er sein großes, Bruchstück gebliebenes Werk, das „Opus tripartitum".
Von 1314 bis 1322 stand er dem Dominikanerkonvent von Straßburg vor. Nach 1322 berief man ihn zum Leiter der Ordenshochschule in Köln. Hier wurde, ausgelöst vermutlich durch seine deutschen Predigten, Anfang 1326 vom Kölner Erzbischof ein Verfahren wegen Irrlehre gegen ihn eingeleitet. 108 Sätze wurden verdächtigt. Erst 1329 endete das Verfahren mit einem Spruch Papst Johannes' XXII., der 28 Sätze Eckarts verurteilte. Das Urteil nennt Eckart bereits einen Verstorbenen. Eckarts Bedeutung liegt darin, dass er als hervorragender scholastischer Gelehrter in seinen Predigten und Traktaten die trockene Gelehrsamkeit der Scholastiker für die innere Lebensführung der Mönche und Nonnen fruchtbar zu machen verstand; seine Predigten und Traktate setzen stets eine hohe Bildung in scholastischem Geistesgut voraus. Sein Denken zeigt eine neue Art der spekulativen Theologie: Sie reflektiert philosophisch vor allem die unmittelbare Begegnung zwischen Mensch und Gott. Er schuf dafür erstmals eine deutsche Terminologie und erschloss damit der deutschen Sprache die Möglichkeit, auch abstrakte Gedankengänge angemessen auszudrücken.

Aufstieg und Ende der Vitalienbrüder

Im Winter 1400 rüsteten die Hamburger eine Kriegsflotte aus, um dem populärsten deutschen Seeräuber das Piratenhandwerk zu legen. Auf die Nachricht hin, Klaus Störtebeker segle von der friesischen Küste (wo seine Hehler wohnten) nach Helgoland (wo er stets seine Nahrungsmittel an Bord holte), stach die Flotte in See. Inmitten der letzten Eisschollen des Winters 1401 kam es vor der Elbmündung zur Schlacht bei Helgoland.
Die Hamburger siegten, dank ihres mächtigen Flaggschiffes, der aus Holland gecharterten „Bunten Kuh von Flandern". Mit diesem Schiff beginnt der Reigen der Störtbeker-Legenden, deren Zählebigkeit verblüffend ist. Denn jeder nennt an der Wasserkante als Admiral der Hamburger Flotte (und Kommandanten der „Bunten Kuh") Simon von Utrecht; sein Denkmal steht an der Kersten-Miles-Brücke in Hamburg. Die wahren Admirale (die Ratsherren Schocke und Lange) erhielten dagegen kein Denkmal, und ebenso wenig der wahre Kommandant der „Bunten Kuh", Hermann Nynkerken.
Wer aber war der Unhold, den die drei, mitsamt 70 überlebenden Spießgesellen, gefesselt nach Hamburg schleppten? Gesichert ist nur, dass er um 1360 in Wismar geboren wurde. Außerdem gehörte er zu jenen Abenteurern zur See, die sich von Schwedens Oberhaupt, Albrecht von Mecklenburg, einen Kaperbrief ausstellen ließen, um das von den Dänen belagerte Stockholm über See zu versorgen. Ein solcher Kaperbrief bedeutete nichts

anders als legalisierte Seeräuberei. Rostock und Störtebekers Geburtsstadt Wismar wurden zu Stapelplätzen der geraubten Ladungen. Bornholm und Gotland, 1391 erobert, wurden zu Stützpunkten der Vitalienbrüder (Vitalien = Viktualien = Lebensmittel). Folgendes berichtet eine Volkssage über Klaus Störtebecker und Michael Gädeke:

„Es sind schon über fünftehalb hundert Jahre vergangen, da hausete lange Zeit auf der Ostsee eine grausame Bande von Seeräubern, welche sich die Victualien- oder Vitalienbrüder nannten, weil sie nur von Raub und Beute lebten, oder auch Liekendeeler, weil man sagt, daß sie alle Beute zu gleichen Theilen unter sich vertheilt hätten. Die Anführer dieser Bande waren Claus Störtebeck und Michael Gädeke. Jener war aus der Stadt Barth in Pommern gebürtig. Der Letztere, der von den Leuten jetzt noch Gät-Michel genannt wird, soll von der Insel Rügen, oder wie Andere behaupten, aus dem Dorfe Michelsdorf auf dem Darß herstammen. Diese Räuber trieben ihr Gewerbe auf der ganzen Ostsee; sie hatten eine Menge Niederlagen und geheime Schlupfwinkel, in die sie sich verkrochen, wenn sie einmal mit zu großer Macht verfolgt wurden. So bewohnten sie zu Zeiten die große Höhle unter dem Waschstein auf Rügen, die damals noch niemand kannte; auch hatten sie ein festes Schloß auf dem Zingst, wo man am Prerower Strome noch jetzt die Trümmer einer Burg sieht, die von den Bewohnern das alte Schloß genannt werden. Dieses Schloß haben die Lübecker, die von den Räubern am meisten zu leiden hatten, im Anfange des funfzehnten Jahrhunderts zerstört; sie sollen auf der Darßer Seite des Prerow-Stromes gelandet seyn und im Lager gestanden haben. Die Stelle heißt noch jetzt der Lübecker-Ort. Die Schätze der Räuber sollen damals von den Lübeckern nicht gefunden seyn. Sie sollen vielmehr noch unter den Trümmern des alten Schlosses verborgen liegen, und man kann noch häufig des Nachts, wenn Vollmond ist, fremde Schatzgräber sehen, die mit allerlei Mitteln nach ihnen suchen.

Den Räubern selbst konnte man lange Zeit nicht ankommen; sie entkamen allen Verfolgungen glücklich. Das sollen sie den Gebeinen eines heiligen Märtyrers verdankt haben, die sie einmal aus einem Kloster an der Spanischen Küste gestohlen hatten, und die sie immer mit sich führten. Endlich aber, nachdem sie über dreißig Jahre ihr Unwesen getrieben, gelang es den Hamburgern, die eine große Seemacht zusammengebracht hatten, die ganze Bande nach einem überaus blutigen Seetreffen einzufangen. Zuerst bekamen sie den Claus Störtebeck mit 711 Gesellen, und darauf den Michel Gädeke mit noch 80. Die wurden allesammt zu Hamburg geköpft. Der Hamburgische Bürgermeister Simon von Uetrecht hatte ihnen das Todesurtheil gesprochen, und sie in ihren Prunkkleidern zum Richtplatze führen lassen. Aus

Bild oben: *Die Ebstorfer Weltkarte war eine mittelalterliche Weltkarte von ca. 3,57 Meter Durchmesser auf 30 zusammengenähten Pergamentblättern mit Jerusalem als Mittelpunkt. Es handelte sich um die größte mappa mundi (Weltkarte) aus dem Mittelalter. Sie verbrannte 1943, erhalten sind Reproduktionen. Die Karte wurde nach ihrem Fundort und wahrscheinlichen Herstellungsort, dem Benediktinerinnenkloster Ebstorf in Ebstorf in der Lüneburger Heide, benannt. Dort wurde sie 1830 in einer Abstellkammer gefunden. Als Urheber wurde lange Gervasius von Tilbury angenommen. Neuere Untersuchungen machen die Karte aber als Zeugnis der Klosterkultur um 1300 plausibel. Die Absicht des Autors war es nicht, eine geographisch korrekte Karte der Welt anzufertigen. Die Stadt Rom ist zum Beispiel fast genau so groß wie die Insel Sizilien dargestelt. Vielmehr spiegelt die Karte das historische, mythologische und theologische Wissen dieser Zeit wider. Die Welt selbst wird mit dem Leib Christi verglichen, zu erkennen an Kopf, Händen und Füßen an den Rändern der Karte. Des Weiteren sind in der Karte das Paradies, die Arche Noah und der Turm zu Babel verzeichnet. Auf der Mythologie und antiken Sagen beruht beispielsweise die Darstellung der Amazonen.*

Bild rechte Seite: *Marienaltar in der Marienkirche (Dortmund), von Conrad von Soest. Er wurde um 1370 geboren und starb nach 1422. Der Hauptmeister der westfälischen Malerschule des 15. Jahrhunderts und Meister des weichen Stils erweist sich der kölnischen Malerei verwandt, doch entscheidend beeinflusst von der burgundischen Kunst.*

der Beute, die man bei dieser Gelegenheit machte, ließen die Hamburger eine goldene Krone und einen großen übergoldeten Becher verfertigen. Die Krone hat lange den St. Nicolai-Thurm in Hamburg geziert; den Becher zeigt man allda noch.

Hinrichtung des Johannes Hus

So lautet der Eintrag des Damen Conversations Lexikon von 1835 zum tschechischen Reformator Johannes Hus:
„Johann Huß wurde den 6. Juli 1373 zu Hussinecz in Böhmen geboren, studirte zu Prag Theologie und trat 1398 an dieser Universität als Lehrer auf. Im Jahre 1402 ward er als böhmischer Prediger an der Bethlehemkapelle zu Prag angestellt und erwarb sich bald einen so ausgezeichneten Ruf, daß ihn die Königin Sophia zu ihrem Beichtvater erwählte. Als er inzwischen, vorzugsweise durch die Schriften des Engländers Wiklef angeregt, öffentlich die Satzungen der katholischen Kirche angriff, verbot ihm der Papst Alexander V. das Predigen. Huß appellirte, wurde vor das Kostnitzer Concilium geladen, und da er seine Lehren nicht widerrufen wollte, das Todesurtheil über ihn ausgesprochen und er am 6. Juli 1415 lebendig verbrannt, seine Asche aber in den Rhein geworfen.
Inzwischen traten nun die Anhänger der neuen Lehre enger zusammen, zwangen den König Wenzeslaus von Böhmen, ihnen mehrere Kirchen zur Feier des Abendmahls unter beiderlei Gestalt einzuräumen, und schritten zu Gewaltthätigkeiten, um den Tod Hussens, nach dessen Namen sie sich Hussiten nannten, zu rächen. Klöster wurden zerstört, Priester und Mönche ermordet und unter der Anführung des unüberwindlichen Johann Ziska der Krieg gegen den Kaiser begonnen. Nachdem Ziska am 12. October 1424 an der Pest gestorben war, wurde Andreas Procopius zum Feldherrn erwählt. Dieser verheerte die dem Papste ergebenen benachbarten Länder. Die Hussiten nannten sich nach dem Genusse des Kelches bei dem Abendmahle auch Calixtiner. Kaiser Siegmund schloß am 20. November 1433 einen Vergleich und gestand ihnen freie Religionsübung zu.

Nikolaus von Kues

Einer der bedeutendsten Philosophen des ausgehenden Mittelalters kam 1401 in Kues an der Mosel zur Welt und wird daher auch Cusanus genannt. Er wurde in Deventer bei den „Brüdern vom gemeinsamen Leben“ erzogen. In Heidelberg und Padua studierte er von 1418

bis 1423 Jurisprudenz, Mathematik und Naturwissenschaften. Seit 1425 widmete er sich dann der Theologie und wurde 1430 zum Priester geweiht. 1431 Dekan in Koblenz, nahm er 1432 am Basler Konzil teil und entschied sich bei den ausbrechenden Streitigkeiten für den Papst. In dessen Auftrag verhandelte er mit Byzanz. 1440 vollendete Nikolaus in Kues sein erstes philosophisches Werk, das zugleich sein Hauptwerk darstellt, „De docta ignorantia" (Die belehrte Unwissenheit). In ihm entwickelt er, beeinflusst vom Pythagoreismus, Platonismus und Neuplatonismus, den Gedanken von der „Coincidentia oppositorium", dem Zusammenfallen der Gegensätze im Unendlichen, in Gott. Weil Gott der Unendliche ist, sind in ihm die Verschiedenheiten des Mannigfaltigen eins. Das Denken kann das nicht begreifen, aber geometrische Analogien machen es klar, denn im Unendlichen fallen auch Kreis und Gerade, Mittelpunkt des Kreises und seine Peripherie zusammen. Gott ist zugleich die „complicatio" (Einfaltung) aller Dinge, die Dinge sind die „explicatio" (Ausfaltung) Gottes. Die Welt ist der sichtbare Gott. Wenn der Mensch sie erkennt, dann gleicht er sich anmessend der schöpferischen Ausfaltung Gottes an und wird so erst recht sein Ebenbild. Indem so von Nikolaus das schöpferische Erkennen als wahrer Gottesdienst gerechtfertigt wurde, eröffnete er den Weg für die Weiterentwicklung der Wissenschaften. Giordano Bruno hat von ihm gelernt. 1448 wurde Nikolaus Kardinal, 1450 Bischof von Brixen. 1462 befasste er sich in seiner Schrift „De non aliud" (Vom Nicht-Anderen) erneut mit dem Gottesproblem. Gott als das Nicht-Andere liegt allem voraus, damit es sein kann, ist aber selber nicht unmittelbar erreichbar. Dieser Gedanke macht die Welt der Forschung frei zugänglich. In anderen Schriften wird dann das Erkennen untersucht und als Messen bestimmt. Durch Wägen und Vergleichen aller Dinge kommt es zu genauer Erkenntnis. Nikolaus wurde in die politisch-religiösen Auseinandersetzungen seiner Zeit hineingezogen. Im Auftrag des Papstes sollte er die deutschen und niederländischen Klöster reformieren. Dabei geriet er mit dem Herzog Sigismund von Tirol aneinander. Er starb am 11. August 1464 in Todi in Umbrien und wurde in S. Pietro in Vincoli in Rom begraben.

Schlacht bei Tannenberg

Die Schlacht bei Tannenberg wurde in der französischen Chronik von Monstrelet beschrieben:
„Am 16. Juni des Jahres 1410 fiel der Hochmeister von Preußen, begleitet von mehreren seiner Ritter, Brüdern und anderen von verschiedenen Nationen, bis zu 300.000 Christen, in Litthauen ein, um es zu verwüsten. Sogleich trat ihm der König dieses Reiches entgegen, zusammen mit dem König der Sarmaten, im ganzen wohl 400.000 Sarazenen, und sie lieferten einander eine Schlacht. Die Christen behielten den Sieg, und es blieben von den Sarazenen wohl

36.000 tot. Unter ihnen waren die bedeutendsten der Admiral von Litthauen und der Konnetable der Sarmaten. Die anderen, die übrig bleiben, entflohen. Von den Christen blieben etwa 200, aber sie hatten daneben viele Verwundete.
Bald darauf kam der König von Polen, der ein großer Feind des Hochmeisters von Preußen war und erst kürzlich scheinbar Christ geworden war, um die polnische Krone zu erwerben, mit seinen Polen den genannten Sarazenen zu Hilfe und ermahnte sie, den Krieg gegen die Preußen wieder zu beginnen, so daß sie sich acht Tage nach jener Niederlage von neuem gegeneinander versammelten, nämlich der König von Polen und die beiden genannten Könige auf der einen Seite, die wohl 600.000 Krieger hatten, gegen den Meister von Preußen und mehrere andere große christliche Herren, welche von den Sarazenen geschlagen wurden. Und es gab auf dem Platz wohl 60.000 Tote oder mehr. Unter ihnen war der Meister von Preußen und ein Edelmann aus der Normandie, Herr Jean de Ferrière, Sohn des Herrn de Vienville, und aus der Picardie der Sohn des Herrn du Bois d'Annequin. Und es wurde allgemein gesagt, die Sache sei verloren worden durch die Schuld des Konnetable des Königs von Ungarn, der im zweiten Treffen der Christen war und mitsamt allen Ungarn davonging.
Die Sarazenen aber trugen ihren Ruhm und Sieg keineswegs ohne Verlust davon, denn es fielen von ihnen, außer 10.000 Polen, 120.000 Mann, wie alles durch die Herolde gemeldet wurde und auch durch den Bastard von Schottland, der hieß Graf de Hembe."

Bild oben: *Die Ordensburg Marienburg, Polen. Das Schloss des Deutschen Ritterordens war die größte Ordensburg Europas. Gegründet 1274, wurde sie 1309 Ordenshaupthaus und Sitz des Hochmeisters. In der großzügigen Anlage findet sich ein kolossales Stuckrelief der Muttergottes. Anfang des 19. Jahrhunderts war die Marienburg zum Abriss bestimmt, doch dank des erwachenden Interesses der Romantik für das Mittelalter wurde sie gerettet und restauriert. 1945 erfuhr die Marienburg große Zerstörungen und wurde in der Nachkriegszeit wieder aufgebaut.*
Bild linke Seite: *Schlacht bei Tannenberg, Gemälde von Wojcieck Kossak, Museum Olsztyn. In der Schlacht bei Tannenberg/Grunwald am 15. Juli 1410 erlitt der Deutsche Orden gegen das vereinigte Heer von Polen und Litauern unter König Jagiello eine vernichtende Niederlage.*

Deutscher Orden

Der Deutsche Ritterorden entstand nach den Templern und den Johannitern als dritter und letzter der großen Ritterorden im Verlauf der Kreuzzüge. Die Anfänge des Deutschen Ordens gehen zurück auf ein provisorisches Hospital, das Kaufleute aus Bremen und Lübeck in der Nähe ihrer Schiffe während der Belagerung von Akkon errichteten und zu dessen Schutz sich bald eine Gruppe von Kreuzfahrern zusammentat. Templer und Johanniter waren damals bereits sehr stark durch französische und italienische Ritter geprägt; bei der neuen Hospitalsbrüderschaft überwogen dagegen von Anfang an die deutschen Ritter. Der neue Orden erhielt nach der Eroberung von Akkon (1191) Besitz in der Stadt und wurde vom Papst offiziell bestätigt. Das Ordensstatut lehnte sich deutlich an das der beiden anderen Ritterorden an, verband ebenfalls die mönchischen Regeln von Armut, Keuschheit und Gehorsam mit den ritterlichen Tugenden von Mitleid mit den Hilflosen und persönlicher Tapferkeit. Das Abzeichen war von da an das schwarze Kreuz auf weißem Grund, das in der Ordenskleidung und der Ordensfahne die Mitglieder kenntlich machte.
Der offizielle Name des Ordens, der übersetzt etwa „Brüder des Hospitals Sankt Mariens vom Deutschen Hause in Jerusalem" bedeutet, zeigt, dass der Orden fest mit der Wiedergewinnung des seit 1187 verlorenen Jerusalem rechnete. Zunächst wurde Montfort (Starkenburg), eine Burg 18 Kilometer nördlich von Akkon, das Hauptquartier des Ordens. Erwerb von Grundbesitz in Palästina sicherte die wirtschaftliche Existenz.
Der Orden hat schnell und gründlich die Folgerungen aus dem Scheitern der Kreuzzugsidee und aus dem endgültigen Verlust Jerusalems gezogen und neue, den eigentlichen Kreuzzügen vergleichbare Aufgaben gesucht und gefunden. Zunächst wandte er sich im Jahre 1211 nach Ungarn, wohin ihn der ungarische König gegen die heidnischen Kumanen gerufen hatte. Gegen die Vorrechte, die den Neuankömmlingen eingeräumt wurden, erhob sich jedoch bald eine starke einheimische Opposition von Adel und Kirche. Unter gewaltsamem Druck musste der Orden das Land verlassen.
Kurz danach wurde er von Herzog Konrad von Masowien (ein Gebiet südlich des späteren Ostpreußens) nach Preußen gerufen. Der Orden verhielt sich diesmal vorsichtiger, er hatte aus der ungarischen Episode gelernt und ließ sich zunächst den künftigen Tätigkeitsbereich vom Kaiser Friedrich II. im März 1226 mit außergewöhnlich günstigen Bedingungen sichern. Die „Goldbulle von Rimini", die dem Orden die rechtliche Sicherstellung eines weitgehend unabhängigen künfti-

gen Herrschaftsbereiches zusagte, ist das eigentliche Staatsgrundgesetz des Deutschen Ordens geworden. Entscheidend hatte der Hochmeister Heinrich von Salza (1209-1239) für diese günstige Ausgangsstellung gesorgt.

In das politische Geschehen griff der Orden ein, als auch der Herzog von Masowien nach mehrjährigen Verhandlungen den für ihn recht ungünstigen Abmachungen zustimmte. Der Orden hatte fortan freie Hand und erlangte zudem im Jahr 1234 den päpstlichen Schutz für das neue Ordensland, das den heidnischen Pruzzen abgerungen wurde.

Der erste Stützpunkt am rechten Weichselufer war Thorn. Durch geschickte Kriegführung wurden nach und nach die wichtigsten Positionen der Gegner gewonnen. An wichtigen und günstigen Stellen wurden neue Burgen und Städte angelegt, so z. B. 1232 Kulm, 1237 Elbing, 1239 Balga.

Bereits 1233 hatte die „Kulmer Handfeste“ außerordentlich günstige Bedingungen für die Neusiedler im Ordensgebiet festgelegt. Die Städte sollten das Magdeburger Stadtrecht erhalten, die Bauern sollten nach mehreren Freijahren nur geringe Abgaben leisten.

Nachdem 1271 Montfort zugunsten von Venedig aufgegeben worden war, konnte 1309 das Hauptquartier in die Marienburg an der unteren Weichsel verlegt werden.

In der Spätzeit der Kreuzzugsbewegung, als das Heilige Land endgültig verloren ging (1291), gehörte es für den Adel vielfach zum guten Ton, an den Kriegszügen des Ordens gegen die Heiden teilzunehmen; nicht nur für deutsche Ritter, sondern auch für andere:

Die Reiserechnungen des Grafen von Derby, des späteren englischen Königs Heinrich IV., sind eine interessante Quelle für die Unkosten, die bei einer solchen Expedition entstanden. Die Teilnahme König Ottokars von Böhmen an einem „Kreuzzug“ lebt weiter im Namen des damals gegründeten Königsberg (1255). Die Verfassung des Ordenslandes unterschied sich recht deutlich von der der anderen spätmittelalterlichen Territorien im Reichsgebiet. Es gab im Or-

Bild oben: *Die Darstellung aus der Hamburger Stadtordnung des Jahres 1497 zeigt Kaufleute und Seeleute im Hamburger Hafen. Hamburg war ein wichtiges Mitglied des Hanseatischen Bundes, dem 150 norddeutsche Städte angehörten, die sich zur Förderung des Handels und zu gegenseitigem Schutz zusammengetan hatten. Die Hanse kontrollierte den Handel zwischen Nordsee und Ostsee und unternahm zwischen 1350 und 1450 eine Reihe erfolgreicher militärischer Operationen.*
Bild rechte Seite: *Hansische Kogge, Kupferstich eines unbekannten Künstlers.*

densstaat keine Lehnsbindungen, in mancher Hinsicht wurde der moderne, durch Beamte verwaltete Staat vorweggenommen. Der umfangreiche Ordensbesitz außerhalb des Staates wurde zu größeren Einheiten zusammengefasst und von Zentralen (z. B. Utrecht, Mergentheim) aus regiert.
Mit seiner gefestigten und gesicherten Machtbasis war der Deutsche Orden bei den politischen Auseinandersetzungen im Ostseeraum bald eine wichtige Größe. Der Orden griff vielfach in das politische Geschehen ein, z. T. im Bund mit der Hanse. Das Herrschaftsgebiet des Ordens wurde durch die Eingliederung des Schwertbrüderordens nach Norden ausgedehnt (seit 1237), besonders nach Estland, und nach Westen durch den Erwerb von Pommerellen und der Neumark abgerundet. Unter Winrich von Kniprode (1351-1382) erlebte der Orden seine eigentliche Blütezeit. Die Marienburg wurde damals zu einer glanzvollen Residenz ausgebaut, vom Ostchor der Kirche blickte ein Mosaik von Maria, der Schutzherrin.
Der Rückschlag kam jedoch recht bald. Die beiden Staaten, auf deren Kosten sich der Deutsche Orden vor allem ausgedehnt hatte, Polen und Litauen, wurden 1386 durch eine Heirat vereinigt, Litauen trat zum Katholizismus über. Damit war ein Gegner entstanden, dem der Orden auf die Dauer nicht gewachsen war, zumal Polen im 14. Jh. durch eine Straffung der Staatsgewalt erheblich an Macht zunahm und Anschluss an die europäische Entwicklung gefunden hatte. 1410 unterlag der Deutsche Orden in der Schlacht von Tannenberg den Polen, Litauern und deren Hilfstruppen. Damit begann der Niedergang: Nach einem zunächst günstigen Friedensvertrag kam es vor allem aus finanziellen Gründen zu einem 13-jährigen Krieg zwischen dem Orden und den auf Selbständigkeit drängenden Städten und Adeligen, der nach dem Eingreifen des polnischen Königs zum 2. Thorner Frieden führte, durch den der Orden seine Unabhängigkeit verlor. Der Hochmeister musste fortan das um das Ermland (mit der Marienburg) und um Pommerellen verkleinerte Ordensgebiet vom polnischen König zu Lehen nehmen.
Nach einigen anderen Mitgliedern deutscher Fürstenhäuser, die das Geschick des Deutschen Ordens nicht verbessern konnten, wurde im Jahre 1511 Albrecht von Brandenburg Hochmeister. Er wandelte den Ordensstaat unter der Beratung Luthers zu einem weltlichen Fürstentum um und nahm selbst das lutherische Bekenntnis an. Als 1618 der frühere Ordensstaat an Brandenburg fiel, war die Geschichte des Deutschen Ordens in Preußen zum Abschluss gelangt. Der katholische Zweig des Ordens besteht, auch nach einer vorübergehenden Auflösung unter Napoleon, offiziell weiter.

Hanse

Die Hanse entwickelte sich im Mittelalter aus zunächst überörtlichen Zusammenschlüssen von Kaufleuten zum machtvollen Städtebündnis, das in der Blütezeit nahezu 200 Städte umfasste und das besonders im 13. bis 15. Jh. eine wichtige Rolle in der Politik und mehr noch im Wirtschaftsleben des Nord- und Ostseeraumes spielte.
Das Wort „Hanse" ist seit dem frühen Mittelalter in germanischen Sprachen belegt, es heißt soviel wie „genossenschaftlicher Zusammenschluss", „Fahrtgemeinschaft"; es bezeichnet dann aber auch die Abgabe, die eine derartige Gemeinschaft als Schutzgeld an den Vertreter der königlichen Gewalt leisten musste. Gemeinschaften dieser Art sind in der vorhansischen Zeit mehrfach bezeugt, z. B. eine friesische „Gilde" des 11. Jh. in Sigtuna, der Nachfolgerin Birkas. Kaufleute verschiedener Orte, die Gotland – Drehscheibe des Ostseehandels – aufsuchten, hatten sich im 12. Jh. zu einem festeren Verband zusammengeschlossen, der sich durch die Führung eines gemeinsamen Siegels als rechtsfähig auswies. Dieses „Siegel der deutschen Gotlandfahrer" („Sigillum Theutonicorum Gutlandiam frequentantium") war wohl von einem deutschen Herrscher verliehen worden.
Nicht die „Wanderkaufleute", sondern die sesshaften Kaufleute prägten jedoch das Wirtschaftsleben der Folgezeit und auch die Geschichte der Hanse. Die Kaufleute wurden in den Städten sesshaft und bestimmten die städtische Verfassung und Politik; kaufmännische und städtische Interessen erscheinen in der Folgezeit als identisch. Auch in Gotland verdrängten die sesshaften Kaufleute bald die älteren Gemeinschaften.
Lübeck wurde vor allen anderen Städten für die Geschichte der Hanse wichtig. Es nahm bald, nachdem es im Jahre 1158/1159 neu gegründet worden war, als Umschlagplatz für den Nord-Ostsee-Handel eine wichtige Position ein und löste damit die älteren Wirtschaftsrouten über Haithabu (im 11. Jh. zerstört) und über Schleswig ab. Das älteste Siegel Lübecks aus dem 13. Jh. zeigt eine Kogge im Bild, den neuen leistungsfähigen Schiffstyp, der zum Massentransport besser als ältere Typen geeignet war.
Lübeck konnte Gotland bald aus der Führungsposition verdrängen. Ende des 13. Jh. löste es z. B. Gotland bei der Leitung der Niederlassung in Nowgorod (bei Leningrad) ab. – Wichtig für die Ausdehnung der wirtschaftlichen Macht Lübecks war der Salzhandel. Lübeck war der Hauptverteiler des Salzes aus den Salinen von Lüneburg und Oldesloe.
Seit dem frühen Mittelalter hatten im Ostseeraum intensive wirtschaftliche Verflechtungen bestanden, wie die Ausgrabungen von bedeutenden Handelsplätzen zeigen (Birka, Wollin u. a.). Die Wirtschaftsstruktur wurde durch die deutsche Ostsiedlung des hohen Mittelalters umgestaltet: Die südlichen Küstenländer der Ostsee wurden zu Überschussproduzenten an Getreide. Der Han-

se gelang es, Transport und Handel in ihre Hände zu bringen. Die Städte in den neuen Siedlungsgebieten wurden auf diese Weise eng mit Lübeck verbunden.
Die Hanse gewann im 13. Jh. festere Organisationsformen. Die einzelnen Städte brachten ihre Sonderrechte in die Hanse ein. Die Kölner Niederlassung in London wurde in der zweiten Hälfte zur Niederlassung der „Hanse Alemanniens", der „dudeschen Hanse", wie es in den mittelniederdeutschen Quellen heißt. Drei hansische „Drittel" kristallisierten sich allmählich heraus. Sie sind im Jahre 1347 als feste Einrichtung bezeugt: das lübisch-sächsische, das westfälisch-preußische und das gotländisch-livländische Drittel. Hauptorte dieser Drittel waren Lübeck, Dortmund und Riga.
Die hansischen „Tagfahrten" waren die meist in Lübeck stattfindenden „Bundestage", an denen sich die Vertreter der Hansestädte trafen. Nicht alle waren allerdings jeweils anwesend. Auf den Hansetagen wurden Beschlüsse gefasst, die für alle Mitglieder verbindlich waren. Städte von Finnland bis Mitteldeutschland und vom heutigen Belgien bis in die UdSSR gehörten einst der Hanse an. Ihre wirtschaftlichen Interessen verfocht die Hanse, wenn es nötig war, auch durch Zwangsmaßnahmen. Als z. B. der norwegische König die Rechte der Hanse einschränken wollte, antwortete diese mit einem Boykott. Der König musste einlenken, da Norwegen auf die hansischen Getreideimporte angewiesen war. In Flandern wandte die Hanse die Verlegung des Kontors von Brügge als Druckmittel an.
In die wirtschaftlichen und politischen Positionen der Hanse drangen Konkurrenten und Gegner seit dem 14. Jh. zunehmend ein. Gegner waren vielfach die Landesherren, die die Städte fester in ihre Territorien einbeziehen wollten. Der Herzog von Mecklenburg beispielsweise konnte im ersten Drittel des 14. Jh. Rostock und Wismar aus der Hanse herausbrechen. Dagegen wurde die Position in Skandinavien durch den Sieg der Hanse über König Waldemar noch einmal gefestigt. Nach dem Frieden von Stralsund (1370) konnte die Hanse vorübergehend die Engen zwischen Nord- und Ostsee kontrollieren und missliebige Konkurrenz aus der Ostsee fernhalten.
Die große Pest von 1349/1350 ließ das wirtschaftliche Leben schrumpfen. Englische Kaufleute drangen seit dem späten 14. Jh. in die Ostsee ein, der Heringsfang verlagerte sich in die Nordsee und ging teilweise an die Holländer verloren. Das englische Königtum und die Herzöge von Burgund drängten die Hanse aus ihren Staaten hinaus. Trotz mehrfacher Anstrengungen gelang es der Hanse nicht, die verlorenen Positionen zurückzuerobern.
Als kleiner Kern der einstigen Größe wahrten die drei norddeutschen Hansestädte Lübeck, Hamburg und Bremen die große Tradition der Hanse bis in die Gegenwart hinein.

Die Presse des Johannes Gutenberg (Miniatur auf Pergament) schuf den großen Wandel: „Nun konnten", so ein Zeitgenosse, „in der gleichen Zeit, in der früher ein einziges Buch hergestellt worden war, dreihundert und mehr Bücher gedruckt werden."

Johannes Gutenberg

Über Gutenbergs Jugend ist wenig bekannt; vermutlich wurde er um 1400 in Mainz geboren. Sein Vater hieß Gensfleisch, aber da ihm dieser Name nicht zu gefallen schien, nannte er sich nach dem Namen des väterlichen Hofes „zum Gutenberg". In innerstädtische Streitigkeiten zwischen Geschlechtern und Zünften verwickelt, musste er Mainz 1428 verlassen, weil er sich der „falschen" Seite beigesellt hatte, und ging nach Straßburg. 1435 wurde er dort in einen Rechtsstreit hineingezogen. In dieser Auseinandersetzung taucht auch das Wort „drucken" auf. Es ist anzunehmen, dass sich Gutenberg schon zu dieser Zeit mit einem Druckverfahren befasst hat, um die bis dahin übliche Methode des mühsamen Kopierens von Hand zu ersetzen. Es erlaubte nur reichen Leuten, Klöstern und Universitäten den Besitz einer Bibliothek, von denen es damals nur wenige gab. (Die berühmteste bis dahin war in Alexandria.) In die von Hand abgeschriebenen Bücher schlichen sich zudem zahlreiche Fehler ein, obwohl sich die Kopisten die größte Mühe gaben, sie zu vermeiden; so zählten die jüdischen Kopisten der Bibel zum Beispiel jeden einzelnen Buchstaben.
Die rein mechanische Wiedergabe von Schriftzeichen war schon im Altertum bekannt. Man schnitzte, stach oder riss die Buchstaben spiegelbildlich in Holz oder Metall und drückte das Ganze in ein weiches Medium (Wachs oder Ton) oder gegen eine glatte helle Fläche, nachdem man den Druckstock mit Farbe versehen hatte. Die Sumerer und Babylonier verwendeten kleine Gemmen als Siegel, so wie noch heute Stempel verwendet werden.
Was Gutenberg vorschwebte, war nicht ein Druckstock, der nur zu einem einzigen, bestimmten Zweck hergestellt wurde, sondern viele kleine „Stempel", jeder ein einzelner Buchstabe, die zu Wörtern bzw. ganzen Seiten zusammengestellt werden konnten. Mit wenigen beweglichen „Lettern" war es möglich, in kurzer Zeit viele iden-

Seite aus der 1455 veröffentlichten Gutenberg-Bibel.

tische Kopien eines einzelnen Buches herzustellen.

Um 1450 kehrte Gutenberg nach Mainz zurück, um seine Idee zu verwirklichen. Durch die Erfindung des Papiers durch Tsai Lun, die zwar schon 1400 Jahre zurücklag, jetzt aber erst Europa erreichte, konnten Bücher billig gedruckt werden.

Von der Erfindung bis zur Verwirklichung vergingen zwanzig Jahre, die benötigt wurden, um Druckfarben zu entwickeln und geeignete Techniken, kleine Metalllettern zu gießen mit einem stets identischen Maß, damit sie mühelos ausgewechselt werden konnten. Mithilfe eines von ihm konstruierten Handgießinstrumentes konnte Gutenberg seine Idee von gegossenen beweglichen Einzelbuchstaben verwirklichen. Gleichzeitig entwarf er eine Druckpresse, die mit wesentlich mehr Kraft drucken konnte, als es bisher durch Muskelkraft geschah.

Gutenbergs erster erhaltener Druck ist das Fragment vom Weltgericht. Um 1452/55 begann der Mainzer dann mit dem Abdruck einer lateinischen Bibel, zweispaltig, mit 42 Zeilen je Seite. Sie war das erste gedruckte Buch.

Propagandisten konnten nun in einzigartiger Weise ihre Ansichten verbreiten. Luthers „Rebellion" gegen die Kirche wäre ohne Gutenbergs Erfindung vermutlich weniger erfolgreich verlaufen. Das neue Druckverfahren ermöglichte zudem die Herstellung billiger Bücher, die wiederum die Verbreitung der Literatur förderten. Um 1500 gab es über 9 Millionen gedruckter Kopien von 30.000 verschiedenen Werken. Wissen und Bildung nahmen zu; die Erkenntnisse der Gelehrten blieben nicht mehr isoliert, die Wissenschaftler konnten sich austauschen und in der Forschung aufeinander aufbauen. Ohne die Erfindung des neuen Druckverfahrens mit gegossenen beweglichen Lettern – der Schriftguss erst ermöglichte die Herstellung maßgenauer Drucktypen und damit eine sorgfältige Vervielfältigung, den modernen Buchdruck – hätte die „Wissenschaftliche Revolution", 100 Jahre nach Gutenberg wohl nicht so rasch gegriffen.

Reformation und Glaubenskriege (1517-1648)

1517, 31. Okt.: Martin Luther schlägt seine 95 Thesen „über die Kraft der Ablässe" an die Schlosskirche zu Wittenberg. Sie richten sich gegen den Missbrauch des Ablasses und greifen in diesem Zusammenhang das Bußwesen der römisch-katholischen Kirche an. Luther verleiht mit seinen Thesen den in allen Klassen und Schichten vorhandenen Stimmungen gegen die Vorherrschaft der römisch-katholischen Kirche in Deutschland Ausdruck. Damit beginnt eine einheitliche nationale, gegen die Papstkirche gerichtete Bewegung.

1518, 3. Febr.: Breve Papst Leos X. an den künftigen Generalmagister der Augustiner, Gabriele de la Volta, mit der Aufforderung, Luther zum Widerruf zu veranlassen.

1518, 26. Apr.: Tagung des Generalkapitels der Augustinerkongregation in Heidelberg und Diskussion mit Luther.

1518, Anfang Juli: Leo X. überträgt seinem Fiskal Mario de Perusco die Einleitung eines Prozesses gegen Luther.

1518, Juli-Sept.: Reichstag zu Augsburg. Die Stände beraten über die vom päpstlichen Legaten Thomas de Vio de Gaeta (Cajetan) geforderte Reichshilfe gegen die Türken und über die 1456 zum ersten Mal formulierten „Gravamina deutschen Nation", die Klagen über die Finanzpraktiken der Kurie, u. a. über die Übergriffe bei der Vergebung großer und kleiner Pfründen, die Verschleppung kirchlicher Prozesse und die übermäßige Besteuerung des deutschen Klerus enthalten. Maximilian I. ist ferner bestrebt, in Verhandlungen mit den Kurfürsten seine Nachfolge im Reich zu klären.

1518, 7. Aug.: Luther erhält die Aufforderung des Papstes, binnen 60 Tagen zum Verhör in Rom zu erscheinen. Die Kurie willigt später aus Rücksicht auf den Kurfürst Friedrich den Weisen, einen der mächtigsten Territorialfürsten in Deutschland, in ein im Reich stattfindendes Verhör ein.

1518, 12.-14 Okt.: Luther wird durch den Legaten Cajetan in Augsburg verhört und zum Widerruf gedrängt, bleibt aber standhaft. Er flieht in der Nacht vom 20. zum 21. Oktober aus Augsburg.

1518, 11. Dez.: Wahl Ulrich (Huldreych) Zwinglis zum Leutpriester des großen Münsters in Zürich. Zwingli hält dort am 1. Januar 1519 seine erste Predigt und beginnt 1520, Änderungen in der liturgisch-kirchlichen Ordnung einzuführen.

1519, 27. Mai-15. Juli: Leipziger Disputation. Karlstadt (Andreas Bodenstein) und Luther diskutieren mit dem Ingolstädter katholischen Theologen Johann Eck. Luther verwirft die Lehrautorität des Papstes und trifft die Feststellung, dass auch Konzilien irren können.

1519, 28. Juni: Karl V., König von Spanien, Herzog von Burgund und Erzherzog von Österreich, wird nach dem Tod Maximilians I. (12. Januar) zum deutschen Kaiser gewählt. In Auseinandersetzung mit Franz I. von Frankreich um die Thronfolge wenden die Habsburger 852.000 Gulden zum Stimmkauf der Kurfürsten auf und willigen in eine Wahlkapitulation ein, die die Gewalt des Kaisers gegenüber den Ständen beschränkt.

1520, 6. Febr.: Nach seinem Überfall auf die Reichsstadt Reutlingen im Januar 1519 wird Herzog Ulrich von Württemberg vom Schwäbischen Bund vertrieben und sein Herzogtum dem Kaiser übergeben.

1520, Juni: Luther vollendet sein Sendschreiben „An den christlichen Adel deutscher Nation von des christlichen Standes Besserung". Er fordert die deutschen Stände auf, an die Spitze der antirömischen Bewegung zu treten und die notwendigen Veränderungen, unter denen er auch die Säkularisation der geistlichen Herrschaften und des Kirchengutes sowie die Auflösung der Orden versteht, durchzuführen.

1520, 15. Juni: Erlass der päpstlichen Bannandrohungsbulle „Exsurge Domine" gegen Luther und seine Anhänger, in der Luther binnen 60 Tagen zum Widerruf aufgefordert wird.

1520, 6. Okt.: Luthers in lateinischer Sprache abgefasste Schrift „De captivitate Babylonica ecclesiae praeludium" (Von der babylonischen Gefangenschaft der Kirche), mit der er die Grundpfeiler der katholischen Kirche erschüttert, erscheint im Druck. Er wendet sich darin gegen das Kernstück der katholischen Doktrin, die Sakramentenlehre.

1520, 23. Okt.: Kaiserkrönung Karls V. in Aachen.

1520, Ende Okt.: Martin Luther verfasst als Antwort auf die Bannandrohungsbulle seinen „Sendbrief an den Papst Leo X." (rückdatiert auf den 6. September) und fügt ihm die Schrift „Von der Freiheit eines Christenmenschen" bei.

Am 31. Oktober 1517, dem Vorabend des Allerheiligenfestes und der Ausstellung des Reliquienschatzes in der Wittenberger Schlosskirche, trat Luther an die Öffentlichkeit mit 95 Thesen, in denen er die Ablasspraxis und in vorsichtiger Form auch die Ablasslehre der Kirche angriff. Der Text war für eine Disputation unter Gelehrten bestimmt und entsprach diesem Zweck nach Form, Inhalt und Sprache.

***Bild oben:** Luther auf dem Reichstag zu Worms, Gemälde von Anton von Werner, 1877. In seinen späteren Tischreden erinnert sich Luther an die Wormser Verhöre: „Dieweil ich also rede, so begehren sie von mir, ich sollte es noch einmal wiederholen lateinisch. Aber ich schwitzet sehr, und es war heiß des Getümmels halben … aber ich wiederholet dennoch alle meine Worte lateinisch." Der päpstliche Nuntius berichtete am 19. April nach Rom: „Als Martin den Saal verlassen hatte, reckte er die Hand in die Höhe nach Art der deutschen Landsknechte, wenn sie über einen besonders gelungenen Hieb jubeln." Sein Protektor, Kurfürst Friedrich der Weise, meinte: „Wohl hat der Pater Doctor Martinus geredet vor dem Herrn Kaiser und allen Fürsten und Ständen in Latein und Deutsch. Er ist mir viel zu kühn."*

***Bild rechts:** Zeitgenössisches Flugblatt zu Tetzels Ablasshandel. Als Kommissar für den Vertrieb des Ablasses in seiner Magdeburger Kirchenprovinz hatte Erzbischof Albrecht von Mainz den Dominikanerpater Johann Tetzel angestellt. Alles in allem war er besser als sein Ruf: ein tüchtiger Organisator, geschickter Propagandist und volkstümlicher Prediger.*

1520, 10. Dez.: Luther verbrennt in Anwesenheit von Professoren und Studenten in Wittenberg das „Corpus juris canonici", Schriften seiner Gegner und einen Druck der Bannandrohungsbulle. Er vollzieht damit seinen endgültigen Bruch mit der katholischen Kirche.
1520-1522: Einer der bedeutendsten literarischen Gegner der lutherischen Reformation, Thomas Murner, veröffentlicht seine Satiren (Eine christliche und brüderliche Ermahnung, An den großmächtigsten Adel deutscher Nation, Von dem großen Lutherischen Narren …), in denen Luther auf das Schwerste angegriffen wird.
1521: Mit dem ersten Krieg Karls V. gegen Franz I. von Frankreich beginnt eine bis 1544 anhaltende, nur jeweils kurz unterbrochene Folge von militärischen Konflikten, in denen die Habsburger und Frankreich um die Vorherrschaft in Europa ringen. Das starke militärische Engagement außerhalb des Reiches behindert Karl V. nachhaltig bei der Durchsetzung seiner religionspolitischen Ziele in Deutschland.
1521: Melanchthon veröffentlicht seine „Apologia pro Luthero" (Verteidigungsschrift für Luther). In der

Folgezeit wird er zu Luthers Hauptmitarbeiter beim Aufbau eines protestantischen Schul- und Bildungswesens und bei der Bibelübersetzung.

1521, 3. Jan.: Erlass der endgültigen Bannbulle Leos X. „Decret Romanum Pontificem" gegen Luther und seine Anhänger, von denen namentlich Ulrich von Hutten, Willibald Pirkheimer und Lazarus Spengler genannt werden.

1521, 27. Jan.: Eröffnung des Reichstags zu Worms. Verhandlungen über die Ordnung des Reichsregiments und des Kammergerichtes, die „Gravamina deutscher Nation" und die Reformation Luthers. Hinsichtlich des zweiten Reichsregiments setzt sich der Standpunkt Karls V. durch, wonach dieses nur während der Abwesenheit des Kaisers unter Erzherzog Ferdinand eingesetzt wird. In der am 21. Mai angenommenen Reichsregimentsordnung werden die vier 1512 geschaffenen Reichskreise auf Kosten der seit 1500 bestehenden sechs anderen Kreise vergrößert. Diese Kreiseinteilung bleibt im Wesentlichen bis 1803 erhalten.

1521, 6. März: Luther wird auf Wunsch zahlreicher Angehöriger der Reichsstände unter Zusicherung freien Geleits vor den Reichstag zu Worms geladen. Karl V. willigt aus Rücksicht auf einen Teil der Reichsfürsten in diese Vorladung ein.

1521, 18. Apr.: Luther, am 16. April in Worms eingetroffen, bekennt sich vor den versammelten Ständen zu seinem Werk. Daraufhin wird über ihn im „Wormser Edikt" die Reichsacht verhängt, seine Schriften werden verboten.

1521, 25. Apr.: Entlassung Luthers vom Reichstag zu Worms. Auf der Rückreise wird Luther am 4. Mai bei Eisenach zum Schein überfallen und auf die Wartburg in Sicherheit gebracht. Hier beginnt Luther die Übersetzung der Bibel.

1521, Sept.: Erscheinen der von Luther auf der Wartburg vollendeten Übersetzung des Neuen Testaments in die frühneuhochdeutsche Sprache.

1521, 3./4. Dez.: Sturm auf die Pfarrkirche und das Franziskanerkloster in Wittenberg durch Bürger und bewaffnete Studenten. Die am Sturm Beteiligten verjagen Priester und Mönche und beginnen mit der Durchsetzung der reformatorischen Ideen.

1522, März: Unter dem Einfluss Zwinglis werden in Zürich erstmals die Fastengebote gebrochen. Damit wird die Durchführung der Reform in Zürich angebahnt.

1522, 27. März: Erste Erwähnung von Luthers Schrift „Eine treue Vermahnung zu allen Christen, sich zu hüten vor Aufruhr und Empörung", deren Druck nach dem 19. Januar vollendet worden sein muss.

1522, 13. Aug.: Rittertag von Landau, Zusammenkunft von Rittern aus dem Rheingau, dem Kraichgau, vom Hunsrück, aus der Nahe, dem Wasgau und der Ortenau. Die Versammelten bilden unter Führung Sickingens eine „Brüderliche Vereinigung". Der Bund richtet sich gegen die Fürsten und gegen die Städte.

1523: Der weit über Nürnberg hinaus bekannte Meistersinger und Schwankdichter Hans Sachs verfasst zum Lobe Luthers das Gedicht „Die Wittenbergisch Nachtigall" und nimmt Partei für die Reformation.

1523, 29. Apr.-7. Mai: Belagerung und Einnahme der Burg Landstuhl durch pfälzische, hessische und Trierer Truppen. Ende der Sickingen'schen Fehde. Am Tage der Übergabe (7. Mai) erliegt Sickingen seinen Verwundungen.

1524, 14. Jan.: Eröffnung des Reichstages zu Nürnberg. Verhandlungen über Sitz und Stimme der Städte, über das Regiment und das Kammergericht. Die Stände beschließen am 5. April, ein deutsches Nationalkonzil einzuberufen. Durch Reichstagsabschied vom 18. April wird die Durchführung des Wormser Edikts erneut aufgeschoben.

1524, März: Der Reformator Thomas Müntzer bildet in Allstedt ein Bündnis der Bauern, dem anfangs nur 30 Mitglieder angehören.

1524, 23. Juni: Beginn des Bauernaufstands in der Landgrafschaft Stühlingen unter Führung von Hans Müller von Bulgenbach, der früher als Landsknecht gedient hat. Von hier aus breitet sich die Erhebung allmählich über weitere Gebiete aus. Sie ist daher als der unmittelbare Beginn des Bauernkrieges zu betrachten.

1525, März: Die Bauern legen ihre Ziele in den „Zwölf Artikeln" nieder, u. a. fordern sie Einschränkungen der Lasten und Frondienste, Abschaffung der Leibeigenschaft, Freiheit der Jagd und des Fischfangs, freie Wahl der Pfarrer. Der Aufstand der Bauern bricht nach Anfangserfolgen zusammen. Ihr Wortführer Thomas Müntzer wird am 27. Mai

Bild rechte Seite: *Die Verlesung der „Augsburger Konfession" am 25. Juni 1530. Gemälde von Georg Balthasar Sand. Die Confessio Augustana ist ein grundlegendes Bekenntnis der lutherischen Reichsstände zu ihrem Glauben. Sie gehört noch heute zu den verbindlichen Bekenntnisschriften der lutherischen Kirchen. Als Grundlage der Confessio Augustana dienten die von Luther verfassten Schwabacher Artikel, ein Bekenntnis der lutherischen Reformation gegen Ulrich Zwingli und die Torgauer Artikel. Die deutsche Version der Confessio Augustana wurde am 25. Juni 1530 Kaiser Karl V. und den Kurfürsten des Reiches vom sächsischen Kanzler und Rechtsgelehrtern Christian Beyer in der Kapitelstube des bischöflichen Palastes vorgetragen und dem Kaiser anschließend durch Kanzler Gregor Brück in der lateinischen Ausfertigung übergeben.*

Bild links: *Kurfürst Friedrich der Weise von Sachsen. Gemälde von Albrecht Dürer, um 1496. Luthers Landesherr in Wittenberg war einer der mächtigsten Fürsten des Reiches, sowohl aufgrund seines Amtes und der Bedeutung seines Herrschaftsgebietes als auch als Persönlichkeit. Er regierte bereits seit 1468 und hatte im Laufe der Jahrzehnte eine ganze Reihe einflussreicher Positionen im Reich inne: 1519 stand er sogar als Nachfolger des Kaisers ernstlich zur Diskussion.*

hingerichtet. Ein Rachefeldzug der Fürsten und ihrer Söldnerheere kostet Zehntausende das Leben.

1525, 9. Apr.: Der Hochmeister des Deutschen Ordens, ein Hohenzoller, wandelt den Ordensstaat in das weltliche Herzogtum Preußen um und führt den protestantischen Glauben ein.

1526, 25. Juni-27. Aug.: Reichstag in Speyer. Verhandlungen über die evangelische Reformation. Die Stände beenden den Reichstag mit einem Kompromiss, der vorsieht, dass jeder mit seinen Untertanen so leben solle, „wie ein jeder solchs gegen Gott und kaiserliche Majestät hoffe und vertraue zu verantworten". Der Beschluss fördert die Durchsetzung des landesherrlichen Kirchenregiments.

1526, 20 Okt.: Beschluss der Homberger Synode über die Einführung der Reformation in Hessen. In den folgenden Jahren setzt sich die Reformation in Deutschland weiter durch. Sie siegt u. a. 1526 in Celle, 1528 in Goslar, 1529 in Braunschweig, Göttingen, Hamburg, 1531 in Rostock, 1531/32 in Greifswald und 1532 in Hannover.

1527: Kurfürst Johann der Beständige führt in Kursachsen eine staatliche Kirchen- und Schulvisitation durch, ein wichtiger Schritt zu einem landesherrlichen Kirchenregiment.

1527, 1. Jan.: Schaffung zentraler Verwaltungsinstanzen in den deutschen Besitzungen der Habsburger sowie in Böhmen und Ungarn. Bildung eines Geheimen Rats, des Hofrats, der Hofkanzlei und der Hofkammer. Diese Behördenorganisation bleibt im Wesentlichen bis 1848 bestehen; sie ist beispielgebend für andere deutschen Territorien.

1527, 6. Mai: Sacco di Roma. Deutsche Landsknechte unter Führung von Georg von Frundsberg, die sich mit spanischen unter dem Oberbefehl von Charles Bourbon (am 6. Mai gefallen) vereinigen, dringen wegen ausgebliebener Soldzahlung meuternd und führerlos geworden (Georg von Frundsberg erlitt einen Schlaganfall) in Rom ein, brennen die Stadt nieder und plündern sie aus. Der von ihnen belagerte Papst Clemens VII. kapituliert am 5. Juni in der Engelsburg.

1527, 20. Aug.: Erlass eines strengen Mandats gegen Lutheraner, Zwinglianer und Täufer für die habsburgischen Länder. Märtyrersynode der fränkischen, bayerischen und österreichischen Täufer in Augsburg. Sie berät über Taufe, Abendmahl und Auferstehung der Toten, über das Weltende und das anbrechende Reich Gottes, über Eidesverweigerung und Schwertgebrauch. Die Versammelten stimmen der These Hans Huts vom bevorstehenden Weltuntergang zu. Kurz nach Beendigung der Synode setzt eine Verhaftungswelle ein.

1528, 4. Jan.: Mandat des kaiserlichen Reichsregiments gegen die Täufer, das die Obrigkeiten auffordert, auf die Täufer zu achten und mit harten Strafen gegen sie vorzugehen. Das Mandat wird zur Grundlage für das im Reichstagsabschied zu Speyer (22. April 1529) erlassene Reichsgesetz gegen die Täufer.

1528, 6. Apr.: Der Maler, Zeichner, Kupferstecher und Kunsttheoretiker Albrecht Dürer stirbt künstlerisch hochgeschätzt und geachtet in seiner Heimatstadt Nürnberg.

1528/1529: Erscheinen der Schriften Martin Agricolas „Ein kurz deudtsch Musica" und „Musica figuralis deudtsch". Dieser Mag-

deburger Musiker gehört mit dem Dresdner Kapellmeister Johann Walther zur sog. großen Kantorei (Musikerkreis) Luthers und erwirbt sich mit der Ersetzung der Tabulatur durch die moderne Notation Verdienste um die Musiktheorie.

1529: Erscheinen des sog. 2. Gesangbuchs (Übersetzung lateinischer Kirchenlieder, mittelhochdeutscher und bereits vor Luther ins Deutsche übertragener Gesänge) unter dem Titel „Geistliche Lieder auffs new gebessert zu Wittenberg ...". Zusammen mit den im sog. Achtliederbuch und den im 3. Gesangbuch (1545) veröffentlichten Liedern Luthers und seiner Freunde leiten sie eine Blütezeit des religiösen protestantischen Gemeindelieds ein. Im 2. Gesangsbuch ist das Trutz- und Schutzlied „Ein feste Burg ist unser Gott" abgedruckt. In dem Großen und im Kleinen Katechismus legt er die Grundlagen der religiösen Erziehung dar.

1529, 15. März-22. Apr.: Reichstag zu Speyer. Erneute Verhandlungen über die evangelische Reformation. Gegen die Vorschläge eines Ständeausschusses, in dem die Evangelischen die Minderheit bilden und der sich für die Einhaltung des Wormser Edikts und für die Abschaffung der Reformen ausspricht, protestieren die Evangelischen. Der Reichstagsabschied vom 22. April setzt sich über diesen Protest hinweg, worauf die Protestierenden (Protestanten) eine Appellation an den Kaiser und das zu erwartende allgemeine Konzil richten. Die Appellation unterzeichnen Kurfürst Johann von Sachsen, Markgraf Georg von Brandenburg, Herzog Ernst von Lüneburg, Landgraf Philipp von Hessen und Fürst Wolfgang von Anhalt sowie 14 Städte. Den Täufern wird im Reichstagsabschied mit der Todesstrafe gedroht und ihre Beherbergung bei Strafe verboten.

1529, 21. Sept.-15. Okt.: Belagerung Wiens durch die Türken. Die Türken, die unter der Herrschaft Suleimans I. ihre größte Macht entfalten, fallen im 3. Feldzug Suleimans in Österreich ein und belagern, nachdem sie am 24. August Ofen erobert haben, ergebnislos Wien.

1529, 1.-3. Okt.: Marburger Religionsgespräch zwischen Luther und Zwingli sowie den theologischen Vertretern von Straßburg und Basel unter Vorsitz des Landgrafen Philipp von Hessen, der ein Bündnis mit Zwingli anstrebt. Die Teilnehmer der Gespräche einigen sich über 14 Punkte der allgemeinen Glaubenslehre. Über die Lehre vom Abendmahl kann keine Einmütigkeit erzielt werden. Während Luther an der realen Gegenwart Christi im Abendmahl festhält, ist es für Zwingli nur eine symbolische Handlung zum Gedenken an Christus.

1530/1531: Der Maler Hans Baldung Grien gestaltet, dem Vorbild Dürers folgend, antike historische Stoffe (Gajus Mucius Scaevola, Opfertod des Marcus Curtius).

1530, 24. Febr.: Kaiserkrönung Karls V. durch Papst Clemens VII. in Bologna (letzte durch einen Papst vorgenommene Krönung).

1530, 20. Juni-19. Nov.: Reichstag zu Augsburg. Verhandlungen über die evangelische Reformation. Vorlage der von Melanchthon verfassten „Augsburger Konfession" durch die Speyerer Protestanten und die Städte Nürnberg und Reutlingen. Die auf einen Ausgleich zwischen den Konfessionen abgestellte „Augsburger Konfession" stößt auf den Widerstand der Katholiken, die am 3. August die katholische „Confutatio" vorlegen. Der Reichstag verhandelt ferner über das Glaubensbekenntnis der Städte Straßburg, Konstanz, Memmingen und Lindau, die „Confessio Tetrapolitana" und über Zwinglis „Ratio Fidei". Der nur von den katholischen Ständen angenommene Reichstagsabschied vom 19. November (die Evangelischen verließen unter Protest den Reichstag) stellt erneut die Einberufung eines Konzils in Aussicht, erneuert das Reichskammergericht, das gegen die Evangelischen prozessieren soll, und bestätigt die Maßnahmen gegen die Täufer.

1531: Der Würzburger Ratsherr und Bürgermeister Tilman Riemenschneider, der bedeutendste Holzschnitzer dieser Periode, schafft sein letztes und reifstes Spätwerk, „Die Beweinung Christi", das heute in Maidbronn steht.

1531, 15. Jan.: Erzherzog Ferdinand von Österreich, der jüngere Bruder Karls V., wird als Ferdinand I. zum römischen Kaiser gewählt.

1531, 27. Febr.: Schmalkaldischer Bund, abgeschlossen zwischen Kurfürst Johann von Sachsen, Landgraf Philipp von Hessen, Philipp von Grubenhagen, dem Fürsten von Anhalt, Herzog Ernst von Lüneburg, den Grafen von Mansfeld und den Städten Magdeburg, Bremen, Straßburg, Ulm, Konstanz, Reutlingen, Memmingen, Isny, Biberach und Lindau zur Abwehr evtl. Maßnahmen von katholischer Seite.

Um 1532: Albrecht Altdorfer malt die „Donaulandschaft bei Regensburg", eine der ersten reinen Landschaften der deutschen Kunstgeschichte. Die Landschaft, bisher nur als Hintergrund bedeutsam, erhält bei Altdorfer einen besonderen Wert.

1532, 23. Juli: Unter dem Druck einer erneuten Bedrohung durch die Osmanen vereinbaren Kaiser

Peinlich Halßgericht.
Des Allerdurchleuchtigste Großmächtigsten / vnüberwindtlichsten Keyser Carols deß Fünfften / vnd deß Heyligen Römischen Reichs peinlich Gerichts Ordnung / auff den Reichßtägen zu Augspurg vnd Regenspurg / in jaren dreissig / vnd zwey vnd dreyssig gehalten / auffgericht vnd beschlossen.
Getruckt zu Franckfurt am Mayn / rc. im Jar 1577.

Die Constitutio Criminalis Carolina (CCC) oder Carolina von 1532 gilt heute als erstes allgemeines deutsches Strafgesetzbuch. Eindeutschend wird sie schon früh auch als peinliche Halsgerichtsordnung Karls V. bezeichnet. Peinlich leitet sich hierbei aus dem Wort Pein im Sinne von Qual ab, dieses wiederum hat den Ursprung im lateinischen poena, Strafe. Basis der Constitutio Criminalis Carolina war die 1507 von Johann Freiherr von Schwarzenberg verfasste Halsgerichtsordnung von Bamberg (auch Bambergensis genannt), die bereits auf das humanistische Gedankengut italienischer Rechtsschulen (Römisches Recht) zurückgriff.

Karl V. und Ferdinand I. mit den evangelischen Reichsständen den „Nürnberger Anstand“, einen befristeten Religionsfrieden als Gegenleistung für die Zahlung einer „Türkenhilfe“.

1532, 25. Juli: Publikation der „Constitutio Criminalis Carolina“ (Peinliche Gerichtsordnung Karls V.). Dieses auf die Bamberger Halsgerichtsordnung zurückgehende Strafgesetzbuch mit Strafprozessordnung wird bis zum 18. Jh. zum maßgebenden deutschen Strafrecht und erhält allmählich unter Zurückdrängung der territorialen Ordnungen als Reichsgesetz primäre Geltung.

1534/1535: In Münster in Westfalen übernimmt die sozialreligiöse Bewegung der Wiedertäufer die Macht und errichtet ein „Neues Zion“ mit Gütergemeinschaft und Vielweiberei. Nach längerer Belagerung fällt die Stadt, die Anführer der Sekte werden hingerichtet.

1534, Mai: Der 1519 vertriebene Herzog Ulrich von Württemberg erhält vor allem dank der Unterstützung Landgraf Philipps von Hessen sein Land zurück und führt umgehend die Reformation ein.

1535, Dez.: Bundestag in Schmalkalden, der den Bund auf zehn Jahre verlängert und festsetzt, dass alle Stände, die sich zur Augsburger Konfession bekennen, dem Bund beitreten dürfen. Auf dem Tag in Frankfurt am Main (April 1536) schließen sich Württemberg, Pommern, Augsburg, Frankfurt am Main, Hannover (Stadt), Hamburg und Kempten an.

1536: Erscheinen der in deutscher Sprache verfassten Schrift „Die große Wunderarznei“ des Arztes und Naturphilosophen Theophrastus Bombastus von Hohenheim (genannt Paracelsus) in Basel, dessen Schriften in der Folgezeit bahnbrechend wirken (Einfluss auf den großen tschechischen Pädagogen Jan Amos Komenský [genannt Comenius]). Er betrachtet die Diagnose als unabdingbare Voraussetzung für die Heilbehandlung (Therapie) und bejaht das Laborexperiment.

1536, 29. Mai: Wittenberger Konkordie. Die Protestanten einigen sich auf die Anerkennung der Augsburgischen Konfession, der Apologie Melanchthons und einer von Me-

Tridentinisches Konzil (auch Tridentinum, Trienter Konzil, Konzil von Trient); die allgemeine Kirchenversammlung in Trient (1545-63) mit drei Tagungsperioden (1545-47, 1551/52, 1562/63) und einer Zwischenperiode, der sog. Bologneser Tagungsperiode (1547/48). Trotz der Konzilsappellation Luthers vom 28. November 1518 lehnten die Protestanten die Teilnahme am Tridentinum ab. Die dogmatischen Verhandlungen betrafen hauptsächlich folgende Fragen: die Erbsünden- und Rechtfertigungslehre, die Festlegung des Bibelkanons und der Offenbarungsquellen (man wandte sich gegen Luthers Lehre der „sola scriptura“ und erkannte die von ihm verworfene apostolische Tradition als Glaubensquelle an), die Begründung der Siebenzahl der Sakramente, der Opfercharakter der Eucharistiefeier und die Realpräsenz Christi, die Lehre von Fegefeuer, Ehe, Buße, Ablass und Heiligenverehrung (die gebilligt, aber von der Anbetung Gottes streng unterschieden wurde). Die kirchlichen Reformdekrete des Konzils führten zur Errichtung von Lehrstühlen für die Schrifterklärung an den Bischofskirchen, zur Residenzpflicht der Priester und Bischöfe sowie zur Errichtung von Priesterseminaren, die der Heranbildung des Klerus dienen sollten. Das Tridentinische Konzil trug entscheidend zur Erneuerung der katholischen Kirche bei; die dogmatischen Verordnungen wie die Reformdekrete konsolidierten die päpstliche Gewalt und besiegelten die Kirchenspaltung. Die Zeit zwischen Trienter und 2. Vatikanischen Konzil (1962-65) wird auch als „nachtridentinisch“ bezeichnet.

lanchthon verfassten Abendmahlsformel. Die Konkordie beschleunigt die Annäherung der oberdeutschen protestantischen Städte an das Luthertum.

1537, Febr.: Bundestag zu Schmalkalden, auf dem Herzog Heinrich von Sachsen und sein Sohn Moritz (Albertiner) in den Bund aufgenommen werden. Melanchthon legt die von Luther ausgearbeiteten Schmalkaldischen Artikel vor, die die Hauptlehren der Protestanten enthalten. Am 5. März veröffentlichen die Schmalkaldener eine Erklärung, in der sie ein päpstliches Konzil ablehnen.

1538, 10. Juni: In Nürnberg wird zum Schmalkaldischen Bund ein katholisches Gegenbündnis geschlossen (Nürnberger Bund). Ihm gehören König Ferdinand, Herzog Georg von Sachsen, die Herzöge von Braunschweig und Bayern und die Erzbischöfe von Mainz und Salzburg an. Der Bund bildet jedoch im Folgenden kein Gegengewicht zum Schmalkaldischen Bund.

1538. 18. Juni: Waffenstillstand von Nizza zwischen Kaiser Karl V. und Franz I. von Frankreich, der den Krieg beendet und Frieden für zehn Jahre vorsieht. Damit ist der Kaiser im Westen entlastet und kann seine militärischen Kräfte auf die Türken im Osten konzentrieren.

1539, 19. Apr.: Im „Frankfurter Anstand" werden die Nürnberger Vereinbarungen von 1532 noch einmal erweitert und verlängert.

1539, 1. Nov.: Einführung der lutherischen Reformation in der Kurmark Brandenburg durch Joachim II., nachdem die Neumark bereits 1538 unter Markgraf Johann von Küstrin lutherisch geworden ist.

1540, 27. Sept.: Der Papst bestätigt durch die Bulle „Regimini militantis ecclesiae" den Jesuitenorden in Rom, der Instrument der Gegenreformation wird und auf Deutschland großen Einfluss gewinnt. 1540 geht Pater Petrus Fabrius als Erster nach Deutschland. 1543 folgt ihm Pater Canisius mit acht anderen Patern. 1549 tauchen Jesuiten in Ingolstadt und Dillingen auf, 1551 in Wien, 1555 in Prag, 1556 in Köln, 1560 in Trier, 1561 in Würzburg und Mainz, 1562 in Innsbruck, 1564 in Olmütz, 1573 in Graz und Fulda, 1576 in München.

1541: In Genf entsteht durch das Wirken Johann Calvins ein neues Zentrum des Protestantismus. Die calvinistische Lehre, die sich vom Luthertum vor allem durch die Prädestinationslehre und die Betonung des Gemeindeprinzips unterscheidet, findet auch in Deutschland rasch Verbreitung.

1541: Die Türken unter Soliman II. fallen erneut in Ungarn ein. Sie unterstützen damit, bestimmt durch Frankreich, die Ansprüche des unmündigen Sohns des Woiwoden von Siebenbürgen, Zapolya, auf den ungarischen Thron, der laut Vertrag von Großwardein (24. Februar 1538) zwischen König Ferdinand und Zapolya Ferdinand zufallen sollte. Das Heer des Kaisers wird geschlagen, Ofen von den Türken erobert (28. August).

1541, Jan.-Mai: Nach dem ergebnislosen Religionsgespräch in Hagenau (Juni/Juli 1540) verhandeln Melanchthon, Martin Butzer, Wolfgang Capito (Protestanten) einerseits und Johann Eck, Johann Gropper, Gerhard Veltwyk (Katholiken) andererseits erneut erfolglos in Worms (November 1540-Januar 1541) und in Regensburg (April-Mai 1541).

1542, 9. Febr.-11. Apr.: Reichstag in Speyer. Die Reichsstände bewilligen gegen Zusicherung eines fünfjährigen Religionsfriedens eine Türkenhilfe. Damit hat der Kaiser die Regelung der Konfessionsfrage im Reich wieder hinausgeschoben und den Protestanten weiterhin die Möglichkeit gegeben, ihren Einfluss zu festigen.

1542, Sommer: Kurfürst Johann Friedrich von Sachsen und Landgraf Philipp von Hessen vertreiben Herzog Heinrich von Braunschweig-Wolfenbüttel, den letzten starken Verteidiger des Katholizismus in Norddeutschland, mit Waffengewalt aus seinem Land. Sein Versuch, es im Herbst 1545 wiederzugewinnen, scheitert.

1543, 24. Mai: Nikolaus Kopernikus stirbt in Frombork bei Danzig; in diesem Jahr erscheint auch sein Hauptwerk „De Revolutionibus Orbium Coelestium" („Über die Kreisbewegungen der Himmelskörper"), in dem er das heliozentrische Weltbild begründet.

1544: Der 1534 gegründete und 1540 durch den Papst bestätigte Jesuitenorden errichtet in Köln seine erste deutsche Niederlassung.

1544, Jan./Febr.-10. Juni: Reichstag in Speyer. Im Reichstagsabschied erreichen die Protestanten, dass alle Prozesse und Rechtserklärungen gegen sie suspendiert werden; das Reichskammergericht soll neu besetzt und in ein Gericht ohne Rücksicht auf das Bekenntnis seiner Beisitzer umgewandelt werden. Die Schlichtung der strittigen konfessionellen Fragen soll auf einem deutschen Nationalkonzil oder einem Reichstag erfolgen.

1544, 18. Sept.: Friede von Crépy zwischen Kaiser Karl V. und Franz I. von Frankreich. Frankreich verzichtet auf seine flandrischen Ansprüche, auf Piemont und Savoyen, Karl V. auf seine Gebietsforderungen in der Bourgogne.

1545: Waffenstillstand des Kaisers mit den Türken, zunächst auf

***Bild links:** Philipp I. Landgraf von Hessen (1504-1567). Gemälde von Hans Krell. Neben den sächsischen Kurfürsten war Philipp Landgraf von Hessen ein bedeutsamer und kompromissloser Anhänger der Reformation. Von Melanchthon für die neue Lehre gewonnen, führte er sie nach dem Reichstag von Speyer 1526 in Hessen ein und gründete in Marburg die erste protestantische Universität Deutschlands (1527). An der Augsburger Konfession hatte er entscheidenden Anteil; er wurde der Führer des Schmalkaldischen Bundes. Kaiser Karl führte gegen diesen den sog. Schmalkaldischen Krieg (1546/47), um die reichsrechtliche Anerkennung des Protestantismus zu verhindern und die Macht der Reichsstände im Heiligen Römischen Reich einzuschränken. Nach der Niederlage des Bundesheeres bei Mühlberg geriet Philipp I. in Gefangenschaft Karls V., setzte sich aber nach seiner Befreiung weiter für die protestantische Sache ein.*

***Bild rechte Seite:** Karl V. (1500-1558) in der Schlacht von Mühlberg am 24. April 1547. Gemälde von Tizian. Die kaiserlichen Truppen erfochten hier einen glänzenden Sieg über den Schmalkaldischen Bund.*

18 Monate, der im Frühjahr 1546 auf fünf Jahre verlängert wird.

1545, 13. Dez.: Beginn der 1. Sitzungsperiode des Trienter Konzils (bis 1547; 1547-1549 in Bologna), der die Protestanten fernbleiben. Protestantenfeindlich gestimmt, verhandelt das Konzil zunächst über Fragen des Dogmas und der Kirchenreform. Die 2. Sitzungsperiode (1551/52) ist bedeutungslos, während in der 3. (1562/63) eine Reihe von wichtigen Reformdekreten beschlossen werden. Mit diesem Konzil hat die katholische Kirche den Protestantismus offiziell abgewiesen und ihr eigenes Dogma unter Rückgriff auf Thomas von Aquin präzisiert. Durch die Reformdekrete wird eine Reihe kirchlicher Missstände beseitigt, wie z. B. das Amt der Ablassprediger, päpstliche Eingriffe in die Stellenbesetzung (Provisionen, Expektanzen u. a.). Nach einigen Jahrzehnten ist das Ziel erreicht, dem Katholizismus einen Teil seiner alten Macht zurückzuerobern, was z. T. durch die Zwistigkeiten im protestantischen Lager erleichtert wird.

1545/1546: Die in Bolivien und dann auch in Mexiko gefundenen Silbervorkommen lösen in Europa eine langfristige Inflation aus, die „Preisrevolution" des 16. Jh.

1546: Das Augsburger Handels- und Finanzhaus der Fugger befindet sich mit einem Gesellschaftsvermögen von 5 Millionen Gulden auf dem Höhepunkt seiner wirtschaftlichen Entwicklung und seines politischen Einflusses; der Krieg der Habsburger gegen den Schmalkaldischen Bund wird vorwiegend von den Fuggern vorfinanziert.

1546, 18. Febr.: Luther stirbt in Eisleben.

1546, 20. Juli: Der Kaiser verhängt über den Kurfürsten Johann Friedrich von Sachsen und den Landgrafen Philipp von Hessen die Reichsacht u. a. wegen ihres Überfalls auf Braunschweig.

1546/1547: Schmalkaldischer Krieg des Kaisers gegen den Schmalkaldischen Bund, der den Protestantismus in Deutschland beseitigen, den Katholizismus wieder einführen und außerdem die deutsche Fürstenopposition der universalen Kaisermacht Karls V. unterwerfen soll.

1547, 27. Apr.: Schlacht bei Mühlberg (Lochauer Heide). Die Kaiserlichen mit Moritz von Sachsen schlagen das Heer des Kurfürsten von Sachsen und nehmen ihn gefangen. Damit ist die militärische Kraft des Schmalkaldischen Bundes gebrochen, er hört auf zu bestehen.

1547, 19. Mai: Wittenberger Kapitulation, Ende des Schmalkaldischen Krieges. Die Albertiner (Moritz von Sachsen) erhalten von den Ernestinern (Johann Friedrich von Sachsen) die Kurwürde und den Kurkreis Wittenberg (Belehnung 1548 in Augsburg). Das anfänglich gefällte Todesurteil gegen Johann Friedrich von Sachsen wird später in Gefangenschaft umgewandelt. Die Wittenberger Kapitulation bildet die Grundlage für die künftige Politik der beiden sächsischen Linien, von denen die Ernestiner auf die Revision, die Albertiner auf Erhaltung und Erweiterung des Vertrags hinarbeiten.

1547, 1. Sept.-30. Mai 1548: Augsburger Reichstag (sog. Geharnischter). Der Kaiser fordert die Rückkehr des Konzils nach Trient (16. Januar 1548). Er kann aufgrund seiner im Schmalkaldischen Krieg gegen die Protestanten errungenen Position das sog. Augsburger Interim (15. Mai) verkünden, eine „Zwischenreligion", die eine Reihe von äußeren Zugeständnissen wie Priesterehe und Laienkelch enthält, ansonsten aber die katholische Lehre vertritt. Während im Folgenden die süddeutschen Protestanten gewaltsam dem Interim unterworfen werden, leisten die norddeutschen Stände erbitterten Widerstand (vor allem Magdeburg). Der Reichstagsabschied verfügt außer dem Interim eine Reform des Heeres, den verbesserten Landfrieden, die Neuordnung des Kammergerichts, des Münzwesens, der Reichsmatrikel, die Verordnung über den Reichsvorrat, eine Polizeiordnung und die Sicherung des Reiches gegen die Türken durch den Bau von Festungen. Diese Reichsreform bleibt im Wesentlichen ohne nennenswerte positive Ergebnisse.

1549, 21. Mai: Moritz von Sachsen stiftet die sog. Fürstenschulen in Pforta, Meißen und Grimma als Ausbildungsstätten für das Voruni-

***Bild oben:** Darstellung des Ochsen, der anlässlich der Krönung Kaiser Maximilians II. (1527-1576) am 30. November 1562 zu Frankfurt am Main gebraten wurde. Er war gefüllt mit einem Hirsch, einem Schwein, einem Kalb und mit Geflügel. Holzschnitt, 1563. Stark zum Luthertum neigend, gewährte Maximilian II. in seinen Erbländern Niederösterreich und Böhmen weitgehende Religionsfreiheit. Er kämpfte vergeblich gegen die gewaltsam durchgeführte Rekatholisierung Philipps II. (besonders in den Niederlanden) an und ermöglichte dem Reich über ein Jahrzehnt politische Ruhe und Frieden.*

***Bild links:** Johann Friedrich I. der Großmütige, Kurfürst von Sachsen (1503-1554).*

***Bild rechte Seite:** Ferdinand I. (1503-1564), Gemälde von Johann Bocksberger d. Ä. Der Bruder Karls V. erhielt 1521 die österreichischen Erblande Habsburgs und vertrat Karl V. in Deutschland. 1526 wurde er König von Böhmen und Ungarn, um dessen Besitz er gegen die Türken kämpfte; 1531 zum römisch-deutschen König gewählt, nach Karls Rücktritt 1556 Kaiser.*

versitätsstudium; aus ihnen gehen später humanistische Gymnasien hervor, an denen u. a. Friedrich Gottlieb Klopstock und Gotthold Ephraim Lessing Universitätsreife erlangen.

1551, 1. Mai: Der neue Papst Julius III. beruft unter dem Druck des Kaisers das Konzil zum zweiten Mal nach Trient ein. Nachdem durch den am 26. Juli eröffneten Reichstag von Augsburg die Teilnahme der Protestanten am Konzil beschlossen worden ist, nehmen Räte des Kurfürsten von Brandenburg, des Herzogs von Württemberg, die Erzbischöfe von Mainz, Trier, Köln und Kurfürst Moritz von Sachsen an den ersten Sitzungen teil, um nach Protest gegen das Interim wieder abzuziehen.

1551, 4. (9.) Nov.: Kapitulation Magdeburgs gegenüber dem die Reichsexekution ausführenden Kurfürst Moritz von Sachsen. Er unterstellt die Stadt offiziell dem Kaiser, lässt sich aber insgeheim gegen Zugeständnisse in der Religion selbst die Schutzherrschaft übertragen, um sich gegebenenfalls im Kampf gegen den Kaiser auf das protestantische Magdeburg stützen zu können.

1552, 5. Jan.: Im Vertrag von Chambord sagt der französische König Heinrich II. den protestantischen Fürsten seine Unterstützung zu.

1552, 4. Apr.: Die Verbündeten nehmen Augsburg ein und erobern die Ehrenberger Klause (Tirol) am 18./19. Mai. Danach wenden sich die Truppen des Fürstenbundes nach Innsbruck und vertreiben den dort weilenden Kaiser (23. Mai). Wegen des Anmarschs der Truppen des Kurfürsten Moritz wird das Konzil von Trient am 28. April vertagt.

1552, 15. Aug.: Mit dem Passauer Vertrag wird der Fürstenkrieg beendet; die inhaftierten protestantischen Fürsten werden freigelassen, das Interim wird aufgehoben und ein allgemeiner Religionsfriede in Anspruch genommen.

1553, 9. Juli: Kurfürst Moritz von Sachsen schlägt Markgraf Albrecht Alcibiades von Brandenburg-Kulmbach bei Sievershausen, wobei der Kurfürst tödlich verwundet wird (Tod am 11. Juli 1553). Am 12. September wird der Markgraf durch den Herzog von Braunschweig bei Steterburg geschlagen und flieht, geächtet, 1554 nach Frankreich, um von dort auch im Folgenden kriegerische Streifzüge auf Reichsgebiet zu unternehmen.

1555, 5. Febr.: König Ferdinand eröffnet im Namen des Kaiser den Reichstag zu Augsburg. Am 25. September 1555 wird der Reichstagsabschied unterzeichnet, der auch den Religionsfrieden enthält. Hauptbestimmungen des Religionsfriedens: 1. Die Augsburgische Konfession wird reichsrechtlich endgültig als gleichberechtigt neben der katholischen anerkannt; 2. Anhänger anderer Bekenntnisse (Reformierte) werden vom Frieden ausgeschlossen; 3. die Reichsstände erhalten mit dieser Einschränkung Religionsfreiheit und außerdem das Recht, in ihren Gebieten die Glaubens- und Kirchenordnung aufzurichten (nach dem Rechtssatz „cuius regio, eius religio"); 4. Andersgläubigen wird das Abzugsrecht zugestanden; 5. durch den „geistlichen Vorbehalt" (reservatum ecclesiasticum) verlieren geistliche Reichsfürsten beim Übertritt zum Protestantismus Amt und Würden (von den protestantischen Ständen nicht gebilligt); 6. die Reichsritterschaft wird in den Frieden einbezogen, in konfessionell gemischten Reichsstädten soll Parität herrschen. Die Gegenklausel, ein geistlicher Landesherr dürfe seine landsässigen Ritter und Städte des Glaubens wegen nicht beschweren, ist in einer königlichen Sonderdeklaration (declaratio Ferdinandea) enthalten, auf die das Reichskammergericht nicht vereidigt wird (nur mit Kursachsen vereinbart); 7. eingezogene reichsunmittelbare geistliche Güter verbleiben den Protestanten. Der Augsburger Religionsfriede, der zum Grundgesetz des Reiches wird, bildet einen gewissen Abschluss der Kämpfe in der ersten Jahrhunderthälfte und mindert, angesichts des politischen Kräfteverhältnisses im Reich, vorübergehend die bestehenden Spannungen. Er fördert im Folgenden den Ausbau der weltlichen Territorialstaaten, hemmt aber zugleich durch den geistlichen Vorbehalt die weitere Ausbreitung der Fürstenreformation.

1555, 25. Okt.: Kaiser Karl V. übergibt die Niederlande seinem Sohn Philipp II. Am 15. Januar 1556 folgt die Übergabe Kastiliens, Aragons, Siziliens und der spanischen Kolonien in Amerika.

1557, 24. Aug.: Beginn des von Kaiser Ferdinand I. angeregten Wormser Religionsgesprächs zwischen Protestanten und Katholiken (Melanchthon, Julius von Pflugk, Petrus Canisius), das jedoch wegen der großen Gegensätze im protestantischen Lager, insbesondere zwischen den Albertinern und den Ernestinern bzw. ihren Theologen, den sog. Philippisten (Melanchthon u. a.) und Gnesio-Lutheranern (Matthias Flacius Illyricus u. a.), ergebnislos verläuft.

1558: In Hamburg wird nach dem Vorbild von Antwerpen die erste deutsche Börse gegründet.

1559, 1. Jan.-19. Aug.: Reichstag zu Augsburg. Erneute Versuche zur Einigung der Protestanten scheitern an der ablehnenden Haltung der strengen Lutheraner. Ka-

tholiken und Protestanten führen gegenseitig Beschwerde über die Arbeit des Reichskammergerichts.
1559, 15. bzw. 31. Aug.: Der livländische Ritterorden unter Gotthard Kettler und der Erzbischof von Riga begeben sich unter die Schutzherrschaft Polens. Am 28. November 1561 trägt Kettler den Rest des Ordensstaates als Herzogtum Kurland dem polnischen König Sigismund II. August zum Lehen auf.
1560, 14. Sept.: Nach dem Tod Anton Fuggers verliert das Augsburger Großhandelshaus nach und nach an Bedeutung.
1561: Das Ordensland Kurland wird in ein weltliches Herzogtum unter polnischer Lehenshoheit umgewandelt; andere Teile des Ordensstaates kommen unter polnische, dänische und schwedische Herrschaft.
1561: Kurfürst Friedrich III. von der Pfalz tritt zum (in den Augsburger Religionsfrieden nicht eingeschlossenen) calvinistischen Glauben über und reformiert sein Land mit großer Entschiedenheit. Als einzige norddeutsche Stadt übernimmt Bremen das calvinistische Bekenntnis und wird deshalb aus der Hanse ausgeschlossen.
1561, 20. Jan.-8. Febr.: Auf dem Naumburger Fürstentag können sich die protestantischen Landesherren nicht auf eine gemeinsame Glaubenslehre verständigen.
1563, 19. Jan.: Veröffentlichung des auf Anordnung des Kurfürsten Friedrich III. von der Pfalz von Zacharias Ursinus und Kaspar Olevianus verfassten Heidelberger Katechismus, der am weitesten verbreiteten reformierten Bekenntnisschrift.
1563, 31. Dez.: Herzog Albrecht V. von Bayern besetzt die reichsunmittelbare protestantische Grafschaften Ortenburg bei Passau, vertreibt die protestantischen Prediger und geht gleichzeitig gegen die protestantisch-ständische Bewegung im eigenen Lande vor.
1564, 24. Jan.: Papst Pius IV. bestätigt die Beschlüsse des am 4. Dezember 1563 abgeschlossenen Trienter Konzils, das durch die Weiterentwicklung bzw. Fixierung der dogmatischen Grundsätze und bestimmte Reformen der Kirchenorganisation und des Kultes zu einer inneren Erneuerung des Katholizismus beiträgt und damit wesentliche Voraussetzungen für eine erfolgreiche Gegenreformation schafft.
1564, 25. Juli: Tod Kaiser Ferdinands I. Sein Nachfolger, Maximilian II., neigt persönlich zum Protestantismus und bemüht sich im Verein mit Kursachsen um eine den Religionsfrieden wahrende Ausgleichspolitik, der jedoch der Erfolg versagt bleiben muss, da die energisch vorangetriebene Gegenreformation zwangsläufig zu einer erneuten Verschärfung der Gegensätze zwischen den beiden großen politisch-konfessionellen Lagern führt.
1564, Okt.: Expansionsbestrebungen des von der Pforte unter-

stützten siebenbürgischen Fürsten Johann Zapolya führen zu einem neuen Türkenkrieg, der erst 1568 beendet werden kann.
1964, 24. Nov.: Maximilian II., der Nachfolger des am 25. Juli verstorbenen Kaisers Ferdinand I., neigt persönlich dem protestantischen Glauben zu und ist um Toleranz und eine Erhaltung des Religionsfriedens bemüht. In seiner Regierungszeit erreicht der Protestantismus mit einem Bevölkerungsanteil von etwa 70 Prozent seine größte Verbreitung.
1566: In den Niederlanden beginnt der Aufstand gegen die spanische Herrschaft; während der Süden langfristig von Spanien behauptet werden kann, bilden die nördlichen Provinzen 1581 eine unabhängige Republik, die 1609 auch von Spanien vorläufig anerkannt werden muss. Der Konflikt in den Niederlanden strahlt vielfach auf die Auseinandersetzungen im Reich aus.
1566, 23. März-30. Mai: Der Reichstag zu Augsburg bewilligt Kaiser Maximilian II. 48 Römermonate (Römermonat = außerordentliche Reichssteuer in Höhe des Monatssolds für das Reichsheer) für den Türkenkrieg. Die ursprünglich geplanten Verhandlungen zur Herstellung der Kircheneinheit unterbleiben; die katholischen Stände unterwerfen sich mit gewissen Einschränkungen den Beschlüssen des Trienter Konzils.
1568, 17. Febr.: Der Friede von Adrianopel zwischen Kaiser Maximilian II. und Sultan Selim II. beendet auf der Basis der Anerkennung des gegenseitigen Besitzstands vor Ausbruch der Feindseligkeiten und weiterer Tributzahlungen an die Türken den 1564 ausgebrochenen Türkenkrieg. Der Vertrag wird 1576, 1584 und 1592 für je acht Jahre verlängert.
1569: Herausgabe der ersten wissenschaftlich einwandfrei gezeichneten Weltkarte durch den Geografen und Kartografen Gerhard Mercator mit dem von ihm erstmalig angewandten winkeltreuen Zylinderentwurf.
Um 1570: Ein Klimaumschwung, eine „kleine Eiszeit", führt in Europa zu geringeren Erntemengen und zieht Hungersnöte und Wirtschaftskrisen nach sich.
1570, 22. Mai-11. Dez.: Der Reichstag zu Speyer lehnt den auf Veranlassung Kaiser Maximilians II. von Lazarus von Schwendi ausgearbeiteten Plan einer umfassenden Reorganisation des Reichskriegswesens wegen der damit verbundenen Einschränkung der Souveränitätsrechte der Reichsfürsten ab.
1570, 13. Dez.: Im Stettiner Frieden, abgeschlossen zur Beendigung des Nordischen Siebenjährigen Krieges (1563-1570) zwischen Dänemark und Schweden, wird die Lehnshoheit des Reiches über Livland von den beiden Signatarmächten noch einmal ausdrücklich anerkannt und am 24. Mai 1571 mit dem Reich ein entsprechender Zusatzvertrag abgeschlossen (1577 von Schweden aufgehoben).
1570/1571: Durchführung der Gegenreformation in der Markgrafschaft Baden-Baden unter der vormundschaftlichen Regierung des Herzogs Albrecht V. von Bayern.
1572: Teilung des Herzogtums Sachsen zwischen den Söhnen Herzog Johann Friedrichs II., Johann Casimir und Johann Ernst, und ihrem Onkel Johann Wilhelm in Sachsen-Coburg, Sachsen-Eisenach und Sachsen-Weimar; Beginn der Zersplitterung der ernestinischen Lande.
1572, 28. Apr.: Erlass der auf dem Sachsenspiegel beruhenden und in ganz Norddeutschland zu großem Ansehen gelangenden Konstitutionen des Kurfürsten August von Sachsen, einer der großen Landrechtskodifikationen des 16. Jh.
1572-1585: Unter Papst Gregor XIII. greift die Kurie verstärkt in die deutschen Angelegenheiten ein. Förderung der Gegenreformation durch die Errichtung der „Congregatio Germanica", ein für deutsche Angelegenheiten zuständiges Kardinalskollegium (1573), den Ausbau des 1552 gegründeten „Collegium Germanicum" in Rom und die Errichtung ständiger Nuntiaturen in Deutschland (1580 Graz, 1581 Wien, 1584 Köln).
1574, 23. Juli: In Aachen werden die Angehörigen der Augsburger Konfession ausdrücklich für ratsfähig erklärt, obwohl das Ratssta-

Bild linke Seite links: *Papst Gregor VIII. (1502-1582). Papst ab 1572, betrieb er die Gegenreformation (feierte die Bartholomäusnacht durch Prozessionen und eine Denkmünze), richtete Nuntiaturen ein, förderte die Jesuiten und führte den nach ihm benannten Gregorianischen Kalender (1582) ein.*
Bild linke Seite rechts: *Kaiser Rudolf II. (1552-1612). Er förderte Wissenschaft und Kunst, rief die Astronomen Brahe und Kepler sowie viele Künstler an seinen Hof, sammelte eine wertvolle Bibliothek und zahlreiche Werke der Kunst und des Kunsthandwerks.*
Bild rechts: *Friedrich Johannes Kepler. Kepler (1571-1630) entdeckte – und veröffentlichte 1609 – die Gesetze der Planetenbewegung, die nach ihm Keplersche Gesetze genannt werden. In der Mathematik wurde ein numerisches Verfahren zur Berechnung von Integralen nach ihm Kepler'sche Fassregel benannt. Mit seiner Einführung in das Rechnen mit Logarithmen trug Kepler zur Verbreitung dieser neuen Rechenart in Deutschland bei. Auch machte er die Optik zum Gegenstand wissenschaftlicher Untersuchung und half, die mit dem Teleskop gemachten Entdeckungen seines Zeitgenossen Galileo Galilei zu beweisen. In seiner Laufbahn war Kepler Mathematiklehrer an der protestantischen Stiftsschule in Graz. Kepler war in Prag Assistent von Tycho Brahe, kaiserlicher Mathematiker bis zu seinem Tod, zunächst unter Rudolf II., dann unter dessen Nachfolger Landesmathematiker in Linz und Hofastrologe von General Wallenstein.*

tut vom 15. Februar 1560 die Nichtkatholiken vom Rat ausschließt. Beginn des sog. Aachener Streits (1574-1598).

1575, 18. Mai: Überreichung der „Böhmischen Konfession“ durch die protestantischen Stände Böhmens an Kaiser Maximilian II. Die Anträge auf freie Religionsausübung werden zwar abgelehnt, jedoch verspricht der Kaiser den Ständen, sie nicht zu behindern oder zu bedrücken.

1575, 27. Okt.: Auf dem Kurfürstentag zu Regensburg wird Erzherzog Rudolf einstimmig zum römischen König gewählt. Die Versuche der Pfalz, die Wahl von der Erfüllung bestimmter Vorbedingungen (Freistellung der protestantischen Religion, offizielle Anerkennung der Kalvinisten u. a.) abhängig zu machen, scheitern am Widerspruch Kursachsens.

1576, 12. Okt.: Tod Kaiser Maximilians II. Sein Nachfolger, Rudolf II., unterstützt die Gegenreformation in den habsburgischen Erblanden und im Reich und trägt damit wesentlich zu der rasch zunehmenden Verschärfung der inneren Gegensätze in Deutschland bei, die dann in den 90er-Jahren zu einem engeren Zusammengehen von Kalvinisten und Lutheranern und 1608/09 zur Bildung der protestantischen Union und der katholischen Liga als sich feindlich gegenüberstehenden politisch-konfessionellen Mächtegruppierungen führt.

1577, 25. Juni: Veröffentlichung der aus dem sog. Torgauer Buch entstandenen „Formula Concordiae“, des abschließenden Lehrbekenntnisses des Luthertums, das später die Grundlage der lutherischen Orthodoxie bildet.

1578: Die Reichsritterschaft schließt sich zur Wahrung ihrer Rechte und ihrer Reichsunmittelbarkeit in einem Ritterverband zusammen, der in drei Kreise gegliedert ist.

1580, 30. Juni: Veröffentlichung des Konkordienbuches, einer von 86 protestantischen Reichsständen gebilligten Zusammenfassung der für das Luthertum verbindlichen altkirchlichen und protestantischen Bekenntnisschriften einschließlich der Konkordienformel von 1577. Damit ist der Prozess der Entstehung lutherischer Landeskirchen abgeschlossen, das deutsche Luthertum innerlich gefestigt, der deutsche Protestantismus insgesamt aber wegen des damit nur verstärkten dogmatischen Gegensatzes zu den Kalvinisten erheblich geschwächt.

1582: Kalenderreform auf Vorschlag einer von Papst Gregor XIII. eingesetzten Kommission, der auch der Bamberger Mathematiker Clavius angehört. Durch päpstliche Bullen vom 24. Februar wird durch Weglassen von zehn Tagen (auf den 4. folgt unmittelbar der 15. Oktober) das Frühlingsäquinoktium, das infolge der Differenz zwischen dem Kalender und dem tropischen Sommerjahr sich auf den 11. März verschoben hatte, wieder auf den 21. März gebracht.

1583, 16. Jan.: Der Kölner Erzbischof Gebhard Truchseß von Waldburg erklärt seinen Übertritt zum Protestantismus und gibt auch für das Erzstift die protestantische Religionsausübung frei. Angesichts der großen Bedeutung des Kurfürsttums Köln für das katholische Lager führt dieser Bruch des „geistlichen Vorbehalts“ zu energischen Gegenaktionen der Kurie und des Kaisers. Erzbischof Gebhard wird am 21. Mai abgesetzt, sein Nachfolger wird am 2. Juni Herzog Ernst von Bayern. Da Gebhard von Westfalen mit pfälzischer Hilfe den Kampf um das verlorene Erzbistum aufnimmt, kommt es zum sog. Kölner Krieg, der sich bis 1590 hinzieht.

1585/1586: Beginn der Gegenreformation in den westfälischen Bistümern Münster, Paderborn und Osnabrück.

1586, 21. Febr.: Tod Kurfürst Augusts von Sachsen. Sein Nachfolger, Christian I., nähert sich unter dem Einfluss seines Schwagers, Johann Casimir von der Pfalz, und seines Kanzlers Nikolaus Krell dem kalvinistischen Lager des deutschen Protestantismus unter der Führung der Pfalz und fördert die Ausbreitung des Kalvinismus in Kursachsen.

1589, 9. März: Das Haus Habsburg verzichtet im Beuthener Vertrag gegenüber König Sigismund III. von Polen für alle Zeiten auf den polnischen Thron, um den es sich bei den Wahlen von 1573 und 1587 vergeblich bemüht hat.

Um 1590: Die sog. Englischen Komödianten (Berufsschauspieler) vermitteln die Werke William Shakespeares und anderer Dramatiker und tragen zu einem Aufschwung des deutschen Schauspiels bei. Zu Beginn des 17. Jh. entsteht das erste deutsche Hoftheater mit einem eigenen Schauspielerstand in Braunschweig.

1591: Herausgabe von Bruchstücken der sog. Peutingerischen Tafeln, einer Straßenkarte des Römischen Reichs aus dem 3. Jh., die Konrad Celtes 1507 in Worms entdeckt und dem Altertumsforscher Konrad Peutinger übergeben hat. Sie vermittelt wertvolle Anregungen zur Entwicklung der Topografie.

1591, 5. Okt.: Tod Kurfürst Christians I. von Sachsen. Unter der Regentschaft des Herzogs Friedrich Wilhelm von Sachsen-Weimar (bis 1601), für den unmündigen Christian II. von Sachsen kommt es in

Bild links: *Kaiser Matthias (1557-1619), dargestellt als römischer Feldherr P. Cornelius Scipio major, gemalt von Lucas van Valckenborch, Kunsthistorisches Museum, Wien. Matthias regierte seit 1606 für seinen Bruder, Kaiser Rudolf II., und ließ sich von ihm 1608 Mähren, Ungarn und Österreich abtreten, 1611 Böhmen. Er konnte sich im Reich nicht durchsetzen, aber sicherte seinem Vetter Erzherzog Ferdinand (II.) die Kaiserkrone. Versuch des Ausgleichs zwischen Katholiken und Protestanten.*

Bild rechte Seite oben: *Zweiter Prager Fenstersturz am 23. Mai 1618. Eine nicht zeitgenössische Darstellung aus dem „Theatrum Europaeum“. Beim Prager Fenstersturz wurden die beiden Statthalter Habsburgs in Prag aus dem Fenster geworfen, da sie versucht hatten, eine Versammlung von Protestanten zu verhindern. Dies stellte den Beginn des Böhmischen Aufstands und damit des Dreißigjährigen Krieges dar.*

Bild rechte Seite unten: *Friedrich V. von der Pfalz (1596-1632), genannt der Winterkönig, Gemälde von Adrian van der Werff. Friedrichs politisches Handeln hatte verheerende Auswirkungen auf das Reich und ganz Europa und war einer der Auslöser des Dreißigjährigen Krieges.*

Kursachsen zu einer von den Ständen unterstützten lutherisch-orthodoxen Reaktion. Der Kanzler Nikolaus Krell wird noch 1591 verhaftet und 1601 nach einem irregulären Verfahren hingerichtet; durch die Kirchenvisitation von 1592 wird der sog. Kryptokalvinismus endgültig unterdrückt.

1593, 22. Juni: Das Reitergefecht bei Sissek bildet den Auftakt zum Türkenkrieg (1593-1606), der 1605 zu einem zeitweiligen Zusammengehen von Türken, Siebenburgern und Ungarn und einer unmittelbaren Bedrohung der habsburgischen Erblande führt.

1597, 20. Dez.-6. Apr. 1598: Auf dem Reichstag zu Regensburg protestieren die von der Kurpfalz geführten „korrespondierenden Stände“ (Kurpfalz, Pfalz-Zweibrücken, Braunschweig-Wolfenbüttel, Baden-Durlach, Hessen, Ansbach, Anhalt und später auch Brandenburg) gegen die starke Türkenhilfe und erklären, hinsichtlich der Geldbewilligung die gefassten Mehrheitsbeschlüsse nicht mehr anerkennen zu wollen. Der Kaiser ordnet die Eintreibung der bewilligten Gelder durch das Reichskammergericht an.

1598, Mai: Durch den Geraischen Hausvertrag zwischen Markgraf Georg Friedrich von Ansbach und Kurfürst Joachim Friedrich von Brandenburg und dessen Brüdern, wird für den gesamten Hohenzollernschen Besitz und alle Anwartschaften das Prinzip der Unteilbarkeit und Primogenitur eingeführt und damit eine wesentliche Voraussetzung für zielstrebige Hausmachtpolitik der Hohenzollern geschaffen.

1598, 4. Febr.: In Bayern übernimmt Herzog Maximilian I. die Regierung; es gelingt ihm, durch entschiedene Reformen die Stände zurückzudrängen, seine Macht auszubauen und damit zur stärksten Kraft auf katholischer Seite aufzusteigen.

1601: Die protestantischen Reichsstände Kurpfalz, Brandenburg und Braunschweig verlassen den vom Reichstag als Revisionsinstanz eingesetzten Reichsdeputationstag und machen ihn damit beschlussunfähig.

1602: Auf dem Fürstentag zu Friedberg beschließt die Mehrzahl der protestantischen Stände, hinsichtlich der von ihnen eingezogenen Klöster kein neues kammergerichtliches Urteil mehr zuzulassen und sich in Zukunft auch den Entscheidungen des völlig vom Kaiser abhängigen Reichshofrates nicht mehr zu unterwerfen.

1606: Die habsburgischen Erzherzöge verbünden sich unter Führung von Erzherzog Matthias gegen Kaiser Rudolf II., dessen Regierungsfähigkeit sie anzweifeln.

1606, 23. Juni: Der Wiener Frieden zwischen Erzherzog Matthias und dem ab 1605 von den Türken als König von Ungarn und Siebenbürgen anerkannten Stephan Bocskay billigt den gegen die habsburgische Verwaltung und Kirchenpolitik opponierenden ungarischen Ständen und königlichen Marktflecken das Recht der freien Religionsausübung zu, regelt die Rechte der ungarischen Magnaten und bestimmt die Stellung Stephan Bocskays als Fürsten von Siebenbürgen.

1606, 11. Nov.: Der Waffenstillstand von Zsitva-Torok zwischen Kaiser Rudolf II. und Sultan Achmed I. beendet auf der Grundlage des im Kriege geschaffenen Besitzstands den 1593 ausgebrochenen Türkenkrieg. Der Kaiser wird vom Sultan als gleichberechtigter Herrscher anerkannt und die seit 1547 übliche Tributzahlung von 30.000 Gulden abgelöst (1616 und 1625 verlängert).

1607: Kaiser Rudolf verhängt über die Reichsstadt Donauwörth wegen eines Religionskonflikts die Reichsacht und beauftragt das katholische Bayern und nicht das an sich zuständige protestantische Württemberg mit der Exekution.

1608: Bayerische Truppen besetzen Donauwörth und erzwingen eine Rekatholisierung der mehrheitlich protestantischen Stadt. Auf dem Regensburger Reichstag kommt es daraufhin zum offenen Bruch; das für den politischen Ausgleich wichtigste Organ des Reiches ist lahmgelegt.

1608, 15. Mai: Mehrere seit dem 12. Mai in dem ansbachischen Dorf Ahausen versammelte lutherische und reformierte Fürsten (Pfalzgraf von Neuburg, die Markgrafen von Brandenburg-Ansbach und Brandenburg-Kulmbach, Herzog von Württemberg, Markgraf von Baden-Durlach) schließen auf Betreiben des Fürsten Christian von Anhalt-Bernburg unter Führung des Kurfürsten Friedrich IV. von der Pfalz ein Schutz- und Trutzbündnis auf zehn Jahre, später als Union bezeichnet; sie einigen sich über die Aufstellung eines gemeinsamen Heeres und zahlen in eine Bundeskasse 90 Römermonate.

1608-1620: Bau der Marienkirche in Wolfenbüttel; hier verschmelzen spätgotische Stilelemente mit solchen der deutschen Renaissance zu einer Einheit.

1609: Als erste periodische Zeitungen in Deutschland erscheinen die „Straßburger Relation" des Johann Carolus und der „Wolfenbütteler Aviso" des Jacob Lucius. Vor und während des Dreißigjährigen Krieges folgen dann Wochenzeitungen in Frankfurt am Main, Wien, Nürnberg, Berlin, Hamburg, Leipzig, Köln und anderen Orten.

1609, 9. März: Maximilian von Bayern schließt mit den Bischöfen von Augsburg und Konstanz sowie mit den Äbten von Kempten und Ellwangen einen Bund, aus dem später die Liga hervorgeht.

1609, 10. Juni: Der Jülisch-Klevische Erbfolgestreit kann mit dem Dortmunder Vertrag vorläufig beigelegt werden. Da dieser vom Kaiser jedoch nicht akzeptiert wird, droht ein europäischer Krieg, der nur durch den Mord an dem französischen König Heinrich IV. am 14. Mai 1610 aufgehalten wird.

1609, 9. Juli: Kaiser Rudolf gewährt in einem Majestätsbrief allen böhmischen Ständen die Glaubensfreiheit, um sich deren Unterstützung in seinen Auseinandersetzungen mit Erzherzog Matthias zu sichern.

1610, 22. Aug.: Der Bundestag der Liga in München beschließt, um die Ansprüche der katholischen Fürstengruppierung im Reich gegen Brandenburg und Pfalz-Neuburg im Jülich-Kleveschen Erbfolgestreit durchzusetzen, die Anwerbung eines Heeres und bestellt Johann Tserclaes von Tilly zum Feldmarschall.

1611, 23. Mai: Böhmen fällt endgültig an Erzherzog Matthias, Kaiser Rudolf wird bis zu seinem Tod am 20. Januar 1612 als Gefangener auf dem Hradschin festgehalten.

1612, 13. Juni: Kaiserwahl Matthias', der seinem Bruder Rudolf II. folgt. Er bemüht sich zunächst um einen Ausgleich zwischen den beiden Fürstengruppierungen im Reich und versucht gleichzeitig, die habsburgische Politik durchzusetzen.

1612/1613: Die protestantische Union stärkt ihre Stellung durch Bündnisse mit England und den Niederlanden, die katholische Liga sichert sich die Unterstützung des Kaisers und Spaniens.

1614, 9. Mai: Ausbruch des sog. Fettmilchaufstandes in der Reichsstadt Frankfurt am Main; Handwerker fordern, unterstützt durch niederländische Kaufleute unter der Führung Vinzenz Fettmilchs und anderer Kalvinisten, Maßnahmen gegen Wucher, Ausbeutung und Münzverschlechterung.

1614, 12. Nov.: Im Vertrag von Xanten werden die Herzogtümer Jülich und Kleve endgültig geteilt: Der zum katholischen Glauben konvertierte Pfalzgraf Wolfgang Wilhelm erhält Jülich und Berg, der calvinistisch gewordene Kurfürst Johann Sigismund von Brandenburg Kleve, Mark, Ravensberg und Ravenstein.

1616: Zunahme der Gegensätze im Lager der Liga, die einer Auflösung dieser katholischen Fürstengruppierung gleichkommen und das Kräfteverhältnis im Reich zugunsten der Union verschieben.

1616: Das Heilige Officium erklärt die Lehre vom heliozentrischen System, die von Nikolaus Kopernikus begründet, durch Giordano Bruno philosophisch weiterentwickelt sowie durch Galileo Galilei mathematisch exakt und unter Verwendung eines selbst gebauten Fernrohrs nachgewiesen wird, als falsch und ketzerisch. Galilei muss vor dem Inquisitionsgericht seine Lehre widerrufen, das 1633 seine Verteidigungsschrift verwirft. 1638 erscheint in Leiden sein größtes Werk mit seinen Forschungsergebnissen auf dem Gebiet der Mechanik.

1618, 23. Mai: Delegierte der böhmischen Stände stürzen in einem Akt von Lynchjustiz die kaiserlichen Räte Slawata, Martinitz und den Sekretär Fabricius aus den Fenstern der Ratskammer des Prager Hradschin (defenestratio). Der Prager Fenstersturz, in der am 25. Mai veröffentlichten Verteidigungsschrift (Apologie) von den Ständen als „altböhmischer Brauch" gegen Meineidige und Landesverräter bezeichnet, bedeutet den Bruch mit den Habsburgern und leitet den böhmischen Ständeaufstand ein, der wiederum die 1. Etappe des Dreißigjährigen Krieges auslöst, den sog. Böhmisch-pfälzischen Krieg (1618-1623).

1618, 20. Juli: Ausschaltung des Ratgebers des Kaisers, Melchior

***Bild oben:** Belagerung von Bautzen im Jahre 1620 durch den Kurfürsten Johann Georg I., Kupferstich von Matthäus Merian aus dem 17. Jahrhundert.*

***Bild linke Seite:** Christian von Braunschweig-Wolfenbüttel (1599-1626), genannt der „tolle Christian“, Herzog von Braunschweig und Lüneburg. Porträt von Paulus Moreelse, Braunschweig, Herzog Anton Ulrich-Museum. Christian war einer der berüchtigsten Söldnerführer des Dreißigjährigen Krieges, der schon mit 22 Jahren Soldtruppen in Heeresstärke befehligte. Bei aller Begabung war er jedoch nicht der erfolgreiche Feldherr, den seine Auftraggeber (Kurpfalz, England, Dänemark) sich gewünscht hätten. Wegen seiner Jugend mag er als militärisches Naturtalent angesehen werden; er hatte aber einen ausgeprägten Hang zur Gewalt und war erfüllt von einem übersteigerten Hass gegen alles Katholische.*

Khlesl, und Sieg der zum Kriege drängenden Gruppierung in Wien.

1618, 13. Aug.: Kaiserliches Kriegsvolk unter Heinrich Duval Graf von Dampierre fällt in Böhmen ein.

1618, 27. Aug.: Der Kurfürst von Brandenburg erbt das Herzogtum Preußen, das allerdings nach wie vor polnischer Lehnshoheit unterliegt.

1618, Okt.: Anschluss der schlesischen Stände an die böhmischen Konföderation (Breslauer Landtag), wodurch das Kräfteverhältnis sich zugunsten der böhmischen Ständeopposition verschiebt.

1619, 20. März: Der Tod des Kaisers Matthias bedeutet insofern einen Wendepunkt, als sein Nachfolger Ferdinand auf eine gewaltsame Lösung des Konfliktes drängt. Aufgrund seiner Absetzung als böhmischem König ist seine Wahl als römischer Kaiser in Frage gestellt, da die böhmische Kurstimme im Kurfürstenkollegium den Ausschlag geben kann.

1619, 13. Mai: Der Sieg der Partei des Statthalters Moritz von Oranien (Gomaristen) über das holländische Handelspatriziat (Arminianer) schafft Voraussetzungen für eine aktive antispanische Außenpolitik. Durch Gewährung von Subsidien in Höhe von 50.000 Gulden (monatlich), allerdings gebunden an die Unterstützung durch England, greifen die Generalstaaten in die Auseinandersetzung ein, ohne jedoch den böhmischen Ständen ausreichende Hilfe zu gewähren, da für sie die unmittelbare Bedrohung von den spanischen Niederlanden (Brüssel) aus akuter ist als der Konflikt in Mitteleuropa, der sie nur indirekt berührt.

1619, 22./27. Aug.: Die böhmischen Stände erklären König Ferdinand für abgesetzt und wählen Friedrich V. von der Pfalz, den Führer der Union, zum König.

1619, 28. Aug.: Wahl Ferdinands II. zum Kaiser (Krönung 19. September); er gilt als einer der konsequentesten Verfechter der Rekatholisierung und wird wegen seiner Abhängigkeit von der klerikalen Reaktion von den Protestanten als „Jesuitenknecht“ bezeichnet. Seine Wahl erfolgt auch mit den Stimmen der protestantischen Kurfürsten bzw. ihrer Vertreter, die sich auf keinen anderen Kandidaten einigen können.

1619, Dez.: Beschluss der Liga, mit einer Söldnerarmee von 25.000 Mann in den Krieg einzugreifen. Veränderung im Kräfteverhältnis zuungunsten der böhmischen Stände und der Union, die auf dem Nürnberger Korrespondenztag die Zusicherung gibt, sich nicht in die böhmische Angelegenheit einzumischen und nur die Stammlande Friedrichs V. von der Pfalz zu verteidigen.

1620, 21. März: Vertrag von Mühlhausen. Ferdinand II. stellt dem sächsischen Kurfürsten, der bereits am 12. Juli 1619 seine Hilfe bei der Niederwerfung des böhmischen Ständeaufstandes anbot, die Lausitz als Pfand in Aussicht, verspricht ihm Sachsen-Anhalt sowie Unterstützung gegen die Weimarer Linie, die ebenso wie Christian von Anhalt Verbündete des pfälzischen Kurfürsten und böhmischen Königs sind; die Aufhebung der böhmischen Lehnsoberhoheit über einige Territorien mitten im kursächsischen Herrschaftsbereich ist ein weiterer Preis für den Übertritt Kursachsens in das habsburgische Lager.
1620, 8. Nov.: Niederlage des böhmischen Ständeheeres in der Schlacht am Weißen Berg. Flucht des von seinen Gegnern als „Winterkönig" verspotteten Friedrich von der Pfalz nach Breslau, wo die schlesischen Stände am 2. Dezember in der Hoffnung auf die Unterstützung durch Bethlen Gábor von Siebenbürgen Hilfe in Aussicht stellen.
1620, 20. Dez.: Rückberufung der Jesuiten nach Böhmen durch Ferdinand II.
1621, 22. Jan.: Verhängung der Reichsacht über Friedrich V. von der Pfalz.
1621, 12. Apr.: Dem Abschluss des sog. Mainzer Akkords zwischen Spinola und der Union, die sich verpflichtet, die Pfalz zu räumen und neutral zu bleiben, folgt angesichts der Siege der spanisch kaiserlich-ligistischen Truppen auf allen Kriegsschauplätzen und des Ausbleibens von Hilfe durch England, Frankreich und die Generalstaaten die Selbstauflösung der Union auf der Versammlung zu Heilbronn (Mai).
1621, 21. Juni: Hinrichtung von 27 Führern des böhmischen Ständeaufstandes (darunter 17 Bürger) auf dem Altstädter Markt in Prag als Auftakt der Maßnahmen zur Liquidierung der ständischen Opposition (Güterkonfiskation und gewaltsame Rekatholisierung). Die böhmischen Länder verlieren ihre politische Selbstständigkeit.
1622/1623: Truppen der Liga unter dem Feldherrn Johann von Tilly und spanische Einheiten erobern die Pfalz; Kaiser Ferdinand III. überträgt die pfälzische Kurwürde auf Herzog Maximilian von Bayern.
1622, 27. Apr.: Peter Ernst II. von Mansfeld und der Markgraf Friedrich von Baden-Durlach siegen über Tilly bei Wiesloch.
1622, 6. Mai: Das durch die Spanier unter Cordova verstärkte ligistische Heer besiegt den badischen Markgrafen, der sich von Mansfeld trennt, bei Wimpfen.
1622, 20. Juli: Niederlage des in Diensten des Kurfürsten Friedrich V. von der Pfalz stehenden Herzogs Christian von Braunschweig, des Administrators von Halberstadt, der mit der Hilfe des niedersächsischen Kreises ein Söldnerheer aufstellt, bei Höchst bei Frankfurt am Main.
1622, Sept.: Tilly erobert Heidelberg; Verschleppung der wertvollen Bibliothek (Palatina). Brandschatzung von Mannheim und anderer Städte durch ligistisches und spanisches Kriegsvolk.
1623: Begründung der ersten naturforschenden Gesellschaft durch den Rostocker Mathematiker Joachim Jungius, der zahlreiche weitere, so in Nürnberg, Erfurt und Hamburg, folgen.
1623, 7. Febr.: Bündnis zwischen Frankreich, Venedig und Savoyen zum Schutz gegen die spanische Bedrohung, die nach den Erfolgen im böhmisch-pfälzischen Krieg in ein neues Stadium tritt. Papst Gregor XV. verhindert durch diplomatische Aktionen den Ausbruch des Krieges zwischen den beiden katholischen Mächten Frankreich und Spanien, kann jedoch die machtpolitischen Gegensätze nicht überbrücken. Sein Nachfolger Urban VIII. (1623-1644) verfolgt eine gegen Frankreich und Habsburg gerichtete Politik und wirft sich zum „Schutzherrn" eines freien Italien auf.

1623, 6. Aug.: Tilly schlägt Christian von Braunschweig, der von den Niederlanden aus in Westfalen einfällt, bei Stadtlohn. Im Ergebnis des Sieges fallen kaiserlich-ligistische Truppen in Norddeutschland ein. Christian von Braunschweig und Ernst von Mansfeld versuchen, Ostfriesland gegen spanische Angriffe zu halten. Nach Entlassung aus niederländischen Diensten suchen sie in England Unterstützung für die Weiterführung des Krieges gegen das spanische habsburgisch-katholische Lager.
1624, Apr.: Berufung des 1622 zum Kardinal ernannten Herzogs Armand Jean Duplessis von Richelieu in den französischen Staatsrat. Er übernimmt nach Abdankung und Verbannung seines Vorgängers die Leitung der Regierung (August), verhilft der absolutistischen Staatsform zum Sieg und betreibt eine französische Großmachtpolitik, die sich gegen die Bedrohung durch die habsburgischen Herrschaftspläne wendet, zunächst andere Mächte vorschickt und finanziell unterstützt und schließlich selbst die Führung der antispanischen Mächtegruppierung übernimmt, mit dem Ziel der französischen Hegemonie in Westeuropa.
1625-1629: 2. Etappe des europäischen Kriegs (sog. Dänisch-niedersächsischer Krieg).
1625, 15. Apr.: Ferdinand II. überträgt Albrecht Wenzel Eusebius von Wallenstein den Oberbefehl (Capo) über das kaiserliche Kriegsvolk und weist ihm drei Kreise in Böhmen als Werbeplätze zu. Mithilfe seines aus der Güterkonfiskation und durch Münzbetrug (Mitglied des Münzkonsortiums) erworbenen Vermögens und Grundbesitzes (seit 1622 Herzog von Friedland) stellt dieser

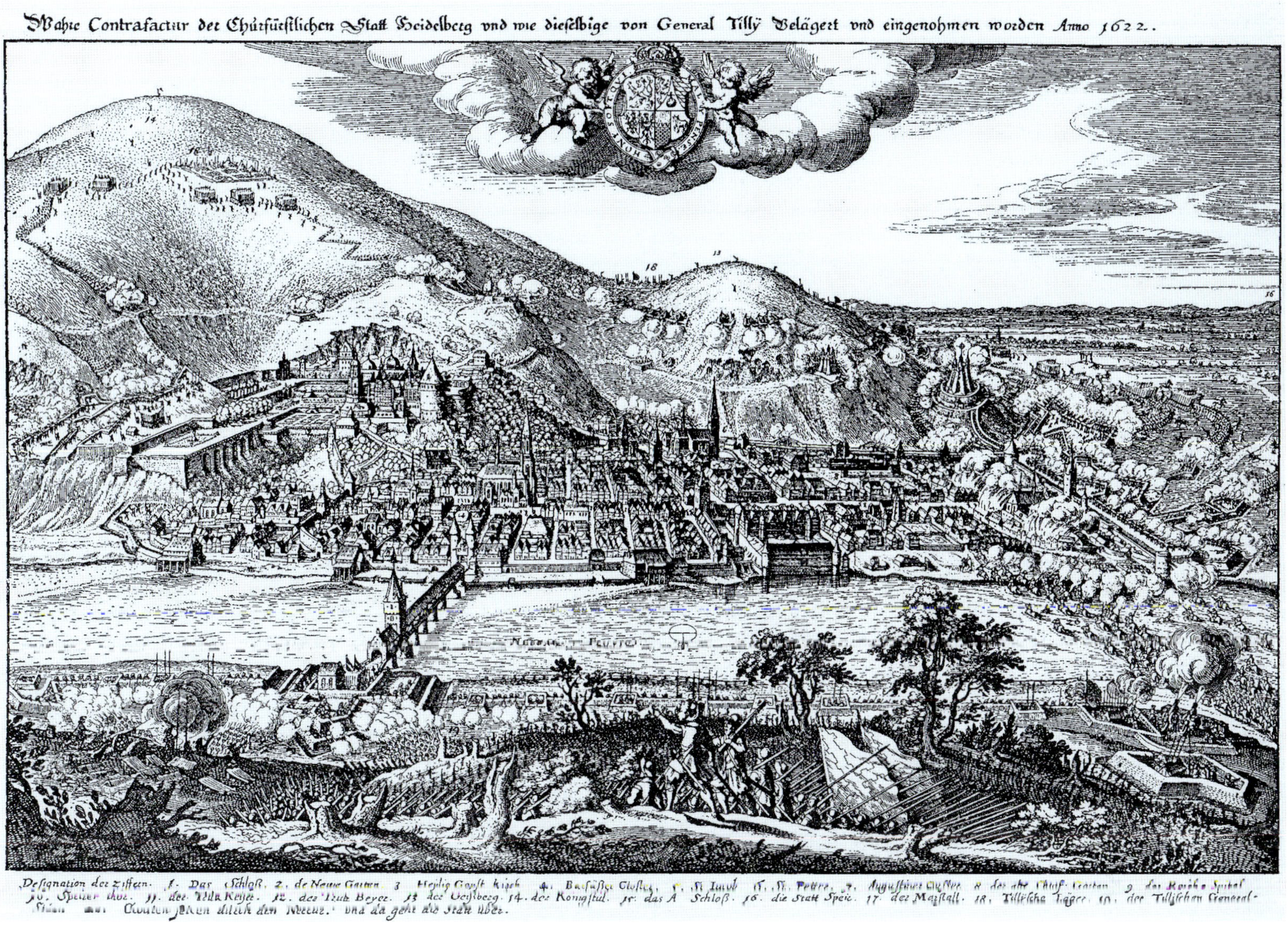

***Bild oben:** „Wahre Contrafactur der Churfürstlichen Statt Heidelberg und wie dieselbige von General Tilly Belagert und eingenommen worden Anno 1622", Kupferstich von 1643.*

***Bild linke Seite:** Graf Johann von Tilly (1559-1632) in zeitgenössischer Rüstung. Der Heerführer im Dreißigjährigen Krieg siegte 1620 am Weißen Berg über Friedrich V. von der Pfalz; 1626 über die Dänen. Ab 1630 war er nach der Entlassung Wallensteins Oberbefehlshaber des kaiserlichen Heeres. Die Ausrottung der Ketzerei in Deutschland war dem Gegner der Reformation Gewissenssache und er half mit, dem Kampf den fanatisch-religiösen Charakter aufdrücken. Dagegen war er kein roher Wüterich, wie ihn die protestantische Geschichtsschreibung darzustellen pflegte. Er starb am 20. April 1632 in Ingolstadt an den Folgen einer Verwundung, die er sich im Kampf zugezogen hatte.*

ein Söldnerheer auf; hoher und regelmäßig ausgezahlter Sold, Aussicht auf Beute, Verpflegung und gute Ausrüstung (z. T. aus den Wallensteinschen Besitzungen bzw. hergestellt in eigenen militärischen Unternehmungen) lassen Menschen aller Herren Länder (meist deklassierte Elemente) zu diesem Heer stoßen.

1626, 25. Apr.: Wallenstein siegt an der Elbbrücke bei Dessau und vereitelt dadurch die Absicht des Mansfelders, in Böhmen einzufallen, um von hier aus im Zusammenwirken mit Bethlen Gábor den Krieg in die habsburgischen Erblande zu tragen. In Abänderung dieses Plans zieht nach der Niederlage mansfeldisches und dänisches Kriegsvolk unter Ernst von Mansfeld und Johann Ernst von Sachsen-Weimar, von Wallenstein zögernd verfolgt, über Brandenburg nach Schlesien und Ostmähren, wo sich die Bevölkerung gegen das Habsburger Regime erhebt. In Oberungarn (der heutigen Slowakei) erfolgt die Vereinigung mit Bethlen Gábor, der jedoch vergeblich auf niederländische und englische bzw. französische Unterstützung wartet.

1626, 27. Aug.: Niederlage des unter dem Oberbefehl Christians IV. kämpfenden Söldnerheeres bei Lutter am Barenberge. Im Ergebnis des Siegs besetzen ligistisches unter Tilly und kaiserliches Kriegsvolk unter Wallenstein 1627/28 schrittweise Norddeutschland und Jütland. Angesichts dieser Erfolge versucht der seit 1624 die Politik des absolutistischen Frankreichs bestimmende Richelieu, nicht nur protestantische Reichsstände für den Kampf gegen die Habsburger zu mobilisieren, sondern auch katholischen Fürsten zum Abfall zu bewegen; damit leitet er eine neue Etappe der französischen Deutschlandpolitik ein (Gewinnung der linksrheinischen Gebiete, Aufrechterhalten der politischen Zersplitterung, Stärkung der fürstlichen Partikulargewalten).

1626, 28. Dez.: Friede zu Preßburg zwischen Kaiser und Bethlen Gábor, wodurch Wallenstein, der bei Neuhäusel (Oberungarn) am 30. September einen Erfolg über siebenbürgische Truppen erzielt, im folgenden Jahr den Feldzug in Mähren und Schlesien siegreich beenden kann.

1627, 20. Apr.: Beschwerdeschrift der in Würzburg zusammengetretenen katholischen Fürsten über die Wallensteinsche Soldateska und über das ihre Libertät bedrohende Auftreten des kaiserlichen Feldherrn, der in dieser Phase des Krieges die Stärkung der kaiserlichen Macht betreibt.

1627, 9. Juli: Wallenstein siegt über die Reste des mansfeldisch-dänischen Kriegsvolks bei Kosel und besetzt nach der Kapitulation von Troppau (29. Juli) ganz Schlesien.
1628, 21. Apr.: Ferdinand II. verleiht Wallenstein, dem offiziell der Rang eines Generaloberstfeldhauptmannes bestätigt wird, den Titel eines „Generals der ganzen kaiserlichen Schiffsarmada zu Meer wie auch des ozeanischen und baltischen Meeres General“. Durch die kaiserliche bzw. Wallensteinsche Ostseepolitik verschärfen sich die Spannungen zwischen dem habsburgisch-katholischen Lager und Schweden einerseits und zwischen dem Kaiser bzw. Wallenstein und Madrid bzw. Brüssel andererseits.
1628, 23. Mai: Beginn der Belagerung von Stralsund, die Wallenstein am 4. August abbrechen muss, da die Stadt von der Seeseite durch Dänemark und Schweden unterstützt wird.
1629, 6. März: Auf dem Höhepunkt seiner Machtstellung ordnet Kaiser Ferdinand II. im „Restitutionsedikt“ an, dass alle seit 1552 reformierten Bistümer und Klöster an die Katholiken zurückgegeben werden müssen.
1629, 22. Mai: Der Friede von Lübeck belässt Christian IV. im Besitz seiner Territorien. Der Dänenkönig leistet Verzicht auf die niedersächsischen Bistümer und auf das Bündnis mit den norddeutschen Reichsständen, was praktisch das Ausscheiden Dänemarks aus dem europäischen Krieg bedeutet.
1629, 28. Okt.: Die Kapitulation der Hugenottenfestung La Rochelle, die von Karl I. von England im Frieden von Susa (24. April) im Stich gelassen wird, bereitet den Kriegseintritt des absolutistischen Frankreichs in den europäischen Krieg vor.
1629, Dez.: Beschluss der Liga auf ihrer Tagung in Mergentheim, gegen Wallenstein vorzugehen, dessen Soldateska auch in ihren Territorien wie in Feindesland haust. Außerdem wollen die Fürsten den Kaiser seiner wichtigsten Stütze zur Festigung seiner Macht berauben.
1630-1635: 3. Etappe des europäischen Krieges (sog. Schwedischer Krieg).
1630: Bündnis Frankreichs mit den Generalstaaten, die sich verpflichten, ohne französische Zustimmung keinen Sonderfrieden mit Spanien zu schließen.
1630, 6. Juli: Landung Gustav Adolfs auf Usedom; Erlass eines Manifests an die deutschen Fürsten, sich ihm anzuschließen, das jedoch nur geringen Widerhall findet.
1631: In Rinteln an der Weser erscheint in lateinischer Sprache und anonym das kritische Werk „Cautio criminalis seu de processibus contra sagas“ („Vorsicht bei der Rechtsprechung oder über die Hexenprozesse“), dessen Verfasser, der Jesuit Friedrich Spee von Langenfeld, aufgrund seiner persönlichen Erfahrung bei Hexenprozessen bzw. -verbrennungen scharf gegen diesen Aberglauben und die barbarischen Untersuchungsmethoden auftritt.
1631, 23. Jan.: Vertrag von Bärwalde, abgeschlossen zwischen dem französischen Bevollmächtigten und Schweden auf sechs Jahre; Gustav Adolf verpflichtet sich, gegen Subsidien (jährlich 1 Million Livres) ein

Belagerung Stralsunds durch Wallenstein 1628, nachträglich kolorierter Kupferstich.

Heer von 34.000 Mann in Deutschland zu unterhalten.
1631, 20. Mai: Eroberung und Zerstörung Magdeburgs durch kaiserlich-ligistisches Kriegsvolk unter Tilly und Pappenheim.
1631, 11. Sept.: Bündnis zwischen Schweden und Kursachsen, nachdem Tilly gegen den Willen des bayerischen Kurfürsten in Sachsen eingefallen ist. Vereinigung der schwedischen und sächsischen Armeen bei Düben (15. September).
1631, 17. Sept.: Das Heer der Liga unter Tilly erleidet bei Breitenfeld eine katastrophale und folgenschwere Niederlage; Sieg der modernen beweglichen Kampfweise Gustav Adolfs über die veraltete spanische Taktik der Infanterieblöcke („tercios").
1631, Okt.: Schwedische Truppen besetzen Erfurt (2. Oktober) und Würzburg (14. Oktober).
1631, 15. Nov.: Sächsische Truppen besetzen Prag. Verhandlungen Wallensteins mit dem sächsischen Feldmarschall von Arnim in Kaunitz (Böhmen).
1631, Dez.: Verhandlungen zwischen einem Beauftragten des Kaisers und Wallenstein, dem am 15. Dezember mit außerordentlicher Vollmacht der Oberbefehl über das kaiserliche Kriegsvolk übertragen wird (2. Generalat).
1631, 18. Dez.: Sieg der Schweden über spanische Truppen im Gefecht bei Oppenheim.
1631, 23. Dez.: Kapitulation der spanischen Besatzung von Mainz. Gustav Adolf überwintert in Mainz und erwirbt durch Schenkungen weitere Anhänger.
1632, 15. Apr.: In der Schlacht bei Rain am Lech siegen die Schweden erneut über Tilly, der dabei den Tod findet; Wallenstein, der nun fast unbegrenzte Vollmachten erhält, gelingt es jedoch, die Sachsen aus Böhmen zu vertreiben und die Schweden in Bayern zu stoppen.
1632, 23. Apr.: Abkommen von Göllersdorf (Niederösterreich), in dem angesichts der unmittelbaren Bedrohung der habsburgischen Erblande durch die Schweden und ihre Verbündeten und der Vernichtung des ligistischen Heeres die Ernennung Wallensteins zum Generaloberstenfeldhauptmann mit außerordentlichen Vollmachten bestätigt wird.

Albrecht Wenzel Eusebius von Wallenstein (1583-1634). Der böhmische Fürst war zwischen 1625 und 1634 zweimal Oberbefehlshaber der kaiserlichen Streitkräfte im Dreißigjährigen Krieg. Er kämpfte auf Seiten des Kaisers und der Katholischen Liga gegen die protestantischen Mächte Deutschlands sowie gegen Dänemark und Schweden, fiel jedoch später in Ungnade und wurde von kaisertreuen Offizieren ermordet.

1632, 17. Mai: Einzug Gustav Adolfs in München; Flucht des bayerischen Kurfürsten nach Salzburg.
1632, 25. Mai: Wallenstein besetzt Prag, überlässt die Vertreibung der Sachsen aus Böhmen und der Lausitz seinem General Matthias Graf von Gallas und bezieht bei Nürnberg ein befestigtes Lager.
1632, 14. Juni: Vereinigung des bayerischen Kriegsvolks mit Wallensteins Armee bei Weiden (zwischen Eger und Regensburg).
1632, 3. Sept.: Sturm der Schweden, die sich ebenfalls verschanzen, auf das Lager Wallensteins. Die verlustreichen Kämpfe zwingen Gustav Adolf, den Kampf aufzugeben.
1632, 8. Sept.: Gustav Adolf bricht das Lager bei Nürnberg ab, um Winterquartiere in Schwaben und Franken zu beziehen; er ändert jedoch seinen Plan und zieht Wallenstein nach, der am 18. September in Sachsen einfällt, um zu erreichen, dass der sächsische Kurfürst von dessen schwedischen Verbündeten abfällt.
1632, 16. Nov.: Schlacht bei Lützen, in der Gustav Adolf und der kaiserliche General Pappenheim fallen. Rückzug Wallensteins nach Böhmen und Strafgericht in Prag über die Offiziere, die bei Lützen versagt haben.
1632, Dez.: Verhandlungen zwischen Sachsen und Schweden, die zu einer Lösung des Bündnisses führen. Bernhard von Weimar besetzt Zwickau. Geheimverhandlungen zwischen Wallenstein und dem schwedischen Kanzler Axel Graf von Oxenstierna durch Mittelsmänner mit dem Ziel, den kaiserlichen Generalissimus zum Abfall zu bewegen. Da Wallensteins Position am Wiener Hof noch nicht erschüttert ist und er einen radikalen Bruch mit dem Kaiser fürchtet, verlaufen die Verhandlungen angesichts der hochgespannten schwedischen territorialen Forderungen in Norddeutschland ergebnislos.
1633: Bernhard von Weimar, der nach Gustav Adolfs Tod den Oberbefehl über einen Teil des schwedischen Kriegsvolkes übernimmt, zieht über Bamberg und Nürnberg nach Süddeutschland, wo er sich mit dem schwedischen General Gustav Horn vereinigt.
1633, 23. Apr.: Schweden schließt mit verschiedenen protestantischen Reichsständen den Heilbronner Bund und behauptet weiter seine Machtstellung in Deutschland.
1633, 10. Sept.: Verhandlungen in Gelnhausen zwischen Oxenstierna, Arnim und französischen Beauftragten, um ein künftiges Vorgehen zu koordinieren und Wallenstein zu bewegen, vom Kaiser abzufallen.
1633, 14. Nov.: Eroberung Regensburgs durch Bernhard von Weimar; damit bedroht er die habsburgischen Erblande; Wallenstein rückt bis Fürth vor.
1634, 12. Jan.: Durch den sog. Ersten Pilsener Revers (Unterzeichnung eines Treuegelöbnisses) versucht Wallenstein, sich seiner Un-

terbefehlshaber zu versichern.

1634, 24. Jan.: Absetzung Wallensteins durch einen zunächst geheimgehaltenen kaiserlichen Beschluss, der die Offiziere von der Gehorsamspflicht entbindet.

1634, 22. Febr.: Nachdem die Prager Garnison von Wallenstein abgefallen war, der wegen seines „Verrats" am Kaiser geächtet wird, bricht dieser mit seinen letzten Anhängern Christian Freiherr Illo, Adam Erdmann Terzky, Kinsky u. a. von Pilsen nach Eger auf, um sich mit Bernhard von Weimar zu vereinigen, wird aber von kaisertreuen Offizieren zusammen mit seinen Anhängern in Eger ermordet (25./26. Februar). Übernahme des Oberbefehls über das kaiserliche Heer durch den König von Ungarn, den späteren Kaiser Ferdinand III.

1634, Apr.: Richelieu sagt den Generalstaaten Subsidien (1 Million Livres) gegen die Verpflichtung zu, den Krieg gegen Spanien fortzusetzen.

1634, 5.-6. Sept.: Mit Unterstützung spanischer Truppen siegen die Kaiserlichen unter Gallas nach der Eroberung weiterer fester Plätze über Horn und Bernhard von Weimar in der Schlacht bei Nördlingen, das seit August belagert wird. Im Ergebnis der schwedischen Niederlage werden der direkte Verbindungsweg zwischen Mailand und Brüssel hergestellt und Süd- und Westdeutschland von den Kaiserlichen und ihren Verbündeten besetzt; die Schweden ziehen sich nach Norddeutschland zurück.

1634, 7. Okt.: Französisches Kriegsvolk besetzt die Festung Philippsburg am Rhein, nachdem bereits französische Truppen das Elsass (Mömpelgard, Hagenau) erobert haben.

1634, 23. Nov.: Präliminarfrieden von Pirna zwischen Kaiser und Kursachsen.

1635, 12. März: Bernhard von Weimar übernimmt den Oberbefehl über die vereinigten Truppen.

1635, 26. März: Die Besetzung Triers durch die Kaiserlichen führt zu einer Verschärfung der Spannungen zwischen Kaiser und Frankreich sowie angesichts der Verlagerung des Kräfteverhältnisses zugunsten des spanisch-habsburgischen Lagers zu einer Erneuerung der Allianz von Bärwalde und Heilbronn.

1635, 23. Apr.: Ratifizierung des Vertrags mit Schweden durch Ludwig XIII., in dem sich beide Staaten verpflichten, den Krieg gegen Spanien gemeinsam zu führen.

1635-1648: 4. Etappe des europäischen Krieges (sog. Schwedisch-französischer Krieg).

1635, 19. Mai: Die Kriegserklärung Frankreichs an Spanien leitet die letzte Etappe des europäischen Krieges ein. Entsendung französischer Truppen nach den Niederlanden, Italien, der Schweiz und Deutschland, die die militärische Entscheidung herbeiführen und die französische Vorherrschaft begründen sollen.

1635, 30. Mai: Friede zu Prag zwischen Kaiser und Kursachsen, das neben dem Stift Magdeburg und Jüterbog, Querfurt, Dahme und Burg die 1620 besetzte Lausitz erhält; durch die Belehnung Erzherzog Leopold Wilhelms mit dem Halberstädter Bistum sichern sich die Habsburger eine Position in Mitteldeutschland.

1635, Juli: Sachsen, Weimar, Mecklenburg, der niedersächsische Kreis einschließlich Braunschweig-Lüneburg sowie Bremen, Hamburg, Lübeck, Frankfurt am Main und Brandenburg treten dem Prager Frieden bei; da der Kaiser über keine Machtmittel verfügt, um die Schweden aus Norddeutschland zu vertreiben, behandeln diese ihre bisherigen Bundesgenossen als Feinde.

1635, 12. Sept.: Die Verlängerung des abgelaufenen Waffenstillstandes zwischen Polen und Schweden zu Stuhmsdorf auf Richelieus Vermittlung für die Dauer von 26 Jahren ermöglicht Schweden die Fortsetzung des Krieges in Deutschland.

1636-1639: In wechselvollen Kämpfen, in denen im Norden und Os-

Schlacht bei Lützen, Gemälde von Carl Wahlbom, 19. Jahrhundert. Die Szene zeigt den Tod von Gustav II. Adolf von Schweden. Die Schlacht bei Lützen war eine der Hauptschlachten des Dreißigjährigen Krieges. Sie fand am 16. November 1632 bei Lützen zwischen einem protestantischen, überwiegend schwedischen Heer unter Führung von Gustav Adolf und den katholischen kaiserlichen Truppen unter Wallenstein statt. Ein eigentlicher Sieg war auf keiner Seite erfochten worden. Auf kaiserlicher Seite als großer Verlust angesehen wurde der Tod des Marschall von Pappenheim. Nicht aufzuwiegen aber war auf schwedisch-protestantischer Seite der Verlust von König Gustav Adolf, des wohl charismatischsten Feldherrn des Dreißigjährigen Krieges.

Bild oben: *Ermordung Wallensteins in Eger am 25. Februar 1634. Das Ende Wallensteins wird hier von einem unbekannten deutschen Künstler zu Beginn des 19. Jahrhunderts festgehalten. Die Akteure – Wallenstein in der Mitte, Hauptmann Walfer links und Hauptmann Dionisius MacDaniel rechts – werden in einem zu dem Bild gehörenden Erklärungsblatt bezeichnet. Die Tat wurde aber in Wirklichkeit von Hauptmann Deveroux im Haus des Bürgermeisters von Eger begangen.*

Bild rechts: *Kaiser Ferdinand II. (1578-1637). Mit dem Wahlspruch „Lieber will ich über eine Wüste als über ein Volk von Ketzern herrschen!" begann der Monarch eine strenge Gegenreformation und Rekatholisierung des Landes, der zuerst von den böhmischen Ständen starker Widerstand entgegengesetzt wurde. Als sich die Böhmen den Pfälzer Kurfürsten Friedrich V. zum König wählten, ließ Ferdinand II. seine Streitmacht auf Prag rücken, wo er 1620 in der Schlacht am Weißen Berg einen glänzenden Sieg erfocht. Dieser markiert den eigentlichen Beginn des Dreißigjährigen Krieges. 1629 war Ferdinand auf dem Gipfel seiner Macht (Restitutionsedikt).*

ten vor allem Schweden gegen Brandenburg, Sachsen und kaiserliche Truppen und im Süden Franzosen gegen Bayern antreten, werden in den umkämpften Gebieten größere Verwüstungen als je zuvor angerichtet.

1636, März: Frankreich, das inzwischen antihabsburgische Bündnisse u. a. mit den Niederlanden, Schweden und Herzog Bernhard von Weimar geschlossen hat, erklärt dem Kaiser den Krieg und greift aktiv in Deutschland ein; es beginnt der vierte, grausamste Kriegsteil, der Schwedisch-französische Krieg.

1636, 4. Okt.: Der Sieg Banérs über die Sachsen und die Kaiserlichen unter dem General Hatzfeld bei Wittstock an der Dosse verankert die schwedische Vorherrschaft in Norddeutschland.

1637, 15. Febr.: Tod Ferdinands II. Sein Nachfolger, Kaiser Ferdinand III., wird von Frankreich zunächst nicht anerkannt (unter dem Vorwand, dass die Kurfürsten von der Pfalz und Trier an der Wahl gehindert worden seien). Ferdinand III. setzt im Wesentlichen die Politik seines Vorgängers fort, jedoch mit größerer Wendigkeit.

1638, 30. Juni: Sieg Bernhards von Weimar in der Schlacht bei Wittenweiler über die Entsatzungsarmee unter Hans Graf von Götz besiegelt das Schicksal der strategisch bedeutsamen Rheinfestung Breisach, die im Dezember kapituliert. Entgegen den Absichten Richelieus will Bernhard von Weimar Breisach zum Stützpunkt seines Machtbereichs machen, um als dritte Kraft zwischen Kaiser und Frankreich auftreten zu können.

1639, 18. Juli: Der Tod Bernhard von Weimars, dessen Kriegsvolk in schwedische Dienste übernommen wird, bedeutet eine Festigung der französischen Hegemonie in den Rheinlanden. Der Sieg der Kaiserlichen unter Ottavio Piccolomini bei Diedenhofen (Thionville) über die Franzosen unter Feuquières verhindert zunächst die französische Rheinoffensive.

1640, Aug.: Verschiebung des Kräfteverhältnisses zugunsten Frankreichs durch die Eroberung von Arras. Schwächung der spanischen Position infolge der Aufstände in Katalonien und des Abfalls Portugals sowie durch den Verlust von Turin und Casale. Das spanisch-habsburgische Lager verliert weitere Positionen, als ein vereinigtes französisches und schwedisches Heer die Kaiserlichen aus Mitteldeutschland verdrängt.

1640, 1. Dez.: In Königsberg stirbt Kurfürst Georg Wilhelm. Ihm folgt Friedrich Wilhelm auf den brandenburgischen Thron.

1641, 20. Mai: Die Schweden dringen in einem gefährlichen Vorstoß auf Wien vor und werden erst durch den Tod ihres Feldherrn Johan Banér gestoppt.

1641, 19. Juni: Sieg der Schweden über die Kaiserlichen in der Schlacht bei Wolfenbüttel, der zum Abschluss eines Waffenstillstands zwischen dem Kurfürst Friedrich Wilhelm I. von Brandenburg und Schweden (24. Juli) beiträgt.

1641, 25. Dez.: Der Kaiser vereinbart mit Frankreich und Schweden, Friedensverhandlungen in Osnabrück bzw. Münster aufzunehmen; die Ausführung verzögert sich jedoch bis 1644.

1642, 14. Juni: Eroberung der Festung Olmütz. Die Besetzung Nord- und Ostmährens durch die Schweden bedeutet zwar eine Änderung im Kräfteverhältnis zuungunsten der Kaiserlichen, wird jedoch nicht ausgenutzt, da die Söldnerführer an einer schnellen Beendigung des Krieges nicht interessiert sind.

1642, Okt.: Die Schweden besetzen unter Torstenson, Hans Christoph Graf von Königsmarck und Carl Gustav von Wrangel weite Teile Mitteldeutschlands, dringen bis Leipzig vor, schlagen die Kaiserlichen unter Piccolomini und Erzherzog Leopold Wilhelm bei Breitenfeld (2. November) und schaffen dadurch eine günstige Ausgangsposition für die Verhandlungen ihrer Vertreter beim Friedenskongress.

1643, 19. Mai: Der Sieg der Franzosen unter Ludwig II. von Bourbon, Prinz von Condé bei Rocroi besiegelt die spanische Niederlage in den Niederlanden und bedeutet praktisch die Wende des Kriegs im Westen.

1645, 5. Mai: Bayerisches Kriegsvolk unter Franz Freiherr von Mercy siegt in der Schlacht bei Mergentheim über Turenne, der sich bis Fulda zurückzieht. Kaiserliches Kriegsvolk wird im Ergebnis des Sieges für den Kampf in den österreichischen Erblanden frei und zwingt Torstenson zur Aufhebung der Belagerung Brünns.

1645, 11. Juni: Schweden und Frankreich legen in Münster bzw. in Osnabrück ihre Friedensbedingungen vor.

1645, 23. Aug.: Abschluss des Friedensvertrags zwischen Schweden und Dänemark zu Brömsebro, wodurch Schweden zur führenden Ostseemacht (Zollfreiheit im Sund und Erwerb von Gotland und Oesel) wird und den Krieg in Deutschland weiterführen kann.

1645, 6. Sept.: Abschluss eines Neutralitätsvertrages zwischen Sachsen und Schweden in Kötzschenbroda auf die Dauer von sechs Monaten, nachdem Königsmarck das ganze Kurfürstentum bis auf Dresden und die Festung Königstein erobert hat.

1646: Vereinigung Wrangels mit Turenne bei Frankfurt am Main und Eroberung Bayerns. Vorbereitung eines französisch-schwedischen Einfalls in die habsburgischen Erblande.

1647: Der Danziger Astronom Johann Hevelius, der Begründer der Mondbeschreibung (Selenographie), veröffentlicht sein Hauptwerk „Selenographia“.

1647, 15. März: Abschluss des Waffenstillstandes von Ulm zwischen Schweden einerseits, Bayern und Frankreich andererseits, dem sich Köln, Mainz und Hessen-Darmstadt anschließen. Weerth versucht, sein Kriegsvolk dem Kaiser zuzuführen; er wird von Maximilian geächtet. Maximilian kündigt den Waffenstillstand bereits im September wieder auf.

1648: Der bereits als Verfasser einiger inniger, tief empfundener und massenwirksamer religiöser Lieder („Nun ruhen alle Wälder“) hervorgetretene Paul Gerhardt, der in den folgenden Jahren zu einem der bekanntesten Kirchenliederdichter wird, begrüßt in einem Gedicht den Westfälischen Frieden. Es zeigt die allgemeine Stimmung, die sich auch in zahlreichen Flugschriften (z. B. der „Münsterrische Postillon. Das ist wahrhaftige neue Zeitung von dem lang gewünschten Frieden in Teutschland“) und anderen historischen Volksliedern („Froh begrüßte Friedenstaube, so dem auf dem Tränenmeer durch Kriegssturm arg verschlagenen armen teutschen Reiche endlich Glück verheißend den grünen Ölzweig wiederbracht“) widerspiegelt.

1648, 30. Jan.: Unterzeichnung eines Friedensvertrags zwischen Spanien und den Generalstaaten in Münster.

1648, Frühjahr: Turenne überschreitet den Rhein bei Mainz. Er vereinigt sich mit Wrangel bei Ansbach zu einem Einfall in Bayern, nachdem Mazarin den Ulmer Neutralitätsvertrag gekündigt hat.

1648, 17. Mai: Sieg Wrangels über ein bayrisch-kaiserliche Heer unter Peter Melander Graf von Holzapfel

„Der Friedensreiter von Münster“. Ein Postreiter überbringt die Nachricht vom Westfälischen Frieden 1648. Die Friedensbestimmungen besiegelten die Ohnmacht von Kaiser und Reich und sicherten besonders Frankreich die Voraussetzungen, die deutschen Reichsstände gegen den Kaiser oder gegeneinander auszuspielen und seine Rheinpolitik im Sinne Richelieus fortzusetzen, doch bedeutete der Westfälische Friede den Abschluss des Religionskrieges in Deutschland.

Die spanischen und niederländischen Gesandten beschwören am 15. Mai 1648 im Rathaussaal zu Münster den Frieden von Münster. Er stellt einen Teil des Westfälischen Friedens dar. Mit ihm beendeten Spanien und die Republik der Sieben Vereinigten Niederlande den Achtzigjährigen Krieg.

und Raimund Graf von Montecuccoli bei Zusmarshausen bei Augsburg; Eroberung Bayerns bis zum Inn, Flucht des Kurfürsten nach Salzburg.

1648, 26. Juli: Die Schweden erobern die Prager Kleinseite, können jedoch wegen des Widerstandes der Kaiserlichen, die von der Bevölkerung unterstützt werden, die Altstadt nicht einnehmen.

1648, 20. Aug.: Sieg der Franzosen unter Condé bei Lens (Niederlande) über die Kaiserlichen.

1648, 1. Sept.: In Bamberg (Hochstift) wird das 1585 gegründete katholische „Gymnasium academicum" als bischöfliche Universität eingeweiht (1803 aufgelöst). Die nach dem Ende des Dreißigjährigen Kriegs einsetzenden Gründungen zahlreicher neuer Universitäten sind vor allem Zeichen der Selbstständigkeitsbestrebungen der deutschen Territorialfürsten.

1648, 24. Okt.: Unterzeichnung des Friedensvertrages in den westfälischen Städten Münster und Osnabrück. Schweden und Frankreich werden zu „Garanten des Friedens" bestimmt und erwerben Vorpommern, Wismar, Bremen und Verden bzw. Teile des Elsass, den Sundgau und Breisach. Die Reichsstände festigen ihre Stellung auf Kosten der Zentralgewalt; der Kaiser verzichtet für das Reich und das Haus Habsburg auf alle Rechte im Elsass, wodurch sich der Schwerpunkt der Hausmacht nach dem Südosten verlagert und die Sonderentwicklung Österreichs beschleunigt wird. Die Machtsteigerung der Partikulargewalten auf Kosten der Zentralgewalt ist für einige deutsche Territorialfürsten mit Gebietserwerbungen verbunden. Neben Kursachsen ist Brandenburg einer der größten Nutznießer des Westfälischen Friedens und kann den territorialen Besitzstand nahezu verdoppeln. Brandenburg verdankt diese Bevorzugung dem Umstand, dass Frankreich ein Gegengewicht gegen Habsburg im Reich schaffen und seinen schwedischen Verbündeten und Rivalen nicht zu stark haben will, ihm daher nicht ganz Pommern zugesteht, auf das der brandenburgische Kurfürst als Nachfolger der pommerschen Herzöge Ansprüche erhebt. Als Ersatz für Vorpommern erhält Brandenburg die Stifte Magdeburg (das bis 1680 im Besitz des sächsischen Fürst-Administrators bleibt), Halberstadt, Minden und Cammin. Hessen-Kassel bekommt als Lohn für die Unterstützung Frankreichs und Schwedens die gefürstete Abtei Hersfeld und die Grafschaft Schaumburg. Braunschweig-Lüneburg wird aus ehemaligem Kirchenbesitz entschädigt – es erhält die Klöster Walkenried und Gröningen sowie die abwechselnde Nachfolge im Stift Osnabrück –, Mecklenburg-Schwerin für das abgetretene Wismar die Bistümer Schwerin und Ratzeburg. Die juristische Grundlage für diese Maßnahmen gibt die Aufhebung des Restitutionsediktes von 1629 und die Vereinbarung über das sog. Normaljahr (1. Januar 1624). Aufgrund der im Friedensvertrag festgelegten unbeschränkten Amnestie wird die Pfalz wiederhergestellt, und der Sohn des geächteten Kurfürsten erhält die 8. Kurstimme. Bayern behält die Oberpfalz und die ihm während des Krieges ad personam verliehene Kurwürde erblich bestätigt.

Albrecht Dürer

Der Sohn eines Goldschmiedemeisters und wohl größte deutsche Maler und Grafiker, geboren am 21. Mai 1471 in Nürnberg, lebte an der Zeitenwende von der Spätgotik zur Renaissance. Die Strömungen beider Epochen führten in ihm zu künstlerischen Leistungen von höchster Vollkommenheit. Obwohl er ein frühreifes Talent war, verbrachte er nach einer kurzen Lehrzeit in der Goldschmiedewerkstatt seines Vaters lange Lehrjahre bei Michael Wolgemut, einem der angesehensten Maler seiner Heimatstadt. Als eigentlichen künstlerischen Ahnen sah er selbst Martin Schongauer an, den er auf einer ausgedehnten Gesellenwanderung (1490-1494) aufsuchen wollte. Zusammen mit Michael Pacher hob sich dieser oberrheinische Meister des Holzschnittes aus einer Vielzahl durchschnittlicher Zeitgenossen hervor, deren Arbeiten aus dem neu errungenen Kunst- und Ausdrucksgut der älteren deutschen Malerei und aus dem fruchtbaren Zustrom niederländischer Stilelemente erwachsen waren und die dem Gesamtbild der deutschen Kunst in der zweiten Hälfte des 15. Jh. ein vielfältiges und buntes Aussehen verliehen. Auf diesem durchschnittlichen Boden reifte eine Kunst, deren Vielseitigkeit und Widersprüchlichkeit von Dürer zusammengefasst und weiterentwickelt wurde. Künstlerische Entdeckerfreude und Tatsachenleidenschaft erhielten allen seinen Werken eine Ursprünglichkeit, die in Italien schon mit der Frührenaissance erlosch. Als erster deutscher Künstler befasste er sich mit einer Theorie der bildenden Kunst, in der er das Problem der Schönheit zu lösen suchte. Doch verlor durch diese theoretischen Bemühungen und durch übernommene italienische Einflüsse sein malerisches Werk gegenüber dem grafischen an Kraft.

Um die reine Schönheit der Malerei zu sehen, unternahm er zwei Reisen nach Italien, da man hier die „ewigen Gesetze" der antiken Schönheit wiederentdeckt zu haben glaubte. Der erste Italienaufenthalt blieb auf ihn ohne nachhaltige Wirkung (1494/1495), bis er dann 1505 und 1506 wieder eine Reise unternahm, die fruchtbarer war, weil sie ihm neue Kompositionsgesetze und eine stärkere Farbigkeit der Bilder einbrachte. Zu den schönsten Zeugnissen dieser Reisen zählen die Landschaftsaquarelle, kleine Skizzen, die in ihrer völlig neuen Unbefangenheit des Sehens und der farbigen Wiedergabe vorbildlich wurden für die Landschaftsmalerei in Deutschland. Die Berührung mit der italienischen Kunst bedeutete für Dürer jedoch keine Verdrängung des deutsch-niederländischen Erbes. Sie stärkte sein Selbstbewusstsein, führte dabei aber nicht zur Lösung von der religiösen Thematik. Der Ernst, mit dem er schon in seinem Frühwerk, der Apokalypse, um die Verwirklichung der christlichen Botschaft gerungen hatte, blieb allen seinen späteren Werken erhalten. Die neu gewonnene Freiheit war eine christliche und blieb damit auf ein höheres Ziel hinaus gerichtet. Dieser „Schwebezustand" religiöser Bindung kam in fast allen Porträts Dürers zum Ausdruck, besonders ausgeprägt aber in den Selbstbildnissen. Gab es auch bisher schon Selbstporträts einzelner Künstler, allerdings in Verbindung mit der Darstellung anderer Dinge, so bedeutete das Porträtieren der eigenen Person als selbstständiges Bild etwas völlig Neues. 1512 besuchte ihn in Nürnberg Kaiser Maximilian, den er porträtierte, der Aufträge an ihn erteilte (Die Ehrenpforte, Der Triumphwagen, Randzeichnungen zum Gebetbuch) und ihm eine jährliche Rente aussetzte.

1520/1521 bereiste Dürer die Niederlande und traf in Rotterdam mit Erasmus und anderen Humanisten zusammen. Während dieser Reise entstanden zahlreiche Bildniszeichnungen, meist in schwarzer Kreide. Die Reiseeindrücke hielt er in Skizzen und Notizen in seinem Tagebuch fest.

Als Dürer am 6. April 1528 in Nürnberg starb, hinterließ er ein so umfangreiches und vielseitiges Werk an religiösen Gemälden, Zeichnungen, Holzschnitten, Kupferstichen, Bildnissen und Schriften zur Kunst und Architektur von Festungsanlagen, wie es bis dahin kein anderer Künstler geschaffen hatte. Seine Kupferstiche Hieronymus im Gehäus, Adam und Eva, Ritter, Tod und Teufel, die Melancholie, die Holzschnittfolgen Große Passion und Marienleben, die Kupferstich-Passion und die kleine Holzschnitt-Passion machten ihn zum unübertroffenen Meister der grafischen Kunst. Die bedeutendsten Gemälde sind der Paumgartner Altar, Anbetung der Könige, das Rosenkranzfest, das Allerheiligenbild und die beiden Aposteltafeln Vier Apostel, sein letztes Werk.

Selbstbildnis im Pelzrock, Albrecht Dürer (1471-1528), 1500, Alte Pinakothek München.

Matthias Grünewald

Man nimmt an, dass Grünewald identisch ist mit dem Maler Mathis Gothart, genannt Nithart (Neithart). Neben Dürer zählt er zu den Hauptmeistern seiner Zeit. Er wurde um 1475 geboren und starb am 31. August 1528 in Halle an der Saale. Der Hofmaler des Kardinals Albrecht von Mainz war tätig in Aschaffenburg und Seligenstadt, später in Frankfurt, Mainz, Isenheim und Halle. Seine künstlerische Entwicklung liegt im Dunkeln, es zeigen sich Einflüsse von Schongauer und der mittelrheinischen Malerei, Berührungspunkte mit Holbein dem Älteren (aus seiner Frankfurter Zeit) und der Donauschule. Wie Dürer wurzelte Grünewald in der Spätgotik und kannte die Stilelemente der Renaissance, doch setzte er sich souverän über ihre Problematik hinweg und suchte eine neue Form für die religiöse Vertiefung seiner Kunst. Die früheste datierte Arbeit Grünewalds stammt aus

Isenheimer Altar, Werktagsseite, Gesamtansicht; von Matthias Grünewald (um 1475-1528), 1512-1516.

dem Jahr 1503 und stellt die Verspottung Christi dar. Grünewalds Hauptwerk und eines der bedeutsamsten Werke der neuzeitlichen Malerei überhaupt ist der Isenheimer Altar, der vermutlich zwischen 1512 und 1516 entstand. Der Wandelaltar aus insgesamt neun Tafeln war als Hochaltar für die Antoniterkirche Isenheim im Elsass bestimmt (heute in Colmar, Unterlindenmuseum). Das Hauptbild mit der Kreuzigung Christi zeigt eine bisher nicht gekannte Dramatik und Eindringlichkeit: Der riesige Leib des Gekreuzigten vor schwarzem Hintergrund ist übersät mit Wunden; die im Krampf erstarrten Finger spiegeln den Todeskampf wider. Insgesamt sind von Grünewald 21 Einzelbilder und fünf Andachtsbilder von insgesamt fünf Altären erhalten. Teilweise war die Zuordnung der Werke bis in das 20. Jh. hinein unsicher, so wurde der Isenheimer Alter lang Zeit Albrecht Dürer zugeschrieben. Viele der Werke sind undatiert und ohne Monogramm. Erhalten sind unter anderem „Verspottung Christi" (um 1504, München, Alte Pinakothek), „Stuppacher Madonna" (1517-1519, Stuppach bei Mergentheim, ursprünglich zum Maria-Schnee-Altar der Stiftskirche zu Aschaffenburg gehörend) und „Die Heiligen Maritius und Erasmus" (1524/1525, München, Alte Pinakothek, ehemaliges Mittelbild des Mauritius-Altars für den Dom zu Halle).

Bauernkrieg

Während des Überganges vom Mittelalter zur Neuzeit kam es in Deutschland wie in anderen europäischen Ländern zu bäuerlichen Aufständen gegen das politische und soziale System. 1514 erhob sich die württembergische Bauernbewegung „Armer Konrad" (Symbolfigur des geknechteten Bauern) gegen die Einschränkung ihrer politischen und wirtschaftlichen Rechte durch den Staat. Schon seit der Mitte des 15. Jh. waren in Südwestdeutschland immer wieder Aufstände aufgeflammt, deren Symbol ein Bundschuh, also ein einfacher Bauernschuh, war. Die Freiheitsforderungen des „Bundschuh" beriefen sich auf die Bibel, sie forderten die Abschaffung all dessen, was nicht in der Bibel bezeugt war, also z. B. der weltlichen Herrschaft der geistlichen Landesfürsten. Angesichts dieser biblischen Begründung ist es nicht erstaunlich, dass die Reformation von den unzufriedenen Bauern als Rechtfertigung ihrer Forderungen aufgefasst und Luther als Verbündeter angesehen wurde. Seine Formel von der „Freiheit eines Christenmenschen" wurde als Aufruf zur Eroberung der Freiheit auf Erden verstanden.

In den Jahren 1524/1525 erhoben sich die Bauern im südlichen Schwarzwald, in Oberschwaben, in Franken, in Thüringen, in Österreich, z. T. in der Schweiz und in Preußen. Es gelang ihnen, große Heerhaufen zusammenzubringen, denen gegenüber sich die Fürsten zunächst nicht behaupten konnten. Städte traten auf die Seite der Bauern, vereinzelt auch Ritter wie Florian Geyer und Götz von Berlichingen. Die Fürsten hielten die Bauern mit Verhandlungen hin, bis sie ihre Kräfte gesammelt hatten und die bäuerlichen Heere vernichten konnten.

Ebenso wie die Aktionen der Bauern zersplittert waren, so unterschieden sich auch ihre Ziele in den verschiedenen Gebieten. Doch lassen sich gemeinsame Grundzüge erkennen. Die durch den Buchdruck überall schnell verbreiteten „Zwölf Artikel der Bauernschaft in Schwaben“ wurden auch für andere Landschaften vorbildlich. Sie forderten die Aufhebung von Abgaben und Dienstleistungen oder deren Rückführung auf ein früher übliches Maß. Und sie forderten die persönliche Freiheit: „Es ist bisher Brauch gewesen, dass man uns für Eigenleute (Unfreie) gehalten hat, was zu erbarmen ist, da uns Christus alle mit seinem kostbaren Blutvergießen erlöst hat, den Hirten ebenso wie den Höchsten, keinen ausgenommen. Darum ergibt sich aus der Schrift, dass wir frei sind und sein wollen.“

Diese Forderungen zielten keineswegs auf einen vollständigen Umsturz der Gesellschaft. Wenn die Bauern die persönliche Freiheit forderten, so wollten sie doch nicht alle Herrschaft beseitigen. Sie wollten nur einen Zustand dörflicher Selbstverwaltung wieder herstellen, der ihrer Meinung nach in jüngster Zeit eingeschränkt worden war. Ihre radikalen Forderungen richteten sich auf die religiöse Reform oder wurden durch diese begründet: freie Wahl des Pfarrers, Predigt des Evangeliums „ohne allen menschlichen Zusatz“ und Abschaffung der Unfreiheit.

Luther ermahnte nach Erscheinen der „Zwölf Artikel“ beide Parteien zum Frieden, lehnte jedoch die Verbindung der Reformation mit den Forderungen der Bauern und deren Begründung durch die Bibel ab. So sehr er bereit war, die bäuerlichen Beschwerden als berechtigt anzuerkennen, so entschieden lehnte er es ab, seine Lehre für sie einzusetzen. Dann erlebte er den Aufstand in Thüringen und wandte sich „Wider die mörderischen und räuberischen Rotten der Bauern“. Er forderte die Fürsten auf, die Bauern ohne Erbarmen niederzuwerfen: „Drum soll hier zerschmeißen, würgen und stechen heimlich oder öffentlich, wer da kann.“

Dennoch blieb gerade der thüringische Bauernkrieg eng mit der Reformation verknüpft. Denn hier waren Zielsetzung und Vorgehen durch den Theologen Thomas Müntzer bestimmt, der von einem Anhänger Luthers zu dessen radikalem Gegenspieler geworden war. Müntzer wollte nicht nur wie Luther das Verhältnis der Menschen zu Gott, sondern auch ihre Verhältnisse untereinander ändern und das Reich Gottes auf Erden errichten. Das bedeutete für ihn: Sturz der politischen Gewalten, Gleichheit der

Bild oben: *Thomas Müntzer bei einer Predigt; anonymer Holzschnitt,1527. Der Protestant und Revolutionär, ursprünglich Anhänger Luthers, verfolgte das Ziel eines demokratisch-kommunistischen Gottesstaates. 1525 trat er mit den aufständischen thüringischen Bauern in Verbindung. In der Schlacht bei Frankenhausen am 15. Mai 1525 wurde Müntzer gefangen genommen, grausam gefoltert und zwei Tage später vor Mühlhausen enthauptet.*

Bild links: *Götz von Berlichingen, Glasbild im Museum Jaxthausen. Der „Ritter mit der eisernen Hand“ (1480-23. Juli 1562) wurde 1525 von den aufständischen Bauern gezwungen, ihre Führung zu übernehmen. Er kämpfte später gegen Türken und Franzosen. Seine Lebensgeschichte diente Johann Wolfgang von Goethe als Vorlage für das gleichnamige Drama. Im Schauspiel wird Götz (eigentlich: Gottfried) auch das so genannte Götz-Zitat zugeschrieben.*

Bild rechte Seite: *Gefangennahme eines Ritters in den Bauernkriegen. Unter dem Zeichen des Bundschuhs sammelten sich die Bauern mit Äxten, Mistgabeln und Dreschflegeln zum Kampf gegen ihre Landesherren.*

Menschen, Gütergemeinschaft. In der Schlacht von Frankenhausen (15. Mai 1525) flohen Müntzers Anhänger vor dem Fürstenheer. Sie wurden zu Tausenden niedergemacht. Müntzer selbst wurde gefoltert und hingerichtet.
Die Niederlage der Bauern war von größter Bedeutung für die weitere deutsche Geschichte. Die Bauern hatten gegen die Fürstenstaaten gekämpft, die sich gerade in jener Zeit festigten. Ihnen hatten die Bauern einerseits die dörfliche Selbstverwaltung und andererseits eine starke kaiserliche Zentralgewalt gegenübergestellt. So war die Niederlage der Bauern ein Sieg der Fürstenstaaten, ein Sieg nicht nur über die Bauern, sondern auch über den Adel, der durch den Bauernkrieg geschwächt wurde und auf dessen Kosten die Fürstenstaaten ihre Macht ebenso sehr ausdehnten wie auf Kosten der Bauern und des Kaisers. Die Bauern schieden für drei Jahrhunderte als politischer Faktor aus der deutschen Geschichte aus.

Das Ende des Wiedertäuferreiches

Aus Holland kommende Wiedertäufer errichteten im Jahr 1934 ein revolutionäres „Gottesreich" in Münster mit kommunistischer Gütergemeinschaft, Vielweiberei und Glaubensterror. Jan Bockelson, ein Schneider aus Leiden, wurde zum König ausgerufen. Die Stadt fiel nach längerer Belagerung. Der Aufstand wurde grausam unterdrückt, die Anführer hingerichtet. Ein Auszug aus Herders Conversations-Lexikon von 1857:

„Wiedertäufer nannte man die Mitglieder von Secten, welche die Kindertaufe verwarfen, weil das Kind noch keine Glaubensüberzeugung habe, und solche, die als Kinder bereits getauft worden waren, nochmals getauft wissen wollten. Dergleichen Wiedertäufer gab es schon im Mittelalter, am meisten aber machten sie im 16. Jahrh. als die Ultras oder ‚Schwarmgeister' der reformatorischen Partei von sich sprechen.

So zog 1522 ein Nikolaus Storch mit 12 Aposteln und 70 Jüngern nach Wittenberg, Melanchthon wußte diese sog. Zwickauerpropheten mit ihren Einwendungen wider die Kindertaufe nicht zu widerlegen u. zweifelte längere Zeit, ob dieselben nicht etwa richtig seien. Storch und die Seinigen predigten chiliastisch (...), verbanden sich mit Karlstadt, dem Mönch Didymus und mit Gesindel aller Art und trieben ihr Unwesen so arg, daß Luther selber aus seinem Wartburgasyl herbeikam und sie mit Predigten u. Hilfe des weltlichen Armes fortdonnerte, worauf sie sich mit Thomas Münzer verbrüderten und im Bauernkrieg umkamen od. zersprengt wurden.
In der Schweiz bekam Zwingli 1525 mit Wiedertäufern zu disputiren, welche die Kindertaufe lediglich für eine unbiblische päpstliche Erfindung ausgaben; die weltliche Obrigkeit erklärte sie für widerlegt und verbot die Wiederholung der Kindertaufe bei Todesstrafe, doch die Wiedertäufer gaben keine Ruhe, bis man einen gewissen Felix Manz ertränkte, dessen Gefährten Blaurock öffentlich auspeitschte u. andere dergleichen Exempel statuirte.
Auch Bayern hatte seine Wiedertäufer (um 1527 Hutter, Kürsner, Sallim u.a.m.), noch mehr die Niederlande (ein gewisser David Joris suchte hier die 4 damaligen Parteien der Wiedertäufer unter einen Hut zu bringen), in Norddeutschland predigte Melchior Hoffmann (gebürtig aus Schwaben, seines Handwerks ein Kürschner, gest. 1532 zu Straßburg im Kerker) und dessen Schüler Ubbo Philippis (gest. 1568), am tollsten aber wirthschafteten die W. zu Münster in Westfalen.
Hier, wo der Kaplan Bernh. Rottmann, ein entschiedener Fanatiker, die Grundsätze der Reformation seit 1532 auf offener Straße predigte u. im Einverständnisse mit dem Magistrate sowie mit Beihilfe des Landgrafen Philipp von Hessen 1533 für die Anhänger der neuen Lehre 6 Kirchen errang, sammelten sich 1534 viele W. und Leute, die alles zu gewinnen und nichts zu verlieren hatten. Es kamen Johann von Leyden u. Mathiesen, ein Bäcker aus Harlem, sie steckten mit ih-

ren chiliastischen Planen den Rottmann an u. bald wurde durch Gewalt der Fäuste Münster zur Burg Zion, der Schneider Johann zum König, Mathiesen sein Prophet, Krechting sein Kanzler, Knipperdolling sein Scharfrichter, alles communistisch eingerichtet: Gemeinschaft der Weiber und Güter, gemeinsame Küchen, Kleidermagazine u.s.w., durch schonungslosen blutigen Terrorismus aber das neue Reich aufrecht gehalten u. ins Wahnsinnige gesteigert. Als der Bischof von Münster mit Heeresmacht herbeizog, vertheidigten sich die Belagerten mit fanatischer Tapferkeit und Ausdauer u. erst am 25. Juni 1535 wurde die Stadt wieder eingenommen.
Nach dem Falle Münsters zersplitterten sich die Wiedertäufer in mehre Parteien, unter denen die der Taufgesinnten od. Mennoniten am meisten Bedeutung gewannen u. die Tonangeber aller andern wurden. Die Regierungen vermochten dem Wiedertäuferthum nirgends ein völliges Ende zu machen; noch 1585 bedrohte die Berner Regierung die W. mit Landesverweisung, 1614 köpften die Züricher einen W., der nicht aus ihrem Gebiete fort wollte, 1601 hatte Kaiser Rudolf II. den W.n Räumung des Landes bei Verlust von Leib und Leben befohlen, aber 1618 sollen allein in Mähren gegen 70.000 Wiedertäufer gelebt haben.
In den Niederlanden empfahlen sich die Wiedertäufer durch Geldspenden den Statthaltern und errangen 1572 Duldung, 1626 staatliche Anerkennung, in England traten sie als Baptisten auf, gewannen unter Wilhelm III. völlige Religionsfreiheit und taufen noch heute in Flüssen. Von Holland, der Pfalz und England aus wanderten Wiedertäufer nach Nordamerika, wo es jetzt bei 6 Mill. geben soll.
Derzeit sind die Wiedertäufer in den meisten Ländern Europas nicht nur geduldet, sondern genießen auch Privilegien in Bezug auf Eidesleistungen, Conscriptionspflicht u.s.w., leben still und arbeitsam für sich und sind meist zu großer Wohlhabenheit gelangt. Hin sichtlich Deutschlands leben die Wiedertäufer am zahlreichsten in Westpreußen."

Fugger

Fugger war der Name eines Kaufmannsgeschlechtes, dessen Ahnherr Johannes 1367 nach Augsburg gezogen war, um seinen handgefertigten Barchent selbst zu vertreiben. Als Weber und Tuchmacher erarbeiteten Johannes und seine Söhne den Grundstock des Familienvermögens.
Eigentlicher Begründer des berühmten Handelshauses, nach dem die Anfangsjahre des Frühkapitalismus um 1500 auch als „Zeitalter der Fugger" bezeichnet werden, ist der in den Reichsgrafenstand erhobene Jakob, genannt „der Reiche" (1459-1525). Zusammen mit den Brüdern Georg und Ulrich machte er die Familiengesellschaft zur ersten Finanzmacht der Welt. Als alleiniger „Regierer" des Handelshauses, das mit Erzeugnissen des Orients und nach wie vor mit Tüchern Geschäfte machte, zog Jakob die goldenen Fäden zum Kaiserhaus und zur Kurie. Das Fuggerhaus war in ständiger Verbindung mit seinen Faktoreien in Rom, Venedig, Mailand, Madrid, Sevilla, Lissabon und in den wichtigsten deutschen Städten. Den Fuggern unterstanden Bergwerke, Schmelz- und Hammerwerke in Kärnten, Schlesien und Thüringen, verpachtet waren ihnen auch die ergiebigen Quecksilbergruben im spanischen Alamadén. Handel, Montanindustrie und Geldgeschäfte ergänzten sich im Aufgabenbereich der Firma, und durch die Fugger, die Reichsgeschichte und Weltpolitik entschieden haben, entwickelte sich Augsburg zu einer Weltstadt. Ihre überragende Stellung verdankt die Familie nicht zuletzt der engen Verbindung mit den Zielen und der Politik Kaiser Karls V., dessen Wahl zum Kaiser (1519) die Fugger bereits entschieden hatten, weil nur ihr Name den Kurfürsten Sicherheit der versprochenen Wahlgelder verbürgte.

Die Fugger konnten sich rühmen, mit den von ihnen gestellten 540.000 Goldgulden den Kaiser auf den Thron gesetzt zu haben. Seit dieser Zeit sind sie immer als Geldgeber für das Haus Habsburg eingesprungen.
1607 verloren die Fugger durch den spanischen Staatsbankrott 3,25 Millionen Dukaten. Dieser Verlust konnte das Handelshaus zwar nicht ruinieren, doch die Familie zog sich allmählich von den Geschäften zurück. Bereits 100 Jahre vorher waren die Fugger zu Grundbesitz gekommen, weil Kaiser Maximilian I. ihnen Grafschaften verpfändet hatte, sie aber nicht einlösen konnte. Der Grundbesitz war inzwischen so vermehrt worden, dass die Familienmitglieder vom Handel zur Lebensführung von Standesherren übergehen konnten. Ein Zweig der Familie, die Linie Fugger-Babenhausen, wurde 1803 in den Fürstenstand erhoben.
In den glanzvollen Jahren hatten Jakob Fugger und seine Brüder neben den nüchternen Geschäftskonten auch stets eines „für den heiligen Ulrich" zu milden Zwecken geführt. 1519 bis 1521 ließen sie in Augsburg die erste soziale Wohnsiedlung errichten, in der für eine symbolische Jahresmiete von einem Florentiner Gulden verdiente notleidende Augsburger Bürger einen Alterssitz erhalten sollten. Das Vermögen der damals dafür errichteten Stiftung, in Grundstücken und Wäldern angelegt, hat sich bis auf den heutigen Tag erhalten.

Hexenwahn

Der Bierbrauer Heinrich Deichsler, ein wohlhabender Nürnberger Bürger, berichtet in seiner „Chronik“, in der er von 1488-1506 eine Fülle von Nachrichten aus Nürnberg und dem Nürnberger Raum zusammengetragen hat, von einer Hexenverbrennung in Schwabach bei Nürnberg:

„Am Mittwoch nach Ruperti [24. September] des Jahres 1505 wurde die Zauberin Barbara zu Schwabach verbrannt. Als man sie unter freiem Himmel zum Gericht führte, da bat sie ihren Fürsprecher, den Hofmann: ‚Lieber Herr, um Gottes willen fristet mir mein Leben‘, ebenso redete sie zu allen, die sie kannte. Da las man einen langen Brief vor, in dem stand: Die Barbara hat bekannt, sie habe von einer Frau fünfzehn Pfennige, von einer anderen acht Pfennige geborgt, und wenn die Frauen es zurückforderten, so hätte sie ihnen den Hexenschuss geschickt; ebenso habe sie um irgendwelcher Feindschaft willen wohl noch fünfzehn Menschen den Hexenschuss geschickt. Item bekannte sie auch, sie habe mit dem Teufel Buhlschaft getrieben. Auch sonst las man noch vieles vor. Während man bei Gericht diese Bekenntnisse vorlas, saß sie nahe dabei auf einem Karren, war am Hals, in der Mitte und an den Füßen gebunden und hub mit zusammengebissenen Zähnen an zu reden: ‚Nein, ich gestehe nichts von dem allen, ich habe es nur in großer bitterer Marter bekannt, ich habe nichts davon getan.‘ Da rief man die zwei vor, die dabei gewesen waren und alles gehört hatten, die sagten auf ihren Eid aus, sie habe sich ohne alle Marter zu all den Sachen bekannt.
Inzwischen hatte der Henker das Holz auf die Feuerstätte gelegt und den Sitz hergerichtet, dann setzte sich der Henker selber auf die Stätte, wippte auf und nieder und wollte versuchen, ob er es recht gemacht habe. Da kniff die Frau auf dem Karren die Lippen zusammen und lachte doch, dass es sie schüttelte, sie sah mit andächtiger Gebärde gen Himmel, als ob sie begehre, das Feuer solle vom Himmel fallen und den Henker zuerst verbrennen. Dann band der Henker die Frau los, schob sie zur Feuerstatt auf den Sitz, zog ihr die Ärmel ihres Mantel herab, machte einen Ring daraus und setzte ihr den auf den Kopf. Dann nahm er viel Pulver, schüttelte es ihr oben auf das Haupt. Es war ein schönes Frauchen, hatte einen schönen Leib und weiße Brüste. Ehe man das Feuer anzündete, sprach ein Pfaff – es waren drei dabei –: ‚Ihr liebe Frau, seid standhaft im christlichen Glauben und sterbt als ein Christenmensch.‘ Sie sprach: ‚Das will ich!‘ Die Pfaffen sagten: ‚Wenn man das Feuer anzündet, so schreiet mit Andacht und lauter Stimme mit uns: Jesus Nazarenus, rex Judaeorum, Herr, erbarm dich über mich.‘ Dies tat die Frau auch, solange sie irgend vor Rauch und Hitze zu schreien vermochte. Sie gab große Zeichen, dass sie eine gute Christin gewesen und christliche Andacht gehabt habe. Sie war von Schwabach, und ihr Ehemann war Taglöhner. Sie hatte ein Töchterlein, das fing man auch mit der Mutter, es hatte auch Zauberei getrieben. Markgräfin Friedrich aber bat es los, man sollte eine Weile mit ihm abwarten, sie wollte zuvor selber mit ihm reden.“

Bild linke Seite: *Jakob Fugger der Reiche, Porträt von Albrecht Dürer, um 1518. Er wurde am 6. März 1459 geboren und starb am 30. Dezember 1525. Der Enkel des Stammvaters der großen Kaufmannsfamilie der Fugger gründete 1494 die Fugger'sche Handelsgesellschaft, die hauptsächlich durch Orient- (Edelsteine, Gold und Silber) und Bankgeschäfte zu einer Vorrangstellung im europäischen Handel gelangte. Unter Jakob Fugger, der ab 1511 Alleininhaber der Gesellschaft war, erreichte das Unternehmen den Höhepunkt seiner Macht, die erst gegen Ende des 16. Jahrhunderts zerfallen sollte. Er war der reichste Europäer seiner Zeit und Geldgeber der großen Fürstenhäuser, finanzierte die Kriege Maximilians I. und ermöglichte mit dem Geld der Familie 1519 die Wahl Kaiser Karls V. In Augsburg ließ Jakob die Fuggerei (Armensiedlung) erbauen.*

Bild rechts: *Schweizer Miniatur aus dem 16. Jahrhundert mit der Darstellung einer Hexenverbrennung. Um die Wende des 16. Jahrhunderts und in der zweiten Hälfte des 17. Jahrhunderts erreichte der Hexenwahn seine Höhepunkte. In katholischen wie in protestantischen Gebieten kam es zur Verbrennung von etwa 100.000 Menschen. Für eine Festnahme genügte ein bloßer Verdacht. Die Inhaftierten wurden so lange gefoltert, bis sie die Anklagepunkte bestätigten.*

Martin Luther

Die Kindheit des am 10. November 1483 in Eisleben geborenen Luther, des Urhebers der Reformation, wurde geprägt von Armut, Strenge und mittelalterlicher Frömmigkeit. Von Eisleben übersiedelte die Bergmannsfamilie nach Mansfeld, wo der Vater allmählich sogar bescheidenen Wohlstand erlangte. Luther besuchte die dortige Lateinschule. Der weitere Bildungsweg führte über Magdeburg nach Eisenach und dann, 1501, nach Erfurt zum Studium. Luther wollte Jurist werden; er kam an eine Hochschule, die vom Humanismus und von einem modernen Flügel der scholastischen Philosophie geprägt war. Innerhalb von drei Jahren erwarb er den Bakkalaureus- und den Magistertitel.

Vom Bücherkauf in Gotha zurückkehrend in der Nähe des Dorfes Stotternheim wurde Luther im Alter von fast 22 Jahren beinahe vom Blitz erschlagen und gelobte, ein Mönch zu werden. Ausschlaggebend hierfür waren neben dem unmittelbaren Ereignis seine schwere Krankheit durch Überarbeitung, eine lebensgefährliche Verletzung durch den eigenen Degen, das Erlebnis der Pest in Erfurt und der mysteriöse Mord an einem Freund. Luther trat in das Augustiner-Eremiten-Kloster in seiner Studienstadt ein. Wenn der „Totentanz" das typische Bild seiner Zeit ist, so ist Luther das Kind dieser Zeit: „Verzweiflung macht den Mönch." Ebenso wichtig ist der Hinweis moderner Psychologie, dass der Klostereintritt gegen den Willen des verärgerten Vaters das Ringen um Autoritätsüberwindung andeutete, das sich später im Kampf gegen den Papst fortsetzte.

Luther hinterließ zwar anekdotische Mitteilungen von seinem Klosterleben, betrieb die Zeit jedoch mit Leidenschaftlichkeit und Ernsthaftigkeit. 1507 empfing er die Priesterweihe, 1510 unternahm er eine Romreise im Auftrag des Ordens und nach einer Versetzung nach Wittenberg promovierte Luther 1512 zum Doktor der Theologie.

Bild oben: *Martin Luther, Porträt von Lucas Cranach dem Älteren, 1529. Martin Luther (1483-1546) wurde zum theologischen Urheber und Lehrer der Reformation.*

Bild rechte Seite: *Katharina von Bora, Gemälde von Lukas Cranach dem Älteren, 1528. Katharina von Bora (29. Januar 1449-20. Dezember 1552) war nach dem Besuch einer Klosterschule 1509 in das Kloster Nimbschen bei Grimma eingetreten. In der Karfreitagnacht 1523 wagte sie zusammen mit acht weiteren Nonnen die von Luther befürwortete Flucht nach Wittenberg. Der Reformator persönlich bemühte sich um die Unterbringung und Versorgung der mittellosen Frauen. Als sein Versuch, Katharina mit einem befreundeten Prediger zu verheiraten, an ihrem Widerstand scheiterte, er aber durch Bekannte hörte, dass sein Schützling mit einer Heirat mit Luther selbst einverstanden wäre, machte er sie zu seiner Frau, um sich „der Verlassenen zu erbarmen". Doch Luther schätzte und achtete seine tüchtige Frau und ehrte in ihr vor allem die treu sorgende Mutter seiner sechs Kinder. Oft nannte er sie scherzhaft „Herr Käthe" oder „Frau Doktorin". Im November 1552 starb Katharina auf der Flucht vor der in Wittenberg ausgebrochenen Pest in Torgau und wurde in der dortigen Stadtkirche begraben.*

Er hielt biblische Vorlesungen an der jungen Universität, die durch ihn berühmt wurde, und predigte ab 1515 in der Stadtkirche. Den entscheidenden Durchbruch in dieser Zeit („Turmzimmererlebnis") beschrieb Luther rückblickend: Der in seiner Gottferne „in sich verkrümmte Mensch" empfängt Geborgenheit und Frieden („Wie kriege ich einen gnädigen Gott?") durch das unverdiente und auch nicht erwerbbare Geschenk der Gnade Gottes in Jesus Christus. Dieses Geschenk kann der Mensch nur im Glauben als bedingungsloses Sicheinlassen auf Gott empfangen. Von dieser Grunderkenntnis aus kam es zu einer grundlegenden Kritik Luthers an Lehre und Gestalt der mittelalterlichen Kirche. Der „Ablassstreit", ausgelöst durch die Tätigkeit des Ablasspredigers Tetzel, wurde zum Anlass des Ausbruchs der in Jahren vorbereiteten Auseinandersetzung. Am Vorabend des Allerheiligentages 1517 schlug Luther seine 95 Thesen an die Tür der Schlosskirche zu Wittenberg (in der neueren Forschung ist der Thesenanschlag umstritten; die Veröffentlichung der Thesen zu diesem Zeitpunkt als wissenschaftliche Diskussionsforderung ist allerdings gesichert). Nach theologischen Auseinandersetzungen, zunächst mit Tetzel, dann mit Dr. Johann Eck, kam es zur Anzeige durch die Dominikaner und zur Eröffnung des Prozesses in Rom gegen Luther. Verhandlungen mit päpstlichen Abgesandten blieben erfolglos. Über die „Leipziger Disputation" (gegen Eck; Bestreitung der Unfehlbarkeit kirchlicher Konzile) und die drei reformatorischen Hauptschriften 1520 („An den christlichen Adel", „Von der babylonischen Gefangenschaft der Kirche" und „Von der Freiheit eines Christenmenschen") führte der Weg zum Reichstag in Worms.

Als am 3. Januar 1521 fast unbeachtet der Kirchenbann über Luther verhängt wurde, war praktisch fast ganz Deutschland seiner Sache zugefallen. Am 18. April 1521 lehnte Luther in Gegenwart Kaiser Karls V. vor dem Reichstag den Widerruf ab. Auf dem Heimweg wurde er von Berittenen seines Landesherrn, Friedrichs des Weisen, entführt und zu seinem eigenen Schutz auf die Wartburg gebracht. Hier übersetzte er in wenigen Wochen das Neue Testament ins Deutsche („September-Testament") und begann dann die Eindeutschung des Alten Testaments, seinem vielleicht entscheidendsten Werk. Man schätzt die Zahl der Ausgaben der Lutherbibel und aller Nachdrucke in der Reformationszeit auf mindestens eine Million.

Unruhen in Wittenberg, durch überstürzte Reformen verursacht, veranlassten seine Rückkehr im März 1522. Nach dem Aufstand der Reichsritter unter Franz von Sickingen kam es zu den Bauernkriegen, die eine Trennung zwischen Luther und den sog. Schwärmern zur Folge hatten. War bisher die Scheidung von der durch Kirchenrecht, Überlieferung und Organisation geprägten Kirche das Thema, so ging es jetzt um Abgrenzung nach links: Bilderstürmer, Wiedertäufer und politische Schwärmer. Dabei kam es teilweise zur Korrektur früherer Auffassungen – der „konservative Luther" entwickelte sich. Am schärfsten war die Absage an die Bauernführer, unter ihnen Thomas Müntzer.

Luther, der 1525 die entflohene Nonne Katharina von Bora geheiratet hatte, ging an eine systematische Reform von Lehre und Gestalt der gegen seinen Willen entstandenen protestantischen Kirche. Theologische Höhepunkte waren seine Auseinandersetzung mit Zwingli (Abendmahlsstreit) und Erasmus von Rotterdam (Debatte um den „freien Willen"); Höhepunkte der politischen Entwicklung waren der Schmalkaldische Bund (1531) der Fürsten, die sich der Reformation angeschlossen haben („Protestanten"), und endlich ihr Krieg gegen den Kaiser (1546/1547). Auf dem Reichstag zu Augsburg war 1530 erstmalig eine Zusammenfassung der evangelischen Lehre, die Confessio Augustana, hauptsächlich verfasst von Luthers Freund Melanchthon, überreicht worden.

War zunächst Philipp von Hessen Führer der mehr antihabsburgischen als evangelischen Koalition (seine Doppelehe, mit Luthers Einverständnis geschlossen, belastete das Bündnis schwer), trat nach der Niederlage von Mühlberg Moritz von Sachsen an die Spitze des Bundes, indem er den Kaiser verriet („der Judas von Meißen"). Das Ergebnis dieser Kämpfe, in denen sich politische und kirchliche Motive eng vermengten, war die konfessionelle Zergliederung Deutschlands.

Luther hatte sich weitgehend zurückgezogen und arbeitete, zuweilen verbittert, weiter. Er bereitete eine Gesamtausgabe seiner Schriften vor und verfasste Neues. Gesundheitlich schwer angeschlagen, ließ er seine letzte schriftliche Aufzeichnung mit den Worten schließen: „Wir sind Bettler, das ist wahr!" Luther starb am 18. Februar 1546 in Eisleben.

Unglückliches Vorzeichen der Schlacht bei Mühlberg

In der Schlacht bei Mühlberg besiegte das Heer Kaiser Karls V. am 24. April 1547 die Truppen des Schmalkaldischen Bundes. Der Führer der Protestanten, Kurfürst Johann Friedrich von Sachsen, geriet in Gefangenschaft. Damit war der Schmalkaldische Krieg für den Kaiser gewonnen. Eine Volkssage aus dem Königreich Sachsen berichtet Folgendes darüber:

„Als zu Herzberg, der nicht weit von Mühlberg gelegenen Churstadt, an demselben Sonntag Misericordiae Domini, wo die Schlacht ist geschlagen worden, in der Kirche über das vorgeschriebene Evangelium vom guten Hirten gepredigt wurde, ist ganz nahe vor der Stadt ein Wolf, wie noch nie dagewesen, unter die dort weidenden Schafe gestürzt und hat sie zerstreut, so daß Alles aus der Kirche herauslief. Dies hat bedeutet, daß der fromme Churfürst, so in seinem Amte ein guter Hirte gewesen, geschlagen und die armen Unterthanen als Schäflein zerstreut werden würden, wie denn am selbigen Tage geschehen. Am folgenden Tage sind denn die Spanier auch nach erlangtem Siege vor der genannten Churstadt angelangt und haben freien Durchzug begehrt, den hat man ihnen auch bewilligt, allein die Spanier haben Solches nicht gehalten, sondern die Stadt angefangen zu plündern, daher hat man, als sie um sich zu stärken wieder hinausgezogen, die Stadt vor ihnen geschlossen und sich zur Gegenwehr gesetzt, bis auf Fürbitten des neuen Churfürsten Moritz der Stadt von dem Kaiser Karl V. ist Sicherheit gewährt worden."

Passauer Vertrag

1552 wurde zwischen Ferdinand I. (als Beauftragtem Karls V.) und dem Kurfürsten Moritz von Sachsen der Passauer Vertrag geschlossen. Moritz, der Kaiser Karl V. bekriegt und zur Flucht genötigt hatte, erzwang von Ferdinand das Zugeständnis freier Religionsausübung der Protestanten bis zum nächsten Reichstag; damit war der Weg zum Augsburger Religionsfrieden geebnet:

„Der Passauer Vertrag war das erste Deutsche Reichs-Grundgesetz, welches den Protestanten, nach langen Religionskriegen und vergeblich versuchten Aussöhnungen, die Ausübung der Religion und der davon abhängigen bürgerlichen Rechte sicherte. Es wurde theils durch die Vermittelung Ferdinands, Königs von Ungarn und Böhmen, Bruders Kaiser Carls V. theils durch die siegreichen Waffen des protestantisch gesinnten Churfürsten Moritz von Sachsen zu Passau in Bayern 1552 ein Vergleich zwischen den katholischen und protestantischen Reichsständen bewirkt, und am 2. August dieses Jahres auf folgende Bedingungen abgeschlossen: daß auf dem nächsten Reichstage ein endlicher Religionsfriede gestiftet, vorläufig aber den Protestanten vollkommene Sicherheit und unbeschränkte Religionsfreiheit nebst allen bürgerlichen Rechten zugestanden, ihnen auch der Zutritt zu Beisitzerämtern bei dem Reichskammergericht verstattet werden sollte. Alle in die Acht erklärte Protestanten wurden von derselben entbunden, Landgraf Philipp von Hessen, einer ihrer Hauptanführer, aus der Gefangenschaft befreit und in den Besitz seiner Lande eingesetzt. Die Protestanten versprachen aber nicht nur dem Bündnisse mit Frankreich zu entsagen, sondern auch selbst alle Feindseligkeiten einzustellen. Auch erfolgte wirklich schon 1555 der gewünschte Religionsfriede, der jedoch immer noch nicht allen Beschwerden der Evangelischen abhalf, und welcher erst 1648 nach dem verheerenden dreißigjährigen Kriege durch den Westphälischen Frieden aufs neue geltend gemacht und erweitert wurde."

Augsburger Religionsfriede

Der Augsburger Religonsfriede, ein zwischen Kaiser Ferdinand I. und den Reichsständen 1555 geschlossener Vertrag, besiegelte die Glaubensspaltung in Deutschland: Er erkannte die Lutherische Augsburgische Konfession als gleichberechtigt neben der katholischen an und garantierte Religionsfreiheit für die Reichsstände (fürstliche und städtische Obrigkeiten) nach dem Prinzip „Cuius regio, eius religio" (wer herrscht, bestimmt die Konfession der Untertanen). Im Brockhaus Bilder-Conversations-Lexikon von 1839 heißt es dazu:

„Dieser (Augsburger Religionsfriede) verbürgte allen Reichsständen Ruhe, Sicherheit und Frieden wegen ihrer Religion und Kirchenbräuche, sowie für Glauben, Hab und Gut und Land und Leute, und verordnete die Ausgleichung von Religionsstreitigkeiten durch blos christliche und freundliche Mittel. Der Glaube und Gottesdienst der Protestanten ward von der geistlichen Gerichtsbarkeit frei, die Auswanderung wegen der Religion gestattet, und wenn auch kein näherer Religionsvergleich zu Stande käme, sollte dieser Friede doch unverbrüchlich bestehen.

Adel, Städte, Communen und Unterthanen vom augsburgischen Glaubensbekenntnisse in den Ländern katholischer Fürsten und Stände sollten ungekränkt bei ihrem Glauben gelassen werden, von allen Geistlichen aber, welche Protestanten würden, das zugleich als Verzichtleistung auf ihre Ämter und Einkünfte gelten, unbeschadet jedoch ihrer Ehre und Würde. Die Reformirten blieben von diesem Frieden noch ausgeschlossen, und erhielten erst im westfälischen gleiche Rechte mit den Protestanten. Der augsburgische Religionsfriede gehörte zu den Reichsgesetzen, welche von der in der rheinischen Bundesacte allgemein ausgesprochenen Nichtigkeitserklärung derselben für die Rheinbundsstaaten und ihre Unterthanen ausgenommen war."

Hans Sachs

Hans Sachs, der Schneidersohn aus Nürnberg, geboren am 5. November 1994, verließ nach dem Besuch der Lateinschule und nach einer Schuhmacherlehre 1511 seine Vaterstadt und ging als Geselle und Meistersangs-Adept auf Wanderschaft durch ganz Deutschland. Auf dieser Reise hatte er erste Berührung mit dem Meistersang, der in gewissem Sinne den Minnesang fortsetzte. In Frankfurt trat er erstmals als Meistersinger auf. 1516 kehrte er für immer nach Nürnberg zurück. Erste Berühmtheit erlangte Hans Sachs durch sein frühes Eintreten für Luther in dem Streitgedicht „Die Wittenbergisch Nachtigall" (1523). Aus der Fülle seiner moralisierenden und kraftvoll typisierenden Schwänke und Fastnachtsspiele seien hier genannt: „Das Narrenschneiden" (1534), „Der Schwanger Pauer" (1544), „Der Teufel mit

Hans Sachs (1494-1576), Meistersänger.

dem alten Weib“ (1545), „Der farend Schüler im Paradeiß“ (1550) und „S. Peter mit der Geiß“ (1555). Der Meistersänger starb am 19. Januar 1576 in seiner Geburtsstadt. Eine hohe Würdigung erfuhr der lange Zeit vergessene Hans Sachs mit der Übernahme seines Knittelverses durch Johann Wolfgang von Goethe – er verherrlichte ihn durch sein Gedicht „Hans Sachsens poetische Sendung“ – und später vor allem durch Richard Wagners Oper „Die Meistersinger von Nürnberg“. Mit rund 200 Bühnenstücken, 1800 Spruchgedichten und über 4000 Meisterliedern ist Sachs der überragende deutsche Volksdichter an der Schwelle von Mittelalter und Neuzeit.

Petrus Canisius

Petrus Canisius – geboren als Peter de Hondt am 8. Mai 1521 – war der Sohn des Bürgermeisters des damals zu Deutschland gehörenden Nijmwegen. Er studierte ab 1536 Theologie in Köln und lernte 1543 Petrus Faber, einen Mitbegründer des Jesuitenordens, kennen, woraufhin er Jesuit wurde. 1546 wurde er zum Priester geweiht. Canisius gründete die erste deutsche Ordensniederlassung in Köln und arbeitete unermüdlich für die Ausbreitung seines Ordens in Deutschland, Österreich, der Schweiz, Böhmen und Ungarn. Er lehrte an verschiedenen Universitäten in ganz Europa; in Ingolstadt war er Universitätsrektor, in Wien Domprediger. Canisius war maßgeblich am Augsburger Reichstag von 1556 beteiligt und wirkte als Berater des Augsburger Bischofs auf dem Konzil von Trient. Anschließend entsandte ihn sein Ordensgründer Ignatius von Loyola als führenden Vertreter der Gegenreformation wieder nach Deutschland. Berühmt wurde Canisius durch seine Schriften, insbesondere durch seinen „Katechismus Canisi“ (je ein Katechismus für Kinder, Schüler und Studenten), der schon zu seinen Lebzeiten über 200 Mal aufgelegt wurde. Nach Auseinandersetzungen mit seinem Nachfolger als Ordensprovinzial, Paul Hoffaeus, ging Canisius 1580 nach Fribourg, wo er das Jesuitenkolleg St. Michael gründete. Nach seinem Tod am 21. Dezember 1597 wurde er unter dem Hochaltar der dortigen Kirche bestattet.

Leo XIII. nannte ihn den „zweiten Apostel Deutschlands“ nach Bonifatius, so hoch wurde seine Bedeutung als Theologe und Kirchenpolitiker geschätzt. Petrus Canisius ist der Patron der Bistümer Innsbruck und Brixen sowie der katholischen Schulorganisation in Deutschland. 1864 wurde er selig-, 1925 von Pius XI. heiliggesprochen (Fest: 27. April) und zum Kirchenlehrer ernannt.

Johannes Kepler, Gemälde eines unbekannten Künstlers aus dem 17. Jahrhundert, Uffizien, Florenz. Kepler (1751-1630) gilt als Begründer der modernen Astronomie; er erforschte die Himmelsphysik und lehrte eine neuartige Naturphilosophie.

Hans von Aachen

Der Hauptvertreter des internationalen höfischen Manierismus des 16. Jh. wurde 1552 in Köln geboren und starb am 4. März 1615 in Prag. Von Aachen (auch: Achen) bildete sich in Venedig, Rom und Florenz; ebendort war er 1574 bis 1588 tätig. Anschließend ging er nach Köln zurück; etwas später arbeitete er am herzoglichen Hof in München. Seit 1592 war Hans von Aachen der Kammermaler Kaiser Rudolfs II. In dieser Funktion war er ab 1601 in Prag, wo er, abgesehen von Reisen nach Italien, dauernd verblieb.

Hans von Aachen schuf mythologische, allegorische, biblische Szenen, Genredarstellungen und Bildnisse. Er war zu seiner Zeit hoch geschätzt; die besten Stecher arbeiteten nach seinen Gemälden und Zeichnungen. Er ging vom niederländischen Romanismus aus, in Venedig wurde er besonders von Tintoretto beeinflusst, in Rom von Michelangelo, ferner von Correggio. Beispiele seiner späteren Schaffensphase sind die „Allegorie auf die Gerechtigkeit“ (München, Alte Pinakothek) und „Bacchus, Ceres und Amor“ (Wien, Kunsthistorisches Museum).

Johannes Kepler

Der deutsche Astronom kam am 27. Dezember 1571 in Weil der Stadt unweit Stuttgart als Enkel des ehemaligen Bürgermeisters zur Welt. Sein Vater dagegen konnte als Händler den Familieunterhalt nur mit Mühe bestreiten. Johannes Kepler besuchte die Klosterschulen von Maulbronn und Adelsberg. 1589 trat er in das protestantisch-lutherische Stift zu Tübingen ein und sollte Theologe werden. Dort beschäftigte er sich erstmals durch Vermittlung seines Lehrers Michael Mästlin mit Astronomie und Mathematik sowie dem Kopernikanischen Weltsystem. Nachdem er 1591 die Magisterwürde erworben hatte und 1594 als Mathematiklehrer nach Graz gegangen war, veröffentlichte er 1596 seine Schrift „Mysterium Cosmographicum“ (Weltgeheimnis), in der er den Bau des Planetensystems mit den fünf regelmäßigen geometrischen (platonischen) Körpern in Verbindung brachte. 1600 wurde er vom kaiserlichen Mathematiker und Hofastronomen Tycho Brahe als Gehilfe nach Prag an den Hof Kaiser Rudolfs II. gerufen. 1601, nach dem Tod Brahes, trat er dessen Nachfolge an. Die kurze Zusammenarbeit zwischen Brahe und Kepler hatte für die Weiterentwicklung der Astronomie große Bedeutung: Kepler versuchte mithilfe der für die damalige Zeit genauesten Beobachtungen der Marsbahn, die Brahe noch in Dänemark machte, die Planetenbahnen zu berechnen. Nach jahrelangen Bemühungen kam er zu dem Ergebnis, dass es sich nicht um Kreise handeln könne, wie es Jahrhunderte lang als selbstverständlich vorausgesetzt wurde, sondern um Ellipsen. Er stellte damit die Gesetze der Planetenbewegung auf (Keplersche Gesetze):

1. Die Planeten bewegen sich auf Ellipsen, in deren einem Brennpunkt die Sonne steht. 2. Die Verbindungslinie Planet–Sonne (der Radiusvektor) überstreicht in gleichen Zeiten gleiche Flächen.
Praktisch bedeutet dies, dass ein Planet sich im sonnennächsten Punkt am schnellsten, im sonnenfernsten Punkt am langsamsten bewegt. Diese beiden ersten Gesetze wurden von Kepler 1609 in seiner „Astronomia nova“ (Neue Astronomie) veröffentlicht. 1612 siedelte er nach dem Tod Rudolfs II. nach Linz über und war dort Gymnasiallehrer. 1619 erschien „Harmonice mundi“ (Weltharmonik). Darin ist das letzte Gesetz der Planetenbewegung dargestellt: Die dritten Potenzen der großen Halbachsen der Bahnen zweier Planeten verhalten sich zueinander wie die Quadrate der Umlaufzeiten. Außerdem vertrat Kepler in seiner „Weltharmonik“ die Ansicht, dass die von der Sonne aus betrachteten Winkelgeschwindigkeiten der Planeten in Sonnennähe und -ferne in einem Verhältnis zueinander stehen, das bestimmten musikalischen Harmonien entspricht.
Kepler beschäftigte sich auch mit der Optik. In seinem Werk „Dioptrice“ (1611) beschreibt er Bau und Wirkungsweise des astronomischen Fernrohrs. 1604 entdeckte und beobachtete er eine Supernova im Sternbild Schlangenträger (Ophiuchus). 1627 erschienen die „Rudolfinischen Tafeln“, die Vorausberechnungen der Planetenbahnen enthielten. Kepler stand in seiner astronomischen Denkweise zwischen der Geometrie von Altertum und Mittelalter und der Physik und Dynamik eines Isaac Newton und der Neuzeit. Tatsächlich tritt in seinen Werken erstmals der Gedanke an eine in der Sonne sitzende, das Planetensystem bewegende Kraft in dem Begriff der Anima motrix, der „bewegenden Seele“, auf.
Kepler lebte stets in dürftigen finanziellen Verhältnissen, die er durch das Stellen von Horoskopen und die Herausgabe astrologischer Kalender zu verbessern trachtete. 1630 wollte er vor dem Reichstag zu Regensburg seine aus der Prager Zeit rückständigen Gehälter einfordern und starb nach kurzer Krankheit noch am 15. November desselben Jahres.

Adam Riese

Der deutsche Mathematiker, Bergbeamte und Rechenmeister und Herausgeber weit verbreiteter Rechenbücher wurde unter dem Namen Adam Ries um 1492 geboren und starb am 30. März 1559 im sächsischen Annaberg. Er führte das Wurzelzeichen in die Mathematik ein, verbreitete das Rechnen mit arabischen Zahlen und verfasste mit mehreren Lehrbüchern des praktischen Rechnens sowie einer Einführung in die Algebra die ersten Rechenbücher in Deutschland. Zu ihnen zählt auch „Rechenung auff der linihen vnd federn in zal“ (1522) und „Rechenung nach der lenge...“ (1550), die lange Zeit maßgebend im Unterricht an deutschen Schulen waren (daher der Spruch aus dem Volksmund „nach Adam Riese“). Riese schrieb nicht wie zur damaligen Zeit üblich in Latein, sondern Deutsch, was seinen außergewöhnlichen Erfolg – sein 1522 erschienenes Werk beispielsweise wurde rund 120 Mal neu aufgelegt – erklären mag. Er leitete zunächst in Erfurt, dann in Annaberg die Rechenschule. Nach einigen Jahren gründete er in Annaberg seine eigene Schule, die später von seinem Sohn Abraham weitergeführt wurde.

Philipp Melanchthon

Wie die Bibelübersetzung, so ist Luthers Reformation insgesamt nicht ohne seine Mitarbeiter zu denken. Der bedeutendste unter ihnen war

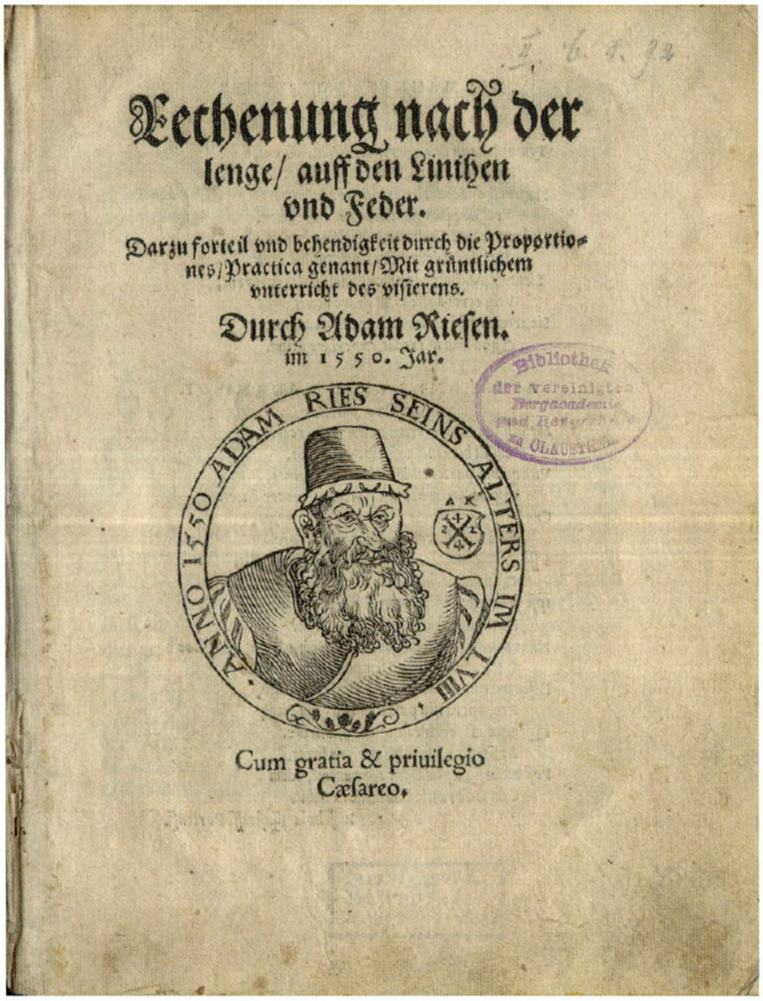
Rechenung nach der lenge/ auff den Linihen vnd Feder.
Darzu forteil vnd behendigkeit durch die Proportiones/ Practica genant/ Mit gründlichem vnterricht des visierens.
Durch Adam Riesen.
im 1550. Jar.
ADAM RIES SEINS ALTERS IM LVIII ANNO 1550
Cum gratia & priuilegio Cæsareo.

Philipp Melanchthon, der am 16. Februar 1497 in Bretten im westlichen Kraichgau geboren wurde und am 19. April 1560 in Wittenberg starb. Er war der typische „zweite Mann", das gelehrte Talent neben dem religiösen Genie. Schon mit 14 Jahren wurde er Magister und hielt Vorlesungen in Heidelberg. Mit 21 Jahren, 1518, wurde er als Professor für Griechisch nach Wittenberg berufen. Hier hat er entscheidend an der Universitätsreform mitgewirkt, wie denn überhaupt Bildung und Schulwesen lebenslang seine Sache waren, warum man ihn dann auch „Praeceptor Germaniae" (Lehrer Deutschlands) nannte. 1521 schrieb er seine „Loci communes", sozusagen die erste evangelische Dogmatik.

Als Humanist war es sein Ziel, Luthers Verständnis göttlicher Offenbarung in der Heiligen Schrift mit der wiedergewonnenen Weisheit des Altertums in Einklang zu bringen.

Luther liebte Melanchthon, und Melanchthon verehrte Luther. Luther über Melanchthon: „Vielleicht bin ich nur der Vorläufer von Philippus, dem ich wie Elias den Weg bahnen soll in Kraft und Geist." – und Melanchthon über Luther: „Er ist wunderbarer, als ich mit Worten sagen kann. Ich weiß, wie sehr Alkibiades seinen Sokrates bewundert hat; ich bewundere Luther noch ganz anders, nämlich im Sinne Christi." Dabei kann man sich in Körpergestalt und Temperament kaum zwei größere Gegensätze vorstellen als die beiden. Luther meinte einmal, der Apostel Paulus sei „ein arms, dünn Männlein wie Philippus" gewesen, und charakterisierte den Unterschied zwischen seinem und Melanchthons Temperament so: „Ich bin dazu geboren, dass ich mit Rotten und Teufeln muss kriegen und zu Felde liegen, darum meine Bücher stürmisch und kriegerisch sind. Ich bin der grobe Waldrechter, der Bahn brechen muss. Aber Magister Philipp fähret säuberlich und stille daher, säet und begeußt mit Lust, nachdem ihm Gott gegeben hat seine Gaben reichlich." Melanchthon ist sein Leben lang ein Mann der Mitte gewesen und dabei über die ständigen Auseinandersetzungen fast zerrieben worden. Als er sein Ende kommen sah, freute er sich daher darüber, endlich von der „rabies theologorum", der „Theologen-Wut", erlöst zu werden.

__Bild rechts:__ Philipp Melanchthon, Gemälde von Albrecht Dürer. Der Reformator, Humanist und Theologe Melanchthon (1497-1560) hat wie kein anderer auf das deutsche Bildungswesen eingewirkt. Er schrieb Lehrbücher, die Jahrzehnte galten, reformierte die Universitäten und war ein universal gebildeter Gelehrter, der in der Kirche wie auf dem Katheder vermittelnd-friedlich wirken wollte. Seine Verdienste um die Hochschulreform brachten ihm den Ehrentitel „Präceptor Germaniae" ein.

__Bild linke Seite links:__ Adam Ries, „Rechenung nach der lenge / auff den Linihen vnd Feder", Titelblatt des Erstdruckes aus dem Jahr 1550. Adam Ries (um 1492-1559) war Bergbeamter im sächsischen Annaberg. Mit seinen Rechenbüchern erreichte er aufgrund der Tatsache, dass er sie als einer der Ersten auf Deutsch schrieb, einen großen Leserkreis und trug damit auch zur Vereinheitlichung der deutschen Sprache bei.

__Bild linke Seite rechts:__ Gerhard Mercator, Kupferstich von Frans Hogenberg, 1574. Der flämische Geograf und Kupferstecher Mercator (1512-1594), der Begründer der Kartografie, wurde auch als „Ptolemäus seiner Zeit" bezeichnet.

Die letzten Jahre Maximilians II.

Der Sohn und Nachfolger Ferdinands I., geboren am 31. Juli 1527 in Wien, seit 1564 Kaiser, starb am 12. Oktober 1576 in Regensburg. Stark dem Luthertum zuneigend, gewährte er in seinen Erbländern Niederösterreich und Böhmen weitgehende Religionsfreiheit. Er kämpfte vergeblich gegen die gewaltsam durchgeführte Rekatholisierung Philipps II. (besonders in den Niederlanden) an und ermöglichte dem Reich über ein Jahrzehnt hinaus politische Ruhe und Frieden. Folgendes lässt sich über seine letzten Jahre sagen:

„Am 7. Juli 1572 starb König Sigismund August von Polen, der letzte Jagellone. Seine Krone dem habsburgischen Hause zu gewinnen, strebte schon seit Jahren die habsburgische Politik; seinem Sohne Ernst hatte Maximilian dieselbe zugedacht; für ihn arbeitete und warb er, unterstützt sowohl durch päpstliche als spanische Hülfe. Aber im Wahlkampfe siegten 1573 die Franzosen, welche den Bruder ihres Königs Heinrich von Anjou durchsetzten. Nur kurze Zeit weilte derselbe auf dem polnischen Throne. Nach Karl's IX. von Frankreich Tode (30. Mai 1574) eilte er ins französische Heimathreich zurück; und Maximilian konnte 1575 seine Bemühung für den Erzherzog Ernst erneuern. Daß man in Polen seine eigene Candidatur der seines Sohnes vorzog, durchkreuzte die habsburgischen Absichten; es kam im December 1575 zur gleichzeitigen Wahl von M. und seitens einer anderen Partei von Stephan Bathory, der im Mai 1571 zum Großfürsten von Siebenbürgen sich wider Maximilian's Willen emporgeschwungen hatte. Ihm gelang es, seine Partei mehr und mehr zu vergrößern; er erzielte am 1. Mai 1576 in Krakau die Krönung; und M. blieb nichts übrig, als seinen Anspruch mit den Waffen zu vertheidigen. Zu dem Zwecke suchte er 1576 die Hülfe des deutschen Reiches nach; ehe sie ihm geleistet werden konnte, waren seine Lebenstage beendigt. Die doppelte Niederlage in Polen war für ihn eine sehr schmerzliche, da er seit Jahren sein eifriges politisches Streben gerade nach dieser Seite hin gerichtet hatte.

Gut katholisch war die Erziehung seiner Söhne gewesen; in dem ältesten, dem in Spanien ausgebildeten Erzherzog Rudolf, hatte man den Nachfolger auf dem Kaiserthron schon lange gesehen; nachhaltig drängte Philipp darauf, daß M. noch bei seinen Lebzeiten für Rudolf die römische Königswahl betreibe; es galt die Zukunft Deutschlands als einer von Spanien geleiteten und beeinflußten Macht rechtzeitig zu sichern. M. selbst war trotz seiner zunehmenden Kränklichkeit nicht sehr eilig gewesen; aber 1575 war er bereit, seine Hand den spanischen Absichten zu bieten. Er versammelte die Kurfürsten zu einem Wahltag in Regensburg. Niemand machte erhebliche Schwierigkeiten gegen Rudolf's Wahl; aber die Protestanten forderten jetzt die früher von ihnen verlangte „Freistellung" bewilligt zu sehen, ehe sie den habsburgischen Candidaten wählen würden; die geistlichen Kurfürsten opponirten: man stand vor offenem Conflict. M. bemühte sich, die protestantische Bedingung der Freistellung von der Wahlfrage zu lösen; er stellte seinerseits eine Erledigung dieser schwerwiegenden Controverse in Aussicht; er verhieß bei den geistlichen Ständen eine Duldung protestantischer Religionsübung in ihren Gebieten zu erwirken. Die Angelegenheit blieb unausgetragen; nicht als ob die schönen Worte des Kaisers die Protestanten beruhigt oder gewonnen, vielmehr die Spaltung unter den Protestanten selbst, der Gegensatz, zwischen Kursachsen und Kurpfalz verschuldete die endliche Vertagung dieser für die Zukunft des Reiches wichtigsten Angelegenheit; es gelang auch M., den Kurfürsten August von Sachsen auf seine Seite zu ziehen: ohne jede Verpflichtung in der schwebenden Frage wurde Rudolf am 27. October 1575 gewählt; es bedeutete einen entscheidenden Fortschritt der katholischen Sache.

Wegen des 1574 wieder ausgebrochenen Türkenkrieges, dem 1576 die polnische Verwickelung neue Nahrung zuführte, beabsichtigte M. 1576 vom Reiche eine umfassendere Hülfe zu erbitten. Auf dem Regensburger Reichstag wurde seit Juni 1576 darüber verhandelt. Hier kam nun die 1575 unerledigt gelassene Controverse nochmals zum Streite. Nachdrücklicher und dringlicher als jemals bestanden die Protestanten auf der „Freistellung", von der man wußte, wie sehr M. selbst sie einst als nothwendig bezeichnet hatte; scharf setzte man ihm jetzt zu; Kurpfalz wollte vor Bewilligung der Türkenhülfe die Erweiterung des Religionsfriedens von M. zugestanden haben. Wiederum half der Zwiespalt zwischen Kursachsen und Kurpfalz dem Kaiser aus seiner mißlichen Lage; Kurpfalz blieb zuletzt in seiner dringlichen Verfolgung des Antrages isolirt. Dem Kaiser hatte wachsam und geschickt der spanische Botschafter und der päpstliche Legat – es war Morone, der gewandteste und glücklichste Diplomat der Kurie – bei der Abwehr der protestantischen Anträge zur Seite gestanden. Als ausgesprochener Parteigänger der spanisch-katholischen Politik endete M. seine Regierung.

Aber seine persönliche religiöse Ueberzeugung blieb bis zum Schluß seines Lebens unberührt und unveränderlich, wie sie seit zwanzig Jahren bei ihm sich gestaltet; dem protestantischen Glauben blieb er für seine Person treu; alle Versuche, die auf den sterbenden Monarchen gemacht wurden, blieben wirkungslos; mochten die zärtlich geliebte Gattin und die ihm nahe gestandene Schwester, Anna, des Baiernherzogs Gemahlin, mochten Morone und Almazan alle Künste der Ueberredung an seiner Seele versuchen: er blieb dabei, ohne Beichte und Communion von dieser Erde zu scheiden. Am 12. October 1576, während der Reichstag zur Schlußsitzung versammelt war, hauchte M. seine Seele aus, im fünfzigsten Jahre seines Alters."

Lucas Cranach

Lucas Cranach der Ältere kam unter dem Namen Hans Müller 1472 in Kronach zur Welt; er verstarb am 16. Oktober 1553 in Weimar. Sein Name leitet sich aus seiner Signatur her, die „Lucas (aus) Kronach" be-

Bild oben: *Hirschjagd des Kurfürsten Friedrich des Weisen, Gemälde von Lucas Cranach dem Älteren (1472-1553) aus dem Jahre 1529. Im Vordergrund Kurfürst Friedrich der Weise, Kaiser Maximilian I. und Kurfürst Johann der Beständige als Armbrustschützen.*

Bild rechte Seite: *Eisenhammer mit Rennherd, aus: Georgius Agricola, De re metallica libri XII, 1556. Im Hintergrund sieht man den Rennofen, davor wird eine Luppe grob von Schlackeresten befreit. Ganz im Vordergrund geschieht das Ausschmieden der Luppe unter dem Hammer. – Ein Eisenhammer oder Hammerwerk ist ein Handwerksbetrieb zur Herstellung von Schmiedeeisen als Halbzeug und von daraus produzierten Gebrauchsgütern aus der Zeit vor der Industrialisierung. Die anfangs durch Wasserräder betriebenen Eisenhämmer verhütteten Eisenerz mit Holzkohle in den so genannten „Rennherden" (Georgius Agricola 1556, auch „Rennfeuer" oder „Rennofen": vom „Rinnen" der Schlacke; oder „Zrennherd": vom „Zerrinnen" ...). In diesen Schmelzöfen, die mit ebenfalls wasserkraftbetriebenen Blasebälgen versehen waren, wurde das Erz zu einem glühenden Klumpen aus rohem Eisen, Schlacke und Kohleresten verschmolzen. Das Eisen wurde dabei allerdings nicht flüssig wie in einem Hochofen, sondern blieb ein teigiger Klumpen. Dieser „Luppe" genannte Klumpen wurde dann auf den Hämmern so lange ausgeschmiedet und in einem weiteren Ofen erhitzt, bis sämtliche Schlacke und Kohlenreste entfernt waren.*

deutete. – Der Vater von Hans Cranach und Lucas Cranach dem Jüngeren ist der bedeutendste Maler der deutschen Renaissance neben Albrecht Dürer und Albrecht Altdorfer. Über die Ausbildung Cranachs ist nur wenig bekannt, vermutlich wurde er in der Werkstatt seines Vaters ausgebildet. Biografisch fassbar wird er erst bei seinem Wienaufenthalt 1501 bis 1504; aus dieser Zeit stammen die frühesten datierten Werke wie die ausdrucksstarke „Kreuzigung Christi" von 1503. In ihr zeigt sich ein starker Einfluss der Maler der Donauschule.

1505 berief Kurfürst Friedrich der Weise Cranach als Hofmaler an seinen Hof nach Wittenberg. Der Maler führte in Wittenberg eine große Werkstatt, die weit über die Landesgrenzen Sachsens bekannt war und Hunderte von Gemälden produzierte. Er konnte sich daneben einen Weinschank, eine Apotheke und einen Buchhandel kaufen. 1537 wurde Cranach Bürgermeister von Wittenberg. In seinen letzten Lebensjahren war er am Weimarer Hof tätig.

Cranach porträtierte zahlreiche große Persönlichkeiten seiner Zeit, darunter auch den deutschen Kaiser Maximilian I. und den Kronprinzen, den späteren Karl V. Für seine höfischen Auftraggeber fertigte der Maler auch zahlreiche mythologische und allegorische Gemälde an, die er in verschiedenen Variationen wiederholte. Seine zierlichen, anmutigen Frauengestalten posieren meist vor dunklem Hintergrund. Cranach war ein überzeugter Anhänger der Reformation und ein Freund Martin Luthers und Melanchthons. Er malte Porträts verschiedener Persönlichkeiten der Reformation und illustrierte Luthers Bibel sowie Reformationsschriften. Ab 1515 war der Kronacher an der Gestaltung des Gebetbuchs Kaiser Maximilians beteiligt.

Die Zuordnung der Werke aus der Werkstatt Cranachs zum Meister selbst oder seinen Gesellen ist aufgrund der starken Einheitlichkeit des Stils schwierig. Als seine Hauptwerke werden im Allgemeinen u. a. das „Bildnis Dr. Cuspinian" (1503, Winterthur, Sammlung Reinhart), die „Kreuzigung Christi" (1503, München, Alte Pinakothek), die „Venus" (1509, Sankt Petersburg, Eremitage) und „Apollo und Diana" (1530, Berlin) gerechnet.

Johannes Aventinus

Der bedeutende Geschichtsschreiber kam am 4. Juli 1477 im niederbayerischen Abensberg unter dem Namen Johannes Turmair als Kind einer wohlhabenden Familie zur Welt. Er starb im Alter von 57 Jahren am 9. Januar 1534 in Regensburg. Aventinus besuchte von 1495 an die Hochschulen von Ingolstadt, Wien, Krakau und Paris und widmete sich vorzugsweise humanistischen Studien. In Ingolstadt und Wien schloss sich Aventin besonders an Konrad Celtis an, der ihn auch für die deutsche Geschichte zu interessieren wusste. In Paris erwarb er sich die Würde eines Magisters und hielt von 1507 an in Ingolstadt Privatvorlesungen. Hier vertraute ihm Herzog Wilhelm IV. von Bayern seine beiden jüngeren Brüder Ludwig und Ernst zur Erziehung an. Zum Gebrauch für seine Zöglinge schrieb er eine lateinische Grammatik, die allgemein großen Beifall gefunden hat. 1516 gründete er nach dem Vorbild von Celtis in Ingolstadt eine „Sodalitas litteraria", die zwar nur wenige Jahre bestand, aber eine Reihe wertvoller Schriften veröffentlichte.

1517 wurde er zum bayerischen Historiografen ernannt und entfaltete als solcher eine rege Tätigkeit. Als sein Hauptwerk erschienen die „Annales Bojorum", in denen die bayerische Geschichte bis zum Jahre 1460 behandelt wird. Die „Bayerische Chronik", die eine deutsche Bearbeitung seiner Annalen ist, besaß einen mehr volkstümlichen Charakter und zeichnet sich durch freie und unabhängige Denkweise in nationalen und kirchlichen Fragen aus.

Mit Martin Luther und besonders mit Philipp Melanchthon stand Aventin in naher Beziehung. 1528 wurde er wegen einer angeblichen Übertretung der Fastengebote verhaftet und erlangte erst durch die Vermittlung des berühmten Kanzlers Leonhard von Eck seine Freilassung.

Georgius Agricola

Der Begründer der systematischen Mineralogie und Metallurgie in Deutschland kam unter dem Namen Georg Bauer (oder Pauer) am 24. März 1494 in Glauchau zur Welt und starb am 21. November 1555 in Chemnitz. Agricola besuchte die Universität Leipzig, wo er die Würde eines „Baccalaureus in Artibus" erlangte, wurde 1518 Konrektor der humanistischen Stadtschule in Zwickau, 1520 Rektor der dort neu gegründeten griechischen Schule, widmete sich dann in Leipzig, Basel und Bologna dem Studium der Natur- und Arzneiwissenschaften, wurde in Padua Doktor der Medizin, hielt sich dann zwei Jahre in Venedig auf und kam 1526 als Stadtarzt nach Joachimsthal in Böhmen. 1531 trat er in Chemnitz in kurfürstlich-sächsische Dienste, wurde Bürgermeister und Landesgeschichtsschreiber. Er beschäftigte sich nun überwiegend mit dem Bergbau, mit Mineralogie (das von ihm 1546 verfasste Handbuch „De

natura fossilium“ war das erste seiner Art) und Geologie und schrieb eine große Anzahl wissenschaftlicher, der Allgemeinheit verständlicher Werke.
Sein bedeutendstes Buch „De re metallica“, das sich auf alle Gebiete der Bergbaukunde erstreckt und für lange Zeit die Grundlage für den wirtschaftlichen Betrieb von Berg- und Hüttenwerken bildete, erschien postum im März 1556 in lateinischer Sprache. Es wurde 1557 von dem Baseler Professor Philipp Bech in zwölf Büchern in deutscher Übersetzung herausgegeben, versehen mit 293 Holzschnitten. Ein Neudruck wurde 1928 durch die Agricola-Gesellschaft in München aufgelegt.

Substanzen erreichen (Iatrochemie, pharmazeutische Chemie), doch er nutzte auch die Mineralien. Sein Prinzip war die Erhaltung der natürlichen Lebenskraft. Er versuchte Leben und Natur aus sich selbst zu erklären (einheitlich schaffende Lebenskraft) und sah im Mikrokosmos nur ein Abbild des Makrokosmos: Der Mensch bestand seiner Meinung nach aus einer Dreiheit, dem sichtbaren Elementarleib, dem unsichtbaren Astralleib und der göttlichen Seele. Neben seinen naturphilosophischen Ansichten vertrat er einen starken Glauben an die Verdienste der Alchemie. Paracelsus wurde in seinem Denken und in seiner persönlichen Haltung Wegbereiter der deutschen Renaissance.

Paracelsus, Philippus Aureolus Theophrastus

Paracelsus – eigentlich Philippus Aureolus Theophrastus Bombastus von Hohenheim – war der Wegbereiter der neuzeitlichen Medizin und von hoher ethischer Gesinnung. Er kam 11. November 1493 in Einsiedeln als Kind einer adligen schwäbischen Familie zur Welt. Paracelsus wandte sich gegen die bis dahin gültigen medizinischen Autoritäten mit Ausnahme des Hippokrates. Die meiste Zeit seines Lebens zog er als Wander- und Wundarzt durch Europa; so wanderte er 1517 bis 1525 durch Spanien, Portugal, Schweden, Preußen, Litauen, Polen und die Balkanländer. 1526 war er Stadtarzt in Basel und Professor, später Arzt in Salzburg. Paracelsus starb am 24. September 1541 in Salzburg.
Seine medizinischen Werke und Vorlesungen, die er als Erster vorwiegend in deutscher Sprache verfasste, galten v. a. der Syphilis und deren Therapie, den Berufskrankheiten der Berg- und Hüttenarbeiter, der Chirurgie und Wundbehandlung sowie einer allgemeinen Lehre von den Krankheitsursachen. Paracelsus führte zahlreiche chemische Substanzen in den Arzneimittelschatz ein und verfasste auch theologische, religionsphilosophische und sozialpolitische Schriften. Die drei Seins-Zustände der göttlichen, seelischen und materiellen Sphäre spielten eine große Rolle darin. Er ging wie die griechischen Naturphilosophen davon aus, dass alle Stoffe aus den vier Elementen Feuer, Erde, Wasser und Luft bestehen. Er führte deren Fähigkeit sich zu vereinen und sich zu trennen auf drei Prinzipien zurück, die jedes Element enthielt: Schwefel als Prinzip der Brennbarkeit, Quecksilber als Prinzip der Schmelzbarkeit und Salz als Prinzip der Feuerbeständigkeit. Diese drei Prinzipien, aus denen alle Körper aufgebaut sind, stehen bei einem gesunden Menschen im Gleichgewicht, bei einem Kranken ist das Gleichgewicht jedoch gestört. Die Wiederherstellung des natürlichen Gleichgewichts wollte Paracelsus mithilfe chemischer

Nikolaus Kopernikus

Der deutsch-polnische Astronom kam am 19. Februar 1473 im polnischen Thorn als Nikolaus Koppernigk zur Welt und starb am 24. Mai 1543 in Frauenburg, Polen.
Kopernikus ist der Begründer der modernen Astronomie und des heliozentrischen Weltbildes.
Er genoss eine umfassende Ausbildung, unter anderem in Krakau und Italien, beispielsweise in Mathematik und Medizin sowie weltlichem und geistlichem Recht. Er praktizierte als Arzt in Heilsberg und fand seit 1512 als Domherr in Frauenburg Zeit für sein Lebenswerk.
Kopernikus revidierte die bisherige Lehre von der Planetenbewegung völlig.
Auf der Suche nach einer einleuchtenden Erklärung für die komplizierten Himmelserscheinungen und nach gründlichem Studium der griechischen Quellenschriften über das Ptolemäische Weltsystem wandte

Bild links: *Ritter, Tod und Mädchen, Gemälde von Hans Baldung aus dem ersten Viertel 16. Jahrhunderts. Der Maler und Kupferstecher Hans Baldung, genannt Grien (1484-September 1545), war neben Matthias Grünewald der führende Meister der Renaissance am Oberrhein. Er schuf zunächst vorrangig Altarbilder, später aber auch private Auftragswerke, in denen er auch Motive der antiken Mythologie aufgriff.*
Bild rechte Seite rechts: *Nikolaus Kopernikus (1473-1543), der Begründer der modernen Astronomie.*
Bild rechte Seite links: *Paracelsus, Gemälde von Quentin Massys. Paracelsus, eigentlich Philippus Theophrastus Aureolus Bombastus von Hohenheim (1493-1541), war Arzt, Alchemist, Astrologe, Mystiker, Laientheologe und Philosoph. Das Wissen und Wirken des Paracelsus war überaus umfassend. Seine Heilungserfolge waren legendär, trugen ihm aber auch erbitterte Gegnerschaft durch etablierte Mediziner ein. Verschärft wurden deren Anwürfe durch zusätzliche, oftmals beißende Kritik seitens des Paracelsus an der vorherrschenden Lehrmeinung der Viersäftelehre nach Galen und der bloßen Bücherweisheit damaliger medizinischer Gelehrter.*

er sich der Frage zu, ob die Erdkugel ruht oder ob sie sich bewegt (die Bewegung war schon im Altertum von Hicetas, Philolaos, Herakleidos, Ponticos, Ekphantos und Aristarch bejaht worden), und bewies eine dreifache Bewegung der Erde:

1. ihre tägliche Umdrehung um sich selbst (dadurch erklärt sich die scheinbare tägliche Umdrehung des Fixsternhimmels);
2. ihren Bahnkreisumschwung um die Sonne (dadurch lassen sich die scheinbaren Schleifenbahnen der Planeten erklären);
3. ihre Deklinationsbewegung um die Pole der Ekliptik im Laufe eines Jahres.

Die Sonne steht nach Kopernikus im ungefähren Weltmittelpunkt, der Fixsternhimmel ist unbeweglich, und die Planeten (auch die Erde ist ein Planet) umkreisen die Sonne, wobei der Mond wiederum die Erde umrundet. Diese astronomische Lehre (Kopernikanisches Weltsystem) legte Kopernikus erstmals 1514 im „Commentariolus" nieder und erweiterte sie 1543 in dem Werk „De revolutionibus orbium Coelestium libri sex" („Sechs Bücher über die Umläufe der Himmelskörper"), dessen erstes gedrucktes Exemplar Kopernikus auf dem Sterbebett in Empfang nahm.

In der katholischen Kirche genoss die neue Lehre eine Zeit lang Schutz, da sie dem Papst gewidmet worden war. Nach dem Tridentiner Konzil begann jedoch die Gegenströmung, und das Hauptwerk von Kopernikus wurde 1616 innerhalb der Wirren um die angeblichen Irrlehren des Galileo Galilei auf den Index der verbotenen Bücher gesetzt. Erst 1757, also über 150 Jahre später, wurde Kopernikus wieder aus dem „Index librorum prohibitorum" herausgenommen.

Die lückenhaften Stellen in seiner Planetentheorie wurden dann von Johannes Kepler ergänzt und somit beseitigt. Aber auch dieser konnte keinen Beweis für die tatsächliche Existenz der heliozentrischen Organisation des Sonnensystems erbringen. Tycho Brahe erstellte schließlich einen Kompromiss zwischen dem helio- und geozentrischen Weltbild.

Hans Baldung

Neben Matthias Grünewald war Baldung ein führender Meister der Renaissance am Oberrhein und 1503 bis 1507 vermutlich Schüler Dürers. Baldung, genannt Grien, kam 1484 in Schwäbisch Gmünd zur Welt und starb im September 1545 in Straßburg.

Er hielt sich von 1512 bis 1516 in Freiburg im Breisgau auf, um dort sein Hauptwerk, den Hochaltar des Münsters, zu schaffen. Neben Altären, kleineren religiösen Werken und mythologisch-allegorischen Darstellungen entstanden bedeutende Bildnisse, Zeichnungen für den Holzschnitt und Glasgemälde.

Zeitweise berührt Baldung sich mit Dürer, mit dem er befreundet war, teils auch mit dem romantisch-expressionistischen Stil der Donauschule, zeitweise mit Grünewald. Charakteristisch für seinen Stil ist die Steigerung gotischer Stilelemente zu fast barocker Ausdruckskraft.

Zu seinen Hauptwerken zählen neben dem Hochaltar des Freiburger Münsters mit „Marienkrönung" (1512-1516) die „Beweinung" (1515, Berlin, Staatliche Museen), die „Frau und der Tod" (1517, Basel, Museum) sowie „Die Eitelkeit" (Wien, Kunsthistorisches Museum). Sein berühmtester Holzschnitt ist „Die Hexen" (1510).

Zeitalter des Absolutismus (1649-1789)

1649, Apr.-Juli 1651: Nürnberger Exekutionstag. Der Kongress legt die Durchführung der Vertragsbestimmungen des Westfälischen Friedens fest. Er regelt die Neuordnung der Territorialfragen (u. a. Grenzfestlegungen), die Abzahlungen der schwedischen Forderungen, die allgemeine Entwaffnung und die Räumung der von fremden Truppen besetzten Gebiete.
1653, 30. Juni-17. Mai 1654: Reichstag in Regensburg. Die Verhandlungen zeigen deutlich den Gegensatz zwischen der Fürstenopposition und dem Kaiser. Es wird die letzte bis zum Ende des Reiches gültige Reichshofratsordnung erlassen. Die Befugnis des Reichshofrats erstreckt sich nunmehr über das ganze Reichsgebiet (16. März 1654).
1653, 26. Juli: Mit dem „Kurmärkischen Landtags-Rezeß" gibt der kurmäkische Adel gegen Bestätigung seiner wirtschaftlichen und sozialen Privilegien seine politischen Rechte weitgehend auf. Für den „Großen Kurfürsten" Friedrich Wilhelm von Brandenburg ist dies ein wichtiger Schritt zum Ausbau seiner Machtstellung.
1656, 20. Nov.: Im Vertrag von Labiau kann der Große Kurfürst als Gegenleistung für seine Unterstützung Schwedens in dessen Krieg gegen Polen die polnische bzw. schwedische Lehnshoheit über das Herzogtum Preußen endgültig abschütteln.
1658, 18. Juli: Nach dem Tod Ferdinands III. am 2. April 1657 wird der habsburgische Erzherzog Leopold zum Kaiser gewählt. In seiner Wahlkapitulation muss er den Territorialfürsten weitere Zugeständnisse machen.
1658, 15. Aug.: Unter dem Protektorat Frankreichs entsteht der erste Rheinbund (besteht bis 1668), an dem die Kurfürsten von Mainz, Trier, Köln, der Bischof von Münster, der Pfalzgraf von Neuburg, der König von Schweden (für Bremen, Verden, Wismar), der Herzog von Hessen-Kassel, Braunschweig-Lüneburg, Bayern, Jülich, Kleve und Berg beteiligt sind. Die Territorialfürsten verbünden sich gegen das Reichsinteresse mit Frankreich, um ihre eigene Unabhängigkeit zu wahren. Der Bund richtet sich vor allem gegen die Möglichkeit einer österreichisch-spanischen Koalition. Am 16. August tritt Frankreich offiziell dem Rheinbund bei.
1660, 3. Mai: Der Friede von Oliva zwischen Schweden einerseits sowie Polen, Brandenburg und Österreich andererseits beendet den Schwedisch-polnischen Krieg und bestätigt die brandenburgische Souveränität über das Herzogtum Preußen.
Seit 1661: Beginn der Blütezeit der deutschen, zuerst noch unter niederländischem Einfluss (Delft) stehenden barocken Fayencen-Kunst.
1663, 20. Jan.: Beginn des „ewigen" Reichstages in Regensburg. Der Reichstag soll eine Hilfe für den drohenden Türkenkrieg bewilligen, kann aber die Frage der Bewilligung einer Reichssteuer (einhellig oder mit Mehrheit) nicht regeln. In der Folgezeit werden der Reichstag und das Reichskammergericht zu immer bedeutungsloseren Institutionen. Sie werden (bis zu ihrer Auflösung 1806) zu einem Instrument der Territorialpolitik betreibenden Reichsfürsten.
1663, 18. Apr.: Die Pforte erklärt dem Reich den Krieg. Als Anlass wird dessen Einmischung in Siebenbürgen benutzt.
1663, Sept.: Brandenburg-Preußen, Sachsen, Bayern und der Rheinbund senden Hilfstruppen gegen die Türken.
1667: Friedrich Wilhelm von Brandenburg führt die städtische Akzise als neue, indirekte Steuer zunächst in der Kurmark ein; die neue Abgabe sichert die landesherrliche Unabhängigkeit vom ständischen Steuerbewilligungsrecht.
1667: Veröffentlichung der „Geistlichen Andachten" (geistliche Lieder) von Gerhardt. Sie finden wegen ihres volksliedhaften Tons, ihres Naturempfindens und ihrer gefühlstiefen Gläubigkeit weite Verbreitung.
1667, Mai: 1. Raubkrieg Frankreichs gegen die offiziell zum Reich gehörenden spanischen Niederlande (sog. Devolutionskrieg).
1668: Der Rheinbund wird wegen französischer Angriffe auf Reichsgebiet aufgelöst; Frankreich schließt jedoch in der Folgezeit neue, gegen die Habsburger gerichtete Bündnisse mit Bayern und Brandenburg.
1669: Mit einem nur schwach besuchten Hansetag in Lübeck endet praktisch die lange Erfolgsgeschichte des Städtebundes.
1669: Veröffentlichung des ersten großen deutschen realistischen Romans „Abenteuerlicher Simplicissimus" (weitere Simplicianische Schriften erscheinen bis 1673) von Hans Jakob Christoffel von Grimmelshausen, der ein umfassendes Kultur- und Sittengemälde der Zeit des Dreißigjährigen Krieges gibt; sein Hauptheld ist ein durch das Kriegsleben geprägter Vertreter des einfachen Volkes.
Um 1670: In zahlreichen deutschen Städten werden vor allem im Textilgewerbe Manufakturen als neue Produktionsform gegründet; in ihnen stellen unter Leitung eines Unternehmers Lohnarbeiter die Waren arbeitsteilig, aber noch in Handarbeit her.
Seit 1670: Beginn der Ausbreitung des Pietismus in Deutschland.
1672-1678/79: 2. Raubkrieg Frankreichs gegen die Generalstaaten (Holland).
1673, 16. Sept.: Der Kaiser erklärt Frankreich den Krieg. Angesichts der Erfolge Montecuccolis im Westen, der Übergriffe französischer Truppen im Rheingebiet und unter dem Druck der öffentlichen Meinung muss auch der Reichstag am 28. Mai 1674 Frankreich den Krieg erklären (beschlossen am 24. Mai).
1674-1679: Brandenburgisch-schwedischer Krieg. Schweden wird von

Bild oben: *Ludwig XIV. (1638-1715) überquert am 12. Juni 1672 bei Lobith den Rhein, Gemälde von 1690. Der „Sonnenkönig" gilt als klassischer Vertreter des höfischen Absolutismus. Er festigte die Macht der Krone durch den Ausbau der Verwaltung, durch die Bekämpfung der Opposition des Adels und durch die Förderung der französischen Wirtschaft. Die Hofkultur wurde ganz auf die Person des Herrschers zugeschnitten. Der König förderte Künste und Wissenschaften, was eine Blütezeit der französischen Kultur zur Folge hatte. Ludwig XIV. vertrat eine expansive und kriegerische Außenpolitik, sodass Frankreich unter seiner Regierung eine stark dominierende Stellung in Europa gewann.*
Bild rechts: *Kaiser Leopold I. (1640-1705). Er folgte seinem Vater Ferdinand III. 1658 auf den deutschen Kaiserthron. Leopold war eher ein Mann des Friedens, dennoch musste er während des größten Teils seiner Regierungszeit Kriege führen.*
Bild linke Seite: *Kurfürst Friedrich Wilhelm (1620-1688) mit seiner ersten Ehefrau Luise Henriette von Nassau-Oranien, Gemälde von Gerrit van Honthorst, 1647. Der Große Kurfürst regierte von 1640 bis 1688. Er schuf die Voraussetzungen für den Aufstieg Brandenburg-Preußens zur Großmacht.*

Frankreich gedrängt, zu Frankreichs Entlastung in Brandenburg einzufallen. Unter dem Eindruck der brandenburgischen Siege erklärt das Reich an Schweden den Krieg.
1675, 28. Juni: Sieg der Brandenburger über die Schweden in der Schlacht bei Fehrbellin. Der Große Kurfürst erobert in den folgenden Jahren das schwedische Vorpommern.
1676: Gottfried Wilhelm Leibniz, bedeutendster deutscher Gelehrter, Naturforscher, Mathematiker und Philosoph der Frühaufklärung, wird Rat, Bibliothekar und Hofhistoriograf in Hannover. Er vertritt in seinen naturwissenschaftlichen, philosophischen und politischen Ansichten die Interessen des sich entwickelnden Bürgertums, ist ein Verfechter des technischen Fortschritts und ruft zur nationalen Vereinigung auf.
1679: Frankfurter Allianz. Angesichts der Reunionen Ludwigs XIV. schließen sich das Reichsgrafenkolleg der Wetterau, des Westerwalds und der Eifel zusammen; dieser Allianz treten der schwäbische, bayerische und fränkische Reichskreis sowie Bamberg und Würzburg bei.
1680, 22. März-9. Aug.: Ludwig XIV. unterzeichnet Erlasse, die die Zugehörigkeit von zehn Reichsstädten am Rhein, der Besitzungen des Bischofs von Straßburg, der Äbte von Murbach und Andlau, der Grafen von Lützelstein und der Reichsritterschaft zu Frankreich erklären (Reunionen).
1679, 5. Febr.: Friede von Nimwegen für Kaiser und Reich mit Frankreich (Beginn der Verhandlungen unter englischer Vermittlung im Frühjahr 1676).
1679, 29. Juni: Friede von St.-Germain-en-Laye zwischen Brandenburg-Preußen und Schweden. Brandenburg-Preußen liefert den Schweden seine Eroberungen aus. Als Entschädigung für seine Kriegskosten zahlt ihm Ludwig XIV. 30.000 Taler.
1681/1682: Der Reichstag beschließt eine neue Reichskriegsverfassung, nach der die Reichskreise in Kriegszeiten ein Heer von 40.000 Mann aufzustellen haben.
1682-1782: Nach dem Vorbild des Pariser „Journal des Sçavants" (1665) erscheint in Leipzig mit

den „Acta Eruditorum“ (Veröffentlichungen der Gelehrten) Otto Menckes die bedeutende (lateinische) wissenschaftliche Zeitschrift, deren Mitarbeiter u. a. Leibniz und Christian Thomasius sind.

1683-1699: Türkenkrieg. Die Türken vertreiben die kaiserlichen Truppen aus Ungarn und dem östlichen Niederösterreich. Ihr Vorstoß mobilisiert zum letzten Mal für lange Zeit große Teile des Reiches.

1683, 15. Juli-12. Sept.: Die Türken belagern Wien. Die Stadtverteidigung wird durch Ernst Rüdiger Graf von Starhemberg und Bürgermeister Liebenberg geleitet. Wien wird durch das rechtzeitige Erscheinen bayerischer, sächsischer und polnischer Hilfstruppen unter dem Oberbefehl Johann Sobieskis von Polen und unter Leitung des kaiserlichen Heerführers Karl von Lothringen gerettet. Auch schwäbische und fränkische Reichstruppen greifen ein.

1683, 2. Sept.: Der Entsatz Wiens durch den Sieg am Kahlenberge eröffnet den Angriffskrieg gegen die Türken im Interesse Österreichs. Bayerische, polnische und kaiserliche Truppen folgen den zurückweichenden Türken nach Ungarn, während die Truppen der Reichskreise in ihre Heimat zurückkehren.

1683, 9. Okt.: Sieg der kaiserlichen Truppen bei Parkany (Ungarn) über die Türken. Am 27. Oktober erobern die Kaiserlichen den ungarischen Primatbesitz Gran.

1684, 5. März: Kaiser Leopold I. verbindet sich mit dem Papst, Venedig und Polen zur „Heiligen Liga“ gegen die Osmanen.

1684, 15. Aug.: Im „Regensburger Stillstand“ erkennt der Kaiser wegen der türkischen Bedrohung die bis 1681 vollzogenen französischen Reunionen für zunächst 20 Jahre an.

1684-1686: Leibniz begründet etwa zeitgleich mit dem Engländer Isaac Newton (1687), jedoch unabhängig von diesem, die Infinitesimalrechnung als Grundlage der höheren Mathematik, die zu einer wichtigen Grundlage der Naturwissenschaft wird.

1685: Im Potsdamer Edikt lädt Kurfürst Friedrich Wilhelm 15.000 durch die Aufhebung des Edikts von Nantes aus Frankreich vertriebene Hugenotten zur Ansiedlung in Brandenburg ein. Dadurch erhält Brandenburg einen ungeheuren kulturellen und wirtschaftlichen Aufschub.

Türkenkriege. Entsatzschlacht vor Wien am 12. September 1683.

1685, 26. Mai: Mit dem Tod des Kurfürsten Karl II. geht die Herrschaft über die Pfalz und die Kurwürde auf die bereits in Jülich und Berg regierende katholische Pfalz-Neuburger Linie über; doch auch der französische König Ludwig XIV. erhebt für seine Schwägerin Liselotte von der Pfalz Ansprüche auf das Erbe.

1686, 4. Febr.: An der Universität Leipzig kündigt Thomasius Vorlesungen in deutscher Sprache (statt des üblichen Latein) an.

1686, 9. Juli: In der „Augsburger Allianz“ verbündet sich der Kaiser mit Bayern und den süddeutschen Reichskreisen gegen Frankreich.

1686-1695: Veröffentlichung der Kultursatire „Judas, der Erzschelm“, vierbändiges Hauptwerk des volkstümlich-burlesken Kanzelredners und einflussreichen Schriftstellers der Gegenreformation Abraham a Santa Clara, in Salzburg.

1688, 9. Mai: Als Nachfolger des Großen Kurfürsten übernimmt in Brandenburg dessen Sohn Friedrich III. die Regierung.

1688, 24. Sept.: Der Beginn des 3. französischen Raubkriegs (Pfälzischer Erbfolgekrieg) bringt die Entlastung der Türken, die mit Frankreich verbündet sind, und einen Zweifrontenkrieg für Österreich.

1688-24. Sept. 1697: Im 3. französischen Raubkrieg überschreiten französische Truppen die deutsche Grenze. Ludwig XIV. fordert, dass bis zum Januar 1689 alle Reunionen Frankreichs durch einen endgültigen Vertrag anerkannt werden.

1690: Dietrich Buxtehude, Komponist und Organist an der Marienkirche in Lübeck, führt öffentliche, große Beachtung findende „Abendmusiken" ein. Durch ihn wird Lübeck neben Hamburg und Leipzig, wo von 1701 an der Komponist Johann Kunau wirkt, zum Zentrum Musikpflege.

1691, 19. Aug.: Vernichtende Niederlage des türkischen Heeres bei Slankamen nahe der Theißmündung (Ungarn).

1692: Herzog Ernst August von Braunschweig-Lüneburg gelingt es, sich vom Kaiser für seine Unterstützung in den Kriegen gegen die Osmanen und gegen Frankreich mit einer neu geschaffenen, der neunten, Kurwürde belehnen zu lassen.

1693: Marschall de Lorges rückt über den Rhein vor und zerstört weite Gebiete der Pfalz, wobei insbesondere Heidelberg verwüstet wird. Das Reichskammergericht wird von Speyer nach Wetzlar verlegt.

1694, 12. Juli: Kurfürst Friedrich III. von Brandenburg gründet die Universität Halle, die als erste moderne Hochschule gilt.

1695: August Hermann Francke gründet die „Armenschule" in Halle.

1697, 26. Juni: Friedrich August I. von Sachsen, der „Starke", wird, nachdem er zuvor heimlich zum Katholizismus übergetreten ist, zum König von Polen gewählt.

1697, 11. Sept.: Endgültiger Sieg der kaiserlichen Truppen unter Prinz Eugen von Savoyen (seit 1696 Oberbefehlshaber des kaiserlichen Heeres) bei Zenta (Ungarn) über die Türken.

1697, 30. Okt.: Kaiser und Reich unterzeichnen den Friedensvertrag mit Frankreich. Ludwig XIV. behält das Elsass einschließlich Straßburgs. Alle übrigen eroberten und reunierten Gebiete gehen an das Reich zurück. In den restituierten Gebieten soll die katholische Religion verbleiben. Damit hat Frankreich auf Kosten des Reiches seine Grenzen beträchtlich nach Osten verlegt.

1699, 26. Jan.: Friede von Karlowitz zwischen Kaiser und Reich mit den Türken. Der Kaiser erhält Ungarn ohne das Banat, Siebenbürgen und den größeren Teil von Kroatien und Slawonien. Die österreichisch-ungarische Großmacht ist damit begründet.

1700, 11. Juli: In Berlin wird auf Anregung von Gottfried Wilhelm Leibniz die „Sozietät der Wissenschaften" als erste deutsche Akademie gegründet.

1700, 1. November: Der letzte Habsburger auf dem spanischen Königsthron stirbt, ohne dass die Nachfolge geklärt ist. Der Anspruch Ludwigs XIV., seinen Enkel Philipp von Anjou auf den Thron zu bringen, trifft auf vehementen Widerstand der anderen Mächte und führt 1701 zum Spanischen Erbfolgekrieg.

Das Gemälde eines unbekannten österreichischen Künstlers zeigt Eugen von Savoyen (1663-1736), bekannt als Prinz Eugen, im Kürass mit dem Kleinod des Goldenen Vlieses. Rechts liegen auf einem Tisch die päpstlichen Ehrengeschenke, mit denen Clemens XI. den Prinzen nach der Schlacht bei Peterwardein 1716 auszeichnete. Schwert und Hut („stocco e berretto") wurden vom Papst an christliche Fürsten für besondere Verdienste um den Schutz und die Förderung der Kirche verliehen. Eugen war einer der berühmtesten Feldherren des Hauses Österreich und wesentliche Stütze der Großmachtstellung Österreichs innerhalb Europas. Daneben war er als Bauherr und Kunstsammler einer der bedeutendsten Mäzene seiner Zeit.

1701, 18. Jan.: Kurfürst Friedrich III. von Brandenburg krönt sich in Königsberg als Friedrich I. zum „König in Preußen".

1701, 7. November: In der Haager Allianz gegen Frankreich, Spanien, Bayern und Kurköln schließen sich England, die Niederlande sowie Kaiser und Reich zusammen; Brandenburg-Preußen und weitere deutsche Staaten treten bald darauf hinzu.

1704, 2. Juli: Die Truppen der Großen Allianz unter Marlborough und Ludwig Wilhelm von Baden fügen den bayerischen Truppen unter Maximilian II. Emanuel am Schellenberg bei Donauwörth eine Niederlage zu, haben aber selbst schwere Verluste.

1704, 13. Aug.: Schwere Niederlage bayerischer und französischer Truppen unter Maximilian II. Emanuel und Tallard gegen Truppen der Großen Allianz unter Marlborough und Prinz Eugen in der Schlacht von Höchstädt an der Donau oberhalb von Donauwörth. Sie vernichten die französische und die bayerische Armee und machen 10.000 Gefangene. Bayern fällt in die Hand des Kaisers. Maximilian II. Emanuel flüchtet in die spanische Niederlande. Die Franzosen sind aus den deutschen Gebieten vertrieben. Am 29. Oktober wird Trier von den Truppen Marlboroughs eingenommen.

1704-1756: Die bedeutendste historisch-politische Zeitschrift Deutschlands, die „Europäische Fama, welche den gegenwärtigen Zustand der europäischen Höfe aufdeckt", wird in Leipzig herausgegeben.

1705, 8. Jan.: Uraufführung der ersten Oper („Almira") von Georg Friedrich Händel im Hamburger Opernhaus. Mit Händel und seinen Zeitgenossen Johann Sebastian Bach, Johann Joseph Fux und Georg Philipp Telemann erreicht die Barockmusik ihre Höhepunkte.

1705, 5. Mai: Tod Kaiser Leopolds I. Die Nachfolge tritt Joseph I. an.

1706, 24. Sept.: Friedensschluss von Altranstädt bei Leipzig zwischen Karl XII. von Schweden und August II. von Sachsen-Polen. August II. verzichtet auf die polnische Krone, erkennt Stanislaus Leszczynski als König von Litauen und Polen an, behält aber den Königstitel für sich.

1707, 1. Sept.: Abschluss der Altranstädter Konvention.

1709, 11. Sept.: Schlacht bei Malplaquet (Hennegau). Die französischen Truppen unterliegen den Alliierten unter Prinz Eugen und Marlborough. Es ist eine der größten und verlustreichsten Schlachten des Jahrhunderts, aber eine Entscheidung des Krieges wird nicht herbeigeführt. Die Franzosen verlieren mindestens 11.000, die Alliierten 25.000 Mann.

1709-1732: Bau des für fürstliche Festlichkeiten bestimmten Zwingers in Dresden, eines der Hauptwerke des deutschen Barock, durch den Architekten Matthes Daniel Pöppelmann in Zusammenarbeit mit dem Bildhauer Balthasar Permoser. Er steht am Übergang des Barock zum Rokoko.

1710: Gründung der „Charité" in Berlin beim Nahen der Pest. Beginn einer bedeutenden Berliner medizinischen Tradition.

1711, 17. Apr.: Tod Kaiser Josephs I. Da er keine männlichen Erben hinterlässt, fallen die habsburgischen Lande an seinen Bruder Karl, der aus Spanien zurückkehrt, um das Erbe anzutreten.

1711, 12. Okt.: Wahl Karls VI. zum Kaiser in Frankfurt am Main. Bayern und Köln sind von der Wahl ausgeschlossen. Der Kaiser konzentriert sich immer mehr auf die Verfolgung vornehmlich habsburgischer Interessen. Vom Merkantilismus geprägte wirtschaftspolitische Maßnahmen sollen seinem Staat den notwendigen finanziellen Rückhalt geben. Das Interesse an der Sicherung der weiblichen Erbfolge, das die diplomatischen Bemühungen bestimmt, und an der Erweiterung des Staates nach Südosten, wodurch militärische Auseinandersetzungen heraufbeschworen werden, tritt in den Mittelpunkt seiner Politik.

1713, 25. Jan.: Der preußische König Friedrich I. stirbt. Nachfolger wird der „Soldatenkönig" Friedrich Wilhelm I. Er beginnt sofort mit einer radikalen Umgestaltung von Staat, Militär und Gesellschaft. Die prunkvolle Hofhaltung wird abgeschafft, Nüchternheit, Selbstdisziplin und Strenge halten Einzug. Der Adel wird politisch entmachtet und von der Pacht königlicher Domänen ausgeschlossen. Im August erklärt Friedrich Wilhelm die Unteilbarkeit und Unveräußerlichkeit aller Besitzungen der Hohenzollern. Damit ist die Grundlage für die Bildung eines modernen Einheitsstaates geschaffen.

1713, 11. Apr.: Friedensschluss Frankreichs mit Großbritannien, den Generalstaaten, Savoyen, Portugal und Brandenburg-Preußen in Utrecht. Philipp V. von Anjou wird als König von Spanien anerkannt. Er erhält Spanien mit den Kolonien unter der Voraussetzung zugesprochen, sein Land niemals mit Frankreich zu vereinigen und im Falle des Antritts der Thronfolge in Frankreich zugunsten Savoyens auf Spanien zu verzichten. Großbritannien sichert sich Gibraltar und Menorca, in Nordamerika Labrador und die Hudsonbai und bedeutende Handelsvorrechte in den spanischen Kolonien. Die Generalstaaten behaupten ihre Rechte aus dem Barrierevertrag. Der Herzog von Sa-

voyen erhält den Königstitel und Sizilien zugesprochen. Brandenburg-Preußen wird die Königswürde bestätigt und das Oberquartier Geldern sowie Lingen, Moers, Neuenburg und Valengin übertragen. Kaiser und Reich verweigern die Anerkennung des Friedensschlusses, da sie den Verzicht auf Spanien und die Zurücksetzung ihrer Interessen nicht akzeptieren.

1713, 19. Apr.: Kaiser Karl VI. erlässt die „Pragmatische Sanktion", ein Staatsgrundgesetz, in dem die Unteilbarkeit der habsburgischen Erblande und die weibliche Erbfolge festgeschrieben werden.

1713, 6. Okt.: Abschluss des Schwedter Vertrags zwischen Brandenburg-Preußen und Russland. Peter I. übergibt Brandenburg-Preußen Stettin und das Land bis zur Peene gegen Erstattung der Belagerungskosten in Höhe von 400.000 Talern zur Verwaltung. Er verspricht ihm unter den gleichen Bedingungen den Besitz von Stralsund und Wismar, sobald sie eingenommen sind.

1714: Die Domorgel in Freiberg (Sachsen) wird von Gottfried Silbermann, dem bedeutendsten Orgelbauer Mitteldeutschlands, gebaut; er baut auch die ersten deutschen Hammerflügel und schafft damit wichtige instrumentale Voraussetzungen für wirkungsvolle Interpretation der Barockmusik.

__Bild oben links:__ Preußen, Salzburger Emigranten. Nachdem der Salzburger Erzbischof Leopold Anton von Firmian 1732 die Vertreibung der protestantischen Minderheit aus seinem Gebiet verfügt hatte, fand ein Großteil der Flüchtlinge in Preußen Aufnahme. Sie wurden vornehmlich zur Neubesiedlung in den durch die Pest entvölkerten östlichen Besitzungen eingesetzt.

__Bild oben rechts:__ Schwerid Redivanoff aus Moskau von der „Riesengarde" Friedrich Wilhelms I. (1688-1740) in Originalgröße. Das Bild von Christof Merk hat die Maße 274 x 110 Zentimeter. Bis zu 5000 Taler pro Mann zahlte der König für seine großen Soldaten.

__Bild linke Seite:__ Friedrich Wilhelm I. (rechts) mit August II. dem Starken (1670-1733). Als Friedrich August I. seit 1694 Kurfürst von Sachsen, wurde letzterer 1697 als August II. zum König von Polen gewählt, nachdem er zuvor zur katholischen Kirche übergetreten war. Seine Großmachtspläne wurden von Karl XII. von Schweden durchkreuzt, der August im zweiten Nordischen Krieg besiegte. Deshalb musste er 1706 im Frieden von Altranstädt auf den polnischen Thron zugunsten Stanislaus Leszcynskis verzichten. Er gewann 1709 nach dem Sieg der Russen über Karl XII. bei Poltawa die polnische Krone zurück. August ließ seine Residenzen Dresden und Warschau nach Versailler Vorbild ausbauen, entfaltete als König von Polen höfische Pracht und förderte großzügig die Kunst des Barock (Zwinger, Frauenkirche in Dresden).

1714, 7. März: Friedensschluss in Rastatt zwischen Österreich und Frankreich. Die Abmachungen von Utrecht werden im Wesentlichen übernommen. Österreich erhält Mailand, Neapel und Sardinien sowie die spanischen Niederlande ohne Geldern. Die Festungen Alt-Breisach, Freiburg und Kehl werden zurückgegeben, aber das Elsass und Straßburg und dazu Landau bleiben bei Frankreich. Die Kurfürsten von Bayern und Köln werden wieder in ihre Rechte eingesetzt.

1714, 6. Sept.: Friedensschluss von Baden (Aargau) zwischen Frankreich und dem Reich auf der Grundlage des Friedens von Rastatt. Damit ist der Kampf um die Hegemonie zunächst zugunsten Großbritanniens und auf Kosten Frankreichs entschieden und die Schwäche des Reichs in den internationalen Auseinandersetzungen einmal mehr erwiesen.

1715, 1. Mai: Brandenburg-Preußen erklärt Schweden den Krieg; im Bündnis mit Hannover erobert es Vorpommern und die Odermündung. Im Frieden von Stockholm vom 21. Januar 1720 werden die territorialen Gewinne bestätigt.

1715-1722: Bau der größten Barockkirche Südwestdeutschlands, der Benediktiner-Klosterkirche Weingarten, von Caspar Moosbrugger mit Gewölbemalereien von Cosmas Damian Asam.

1717, 16.-22. Aug.: In einem erneuten, 1714 begonnenen Krieg gegen die Osmanen erobert Prinz Eugen Belgrad; mit dem Frieden von Passarowitz vom 21. Juli 1718 kann Österreich seine Machtstellung auf dem Balkan weiter ausbauen.

1719, 5. Jan.: Abschluss der Wiener Allianz. Österreich, Sachsen-Polen und Hannover-Großbritannien schließen ein gegen Russland und Brandenburg-Preußen gerichtetes Defensivbündnis, wobei eine Aufteilung preußischer Gebiete in Erwägung gezogen wird.

1719, Nov.: Waffenstillstand zwischen August II. von Sachsen und Schweden. Das Königtum Augusts in Polen wird anerkannt. Stanislaus

Leszczynski erhält den Königstitel und 1 Million Reichstaler. Der formelle Friedensschluss erfolgt erst 1729.
1719, 20. Nov.: Friedensschluss zwischen Hannover-Großbritannien und Schweden in Stockholm.
1720, 1. Febr.: Friedensschluss in Stockholm zwischen Brandenburg-Preußen und Schweden unter dem Druck Großbritanniens. Brandenburg-Preußen erhält Stettin und Vorpommern bis zur Peene mit den Inseln Usedom und Wollin und muss an Schweden 2 Millionen Reichstaler zahlen. Schweden behält den nördlichen vorpommerschen Rest mit Rügen.
1722/1723: „Das Wohltemperierte Klavier" (1. Teil 1722; 2. Teil 1744), „Sechs Brandenburger Konzerte" (1723) und die „Johannespassion" (1723) sind die Hauptwerke Johann Sebastian Bachs während seiner Tätigkeit als Hofkapellmeister und Direktor der fürstlichen Kammermusiken in Köthen zwischen 1717 und 1723. Anschließend wird er Thomaskantor in Leipzig.
1724, 15. Mai: In der „Wittelsbacher Hausunion" vereinbaren die Kurfürsten Max Emanuel von Bayern und Karl Philip von der Pfalz für ihre bislang rivalisierenden Linien die wechselseitige Thronfolge und ein gemeinsames politisches Handeln.
1725, 3. Sept.: Bündnis von Herrenhausen (oder Bündnis von Hannover) zwischen Hannover-Großbritannien, Frankreich und Brandenburg-Preußen, das sich gegen die österreichisch-spanische Allianz richtet.
1726, 12. Okt.: Vertrag von Wusterhausen zwischen Österreich und Brandenburg-Preußen. Preußen erkennt die Pragmatische Sanktion an und verzichtet auf Jülich. Österreich stellt Brandenburg-Preußen den Erwerb von Berg und Ravenstein beim Tod Karl Philipps von der Pfalz in Aussicht. Dadurch gelingt Kaiser Karl VI. die Herauslösung Brandenburg-Preußens aus der englisch-französischen Allianz.
1731, 16. März: Wiener Vertrag zwischen Österreich und Großbritannien. Karl VI. verpflichtet sich zur Auflösung der Handelskompagnie in Ostende und verzichtet auf jeglichen Handel der österreichischen Niederlande mit den spanischen Kolonien und Ostindien. Er gesteht die Besetzung von Parma und Toskana durch Spanien zu. Großbritannien erkennt die Pragmatische Sanktion an, jedoch darf Prinzessin Maria Theresia nicht mit einem Bourbonen oder einem Fürsten verheiratet werden, dessen Macht und Besitz in Verbindung mit Österreich das europäische Gleichgewicht gefährden könnte. Am 22. Juli tritt Spanien dem Vertrag bei; am 20. Februar 1732 folgen die Generalstaaten.
1731-1756: Durch Johann Joachim Kändler, Modelleur und künstlerischer Leiter der Meißner Porzellanmanufaktur, wird diese zur führenden, künstlerische Maßstäbe setzenden Porzellanmanufaktur Europas.
1732, 2. Febr.: 14.000 aus Salzburg vertriebene Protestanten siedeln sich im bevölkerungsarmen Ostpreußen an.
1732-1754: Das „Große vollständige Universallexikon aller Wissenschaften und Künste" (64 Bände) des Leipziger Buchhändlers Johann

Heinrich Zedler, die bedeutendste deutsche Materialsammlung des neuen rationalistischen Erfahrungsbestands, wird veröffentlicht.
1733, 1. Febr.: Tod Augusts II. von Sachsen, der zugleich König von Polen ist. Ausbruch des Polnischen Erbfolgekrieges. Augusts II. Sohn August III. kann sich 1735 gegen den polnischen Bewerber Stanislaus I. Leszczynski durchsetzen.
1734, 13. März: Erklärung des Reichskriegs an Frankreich. Die wittelsbachischen Kurfürsten von Bayern, Köln und der Pfalz bleiben einem französisch-bayerischen Vertrag vom 17. November 1733 zufolge neutral.
1734, 18. Juli: Eroberung von Philippsburg durch französische Truppen nach mehrmonatiger Belagerung. Damit fällt die letzte von österreichischen Truppen in der Pfalz gehaltene Festung. Österreich muss nach mehreren Niederlagen Neapel, Sizilien und den größten Teil der Lombardei räumen.
1736,21. Apr.: Prinz Eugen von Savoyen, der mehr als vier Jahrzehnte den Aufstieg Österreichs militärisch und politisch entscheidend verantwortet hat, stirbt in Wien.
1737: Unter englischem Einfluss entsteht die erste deutsche Freimaurerloge in Hamburg. Beginn der Ausbreitung der Freimaurerei in Deutschland. Freimaurer sind u. a. Lessing, Johann Gottfried von Herder, Johann Wolfgang von Goethe, Christoph Martin Wieland, Haydn, Mozart.
1737, 17. Sept.: Einweihung der 1733/34 gegründeten hannoverschen Universität Göttingen, der ersten deutschen Universität, die der Theologischen Fakultät das Aufsichtsrecht über die anderen Fakultäten nicht zuerkennt.
1737-1739: Österreich schließt sich dem militärischen Vorgehen Russlands gegen die Türkei an, operiert jedoch, anders als Russland, militärisch erfolglos. Im Frieden von Belgrad am 18. September 1739 muss es nahezu alle 1718 gewonnenen Gebiete wieder abtreten.
1738, 10. Febr.: Frankreich, Großbritannien, die Generalstaaten und der Kaiser versuchen König Friedrich Wilhelm I. von Brandenburg-Preußen zu dem Zugeständnis zu bewegen, dass Pfalz-Sulzbach die durch Aussterben der Linie Pfalz-Neuburg strittig werdenden Gebiete Jülich, Berg und Ravenstein erhält. Friedrich Wilhelm I. lehnt ab.
1739-1752 und 1753-1923: Erscheinen der „Göttingischen gelehrten Anzeigen", der bedeutendsten wissenschaftlichen Zeitschrift der Aufklärung.
1740, 30. Mai: In Brandenburg-Preußen besteigt Friedrich II. („der Große") den Königsthron; trotz seiner musischen und philosophischen Neigungen setzt er die nach innen und außen machtorientierte Politik seines Vaters fort.
1740, 20. Okt.: Tod Kaiser Karls VI. Auf der Grundlage der Pragmatischen Sanktion übernimmt seine Tochter Maria Theresia die Regierung in den österreichischen Erbländern. Von allen Seiten werden jetzt Ansprüche auf das habsburgische Erbe angemeldet (u. a. Bayern, Spanien, Sardinien, Sachsen).
1740-1745: Die „Deutsche Schaubühne nach den Regeln der alten Griechen und Römer eingerichtet", eine Sammlung von Übersetzungen und Originalwerken (6 Bände), wird

Bild linke Seite links: *Friedrich II. der Große (1712-1786), von Antoine Pesne, um 1745. Friedrich II. bot Maria Theresia seine Hilfe gegen Bayern, das ihr Erbe nicht anerkannte, und das verbündete Frankreich an, machte aber dafür Ansprüche auf Fürstentümer in Niederschlesien geltend. Am 9. Dezember 1740 berichtet Botta über eine Unterredung mit Friedrich: „(...) weshalb er mich gut über den gefassten Entschluss in Kenntnis setzen wollte, mit der eigenen Armee in Schlesien (als guter Freund) einzumarschieren, nicht allein, um sich dieser Bezirke zu bemächtigen, auf die er berechtigte Ansprüche zu haben glaubte, sondern um die eigenen Ansprüche zu vermehren, wobei er sich in allem zu unserer Verteidigung bereit erklärte, alle seine Macht aufzubieten, um die Kaiserkrone auf das Haupt Ihrer königlichen Hoheit (– Franz Stephan) zu setzen und die Königin im friedlichen Besitz aller ihrer Erbländer zu schützen. Am nächsten Tag aber weiß er schon, dass der König seinen unerhörten Streich nicht allein auf Schlesien ausdehnen, sondern den Versuch machen werde, auch in Mähren und Österreich einzudringen."*
Bild linke Seite rechts: *Maria Theresia (1717-1780), von Martin van Meytens, 1759.*
Bild rechte Seite: *Plan der Schlacht bei Mollwitz im Ersten Schlesischen Krieg, am 10. April 1741.*

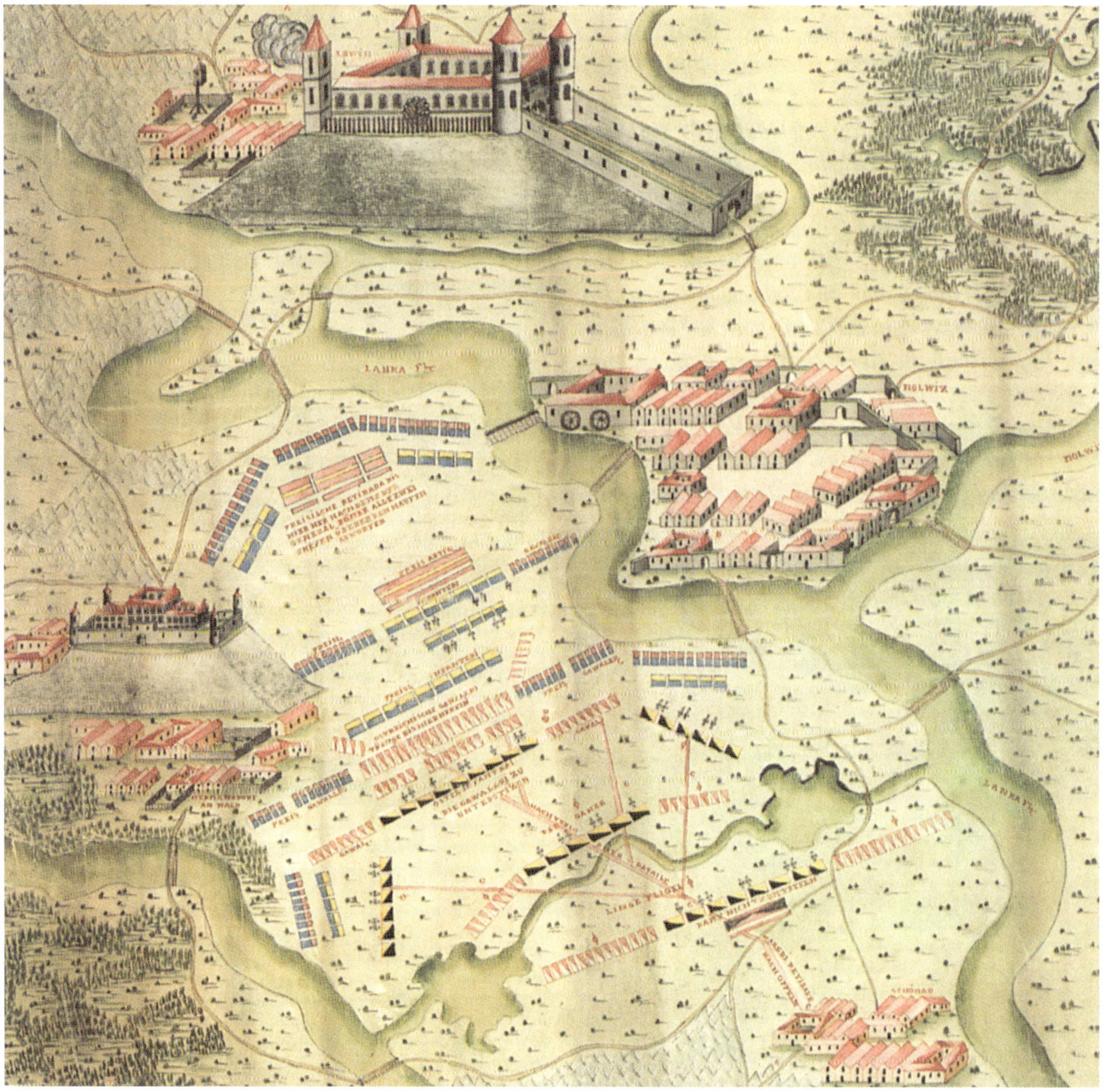

von Johann Christoph Gottsched veröffentlicht.
1740-1748: Schlesische Kriege und Österreichischer Erbfolgekrieg. Der preußische König Friedrich II. beginnt einen Krieg gegen Österreich, um Schlesien zu erobern. Der Krieg weitet sich zu einer weltpolitischen Auseinandersetzung zwischen Großbritannien und Frankreich um die Beherrschung der europäischen Märkte und amerikanischen Kolonialgebiete aus.
1740, 16. Dez.: Einfall preußischer Truppen unter Friedrich II. in Schlesien unter Bruch der auch von Brandenburg-Preußen anerkannten Pragmatischen Sanktion. Beginn des 1. Schlesischen Krieges. Der preußische König hat seine Armee sofort nach seinem Regierungsantritt auf 83.000 Mann erhöht. Maria Theresia verfügt zu dieser Zeit über 160.000 Mann.
1741, 10. Apr.: Niederlage eines österreichischen Heeres bei Mollwitz (nahe Brieg). Erste Schlacht, in der die bis dahin entscheidende Kavallerie von Infanterieeinheiten geschlagen wird.
1741, 4. Juni: Abschluss eines französisch-preußischen Bündnisses in Breslau. Friedrich II. sagt die Abgabe der brandenburgischen Kurstimme für Karl Albrecht von Bayern zu. Ludwig XV. garantiert Brandenburg-Preußen gegen dessen Verzicht auf Jülich-Berg den Besitz Niederschlesiens und verpflichtet sich zur Unterstützung Bayerns gegen Österreich.
1741, 31. Juli: Eroberung Passaus (Erzbistum Salzburg) durch Bayern. Damit und mit dem Vormarsch französischer Hilfstruppen über den Rhein weitet sich der Kampf um Schlesien zu einem Krieg um die österreichischen Erbfolge aus.
1741, 12. Sept.: Bayerische Truppen überschreiten die österreichische Grenze und marschieren gemeinsam mit französischen Truppen auf Wien.
1741, 9. Okt.: Geheimabkommen von Klein-Schnellendorf. Friedrich II. verpflichtet sich gegen Übergabe der Festung Neiße zur vorläufigen Einstellung der Feindseligkeiten gegenüber Österreich. Maria Theresia löst dadurch ihre Armeen aus der Umklammerung.
1742, 24. Jan.: Wahl des bayerischen Kurfürsten Karl Albrecht als Karl VII. zum deutschen Kaiser in Frankfurt am Main. Damit wird die habsburgische Herrschaft im Reich für kurze Zeit von einem Wittelsbacher durchbrochen. Er bleibt jedoch von den gegen Österreich verbündeten Mächten abhängig, denen er auch seine Wahl zu verdanken hat. Sein Land wird bald von österreichischen Truppen besetzt, sodass auch in dieser Hinsicht sein politischer Aktionsradius sehr beengt ist.
1742, 15. Febr.: Besetzung Münchens durch österreichische Truppen, denen durch den Zug des bayrisch-französischen Heeres nach Böhmen die Möglichkeit des Vormarschs längs der Donau gegeben worden ist.
1742, 17. Mai: Sieg der preußischen Armee über die österreichi-

Nach seinem Sieg bei Zorndorf musste Friedrich seinem Bruder Heinrich zu Hilfe eilen, der in Sachsen von den Österreichern unter Marschall Daun und General Laudon bedrängt wurde. In einem nächtlichen Überfall am 14. Oktober 1758 schlugen die Österreicher Friedrichs Truppen bei Hochkirch. Friedrichs Freund, Feldmarschall James Keith, zählte zu den Gefallenen dieser empfindlichen preußischen Niederlage.

schen Truppen bei Chotusitz (südlich von Kolin).

1742, 11. Juni: Präliminarfrieden Brandenburg-Preußens – unter Missachtung der Interessen seiner Verbündeten – mit Österreich in Breslau. Brandenburg-Preußen scheidet aus dem Krieg aus, erhält ganz Niederschlesien mit der Grafschaft Glatz sowie den größten Teil Oberschlesiens und verzichtet auf den jenseits der Oppa gelegenen Teil des Fürstentums Jägerndorf. Es verzichtet ferner auf seine Ansprüche im Jülich-Kleveschen Erbfolgestreit zugunsten von Karl Theodor von der Pfalz. Österreich behält das Fürstentum Teschen, die Stadt Troppau und die Herrschaft Hennersdorf. Friedrich II. verspricht, keine weiteren Ansprüche auf österreichische Gebiete zu erheben. Das preußische Gebiet ist um ein Drittel seines Umfangs vergrößert worden. Die Breslauer Präliminarien werden am 28. Juli durch den Berliner Definitivfrieden bestätigt.

1742, 18. Nov.: Abschluss eines Defensivvertrags zwischen Brandenburg-Preußen und Großbritannien in Westminster. König Georg II. von England garantiert Friedrich II. den preußischen Länderbesitz nach dem Stand des Friedens von Berlin. Friedrich II. übernimmt eine entsprechende Verpflichtung für die europäischen Besitzungen Großbritanniens. In einem Geheimvertrag werden jedoch die englischen Besitzungen im Mittelmeer und in Spanien von der preußischen Garantie ausgeschlossen.

1743, 13. Sept.: Abschluss eines Bündnisses in Worms zwischen Großbritannien, Österreich, Sardinien und den Generalstaaten, das sich gegen Frankreich und Spanien richtet. Großbritannien verspricht Österreich militärische Unterstützung sowie Subsidien und garantiert die Pragmatische Sanktion und den Erwerb von Neapel-Sizilien sowie vollen Ersatz für Schlesien.

1744, Aug.: Einfall König Friedrichs II. in Böhmen, nachdem die Österreicher über den Rhein vorgerückt sind. Beginn des 2. Schlesischen Krieges.

1744, 16. Sept.: Einnahme Prags durch preußische Truppen. Die Stadt huldigt erneut Karl Albrecht von Bayern als König.

Friedrich Wilhelm von Seydlitz (1721-1773), idealisierte Darstellung. Der preußische Kavalleriegeneral gilt als einer der bedeutendsten Kavallerieführer Preußens. In der Schlacht bei Kolin im Siebenjährigen Krieg zeichnete er sich an der Spitze seiner Brigade aus. Es war die Taktik von Seydlitz, durch die 1758 bei Zorndorf der Sieg errungen wurde. Nach dem Überfall bei Hochkirch hinderte Seydlitz die Österreicher an einer Ausnutzung ihres Vorteils.

1745: Georg Wenzeslaus von Knobelsdorff beginnt im Auftrag Friedrichs II. mit dem Bau des Schlosses Sanssouci in Potsdam.

1745: Johannes Stamitz, böhmischer Geiger und Komponist, Leiter der Mannheimer Hofkapelle, begründet die Mannheimer Schule (1745-etwa 1789); sie wird zum Wegbereiter des neuen sinfonischen Stils und bezeichnet ebenso wie die Ältere Wiener Schule den Übergang von der Barockmusik zur Musik der Wiener Klassik.

1745, 8. Jan.: Abschluss der Warschauer Quadrupelallianz zwischen Großbritannien, den Generalstaaten, Sachsen und Österreich. Großbritannien und die Generalstaaten verpflichten sich zur Zahlung von Subsidien an Sachsen und Österreich zur Fortsetzung des Kampfs gegen Brandenburg-Preußen.

1745, 22. Apr.: Füssener Frieden zwischen Bayern und Österreich. Maximilian III. Joseph sagt seine Stimme bei der Kaiserwahl dem Gemahl Maria Theresias zu, verzichtet auf die österreichischen Erblande und die Kaiserwürde und erhält sein bayerisches Stammland zurück.

1745, 4. Juni: Sieg preußischer Truppen unter Friedrich II. bei Hohenfriedberg (südlich von Liegnitz) über die aus Böhmen heranrückende sächsisch-österreichische Armee unter Karl von Lothringen.

1745, 26. Aug.: Konvention von Hannover zwischen Großbritannien und Brandenburg-Preußen. Brandenburg-Preußen erklärt sich zum Friedensschluss und zur Anerkennung des Großherzogs Franz Stephan von Lothringen bereit, wenn ihm der Besitz Schlesiens garantiert wird. Großbritannien unternimmt diesen Schritt, um das Kräfteverhältnis zu seinen Gunsten zu stabilisieren.

1745, 13. Sept.: Nach dem Tod Kaiser Karls VII. (20. Januar) wird Franz Stephan von Lothringen, der Gemahl Maria Theresias, als Franz I. zum deutschen Kaiser gewählt.

1745, 22. Nov.: Preußische Truppen überschreiten die sächsische Grenze. Am 15. Dezember besiegen sie unter Leopold von Dessau bei Kesselsdorf (westlich von Dresden) die sächsische Hauptmacht, wodurch Brandenburg-Preußen einem geplanten Einfall österreichischer Truppen in die Mark Brandenburg zuvorkommt. Am 18. Dezember nehmen sie Dresden ein.

1745, 25. Dez.: Frieden von Dresden zwischen Brandenburg-Preußen, Österreich und Sachsen beendet den 2. Schlesischen Krieg. Brandenburg-Preußen wird, wie schon 1742 im Berliner Frieden, der Besitz Schlesiens bestätigt, es erkennt Franz I. als Kaiser an. Sachsen zahlt an Brandenburg-Preußen 1 Million Reichstaler, das dafür das sächsische Territorium räumt. Brandenburg-Preußen und Österreich garantieren sich gegenseitig ihre Besitzungen. Hannover, Hessen-Kassel und die Pfalz sind in den Frieden eingeschlossen.

1746, 2. Juni: Abschluss eines Defensivbündnisses zwischen Österreich und Russland in Petersburg, in dem sich beide Staaten Hilfe für den Fall eines preußischen oder türkischen Angriffs auf Russland, Österreich oder Polen zusagen. Dabei wird Österreich der Erwerb von Schlesien und der Grafschaft Glatz zugesichert.

1746-1748: Die „Fabeln und Erzählungen" (2 Teile) des in Leipzig als Dozent tätigen Christian Fürchtegott Gellert werden herausgegeben. Sie sind Höhepunkt dieser literarischen Gattung innerhalb der deutschen Aufklärungsdichtung.

1746-1754: Bau der Wallfahrtskirche Wies bei Steingaden (Oberbayern) von Dominikus Zimmermann (Ausgestaltung von Johann Baptist Zimmermann).

1747: Gründung einer Ökonomisch-Mathematischen Realschule in Berlin, der ersten deutschen Realschule, die Bestand hat, durch den Hofprediger Johann Julius Hecker, der 1748 auch das erste deutsche Schullehrerseminar gründet.
1747-1766: Der Italiener Bernardo Belotto (genannt Canaletto), bedeutendster Vertreter der Architekturmalerei, wirkt als Hofmaler in Dresden.
1848, 18. Okt.: Ende des Österreichischen Erbfolgekriegs durch den Frieden von Aachen: Die Habsburger verzichten auf Parma und Piacenza. Frankreich gibt die Österreichischen Niederlande an Österreich und die britischen Kolonialgebiete an Großbritannien zurück. Die Pragmatische Sanktion wird international anerkannt.
Um 1750: In Bremen wird die erste deutsche Lesegesellschaft ins Leben gerufen; der große Aufschwung dieser Institution mit mehreren hundert Neugründungen in fast allen deutschen Städten erfolgt jedoch erst nach 1780.
1750, Juli-März 1753: Aufenthalt des Hauptvertreters der französischen Aufklärung, des Philosophen und Schriftstellers Voltaire (eigentlich François Marie Arouet), auf Einladung König Friedrichs II. in Preußen.
1750-1753: Bau des bedeutendsten spätbarocken Rangtheaters, des Residenztheaters in München, durch Cuvilliés.
1751: Gründung der Gesellschaft der Wissenschaften in Göttingen durch den von 1736 bis 1753 dort als Professor für Medizin und Botanik tätigen Schweizer Naturforscher, Arzt und Dichter Albrecht von Haller. Im gleichen Jahr wird in Göttingen eine „Geburtshilfliche Klinik" gegründet.
1751/1752: Der Naturforscher Johann Georg Gmelin veröffentlicht in Göttingen die „Reise durch Sibirien" (4 Bände), einen Bericht seiner im Auftrag der Petersburger Akademie der Wissenschaften durchgeführten Forschungsreise (1733-1743).
1753: Bildung einer Deutschen Gesellschaft in Tübingen. Weitere Deutsche Gesellschaften entstehen in Kiel (1754), Altdorf und Erlangen (1756), Wien (1761) und Mannheim (1755).
1754, 6. Mai: Dorothea Erxleben, Ärztin in Quedlinburg, promoviert an der Universität Halle zum Dr. med. Diese Promotion einer Frau stellt eine Ausnahme dar.
1755, 10. Juli: Unter großer Anteilnahme des Publikums in Frankfurt an der Oder wird das bürgerliche Trauerspiel „Miss Sara Sampson" von Lessing aufgeführt.
1756, 16. Jan.: Abschluss der Konvention von Westminster zwischen Brandenburg-Preußen und Großbritannien. Diese erklärt Hannover in dem bevorstehenden Krieg für neutral, wodurch König Friedrich II. Russland gebunden zu haben glaubt. Dieser und der französisch-österreichische Vertrag vom 1. Mai beinhalten eine völlig neue Konstellation zwischen den europäischen Großmächten. Gegenüber der Zeit des Österreichischen Erbfolgekriegs haben sich die Fronten verkehrt. Das erstarkte Großbritannien schafft sich auf dem Kontinent in Brandenburg-Preußen einen Bundesgenossen, der Österreich als seinen Rivalen betrachtet und der imstande ist, im Interesse Großbritanniens die französischen Kräfte zu binden.
1756, 1. Mai: Abschluss eines Neutralitäts- und Verteidigungsbündnisses zwischen Österreich und Frankreich in Versailles. Beide Mächte garantieren einander ihre europäischen Besitzungen. Sie verpflichten sich zu gegenseitiger Hilfeleistung bei einem Angriff. Der Vertrag stellt Österreich für den Fall eines Angriffes seitens Brandenburg-Preußens den Wiedererwerb Schlesiens in Aussicht. Frankreich wird der Erwerb der österreichi-

Symbolische Darstellung der einander gegenüberstehenden Mächtegruppen im Siebenjährigen Krieg. Kolorierter Holzschnitt um 1760, Merseburg, Zentrales Staatsarchiv.

Einmarsch russischer Truppen in Kolberg. Im Siebenjährigen Krieg wurde die Festung Kolberg 1758 und 1760 von den preußischen Truppen gegen die Russen erfolgreich verteidigt. Als während der viermonatigen dritten Belagerung eine schützende Besatzungsarmee infolge einer Hungersnot abgezogen war, musste sich die Festung im Dezember 1761 den Russen ergeben. Von den schweren Zerstörungen, dem Rückgang der Einwohnerstahl von über 5000 auf unter 4000 und dem Verlust aller 40 Handelsschiffe erholte sich Kolberg erst nach 1800.

Kaiser Karl VII. Albrecht (1697-1745). Gemälde von George Desmarees, München, Bayerische Staatsgemäldesammlung.

schen Niederlande im Falle eines österreichischen Sieges in Aussicht gestellt.

1756, 29. Aug.: Einfall preußischer Truppen unter Friedrich II. in Sachsen ohne Kriegserklärung. Beginn des Siebenjährigen Krieges.

1756-1763: Siebenjähriger Krieg. Der Krieg wird von Brandenburg Preußen mit dem Ziel begonnen, den schlesischen Besitz zu sichern und Sachsen als Operationsbasis an sich zu reißen. Der Krieg vollzieht sich vor dem Hintergrund der englisch-französischen Auseinandersetzungen um die Vorrangstellung als Kolonialmächte, wobei Brandenburg-Preußen als verlängerter Arm Großbritanniens eine wichtige Funktion im Kampf gegen dessen Gegner Frankreich erfüllt. Mit Brandenburg-Preußen sind Großbritannien, Hannover, Braunschweig und Hessen-Kassel verbündet. Auf österreichischer Seite stehen Frankreich, Russland, Köln, Pfalz, Bayern und Württemberg.

1757, 2. Febr.: Abschluss eines Offensivbündnisses zwischen Österreich und Russland gegen Brandenburg-Preußen in Petersburg. Beide unterstützen sich gegenseitig mit je 80.000 Mann, und Österreich zahlt Subsidien. Das preußischen Territorium soll unter seine Nachbarn aufgeteilt werden. Österreich wird Schlesien und Krossen, Sachsen Magdeburg mit Halle zugesprochen. Ostpreußen soll an Polen fallen, dafür erhält Russland Kurland.

1757, 6. Mai: Sieg der preußischen Armee bei Prag über die österreichischen Truppen unter Karl von Lothringen, die sich aber in die Stadt zurückziehen können und von den Preußen eingeschlossen werden. In der Schlacht stehen etwa 65.000 Preußen 76.000 Österreichern gegenüber.

1757, 18. Juni: Friedrich II. erleidet mit einem Teil seiner Truppen bei Kolin eine empfindliche Niederlage, die ihn zum Verlassen des böhmischen Gebiets zwingt.

1757, 5. Nov.: Sieg preußischer Truppen unter Friedrich II. bei Rossbach (Thüringen) über die Reichsarmee unter Herzog von Sachsen-Hildburghausen und über die französischen Truppen unter dem Prinzen von Soubise, die nach der Niederlage der Hannoveraner bei Hastenbeck in Richtung auf die Saale vorgedrungen sind.
1757, 5. Dez.: Sieg preußischer Truppen bei Leuthen (westlich von Breslau) über die österreichische Armee, die Schlesien aufgeben muss, sich aber nach Böhmen retten kann.
1757-1759: Johann Jakob Bodmer, der sich seit 1748 um die Erforschung und Veröffentlichung mittelalterlicher Dichtung bemüht (u. a. „Parcival" von Wolfram von Eschenbach, 1753), gibt 1757 einen Teil des von ihm auf Schloss Hohenems (Graubünden) entdeckten Nibelungenlieds („Chriemhildens Rache und die Klage") heraus. Gemeinsam mit Breitinger veröffentlicht er 1758/59 die erste Gesamtausgabe der Manessischen Sammlung (140 meist süddeutsche Minnesänger [um 1340]). Diese Editionen sind bedeutsame Anfänge der Erforschung des Mittelalters und bieten wichtige Anregungen für die künftige deutsche Literaturwissenschaft und Germanistik.
1757-1761: Herausgabe der Zeitschrift „Bibliothek der schönen Wissenschaften und der freien Künste" sowie 1765 bis 1806 des bedeutenden Rezensionsjournals der Aufklärung „Allgemeine deutsche Bibliothek" durch den Berliner Verleger Friedrich Nicolai, einen Vertreter der Aufklärung und Freund Lessings.
1758, 11. Apr.: In einem Vertrag zwischen Brandenburg-Preußen und Großbritannien verpflichten sich beide, nur im gegenseitigen Einvernehmen Friedens-, Waffenstillstands- und Neutralitätsverträge zu schließen. Friedrich II. erhält seitdem von Großbritannien jährlich 4 Millionen Taler Subsidien.
1758, 25. Aug.: Schlacht bei Zorndorf (nordöstlich von Küstrin) zwischen preußischen und den bis zur Oder vorgedrungenen russischen Truppen, die sich zwar nach der blutigen Schlacht nach Pommern zurückziehen müssen, aber nicht vernichtend geschlagen werden.
1758, 14. Okt.: Die preußischen Truppen werden bei Hochkirch (Oberlausitz) von einer österreichischen Armee unter Leopold Maria Joseph von Daun und Gideon Ernst Laudon im Lager angegriffen und verlieren fast das gesamte Geschütz.
1759: Gründung der Bayerischen Akademie der Wissenschaften in München durch den Kurfürsten Max Joseph von Bayern auf Initiative des Juristen und Historikers Johann Georg von Lori, eines Vertreters der katholischen Aufklärung in Bayern.
1759, 12. Aug.: Schwere Niederlage Brandenburg-Preußens in der Schlacht bei Kunersdorf (östlich von Frankfurt an der Oder) gegen die Österreicher unter Laudon und die Russen unter Pjotr Semjonowitsch Graf Saltykow, nachdem bereits am 23. Juli General Karl Heinrich Wedell bei Kay (nahe Züllichau) den Russen unterlegen ist. Jede Seite hat mehr als 15.000 Mann Verluste zu verzeichnen.
1959, 21. Nov.: Kapitulation des preußischen Korps unter General Friedrich August von Finck mit 15.000 Mann bei Maxen (südwestlich von Pirna) vor österreichischen Truppen unter Daun. Am 14. November hatten diese bereits Dresden besetzt.
Seit etwa 1760: Entstehung und Ausbreitung des freimaurerischen Ordens der deutschen Gold- und Rosenkreuzer in Süddeutschland, der bis nach Russland Einfluss gewinnt.
1760, 23. Juni: Niederlage der preußischen Ostarmee unter Heinrich August Freiherr de la Motte-Fouqué bei Landeshut (Schlesien) gegen die Österreicher unter Laudon. Damit geht die Verbindung zwischen Sachsen und Schlesien verloren, die aber mit der für Brandenburg-Preußen erfolgreichen Schlacht bei Liegnitz am 15. August wiederhergestellt wird.

1760, 9.-13. Okt.: Besetzung Berlins durch eine russisch-österreichische Heeresabteilung unter Tottleben und Franz Moritz Graf von Lacy, die hohe Kontributionen einfordern.
1760, 3. Nov.: Sieg der Preußen unter Friedrich II. über die Österreicher unter Daun bei Torgau. Friedrichs II. Ziel, Sachsen zurückzuerobern, gelingt nur z. T., die Einnahme von Dresden glückt nicht.
1761: Joseph Haydn wird Kapellmeister des Fürsten Esterházy in Eisenstadt.
1761, 1. Okt.: Österreichische Truppen unter Laudon erobern die Festung Schweidnitz, russische nehmen am 16. Dezember die Festung Kolberg.
1762, 5. Jan.: Tod der russischen Zarin Elisabeth; ihr Nachfolger, Peter III., ein glühender Verehrer des preußischen Königs, vereinbart mit Friedrich II. am 16. März einen Waffenstillstand. Am 5. Mai schließen Russland und Brandenburg-Preußen Frieden. Der Zar verzichtet auf alle Eroberungen und jede Gebietserwerbung.
1762 9. Juli: Sturz des Zaren Peter III. durch seine Gemahlin Katharina II. Sie bestätigt den Frieden mit Brandenburg-Preußen vom 5. Mai, hebt aber den Bündnisvertrag auf und bleibt neutral.
1762, 21. Juli: Durch den Sieg der preußischen Armee unter Friedrich II. über die Österreicher unter Daun bei Burkersdorf (südlich von Schweidnitz) und die Rückeroberung der Festung Schweidnitz (9. Oktober) gelangt Schlesien wieder in den Besitz der Preußen.
1762-1767: Während ausgedehnter Konzertreisen mit seinem Vater komponiert 1764 der achtjährige Wolfgang Amadeus Mozart in London seine erste Sinfonie (Es-dur KV 16), mit zehn Jahren sein erstes Oratorium und Jahr später seine erste Oper.
1763, 15. Febr.: Friedensschluss zwischen Österreich, Brandenburg-Preußen und Sachsen in Hubertusburg zur Beendigung des Siebenjährigen Krieges. Die Friedenspräliminarien von Breslau und die Friedensschlüsse von Berlin

Bild oben: *Friedrich der Große (1712-1786) vor der Schlacht bei Torgau (1760) von Bernhard Rode, 1791. „Friedrich der Große auf dem Marsch vor der Schlacht bei Torgau, macht mit der Armee Halt, um einen Morast auszufüllen, das Geschütz hinüberzubringen. Der General Ziethen ist neben ihm eingeschlafen. Eine Soldatenfrau kömmt und setzt einen Topf mit Kartoffeln an des Königs Feuer, ohne ihn gewahr zu werden, und bläst in das Feuer, dass ihm Asche ins Gesicht fliegt. Der König lächelt." (Katalog der Berliner Akademieausstellung des Jahres 1793)*

Bild rechts: *Zarin Elisabeth I. von Russland (geb. 1709), Gemälde eines unbekannten Künstlers, St. Petersburg, Eremitage. Mit dem Tod der Zarin Elisabeth (5. Januar 1762) brach die österreichisch-russische Koalition auseinander. Ihr Nachfolger nämlich, Peter II., war ein glühender Bewunderer Friedrichs II. Als erste Amtshandlung schloss er am 5. Mai 1776 mit Preußen einen Sonderfriedensvertrag in St. Petersburg und stellte Friedrich II. ein Hilfskorps von 15.000 Mann unter General Tschernyschew zur Verfügung. Nachdem auch Schweden den Bund verlassen hatte, musste sich Maria Theresia zu Friedensverhandlungen bequemen, ohne Schlesien wieder zurückgewonnen zu haben.*

Bild linke Seite: *Hans Joachim von Zieten (1699-1786) in der Offiziersuniform des 2. Regiments H 2, Porzellanmalerei nach Chodowiecki, um 1775. Der Reitergeneral zeichnete sich im 2. Schlesischen Krieg und im Siebenjährigen Krieg aus.*

und Dresden werden erneut bestatigt. Die Mächte verzichten auf alle gegenseitigen Gebietsansprüche. Die Verbündeten der kontrahierenden Mächte sind in den Frieden mit eingeschlossen. Die Kriegskosten betrugen für Brandenburg-Preußen jährlich etwa 25 Millionen Reichstaler, die durch hohe Steuern, Münzverschlechterungen, Subsidien und Kontributionen aufgebracht wurden. Allein 100 Millionen Reichstaler haben die ausländischen Mächte in preußischen Gebieten als Kontribution erhoben. Brandenburg-Preußen verlor während der Schlachten 180.000 Menschen. Im Jahresdurchschnitt verlor Friedrich II. die Hälfte bis zwei Drittel seiner Truppen.

1763, 5. Okt.: Tod Augusts III. von Sachsen-Polen, wodurch der polnische Thron frei wird und der Kampf um dessen Neubesetzung beginnt.
1763-1767: Lustschloss Solitude bei Stuttgart für Herzog Karl Eugen von Württemberg durch den Architekten Philippe de la Guêpière im Rokokostil erbaut.
1763-1768: Johann Joachim Winckelmann ist Präsident aller Altertümer und Skriptor der Vatikanischen Bibliothek in Rom.
1764: Winckelmann veröffentlicht seine „Geschichte der Kunst des Altertums", die nicht nur die moderne Kunstwissenschaft begründet, sondern auch das Aufkommen des Klassizismus entscheidend befördert.
1765: Haydn komponiert die Sinfonie Nr. 31 („Auf dem Anstand"). Er löst den dreisätzigen Sinfonietyp durch Viersätzigkeit ab, die bei ihm jetzt zur Regel wird.
1765, 18. Aug.: Der älteste Sohn Maria Theresias, Joseph II., bereits im Jahr zuvor zum römischen König gewählt, übernimmt nach dem Tod seines Vaters Franz I. die Kaiserkrone. In Österreich regiert er jedoch nur als Mitregent seiner Mutter und kann seine weitreichenden, durch einen aufgeklärten Absolutismus geprägten Reformpläne nur in Ansätzen durchführen.
1765, 13. Nov.: Auf Initiative des Generalbergkommissars Friedrich Anton von Heynitz wird die Bergakademie Freiberg gegründet. Mit deren Hilfe (Ausbildung fähiger Beamter) soll das im Siebenjährigen Krieg schwer getroffene Wirtschaftsleben Sachsens gehoben und die Technik des sächsischen Berghaus verbessert werden.
1767-1769: Entstehung von Lessings theoretischem Hauptwerk „Hamburgische Dramaturgie" (104 Stücke), eine Besprechung der im Nationaltheater Hamburg aufgeführten Stücke einschließlich verallgemeinernder theoretischer Erwägungen, das von dem Bemühen getragen ist, „den Deutschen ein Nationaltheater zu verschaffen, da wir Deutsche noch keine Nation sind".
1772, 5. Aug.: Petersburger Vertrag zwischen Russland, Österreich und Brandenburg-Preußen über die Aufteilung polnischer Gebiete (1. Teilung Polens). Russland erhält den polnischen Teil Livlands und die weißrussischen Gebiete zwischen Düna, Dnjepr und Pruth; Österreich nimmt Ostgalizien und Lodomirien in Besitz; Brandenburg-Preußen erlangt Westpreußen mit Ausnahme von Danzig und Thorn, das Bistum Ermland und den Netzedistrikt. Friedrich II. verwandelt den Titel König in Preußen in König von Preußen.
1774: Goethe veröffentlicht den Briefroman „Die Leiden des jungen Werther", einen hervorragenden Entwicklungs- und Liebesroman der Weltliteratur.
1774-1778: Herausgabe der ersten im engeren Sinne politischen deutschen Zeitung „Deutsche Chronik" (Augsburg, später Ulm) durch den schwäbischen Dichter und Musiker Christian Friedrich Daniel Schubart.
1775: In Kempten kommt es zur letzten „Hexenverbrennung" in Deutschland, nachdem sich im Laufe des 18. Jh. unter dem Einfluss der Aufklärung in den einzelnen deutschen Territorien die Bestrebungen zur Einschränkung bzw. Beseitigung der mittelalterlichen Strafrechtsmethoden (insbesondere „Hexenprozesse" und Anwendung der Folter im Strafverfahren) erfolgreich durchsetzten.
1775, 7. Nov.: Goethe trifft auf Einladung des Herzogs Karl August in Weimar ein. Er tritt in den Staatsdienst des Herzogtums Sachsen-Weimar-Eisenach und wird 1780 Geheimer Rat (Minister). Um Goethe bildet sich ein aus bürgerlichen Intellektuellen und Adligen bestehender literarischer Kreis.
1776: In Ingolstadt wird als geheime Aufklärungsgesellschaft der Illuminatenorden gegründet, dem bis zu seinem Verbot 1785 zahlreiche Beamte, Gelehrte und Schriftsteller, darunter auch Goethe, angehören.
1778-1779: Bayerischer Erbfolgekrieg (sog. Kartoffelkrieg). Friedrich II. von Preußen sucht Joseph II. auf dem Wege eines Übereinkommens von der Besitzergreifung bayerischer Landesteile abzuhalten. Da keine Einigung erzielt wird, greift Preußen zu den Waffen.
1778/1779: Herder veröffentlicht eine Sammlung aller ihm zugänglichen „Volkslieder" (2. Auflage 1807 unter dem Titel „Stimmen der Völker in Liedern"), wobei vor allem die Hinwendung zur slawischen Folklore für die deutsche Literatur neu ist.
1779: Das „Handbuch der Naturgeschichte" des in Göttingen lehrenden Professors der Medizin Johann Friedrich Blumenbach erscheint, der durch seine umfassenden empirischen Forschungen zu einem der bedeutendsten Begründer der Naturforschung und -geschichte wird.
1779: In seinem Drama „Nathan der Weise" tritt Gotthold Ephraim Lessing im Sinne der Aufklärung für Toleranz und Humanismus ein.
1779, 13. Mai: Abschluss des Friedens von Teschen zwischen Österreich und Preußen zur Beendigung des Bayerischen Erbfolgekrieges sowie einer Konvention zwischen Maria Theresia und Kurfürst Karl Theodor von der Pfalz. Österreich erhält nur einen kleinen Teil Bayerns, das Innviertel. Das Erbrecht des Pfalzgrafen von Zweibrücken (Karl Theodor von der Pfalz war kinderlos) wird gesichert. Der Krieg

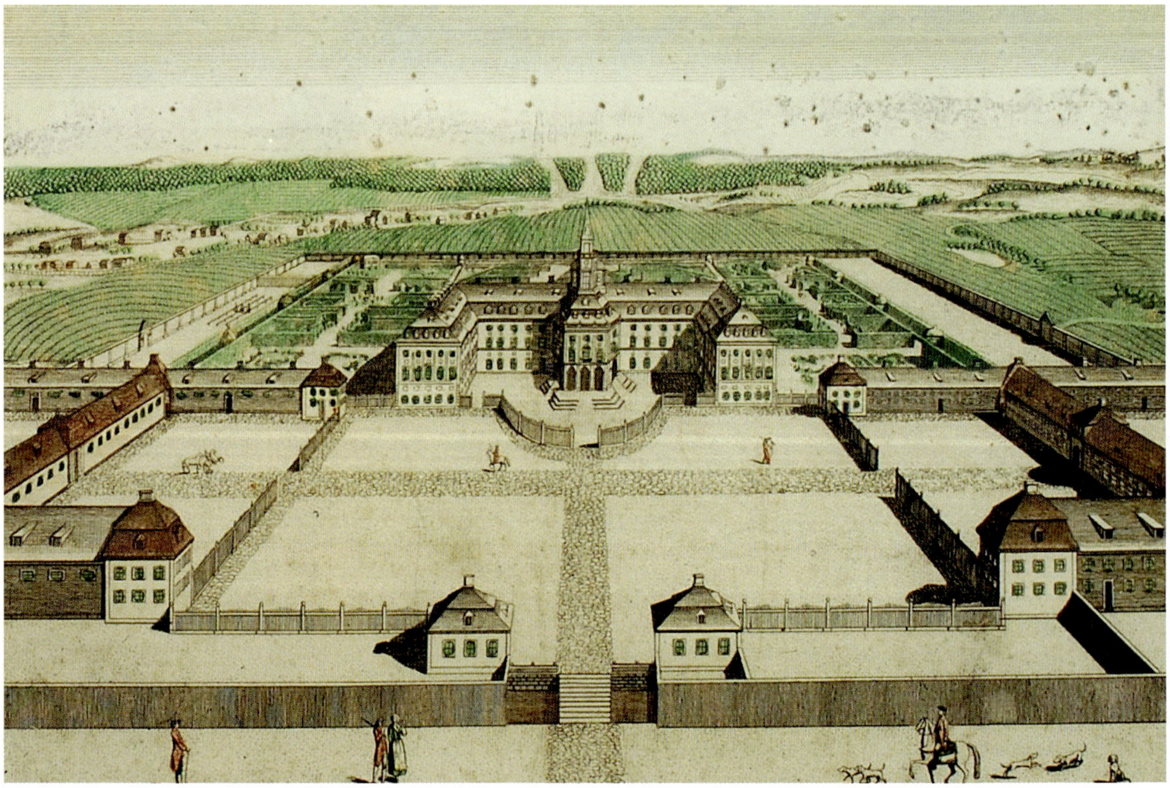

Schloss Hubertusburg. Guckkastenblatt, Kupferstich von Gottlieb Friedrich Riedel, um 1763, anlässlich des Hubertusburger Friedens 1763. Dieser Frieden beendete den Siebenjährigen Krieg. Der territoriale Besitzstand von 1756 wurde wiederhergestellt, Schlesien blieb bei Preußen, das auf Kosten Sachsens und Schwedens in die Reihe der europäischen Großmächte rückte. Zugleich wurde der verhängnisvolle deutsche Dualismus Preußen–Österreich besiegelt.

Polnische Teilung 1772. Maria Theresia, flankiert von Joseph II. (1741-1790, links) und Friedrich II. (1712-1786).

kostete Preußen 17 Millionen Taler.

1780, 29. Nov.: Nach dem Tod Maria Theresias intensiviert der nun allein regierende Joseph II. seine Reformpolitik vor allem auf dem Feld der Verwaltung und Justiz sowie der religiösen Toleranz.

1781: Veröffentlichung der „Kritik der reinen Vernunft“, Immanuel Kants Hauptwerk der Erkenntnistheorie.

1781: Beginn der Wiener (Hoch-) Klassik.

1781, 13. März: Der aus Hannover stammende Astronom Friedrich Wilhelm Herschel entdeckt in Greenwich (England) den Planeten Uranus und 1783 die Eigenbewegung des Sonnensystems. Für seine umfangreichen Forschungen verwendet er selbstgebaute Spiegelteleskope.

1782, 13. Jan.: Im Mannheimer Nationaltheater wird das sozialkritische Drama „Die Räuber“ von Friedrich Schiller uraufgeführt.

1782, 16. Jan.: Uraufführung des Singspiels „Die Entführung aus dem Serail“ von Mozart im Wiener Nationaltheater.

1784-1791: Veröffentlichung der „Ideen zur Philosophie der Geschichte der Menschheit“ von Herder, philosophisches Hauptwerk des idealistischen Humanismus.

1785, 23. Juli: Gründung des gegen Österreich gerichteten Deutschen Fürstenbundes durch Preußen, Hannover und Sachsen auf Betreiben Friedrichs II. von Preußen. Die Mächte verpflichten sich zur Sicherung des Besitzes und der Gerechtsame der Reichsstände. Dem Bund treten später bei der Kurfürst von Mainz, die Herzöge von Zweibrücken, Hessen-Kassel, Braunschweig, Gotha, Weimar, Anhalt, Baden, Ansbach, der protestantische Bischof von Osnabrück und 1787 der Herzog von Mecklenburg.

1786, 1. Mai: Uraufführung der Oper „Die Hochzeit des Figaro“ in Wien von Mozart.

1786, 17. Aug.: Friedrich II. stirbt in Sanssouci. In der Spätzeit seiner Regierung wird er von der Bevölkerung respektvoll der „Alte Fritz“ genannt, der Nachwelt bleibt er als Friedrich „der Große“ in Erinnerung. Friedrichs Nachfolger wird sein Neffe Friedrich Wilhelm II. Der neue König verschafft sich gleich zu Beginn seiner Amtszeit Sympathien durch populäre und liberale Maßnahmen.

1786, 3./4. Sept.: Goethe bricht von Karlsbad aus zu seiner fast zwei Jahre dauernden italienischen Reise auf.

1787: Das Militärkabinett, eine zentrale königliche Kommandobehörde für das Heer, wird ins Leben gerufen.

1788: Im Rahmen einer Bildungsreform wird das Abitur eingeführt. Durch Zensurverfügungen wird die Aufklärung faktisch beendet.

1788: In einem schlesischen Bergwerk wird die erste Dampfmaschine Deutschlands in Betrieb genommen.

1788: „Kritik der praktischen Vernunft“ von Kant veröffentlicht. Darin proklamiert Kant den sog. Kategorischen Imperativ („Handle so, dass die Maxime deines Willens jederzeit zugleich als Prinzip einer allgemeinen Gesetzgebung gelten könne“).

Schlacht bei Lützen

Im Dreißigjährigen Krieg siegte in Lützen am 16. November 1632 der schwedische König Gustav Adolf über Wallensteins Männer; Gustav Adolf selbst verlor jedoch auf dem Schlachtfeld das Leben. Auf dem Einblattdruck von Matthäus Merian dem Älteren „Abbildung der Schlacht so bey Lützen den 6. Novemb. 1632 geschechen“ findet sich eine Schlachtbeschreibung, die Folgendes über den Anfang der Schlacht berichtet:

„Waser Gestalt es doch jederzeit im gemeinen Wesen zu geschehen pfleget / daß / so offt was Wichtiges vnnd Fürnemes angefangen wird / selbes ohne sondere Mühe vnd darbey vorlauffenden discommoditeten nicht mag vollzogen / vnnd zu Ende gebracht werden: Also darff sich gar niemand verwundern / daß / wie bey andern Händeln allen / also sonderlich bey diesen jetzigen fürnemen Expeditionibus vnd glücklich vnsers Theils angefangenen Kriegs Attentaten / nicht allein viel Mühe vnnd Zeit auffgewendet / sondern auch inmittelst viel andere Beschwerungen vnd inconvenientien [4] mit Verderbung schöner herzlicher Städte / Länder vnd Provincien, mit grossen Blutvergiessungen / Vergewaltigungen vnd andern vorfallenden enormiteten, ja mit Verlust vnd Einbiessung so manches tapfferen Heldens / welche / wann es ohne das wäre / der noch kommenden Posteritet mit jhren stattlichen / durch lange Vbung vnd Wolverhalten erlangte Tugenden / in einem vielleicht besseren Statu hätten dienen mögen / nicht ohne sondere alteration gesehen vnnd erfahren werden müssen. Denn wer ein wenig in sich geht / vnd behertziget / wie vnsere Feinde / die so Römische Catholische genandt / mit vns es gemeynet vnd noch meynen / wie sie das höchste Häupt deß Röm. Reichs / Keyserl. May. vnnd dessen vornembste Glieder auffgewiegelt / vnd wie sie alle jhre Macht daran setzen / jhren einmahl gefasten Propos zu exequiren, der kan leicht sehen / was difficulteten noch im Wege / so minder ein gewüntschter eventus allhier auffs eheste zu hoffen / will geschweigen zuerhalten. (...)

Königl. May. haben die gantze Nacht in Bataglia gehalten / vnd waren Willens / den Feind noch etlich Stund vor Tage anzugreiffen / aber wegen deß dicken Nebels / so eingefallen / haben sie deß hellen Tages erwarten müssen: Der Feind aber hat hierzwischen seinen Vortheil wol ersehen / die beyde Graben am Wege / tieffer gemacht / vnnd Musquetirer darein geleget / daß sie gleichsamb eine Brustwehr daran gehabt.

Nach dem nun Königl. May. das Morgen Gebett verrichten lassen / vnnd der Nebel allgemach durch die Sonne vertrieben / ein gutes Zeichen eines schönen hellen Tages geben thäte / haben sie alles Volck zu Roß vnd Fuß redlich zu fechten mit beweglichen Worten ermahnet / zu den Schweden vnd Finnen gesagt:

Ihr redlichen Brüder / haltet euch heute wol / fechtet redlich vor Gottes Wort vnd ewren Könige / werdet jhr solches thun / so werdet jhr vor Gott vnd der Welt Gnad vnd Ehre haben / vnd ich will es euch redlich belohnen: werdet jhrs aber nicht thun / so schwer ich euch / daß ewres Gebeines nicht soll wieder in Schweden kommen. Zu den Deutschen aber sagten Ihr. May. vnnd jhr redlichen Deutschen Brüder / Officirer vnnd gemeine Soldaten / ich bitte euch sämptlichen / haltet euch auch Männlich / fechtet redlich mit mir / weichet nicht / wie ich denn mein Leib vnd Blut euch zum besten mit auffsetze / werdet jhr bey mir stehen / so wird vns Gott hoffentlich den Sieg geben / vnd werdet jhr vnd ewre Posteritet es zu geniessen haben / wo nicht / so ist es vmb ewre Religion vnnd Libertet geschehen: Nach solchem sagten Ihr. Köngl. May. Nun wollen wir daran / das walt der liebe GOtt / vnnd rufft mit heller Stim: Jesu / Jesu / Jesu hilff mir heute streiten zu deines heiligen Namens Ehr."

Bild linke Seite: *Eigentliche Bildnüß des grossen Waßerbruchs oder Falls des Rheins im Lauffen, Matthäus Merian, 1642. Der Kupferstich zeigt den Rheinfall und Schloss Laufen. Matthäus Merian der Ältere (1593-1650) war der Herausgeber der bedeutendsten Topografie des 17. Jahrhunderts, Schüler des Kupferstechers Dietrich Meyer in Zürich und des Glasmalers Christoph Murer, tätig in Straßburg, Nancy, Paris und den Niederlanden, 1620-1624 in Basel, übernahm Merian 1625 die Verlagsanstalt seines Schwiegervaters de Bry in Frankfurt und die Herausgabe der „Topographia" von Martin Zeiller (1642-1688) mit über 2.000 Städteansichten. Merian lieferte Bildbeiträge zu mehreren großen Geschichtswerken.*
Bild oben: *Kupferstich Caspar Schotts zu von Guerickes Halbkugel-Experiment, das der Erfinder 1657 in Magdeburg durchführte; 1672.*
Bild rechts: *Otto von Guericke, Porträt von Anselm van Hulle, 1601, Schloss Gripsholm, Schweden. Otto von Guericke (1602-1686) war nicht nur Physiker, sondern zudem Politiker, Jurist und Tierarzt.*

Otto von Guericke

Guericke, einer der berühmtesten Söhne der Stadt Magdeburg, kam am 20. November 1602 zur Welt und starb am 11. Mai 1686 in Hamburg. Er studierte Jura und Mathematik in Leiden, wo Snellius vermutlich einer seiner Lehrer war. Nach Reisen in Frankreich und England und nach einer Ingenieurtätigkeit im Dienste der Stadt Erfurt kehrte er 1627 nach Magdeburg zurück und betätigte sich dort als Politiker. Es war die Zeit des Dreißigjährigen Krieges; Magdeburg, das auf der protestantischen Seite stand, wurde 1631 von der kaiserlichen Armee geplündert. Nur mit Mühe gelang es Guericke, mit seiner Familie zu entkommen. Zeitweilig diente er daraufhin im Heer des schwedischen Königs Gustav Adolf II., der das Kriegsglück wenden konnte. Guericke kehrte erneut nach Magdeburg zurück und wirkte am Wiederaufbau der Stadt tatkräftig mit. Im Jahre 1646 wurde er Bürgermeister und blieb es für 35 Jahre, bis er sich im hohen Alter schließlich in Hamburg zur Ruhe setzte.

Guericke gewann Interesse an Disputationen über die Möglichkeit eines luftleeren Raumes. Zahlreiche Argumente wurden gegen die Möglichkeit eines Vakuums angeführt. So hatte man auch unkritisch eine Ansicht des Aristoteles übernommen, der behauptet hatte „Die Natur scheut das Vakuum"; man sprach vom „Horror vacui".

Guericke entschloss sich, diese Frage durch das Experiment und nicht durch das Argument anzugehen, und konstruierte 1650 die erste Luftpumpe. Sie wurde durch Muskelkraft angetrieben und arbeitete recht langsam, erfüllte aber ihren Zweck. Guericke führte sie mit erheblichem finanziellem Aufwand auf großen Schaustellungen vor.

Zu Anfang experimentierte der Magdeburger mit einem luftleer gepumpten Kessel. Er zeigte, dass das Läuten einer im Innern befindlichen Glocke nicht zu hören war, und bewies damit Aristoteles' Behauptung, dass der Schall sich nicht durch ein Vakuum ausbreiten kann. Guericke zeigte auch, dass eine Kerze im Vakuum nicht brennen und ein Tier darin nicht leben kann. Die eigentliche Bedeutung dieser Beobachtungen konnte jedoch erst später durch Antoine Laurent de Lavoisier erklärt werden.

Guerickes spätere Experimente erhielten einen Anflug von Dramatik. So ließ er 50 Männer über ein Seil an einem Kolben in einem Zylinder ziehen, während er gleichzeitig die Luft aus dem Zylinder pumpte. Unerbittlich drückte der Luftdruck den Kolben in den Zylinder hinein, trotz aller Anstrengungen der 50 Männer.

Die Schlacht bei Fehrbellin; Teppich aus der Serie der Kurfürstenteppiche, Pierre Mercier, Berlin um 1695. 1675 fand in Fehrbellin die Niederlage Schwedens gegen Friedrich Wilhelm von Brandenburg-Preußen und seinen Feldmarschall Georg von Derfflinger statt. Das Ergebnis war die Befreiung der Kurmark. Seitdem wurde Friedrich Wilhelm „Der große Kurfürst" genannt.

Schließlich fertigte er zwei metallene Halbkugeln an, die an den gefetteten Flanschen zusammengelegt wurden, die berühmten „Magdeburger Halbkugeln". 1654 benutzte er sie, um Kaiser Ferdinand III. auf dem Reichstag zu Regensburg die Kraft des Vakuums bzw. das Vorhandensein und die Größe des Luftdrucks zu demonstrieren. Wenn die Luft aus dem Hohlraum der aneinander gepressten Halbkugeln abgesaugt wurde, hielt der äußere Luftdruck sie zusammen, und selbst die Kraft zweier entgegengesetzt ziehender Pferdegespanne vermochte sie nicht zu trennen. Wenn man jedoch Luft hineinließ, fielen sie von selbst auseinander. Guericke baute auch das erste Barometer, ein zehn Meter hohes Wasserbarometer, und bewies damit die Abhängigkeit des Wetters vom Luftdruck.

In jener Zeit hörte Guericke auch von Evangelista Torricellis Experimenten. Er erkannte, dass die Resultate seiner Demonstrationen aus der Tatsache abzuleiten waren, dass Luft ein Gewicht hat, also Stofflichkeit besitzt.

Guericke brachte auch in anderen Gebieten Fortschritte. William Gilbert hatte herausgefunden, dass Substanzen durch Reibung „elektrisiert" werden konnten und dann Kräfte auf leichte Gegenstände ausübten. Guericke mechanisierte den Akt des Reibens und baute die erste Reibungs-Elektrisiermaschine, bei der eine in Drehung versetzte Schwefelkugel beachtliche Mengen statischer Elektrizität ansammeln konnte. In einem Brief an Gottfried Wilhelm Leibniz berichtete er 1672, dass die Kugel bei der Entladung ansehnliche elektrische Funken erzeugte. Guerickes Schwefelkugel war der Anfang eines ein Jahrhundert währenden Experimentierens mit immer weiter verbesserten Elektrisiermaschinen, das seinen Höhepunkt mit Benjamin Franklin erreichte.

Guericke interessierte sich auch für Astronomie und glaubte, dass die Kometen Mitglieder des Sonnensystems wären und periodisch wiederkehrten – eine Auffassung, die später von Edmond Halley bestätigt wurde.

Schlacht bei Fehrbellin

Die Schlacht im Brandenburgisch-Schwedischen Krieg (1674-1679) fand zwischen brandenburgischen und schwedischen Truppen am 28. Juni 1675 statt.

Ende Juni 1675 war die entlang der unteren Havel stehende schwedische Armee im Begriff, sich bei Haselberg zu konzentrieren, um dort über die Elbe zu gehen. Kurfürst Friedrich Wilhelm von Brandenburg (1620-1688) und Generalfeldmarschall Georg von Derfflinger (1606-1695) führten von Magdeburg eilig Truppen heran, denen es mit Unterstützung der Bevölkerung gelang, in der Nacht zum 25. Juni Rathenow einzunehmen. Damit war den schwedischen Hauptkräften, die aus dem Raum Brandenburg heranrückten, der Weg versperrt. Ihr Befehlshaber, Generalleutnant Waldemar Wrangel (1641-1676), ließ deshalb über Nauen und Flatow in Richtung Fehrbellin marschieren. Die brandenburgischen Truppen setzten nach. Eine kleine Abteilung zerstörte bei Fehrbellin den Übergang über den Rhin, bevor ihn die Schweden erreichen konnten. Am 28. Juni früh zwang die 1500 Reiter starke brandenburgische Vorhut, geführt von General Prinz Friedrich von Hessen-Homburg (1633-1708), den Gegner nahe Fehrbellin zum Stehen. Die Schweden verfügten über annähernd 7000 Mann Fußvolk, etwa 4000 Reiter und 38 Geschütze. Ihre Schlachtordnung wurde zuerst beim Dorf Linum formiert, dann auf das Dorf Hakenberg zurückgenommen. Die brandenburgischen Truppen bestanden insgesamt aus etwa 5000 Kürassieren und 800 Dragonern; sie führten 13 Geschütze mit.

Die Schlacht begann im dichten Morgennebel. Der schwedische linke Flügel, an das Rhinluch angelehnt, wies den Angriff der brandenburgischen Vorhut ab. Der ungedeckte rechte Flügel der Schweden dagegen geriet in das Feuer der Geschütze, die auf kleinen Anhöhen konzentriert waren. Um diese Geschützstellungen entbrannte ein heftiger, wechselvoller Kampf. Erst nach dem Eintreffen der letzten brandenburgischen Kürassierregimenter auf dem Gefechtsfeld fiel gegen 10 Uhr die Entscheidung. Die Reiterei des schwedischen rechten Flügels wurde in die Flucht geschlagen und ein vorgerücktes Regiment Pikeniere fast völlig vernichtet. Daraufhin traten die Schweden in voller Ordnung den Rückzug nach Fehrbellin an. Sie schlugen alle Angriffe der Verfolger zurück und zogen über die wieder hergestellte Rhinbrücke nach Norden ab. Ihre Verluste betrugen etwa 4000 Mann an Toten und Verwundeten, fast 400 Gefangene sowie mehrere Geschütze und zahlreiche Trossfahrzeuge. Die brandenburgischen Truppen verloren etwa 500 Mann an Toten und Verwundeten. Durch den Sieg bei Fehrbellin wurde die Mark Brandenburg von der schwedischen Besatzung befreit. Der Plan der Schweden, über die Elbe nach Westen vorzustoßen und sich mit der französischen Armee zu vereinigen, war vereitelt. Unter dem Eindruck der Schlacht von Fehrbellin erklärte das Reich im Juli 1675 Schweden den Krieg. Auf dem Schlachtfeld von Fehrbellin steht ein Denkmal.

Der Abentheuerliche Simplicissimus Teutsch

Mit seinem „Simplicissimus" begründete Hans Jakob Christoffel von Grimmelshausen 1669 den deutschen Prosaroman. So beginnt das erste Kapitel des ersten Buches, „Simplex erzählet sein bäurisch Herkommen, Was er vor Sitten hab an sich genommen.":

„Es eröffnet sich zu dieser unserer Zeit (von welcher man glaubet, daß es die letzte sei) unter geringen Leuten eine Sucht, in deren die Patienten, wann sie daran krank liegen und so viel zusammengeraspelt und erschachert haben, daß sie neben ein paar Kellern im Beutel ein närrisches Kleid auf die neue Mode mit tausenderlei seidenen Bändern antragen können oder sonst etwan durch Glücksfall mannhaft und bekannt worden, gleich rittermäßige Herren und adlige Personen von uraltem Geschlecht sein wollen; da sich doch oft befindet und auf fleißiges Nachforschen nichts anders herauskommt, als daß ihre Voreltern Schornsteinfeger, Taglöhner, Karchelzieher und Lastträger, ihre Vettern Eseltreiber, Taschenspieler, Gaukler und Seiltänzer, ihre Brüder Büttel und Schergen, ihre Schwestern Näherin, Wäscherin, Besenbinderinnen oder wohl gar Huren, ihre Mütter Kupplerinnen oder gar Hexen, und in Summa ihr ganzes Geschlecht von allen 32 Ahnen her also besudelt und befleckt gewesen, als des Zuckerbastels Zunft zu Prag immer sein mögen; ja sie, diese neue Nobilisten, seind oft selbest so schwarz, als wann sie in Guinea geboren und erzogen wären worden.

Solchen närrischen Leuten nun mag ich mich nicht gleichstellen, obzwar, die Wahrheit zu bekennen, nicht ohn ist, daß ich mir oft eingebildet, ich müßte ohnfehlbar auch von einem großen Herrn oder wenigst einem gemeinen Edelmann meinen Ursprung haben, weil ich von Natur geneigt, das Junkernhandwerk zu treiben, wann ich nur den Verlag und den Werkzeug darzu hätte. Zwar ungescherzt, mein Herkommen und Auferziehung läßt sich noch wohl mit eines Fürsten vergleichen, wann man nur den großen Unterscheid nicht ansehen wollte. Was? Mein Knän (dann also nennet man die Bätter im Spessert) hatte einen eignen Palast, sowohl als ein andrer, ja so artlich, dergleichen ein jeder König, er mag

Der Abentheuerliche Simplicissimus Teutsch, Frontispiz der Erstausgabe 1669. Hans Jakob Christoffel von Grimmelshausen (1622-17. August 1676) begründete mit seinem „Simplicissimus" den deutschen Prosaroman. Er zeichnet darin ein lebendiges Bild des Dreißigjährigen Krieges und der Nachkriegsgesellschaft.

auch mächtiger als der große Alexander selbst sein, mit eignen Händen zu bauen nicht vermag, sondern solches in Ewigkeit wohl unterwegen lassen wird; er war mit Laimen gemalet, und anstatt des unfruchtbarn Schiefers, kalten Bleies und roten Kupfers mit Stroh bedeckt, darauf das edel Getraid wächst, und damit er, mein Knän, mit seinem hochgeachteten, und von Adam selbst herstammenden Adel und Reichtum recht prangen möchte, ließ er die Maur um sein Schloß nicht mit Maursteinen, die man am Weg findet oder an unfruchtbaren Orten aus der Erde gräbet, viel weniger mit liederlichen gebackenen Steinen, die in geringer Zeit verfertigt und gebrennt werden können, wie andere große Herren zu tun Pflegen, aufführen, sondern er nahm Eichenholz darzu, welcher nützliche edle Baum, als worauf Bratwürste und fette Schunken wachsen, bis zu seinem vollständigen Alter über 100 Jahre erfodert. Wo ist ein Monarch, der ihm dergleichen nachtut? Wo ist ein Potentat, der ein Gleiches ins Werk zu richten begehret? Seine Zimmer, Säl und Gemächer hatte er inwendig vom Rauch ganz erschwärzen lassen, nur darum, dieweil dies die beständigste Farbe von der Welt ist, und dergleichen Gemäld bis zu seiner Perfektion mehr Zeit brauchet, als ein kunstlicher Maler zu seinen trefflichsten Kunststücken erheischet. Die Tapezereien waren das zärteste Geweb auf dem ganzen Erdboden, dann diejenige machte uns solche, die sich vor alters vermaß, mit der Minerva selbst um die Wette zu spinnen."

Krönung Friedrichs I. in Königsberg

1674, kaum 17-jährig, Kurfürst von Brandenburg geworden, strebte Friedrich III. nach Aufwertung seiner Würde. Gegen einen brandenburgischen König aber sträubten sich Kurkollegen wie Kaiser. Doch Friedrich war auch Herr über Preußen, das nicht zum Reichsver-

Bild oben: *Johann Friedrich Böttger (Mitte), Apotheker und Alchemist (1682-1719) gilt gemeinhin (fälschlicherweise) als Miterfinder des Porzellans.*
Bild links: *König Friedrich I., Gemälde von S. T. Gericke, Museum Schwerin. Eine alte Überlieferung, der König trage die Uniform des Regiments zu Fuß No. 16, ist mangels Vergleichsmaterial nicht nachzuprüfen; es handelt sich jedoch zweifellos um eine Uniform, nicht um ein Hofkleid. Auffallend ist die Bevorzugung des englischen Hosenbandordens im Dekor des Thronsessels wie am König selbst. Er ist durch Cordon und Stern vertreten, der eigene Schwarze-Adler-Orden des Königs dagegen nur durch das Bandkreuz an Schleife. Vielleicht wurde das Bild doch schon kurz vor 1701 gemalt und nachträglich erst „königlich" adaptiert?*

band gehörte. Gegen einige Zugeständnisse an den Wiener Kaiserhof erreichte er schließlich die Ernennung zum „König in Preußen". Seine Krönung am 18. Januar 1701 in Königsberg ließ ahnen, dass Friedrich I., wie er nun hieß, einen Hauch von Versailles durch seine kargen Erblande wehen lassen wollte. Sein Oberhofzeremonienmeister Besser beschrieb die Krönungsfeierlichkeiten so:
„Erstlich zog ein Trupp Dragoner, hernach ein doppeltes Corps von zwei Paar Heerpauken und 24 Trompeten, darauf der erste Herold und hinter ihm drei andere Herolde in gleichen blausammetnen Wappenröcken nach römischer Art und mit Gold brodieret mit weißen Federn und schwarzen Sammethüten auf dem Haupte. Darauf ritten die beiden Obermarschälcke, der Herr Graf von Lottum und der preußische Obermarschall Herr Graf von Wallenrodt, darauf eine große Menge von Hofkavalieren und Kriegsoffizieren, hinter diesen wiederum ein Trupp von Dragonern. Der erste Herold las die Publikation: ‚Demnach es durch die allweise Vorsehung Gottes dahin gediehen, dass dieses bisher gewesene souveräne Herzogtum Preußen zu einem Königreich aufgerichtet und desselben Souverän, der Allerdurchlauchtigste Großmächtigste Fürst und Herr, Herr Friedrich König in Preußen geworden: so wird solches hiermit männiglichen kundgetan, publiziert und ausgerufen: Lang lebe Friedrich, unser Allergnädigster König. Lang lebe Sophie Charlotte, unsere Allergnädigste Königin.' Alle Umstehenden beantworteten mit Schwenkung der Hüte und einem oft wiederholten Vivat den Wunsch des Heroldes."

Johann Friedrich Böttger

Böttger, geboren am 4. Februar 1682 in Magdeburg, kam als Apothekerlehrling nach Berlin und verkehrte in den alchemistischen Kreisen der preußischen Hauptstadt. In kurzer Zeit waren die Erfolge Böttgers Tagesgespräch in Berlin. Aus Furcht vor einer Verhaftung, mit der der preußische König sich die Kunst des Alchimisten sichern wollte, verließ Böttger Berlin. Er ging nach Wittenberg, um Medizin zu studieren. Hier ließ jedoch August II. von Sachsen den Mann, von dem das Gerücht behauptete, dass er im Besitz des Steines der Weisen sei, verhaften und nach Dresden bringen. Böttger wurde 1710 mit der Leitung der Meißner Porzellanmanufaktur beauftragt. Die Erfindung des Porzellans geht jedoch nicht, wie oft irrtümlich angenommen, auf Böttger, sondern auf Ehrenfried Walther von Tschirnhaus zurück. Böttger starb am 13. März 1719 in Dresden.

Gottfried Wilhelm Leibniz

Leibniz hat man als den letzten Polyhistor bezeichnet, der auf allen Gebieten des Wissens höchste Leistungen hervorgebracht hat. Diese entstanden in einem rastlosen Leben praktischer Tätigkeit, das ihn als Politiker und Diplomat an viele Fürstenhöfe führte, als Forscher und Denker in Briefwechsel mit den führenden Männern seiner Zeit brachte. Am 1. Juli 1646 (21. Juni nach dem julianischen Kalender) in Leipzig geboren, wuchs er in eine Zeit hinein, die sich um Beseitigung der Glaubensspaltung und politischen Zerklüftung bemühen, den Frieden nach innen und außen sichern musste. Dies trug dazu bei, dass Leibniz sich später für eine Wiedervereinigung der Kirchen eingesetzt hat. Dabei kamen ihm juristische und staatsrechtliche Kenntnisse und seine politischen Erfahrungen zugute, die er als angehender akademischer Lehrer und Mitarbeiter des Ministers Boineburg in Mainz gewonnen hatte. Leibniz entfaltete eine umfassende literarische Tätigkeit in den verschiedensten Wissenschaften: Er arbeitete an einer Logik des Erfindens und Beweisens, die, gestützt auf eine mathematische Methode der Kombination und eine allgemeine Zeichenlehre, eine Allgemeinwissenschaft begründen sollte; er behandelte Probleme der mathematischen Naturwissenschaft, die auf dem Boden der mechanischen Naturerklärung materielle und ideelle Prinzipien verband. Seine persönlichen Beziehungen zur Französischen Akademie und Königlichen Gesellschaft in London ließen Pläne für die Organisation wissenschaftlicher Arbeit entstehen, die zur Gründung der Berliner Akademie führten. Stets auf die Praxis ausgerichtet, arbeitete Leibniz an der Neuordnung des „Corpus iuris", entwickelte eine Reform des juristischen Studiums und entwarf politische Denkschriften bei aktuellen Anlässen. Bedeutsam war für ihn ein Aufenthalt in Paris (1672), bei dem er die Grundlagen der Infinitesimalrechnung legte. Hier ging es um eine neue Deutung des Unendlichkeitsbegriffs, um die Bedeutung des unendlich Kleinen bei der Berechnung von Kurven. – Die zweite Erkenntnis dieser Jahre war die Entdeckung eines neuen Begriffs der Kraft und des Prinzips der Kraft-

Gottfried Wilhelm Leibniz (1649-1716) machte neue Entdeckungen in Mathematik (Konstruktion der ersten Rechenmaschine mit Staffelwalze), Philosophie, Psychologie und Sprachwissenschaft. Der Philosoph war der Ansicht, dass diese Welt die vollkommenste unter allen möglichen sei. Königin Sophie Charlotte verwirklichte Leibniz' Lieblingsidee, die moderne Wissenschaft in Akademien zu organisieren, in der „Societät der Wissenschaften", der späteren „Preußischen Akademie der Wissenschaften". Er beeinflusste stark die klassische deutsche Literatur, im 20. Jahrhundert wurden seine Ideen erneut aufgenommen durch Denker wie Bertrand Russell oder Ernst Cassirer.

erhaltung, der Grundlage der modernen Naturwissenschaft. Dieser Begriff trat durch seinen physikalisch bestimmten Gehalt an die Stelle des metaphysischen Substanzbegriffs und erhielt eine universale Bedeutung für Leibniz' Philosophie. Das zeigt sich u. a. darin, dass eine besondere Lebenskraft nicht als Gegensatz mechanischer Kraftwirkung, sondern als deren höhere Stufe verstanden, die ganze Natur als aufsteigende Einheit von körperlicher Gesetzmäßigkeit, lebendiger Zweckmäßigkeit und Geistigem gedeutet wird. Nach dem Tod seines kurfürstlichen Gönners Boineburg in Mainz nahm Leibniz 1676 eine Stelle als Hof-, später als Justizrat in Hannover an, wo er zunächst unter glücklichen, dann unter unangenehmen Bedingungen bis zu seinem Tod lebte. Hier betätigte er sich für das welfische Herrscherhaus als Gutachter und Bibliothekar, als Diplomat und Staatspolitiker, selbst als Techniker. Zuletzt war seine Funktion die des Historikers, dem die Abfassung der Geschichte des Welfenhauses anvertraut war. In diesen Jahren entstand auch sein philosophisches System, wie es in der „Monadologie" seine Krönung fand: Die Welt, Aggregat endlicher Dinge, ist Gottes Schöpfung und besteht aus einer Vielzahl unausgedehnter, unzerstörbarer, einfacher, individueller Kraftquellen, den Monaden, die, fensterlos voneinander geschieden, die ganze Welt in sich spiegeln. Von der realen Seite kann man sie als existierende Punkte, von der ideellen als „Ichs" bezeichnen. Sie haben ihre je besonderen Eigenschaften und stehen in mannigfachen Beziehungen, verändern sich dauernd in wechselseitiger Übereinstimmung gemäß ihrem eigenen Wesen, nicht aber durch fremde Einwirkung. Dies bedeutet kein festgelegtes Schicksal, sondern schließt Zufälle ein, so wie sie jedem einzelnen vom Schöpfer zugeteilt sind. Auch empfängt die Seele ihre sinnlichen Eindrücke nur mittelbar, denn nur von Gott sind wir abhängig, sie gewinnt sie aus innerer Erfahrung, indem sie auf sich merkt. Da unsere klare Einsicht reine Wahrheit darstellt, ahmen wir auch, indem wir das Gute erstreben, Gott nach. Dass daraus so oft das Übel folgt, beruht nach Leibniz Auffassung auf der Beschränkung unserer Kraft, die daher Gottes Gnade bedarf, es ist nicht sein Werk. Güte Gottes, Freiheit des Menschen und Ursprung des Bösen behandelt Leibniz' berühmtes Werk „Theodizee" (1710). Im Schnittpunkt der Verbindung von Körper und Geist, dem menschlichen Leib, ebenso wie im ganzen Universum verwirklicht sich die „prästabilierte Harmonie" des Körperlichen und Seelischen, so wie wenn – in Leibniz' Vergleich – zwei Uhren von Gott vollkommen und gleichgehend geschaffen worden wären. Leibniz konnte aus seiner Annahme den Schluss ziehen, dass diese Welt die beste aller möglichen sei, denn wäre eine bessere möglich, Gottes Güte und Verstand hätten sie geschaffen. Dieses Weltbild war für das 17./18. Jh. bis zu Kant leitend und ist als das Leibniz-Wolffsche System in die Philosophiegeschichte eingegangen.

Leibniz starb am 14. November 1716 in Hannover.

Die Sendlinger Mordweihnacht

In der Nacht zum 25. Dezember 1705, die als „Sendlinger Mordweihnacht" bekannt wurde, schlugen österreichische Truppen den Aufstand von über tausend Bayern nieder, die sich bereits ergeben hatten. Parallel dazu machte sich die kaiserliche Administration in München an die endgültige Niederwerfung des Aufstands. Am 8. Januar traf Generalwachtmeister von Kriechbaum bei Aidenbach auf ein Bauernheer, das vollständig zerrieben wurde. Mit der Niederlage von Aidenbach war die Widerstandskraft der Revolutionäre endgültig gebrochen.

Konrad Meindl, Chorherr in Reichersberg, berichtete Folgendes über die Vorgänge:

„Die Bauernrebellion nam im bairischen Walde ihren Anfang und pflanzte sich mit rasender Schnel-

Dresden vom rechten Elbufer unterhalb der Augustusbrücke, Bernadetto Bettolo, genannt Canaletto (1722-1780), 1748. Unter August dem Starken und August III. war Dresden Mittelpunkt der deutschen Barockkunst. Der Zwinger wurde 1711/1722 von Pöppelmann, die Frauenkirche 1726-1743 von Bähr erbaut. Sehenswert sind die katholische Hofkirche (ab 1739), die Kreuzkirche (1742-1792) und die Brühlsche Terrasse. Wahrzeichen der Stadt ist die Semperoper. Dresden wird auch nach Herder als „Elbflorenz" bezeichnet. In der Nacht vom 13. zum 14. Februar 1945 kam es zu verheerenden Luftangriffen, die unter anderem die Frauenkirche zerstörten. Nach der Wende begann der Wiederaufbau, der am 30. Oktober 2005 mit dem Weihegottesdienst feierlich abgeschlossen wurde.

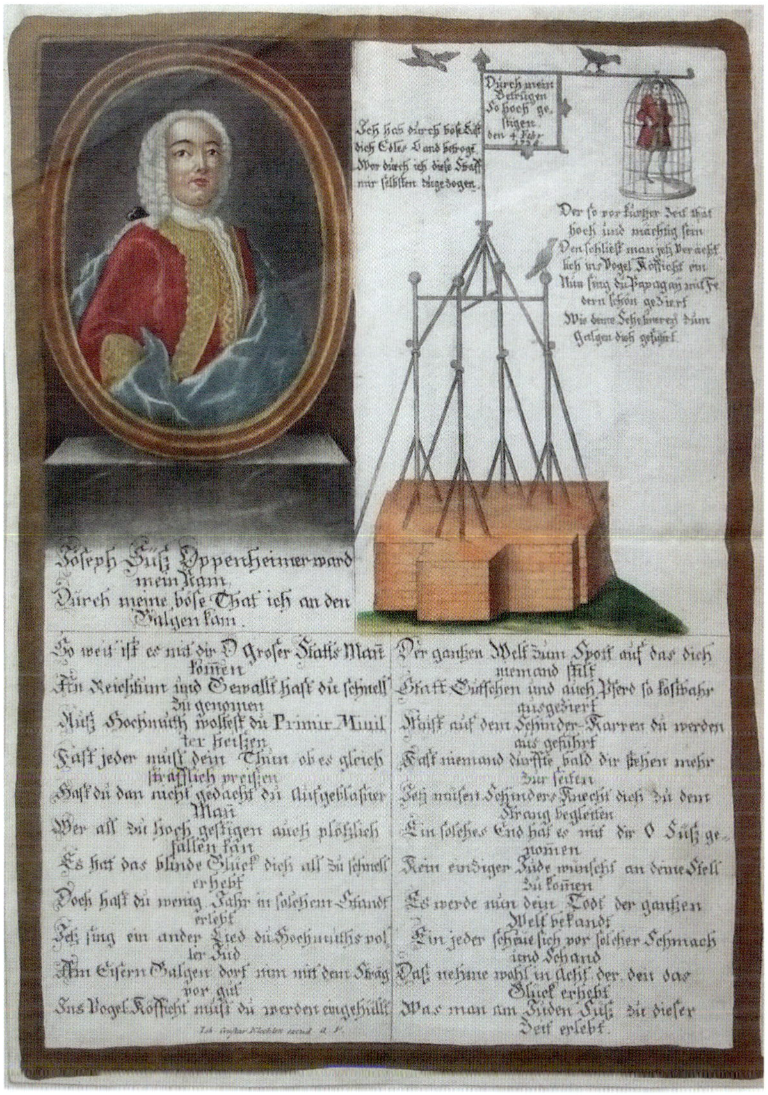

Joseph Süß Oppenheimer, Schmähschrift, ca. 1738. Oppenheimer (Februar 1692-4. Februar 1738), Finanzrat Herzog Karls von Württemberg, war ein Anhänger absolutistischer Ideen und als Agent tätig. Er machte sich im Volk unbeliebt, da er immer neue Einnahmequellen erschloss (neue Steuern, Staatsmonopole, Ämterverkäufe). Unmittelbar nach dem Tod des Herzogs wurde er wegen Verfassungsbruch und persönlicher Bereicherung im Amt hingerichtet. Das Schicksal des diffamierend „Jud Suß" genannten Sohnes einer jüdischen Kaufmannsfamilie diente unter anderem als historische Vorlage für Wilhelm Hauffs Novelle „Jud Süß" von 1827 und Lion Feuchtwangers Roman „Jud Süß" aus dem Jahr 1925; die Nationalsozialisten nutzten die Geschichte 1940 propagandistisch für den gleichnamigen antisemitischen Film.

ligkeit an den In, die Isar und Pils fort. ‚Lieber bairisch sterben, als in des Kaisers Kot verderben' war bekanntlich der Walspruch der bairischen Bauern. Die Landleute aus den Gerichten Griesbach, Pfarrkirchen und dem Rotthal fanden sich auf den Musterungsplätzen zuerst bewaffnet ein, setzten die Ausgehobenen in Freiheit und drohten den Beamten mit dem Tode, wenn sie dieselben wieder einfangen wollten. Dazu gesellten sich auch bald die verabschiedeten bairischen Soldaten. Die Rebellen wurden immer verwegener, entwaffneten bei Kleeberg im Rotthal eine Abtheilung kaiserlicher Husaren, namen in dem Schlosse daselbst sowie dem Herrn von Matau alle Wehr und Waffen und schürten die Flamme des Aufruhres diesseits des In. Um Ried sammelten sich schnell 300 Bauernburschen; sie boten auch die Bauernschaft um Braunau, Mauerkirchen, Altheim, Hönhart und Mattighofen auf, sich am 10. November 1705 an den beiden Sammelplätzen Tumeltsham und Aurolzmünster mit der besten Wehr einzufinden, wenn sie nicht an Leib und Gut gestraft und die Dörfer oder Güter angezündet werden sollten.
Eine Schaar zog nach wilden Excessen dem In zu, plünderte die Hofmark Gurten, wo sie der Dechant Sigismund Stoll leider vergeblich von ihrem Treiben abzubringen suchte, überfiel dann die Schlösser Neuhaus und Kazenberg wie den Markt Obernberg und schien auch Schärding überrumpeln zu wollen, um die dort eingesperrten Rekruten zu befreien. Nach und nach wuchsen die Aufständischen auf 5000 Mann an, äusserten auch unverholen die Absicht, die Herrschaften, Obrigkeiten und Amtleute auszurotten, das völlige Gubernium sich zuzulegen und auch die obderensischen Bauern zu vermögen, sich ihnen beizugesellen. (...)
Seit dem Congresse zu Braunau begann aber der Glückstern der Landesdefension zu erbleichen. Die Tölzer Bauern, vom Jägerwirt in München aufgeboten, bemächtigten sich am Weihnachtsabend 1705, mehrere Tausend Mann stark, der Isarbrücke und des Isarthores und fiengen die Stadt zu beschiessen an. Da der Anschlag dem kaiserlichen Administrator bereits verraten war, machte die Besatzung einen Ausfall aus der Stadt. Zu gleicher Zeit stieß der Generalmajor Kriechbaum mit solcher Heftigkeit auf die Landesvertheidiger, daß dieselben sogleich den Rückzug in das nahe Sendling antreten mußten. Hier begann ein neuer fürchterlicher Kampf; 3000 Bauern wurden niedergehauen, viele gefangen, nur wenige fanden ihr Heil in der Flucht; alle Fahnen, das Geschütz und die Munition fielen den Kaiserlichen in die Hände.

Der Aufstand in Oberbaiern war niedergeschlagen. Um auch die Rebellen des Rentamtes Burghausen zu züchtigen, zog Kriechbaum in die Gegend von Vilshofen. Obwol die Landschaft zu München unterm 6. Januar 1706 an die unter den Waffen stehende Bauernschaft ein Abmahnungsschreiben hatte ergehen lassen, so war doch diese keineswegs geneigt, das Schwert so leichten Kaufes niederzulegen, sie bot vielmehr alles auf, um den Kaiserlichen mit Macht entgegenzutreten.

Nach einem Ausfalle der Besatzung aus Vilshofen zogen sich die Landesvertheidiger auf eine Höhe bei Aidenbach zurück und erwarteten dort in schönster Ordnung den Feind. General Kriechbaum rückte am 8. Januar über Aldersbach gegen Aidenbach an. Ehe noch zwei Schüsse fielen, waren die sämmtlichen Geschütze der Rebellen in den Händen der Husaren, die nur zur probeweisen Attaquirung abgesendet worden waren. Jetzt warf sich die ganze kaiserliche Macht auf die Bauern. Diese gerieten bald in volle Unordnung und ergriffen zumeist die Flucht. Das Gemetzel dauerte von 11 Uhr mittags bis späten Abend. Die Felder um Aidenbach waren auf eine Stunde weit mit Todten bedeckt; ihre Zal belief sich auf 3000. Der Rest der Bauernarmee blieb zum Theile verwundet auf dem Schlachtfelde liegen oder fand sein Heil in der Flucht."

Christian Thomasius

Thomasius kam am 1. Januar 1655 in Leipzig als Sohn des Professors der Moral und Dialektik Jakob Thomasius, des Lehrers Leibniz', zur Welt. Vom Elternhaus bereits vorgezeichnet, ließ ihn sein von Praxis und gesundem Menschenverstand geprägtes Denken zum Gegner festgefahrener Tradition werden. Als erster hielt Christian Thomasius seine Vorlesungen in deutscher Sprache, bekämpfte die Intoleranz der herrschenden lutherischen Orthodoxie, erwies seine eigene Toleranz in Gutachten und Streitschriften, sodass er ein Rede- und Druckverbot erhielt und von Leipzig nach Halle ausweichen musste, wo er als Professor der Jurisprudenz zum Mitbegründer der dortigen Universität wurde. Thomasius gehörte zu den ersten Natur- und Völkerrechtslehrern der Aufklärung. Er entwickelte das Recht aus anthropologischen Voraussetzungen eines labilen Naturzustandes, der einer Normierung durch eine vernünftige Herrschaft zum Zwecke der Erhaltung eines gerechten, politisch ehrenhaften und sittlichen Friedenszustandes bedarf. An Stelle einer theologischen Ableitung setzte er die philosophische Begründung des Rechts aus der Vernunft und erstrebte eine Trennung staatlicher Rechtsordnung vom geistlichen Lebensraum. Diese Einstellung und sein Einsatz für eine „Humanisierung der Justiz" zeigen ihn als einen der fortschrittlichsten Geister seiner Zeit. Thomasius starb am 23. September 1728 in Halle.

Johann Sebastian Bach

Früh verwaist, erhielt der am 21. März 1685 in Eisenach geborene Bach die erste musikalische Ausbildung bei seinem Bruder Johann Christoph Bach. Er besuchte dann mehrere Jahre die Lüneburger St. Michaelisschule. Von dort fuhr Bach häufig nach Hamburg, um die hanseatische Orgelkunst zu studieren. Dabei lernte er den damals berühmten Organisten Jan Reinken kennen. In Lüneburg kam er mit der französischen Opern-, Ballett- und Instrumentalmusik in Berührung und erhielt seine weitere musikalische Ausbildung durch Georg Böhm (1661-1733), der das Orgelspiel und die Choralbearbeitungen Bachs deutlich beeinflusste. Auch mit der niederländischen Orgeltradition wurde er vertraut.

1703 erhielt Bach seine erste Stelle als Organist an der Privatkapelle des Herzogs Johann Ernst von Weimar und noch im gleichen Jahr an der Neuen Kirche in Arnstadt. Dort ließ er sich nach kurzer Zeit beurlauben und wanderte zu Dietrich Buxtehude nach Lübeck. Wegen Urlaubsüberschreitung kam es zum Konflikt in Arnstadt und er wechselte 1707 als Organist ins thüringische Mühlhausen. Dort heiratete Bach eine Cousine 2. Grades, Maria Barbara, die ihm bis 1718 sieben Kinder gebar. 1708 ging er als Hoforganist und Kammermusiker nach Weimar und wurde dort 1714 Hofkonzertmeister. Der Wechsel vom kirchlichen in den höfischen Dienst wird seinen Grund darin gehabt haben, dass der höfische Dienst in höherem Ansehen als der kirchliche stand. In Weimar entstanden die meisten seiner freien Orgelkompositionen, etwa 30 Kantaten und viele Choralbearbeitungen.

Bach war einer der ersten, der für das Orgel- und Klavierspiel eine systematische Methode zur Benutzung des Daumens ausarbeitete. 1717 siegte er in Dresden in einem Musikerwettstreit über den französischen Cembalisten Louis Marchand.

Die Weimarer Zeit machte Bach auch mit der italienischen Opernmusik bekannt und veranlasste ihn, neue Wege im eigenen Vokalschaffen zu beschreiten. Als man ihn bei der Neubesetzung des Kapellmeisterpostens überging, nahm er 1717 die Stelle des Hofkapellmeisters bei Fürst Leopold von Anhalt in Köthen an. Dort starb 1720 seine erste Frau Maria Barbara. Ein Jahr später heiratete er Anna Magdalena Wülcken (1701-1760), die Tochter eines Hoftrompeters. Aus dieser Ehe stammen sechs Söhne und sieben Töchter.

Typisch für den Geist der Musikpflege im Hause Bach sind die drei Notenbüchlein, die Johann Sebastian Bach für seinen Sohn Wilhelm Friedemann und für seine Frau Anna Magdalena schrieb. In Köthen entstanden die meisten Kammermusik-, Klavier- und Orchesterwerke. Sein Versuch, den Zeitgenossen Händel kennen zu lernen, misslang. Die beiden gleichaltrigen Komponisten haben sich nie getroffen.

Johann Sebastian Bach (1685-1750), Elias Gottlieb Haussmann, 1746.

Als im Jahre 1722 der Leipziger Thomas-Kantor Johann Kuhnau starb und die drei zu ihrer Zeit berühmtesten deutschen Komponisten und Kapellmeister Georg Philipp Telemann (Hamburg), Johann Friedrich Fasch (Zerbst) und Christoph Graupner (Darmstadt) die Nachfolge ausgeschlagen hatten, fiel die Wahl auf Bach. Obwohl seit der Reformation im deutschen Kirchenmusikleben das Amt des Leipziger Thomas-Kantors sehr angesehen war, entschloss sich Bach nicht sofort zu dessen Annahme. Die Thomas-Schule hatte nämlich an Bedeutung verloren und der Wechsel vom Hofkapellmeister zum Kantor wäre ein gesellschaftlicher Abstieg gewesen. Bach trat 1723 das Amt dennoch an.

Neben der Ausbildung des Thomas-Chores hatte er für die musikalische Gestaltung der Gottesdienste an der Thomas- und an der Nikolaikirche zu sorgen. Außerdem übernahm er die Leitung verschiedener Musikvereinigungen. Dem Kantor boten sich ungewöhnliche Möglichkeiten, vor großer Hörerschaft und mit großem Ensemble Werke religiösen Charakters aufzuführen. Bach komponierte in Leipzig den Großteil seiner 300 Kirchenkantaten und Motetten. Davon sind 200 erhalten, darunter das Weihnachtsoratorium, die h-Moll-Messe sowie die Johannes- und die Matthäus-Passion.

Seine Schaffenskraft wurde weder durch seine Erblindung beeinträchtigt noch durch Schwierigkeiten mit den Behörden in Leipzig, als diese versuchten, die musikalische Tradition der Thomas-Schule zu unterbrechen. Aller Resignation zum Trotz schuf er mit dem Musikalischen Opfer nach einem Thema Friedrichs II. und mit der Kunst der Fuge noch zwei Werke von fundamentaler Bedeutung.

Bach starb am 28. Juli 1750 in Leipzig. Zu dieser Zeit war seine Kunst der Vielstimmigkeit (Polyphonie) nicht mehr modern; man vergaß ihn deshalb schnell, und von seinen Kompositionen ging nahezu die Hälfte verloren. In der zweiten Hälfte des 18. Jh. galt sein Sohn Carl Philipp Emanuel allgemein als

„der große Bach“, während der Vater Johann Sebastian kaum noch genannt wurde. Erst im Jahre 1829 brachte Felix Mendelssohn-Bartholdy mit einer Berliner Aufführung der Matthäus-Passion Johann Sebastian Bach und sein Werk wieder in Erinnerung.
Bachs Musik war ein Schlusspunkt vor der Stilwende zur Klassik. In genialer Weise hat der Thomas-Kantor die Musikstile der Niederländer (Gotik) über Heinrich Schütz (den Vater der deutschen protestantischen Kirchenmusik) zu Buxtehude und Vivaldis italienischem Barock zusammengefasst, indem er die Gesetze der Vielstimmigkeit und der Generalbasskunst, der Kontrapunktik und der Harmonie miteinander verband. Gotische Mystik und barocke Vitalität wurden in seiner Musik zu einer Einheit.

Georg Friedrich Händel

Der Sohn des Arztes Georg Händel, am 23. Februar 1685 zur Welt gekommen, besuchte die städtische Lateinschule in seiner Geburtsstadt Halle und erhielt Musikunterricht bei dem Organisten Friedrich Wilhelm Zackow. Auf Wunsch des Vaters sollte er Jura studieren, immatrikulierte sich in Halle, nahm jedoch kurz darauf eine Organistenstelle an und ging ein Jahr später nach Hamburg, wo er zuerst als Geiger und Cembalist, dann als Komponist an der deutschen Oper tätig war. 1705 erregte Händel mit seiner ersten Oper „Almira“ Aufsehen. Von 1707 bis 1710 hielt er sich in Italien auf und lernte dort auch die damals bedeutendsten italienischen Komponisten, besonders Alessandro und Domenico Scarlatti, Arcangelo Corelli sowie Agostino Steffani, kennen.
1710 wurde Händel Hofkapellmeister des Kurfürsten Georg Ludwig in Hannover, der 1714 als George I. den englischen Thron bestieg. Ab 1712 lebte Händel beinahe ständig in London und war neben seinen Verpflichtungen als Hofkomponist bis 1738 hauptsächlich für die Oper tätig. Das 1719 unter seiner Leitung gegründete Opernunternehmen „Royal Academy of Music“ brach 1728 aus wirtschaftlichen Gründen zusammen, ein im selben Jahr von Händel gegründetes Operninstitut scheiterte 1733 an einem Konkurrenzunternehmen. Ein dritter Versuch endete 1738 mit Händels finanziellem Ruin.
Nach einer schweren Krankheit wandte er sich ganz der Komposition von Oratorien zu und eröffnete mit „Saul“ und „Israel in Egypt“ die Reihe seiner insgesamt 22 Chor-Oratorien. Als das gelungenste wurde schon zu seinen Lebzeiten der „Messiah“ erkannt, der nach seiner Erstaufführung im Frühjahr 1742 in Dublin 1743 in London mit großem Erfolg aufgeführt wurde. Sein letztes Werk, „Jephta“, schuf Händel 1751. Im folgenden Jahr erblindete er ohne erkennbare Ursache. Er starb sieben Jahre später, am 14. April 1759, in London und wurde in Westminster Abbey beigesetzt, in der ihm zu Ehren ein Denkmal aufgestellt ist.

Der Komponist des „Messiah“, Georg Friedrich Händel (1685-1759).

Schlacht bei Hohenfriedberg

Am 4. Juni 1745 beendete bei Hohenfriedberg der entscheidende Sieg Friedrichs des Großen über das österreichisch-sächsische Heer unter Prinz Karl von Lothringen den 2. Schlesischen Krieg.
Der Angriff der Gegner begann um 4 Uhr früh, und Pilgramshain wurde durch die sächsische Armee besetzt; der linke Flügel ihrer Kavallerie marschierte südlich davon auf. Um 5:30 Uhr gingen die Preußen zum Angriff über, und die Kavallerie des Gegners wurde vom Schlachtfeld hinweggefegt. Die 46 Schwadronen des rechten preußischen Flügels unter Feldmarschall Wilhelm Dietrich von Buddenbrock – damals schon 72 Jahre alt – gingen nun gegen die Gule vor, von 15 Bataillonen von links unterstützt, sodass die Sachsen aus Pilgramshain geworfen wurden. Um 7 Uhr war der linke Flügel der österreichisch-sächsischen Armee geschlagen. Inzwischen war ihr rechter Flügel (nur Österreicher) zwischen Günthersdorf und dem Fluss Striegauer Wasser aufmarschiert. Um 6:30 Uhr begann der preußische linke Flügel seinen Aufmarsch, es kam zu heftigen Reiterkämpfen, denen auf preußischer Seite Generalmajor Hans Joachim von Zieten durch sein Eingreifen den Ausschlag gab. Um 8:30 Uhr ging der preußische linke Flügel gegen Günthersdorf-Thomaswaldau zum Angriff vor. Die Preußen erlitten bedeutende Verluste, die Österreicher hielten tapfer stand, bis ihr Regiment Thüngen gegen 9 Uhr zu wanken begann. Daraufhin brach das Dragonerregiment Bayreuth (1500 Mann) unter General Friedrich Leopold von Geßler und Oberstleutnant Otto Magnus von Schwerin durch eine Lücke in den Reihen der eigenen Infanterie gegen die 20 österreichischen Bataillone vor. Durch diesen Stoß wurden die Gegner völlig überrascht und gänzlich in die Flucht geschlagen. Die Bayreuther machten 2500 Gefangene und erbeuteten 66 Fahnen bei nur 94 Dragonern eigenen Verlusten. So wurde die Schlacht zugunsten Preußens entschieden.
Die preußischen Verluste betrugen 183 tote oder verwundete Offizie-

re sowie 4554 Mann. Erbeutet wurden 76 Fahnen, 7 Standarten und 72 Kanonen. Von den Österreichern waren 1821 Soldaten getötet, 2856 verwundet und 5655 gefangen genommen worden. Die Sachsen verloren 2029 Mann (Tote, Vermisste und Gefangene) und hatten 915 Verwundete. Am Nachmittag inspizierte Friedrich der Große die erbeuteten Fahnen und die gefangenen Offiziere auf dem Galgenberg, dem Befehlsstand des flüchtigen österreichischen Kommandanten Karl von Lothringen. Auf dem Schlachtfeld oder im Pavillon „Favorite" des benachbarten Schlosses Rohnstock, wo er übernachtete, soll Friedrich den bekannten Hohenfriedeberger Marsch komponiert haben.

Die Krönung von Joseph II.

„Der Krönungstag brach endlich an, der 3. April 1764; das Wetter war günstig und alle Menschen in Bewegung. Man hatte mir, nebst mehreren Verwandten und Freunden, in dem Römer selbst, in einer der oberen Etagen, einen guten Platz angewiesen, wo wir das Ganze vollkommen übersehen konnten. Mit dem frühsten begaben wir uns an Ort und Stelle und beschauten nunmehr von oben, wie in der Vogelperspektive, die Anstalten, die wir tags vorher in näheren Augenschein genommen hatten. Da war der neuerrichtete Springbrunnen mit zwei großen Kufen rechts und links, in welche der Doppeladler auf dem Ständer weißen Wein hüben und roten Wein drüben aus seinen zwei Schnäbeln ausgießen sollte. Aufgeschüttet zu einem Haufen lag dort der Hafer, hier stand die große Bretterhütte, in der man schon einige Tage den ganzen fetten Ochsen an einem ungeheuren Spieße bei Kohlenfeuer braten und schmoren sah. Alle Zugänge, die vom Römer aus dahin und von andern Straßen nach dem Römer führen, waren zu beiden Seiten durch Schranken und Wachen gesichert. Der große Platz füllte sich nach und nach, und das Wogen und Drängen ward immer stärker und bewegter, weil die Menge womöglich immer nach der Gegend hinstrebte, wo ein neuer Auftritt erschien und etwas Besonderes angekündigt wurde.

Nunmehr begeben sich die drei Kurfürsten in den Dom. Nach Überreichung der Insignien an Kur-Mainz werden Krone und Schwert sogleich nach dem kaiserlichen Quartier gebracht. Die weiteren Anstalten und mancherlei Zeremoniell beschäftigen mittlerweile die Hauptpersonen sowie die Zuschauer in der Kirche, wie wir andern Unterrichteten uns wohl denken konnten.

Vor unsern Augen fuhren indessen die Gesandten auf den Römer, aus welchem der Baldachin von Unteroffizieren in das kaiserliche Quartier getragen wird. Sogleich besteigt der Erbmarschall Graf von Pappenheim sein Pferd, ein sehr schöner schlankgebildeter Herr, den die spanische Tracht, das reiche Wams, der goldne Mantel, der hohe Federhut und die gestrählten fliegenden Haare sehr wohl kleideten. Er setzt sich in Bewegung, und unter dem Geläute aller Glocken folgen ihm zu Pferde die Gesandten nach dem kaiserlichen Quartier in noch größerer Pracht als am Wahltage. Dort hätte man auch sein mögen, wie man sich an diesem Tage durchaus zu vervielfältigen wünschte. Wir erzählten einander indessen, was dort vorgehe. Nun zieht der Kaiser seinen Hausornat an, sagten wir, eine neue Bekleidung nach dem Muster der alten karolingischen verfertigt. Die Erbämter erhalten die Reichsinsignien und setzen sich damit zu Pferde. Der Kaiser im Ornat, der Römische König im spanischen Habit besteigen gleichfalls ihre Rosse, und

indem dieses geschieht, hat sie uns der vorausgeschrittene unendliche Zug bereits angemeldet.
Das Auge war schon ermüdet durch die Menge der reich gekleideten Dienerschaft und der übrigen Behörden, durch den stattlich einherwandelnden Adel; und als nunmehr die Wahlbotschafter, die Erbämter und zuletzt unter dem reichgestickten, von zwölf Schöffen und Ratsherrn getragenen Baldachin der Kaiser in romantischer Kleidung, zur Linken, etwas hinter ihm, sein Sohn in spanischer Tracht langsam auf prächtig geschmückten Pferden einherschwebten, war das Auge nicht mehr sich selbst genug.
Man hätte gewünscht, durch eine Zauberformel die Erscheinung nur einen Augenblick zu fesseln; aber die Herrlichkeit zog unaufhaltsam vorbei, und den kaum verlassenen Raum erfüllte sogleich wieder das hereinwogende Volk.
Nun aber entstand ein neues Gedränge: denn es musste ein anderer Zugang, von dem Markte her, nach der Römertüre eröffnet und ein Bretterweg aufgebrückt werden, welchen der aus dem Dom zurückkehrende Zug beschreiten sollte.
Wir anderen verzehrten mittlerweile auf unseren Plätzen eine frugale Mahlzeit: denn wir mussten an dem festlichen Tage, den wir erlebten, mit kalter Küche vorlieb nehmen. Dagegen aber war der beste und älteste Wein aus allen Familienkellern herangebracht worden, so dass wir von dieser Seite wenigstens dies altertümliche Fest altertümlich feierten.
Auf dem Platze war jetzt das Sehenswürdigste die fertig gewordene und mit rotgelb- und weißem Tuch überlegte Brücke, und wir sollten den Kaiser, den wir zuerst im Wagen, dann zu Pferde sitzend angestaunt, nun auch zu Fuße wandelnd bewundern; und sonderbar genug, auf das letzte freuten wir uns am meisten: denn uns deuchte diese Weise, sich darzustellen, so wie die natürlichste, so auch die würdigste.
Ältere Personen, welche der Krönung Franz des Ersten beigewohnt, erzählten: Maria Theresia, über die Maßen schön, habe jener Feierlichkeit an einem Balkonfenster des Hauses Frauenstein, gleich neben dem Römer, zugesehen. Als nun ihr Gemahl in der seltsamen Verkleidung aus dem Dom zurückgekommen und sich ihr sozusagen als Gespenst Karls des Großen dargestellt, habe er wie zum Scherz beide Hände erhoben und ihr den Reichsapfel, den Zepter und die wundersamen Handschuh hingewiesen, worüber sie in ein unendliches Lachen ausgebrochen; welches dem ganzen zuschauenden Volke zur größten Freude und Erbauung gedient, indem es darin das gute und natürliche Ehegattenverhältnis des allerhöchsten Paares der Christenheit mit Augen zu sehen gewürdigt worden. Als aber die Kaiserin, ihren Gemahl zu begrüßen, das Schnupftuch geschwungen und ihm selbst ein lautes Vivat zugerufen, sei der Enthusiasmus und der Jubel des Volkes aufs höchste gestiegen, so dass das Freudengeschrei gar kein Ende finden konnte.
Eine politisch-religiöse Feierlichkeit hat einen unendlichen Reiz. Wir sehen die irdische Majestät vor Augen, umgeben von allen Symbolen ihrer Macht; aber indem sie sich vor der himmlischen beugt, bringt sie uns die Gemeinschaft beider vor die Sinne. Denn auch der einzelne vermag seine Verwandtschaft mit der Gottheit nur dadurch zu bestätigen, dass er sich unterwirft und anbetet.
Endlich kamen auch die beiden Majestäten. Des Kaisers Hausornat von purpurfarbener Seide, mit Perlen und Steinen reich geziert, sowie Krone, Zepter und Reichsapfel fielen wohl in die Augen: denn alles war neu daran, und die Nachahmung des Altertums geschmackvoll. So bewegte er sich auch in sei-

Bild linke Seite: *Krönungszug Kaiser Josephs II., 1764 in Frankfurt am Main, Gouache eines unbekannten Zeitgenossen. Joseph II. von Habsburg-Lothringen (1741-1790) war wie Friedrich der Große Vertreter des aufgeklärten Absolutismus und radikaler Reformer. So schaffte er die Leibeigenschaft und den Zunftzwang ab und sorgte für konfessionelle Toleranz, Pressefreiheit und Rechtsgleichheit. Auf dem Weg zu einem österreichischen Einheitsstaat hob er zahlreiche Klöster auf. Zwar scheiterte er mit seinem Zentralismus und der Bevorzugung des deutschen Elements am Widerstand der Länder, mit seinem Vorgehen gegen die Privilegien an den Ständen und mit seinen staatskirchlichen Bestrebungen an der Kirche; die von ihm verfochtenen Prinzipien blieben jedoch als Josefinismus lebendig.*

Bild rechts: *Zuschauerraum des Cuvilliés-Theaters der Münchner Residenz, München. François de Cuvilliés der Ältere (1695-1768) war ein Vertreter des bayerischen Rokoko. Ursprünglich war er von Kurfürst Max Emanuel als Hofzwerg angestellt worden, kam aber 1725 als Hofbaumeister an den kurfürstlichen Hof und war auch ein produktiver Architektur-Schriftsteller.*

nem Anzüge ganz bequem, und sein treuherzig würdiges Gesicht gab zugleich den Kaiser und Vater zu erkennen. Der junge König hingegen schleppte sich in den ungeheuren Gewandstücken mit den Kleinodien Karls des Großen wie in einer Verkleidung einher, so dass er selbst, von Zeit zu Zeit seinen Vater ansehend, sich des Lächelns nicht enthalten konnte. Die Krone, welche man sehr hatte füttern müssen, stand wie ein übergreifendes Dach vom Kopf ab. Die Dalmatika, die Stola, so gut sie auch angepasst und eingenäht worden, gewährte doch keineswegs ein vorteilhaftes Aussehen. Zepter und Reichsapfel setzten in Verwunderung; aber man konnte sich nicht leugnen, dass man lieber eine mächtige, dem Anzuge gewachsene Gestalt, um der günstigen Wirkung willen, damit bekleidet und ausgeschmückt gesehen hätte.

Es war eben die rechte Zeit, dass ich von meinem Fenster wieder Besitz nahm: denn das Merkwürdigste, was öffentlich zu erblicken war, sollte eben vorgehen. Alles Volk hatte sich gegen den Römer zu gewendet, und ein abermaliges Vivatschreien gab uns zu erkennen, dass Kaiser und König an dem Balkonfenster des großen Saales in ihrem Ornate sich dem Volke zeigten.

Aber sie sollten nicht allein zum Schauspiel dienen, sondern vor ihren Augen sollte ein seltsames Schauspiel vorgehen. Vor allem schwang sich nun der schöne schlanke Erbmarschall auf sein Ross; er hatte das Schwert abgelegt, in seiner Rechten hielt er ein silbernes gehenkeltes Gefäß und ein Streichblech in der Linken. So ritt er in den Schranken auf den großen Haferhaufen zu, sprengte hinein, schöpfte das Gefäß übervoll, strich es ab und trug es mit großem Anstande wieder zurück. Der kaiserliche Marstall war nunmehr versorgt. Der Erbkämmerer ritt sodann gleichfalls auf jene Gegend zu und brachte ein Handbecken nebst Gießfass und Handquehle zurück. Unterhaltender aber für die Zuschauer war der Erbtruchsess, der ein Stück von dem gebratenen Ochsen zu holen kam. Auch er ritt mit einer silbernen Schüssel durch die Schranken bis zu der großen Bretterkü-

Bild oben: *Guckkastenbild der Frauenkirche. Die Frauenkirche in Dresden (ursprünglich: Kirche Unserer Lieben Frau – der Name bezieht sich auf die Hl. Maria) ist eine evangelisch-lutherische Kirche des Barock und der prägende Monumentalbau des Dresdner Neumarkts. Sie gilt als prachtvolles Zeugnis des protestantischen Sakralbaus und verfügt über eine der größten steinernen Kirchenkuppeln nördlich der Alpen. Bei Luftangriffen im Februar 1945 wurde sie zerstört; ihr Wiederaufbau wurde 2005 vollendet.*

Bild links: *Johann Christoph Gottsched, um 1750. Der Literaturtheoretiker und Dramatiker (1700-1766) regte die Gründung der „Deutschen Gesellschaft" zur Sprachförderung an, die die Emanzipation des Deutschen gegen Latein und Französisch unterstützte.*

Bild rechte Seite: *Liebespaar am Frühstückstisch im freimaurerischen Ambiente, Johann Joachim Kändler, Meißener Porzellan 1744, Ausformung um 1900. Johann Joachim Kändler (15. Juni 1706-18. Mai 1775) war der bedeutendste Modelleur der Meißener Porzellanmanufaktur und ein Hauptmeister der Rokoko-Porzellanplastik.*

che und kam bald mit verdecktem Gericht wieder hervor, um seinen Weg nach dem Römer zu nehmen. Die Reihe traf nun den Erbschenken, der zu dem Springbrunnen ritt und Wein holte. So war nun auch die kaiserliche Tafel bestellt, und aller Augen warteten auf den Erbschatzmeister, der das Geld auswerfen sollte. Auch er bestieg ein schönes Ross, dem zu beiden Seiten des Sattels anstatt der Pistolenhalftern ein Paar prächtige, mit dem kurpfälzischen Wappen gestickte Beutel befestigt hingen. Kaum hatte er sich in Bewegung gesetzt, als er in diese Taschen griff und rechts und links Gold- und Silbermünzen freigebig ausstreute, welche jedes Mal in der Luft als ein metallner Regen gar lustig glänzten. Tausend Hände zappelten augenblicklich in der Höhe, um die Gaben aufzufangen; kaum aber waren die Münzen niedergefallen, so wühlte die Masse in sich selbst gegen den Boden und rang gewaltig um die Stücke, welche zur Erde mochten gekommen sein. Da nun diese Bewegung von beiden Seiten sich immer wiederholte, wie der Geber vorwärts ritt, so war es für die Zuschauer ein sehr belustigender Anblick. Zum Schlusse ging es am allerlebhaftesten her, als er die Beutel selbst auswarf und ein jeder noch diesen höchsten Preis zu erhaschen trachtete. Jedermann wusste nun, dass Kaiser und König aus dem Kabinett, wohin sie vom Balkon abgetreten, sich wieder hervorbegeben und in dem großen Römersaale speisen würden."
(aus: Johann Wolfgang Goethe, „Dichtung und Wahrheit")

Ermordung Johann Joachim Winckelmanns

Der Begründer der klassischen Archäologie wurde am 9. Dezember 1717 in Stendal geboren. Ab 1755 in Rom lebend, studierte Johann Joachim Winckelmann eingehend die römischen Bauwerke. Ab 1763 war er Präsident der Altertümer und Skriptor der Vatikanischen Bibliothek. Winckelmann gilt als geistiger Vater des Klassizismus: Er brach dem Verständnis für das antike Kunstschaffen Bahn, lenkte das Augenmerk auf die „edle Einfalt und stille Größe" der griechischen Plastik und übte damit entscheidenden Einfluss auf das Schönheitsideal der deutschen Klassik aus. In seinen Werken ersetzte er die bisher übliche, auf Vasari zurückgehende Künstlergeschichte durch die Stilgeschichte und versuchte, die allgemeinen geistigen Kräfte zu ergründen, die hinter der Kunstentwicklung standen. Zu seinen Schriften zählen „Gedanken über die Nachahmung der griechischen Werke in der Malerei und Bildhauerkunst" (1755) und „Geschichte der Kunst des Altertums" (1764).

Am 8. Juni 1768 wurde Winckelmann in Triest ermordet. Julius Vogel berichtet in der „Allgemeinen Deutschen Biographie":
„Am 1. Juni trifft er in Triest ein, wo er im großen städtischen Gasthause am Petersplatze absteigt. Hier macht er an der Tafel die Bekanntschaft mit einem Italiener, Namens Francesco Arcangeli, der den Eindruck ‚eines Herrn' macht, aber äußerlich sehr reducirt aussah und eine bewegte Vergangenheit hatte, die ihn bereits ins Gefängniß geführt hatte. W. war arglos genug, dem Schurken sich anzuvertrauen; beide sind viel beisammen, gehen miteinander spazieren und W. muß jenem wiederholt die goldenen Medaillen zeigen, mit denen er in Wien beschenkt worden war. Am Morgen des 7. Juni, als er

das Verlangen des raublustigen Italienertz wieder erfüllen will, wird ihm von diesem, als er sich niederbeugt, um den Koffer zu öffnen, eine Schlinge um den Kopf geworfen. Fünf Dolchstiche, die der Meuchelmörder führen konnte, brachten ihm tödtliche Wunden bei. Ihnen erlag Winckelmann noch am Nachmittag des nämlichen Tages."

Gotthold Ephraim Lessing

Der Sohn eines Pfarrers, geboren am 22. Januar 1729 in Kamenz in der Oberlausitz, begann nach dem Besuch der Fürstenschule St. Afra in Meißen im Alter von 17 Jahren in Leipzig zu studieren und seine ersten Stücke zu schreiben. 1748 wurde sein frühes Drama „Der junge Gelehrte" (1748) durch die Theaterleiterin Frederike Caroline Neuber, genannt Neuberin, uraufgeführt. Nach wenigen Semestern ging Lessing als freier Journalist und Schriftsteller nach Berlin. 1752 wurde er in Wittenberg Magister. Die sechsbändige Ausgabe seiner Schriften (1753-1755) wies ihn bereits als vielseitigen Kritiker und Dichter aus. „Miß Sara Sampson" (1755), eines der ersten bürgerlichen Trauerspiele in Deutschland, machte ihn endgültig bekannt. In den folgenden Jahren lebte er in unsicheren materiellen Verhältnissen abwechselnd in Berlin und Leipzig und setzte seine literarische und wissenschaftliche Tätigkeit fort („Philotas", „Fabeln").

Mit den bedeutenden Gelehrten der Aufklärung Friedrich Nicolai und Moses Mendelssohn gründete Lessing 1759 die Zeitschrift „Briefe, die neueste Literatur betreffend". In den Jahren zwischen 1760 und 1765 war er Sekretär des preußischen Generals von Tauentzien in Schlesien, aber seine anschließenden Versuche, in Berlin oder Dresden ein Amt zu erhalten, schlugen fehl.

Aus seiner Mitarbeit am Hamburgischen Nationaltheater ging die „Hamburgische Dramaturgie" (1767-1769) hervor und „Minna von Barnhelm" wurde ein großer Bühnenerfolg. 1770 trat Lessing die Stelle eines Bibliothekars in Wolfenbüttel an. Wissenschaftliche Arbeiten und besonders das Drama „Emilia Galotti" (1772) förderten seinen Ruhm. Etwas später führten ihn Reisen nach Wien und Italien (1775/1776), dann nach Mannheim (1776/1777).

Die seit 1774 von ihm herausgegebenen unorthodoxen „Fragmente eines Ungenannten" (Hermann Samuel Reimarus) verwickelten ihn mehrere Jahre in theologische Zwistigkeiten. 1779 veröffentlichte er das Drama „Nathan der Weise"; andere bedeutende humanistische Schriften („Freimaurergespräche", „Die Erziehung des Menschengeschlechts") folgten trotz nachlassender Gesundheit. Er starb am 15. Februar 1781 in Braunschweig. Lessings gesamtes Werk ist fest in der Aufklärung verankert. In langen Kontroversen mit Vertretern des orthodoxen Protestantismus setzte er sich unermüdlich für religiöse Toleranz ein. In seinem wohl bekanntesten Drama „Nathan der Weise" hat er dieses Toleranzideal in der berühmten Ringparabel eindrucksvoll formuliert. Kennzeichnend für Lessings gesamtes Werk ist die Verbindung von unterhaltsamen und lehrreichen Elementen. Die von Lessing verfassten Fabeln sind eine Form der Umsetzung dieses Konzepts. Ebenso sind Lessings bürgerliche Trauerspiele – diese Gattung begründete Lessing – der Versuch, aufklärerische Ideale publikumswirksam darzustellen. Lessing war ein scharfer Literatur-, Kunst- und Theaterkritiker; seine kunsttheoretischen Abhandlungen (etwa „Laokoon" von 1766) und seine gattungstheoretischen Abhandlungen (Vorwort zu den „Fabeln"; „Hamburgische Dramaturgie") gehören zu den bedeutendsten ihrer Zeit.

Moses Mendelssohn

Der am 6. September 1729 in Dessau geborene Mendelssohn stammte zwar aus den beengten Verhältnissen jüdischen Kleinbürgertums, konnte sich aber unter der Anleitung seines Lehrers, des Dessauer Rabbi David Fränkel, zu weltoffener und rationalistischer Geisteshaltung aufschwingen. Als Fränkel 1743 nach Berlin ging, folgte ihm Mendelssohn. Begierig eignete er sich hier die Wissensfülle seiner Zeit an. – John Lockes und des Earls of Shaftesbury aufgeklärte Gedankenwelt gaben ihm ebenso Anregungen wie die Auseinandersetzung mit der Philosophie Leibniz', Spinozas und Christian Wolffs.

***Bild oben:** Lessing und Lavater zu Gast bei Moses Mendelssohn, Gemälde von Moritz Daniel Oppenheim, 1856.*
***Bild rechte Seite:** Gotthold Ephraim Lessing, Gemälde von Anton Graff, 1771. Lessings (1729-1781) gesamtes Werk ist fest in der Aufklärung verankert. In langen Kontroversen mit Vertretern des orthodoxen Protestantismus setzte er sich unermüdlich für religiöse Toleranz ein. Im wohl bekanntesten Drama Lessings, „Nathan der Weise", hat er dieses Toleranzideal in der berühmten Ringparabel eindrucksvoll formuliert.*

Mendelssohn trat 1750 als Hauslehrer in die Dienste des Seidenfabrikanten Isaac Bernhard, der ihn 1754 mit in sein Geschäft aufnahm. Dies war auch das Jahr der Zusammenkunft mit Gotthold Ephraim Lessing, aus der die 1755 von Lessing veröffentlichten „Philosophischen Gespräche" hervorgingen, die auf einem Manuskript Mendelssohns beruhen.

Der Eindruck, den Mendelssohn bei Lessing hinterließ, war nachhaltig: Der Autor des Stücks „Die Juden" (1749) ließ Mendelssohn 1779 in der Titelfigur „Nathan der Weise" als Idealgestalt des aufgeklärten Geistes dichterisch verklärt in die Weltliteratur eingehen. Aber trotz des Anschlusses, den Mendelssohn an die philosophische Diskussion seiner Zeit gefunden hatte, wandte er sich nicht vom Judentum ab. Als Johann Caspar Lavater ihm die Argumentation Charles Bonnets über die Vernünftigkeit des Christentums zusandte mit der Aufforderung, entweder diesen Gedanken zu widerlegen oder zum Christentum überzutreten, antwortete Mendelssohn mit einem verstärkten Einsatz für die Durchsetzung der Emanzipation der Juden. Mit „Jerusalem oder über religiöse Macht und Judentum" (1783) arbeitete er das Recht der Juden auf das eigene Geistes- und Glaubensleben heraus. Gerade die Rationalität der jüdischen Glaubenstradition sei Voraussetzung einer undogmatischen Geisteshaltung, die keine staatlichen und christlich-kirchlichen Eingriffe beeinträchtigen dürften. Aus dieser Bindung an das Judentum erklärt sich auch Mendelssohns Stellung gegenüber dem Kant'schen Kritizismus, dem er in einem Briefwechsel mit Kant einen Theismus Leibniz'scher Herkunft gegenüberstellte („Morgenstunden", 1784). Mendelssohn starb am 4. Januar 1786 in Berlin.

„Die Leiden des jungen Werthers"

1772 verfasste Johann Wolfgang von Goethe sein Frühwerk „Die Leiden des jungen Werthers", das seinen Weltruf begründete. Im „Werther" verarbeitete der Dichter eigene Erlebnisse: 1772 war er Praktikant in Wetzlar, wo er sich in Charlotte Buff, die Verlobte des Juristen Kestner, verliebte. Aufsehen erregend ist die Verteidigung des Freitodes durch den Autor, Auslöser scharfer Kritik an dem Roman – der eine Selbstmordwelle unter unglücklich Liebenden auslöste:

„Alles ist so still um mich her, und so ruhig meine Seele. Ich danke dir, Gott, der du diesen letzten Augenblicken diese Wärme, diese Kraft schenkest.

Ich trete an das Fenster, meine Beste, und sehe, und sehe noch durch die stürmenden, vorüberfliehenden Wolken einzelne Sterne des ewigen Himmels! Nein, ihr werdet nicht fallen! der Ewige trägt euch an seinem Herzen, und mich. Ich sehe die Deichselsterne des Wagens, des liebsten unter allen Gestirnen. Wenn ich nachts von dir ging, wie ich aus deinem Tore trat, stand er gegen mir über. Mit welcher Trunkenheit habe ich ihn oft angesehen, oft mit aufgehobenen Händen ihn zum Zeichen, zum heiligen Merksteine meiner gegenwärtigen Seligkeit gemacht! und noch – O Lotte, was erinnert mich nicht an dich! umgibst du mich nicht! und habe ich nicht, gleich einem Kinde, ungenügsam allerlei Kleinigkeiten zu mir gerissen, die du Heilige berührt hattest!

Liebes Schattenbild! Ich vermache dir es zurück, Lotte, und bitte dich, es zu ehren. Tausend, tausend Küsse habe ich darauf gedrückt, tausend Grüße ihm zugewinkt, wenn ich ausging oder nach Hause kam.

Ich habe deinen Vater in einem Zettelchen gebeten, meine Leiche zu schützen. Auf dem Kirchhofe sind zwei Lindenbäume, hinten in der Ecke nach dem Felde zu; dort wünsche ich zu ruhen. Er kann, er wird das für seinen Freund tun. Bitte ihn auch. Ich will frommen Christen nicht zumuten, ihren Körper neben einen armen Unglücklichen zu legen. Ach, ich wollte, ihr begrübt mich am Wege, oder im einsamen Tale, daß Priester und Levit vor dem bezeichneten Steine sich segnend vorübergingen und der Samariter eine Träne weinte.

Hier, Lotte! Ich schaudre nicht, den kalten, schrecklichen Kelch zu fassen, aus dem ich den Taumel des Todes trinken soll! Du reichtest mir ihn, und ich zage nicht. All! all! So sind alle die Wünsche und Hoffnungen meines Lebens erfüllt! So kalt, so starr an der ehernen Pforte des Todes anzuklopfen.

Daß ich des Glückes hätte teilhaftig werden können, für dich zu sterben! Lotte, für dich mich hinzugeben! Ich wollte mutig, ich wollte freudig sterben, wenn ich dir die Ruhe, die Wonne deines Lebens wiederschaffen könnte. Aber ach! das ward nur wenigen Edeln gegeben, ihr Blut für die Ihrigen zu vergießen und durch ihren Tod ein neues, hundertfältiges Leben ihren Freunden anzufachen

In diesen Kleidern, Lotte, will ich begraben sein, du hast sie berührt, geheiligt; ich habe auch deinen Vater darum gebeten. Meine Seele schwebt über dem Sarge. Man soll meine Taschen nicht aussuchen. Diese blaßrote Schleife, die du am Busen hattest, als ich dich zum ersten Male unter deinen Kindern fand – O küsse sie tausendmal und erzähle ihnen das Schicksal ihres unglücklichen Freundes. Die Lieben! sie wimmeln um mich. Ach wie ich mich an dich schloß! seit dem ersten Augenblicke dich nicht lassen konnte! – Diese Schleife soll mit mir begraben werden. An meinem Geburtstage schenktest du sie mir! Wie ich das alles verschlang! – Ach, ich dachte nicht, daß mich der Weg hierher führen sollte! – – Sei ruhig! ich bitte dich, sei ruhig! –

Sie sind geladen – Es schlägt zwölfe! So sei es denn! – Lotte! Lotte, lebe wohl! lebe wohl!"

Friedrich der Große

Friedrich II., König von Preußen, hat Zeitgenossen und Nachwelt stärker beeindruckt als jeder andere deutsche Regent der Neuzeit. Er wurde am 24. Januar 1712 in Berlin geboren und starb in Potsdam am 17. August 1786. Seine künstlerischen und intellektuellen Neigungen gerieten mit der spartanischen Erziehung, auf der sein Vater bestand, in einen Konflikt, der sich bis zu einem Fluchtversuch des Prinzen und der Hinrichtung seines Helfers steigerte. Friedrich bereitete sich dann systematisch auf die Regierung vor und verbrachte die letzten Prinzenjahre unter Künstlern und Gelehrten in Rheinsberg, ähnlich wie die ersten Regierungsjahre in Sanssouci. Im engsten Kontakt mit Voltaire schrieb er 1739 den Antimachiavell, eine Fürstenlehre im Sinne der Aufklärung, die den Monarchen als ersten Diener des Staates sah. So erwartete die europäische Öffentlichkeit bei seinem Regierungsantritt 1740 ein philosophisches Regiment und war umso überraschter, als der König nach dem plötzlichen Tode des Kaisers Österreich angriff und Schlesien eroberte. Friedrich behauptete diese Eroberung in drei Kriegen und erwehrte sich in dem dritten, dem Siebenjährigen Krieg (1756-1763), der übermächtigen Koalition Österreich, Frankreich und Russland. Im Gegensatz zu den anderen Monarchen führte Friedrich diese Kriege als sein eigener Feldherr selbst, nachdem er schon in den Friedensjahren das Heer vergrößert und exerziert hatte. Dem Frieden von Hubertusburg (1763) folgten Jahrzehnte des Friedens, in denen sich Preußen durch die erste Teilung Polens (1772) vergrößerte. Nachdem Friedrich schon unmittelbar nach seinem Regierungsantritt innere Reformen (darunter die Abschaffung der Folter im Gerichtswesen) vorgenommen hatte, waren die Jahre nach 1763 vor allem durch innenpolitische Aktivität bestimmt. Ebenso wie der König Heer und Außenpolitik selbst lenkte, behielt er sich auch hier viele Entscheidungen vor.

Der König musste versuchen, das in langen Kriegsjahren ausgeblutete Land sich erholen zu lassen. Im Sinne des Merkantilismus förderte er das einheimische Gewerbe und erschwerte Importe. Die Staatseinnahmen wurden durch eine rigorose Steuerpolitik und durch Staatsmonopole gesteigert. Die Wirtschaft wurde vor allem durch die Ansiedlung von Ausländern gefördert, namentlich von Glaubensflüchtlingen, da der König die schon von seinen Vorgängern betriebene Politik religiöser Toleranz entschieden fortführte. Erfolgloser waren die Reformen von Schule und Justiz. Nach seinem Tod wurde Friedrich immer stärker zum klassischen König Preußens und zum Gegenstand einer häufig blinden Heldenverehrung stilisiert. Die kritischere Geschichtsschreibung der Gegenwart hat, ohne die von der Gestalt des Königs ausgehende Faszination zu leugnen, eine differenziertere Sicht erarbeitet. Sie sieht neben dem Diener seines Staates auch den Hasardeur, neben seinen Siegen die an die Existenz seines Staates gehenden Niederlagen. Sie sieht neben der Modernität des Beamtenstaates die den Adel privilegierende Politik des Königs, die die Ausbildung eines modernen Bürgertums behinderte und damit eine verhängnisvolle Tradition eröffnete.

Die Einführung der Kartoffel in Kolberg

Der entscheidende Aufschwung der Kartoffel in Deutschland setzte im Siebenjährigen Krieg (1756-1763) ein unter der oft zwangsweisen Förderung durch die Landesfürsten, besonders durch den preußischen König Friedrich dem Großen in Pommern und Schlesien. Der preußische Offizier Joachim Nettelbeck berichtet in seiner „Lebensbeschreibung, von ihm selbst aufgezeichnet“ über die Einführung der Kartoffel in der Stadt Kolberg an der pommerschen Ostseeküste:

„Im Jahre 1745 erhielt Kolberg durch die Güte des Großen Friedrich ein ganz besonderes Geschenk. Es waren Kartoffeln, die damals bei uns noch kein Mensch kannte. Ein großer Frachtwagen voll kam auf dem Markt an, und durch Trommelschlag wurde in der ganzen Stadt und in den Vorstädten bekannt gemacht, dass jeder Gartenbesitzer sich zu einer bestimmten Stunde vor dem Rathaus einfinden sollte, Seine Majestät der König hätte jedem ein Geschenk zugedacht. Es gab eine große Aufregung in der Stadt, um so mehr, weil die meisten nicht wussten, was das Geschenk zu bedeuten hatte.

Die Ratsherren zeigten nun den Leuten die neue Frucht, die hier noch keiner gesehen hatte. Dann wurde eine umständliche Anweisung vorgelesen, wie die Kartoffeln gepflanzt und bewirtschaftet und wie sie dann

gekocht und zubereitet werden sollten. Es wäre allerdings besser gewesen, wenn man eine geschriebene oder gedruckte Anweisung verteilt hätte, denn die wenigsten passten im Gedränge auf die Vorlesung auf. Dafür aber nahmen die guten Leute die Knollen in die Hand und rochen, schmeckten und leckten daran. Kopfschüttelnd zeigte sie einer dem anderen. Man brach sie auseinander und warf sie den Hunden vor, die daran schnupperten, sie aber nicht fressen wollten. Nun wusste man Bescheid! ‚Die Dinger', so sagte man, ‚riechen nicht und schmecken nicht, und nicht mal die Hunde wollen sie fressen. Was sollen wir damit?' Die meisten glaubten, die Kartoffeln würden zu Bäumen heranwachsen, und man könnte dann die Knollen von ihnen herabschütteln.
Inzwischen war das Geschenk des Königs unter die Gartenbesitzer verteilt worden, aber keiner hatte begriffen, wie er die Kartoffeln anbauen sollte. Einige, die sich darüber ärgerten, warfen sie einfach auf den Kehrichthaufen; andere brachten sie wohl in die Erde, aber so verkehrt wie nur möglich.
Die Ratsherren waren bald dahinter gekommen, dass gar nicht alle Kartoffeln in die Erde gekommen waren. Darum gab es im Sommer durch den Ratsdiener und den Feldwächter eine Kartoffelschau, und die Widerspenstigen mussten kleine Geldstrafen zahlen. Das gab natürlich ein großes Geschrei, und die Bestraften wurden dadurch erst recht nicht zu Freunden der neuen Frucht.
Im nächsten Jahr wiederholte der König seine Spende, und es kam wieder eine Ladung Kartoffeln. Aber diesmal wurde die Sache anders und zweckmäßiger gemacht. Es wurde nämlich ein Landreiter mitgeschickt, der aus Schwaben stammte und mit dem Anbau der Kartoffel genau Bescheid wusste. Er war den Leuten bei der Aussaat behilflich und gab ihnen Anweisungen für die weitere Pflege.
So kam also diese neue Frucht zuerst ins Land. Seitdem ist ihr Anbau immer weiter vermehrt worden, und heute kann eine Hungersnot nie wieder so allgemein und so drückend werden, wie das früher möglich war."

__Bild linke Seite:__ Friedrich der Große, Altersporträt von Anton Graff. Friedrich II. (1712-1786) war als Kronprinz noch von den Ideen des Rechts und der Humanität erfüllt. Nach seiner Thronbesteigung (1740) schlug der Preußenkönig rasch die Bahn einer Eroberungspolitik nach dem Vorbild Ludwigs XIV. ein. Der Machtpolitik nach außen steht jedoch ein segensreiches innenpolitisches Wirken gegenüber. Als „erster Diener seines Staates" schuf er aus dem absolutistischen Obrigkeitsstaat auf preußischem Boden den ersten deutschen Rechtsstaat.
__Bild oben:__ „Der König ist überall" heißt dieses Bild von Robert Warthemüller, das auf die umfangreiche Reisetätigkeit des Königs beim Rétablissement seiner Länder anspielt. Kursachsen wurde so nach dem Dreißigjährigen Krieg innerhalb kurzer Zeit wiederaufgebaut.
__Bild rechts:__ Die Tafelrunde in Sanssouci zeigt in der Bildmitte Friedrich II., links von der Mitte, dem König zugewandt, Voltaire. Das Gemälde des bedeutenden Realisten Adolph von Menzel verbrannte 1945 im Flakturm Friedrichshain in Berlin.

Napoleonische Zeit (1789-1815)

1789, 17. Juni: Die in einer revolutionären Krisensituation zusammengerufenen Generalstände der französischen Monarchie konstituieren sich unter Führung des Bürgertums als Nationalversammlung und beginnen mit der Ausarbeitung einer Verfassung. Das Staatsgefängnis (Sturm der Bastille am 14. Juli) wird erstürmt, in den Städten werden königliche Behörden entmachtet (Juli). Ein allgemeiner Bauernaufstand zwingt die Nationalversammlung, die überkommenen Herrschaftsverhältnisse abzuschaffen (Aufhebung der Adelsprivilegien 4./5. August). Die Nationalversammlung beschließt als Grundlage der Verfassung die Erklärung der Menschen- und Bürgerrechte (26. August).

1789, Ende Juli-Sept.: Lokale Bauernerhebungen in Baden und der Pfalz unter Einfluss der Französischen Revolution. Die Bauern setzen Gemeindevorsteher und Gerichtspersonen der Grundbesitzer ab, verweigern Frondienste, wenden sich gegen die adligen Jagdprivilegien und fordern die Rückgabe geraubter Nutzungsrechte an Wald und Allmende; z. T. werden die Ländereien der Adligen besetzt. Die Unruhen werden militärisch unterdrückt.

1789, Aug.-Okt.: Unruhen in der Reichsstadt Köln. Die Bürger demonstrieren vor dem Rathaus (20. August) und fordern freie Wahl des Rats und Herabsetzung der Akzise.

1789, Sept.: Die Bürger von Bruchsal (Bistum Speyer) verweigern die Steuerzahlung.

1789, Okt.: In verschiedenen mittelrheinischen Städten (u. a. Aachen, Trier) brechen Unruhen aus. In Trier vertreiben die Bürger den Magistrat und erreichen vom Kurfürsten von Trier die Aufhebung einiger wirtschaftlicher Privilegien des Adels und der Geistlichkeit.

1789, 31. Okt.: Das Reichskammergericht droht den aufständischen Städten die Reichsexekution an. Durch Einsatz von Militär finden die Empörungen vorerst ihr Ende.

1790, 20. Febr.: Tod Kaiser Josephs II.; seine Nachfolge tritt sein Bruder Leopold II. an, der einen ausgleichenden Kurs zu steuern versucht.

1790, 27. Juli: Auf Initiative Englands, das die Einflussnahme des revolutionären Frankreichs auf Belgien rückgängig zu machen sucht, verpflichtet sich Preußen zur Unterstützung Österreichs bei der Wiedereroberung Belgiens (Vertrag zu Reichenbach).

1790, 12. Okt.: Auf Veranlassung König Friedrich Wilhelms II. von Preußen erlassen die Behörden in der preußischen Provinz Kleve ein Verbot gegen revolutionäre Propaganda. Ähnliche Verfügungen ergehen in anderen preußischen Provinzen.

1790, Dez.: Österreichische Truppen erobern Belgien zurück. Wiederherstellung der Herrschaft der Habsburger.

__Bild oben:__ In der Kanonade von Valmy am 20. September 1792 behauptet sich ein Heer der französischen Revolutionäre gegenüber den Armeen aus dem Alten Reich, darunter auch preußische Truppen. Dem Gefecht wohnte auch Goethe als Kriegsberichterstatter des Herzogs Karl August von Weimar bei.
__Bild rechts:__ Kaiser Leopold II. (1747-1792). Er baute vorsichtig die radikalen Reformen seines Bruders und Vorgangers Joseph II. ab und schloss 1791 Frieden mit den Türken (Sistowa). Leopold schloss mit Friedrich Wilhelm II. von Preußen am 27. August 1791 die Pillnitzer Konvention, die zur Grundlage für die erste Koalition gegen das revolutionäre Frankreich wurde. Die Forderung der französischen Nationalversammlung, die Unterstützung des französischen Königs aufzugeben, und die Befürchtung des Übergreifens der Revolution auf Preußen und Österreich veranlassten die beiden Mächte, am 7. Februar 1792 ein Defensivbündnis zur gemeinsamen Verteidigung des Reiches abzuschließen.
__Bild linke Seite:__ Nach der Eroberung von Mainz durch französische Verbände Ende 1792 belagern preußische und österreichische Truppen die Stadt, die am 23. Juli 1793 kapituliert. Damit endet auch die Mainzer Republik, in der sich unter französischem Schutz die deutschen Jakobiner zusammengefunden hatten.

1791, Sommer: Die sich seit Ausbruch der Revolution vor allem in den Kurfürstentümern Mainz und Trier sammelnden französischen Emigranten errichten mit Unterstützung deutscher Fürsten in Koblenz eine Exilregierung unter Leitung der Brüder des französischen Königs und stellen eine Interventionsarmee auf.
1791, 20.-25. Juni: Im Einverständnis mit dem deutschen Kaiser unternimmt König Ludwig XVI. von Frankreich einen Fluchtversuch, um vom Ausland aus die Revolution niederzuschlagen. Die Flucht misslingt. In Frankreich nimmt die republikanische Bewegung einen Aufschwung.
1791, 5. Juli: Kaiser Leopold II. richtet von Padua aus ein Rundschreiben an die europäischen Fürsten. Er schlägt eine Intervention zugunsten der Wiederherstellung der Handlungsfreiheit des französischen Königs vor.
1791, 25. Juli: Österreich und Preußen unterzeichnen ein Abkommen in Wien. Sie verpflichten sich zu einer gemeinsamen Politik gegenüber den Plänen Russlands, das Königreich Polen in seine Gewalt zu bringen, und zur gemeinsamen Hilfe bei inneren Unruhen.
1791, 6. Aug.: Der deutsche Reichstag in Regensburg lehnt die von Frankreich angebotene Entschädigung für die Beseitigung der Rechte deutscher Fürsten im französischen Elsass ab und beauftragt den Kaiser, für die Wiederherstellung dieser Rechte Sorge zu tragen.
1791, 27. Aug.: Kaiser Leopold II. und König Friedrich Wilhelm II. erklären, gegen die Revolution und zugunsten des französischen Königs militärisch intervenieren zu wollen, wenn andere europäische Mächte sich anschließen (Pillnitzer Deklaration).
1791, 3. Sept.: Die französische Nationalversammlung verabschiedet die Verfassung, die die Prinzipien der Gewaltenteilung und ein Zensuswahlrecht enthält.
1791, 14. Dez.: König Ludwig XVI. von Frankreich fordert in ultimativer Form vom Kurfürsten von Trier die Auflösung der französischen Emigrantenarmee.
1791, 5. Dez.: Wolfgang Amadeus Mozart stirbt im Alter von 35 Jahren in Wien.

1792, 7. Febr.: Österreich und Preußen schließen ein Bündnis ab und beginnen gegen Frankreich zu rüsten.

1792, 1. März: Tod Kaiser Leopolds II. Sein Nachfolger, Franz II., der am 5. Juli zum deutschen Kaiser gewählt wird, tritt für eine energische Interventionspolitik ein.

1792, 27. März: Die französische Regierung fordert von Österreich ultimativ die Einstellung der Rüstungen und eine Verzichterklärung auf Intervention.

1792, 20. Apr.: Kriegserklärung Frankreichs an Franz II. als König von Böhmen und Ungarn, nachdem dieser das Ultimatum vom 27. März abgelehnt hat.

1792, Mai-Juli: Österreich und Preußen marschieren mit einem Interventionsheer von etwa 142.000 Mann in Belgien und im Rheingebiet auf. Beratungen zwischen den beiden Mächten in Mainz über die Kriegsziele führen zu keinem Ergebnis (Juli). Preußen fordert als Preis für die Kriegsteilnahme Annexion französischer Gebiete am Rhein und die Inkorporation Bayerns. Der Landgraf von Hessen und der Markgraf von Baden schließen sich als einzige deutsche Fürsten der Koalition an.

1792, 20. Sept.: Gefecht und Kanonade bei Valmy. Die Revolutionstruppen verhindern den weiteren Vormarsch der Interventen. Goethe (als Augenzeuge): „Von hier und heute geht eine neue Epoche der Weltgeschichte aus!“ Die französische Gegenoffensive, die Demoralisierung der Interventionstruppen, Epidemien und Versorgungsschwierigkeiten zwingen die Verbündeten zum Rückzug (29. September).

1792, 21. Sept.: Bei seinem ersten Zusammentreffen erklärt der neue radikale Konvent das Königtum für abgeschafft und ruft die „einheitliche, unteilbare“ französische Republik aus.

1792, 21. Okt.: Französische Truppen erobern die Reichsfestung Mainz. Unter dem Einfluss der Besatzung bildet sich ein Jakobinerklub, der versucht, die revolutionären Errungenschaften auf das linksrheinische Gebiet zu übertragen.

1793, 17. Jan.: Der französische Nationalkonvent verurteilt König Ludwig XVI. wegen Landesverrats zum Tod und lässt ihn hinrichten (21. Januar).

1793, 23. Jan.: Unterzeichnung des russisch-preußischen Vertrags über die 2. Teilung Polens in Petersburg. Preußen annektiert die Gebiete um Posen und Kalisch sowie Danzig und Thorn, Russland annektiert Litauen sowie die Hälfte Wolhyniens und Podoliens. Verschärfung der Gegensätze zwischen Preußen und Österreich, das vor vollendete Tatsachen gestellt wird.

1793, 1. Febr.: Der französische Nationalkonvent erklärt England und dem mit diesem verbündeten Holland den Krieg, nachdem England nach Hinrichtung des französischen Königs die diplomatischen Beziehungen abgebrochen hat. Frankreich marschiert in Holland ein (Februar). Beginn des offenen Kampfs zwischen Frankreich und England um die Vorherrschaft in Europa.

1793, 17.-31. März: Tagung des rheinisch-deutschen Nationalkonvents in Mainz. Proklamierung der Mainzer Republik und deren Lostrennung vom Deutschen Reich (18. März).

1793, 22. März: Der deutsche Reichstag erklärt den Reichskrieg gegen Frankreich.

1793, 25. März-Sept.: England schließt durch Verträge mit Russland, Spanien, Sardinien, Neapel, Preußen (14. Juli), Österreich (30. Juli) und Portugal die europäischen Fürsten zu einer Koalition zusammen und unterstützt durch Subsidien verschiedene deutsche Fürsten bei der Aufstellung von Truppen. Damit beginnt der 1. Koalitionskrieg (1793-1797) gegen das revolutionäre Frankreich.

1793, Ende März-Apr.: Aufstand der schlesischen Weber gegen ihre Verleger und Gutsherren. Ursache ist vor allem die starke Verelendung der Weber infolge Absatzstockungen für den Leinenexport. Anfang April sind etwa 20.000 Weber im Aufstand. Die preußische Regierung setzt Militär ein und lässt die Grenzen abriegeln. Unterdrückung des Aufstands in der zweiten Aprilhälfte.

1793, 10. Apr.: Beginn der Belagerung von Mainz durch preußische Truppen, nachdem die Koalitionstruppen die von Frankreich besetzten rechtsrheinischen Gebiete wiedererobert haben (März).

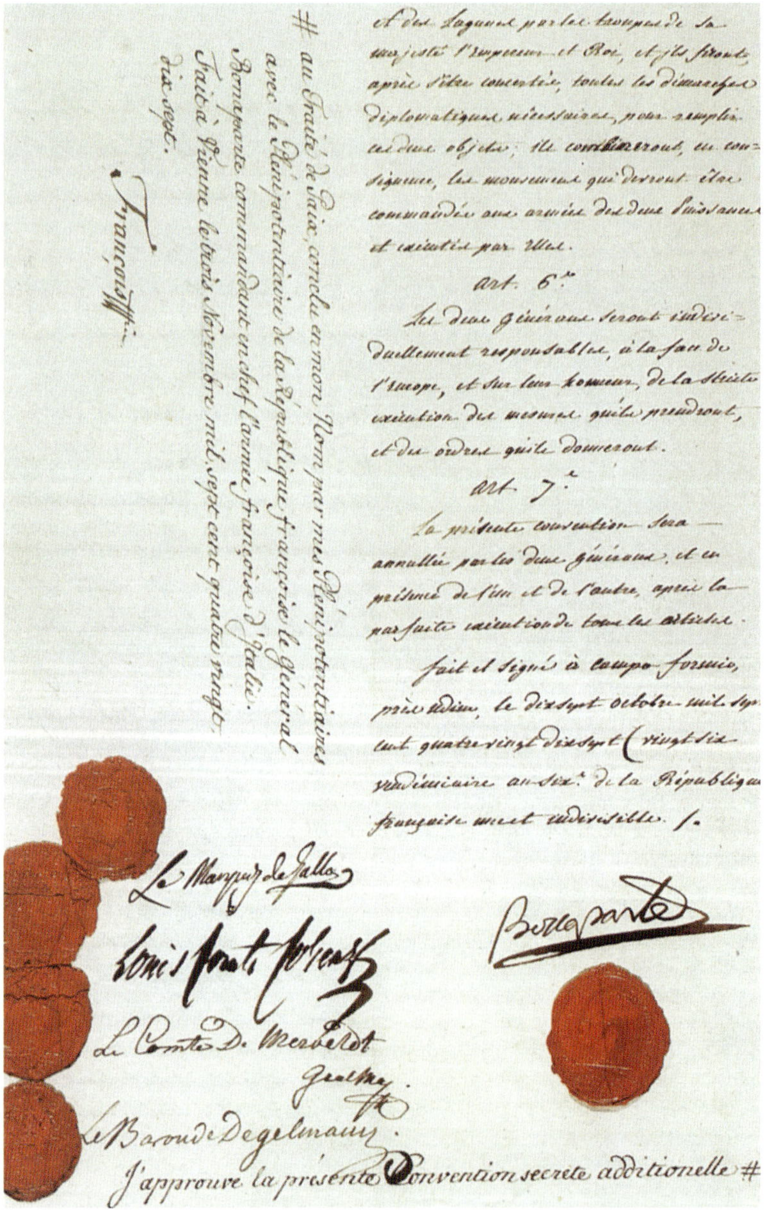
Art. 6.
Art. 7.
Bonaparte
J'approuve la présente Convention secrète additionelle #

Bild rechte Seite: *In der Schlacht bei Marengo im Zweiten Koalitionskrieg am 14. Juni 1800 wurde die französische Armee unter der Führung von Napoleon Bonaparte (1769-1821) überraschend von den Österreichern unter General Melas angegriffen. An Zahl unterlegen und schlecht positioniert, wurden die Franzosen zunächst geschlagen und zurückgedrängt. Aber noch im Laufe desselben Tages traf das französische Korps Desaix' ein, und mit der Hilfe dieser Verstärkung konnte Bonaparte zu einem Gegenschlag ausholen. Es gelang ihm, die bereits verlorene Schlacht in einen glänzenden Sieg zu verwandeln. Tausende von Österreichern wurden gefangen genommen und die gesamte Armee Melas' befand sich in Auflösung.*

Bild links: *Der Friede von Campo Formio, einem Feld westlich von Udine, wurde am 17. Oktober 1797 zwischen Napoleon und Kaiser Franz II. (1768-1835) geschlossen. Er besiegelte den ersten Koalitionskrieg. Österreich anerkannte in 14 Geheimartikeln die Abtretung der linksrheinischen Gebiete an Frankreich, die damit faktisch Teil des französischen Staates waren. Stadt und Festung Mainz sollten den Franzosen übergeben werden. Die Beschlüsse von Campo Formio wurden auf dem Rastatter Kongress bestätigt. Damit war der Untergang des Mainzer Kurstaates bereits festgelegt. Die Abbildung zeigt die französische Ratifikation des Geheimartikels vom 26. Oktober 1797.*

1793, Sept.-Okt.: Die Revolutionsarmeen schlagen eine deutsch englische Armee bei Hondschoote (8. September) und eine österreichische Armee bei Wattignies (15./16. Oktober). Die Österreicher müssen sich aus Nordfrankreich zurückziehen.
1793, 26. Dez.: Die österreichischen Truppen werden bei Weißenburg (Elsass) geschlagen. Die österreichisch-preußischen Interventionsarmee zieht sich über den Rhein zurück. Frankreich hat sich das militärische Übergewicht über die große Koalition erkämpft.
1794: Das „Allgemeine Landrecht für die preußischen Staaten" tritt in Kraft; trotz vieler aufklärerisch-rationaler und rechtsstaatlicher Ansätze bestätigt die umfassende Rechtssammlung im Kern die überkommene ständische Wirtschafts- und Gesellschaftsordnung.
1794: In der Habsburger Monarchie wird von den Behörden eine regelrechte Hetzjagd auf tatsächliche oder vermeintliche Jakobiner inszeniert.
1794, 19. Apr.: Abschluss der Haager Konvention zwischen England und Preußen. Preußen erhält 22 Millionen Taler und verpflichtet sich, den Kampf wiederaufzunehmen und seine Truppen unter den Oberbefehl Englands und Hollands zu stellen.
1794, 26. Juni: Die österreichisch-englisch-holländische Hauptarmee wird bei Fleurus (Belgien) von der französischen Revolutionsarmee vernichtend geschlagen. Erneute Räumung Belgiens. Österreich konzentriert seine politische Aktivität auf Polen, um hier durch Annexionen einen Ausgleich für seine Gebietsverluste im Westen zu erlangen.
1794, 27./28. Juli: Mit dem Sturz und der Hinrichtung Robespierres endet die blutige Jakobinerherrschaft, die das Bild der Revolution auch in Deutschland nachhaltig prägt.
1794, Sept.-Okt.: Die österreichische und die preußische Armee ziehen sich vor den angreifenden französischen Truppen über den Rhein zurück. Frankreich besetzt das linksrheinische Deutschland bis Koblenz und nimmt Köln (6. Oktober) und Bonn (8. Oktober) ein.
1794, Dez.: England zieht seine Truppen aus Holland ab, das von Frankreich erobert wird (Januar 1795).
1795, 3. Jan.: Russland und Österreich unterzeichnen in Petersburg unter Umgehung Preußens einen Geheimvertrag über die restlose Aufteilung Polens, demzufolge beiden Mächten der Hauptanteil zufällt. Nach dem Beitritt Preußens zum Vertrag (24. Oktober) kommt es zur 3. Teilung Polens. Österreich annektiert den Rest Galiziens, Preußen die Gebiete südlich und östlich Ostpreußens mit Warschau, Russland den Ostteil Polens.
1795, 5. Apr.: Unterzeichnung des Baseler Friedens zwischen Frankreich und Preußen. Preußen anerkennt die französische Republik und stimmt in einem Geheimvertrag der Abtretung seiner linksrheinischen deutschen Gebiete an Frankreich gegen Entschädigung im Rechtsrheinischen zu. Norddeutschland wird neutralisiert und faktisch der Hegemonie Preußens unterstellt. Preußen scheidet aus dynastischen Gründen aus der Koalition der europäischen Fürsten aus, deren Zusammenbruch eingeleitet wird.
1795, 24. Okt.: Österreich, Preußen und Russland teilen in einem dritten Akt die Überreste eines selbstständigen Polens unter sich auf.
1797, 17. Okt.: Abschluss des Friedens von Campo Formio zwischen Österreich und der französischen Republik. Österreich tritt Belgien an Frankreich und seine oberitalienischen Besitzungen an die von Napoleon im Juli gegründete Cisalpinische Republik, einen Vasallenstaat Frankreichs, ab. Es erhält als Ent-

schädigung Venetien und Dalmatien. In einem Geheimartikel stimmt Österreich der Abtretung der linksrheinischen deutschen Gebiete von Basel bis Andernach an Frankreich zu, gegen Entschädigung im Rechtsrheinischen.

1797, 1. Nov.: Einberufung des Rastatter Kongresses durch den Kaiser zwecks Abschluss des Friedens zwischen dem Deutschen Reich und Frankreich.

1797, 16. Nov.: Friedrich Wilhelm III., seit 1793 verheiratet mit der mecklenburgischen Prinzessin Luise, besteigt den preußischen Thron.

1798, 11. März: In Rastatt akzeptiert die Reichsfriedensdeputation des Reichstages die Forderung Frankreichs nach Anerkennung der Rheingrenze. Frankreich tritt ein für eine Entschädigung der größeren süd- und westdeutschen Fürsten und, entgegen den Geheimabmachungen von Campo Formio, auch Preußens durch Beseitigung der geistlichen und der kleineren Reichsstände im Rechtsrheinischen. Es will damit die größeren deutschen Fürsten zu seinen Verbündeten machen und Österreichs Vormachtstellung in Deutschland schwächen.

1798, 30. März: Einführung der französischen Sprache als Amtssprache bei Behörden und Gerichten im Linksrheinischen. In Abwehr der Versuche der französischen Besatzungsmacht, die nationalen Bindungen auf dem Gebiet der Kultur zu zerstören, beginnt das Nationalgefühl zu erstarken.

1798, 1. Juli: Napoleon landet mit einem Heer in Ägypten. Frankreich will durch die Eroberung Ägyptens Englands Position als beherrschende Kolonial- und Seemacht angreifen.

1798, 9. Sept.: Die erste Nummer der von dem Verleger Johann Friedrich Cotta in Stuttgart herausgegebenen „Allgemeinen Zeitung" erscheint. Sie entwickelt sich zur ersten bedeutenden deutschen Tageszeitung. Nach ihrem Verbot 1803 erscheint sie in Ulm, nach erneutem Verbot 1816 in Augsburg. In Deutschland entsteht in den folgenden Jahrzehnten die moderne Zeitungspresse.

1798, 12. Okt.: Uraufführung von Schillers „Wallensteins Lager" in Weimar. Fertigstellung der Wallensteintrilogie, des realistischen Hauptwerks von Schiller, im Frühjahr 1798.

1798, 28. Dez.: England und Russland, durch Frankreichs Eroberungen im östlichen Mittemeer in ihren Kolonialinteressen bedroht, gehen ein Kriegsbündnis gegen Frankreich ein. Österreich schließt sich der Koalition an, um seine verlorenen Machtpositionen in Deutschland und Italien wiederzugewinnen. Friedrich Wilhelm III. von Preußen lehnt den Beitritt zur Koalition ab.

1798-1800: Friedrich und August Wilhelm Schlegel geben die Literaturzeitschrift „Athenäum" heraus als Organ der älteren oder Jenaer romantischen Schule. Deren Hauptvertreter sind die Brüder Schlegel, Tieck, Friedrich Leopold Freiherr von Hardenberg (Novalis) und der Philosoph Friedrich Wilhelm Schelling.

1799: Carl Friedrich Gauß, bedeutendster Mathematiker der ersten Hälfte des 19. Jh., beweist den Fundamentalsatz der Algebra (jede Gleichung n-ten Grades besitzt n Lösungen).

Napoleon I. Bonaparte (1769-1821) im kaiserlichen Ornat. Nach Abschluss der Revolutionsepoche durch allgemeine Volksabstimmung krönte sich Napoleon in Notre Dame zu Paris am 2. Dezember 1804 selbst zum Kaiser. Der Korse strebte nach dem Vorbild des karolingischen Frankenreichs die Neuerrichtung eines abendländischen Großreichs mit Frankreich als Mittelpunkt und Ordnungsmacht sowie einem abhängigen Staatensystem an. Trotz des letztendlichen Fehlschlags seiner Großreichpläne schuf er die Grundlagen für die staatliche Neuordnung in Europa im 19. und 20. Jahrhundert, weckte aber auch die nationalen Bewegungen in den europäischen Völkern und die imperialistischen Bestrebungen der Folgezeit. Andererseits ermöglichte er die Ausbreitung der Freiheitsideen der Französischen Revolution.

1799, 1. März: Zwei französische Armeen überschreiten den Rhein. Frankreich erklärt Österreich den Krieg (12. März). Beginn des 2. Koalitionskriegs (1799-1801/02).

1799, 25. März: Die französische Armee wird bei Stockach geschlagen und zieht sich über den Rhein zurück. Österreich besetzt Süddeutschland. Die französische Regierung gibt die Unterstützung der Opposition in Süddeutschland auf und sucht ein Bündnis mit den süddeutschen Fürsten gegen Österreich auf der Basis der Politik von Rastatt.

1799, 23. Apr.: Der Rastatter Kongress wird durch österreichische Truppen auseinandergejagt. Dabei werden zwei französische Gesandte ermordet (Rastatter Gesandtenmord).

1799, Juli: England und Russland vereinbaren als Kriegsziele den Einfall nach Südfrankreich, die Beseitigung der französischen Republik und die Wiederherstellung des Königtums.

1799, Ende Sept.: Die russische Armee unter Suworow in Italien marschiert in die Schweiz ab, kann aber die Vernichtung des dortigen russischen Korps (Schlacht bei Zürich am 25./26. September) nicht mehr verhindern. Frankreich erobert die Schweiz zurück.

1799, 1. Okt.: Russland schließt mit dem Kurfürsten Maximilian Joseph von Bayern eine Militärkonvention ab und verhindert die Pläne Österreichs zur Machtausweitung in Süddeutschland.

1799, 22. Okt.: Zar Paul I. von Russland erklärt seinen Austritt aus der Koalition und zieht seine Truppen ab.

1799, 9. Nov.: Napoleon, aus Ägypten zurückgekehrt, stürzt das Direktorialregime und führt die Konsularverfassung ein (Staatsstreich des 18. Brumaire). Er errichtet als Erster Konsul der Republik eine Militärdiktatur.

Um 1800: In Berlin wird der Anfang der 1790er-Jahre gebildete Salon der geistvollen und klugen, für die Gleichberechtigung der Frau eintretenden Rahel Levin zu einem Mittelpunkt des geistigen Lebens, besonders der Romantik. Auch in anderen kulturellen Zentren Deutschlands verdrängen bürgerliche Salons die fürstlichen Höfe als Mittelpunkte des geistigen und gesellschaftlichen Austauschs.

1800, Mai-Juni: Eine französische Armee unter General Jean-Victor Moreau dringt in Süddeutschland bis zur Isar vor.

1800, 14. Juni: Napoleon schlägt die österreichische Armee vernichtend bei Marengo. Österreich räumt Italien bis zum Mincio und schließt einen Waffenstillstand für den italienischen Kriegsschauplatz ab (5. Juli).

1800, 3. Dez.: Die letzte kampffähige österreichische Armee erleidet bei Hohenlinden (östlich von München) durch Moreau eine vernichtende Niederlage. Österreich schließt Waffenstillstand (25. Dezember).

1801: Der Physiker Johann Wilhelm Ritter entdeckt die ultraviolette Strahlung des Sonnenlichts, nachdem bereits 1800 der Engländer William Herschel die ultrarote Strahlung entdeckt hat.

1801: Der Schweizer Pädagoge Johann Heinrich Pestalozzi fordert in seinem Hauptwerk „Wie Gertrud ihre Kinder lehrt" die harmonische Entfaltung der geistigen, moralischen und körperlichen Anlagen des Kindes. Seine 1805 in Iferten (Schweiz) errichtete Schule wird als Vorbild in ganz Europa berühmt.

1801, 9. Febr.: Unterzeichnung des Friedens von Lunéville zwischen Frankreich und Österreich, das zugleich für das Deutsche Reich abschließt (Zustimmung des Reichstages am 7. März). Österreich bestätigt den Frieden von Campo Formio. Es anerkennt die französischen Vasallenrepubliken in Italien, Holland und der Schweiz und stimmt erneut der Abtretung des linksrheinischen Deutschlands an Frankreich zu. Unter französischer Aufsicht soll die Entschädigung der linksrheinischen deutschen Fürsten durch Gebiete im Rechtsrheinischen erfolgen.

1801, 9. März: Die französische Legislative beschließt die offizielle Annexion der linksrheinischen deutschen Gebiete.

1801, 3. Apr.: Preußen besetzt mit Rückendeckung Russlands als Repressalie gegen die englische Seekriegführung gegenüber den neutralen Ländern das in Personalunion mit England verbundene Kurfürstentum Hannover (bis Oktober).

Franz Joseph Karl von Habsburg-Lothringen (1786-1835) als Kaiser Franz I. von Österreich, Gemälde von Friedrich Amerling. Er nahm am 11. August 1804 den Titel „Kaiser von Österreich" an, um Napoleons Kaiserkrönung zuvorzukommen. Seine Tochter Marie Louise (1791-1847) wurde 1810, um Österreich und Frankreich einander näherzubringen, die zweite Gemahlin Napoleons I.

1801-1805: An den deutschen Universitäten studieren im Jahresdurchschnitt etwa 7000 Studenten, davon 32 Prozent an der theologischen, 14 Prozent an der philosophischen, 32 Prozent an der juristischen und 22 Prozent an der medizinischen Fakultät.

1802, Frühjahr-Herbst: Frankreich regelt im Einvernehmen mit Russland durch Vorverträge mit Preußen (23. Mai), Württemberg (20. Mai), Bayern (24. August) und anderen deutschen Staaten die Territorialentschädigung dieser Länder und stellt mit Russland einen allgemeinen Entschädigungsplan auf (3. Juni), der der Reichsdeputation zur Annahme vorgelegt wird. Frankreich, Preußen und Bayern einigen sich, den Plan notfalls auch mit Waffengewalt durchzusetzen (5. September)

1802, Sept.: Dem Gymnasiallehrer Georg Friedrich Grotefend gelingt die Entzifferung der altpersischen Keilschrift.

1803, 25. Febr.: Verabschiedung des Reichsdeputationshauptschlusses, der nach Zustimmung des Reichstages (24. März) und des Kaisers (27. April) in Kraft tritt. Zwecks Entschädigung einiger ehemaliger linksrheinischer deutscher Fürsten werden 112 Reichsstände im Rechtsrheinischen beseitigt, und zwar fast alle geistlichen Fürstentümer, 44 Reichsstädte und eine Vielzahl kleiner Fürstentümer und Herrschaften. Preußen erhält das Fünffache seiner linksrheinischen Gebietsverluste, Baden das Achtfache, Württemberg das Vierfache; desgleichen werden Österreich, Bayern, Hannover, Oldenburg, Hessen-Kassel, Hessen-Darmstadt und Nassau vergrößert. Österreichs Stellung als Kaisermacht wird entscheidend geschwächt, die endgültige Auflösung des Deutschen Reiches eingeleitet.

1803, 13. Mai: Die badische Universität Heidelberg wird nach französischem Vorbild reorganisiert. An die Stelle der Fakultäten treten allgemeine und spezielle wissenschaftliche Sektionen: Philosophie, Naturwissenschaften, Geschichte, Kunst und Literaturforschung werden Schwerpunkte der Ausbildung. Es folgt eine ähnliche Reorganisation der bayrischen Universitäten Würzburg (11. November) und Landshut (26. Januar 1804).

1803, 18. Mai: England erklärt Frankreich erneut den Krieg. Ursachen sind die Bestrebungen Napoleons zur Ausbreitung des französischen Kolonialbesitzes und der Bau einer großen Flotte sowie die Nichtdurchführung der Friedensbeschlüsse von Amiens durch beide Seiten.

1803, Mai: Napoleon besetzt das Kurfürstentum Hannover und sperrt Elbe und Weser für den englischen Handel.

1803/1804: Ludwig van Beethoven komponiert seine berühmte, ursprünglich Napoleon gewidmete dritte Sinfonie, die „Eroica".

1804, 21. März: Einführung des bürgerlichen Gesetzbuches (Code civil) in Frankreich und im linksrheinischen Deutschland.

1804, 18. Mai: Napoleon lässt sich durch Senatsbeschluss zum erblichen Kaiser der Franzosen ausrufen.

1804, 5. Juni-3. Aug.: Alexander von Humboldt unternimmt auf eigene Kosten eine große Expedition nach Venezuela, Ecuador, Peru, Mexiko und Kuba, wo er geografische, botanische, ethnologische und ökonomische Studien betreibt, die für die Entwicklung verschiedener Wissenschaften bahnbrechend werden.

1804, 11. Aug.: Der deutsche Kaiser Franz II. legt sich den Titel „Kaiser von Österreich" zu.

1804-1806: Der Maler Philipp Otto Runge, der sich seit 1802 unter dem Einfluss der Romantik der Erneuerung der deutschen Landschaftsmalerei widmet, malt in Hamburg monumentale Porträts, die zugleich in der Gestaltung menschlicher Verbundenheit neue Wege für die Malerei erschließen (u. a. „Wir Drei" [1805]; „Die Eltern" [1806]).

1805, 1. Jan.: In Bayern wird im Zuge der von Maximilian Graf von Montgelas, dem leitenden Minister, durchgeführten Reformen mit der neuen „Staatsdiener-Pragmatik" ein Berufsbeamtentum im modernen Sinne geschaffen.

1805, 11. Apr.: Offensivbündnis zwischen England und Russland gegen Frankreich. Österreich schließt sich der Koalition an (9. August), nachdem Napoleon sich zum König von Italien gemacht hat; ebenso die Königreiche Neapel und Schweden. Kriegsziele der 3. Koalition sind die Beseitigung der französischen Herrschaft in Italien, der Schweiz, Holland und Norddeutschland (Hannover).

1805, 25. Aug.: Kurfürst Maximilian Joseph von Bayern verbündet sich mit Napoleon; ebenso die Kurfürsten Karl Friedrich von Baden (5. September) und Friedrich von Württemberg (5. Oktober). Preußen bleibt neutral.

1805, Okt.: Beginn des 3. Koalitionskrieges. Eine nach Bayern eingedrungene österreichische Armee, von Napoleon in Ulm eingeschlossen, kapituliert (17. Oktober).

1805, 21. Okt.: England vernichtet unter Admiral Horatio Nelson die vereinigte französisch-spanische Flotte bei Trafalgar und vereitelt alle Pläne Napoleons für eine zukünftige Landung in England.

1805, 13. Nov.: Napoleon rückt in Wien ein.

1805, 2. Dez.: Napoleon schlägt die österreichisch-russische Armee bei Austerlitz vernichtend (Dreikaiserschlacht). Russland zieht seine Truppen ab, Österreich schließt Waffenstillstand (6. Dezember).

1805, 15. Dez.: Preußen geht mit Napoleon ein Bündnis ein gegen das Versprechen der Annexion Hannovers (Vertrag von Schönbrunn). Es zwingt damit Österreich zum Friedensschluss.

Bild oben: *Napoleon I., der Kaiser der Franzosen, inspiziert nach ihren glänzenden Siegen bei Jena und Auerstedt seine salutierenden Truppen.*
Bild links: *Erzbischof Karl Theodor von Dalberg (1744-1817) war ab 1806 Fürstprimas des Rheinbundes, dessen Gründung er unterstützt hatte. Es handelte sich dabei um einen auf Initiative Napoleons 1806 geschaffenen Bund vorwiegend südwestdeutscher Staaten in Militärallianz mit dem Kaiserreich Frankreich. Der Rheinbund bedeutete eine Absage seiner Mitglieder an das Heilige Römische Reich Deutscher Nation; er brachte seinen Partnern Gebietserweiterungen ein. Der Rheinbund stellte 1812 Napoleon Truppenkontingente, löste sich aber – nach Versicherung des Verzichts auf Repressalien (durch Metternich) – 1813 auf und kämpfte auf Seiten Preußens und Österreichs.*
Bild rechte Seite: *Nach dem triumphalen Sieg über die preußischen Truppen bei Jena und Auerstedt zog Napoleon am 27. Oktober 1806 durch das Brandenburger Tor in Berlin ein. Vertreter der Stadt überreichten ihm die Schlüssel.*

1805, 26. Dez.: Abschluss des Friedens von Preßburg zwischen Frankreich und Österreich. Österreich verliert den Rest seiner italienischen Besitzungen (Venetien) und tritt Tirol und Vorarlberg an Bayern, seine südwestdeutschen Gebiete an Baden und Württemberg ab. Es zahlt eine hohe Kriegsentschädigung und anerkennt die Erhebung Bayerns und Württembergs zu souveränen Königreichen.

1806, Frühjahr: Ernst Moritz Arndt ruft in seinem Buch „Geist der Zeit" (1. Band) die Deutschen zur Besinnung auf ihre nationale Zusammengehörigkeit auf und gibt seinem Napoleonhass Ausdruck. Zugleich zieht er gegen die angebliche politische und geistige Überfremdung Deutschlands durch den „welschen" Geist ins Feld und bezeichnet die Franzosen als deutsche „Erbfeinde".

1806, März: Preußen besetzt unter Druck Napoleons das Kurfürstentum Hannover und sperrt die Nordseehäfen für englische Schiffe. Napoleon setzt einen seiner Marschälle, Joachim Murat, zum Herrscher in dem von ihm geschaffenen Großherzogtum Berg am Niederrhein ein.

1806, 11. Juni: England erklärt Preußen den Krieg und beginnt einen wirkungsvollen Kaperkrieg gegen preußische Schiffe.

1806, 12. Juli: Unterzeichnung der Rheinbundakte vom 12. Juli durch Vertreter von 16 deutschen Fürsten, darunter den Königen von Bayern und Württemberg und den von Napoleon zu Großherzögen erhobenen Fürsten von Baden und Hessen-Darmstadt. Gründung einer Staatenföderation (Rheinbund) unter dem Protektorat Napoleons, deren Mitglieder ihren Austritt aus dem Reichsverband erklären (1. August). Weitere 70 kleine Reichsstände werden beseitigt und den Rheinbundstaaten einverleibt. Der Bund ist durch ein Offensiv- und Defensivbündnis mit Frankreich vertraglich verpflichtet, 63.000 Mann Truppen unter französischen Oberbefehl zu stellen.

1806, 6. Aug.: Mit der Niederlegung der Kaiserkrone durch Franz II. hört das Heilige Römische Reich deutscher Nation nach fast tausendjähriger Geschichte auf zu bestehen.

1806, 26. Aug.: Der Nürnberger Buchhändler Johann Philipp Palm wird wegen Verbreitung der Flugschrift „Deutschland in seiner tiefsten Erniedrigung" von einem französischen Militärgericht verurteilt und standrechtlich erschossen.

1806, Okt.: Die Dichter Clemens Brentano und Achim von Arnim geben in Heidelberg den 1. Band ihrer Goethe gewidmeten Volksliedersammlung „Des Knaben Wunderhorn" heraus (Band 2 und 3 erscheinen 1808). Sie ist das Hauptwerk der sog. jüngeren Romantik (Heidelberg, Dresden, Berlin und andere Orte), deren Hauptvertreter Brentano, Arnim und Görres sind und die starken Einfluss auf die Dichter Eichendorff, Ludwig Uhland und die „schwäbische Dichterschule" sowie auf Adalbert von Chamisso, Friedrich de la Motte-Fouqué und Kleist ausübt.

1806, 1. Okt.: Großherzog Ludwig I. von Hessen hebt die ältere landständische Verfassung auf und befreit sich damit (wie viele andere Fürsten) von traditional-ständischen Beschränkungen seiner Macht.

1806, 9. Okt.: Der preußische König erklärt Frankreich den Krieg. Mit Preußen verbinden sich Sachsen, Sachsen-Weimar und Braunschweig.

1806, 14. Okt.: Doppelschlacht bei Jena und Auerstedt. Die preußische Armee wird vernichtend geschlagen und löst sich beim Rückzug auf. Die meisten preußischen Festungen kapitulieren kampflos.

1806, 27. Okt.: Napoleon zieht in Berlin ein.

1806, Nov.: Polnischer Aufstand in den von Preußen annektierten Teilen Polens. Russische Truppen rücken in Polen und Ostpreußen ein. Zar Alexander I. leistet Preußen militärische Hilfe.

1806, 21. Nov.: Napoleon dekretiert in Berlin die Kontinentalsperre. Allen mit Frankreich verbündeten Staaten wird der Handel mit England untersagt und über England die Blockade verhängt.

1806, 11. Dez.: Kurfürst Friedrich August von Sachsen schließt Frieden mit Frankreich; er tritt dem Rheinbund bei und wird von Napoleon zum König erhoben.

1806, 15. Dez.: Beitritt der thüringischen Fürstentümer zum Rheinbund.

1807: Alexander von Humboldt veröffentlicht in Paris den 1. Band seiner Forschungsergebnisse der Amerikaexpedition (Band 30 erscheint 1825), durch die er eine Reihe von Wissenschaften begründet (Pflanzengeografie, Klimatologie, Meteorologie der Tropen) bzw. wichtige Beiträge für sie leistet (Verteilung des Erdmagnetismus, Tiergeografie, Ethnografie).

1807: Joseph Görres gibt sein Buch „Die deutschen Volksbücher" heraus. Er widmet sich im Geiste der patriotischen Romantik der Erforschung der altdeutschen Volksliteratur.

1807: Der Altphilologe und Pädagoge Friedrich August Wolf veröffentlicht seine „Darstellung der Altertumswissenschaft". Er ist Wortführer des neuhumanistischen Bildungsideals für das höhere Schulwesen (Erziehung zum Humanismus und zu harmonischer Menschenbildung im Geiste der klassischen Antike).

1807, 7./8. Febr.: Schlacht bei Preußisch-Eylau (Ostpreußen). Weder die russisch-preußische Armee noch Napoleon erringt den Sieg.

1807, 26. Apr.: Russland und Preußen schließen ein Bündnis (Vertrag von Bartenstein). Österreich lehnt den Beitritt zur Koalition ab.

1807, 14. Juni: Die russische Armee wird von Napoleon bei Friedland (Ostpreußen) geschlagen.

1807, 21. Juni: Waffenstillstand zwischen Frankreich und Russland und Aufnahme von Friedensverhandlungen.

1807, 7. Juli: Abschluss des Friedens von Tilsit zwischen Frankreich und Russland. Der Zar anerkennt die von Napoleon geschaffenen Machtverhältnisse in Europa und stimmt der Bildung eines Großherzogtums Warschau zu. Russland tritt der Kontinentalsperre bei, verbündet sich mit Napoleon und erhält freie Hand zur Eroberung Finnlands. Auf Russlands Fürsprache hin bleibt Preußen als Staat erhalten.

1807, 9. Juli: Preußen unterzeichnet die von Napoleon diktierten Friedensbedingungen. Preußen tritt seine polnischen Annexionen teils an Russland, teils an das von Napoleon errichtete Großherzogtum Warschau ab, das mit dem Königreich Sachsen in Personalunion verbunden wird; ferner verliert es alle linkselbischen Gebiete. Es muss eine Kriegskontribution zahlen und der Kontinentalsperre beitreten. Preußen verliert mehr als die Hälfte seines Besitzstandes und scheidet aus der Reihe der Großmächte aus.

1807, 12. Juli: In der Konvention von Königsberg wird festgelegt, dass die französischen Truppen Preußen besetzt halten bis zur Zahlung der Kriegskontribution, deren Höhe noch vereinbart werden soll.

1807, 18. Aug.: Napoleon dekretiert die Bildung des Königreich Westfalen aus den linkselbischen preußischen Gebieten, aus den beseitigten Fürstentümern Braunschweig und Kurhessen und aus dem Kurfürstentum Hannover. König wird Napoleons Bruder Jérôme Bonaparte.

1807, 4. Okt.: König Friedrich Wilhelm III. beruft Heinrich Friedrich vom und zum Stein zum leitenden Minister. Mit Stein, dem bedeutendsten deutschen Staatsmann dieser Zeit, gelangt die patriotische Reformpartei in Preußen an die Regierung. Ihre Ziele sind: durch Beseitigung der Feudalverhältnisse und Beteiligung des Bürgertums an der Staatsgewalt die Volkskräfte gegen

***Bild oben:** Begegnung Napoleons mit der preußischen Königin Luise (1776-1810) in Tilsit, 1807. Gemälde von Nicolas Gosse, Versailles, Musée National. Ein Versuch Luises, mildere Friedensbedingungen bei Napoleon zu erreichen, bleibt erfolglos. An Kaiserin Josephine schreibt er am 7. Juli 1807: „Die Königin von Preußen ist eine entzückende Frau. Sie ist sehr liebenswürdig gegen mich. Du brauchst aber nicht eifersüchtig zu sein. Ich bin wie ein Wachstuch, an dem alles abgleitet." Im Frieden von Tilsit verliert Preußen alle Gebiete westlich der Elbe und muss die Kontinentalsperre einführen.*

***Bild links:** Herzog Friedrich Wilhelm von Braunschweig, genannt der Schwarze Herzog (1771-1815). Gemälde von Johann Christian August Schwartz, 1809. Herzog Friedrich Wilhelm von Braunschweig-Lüneburg-Oels (1771-1815) erlangte während der Napoleonischen Kriege Berühmtheit durch seinen Mut im Kampf gegen die französischen Besatzung. Das Pastell zeigt ihn in der schwarzen Uniform seines Freikorps, ihr verdankt er seinen Beinamen. Der „Schwarze Herzog" fiel zwei Tage vor der Niederlage Napoleons bei Waterloo in der Schlacht bei Ligny und Quatre-Bras am 16. Juni 1815.*

die Fremdherrschaft zu mobilisieren, die Herrschaft des Adels jedoch im Prinzip zu retten. Hauptrepräsentanten: Karl August von Hardenberg, Theodor von Schön, Wilhelm von Humboldt, Friedrich Leopold und Karl Wilhelm von Schroetter, Karl Friedrich Beyme, Karl Freiherr von Altenstein, Gerhard Johann David von Scharnhorst, Neithardt Graf von Gneisenau, Hermann von Boyen u. a.

1807, 9. Okt.: Stein erlässt das „Edikt, den erleichterten Besitz und freien Gebrauch des Grundeigentums sowie die persönlichen Verhältnisse der Landbewohner betreffend“ (Oktoberedikt). Es verkündet die Aufhebung der Gutsuntertänigkeit (Leibeigenschaft) ab Martini 1810 und die Abschaffung aller ständischen Beschränkungen bei Erwerbung von Grundbesitz und Wahl des Gewerbes.

1807, 15. Nov.: Napoleon erlässt eine Verfassung für das Königreich Westfalen. Sie verkündet die Aufhebung der Leibeigenschaft und die Befreiung der Bauern, die Beseitigung der Steuerfreiheit des Adels und des Klerus, die Einführung der Gewerbefreiheit. Es folgt die Einführung der französischen Präfekturordnung und des Code Civil (Januar 1808).

1807, 27. Nov.: Einsetzung einer Untersuchungskommission zur Reinigung des preußischen Offizierkorps. Es werden 208 Offiziere, darunter 17 Generäle, wegen schuldhaften Verhaltens 1806/07, Unfähigkeit und Überalterung aus der Armee entfernt. Beginn der Erneuerung des Offizierkorps im Rahmen der preußischen Heeresreform.

1807, 13. Dez.-Winter 1808: Der Philosoph Johann Gottlieb Fichte halt in Berlin Vorlesungen („Reden an die deutsche Nation“), in denen er für die staatliche Erneuerung Deutschlands eintritt. Ebenso setzen sich Patrioten wie Friedrich Schleiermacher, Wilhelm von Humboldt, Ernst Moritz Arndt, Friedrich Ludwig Jahn u. a. in Schriften und Vorlesungen für die Belebung des Nationalbewusstseins und für bürgerliche Reformen ein.

1808: Friedrich Schlegel wird mit seiner Schrift „Von der Sprache und Weisheit der Inder“ zu einem Begründer der deutschen Indologie.

Der deutsche General Gerhard David Scharnhorst (1755-1813) gilt noch heute als der Vorbildlichste der Militärreformer der Zeit der Befreiungskriege. Nach dem Frieden von Tilsit 1807 begann Scharnhorst damit, unfähige Befehlshaber aus dem Offizierkorps zu entfernen. Das Adelsprivileg wurde beseitigt und die Offizierslaufbahn auch den Bürgerlichen eröffnet. Die Fremdenwerbung fiel weg, die Prügelstrafe wurde abgeschafft und dadurch das Ehrgefühl der Soldaten gehoben. Die Organisation des höheren Dienstes erhielt eine vollständige Umgestaltung und eine Regelung nach einheitlichen Gesichtspunkten. Die Bestimmung Napoleons, dass die Stärke des preußischen Heeres 42.000 Mann nicht überschreiten dürfe, umging Schamhorst geschickt dadurch, dass die einberufenen Mannschaften nach einer kürzeren Ausbildungszeit entlassen und wieder neue Rekruten eingestellt wurden. So legte er den Grund zur Einrichtung der Reserve und der Landwehr.

1808: Kleist schreibt außer Flugschriften und Aufrufen sein Drama „Hermannsschlacht“, das zur Befreiung von der Fremdherrschaft aufrütteln soll. Er vollendet sein romantisches Märchen und Ritterschauspiel „Käthchen von Heilbronn“ und die Tragödie „Penthesilea“.

1808, 1. Apr.-30. Aug.: Arnim gibt in Heidelberg das literarische Organ der jüngeren Romantik, die „Zeitung für Einsiedler“, heraus, die durch Veröffentlichung patriotischer Dichtungen und Aufsätze zur Stärkung des Nationalbewusstseins beiträgt. Mitarbeiter sind u. a. Brentano, Görres, Tieck, Uhland, die Bruder Schlegel, die Brüder Jacob und Wilhelm Grimm.

1808, 25. Mai: Erlass einer Verfassung im Konigreich Bayern unter Minister Maximilian Joseph Graf Montgelas (tritt am 1. Oktober 1808 in Kraft). Sie sieht die Aufhebung der Leibeigenschaft und die Einrichtung einer Ständevertretung vor, die allerdings niemals zusammentritt. Montgelas sorgt für eine Modernisierung der Staatsverwaltung und des Gerichtswesens sowie für die Einführung einer Bildungs- und Kirchenreform (Säkularisation der Kirchengüter, Gleichberechtigung der Konfessionen).

1808, 15. Juli: Umwandlung der preußischen Militärreorganisationskommission in das Kriegsdepartement (seit 25. Dezember Kriegsministerium). Scharnhorst wird mit der Verwaltung beauftragt und setzt die Heeresreform durch. Mitarbeiter: u. a. Gneisenau, Boyen, Karl von Grolman, Carl von Clausewitz. Ziele der Heeresreform: Schaffung eines Volksheeres auf der Grundlage der allgemeinen Wehrpflicht, gegliedert in Linientruppen, Landwehr und Landsturm; neue Einteilung, Bewaffnung, Ausrüstung und Gefechtsausbildung des Heeres entsprechend der modernen Kriegführung seit der Französischen Revolution; Abschaffung des adligen Offiziersmonopols; Beseitigung der entehrenden Körperstrafen.

1808, 21. Aug.: Stein schlägt dem preußischen König die Erhebung Preußens gegen die Fremdherrschaft an der Seite Österreichs vor und unterbreitet von Scharnhorst und Gneisenau ausgearbeitete Pläne für eine allgemeine Volkserhebung. Der König lehnt ab.

1808, 8. Sept.: Abschluss des Pariser Vertrags zwischen Frankreich und Preußen. Aufhebung der militärischen Besetzung Preußens gegen Zahlung einer Kriegskontribution von 140 Millionen Francs (am 5. November ermäßigt auf 120 Millionen); Preußens Armee wird auf 42.000 Mann begrenzt, die Festungen Küstrin, Stettin und Glogau bleiben weiterhin von französischen Truppen besetzt; Preußen muss ein Hilfskorps zusichern im Falle eines Krieges mit Österreich.

1808, 27. Sept.-14. Okt.: Erfurter Fürstentag. Napoleon versammelt anlässlich eines Treffens mit Zar Alexander I. seine deutschen Vasallenfürsten, um seine Macht zu demonstrieren. Der Zar verpflichtet sich zur Unterstützung Frankreichs im Falle einer österreichischen Kriegserklärung und verschafft Napoleon Rückendeckung für den geplanten Feldzug gegen Spanien.

1808, Herbst: Einführung des Krümpersystems in der preußischen Armee durch Scharnhorst: kurze militärische Ausbildung unter ständigem Wechsel der Mannschaftsbestände bei Einhaltung einer Gesamtstärke von 42.000 Mann.

1808, 14. Okt.: Mit dem Beitritt des Herzogtums Oldenburg zum Rheinbund gehören 39 deutsche Staaten, d. h. alle außer Preußen und Österreich, dem Rheinbund an.

1808, 19. Nov.: Erlass der Städteordnung in Preußen. Die Stadtgemeinden erhalten die Selbstverwaltung (Wahl der Stadtverordneten und des Magistrats in geheimer und gleicher Wahl).

1808, 24. Nov.: Reform der Staatsverwaltung in Preußen (Organisationsedikt). Die Kabinettsregierung wird beseitigt und moderne Fachministerien werden eingeführt. Die Minister leiten ihre Ressorts vollverantwortlich und für das gesamte Staatsgebiet im Rahmen der Weisungen des Königs. Es folgt die Neugliederung der lokalen Verwaltung in Provinzen (unter Oberpräsidenten), Regierungsbezirke (unter Regierungspräsidenten) und Kreise (unter Landräten) durch die Verordnung vom 26. Dezember. Napoleon, dem Steins patriotische Ziele verraten werden, erzwingt die Entlassung Steins.

1808, Ende Nov.-Juni 1810: Unter dem Ministerium des Grafen Alexander Dohna und des Freiherrn von Altenstein werden in Preußen die bürgerlichen Reformen mit Ausnahme der Heeresreform und der Bildungsreform nicht weitergeführt. Außenpolitisch betreibt die Regierung eine Verständigungs- und Annäherungspolitik gegenüber Napoleon.

1808, Dez.: Napoleon unterwirft Spanien mit einer großen Armee, darunter deutschen Rheinbundtruppen. Nach seinem Abzug beginnt der Aufstand wieder, der in Form eines Guerillakriegs, unterstützt von englischen Truppen, bis zur endgültigen Befreiung Spaniens andauert.

1808, Dez.: Der Maler Caspar David Friedrich stellt in seinem Dresdener Atelier sein Altarbild „Kreuz im Gebirge" aus, an das sich eine Pressediskussion knüpft, die seine neuartige romantisch-religiöse Landschaftsmalerei weithin bekannt macht.

1808, 16. Dez.: Napoleon ächtet Stein als Feind Frankreichs und des Rheinbunds, befiehlt Steins Verhaftung und die Beschlagnahme seiner Güter. Stein flüchtet nach Österreich (Januar 1809).

1809: Gauß entwickelt in seiner Arbeit „Theorie der Bewegung der Himmelskörper" neue mathematische Methoden zur Bahnberechnung der Himmelskörper.

1809: Der Architekt Friedrich Weinbrenner, bedeutendster Vertreter des süddeutschen Klassizismus, wird Oberbaudirektor in Karlsruhe. Durch seine Bauten erhält die Karlsruher Innenstadt in den folgenden zwei Jahrzehnten eine einheitliche klassizistische Anlage.

1809, 2./3. Apr.: Insurrektion des ehemaligen preußischen Offiziers Friedrich von Katte, der mit etwa 300 Mann nach der Besetzung Stendals (Königreich Westfalen) vergeblich die Festung Magdeburg zu überrumpeln sucht. Die Insurrektion wird niedergeschlagen.

1809, 9. Apr.: Kriegserklärung Österreichs an Frankreich. In einer Proklamation des Oberbefehlshabers, des Erzherzogs Karl, wird die Bevölkerung in den Rheinbundstaaten zur Erhebung gegen die Fremdherrschaft aufgefordert (6. April).

1809, 11. Apr.: Beginn des Tiroler Bauernaufstands gegen die bayrisch-französische Herrschaft und für die Rückkehr der österreichischen Herrschaft. Unter Führung von Andreas Hofer wird Innsbruck besetzt (12. April) und die bayerische Armee aus Tirol vertrieben.

1809, 22. Apr.: Die nach Bayern vorgedrungenen österreichischen Truppen werden von Napoleon bei Eggmühl geschlagen und zum Rückzug gezwungen.

1809, 28. Apr.: Der preußische Major Ferdinand von Schill verlässt mit seiner Truppe auf eigene Faust Berlin, um das Signal zur Erhebung in Norddeutschland zu geben. Er besiegt in einem Gefecht bei Magdeburg westfälischen Truppen, wendet sich dann zur Küste und überrumpelt die französischen Besat-

***Bild links:** Kontinentalsperre. Verbrennung englischer Exportgüter durch französische Soldaten. Die Kontinentalsperre war ein Kampfmittel Napoleons I. nach dem Scheitern militärischer Aktionen zur Niederzwingung Großbritanniens (Niederlage der französischen Flotte bei Trafalgar 1805). Sie unterband die britischen Handelsbeziehungen mit dem Festland, um das von der Ausfuhr seiner Industriewaren abhängige Großbritannien im Lebensnerv zu treffen. Die Folgen waren Schmuggel großen Stils und wirtschaftliches Chaos; Großbritannien hielt jedoch aus.*

***Bild rechte Seite links:** Karl August Fürst von Hardenberg (1750-1822), Gemälde von Friedrich Georg Weitsch. Hardenberg führte als Staatskanzler seit 1810 die preußischen Reformen fort und vertrat Preußen auf dem Wiener Kongress 1815.*

***Bild rechte Seite rechts:** Reichsfreiherr vom und zum Stein (1757-1831), Gemälde von Johann Christoph Rincklake. Der Reichsfreiherr wurde als ein führender Reformer 1807 erneut an die Spitze der preußischen Regierung berufen, nachdem ihn der König auf Betreiben der Hofkamarilla kurze Zeit zuvor entlassen hatte.*

zung von Stralsund (25. Mai). Gegen eine französische Übermacht bricht die Insurrektion zusammen, Schill fällt (31. Mai).
1809, 13. Mai: Napoleon nimmt Wien ein.
1809, 21./22. Mai: Sieg der österreichischen Armee bei Aspern unter Erzherzog Karl. Napoleon wird zum ersten Mal geschlagen.
1809, 25. Mai: König Friedrich Wilhelm III. verurteilt in einer Proklamation das Unternehmen Schills und droht schwere Strafen für zukünftige Insurrektionen an.
1809, 29. Mai: Sieg der Tiroler Freischaren am Berge Isel über die zur Wiedereroberung Tirols angetretenen französischen und Rheinbundtruppen.
1809, Juni: Der preußische König lehnt ein durch den österreichischen Gesandten Ernst von Steigentesch übermitteltes Bündnisangebot gegen Napoleon ab, indem er unerfüllbare territoriale Forderungen stellt.
1809, 5./6. Juli: Die österreichische Armee wird von Napoleon bei Wagram vernichtend geschlagen. Herzog Friedrich Wilhelm von Braunschweig bricht mit seinem Freikorps („Schwarze Schar“) ins Königreich Westfalen ein. Er schlägt sich, unterstützt von der Bevölkerung, zur Nordsee durch, wo er von englischen Schiffen aufgenommen wird. Seine Truppe wird in die in England aufgestellte Deutsche Legion übernommen, die in Spanien gegen Napoleon weiterkämpft.
1809, 16. Aug.: Preußen etabliert mit der Gründung der Berliner Universität ein neues, von Wilhelm von Humboldt entworfenes Modell akademischer Bildung.
1809, 12. Sept.: Clemens Fürst von Metternich wird leitender Minister in Österreich.
1809, 14. Okt.: Friede von Wien zwischen Frankreich und Österreich. Österreich muss Galizien an das Großherzogtum Warschau, das Gebiet um Tarnopol an Russland abtreten; Tirol wird wieder Bayern angegliedert; Kärnten und Kroatien werden unter französische Verwaltung gestellt. Österreich zahlt eine hohe Kriegskontribution, die Stärke seiner Armee wird auf 150.000 Mann festgelegt. Die Habsburger Monarchie wird zu einer Macht zweiten Ranges.
1809, Ende Okt.: Erneuter Aufstand der Tiroler Bauern unter Hofer gegen die Angliederung Tirols an Bayern.
1809, 26. Nov.: Mit dem von Sigismund Freiherr von Reitzenstein entworfenen „Organisations-Reskript“ wird im Großherzogtum Baden eine durchgreifende administrative Neuorganisation der einzelnen Landesteile durchgeführt.
1809, Ende Nov.: Niederschlagung des von der österreichischen Regierung preisgegebenen Tiroler Aufstands durch französische und bayerische Truppen. Hofer wird gefangen genommen und standrechtlich erschossen (20. Februar 1810).
1810: Der Arzt Samuel Hahnemann begründet mit seinem „Organon der rationellen Heilkunde“ sowie seiner „Reinen Arzneimittellehre“ (6 Bände erscheinen 1811-1820) die Homöopathie.
1810: Die französische Schriftstellerin Germaine de Staël macht mit ihrem Werk „De l’Allemagne“ die Franzosen mit der idealistischen Geisteskultur der deutschen Klassik und Romantik bekannt. Das von Napoleon verbotene Buch (deutsche Übersetzung erscheint 1814) bestimmt für Jahrzehnte das französische Deutschlandbild. In seiner Schrift „Deutsches Volkstum“ protestiert Jahn gegen die nationale Zerreißung und Unterdrückung Deutschlands durch Napoleon und seine deutschen Anhänger und fordert zur Wahrung deutscher Eigenart in Kultur, Bildung und Sprache auf.
1810-1830: In Preußen werden 110 Gymnasien auf der Grundlage des Neuhumanismus reorganisiert bzw. neu gegründet (einheitliche Lehrpläne 1816, Abiturprüfungsordnung vom 15. Oktober 1812, Regelung des Ausbildungswesens für Gymnasiallehrer vom 12. Juli 1810).
1810, 4. Juni: Verabschiedung des Ministeriums Dohna-Altenstein in Preußen und Einsetzung Harden-

bergs zum leitenden Minister (seit 27. Oktober Staatskanzler). Die aus der Zahlung der Kriegskontributionen resultierende Finanznot des Staates zwingt zur Weiterführung der bürgerlichen Reformen.

1810, 16. Aug.: Auf Initiative Wilhelm von Humboldts wird die Berliner Universität durch den preußischen König gestiftet. Sie soll einen umfassenden wissenschaftlichen Unterricht auf der Basis der Einheit von Forschung und Lehre vermitteln und als Stätte der Nationalerziehung wirken. An die Oktober 1810 eröffnete Hochschule werden bedeutende Gelehrte berufen: u. a. Fichte, der ihr erster Rektor wird, Schleiermacher (Theologie), Barthold Georg Niebuhr (Historiker), Wolf, August Boeckh (Altertumswissenschaft), Hufeland (Medizin), Thaer (Agrarwissenschaft) und Friedrich Karl von Savigny (Jura).

1810, Herbst: Gründung einer patriotischen Geheimorganisation (Deutscher Bund) in Berlin durch Jahn und den Lehrer Karl Friedrich Friesen im Spätherbst. Mitglieder sind vornehmlich bürgerliche Intellektuelle. Der Bund wirkt für die Stärkung des deutschen Nationalbewusstseins, die zukünftige Einigung Deutschlands und die Beseitigung der Fremdherrschaft.

1810, 2. Nov.: Ein Steueredikt Hardenbergs führt (zusammen mit der Gewerbepolizeiordnung, 7. September 1811) in Preußen die vollständige Gewerbefreiheit ein.

1810, 10.-13. Dez.: Frankreich annektiert sowohl das Königreich Holland wie auch das deutsche Nordseeküstengebiet einschließlich der Hansestädte Bremen, Hamburg, Lübeck, des Herzogtum Oldenburg und des Nordteils des Königreichs Westfalen zur verschärften Durchführung der Kontinentalsperre.

1810, 31. Dez.: Russland entzieht sich durch ein Abkommen mit England der Kontinentalsperre und macht Napoleons Pläne zur Niederwerfung Englands vermittels einer lückenlosen Abschließung vom Kontinent zunichte. Verschärfung der Gegensätze zwischen Frankreich und Russland. Beide Mächte beginnen seit dem Frühjahr 1811, gegeneinander zu rüsten.

1811, 4. Febr.-21. Nov.: Kleist wirkt bis zu seinem Ende durch Selbstmord als Redakteur der „Berliner Abendblätter" in Berlin. Er gibt seine „Erzählungen" (zwei Bände erscheinen 1810/11) heraus, darunter seine Meisternovelle „Michael Kohlhaas" und vollendet sein historisches Drama „Der Prinz von Homburg".

1811, 20. Febr.: Staatsbankrott in Österreich.

1811, 11. März: Das Emanzipationsedikt gewährt den preußischen Juden weitgehende Gleichberechtigung; nur Staatsämter und Offiziersstellen bleiben ihnen verschlossen.

1811, 30. Apr.: Karl Friedrich Schinkel, bedeutendster deutscher Baumeister in der ersten Jahrhunderthälfte, tritt in preußischen Staatsdienst. Er nimmt als künstlerischer Begutachter aller größeren Bauten in Preußen vor allem auf den architektonischen Ausbau Berlins entscheidenden Einfluss.

1811, Juni: Friedrich Ludwig Jahn begründet die Turnbewegung und errichtet seinen ersten Turnplatz auf der Berliner Hasenheide.

1811, Aug.: Gneisenau entwickelt in einer Denkschrift („Plan zur Vorbereitung eines Volksaufstands") detaillierte Richtlinien für den Aufbau und Einsatz eines Volksheeres sowie für den organisierten Volkswiderstand im Rücken der französischen Armee. Gneisenau, Scharnhorst und anderen Patrioten gelingt es nicht, den preußischen König für eine Erhebung gegen die Fremdherrschaft an der Seite Russlands zu gewinnen.

1811, 17. Okt.: Scharnhorst schließt im Auftrag Hardenbergs in Petersburg eine gegen Frankreich gerichtete geheime Militärkonvention mit Russland ab, die Friedrich Wilhelm III. nicht ratifiziert.

1812: Die Begründer der wissenschaftlichen Germanistik, Jacob

und Wilhelm Grimm, geben den 1. Band ihrer im Volk gesammelten „Kinder- und Hausmärchen“ heraus (Band 2 erscheint 1814, Band 3 1822), die einen großen Einfluss auf die deutsche Literatur und Kunst gewinnen.

1812, 24. Febr.: Militärvertrag zwischen Frankreich und Preußen (ratifiziert durch den König am 5. März). Preußen verpflichtet sich, für Napoleons Russlandfeldzug 20.000 Mann zu stellen sowie freien Durchzug und das Requisitionsrecht für die französische Armee zu gewähren. Viele preußische Offiziere und Beamte quittieren den Dienst, so u. a. Clausewitz, Boyen, Gneisenau.

1812, 11. März: Erlass des „Edikts, die bürgerlichen Verhältnisse der Juden betreffend“. Aufgrund zahlreicher Petitionen und Beschwerden der jüdischen Gemeinden gewährt die preußische Regierung den Juden weitgehende staatsbürgerliche Gleichstellung.

1812, 14. März: Abschluss eines französisch-österreichischen Militärpakts. Österreich muss ein Hilfskorps für den Russlandfeldzug stellen. Metternich versichert Russland in einer Geheimabsprache, an ernsthaften Kriegshandlungen nicht teilzunehmen.

1812, Mai/Juni: Aufmarsch der napoleonischen Großen Armee (600.000 Mann, darunter 180.000 Deutsche) und Durchzug durch Norddeutschland. Vom Königreich Westfalen bis Ostpreußen und Schlesien wird Deutschland ausgesogen und ausgeplündert. Wachsende lokale Zusammenstöße der Bevölkerung mit französischen Truppen, so vor allem im Königreich Westfalen und in der Mark Brandenburg.

1812, 22.-24. Juni-Dez.: Russlandfeldzug Napoleons. Die russische Armee weicht der von Napoleon angestrebten Entscheidungsschlacht aus und zieht sich zurück. Im Rücken der französischen Armee beginnt ein vernichtender Partisanenkampf, der von der russischen Armeeführung unter Fürst Michail Ilarionowitsch Kutusow in die Operationen einbezogen wird. In der Schlacht bei Borodino (7. September) gelingt es Napoleon nicht, die russische Armee zu vernichten. Mitte September rückt Napoleon in das brennende und verlassene Moskau ein. Da seine Friedensangebote (20. September und 5. Oktober) unberücksichtigt bleiben, entschließt er sich zum Rückzug. Während des Rückzugs kommt es zur Auflösung der Interventionsarmee unter den Schlägen der russischen Truppen sowie infolge von Verpflegungsschwierigkeiten und Witterungsbedingungen. Der russische Sieg wird zum entscheidenden Wendepunkt des internationalen Kräfteverhältnisses; das napoleonische Herrschaftssystem beginnt zusammenzubrechen.

1812, 28. Juni: Gründung des Komitees für deutsche Angelegenheiten in Russland auf Initiative Steins (militärische Berater: Clausewitz, Boyen). Es widmet sich der Propaganda für den Befreiungskampf, der Verbreitung von Flugschriften nach Deutschland, der militärischen Nachrichtenübermittlung und der Störung des französischen Nachschubs.

1812, 30. Dez.: General Hans David Yorck von Wartenburg, Befehlshaber des preußischen Hilfskorps in der napoleonischen Armee, schließt eigenmächtig die Konvention von Tauroggen mit dem russischen General Karl Friedrich Anton Graf von Diebitsch. Die preußischen Truppen beziehen eine neutrale Position, der russischen Armee wird der Weg nach Ostpreußen geöffnet.

1813: Der Rechtswissenschaftler und Begründer der deutschen Kriminalwissenschaft Johann Paul Anselm Ritter von Feuerbach macht in seinem „Strafgesetzbuch für das Königreich Bayern von 1813“ strenge Gesetzlichkeit und psychologische Abschreckung anstelle der weit verbreiteten Willkür bei der Strafzumessung zur Norm.

1813: Arndt veröffentlicht seine patriotische Gedichtsammlung „Lie-

Bild oben: *Völkerschlacht bei Leipzig 1813, Gemälde von Klein. In dieser bis dato größten bekannten Schlacht standen die Franzosen unter Napoleon den zahlenmäßig überlegenen Heeren aus Preußen, Österreich, Russland und Schweden gegenüber. Nach heftigen Kämpfen musste Napoleon am 19. Oktober den Rückzug befehlen. Nach der Niederlage verlor Napoleon seinen Einfluss auf die deutschen Länder (Rheinbund).*

Bild rechts: *Ludwig Graf Yorck von Wartenburg (1759-1830), Gemälde von Ernst Gebauer. Bei den Soldaten war der preußische Feldmarschall als „Isegrimm“ gefürchteter Gegner der Stein-Hardenberg'schen Reformen.*

Bild linke Seite: *Romantische Vorkämpfer der deutschen Einheit: Der deutsche Dichter und Dramatiker Theodor Körner (1791-1813; links am Baum) mit seinen Freikorpskameraden auf Vorposten. Gemälde von G. F. Kersting, 1815. Körner trat 1813 dem Lützow'schen Freikorps bei. Während der Befreiungskriege gegen die napoleonische Fremdherrschaft 1813 bis 1815 bildeten sich viele dieser militärisch anerkannten Freiwilligenverbände.*

der für Deutsche" sowie seinen dritten Band „Geist der Zeit", in dem er die napoleonische Niederlage in Russland schildert und für ein einiges deutsches Kaiserreich mit konstitutioneller Verfassung eintritt.

1813: Der sächsische Dichter Körner, der den Befreiungskrieg im Lützower Korps mitmacht und fällt, schreibt seine aufrüttelnden Gedichte, die 1814 unter dem Titel „Leier und Schwert" herausgegeben werden.

1813: Schinkel entwirft den anlässlich des Befreiungskrieges gestifteten preußischen Orden „Eisernes Kreuz" und schafft seine Kreidezeichnung „Die Bewaffnung".

1813, 19. Jan.: Der preußische König erklärt sich in einer Berliner Zeitung gegen die Ratifizierung der Konvention von Tauroggen und verkündet die Absetzung Yorcks.

1813, 22. Jan.: Eintreffen Steins in Königsberg. Er übernimmt im Auftrag des Zaren die Regierungsgeschäfte in Ostpreußen. Die preußische Regierung begibt sich aus Berlin in das nicht von Franzosen besetzte Breslau.

1813, 5.-8. Febr.: Tagung der von Stein berufenen ostpreußischen Landstände. Unter Leitung Yorcks wird die Aufstellung und Ausrüstung einer Landwehr beschlossen.

1813, 8. Febr.: Russische und preußische Truppen zwingen die französische Besatzung in Pillau zur Kapitulation, während der preußische König noch immer zögert, mit Napoleon zu brechen.

1813, Febr.: Aufstellung der Landwehr (30.000 Mann) in Ostpreußen und Formierung von freiwilligen Jägereinheiten in der zweiten Februarhälfte. In Preußen finden Sammlungen für die Rüstung statt; die Bevölkerung spendet im Laufe des Frühjahrs etwa 6,5 Millionen Taler.

1813, 24. Febr.: Beginn des Hamburger Aufstands, der das Signal zu Volkserhebungen in Norddeutschland gibt. Ausdehnung des Aufstands auf Harburg, Lübeck, Lüneburg und Stade, Anfang März auf das Gebiet der Wesermündung, auf Oldenburg und Teile von Ostfriesland.

1813, 27. Febr.: Die Volksbewegung zwingt Friedrich Wilhelm III. zum Abschluss des Bündnisses von Kalisch mit Russland. Als Kriegsziel wird vereinbart: die Erkämpfung der Unabhängigkeit Europas und Deutschlands von der napoleonischen Fremdherrschaft und die Wiederherstellung Preußens in den Grenzen von 1806 ohne seine polnischen Annexionen, für die es in Norddeutschland entschädigt werden soll.

1813, 2. März: Russische Truppen überschreiten die Oder bei Güstebiese und besetzen Berlin (11. März).

1813, 16. März: Offizielle Kriegserklärung Preußens an Frankreich. Die preußische Regierung setzt sich an die Spitze der Volkserhebung und bringt diese unter ihre Kontrolle.

1813, 17. März: Aufruf des preußischen Königs „An mein Volk". Der Monarch erklärt, dass es von nun an nur noch die Alternative eines ehrenvollen Friedens oder ruhmvollen Untergangs gäbe. Veröffentlichung der von Scharnhorst entworfenen Landwehrordnung. Jeder nicht dem stehenden Heer angehörende Preuße bis zum 40. Lebensjahr wird zum Dienst in der Landwehr verpflichtet, einer nach Kreisen gegliederten milizartigen Organisation.

1813, 23. März: Schweden erklärt Frankreich den Krieg.

1813, 25. März: Proklamation von Kalisch durch den Oberbefehlshaber aller Streitkräfte, General Michail Illarionowitsch Kutusow. Den „Fürsten und Völkern Deutschlands" wird die „Rückkehr der Freiheit und Unabhängigkeit" sowie die nationalstaatliche Einigung „aus dem ureigenen Geist des deutschen Volkes" versprochen, den Rheinbundfürsten die Vernichtung angedroht, falls sie auf der Seite Napoleons bleiben.

Übergabe der Stadt Paris an die Verbündeten am 31. März 1814.

1813, Ende März: 64.000 Mann starke russische und 60.000 Mann starke preußische Truppen unter Gebhard Leberecht von Blücher, Ludwig Adolf Fürst von Wittgenstein und Kutusow (Oberbefehlshaber) stehen 230.000 Mann starken französischen und Rheinbundtruppen an Elbe, Saale und Weser gegenüber.

1813, Ende März-Apr.: In Preußen werden Freikorps aus Freiwilligen nichtpreußischer Gebiete auf der Basis der Selbstausrüstung aufgestellt, darunter das Freikorps des Majors Adolf Freiherr von Lützow mit etwa 760 Mann (Mitglieder sind u. a. Jahn und die Dichter Theodor Körner und Joseph Freiherr von Eichendorff).

1813, 5. Apr.: Gefecht bei Möckern. Eine französische Armee wird an der Elbe zurückgeschlagen und Berlin gesichert. Preußische Streitkräfte unter Blücher besetzen das mit Napoleon verbündete Sachsen.

1813, 2. Mai: Schlacht bei Groß-Görschen (südlich von Leipzig). Sieg Napoleons. Die russisch-preußische Armee kann sich geordnet aus Sachsen nach Schlesien zurückziehen.

1813, 20./21. Mai: Schlacht bei Bautzen. Sieg Napoleons und Rückzug der Verbündeten.

1813, 4. Juni: Die Alliierten schließen mit Napoleon den Waffenstillstand von Pläswitz. Trotz militärischer Erfolge hat Napoleon die Vernichtung der Streitkräfte der Verbündeten nicht erreicht. Beide Seiten haben große Verluste erlitten und benötigen die Zuführung von Reserven.

1813, 14./15. Juni: Großbritannien tritt der russisch-preußischen Koalition bei (Vertrag zu Reichenbach). Am 27. Juni folgt Österreich diesem Schritt.

1813, 17. Juni: Überfall französischer und württembergischer Truppen auf das Lützower Freikorps bei Kitzen. Das Freikorps wird aufgerieben.

1813, 17. Aug.: Beginn der Kampfhandlungen des Herbstfeldzuges. Aufstellung der Armee der Verbündeten: Hauptarmee unter dem österreichischen Feldmarschall Karl Philipp Fürst zu Schwarzenberg mit 255.000 Mann in Böhmen; Schlesische Armee unter Blücher (Chef des Generalstabs: Gneisenau) mit 105.000 Mann; Nordarmee unter Karl Johann Bernadotte, Kronprinz von Schweden, mit 125.000 Mann in Brandenburg; Korps Wallmoden mit 27.000 Mann in Mecklenburg. Aufstellung der französischen Armee: Hauptarmee unter Napoleon mit 174.000 Mann im Raum von Zillau–Görlitz-Pirna; Boberarmee unter Marschall Michel Ney mit 130.000 Mann an der Katzbach; Berlinarmee unter Nicolas Charles Graf von Oudinot mit 70.000 Mann im Raum Luckau; Zwischenkorps unter Jean Baptiste Baron Girard mit 15.000 Mann im Raum Magdeburg-Wittenberg; XIII. Korps unter Baron Louis Nicolas Davout mit 38.000 Mann an der Unterelbe.

1813, 23. Aug.: Die auf Berlin vorstoßende Armee unter Oudinot wird bei Großbeeren zurückgeschlagen. Die Hauptlast des Kampfes trägt die preußische Landwehr. Die französische Offensive nach Norden wird vereitelt.

1813, 26. Aug.: Blücher greift die französische Boberarmee an und siegt an der Katzbach.

1813, 26./27. Aug.: Schlacht bei Dresden. Nach taktischen Erfolgen Napoleons tritt die nach Sachsen vorgestoßene Hauptarmee der Alliierten den Rückzug nach Böhmen an.

1813, 27. Aug.: Sieg der preußischen Landwehr im Gefecht bei Hagelberg über die Truppen unter Girard. Die Bedrohung Berlins wird abgewendet.

1813, 9. Sept.: Abschluss von Bündnisverträgen zwischen Russland, Österreich und Preußen in Teplitz. Keiner der Vertragspartner darf einen Sonderfrieden abschließen. Als Kriegsziele werden die Auflösung des Rheinbundes, Beseitigung der französischen Herrschaft im rechtsrheinischen Deutschland, Wiederherstellung Preußens und Österreichs in den Grenzen von 1805 vereinbart.

1813, 30. Sept.: Die Erhebung der Bevölkerung in Westfalen erzwingt den Abzug der französischen Besatzungstruppen. König Jerôme flieht, das Königreich Westfalen löst sich auf (1. Oktober).

1813, 3. Okt.: Elbübergang Blüchers bei Wartenburg. Die Alliierten ergreifen die Offensive.

1813, 8. Okt.: Vertrag von Ried zwischen Österreich und Bayern. Bayern tritt gegen Garantie der völligen Souveränität und seines territorialen Besitzstands aus dem Rheinbund aus und schließt sich der antinapoleonischen Koalition an. Österreich leitet die Rehabilitierung der Rheinbundfürsten und die Aufrechterhaltung der staatlichen Zersplitterung Deutschlands ein.

1813, 16.-19. Okt.: Völkerschlacht bei Leipzig. Entscheidende Niederlage Napoleons. Stärke der napoleonischen Armee: etwa 190.000 Mann; Stärke der Verbündeten: 306.000 Mann, davon 127.000 Russen, 89.000 Österreicher, 72.000 Preu-

Österreichische Karikatur auf den Wiener Kongress 1815. Die führenden Staatsmänner Europas verteilen den Kontinent mit Zirkel und Lineal neu.

ßen und 18.000 Schweden. Nachdem Napoleon am 16. Oktober den Sieg nicht erzwingen konnte, tritt er am 18. Oktober nach schweren Verlusten den Rückzug an. Ungenügende Maßnahmen der Verbündeten verhindern eine rechtzeitige Verfolgung und damit die völlige Vernichtung des Gegners. Verluste: 22.000 Russen, 16.000 Preußen, 14.000 Österreicher; 90.000 Franzosen sind gefallen oder gefangen genommen. Napoleon zieht sich hinter den Rhein zurück. Der Rheinbund bricht zusammen (Auflösung 4. November); seine Mitglieder treten auf die Seite der antinapoleonischen Koalition über.

1813, 2. Nov.: Vertrag von Fulda zwischen den Alliierten und dem Königreich Württemberg. Württemberg erhält die Souveränität und seinen Besitzstand zugesichert gegen Beitritt zur Koalition. Ähnliche Verträge werden mit fast allen Rheinbundstaaten abgeschlossen.

1813, 8. Nov.: Metternich bietet Napoleon den Frieden an auf der Grundlage der Anerkennung der Rhein-, Alpen- und Pyrenäengrenze. Napoleon lehnt ab.

1813, 11. Nov.: Kapitulation Dresdens.

1813, Dez.: Arndt vertritt in seiner Flugschrift „Der Rhein Deutschlands Strom, nicht Deutschlands Grenze“ die Forderungen der Nationalbewegung.

1813, Anfang Dez.: Die verbündeten Fürsten verwerfen unter dem Einfluss Österreichs den Offensivplan Gneisenaus, der die schnelle Niederwerfung Napoleons durch einen konzentrischen Angriff auf Paris vorsieht. Sie beschließen die umständliche Umgehung der französischen Rheinfestungen über die Schweiz und die Niederlande. Die Armee Blüchers soll defensiv bleiben und den Rhein schützen. Die diplomatischen Verhandlungen für einen Verständigungsfrieden werden fortgesetzt.

1813, 2. Dez.: Wiederherstellung des durch die Errichtung des Königreichs Westfalen beseitigten Kurfürstentums Hessen.

1813, 20. Dez.: Beginn des Rheinübergangs der Hauptarmee bei Basel.

1813, 31. Dez.: Eigenmächtiger Rheinübergang der Armee Blüchers bei Kaub. Die linksrheinischen deutschen Gebiete werden befreit. Blücher zwingt die Alliierten zur Offensive in richtiger Einschätzung der militärischen Unterlegenheit Napoleons.

1814: Der Heidelberger Rechtslehrer Anton Friedrich Thibault setzt sich in seiner Schrift „Über die Notwendigkeit eines allgemeinen bürgerlichen Rechts für Deutschland“ für die Einführung eines nationalen bürgerlichen Rechts ein.

1814, Jan.: Der „Rheinische Merkur“ (Herausgeber: Josef Görres) erscheint in Koblenz und wird zum führenden Organ der für nationale Einheit und verfassungsmäßige Freiheiten eintretenden Kreise.

1814, 1. Febr.: Die Armee Blüchers schlägt mit der Hilfe der Hauptarmee Napoleon bei La Rothière.

1814, 10.-14. Febr.: In Gefechten bei Champaubert, Montmirail und Vauchamps schlägt Napoleon die Armee Blüchers. Blücher zieht nach Norden, um vereinigt mit den in Belgien operierenden Korps unter dem russischen General Ferdinand Freiherr von Wintzingerode und dem preußischen General Friedrich Wilhelm Freiherr von Bülow den Angriff auf Paris zu beginnen (Ende Februar).

1814, 17./18. Febr.: Napoleon schlägt die Hauptarmee der Alliierten unter Schwarzenberg bei Nangis und Montereau, die ihrerseits einer französischen Armee unter Oudinot bei Bar-sur-Aube eine Niederlage zufügt.

1814, März: Der Opernkomponist Carl Maria von Weber kompo-

Bild links: *Gebhard Leberecht von Blücher (1742-1819), unbekannter Maler, nach Paul Ernst Gebauer, zwischen 1815 und 1819. Der preußische „Marschall Vorwärts“ entschied 1815 durch rechtzeitiges Eintreffen zusammen mit Wellington die Schlacht von Waterloo.*

Bild rechts: *Der englische Feldherr und Staatsmann Sir Arthur Herzog von Wellington (1769-1852) auf dem Schlachtfeld von Waterloo am 18. Juni 1815.*

Redoute in der Winterreitschule anlässlich des Wiener Kongresses, von Johann Nepomuk Höchle. „Es waren", schreibt die Chronistin Gräfin Berndorf, „in der Burg ungeheure Veranstaltungen zur Bewirtung der Gäste getroffen; sie kostete täglich, wie man sagte, 500.000 Gulden. Der Kaffee war nicht anders als in unermesslichen Braukesseln gekocht. Zahllose Köche waren in Bewegung; vor allem verschlang der Marstall unermessliche Summen, denn für jeden der größeren und kleineren Herren stand eine Equipage in Bereitschaft. Nie ist wohl die Gastfreundschaft in größerem Maße geübt worden als damals vom Kaiser von Österreich. Jeder Souverän sah sich in eine Lage versetzt, in welcher er keine der Bequemlichkeiten seines eigenen Hofes vermissen konnte; Wohnung, Hofstaat, Equipage, alles war kaiserlich, alles von jener soliden Pracht, wie sie den Fürsten des österreichischen Hauses stets eigen und nur möglich ist bei dem außerordentlichen Reichtum nicht nur des Kaiserhauses, sondern auch einer großen Anzahl von Privatleuten. Dem Wiener Hof soll der Kongress nahezu 30 Millionen Gulden Kosten verursacht haben. Damals sprach der alte Fürst de Ligne das berühmt gewordene Wort: „,Le congrès danse, mais il ne marche pas.' Solange der Kongress so müßig nur Feste zu feiern, ja, nur zu tanzen schien, wer konnte es da den Frauen verdenken, dass wir uns fast wie die Hauptpersonen vorkamen. Ging es doch von Fest zu Fest, und eigentlich waren nur die vornehmsten, elegantesten und jüngsten Herren und Damen tätige Teilnehmer, während alle übrigen scheinbar nur eine Statistenrolle spielten."

niert seine „Sechs deutschen Gesänge" und vertont Herbst 1814 Körners Gedichtsammlung „Leier und Schwert". Er tritt in eine neue Periode seines Schaffens ein, in der er echte Volksverbundenheit und Förderung der deutschen Nationaloper anstrebt.

1814, 1. März: Vertrag von Chaumont. Die Verbündeten verpflichten sich, keinen Sonderfrieden mit Napoleon zu schließen. Frankreich soll auf die Grenzen von 1792 beschränkt, Deutschland in Gestalt souveräner, durch ein föderatives Band verbundener Einzelstaaten wiederhergestellt werden.

1814, 9./10. März: Napoleon wird von Blücher bei Laons geschlagen. Vormarsch der Nordarmee auf Paris.

1814, 20./21. März: Napoleon wird von der Hauptarmee bei Arcis-sur-Aube geschlagen. Vormarsch auf Paris.

1814, 30. März: Nach erbittertem Kampf kommt es zur Kapitulation von Paris und zum Einmarsch der Alliierten (31. März).

1814, 6. Apr.: Napoleon wird zur Abdankung gezwungen. Die Alliierten räumen ihm die Mittelmeerinsel Elba als Fürstentum ein. Wiedereinsetzung der Bourbonen und Aufnahme von Friedensverhandlungen mit den Vertretern König Ludwigs XVIII. (9. Mai).

1814, 30. Mai: Unterzeichnung des 1. Friedens von Paris. Um die Wiederbefestigung der Staatsgewalt der Bourbonen zu begünstigen, wird Frankreich in den Grenzen von 1792 wiederhergestellt, erhält die Festung Landau, Teile des Saargebietes und einige von England eroberte Kolonien und zahlt keine Kriegsentschädigung.

1814, 3. Sept.: Einführung der allgemeinen Wehrpflicht in Preußen als ständige Einrichtung unter Kriegsminister Boyen.

1814, 18. Sept.-19. Juni 1815: Wiener Kongress der europäischen Staaten zur Regelung des Friedensvollzugs in Europa und der deutschen Staaten zur Regelung der zukünftigen Verfassung Deutschlands. Am 18. September beginnt eine Vorkonferenz der Großmächte, am 1. November erfolgt die offizielle Eröffnung des Kongresses. Teilnahme von etwa 200 europäischen und deutschen Staaten, die jedoch niemals zusammen tagen. Die entscheidenden Beschlüsse werden von den fünf Großmächten Österreich, Russland, England, Preußen und Frankreich ausgehandelt. Präsident des Gremiums der europäischen Großmächte und einflussreichster Staatsmann ist der österreichische Außenminister Metternich. Die europäischen Fürsten unternehmen den Versuch, die staatlichen und politischen Veränderungen seit der Französischen Revolution soweit wie möglich rückgängig zu machen und durch einen Ausgleich ihrer Machtinteressen eine gemeinsame Front gegen die nationalstaatlichen und freiheitlichen Bestrebungen der Völker zu errichten.

1814, 18. Okt.: In weiten Teilen Deutschlands wird in Erinnerung an die Leipziger Völkerschlacht mit Feuern auf den Bergen und Versammlungen in den Städten das erste „teutsche Nationalfest" gefeiert.

1814/1815: Der bayrische Physiker und Optiker Joseph von Fraunhofer entdeckt bei der Untersuchung des Sonnenspektrums die nach ihm benannten schwarzen Linien und verbessert die Methoden zur Messung der Wellenlängen des farbigen Lichts. Er konstruiert das für Jahrzehnte beste europäische Fernrohr, den Dorpater Refraktor (1824).

1815: Johann Ludwig Uhland gibt seine erste Sammlung von Gedichten und Balladen, im Folgejahr seine „Vaterländischen Gedichte" heraus. Er wird zum bedeutendsten Vertreter der schwäbischer Dichterschule, die das romantisch-volkstümliche Lied und die historische

Ballade pflegt; ein weiterer Vertreter ist Justinus Kerner.

1815, 3. Jan.: Im sächsisch-polnischen Konflikt schließen Österreich, England und Frankreich einen Allianzvertrag.

1815, 8. Febr.: Auf Initiative Englands einigen sich die fünf Großmächte in Wien auf der Basis einer Teilung Polens und Sachsens.

1815, 1. März: Rückkehr Napoleons nach Frankreich. Sturz des Bourbonenregimes und Wiedererrichtung der napoleonischen Macht („Herrschaft der 100 Tage"). Aufstellung einer Streitmacht, um den Krieg wieder aufzunehmen.

1815, 13. März: Ächtung Napoleons durch die Großmächte in Wien.

1815, 25. März: Erneuerung der antinapoleonischen Koalition durch Russland, England, Österreich und Preußen in Wien. 33 deutsche Mittel- und Kleinstaaten bieten ihren Beitritt zur Koalition an gegen unverzügliche Ausarbeitung einer deutschen Bundesverfassung auf der Basis der vollen Souveränität der Einzelstaaten (Noten vom 22. März und 14. April). Nach Aufnahme entsprechender Verhandlungen treten sie der Koalition bei (27. April).

1815, 10. Apr.: Die seit dem 21. Februar 1814 in Berlin zu ihrer 2. Sitzungsperiode zusammengetretene „Interimistische Nationalrepräsentation" Preußens fordert die Einführung einer Verfassung und Einberufung einer Landesrepräsentation.

1815, 22. Mai: König Friedrich Wilhelm III. ordnet die Errichtung einer durch die Provinziallandtage gewählten Landesrepräsentation an und verspricht eine Verfassung.

1815, 23. Mai-10. Juni: Konferenz der deutschen Staaten in Wien zur Beratung eines von Preußen und Österreich ausgearbeiteten Entwurfs für einen deutschen Staatenbund. Alle Punkte des Entwurfs, die eine gewisse Einschränkung der Souveränität der Einzelstaaten und eine genauere Festlegung der Rechte der Landstände vorsehen, werden gestrichen.

1815, 9. Juni: Ausfertigung der Wiener Kongressakte, die durch die europäischen und deutschen Staaten bis 19. Juni unterzeichnet wird. Regelung der gegenseitigen Gebietsansprüche der deutschen Fürsten, wobei eine Reihe strittiger Fragen offen bleiben, die durch den Frankfurter Territorialrezess (20. Juli 1819) entschieden werden, sowie die der europäischen Großmächte. Die Großmächte nehmen eine Neuaufteilung Polens und Italiens vor. Bildung des Königreichs Polen mit dem russischen Zaren als König; Österreich erhält Galizien, Preußen Danzig mit Westpreußen, Posen und den Netzedistrikt; Krakau wird Freistaat. Österreich annektiert Norditalien und Istrien und stellt die von ihm abhängigen mittelitalienischen Fürstentümer wieder her. Die Ös-

Eine Sitzung des Wiener Kongresses, Stich von Jean Godefroy nach einem Gemälde von Jean-Baptiste Isabey. Im Vordergrund die Vertreter der fünf Großmächte, deren Interessen Ablauf und Ergebnis des Kongresses bestimmten (von links nach rechts): der Preuße Hardenberg (sitzend), der Österreicher Metternich (stehend), der Engländer Castlereagh (vor dem Tisch sitzend, mit übergeschlagenen Beinen), der Franzose Talleyrand (sitzend) und der Russe Stackelberg (sitzend, im Profil).

terreichischen Niederlande (Belgien) werden mit Holland zu einem Königreich vereinigt. In Deutschland erhält Preußen die Hälfte des Königreichs Sachsen, den größten Teil des Rheinlands und Westfalens sowie Schwedisch-Vorpommern mit Rügen; Österreich Tirol, Vorarlberg und Salzburg (von Bayern); Bayern Franken und die linksrheinische Pfalz; das Königreich Hannover wird durch nordwestdeutschen Gebiete (Ostfriesland, Osnabrück) vergrößert.

1815, 10. Juni: Unterzeichnung der unter dem 8. Juni ausgefertigten Deutschen Bundesakte durch die meisten deutschen Regierungen in Wien. Nach dem Beitritt Badens (26. Juli) und Württembergs (1. September) tritt sie in Kraft. Gründung des Deutschen Bundes, der eine Vereinigung von 41 souveränen deutschen Staaten darstellt. Die Einzelstaaten besitzen volle außenpolitische Souveränität und Militärhoheit. Einziges Bundesorgan ist die Bundesversammlung (auch Bundestag), gebildet aus den Bevollmächtigten der Einzelstaaten im Range von Gesandten mit Sitz in Frankfurt am Main. Der Bund hat kein Oberhaupt; Österreich besitzt den geschäftsführenden Vorsitz im Bundestag. Die mächtigsten Bundesmitglieder, Österreich und Preußen mit zusammen 58 Prozent der Bevölkerung des Bundesgebiets, gehören mit großen Teilen ihres Territorialbestands nicht zum Bund: Österreich mit Ungarn, Siebenbürgen, Galizien, Kroatien, Slowenien, Dalmatien, Oberitalien, Istrien; Preußen mit Ost- und Westpreußen und Posen. Die Mitgliedschaft ausländischer Fürsten, so des Königs von England als König von Hannover, des Königs von Dänemark als Herzog von Holstein und Lauenburg, des Königs der Niederlande als Großherzog von Luxemburg, sowie die Aufnahme der Bundesakte in die von den europäischen Mächten unterzeichnete Wiener Kongressakte ermöglichen die Einmischung fremder Mächte in deutsche Angelegenheiten.

1815, 12. Juni: Studenten der Universität Jena, meist Teilnehmer am Befreiungskrieg, gründen eine Verbindung (Burschenschaft), die für die Einheit des Vaterlands und für die Pflege des Deutschtums eintritt. Auch an anderen Universitäten entsteht eine Bewegung für die Reformierung des Verbindungswesens mit nationaler Zielsetzung.

Heilige Allianz zwischen Zar Alexander I. (links), Kaiser Franz I. (Mitte) und König Friedrich Wilhelm III. von Preußen. Gemälde von Heinrich Olivier, Anhaltische Gemäldegalerie, Dessau. In der Gründungserklärung der Heiligen Allianz vom 26. September 1815 heißt es: „Im Namen der heiligen und unteilbaren Dreieinigkeit! Ihre Majestäten, der Kaiser von Österreich, der König von Preußen und der Kaiser von Russland haben infolge der großen Ereignisse, die Europa in den letzten drei Jahren erfüllt haben, und besonders der Wohltaten, die die göttliche Vorsehung über die Staaten ausgegossen hat, deren Regierungen ihr Vertrauen und ihre Hoffnungen auf sie allein gesetzt haben, die innere Überzeugung gewonnen, dass es notwendig ist, ihre gegenseitigen Beziehungen auf die erhabenen Wahrheiten zu begründen, die die unvergängliche Religion des göttlichen Erlösers lehrt. Sie erklären daher feierlich, dass die gegenwärtige Vereinbarung lediglich den Zweck hat, vor aller Welt ihren unerschütterlichen Entschluss zu bekunden, als die Richtschnur ihres Verhaltens in der inneren Verwaltung ihrer Staaten sowohl als durch in den politischen Beziehungen zu jeder anderen Regierung alleine die Gebote der Gerechtigkeit, der Liebe und des Friedens, die, weit entfernt, nur auf das Privatleben anwendbar zu sein, erst recht die Entschließung der Fürsten direkt beeinflussen und alle ihre Schritte lenken sollen, damit sie so den menschlichen Einrichtungen Dauer verleihen und ihren Unvollkommenheiten abhelfen."

1815, 16. Juni: Napoleon schlägt die preußische Armee unter Blücher bei Ligny (Belgien).

1815, 18. Juni: Napoleon greift die Hauptmacht der Alliierten unter Arthur Wellesley, Herzog von Wellington, bei Waterloo an. Die geschlagene Armee Blüchers eilt ihr zu Hilfe und entscheidet die vernichtende Niederlage Napoleons. Die französische Armee löst sich bei der Verfolgung auf.

1815, 22. Juni: Erneute Abdankung Napoleons und Wiedereinsetzung Ludwigs XVIII. als König von Frankreich.

1815, 7. Juli: Einzug der Armee Blüchers in Paris.

1815, 15. Juli: Napoleon gibt sich den Engländern gefangen und wird bis zu seinem Tod auf die Insel St. Helena verbannt.

1815, 26. Sept.: Unterzeichnung der auf Initiative Zar Alexanders I. gegründeten Heiligen Allianz durch die Monarchen Russlands, Österreichs und Preußens. Fast alle europäischen und deutschen Fürsten schließen sich an. Die Monarchen bekennen sich zum Gottesgnadentum und zur christlichen Religion als Fundament der monarchischen Ordnung und verpflichten sich zum gegenseitigen Beistand bei der Aufrechterhaltung dieser Ordnung in Europa.

1815, 20. Nov.: Abschluss der Quadrupelallianz zwischen Russland, England, Österreich und Preußen. Die Großmächte vereinbaren, regelmäßige Zusammenkünfte abzuhalten zur gemeinsamen Abwehr und gegebenenfalls zur Intervention gegen revolutionäre Umwälzungen in Europa. Unterzeichnung des 2. Friedens von Paris. Frankreich wird auf die sog. Grenzen von 1790 beschränkt und muss das Saargebiet und die Festung und das Gebiet um Landau abtreten. Es zahlt 700 Millionen Francs Kriegsentschädigung und gibt die geraubten Kunstschätze zurück. Nordostfrankreich bleibt für die Dauer von fünf Jahren von alliierten Truppen besetzt.

Novalis

Novalis wurde unter dem Namen Georg Philipp Friedrich Leopold Freiherr von Hardenberg am 2. Mai 1772 im thüringischen Oberwiederstedt geboren und starb am 25. März 1801 in Weißenfels. Er studierte 1790 bis 1794 Jurisprudenz, Mathematik und Philosophie in Jena, Leipzig und Wittenberg und schloss 1797 bis 1799 ein Studium der Bergwissenschaften in Freiberg an. Im Anschluss wurde er Salinenassessor und Berghauptmann in Weißenfels. Novalis gehört zu den bedeutendsten Vertretern der Romantik. Neben seiner Lyrik („Hymnen an die Nacht", 1800) ist vor allem der unabgeschlossene Roman „Heinrich von Ofterdingen" (1802 erschienen) von großer Bedeutung. Dieser Roman ist einer der konsequentesten Umsetzungsversuche des frühromantischen Konzepts einer „progressiven Universalpoesie", wie es vor allem von Friedrich Schlegel in seiner Zeitschrift „Athenäum" entworfen wurde. Das Konzepts geht von einer alle Wirklichkeitsbereiche umfassenden, Einheit stiftenden Kraft der Poesie aus. Es wird durch eine durchgehende sinnbildliche Strukturierung des Romans sowie durch auf verschiedenen Ebenen erfolgende Reflexionen über Kunst im Text realisiert, die durch eine große Anzahl von Binnenerzählungen und eingeschobenen Gedichten erfolgen. Eine dieser Binnenerzählungen, „Klingsohrs Märchen", leistet diese Kunstreflexion in besonders ausgeprägter allegorischer Form.

Neben den frühromantischen Kunstreflexionen August Wilhelm Schlegels ist vor allem die Philosophie Johann Gottlieb Fichtes von nicht zu unterschätzender Bedeutung für Novalis' Werk. Auch sein „Heinrich von Ofterdingen" ist als Auseinandersetzung mit den Gedanken Fichtes zu verstehen. Im 1799 geschriebenen, umstrittenen Appell „Die Christenheit oder Europa" sieht Novalis die einzige Möglichkeit für eine Wiedervereinigung Europas in der Bildung eines „Staates der Staaten", in dem die Nationalitäten und Konfessionen in einem Christentum höherer Ordnung aufgehen. Der Aufsatz blieb zu Lebzeiten des „Propheten der Romantiker" ungedruckt; auch Ludwig Tieck nahm ihn nicht in die erste Gesamtausgabe der Hinterlassenschaft des früh Verstorbenen auf.

Johann Georg Forster

Forster galt als der bekannteste deutsche Forschungsreisende seiner Zeit; er war unter anderem Teilnehmer der zweiten Reise in die Südsee (1772-1775) Kapitän Cooks gewesen. Der am 27. November 1754 geborene Nassenhubener (bei Danzig) wurde 1779 Professor in Kassel, ging 1784 nach Wilna, blieb dort aber nicht lange. Er lebte mehrere Jahre in Göttingen, wo er Therese Heyne, die Tochter des Huma-

nisten Heyne, heiratete und viele Freundschaften pflegte, besonders mit Georg Christoph Lichtenberg. 1788 wurde Forster Bibliothekar in Mainz. Er war den revolutionären französischen Ideen sehr zugetan und spielte dementsprechend eine führende Rolle unter den sog. Clubisten. Forster ging in ihrem Auftrag nach Paris, um den Anschluss des linken Rheinufers an Frankreich zu betreiben und starb dort am 10. Januar 1794 in Reichsacht. Forster gilt als der Begründer der künstlerischen Reisebeschreibungen und der vergleichenden Länder- und Völkerkunde. Sein literarisches Erbe wurde von Gervinus in neun Bänden herausgegeben. Seine bedeutendste Leistung sind seine Reisebeschreibungen „Ansichten vom Niederrhein, von Brabant, Flandern, Holland, England und Frankreich im April, Mai und Juni 1790".

Der „Knigge" erscheint

Wenn jemand die gesellschaftlichen Umgangsformen nicht beherrscht, so sagt man heute, er habe „seinen Knigge nicht gelesen", den Leitfaden der guten Manieren. Adolf Freiherr von Knigges (1752-1796) berühmtes Werk „Über den Umgang mit Menschen", das im Jahre 1788 erschien und in viele Sprachen übersetzt wurde, enthielt jedoch erheblich tiefergehende Weisheiten als nur Lehren über äußeres Benehmen und Tischsitten. Es war ein Buch über die Erziehung an sich selbst und das Verhalten gegenüber den Mitmenschen. Das zweibändige Erziehungsbuch ist bis heute die Grundlage aller Werke über Anstandsregeln und guten Ton geblieben. Darüber hinaus aber sollte seine Aufgabe als Leitfaden der Ethik und Moral nicht vergessen werde, der jeden, der ihn zu lesen verstand, die Kunst der Menschenführung lehrt.

Kanonade von Valmy

Am 20. September 1792 kam es im 1. Koalitionskrieg zur Kanonade von Valmy. Im Artillerieduell zwischen der Koalition aus Österreichern und Preußen auf der einen und der französischen Revolutionsarmee auf der anderen Seite besiegten die Franzosen hier erstmals ein Heer der Koalition und beenden damit die Illusion ihrer Gegner vom „Spaziergang nach Paris". Dem Gefecht wohnte auch Goethe als Kriegsberichterstatter des Herzogs Karl August von Weimar bei. Hier spricht er nicht nur die berühmten Worte: „Von hier und heute geht eine neue Epoche der Weltgeschichte aus." Er kann auch seine wissenschaftliche Neugier nicht bezähmen: „Da man mich als auf mancherlei aufmerksam kannte, so brachte man alles, was irgend sonderbar scheinen mochte, herbei; unter andern legte man mir eine Kanonenkugel vor, ohngefähr vierpfün-

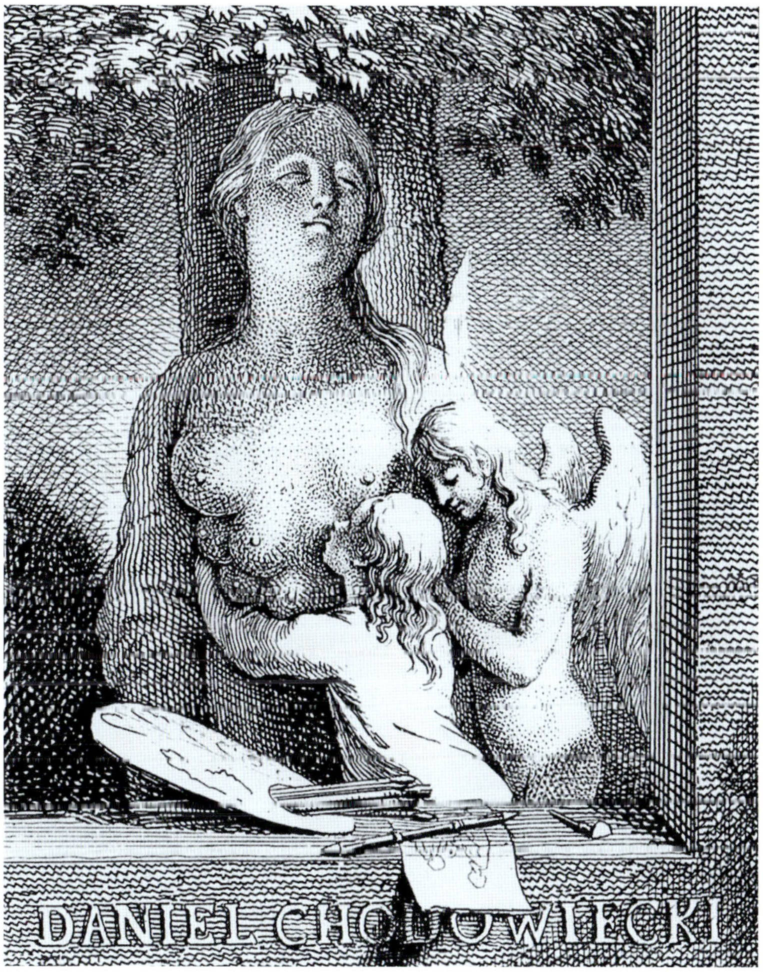

Bild linke Seite links: *Der Schriftsteller und Philosoph Georg Friedrich Philipp Freiherr von Hardenberg (1772-1801), bekannt als Novalis.*
Bild linke Seite rechts: *Die Barberina, Gemälde von Antoine Pesne, um 1745. Die italienische Primaballerina (eigentlich Barbara Campanini, 7. Juni 1721-7. Juni 1799) hatte zwischen 1743 und 1748 ein Engagement in Berlin. Die vielen Gerüchte um ihre Person gehörten zum beliebtesten Gesprächsstoff in der preußischen Hauptstadt.*
Bild oben links: *Johann Georg Forster, Gemälde von Johann Heinrich Wilhelm Tischbein, um 1785. Forster (1754-1794) war der bekannteste deutsche Forschungsreisende seiner Zeit und gilt als Begründer der künstlerischen Reisebeschreibungen und der vergleichenden Länder- und Völkerkunde.*
Bild oben rechts: *Daniel Chodowiecki, Exlibri für seine eigene Bibliothek, Kupferstich, um 1760. In Tausenden Radierungen, Kupferstichen, Zeichnungen und Aquarellen schilderte der Maler (16. Oktober 1726-7. Februar 1801) mit peinlich genauer Beobachtung den Alltag seiner Mitmenschen und das bürgerliche Rokoko.*

dig zu achten, doch war das Wunderliche daran, sie auf ihrer ganzen Oberfläche in kristallisierten Pyramiden endigen zu sehen. Kugeln waren jenes Tags genug verschossen worden, daß sich eine gar wohl hierüber konnte verloren haben. Ich erdachte mir allerlei Hypothesen, wie das Metall beim Gusse oder nachher sich zu dieser Gestalt bestimmt hätte; durch einen Zufall ward ich hierüber aufgeklärt. Nach einer kurzen Abwesenheit wieder in mein Zelt zurückkehrend, fragte ich nach der Kugel, sie wollte sich nicht finden. Als ich darauf bestand, beichtete man: sie sei, nachdem man allerlei an ihr probiert, zersprungen. Ich forderte die Stücke und fand, zu meiner großen Verwunderung, eine Kristallisation, die, von der Mitte ausgehend, sich strahlig gegen die Oberfläche erweiterte. Es war Schwefelkies, der sich in einer freien Lage ringsum mußte gebildet haben. Diese Entdeckung führte weiter, dergleichen Schwefelkiese fanden sich mehr, obschon kleiner, in Kugel- und Nierenform, auch in andern, weniger regelmäßigen Gestalten, durchaus aber darin gleich, daß sie nirgends angesessen hatten und daß ihre Kristallisation sich immer auf eine gewisse Mitte bezog; auch waren sie nicht abgerundet, sondern völlig frisch und deutlich kristallinisch abgeschlossen. Sollten sie sich wohl in dem Boden selbst erzeugt haben, und findet man dergleichen mehr auf Ackerfeldern?"

Friedrich Gottlieb Klopstock

Der am 2. Juli 1724 in Quedlinburg geborene Klopstock studierte Theologie in Jena und Leipzig, gehörte zum Kreis der „Bremer Beiträger" und dichtete in dieser Zeit bereits die ersten Gesänge des Messias. 1751 wurde er durch Vermittlung des Ministers Johann Hartwig Ernst von Bernstorff vom dänischen König nach Kopenhagen berufen, der ihm eine Lebensrente aussetzte. Klopstock wurde dort zum Mittelpunkt des deutsch-dänischen Dichterkreises. Nach dem Sturz Bernstorffs 1770 verließ er Kopenhagen und lebte bis zu seinem Tod am 14. März 1803 in Hamburg.
Die Sprach- und Gefühlsgewalt besonders der ersten Gesänge des „Messias" bereiteten den Durchbruch der Empfindsamkeit, des Sturm und Drang und der Erlebnisdichtung vor. Klopstock erweiterte die dichterischen Ausdrucksmöglichkeiten der Sprache durch neue Bilder, Wortprägungen und Musikalität sowie durch die geschickte Anverwandlung antiker Metren und freier Rhythmen. Im Fortschreiten des Werks spürt man jedoch das Erlahmen der dichterischen Kraft. Seine Oden, meist reimlos, sind von echter Empfindung getragen und erheben sich oft zu hymnischer Höhe und überpersönlicher Aussage. Klopstocks Dramen sind ohne dramatische Bewegung und daher wenig bühnenwirksam. Von seinen theoretischen Schriften ist die unvollendete „Deutsche Gelehrtenrepublik" (1774) am bedeutsamsten. Sie entwickelt das Prinzip der Freiheit vom Regelzwang. Weitere Werke sind die „Geistlichen Lieder", „Hermanns Schlacht" und „Oden und Elegien".

Hinrichtung des Schinderhannes

„Johannes Bückler, genannt Schinderhanes, Anführer einer Straßenräuberbande im Taunus, wurde nach seiner Ergreifung nach einem Aufsehen erregenden Schauprozess zum Tode verurteilt und

am 21. November 1803 hingerichtet: Während der Verhandlungen, die fast einen Monat dauerten, faßte daß sich auf den Galerien drängende Publicum für S. ein immer lebhafteres Interesse, ebenso sehr wegen der reumüthigen Aufrichtigkeit, mit der er seine Missethaten bekannte und zu der er auch seine Mitverbrecher antrieb, als wegen seiner stets guten Laune und noch mehr wegen der kindlichen Theilnahme an dem Loos seines Vaters und der Zärtlichkeit zu seiner Geliebten. Nicht für sich, sondern nur für Vater und Weib erbat er die Gnade der Richter. An Mordthaten hatte er übrigens niemals einen selbstthätigen Antheil genommen.
Das Urtheil ward am 20. November 1803 verkündet. Von den 68 Angeklagten, von denen mittlerweile einer den Verstand verloren hatte und vier im Gefängniß gestorben waren, wurde S. mit 19 Complicen zum Tode verurtheilt. 7 erhielten eine 24jährige, 3 (darunter der Vater Johann Bückler) eine 22jährige, 1 eine 14jährige, 2 eine 10jährige, 1 eine 8jährige, 1 eine 6jährige Kettenstrafe; 2 (darunter die Bläsius) eine 2jährige, 1 eine 5monatliche Zuchthausstrafe; 2 wurden verbannt und 20 freigesprochen; 1 dem Specialgericht des Saardepartements überwiesen.
Die Hinrichtung fand am folgenden Tage Mittags 1 Uhr statt; die herbeigeströmte Menge schätzte man auf mehr als 40.000 Köpfe. S., der bis zum letzten Augenblick mit seinem Kind getändelt, dann das Abendmahl genommen hatte, unterhielt sich auf der Fahrt „mit staunenswürdiger Ruhe" mit dem ihn begleitenden Geistlichen, sprang an der Richtstätte angelangt ohne Zaudern vom Wagen, küßte den Scharfrichter und betrat die Guillotine mit den Worten: ‚Ich sterbe gerecht, doch zehn von meinen Cameraden verlieren das Leben unschuldig.' In 26 Minuten war das grausige Schauspiel der 20 Hinrichtungen beendet.

Bild linke Seite links: *Friedrich Gottlieb Klopstock, Porträt von Jens Juel. Der Schriftsteller Klopstock (1724-1803) war einer der Väter des deutschen Nationalstaatsgedankens.*
Bild linke Seite rechts: *Johannes Büchler, genannt Schinderhannes, Porträt von Karl Matthias Ernst, 1803. Bückler (25. Mai 1783-21. November 1803) war der wohl berühmteste deutsche Räuberhauptmann und Anführer einer Straßenräuberbande, die im Taunus ihr Unwesen trieb. Nach seiner Ergreifung wurde der „Schinderhannes" nach einem Aufsehen erregenden Schauprozess zum Tode verurteilt und hingerichtet. In der Bevölkerung verehrte man ihn ähnlich wie Robin Hood als Volkshelden. Seine Lebensgeschichte regte den Schriftsteller Carl Zuckmayer zu dem sozialkritischen Drama „Schinderhannes" an (1927). Darin umschreibt er den Hunsrückräuber in seinem „Schinderhanneslied" mit den Worten: „Das ist der Schinderhannes, Der Lumpenhund, der Galgenstrick, Der Schrecken jedes Mannes, Und auch der Weiber Stück ..."*
Bild rechts: *Immanuel Kant (1724-1804), Vertreter der Aufklärung, gilt als einer der bedeutendsten Philosophen des Abendlandes.*

Immanuel Kant

Immanuel Kant, geboren am 22. April 1724 in Königsberg, besuchte von 1730 bis 1732 die Vorstädter Hospitalschule und im Anschluss das Collegium Fridericianum. Danach studierte Kant an der Universität Königsberg Philosophie, Mathematik und Naturwissenschaften. 1755 promovierte er an der Universität Königsberg und wurde anschließend Privatdozent; er war auch Unterbibliothekar der Schlossbibliothek. 1764 schlug er die Professur für Dichtkunst aus. 1769 folgten Berufungen nach Erlangen und Jena.
1770 wurde Kant als ordentlicher Professor für Metaphysik und Logik an die Universität seiner Heimatstadt berufen. Dort hielt er auch Vorlesungen über Naturwissenschaften und Geografie. Diese gliederte er in sechs verschiedene Bereiche, die physische, mathematische, politische, moralische, wirtschaftliche und theologische Geografie. 1781 erschien das erste der Hauptwerke Kants, die „Kritik der reinen Vernunft"; sieben Jahre später folgte die „Kritik der praktischen Vernunft", 1790 die „Kritik der Urteilskraft". 1786 hatte er das Rektorat der Universität inne, 1788 ein zweites Mal. 1794 geriet er in Konflikt mit den preußischen Zensurbehörden und begann seine Vorlesungstätigkeit einzuschränken, bis er sie drei Jahre später aus Gesundheitsgründen ganz beendete. Seine physischen Kräfte ließen nach, Schüler und Anhänger begannen, seine Vorlesungen und unveröffentlichten Schriften herauszugeben.

Im Oktober 1803 erkrankte Kant ernstlich. Er erholte sich zwar wieder, war aber für den Abschluss eines letzten Hauptwerkes, das nur Fragment blieb, schon zu sehr geschwächt. Nach seinem Tod am 12. Februar 1804 in Königsberg wurde er im sog. Professorengewölbe an der Nordseite des Königsberger Doms beigesetzt.
Kants Philosophie entwickelte sich ausgesprochen langsam, Schritt für Schritt. Man unterscheidet eine vorkritische und eine kritische Periode (Kritizismus). Etwa bis zu seinem 45. Lebensjahr versuchte er, mithilfe naturphilosophischer, ästhetischer und theologischer Untersuchungen ein neues Verhältnis des Menschen zur Welt und zu Gott darzustellen. Zwischen 1770 und 1790 folgte die Periode, in der er in seinen drei Hauptwerken der „Kritik" die Grenzen für die Erkenntnismöglichkeiten festsetzte. In seiner letzten Entwicklungsstufe drängte Kant dann den reinen Erkenntnissucher zurück und verstand sich nun mehr als Weltdeuter und Gottsucher, der sich, wie Kant sagte, „um den höchsten Standpunkt von Gott, der Welt und den denkenden Wesen bemüht".
Aus seiner praktischen Philosophie ist wohl der sog. Kategorische Imperativ, Kants sittliches Grundprinzip, am bekanntesten: „Handle stets so, dass die Maxime deines Willens jederzeit zugleich als Prinzip einer allgemeinen Gesetzgebung gelten könne". Mit seiner Religionsleh-

re, die in erster Linie Morallehre war, und vor allem seiner Umdeutung wesentlicher Stücke der christlichen Glaubenslehre erregte er den Unwillen des Preußenkönigs Friedrich Wilhelm II., der ihm verbot, weiterhin Vorlesungen dieser Art zu halten.

Innerhalb seiner Geschichts- und Rechtsphilosophie bekannte sich Kant unter dem Eindruck der Französischen Revolution zur Republik, die er als „das Staatsprinzip der Trennung zwischen ausführender und gesetzgebender Gewalt" verstand. Die Gewaltenteilung ist noch heute ein wesentlicher Bestandteil der modernen Demokratien.

Kants große Leistung besteht ohne Zweifel darin, dass er durch kritische Prüfung der Grenzen des Denkens, durch die Feststellung der Gültigkeit des Denkens innerhalb dieser Grenzen und durch das Aufzeigen transzendentaler (von der Erfahrung unabhängiger) Grundsätze der Erkenntnis neue Wege und Maßstäbe für das Denken und das „sittliche" Handeln der Menschen aufstellte.

Friedrich Schiller

Johann Christoph Friedrich Schiller kam am 10. November 1759 im württembergischen Marbach zur Welt. Er verließ 1773 auf Geheiß des despotischen Herzogs Karl Eugen die Lateinschule und das Elternhaus in Ludwigsburg, um dem beispiellosen Drill einer absolutistisch-pervertierten Erziehung unterstellt zu werden. Bis 1780 blieb er in den Mauern der später Karlsschule genannten und von der Solitude nach Stuttgart verlegten Militärakademie kaserniert. Danach trat er, ebenfalls auf Geheiß des Herzogs, die ausgesprochen schlecht bezahlte Stelle eines Regimentsmedikus in Stuttgart an, bereits das Werk mit sich tragend, das vor allen anderen seinen Namen berühmt machen sollte: das schon 1777 begonnene und 1781 in Druck gegebene Schauspiel „Die Räuber". Obwohl dieses leidenschaftliche Jugenddrama mit seinen Rühr- und Spektakelszenen deutlich genug die Zeichen der Unreife trägt, ist es doch bereits genial zu nennen hinsichtlich der Art, wie zwei extreme Möglichkeiten menschlichen Verhaltens, personifiziert in Karl und Franz Moor, dramatisch verarbeitet werden. Die Frage nach dem Verhältnis von Politik und Sittlichkeit, von Mittel und Zweck, von individuellem Anspruch und Lebenskompromiss stellte Schiller hier zum ersten Mal. Weniger überzeugend ist die Lyrik aus Schillers kraftgenialischer Zeit. Sie findet sich, zusammen mit den überhitzten „Oden an Laura" (einer angeblichen Huldigung für seine Stuttgarter Zimmerwirtin), in der Anthologie auf das Jahr 1782. Schillers Flucht nach Mannheim, ausgelöst durch die Entdeckung seiner heimlichen Anwesenheit bei der sensationellen Uraufführung der „Räuber" 1782 in Mannheim und einer weiteren verbotenen Reise dorthin, zog nicht die nach den Versprechungen des Intendanten Dalberg erwartete Karriere als Mannheimer Theaterdichter nach sich, sondern Jahre der Not und Angewiesenheit auf die Hilfe von Freunden. Auf dem Gut seiner Gönnerin Henriette von Wolzogen in Bauerbach (Thüringen), das Schiller bis 1783 als Versteck diente, vollendete er die Trauerspiele „Die Verschwörung des Fiesko zu Genua" (1783) und „Kabale und Liebe" (1784). Der hier zum Teil noch melodramatisch ausgetragene Konflikt zwischen aristokratischer Tyrannis und republikanischer Tugend beziehungsweise zwischen Feudalwelt und Bürgertum wird in Schillers nächster Tragödie, „Don Carlos", an der er von 1783 bis 1787 arbeitete, von der sozialen auf die ideelle Ebene der humanen Verantwortung schlechthin geführt. Der in ihren menschlichen Verstrickungen tragischen Gestalt König Philipps II. erwächst in Marquis Posa der ideelle Gegenspieler, die Stimme der Humanität. Das in Jamben verfasste Stück bezeichnete Schillers Übergang aus der „Sturm-und-Drang"-Zeit in seine klassische Epoche. Inzwischen war der Dichter, nachdem ihn die ersten Anfälle seiner Lungenkrankheit, die Auflösung des Vertrags als Theaterdichter in Mannheim (1783/1784) und die unglückliche Liaison mit Charlotte von Kalb in eine schwere Krise geführt hatten, der Einladung von Verehrern nach Leipzig gefolgt. Im Körnerschen Hause erlebte er von 1785 bis 1787 jene Freundschaft, der er mit dem berühmten Hymnus „Lied an die Freude" (1785) ein Denkmal setzte. Es folgte die Zeit

***Bild links:** Friedrich von Schiller, Porträt von Gerhard von Kügelgen, 1808/09. Schiller (1759-1805) ist vor allem für seine Dramen berühmt. Sein Stück „Die Räuber" gehört zu den herausragendsten Dramen des Sturm und Drang und begründete den Ruhm des Weimarer Dichters. Seine späteren, der Klassik zugehörigen Stücke behandeln historische Themen (darunter „Wallenstein" und „Maria Stuart"). Schillers Anliegen ist dabei nicht so sehr historische Genauigkeit als vielmehr die Umsetzung seines in vielen theoretischen Abhandlungen (z. B. „Über die ästhetische Erziehung des Menschen", 1795) formulierten Ästhetikkonzepts. Seine theoretischen Schriften sind stark von den Werken Immanuel Kants beeinflusst.*

***Bild rechte Seite:** Friedrich von Schiller in der Uniform der Militärakademie Württemberg, an der er Recht und Medizin studiert hatte, liest aus seinem ersten Drama, „Die Räuber". Er schrieb das Stück im Stil des Sturm und Drang im Alter von 22 Jahren. Als revolutionärer Angriff auf die Gesellschaft hat das Werk eine so nachhaltige Wirkung, dass es noch von den Nationalsozialisten verboten wurde. Schiller sah die Bühne als eine Art Gericht, wo die Mächtigen dieser Welt hören, was sie nie oder selten hören – die Wahrheit.*

der theoretischen Besinnung und der prosaischen Schriften, begleitet von der Herausgabe der Zeitschrift „Thalia". Goethe, dem er bei der ersten Begegnung in Weimar (1788) menschlich nicht näherkam, vermittelte Schiller – nach dem Erfolg von dessen „Geschichte des Abfalls der vereinigten Niederlande" (1788) – die Geschichtsprofessur in Jena. 1789 übersiedelte Schiller dorthin und heiratete im Jahr darauf Charlotte von Lengefeld.
Im gleichen Jahr erschien der erste Teil von Schillers bedeutendster historischer Arbeit, der „Geschichte des Dreißigjährigen Krieges". Aus der Beschäftigung mit Kant, aber auch schon aus der Annäherung an Goethe, mit dem ihn seit 1794 eine Freundschaft und ein für die Geschichte der Literatur beispielloser künstlerischer und geistiger Austausch verband, erwuchsen die ästhetisch-philosophischen Schriften, darunter als bedeutendste die Abhandlung „Über Anmut und Würde" (1793) und die Untersuchung „Über naive und sentimentalische Dichtung" (1795), in der Schiller eine bis heute gültige Typologie dichterischen Schaffens entwickelte. Organ für Schillers Aufsätze war seit 1795 seine Zeitschrift „Horen". Im folgenden Jahr gab er die erste Nummer des Musenalmanachs heraus, in dem 1797 als gemeinsame satirische Produktion Goethes und Schillers „Xenien" erschienen. Im Musenalmanach für 1798 wurden die im Wettstreit mit Goethe entstandenen großen Balladen veröffentlicht („Der Taucher", „Der Handschuh", „Die Kraniche des Ibykus" u. a.). Der Briefwechsel mit Goethe schließlich machte Schiller frei zu seiner nächsten dramatischen Arbeit, der Wallenstein-Trilogie (1800), die zum ersten Mal nicht einen „sympathischen" Helden, sondern eine politische Gestalt mit allen ihren äußeren und inneren Konflikten und Schwächen auf die Bühne bringt.
1799 übersiedelte die Familie Schiller nach Weimar. In der Nähe Goethes reiften, bereits den zunehmenden Erkrankungen abgetrotzt, die weiteren klassischen Meisterdramen: die wohl bühnenstärkste Tragödie Schillers „Maria Stuart" (1801), das „romantische" Trauerspiel „Die Jungfrau von Orleans" (1801), das Goethe für das schönste aller dramatischen Werke Schillers hielt, die „Braut von Messina" (1803) und schließlich Schillers volksnahes und wohl auch populärstes Drama „Wilhelm Tell" (1804). Am 9. Mai 1805 verstarb Schiller in Weimar.
Auch wenn Schiller von allen deutschen Dichtern vielleicht die nachhaltigste Wirkung ausgeübt hat, so war doch auch schon zu seinen Lebzeiten das Urteil über ihn strittig. In der literarischen Wertschätzung war er schon immer größeren Schwankungen unterworfen als der andere große klassische Dichter der Deutschen, Johann Wolfgang von Goethe. Noch heute reicht die Skala der Beurteilungen Schillers vom „poetischen Missgeschick" (E. Heller) bis zum „L'art-pour-l'art-Dichter" (E. Staiger). Gewiss ist, dass Schiller sich seinem eigenen Ideal einer naiven Urdichtung nur über den Umweg einer streng dualistischen Körper-Geist-Philosophie nähern konnte, also über den Umweg der Reflexion. Aber gerade dieser „sentimentalische" Zug macht ihn eher als Goethe zu einem „modernen" Dichter.
Schillers Gesamtbild ist vielschichtig. Neben dem pathetischen Gedankenlyriker steht der Spottdichter der „Xenien"; den ästhetischen Theoretiker Schiller, der durch Kants ethischen Rigorismus gegangen ist, ergänzt der Historiker auf dem Jenaer Professorenstuhl; der Herausgeber der Horen, der den Geschmack der Nation bilden will, veröffentlicht nur wenig früher auch das beim damaligen Publikum wegen seiner Schauer- und Spannungseffekte beliebte „Geisterseher"-Fragment.

Napoleons Einzug in Berlin

Als am 17. Oktober 1806 die Nachricht eintraf, die beiden preußischen Armeen seien drei Tage zuvor in Thüringen bei Jena und Auerstedt geschlagen worden, erließ der Gouverneur der Hauptstadt, der Staatsminister und General der Kavallerie Graf von der Schulenberg-Kehnert, sofort die berühmt gewordene, aber nur aus der allgemeinen Situation zu verstehende Proklamation: „Der König hat eine Bataille verloren. Jetzt ist Ruhe die erste Bürgerpflicht. Ich forderte die Einwohner Berlins dazu auf ..." Im Grunde sprach aus diesen Worten die Besorgnis vor Unruhen, die auch der schlesische Provinzialminister Graf Hoym teilte.
Am 23. Oktober erschienen die ersten französischen Truppen vom III. Armeekorps vor der Stadt und biwakierten auf dem Tempelhofer Feld. Zwei Tage später ritt der Marschall Davout, Sieger in der Schlacht von Auerstedt, in Berlin ein, am Nachmittag des 27. Oktober folgte Napoleon selbst, der zuvor in Potsdam und dann im Charlottenburger Schloss kampiert und sich in Potsdam den Sarg Friedrichs des Großen hatte zeigen lassen. „Wenn dieser noch lebte, stünde ich nicht hier!" lauteten Napoleons respektvolle Worte.
Die Berliner gaben sich Mühe, möglichst „neutral" zu erscheinen, bestaunten die höchst farbenreich und prunkvoll uniformierten Eroberer und konnten es vor Verwunderung nicht fassen, dass die fremden Soldaten auf offener Straße ihre Pfeife rauchten, was im preußischen Berlin wegen der allgemeinen Brandgefahr streng verboten gewesen war. Die Festung Spandau bei Berlin, deren Kommandant martialisch erklärt hatte, er wolle sich unter den Trümmern der Zitadelle begraben lassen, hisste die weiße Fahne, und

der Fürst Hatzfeld verweigerte einen vom König entsandten Offizier selbst die Herausgabe der 40.000 im Zeughaus lagernden Gewehre, um Napolon nicht zu reizen.

Königin Luise

Die Prinzessin von Mecklenburg-Strelitz, geboren am 10. März 1776 in Hannover, war seit 1793 Gattin Friedrich Wilhelms III., mit dem sie als Königin Luise eine glückliche Ehe führte; unter ihren zehn Kindern waren der spätere König Friedrich Wilhelm IV. und der erste deutsche Kaiser Wilhelm I. Wegen ihrer Güte und Schlichtheit wurde Luise vom Volk hoch verehrt. Nach der preußischen Niederlage bei Jena und Auerstedt floh sie mit ihrer Familie nach Ostpreußen. 1807 versuchte sie vergebens, in einem persönlichen Gespräch mit Napoleon I. bessere Friedensbedingungen zu erreichen. Sie beeinflusste die preußische Politik zu Gunsten der Stein-Hardenberg'schen Reformen und des Bündnisses mit Russland. Am 19. Juli 1810 starb sie auf Schloss Hohenzieritz in Mecklenburg.

Andreas Hofer

Der schweizerischer Schriftsteller Johann Peter Hebel schreibt im „Schatzkästlein des rheinischen Hausfreundes“ über den Tiroler Freiheitskämpfer Andreas Hofer:
„Andreas Hofer Sandwirth in Passeyer und Viehhändler hatte bis über sein 40stes Jahr bis der Aufstand ausbrach, schon manch Schöpplein Wein ausgeschenkt, manch Stücklein Kreide an bösen Schulden verschrieben, und schätzen konnte er ein Häuptlein Vieh trotzdem einem. Aber im Aufstand brachte er es zum Commandanten, nicht blos von einem Städtlein oder Thal, nein von der ganzen gefürsteten Grafschaft Tirol, und nahm sein Quartier nicht nur in einem Pfarrhof oder etwa in einem Amthaus, sondern in dem großen fürstlichen Residenzschloß zu Insbruck. An fünfzig tausend Mann Landsturm stand in kurzer Zeit unter seinem Befehl. Wer keine Flinte hatte, präsentirte das Gewehr mit der Heugabel.
Was verordnet und ausgefertigt wurde, stand Andreas Hofer darunter, das galt. Sein geheimer Kriegsminister war ein geistlicher Herr, Pater Joachim genannt, sein Adjutant war der Kronenwirth von Pludenz, sein Schreiber ein entlaufener Student. Unter seiner Regierung wurden für dreyßigtausend Gulden eigene Zwanzigkreuzerstücke für Tirol geprägt, der Hausfreund hat auch einen Hutvoll davon. Ja, er legte eine eigene Stückgießerey an, aber wie? Die Kanonen wurden aus Holz gebohrt, und mit starken eisernen Ringen umlegt. Item es that gut, nur nicht dem, den's traf. In Inspruck ließ er sich gut auftragen. Selber essen macht fett. Er sagte: ich bin lang genug Wirth gewesen. Jetzt will ich auch einmal Gast seyn.
Bey dem allen veränderte er seine Kleidertracht nie. Er gieng einher wie ein gemeiner Tiroler, und trug einen Bart, so lang das Haar wachsen mochte. Nur im rothen Gürtel trug er ein paar Terzerolen, und auf dem grünen Hut eine hohe Reiherfeder, und neben seinen schweren Regierungsgeschäften trieb er den Viehhandel fort, wie vorher. Jetzt schickte er einen Adjutanten mit Befehlen an die Armee ab, jetzt kam ein Metzger: ‚Wie theuer die vier Stieren die ihr bei eurem Schwager eingestellt habt?‘
Sonst war er kein ganz roher Mann: viel Unglück hat er verhütet, wo er wehren konnte. Aber größer war das Unglück, das er durch seine Hartnäckigkeit gegen alle Einladungen zum Frieden und durch seine Treulosigkeit verursachte. Jetzt schrieb er an das Bayerische Commando. ‚Wir wollen uns unterwerfen und bitten um Gnad. Andere Hofer Oberkommedant in Diroll gewöster.‘ Zugleich schrieb er an den Adjutant Kronenwirth: ‚Wehrt euch so lang ihr könnt. Trifts nicht, so gilts nicht.‘ Als sich aber endlich das verblendete Volk der angebotenen Gnade seines großmüthigen Königs unterwarf, und alle welche sich nachher mit den Waffen des Aufruhrs noch blicken ließen, gehenkt wurden, mancher Baum trug solch ein Früchtlein, da war Andreas Hofer nicht daheim zu finden, und an keinem Baum; und es hieß er sey ein wenig spazieren gegangen über die Gränzen.
Den Willen dazu mag er gehabt haben in seiner armen hölzernen Hirtenhütte auf einem hohen Berg im hintersten Passeyer Thal, wo er mit seinem Schreiber verborgen lag, und mit 6 Fuß hohem Schnee verschanzt war. Sein Haus und sein

Bild links: *Königin Luise von Preußen, Gemälde von Josef Maria Grassi, 1802. Geboren als Luise von Mecklenburg-Strelitz (1776-1810), wurde Königin Luise von Zeitgenossen als schön und anmutig beschrieben, ihre ungezwungenen Umgangsformen erschienen ihnen eher bürgerlich als aristokratisch. Ihr Leben war eng verknüpft mit den dramatischen Ereignissen im Kampf Preußens gegen Napoleon Bonaparte. Da sie früh starb, blieb sie in der Vorstellung auch der nachfolgenden Generationen jung und schön. Schon zu Lebzeiten wurde sie zum Gegenstand beinahe kultischer Verehrung. Nach ihrem Tod setzte sich diese Tendenz verstärkt fort. Sie wurde zum Symbol für den Wiederaufstieg Preußens und für die Entwicklung hin zum Deutschen Kaiserreich. So reichte ihre historische Bedeutung weit über den Einfluss hinaus, den sie als Königin von Preußen tatsächlich hatte.*
Bild rechte Seite: *Andreas Hofer auf dem Gemälde „Der Tiroler Landsturm anno neun“, Josef Anton Koch, 1818. Andreas Hofer (1767-1810), ursprünglich Wirt in Sankt Leonhard im Passeiertal und Viehhändler, wurde 1809 (im Einvernehmen mit Erzherzog Johann) zum Anführer des Tiroler Freiheitskampfes gegen die bayerische und französische Besatzung seines Heimatlandes.*

Vermögen war von den wüthenden Bauern geplündert. Dürftige Nahrung verschaffte ihm von Zeit zu Zeit seine Frau, die jetzt selber mit ihren 5 Kindern von fremden Wohltaten lebt. Da sah es anderst aus als in der Burg zu Inspruck. Schlimmers Quartier wartete auf ihn. Einer von seinen guten Freunden verrieth für Geld seinen Aufenthalt. Ein französisches Kommando umringte seine Hütte und nahm ihn gefangen. Man fand bey ihm vier geladene Kugelbüchsen, viel Geld, wenig Nahrung. Er selbst war von Mangel, Kummer und Angst abgezehrt. So wurde er von einer starken militärischen Begleitung unter Trommelschlag durch das Land nach Italien nach Mantua ins Gefängniß gebracht, und daselbst erschossen. In solchen Wassern fangt man solche Fische. – Vorgethan und nachbedacht, hat manchen in groß Leid gebracht.

Karl Reichsfreiherr von und zum Stein

Nach einem Studium der Rechtswissenschaften war der am 25. Oktober 1757 im hessischen Nassau geborene von und zum Stein seit 1780 im preußischen Staatsdienst. 1804 wurde er zum Minister für Finanzen, Handel und Wirtschaft ernannt. Eine Reform des Regierungssystems konnte er jedoch nicht durchsetzen; 1807 wurde er von Friedrich Wilhelm III. entlassen. Auf Betreiben von Napoleon und Hardenberg wurde Stein jedoch im September desselben Jahres erneut als Minister berufen.

Er erwarb sich in der Folgezeit besondere Verdienste durch die Gesetzgebung zur Bauernbefreiung, Behördenorganisation und Städteordnung. Stein forderte in der „Nassauer Denkschrift“ 1807 die Erziehung der Untertanen zur freien Persönlichkeit, zum verantwortungsbewussten, an der politischen Entwicklung und an Gesetzgebung beteiligten Bürger. Wegen seiner antiabsolutistischen Haltung wurde er von Napoleon geächtet und musste an den Hof Zar Alexanders I. fliehen; dort setzte er sich für ein preußisch-russisches Bündnis gegen Frankreich ein.

Der Schriftsteller und Politiker Ernst Moritz Arndt berichtet in seinen „Erinnerungen aus dem äußeren Leben“:

„(...) bis zum Jahre 1804, wo er in die Hauptstadt berufen ward um das durch den Tod des Herrn von Struensee erledigt Ministerium der Finanzen, des Handels und der Gewerb zu übernehmen. Es ist genug gesagt, daß er dieses in dem freien Geiste seines ausgezeichneten und verdienstvollen Vorgängers fortzuführen suchte. Nicht lange, und mit den Jahren 1805 und 1806 kam die Zeit der Verwirrung und des Unglücks. Stein nahm im Frühling des Jahres 1807 in Königsberg seine Entlassung und ging auf seine Güter am Rhein. Doch schon im Herbst desselben Jahres rief ihn sein König zurück und übergab dem Manne, dem alle Guten zutrauten, daß er nie am Vaterlande verzweifeln könne, die höchste Leitung der Geschäfte. Genug bekannt ist, was er für die Wiederherstellung des Vaterlandes gewollt und gewirkt, und wie er mit den besten Männern, namentlich mit dem stillen festen Scharnhorst, dafür gestrebt und gearbeitet hat: Aufhebung der Dienstbarkeit und Leibeigenschaft und was dazu gehört, Scheidung und Ablösung der grundherrlichen und bäuerlichen Verhältnisse, neue Städteordnung, neue Kriegs- und Wehrordnung, Sprengung des Kastengeistes und Förderung des Gemeingeistes u.s.w.

Napoleon und seine Späher wurden aufmerksam auf die Arbeiten und Hoffnungen dieser Männer, Stein ward entlassen, der fremde Überzieher ächtete ihn und zeigte der ganzen Welt dadurch die Tugend des Verfolgten. Ein Jahr war er höchster Diener seines Königs gewesen. Dankbar hat er immer des offenen Vertrauens und des tapfern Beifalls erwähnt, die sein erhabener König ihm in jener verhängnisvollen Zeit gewährt hat. Er war von dem Gewaltigsten in die Acht gethan seine Güter waren mit Beschlag belegt; er suchte und fand von 1808 bis 1812 in den Erbstaaten seines alten Kaisers im Elende eine Zuflucht.“

Am 29. Juni 1831 starb der Staatsmann auf Schloss Cappenberg in Westfalen.

Heinrich von Kleist

Der Sohn eines preußischen Hauptmanns, geboren am 18. Oktober 1777 in Frankfurt an der Oder, begann 1799 ein Philosophiestudium. 1807 in Berlin als Spion verhaftet, ging er nach der sechsmonatigen Haftstrafe nach Dresden, wo er an verschiedenen Dramen arbeitete. Die Aufführungen von „Penthesilea“ und „Der zerbrochene Krug“ (beide 1808) waren jedoch Misserfolge.

Unter dem Eindruck der Ereignisse der napoleonischen Besatzungszeit schrieb er das Drama „Die Hermannsschlacht“ (erschienen 1821). 1810/1811 gab Kleist in Berlin die „Berliner Abendblätter“ heraus. Auch sein letztes Drama, der „Prinz von Homburg“, hatte keinen Erfolg.

Am 21. November 1811 nahm er sich zusammen mit Henriette Vogel in Wannsee bei Berlin das Leben. Ludwig Tieck gab 1821 die hinterlassenen Schriften heraus; erst jetzt erkannte man die herausragende Bedeutung von Kleists literarischem Werk sowohl für die Dramatik als auch für die Novelle.

Kleists Werk lässt sich wohl am ehesten der Literatur der Romantik zuordnen, weist aber viele Elemente auf, durch die es sich von den romantischen Texten unterscheidet. Grundlegend für Kleists Texte ist die Auseinandersetzung seiner – zumeist vielschichtig gezeichneten – Figuren mit den als „Schicksal“ erfahrenen Konstellationen der Welt, die häufig die Existenz der Figuren bedrohen:

In der Erzählung „Die Marquise von O ...“ etwa überwindet die Heldin ihre durch eine Vergewaltigung ausgelöste Lebenskrise, indem sie sich zu ihrem so gezeugten Kind bekennt. Einer der wichtigsten literaturtheoretischen Texte Kleists ist die Schrift „Über das Marionettentheater“ von 1810, in der er seine Kunstauffassung formuliert.

Das Spätwerk des Schriftstellers ist als Reaktion auf die Napoleonischen Kriege zu verstehen. In seinem Drama „Die Hermannsschlacht“ bezieht Kleist patriotische, nationalistische Positionen; auch durch seine Tätigkeit als Herausgeber der „Berliner Abendblätter“ unterstützte Kleist antifranzösische Bestrebungen. Sein letztes Drama „Der Prinz von Homburg“ entwirft ein Idealbild der preußischen Armee.

Friedrich Nicolai

Der deutsche Schriftsteller wurde am 18. März 1733 in Berlin geboren und starb am 8. Januar 1811 in seiner Geburtsstadt. Als Leiter der 1765 gegründeten „Allgemeinen deutschen Bibliothek“, eines zeitgenössischen Literaturblatts, hat er den Boden bereitet für die literarische Regsamkeit, die um die Wende des 19. Jh. in wachsendem Maß das Bürgertums ergriff.

Noch befangen in der vorkantischen Aufklärung, lehnte Nicolai alles Neue wie die Weimarer Klassiker, den Pietismus, Kant und die Anfänge der Romantik ab. Eine Anerkennung seiner verlegerischen und schriftstellerischen Tätigkeit erfuhr Nicolai durch seine 1781 erfolgte

Bild links: *Heinrich von Kleist, Gemälde eines unbekannten Malers. Das Bild gilt als Porträt des 18-jährigen Kleist, wobei jedoch lediglich seine Herkunft aus Frankfurt an der Oder gesichert ist.*

Bild oben: *Die Brüder Wilhelm (links) und Jakob Grimm, Gemälde von Elisabeth Maria Anna Jerichau-Baumann, 1855. Die Brüder wurden durch ihre Sammlung der „Kinder- und Hausmärchen“ dauerhaft bekannt.*

Bild rechte Seite: *Christoph Martin Wieland (1733-1813). Wieland gilt als einer der bedeutendsten Dichter der deutschen Aufklärung.*

Berufung in die Münchener Akademie. Eine aufrichtige Gönnerin Nicolais war die russische Zarin Katharina II., die ihn zum Mitglied der Petersburger Akademie ernennen ließ. Friedrich Nicolai verband eine enge Freundschaft mit Lessing und Moses Mendelssohn.
Von seinen Werken ist die „Beschreibung einer Reise durch Deutschland und die Schweiz" zu nennen, eine Quelle für den Kulturhistoriker und Sozialwissenschaftler. Die zeitkritische „Geschichte eines dicken Mannes" wendet sich gegen die Kantische Philosophie, und die bewusst platt-flüssig gehaltene Erzählung „Freuden des jungen Werther" sollte die „Werther-Epidemie" in der Jugend bekämpfen.

Kinder- und Hausmärchen der Gebrüder Grimm

Aus der Vorrede des ersten Bandes (1812-1815):
„Es war vielleicht gerade Zeit, diese Märchen festzuhalten, da diejenigen, die sie bewahren sollen, immer seltner werden (freilich, die sie noch wissen, wissen auch recht viel, weil die Menschen ihnen absterben, sie nicht den Menschen), denn die Sitte darin nimmt selber immer mehr ab, wie alle heimlichen Plätze in Wohnungen und Gärten einer leeren Prächtigkeit weichen, die dem Lächeln gleicht, womit man von ihnen spricht, welches vornehm aussieht und doch so wenig kostet. Wo sie noch da sind, da leben sie so, daß man nicht daran denkt, ob sie gut oder schlecht sind, poetisch oder abgeschmackt, man weiß sie und liebt sie, weil man sie eben so empfangen hat, und freut sich daran ohne einen Grund dafür: so herrlich ist die Sitte, ja auch das hat diese Poesie mit allem unvergänglichen gemein, daß man ihr selbst gegen einen andern Willen geneigt seyn muß.
Leicht wird man übrigens bemerken, daß sie nur da gehaftet, wo überhaupt eine regere Empfänglichkeit für Poesie oder eine noch nicht von den Verkehrtheiten des Lebens ausgelöschte Phantasie gewesen. Wir wollen in gleichem Sinn hier die Märchen nicht rühmen, oder gar gegen eine entgegengesetzte Meinung vertheidigen: jenes bloße Daseyn reicht hin, sie zu schützen. Was so mannichfach und immer wieder von neuem erfreut, bewegt und belehrt hat, das trägt seine Nothwendigkeit in sich, und ist gewiß aus jener ewigen Quelle gekommen, die alles Leben bethaut, und wenn auch nur ein einziger Tropfen, den ein kleines zusammenhaltendes Blatt gefaßt, doch in dem ersten Morgenroth schimmernd."

Christoph Martin Wieland

Wieland wurde am 5. September 1733 im Pfarrhaus von Oberholzheim bei Biberach geboren. Nach einer pietistischen Erziehung in Kloster Bergen bei Magdeburg studierte Wieland von 1750 bis 1752 Jura in Tübingen. Auf die Einladung des Schweizer Literaturkritikers und Literaten Johann Jakob Bodmer zog Wieland zunächst nach Zürich. Einen Ausgleich zu der provinziellen Enge Zürichs fand Wieland im weltoffenen, schöngeistigen Zirkel, den der ehemalige kurmainzische Minister Friedrich Graf von Stadion auf Schloss Warthausen um sich scharte. Diesem Kreis, dem auch Wielands Jugendfreundin Sophie von La Roche und ihr Mann angehörten, verdankte Wieland die Beschäftigung mit der antiken und französischen Literatur.
1769 erhielt Wieland aufgrund seines literarischen Ruhms eine Professur in Erfurt, 1772 eine Anstellung in Weimar, wo er später mit Goethe einen freundschaftlichen Gedankenaustausch pflegte. Dort war er bis 1775 Prinzenerzieher (Anna Amalia) und als Herausgeber (1773-96) des „(Neuen) Teutschen Merkur" (Autoren: u. a. Kant, Herder, Goethe, Schiller, Novalis, August Wilhelm und Friedrich Schlegel) an der Auseinandersetzung um die Entwicklung einer modernen deutschen Literatur beteiligt.
Wieland gilt als einer der bedeutendsten Dichter der deutschen Aufklärung. Ihm gelang es in seiner Dichtung durch leichtfüßige Reimkunst, Sprachgewandtheit, geistreichen Witz und Frivolität die deutsche Literatur dem vor allem in Adelskreisen bevorzugten französischen Vorbild ebenbürtig zu machen. Allgemeine Anerkennung fanden und finden noch immer seine zahlreichen Übersetzungen antiker Werke sowie der Dramen Shakespeares.
1766 legte er sein erstes bedeutendes Werk vor: „Die Geschichte des Agathon" behandelt das wechselvolle Schicksal eines jungen griechischen Platonikers, der im Streit zwischen Sinnlichkeit und Sittlichkeit zum Ideal einer ästhetischen Moralität geführt wird. Dieser erste deutsche Bildungsroman wurde zur wichtigsten Vorstufe für Johann Wolfgang von Goethes „Wilhelm Meister". Ein Muster reiner Rokokodichtung schuf Wieland danach mit der Verserzählung „Musarion oder Die Philosophie der Grazien" (1768). Der Schriftsteller starb am 20. Januar 1813 in Weimar.

Johann Gottlieb Fichte

Der am 19. Mai 1762 in der Oberlausitz geborene eigentliche Begründer des deutschen Idealismus lernte 1790 Kants Philosophie kennen und

wurde von ihr zu der 1792 anonym erschienenen Schrift „Versuch einer Kritik aller Offenbarung" angeregt. Anfangs für eine Schrift Kants gehalten, trug sie ihm 1794 eine Professur für Philosophie an der Universität in Jena ein. Hier setzte sein zeitlebens anhaltendes Bemühen um die „Wissenschaftslehre", die von ihm so benannte Erstellung eines geschlossenen Systems der Philosophie, ein; es wurde sichtbar in einer Reihe großer Entwürfe, die er in rascher Abfolge immer wieder überarbeitete (1794, 1794/95, 1795, 1797, 1798/99, 1801, 1804, 1810). In ihrem Geist schrieb er 1796 die „Grundlage des Naturrechts nach Prinzipien der Wissenschaftslehre" und veröffentlichte 1798 das „System der Sittenlehre".
Der im gleichen Jahr verfasste Aufsatz „Über den Grund unseres Glaubens an eine göttliche Weltregierung" trug ihm den Vorwurf des Atheismus ein, und er musste 1799 die Universität Jena verlassen. Fichte ging nach Berlin, verkehrte im Kreis der Romantiker und hielt Privatvorlesungen.
In populärwissenschaftlichen Schriften („Bestimmung des Menschen", 1800; „Die Anweisung zum seligen Leben", 1806) wandte er sich an ein breiteres Publikum. 1806 wich er mit der preußischen Regierung vor Napoleon nach Königsberg aus; 1808 hielt er im besetzten Berlin seine „Reden an die deutsche Nation". 1810 schließlich wurde er erster Rektor der Universität Berlin. Am 29. Januar 1814 starb Fichte in Berlin.
Fichte ist als Denker bis heute ein großer Unbekannter geblieben. Erst 1965 wurde eine auf 26 Bände berechnete Gesamtausgabe seiner Schriften begonnen. Henrich brachte einen wichtigen Neuansatz in die Deutung („Fichtes ursprüngliche Einsicht", in: „Subjektivität und Metaphysik", 1966). Danach geht Fichte über die seit Descartes immer wieder bedachte Frage, was das Ich im Erkenntnisprozess leiste, hinaus, indem er der vorausliegenden Frage, was das Ich überhaupt sei, nachsinne. Die verschiedenen, ihn nie befriedigenden Antworten darauf bilden den Hauptinhalt seiner zahlreichen Entwürfe zu einer Wissenschaftslehre.

Philipp Otto Runge

Der deutsche Maler und Schriftsteller wurde am 23. Juli 1777 in Wolgast, Pommern, geboren und starb am 2. Dezember 1810 in Hamburg. Runge gilt als der bedeutendste Vertreter der deutschen Romantik neben Caspar David Friedrich. Zwischen 1799 und 1801 war er Schüler der Kopenhagener Akademie. Von 1801 bis 1804 hielt er sich in Dresden auf, wo er dem Kreis der Romantiker um Ludwig Tieck nahe stand. Seit 1804 war Runge meist in Hamburg tätig.
Wie Novalis suchte er im Gedanklichen, Dichterischen, Malerischen und Ornamentalen den Ausdruck einer Einheit alles Lebenden, Menschlichen und Göttlichen. In seinen Bildnissen erweist er sich als hervorragender Biedermeierporträtist, in seinen Naturallegorien hat er das romantische Naturempfinden als einer der Ersten zum Ausdruck gebracht.
Sein Hauptwerk ist der Zyklus „Die vier Tageszeiten" (Entwürfe von 1803, Hamburg, Kunsthalle), mit dem er die Erlösung des Geistigen vom Sinnlichen zum Ausdruck bringen wollte. Ausgeführt wurde nur das erste Bild: „Der Morgen" (in der zweiten Fassung aus Bruchstücken zusammengesetzt, 1808/09).
Runge beschäftigte sich mit der Theorie der Farben, schrieb für Goethes Farbenlehre einige Beiträge und arbeitete an einem theoretischen Werk „Farbenkugel oder Construktion des Verhältnisses aller Mischungen der Farben zueinander" (1810). Für die Märchensammlung der Brüder Grimm schrieb er plattdeutsche Märchen, z. B. „Von dem Fischer un syner Fru" (1806). Daneben fertigte Runge figürlich-ornamentale Zeichnungen an, die teilweise veröffentlicht wurden, darunter „Ausgeschnittene Blumen und Tiere in Umrissen" (1843).

Die Lehre des Philosophen Johann Gottlieb Fichte (1762-1814) wird als subjektiver Idealismus bezeichnet. Drei Überlegungen bilden die Grundlage: 1. Wir können nicht denken, ohne das Ich mitzudenken. 2. Es ist unmöglich, zu denken, ohne etwas zu denken. Es steht also dem Ich immer ein Nicht-Ich entgegen. 3. Daraus folgt, dass jeder Denkakt ein erkennendes Subjekt und ein erkanntes Objekt vereinigt.

Völkerschlacht bei Leipzig

Die entscheidende Schlacht der Befreiungskriege fand vom 16. bis zum 18. Oktober 1813 bei Leipzig statt. In dieser Schlacht standen die Franzosen unter Führung Napoleons den zahlenmäßig überlegenen Heeren aus Preußen, Österreich, Russland und Schweden gegenüber. Nachdem zunächst die Franzosen die Initiative ergriffen hatten, begannen die Alliierten ihren Angriff am 18. Oktober. Nach heftigen Kämpfen musste Napoleon am 19. Oktober den Rückzug befehlen. Nach der Niederlage verlor Napoleon seinen Einfluss auf die deutschen Länder.
Die Völkerschlacht war die größte Schlacht, die bis dahin in der Geschichte stattgefunden hatte. Meyers Großes Konversations-Lexikon von 1908 schreibt Folgendes über sie:
„Durch die Niederlagen seiner Marschälle im August und September genötigt, gab Napoleon seine Stellung bei Dresden auf und ließ durch 45.000 Mann unter Murat das bedächtig über das Erzgebirge vordringende böhmische Heer unter Schwarzenberg, bei dem sich auch

Die Hülsenbeckschen Kinder, eines der bekanntesten Gemälde von Philipp Otto Runge, 1805-1810, heute Kunsthalle Hamburg. Das Bild zeigt drei spielende Kinder vor einem Zaun, hinter dem Pflanzen wuchern. Links ragen Sonnenblumenbluten in das Bild, rechts ist ein Sommerhaus zu erkennen. Zwischen den größeren Kindern und der Blume öffnet sich der Blick in eine Landschaft. Im Hintergrund sind die Türme von St. Katharinen, St. Nicolai, St. Petri und, etwas verdeckt, St. Jacob des ehemaligen Vororts von Hamburg, Eimsbüttel, zu erkennen. Dargestellt sind die Kinder von Friedrich August Hülsenbeck, einem Kompagnon von Daniel Runge, dem Bruder des Malers. Im Wagen sitzt der dreijährige Friedrich, der von seinem fünfjährigen Bruder August und seiner sechsjährigen Schwester Maria gezogen wird.

Kaiser Alexander und König Friedrich Wilhelm III. befanden, möglichst lange aufhalten; er selbst wollte mit allen übrigen Streitkräften Blücher über die Elbe zurückjagen, dann umkehren und das böhmische Heer angreifen. Aber Blücher wich geschickt aus, und Napoleon kehrte unverrichteter Dinge nach L. zurück. Ein Reitergefecht bei Liebertwolkwitz 14. Okt. endete zum Vorteil der Verbündeten, deren 200.000 Mann Napoleon 176.000 Mann gegenüberzustellen hatte. Er wollte die allgemeine Vereinigung der Gegner verhindern, wählte seine Stellung östlich von der die Elster und Pleiße begleitenden Sumpf- und Waldniederung mit dem Rücken gegen L., obgleich ihm hier als einzige Rückzugslinie die Straße über Lindenau blieb. Auf der Nordseite beobachteten Blücher 42.000 Mann unter Ney; den Paß bei Lindenau bewachte Bertrand mit 10.000 Mann. (...)

Die dreitägige Schlacht hatte auf beiden Seiten gewaltige Opfer gekostet: die Preußen zählten 16.000 Mann, darunter 620 Offiziere, an Toten und Verwundeten, die Russen 21.000 Mann und 860 Offiziere, die Österreicher 14.000 Mann und 420 Offiziere. Die Franzosen verloren 38.000 Mann an Toten und Verwundeten, 15.000 Gefangene, 300 Geschütze und ließen 23.000 Mann in den Lazaretten zurück.

Napoleons Weltmacht war vernichtet, und wenn auch eine energischere Verfolgung hätte Platz greifen sollen, so war doch mit Einem Schlag Deutschland bis zum Rhein befreit."

Restauration und Revolution (1815-1850)

1816: Karl Ludwig von Haller veröffentlicht den ersten Teil seines vierbändigen Werks „Die Restauration der Staatswissenschaften", das der Epoche einen Teil ihres Namens gibt.
1816: Jahn gibt sein klassisches Werk über die Körpererziehung, „Die deutsche Turnkunst", heraus.
1816, 5. Nov.: Eröffnung der ersten Sitzung des Bundestages in Frankfurt am Main. Entgegen den Bestimmungen der Bundesakte (Art. 10 und 19) beschäftigt sich der Bundestag weder mit der Herstellung der Verkehrs- und Wirtschaftseinheit noch mit der Ausarbeitung der Grundgesetze des Bundes.
1816/1817: Schwere Missernten führen in vielen deutschen Regionen zu Hungersnöten.
1817: Die Malergemeinschaft der Nazarener vollendet ihr Hauptwerk, Fresken mit der Josephslegende in der Casa Bartholdy in Rom (Friedrich Overbeck, Peter Cornelius, Wilhelm Schadow, Peter Schnorr von Carolsfeld, Philipp Veit u. a.), und beginnt 1819 mit der Ausmalung des Casino Massimo.
1817, 16. Juni: Der Deutsche Bund verabschiedet eine „Austrägal-Ordnung" zur Regelung von Konflikten zwischen den Mitgliedsstaaten.
1817, 11. Aug.: Die Jenaer Burschenschaft lädt die Studenten der protestantischen Universitäten auf die Wartburg zu einer Feier der Schlacht bei Leipzig und zum 300-jährigen Jubiläum der Reformation ein.
1817, Herbst: Die erste deutsche Druckmaschinenfabrik wird nahe Würzburg durch Friedrich Wilhelm König und Andreas Friedrich Bauer gegründet.
1817, 27. Sept.: In Preußen vereinigen sich die seit der Reformation getrennten lutherischen und reformierten Kirchen. Dem Beispiel dieser Union schließen sich in den folgenden Jahren weitere deutsche Länder an.
1817, 17./18. Okt.: Wartburgfest der deutschen Studenten. Anwesend sind etwa 470 Studenten von 13 deutschen Universitäten. In politischen Reden wird Anklage erhoben gegen die Fürsten, die die nationalen Hoffnungen des deutschen Volkes zunichte gemacht haben. Symbole des Despotismus und der Reaktion werden öffentlich verbrannt. In der Folgezeit nimmt die Burschenschaftsbewegung einen starken Aufschwung.
1817, 7. Dez.: Der preußische König verbietet die studentischen Verbindungen und stellt die Turnbewegung unter polizeiliche Aufsicht.
1818, 26. Mai: König Maximilian Josef von Bayern erlässt eine Verfassung. Der Landtag besitzt das Mitbestimmungsrecht bei der Gesetzgebung und das Steuerbewilligungsrecht. Er besteht aus einer ersten Kammer, deren Mitglieder aus dem Hochadel stammen bzw. vom König ernannt werden, und aus einer von Adel, Bürgertum und Bauernschaft nach einem hohen Wahlzensus gewählten zweiten Kammer.
1818, 22. Aug.: Die Verfassung, die der badische Großherzog Karl in Kraft setzt, gilt wegen der relativ weiten Befugnisse der Volksvertretung, der Zweiten Kammer, als liberalste im Deutschen Bund.
1818, Ende Sept.-Nov.: Kongress der vier Großmächte der Heiligen Allianz in Aachen. Russland, Österreich, England und Preußen beschließen die vorzeitige Beendigung der militärischen Besetzung Frankreichs und die Erweiterung ihres Bündnissystems durch Aufnahme Frankreichs.
1818, 10.-19. Okt.: Burschentag in Jena. Burschenschaftsvertreter von 14 Universitäten gründen die Allgemeine Deutsche Burschenschaft als Gesamtvertretung aller deutschen Studenten. Das Eintreten der Burschenschaft für die Einheit Deutschlands wird zum Programm erhoben.
1819: Jacob Grimm veröffentlicht seine für die wissenschaftliche Germanistik bahnbrechende „Deutsche Grammatik" (Band 4 erscheint 1837), in der er u. a. die Gesetzmäßigkeiten der Lautverschiebung klärt.
1819, 23. März: Der Student Karl Ludwig Sand, Mitglied des von Karl Follen geführten radikalen Kreises der Jenaer Burschenschaft, verübt ein Attentat auf den Schriftsteller August von Kotzebue. Metternich weist die österreichische Regierung an, das Attentat als Anlass zur Unterdrückung der nationalen Opposition in Deutschland zu benutzen (April).
1819, April: Friedrich List gründet auf der Frankfurter Ostermesse den „Allgemeinen Deutschen Handels- und Gewerbeverein", der für eine Aufhebung der Binnenzölle und eine gemäßigte Schutzzollpolitik eintritt.
1819, 6.-31. Aug.: Tagung von Regierungsvertretern von zehn deutschen Staaten in Karlsbad, die entsprechend einer vorausgegangenen Vereinbarung zwischen Österreich und Preußen (vom 1. August) Gesetzesentwürfe zur Unterdrückung der Opposition ausarbeiten. Diese werden vom Bundestag am 20. September zum Beschluss erhoben (Karlsbader Beschlüsse). Sie haben zum Inhalt: Verbot aller stu-

***Bild links:** Klemens Wenzel von Metternich (1773-1859), Gemälde von Thomas Lawrence, um 1820. Der österreichische Staatsmann war der letzte entschiedene Verfechter der traditionellen Regierungsformen und der alten Rechtsordnung. Er bekämpfte die Ideen der Französischen Revolution sowie alle liberalen Strömungen (Karlsbader Beschlüsse 1819). Außerdem war er heftiger Gegner Napoleons. Bei der Neuordnung Europas nach 1815 (Wiener Kongress) war er der ausschlaggebende Staatsmann.*
***Bild rechte Seite oben:** August von Kotzebues (geb. 1761) Ermordung am 23. März 1819 durch den Studenten Karl Ludwig Sand; zeitgenössischer Kupferstich.*
***Bild rechte Seite unten:** Der Zug der Studenten zur Wartburg 1817. Radierung eines unbekannten Künstlers Mitte des 19. Jahrhunderts. Zum 300. Jahrestag der Reformation von 1517, aber auch im Gedenken der Völkerschlacht von 1813 kamen Abgesandte elf deutscher Universitäten am 18. Oktober 1817 auf der Wartburg zusammen. Viele der Teilnehmer wurden als „politisch verdächtig" von der Polizei observiert.*

dentischen Verbindungen, Entlassung oppositioneller Professoren, strenge Überwachung der Universitäten (Universitätsgesetz); Einführung einer Vorzensur für alle Zeitungen, Zeitschriften und Bücher unter 20 Bogen, einer Nachzensur für alle sonstigen Druckerzeugnisse (Pressegesetz); Schaffung einer Zentraluntersuchungskommission des Bundestages zur Aufdeckung und Verfolgung oppositioneller Bestrebungen; der Bundestag soll Richtlinien über die Befugnisse und Rechte der Landtage erlassen und eine Exekutionsordnung ausarbeiten, die dem Bund die militärische Intervention gegen revolutionäre Bewegungen und solche Staaten zur Pflicht macht, die ihre „Bundespflichten" nicht erfüllen.

1819, Aug.-Okt.: In mehreren deutschen Städten kommt es bei den „Hep-Hep-Krawallen" zu Übergriffen auf die jüdische Minderheit.

1819, 25. Sept.: König Wilhelm von Württemberg setzt eine mit den gemäßigten Liberalen vereinbarte Verfassung in Kraft, die auf ähnlichen Prinzipien beruht wie die in Bayern und Baden.

1819, 12. Okt.: Hardenberg versucht erneut, mit seiner Denkschrift über „Ideen zu einer landständischen Verfassung in Preußen" die Verfassungsdebatte voranzubringen.

1819, Nov.: Die Zentraluntersuchungskommission nimmt in Mainz ihre Tätigkeit auf. In fast allen deutschen Staaten finden Verhaftungen und Verfolgungen statt. Viele Patrioten emigrieren ins Ausland (u. a. Görres, Karl Follen).

1819, 31. Dez.: Wilhelm von Humboldt wird wegen seiner Opposition gegen die Karlsbader Beschlüsse als preußischer Minister entlassen.

1819, 25. Nov.-24. Mai 1820: Wiener Konferenzen von Regierungsvertretern aus 17 deutschen Staaten zum Ausbau des Karlsbader Systems. Unter Leitung Metternichs werden die Verfassungsprinzipien des Deutschen Bundes genauer festgelegt (Wiener Schlussakte vom 15. Mai 1820). Für alle Bundesstaaten wird das „monarchische Prinzip" für verbindlich erklärt: Der Fürst ist Inhaber der vollen Souveränität, die Stände dürfen nur ein

untergeordnetes Mitbestimmungsrecht beanspruchen.
1820, 17. Jan.: Im Staatsschuldengesetz gibt der preußische König Friedrich Wilhelm III. erneut ein Verfassungsversprechen, das er jedoch nicht einhält.
1820, 18. Jan.: In Mecklenburg wird als letztem deutschen Einzelstaat die Leibeigenschaft aufgehoben.
1820, 18. März: Einführung einer Verfassung im Großherzogtum Hessen-Darmstadt. Die liberale Opposition im Landtag zwingt Großherzog Ludwig zur Herabsetzung des hohen Wahlzensus und zum Erlass einer verbesserten Verfassung (17. Dezember).
1820, 20. Mai: Hinrichtung des Studenten Sand.
1821, März: Beginn der Erhebung der Griechen gegen die türkische Fremdherrschaft. Die Großmächte vereinbaren in Laibach, die aufständischen Griechen nicht zu unterstützen.
1821, 9. Apr.: Der Bundestag verabschiedet den Beschluss über die „Kriegsverfassung des Deutschen Bundes".
1821, 11. Juni: König Friedrich Wilhelm III. von Preußen entspricht einem Gutachten des Staatsrates (vom 28. Mai) und lehnt Hardenbergs Pläne zur Einführung einer Verfassung endgültig ab. Unter Bruch des Verfassungsversprechens befiehlt er, nur Provinzialstände einzurichten.
1821-1835: Der Königsberger Astronom Friedrich Wilhelm Bessel erarbeitet durch Ortsbestimmung von 32.000 Fixsternen die Grundlage zur Fixsternastronomie.
1822, 18. Sept.: In Leipzig wird auf Initiative des Arztes Lorenz Oken die „Gesellschaft deutscher Naturforscher und Ärzte" gegründet.
1822, 26. Nov.: Der preußische Staatskanzler Hardenberg stirbt in Genua.
1824: Der Chemiker Justus Liebig wird Professor an der Universität Gießen (26. Mai) und richtet 1825 sein chemisches Laboratorium ein, das bahnbrechend für die Lehre empirisch-exakter Forschungsmethoden in Deutschland wird. Liebig wird durch seine Elementaranalysen, für die er verbesserte Methoden entwickelt (Kalikugelapparat [1831/32]), zum Begründer der organischen Chemie.
1825, 30. Apr.: Der „Börsenverein der deutschen Buchhändler" wird in Leipzig gegründet.
1825, 30. Okt.: In Bayern besteigt Ludwig I. den Thron; unter der Herrschaft des künstlerisch und wissenschaftlich engagierten Königs vollzieht sich der Aufstieg Münchens als klassizistisch gestaltete Kunstmetropole.
1826: In Hannover wird die erste deutsche Gasanstalt in Betrieb genommen.
1826: Der Physiker Georg Simon Ohm entdeckt das nach ihm benannte Gesetz über den elektrischen Strom.
1828, 18. Jan.: Bayern und Württemberg schließen sich zur ersten Zollunion in Deutschland zusammen.
1828, 14. Febr.: Preußen und Hessen-Darmstadt verständigen sich ebenfalls auf eine Zollunion.
1828, 26. Mai: In Nürnberg taucht der Findling Kaspar Hauser auf, der dem Gerücht nach ein badischer Prinz sein soll; nach rätselhaften Attentatsversuchen stirbt er unter ungeklärten Umständen am 17. Dezember 1833.
1828, 24. Sept.: Als Reaktion auf das preußische Vorgehen grün-

den Sachsen, Hannover, Kurhessen, Nassau, Frankfurt und einige thüringische Staaten den Mitteldeutschen Handelsverein, der jedoch kein einheitliches Zollgebiet schafft.
1830, 30. März: Nach der Thronbesteigung von Großherzog Leopold I. beginnt in Baden eine kurze liberale Ära.
1830, 14. Apr.: Bei einer Umfrage der preußischen Regierung wird ermittelt, dass in Preußen 245 Dampfmaschinen mit 4485 PS arbeiten, zumeist im Berg- und Hüttenwesen.
1830, 27.-29. Juli: Bürgerliche Revolution in Frankreich (Julirevolution). Die Aufständischen stürzen nach erfolgreichem Barrikadenkampf in Paris die Dynastie der Bourbonen. Frankreich wird eine konstitutionelle Monarchie. Auslösung einer revolutionären Krise in Europa.
1830, 7./8. Sept.: Der wegen seiner reaktionären Politik verhasste Herzog von Braunschweig wird von einer protestierenden Menschenmenge aus dem Land verjagt, sein Schloss geplündert und in Brand gesetzt.
1830, 21. Okt.: Der Bundestag verpflichtet alle Bundesstaaten zur Intervention gegen Volkserhebungen in benachbarten Staaten.
1831: Paul Achatius Pfizer veröffentlicht den „Briefwechsel zweier Deutscher", ein Bekenntnis zur deutschen Einheit unter preußischer Führung.
1831, 5. Jan.: Kurfürst Wilhelm II. von Hessen unterzeichnet die mit den Ständen vereinbarte Verfassung. Der Landtag erhält das Recht der Gesetzesinitiative, der Ministeranklage und volles Budgetrecht. Die Verfassung bestimmt die Beseitigung der bürgerlichen Feudallasten.
1831, 17. März: Die revidierte Städteordnung führt in zahlreichen preußischen Städten die Einwohnergemeinde ein.
1831, 26. Mai: Unter dem Druck des Landtages wird der bayerische Innenminister Eduard von Schenk durch König Ludwig I. entlassen.
1831, 31. Mai: Die Rheinschifffahrtsakte gewährt allen Staaten freies Schifffahrtsrecht auf dem Rhein zwischen Basel und der Nordsee.
1831, 25. Aug.: Kurhessen tritt dem preußisch-hessischen Zollverein bei.
1831, 4. Sept.: Nach heftigen Unruhen im September 1830 und April 1831 sieht sich der sächsische König Anton gezwungen, eine konstitutionelle Verfassung zu erlassen.
1831, 8. Sept.: Nach der Kapitulation Warschaus und dem Scheitern des Aufstandes ergießt sich ein Strom polnischer Emigranten in die deutschen Staaten; die Unterstützung für die polnischen Revolutionäre gibt auch der deutschen Opposition neue Impulse.
1831, 15. Okt.: Als Folge der belgischen Revolution wird das zum Deutschen Bund gehörende Großherzogtum Luxemburg geteilt; der französischsprachige Westteil fällt an das neue Königreich Belgien, der Ostteil behält seinen bisherigen Status.
1831, 14. Nov.: In Berlin stirbt der Philosoph Georg Wilhelm Friedrich Hegel an der Cholera, die in den Jahren 1831/32 in Mittel- und Osteuropa wütet.
1831, 28. Dez.: Entgegen dem Kurs des Deutschen Bundes lockert Baden mit einem neuen Pressegesetz die Zensur und löst damit einen Aufschwung der politischen Publizistik aus.
1831, 31. Dez.: In Baden tritt die vom Reformlandtag beschlossene Gemeindeordnung in Kraft, die die kommunale Selbstverwaltung stärkt und zu einer wachsenden Politisierung der Bürgerschaften führt.
1832, 29. Jan.: Im pfälzischen Zweibrücken gründen demokratische Politiker um Philipp Jacob Siebenpfeiffer und Johann Georg August Wirth den „Deutschen Preß- und Vaterlandsverein"; er wird wegen seiner breiten Resonanz bereits am 1. März verboten.
1832, 22. März: Johann Wolfgang von Goethe stirbt in Weimar.
1832, 27.-30. Mai: Hambacher Nationalfest. Teilnahme von etwa 30.000 Personen vorwiegend aus Südwestdeutschland (meist Intellektuelle, Kleinbürger, Gesellen, Bauern). Anwesenheit einer polnischen und einer französischen Delegation. Die meisten Redner erheben revolutionär-demokratische, z. T. republikanische Forderungen und rufen zum Zusammenschluss und zum Widerstand der Opposition gegen die Reaktion auf. Neben dem deutschen Einheitsgedanken steht die demokratische Völkerfreundschaft gegen die Heilige Allianz der Fürsten im Mittelpunkt der politischen Forderungen.
1832, 26. Juni-5. Juli: Auf Initiative Österreichs und Preußens beschließt der Bundestag energische Maßnahmen zur Unterdrückung

***Bild oben:** „Das Lichten eines Hochwaldes", Karikatur auf den deutschen Zollverein. In Mitteleuropa standen Zollschranken vieler Kleinstaaten der Schaffung eines einheitlichen Wirtschaftsraums entgegen; ihre Beseitigung war ein wichtiges Ziel auch der deutschen Nationalbewegung.*

***Bild linke Seite:** Zug zum Hambacher Fest, der ersten demokratischen Massenversammlung (ca. 30.000 Teilnehmer) am 27./28. Mai 1832, unter schwarz-rot-goldenen Fahnen und mit radikalen Reden gegen die „Tyrannenmacht". Das Hambacher Fest gab erneut Anlass zu scharfem Vorgehen gegen die so genannten „Demagogen": Verschärfung der Zensur, strengere Überwachung der Universitäten, Verbot politischer Vereine und Versammlungen unter den Farben Schwarz-Rot-Gold.*

der nationalen Bewegung: Beschränkung der Rechte der Landtage, ihres Budget- und Gesetzgebungsrechts, der Rede- und Petitionsfreiheit sowie Einsetzung einer Bundesüberwachungskommission hierfür; Verschärfung der Zensur; Verbot aller politischen Vereine, Volksversammlungen und öffentlichen Reden; Überwachung politisch Verdächtiger und wechselseitige Auslieferung politisch Verfolgter; gegenseitige militärische Hilfe zur Niederschlagung oppositioneller Bewegungen.

1833, 6. Febr.: Unter dem Beifall der liberalen und nationalen Bewegung in Deutschland zieht der erste griechische König, der Wittelsbacher Otto von Bayern, in Nauplia ein.

1833, 22. März-11. Mai: Zusammenschluss Preußens, Bayerns, Württembergs, Sachsens, der hessischen und thüringischen Staaten zum Deutschen Zollverein. Am 1. Januar 1834 fallen die Zollschranken zwischen 18 deutschen Staaten.

1833, 3. April: Eine Gruppe von Burschenschaften versucht, die Frankfurter Hauptwache zu stürmen, um festgesetzte Gesinnungsgenossen zu befreien. Nach anfänglichem Erfolg wird der Putsch vom Militär niedergeschlagen.

1833, 30. Juni: Der Bundestag errichtet eine neue Zentraluntersuchungskommission zur Verfolgung aller oppositionellen Bestrebungen. Sie besteht bis 1842. Eine ausgedehnte Verhaftungswelle setzt in fast allen deutschen Staaten ein. Bis Juli 1838 werden etwa 1800 Personen wegen „revolutionärer Umtriebe" gerichtlich belangt. Viele Patrioten flüchten nach Frankreich und in die Schweiz.

1833, 26. Sept.: König Wilhelm IV. von Hannover verständigt sich mit dem Landtag auf eine Verfassung mit einem Zweikammersystem.

1834: In einer Offenbacher Geheimdruckerei erscheint Georg Büchners Flugschrift „Hessischer Landbote" mit der Parole: „Friede den Hütten! – Krieg den Palästen". – Der erste Band des von Karl von Rotteck und Karl Theodor Welcker herausgegebenen „Staatslexikons", der „Bibel" der vormärzlichen Opposition, erscheint.

1834, März: Georg Büchner gründet in Gießen die „Gesellschaft für Menschenrechte" und veröffentlicht im Juli die sozialrevolutionäre Flugschrift „Der Hessische Landbote".

1834, 3. Apr.: Der Komponist Robert Schumann gibt die erste Nummer seiner „Neuen Zeitschrift für Musik" in Leipzig heraus, die zur einflussreichsten deutschen Musikzeitschrift wird.

1834, 12. Juni: Der Bundestag verabschiedet „Sechzig Artikel" zur Stärkung des monarchischen Prinzips im Deutschen Bund.

1835: Nachdem der im Februar 1832 von deutschen Flüchtlingen, vornehmlich Handwerkern, gegründete „Deutsche Volksverein" in Paris verboten wird, gründen die Vereinsmitglieder unter der Führung von Jacob Venedey und Theodor Schuster in enger Anlehnung an die bestehenden französischen geheimen Gesellschaften wie Louis Blancs „Societé des Saisons" den geheimen „Bund der Geächteten". Sie geben die Zeitschrift „Der Geächtete" heraus. Der Bund will nach seinen Statuten „die Befreiung und Widergeburt Deutschlands und Verwirklichung der in der Erklärung der Menschenrechte und Bürgerrechte ausgesprochenen Grundsätze" erreichen.

1835: Wilhelm von Humboldts Schrift „Über die Verschiedenheit des menschlichen Sprachbaus und ihren Einfluss auf die geistige Entwicklung des Menschengeschlechts" wird durch ihre tiefgründige Analyse der Sprache zu einem grundlegenden Werk der Sprachforschung.

1835, 2. März: Der österreichische Kaiser Franz II. stirbt; für seinen geistig behinderten Nachfolger Ferdinand I. führt eine „Staatskonferenz" die Regierung.

1835, Aug.: Felix Mendelssohn-Bartholdy wird Kapellmeister des Leipziger Gewandhausorchesters. Er erreicht in den 1830er-Jahren den

Ruhm des bedeutendsten zeitgenössischen Komponisten (Hebridenouvertüre [1832]; Italienische Sinfonie [1833]; Lieder ohne Worte [1. Heft 1830]).

1835, 7. Dez.: Eröffnung der ersten deutschen Eisenbahnstrecke zwischen Nürnberg und Fürth.

1835, 10. Dez.: Die Schriften des „Jungen Deutschland" werden durch den Deutschen Bund verboten.

1837, 1. Nov.: Der König von Hannover erklärt die Verfassung von 1833 für ungültig und führt die von 1819 wieder ein.

1837, 18. Nov.: Sieben Göttinger Professoren (Jacob und Wilhelm Grimm, Wilhelm Albrecht, Friedrich Christof Dahlmann, Georg Gottfried Gervinus, Heinrich Ewald, Wilhelm Weber) protestieren gegen den Staatsstreich und werden ihrer Ämter enthoben und z. T. des Landes verwiesen (14. Dezember).

1837, 20. Nov.: Der 1835 begonnene Kölner Kirchenstreit, in dem preußischer Staat und katholische Kirche über die Mischehenfrage streiten, eskaliert: Der Kölner Erzbischof Clemens August von Droste zu Vischering wird auf Anordnung der Regierung verhaftet.

1838: Gauß, der 1833 das erste erdmagnetische Observatorium in Europa in Göttingen errichtet hat, veröffentlicht seine mathematisch fundierte „Allgemeine Theorie des Erdmagnetismus".

1838, 30. Juli: Die Zollvereinsstaaten versuchen mit einer „Allgemeinen Münzkonvention" das komplizierte deutsche Münzwesen zu vereinfachen.

1839, 9. März: Die erste Arbeitsschutzbestimmung in Preußen, das Regulativ über die Beschäftigung jugendlicher Arbeiter, verbietet die regelmäßige Arbeit in der Fabrik, in Berg-, Hütten- und Pochwerken für Kinder bis zum 9. Lebensjahr. Die Arbeitszeit der noch nicht 16-Jährigen darf zehn Stunden nicht überschreiten. Nachtarbeit, Sonn- und Feiertagsarbeit für Jugendliche wird verboten. In Bayern und Baden werden 1840 ähnliche Bestimmungen erlassen. Schon 1828 hatte der Generalleutnant von Horn in einem Bericht an den preußischen König darauf aufmerksam gemacht, dass er im Rheinland infolge der Ausbeutung der jugendlichen Arbeiter und der dadurch verursachten körperlichen Entartung der Bevölkerung nicht mehr das erforderliche Truppenkontingent aufbringen könnte.

1840: Der Pädagoge Friedrich Fröbel richtet im thüringischen Bad Blankenburg den ersten Kindergarten ein.

1840: Der Pathologe Jacob Henle vertritt die Auffassung, dass Infektionskrankheiten durch Parasiten erregt und übertragen werden können.

1840, 7. Juni: Tod König Friedrich Wilhelms III. von Preußen. Mit dem Regierungsantritt Friedrich Wilhelms IV. verbindet das liberale Bürgertum große Hoffnungen auf eine fortschrittliche Richtung in der künftigen Regierungspolitik.

1840, 15. Juli: In London wird der Quadrupelvertrag zwischen England, Russland, Österreich und Preußen abgeschlossen. Die vier Mächte übernehmen den Schutz der Türkei gegen den von Frankreich unterstützten Vizekönig von Ägypten. Kriegsdrohungen Frankreichs lösen in Deutschland eine Welle nationaler Begeisterung aus, die vor allem die preußische Regierung gegen den Liberalismus auszunutzen sucht.

Bild oben: *Karl Marx (links; 1818-1883) und Friedrich Engels (1820-1895). Beide verfassten zusammen das „Kommunistische Manifest". Die katastrophalen Lebensbedingungen der Arbeiter in der Folge der industriellen Revolution führten zur Entstehung der sozialen Frage, im Rahmen derer das Manifest eine Programm- und Kampfschrift darstellte.*

Bild linke Seite: *Die „Göttinger Sieben", Lithografie von Carl Rohde, 1837/38. Die sieben Professoren vertraten an der Universität Göttingen liberal-konstitutionelle Anschauungen. Nachdem sie 1837 gegen die Aufhebung des Staatsgrundgesetzes durch den neuen König von Hannover, Ernst August II., protestiert hatten, wurden die Professoren ihres Amtes enthoben, einige des Landes verwiesen.*

1840, 10. Aug.: Amnestie für wegen politischer Verbrechen verurteilte Personen in Preußen. Weitere Maßnahmen des neuen Königs geben den liberalen Hoffnungen Nahrung, so die Wiedereinsetzung Arndts als Professor in Bonn, Aufhebung der Polizeiaufsicht über Jahn, Berufung der Gebrüder Grimm an die Berliner Akademie.

1840, 13. Aug.: Metternich spricht sich in einer Unterredung mit Friedrich Wilhelm IV. in Pillnitz entschieden gegen jedes Zugeständnis in der Verfassungsfrage aus.

1840, 16. Sept.: In der Trierischen Zeitung erscheint erstmals Nikolaus Beckers Gedicht „Der deutsche Rhein"; vielfach vertont, wird es zur Hymne einer breiten patriotischen Bewegung, die sich als Antwort auf französische Forderungen nach der Rheingrenze formiert.

1841: In der 1837 gegründeten Maschinenfabrik von August Borsig in Berlin wird die erste deutsche Lokomotive gebaut.

1841, 26. Aug.: Der Dichter August Hoffmann von Fallersleben dichtet auf Helgoland das „Deutschlandlied".

1842, 5.-7. Mai: Ein Großbrand in Hamburg vernichtet mehr als ein Fünftel der Stadt. Solidaritätsaktionen in vielen Teilen Deutschlands zeugen vom wachsenden Zusammengehörigkeitsgefühl des deutschen Volkes.

1842, 4. Sept.: In Anwesenheit Friedrich Wilhelms IV. wird beim Kölner Dombaufest der Grundstein für den Weiterbau des unvollendet gebliebenen gotischen Domes gelegt und die Versöhnung von Kirche und Staat gefeiert.

1842, 18. Okt.: Einweihung der von Klenze entworfenen Walhalla bei Regensburg als nationalem Ruhmestempel durch den bayrischen König.

1843, 22. Aug.: Im Großherzogtum Baden gelingt der bürgerlich-liberalen Opposition mit dem landesweit gefeierten Verfassungsfest ein Musterbeispiel politischer Mobilisierung.

1843, 9. Nov.: Das neue preußische Aktiengesetz, das erste in Deutschland, gestattet in allen Wirtschaftszweigen mit Ausnahme der Banken die Gründung von Aktiengesellschaften und regelt deren Rechtsverhältnisse.

1844, 4.-6. Juni: Schlesische Weberaufstand in den Dörfern Peterswaldau und Langenbielau. Die hungernden Weber demolieren die Maschinen und Einrichtungen der Verleger und vernichten deren Kaufmannsbücher. Durch Einsatz von Militär wird die Erhebung blutig unterdrückt.

1844, 18. Aug.-6. Okt.: Die Ausstellung des Heiligen Rocks im Trierer Dom löst eine Massenwallfahrt aus, an der etwa 500.000 Menschen teilnehmen.

1844, 1. Okt.: Sendschreiben des schlesischen Geistlichen Johannes Ronge gegen den Bischof von Trier, Wilhelm Arnoldi. Ronge protestiert gegen die Ausstellung des sog. Heiligen Rocks in Trier. Nach seiner Exkommunikation ruft er zur Schaffung einer deutschen Nationalkirche auf und begründet die deutsch-katholische Bewegung, die 1847 bereits etwa 60.000 Mitglieder und 259 Gemeinden umfasst. Gleichzeitig entsteht innerhalb der protestantischen Kirche die Bewegung „Lichtfreunde".

1844, 9. Okt.: Gründung des „Centralvereins für das Wohl der arbeitenden Klassen" in Berlin.

1845, 23. Juli: Mit der Gemeindeordnung für die Rheinprovinz wird in Preußen erstmals das Dreiklassenwahlrecht eingeführt.

1846, 8. Juli: Ein offener Brief des dänischen Königs Christian VIII. vertritt angesichts strittiger Erbfolgefragen den dänischen Anspruch auf Schleswig und Holstein. Er ruft große nationale Erregung in Deutschland und besonders in den beiden Herzogtümern hervor.

1847: In der Schweiz beginnt der Krieg der protestantisch-liberalen Mehrheitskantone gegen den „Sonderbund" der sieben katholisch-konservativen Kantone; der schnelle Sieg der Eidgenossenschaft beflügelt überall in Europa die liberalen Kräfte.

1847, 11. Apr.-26. Juni: Tagung des Vereinigten Landtags in Berlin. Er besteht aus 307 Abgeordneten des Herren- und Ritterstandes, von denen 70 Mitglieder des Hochadels eine besondere Herrenkurie bilden, und 306 Abgeordneten der Städte und Landgemeinden. Die liberale Mehrheit unter Führung von David Hansemann, Ludolf Camphausen, Gustav von Mevissen, Georg von Vincke und Karl August Milde lehnt die Gesetzesvorlagen der Regierung über die Errichtung von Landrentenbanken, staatliche Finanzierung der Ostbahn und Reform der indirekten Steuern ab und fordert konstitutionelle Garantien, vor allem Periodizität des Landtags.

Märzrevolution in Berlin: Barrikadenkämpfe am Alexanderplatz in der Nacht vom 18. auf den 19. März 1948. Zeitgenössische Lithografie. „Gegen 4 Uhr plötzlicher Lärm, in den Straßen der Ruf: ‚Waffen! Waffen! Man haut und schießt die Schutzbürger vor dem Schlosse zusammen!' (...) Gleich wurden nach allen Seiten bei uns Barrikaden errichtet, langsam, behaglich, feine Leute die Anführer, Jungen und Gesellen aller Art. Steine ausgerissen, auf die Dächer gebracht, die Häuser nach Waffen durchsucht, die Häuser mussten offen bleiben. Noch bei Tage, dann aber heftiger bei Nacht (im hellen Mondschein) von allen Seiten Kampf, Gewehr- und Geschützfeuer, eingedrungene Truppen mussten unter Steinhagel nach der Behrenstraße zurück. (...) Der Kampf dauerte die ganze Nacht, bis nach fünf Uhr. Auf den Dächern die jungen Leute mit Steinen. Nicht schlafen gegangen. Karl August Varnhagen von Ense, Tagebucheintrag zum 18. März 1848.

1847, Apr.-Mai: In zahlreichen Orten Deutschlands kommt es zu Unruhen und Aufständen infolge der durch die Wirtschaftskrise und die Missernten hervorgerufene Verschlechterung ihrer Lebenslage; so in Ulm, wo etwa 200 Personen verhaftet werden; in Stuttgart, Berlin („Kartoffelrevolution" vom 21. bis 23. April), Stettin, Merseburg, Halle, Wittenberg und etwa 25 anderen preußischen Städten. Die Aufstände werden durch Militär unterdrückt. Die Auswanderung aus Deutschland erreicht im Jahr 1947 ein neues Rekordhoch.

1847, 17. Juni: Auf Einladung des Heidelberger Turnvereins kommen 1400 Turner zu einem national-oppositionellen Turnfest zusammen.

1847, 26.-28. Juni: Zum „Allgemein-deutschen Sängerfest" versammeln sich in Lübeck mehr als 1100 Mitglieder von deutschen Gesangsvereinen.
1847, 12. Sept.: Auf der Offenburger Versammlung formulieren die süd- und westdeutschen Demokraten einen Katalog radikaler politischer und sozialer Reformforderungen.
1847, 10. Okt.: Auf einer Tagung in Heppenheim antworten die Liberalen mit dem gemäßigten Heppenheimer Programm: Herstellung der Einheit Deutschlands durch weiteren Ausbau des von Preußen beherrschten Zollvereins, Pressefreiheit, öffentliches und mündliches Gerichtsverfahren mit Schwurgerichten, Befreiung der Landbevölkerung von Abgaben an die Grundbesitzer, Beschränkung der stehenden Heere und Einführung einer Volkswehr.
1847, 15. Okt.: Mit der Fertigstellung der Köln-Mindener-Bahn besteht eine direkte Eisenbahnverbindung von Antwerpen bis Berlin.
1847, 29. Nov.-um 8. Dez.: 2. Kongress des Bundes der Kommunisten in London. Diskussion und Annahme der von Karl Marx und Friedrich Engels vorgetragenen Prinzipien für ein Parteiprogramm, endgültige Annahme des Statuts. Marx und Engels werden vom Kongress beauftragt, das Programm des Bundes in Gestalt eines öffentlichen Manifests auszuarbeiten. Damit erfährt die Gründung des Bundes der Kommunisten ihren Abschluss.
1848, 22.-25. Febr.: Bürgerlich-demokratische Revolution in Frankreich. Nach siegreichen Barrikadenkämpfen in Paris wird König Louis Philippe abgesetzt und die Republik proklamiert.
1848, 27. Febr.: Volksversammlung in Mannheim. Sie beschließt eine von Liberalen und Demokraten verfasste Adresse an den badischen Landtag mit den Forderungen: Volksbewaffnung, Pressefreiheit, Schwurgerichte, deutsches Nationalparlament.
1848, Ende Febr.: In London erscheint das „Manifest der Kommunistischen Partei" von Marx und Engels.
1848, März: Als Folge der Wirtschaftskrise muss die Berliner Lokomotivenfabrik Borsig mehr als 400 Arbeiter entlassen. Auch andernorts geraten Fabriken, Handelshäuser und Banken in wirtschaftliche Bedrängnis.
1848, 2. März: Massenkundgebungen in den größeren bayerischen Städten. Als König Ludwig I. Truppen zusammenzieht, kommt es zur Volkserhebung in München, zum Sturm des Zeughauses und zur Volksbewaffnung (4. März). Der König muss Pressefreiheit, Ministerverantwortlichkeit und Einberufung des Landtags gewähren (6. März) und beruft ein liberales Ministerium (11. März). Die revolutionäre Bewegung erzwingt den Thronverzicht Ludwigs I. (20. März). Sein Nachfolger Maximilian II. leistet den Eid auf die Verfassung. Begleitet werden die städtischen Erhebungen von teilweise gewaltsamen Bauernprotesten.
1848, 5. März: Heidelberger Versammlung von 51 Vertretern der süd- und westdeutschen liberalen und demokratischen Opposition. Sie beschließt die Einberufung eines Vorparlaments nach Frankfurt am Main zur Vorbereitung einer verfassunggebenden deutschen Nationalversammlung. Ein von der Versammlung eingesetzter Siebener-Ausschuss lädt führende Vertreter der Opposition und liberale Abgeordnete der Landtage und Stadtverordnetenversammlungen zum Vorparlament ein (12. März).
1848, 6. März: König Friedrich Wilhelm IV. von Preußen bewilligt die vierjährige Periodizität für den Vereinigten Landtag. Auf dem Versammlungsplatz „Unter den Zelten" findet in Berlin die erste Volksversammlung, am 7. März die zweite statt. Bürger und Arbeiter fordern in einer Adresse an den König Volksbewaffnung, Gleichheit der politischen Rechte, Presse-, Rede- und Versammlungsfreiheit, sofortige Einberufung des Vereinigten Landtags und eine deutsche Nationalvertretung.
1848, 9. März: Der Bundestag erklärt Schwarz-Rot-Gold zu den deutschen Nationalfarben.
1848, 13.-15. März: Revolutionäre Erhebung in Wien. Bürger, Arbeiter und Studenten zwingen nach Erstürmung des Ständehauses die niederösterreichischen Stände, der Einführung der Presse- und Versammlungsfreiheit sowie der Einberufung eines gesamtösterreichischen Reichstags zuzustimmen.
1848, 18./19. März: Revolutionäre Erhebung in Berlin. Unter dem

Am 21. März 1848 reitet König Friedrich Wilhelm IV. (1795-1861) durch die Straßen Berlins und verkündet der staunenden Öffentlichkeit seine Bereitschaft, eine verfassunggebende Nationalversammlung für Preußen zu bewilligen und an der Spitze der deutschen Bewegung für Einheit und Freiheit eintreten zu wollen. – Sein Regierungsantritt im Juni 1840 wurde von den Hoffnungen der Liberalen begleitet, die eine Wende gegenüber der autoritären Politik seines Vaters Friedrich Wilhelm III. erhofften. Friedrich Wilhelm IV., der „Romantiker auf dem Thron", beendete zunächst den Kölner Kirchenstreit und lockerte die Pressezensur, aber das Verfassungsversprechen seines Vaters löste er nicht ein. Als im März 1848 in Preußen die Revolution ausbrach, beugte er sich dem Druck der Straße und machte einige konstitutionelle Konzessionen, die nach der Niederschlagung der Erhebung zurückgenommen wurden.

Druck der vor dem Schloss versammelten Volksmassen und der im Schloss verhandelnden Bürgerdeputationen aus Berlin und dem Rheinland bewilligt Friedrich Wilhelm IV., der bereits am Vortag die Pressefreiheit verkündet hat, die Einberufung des Vereinigten Landtags zum 2. April und erklärt seine Bereitschaft zur nationalstaatlichen Reform des Deutschen Bundes. Als gegen das den Abzug des Militärs fordernde Volk Truppen vorgeschickt werden setzt die allgemeine Volkserhebung ein. Nach blutigen Barrikadenkämpfen wird der Abzug der Truppen aus Berlin erzwungen (19. März). Aufbahrung der etwa 300 Märzgefallenen, denen der König durch Entblößung des Haupts die letzte Ehre erweisen muss (19. März). Einsetzung eines Übergangsministeriums aus hohen Beamten unter Adolf Graf von Arnim-Boitzenburg. Der Thronfolger Prinz Wilhelm flieht nach England (20. März).

1848, 19. März: Die Offenburger Versammlung der radikalen Republikaner leitet die Zusammenfassung der politischen Linken in „Vaterländischen Vereinen" ein.

1848, 28. März: Mit der Gründung des „Piusvereins für religiöse Freiheit" in Mainz beginnt sich der politische Katholizismus auf breiter Front zu organisieren.

1848, 29. März: Berufung des liberalen Ministeriums Camphausen-Hansemann in Preußen.

1848, 31. März-3. Apr.: Tagung des Vorparlaments in der Paulskirche zu Frankfurt am Main. Die liberale Mehrheit der 574 Abgeordneten lehnt den Antrag der demokratischen Linken ab, sich für eine föderative deutsche Republik zu erklären und bis zum Zusammentritt der Nationalversammlung die legislative und exekutive Gewalt zu übernehmen. Das Vorparlament schreibt Wahlen zur verfassunggebenden Nationalversammlung aus auf der Grundlage des allgemeinen, gleichen und nach Entscheidung der Einzelregierungen direkten oder indirekten Wahlrechts und setzt einen 50er-Ausschuss ein, der die Durchführung der gefassten Beschlüsse überwachen soll. Die Wahlen sollen auch in dem nicht zum Bundesgebiet gehörenden Schleswig sowie in Ost- und Westpreußen stattfinden. Das Vorparlament erklärt sich für die nationalstaatliche Unabhängigkeit Polens. Es zwingt ferner den Bundestag, die Ausnahmegesetze von 1819, 1832 und 1834 aufzuheben (2. April).

1848, 12. Apr.: Der Bundestag beschließt, die Räumung Schleswigs, das Teil des künftigen deutschen Nationalstaats werden soll, von dänischen Truppen gewaltsam zu erzwingen.

1848, 12. April-Ende Apr.: Republikanischer Aufstand in Baden. Friedrich Hecker ruft in Konstanz die Republik aus (12. April). Da der Aufstand lokal beschränkt und die militärischen Aktionen der Republikaner planlos und uneinheitlich bleiben, gelingt den vom Bundestag eingesetzten Truppen die Niederschlagung der Erhebung.

1848, 25. Apr.: Die vom österreichischen Kaiser aus eigener Machtvollkommenheit erlassene Verfassung stößt trotz mancher liberaler Züge auf heftige Kritik und vermag die politische Lage nicht zu beruhigen.

1848, 15. Mai: In Wien erzwingt ein zweiter Aufstand die Einberufung eines Reichstages für die gesamte Habsburgermonarchie, der eine neue Verfassung ausarbeiten soll. Der kaiserliche Hof flieht nach Innsbruck.

1848, 18. Mai: Eröffnung der deutschen Nationalversammlung in der Frankfurter Paulskirche. Die Mehrzahl der etwa 586 Abgeordneten gehört dem akademisch gebildeten Bürgertum (Advokaten, Professoren, Schriftsteller, Lehrer, Geistliche) und der Beamtenschaft (Richter, Offiziere, höhere Staatsbeamte) an. Arbeiter sind nicht vertreten. Die gemäßigten Liberalen besitzen die Majorität. Die Abgeordneten schließen sich zu lockeren Fraktionen zusammen, deren wichtigste sind: die Konservativen (Partei des „Cafés Milani"), Rechtsliberale („Kasino-Partei"), Linksliberale (Partei des „Württemberger Hofes"), gemäßigte Demokraten (Partei des „Deutschen Hofes"), radikale Demokraten (Fraktion „Donnersberg"). Die Nationalversammlung wählt Heinrich von Gagern zu ihrem Präsidenten (19. Mai). Die liberale und konservative Mehrheit will die Arbeit der Nationalversammlung auf die Ausarbeitung der Reichsverfassung beschränken, anstatt die legislative und exekutive Macht in Deutschland an sich zu reißen.

1848, 22. Mai: In Berlin tritt die verfassunggebende preußische Nationalversammlung zu ihrer ersten Sitzung zusammen.

1848, 31. Mai: Auf Antrag eines österreichischen Abgeordneten beschließt die deutsche Nationalversammlung eine Schutzerklärung für die nichtdeutschen Minderheiten.

1848, 2.-12. Juni: Der Slawenkongress in Prag tritt für die Umwandlung der Habsburgermonarchie in einen „Bund gleichberechtigter Völker" ein und votiert gegen die österreichische Beteiligung an einem deutschen Nationalstaat.

1848, 13.-16. Juni: Pfingstaufstand in Prag. Blutige Auseinandersetzungen zwischen radikalslawischen Studenten und österreichischen Truppen unter dem Befehl von Alfred Fürst von Windischgrätz fordern rund 400 Todesopfer. Hier wie zuvor in Berlin und bald dar-

Bild oben: *Erschießung Robert Blums (geb. 1807) am 9. November 1848 auf der Brigittenau bei Wien. Ölgemälde von Carl Constantin Heinrich Steffeck, Deutsches Historisches Museum, Berlin. Als der radikale Abgeordnete der Frankfurter Nationalversammlung den Revolutionären von Wien 1848 eine Sympathiebekundung überbringen wollte, wurde er in die Auseinandersetzungen verwickelt. Nachdem die Regierungstruppen Wien erobert hatten, wurde Blum auf Veranlassung des Ministerpräsidenten wegen Teilnahme am Aufstand im November erschossen.*

Bild linke Seite: *Erzherzog Johann (1782-1859) bei der Eröffnung des konstituierenden Reichstages in der „Spanischen Reitschule" der Wiener Hofburg am 22. Juli 1848.*

auf auch in Paris gehen die gegenrevolutionären Kräfte gestärkt aus den Kämpfen hervor.

1848, 13.-17. Juni: Der erste Demokratenkongress beschließt in Frankfurt am Main den Aufbau einer demokratisch-republikanischen Partei für ganz Deutschland.

1848, 14. Juni: Die seit dem 9. Juni anwachsenden Unruhen unter den Berliner Volksmassen erreichen ihren Höhepunkt in der Erstürmung des Zeughauses durch Arbeiter und Handwerker zur gewaltsamen Durchsetzung der Volksbewaffnung. Die Erhebung wird durch Militär und Bürgerwehr niedergeschlagen. Das Ministerium Camphausen-Hansemann tritt wenig später zurück.

1848, 28. Juni: Die deutsche Nationalversammlung beschließt gegen die Stimmen der Demokraten, die für einen revolutionären Vollziehungsausschuss des Parlaments eintreten, die Einsetzung einer provisorischen Reichszentralgewalt mit einem Reichsverweser an der Spitze, die im Einvernehmen mit den Regierungen die völkerrechtliche Vertretung Deutschlands und den Oberbefehl über die deutschen Truppen übernehmen, jedoch der Nationalversammlung nicht verantwortlich sein soll. Zum Reichsverweser wählt das Parlament den als liberal geltenden Erzherzog Johann von Österreich (29. Juni).

1848, 15. Juli: Erzherzog Johann ernennt ein deutsches Reichsministerium mit Karl Fürst von Leiningen an der Spitze.

1848, 22. Juli: In Wien wird der konstituierende österreichische Reichstag feierlich eröffnet.

1848, 6. Aug.: Nach langen militärischen Auseinandersetzungen kann Feldmarschall Johann Joseph Graf Radetzky an der Spitze der österreichischen Truppen wieder in Mailand einziehen.

1848, 12. Aug.: Kaiser Ferdinand kehrt auf Wunsch des Reichstags nach Wien zurück.

1848, 23. Aug.-2. Sept.: In Berlin tritt unter der Leitung von Stephan Born der erste Allgemeine Deutsche Arbeiterkongress zusammen.

1848, 26. Aug.: Auf Druck Großbritanniens und Russlands schließt Preußen in Malmö einen Waffenstillstand mit Dänemark, der den Rückzug der deutschen Truppen aus Schleswig und Holstein und die Absetzung der provisorischen schleswig-holsteinischen Regierung vorsieht.

1848, 5. Sept.: Die Frankfurter Nationalversammlung votiert unter Führung des liberalen Kieler Historikers Friedrich Christoph Dahlmann gegen den Malmöer Waffenstillstand; das Reichsministerium Leiningen tritt zurück.

1848, 16. Sept.: In der Paulskirche stimmt die Mehrheit der Abgeordneten mangels eigener Machtmittel nun doch der Malmöer Vereinbarung zu. Neuer Reichsministerpräsident wird der großdeutsch orientierte Österreicher und bisherige Innenminister Anton von Schmerling.

1848, 18. Sept.: Frankfurter Volksaufstand; Anlass ist die Annahme des Waffenstillstands von Malmö. Arbeiter, Bauern und Handwerker Frankfurts und der Umgebung nehmen den Kampf gegen die die Stadt besetzenden und den Zutritt zur Paulskirche verweigernden Truppen auf. Nach heftigen Barrikadenkämpfen wird die Erhebung niedergeschlagen. Verhängung des Belagerungszustands und Kriegsrechts über Frankfurt.

1848, 21.-25. Sept.: Nach der Ausrufung der Republik durch Gustav von Struve in Lörrach bricht in Südbaden zum zweiten Mal ein Aufstand der radikalen Linken aus. Er wird von badischen Truppen niedergeschlagen.

1848, 3.-6. Okt.: Die Piusvereine kommen in Mainz zu einer Generalversammlung, dem ersten deutschen Katholikentag, zusammen.

1848, 6./7. Okt.: In Wien kommt es erneut zu einem Aufstand, in dessen Verlauf Kriegsminister Theodor Graf Baillet von Latour von meuternden Soldaten erschlagen wird. Studenten, Bürgergarden und andere revolutionäre Kräfte übernehmen die Macht in der Hauptstadt. Kaiser Ferdinand flieht ins mährische Olmütz.

1848, 23.-31. Okt.: Wien wird eingeschlossen und belagert. Nachdem eine ungarische Hilfsarmee am 30. Oktober bei Schwechat zurückgeschlagen worden ist, gelingt es den Truppen, die Innenstadt zu nehmen. Die Konterrevolution geht mit Standgerichten gegen die Aufständischen vor und unterdrückt die demokratische Bewegung.

1848, 26.-30. Okt.: Der zweite deutsche Demokratenkongress in Berlin bleibt ohne Ergebnis.

1848, 2. Nov.: Der preußische König ernennt den konservativen General Friedrich Wilhelm Graf von Brandenburg zum Ministerpräsidenten.

1848, 9. Nov.: Der Paulskirchen abgeordnete Robert Blum, als Gesandter nach Wien delegiert, wird wegen Teilnahme am Wiener Aufstand trotz Abgeordnetenimmunität zum Tode verurteilt.

1848, 10. Nov.: General Wrangel zieht mit konterrevolutionären Truppen in Berlin ein. Die Mehrheit der Führer der demokratischen Linken entscheidet, dass kein bewaffneter Widerstand geleistet werden soll, woraufhin die zum Schutz des Parlaments aufmarschierte Bürgerwehr passiv bleibt. Der militäri-

schen Auflösung der verfassunggebenden Versammlung und der Entwaffnung der Bürgerwehr (11. November) folgt die Verhängung des Belagerungszustands über Berlin (12. November).
1848, 21. Nov.: Der neu berufene Ministerpräsident Felix Fürst zu Schwarzenberg leitet in Österreich die volle Wiederherstellung des Kaisertums ein.
1848, 23. Nov.: Gründung des gemäßigt demokratisch orientierten Zentralmärzvereins, der auf dem Höhepunkt seiner Entwicklung etwa 500.000 Mitglieder zählt.
1848, 27. Nov.: Der österreichische Reichstag wird in das mährische Kremsier verlegt. Fürst Schwarzenberg erteilt zugleich allen Plänen zu einem Aufgehen Österreichs in einem deutschen Nationalstaat eine Absage.
1848, 2. Dez.: Thronentsagung Kaiser Ferdinands. Sein Nachfolger, Kaiser Franz Joseph, bekennt sich in einer Proklamation zu Schwarzenbergs großösterreichischer Politik.
1848, 5. Dez.: Nachdem sich die konservativen Kräfte neu formiert haben, löst Friedrich Wilhelm IV. die preußische Nationalversammlung wieder auf und erlässt eine gemäßigte liberale Verfassung.
1848, 15. Dez.: Reichministerpräsident Schmerling findet für seinen großdeutsch orientierten Kurs keine Mehrheit in der liberalen Casino-Fraktion und tritt zurück. Sein Nachfolger wird am 18. Dezember Heinrich von Gagern, der eine kleindeutsch-preußische Lösung befürwortet.
1848, 20. Dez.: Die deutsche Nationalversammlung verabschiedet nach monatelanger Beratung die Grundrechte der Reichsverfassung und erhebt sie am 21. Dezember zum Reichsgesetz (Verkündigung durch den Reichsverweser am 27. Dezember). Die Grundrechte sollen die bürgerlichen Freiheiten im Sinne des Liberalismus garantieren: u. a. Gleichheit vor dem Gesetz, Abschaffung der Standesprivilegien, Unverletzlichkeit des Eigentums und der Person, Einführung eines deutschen Reichsbürgerrechts und der Freizügigkeit, Presse-, Vereins- und Versammlungsfreiheit, Gleichberechtigung nationaler Minderheiten, Einführung der obligatorischen Zivilehe.
1849, 4. Febr.: Eine Note der österreichischen Regierung lehnt den Entwurf der Reichsverfassung und die Übertragung der Kaiserwürde an einen deutschen Fürsten ab. Auch Bayern, Württemberg, Hannover und Sachsen lehnen den Reichsverfassungsentwurf ab, während 31 deutschen Staaten mit Einschluss Preußens diesem im Prinzip zustimmen, jedoch viele Abänderungswünsche vorbringen (Februar/März).

Nationalversammlung in der Frankfurter Paulskirche, 1848.

1849, 4. März: Auflösung des österreichischen Reichstags, Oktroyierung einer Verfassung.

1849, 27./28. März: Die deutsche Nationalversammlung verabschiedet die Reichsverfassung und das Wahlgesetz (27. März) und wählt mit 290 Stimmen bei 248 Enthaltungen den preußischen König zum deutschen Kaiser (28. März). Das durch den Reichsverweser am 12. April in Kraft gesetzte Wahlgesetz beinhaltet die allgemeine, gleiche, geheime und direkte Wahl der Volksvertretung durch alle männlichen Bürger von 25 Jahren an. Die Reichsverfassung, durch den Präsidenten der Nationalversammlung, Eduard Simson, am 28. März verkündet und in Kraft gesetzt, sieht einen deutschen Bundesstaat unter Ausschluss Österreichs in Gestalt der Erbmonarchie vor. Dem Reich steht die auswärtige Gewalt (u. a. Entscheidung über Krieg und Frieden, völkerrechtliche Vertretung), die oberste militärische Gewalt sowie die Entscheidung in wichtigen Bereichen der Gesetzgebung zu (u. a. Zölle, gemeinsame Steuern, Handels-, Gewerbe-, Eisenbahn-, Post-, Schifffahrts- und Patentwesen, Münz- und Maßeinheit). Die vom Reichstag beschlossenen Gesetze stehen über der Gesetzgebung der Einzelstaaten, deren innere Selbstständigkeit jedoch im Prinzip aufrechterhalten bleibt. Der Reichstag, der aus einem direkt gewählten Volkshaus und einem durch die Länderparlamente und Einzelregierungen gewählten Staatenhaus besteht, besitzt die Legislative, das Budget- und Ministeranklagerecht, kann jedoch die Reichsregierung nicht stürzen. Der Kaiser und die von ihm ernannte Reichsregierung besitzen die Exekutivgewalt sowie ein suspensives Veto gegenüber den Beschlüssen des Reichstages.

1849, Apr.: Luise Otto-Peters, die bereits in ihrer „Adresse eines deutschen Mädchens" (20. Mai 1848) für die Verbesserung der Lage der Arbeiterinnen eingetreten ist, gibt in Leipzig die erste „Deutsche Frauenzeitung" heraus (Dezember 1850 verboten).

1849, 3. Apr.: Friedrich Wilhelm IV. lehnt gegenüber einer Deputation der Nationalversammlung die Annahme der deutschen Kaiserwürde ab mit der Begründung, dass diese Versammlung weder eine Krone vergeben noch eine Verfassung einführen könne. In einer Zirkularnote an die deutschen Regierungen schlägt die preußische Regierung gleichzeitig die Bildung eines deutschen Bundesstaats durch die Fürsten unter preußischer Führung vor. Der Krieg in Schleswig-Holstein bricht wieder aus, nachdem Dänemark den Waffenstillstand von Malmö gekündigt hat (26. März).

1849, 14. Apr.: 28 deutsche Einzelstaaten nehmen die Reichsverfassung bedingungslos an; am 24. April folgt noch Württemberg diesem Schritt.

1848, April-Mai: Eine breite Protestbewegung tritt überall in Deutschland für die Anerkennung der in der Paulskirche erarbeiteten Reichsverfassung ein.

1849, 2. Mai-14. Juni: Die linksrheinische Pfalz erhebt sich gegen die bayerische Regierung, die die Reichsverfassung ablehnt, und bildet eine provisorische Exekutive, die sich von Bayern lossagt. Von der Münchener Regierung zuhilfe gerufene preußische Truppen schlagen den Aufstand mit Waffengewalt nieder.

1848, 3.-9. Mai: Dresdner Mairevolution, die sich gegen den reaktionären Kurs des sächsischen Königs richtet. Preußische Truppen unterdrücken die Erhebung in viertägigen Straßen- und Häuserkämpfen.

Friedrich Wilhelm IV. zählt an den Knöpfen des Uniformrockes ab, ob er die von der Frankfurter Nationalversammlung im April 1849 angebotene Kaiserkrone akzeptieren soll: „Soll ich? Soll ich nicht? Soll ich?! Kneppe, ihr wollt! Nu jerade nich!!" Sektflasche und -glas erscheinen häufig in Karikaturen dieser Epoche als Attribute der reaktionären Adligen und Könige. Die Karikatur von Isidor Popper macht deutlich, dass der Preußenkönig nie beabsichtigt hatte, die Krone zu akzeptieren. Er lehnte sie schließlich mit der Begründung ab, dass er nur aus den Händen Gottes, nicht des Volkes, die Krone anzunehmen bereit sei.

1849, 10. Mai: Reichsministerpräsident Heinrich von Gagern tritt zurück.

1849, 11. Mai: Die Erhebung badischer Soldaten in der Festung Rastatt leitet die Volkserhebung in Baden ein. Eine Landesversammlung in Offenburg (etwa 35.000 Teilnehmer) setzt einen Landesausschuss der demokratischen Vereine ein (13. Mai), der die bewaffnete Durchsetzung der Reichsverfassung, die allgemeine Volksbewaffnung sowie die demokratisch-republikanische Umwälzung leiten soll. Der Großherzog flieht. Fast alle badischen Truppen gehen auf die Seite der Revolutionäre über. Der Landesausschuss setzt eine provisorische Regierung unter dem gemäßigten Demokraten Lorenz Brentano ein (16. Mai), die die Macht in Baden übernimmt.

1849, 26. Mai: Preußen gründet die „Erfurter Union", aus der ein „kleindeutscher" Nationalstaat unter preußischer Führung hervorgehen soll. Zeitweilig gehören bis auf Österreich und seine Verbündeten alle Staaten des Deutschen Bundes an.

1849, 30. Mai: Die Frankfurter Nationalversammlung beschließt ihre Verlegung nach Stuttgart, um einer möglichen militärischen Bedrohung durch preußische Truppen zu entgehen. Da die liberale Minderheit den Beschluss nicht anerkennt, finden sich am 6. Juni zur Eröffnung der Versammlung in Stuttgart nur 104 Abgeordnete der Linken ein (Rumpfparlament). Die preußische Regierung oktroyiert das Dreiklassenwahlrecht für die 2. preußische Kammer. Die Urwähler werden nach ihrem Steuereinkommen in drei Klassen eingeteilt, deren jede die gleiche Anzahl von Abgeordneten wählt.

1849, 18. Juni: Das Rumpfparlament in Stuttgart wird durch württembergische Truppen auseinandergejagt.

1849, 23. Juli: Kapitulation der Reste der Revolutionstruppen in Rastatt. Preußische Standgerichte verurteilen 28 Revolutionäre zum Tod.

1849, 10. Dez.: Rücktritt des Reichsverwesers Erzherzog Johann.

Carl Maria von Weber

Der Begründer der deutschen romantischen Oper wurde am 19. November 1786 in Eutin geboren. Zu seinen Lehrern gehörten Michael Haydn und Georg Joseph Vogler. Ab 1813 war er Operndirektor in Prag, ab 1817 in Dresden. „Der Freischütz" (1821) wurde zum Inbegriff der romantischen deutschen Oper; Webers andere Opern (unter anderem „Abu Hassan", 1811; „Preziosa", 1821; „Euryanthe", 1823; „Oberon", 1826) setzten sich zunächst kaum durch. In Thematik, Inszenierung und Klangfülle seines Werkes (unter anderem Konzertstück f-Moll; Klaviermusik, wie die „Aufforderung zum Tanz", 1819; auch Vokalmusik) wurde er wegweisend für Richard Wagner. Weber war schon zur damaligen Zeit so etwas wie ein „Musikmanager": Er wirkte als Konzertpianist und Kapellmeister am Prager Nationaltheater und baute in Dresden (1816) die Deutsche Oper auf. Das Komponieren betrieb er mehr nebenher, aber mit großem Fleiß. Erst fünf Jahre vor seinem Tod schrieb er den „Freischütz", der ihm sogleich Weltruhm eintrug. Aufträge aus dem Ausland stellten sich ein: Aus Wien bestellte man die Oper „Euryanthe", aus London die auch heute noch oft gespielte Märchenoper „Oberon" nach einem Text von Wieland. Weber starb am 5. Juni 1826 in London an einer Kehlkopftuberkulose.

Webers Errungenschaften in der Opernkomposition beziehen sich v. a. auf die Instrumentation. Die unkonventionelle Benutzung von Klarinetten, Hörnern und Bratschen, etwa in der „Wolfsschluchtszene" im „Freischütz", fand in Komponisten wie Hektor Berlioz, Franz Liszt oder Richard Wagner Nachahmer und wurde von ihnen weiterentwickelt. Mit seinem bisweilen volksliedhaften Ton schlägt Weber in Deutschland die Brücke vom Singspiel des 18. Jh. zur deutschen Oper des 19. Jh. und baut deren Dramaturgie weiter aus.

Karlsbader Beschlüsse

Die Karlsbader Beschlüsse waren das Ergebnis einer 1819 von Metternich anlässlich der Ermordung Kotzebues nach Karlsbad einberufenen Ministerkonferenz des Deutschen Bundes zur Unterdrückung liberaler und nationaler Bestrebungen. Die Frauenrechtlerin und Autorin Luise Büchner behandelte sie in ihren Vorlesungen „Deutsche Geschichte von 1815-1870". Die Vorlesungen wurden seit 1870 in dem von Luise Büchner mitbegründeten Alice-Lyceum gehalten:

„Kaiser Franz lud unverweilt, im Verein mit Preußen, alle deutschen Minister zu einer Conferenz nach Karlsbad ein, um zu berathen, wie man der demagogischen Schlange am besten den Kopf zertreten könne. Von dort ergingen dann die berüchtigten Karlsbader Beschlüsse, welche vorerst strenge Beaufsichtigung der Universitäten und ihrer Lehrer durch besondere Commissäre verfügten, also die Lehrfreiheit vollständig aufhoben, sowie auch alle studentischen Verbindungen auflösten. Weiter wurde strenge Censur verhängt über alle Zeitungen, Flugschriften und Bücher, die un-

Der Komponist, Dirigent und Pianist Carl Maria von Weber (1786-1825) war der Begründer der deutschen romantischen Oper.

„Die Wolfsschlucht" in Carl Maria von Webers „Freischütz", Carl Wilhelm Holdermann, 1822. Die Oper spielt in Böhmen, Mitte des 17. Jahrhunderts, kurz nach dem Dreißigjährigen Krieg. Sie wurde am 18. Juni 1821 im Schauspielhaus in Berlin uraufgeführt. Das Libretto ist in deutscher Sprache geschrieben und stammt von Friedrich Kind. Die mystische und irrationale Handlung des „Freischütz" – eine der ersten deutschen romantischen Opern – findet ihre Entsprechung in der Partitur. Weber erweiterte eigens die instrumentalen Klangfarben, um so bestimmte Stimmungen besser darstellen zu können (z. B. Hinzufügung äußerst tiefer Holzbläserlagen für das Unheimliche der Natur, insbesondere des Waldes). Weitere musikalischen Merkmale der Oper sind volksliedhafte Melodien und zahlreiche Motivwiederholungen.

ter 20 Bogen stark waren, und endlich die Einsetzung jener fluchwürdigen Centraluntersuchungs-Commission beschlossen, die in Mainz ihren Sitz erhielt, berüchtigt und gefürchtet unter dem Namen ‚der schwarzen Kammer‘. Von da aus, wie eine Spinne ihre Fäden über ganz Deutschland ausbreitend, hat sie unzählige Unschuldige verfolgt, unzählige Thränen erpreßt und eine Reihe von staatsverbrecherischen Unthaten erfunden, die niemals existirt hatten.
Aus Metternich's Geist, dem Gentz die Feder geliehen, waren diese traurigen Beschlüsse geflossen, die man nun dem Bundestag vorlegte, der sie unterwürfigst bestätigte. Unbeschreiblich war der Eindruck, den dieses Vorgehen in Deutschland hervorrief; Vater Blücher sollte zu seinem Glück ein solches Ende nicht mehr erleben, er starb in jenen trüben Tagen, aber tief empört, und unter dem Beifall des Staatsministeriums erhob sich jetzt Wilhelm von Humboldt gegen solche Verletzungen des Rechts, gegen solche inquisitorischen Beschlüsse; vergebens – er konnte nichts thun, als nach diesen Vorgängen seine eigne Ehre retten, für immer aus dem Staatsleben ausscheiden, und die Pension als Staatsminister ausschlagen. Gneisenau ging auf seine Güter, Niebuhr und Stein waren von Grimm und tiefem Schmerze erfüllt. Der Letztere wandte nun sein ganzes Interesse jener Gesellschaft für deutsche Geschichtschreibung zu, die er mit so großem Eifer gegründet, indem er eine Reihe der namhaftesten Gelehrten gewonnen hatte, um die alten Geschichtsquellen unseres Vaterlandes, die Chroniken, Urkunden, Kaiserbriefe u.s.w. herauszugeben. Was er damit bezweckte, hören wir am Besten aus seinem eignen Munde. ‚Näheres Nachdenken überzeugt mich immer mehr von den wohltätigen Folgen der Belebung und Verbreitung der Liebe zur vaterländischen Geschichte, mit derem Innern man doch nur durch das Lesen der Zeitgenossen bekannt wird, und deren Inhalt wieder zur Erzeugung und Befestigung der Anhänglichkeit an das Volk, dem man angehört, kräftig beiträgt.‘"

Ernst Theodor Amadeus (E. T. A.) Hoffmann

Der deutsche Schriftsteller, Zeichner und Komponist kam am 24. Januar 1776 in Königsberg zur Welt und starb am 25. Juni 1822 in Berlin. Der bedeutende Vertreter der deutschen Romantik stammte aus einer bürgerlichen Familie, der Vater war Advokat. Nach Abschluss des Gymnasiums studierte Hoffmann 1792 bis 1795 Jura. Anschließend arbeitete er als Referendar in Glogau (1796) und Berlin (1798). Ab 1800 war er Assessor in Posen, wurde aber nach Plozk in Polen strafversetzt. Zwischen 1808 und 1813 wirkte er in Bamberg am Theater als Kapellmeister. 1814 nahm er eine Stelle am Kammergericht in Berlin an.
Hoffmann hatte einen Hang zum Fantastischen und Gespensterhaften. Er schuf Erzählungen, Märchen und eine Oper („Undine"), die neben Louis Spohrs Oper „Faust" als erste romantische Oper gilt. Hoffmann verfasste zahlreiche fantastische Novellen. Erfolgreich waren seine „Fantasiestücke in Callots Manier" (1813-1815), die den Ruhm des Schriftstellers begründeten. 1815/1816 entstand die Novelle „Die Elixiere des Teufels", die sich stark am Vorbild englischer Schauerromane orientiert. Spätere Novellen sammelte Hoffmann und publizierte sie zwischen 1819 und 1821 in vier Bänden unter dem Titel „Die Serapionsbrüder". 1822 entstand „Der Sandmann", eine unheimliche Erzählung, die teilweise in Briefform abgefasst ist. Aufgrund seiner Erfahrungen mit seinen Vorgesetzten bei den Berliner Behörden verfasste Hoffmann die bissige Satire „Meister Floh". Weitere Werke sind „Lebensansichten des Kater Murr", „Klein Zaches genannt Zinnober" und „Undine".

Ernst Theodor Amadeus (E. T. A.) Hoffmann (1776-1822), Deckfarbengemälde von unbekannter Herkunft, um 1795.

Ludwig I. macht München zur Kunststadt

Ludwig I. (1786-1868) wird 1825 König von Bayern und erweist sich in den ersten Jahren seiner Regentschaft als liberaler und kunstfreundlicher Herrscher. Karl Theodor von Heigel über Ludwig I. in „Allgemeine Deutsche Biographie":
„Auch die Zusammensetzung des Lehrkörpers der nach München versetzten Landeshochschule aus mittelalterlich-romantischen und freisinnigen Elementen erachtete der berühmte Jurist [Anselm Feuerbach] für glücklich: ‚Wasser und Feuer verträgt sich in der Natur auch nicht und doch grünt die Saat und keimt die Frucht.‘ Schon während der italienischen Reise im Jahr 1818 hatte Ringseis die Frage aufgeworfen, ob nicht die in kleinlichen Verhältnissen vegetirende Universität in Landshut aufzulösen und eine mit reichen Mitteln ausgestattete Hochschule in der Hauptstadt des Landes zu errichten wäre. Der Gedanke war in L. haften geblieben, und bald nach seiner Thronbesteigung ging er an die Ausführung (Rescript vom 3. Octbr. 1826). Daß der für ‚Neubaiern‘ bestimmten Anstalt ein rein katholischer Charakter ausgeprägt werde, glaubte sogar Ringseis, der bei Abfassung des Lehrplans und der Statuten eifrig mitarbeitete, nicht fordern zu dürfen, der König selbst gab als seinen Wunsch zu erkennen, daß der Anstalt ‚in großen Zügen der Stempel des rein Christlichen ausgeprägt werde‘.
Die Schranken wurden denn auch nicht allzueng gezogen, dies beweisen die Namen der Gelehrten, an welche die Einladung des Königs erging: Luden, Raumer, Tieck,

Thibaut, Mittermaier, Oken, Görres, Schubert. Nur die drei Letztgenannten nahmen an, etwas später kam Schelling nach München und wurde gleichsam der Mittelpunkt der neuen Schöpfung. Bei der Eröffnungsfeier erklärte der König in einer Ansprache, er halte Unabhängigkeit der wissenschaftlichen Forschung, Freiheit des Wortes und der Mittheilung für die Grundpfeiler, auf welchen das Lehrgebäude ausgerichtet werden müsse. In diesem Geiste wurde auch der Lehrplan vom König selbst im Verein mit Thiersch und Schelling abgefaßt.
Gleichzeitig vollzog sich ein frischer Aufschwung des Kunstlebens in München. Zwar gelang es nicht, Thorwaldsen zur Uebersiedelung zu bewegen, auch Overbeck weigerte sich, Rom zu verlassen, aber viele andere Künstler vereinigten sich um den Thron des königlichen Schutzherrn, Alle mehr oder minder von Cornelius, dem Großmeister der neuen Münchener Schule, beeinflußt. Stattliche Bauten wurden in der neu angelegten Ludwigsstraße aufgeführt, die Feldherrnhalle, das Odeon, die Ludwigskirche, das Universitätsgebäude, die Bibliothek, das Blindeninstitut, das Siegesthor. Zur Aufbewahrung des reichen Gemäldeschatzes der Wittelsbacher wurde die sogenannte alte, für Werke zeitgenössischer Künstler die neue Pinakothek gebaut. Auf der Theresienwiese, wo alljährlich im Monat October zum Andenken an Ludwigs Vermählung ein volksthümliches Fest veranstaltet wird, erhob sich die baierische Ruhmeshalle mit dem Kolossalerzbild der Bavaria. An die von Kurfürst Max I. erbaute Burg schlossen sich neue Flügel an. Das Westende der Stadt erhielt eine Basilika, die Vorstadt Au eine prächtige Kirche in gothischem Stil. Ueber den künstlerischen Werth der einzelnen Schöpfungen mögen die Ansichten auseinander gehen, aber längst ist der anfänglich von Einheimischen noch lauter als von Fremden erhobene Vorwurf der ‚Zwecklosigkeit' dieser Bemühungen und Geldopfer des Fürsten verstummt: am Abende seines Lebens konnte L. München, dessen Kunst Vischer noch 1844 als eine ‚exotische Pflanze für einige lorgnettirende Kenner' verspottet hatte, die erste Kunststadt Deutschlands nennen."

Hauffs Märchen

Wilhelm Hauffs Märchen, die 1825 bis 1828 in Almanachform erschienen, fallen in die spätromantische Literaturphase nach den scharfen Zensurbestimmungen der Karlsbader Beschlüsse im Jahre 1819. Die Märchendichtung des am 29. November 1802 in Stuttgart geborenen und am 18. November 1827 ebenda gestorbenen Hauff beruht auf der Verknüpfung von orientalischen und europäischen Märchenmotiven. Der „Märchen-Almanach auf das Jahr 1826" („Die Karawane" betitelt) enthält unter anderem „Die Geschichte von dem Gespensterschiff". Ein Auszug:
„Als [ein Topf mit Erde] herbeigeholt war, sprach der Zauberer geheimnisvolle Worte darüber aus, und schüttete die Erde auf das Haupt des Toten. Sogleich schlug dieser die Augen auf, holte tief Atem, und die Wunde des Nagels in seiner Stirne fing an zu bluten. Wir zogen den Nagel jetzt leicht heraus, und der Verwundete fiel einem der Sklaven in die Arme.
‚Wer hat mich hieher geführt?' sprach er, nachdem er sich ein wenig erholt zu haben schien. Muley zeigte auf mich, und ich trat zu ihm. ‚Dank dir unbekannter Fremdling, du hast mich von langen Qualen errettet. Seit fünfzig Jahren schifft mein Leib durch diese Wogen, und mein Geist war verdammt, jede Nacht in ihn zurückzukehren. Aber jetzt hat mein Haupt die Erde berührt, und ich kann versöhnt zu meinen Vätern gehen.' Ich bat ihn, uns doch zu sagen, wie er zu diesem schrecklichen Zustand gekommen sei, und er sprach: ‚Vor fünfzig Jahren war ich ein mächtiger, angesehener Mann und wohnte in Algier; die Sucht nach Gewinn trieb mich, ein Schiff auszurüsten und Seeraub zu treiben.
Ich hatte dieses Geschäft schon einige Zeit fortgeführt, da nahm ich einmal auf Zante einen Derwisch an Bord, der umsonst reisen wollte. Ich und meine Gesellen waren rohe Leute und achteten

nicht auf die Heiligkeit des Mannes, vielmehr trieb ich mein Gespött mit ihm. Als er aber einst in heiligem Eifer mir meinen sündigen Lebenswandel verwiesen hatte, übermannte mich nachts in meiner Kajüte, als ich mit meinem Steuermann viel getrunken hatte, der Zorn. Wütend über das, was mir ein Derwisch gesagt hatte, und was ich mir von keinem Sultan hätte sagen lassen, stürzte ich aufs Verdeck und stieß ihm meinen Dolch in die Brust. Sterbend verwünschte er mich und meine Mannschaft, nicht sterben und nicht leben zu können, bis wir unser Haupt auf die Erde legen. Der Derwisch starb, und wir warfen ihn in die See und verlachten seine Drohungen; aber noch in derselben Nacht erfüllten sich seine Worte. Ein Teil meiner Mannschaft empörte sich gegen mich. Mit fürchterlicher Wut wurde gestritten, bis meine Anhänger unterlagen, und ich an den Mast genagelt wurde. Aber auch die Empörer unterlagen ihren Wunden, und bald war mein Schiff nur ein großes Grab. Auch mir brachen die Augen, mein Atem hielt an und ich meinte zu sterben. Aber es war nur eine Erstarrung, die mich gefesselt hielt; in der nächsten Nacht, zur nämlichen Stunde, da wir den Derwisch in die See geworfen, erwachte ich und alle meine Genossen, das Leben war zurückgekehrt, aber wir konnten nichts tun und sprechen, als was wir in jener Nacht gesprochen und getan hatten.
So segeln wir seit fünfzig Jahren, können nicht leben, nicht sterben; denn wie konnten wir das Land erreichen. Mit toller Freude segelten wir allemal mit vollen Segeln in den Sturm, weil wir hofften, endlich an einer Klippe zu zerschellen und das müde Haupt, auf dem Grund des Meeres, zur Ruhe zu legen.
Es ist uns nicht gelungen. Jetzt aber werde ich sterben. Noch einmal meinen Dank, unbekannter Retter, wenn Schätze dich lohnen können, so nimm mein Schiff, als Zeichen meiner Dankbarkeit.'
Der Kapitano ließ sein Haupt sinken, als er so eben gesprochen hatte, und verschied. Sogleich zerfiel er auch, wie seine Gefährten, in Staub."

Joseph von Fraunhofer

Eine Schreckensnachricht durcheilte am 21. Juli 1801 die friedliche Residenzstadt München: Im Thiereck-Gässchen waren zwei Häuser eingestürzt, und nur einen einzigen Überlebenden hatte man aus den Trümmern geborgen, den vierzehnjährigen Glaserlehrling Fraunhofer. Für den Geretteten aber wurde diese Unglücksstunde der Schlusspunkt hinter einem Martyrium.
Als Vollwaise hatte sich der Junge in einem ungeliebten Beruf bei einem verständnislosen Lehrherrn plagen müssen, der nur Hohn, Spott und Schläge übrig hatte für das heiße Mühen seines Lehrlings, sich durch fleißiges Lesen in den kargen Freistunden Wissen anzueignen. Was verstand der Herr Glasermeister auch von der hohen Kunst der Geometrie! – Achtzehn Dukaten ließ Kurfürst Max Joseph, der spätere erste bayerische König, dem wie durch ein Wunder vom Tode bewahrten Lehrling auszahlen. Der allmächtige Hofkammerherr und Fabrikant Utzschneider nahm sich des Jungen an, dessen Begabung ihm aufgefallen war.
Mit dem Geld des Königs kaufte sich Fraunhofer von der Lehre frei, für den Rest erstand er eine Glasschleifmaschine, und mit verbissenem Fleiß bemühte er sich, alles Wissen der Zeit über die Berechnung und Herstellung von Linsen kennen zu lernen.
Aus dem Lehrling, der am 6. März 1787 in Straubing zur Welt gekommen war, wurde der praktische Forscher, der die optischen Eigenschaften der noch recht unvollkommenen Fernrohre entscheidend verbesserte, der im Farbband des Sonnenspektrums die eigenartigen dunklen Linien entdeckte, die bis heute seinen Namen tragen und die eine neue Epoche der Physik eingeleitet haben. Fraunhofer erwarb Ruhm, Ehre und Reichtum. Er wurde Professor und erhielt vom König für seine Verdienste das Adelsprädikat. Ihm verdankt die Physik entscheidende

Bild linke Seite links: *Jean Paul, Illustration aus „Die Gartenlaube. Illustrirtes Familienblatt". „Jean Paul wohnte in Coburg in dem später sogenannten Prätorius'schen Hause in der Gymnasiumsgasse. Wie er aber stets für sein geistiges Schaffen während der schönen Jahreszeit auf eine freundliche Stätte in der freien Natur bedacht war, so hatte er mit seinem feinen Naturkennerauge bald auch in der reizenden Umgebung Coburgs das rechte Fleckchen für sich herausgefunden: das Gartenhaus auf der vordern Koppe des sogenannten Adamiberges. Wie später von Baireuth aus in die Rollwenzelei, so pilgerte er jeden Morgen von Coburg aus zu dieser Höhe. Im grauen Rock, eine Blume im Knopfloch, eine Mappe unterm Arm, den Stock in der Hand, so sah man ihn den regelmäßigen Gang am Morgen dahin wandeln."*
Bild linke Seite rechts: *Illustration zu Wilhelm Hauffs Märchen „Die Geschichte von dem Gespensterschiff".*
Bild rechts: *Joseph von Fraunhofer (Mitte) demonstriert das Spektroskop, rechts von ihm Georg von Reichenbach; Gemälde von Rudolf Wimmer.*

Fortschritte auf dem Gebiet der Spektralanalyse. Doch schon am 7. Juni 1826 raffte die heimtückische Tuberkulose den genialen Techniker und großen Forscher dahin.

Ludwig van Beethoven

Ludwig van Beethoven stammte aus einer Musikerfamilie in Bonn. Sein genaues Geburtsdatum ist unbekannt, Taufdatum ist der 17. Dezember 1770. Sein Vater und sein Großvater, der aus Flandern eingewanderte, waren Musiker der Hofkapelle. In dieser Umgebung wuchs der junge Beethoven auf und lernte früh praktischen und theoretischen Umgang mit der Musik. Als Siebenjähriger konzertierte er bereits in Köln; mit 13 Jahren war er als Cembalist bei der Hofkapelle fest angestellt. Im April 1787 reiste Beethoven erstmals für 14 Tage nach Wien, wohin er im November 1792 gänzlich übersiedelte, um bei Haydn seine Studien abzuschließen.

Die letzten Jahre des 18. Jh. waren eine Zeit des Ausreifens seiner kompositorischen Fähigkeiten, die hauptsächlich in Klavier- und Kammermusikwerken ihre Ausformung fanden. 1800 wurde seine 1. Sinfonie uraufgeführt. In eben diesen Jahren entwickelte sich bei Beethoven ein Ohrenleiden, das schließlich zu gänzlicher Taubheit führte. Diese Entdeckung stürzte Beethoven in tiefe Depressionen, die im „Heiligenstädter Testament“ vom Oktober 1802 erschütternden Ausdruck erhielten. Die nächsten Jahre waren der Arbeit an der 3. Sinfonie Eroica und der einzigen Oper Beethovens, Leonore, gewidmet, die, 1805 uraufgeführt, keinen Erfolg hatte und nach mehrmaligen Umarbeitungen erst 1814 unter dem Namen Fidelio begeisterte Anerkennung fand. Die Zeit des Wiener Kongresses, im Winter 1814/1815, brachte Beethoven Ruhm und Ehrungen, als er vor den in Wien versammelten Fürsten Europas als Pianist auftrat. In den folgenden Jahren nahm seine Taubheit so sehr zu, dass der Komponist sich schließlich ganz aus der Öffentlichkeit zurückzog. Am 26. März 1827 starb er und wurde drei Tage später unter größter Anteilnahme der Wiener Bevölkerung beigesetzt. Grillparzer verfasste die Grabrede.

Beethoven ist nicht nur der Größte im Triumvirat des Wiener Klassizismus, sondern einer der bedeutendsten Komponisten überhaupt. Man könnte sagen, dass in seinem Werk die Neuzeit der Musik anbricht, da es erstmalig dem autonomen Subjekt von konventionellen Fesseln befreiten Ausdruck verleiht.

Neu an seiner Musik ist die Technik, Themen oft erst im Satzanfang selbst sich bilden zu lassen, sodann eine über die formale Variierung weit hinausgehende, Form wie Charakter des Themas verwandelnde Kunst der Durchführung, die eigenwillige Veränderung der klassischen Satzfolge, z. B. in der 7. und 8. Sinfonie, wo anstelle des langsamen Satzes ein Allegretto bzw. Allegretto scherzando steht; dann, in der 9. Sinfonie, das neuartige Chorfinale auf Schillers „Ode An die Freude“, das weit vorausweist auf die Sinfonien Gustav Mahlers; endlich die Sprengung der Viersätzigkeit in den letzten Quartetten.

Zu diesen mehr formalen Neuerungen tritt eine Vertiefung des Ausdrucks, die alles Virtuos-Formalistische zurückweist oder umwandelt in wesentliche Details. Die Verzierungen einer Stimme sind nicht länger Ornamentschnörkel, sondern detaillierte Ausdrucksträger; die Stimme des Solisten in seinen Instrumentalkonzerten wird verwoben in die sinfonische Arbeit des Orchesters.

Klaviersonate und Streichquartett sind die Gattungen, in denen Beethoven am konsequentesten die Entwicklung der kompositorischen Technik vorantreibt. Deutlich wird hier die Verbindung von Experimentieren und Komponieren. Der glänzende Improvisator auf dem Klavier geht in seinen Werken für dieses Instrument bis an die Grenzen pianistischer Ausführbarkeit. Zu Proben und Aufführungen stand ihm das Hausquartett seines adligen Freundes Rasumowski zur Verfügung. Besonders die letzten Sonaten und Quartette waren durch harmonische Kühnheiten, Einführung polyphoner Formen (Fuge in der Hammerklavier-Sonate Opus 106, Fuge Opus 133 für Streichquartett) dem Verständnis des Publikums weit voraus. Noch um 1900 wurden die letzten Quartette eher als Studienmaterial denn als Kunstwerke angesehen. Beethovens Hauptwerke sind 32 Klaviersonaten, 16 Streichquartette, 9 Sinfonien, 5 Klavierkonzerte, ein Violinkonzert, Klaviertrios, Violinsonaten und andere Kammermusik, die Oper Fidelio, die Missa Solemnis und zahlreiche Lieder mit Klavierbegleitung.

Ludwig van Beethoven (1770-1827). Gemälde von Joseph Stieler, 1820. Der Komponist der Wiener Klassik gilt als derjenige, der die Musik dieser Stilepoche zu ihrer höchsten Entwicklung geführt und der Romantik den Weg bereitet hat. Die letzten Jahre seines Lebens verbrachte Beethoven sehr zurückgezogen.

Georg Wilhelm Friedrich Hegel

Bereits mit drei Jahren kam der 27. August 1770 in Stuttgart geborene Hegel in die Schule, wechselte mit fünf Jahren auf die Lateinschule über und mit zehn Jahren aufs Gymnasium. Als 15-Jähriger begann er in lateinischer und deutscher Sprache Tagebuch zu führen. Er eignete sich schon in seiner Jugend umfassende Kenntnisse in Theologie, Philosophie und Literatur an. 1788 legte er seine Reifeprüfung ab und trat als Stipendiat in das Tübinger Stift ein; daneben studierte er Philosophie und Theologie an der Tübinger Universität. Seit dem Winter 1790 bewohnte Hegel gemeinsam mit dem gleichaltrigen Friedrich Hölderlin und dem fünf Jahre jüngeren Friedrich Wilhelm Schlegel dasselbe Zimmer im Stift.

1797 nahm er eine Hauslehrerstelle in Frankfurt an um Hölderlin nahe sein zu können. Die Fragmente aus diesen Jahren, die erst 1907 unter dem Titel „Theologische Jugendschriften" von Hermann Nohl veröffentlicht wurden, haben die philosophische Diskussion in den Jahren vor und nach dem Ersten Weltkrieg tief beeinflusst.

1799, nach dem Tod des Vaters, erbte Hegel ein kleines Vermögen, das es ihm erlaubte, sich auf die akademische Laufbahn vorzubereiten. Er ging nach Jena, dem damaligen Zentrum der Philosophie, wo sein alter Freund Schelling schon mit 23 Jahren Professor geworden war. In kurzer Zeit verfasste er seine erste philosophische Abhandlung, „Differenz des Fichteschen und des Schellingschen Systems der Philosophie", in der er sich vorsichtig von Fichte und Schelling absetzte. Am 27. August 1801 habilitierte er sich.

Als Privatdozent und, seit 1805, außerordentlicher Professor führte Hegel ein von ewiger Geldnot geplagtes Leben. 1806 schloss er das Manuskript zu seinem berühmtesten Werk, der „Phänomenologie des Geistes", ab. Es sollte ein einführendes Werk sein, in dem der Weg des menschlichen Wissens vom Bereich alltäglicher Erfahrung zu dem wirklicher philosophischer Erkenntnis, zur absoluten Wahrheit dargestellt wird. Wahrheit heißt, dass die Erkenntnis und der Geschichtsprozess als Geist zu begreifen sind. Geschichte und System sind für Hegel identisch. Die „Phänomenologie" ist so die gesamte Erfahrung, die das Bewusstsein in der Weltgeschichte macht. Der Weg führt von der sinnlichen Gewissheit zur Wahrnehmung, von der Wahrnehmung zum Verstand, vom Verstand zum Selbstbewusstsein, bis er die Wahrheit der Vernunft erreicht. Unmittelbar nach Abschluss der „Phänomenologie" verließ Hegel Jena, um vorübergehend die Redaktion der „Bamberger Zeitung" zu übernehmen. Von 1808 bis 1816 wirkte er als Rektor des Nürnberger Egidien-Gymnasiums. 1816 erhielt er einen Ruf an die Universität Heidelberg. Noch in Nürnberg schrieb er zwischen 1812 und 1816 seine dreibändige „Wissenschaft der Logik": Für Hegel ist Logik mehr als nur eine Lehre von den Formen und Gesetzen des Denkens in Begriffen, Urteilen und Schlüssen; sie ist auch nicht auf das Prinzip der Widerspruchsfreiheit zu verpflichten. Gegenstand der Logik ist der Geist oder die Idee im Zustand des An-sich-Seins; sie ist dialektisch, da sie die sich in Widersprüchen vollziehende Bewegung des Ganzen zur Darstellung bringt. 1817 publizierte Hegel seine „Enzyklopädie der philosophischen Wissenschaften im Grundriss", in der sein System dargestellt wird. Die Stufen der Entwicklung des Weltgeistes entsprechen den Aufbaustufen des philosophischen Systems: Der Weltgeist ist zunächst im Zustand des An-sich-Seins (Logik); auf der zweiten Stufe entäußert er sich in sein Anders-Sein, in die Natur (Naturphilosophie); auf der letzten Stufe kehrt er aus der Selbstentfremdung zu sich zurück in das An-und-für-sich-Sein (Philosophie des Geistes). 1818 wurde Hegel auf den Lehrstuhl Fichtes an der Berliner Universität berufen. Von hier aus verbreiteten sich sein Name und seine Philosophie über ganz Deutschland. Hegel las über Ästhetik, Religionsphilosophie, Philosophie der Weltgeschichte und Geschichte der Philosophie. 1821 veröffentlichte er die „Grundlinien einer Philosophie des Rechts", worin er den preußischen Staat als die Versöhnung des Wirklichen und des Vernünftigen feierte und damit dazu beitrug, dass sich bald nach seinem Tod seine zahlreichen Schüler in Rechts- und Links-Hegelianer aufspalteten. Während die Rechts- oder Alt-Hegelianer sein Werk insgesamt akzeptierten und es fortzusetzen trachteten, kritisierten die Links- oder Jung-Hegelianer, zu denen auch Marx, Feuerbach und Engels gehörten, die Apologie des restaurativen preußischen Staates als eine Inkonsequenz in Hegels Denken, das den Widerspruch selbst zum Motor hatte und sich infolgedessen zur Verklärung einer bestehenden schlechten Wirklichkeit wenig eignete. 1829, auf dem Höhepunkt seines Ruhms – Hegel galt als der „Professor der Professoren" – , übernahm er das Amt des Rektors der Berliner Universität. Vorher, in den Jahren zwischen 1822 und 1827, reiste er nach Brüssel, den Niederlanden, Prag, Wien und Paris. 1827 kam es zu der denkwürdigen Begegnung mit Goethe in Weimar, während der beide Ähnlichkeiten zwischen ihren Bestrebungen erkannten. Am 14. November 1831 starb Hegel in Berlin an der dort gerade grassierenden Cholera. Ab 1832 wurden „von einem Verein von Freunden des Verewigten" seine Werke herausgegeben, darunter viele unveröffentlichte Vorlesungen. Unter diesen ragt vor allem die „Vorlesung über die Philosophie der Geschichte" heraus. Sie enthalten noch einmal, vom anderen Ende her aufgerollt, das gesamte System der Hegelschen Philosophie. Hegel ging davon aus, dass die Vernunft die Welt beherrsche, dass also auch die verschiedenen geschichtlichen Zeitalter an der sich entfaltenden Vernunft teilgehabt hätten. Die Weltgeschichte ist eine Auslegung des Geistes in der Zeit. Der Geist ist das wirkliche Subjekt und die Triebkraft der Geschichte. „Die Weltgeschichte ist der Fortschritt im Bewusstsein der Freiheit", aber nach Hegel eben nur im „Bewusstsein" der Freiheit.

Georg Wilhelm Friedrich Hegel (1770-1831) gilt seit seiner Berufung nach Berlin (1818) als der preußische Staatsphilosoph. Er sah im preußischen Staat die Verwirklichung der sittlichen Idee.

Johann Wolfgang von Goethe

Goethe kam als Sohn des kaiserlichen Rates Johann Kaspar Goethe und dessen Frau Katharina Elisabeth, geb. Textor, am 28. August 1749 in Frankfurt am Main zur Welt. Er verkörpert im Kosmos des Geistes den souveränen Weltbürger deutscher Kultur. Als „Dichter seines Lebens" formte er eine Gestalt, die zum Bildungsideal des bürgerlichen Zeitalters wurde: die universale Persönlichkeit.

Goethe war Lyriker und Gelegenheitsdichter, Erzieher und Hofmann, Philosoph und Beamter, Naturwissenschaftler, Epiker, Bühnenschriftsteller, Romancier, Theaterleiter, ausschweifend in der Jugend, im Alter pedantisch. Er liebte Frauen und hatte Zeit seines Lebens Erfolg bei ihnen; das erotische Element wurde zu einem Motor seiner schöpferischen Evolutionen, besonders seiner Dichtung, die in zwei Epochen der deutschen Literatur – dem „Sturm und Drang" und der „Klassik" – maßstabsetzend und stilbildend war und auch auf die „Romantik" direkt und als Provokation eingewirkt hat.
1765 bis 1768 studierte er Jura in Leipzig, schrieb Gedichte noch unter Einfluss der Rokokolyrik; sein Schäferspiel „Die Laune des Verliebten", ebenfalls in Leipzig entstanden, gilt in der deutschen Literatur als das letzte, aber auch artigste dieses Genres. Eine schwere Erkrankung zwang Goethe 1768/1769 zur Heimkehr nach Frankfurt. In diesem Jahr seiner Rekonvaleszenz beschäftigte ihn unter dem Einfluss Susanna von Klettenbergs die Mystik des Pietismus. 1770/1771 schloss er in Straßburg sein Studium ab. Er entdeckte, von Herder beeinflusst, das „Intuitivgenie" Shakespeares und – in den Volksliedern – die „Urpoesie". Seine Liebschaft mit der Sesenheimer Pfarrerstochter Friederike Brion fand ihren lyrischen Ausdruck in ersten Erlebnisgedichten. („Willkommen und Abschied"). Die Sturm- und-Drang-Periode des jungen Goethe, seine sog. Geniezeit, kann in den Jahren angenommen werden, die zwischen Straßburg und seinem Eintritt in den Weimarer Musenhof des Herzogs Karl August (1775) liegen. Während dieser Geniezeit fand der Lyriker Goethe eine Kraft und Spontaneität des psalmodischen Ausdrucks, für die es in der deutschen Lyrikgeschichte nichts Vergleichbares gibt („Wanderers Sturmlied", 1772; „Prometheus"; „Mahomets Gesang", 1773; „An Schwager Kronos", 1774).
Das Prosaschauspiel „Götz von Berlichingen mit der eisernen Hand" (Urfassung 1771, gültige Fassung 1773) huldigt formal Goethes erstem Shakespeare-Bild und stellt mit seiner Titelfigur einen Prototyp des

***Bild links:** Johann Wolfgang von Goethe, Gemälde von Gerhard von Kügelgen, 1808/1809. Das repräsentative Gemälde zeigt den Dichter (1749-1832) mit dem russischen St.-Annen-Orden und dem roten Band der Ehrenlegion. Johann Wolfgang von Goethe gilt als der bedeutendste Dichter der deutschen Literatur. Er forschte außerdem auf verschiedenen naturwissenschaftlichen Gebieten wie der Optik und Anatomie (Entdeckung des Zwischenkieferknochens).*
***Bild oben:** Goethe in der Campagna, Gemälde von Johann Heinrich Wilhelm Tischbein, gemalt 1787 in Rom. Goethe begann seine Italienreise 1786, nachdem vorher bereits drei Anläufe zu einer solchen Reise abgebrochen wurden. Er reiste über Regensburg, Innsbruck und den Brenner zum Gardasee, nach Verona, Venedig, Ferrara, Bologna, Rom, Neapel und Sizilien. Dabei reiste er alleine, was zu seiner Zeit ungewöhnlich war. Begleitet wurde er jedoch zeitweise von dem Maler Johann Heinrich Wilhelm Tischbein. Dieser freundete sich 1786 mit dem inkognito reisenden Goethe an, mit dem er 1787 nach Neapel fuhr. 1786 entstand auch das berühmte Gemälde Tischbeins, das Goethe als Reisenden in der römischen Campagna zeigt und das zum Inbegriff der Sehnsucht nach Arkadien wurde.*

Sturm-und-Drang-Helden vor: den ganzen Kerl, der die Freiheit seines Handelns und Denkens höher veranschlagt als den gesunden Menschenverstand und der an einer elenden Umwelt scheitert. Auch „Clavigo“ (1774) ist in diesem Sinne ein echter Stürmer und Dränger, ein genialer Ausnahmemensch, der sich den moralisch beschränkten Konventionen seiner Zeit und Gesellschaft widersetzt.
1774 erschien auch der Briefroman „Die Leiden des jungen Werthers“, dessen „empfindsame“ Handlung an den Selbstmord des Legationsrats Jerusalem in Wetzlar (1772) anknüpfte. Aber der Dichter schrieb sich damit auch von Bedrängnissen frei, die durchaus im Bereich seiner persönlichen Lebens- und Liebeserfahrung lagen. Während der Sensationserfolg dieses Buches zum Anreger einer Zeitkrankheit wurde – die „Werther-Mode“ löste eine Selbstmordwelle nicht nur in der schönen Literatur aus –, beschloss der Autor des Werther in dem Schauspiel „Stella“ (1776) das Problem der Doppelliebe versöhnlich, die Werther-Krankheit gleichsam ad acta legend.
1776 wurde Goethe geheimer Legationsrat in Weimar. Er widmete das folgende Jahrzehnt überwiegend dem Staatsdienst. Nebenbei entstanden Arbeiten für das Liebhabertheater („Die Geschwister“, 1776), Gelegenheitslyrik, Programmpoesie („Gesang der Geister über dem Wasser“, 1779, „Grenzen der Menschheit“, 1781), aber auch Naturwissenschaftliches, so 1784 die Abhandlung „Über den Granit“. Seit seiner Bestallung in Weimar der „unerreichbaren“ Charlotte von Stein in entsagungsvoller Freundschaft verbunden, steuerte Goethe in eine persönliche – und das bedeutete bei ihm stets in eine schöpferische – Krise. Er befreite sich im Herbst 1786 während eines Kuraufenthalts in Karlsbad fluchtartig daraus. Vom September 1786 bis zum Juni 1788 dauerte Goethes erste italienische Reise.
In Goethes geistiger Biografie ist diese Bildungsreise ein sehr entscheidender Abschnitt. Dem Italienerlebnis, dessen Ertrag er in Briefen und Tagebüchern fixierte, aus denen er später (1816/1817) das Buch „Italienische Reise“ zusammenstellte (ergänzte Schlussfassung 1829), verdankte er seine Wendung zur „Klassik“.
In Rom verkehrte er mit den Malern Tischbein und Angelika Kauffmann sowie dem Kunstschriftsteller Karl Philipp Moritz, dem Verfasser des Romans „Anton Reiser“. Er beschäftigte sich intensiv mit der Kunst der Antike, auch mit der italienischen Malerei. Während des Winterhalbjahrs 1786/1787 in Rom arbeitete Goethe das Drama „Iphigenie“ (Iphigenie auf Tauris. Ein Schauspiel) um. Er stilisierte es aus der schon 1779 erstaufgeführten Prosafassung, der 1780 eine Abschrift in Versen von ungleicher Länge gefolgt war, in fünffüßige Jamben um. Goethe: „Mein Verfahren dabei war ganz einfach; ich schrieb das Stück ruhig ab und ließ es Zeile vor Zeile, Periode vor Periode regelmäßig erklingen.“ Im Alter nannte der Dichter dieses Stück, seinen Durchbruch zur Form strenger Klassizität, „verteufelt human“. Im Frühjahr 1787 besuchte er Neapel und Sizilien; hier betrieb er Studien zur Naturwissenschaft. Während seines zweiten römischen Aufenthaltes (1787/1788) vollendete er den „Egmont“ (Drama in Prosa, den Freiheitskampf der Niederländer aus konservativer Sicht gestaltend). Er arbeitete an „Faust“, „Tasso“, „Wilhelm Meister“. Lyrischer Ertrag der ersten italienischen Reise sind die 20 „Römischen Elegien“ (1788 begonnen als „Erotica Romana“, beendet 1790 in Weimar): „... ohne die Liebe wäre die Welt nicht die Welt, wäre denn Rom auch nicht Rom.“ Bei seiner Rückkehr nach Weimar im Juni 1788 fühlte sich Goethe als Fremder („... niemand verstand meine Sprache“). Er übernahm, von anderen Amtsgeschäften entlastet, die er seit 1780 unter dem Titel eines Geheimen Rates (Ministers) wahrnahm, die Oberaufsicht über die Künste und Wissenschaften des Herzogtums. Er brach die Beziehungen zu Frau von Stein ab und lebte mit Christiane Vulpius, die er aber erst 1806 heiratete, zusammen.
Das Italienerlebnis und die Querelen des höfischen Alltags in Weimar sind der biografische Hinter-

Der junge Kaspar Hauser, Federzeichnung von Johann Georg Laminit, Mai 1828. Kaspar Hauser wurde angeblich am 30. April 1812 geboren und starb am 17. Dezember 1833. Das Findelkind tauchte 1828 in Nürnberg auf, ohne sich richtig verständigen zu können. Kaspar Hauser wurde in Nürnberg, dann in Ansbach erzogen. Am 17. Oktober 1829 wurde Hauser mit einer ungefährlichen Schnittwunde aufgefunden, und am 14. Dezember 1833 kam er mit einer schließlich tödlichen Stichwunde nach Hause. In beiden Fällen behauptete er, Opfer eines Attentäters geworden zu sein. Der Fall erregte die Aufmerksamkeit der Öffentlichkeit fast ganz Europas. Der Annahme einer badischen Prinzenschaft (vertreten durch den Juristen Paul Johannes Anselm Feuerbach) steht die Vermutung, Hauser sei ein Schwindler gewesen, gegenüber. Schon zu Kaspar Hausers Lebzeiten gab es Stimmen, die seine Glaubwürdigkeit bezweifelten, bis hin zu der Vermutung, er habe bereits die Aussetzung inszeniert. Oft wird aber auch angenommen, dass Hauser tatsächlich als verstoßenes Kind nach Nürnberg kam und sich dort erst allmählich zu einem Scharlatan entwickelte. So sei es zu einem fatalen Wechselspiel zwischen einer naiven Öffentlichkeit und einem – durch familiäre Vernachlässigung oder anlagebedingt – psychisch geschädigten, nun zur mythischen Figur überhöhten Menschen gekommen. Das „Kerkermärchen“ sei vermutlich erst in Kaspar „hineingefragt“ worden. Die Attentate habe er dann fingiert, um neue Aufmerksamkeit zu erregen und um die vorübergehend abgeflauten Gerüchte über seine Herkunft wieder anzufachen.

Das Lendersdorfer Walzwerk, das Stammwerk der Unternehmerfamilie Hoesch, auf einem Gemälde von Carl Schütz, 1838. Auf der linken Seite ein Hochofen (bzw. Kupolofen zum Umschmelzen angelieferten Roheisens), dessen Gebläse mit Wasserkraft angetrieben wird. Hier wird das Rohmaterial für den Eisenguss gewonnen, während sich auf der rechten Seite unter den niedrigen Dächern Puddelöfen verbergen, deren Material zum Walzen benutzt wurde. Der Antrieb für die Walzen ist nicht erkennbar. – Ausgangsland der modernen Großindustrie war aufgrund der Schlüsselstellung von Kohle und Eisen Großbritannien, das als führender Industriestaat erst um 1900 von Deutschland und den USA eingeholt wurde.

grund des Schauspiels „Torquato Tasso" (1789), in dem Goethe am Beispiel des unglücklichen italienischen Dichters den Sieg der Etikette über den Genius darstellt. Der Widerhall der französischen Revolution in den Dichtungen Goethes ist verhältnismäßig gering (die Lustspiele „Der Groß-Cophta", 1787-1791, und „Der Bürgergeneral", 1793), bedeutend hingegen das bürgerliche Epos „Hermann und Dorothea" (Erstausgabe 1791) und das humoristisch-satirische Tier-Epos in Hexametern (Gelegenheitsarbeit) „Reineke Fuchs". 1790, während seiner zweiten italienischen Reise, auf welcher der Dichter die heiteren „Venezianischen Epigramme" in sein poetisches Skizzenbuch eintrug, erschienen die naturwissenschaftliche Studie „Über die Metamorphose der Pflanzen" und – als großes Bruchstück eines dichterischen Lebenswerks – „Faust, ein Fragment". 1791 übernahm Goethe die Leitung des Weimarer Hoftheaters, das er später (1796-1805) in Zusammenarbeit mit Schiller führte.

Im Gefolge „seines" Herzogs Karl August nahm Goethe 1792/1793 am Feldzug in Frankreich und an der Belagerung von Mainz teil. Er schrieb als Kriegsberichterstatter „Die Campagne" in Frankreich.

Aus dem Zusammenwirken mit Schiller wuchs bis zu dessen Tod (1805) eine Freundschaft, in welcher Goethe nach seinem eigenen Urteil der mehr Empfangende als Spendende war. Das spannungsreiche Verhältnis der Freunde spiegelte sich literarisch auch in den von ihnen gemeinsam verfassten satirischen Distichen wider, die unter dem Titel „Xenien" in Schillers Musenalmanach für das Jahr 1797 erschienen. 1796 beendete Goethe den ersten Teil des „Wilhelm Meister" (Wilhelm Meisters Lehrjahre), fortgesetzt seit 1807 und erst drei Jahre vor Goethes Tod abgeschlossen mit „Wilhelm Meisters Wanderjahre", insgesamt ein Bildungsroman, der als Goethes eigentümlichste, geradezu persönlichste Dichtung charakterisiert werden kann. Ursprünglich als Einlage in die Wanderjahre geplant, aber 1809 als selbstständiger Roman publiziert: „Die Wahlverwandtschaften", ein kompliziertes, die menschlichen und erotischen Beziehungen von vier Personen schilderndes Werk, von dem Goethe behauptete, es sei in ihm kein Zug, den er nicht erlebt habe, aber auch keiner so, wie er ihn erlebt habe. Vor allem mit diesem Roman wirkte der alternde Goethe tief auf die ihm befremdliche Welt der deutschen Romantik.

Zwischen 1808 und 1814 entstanden die ersten drei Bände einer Autobiografie, deren oft missverstandener Titel „Aus meinem Leben. Dichtung und Wahrheit" besagt, dass der Autor die Perspektive des wertend wählenden Sich-Erinnerns gesucht hat und deshalb nur aufnahm, was „seinem rückwärts sehenden Auge als Stufen einer höheren Entwicklung erschien". Goethes autobiografisches Protokoll wurde in dieser Form freilich nur bis zur Abreise des Dichters nach Weimar (1775) durchgeführt. Der vierte Band, mit langen Pausen geschrieben und 1831 abgeschlossen, wurde mit Rücksicht auf überlebende Personen, die im Text erscheinen, erst postum (1833) gedruckt. Goethes Jugendfreund Jacobi nannte das autobiografische Meisterwerk des Dichters „wahrer wie die Wahrheit selbst".

Obwohl Goethes poetische Laufbahn in jeder Phase auch die eines bedeutenden Stimmungs- und Gedankenlyrikers war, erreichte sie nach der Geniezeit des Sturm und Drang in seinem Alterswerk den höchsten Gipfel. Immer noch war Liebe im Spiel. Unter dem Eindruck einer 1812 erschienenen Übersetzung des persischen Dichters Hafis (1320-1389) führte Goethe mit den zwölf Büchern des „West-östlichen Divan" (Erstdruck 1819, erweiterte Fassung 1827) ein poetisch-philosophisches Maskenspiel auf, das, in der Art eines lyrischen Journals, erfahrene Lebensweisheit mit intimen, fast privaten Dichtergeständnissen mischt. Das Buch „Suleika", der Wechselgesang des alten Hatem mit seiner jungen Geliebten, transponiert die späte Liebe des alternden Dichters zu der jungen Marianne von Willemer, der er im Herbst 1815 begegnete – „noch einmal Frühlingshauch und Sommerbrand“ –, in eine Verbindung aus Zärtlichkeit und Resignation. Auch Goethes letzte, unerfüllt gebliebene Liebe, die Begegnung mit der mädchenhaften Ulrike von Levetzow auf der Fahrt von Karlsbad nach Eger, fand in der sog. „Marienbader Elegie“ (1823), dem Kernstück der 1827 erschienenen „Trilogie der Leidenschaft“, einen lyrischen Ausdruck, der in formstrenger Klassizistik zu einem glühenden Abgesang Goethes an die erotische Leidenschaft wurde.

Im vorletzten Jahr seines Lebens (1831) vollendete Goethe „Faust, zweiter Teil“, der 1832 als Band 1 der nachgelassenen Werke erscheint. Er löste sich damit von einer Gestalt, die ihn durch sechs Jahrzehnte als „heimlicher Doppelgänger“ begleitet hatte. Schon in den Straßburger Jahren trug er sich mit Plänen zu einer dramatischen Fassung des alten Volksbuches, das er aus seiner Kinderzeit kannte. Den Anstoß zur „Gretchen-Tragödie“ dürfte die Hinrichtung der Kindsmörderin Susanna Margaretha Brandt in Frankfurt, „Dienstag, den 14. Jänner 1742, auf dem Platz an der Röhre ohnfern der Hauptwache mit dem Schwert“ gegeben haben, deren Schicksal dem jungen Goethe aus einer im Besitz seines Vaters befindlichen Akte bis in alle Einzelheiten des Verhörs und der Hinrichtung bekannt war. Die Tragödie dieses Mädchens verdrängt in Goethes früher Faustkonzeption die dem Magier Faustus in der volkstümlichen Überlieferung zugeordnete „Teufelin“ Helena. Der sog. „Urfaust“ (erster Entwurf der Goetheschen Faust-Dichtung), der nach seiner eigenen Aussage zusammen mit dem Werther entstand und durch die Abschrift der Weimarischen Hofdame Luise von Göchhausen erhalten blieb, wie auch das 1790 gedruckte Faust-Fragment lassen deutlich erkennen, dass Goethe die Faust-Gestalt als ein dichterisches Selbstbildnis und somit tatsächlich als seinen Doppelgänger angelegt hat. So scheinen das Wachstum und auch die Wandlungen, die Goethes Faust – der erste Teil erschien 1808 – vom Sturm-und-Drang-Drama zum Weltgedicht durchgemacht hat, tatsächlich widerzuspiegeln, was Goethe an Welt in sich einließ, was er an Lebensstoff verarbeitete und aus diesem Lebensstoff als Dichter artikulierte. Der hohe Anspruch, den besonders der als Theaterdichtung jede Bühne sprengende Faust II an Leser und Interpreten stellt, wird zwar nicht geringer, wenn man Goethes geistige Biografie als Schlüssel benutzt, aber Form und Vielfalt des Werkes erscheinen dadurch zumindest begreiflich. Obwohl Goethes Faust-Dichtung weder als Werk der Literatur noch gar als Bühnenstück von Zeitgenossenschaft und Nachwelt je „ausgeschöpft“ worden ist, ist Goethes Faust die erste und einzige Gestalt der deutschen Literatur, die zur menschheitsweiten Symbolfigur wurde. Der Dichter, Politiker und Naturwissenschaftler Goethe starb am 22. März 1832 in Weimar.

Man hat gesagt, dass die bürgerliche Kultur in Deutschland bei Goethe ihr Humanitätsideal fand und dass sie in Goethes Person, im „Kunstwerk seines Lebens“, eine höchste Entwicklungsstufe erreichte. Die Goethe-Verehrung des Bildungsbürgertums nahm zeitweilig fast Kultcharakter an. Goethes Geburtshaus in Frankfurt, das Frankfurter Goethe-Haus und sein Wohnhaus am Weimarer Frauenplan galten und gelten über Krieg und Zerstörung hinaus als museale „Heiligtümer der Nation“. Der Erhaltung seines Lebenswerks dienen das Goethe-Museum und das Goethe-und-Schiller-Archiv, die sich beide in Weimar befinden, ebenso wie die 1885 gegründete Goethe-Gesellschaft in Weimar.

Mit der Eröffnung der Dampfeisenbahn zwischen Nürnberg und Fürth am 7. Dezember 1835 begann in Deutschland das Zeitalter der Eisenbahn.

Jungfernfahrt der ersten deutschen Eisenbahn

„Was könnte wohl handgreiflicherer Unsinn, was alberner und lächerlicher sein als die Idee, eine Lokomotive zu bauen, die die doppelte Geschwindigkeit der Postkutschen haben soll? Ebenso gut ließe sich annehmen, dass sich ein Mensch auf einer Kanonenkugel abfeuern ließe, wie dass er sich einer solchen Fahrmaschine anvertrauen würde!“ So sah es die „Quarterly Review“ um 1826.

Die erste Eisenbahn in Deutschland verkehrte zwischen Nürnberg und Fürth. Anfänglich wurde sie zum Teil noch mit Pferden betrieben, weil nur eine Lokomotive zur Verfügung stand, und auch deshalb, weil viele Leute sich dem fauchenden Ungetüm um keinen Preis der Welt anvertrauen wollten. Von ihrer Jungfernfahrt am 7. Dezember 1835 berichtet ein Anonymus:

„Auf dem eingehegten Platze, welcher zu dem Verwaltungslokal der Eisenbahn-Gesellschaft gehört, war natürlich halb Nürnberg versammelt. Alle Bauten, die Eisenschienen, die neuen, zum Teil eleganten Wagen, vor allem aber die Lokomotive, wurden gebührend bewundert. Überdies nahm das ruhige, umsichtige, Zutrauen erweckende Benehmen des englischen Wagenlenkers uns völlig gefangen. Welches Bewusstsein seiner äußersten Wichtigkeit sprach aus allen seinen Handlungen. Jede Schaufel Kohle, die er nachlegte, brachte er mit Erwägung des rechten Maßes, des rechten Zeitpunktes und der gehörigen Verteilung auf den Herd. Keinen Augenblick müßig, auf alles achtend, die Minute berechnend, da er den Wagen in Bewegung zu setzen habe, erschien er als der regierende Geist der Maschine und der in ihr zu ungeheurer Kraftwirkung

vereinigten Elemente. Ein Böllerschuss verkündete den Abgang des ersten Zuges.
Der Wagenlenker ließ die Kraft des Dampfes nach und nach in Wirksamkeit treten. Aus dem Schlot fuhren nun die Dampfwolken in gewaltigen Stößen, und die neun aneinander geketteten Wagen, die etwa zweihundert erwartungsfreudige Menschen fassten, begannen sich unter den Klängen der Festmusik langsam in Bewegung zu setzen. Bald aber wiederholten sich die Dampfstöße immer schneller, die Wagen rollten dahin und waren schon nach kurzer Zeit den Augen der Nachschauenden entschwunden. Die Menschenmenge jauchzte und jubelte und winkte den Vorüberfahrenden zu. In der Tat, es gewährte der Anblick des vorbeirollenden Wagenzuges fast ein größeres Vergnügen als das Selbstfahren.
Die Fahrt wurde an diesem Tage noch zweimal wiederholt, das zweite Mal bin ich auch mitgefahren, und ich kann versichern, dass die Bewegung durchaus angenehm, ja wohltuend ist. Wer zum Schwindel neigt, muss es freilich vermeiden, die vorüberfliegenden Gegenstände näher ins Auge zu fassen. Auch das Schnauben und Qualmen des ausgestoßenen Dampfes verfehlte seine Wirkung nicht. Pferde auf der nahen Chaussee sind beim Herannahen des Ungetüms scheu geworden. Kinder haben ein leichtes Beben nicht unterdrücken können. Ja, es möchte wohl keiner, der nicht völlig phantasielos ist, ganz ruhigen Gemütes und ohne Staunen beim Anblick dieses Dampf speienden Ungeheuers geblieben sein."

Friedrich List

Der Volkswirtschaftler und Politiker Friedrich List, Verfechter der zollpolitischen Einigung Deutschlands, geboren 6. August 1789 in Reutlingen, gestorben 30. November 1846 in Kufstein, war der unermüdliche Vorkämpfer des deutschen Eisenbahnbaus. In seiner 1841 erschienenen Schrift „Das deutsche Eisenbahnsystem" nennt er die Vorteile der Eisenbahn in Deutschland:
„Das deutsche Eisenbahnsystem wirkt indessen nicht bloß durch Förderung der materiellen Nationalinteressen, es wirkt auch durch Stärkung aller geistigen und politischen Kräfte auf die Vervollkommnung der deutschen Nationalzustände:

- Als Nationalverteidigungsinstrument; denn es erleichtert die Zusammenziehung, Verteilung und Direktion der Nationalstreitkräfte;
- als Kulturbeförderungsmittel; denn es beschleunigt und erleichtert die Distribution aller Literaturprodukte und aller Erzeugnisse der Künste und Wissenschaften; es bringt Talente, Kenntnisse und Geschicklichkeit jeder Art in Wechselwirkung; es vermehrt die Bildungs- und Belehrungsmittel aller Individuen, von jedem Stand und Alter;
- als Assekuranzanstalt gegen Teuerung und Hungersnot und gegen übermäßige Fluktuation in den Preisen der ersten Lebensbedürfnisse;
- als Gesundheitsanstalt; denn es vernichtet die Entfernungen zwischen dem Leidenden und dem Heilmittel;
- als Vermittler des gemütlichen Verkehrs; denn es verbindet den Freund mit dem Freund, den Verwandten mit dem Verwandten;
- als Stärkungsmittel des Nationalgeistes; denn es vernichtet die Übel der Kleinstädterei und des provinziellen Eigendünkels und Vorurteils;
- als ein fester Gürtel um die Lenden der deutschen Nation, der ihre Glieder zu einem streitbaren und kraftvollen Körper verbindet;
- als das Nervensystem des Gemeingeistes wie der gesetzlichen Ordnung; denn es verleiht in gleichem Maße Kraft der öffentlichen Ordnung wie der Staatsgewalt.

In allen diesen Beziehungen ist das Eisenbahnsystem für keine Nation von so großer Bedeutung wie für die deutsche.
Durch ihre geographische Lage von allen Seiten fremden Angriffen bloßgestellt und von der Natur nur kärglich mit Kommunikationsmitteln ausgestattet, bedarf keine so sehr künstlicher Mittel, um ihre Verteidigungskräfte zu konzentrieren und sie mit Schnelligkeit von einem Grenzpunkt nach dem andern zu werfen.
Ohne Zentralpunkt für Wissenschaft, Kunst, Literatur und Bildung ist erleichterter und schneller Kommunikationsmittel die Kultur nirgends so bedürftig wie in Deutschland, werden die letzteren in dieser Beziehung nirgends so großen Nutzen stiften. Durch frühere Zerrissenheit fast aller Attribute der Na-

Bild links: *Achim von Arnim, Porträt von Peter Eduard Ströhling, 1805. Arnim (26. Januar 1781-21. Januar 1831) gilt neben Clemens Brentano und Joseph von Eichendorff als wichtigster Vertreter der Heidelberger Romantik. Weil seine Mutter bei seiner Geburt gestorben war, wuchs Arnim bei seiner Großmutter auf. Sie und der Vater, preußischer Gesandter und Intendant Friedrichs des Großen, ermöglichten ihm eine großbürgerliche Erziehung. Ab 1789 studierte er in Halle Jura, ab 1790 Mathematik in Göttingen. Zwischen 1801 und 1804 führte ihn eine Bildungsreise quer durch Europa. 1802 besuchte er in Frankfurt Clemens Brentano und lernte dessen Schwester Bettina kennen, die er 1811 heiratete. Arnim verfasste zahlreiche Romane und Novellen und war vor allem um das deutsche Volksmärchen bemüht.*
Bild rechte Seite: *Christoph Wilhelm Hufeland: „Die Kunst das menschliche Leben zu verlängern", Erstdruck von 1797. Gestochenes Frontispiz von Christian Friedrich Stälzel, dargestellt sind die drei Moiren (Parzen). Der Arzt Christoph Wilhelm Hufeland (1762-1836) wird auch als Begründer der Makrobiotik gesehen. Er setzte sich für eine sanfte Behandlung im Gegensatz zur damals üblichen „heroischen Medizin" ein.*

tionalität entkleidet, bedarf keine Nation so sehr inniger Verbindung ihrer Glieder.
Durch dieses Verbindungsmittel gelangt Deutschland in den Besitz jener unermesslichen Vorteile, welche anderen Nationen aus ihren großen Nationalhauptstädten erwachsen, ohne die damit verbundenen großen Übelstände. Dadurch wird Deutschland der Vorteile des Zentralisationssystems teilhaftig, ohne der Segnungen des Föderativsystems verlustig zu werden."

Friedrich Ernst Daniel Schleiermacher

Der am 21. November 1768 in Breslau geborene, aus der geistigen Tradition der Herrenhuter hervorgegangene Theologe und Philosoph wurde mit seiner romantischen Verweltlichung der Religion zum Protagonisten einer neuen Religiosität und zu einem Wegbereiter der Lebensphilosophie. Schleiermacher – seit 1809 Prediger an der Dreifaltigkeitskirche in Berlin, seit 1810 Berliner Universitätsprofessor – stand im Wirkungsfeld der Theorien Baruch Spinozas und Johann Gottlieb Fichtes. Indem er die begrifflich gewonnenen Erfahrungen von Gott und Glauben in den Rahmen der historischen Religionen stellte, konnte er eine Bestimmung des „Religiösen überhaupt" gewinnen. Damit wurde er zum Vorläufer eines Historismus, der den „Sinn für das Unendliche" in der Vielfalt geschichtlicher Erscheinungen bewahren wollte, um ihn anthropologisch im Wesen des Menschen festzumachen. Von dieser Position aus wurde er zum Gegner der erstarrten Theologie seiner Zeit. Zugleich wandte sich sein romantisches Denken gegen die reine Orientierung an der Vernunft. Er erahnte, dass sein Kampf für die Anerkennung des deutschen Bürgertums und die Konstitution eines Nationalstaats sich nur noch gefühlsmäßig legitimieren ließ. So konnten seine Schriften „Über die Religion, Reden an die Gebildeten unter ihren Verächtern" (1799) und „Der christliche Glaube, nach den Grundsätzen der evangelischen Kirche im Zusammenhang dargestellt" (1821 ff.) sowie die „Grundlinien einer Kritik der bisherigen Sittenlehre" (1803) eine weltliche Abhängigkeit der Menschen in der Tradition begründen. Schleiermacher starb am 12. Februar 1834 in Berlin.

Christoph Wilhelm Hufeland

Manche Lehren dieses ausgezeichneten Arztes und Schriftstellers haben noch heute Gültigkeit, ja, einigen seiner Erkenntnisse hat erst die modernste Forschung zum endgültigen Durchbruch verholfen. Christoph Wilhelm Hufeland wurde am 12. August 1762 in Langensalza in Thüringen geboren. Er studierte Medizin, errang sich schon als junger Arzt einen ausgezeichneten Ruf und wurde schließlich so bekannt, dass ihn Goethe und Schiller, Herder und Wieland regelmäßig zu konsultieren pflegten. Berlin berief ihn als Professor der speziellen Pathologie und Therapie an seine Universität; diese Stellung hat er bis zu seinem Tode bekleidet. Hufeland war der erste moderne Arzt, dem es gelang, ein System der Heilkunde aufzustellen, das die zu seiner Zeit noch weithin abgelehnten Lehren der Homöopathie und anderer damals revolutionärer Methoden mit den Ergebnissen der klassischen Medizin vereinigte. Ihm waren Fanatismus und Einseitigkeit fremd, er nahm das Gute, wo er es fand, blieb aber ein scharfer Kritiker aller unberechtigten Ansprüche auf ausschließliche „Heilswahrheiten" in der Medizin.
„Es gibt zwei Irrwege der Heilkunst", so schrieb Hufeland, „nämlich das Zuwenigtun, wenn man alles der Natur überlässt, und das Zuvieltun mit einem Übermaß an Mitteln, wodurch der Organismus Schaden erleidet." Hufeland veröffentlichte eine Reihe allgemeinverständlich verfasster Schriften. Von ihnen ist sein Werk „Makrobiotik, oder die Kunst, das Leben zu verlängern" am bekanntesten geworden – es wurde sogar ins Chinesische übersetzt. Die heutige Altersforschung bejaht Hufelands Ratschläge durchaus. Er hat sein Andenken auch durch die Hufelandschen Stiftungen, die der Fürsorge für notleidende Ärzte, Witwen und Waisen dienen, gesichert. Er starb am 25. August 1836 in Berlin.

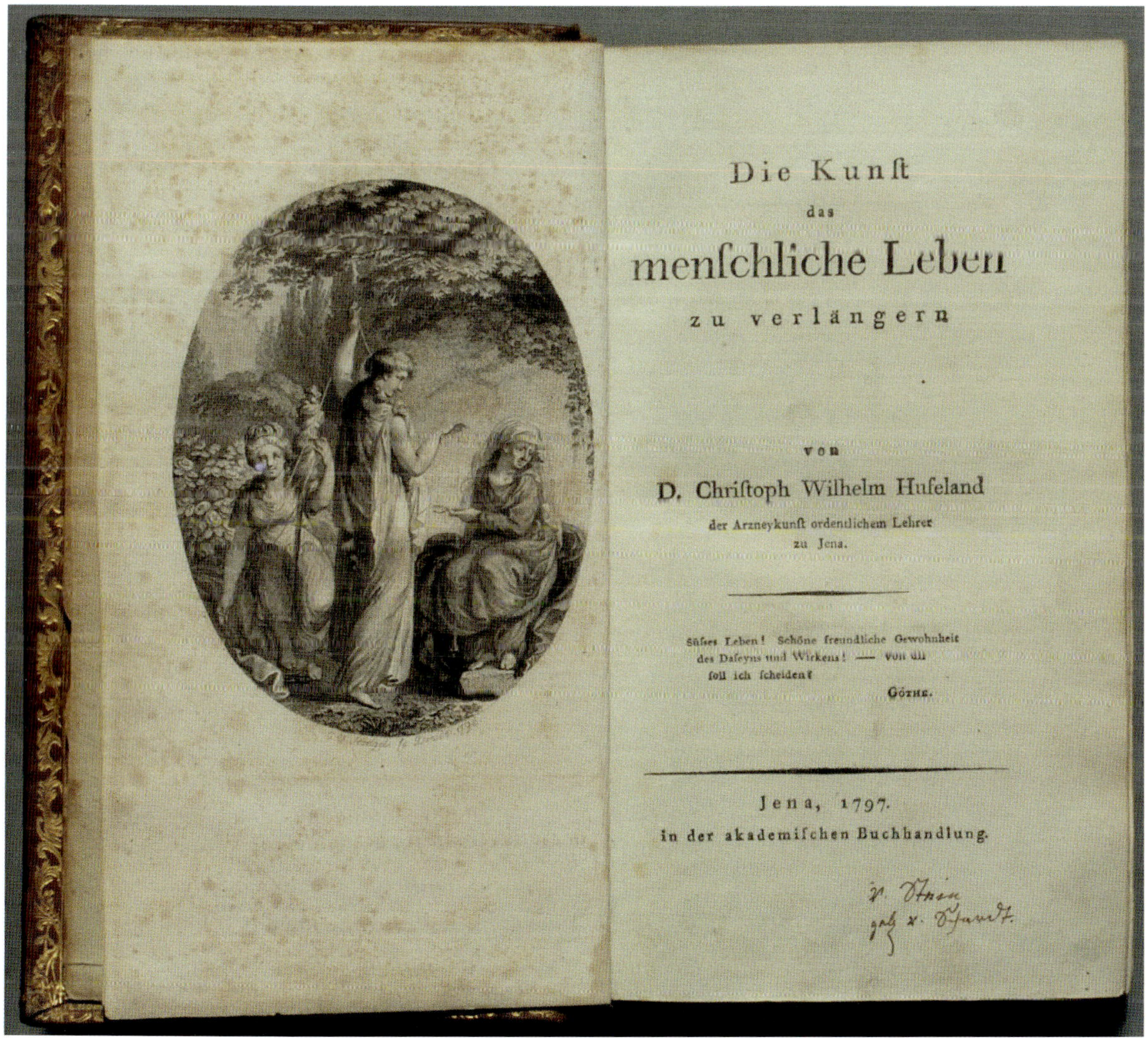

Georg Büchner

Der deutsche Dramatiker und Revolutionär Büchner kam am 17. Oktober 1813 in Goddelau bei Darmstadt zur Welt und verstarb am 19. Februar 1837 in Zürich. Nach Abschluss des Gymnasiums in Darmstadt ging Büchner auf Wunsch seines Vaters an die Universität Straßburg. Er betrieb naturwissenschaftliche Studien und beschäftigte sich außerdem mit französischer Geschichte und Politik.
Bald wechselte er die Universität; im Herbst 1833 ging er nach Gießen. Büchner begann sich für die sozialen Missstände in Deutschland zu interessieren und engagierte sich politisch, unter anderem als Gründungsmitglied der hessischen Organisation „Gesellschaft für Menschenrechte“, deren bürgerlich-liberales Programm er zu einem klassenkämpferisch-sozialistischen umzuwandeln suchte. Er war Hauptverfasser der illegalen Flugschrift „Der hessische Landbote“. Aufgrund seiner politischen Auffassungen musste Büchner 1835 aus Deutschland nach Zürich fliehen. Mit einer Untersuchung über Schädelnerven habilitierte er sich an der Eidgenössischen Universität Zürich. Seine naturwissenschaftlichen Arbeiten sind positivistisch geschrieben, er verzichtet auf allen Schmuck der Rede. Neben den physiologischen Studien beschäftigte ihn die Philosophie. Er schrieb über Spinoza und Descartes.
Büchners Dramen wurden zu seinen Lebzeiten nicht aufgeführt; erst im beginnenden 20. Jh. begegnete sein Werk zunehmendem Interesse: Sein Drama „Dantons Tod“ erschien zwar schon 1835, wurde aber erst im Januar 1902 in Berlin uraufgeführt. Das Lustspiel „Leonce und Lena“ wurde zuerst in den nachgelassenen Werken 1850 publiziert, die Uraufführung fand am 31. Mai 1895 in München statt. Der „Woyzeck“, geschrieben im Winter 1836/37, wurde am 8. November 1913 durch den Schauspieler Albert Steinruck auf der Münchner Bühne der Öffentlichkeit bekannt gemacht und später Vorlage für Alban Bergs Oper „Wozzek“.
Neben seinen Dramen verfasste Büchner auch die Erzählung „Lenz“ über den gleichnamigen Dichter des Sturm und Drang. Büchners Werk zeichnet sich durch einen neuartigen sozialen Realismus und eine moderne dramatische Technik aus. Diese zeigt sich z. B. in der sprunghaften und unvermittelten Anordnung der Szenenfolge in seinen Stücken.

Friedrich Hölderlin

Hölderlin, geboren am 20. März 1770 in Lauffen am Neckar, entstammte einer württembergischen Rats- und Pfarrerfamilie. Von 1784 bis 1788 besuchte er die Klosterschulen in Denkendorf und Maulbronn, 1788 bis 1793 das Tübinger Stift. Durch Vermittlung Schillers erhielt er danach eine Hauslehrerstelle bei Charlotte von Kalb. Als Erzieher gescheitert, versuchte er ab 1795, als Schriftsteller in Jena zu leben (Veröffentlichung eines Fragments von „Hyperion“). 1796 übernahm er eine Hauslehrerstelle beim Bankier Gontard in Frankfurt a. M. und erlebte hier in der – erwiderten – Liebe zu dessen Frau Susette seine glücklichsten Jahre (Vollendung von „Hyperion“).
1798 fand Hölderlin nach dem Bruch mit der Familie Gontard Zuflucht bei seinem Freund Isaac von Sinclair in Bad Homburg. Auf dem Rastatter Kongress (1798) traf er mit schwäbischen Patrioten zusammen, die französische Unterstützung für die Errichtung einer süddeutschen Republik suchten. Die Revolutionspläne scheiterten; die Hoffnungen, eine eigene Zeitschrift herausgeben zu können, zerschlugen sich. Es folgte eine Zeit des Wanderlebens, in der Hölderlin

Bild oben: **Bild oben:** *Darstellung des Schauspielhauses Berlin am Gendarmenmarkt (heute Konzerthaus Berlin), um 1825. Das klassizistische Bauwerk ist eines der Hauptwerke des Architekten Karl Friedrich Schinkel. Es wurde 1821 als Königliches Schauspielhaus eröffnet, war von 1919 bis 1945 Preußisches Staatstheater, erlitt im Zweiten Weltkrieg schwere Schäden und wurde nach Rekonstruktion und Umbauten 1984 wieder eröffnet. Der Baumeister und Maler Karl Friedrich Schinkel (13. März 1781-9. Oktober 1841) war ein bedeutender Vertreter der klassizistischen und romantischen Kunst in Deutschland und gilt als Hauptmeister der 1. Hälfte des 19. Jahrhunderts. Er war hauptsächlich in Berlin tätig. Schinkel gehörte seiner Schulung nach dem Klassizismus an, wurde aber früh von der Strömung der Romantik ergriffen. Als Architekt hat Schinkel das Bild der Stadt Berlin geprägt, durch seinen Einfluss als oberste Kontrollinstanz für das Bauwesen wirkte er bestimmend auf das ganze damalige Preußen ein. Seine Schüler, vor allem Persius und Stüler, trugen seine Bauideen bis weit in die zweite Jahrhunderthälfte.*

Bild rechts: *Kreidefelsen auf Rügen, Gemälde von Caspar David Friedrich, um 1818. Der Maler (5. September 1774-7. Mai 1840) schuf ein von seiner Liebe zu der Landschaft seiner schwedisch-pommerschen Heimat und der Insel Rügen geprägtes Werk. Die Aufgabe der Kunst bestand für Friedrich darin, „als Mittlerin zwischen die Natur und den Menschen zu treten".*

Bild linke Seite links: *Georg Büchner als Freimaurer mit einem Logenbijou, Pastell eines unbekannten Künstlers, um 1830. Der Dramatiker und Revolutionär Büchner (1813-1837) schuf mit „Dantons Tod" 1835 sein bis heute bekanntestes Drama.*

Bild linke Seite rechts: *Friedrich Hölderlin, Pastellgemälde von Franz Karl Hiemer, 1792. Es ist dies wohl das bekannteste Hölderlin-Bildnis, das den Stil der späteren Darstellungen des Dichters (1770-1843) prägt. Hölderlins Schwester, die das Gemälde 1792 anlässlich ihrer Eheschließung als Geschenk erhielt, schrieb allerdings ihrem Bruder zu diesem Bild: „Dein liebes Porträt, dem freilich ... viel zur Ähnlichkeit fehlt." Von seinen Zeitgenossen wird Hölderlin als eine stolze Gestalt geschildert; den Tübinger Stiftgenossen erschien er, „als schritte Apollo durch den Saal".*

Süddeutschland, die Schweiz und Frankreich bereiste. Die Nachricht vom Tode Susette Gontards im Juli 1802 trieb Hölderlin in wilde Raserei; es zeigten sich erste Anzeichen einer schweren Geisteskrankheit, die sich in den nächsten Jahren zunehmend verschlimmerte. Er kehrte zur Mutter nach Nürtingen zurück, aber nur Sinclair konnte ihn beruhigen und holte ihn 1804 zu sich nach Homburg.

1805 wurde Sinclair mit weiteren Freunden Hölderlins in Stuttgart der Hochverratsprozess gemacht. Im September 1806 wurde Hölderlin, dessen Geisteszustand sich erheblich verschlechtert hatte, mit Gewalt nach Tübingen in eine Klinik gebracht und später der Tischlerfamilie Zimmer in Pflege gegeben. Bei ihr lebte er noch nahezu vier Jahrzehnte, bis zu seinem Tod am 7. Juni 1843, in einem Turmzimmer („Hölderlinturm") in Tübingen.

Wie Kleist lässt sich auch Hölderlin literaturgeschichtlich nicht exakt einordnen. Seine Werke weisen sowohl romantische als auch klassische und aufklärerische Merkmale auf. Den hohen Bekanntheitsgrad als Lyriker erlangte Hölderlin neben seinen sensibel-melancholischen Gedichten vor allem durch seine Elegien (z.B. „Brot und Wasser") und Hymnen. Der Briefroman „Hyperion" zählt zu den wichtigsten Werken des Dichters.

Friedrich Wilhelm IV. wird König von Preußen

Welche Hoffnungen in den neuen König gesetzt wurden, der am 7. Juni 1840 den Thron bestieg, beschreibt der Publizist Alexander Pagenstecher in seinen Lebenserinnerungen:

„Mit dem Regierungsantritt Friedrich Wilhelms IV. begann in Deutschland die Revolution, wenngleich zunächst nur auf geistigem Gebiet. Ganz entsprechend der deutschen Gemütlichkeit und dem phantasievollen, um nicht zu sagen phantastischen Charakter des neuen Königs, welcher selbst den dominierenden Akkord der ganzen Bewegung zuerst anschlug, könnte man diese Revolution eine romantische nennen. Sie trug entschieden den poetischen Schwung, die innere Mystik, den äußeren glänzenden Apparat, den Pomp großer Worte und hohler Phrasen sowie die Unklarheit der Ziele an sich, welche die romantische Dichterschule dieses Jahrhunderts charakterisierte. Und ihre Führer waren unerfahren und ohne alle Fähigkeit und Neigung zu praktischen Konsequenzen; der König bewusst und mehr oder weniger zu ide-

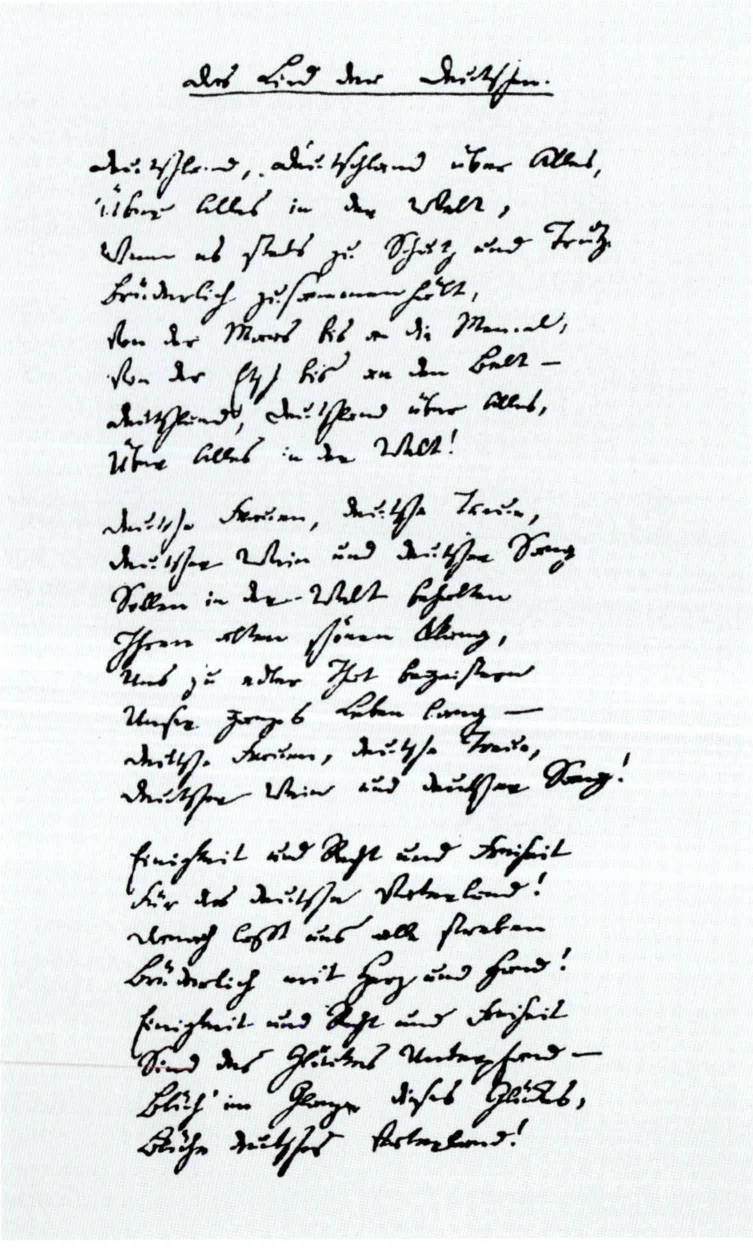

alen, schwindelhaften Zielen disponiert, eine große, tagtäglich sich vergrößernde Masse von Dichtern und Dichterlingen, von gebildeten und halbgebildeten Liberalen, Künstlern und Pamphletisten."

Hoffmann von Fallersleben schreibt das „Deutschlandlied"

Als der Dichter und Breslauer Literaturprofessor August Heinrich Hoffmann von Fallersleben (2. April 1798-19. Januar 1874) am 26. August 1841 in der Kate des Fischers Cassebohm auf dem damals der Krone Englands gehörenden Helgoland den Text zu einem „Lied der Deutschen" niederschrieb – im Rahmen jener „Unpolitischen Lieder", die ihn die Professur kosten sollten –, gab es zwar die große Sehnsucht nach der Einigung aller Deutschen, aber es gab kein Deutsches Reich. Wenn Hoffmann von Fallersleben in der ersten Strophe an die Deutschen „von der Maas bis an die Memel, von der Etsch bis an den Belt" appellierte, so bedeutete das nicht den Anspruch auf die deutsche Herrschaft über Europa. Er wollte nur der Hoffnung Ausdruck verleihen, dass ein freiheitliches Deutschland erstehen müsse, in dem alle deutschen Länder und Stämme vereinigt waren. „Deutschland, Deutschland über alles" erlebte seine Uraufführung bei Fackelschein am Abend des 5. Oktober 1841 vor Streits Hotel am Jungfernstieg in Hamburg. Die hamburgische „Turnerschaft von 1816" und die „Liedertafel von 1823" sangen Hoffmann von Fallerslebens Lied nach der Melodie des „Kaiserquartetts" von Joseph Haydn.

Bild oben: Die Walhalla. Die so genannte Ruhmeshalle bei Donaustauf nahe Regensburg wurde 1830 bis 1842 im Auftrag König Ludwigs I. von Bayern nach einem Entwurf von Leo von Klenze in Form eines dorischen Tempels errichtet, in Anlehnung an den Parthenontempel auf der Akropolis in Athen. Sie war als Ruhmestempel gedacht und enthält die Büsten berühmter Deutscher. Der Monarch ließ 1842 bei der Einweihung den Monumentalbau mit bengalischem Licht illuminieren. Bei der Eröffnung 1842 wurden 96 der seit 1807 angefertigten Büsten in der Reihenfolge des Todesdatums (d. h. des Eingangs in Walhall) aufgestellt, im Uhrzeigersinn ausgehend von der Eingangstür, in zwei Reihen übereinander. Insgesamt wurden seit 1847 weitere 33 Büsten hinzugefügt. Zuletzt wurden die Büsten von Johann Carl Friedrich Gauß am 12. September 2007 in Anerkennung seiner großen Leistungen im Bereich der Mathematik sowie die heiliggesprochene Edith Stein am 25. Juni 2009 in die Walhalla aufgenommen. Eine Büste für Heinrich Heine kam am 28. Juli 2010 hinzu.
Linke Seite links: Das Lied der Deutschen, Handschrift von August Heinrich Hoffmann von Fallersleben als Faksimile. Der Dichter des Deutschlandsliedes (1798-1874) war eigentlich Hochschullehrer für Germanistik.
Linke Seite rechts: Clemens Brentano, Büste von Christian Friedrich Tieck, 1803. Brentano (1778-1842) ist einer der hervorstechendsten Vertreter der Romantik.

Clemens Brentano

Brentano hat die Epoche der Romantik entscheidend mitgeprägt. Der am 8. September 1778 in Ehrenbreitstein geborene Bruder Bettina von Arnims studierte in Halle und Jena und traf dort Wieland, Herder, Goethe u. a. 1801 zog er nach Frankfurt, wo ihn eine enge Freundschaft mit Achim von Arnim verband, der später auch Brentanos Schwester heiratete. 1804 zog Brentano nach Heidelberg, um an Arnims Projekten „Zeitungen für Einsiedler" und „Des Knaben Wunderhorn" mitzuarbeiten. Von 1808 bis 1812 lebte er in Berlin, dann bis 1824 in Dülmen (Westfalen).

Sein ruheloses und von vielen Krisen erschüttertes Leben spiegelt sich in seinen Werken wider. Obwohl Brentano von materiellen Sorgen frei war – er konnte von den Zinserträgen der Ex- und Importfirma seiner Familie leben –, wechselte er häufig seinen Wohnsitz und fand auch in der Ehe mit der Schriftstellerin Sophie Mereau (1770-1806) keine Ruhe.

Seine Lyrik ist Ausdruck von existenzieller Angst und der Suche nach Sinn und Ordnung; die Möglichkeit zur Überwindung dieses Sinnverlustes sah Brentano in der Kraft der Kunst. Besonders bekannt sind die Dichtungen „Wiegenlied" und „Lore Lay". Außerdem schrieb er Dramen („Die Gründung Prags", 1813), Romane („Godwi", 1801), Erzählungen („Die Schachtel mit der Friedenspuppe", 1815) und kunstvoll gestaltete Märchen („Geschichte vom braven Kasperl und dem schönen Annerl", 1817; „Gockel, Hinkel und Gackeleia", 1838).

Brentano zeichnete außerdem die Visionen der Nonne Katharina Emmerick in Dülmen (Westfalen) auf.

Er war gemeinsam mit Achim von Arnim Herausgeber einer Liedersammlung („Des Knaben Wunderhorn", 1806-1808). Brentano starb am 28. Juli 1842 in Aschaffenburg.

Aufstand der Weber

Die katastrophalen Lebensbedingungen der Weber führten im Juni 1844 zu einem Aufstand in Schlesien, der sich überwiegend auf die Ortschaften Langenbielau und Peterswaldau konzentrierte. Die Erhebung wurde blutig niedergeschlagen. Der Schriftsteller Wilhelm Wolff schilderte den Aufstand nach Augenzeugenberichten:

„Inzwischen wurden Not und Drängen nach Arbeit von einzelnen Fabrikanten möglichst benutzt, um für geringen Lohn viel Ware zu erhalten. Unter ihnen ragten die Gebrüder Zwanziger in Peterswaldau besonders hervor. Für eine Webe Kattun von 140 Ellen, woran ein Weber neun Tage zu arbeiten hat und wofür andere Lohnherren 32 Sgr. zahlten, gaben sie nur 15 Sgr. Für 160 Ellen Barchent, welches acht volle Tage angestrengter Arbeit erfordert, entrichteten sie 12 ½ und 12 Sgr. Lohn. Ja, sie erklärten sich bereit, noch 300 Weber in Arbeit zu nehmen, wenn diese ebensoviel für 10 Sgr. arbeiten wollten. Das bitterste Elend zwang die Armen, auch unter dieser Bedingung zu arbeiten. Von seinen 12 oder 10 Sgr. musste der Weber noch 2 ½ bis 3 Sgr. an den Spuler entrichten, alle Staats-, Gemeinde- und gutsherrlichen Lasten tragen und – leben …

Das anfangs nicht allzu große Vermögen der Zwanziger war in kurzer Zeit zu großem Reichtum angewachsen. Sechs prächtige Gebäude gaben Zeugnis davon. Herrliche Spiegelscheiben, Fensterrahmen von Kirschbaumholz, Treppengeländer von Mahagoni, Kleider- und Wagenpracht sprachen der Armut der Weber Hohn. Bei der letzten Lohnverkürzung sollen die Zwanziger auf die Vorstellung der Weber, dass sie nun gar nicht mehr bestehen und selbst nicht mehr Kartoffeln kaufen könnten, geäußert haben, sie würden noch für eine Quarkschnitte arbeiten müssen, oder, wie andere sagen: Die Weber möchten nur, wenn sie nichts anderes hätten, Gras fressen, das sei heuer reichlich gewachsen …

Ein Gedicht nach der Volksmelodie „Es liegt ein Schloss in Österreich“ abgefasst und von den Webern gesungen wurde gleichsam die Marseillaise der Notleidenden. Sie sangen es zumal vor Zwanzigers Haus wiederholt ab. Einer wurde ergriffen, ins Haus genommen, durchgeprügelt und der Ortspolizei überliefert.

Endlich, um zwei Uhr nachmittags, den vierten Juni, trat der Strom über seine Ufer. Eine Schar Weber erschien in Nieder-Peterswaldau und

Not und Elend der schlesischen Weber sind kaum in Gemälden festgehalten worden, wohl aber die Propaganda der Unternehmer: Auf dem Bild des Malers Carl Wilhelm Hübner (entstanden 1844) weist ein Fabrikant die gewebten Tuche wegen angeblich schlechter Qualität zurück. Der schlesische Weberaufstand von 1844 war weder der erste Weberaufstand in der Region des Eulengebirges, noch der heftigste. Bereits 1785/1786, 1793 und 1798 hatte es teils größere Aufstände gegeben. Die Besonderheit des Aufstandes von 1844 lag in der Aufmerksamkeit der Öffentlichkeit, die er erzielte. Zeitgenössische Publikationen und Literatur verarbeiteten und diskutierten das Thema ausgiebig. In diesem Sinne kann der schlesische Weberaufstand vom Juni 1844 in einen Zusammenhang mit der 1848 einsetzenden Revolution gebracht werden.

„Der Struwwelpeter", Titelfigur des gleichnamigen Kinderbuchs des Frankfurter Arztes Heinrich Hoffmann, Version ab 1858. Hoffmann (1809-1894) war Leiter der Anstalt für geistig Behinderte in Frankfurt und beschäftigte sich mit Kinder- und Jugendpsychiatrie. Nebenher schuf er illustrierte Kinderbücher, unter anderem den „Struwwelpeter" (1847), dessen pädagogischer Wert aufgrund der dargestellten Erziehungsmethoden heute umstritten ist.

zog auf ihrem Marsch alle Weber aus den Wohnungen rechts und links an sich. Alsdann begaben sie sich nach dem wenig entfernten Kapellenberg, ordneten sich paarweise und rückten so auf das neue Zwanzigersche Wohngebäude los. Sie forderten höheren Lohn und – ein Geschenk! Mit Spott und Drohen schlug man's ihnen ab. Nun dauerte es nicht lange, so stürmte die Masse ins Haus, erbrach alle Kammern, Gewölbe, Böden und Keller und zertrümmerte alles, von den prächtigen Spiegelfenstern, Trumeaus, Lüstern, Öfen, Porzellan, Möbeln bis zu den Treppengeländern, zerriss die Bücher, Wechsel und Papiere, drang in das zweite Wohngebäude, in die Remisen, ins Trockenhaus, zur Mangel, ins Packhaus und stürzte die Waren und Vorräte zu den Fenstern hinaus ... Zwanziger flüchtete sich mit seiner Familie in Todesangst nach Reichenbach. Die dortigen Bürger, welche einen solchen Gast, der die Weber auch ihnen auf den Hals ziehen konnte, nicht dulden wollten, veranlassten ihn zur Weiterreise nach Schweidnitz. Aber auch hier deuteten ihm die Behörden an, die Stadt zu verlassen, weil sie durch seine Gegenwart leicht einer Gefahr ausgesetzt sein konnten ... Nachdem alles zu Ende war, begab sich der Haufen [bei Zwanziger] zum Fabrikanten F. W. Fellmann jun. Fellmann beschwichtigte die Leute, indem er jedem fünf Groschen zahlte und Brot und Butter nebst einigen Speckseiten an sie verabreichte. Ein Stück Brot und ein Viergroschenstück reichten hin, die Wut der von Hunger und Rache Getriebenen im Zaum zu halten! Nun ging's weiter zu E. G. Hofrichters Witwe und Söhne. Die Masse der Weber betrug hier schon an 3000. Auch Hofrichter zahlte ein Geschenk von fünf Groschen für jeden einzelnen, doch erhielten dies nur die ersten, die letzten weniger.

Von hier bewegte sich der Zug zum ‚Sechsgröschel Hilbert'. Hilbert und Andretzky wohnen in Bielau. Mit ihrem Haus begann die Zerstörung an diesem Ort. Zunächst kam das obere Etablissement der Gebrüder Dierig an die Reihe. Pastor Seiffert, der Schwiegersohn von Dierig, dem seine Frau eine Mitgift von 20.000 Talern zugebracht hatte und der nun wohl bequem von der ruhigen Ergebung des wahren Christen, von den Freuden, die dem Dulder hinieden dort oben winken sollen, sprechen und zur Ruhe und zum Frieden ermahnen mochte, soll ins Wasser geworfen worden sein.

Unterdessen hatten die Kommis ihre Fabrikknechte und andere Leute versammelt, mit Knütteln und was sonst zur Hand lag bewaffnet und drangen unter Anführung des Bauerngutsbesitzers Werner auf die Weber los. Nach einem heftigen Gefecht flohen die Weber unter Zurücklassung mannigfaltiger Blutspuren und mit zerschlagenen Köpfen aus dem Gebäude hinaus und fort. Indessen fanden sich die Entwichenen mit neu Angekommenen bald vor dem zweiten Hause Dierigs ein ...

Unterdessen rückte das Militär an ... Weber redeten es in der Nähe an, und der Kommandierende mochte eine derartige Ansprache mit Recht für gefahrbringend halten. Deshalb begab sich der Major von der ersten Stelle weg, um hinter dem Haus und auf den Seiten eine vorteilhaftere Stellung zu wählen. Ein Leutnant mit zehn Mann wurde in den Garten vor dem Hause beordert. Die Weber formierten zwei Reihen, um jeder seine 5 Sgr. zu erhalten. Die Austeilung sollte am Hause des Dierig vor sich gehen und jeder bald nach dem Empfang durchs Haus hindurch ins Freie sich entfernen. Die Ein- und Ausgänge waren mit Soldaten besetzt. Es dauerte aber so lange und die Zahlung verzögerte sich so sehr, dass die Masse ungeduldig wurde und – beim Anblick der Soldaten ohnehin aufgeregt und von einigen Unteroffizieren barsch zur Ordnung gerufen und bald fest überzeugt, dass sie kein Geld erhalten würden – gegen die Truppen immer mehr andrängte. Der Major, der Dierigs Haus und seine Truppen mehr und mehr bedroht sah, ließ Feuer geben. Infolge dreier Gewehrsalven blieben sofort elf Menschen tot. Blut und Gehirn spritzte weithin. Einem Mann trat das Gehirn über dem Auge heraus. Eine Frau, die 200 Schritt entfernt an der Tür ihres Hauses stand, sank regungslos nieder. Einem Mann wurde die eine Seite des Kopfes weggerissen. Die blutige Hirnschale lag entfernt von ihm. Eine Mutter von sechs Kindern starb am selben Abend an mehreren Schusswunden."

Der „Struwwelpeter" erscheint

Das volkstümlichste Buch, das je von einem Arzt verfasst wurde, ist der erstmals 1845 erschienene und bald darauf in alle Weltsprachen übersetzte „Struwwelpeter". Als Autor und künstlerischer Gestalter zeichnete der deutsche Nervenarzt Heinrich Hoffmann (13. Juni 1809-20. September 1894) verantwortlich, der bis 1888 als Direktor der städtischen Nervenheilanstalt in Frankfurt am Main wirkte. Im Folgenden erzählt er die Entstehungsgeschichte seines Jahrhundert-Bestsellers:

„Gegen Weihnachten des Jahres 1844, als mein ältester Sohn drei Jahre alt war, ging ich in die Stadt,

um demselben zum Festgeschenke ein Bilderbuch zu kaufen. wie es der Fassungskraft des kleinen menschlichen Wesens in solchem Alter entsprechend schien. Aber was fand ich? Lange Erzählungen oder alberne Bildersammlungen, moralische Geschichten, die mit ermahnenden Vorschriften begannen und auch schlossen.
Als ich damals heimkann, hatte ich aber doch ein Buch mitgebracht; ich überreichte es meiner Frau mit den Worten: ‚Hier ist das gewünschte Buch für den Jungen!' Sie nahm es und rief verwundert: ‚Das ist ja ein Schreibheft mit leeren weißen Blättern!' – ‚Nun ja, da wollen wir ein Buch daraus machen!'
Damit ging es nun aber so zu. Ich war damals, neben meinem Amt als Arzt der Irrenanstalt, auch noch auf Praxis in der Stadt angewiesen. Nun ist es ein eigen Ding um den Verkehr des Arztes mit Kindern von drei bis sechs Jahren. In gesunden Tagen wird der Arzt und der Schornsteinfeger gar oft als Erziehungsmittel gebraucht: ‚Kind, wenn du nicht brav bist, kommt der Schornsteinfeger und holt dich!' oder: ‚Kind, wenn du zu viel davon issest, so kommt der Doktor und gibt dir bittere Arznei, oder setzt dir gar Blutegel an!' Die Folge ist, dass, wenn in schlimmen Zeiten der Doktor gerufen in das Zimmer tritt, der kleine kranke Engel zu heulen, sich zu wehren und um sich zu treten anfängt. Eine Untersuchung des Zustandes ist schlechterdings unmöglich. Da half mir gewöhnlich rasch ein Blättchen Papier und Bleistift; eine der Geschichten, wie sie in dem Buche stehen, wird rasch erfunden, mit drei Strichen gezeichnet, und dazu möglichst lebendig erzählt. Der wilde Oppositionsmann wird ruhig, die Tränen trocknen, und der Arzt kann spielend seine Pflicht tun.
So entstanden die meisten dieser tollen Szenen, und ich schöpfte sie aus vorhandenem Vorrate; einiges wurde später dazu erfunden, die Bilder wurden mit derselben Feder und Tinte gezeichnet, mit der ich erst die Reime geschrieben hatte, alles unmittelbar und ohne schriftstellerische Absichtlichkeit. Das Heft wurde eingebunden und auf den Weihnachtstisch gelegt. Die Wirkung auf den beschenkten Knaben war die erwartete; aber unerwartet war die auf einige erwachsene Freunde, die das Büchlein zu Gesicht bekamen. Von allen Seiten wurde ich aufgefordert, es drucken zu lassen und es zu veröffentlichen ..."

Das Kommunistische Manifest

Auf Betreiben der preußischen Regierung im Januar 1845 aus Paris ausgewiesen, geht der ehemalige Redakteur der linksliberalen „Rheinischen Zeitung" Karl Marx (5. Mai 1818-14. März 1883) nach Brüssel, wo er unter anderem gemeinsam mit Friedrich Engels für den „Bund der Kommunisten" das berühmt gewordene Kommunistische Manifest verfasst (1847/1848). Darin wird die bestehende bürgerliche Gesellschafts- und Wirtschaftsordnung scharf kritisiert, das Proletariat wird zum Klassenkampf aufgerufen. Das Programm beginnt mit dem heute geflügelten Wort: „Ein Gespenst geht um in Europa – das Gespenst des Kommunismus" und endet mit dem bekannten Aufruf: „Proletarier aller Länder, vereinigt euch!". Das erste Kapitel trägt die Überschrift „Bourgeois und Proletarier":
„Die Geschichte aller bisherigen Gesellschaft ist die Geschichte von Klassenkämpfen. Freier und Sklave, Patrizier und Plebejer, Baron und Leibeigner, Zunftbürger und Gesell, kurz, Unterdrücker und Unterdrückte standen in stetem Gegensatz zueinander, führten einen ununterbrochenen, bald versteckten bald offenen Kampf, einen Kampf, der jedesmal mit einer revolutionären Umgestaltung der ganzen Gesellschaft endete, oder mit dem ge-

meinsamen Untergang der kämpfenden Klassen.
In den früheren Epochen der Geschichte finden wir fast überall eine vollständige Gliederung der Gesellschaft in verschiedene Stände, eine mannichfaltige Abstufung der gesellschaftlichen Stellungen. Im alten Rom haben wir Patrizier, Ritter, Plebejer, Sklaven; im Mittelalter Feudalherren, Vasallen, Zunftbürger, Gesellen, Leibeigene, und noch dazu in fast jeder dieser Klassen wieder besondere Abstufungen.
Die aus dem Untergange der feudalen Gesellschaft hervorgegangene moderne bürgerliche Gesellschaft hat die Klassengegensätze nicht aufgehoben. Sie hat nur neue Klassen, neue Bedingungen der Unterdrückung, neue Gestaltungen des Kampfes an die Stelle der alten gesetzt. Unsere Epoche, die Epoche der Bourgeoisie, zeichnet sich jedoch dadurch aus, daß sie die Klassengegensätze vereinfacht hat. Die ganze Gesellschaft spaltet sich mehr und mehr in zwei große feindliche Lager, in zwei große einander direkt gegenüberstehende Klassen – Bourgeoisie und Proletariat.
(...) Der ostindische und chinesische Markt, die Kolonisirung von Amerika, der Austausch mit den Kolonien, die Vermehrung der Tauschmittel und der Waaren überhaupt gaben dem Handel, der Schifffahrt, der Industrie einen niegekannten Aufschwung, und damit dem revolutionären Element in der zerfallenden feudalen Gesellschaft eine rasche Entwicklung. Die bisherige feudale oder zünftige Betriebsweise der Industrie reichte nicht mehr aus für den mit den neuen Märkten anwachsenden Bedarf. Die Manufaktur trat an ihre Stelle. (...) Aber immer wuchsen die Märkte, immer stieg der Bedarf. Auch die Manufaktur reichte nicht mehr aus. Da revolutionirten der Dampf und die Maschinerie die industrielle Produktion. An die Stelle der Manufaktur trat die moderne große Industrie, an die Stelle des industriellen Mittelstandes traten die industriellen Millionäre, die Chefs ganzer industriellen Armeen, die modernen Bourgeois."

Bild rechts: *Die erste, vollständig von David Kalisch verfasste Ausgabe der politisch-satirischen Zeitschrift Kladderadatsch vom 7. Mai 1848. Der Kladderadatsch erschien von 1848 bis 1944. Der Name der Zeitschrift ist hergeleitet vom lautmalerischen Berliner Ausdruck, der etwa bedeutet „etwas fällt herunter und bricht mit Krach in Scherben". Der Zeitschriftentitel machte den Ausdruck so populär, dass er zum politischen Schlagwort wurde, welches – ironisch gebraucht – u. a. für Friedrich Engels und August Bebel den Zusammenbruch der bürgerlichen Gesellschaft charakterisierte.*

Bild linke Seite links: *Felix Mendelssohn Bartholdy, Gemälde von Edward Magnus, 1846. Der Komponist, Dirigent und Pianist (3. Februar 1809-4. November 1847) war der Enkel des Berliner Philosophen Moses Mendelssohn und stand in seinen Kompositionen der Klassik nahe, verfügte aber über ein unverkennbares romantisches Kolorit.*

Bild linke Seite rechts: *Annette von Droste-Hülshoff, Gemälde von Johann Joseph Sprick, 1838. Droste-Hülshoff (1797-1848) gilt heute als eine der bedeutendsten deutschen Dichterinnen.*

Annette Freiin von Droste-Hülshoff

Droste-Hülshoff stammte aus altwestfälischem Adelsgeschlecht und kam am 10. Januar 1797 auf Schloss Hülshoff bei Münster zur Welt. Trotz ihrer Kränklichkeit in der Jugend erhielt sie eine reichhaltige Bildung. Später lernte sie August Wilhelm Schlegel, Adele Schopenhauer, Levin Schücking, Ludwig Uhland u. a. kennen. Sie begann um 1820 auf Anregung ihrer Großmutter mit Gedichten für den Zyklus „Das geistliche Jahr" (1820 abgebrochen, 1839 vollendet).
Ab 1841 lebte sie meist am Bodensee, wo sie eine unglückliche, halb mütterliche Liebesbeziehung zu Schücking pflegte.
Die Kriminalnovelle „Die Judenbuche" (1842, entstanden 1837-1841) gilt als Vorläufer der literarischen Epoche des Realismus. Bekannt wurden außerdem Annette von Droste-Hülshoffs Balladen und Gedichte, etwa die Sammlung „Heidebilder", zu der auch die bekannte Ballade „Der Knabe im Moor" (1842) zählt. Weniger bekannt sind heute die Versepen der Dichterin („Das Hospiz auf dem großen St. Bernhard", „Die Schlacht im Loener Bruch").
Die Rechtfertigung dafür, das Werk von Annette von Droste-Hülshoff dem Realismus zuzuordnen, liegt in der sowohl in der „Judenbuche" als auch in vielen Gedichten angewandten Perspektivierungstechnik, die eine zunehmende Infragestellung der damals überwiegend genutzten auktorialen Erzählweise (der Erzähler weiß alles über die Handlung und seine Figuren) bedeutet und eine größere Eigenleistung vom Leser verlangt. Dem Leser wird die „Wahrheit" nicht mehr unproblematisiert vorgeführt, vielmehr wird ihm gezeigt, dass die vorliegenden Informationen aus verschiedenen Quellen (verschiedenen Perspektiven) der beteiligten Figuren stammen; der Leser soll sich ein eigenes Bild durch eine eigene Bewertung der jeweiligen Zuverlässigkeit der Informationen machen.
Die bis heute vertretene Auffassung, Annette von Droste-Hülshoff setze die in ihrem Werk immer wieder gestalteten Elemente des Gespenstischen und Schaurigen als tatsächlich vorhandene Wirklichkeit, wird bei Berücksichtigung der Perspektiventechnik fragwürdig. Das Gespenstische wird immer aus der Perspektive einer Figur geschildert, d. h. nur die Figur glaubt an die Existenz des Unheimlichen. Dem Leser aber soll eine solche Ansicht als Aberglauben kenntlich werden, der den Menschen nicht gefährdet, weil die Welt der Gespenster als real gesetzt wird, sondern weil die abergläubische Furcht den Menschen zu unvernünftigen Reaktionen veranlasst.
Annette von Droste-Hülshoff starb am 24. Mai 1848 in Meersburg am Bodensee.

№ 1. Sonntag, den 7. Mai. 1848.

Kladderadatsch.

Wochenkalender.

Montag den 8. Mai.
Von 1187 Wählern geben 1473 den Herren **Thadden, Krausnick, Meding** und **Möllendorf** ihre Stimme für Frankfurt.

Dienstag den 9. Mai.
Man entdeckt auf dem Altar des Vaterlandes mehrere galvanoplastische Schmucksachen.

Mittwoch den 10. Mai.
Die Stumme von Portici wird **ohne** Dekorationen aufgeführt.

Wochenkalender.

Donnerstag den 11. Mai.
Demonstration der Berliner Säuglinge für **direkte** Mutterbrust gegen **indirekte** Lutschbeutelernährung.

Freitag den 12. Mai.
Wegen anhaltendem Regenwetter keine Weltgeschichte.

Sonnabend den 13. Mai.
Den Tag über ruhig. Gegen Abend erscheint plötzlich Kladderadatsch Nr. 2 mit der Biographie des Dr. Eilert. Große Aufregung!

Organ für und von Bummler.

Dieses Blatt erscheint täglich mit Ausnahme der Wochentage für den Preis von 1¼ Sgr. Es kann jeden Sonnabend von fünf Uhr ab aus sämmtlichen Buchhandlungen abgeholt werden, und wird dem richtigen Bürger, dem fleißigen Künstler, dem tapfern Krieger Sonntags früh, überall, bis in die tiefsten Kellerwohnungen hinab, colportirt werden.

Die Redaktion.

Fünfte Auflage.

Berlin, am ersten Mai.

Im wunderschönen Monat Mai
Wo alle Blüthen sprangen: —
Da sind auch meiner Bummelei
Die Augen aufgegangen!

Die Zeit ist umgefallen! Der Geist hat der Form ein Bein gestellt! Der Zorn Jehovahs brauset durch die Weltgeschichte! Die Preußische Allgemeine, die Vossische, die Spenersche, — Gesellschafter, Figaro und Fremdenblatt haben zu erscheinen aufgehört — Urwahlen haben begonnen, — Fürsten sind gestürzt — Throne gefallen — Schlösser geschleift, — Weiber verheert — Länder gemißbraucht — Juden geschändet — Jungfrauen geplündert — Priester zerstört — Barrikaden verhöhnt — Kladderadatsch!

Wer dürfte hiernach die Farbe, — die Tendenz — den Charakter unseres Blattes in Zweifel ziehen. Der klare Ausdruck unseres Bewußtseins wird uns Männer wie

Junius, Julius, Curtius, Gervinus, Ruppius und Nebenius; — Löwisohn, Löwenfeld, Löwenberg, Löwenthal, Löwenheim, Löwenstein, Löwenherz, Ledrü-Rollin, D. A. Benda, Louis Blanc, von Bülow, Eylert und Lamartine, Thiele, Hecker, Eichhorn, Struve, Meding und Herwegh, Jacoby und Aegidi,

zu Mitarbeitern

gewinnen. Berliner! Räumt die Hindernisse weg, die dem Erscheinen dieses Journals im Wege stehen. — Entsendet Männer voll des ächten Berliner Geistes, die auf Kladderadatsch subscribiren!

Eure liebreiche Freundin, die Redaktion dieser Blätter, vereinigt ihre äußersten Bitten um baldiges Abonnement mit denen ihrer Mitarbeiter. —

Reaktion und Bismarckzeit (1850-1890)

1850: Der Physiker Rudolf Clausius entdeckt den 2. Hauptsatz der Thermodynamik.

1850: Der Chemiker Robert Bunsen erfindet den nach ihm benannten Gasbrenner.

1850: Der Mediziner Robert Remak gelangt in seinen „Untersuchungen über die Entwicklung der Wirbeltiere" zu einer Klärung der embryonalen Zellteilungen.

1850: Hermann Ludwig Ferdinand von Helmholtz macht seine für die Augenheilkunde bahnbrechende Erfindung des Augenspiegels.

1850, 31. Jan.: König Friedrich Wilhelm IV. von Preußen akzeptiert, wenn auch widerstrebend, die revidierte Verfassung vom 5. Dezember 1848 als Staatsgrundgesetz und leistet den Verfassungseid (6. Februar). Der Staat nimmt einen scheinkonstitutionellen Charakter an, da alle entscheidenden Machtbefugnisse, so die Exekutivgewalt, die Ernennung der Minister und die Leitung der Außenpolitik, in der Hand der Krone konzentriert bleiben. Die nach dem Dreiklassenwahlrecht gewählte 2. Kammer (Abgeordnetenhaus) besitzt nur das Recht der Mitwirkung an der Gesetzgebung und der Steuerbewilligung.

1850, März: Das Parlament der preußisch geführten Erfurter Union tritt in Erfurt zusammen. Es erarbeitet eine Verfassung, die allerdings von den Oberhäuptern der Unionsstaaten nicht ratifiziert wird.

1850, 2. Juli: Preußen schließt Frieden mit Dänemark und überlässt die um ihre Unabhängigkeit kämpfenden Schleswig-Holsteiner ihrem Schicksal, die von Dänemark endgültig unterworfen werden.

1850, 2. Sept.: Der Bundestag des Deutschen Bundes nimmt in Frankfurt am Main wieder seine Arbeit auf, allerdings noch ohne Preußen und seine Verbündeten.

1850, 8. Nov.: Ausgelöst durch einen Verfassungskonflikt treffen in Kurhessen preußische Truppen und ein österreichisch-bayerisches Korps aufeinander; eine weitere Eskalation kann jedoch vermieden werden.

1850, 29. Nov.: Vollständige politische Niederlage Preußens in der Olmützer Punktation mit Österreich. Preußen verzichtet auf die Unionspolitik, demobilisiert und nimmt die österreichischen Bedingungen zur Beilegung des kurhessischen Streitfalls an.

1850, 23. Dez.-15. Mai 1851: Auf den Dresdener Konferenzen verhandeln die deutschen Staaten über eine Reform des Deutschen Bundes; alle Überlegungen, Österreich und Preußen mit ihren gesamten Gebieten in den Bund aufzunehmen, die Bundesexekutive auszubauen, eine Bundesratsvertretung und ein Bundesgericht zu schaffen sowie die deutsche Wirtschaftsunion herbeizuführen, scheitern jedoch.

1851, 1. Mai: In London wird die erste Weltausstellung eröffnet.

1851, 18. Aug.: Otto von Bismarck wird preußischer Bundestagsgesandter in Frankfurt am Main.

1851, 23. Aug.: Der Bundestag hebt formell die von der Paulskirche beschlossenen Grundrechte auf.

1851, 7. Sept.: Der von Hannover geführte norddeutsche „Steuerverein" wird mit dem Deutschen Zollverein verschmolzen; damit sind die seit 1849 von dem österreichischen Handelsminister von Bruck verfolgten Pläne, eine große mitteleuropäische Zollunion unter Einschluss Österreichs zu bilden, bereits weitgehend gescheitert.

1851, 2. Dez.: Staatsstreich des Louis Bonaparte in Frankreich, der sich zum Präsidenten der Republik auf Lebenszeit und am 2. Dezember 1852 als Napoleon III. zum Kaiser der Franzosen macht.

1852: In Kurhessen, Bremen, Frankfurt und Waldeck kommt es zu reaktionären Verfassungsrevisionen.

1852: Die Brüder Grimm geben die erste Lieferung des „Deutschen Wörterbuchs" heraus, das den gesamten deutschen Wortschatz erfasst und ethymologisch-historisch erklärt.

1852, 2. Apr.: Der Bundestag beschließt die Auflösung der deutschen Flotte und versteigert sie später in öffentlicher Auktion.

1852, 8. Mai: Londoner Protokoll der europäischen Großmächte. Es entscheidet die schleswig-holsteinische Frage im Interesse Dänemarks. Prinz Christian von Glücksburg wird die alleinige Thronfolgeberechtigung zuerkannt und die dänische Monarchie für unteilbar erklärt. Dänemark verpflichtet sich, die besonderen Rechte Schleswig-Holsteins zu wahren: Autonomie, unlösbare Verbindung beider Herzogtümer, Gleichberechtigung der Nationalitäten.

1853: Der Münchener Chemiker und Arzt Max Pettenkofer nimmt Vorlesungen über öffentliche Gesundheitspflege auf und wird durch seine Forschungen zum Begründer der wissenschaftlichen Hygiene und Seuchenbekämpfung.

1853: Herausgabe der Familienzeitschrift „Die Gartenlaube" in Leipzig.

1853: Der österreichischer Komponist Johann Strauß (Sohn) wird Leiter der Wiener Hofballmusik. Seit 1849 leitet er vier Wiener Unterhaltungsorchester.
1853, 4. Okt.: Ausbruch des russisch-türkischen Krieges (Krimkrieg). Frankreich und England greifen in den Krieg ein (28. März 1854), um eine Vorherrschaft Russlands im Vorderen Orient und auf dem Balkan zu verhindern.
1854: Die deutsche Auswanderung erreicht mit knapp 240.000 Menschen, die das Land vor allem nach Nordamerika verlassen, einen neuen absoluten Höchststand.
1854: Der Mathematiker Bernhard Riemann erweitert in seiner Arbeit „Über die Hypothesen, welche der Geometrie zugrunde liegen" die nichteuklidische Geometrie zur Geometrie der n-fach ausgedehnten Mannigfaltigkeit.
1854, 13. Juli: Der Bundestag erlässt ein Vereinsgesetz, das alle deutschen Regierungen verpflichtet, Arbeitervereine, die politische oder sozialistische Ziele verfolgen, binnen zwei Monaten aufzulösen.
1856: Der Physiker Wilhelm Weber bestimmt die Lichtgeschwindigkeit erstmals aus elektrischen Daten.
1856: Entdeckung des Neanderthal-Schädels durch den Lehrer Johann Carl Fuhlrott in einer Kalkhöhle bei Düsseldorf.
1856, 30. März: Der Friede von Paris besiegelt Russlands Niederlage im Krimkrieg. Er beseitigt den beherrschenden Einfluss Russlands auf dem Balkan und auf die Türkei sowie die russische Kontrolle der Donauschifffahrt; das Schwarze Meer wird neutralisiert. Die Interessengegensätze zwischen Österreich und Russland auf dem Balkan beenden endgültig die Solidarität der Mächte der Heiligen Allianz. Das französische Kaiserreich Napoleons III. wird zur stärksten Macht auf dem Kontinent.
1857: Eine schwere Wirtschaftskrise unterbricht in Deutschland den stürmischen Aufschwung von Industrie, Gewerbe und Handel.
1857, 23. Okt.: Prinz Wilhelm von Preußen übernimmt die Stellvertretung seines geisteskranken Bruders Friedrich Wilhelm IV.
1858: Der deutsche Chemiker August Kekulé von Stradonitz veröffentlicht seine Entdeckung der Vierwertigkeit des Kohlenstoffs und zeigt, dass die organische Chemie die Chemie der Kohlenstoffverbindungen ist.
1858: Der Mathematiker und Physiker Julius Plücker entdeckt die Kathodenstrahlen.
1858: Rudolf Virchow, seit 1856 Professor für pathologische Anatomie in Berlin, veröffentlicht seine „Zellularpathologie". Mit seiner Auffassung, dass jede Krankheit ein primär lokaler Prozess ist, auf materiellen Veränderungen im Zellorganismus beruht und mit einer spezifischen Therapie bekämpft werden muss, eröffnet er eine neue Epoche in der Entwicklung der europäischen Medizin.
1858, Sept.: In Gotha tritt erstmals der „Kongress deutscher Volkswirte" zusammen, der sich für Freihandel, Gewerbefreiheit und liberale Wirtschaftsreformen engagiert.
1858, 7. Okt.: In Preußen übernimmt Wilhelm (I.) die Regentschaft für seinen kranken Bruder Friedrich Wilhelm IV.; Wilhelm leitet mit der Ablösung des reaktionären Ministerpräsidenten Otto von Manteuffel durch gemäßigte Kräfte eine „Neue Ära" in Preußen ein.
1858, 23. Nov.: Wahlen zum preußischen Abgeordnetenhaus. Die Liberalen erhöhen die Zahl ihrer Sitze von 36 auf 147 und erringen die Mehrheit. Die Fraktion der Konservativen sinkt von 224 auf 60 Mitglieder. Um den Prinzregenten nicht zu provozieren, lehnen die ehemaligen bürgerlichen Demokraten von 1848/49 die Aufstellung eigener Wahlkandidaten ab. Es vollzieht sich der Übergang eines Teiles der bürgerlichen Demokratie ins Lager des Liberalismus.
1859: Der linksliberale Politiker und Sozialreformer Hermann Schulze-Delitzsch ruft den „Allgemeinen Verband der auf Selbsthilfe beruhenden deutschen Erwerbs- und Wirtschaftsgenossenschaften" ins Leben.
1859: Der Physiker Gustav Robert Kirchhoff und der Chemiker Bunsen entdecken, dass jedes chemische Element bei hoher Temperatur bestimmte Spektrallinien aussendet, und begründen die Spektralanalyse.
1859, 3. März: Abschluss eines russisch-französischen Geheimvertrags. Russland sagt wohlwollende Neutralität im österreichisch-französischen Kriegsfall zu.
1859, Mitte März: In Deutschland entsteht eine nationale Bewegung (Presse, Flugschriften) für die Erhaltung der territorialen Integrität.
1859, Juni: Im Verlag von Franz Duncker in Berlin erscheint in einer Auflage von 1000 Exemplaren Karl Marx' „Zur Kritik der politischen Ökonomie" mit der berühmten Darlegung der materialistischen Geschichtsauffassung im Vorwort: Die Produktionsweise bedingt den sozialen, politischen und geistigen Lebensprozess überhaupt. Es ist nicht das Bewusstsein der Menschen, das ihr Sein, sondern umgekehrt ihr gesellschaftspolitisches Sein, das ihr Bewusstsein bestimmt.

Bild rechts: *Otto Fürst von Bismarck (1815-1898) als Gesandter beim Bundestag in Frankfurt. Bismarck wurde am 18. August 1851 auf Betreiben Leopold von Gerlachs durch Friedrich Wilhelm IV. zum preußischen Gesandten beim Bundestag in Frankfurt ernannt. Die Stellung in Frankfurt war nach seiner Einschätzung zu dieser Zeit der wichtigste Posten in der preußischen Diplomatie. Seine Ernennung wurde in der Öffentlichkeit als Zeichen für den Sieg der sozialen und politischen Reaktion sowie als Kapitulation Preußens gegenüber Österreich gewertet. In Frankfurt handelte Bismarck jedoch sehr eigenständig. Er befand sich zeitweise sogar im Gegensatz zur Berliner Regierungspolitik.*
Bild linke Seite: *Krönung Wilhelms I. zu Königsberg 1861, Gemälde von Anton von Werner, 1865. Wilhelm bestieg als 64-Jähriger den Thron. Otto von Bismarck stellte sich ihm als Ministerpräsident zur Verfügung und bestimmte in den folgenden Jahren die Politik entscheidend mit. Kaiser Wilhelm I. wurde später zum Sinnbild der Einheit und Größe des neu gegründeten Deutschen Reiches stilisiert.*

Der Sozialistenführer Ferdinand Lassalle (geb. 1825), Gründer des von Marx heftig bekämpften Allgemeinen Deutschen Arbeiterverein, wird am 28. August 1864 bei einem Duell tötlich verwundet.

1859, Nov.: Zu Schillers 100. Geburtstag finden unter breiter Beteiligung der werktätigen Massen Festlichkeiten statt, die der Forderung nach nationaler Einheit Ausdruck verleihen. In einigen Städten (u. a. Berlin, Frankfurt am Main) nehmen die Feiern den Charakter politischer Demonstrationen an.
1859, 23.-27. Nov.: Auf einer Konferenz in Würzburg (weitere folgen 1860 und 1861) versuchen einige Klein- und Mittelstaaten, eine eigene Machtposition des „Dritten Deutschland" gegenüber den Großmächten Preußen und Frankreich zu begründen.
1859, 5. Dez.: Ernennung General Albrecht von Roons zum preußischen Kriegsminister.
1860: Charles Darwins epochemachende Evolutionstheorie „Über die Entstehung der Arten im Thier- und Pflanzen-Reich durch natürliche Züchtung" erscheint nur ein Jahr nach ihrer Erstveröffentlichung auch in deutscher Sprache.
1860, 12. Jan.: Kriegsminister Roon bringt im preußischen Abgeordnetenhaus die Vorlagen für eine Heeresreorganisation ein. Sie sehen vor: Vergrößerung des stehenden Heeres, Ausscheiden der Landwehr aus dem Feldheer und Beibehaltung der dreijährigen Dienstzeit. Ein Finanzgesetzentwurf verlangt 9,5 Millionen Taler für die Reorganisation.
1860, 7. Apr.: Mit der „Osterproklamation" Großherzog Friedrichs I. beginnt auch in Baden eine „Neue Ära"; zum ersten Mal wird in einem deutschen Land der Liberalismus zur regierenden Partei.
1861: Der Mathematiker Karl Weierstraß begründet seine wegweisende allgemeine Theorie der analytischen Funktionen.
1861, 2. Jan.: Tod Friedrich Wilhelms IV. Der Prinzregent wird als Wilhelm I. preußischer König.
1861, 14. Jan.: In einer Thronrede vor dem Abgeordnetenhaus erklärt Wilhelm I., dass er trotz Ablehnung der Wehrvorlage und der nur provisorischen Bewilligung der Gelder die Reorganisationsmaßnahmen in der Armee als endgültig betrachte.
1861, 10. Febr.: Gründung der Deutschen Fortschrittspartei, der in erster Linie Anhänger eines parlamentarischen Liberalismus und Demokraten angehören. Das Programm dieser ersten wirksam organisierten politischen Partei zielt auf die Abschaffung der Privilegien der Kirche und des Adels ab. Zudem fordern die Fortschrittlichen die Schaffung eines deutschen Nationalstaates.
1861, 26. Febr.: Mit dem „Februarpatent" leitet Ministerpräsident Anton von Schmerling die Entwicklung Österreichs zur konstitutionellen Monarchie ein.
1861, 31. Mai: Der Bundestag verabschiedet nach vierjährigen Verhandlungen das „Allgemeine Deutsche Handelsgesetzbuch".
1861, 6. Juni: Die entschieden oppositionellen Kräfte des preußischen Liberalismus schließen sich zur „Deutschen Fortschrittspartei" zusammen.
1862, 1. Jan.: Sachsen führt die Gewerbefreiheit ein; Baden und Württemberg folgen noch im gleichen Jahr, weitere mittel- und süddeutsche Staaten ziehen bald darauf nach.
1862, 11. März: Auflösung des preußischen Abgeordnetenhauses durch den König. Am 14. März Entlassung des Ministeriums der „Neuen Ära" und Bildung einer konservativen Regierung unter Ministerpräsident Adolf Fürst zu Hohenlohe-Ingelfingen, in der Kriegsminister Roon der entscheidende Mann ist.
1862, 29. März: Mit dem preußisch-französischen Handelsvertrag, dem auch die übrigen Zollvereinsmitglieder beitreten, entsteht eine große Freihandelszone in Mittel- und Westeuropa.
1862, 12. Apr.: Der Sozialdemokrat Ferdinand Lassalle hält vor Berliner Arbeitern im Handwerkerverein der Oranienburger Vorstadt einen Vortrag „Über den Zusammenhang der gegenwärtigen Geschichtsperiode mit der Idee des Arbeiterstandes" (sog. Arbeiterprogramm).
1862, 6. Mai: Überwältigender Sieg der Deutschen Fortschrittspartei bei den Neuwahlen zum preußischen Abgeordnetenbaus (sog. Konfliktslandtag). Die Fortschrittspartei erringt 133 Mandate und besitzt zusammen mit den die Heeresvorlage ablehnenden liberalen Fraktionen 80 Prozent aller Sitze. Die der Heeresvorlage zustimmenden Parteien erleiden eine schwere Niederlage: Konservative 11, katholische Fraktion 28 Mandate.
1862, 23. Sept.: Das Abgeordnetenhaus streicht mit großer Mehrheit aus dem Entwurf des Staatshaushaltsplanes alle Ausgaben für die Heeresreorganisation. Das konservative Herrenhaus stellt sich hinter die Regierungsvorlage. Damit ist der Verfassungskonflikt eingetreten: eine Machtprobe zwischen Regierung und Parlament.
1862, 24. Sept.: Ernennung Otto von Bismarcks, bis dahin Gesandter in Paris, zum preußischen Ministerpräsidenten, der am 8. Oktober auch das Außenministerium übernimmt.
1862, 30. Sept.: Vor der Budgetkommission spricht Bismarck seine Entschlossenheit aus, gegen die Beschlüsse des Abgeordnetenhauses und ohne Budget zu regieren („Nicht auf Preußens Liberalismus sieht Deutschland, sondern auf seine Macht ... Nicht durch Reden und Majoritätsbeschlüsse werden die großen Fragen der Zeit entschieden, sondern durch Eisen und Blut."). Er stützt sich formaljuristisch auf die

sog. Lückentheorie: die Nichtübereinstimmung der drei Faktoren der Gesetzgebung (König, Abgeordnetenhaus, Herrenhaus) sei in der Verfassung nicht vorgesehen.

1862, 4. Okt.: Mit dem „Gesetz die bürgerliche Gleichstellung der Israeliten betr." verleiht das Großherzogtum Baden den Juden die Gleichberechtigung; auch in den meisten anderen deutschen Staaten kommt in den 1860er-Jahren die rechtliche Emanzipation der Juden zu einem vorläufigen Abschluss.

1862, 28. Okt.: Gründung des demokratisch-großdeutsch orientierten Reformvereins in Frankfurt am Main.

1862, 3. Dez.: Bildung des sog. Konfliktministeriums unter Bismarck. Innenminister wird Friedrich Graf zu Eulenburg, Finanzminister Karl von Bodelschwingh, Handelsminister Heinrich Friedrich Graf von Itzenplitz.

1863: Virchow veröffentlicht den 1. Band seines bahnbrechenden Werkes „Die krankhaften Geschwülste" (Band 3 erscheint 1867).

1863, 8. Febr.: Abschluss der Alvenslebenschen Konvention zwischen Preußen und Russland. Preußen verpflichtet sich zur Unterstützung des Zarismus bei der Unterdrückung des polnischen Aufstandes und erhält dafür die russische Rückendeckung bei der Reichseinigungspolitik.

1863, 9. März: Der Abgeordnete der Deutschen Fortschrittspartei Schulze-Delitzsch bringt den Gesetzentwurf über die Ministerverantwortlichkeit ein. Er sieht Anklage der Minister bei schuldhafter Verfassungsverletzung vor. Annahme im preußischen Abgeordnetenhaus (27. April), aber Ablehnung durch Herrenhaus und Krone.

1863, 30. März: Mit dem Erlass des sog. Märzpatents bereitet König Friedrich VII. von Dänemark unter Bruch des Londoner Protokolls die Trennung Schleswigs von Holstein und dessen Einverleibung als Provinz in den dänischen Staat vor.

1863, ab 12. oder 13. Mai: Ferdinand Lassalle und Otto von Bismarck treffen sich zu mehreren Unterredungen über die Einführung des allgemeinen Stimmrechts und die Gewährung von Staatsmitteln für Produktivgenossenschaften.

1863, 22. Mai: Das preußische Abgeordnetenhaus fordert die Ablösung des Bismarckministeriums. Schroffe Zurückweisung durch den König (26. Mai) und Schließung der Sitzungsperiode (27. Mai).

1863, 23. Mai: Im „Pantheon" in Leipzig wird durch Lassalle und zwölf Delegierte aus elf Städten (Leipzig, Hamburg, Harburg, Köln, Düsseldorf, Elberfeld, Barmen, Solingen, Frankfurt am Main, Mainz und Dresden) im Beisein von einigen Hundert Leipziger Arbeitern der „Allgemeine Deutsche Arbeiterverein" (ADAV) gegründet.

1863, 17. Aug.-1. Sept.: Frankfurter Fürstentag. Beratung einer von Österreich ausgearbeiteten Bundesreformakte, die u. a. eine aus Delegierten der Landtage der deutschen Staaten indirekt gewählte Repräsentation beim Bundestag vorsieht. Um nicht einer Mehrheit der Fürsten zu

Bild oben: *Kampf bei den Sonderburger Windmühlen auf der Insel Alsen am 29. Juni 1864. Die Bedenken Wilhelms I., dänisches Gebiet zu annektieren, wurden von Bismarck nicht geteilt: „Ich erinnerte den König daran, dass jeder seiner nächsten Vorfahren außer seinem Bruder für den Staat einen Zuwachs gewonnen habe, Friedrich Wilhelm III. die Rheinprovinz, Friedrich Wilhelm II. Polen, Friedrich II. Schlesien, Friedrich Wilhelm I. Altvorpommern, der Große Kurfürst Hinterpommern und Magdeburg, Minden usw., und ermunterte ihn, ein Gleiches zu tun."*

Bild rechts: *Als Oberbefehlshaber der preußischen und österreichischen Truppen im Deutsch-Dänischen Krieg 1864 verstand Generalfeldmarschall Wrangel Moltkes strategisches Konzept nicht. Statt in einer Umfassungsschlacht am Danewerk konnte der Krieg erst durch die Einnahme der Düppeler Schanzen entschieden werden.*

unterliegen, verweigert König Wilhelm I. auf Anraten Bismarcks seine Teilnahme. Damit scheitert die auf Herstellung einer habsburgischen Hegemonie in Deutschland gerichtete Offensive.

1863, 15. Nov.: Mit dem Tod des dänischen Königs Friedrich VII. bricht der Schleswig-Holstein-Konflikt erneut auf, da der neue König Christian IX. das Herzogtum Schleswig in den dänischen Staat eingliedert.

1864: Der Zoologe Alfred Brehm gibt den 1. Band seines „Illustrierten Tierlebens" heraus (Band 6 erscheint 1869), das zu einem deutschen Hausbuch wird.

1864, 22. Jan.: Das preußische Abgeordnetenhaus protestiert gegen die preußisch-österreichische Schleswig-Holstein-Politik und verweigert die Kriegskredite.

1864, 1. Febr.: Beginn des preußisch-österreichischen Krieges gegen Dänemark. Österreichische und preußische Truppen unter General Wrangel besetzen Schleswig.

1864, 18. Apr.: Erstürmung der Düppeler Schanzen durch preußische Truppen.

1864, 25. Apr.-25. Juni: Auf der Londoner Konferenz suchen die europäischen Mächte erfolglos nach einer Kompromisslösung in der Schleswig-Holstein-Frage. Da Dänemark unnachgiebig ist, sagen sich Preußen und Österreich vom Londoner Protokoll los.

1864, 28. Juni: Preußische Einheiten landen auf der dänischen Insel Alsen.

1864, 30. Okt.: Im Frieden von Wien muss Dänemark Schleswig-Holstein und Lauenburg an Österreich und Preußen abtreten, die diese Länder provisorisch, unter Umgehung der augustenburgischen Erbansprüche, gemeinsam in Besitz nehmen.

1864, 31. Aug.: Ferdinand Lassalle stirbt nach einem Duell.

1864, 28. Sept.: Auf einer internationalen Arbeiterversammlung in St. Martin's Hall in London wird die Gründung der Internationalen Arbeiterassoziation (IAA) – die 1. Internationale – beschlossen. Marx nimmt an der Versammlung teil und wird als Vertreter Deutschlands in das provisorische Komitee und wenig später zum Sekretär für deutsche Angelegenheiten gewählt.

Bild oben: *Schlacht von Königgrätz am 3. Juli 1866, Gemälde von Georg Bleibtreu. Hier kam es zum Sieg der Preußen (Stabschef Moltke) über die Österreicher und Sachsen unter Benedek. Im linken Bildvordergrund werden verletzte und gefangene Österreicher vom Schlachtfeld gebracht, während rechts Ulanen und Husaren ihren Angriff an einem Hügel vorbeiführen, von dem aus König Wilhelm, Bismarck und Stabschef Moltke das Geschehen verfolgen. Durch den Sieg in dieser kriegsentscheidenden Schlacht wurde Preußen Führungsmacht in Deutschland und Bismarck setzte damit die kleindeutsche Lösung durch. Die Schlacht war einer der Wegbereiter für die Reichsgründung 1871. Im Ausland, besonders in Frankreich, wurde die Schlacht nach dem Dorf Sadowa benannt (französisches politisches Schlagwort „Rache für Sadowa"). Machte sich nach der österreichischen Niederlage in Österreich zunächst eine Stimmung von „finis Austriae" geltend, so verhieß der österreichisch-ungarische Ausgleich von 1876 einen hoffnungsvollen Neuanfang.*

Bild rechte Seite oben: *Schon im Vorfrieden von Nikolsburg drängte Bismarck auf einen schnellen Friedensschluss mit Österreich, um die Einmischung anderer Mächte möglichst zu verhindern. Außerdem setzte er danach einen maßvollen Frieden durch. Im Gegner von heute sah Bismarck bereits den Partner von morgen. Im Vordergrund sieht man preußische Truppen.*

Bild rechte Seite unten: *Kaiser Franz Joseph I. von Österreich (1830-1916) war klar, dass ihn die Dynamik der Bismarck'schen Reichseinigungspolitik unausweichlich treffen musste. Prophetisch sagte er Ende 1865: „Solange Bismarck bleibt, wird keine vollständige Ruhe." Und im Mai 1866: „Es geht immer mehr dem Krieg entgegen, und ich kann mir nicht denken, wie er noch mit Ehre zu vermeiden sein könnte."*

1865, 14. Aug.: Gasteiner Konvention zwischen Österreich und Preußen. Bei Fortdauer des Kondominiums kommt Schleswig in preußische, Holstein in österreichische Verwaltung. Preußen erhält zusätzlich militärische Rechte in Holstein. Waffenstillstand und Atempause im Kampf um die Hegemonie in Deutschland.

1864, 22. Aug.: Abschluss einer internationalen Übereinkunft in Genf zum Schutz der Verwundeten, Kranken und Krankenhelfer im Krieg sowie Anerkennung des 1863 auf Initiative des Schweizers Henri Dunant (Friedensnobelpreis 1901) gegründeten Roten Kreuzes (Genfer Konvention).

1864, 8. Dez.: Im „Syllabus errorum" grenzt Papst Pius IX. die katholische Kirche scharf gegen den Liberalismus und laizistische Strömungen ab.

1865: Kekulé entdeckt die ringförmige Struktur des Benzols und begründet so die Strukturchemie.

1865: Der Augustinermönch Gregor Mendel entdeckt auf Grund experimenteller Untersuchungen die nach ihm benannten Vererbungsgesetze.

1865: Der satirische und volkstümlich-humoristische Dichter, Zeichner und Maler Wilhelm Busch veröffentlicht in einer Münchner Zeitschrift seine berühmte Verserzählung mit Zeichnungen „Max und Moritz".

1865, 11. Apr.: Österreich muss einen Handelsvertrag mit Preußen akzeptieren, der die Frage der Zollunion auf unbestimmte Zeit verschiebt.

1865, 14. Aug.: In der Konvention von Gastein verständigen sich Österreich und Preußen über die gemeinsame Verwaltung der schleswig-holsteinischen Herzogtümer.

1865, 16. Okt.: Auf einer gesamtdeutschen Frauenkonferenz in Leipzig wird der demokratisch orientierte Allgemeine deutsche Frauenverein gegründet, der unter der Leitung von Louise Otto-Peters für soziale und politische Gleichberechtigung der Frau sowie für gesetzlichen Arbeitsschutz der Arbeiterinnen eintritt.

1865, 25./26. Dez.: Auf Friedrich Wilhelm Fritzsches (Vizepräsident des ADAV) Anregung wird der „Allgemeine Deutsche Zigarrenarbeiterverband" gegründet. Er ist die erste zentrale gewerkschaftliche Organisation in Deutschland nach 1849.

1865-1870: An den deutschen Universitäten studieren im Jahresdurchschnitt 13.800 Personen, das sind 338 auf 1 Million Einwohner, und zwar 16 Prozent an der theologischen, 36 Prozent an der philosophischen, 26 Prozent an der juristischen, 22 Prozent an der medizinischen Fakultät.

1866, 28. Febr.: König Wilhelm I. empfiehlt in Kronrat, diplomatische Vorbereitungen in Italien und Frankreich für den Krieg gegen Österreich aufzunehmen.

1866, 8. Apr.: Abschluss eines geheimen preußisch-italienischen Kriegsbündnisses gegen Österreich. Der Vertrag erlischt, wenn Preußen nicht innerhalb von drei Monaten den Krieg beginnt.

1866, 9. Apr.: Preußen beantragt beim Bundestag eine durchgreifende Bundesreform und die Wahl einer Nationalversammlung; Bismarck versucht so, die nationale Bewegung auf Preußens Seite zu ziehen.

1866, 5. Juni: Bismarck gibt den preußischen Truppen Weisung, in das von Österreich verwaltete Holstein einzumarschieren.

1866, 12. Juni: Französisch-österreichischer Geheimvertrag. Österreich stimmt der Abtretung Venetiens an Frankreich und der Bildung eines deutschen Rheinstaates unter französischer Vormundschaft zu, während Frankreich verspricht, im bevorstehenden Krieg neutral zu bleiben.

1866, 14. Juni: Die Mehrheit des Deutschen Bundestages beschließt auf Antrag Österreichs die Mobilmachung der Bundestruppen gegen Preußen. Der preußische Bundestagsgesandte erklärt daraufhin im Auftrag seiner Regierung den Austritt Preußens aus dem Deutschen Bund sowie die Nullifikation des Bundes.

1866, 15. Juni: Ein preußisches Ultimatum fordert von Sachsen, Hannover und Kurhessen die Teilnahme an einem neuen deutschen Bund. Nach dessen Ablehnung überschreiten preußische Truppen die Grenzen dieser Staaten (16. Juni).

1866, 21. Juni: Kriegserklärung Preußens an Österreich, nachdem bereits am Vortage Italien Österreich den Krieg erklärt hat. Im preußisch-österreichischen Krieg kämpfen auf preußischer Seite neben Italien 17 norddeutsche Kleinstaaten, an der Seite Österreichs Bayern, Württemberg, Baden, Sachsen, Hannover, Kurhessen, Hessen, Darmstadt, Nassau und weitere vier Kleinstaaten.

1866, 3. Juli: Die preußischen Truppen siegen in der kriegsentscheidenden Schlacht bei Königgrätz in Böhmen vor allem infolge besserer militärischer Führung (Generalstabschef Helmuth Graf von Moltke) und Ausrüstung (Zündnadelgewehr) über die österreichische Armee. Wahlen zum preußischen Abgeordnetenhaus. Sieg der Konservativen (Erhöhung der Mandate von 35 auf 136) und schwere Niederlage der Deutschen Fortschrittspartei und des linken Zentrums der Liberalen (Absinken der Mandate beider Fraktionen von 247 auf 148). Das Wahlergebnis ist Ausdruck des Umschwenkens der Liberalen auf die Seite Bismarcks.

1866, 26. Juli: Unterzeichnung des Präliminarfriedens von Nikolsburg. Österreich tritt Venetien an Italien, seine Rechte in Schleswig-Holstein an Preußen ab und zahlt eine

Kriegsentschädigung von 40 Millionen Taler; es anerkennt die Auflösung des Deutschen Bundes und scheidet aus dem zukünftigen deutschen Staatsverband aus.

1866, 5. Aug.: Der französische Botschafter in Berlin, Vincent Graf von Benedetti, fordert den Abschluss eines Geheimabkommens über die Abtretung des Saargebiets, der Rheinpfalz und Rheinhessens an Frankreich. Bismarck weist dieses Ansinnen zurück.

1866, 13. Aug.: Preußen schließt einen Friedensvertrag und ein geheimes Schutz- und Trutzbündnis mit Württemberg; es folgen weitere Bündnisse mit Baden (17. August), Bayern (22. August) und Hessen-Darmstadt (3. September). Die Bündnisse verpflichten diese Staaten, im Kriegsfall zur Verteidigung deutschen Territoriums ihre Truppen unter preußischen Oberbefehl zu stellen.

1866, 16. Aug.: König Wilhelm erklärt sich in einem dem preußischen Abgeordnetenhaus zugeleiteten Gesetzentwurf für die Annexion Hannovers, Kurhessens, Nassaus und Frankfurts, die nach Annahme im Landtag am 20. September in Kraft tritt.

1866, 18. Aug.: Preußen legt durch Abschluss von Bündnissen mit 15 norddeutschen Staaten die Grundlage zum Norddeutschen Bund. Dem Bündnis treten ferner bei: die Herzogtümer Mecklenburg (21. August), Sachsen (21. Oktober) und vier weitere Kleinstaaten.

1866, 23. Aug.: Unterzeichnung des Prager Friedens zwischen Preußen und Österreich. Er bestätigt die Nikolsburger Bestimmungen.

1866, 3. Sept.: Annahme der Indemnitätsvorlage im preußischen Abgeordnetenhaus mit 230 gegen 75 Stimmen von einem Teil der Abgeordneten der Deutschen Fortschrittspartei und anderer linker Liberaler. Nachträgliche Zustimmung zur budgetlosen Verwaltung der Regierung Bismarck in den vergangenen vier Jahren.

1866, 17. Nov.: Der rechte Flügel der Fortschrittspartei, der Bismarcks Politik jetzt unterstützt und die Indemnitätsvorlage gebilligt hat, spaltet sich ab und bildet eine eigene, die „Nationalliberale Fraktion" im Abgeordnetenhaus.

1867, 12. Jan.: Preußen annektiert Schleswig und Holstein.

1867, 17. Jan.: Der Berliner Ingenieur, Erfinder und Unternehmer Werner Siemens hält in Berlin einen Vortrag über den von ihm konstruierten elektrischen Generator.

1867, 12. Febr.: Wahlen zum konstituierenden Reichstag des Norddeutschen Bundes auf der Grundlage des allgemeinen, gleichen und direkten Wahlrechts. Von den 297 Sitzen entfallen auf die Konservative Partei 59 Mandate, am die Freikonservativen 39, die Altliberalen 27, die Nationalliberalen 80, die Fortschrittspartei 19, die katholische Fraktion 18 Mandate. Der Sozialdemokrat August Bebel wird als Abgeordneter des Wahlkreises Glauchau-Meerane gewählt. Der ADAV erhält etwa 40.000 Stimmen, kann jedoch keinen Abgeordneten durchbringen.

1867, 19. März: Veröffentlichung der geheimen Schutz- und Trutzbündnisse mit den süddeutschen Staaten durch Bismarck, um Napoleons III. Annexionsabsichten zurückzuweisen (Luxemburg-Konflikt).

1867, 22. März: Der preußische Kultusminister gestattet den philosophischen und medizinischen Fa-

Bild oben: *Am 4. August 1870 kam es bei Weißenburg zur ersten größeren Schlacht im Deutsch-Französischen Krieg. Die elanvoll angreifenden preußisch-bayerischen Truppen zwangen den französischen Marschall MacMahon, sich auf Wörth zurückzuziehen, wo er zwei Tage später vernichtend geschlagen wurde. Preußens König Wilhelm I. telegrafierte nach Hause: „Welches Glück, dieser große Sieg dank Fritz!" So nannte er den Kronprinzen Friedrich Wilhelm, der den deutschen Angriff geleitet hatte.*

Bild rechts Seite: *Die Bayern 1870 stürmen die kleine Ortschaft Bazeilles, eine Episode aus dem Kampf um Sedan. Gemälde von Carl Röchling. Schon am Vorabend des Krieges hatte Bayerns König Ludwig I. feierlich verkündet: „Treu dem Allianzvertrag, für welchen ich mein königliches Wort verpfändet habe, werde ich mit meinen Bundesgenossen für die Ehre Deutschlands, und damit für die Ehre Bayerns, einstehen, sobald es die Pflicht gebietet."*

Bild links: *Helmuth Graf von Moltke (1800-1891) gab als Generalstabschef Wilhelms I. durch seine Schlachtpläne den Feldzügen gegen Österreich bei Königgrätz (1866) und gegen Frankreich (1870/71) den entscheidenden Verlauf.*

kultäten die Annahme von in deutscher statt in lateinischer Sprache abgefassten Dissertationen.

1867, 16. Apr.: Annahme der Norddeutschen Bundesverfassung mit 230 gegen 53 Stimmen im konstituierenden Reichstag. Am 17. April von den verbündeten Regierungen angenommen, tritt sie am 1. Juli in Kraft. Preußen besitzt die Hegemonie im Bundesstaat. Der preußische König ist Inhaber des Bundespräsidiums, verfügt über die Exekutive, entscheidet über Krieg und Frieden, leitet die Außenpolitik und ernennt den Bundeskanzler, der mit dem preußischen Ministerpräsidenten identisch ist. Der Bundesrat ist die Vertretung der einzelstaatlichen Regierungen. Er wirkt bei der Gesetzgebung mit und kontrolliert die Durchführung der Gesetze. Preußen besitzt in ihm 17 von 43, also über ein Drittel der Stimmen. Der nach allgemeinem, gleichem, geheimem und direktem Wahlrecht gewählte Reichstag erhält die Mitwirkung bei der Gesetzgebung, besitzt jedoch ein nur begrenztes Budgetrecht und kann den Bundeskanzler nicht stürzen. – Die zwei Vertreter der Sächsischen Volkspartei, August Bebel und Reinhold Schraps, stimmen gegen die Bundesverfassung, weil sie keine Grundrechte, kein Steuerbewilligungsrecht, keine Ministerverantwortlichkeit kenne, dafür aber einen „eisernen Militäretat" und die Machtstellung Otto von Bismarcks zulasse.

1867, 7.-11. Mai: Auf einer Konferenz der europäischen Großmächte in London wird die Neutralität Luxemburgs beschlossen und unter Garantie der Großmächte gestellt.

1867, 19./20. Mai: Auf der 5. Generalversammlung des ADAV in Braunschweig (19 Teilnehmer, die 41 Orte mit 2508 Stimmen vertreten) wird Johann Baptist von Schweitzer zum Präsidenten gewählt. Er erklärt, dass die Arbeiterklasse gegen die Preußen und die den Bund beherrschenden reaktionären Gewalten in der schärfsten Opposition verharren müsse. Die Versammlung nimmt „Grundzüge" mit den alten Forderungen an und beschließt eine „Instruktion für die Bevollmächtigten des ADAV". Es sollen nur noch Mitgliederversammlungen durchgeführt, aber keine Gemeinden mehr gebildet werden, um politischen Verfolgungen zu entgehen.

1867, 12. Juni: Nach der Niederlage gegen Preußen wird die Habsburgermonarchie im österreichisch-ungarischen Ausgleich als Doppelmonarchie neu organisiert: Beide Reichsteile erhalten eigene Parlamente und Verwaltungen, nur Heer, auswärtige Politik und Finanzen bleiben gesamtstaatliche Kompetenzen.

1867, 14. Juli: König Wilhelm I. ernennt als Inhaber der Präsidialgewalt des Norddeutschen Bundes den preußischen Ministerpräsidenten Bismarck zum Bundeskanzler.

1867, 31. Aug.: Bei den Wahlen zur ersten Legislaturperiode des Norddeutschen Reichstags werden Bebel, Wilhelm Liebknecht, Reinhold Schraps und Ferdinand Götz von der Sächsischen Volkspartei, Johann Baptist von Schweitzer und Peter Adolf Reincke (später für ihn Friedrich Wilhelm Fritzsche) und in einer Nachwahl Wilhelm Hasenclever vom ADAV gewählt. Der abgespaltene Lassalle'sche ADAV entsendet Friedrich Wilhelm Försterling und später Fritz Mende.

1867, 14. Juli: Der preußische Ministerpräsident Otto von Bismarck wird zum Kanzler des Norddeutschen Bundes gewählt.

1867, Sept.: Der 1. Band von „Das Kapital" von Karl Marx erscheint in einer Auflage von 1000 Exemplaren im O. Meissner-Verlag in Hamburg.

1867, Nov.: Der Leipziger Verleger Anton Philipp Reclam gibt Goethes „Faust" als 1. Heft seiner Universalbibliothek heraus, die durch

niedrige Preise zur Volksbildung beiträgt.

1867, 21. Dez.: Mit den „Dezembergesetzen" beginnt in Österreich-Ungarn eine liberale Ära.

1868, 1. Jan.: Der Deutsche Zollverein wird mit der Schaffung eines Zollbundesrats und eines Zollparlaments zu einem politischen Zusammenschluss zwischen dem Norddeutschen Bund und den süddeutschen Staaten ausgebaut.

1869, 29. Mai: Annahme der Gewerbeordnung im Norddeutschen Reichstag, die der Arbeiterschaft das Koalitions- und Streitmacht einräumt. In den vorangegangenen Debatten sind Bebel und Abgeordnete des ADAV für die Verbesserung der Arbeitsschutzgesetzgebung, Begrenzung der Arbeitszeit sowie andere soziale Maßnahmen eingetreten.

1869, 7.-9. Aug.: In Eisenach gründet sich unter Führung von August Bebel und Wilhelm Liebknecht die „Sozialdemokratische Arbeiterpartei".

1870: Der Altertumsliebhaber Heinrich Schliemann beginnt mit seinen Ausgrabungen in Griechenland und Kleinasien, die zur Entdeckung des antiken Troja führen.

1870, Mitte Jan.: Bismarck bereitet auf diplomatischer Ebene die Annahme des Kaisertitels für den preußischen König vor. Die englische Regierung stimmt zu, die französische Regierung wendet sich gegen den Plan.

1870, 11. Juni: Gesetzliche Regelung des Urheberrechtes an Schriftwerken, Abbildungen und Musikwerken im Norddeutschen Bund, die nach Einführung in den süddeutschen Staaten das erste gesamtdeutsche Urheberrecht bildet.

1870, 6. Juli: Der französische Außenminister wendet sich im Parlament scharf gegen die Übernahme der spanischen Krone durch den Fürsten Leopold von Hohenzollern-Sigmaringen und erzeugt einen chauvinistischen Sturm in der bonapartistischen Presse mit Kriegsdrohungen gegen Deutschland.

1870, 13. Juli: Der französische Botschafter Benedetti verlangt von König Wilhelm I. in Bad Ems die Billigung des inzwischen erfolgten Verzichts Leopolds auf den spanischen Thron und das Versprechen, auch künftig keine Hohenzollernkandidatur in Spanien zuzulassen. Frankreich sucht einen diplomatischen Prestigeerfolg gegenüber dem Norddeutschen Bund. Veröffentlichung der Emser Depesche durch Bismarck in einer Frankreich zum Krieg provozierenden Form. In Deutschland entsteht eine nationale Bewegung.

1870, Mitte Juli: Die bayerische, württembergische und badische Regierung beschließen unter dem Druck der nationalen Bewegung die Teilnahme an einem möglichen Krieg an der Seite des Norddeutschen Bundes.

1870, 18. Juli: Das Vatikanische Konzil beschließt unter Papst Pius IX. die Unfehlbarkeit aller excathedra getroffenen Entscheidungen des Papstes in der Glaubens- und Sittenlehre und bestätigt das Primat des Papstes gegenüber den Bischöfen (Unfehlbarkeitsdogma).

1870, 19. Juli: Französische Kriegserklärung an den Norddeutschen Bund.

1870, 4. Aug.: Die deutschen Truppen überschreiten die französische Grenze und schlagen die Vorhut der Armee des Marschalls Maurice de MacMahon zurück. Die in drei Hauptarmeen gegliederten deutschen Truppen verfolgen unter der überlegenen strategischen Leitung Moltkes das Ziel, die in Lothringen unter Marschall François Bazaine und im Elsass unter MacMahon aufmarschierten französischen Hauptarmeen zu umfassen.

1870, 6. Aug.: Sieg bei Wörth. MacMahon wird gezwungen, das Elsass zu räumen. Die 1. und die 2. Armee stürmen die Höhen von Spichern gegen die Streitkräfte Marschall Bazaines.

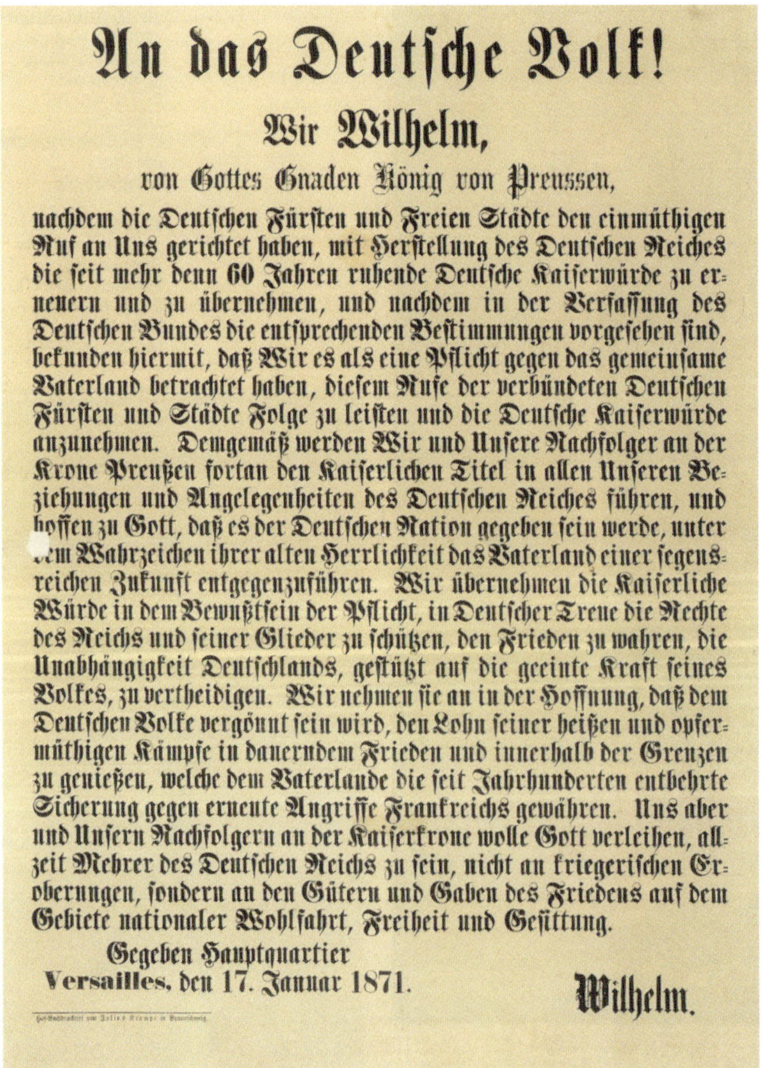

An das Deutsche Volk!

Wir Wilhelm,

von Gottes Gnaden König von Preussen,

nachdem die Deutschen Fürsten und Freien Städte den einmüthigen Ruf an Uns gerichtet haben, mit Herstellung des Deutschen Reiches die seit mehr denn 60 Jahren ruhende Deutsche Kaiserwürde zu erneuern und zu übernehmen, und nachdem in der Verfassung des Deutschen Bundes die entsprechenden Bestimmungen vorgesehen sind, bekunden hiermit, daß Wir es als eine Pflicht gegen das gemeinsame Vaterland betrachtet haben, diesem Rufe der verbündeten Deutschen Fürsten und Städte Folge zu leisten und die Deutsche Kaiserwürde anzunehmen. Demgemäß werden Wir und Unsere Nachfolger an der Krone Preußen fortan den Kaiserlichen Titel in allen Unseren Beziehungen und Angelegenheiten des Deutschen Reiches führen, und hoffen zu Gott, daß es der Deutschen Nation gegeben sein werde, unter dem Wahrzeichen ihrer alten Herrlichkeit das Vaterland einer segensreichen Zukunft entgegenzuführen. Wir übernehmen die Kaiserliche Würde in dem Bewußtsein der Pflicht, in Deutscher Treue die Rechte des Reichs und seiner Glieder zu schützen, den Frieden zu wahren, die Unabhängigkeit Deutschlands, gestützt auf die geeinte Kraft seines Volkes, zu vertheidigen. Wir nehmen sie an in der Hoffnung, daß dem Deutschen Volke vergönnt sein wird, den Lohn seiner heißen und opfermüthigen Kämpfe in dauerndem Frieden und innerhalb der Grenzen zu genießen, welche dem Vaterlande die seit Jahrhunderten entbehrte Sicherung gegen erneute Angriffe Frankreichs gewähren. Uns aber und Unsern Nachfolgern an der Kaiserkrone wolle Gott verleihen, allzeit Mehrer des Deutschen Reichs zu sein, nicht an kriegerischen Eroberungen, sondern an den Gütern und Gaben des Friedens auf dem Gebiete nationaler Wohlfahrt, Freiheit und Gesittung.

Gegeben Hauptquartier
Versailles, den 17. Januar 1871.

Wilhelm.

Proklamation Kaiser Wilhelms I. an das deutsche Volk. Versailles, 17. Januar 1871.

1870, 16.-18. Aug.: In zwei für beide Teile außerordentlich verlustreichen Schlachten bei Vionville und Mars-la-Tour und bei Gravelotte und St.-Privat werden die Truppen Bazaines in Metz eingeschlossen und alle Durchbruchsversuche verhindert.

1870, 2. Sept.: Kapitulation der Armee MacMahons bei Sedan. Unter den etwa 83.000 Kriegsgefangenen befindet sich Kaiser Napoleon. Wendepunkt im Deutsch-Französischen Krieg: Frankreich führt von nun an einen nationalen Verteidigungskrieg, während er deutscherseits den Charakter eines Eroberungskriegs annimmt.

1870, 4. Sept.: Das bonapartistische Kaiserreich wird durch einen Volksaufstand in Paris gestürzt und die Republik ausgerufen. Es bildet sich eine bürgerliche „Regierung der nationalen Verteidigung" unter General Louis Jules Trochu, Léon Michel Gambetta, Jules Favre.

1870, 18. Sept.: Die französische Hauptstadt wird von deutschen Truppen eingeschlossen und belagert.

1870, 23. Sept.: Fall der Festung Toul und Einnahme van Straßburg durch deutsche Truppen (27. September).

1870, 27. Okt.: Marschall Bazaine kapituliert mit 196.000 Mann in Metz.

1870, 31. Okt.: Die russische Regierung, die zu Beginn des Kriegs eine Armee in Galizien stationiert hat, um Österreich zur Neutralität zu veranlassen, kündigt die Schwarzmeerbestimmungen des Pariser Friedens von 1856. Sie verhindert damit ein geschlossenes Auftreten der neutralen Großmächte gegen die Fortführung des Krieges durch Deutschland.

1870, 23. Nov.: Gegen das Zugeständnis von Reservatrechten, so u. a. der Militärhoheit im Frieden, der Hoheit über Eisenbahn-, Post- und Telegrafenverwaltung, unterzeichnet ein Vertreter der bayerischen Regierung in Versailles nach wochenlangen Verhandlungen mit Bismarck einen Vertrag über den Beitritt des Königreichs Bayern zum Norddeutschen Bund. Mit den Großherzogtümern Baden und Hessen-Darmstadt kommen die Verhandlungen schon am 15. November zum Abschluss; der Vertrag mit dem Königreich Württemberg folgt am 25. November. Der Norddeutsche Bund wird durch Verträge mit den süddeutschen Fürsten zum preußisch-deutschen Reich erweitert.

1870, 25.-27. Nov.: In Verhandlungen zwischen Bismarck und dem bayerischen Oberstallmeister Max Graf von Holnstein wird vereinbart, dass König Ludwig II. den preußischen König brieflich zur Übernahme der deutschen Kaiserkrone auffordern soll und dafür eine jährliche Pension von 100.000 Taler aus einem preußischen Geheimfonds erhält. Der „Kaiserbrief" wird von Bismarck abgefasst.

1870, 13. Dez.: Neue Gründung der Zentrumsfraktion im preußischen Abgeordnetenhaus. Beginn der Tätigkeit der Zentrumspartei, die in den katholischen Kreisen aller sozialen Schichten eine Massenbasis erhält. Sie tritt für die Aufrechterhaltung der kirchenpolitischen Privilegien des katholischen Klerus und für einen stark föderalistischen Charakter des überwiegend protestantischen Deutschen Reichs ein. Führer der Partei werden Peter Reichensperger und Ludwig Windthorst.

1870, Ende Dez.: Nach langen internen Auseinandersetzungen zwischen Generalstabschef Helmuth Karl Bernhard Graf von Moltke und Bismarck beginnt das Artilleriebombardement gegen Paris.

1871: Erstmals arbeiten in Deutschland weniger als 50 Prozent der Beschäftigten in der Landwirtschaft.

1871: Darwin gibt sein Werk „Die Abstammung des Menschen" heraus, in dem er die biologische Entwicklung des Menschen aus dem Tierreich nachweist.

1871: In Deutschland existieren etwa 60.000 Volksschulen für etwa 6 Millionen schulpflichtige Kinder; ferner 1071 höhere Schulen.

1871, Mitte Jan.: Mit der Niederlage des französischen Westheers in der dreitägigen Schlacht bei Le Mans endet der Loirefeldzug.

1871, 18. Jan.: Im Spiegelsaal des Schlosses von Versailles wird der preußische König Wilhelm I. zum Deutschen Kaiser proklamiert. Damit ist die Gründung eines zweiten deutschen Kaiserreiches (nach dem Untergang des ersten 1806) vollzogen. Berlin wird neue Reichshauptstadt.

1871, 26. Febr.: In Versailles wird der Vorfrieden unterzeichnet. Frankreich muss Elsass-Lothringen abtreten und 5 Mrd. Francs Kriegsentschädigung zahlen.

1871, 3. März: Die Wahlen zum ersten deutschen Reichstag stehen ganz im Zeichen des Sieges über Frankreich. Gewählt wird nach dem Mehrheitsprinzip für eine Legislaturperiode von drei Jahren. Stimmberechtigt sind alle Männer über 25 Jahren. Wahlsieger sind die auf Bismarck eingeschworenen Nationalliberalen (30,2 Prozent der Stimmen), gefolgt vom Zentrum (18,7 Prozent) und den Konservativen (14,7 Prozent). Die sozialistischen Parteien (Sozialdemokratische Arbeiterpartei, SDAP, und Allgemeiner Deutscher Arbeiterverein, ADAV) erhalten zusammen nur ca. 3 Prozent. Immerhin können sie in zwei Wahlkreisen, Sachsen 17 und 18, ihre Kandidaten durchbringen. Einer davon ist der spätere Parteiführer der SPD August Bebel.

Über die nationale Weihestunde von Versailles am 18. Januar 1871 – hier im Bild von Anton von Werner festgehalten – heißt es in einem Augenzeugenbericht: „Graf von Bismarck trug den weißen Waffenrock der Magdeburger Kürassiere mit dem Abzeichen eines Generalleutnants, zu welcher Würde er am heutigen Tage befördert worden war, darüber das Orange-Band des Schwarzen Adlerordens, dazu hohe Reitstiefel. Mit der Linken umfasste er die Spitze seines Kürassierhelms, in der Rechten hielt er die Urkunde, deren Pergament er nach tiefer Verbeugung gegen seinen Königlichen Herrn entrollte und deren Wortlaut er, immer dem König zugewendet, mit kräftiger Stimme also verlas:‚An das Deutsche Volk! Wir, Wilhelm, von Gottes Gnaden König von Preußen, nachdem die Deutschen Fürsten und Freien Städte den einmütigen Ruf an Uns gerichtet haben, mit der Herstellung des Deutschen Reiches die seit mehr denn sechzig Jahre ruhende Deutsche Kaiserwürde zu erneuern und zu übernehmen, bekunden hiermit, dass Wir es als eine Pflicht gegen das gemeinsame Vaterland betrachtet haben, diesem Rufe der verbündeten Deutschen Fürsten und Städte Folge zu leisten und die Deutsche Kaiserwürde anzunehmen. Wir übernehmen die Kaiserliche Würde in dem Bewusstsein der Pflicht, in Deutscher Treue die Rechte des Reiches und seiner Glieder zu schützen, den Frieden zu wahren, die Unabhängigkeit Deutschlands, gestützt auf die geeinte Kraft seines Volkes, zu verteidigen. Uns und Unseren Nachfolgern an der Kaiserkrone wolle Gott verleihen, allzeit Mehrer des Deutschen Reiches zu sein, nicht an kriegerischen Eroberungen, sondern an Gütern und Gaben des Friedens auf dem Gebiete nationaler Wohlfahrt, Freiheit und Gesittung.'"

1871, 16. Apr.: Die Reichsverfassung tritt in Kraft. Das neugeschaffene Reich ist ein Bundesstaat, ein „unauflöslicher Verein" von 22 Monarchien und drei „Freien Städten". An der Spitze des Bundes, als Präsident, steht der König von Preußen mit dem Titel „Deutscher Kaiser". Er hat das Recht, Bündnisse einzugehen und Krieg zu führen; er ernennt den Reichskanzler, der wiederum nur ihm verantwortlich ist. Minister gibt es nicht, nur Staatssekretäre, die gleichfalls vom Kaiser ernannt werden. Im Bundesrat sitzen Vertreter der Landesregierungen; hier werden Reichsgesetze und der Haushalt bewilligt. Die eigentliche Volksvertretung, der Reichstag, rangiert darunter, ihm steht nur Mitwirkung zu. Erster Reichskanzler wird Otto von Bismarck, der seinen bisherigen Posten als preußischer Ministerpräsident behält, wie auch der Kaiser nach der Verfassung König von Preußen bleibt.

1871, 10. Mai: Der Friede von Frankfurt beendet den deutsch-französischen Krieg. Die Bestimmungen des Versailler Vorfriedens werden mit geringen Modifikationen bestätigt.

1871: Die französischen Reparationszahlungen sorgen für einen enormen Wirtschaftsaufschwung in Deutschland („Gründerjahre"). Industrie und Eisenbahnnetz werden ausgebaut. An den Börsen löst der Finanzüberschuss heftige Spekulationen aus. Unter den zahlreichen neugegründeten Firmen befinden sich z. T. auch Unternehmen ohne gesicherte wirtschaftliche Grundlage, die rasch wieder zugrunde gehen („Gründerkrach").

1872, 11. März: Der Kulturkampf verschärft sich: Das preußische Schulaufsichtsgesetz stellt nun auch die Schulen unter staatliche

Karikatur des „Kladderadatsch", die Bismarck, an der Hand die widerspenstigen Buben Elsass und Lothringen, fragen lässt: „Liebster Reichstag, nun haben wir die beiden wieder, aber jetzt raten Sie mir, wie und wo wir sie unterbringen sollen!"

Französische Allegorie auf den am 10. Mai 1871 geschlossenen Frieden von Frankfurt am Main. Plündernd besetzen preußische Truppen die um Frankreich trauernden Provinzen Elsass und Lothringen. Erst mit der Zahlung einer Kriegsentschädigung von 5 Milliarden Francs in Gold an den am Tisch sitzenden Kaiser Wilhelm I. und seinen Kanzler erreichte die französische Regierung den Abzug der deutschen Truppen.

Leitung, katholische Ordensangehörige werden vom Unterricht ausgeschlossen, was den erbitterten Widerstand der Kirche hervorruft.

1872, 7. Apr.: Ein Reichsgesetz verbietet den Jesuitenorden. Die meisten Ordensangehörigen ziehen sich in ausländische Missionen oder nach Holland zurück.

1872, 18. Juni: Im Essener Kohlerevier beginnt ein Streik der Bergleute, der sich rasch über das Ruhrgebiet ausbreitet. Die Kumpel fordern 25 Prozent mehr Lohn und die Einführung der 8-Stunden-Schicht. Der Streik wird am 28.7. ohne Ergebnis abgebrochen.

1872, 7.–11. Sept.: Auf einem „Dreikaisertreffen" in Berlin verständigen sich der deutsche Kaiser Wilhelm I., der österreichisch-ungarische Kaiser Franz Joseph I. und der russische Zar Alexander II. auf ein informelles Bündnis zur Abwehr demokratischer Strömungen und zu einer gemeinsamen Haltung in außenpolitischen Fragen.

1872: Friedrich von Bodelschwingh übernimmt die Leitung der Anstalt für Epileptiker in Bethel.

1872: Georg Cantor beweist, dass eine Funktion ausschließlich durch eine trigonometrische Reihe dargestellt werden kann, selbst wenn sie nicht für eine unendliche Menge von Punkten in einem Intervall konvergiert; dieses Ergebnis führt Cantor zur Untersuchung unendlicher Mengen.

1872: Ernst Mach entwickelt seine Philosophie, dass alles Wissen nur Wahrnehmung ist.

1873, 17. Jan.: In einer Rede im preußischen Landtag nennt der Abgeordnete Rudolf Virchow die seit zwei Jahren laufende Auseinandersetzung zwischen der katholischen Kirche und dem preußischen Staat einen „Kampf der Kulturen". Der Begriff „Kulturkampf" geht danach in den politischen Sprachgebrauch ein.

1873, 18. Apr.: In München stirbt der Chemiker Justus von Liebig.

1873, 9. Mai: Ein Börsensturz in Wien leitet das Ende der Spekulationswelle „(Gründerkrach") ein. Die wirtschaftliche Depression hält mehrere Jahre an.

1873, 11. Mai: Mit den preußischen „Maigesetzen" (Ausbildung und Anstellung von Geistlichen, kirchliche Disziplinargewalt und Finanzverwaltung und kirchliche Strafmittel gehen in staatliche Hand über) erreicht der „Kulturkampf" seinen Höhepunkt.

1873, 31. Mai: Der Archäologe Heinrich Schliemann findet bei seinen Ausgrabungen in Troja eine Sammlung wertvoller Schmuckstücke, die er als „Schatz des Priamos" interpretiert.

1873, Juli: Eine Choleraepidemie in Hamburg beeinträchtigt das wirtschaftliche Leben. Die Ex- und Importbeziehungen zu verschiedenen Ländern kommen fast zum Erliegen.

1873, 22. Okt.: Die im Vorjahr zum „Dreikaisertreffen" in Berlin zusammengekommenen Monarchen von Deutschland, Österreich-Ungarn und Russland schließen in Wien das „Dreikaiserabkommen", in dem sie einander gegenseitige Verständigung im Falle einer europäischen Krise zusichern.

1873, 3. Nov.: Mit der Eröffnung der Basler Rheinbrücke wird eine durchgehende Zugverbindung zwischen Deutschland und der Schweiz geschaffen.

1873, 22. Nov.: Auf der Vulkanwerft in Stettin läuft das erste in Deutschland gebaute Panzerschiff, das Turmschiff „Preußen", vom Stapel.

1873: Hermann Wilhelm Vogel entdeckt die Farbempfindlichkeit von Fotoplatten und schafft damit die Voraussetzung für die Entwicklung der Farbfotografie.

1874, 10. Jan.: Bei den Reichstagswahlen behaupten die Nationalliberalen mit 29,7 Prozent der Stimmen ihre Stellung als stärkste Partei, allerdings dicht gefolgt vom Zentrum, das auf 27,9 Prozent zugelegt hat. Die Konservativen verlieren deutlich (7,0 Prozent). Beeindruckend ist der Zugewinn der Sozialdemokraten, deren Parteien es trotz vielfältiger Behinderungen insgesamt auf 6,8 Prozent oder 9 Mandate bringen.

1874, 7. Mai: Das Reichspressegesetz gewährt Pressefreiheit und verbietet die Zensur. Jedoch wird die Pressefreiheit nicht als ein Grundrecht verstanden, vielmehr ist ihre Einschränkung, z.B. durch die Kulturkampfgesetze, jederzeit möglich.

1874, 13. Juli: Der katholische Bäckergeselle Eduard Kullmann versucht in Bad Kissingen, Bismarck zu erschießen. Der Reichskanzler wird nur leicht verletzt. Kullmann gibt an, aus Wut über Bismarcks kirchenfeindliche Maßnahmen gehandelt zu haben. Die Tat trägt dazu bei, dass sich der Kulturkampf verschärft.

1874, 9. Okt.: Delegierte aus 21 Ländern unterzeichnen in Bern den Allgemeinen Postvereinsvertrag zur ungehinderten Briefbeförderung, der auf einen Entwurf von Heinrich von Stephan, dem Generalpostmeister des Norddeutschen Bundes, zurückgeht.

1874: Karl Wilhelm von Nägeli entwickelt Gleichungen, die den Wettbewerb unter Pflanzen beschreiben; sie werden bis in die 20er Jahre des nächsten Jahrhunderts von den Biologen ignoriert, bevor sie von Alfred Lotka und Vito Volterra wieder entdeckt werden.

Von Georg Ritter von Krauss, Lokomotiv-Ingenieur und Gründer der Lokomotivfabrik Krauss & Co., wurde 1874 diese Schnellzuglok mit der Fabriknummer 1000 gebaut.

Groß war das Wohnungselend der Arbeiterfamilien in den rasch anwachsenden Industriestädten. In tristen Mietskasernen und Kellerwohnungen, in engen Schlafstellen und überbelegten Elendsquartieren hauste das Proletariat. „Den neuen Reichtümern steht neuer Jammer gegenüber. Verkümmerung, Verwahrlosung der Arbeiter in einer Ausdehnung und Intensität, wovon man früher keine Vorstellung gehabt", schreibt der Brockhaus von 1875 über die Kehrseite des industriellen Fortschritts.

1874: Othman Zeidler stellt DDT her, erkennt aber nicht dessen insektentötenden Eigenschaften.
1874: Wilhelm Philipp Schimper identifiziert die Paläozänzeit.
1874: Georg Cantors „Über eine Eigenschaft des Inbegriffes aller reellen algebraischen Zahlen" ist sein erster Aufsatz über Mengentheorie.
1875, 1. Jan.: Inkrafttreten des Reichsmünzgesetzes in Preußen und Sachsen. Die Goldmark zu 100 Pfennigen ist alleiniges Zahlungsmittel.
1875, 5. Febr.: Papst Pius IX. erklärt in der Enzyklika „Quod nunquam" in feierlicher Form alle preußischen Kirchengesetze für ungültig und bedroht jeden, der sie befolgt, mit dem Kirchenbann.
1875, 20. Mai: In Paris wird die Meterkonvention zur Einführung des metrischen Systems unterzeichnet. Zu den 17 Signatarstaaten gehört auch das Deutsche Reich.
1875, 22. – 27. Mai: Auf einem Kongress in Gotha beschließen die beiden Arbeiterparteien SDAP und ADAV ihren Zusammenschluss zur Sozialistischen Arbeiterpartei Deutschlands (SAPD).
1875, 1. – 4. Sept.: Auf dem Volkswirtschaftlichen Kongress setzen sich die Befürworter der Schutzzollpolitik mit knapper Mehrheit durch.
1875: Oskar Hertwig beobachtet am Seeigelei Befruchtung als Vereinigung von Geschlechtszellen und erkennt den Zellkern als Träger von Erbanlagen.
1875: Ernst Felix Hoppe-Seyler entwickelt eine noch heute verwendete Methode, um Proteine zu klassifizieren.
1876, 15. Febr.: Unter Führung des Rittergutsbesitzers Wilhelm von Kardorff wird der Centralverband deutscher Industrieller als Dachverband mehrerer Unternehmerverbände gegründet, der sich v. a. die Durchsetzung der Schutzzollpolitik zur Aufgabe macht.
1876, 25. Apr.: In Berlin wird Heinrich von Kleists Drama „Penthesilea" 65 Jahre nach dem Tod des Dichters uraufgeführt.
1876, 5. Juni: Die Gasmotoren-Fabrik Deutz AG beantragt ein Patent auf den von ihrem Mitarbeiter Nikolaus Otto entwickelten Viertaktmotor.
1876, 13. – 17. Aug.: Das Richard-Wagner-Festspielhaus in Bayreuth wird mit der ersten Gesamtaufführung von „Der Ring des Nibelungen" eingeweiht.
1876, 19. – 23. Sept.: Der Gothaer Parteikongress der SAPD beschließt die Herausgabe eines zentralen Parteiorgans mit dem Titel „Vorwärts". Die erste Ausgabe erscheint am 1.10. in Leipzig.
1876, 21. Dez.: Der Reichstag verabschiedet die „Justizgesetze", mit denen erstmals in Deutschland einheitliche Normen in der Gerichtsverfassung, im Zivil- und Strafprozess und im Konkursrecht gelten.
1876: Die Frauenrechtlerin Hedwig Dohm fordert das Wahlrecht für Frauen.
1876: Beginn des öffentlichen Rohrpostverkehrs in Berlin.
1876: Robert Koch entdeckt, dass die Mikroorganismen, die für Milzbrand beim Vieh verantwortlich sind, in Kulturen gezüchtet werden können.
1876: Wilhelm (Willy) Friedrich Kühne entdeckt im Pankreassaft das Enzym Trypsin und prägt den Begriff „Enzym", um diejenigen Verbindungen zu unterscheiden, die außerhalb der Zelle ebenso gut wie in ihr arbeiten; den älteren Namen „Ferment" behält er für Lebensvorgänge in Zellen vor.
1876: Carl Paul Gottfried von Linde baut den ersten funktionsfähigen Kühlschrank, wobei er flüssiges Ammoniak als Kühlflüssigkeit verwendet.
1877, 10. Jan.: Die Reichstagswahlen enden mit einem ähnlichen Ergebnis wie 1874: Die Nationalliberalen verteidigen bei geringen Verlusten ihre Position als stärkste Partei (27,2 Prozent der Stimmen), gefolgt vom Zentrum (24,8 Prozent). Die Deutschkonservativen erhalten 9,9 Prozent. Die Sozialdemokraten verbessern sich auf 9,1 Prozent; in der Hauptstadt Berlin fallen sogar zwei der sechs zu vergebenden Mandate an die SAPD.
1877, 15. Juni: Im Kurort Bad Kissingen formuliert Bismarck außenpolitische Leitsätze. Das sog. Kissinger Diktat weist Deutschland eine Rolle als Vermittler ohne eigene Ansprüche zu.
1877, 1. Juli: Inkrafttreten des Reichspatentgesetzes. In Berlin wird das Reichspatentamt eingerichtet.
1877, 13. Juli: Tod des Mainzer Bischofs und Begründers der katholischen Soziallehre Wilhelm Emanuel von Ketteler in Burghausen.
1877, 14. Juli: Mit dem Kauf des bankrotten „Neuen Berliner Tageblattes" und der „Berliner Zeitung" legt der Papierhändler Leopold Ull-

Ottos Viertakt-Gasmotor, der seit 1876 in verkaufsfähiger Serienausführung hergestellt wurde. Er wurde zum Vorbild aller später erbauten Verbrennungsmaschinen und stellt damit den eigentlichen Anfang der modernen Motorentechnik dar.

stein den Grund für das Imperium des Ullstein Verlages.

1877, 23. Aug.: In Großbritannien werden deutsche Waren mit dem Kennzeichen „made in Germany" versehen. Das ist als Diskriminierung gedacht und soll britische Käufer vom Erwerb importierter Waren abschrecken. Die Initiative hat jedoch umgekehrte Wirkung, binnen kurzem wandelt sich „made in Germany" zu einem Gütesiegel.

1877, Okt.: Der Centralverband deutscher Industrieller und die Vereinigung der Steuer- und Wirtschaftsreformer befürworten die Schutzzollpolitik.

1877: Durchstich des Kaiser-Wilhelm-Tunnels bei Cochem, mit 4,2 km der bis dahin längste deutsche Eisenbahntunnel.

1877: Die Raiffeisengenossenschaften schließen sich zum Anwaltsverein ländlicher Genossenschaften zusammen.

1877: Erstes Auftreten der Kartoffelkäferplage in Deutschland.

1877: Robert Koch fertigt die ersten Mikroskopiefotos von Mikroorganismen an.

1877: Wilhelm Pfeffer beginnt seine Pionierarbeit mit halbdurchlässigen Membranen, die er dazu verwendet, das Molekulargewicht von Proteinen zu messen.

1877: Otto Lilienthal entwickelt das erste Gleitflugzeug, das gebogene Flügel wie die eines Vogels benutzt.

1877: Erfindung des Pressglases durch Friedrich Siemens.

1878, 5. Jan.: Der preußische Hofprediger und Politiker Adolf Stoecker gründet die Christlichsoziale Arbeiterpartei, eine konservative Vereinigung, die sich zum Ziel setzt, die Arbeiter dem Einfluss der Sozialdemokratie zu entziehen.

1878, 20. Febr.: Nach dem Tod von Pius IX. (7.2.1878) wird Leo XIII (Gioacchino Vincenzo Pecci) zum Papst gewählt. Diplomatisch geschmeidiger als sein Vorgänger, gelingt es ihm in den nächsten Jahren den Kulturkampf zu beenden und zu einem Ausgleich mit dem preußischen Staat zu kommen.

1878, 13. Juni–13. Juli: Auf dem Berliner Kongress der europäischen Mächte zur Neuordnung der Verhältnisse auf dem Balkan übernimmt Reichskanzler Bismarck seinem Programm außenpolitischer Zurückhaltung gemäß die Rolle des „ehrlichen Maklers".

1878, 17. Juli: Der Reichstag verabschiedet eine neue Gewerbeordnung. Danach ist Kinderarbeit grundsätzlich verboten; Ausnahmen gelten in der Landwirtschaft und in der Heimarbeit, doch dürfen hier Jugendliche zwischen 14 und 16 Jahren nur bis zu 10 Stunden und Kinder unter 14 Jahren nur 6 Stunden täglich arbeiten.

1878, 14. Sept.: Gründung des ersten deutschen Fußballvereins, des „Fußballvereins 1878 Hannover".

1878, 21. Okt.: Mit den Stimmen der Nationalliberalen und Konservativen und gegen die Stimmen von SAPD, Zentrum und Fortschrittspartei verabschiedet der Reichstag das „Gesetz gegen die gemeingefährlichen Bestrebungen der Sozialdemokratie".

1878, 28. Nov.: Über Berlin wird der Kleine Belagerungszustand verhängt, eine Notstandsmaßnahme, die durch das Sozialistengesetz ermöglicht wird.

1878: Ernst Abbe konstruiert ein Mikroskop mit homogener Ölimmersion, die eine Verbesserung der Auflösung bewirkt.

1878: In Gotha nimmt das erste Krematorium in Deutschland den Betrieb auf. Gegen die Feuerbestattung gibt es heftige Proteste der Kirchen.

1878: Für die Preußische Ostbahn werden die ersten deutschen Schlafwagen, sog. „Bromberger Schlafwagen" gebaut.

1879, 31. Mai: Werner von Siemens führt auf der Gewerbeausstellung in Berlin die erste funktionsfähige elektrische Lokomotive der Welt vor. Sie bewegt sich auf einer 300 m langen Kreisbahn, ihren Antrieb (150 V Gleichstrom) erhält sie durch ein drittes Gleis mit Stromschiene.

1879, 15. Juli: Die sog. Franckensteinsche Klausel wird in die Schutzzollgesetzgebung aufgenommen. Der von dem Zentrumspolitiker Georg Arbogast Freiherr von und zu Franckenstein eingebrachte Vorbehalt besagt, dass alle Erträge von Zöllen und indirekten Steuern, die 130 Mio. Mark jährlich übersteigen, vom Reich an die einzelnen Bundesstaaten nach Maßstab

Bild oben: *„Fips der Affe". Bildergeschichte von Wilhelm Busch, 1879.*
Bild unten: *Cercle am Hof Kaiser Wilhelms I. Gemälde von Adolph Menzel, 1879.*

Wilhelm Leibl, Die drei Frauen in der Kirche, 1881. Jeweils im Sommer arbeitete Leibl drei Jahre lang an diesem Gemälde. Sobald es im Frühjahr warm genug war, bestellte er seine Modelle in die Kirche und setzte die Arbeit Zentimeter um Zentimeter fort; allein drei Monate beanspruchten die Gewanddetails der jungen Bäuerin. Vom malerisch-pastosen Farbauftrag und vom lockeren Pinselduktus seiner Münchner Jahre gelangt Leibl hier zu einem glatten Farbauftrag und einem detailgetreuen Verismus, wobei er manche Partien zwei oder dreimal malte. Das Ergebnis ist eine lebensnahe, eindrucksvolle Schilderung, bei der Leibl mit vollendetem handwerklichem Können die geschnitzte Seitenwange des Kirchengestühls und die gemusterten Gewänder der Frauen erfasste. Anders als Franz von Defregger aber, dessen Bauernbilder dem Geschmack seines städtischen Publikums entsprechend, zum Idyll verflachen, blickte Leibl hinter die Oberfläche. Sein Bild fängt die Ruhe der kirchlichen Andacht ein, und indem er mit seinem Pinsel jede Falte ihrer Gesichter erforschte, gibt er dem Betrachter zugleich eine Ahnung des harten arbeitsreichen Alltags der Bäuerinnen. Immer wieder wird bei diesem Bild in der Literatur die Malerei Hans Holbeins d.J. zum Vergleich herangezogen. Tatsächlich versuchte Leibl hier mit einer holbein-ähnlichen, heute fast altertümlich wirkenden Genauigkeit die Wirklichkeit der Bauern auf dem Land einzufangen, mit jenem Realismus, der für ihn das Mittel auf der Suche nach der Wahrheit war.

ihrer Matrikularbeträge überwiesen werden.

1879, 17. Juli: Der Reichstag beschließt die Einführung von Schutzzolltarifen.

1879, 15. Aug.: Zar Alexander II. beschwert sich brieflich bei Kaiser Wilhelm I. über das für Russland nachteilige Ergebnis des Berliner Kongresses. Das Dokument wird als „Ohrfeigenbrief" bekannt. Angesichts der russischen Verstimmung ändert Bismarck seine Politik; er plädiert nun für ein Defensivbündnis mit Österreich-Ungarn. Die Verhandlungen dazu beginnen am 24.9. in Wien.

1879, 1. Okt.: Das Reichsgericht in Leipzig, oberste Gerichtsinstanz in Deutschland, nimmt seine Arbeit auf.

1879, 7. Okt.: Das Deutsche Reich und Österreich-Ungarn schließen den Zweibund. Das Abkommen wird geheim gehalten.

1879, 20. Dez.: Der preußische Landtag beschließt den Ankauf von privaten Eisenbahngesellschaften. Damit beginnt die Verstaatlichung der Eisenbahn.

1879: Wilhelm Wundt gründet in Leipzig das erste Labor für Psychologie.

1879: Albrecht Kossel beginnt mit seinen Untersuchungen von Nuklein, einer Substanz, die in Zellen zu finden ist und zu seiner Entdeckung der Nukleinsäuren führt.

1879: Nach der Arbeit mit Derivaten von Steinkohlenteer stellt Constantin Fahlberg an seinen Händen einen süßen Geschmack fest, was ihn zur Entdeckung von Saccharin führt.

1880, 16. Apr.: Die Heeresvorlage wird um 7 Jahre verlängert. Beabsichtigt sind die Aufstockung der Friedensstärke des Heeres um 26 000 Mann und jährliche Reserveübungen.

1880, 27. Apr.: Der Reichstag lehnt die sog. Samoavorlage ab. Mit dieser hatten Kredite zum Erwerb von Kolonien vergeben werden sollen. In den vom Kolonialfieber ergriffenen Kreisen löst der Reichstagsbeschluss große Empörung aus.

1880, 4. Mai: Das Sozialistengesetz wird bis 1884 verlängert.

1880, 6. Mai: In Würzburg stirbt der Industrielle und Gründer der Bayer-Farbenfabriken Friedrich Bayer.

1880, 14. Juli: Der preußische Landtag hebt mit dem ersten der sog. „Milderungsgesetze" das gegen die katholische Geistlichkeit gerichtete „Brotkorbgesetz" auf.

1880, 28. Aug.: Die Nationalliberalen werden durch die Abspaltung der Linksliberalen entscheidend geschwächt. Diese gründen unter Führung von Franz August Freiherr Schenk von Stauffenberg und Ludwig Bamberger eine eigene Partei, die Liberale Vereinigung, die den Freihandel aufrechterhalten will, während die Nationalliberalen sich der bismarckschen Schutzzollpolitik angeschlossen haben.

1880, 15. Okt.: Im Beisein Kaiser Wilhelms wird der Kölner Dom feierlich eingeweiht. Die im 13. Jahrhundert begonnene Kathedrale war während des ganzen Mittelalters nicht fertig geworden. Seit 1560 hatten die Bauarbeiten vollständig geruht. Erst 1842 wurde mit Unterstützung des preußischen Staates der Weiterbau aufgenommen.

1880, Nov.: In Hamburg wird als Folge des Sozialistengesetzes eine Zunahme der Auswanderungen ins Ausland, besonders in die USA, registriert.

1880: Gründung des katholischen Verbandes „Arbeiterwohl".

1880: Vertreter karitativer Einrichtungen gründen in Berlin den Deutschen Verein für Armenpflege und Wohltätigkeit.

1880: Robert Koch beginnt damit, stabile Kulturen für die Züchtung von Mikroben zu verwenden (Gelatine oder Agar).

1880: Karl Joseph Eberth entdeckt den Typhus-Erreger.

1880: Werner von Siemens erfindet die „Dynamo-Kurzschlussbremse" für Fahrzeuge mit elektrischem Antrieb.

1880: Heinrich von Stephan führt Fernsprecher bei der deutschen Post ein.

1880: Auf der Eisenbahnstrecke Berlin-Frankfurt am Main werden die ersten Speisewagen eingesetzt.

1880: Der Flensburger Fabrikant Anthon baut eine Maschine zur Massenherstellung von Holzwolle.

1880: Eröffnung des Opernhauses in Frankfurt am Main.

1880: Die Roheisenproduktion in Deutschland ist von 144.000 t im

Die erste elektrische Grubenlokomotive, von Siemens 1882 an die Steinkohlenzeche Zaukerode in Sachsen geliefert, blieb bis 1927 in Betrieb.

Jahr 1840 auf 2,7 Mio. t gestiegen.

1880: Das Streckennetz der normalspurigen Eisenbahnen in Deutschland umfasst knapp 34.000 km.

1880: Nach französischem Vorbild werden auch in Deutschland Warenhäuser eingerichtet.

1881, 6. Febr.: In Görlitz stirbt Karl Julius Ploetz, Schulbuchautor, bekannt durch die Herausgabe der Ploetz-Nachschlagewerke.

1881, 27. Febr.: Prinz Wilhelm, der spätere Kaiser Wilhelm II., heiratet die Prinzessin Auguste Victoria von Schleswig-Holstein-Sonderburg-Augustenburg. Das Paar bekommt sieben Kinder: Wilhelm, Eitel-Friedrich, Adalbert, August Wilhelm, Oskar, Joachim und Victoria Luise.

1881, 1. Apr.: Eröffnung des ersten Fernsprechamts in Berlin.

1881, 7. Apr.: In Hamburg stirbt der evangelische Theologe und Sozialpolitiker Johann Heinrich Wichern, Vertreter der Inneren Mission und Gründer des „Rauen Hauses„ in Hamburg.

1881, 14. Mai: Rudolph Karstadt eröffnet sein erstes „Tuch-, Manufaktur- und Konfektionsgeschäft" in Wismar.

1881, 16. Mai: Siemens eröffnet in Berlin-Lichterfelde die erste elektrische Straßenbahn der Welt.

1881, 18. Juni: Das Deutsche Reich, Österreich-Ungarn und Russland schließen ein geheimes Neutralitätsabkommen für den Fall eines Angriffs auf eine vierte Macht (Drei-Kaiser-Vertrag). Zugleich akzeptieren Deutschland und Russland die Annektion Bosniens und der Herzegowina durch Österreich-Ungarn.

1881: Haller und Löffelhardt bauen eine Briefstempelmaschine, die bis zu 400 Postsendungen in der Minute stempelt.

1881: Die 1872 gegründete Dresdner Bank eröffnet ihre erste Niederlassung in Berlin.

1881: Gründung der Deutschen Dampfschifffahrtsgesellschaft Hansa in Bremen.

1881: Georg Meisenbach, Besitzer einer Nürnberger Kunstanstalt, erfindet die Autotypie, ein Verfahren, das den Druck von Fotos in Zeitungen ermöglicht.

1881: Mit der Erstersteigung der Kleinen Zinne in den Dolomiten durch Michel und Johann Innerkofler beginnt eine neue Ära im Alpentourismus.

1881: Die Auswanderungswelle in die Vereinigten Staaten erreicht ihren Höhepunkt. Mehr als 200.000 Deutsche brechen in diesem Jahr zur Reise in die Neue Welt auf.

1882, 24. März: Robert Koch verkündet die Entdeckung des Tuberkelbazillus.

1882, 4. Apr.: Die Vertretung Preußens beim Vatikan wird wiederhergestellt. Den Posten eines Botschafters bei der Kurie übernimmt der bisherige Gesandte in Washington, von Schlözer.

1882, 1. Mai: Gründung des Philharmonischen Orchesters in Berlin. Die 59 Musiker verpflichten sich zu „gegenseitigem unverbrüchlichen Zusammenhalten und zur persönlichen Haftung für die Ausgaben des Orchesters".

1882, 20. Mai: Abschluss eines geheimen Verteidigungsbündnisses („Dreibund") zwischen dem Deutschen Reich, Österreich-Ungarn und Italien für den Fall eines französischen Angriffs auf Italien oder Deutschland.

1882, Juni: In Kiel findet erstmals die Kieler Woche statt, eine segelsportliche Großveranstaltung mit kulturellem Rahmenprogramm.

Die „Friedensbürgschaft" im Dreibund Italien-Deutschland-Österreich von 1882, die dieses Erinnerungsblatt für Kaiser Wilhelm I. (gestorben 1888) verheißt, sollte sich als Illusion erweisen. Vor allem Italien war, je länger je mehr, gesonnen, eigene Wege zu gehen; im Ersten Weltkrieg ergriff es gar Partei gegen seine einstigen Bundesgenossen.

1882, 16. Juli: Uraufführung von Richard Wagners Bühnenweihfestspiel „Parsifal" in Bayreuth.
1882, 23. Sept.: Tod des Chemikers Friedrich Wöhler in Göttingen. Wöhler gewann erstmals Aluminium, Beryllium, Ittrium und Silicium.
1882, 27. Okt.: Ein Erlass des preußischen Kultusministers Gustav von Goßler organisiert erstmals die Sport-Spielbewegung in Deutschland. Besonderer Wert wird dabei auf die Leibesübungen im Freien gelegt.
1882, 16. Nov.: Bismarck gibt seinen Widerstand gegenüber deutschen Kolonialbestrebungen auf. Er stimmt den Plänen des Bremer Kaufmannes F.A.E. Lüderitz zu, an der südwestafrikanischen Küste eine Handelsstation zu errichten.
1882, 6. Dez.: Gründung des Deutschen Kolonialvereins in Frankfurt am Main unter Vorsitz des Fürsten Hermann zu Hohenlohe-Langenburg. Der Verein wird getragen von Industrie und Banken. Sein Zweck ist die Förderung des kolonialen Gedankens und des Erwerbs deutscher Kolonien in Übersee, daneben die Wahrung des wirtschaftlichen und kulturellen Zusammenhanges mit den Deutschen im Ausland.
1882: Die Berufsstruktur des Deutschen Reiches hat durch die Industrialisierung eine starke Veränderung erfahren. In der Landwirtschaft arbeiten nur noch 40 Prozent der Erwerbstätigen, in der Industrie bereits 37, im Öffentlichen Dienst und in freien Berufen 5,1 Prozent, anderweitig beschäftigt sind 8,4 Prozent.

Gottlieb Daimler, geboren am 17. Mai 1834 in Schorndorf im schwäbischen Remstal als Sohn eines Bäckermeisters, lernte bei einem Büchsenmacher, besuchte die Landesgewerbeschule in Stuttgart, eignete sich in vierjähriger praktischer Arbeit in Paris Kenntnisse auf allen Gebieten der Mechanik an und bezog dann (1857) das Stuttgarter Polytechnikum. 1860 lernte er Lenoirs Gasmaschine kennen, war in englischen Maschinenfabriken in Leeds, Manchester und Coventry sowie ab 1863 in deutschen Werken tätig. Von 1872 bis 1882 war er technischer Direktor der Gasmotorenfabrik Deutz, 1882 machte er sich in Cannstatt selbstständig. Mit Wilhelm Maybach als seiner „rechten Hand" verwirklichte er einen alten Traum: Er schuf vermittels der von ihm erfundenen Glührohrzündung den ersten leichten und schnelllaufenden Viertakt-Verbrennungsmotor, der als „Beweger" für Automobile dienen konnte. Sein Motor (DRP vom 16. Dezember 1883) übertraf mit 900 Umdrehungen pro Minute die bisherige Drehzahlspitze um das Fünffache, bei einem auf 40 kg/PS herabgeminderten Leistungsgewicht. Eine bahnbrechende Leistung war in der Cannstatter Werkstatt vollbracht worden.

Am 28. September 1883 enthüllt Kaiser Wilhelm I. in Gegenwart des Kronprinzen Friedrich Wilhelm, der deutschen Bundesfürsten, der Generale und Vertreter der Behörden das Niederwalddenkmal am Rhein zwischen Rüdesheim und Assmannshausen. Wilhelm I. weihte das Nationaldenkmal mit den Worten: „Den Gefallenen zum Gedächtnis, den Lebenden zur Anerkennung, den künftigen Geschlechtern zur Nacheiferung! Das walte Gott."

1882: Der Norddeutsche Lloyd in Bremen stellt seinen ersten Schnelldampfer in Dienst. Die „Elbe" läuft 16 Seemeilen die Stunde.
1883, 13. Febr.: Tod des Opernkomponisten Richard Wagner in Venedig. Seine Witwe Cosima übernimmt die Leitung der Bayreuther Festspiele (bis 1906).
1883, 14. März: Karl Marx, Sozialwissenschaftler, Philosoph und Begründer des Marxismus, stirbt in London.
1883, 14. Apr.: In einer Botschaft an den Reichstag verlangt Kaiser Wilhelm I. Reformen, „welche dem Wohle der Arbeiter förderlich und die Lage derselben zu bessern und zu sichern geeignet sind".
1883, 24. Mai: Der Chef des deutschen Generalstabs und der Chef des Militärkabinetts werden dem Kaiser direkt unterstellt.
1883, 15. Juni: Verabschiedung eines Krankenversicherungsgesetzes, nach dem gewerbliche Arbeiter zur Mitgliedschaft in einer Ortskrankenkasse oder einer eingeschriebenen Hilfskasse verpflichtet sind. Das Gesetz sieht kostenfreie ärztliche Behandlung und Lohnfortzahlung im Krankheitsfall vor. Die Beiträge werden zu einem Drittel von den Arbeitgebern und zu zwei Dritteln von den Arbeitnehmern aufge-

bracht. Das Gesetz gilt für Arbeiter in Bergwerken, Salinen, Gruben und Brüchen, Fabriken und Hüttenwerken, im Eisenbahnwesen und in der Binnenschifffahrt, auf Werften, im Baugewerbe und im Handwerk. 1886 wird es auch auf Land- und Forstarbeiter ausgedehnt.

1883, 6. Juli: Mit der Drachenfelsbahn wird die erste deutsche Zahnradbahn eröffnet.

1883, 11. Juli: Das dritte der sog. Milderungsgesetze beendet den Kulturkampf in Preußen. Die Zivilehe und die staatliche Aufsicht über die Lehr- und Erziehungsanstalten bleiben jedoch erhalten.

1883, Juli: Die Hamburger Handelskammer beantragt „Reichsschutz" für ihre Erwerbungen in Kamerun.

1883, Aug: Der Bremer Kaufmann Adolf Lüderitz erwirbt an der südwestafrikanischen Küste den Hafen Angra Pequena und Gebiete im Hinterland.

1883, 26. Nov.: In Eisenach wird der Allgemeine Deutsche Bauernverein, eine Vertretung der kleinen und mittleren Landwirte, gegründet.

1883: Der Afrikaforscher Gustav Nachtigal, von der Reichsregierung als Generalkonsul für Westafrika ernannt, lässt mit Erlaubnis Spaniens eine Kohlenstation auf der Insel Fernando Poo anlegen.

1883: Gottlieb Daimler und Wilhelm Maybach entwickeln in Cannstatt bei Stuttgart den ersten schnelllaufenden Benzinmotor, einen Einzylinder-Viertaktmotor mit Schwimmer-Vergaser und Glührohrzündung.

1883: Emil Rathenau gründet in Berlin die Deutsche Edison Gesellschaft für angewandte Elektricität. 1887 wird die Firma umbenannt in Allgemeine Elektricitäts-Gesellschaft (AEG).

1883: In Schweinfurt erfindet Friedrich Fischer eine spitzenlose Kugelschleifmaschine, die gehärtete Stahlkugeln mit einer bisher unbekannten Präzision rund schleifen kann. Damit legt der bereits zu Lebzeiten als „Kugel-Fischer" apostrophierte Mechaniker den Grund für die moderne Entwicklung von Kugellagern.

1883: Auf der Allgemeinen Deutschen Hygiene-Ausstellung in Berlin führt der Hautarzt Oskar E. Lassar in einem Wellblechhaus mit 10 öffentlichen Brausezellen die Vorteile des Duschbades vor. 10.000 Besucher machen Gebrauch von seinem Angebot.

1884, 24. Febr.: In Berlin stirbt der Philologe Georg Büchmann, Verfasser der Zitatensammlung „Geflügelte Worte".

1884, 27. März: Der geheime Drei-Kaiser-Vertrag von 1881 zwischen dem Deutschen Reich, Österreich-Ungarn und Russland wird um drei Jahre verlängert.

1884, 24. Apr.: Das Reich stellt das Gebiet, das der Bremer Kaufmann Lüderitz in Südwestafrika an der Bucht von Angra Pequena erworben hat, unter deutschen Schutz.

1884, 8. Mai: Mit den Berliner „Städtischen Elektricitäts-Werken" gründet sich das erste deutsche Unternehmen zur Elektrizitätsversorgung.

1884, 6. Juli: Das mehrfach überarbeitete Unfallversicherungsgesetz für Arbeiter tritt in Kraft. Die Versicherungsbeiträge werden allein von den in Berufsgenossenschaften vereinigten Arbeitgebern aufgebracht. In den Genuss des Gesetzes kommen alle Arbeiter mit weniger als 2000 Mark Einkommen.

1884, 14. Juli: Der deutsche Generalkonsul in Tunis, Gustav Nachtigal, stellt im Auftrag Bismarcks die Hoheit des Reiches über Kamerun her.

1884, 17. Aug.: In Leipzig wird der Deutsche Radfahrer-Bund (später: Bund Deutscher Radfahrer) gegründet.

1884, 1. Nov.: Ein Landungskorps der Kreuzerfregatte „Elisabeth" und des „Kanonenbootes Hyäne" nimmt die zum Bismarck-Archipel gehörende Insel Matupi in Besitz.

1884, 11. Nov.: In Renthendorf (Thüringen) stirbt der Verfasser von „Brehm's Thierleben", der Zoologe und Forschungsreisende Alfred Brehm.

1884: Ottmar Mergenthaler entwickelt eine Setzmaschine für Schriftzeichen in Zeilenform (Linotype).

1884: Friedrich August Löffler entdeckt den Erreger der Diphtherie, Robert Koch denjenigen der Cholera.

Max Liebermann, Judengasse in Amsterdam, 1884.

1885, 27. Jan.: Im Betrieb der Brüder Reinhard und Max Mannesmann in Remscheid werden erstmals Stahlrohre nahtlos gewalzt.

1885, 12. Febr.: Der Kolonialpionier Carl Peters gründet die Deutsch-Ostafrikanische Gesellschaft. Es handelt sich um die Nachfolgeorganisation der im Vorjahr von Peters gegründeten Gesellschaft für Deutsche Kolonisation.

1885, 26. Febr.: Die Berliner Kongo-Konferenz endet mit der Unterzeichnung der Kongo-Akte, die eine Neutralisierung des gesamten Kongobeckens und die Schaffung einer Freihandelszone in diesem Gebiet vorsieht. Für das Deutsche Reich bedeutet die Konferenz die Aufnahme in den Kreis der Kolonialmächte.

1885, 27. Febr.: Die Deutsch-Ostafrikanische Gesellschaft erhält einen kaiserlichen Schutzbrief, der den Sultan von Sansibar zur Anerkennung der deutschen Schutzherrschaft zwingt.

1885, 17. Mai: Die Deutsche Neuguinea-Kompagnie errichtet Schutzgebiete im Pazifik. Der deutsche Teil von Neuguinea erhält den Namen Kaiser-Wilhelms-Land und die davor liegenden Inseln des Neubritannia-Archipels den Namen Bismarck-Archipel.

1885, 7. Juni: Die Kegelbrüder Deutschlands vereinigen sich im Zentralverband Deutscher Kegelclubs mit Sitz in Dresden.

1885, 1. Okt.: Als erste Hochschule in Deutschland richtet die Berliner Universität einen Lehrstuhl für Meteorologie ein.

1885: In den Fabriken kommt die Stechuhr zur Überprüfung der Anwesenheitszeiten auf.

1885: In Deutschland wird die Destillation von Erdöl zu Petroleum aufgenommen.

1886, 3. Febr.: Im Reichstag scheitert ein Antrag von Sozialdemokraten und Nationalliberalen, das Bierbrauen mit anderen Stoffen als Hopfen und Malz unter Strafe zu stellen.

1886, 16. März: Der Reichstag beschließt ein Gesetz zum Bau eines Kanals zwischen Nord- und Ostsee. Der 99 km lange „Kaiser-Wilhelm-Kanal" zwischen Brunsbüttel an der Elbmündung und Holtenau an der Kieler Bucht wird zum größ-

Bild oben: *Karikatur des „Kladderadatsch" mit verschiedenen Stufen des Verhältnisses von Bismarck zu Frankreich: 1872 betrachtet er es mit Wohlwollen, 1882 mit Vorsicht, 1887 mit Misstrauen – und dann wieder mit Kanonen?*
Bild unten: *Papst Leo XIII. Nach dem Erlass der beiden „Friedengesetze" durch die preußische Regierung (1886/87) erklärte das Oberhaupt der katholischen Kirche am 23. Mai 1887 den Kulturkampf für beendet.*

ten bautechnischen Projekt des 19. Jahrhunderts.

1886, 6. Apr.: Das Reich schließt mit Großbritannien ein Abkommen über die Abgrenzung der beiderseitigen Interessenssphären im Pazifik.

1886, 16. Apr.: Inkrafttreten des sog. Schutzgebietsgesetzes, das die Rechtsverhältnisse in den deutschen Kolonien regelt. Für „Eingeborene" ist danach eine andere Behandlung vorgesehen als für Deutsche.

1886, 10. Mai: Das vom preußischen Abgeordnetenhaus angenommene erste „Friedensgesetz" zur Beendigung des Kampfes mit der katholischen Kirche schafft das sog. Kulturexamen ab und gestattet die Wiedereinrichtung bischöflicher Konvikte.

1886, 13. Juni: Ludwig II. ertrinkt unter ungeklärten Umständen im Starnberger See. Da sein Bruder Otto wegen bereits früher festgestellter Geisteskrankheit für die Königsherrschaft nicht in Frage kommt, bleibt die Regentschaft bei Luitpold, der sie bis zu seinem Tod 1912 ausübt.

1886, 4. Aug.: Führende Sozialdemokraten, u. a. August Bebel, werden wegen „Geheimbundbildung" zu mehrmonatigen Haftstrafen verurteilt.

1886, 16. Sept.: Die Marshall-Inseln werden zum deutschen Schutzgebiet erklärt.

1886, 25. Nov.: Bismarck bringt eine Heeresvorlage, das sog. dritte Septennat, im Reichstag ein. Es sieht eine Erhöhung der Friedensstärke des Heeres um 10 Prozent auf ca. 470.000 Mann vor.

1886: Das Drei-Kaiser-Bündnis zwischen Deutschland, Österreich-Ungarn und Russland zerbricht wegen der Krise auf dem Balkan.

1886: Carl Benz erhält das Patent auf seinen dreirädrigen „Motorwagen mit Gasbetrieb durch Benzin".

1886: Gottlieb Daimler baut den ersten brauchbaren Motorwagen auf vier Rädern. Dabei wird der von Wilhelm Maybach konstruierte schnell laufende Verbrennungsmotor in eine hölzerne Kutsche („Americaine") eingesetzt.

1887, 11. Jan.: Bismarck begründet in der großen Septennatsrede vor dem Reichstag die geplante Heeresvergrößerung mit der Gefahr einer französischen Revanche für die Niederlage von 1870/71.

1887, 14. Jan.: Da der Reichstag die Heeresvorlage ablehnt, löst Bismarck das Parlament auf.

1887, 15. Jan.: Eine Bauordnung für Berlin legt Mindestgrößen für Hinterhöfe von Mietshäusern fest und beschränkt die bebaubaren Grundstücksflächen. Damit soll die Spekulation eingedämmt werden, die in der Reichshauptstadt zu ungesunden Wohnverhältnissen für die ärmere Bevölkerung geführt hat.

1887, 21. Febr.: Bei den vorgezogenen Reichstagswahlen siegt das sog. Kartell, ein Bündnis von Nationalliberalen, Deutschkonservativen und Deutscher Reichspartei, die alle Bismarcks Heeresvorlage unterstützen. Mit 77,5 Prozent erreicht die Wahlbeteiligung einen Rekord.

1887, 11. März: Der neugewählte Reichstag nimmt die Heeresvorlage an.

1887, 23. Mai: Papst Leo XIII. erklärt in einem öffentlichen Konsistorium den Kulturkampf zwischen dem preußischen Staat und der katholischen Kirche für beendet.

1887, 23. Mai: Die Deutsche Edison-Gesellschaft in Berlin wird zur Allgemeinen Electricitäts-Gesellschaft (AEG) umgewandelt.

1887, 18. Juni: Abschluss des geheimen Rückversicherungsvertrages zwischen dem Deutschen Reich und Russland. Der Vertrag verpflichtet die Partner zur Neutralität, falls einer von ihnen in einen Krieg mit anderen Mächten verwickelt wird. Im Fall eines deutsch-französischen Krieges soll Russland allerdings nur dann neutral bleiben müssen, wenn Deutschland unprovoziert angegriffen wird. In einem „ganz geheimen" Zusatzprotokoll erklärt sich Deutschland bereit, die auf die Öffnung des Schwarzen Meeres gerichtete russische Politik wohlwollend zu unterstützen.

1887, 14. Juli: In Essen stirbt Alfred Krupp, der als „Kanonenkönig" bekannte Industrielle.

1887, 18. Nov.: Bismarck erläutert dem russischen Zaren in einer persönlichen Unterredung in Berlin die Hintergründe einer diplomatischen Intrige: Mit gefälschten Briefen hatten französische Kreise eine Beteiligung Deutschlands am

Thronwechsel in Bulgarien zu konstruieren versucht.

1887, 29. Nov.: Prinz Wilhelm, der spätere Kaiser Wilhelm II., erläutert Bismarck in einem Brief, wie er als Thronerbe nach dem in Bälde zu erwartenden Hinscheiden seines Vaters und Großvaters mit den Bundesfürsten umzugehen gedenke: Nach dem Motto „Die alten Onkels sollen dem jungen Neffen keine Knüppel zwischen die Beine stecken" will er die Fürsten verpflichten, die Erbfolge des Hohenzollernhauses als Tatsache anzuerkennen.

1887, 30. Nov.: Der deutsche Generalstab entwirft in einer Denkschrift Pläne für einen Präventivkrieg gegen Russland.

1887, 19. Dez.: Zusammenschluss der Vertreter des deutschen Kolonialgedankens zur Deutschen Kolonialgesellschaft unter Vorsitz des Fürsten Hermann zu Hohenlohe-Langenburg. Wichtigstes Publikationsorgan der Gesellschaft wird die „Deutsche Kolonialzeitung".

1887: Für die Westgrenze des Reiches wird eine strenge Passordnung erlassen, um französische „Agitatoren" fernzuhalten.

1887: Für Kunstbutter wird die Bezeichnung „Margarine" obligatorisch.

1887: Emil Berliner erhält ein Patent auf das von ihm erfundene Grammophon. Die Schallplatte beginnt ihren Siegeszug.

1887: Elektrische Bahnen erhalten den Gleitbügel als Stromabnehmer.

1887: Heinrich Hertz weist elektromagnetische Wellen nach.

1887: Die neugegründete Jugendzeitschrift „Der gute Kamerad" beginnt mit der Veröffentlichung von Karl Mays Erzählungen aus dem Wilden Westen.

1887: Helene Lange erhebt in ihrer Schrift „Die höhere Mädchenschule und ihre Bestimmung" die Forderung nach Gleichberechtigung der Frauen im wissenschaftlichen Unterricht.

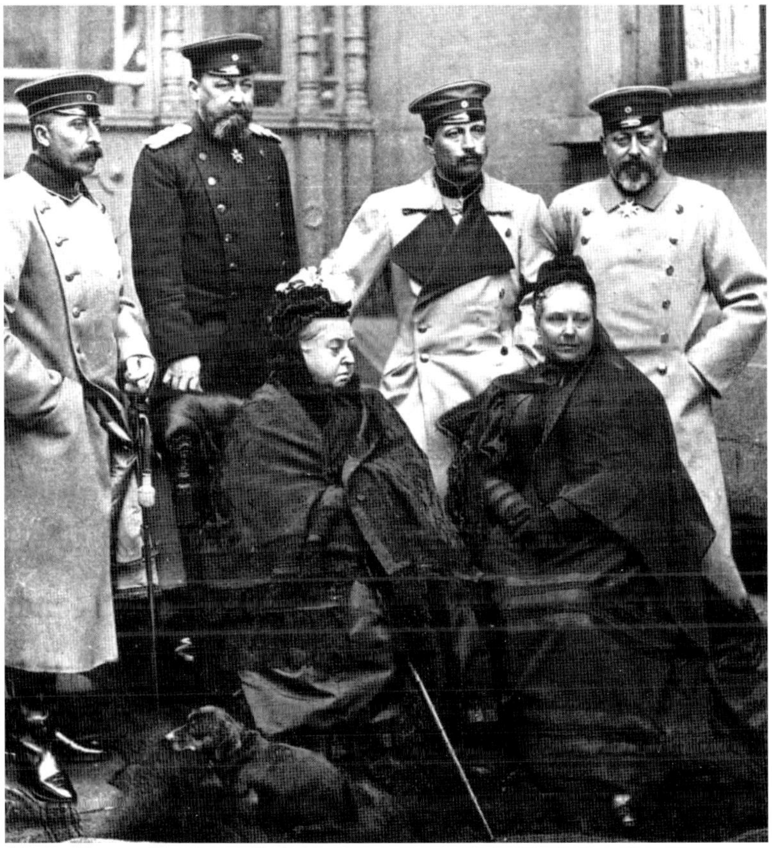

Anlässlich des ersten Besuches Wilhelms als Kaiser in England im August 1889 stellten sich (von links nach rechts) den Fotografen: Arthur Herzog von Conaught, Ernst II. Herzog von Sachsen-Coburg-Gotha, Queen Victoria, Wilhelm II., seine Mutter, die Kaiserin, Friedrich III. und der spätere König Edward VII. Ebenso offen wie Edward sich für das Zustandekommen der am 8. April 1904 abgeschlossenen „Entente cordiale" mit Frankreich einsetzte, machte er kein Hehl daraus, dass er für seinen Neffen, den deutschen Kaiser, wenig übrig hatte, eine Abneigung, die auf herzlicher Gegenseitigkeit beruhte.

Kaiser Friedrich III. (1831-1888) auf dem Totenbett. Zeichnung von Anton von Werner.

1888, 6. Febr.: Verabschiedung des Landwehrgesetzes. Es vergrößert durch die Einführung einer „Landwehr zweiten Aufgebots" die Kriegsstärke des Feldheeres im Mobilmachungsfall um 700 000 Mann. Während der Debatte im Reichstag fällt Bismarcks berühmter Ausspruch: „Wir Deutsche fürchten Gott, aber sonst nichts in der Welt!"

1888, 9. Febr.: Die Legislaturperiode des Reichstages wird von bisher drei auf fünf Jahre heraufgesetzt.

1888, 9. März: Tod Kaiser Wilhelms I. Nachfolger wird sein 56jähriger Sohn Friedrich Wilhelm (Friedrich III.), der seit längerem an Kehlkopfkrebs leidet.

1888, 11. März: In Neuwied stirbt der Sozialreformer und Gründer der landwirtschaftlichen Kreditgenossenschaften Friedrich Wilhelm Raiffeisen.

1888, 16. Apr.: Die Pazifikinsel Nauru wird zum deutschen Protektorat erklärt.

1888, 18. Apr.: Auf Druck der deutschen Regierung werden Redaktion und Vertrieb der Zeitschrift „Der Sozialdemokrat" aus der Schweiz ausgewiesen und ziehen nach London. Per Schmuggel gelangt das Blatt über Hamburg ins Reichsgebiet.

1888, 28. Apr.: Durch ein neues Abkommen mit dem Sultan von Sansibar wird der deutschen Kolonie Ostafrika der Zugang zur See gesichert.

1888, 15. Juni: Nach dem Tod Kaiser Friedrichs III. tritt sein 29jähriger Sohn Wilhelm die Nachfolge an.

1888, 25. Juni: In seiner Thronrede erklärt Kaiser Wilhelm II., dass er entschlossen sei, Frieden zu halten mit jedermann.

1888, 14. Aug.: Der einflussreiche Hofprediger Adolf Stoecker entwickelt in einem Artikel in der konservativen „Kreuzzeitung" (sog „Scheiterhaufenbrief") ein Programm zum Sturz Bismarcks. In diesem Zusammenhang zitiert er ein Wort des Kaisers Wilhelm II., das die Ungeduld des jungen Monarchen kennzeichnet, rasch die Zügel in die Hand zu bekommen: „Sechs Monate will ich den Alten (gemeint ist Bismarck) verschnaufen lassen, dann regiere ich selbst."

1888, Aug:. General Alfred von Waldersee löst Helmuth Graf von Moltke als Chef des Großen Generalstabes ab.

1888, 2. Sept.: Die Deutsche Bank erhält von der Reichsregierung die Erlaubnis, sich am Bau der türkischen Eisenbahn zu beteiligen.

1888, 11. Sept.: Mit einer Aufführung von Lessings „Nathan der Weise" wird das Berliner Lessingtheater eröffnet.

1888, 29. Okt.: Feierliche Schlusssteinlegung für das neue Freihafengebiet in Hamburg durch Kaiser Wilhelm II.

1888, 9. Nov.: Im Königlichen Schauspielhaus Berlin wird „Die

Quitzows" von Ernst von Wildenbruch uraufgeführt. Das vieraktige Drama schildert die Kämpfe des ersten Hohenzollern mit dem brandenburgischen Adel im 15. Jahrhundert.

1888, 27. Nov.: Die Reichsregierung bringt eine Gesetzesvorlage zur Alters- und Invalidenversicherung in den Reichstag ein.

1888, Dez:. Ein deutsches Landungskorps, das in die Kämpfe zwischen verfeindeten Thronanwärtern auf Samoa einzugreifen versucht, wird unter hohen Verlusten zurückgeschlagen.

1888: Ausbruch eines arabischen Aufstandes unter Führung des Häuptlings Buschiri in der Kolonie Deutsch-Ostafrika.

1888: Bei den preußischen Landtagswahlen behaupten die Konservativen ihre Stellung als stärkste Fraktion.

1888: Die radikale Frauenrechtlerin Minna Cauer gründet den Frauenverein „Gemeinwohl".

1888: W. Doehring erfindet die Spannbetonbauweise.

1888: Hermann Aron konstruiert einen mechanischen Elektrizitätszähler als Messinstrument für den Stromverbrauch.

1888: Heinrich Hertz weist die wesensmäßige Gleichheit der von ihm entdeckten elektromagnetischen Wellen mit Lichtwellen nach.

1889, Jan. –Apr.: Das Deutsche Reich wird von einer großen Streikwelle erschüttert. Die wichtigsten Forderungen der insgesamt 400.000 Beteiligten an den Streiks sind: Verkürzung der Arbeitszeit, Lohnerhöhungen, Verbesserung der Arbeitsbedingungen.

1889, 11. Jan.: Reichskanzler Bismarck lässt über seinen Botschafter in London die Chancen eines deutsch-englischen Bündnisvertrages zur Abwehr eines französischen Angriffs sondieren. Der britische Premierminister Salisbury weist die Offerte zurück.

1889, 1. März: Im Hamburger Stadtteil Eppendorf wird das Allgemeine Krankenhaus (seit 1934 Universitätskrankenhaus), mit 1300 Betten das größte Krankenhaus Deutschlands, eröffnet.

1889, 15. März: Bei einem Orkan vor Samoa werden neben drei amerikanischen auch die beiden deutschen Kriegsschiffe „Eber" und „Adler" vernichtet.

1889, 20. Apr.: Geburt Adolf Hitlers in Braunau am Inn († 1945).

1889, Mai/Juni: Im Ruhrgebiet kommt es zu Massenstreiks der Bergleute, denen sich bald auch Arbeiter in anderen Grubenbezirken (Sachsen, Saargebiet, Niederschlesien) anschließen. Ursache ist die desolate soziale und wirtschaftliche Lage der Bergarbeiter. Gegen die Streikenden wird Militär eingesetzt, dabei verlieren mehrere Menschen das Leben. Während Reichskanzler Bismarck für hartes Vorgehen plädiert, schaltet sich Kaiser Wilhelm II. vermittelnd ein. Nach Zugeständnissen der Arbeitgeber (Lohnerhöhungen, Verbesserung der Arbeitsbedingungen) wird der Arbeitskampf beendet.

1889, 8. Mai: Die von Hermann von Wissmann zusammengestellte Truppe erstürmt das Lager der Aufständischen bei Bagamoyo.

1889, 14. Mai: Kaiser Wilhelm II. empfängt eine Delegation der streikenden Bergarbeiter. Er versichert, ihre Forderungen prüfen zu wollen, rät ihnen aber, jede Verbindung zu Sozialdemokraten zu vermeiden und Streikbrecher unbehelligt zu lassen.

1889, 16. Mai: Kaiser Wilhelm II. empfiehlt den vom Bergarbeiterstreik betroffenen Arbeitgebern, Entgegenkommen gegenüber den Forderungen nach Lohnerhöhung zu zeigen: „Die Arbeiter lesen Zeitungen und wissen, wie das Verhältnis des Lohnes zu dem Gewinne der Gesellschaften steht."

1889, 19. Mai: In Berlin wird die einzige Frauengewerkschaft in Deutschland, der „Verband weiblicher Handels- und Büroangestellter", gegründet.

1889, 24. Mai: Mit knapper Mehrheit verabschiedet der Reichstag das Gesetz zur Invaliditäts- und Alterssicherung der abhängig Beschäftigten, das letzte der drei Sozialversicherungsgesetze, die Bismarck im Parlament durchgesetzt hat. Es sieht ein Renteneintrittsalter von 70 Jahren bei dreißigjähriger Beitragszahlung vor. Invalidenrente soll erst nach fünfjähriger Beitragszahlung gewährt werden. Die Beiträge werden je zur Hälfte von Arbeitgebern und Arbeitnehmern aufgebracht, das Reich leistet einen Zuschuss. Die Sozialdemokraten stimmen dagegen, weil ihnen die Versicherungsbedingungen zu streng sind.

1889, 1. –27. Juli: Wilhelm II. tritt seine erste Nordlandreise an. Die Fahrten auf der Yacht „Hohenzollern" nach Skandinavien, der Kaiser umgeben von einem Kreis ausschließlich männlicher Begleiter, werden zu einem jährlich wiederholten Ritual.

1889, 18. Aug.: Auf dem Bergarbeitertag in Dorstfeld gründet sich der Verband zur Wahrung und Förderung der bergmännischen Interessen im Rheinland und Westfalen.

Der Vogelflug
als Grundlage der Fliegekunst.
Ein Beitrag
zur
Systematik der Flugtechnik.
Auf Grund
zahlreicher von O. und G. Lilienthal ausgeführter Versuche
Otto Lilienthal,
Berlin 1889.
R. Gaertners Verlagsbuchhandlung
Hermann Heyfelder
Gesammelt und gestiftet von
Oberst von Brug.

„Schauen wir der Möve zu, welche drei Armlängen über unserem Haupte fast regungslos im Winde schwebt! . . . Ja, nicht so leicht wird es sein, diesen Naturflügel nun auch mit allen seinen kraftersparenden Eigenschaften für den Menschen brauchbar auszuführen, und wohl noch weniger leicht mag es sein, den Wind, diesen unsteten Gesellen, der so gern die Früchte unseres Fleißes zerstört, mit körperlichen Flügeln, die uns nicht angeboren sind, zu meistern. Aber dennoch für möglich müssen wir es halten, dass uns die Forschung und die Erfahrung, die sich an Erfahrung reiht, jenem großen Augenblick näher bringt, wo der erste freifliegende Mensch, und sei es nur für wenige Sekunden, sich mit Hilfe von Flügeln von der Erde erhebt und jenen geschichtlichen Zeitpunkt herbeiführt, den wir bezeichnen müssen als den Anfang einer neuen Kulturepoche." Otto Lilienthal (1848- 1896): „Der Vogelflug als Grundlage der Fliegekunst", 1889.

„Das missratene Kind." Englische Karikatur auf Wilhelm II. vom 10 Mai 1890. Im Boot sitzen Englands Königin Viktoria mit dem Prince of Wales, die französische „Marianne", der österreichische Kaiser Joseph II. und der Russische Zar. Entsetzt fragen ihre Blicke, wird der junge Kaiser das Schiff zum Kentern bringen?

1889, 6. Okt.: Erstbesteigung des Kilimandscharo in Ostafrika durch Hans Meyer und Ludwig Purtscheller.

1889, 20. Okt.: Die Uraufführung von Gerhart Hauptmanns naturalistischem Drama „Vor Sonnenaufgang" im Berliner Lessingtheater löst einen Theaterskandal aus.

1889, 20. Dez.: Die erste Nummer der von Emma Ihrer gegründeten Frauenzeitschrift „Die Arbeiterin" erscheint.

1889, 30. Dez.: Im letzten der „Geheimbundprozesse" werden in Elberfeld 44 Sozialdemokraten verurteilt.

1889, 30. Dez.: In seiner Neujahrsbotschaft spricht Kaiser Wilhelm II. den Wunsch aus, dass ihm der treue und erprobte Rat seines Kanzlers Bismarck noch viele Jahre erhalten bleiben möge.

1889: Gründung des Guttemplerordens, einer Vereinigung zum Kampf gegen den Alkoholismus, die auf Selbsthilfe des Kranken setzt.

1889: Die Lehrerin Helene Lange richtet in Berlin „Realkurse für Frauen" ein, die Mädchen und Frauen den Zugang zur Universität öffnen sollen.

1889: Oskar Minkowski und Joseph von Mehring gewinnen aus Tierversuchen die Erkenntnis, dass Zuckerkrankheit eine Ausfallerscheinung der Bauchspeicheldrüse ist.

1889: Emil Adolph von Behring entdeckt das Diphtherie-Antitoxin.

1889: Gründung des Arbeiter-Samariterbundes.

1889: Der Deutsch-Amerikaner Hermann Hollerith erfindet die Lochkartenmaschine. Ihre Premiere erlebt sie bei der US-Volkszählung 1890.

1889: Mit der Indienststellung des Schnelldampfers „Hohenzollern" greift der Norddeutsche Lloyd Bremen in das Transatlantik-Geschäft ein. Zwischen deutschen und englischen Reedereien entwickelt sich in der Zeit bis zum Ersten Weltkrieg eine lebhafte Konkurrenz.

1890, 7. Jan.: Tod der preußischen Königin und Kaiserin Augusta, der Gemahlin Wilhelms I., in Berlin.

1890, 25. Jan.: Der Reichstag lehnt die von Bismarck geforderte Verlängerung des Sozialistengesetzes ab.

1890, 31. Jan.: Bismarck legt die Leitung des Handelsministeriums nieder. Den Posten übernimmt der Oberpräsident der Rheinprovinz, Hans Freiherr von Berlepsch.

1890, 20. Febr.: Bei den Reichstagswahlen müssen die Kartellparteien, auf die sich Bismarck gestützt hat, empfindliche Einbußen hinnehmen. Die bisherige Opposition besitzt nun die Mehrheit; den größten Gewinn verzeichnen dabei die Sozialdemokraten, die mit 1,5 Millionen die meisten Stimmen eingefahren haben. Die Verschlechterung der parlamentarischen Situation veranlasst Bismarck, die Möglichkeit eines Staatsstreichs zu erwägen.

1890, 2. Febr.: Unter Verweis auf eine Kabinettsordre von 1852 verpflichtet Bismarck seine Mitarbeiter, ihn vorher zu informieren, falls sie vom Kaiser zu Vorträgen geladen werden. Das soll verhindern, dass einzelne Minister bei Kaiser Wilhelm II. eine andere Politik vertreten als er.

1890, 15. März: In einer Aussprache mit Bismarck fordert Kaiser Wilhelm von seinem Kanzler, die 1852er Kabinettsordre zurückzuziehen. Als Bismarck sich weigert, ist der Bruch da.

1890, 19. März: Bismarck reicht den vom Kaiser gewünschten Rücktritt ein. Nachfolger als Reichskanzler wird General Leo Graf von Caprivi.

Der Sozialdemokrat

Organ der Sozialdemokratie deutscher Zunge.

20 Mandate im ersten Wahlgang, 17 in der Stichwahl.

1,341,587 sozialdemokratische Wähler — 567,405 Zuwachs

Unser die Welt, trotz alledem!

Der erste Akt.

Zur Wahl der 397 Mitglieder des Deutschen Reichstags am 20. Februar 1890 waren die mindestens 25 Jahre alten Bürger berechtigt; Militärangehörige durften nicht wählen, konnten sich aber wählen lassen. Gewählt wurde nach dem Mehrheitssystem. Konnte ein Abgeordneter in seinem Wahlkreis nicht die absolute Mehrheit gewinnen, musste eine Stichwahl abgehalten werden. Bei den Wahlen erlitt die Nationalliberale Partei eine schwere Niederlage. Sie brachte nur noch 42 Abgeordnete in den Reichstag, während sich die sozialdemokratische Fraktion mehr als verdreifachte. Die Sitzverteilung war folgende (in Klammem jeweils die Mandate nach der Wahl von 1887): Zentrum 106 (98), Deutsch-Konservative 73 (80), Freisinnige/Fortschrittliche 66 (32), Nationalliberale 42 (99), Sozialdemokraten 35 (11), Reichspartei 20 (41), Polen 16 (13), Welfen 11 (4), Elsass-Lothringer 10 (15), Volkspartei 10 (-), Dänen 1 (1), Sonstige 7 (3).

Joseph von Schelling

Schelling, am 27. Januar 1775 in Leonberg geboren, am 20. August 1854 in Bad Ragaz gestorben, war neben Fichte und Hegel der Hauptvertreter des Deutschen Idealismus. Er stammte aus einer schwäbischen Pfarrersfamilie. Frühreif und hochbegabt, wuchs er in der Tradition der „Schwabenväter“ Johann Albrecht Bengel und Friedrich Christoph Oetinger auf. Schon 1790 trat er als Theologiestudent ins Tübinger Stift cin, wo er der Stubenkamerad von Hegel und Hölderlin war. 1794 griff er mit seiner ersten philosophischen Schrift, „Über die Möglichkeit und Form der Philosophie überhaupt“, die von Fichtes ersten Veröffentlichungen angeregt war, in die philosophische Diskussion ein und erregte sofort die Aufmerksamkeit der Fachleute. Nach einer Hauslehrerzeit wurde Schelling, von Goethe gefördert, 1798 Philosophieprofessor in Jena. Er befreundete sich mit den Hauptvertretern der Romantik. In den Vorlesungen und Schriften der Jenaer Zeit, besonders wichtig ist hier der „Erste Entwurf zu einem System der Naturphilosophie“, drückt sich in Schellings Wendung zur Natur sein Hauptbeitrag zur idealistischen Philosophie aus.

Fichte wollte die von Kant hinterlassenen Probleme durch eine Rückführung der Philosophie auf das Ich lösen. Schelling fragt nach der Herkunft des Ich. Es stammt aus der Natur, die aber selber als organisch, und das heißt geist- und willensanalog, begriffen werden muss. Die Natur ist objektives Subjekt-Objekt. Die ganze Fragestellung, und das gilt bis zu Schellings „religionsphilosophischer“ Spätphilosophie, ist aber bestimmt vom Problem der Realisierung möglicher Freiheit. Natur und Geschichte werden als Bedingung und Stätte der Freiheit ausgelegt. Diese Wendung Schellings führte zum Bruch mit Fichte. Auf dessen Gebiet, in der Transzendentalphilosophie, ist das über sie hinausgehende frühe Hauptwerk „System des transzendentalen Idealismus“ (1800) angesiedelt.

1803 ging Schelling nach Würzburg. Von 1805 bis 1841 war er in München als Mitglied der dortigen Akademie der Wissenschaften, nur von seiner Lehrtätigkeit 1820 bis 1827 unterbrochen. Seit 1809, dem Todesjahr seiner Frau Caroline und dem Erscheinungsjahr seiner „Philosophischen Untersuchungen über das Wesen der menschlichen Freiheit“, hat er nichts mehr veröffentlicht. Er war nun eng mit dem bayerischen Kronprinzen Maximilian befreundet.

Als ihn allerdings 1841 der preußische König Friedrich Wilhelm IV. gegen die „Drachensaat des Hegelianismus“ rief, ging er nach Berlin. Seine religionsphilosophischen Vorlesungen wurden von der Jugend aber nicht mehr verstanden. Schon der dänische Philosoph Sören Kierkegaard hatte über den alternden Idealisten gespottet, der die Zeichen der Zeit (soziale Frage, Liberalismus, Verfassung u. a.) ignoriere und nicht bemerke, dass die seine vorüber sei. Angefeindet wegen seiner Weltabgewandtheit und Fürstenfreundschaften, verbrachte Schelling verbittert die letzten Jahre seines dem Nachdenken gewidmeten Lebens.

Carl Friedrich Gauß

Gauß, Sohn eines Gärtners, geboren am 30. April 1777 in Braunschweig, zeigte sich schon im Kindesalter hochbegabt in Mathematik. Im Alter von drei Jahren korrigierte er bereits Additionsrechnungen seines Vaters und über die Jahre hinweg behielt er alle Arten von numerischen Daten im Kopf, auch so offenbar nutzlose wie z. B. das Lebensalter berühmter Männer in Tagen.

Von vielen wird Gauß als einer der drei größten Mathematiker aller Zeiten angesehen, neben Archimedes und Newton. Sein ungewöhnlicher Verstand wurde früh entdeckt, und Herzog Karl Wilhelm Ferdinand von Braunschweig förderte ihn. Im Jahre 1795 begann er sein Studium an der Universität Göttingen.

Noch bevor er 20 Jahre alt wurde, hatte er eine Reihe bemerkenswerter Entdeckungen gemacht, einschließlich der „Methode der kleinsten Fehlerquadrate“. Damit kann die Gleichung jener Kurve, die zu einer Anzahl von Beobachtungswerten am besten passt, bestimmt werden. Derartige Arbeiten ermöglichten es Gauß, noch in seinen frühen zwanziger Jahren die Umlaufbahn des Planetoiden (Kleinplaneten) Ce-

***Bild links:** Friedrich Ludwig Jahn (11. August 1778-15. Oktober 1852) richtete 1822 in der Berliner Hasenheide einen Turnplatz an. In der sportlichen Betätigung sah der „Turnvater“ die Möglichkeit, die physische Kraft und die Moral der Jugend zu stärken. Sein aus romantischer Verklärung der germanischen Vorzeit und des „Volkstums“ erwachsener extremer „teutononischer“ Nationalismus beeinflusste besonders den radikalen Flügel der Burschenschaften.*

***Bild rechte Seite links:** Carl Friedrich Gauß, Gemälde von Gottlieb Biermann, 1887. Der Astronom, Mathematiker und Physiker Carl Friedrich Gauß (1777-1855) gilt bis heute als einer der größten Mathematiker aller Zeiten.*

***Bild rechte Seite rechts:** Titelblatt des ersten Heftes der „Gartenlaube“, 1853. „Die Gartenlaube. Illustrirtes Familienblatt“, Vorläufer moderner Illustrierten, erschien ab 1853 und erreichte 1876 unter dem Verleger Ernst Keil eine Auflagenhöhe von 382.000 Exemplaren. Da „Die Gartenlaube“ sowohl in der gemeinsamen Familienlektüre konsumiert wurde als auch in zahlreichen Leihbibliotheken und Cafés als Auslage zur Verfügung stand, beläuft sich die Schätzung der eigentlichen Leserschaft zu ihren Hochzeiten auf zwei bis fünf Millionen.*

res aus wenigen Beobachtungen zu berechnen, womit der der Beobachtung verloren gegangene erste Planetoid wieder aufgefunden werden konnte. (Der 1001. Planetoid wurde zu seinen Ehren „Gaussia" benannt.) Er entwickelte auch die Perturbationstheorie oder Störungstheorie, die Urbain le Leverrier und Carl Adams bei ihrer Entdeckung des Neptuns benutzten.

Während er noch die Universität besuchte, zeigte er eine Methode auf zur Konstruktion eines gleichseitigen Polygons von 17 Ecken unter ausschließlicher Benutzung von Zirkel und Lineal. Dies war eine Konstruktion, die den alten Griechen entgangen war. Gauß ging aber noch weiter: Er bewies, dass nur Polygone einer bestimmten Seitenzahl mit Lineal und Zirkel allein konstruiert werden können. (Diese beiden Hilfsmittel waren nach Ansicht Platons die einzig geeigneten für geometrische Konstruktionen.) Ein siebenseitiges Polygon (ein „Heptagon") konnte auf diese Weise nicht konstruiert werden. Damit war zum ersten Mal die Nichtdurchführbarkeit eine geometrischen Konstruktion bewiesen worden. Von dieser Zeit an nahm die Bedeutung des Unmöglichkeitsbeweises in der Mathematik ständig zu und erreichte mit Kurt Gödel etwa 150 Jahre später einen Höhepunkt.

Gauß wurde bald als größter Mathematiker seiner Zeit anerkannt. Er leistete einen wichtigen Beitrag zur Zahlentheorie, einem von Fermat gegründeten Zweig der Mathematik, und ebenso auf allen anderen mathematischen Teilgebieten. Er entwickelte auch eine nichteuklidische Geometrie, zögerte jedoch mit der Veröffentlichung, sodass Lobatschewski und Bolyai ihm zuvorkamen und dadurch bekannt wurden. 1799 bewies Gauß den „Fundamentalsatz der Algebra", nämlich, dass jede algebraische Gleichung n-ten Grades genau n Lösungen der Form a + ib hat, wobei a und b reelle Zahlen sind und i die Quadratwurzel aus -1 ist. Zahlen der Form a + ib werden als „komplexe Zahlen" bezeichnet, und Gauß zeigte, dass ihre Gesamtheit als Punkte einer Zahlenebene („Gaußsche Zahlenebene") dargestellt werden kann. Mit dieser Arbeit promovierte er. 1801 führte er den Beweis des fundamentalen Satzes der Arithmetik: dass jede natürliche Zahl auf eine und nur eine Weise als das Produkt von Primzahlen dargestellt werden kann. 1807 wurde er auf Empfehlung Humboldts, der ein großer Bewunderer von Gauß war, zum Direktor des Observatoriums in Göttingen ernannt. Während seiner Göttinger Jahre entwarf Gauß ein Heliotrop, ein Instrument, mit dem Sonnenlicht über große Entfernungen hinweg reflektiert werden konnte. Diese Lichtstrahlen konnten als gerade Linien in der Geodäsie benützt werden und ermöglichten eine genauere trigonometrische Bestimmung der Form der Erde.

Gauß arbeitete auch auf dem Gebiet des Erdmagnetismus und errichtete das erste Observatorium speziell für dieses Gebiet. Er berechnete den Ort der magnetischen Pole aus geomagnetischen Beobachtungen, wobei sich seine Berechnungen als bemerkenswert genau erwiesen. 1832 stellte er einen logischen Satz von Maßeinheiten zur Messung magnetischer Phänomene auf. Die Einheit der magnetischen Flussdichte wurde nach ihm „Gauß" benannt. Er zeigte auf, dass sich viele Maßeinheiten aus einer kleinen Zahl fundamentaler Maßeinheiten aufbauen ließen. 1833 konstruierte er auch einen elektrischen Telegrafen,

Richter

Zweite Auflage.

№ 1. 1853.

Die Gartenlaube.

Familien-Blatt. Verantwortlicher Redakteur Ferdinand Stolle.

Wöchentlich ein ganzer Bogen mit Illustrationen.

Durch alle Buchhandlungen und Postämter für 10 Ngr. vierteljährlich zu beziehen

An unsere Freunde und Leser!

Grüß Euch Gott, lieben Leute im deutschen Lande!

Zu den vielen Geschenken, die Euch der heilige Christ bescheert hat, kommen auch wir mit einer Gabe — mit einem **neuen Blättchen!** Seht's Euch an in ruhiger Stunde. Was wir wollen und bringen — das Alles können wir Euch freilich nicht im Voraus sagen und aus der ersten Nummer werdet Ihr's auch nicht ganz ersehen können, wir hoffen indeß, es soll Euch gefallen.

Wenn Ihr im Kreise Eurer Lieben die langen Winterabende am traulichen Ofen sitzt oder im Frühlinge, wenn vom Apfelbaume die weiß und rothen Blüthen fallen, mit einigen Freunden in der schattigen Laube — dann leset unsere Schrift. Ein Blatt soll's werden für's Haus und für die Familie, ein Buch für Groß und Klein, für Jeden, dem ein warmes Herz an den Rippen pocht, der noch Lust hat am Guten und Edlen! Fern von aller raisonnirenden Politik und allem Meinungsstreit in Religions- und andern Sachen, wollen wir Euch in wahrhaft guten Erzählungen einführen in die Geschichte des Menschenherzens und der Völker, in die Kämpfe menschlicher Leidenschaften und vergangener Zeiten.

Dann wollen wir hinaus wandern an der Hand eines kundigen Führers in die Werkstätten des menschlichen Wissens, in die freie Natur, zu den Sternen des Himmels, zu den Blumen des Gartens, in die Wälder und in die Eingeweide der Erde, und dann sollt Ihr hören von den schönen Geheimnissen der Natur, von dem künstlichen Bau des Menschen und seiner Organe, von Allem, was da lebt und schwebt und kreucht und schleicht, was Ihr täglich seht und doch nicht kennt. Und was außerdem noch von Interesse ist im Thun und Treiben der Menschen — Ihr sollt's finden in unserm Blättchen, das zu alle den Dingen, die wir Euch bieten, auch noch verzierende und erklärende **Abbildungen** bringt von anerkannten Künstlern.

So wollen wir Euch unterhalten und unterhaltend belehren. Ueber das Ganze aber soll der Hauch der Poesie schweben wie der Duft auf der blühenden Blume, und es soll Euch anheimeln in unsrer Gartenlaube, in der Ihr gut-deutsche Gemüthlichkeit findet, die zu Herzen spricht.

So probirt's denn mit uns und damit Gott befohlen!

Ferdin. Stolle, Redakteur. **Ernst Keil**, Verleger.

Die **Gartenlaube** erscheint wöchentlich mit vielen **Illustrationen** und kostet vierteljährlich nur 10 Ngr. Alle Buchhandlungen und Postämter nehmen Bestellungen an.

Leipzig, Ende December 1852.

Die Verlagshandlung.

der die Sternwarte der Universität Göttingen mit dem 2,7 Kilometer entfernten Physikalischen Institut verband. Gauß starb am 23. Februar 1855 in Göttingen.

Heinrich Heine

Als Sohn des jüdischen Tuchhändlers Samson Heine und seiner Ehefrau Elisabeth van Geldern kam Heine am 13. Dezember 1797 in Düsseldorf zur Welt. Er studierte nach einer Kaufmannslehre in Bonn, Göttingen und Berlin, wo er im Salon der Rahel Varnhagen verkehrte, die Rechte. 1825 wechselte er vom jüdischen Glauben zur evangelischen Kirche über. Noch als Student schrieb und veröffentlichte er erste Gedichte (1822). In den vier Bänden „Reisebilder" (1826-1831) wird er zum Schöpfer der „modernen" feuilletonistischen Prosa. Er gibt Impressionen in leichtem, plauderndem Stil, angereichert durch lyrische Intermezzi. Der Erfolg seiner Reisebilder erlaubte es ihm, als freier Schriftsteller zu leben. Mit seiner Gedichtsammlung „Buch der Lieder" (1827) wurde Heine (der „deutsche Byron") zum romantischen Modepoeten der Zeit. 1831 ging er als Korrespondent der Augsburger Allgemeinen Zeitung nach Paris, wo er mit deutschen Emigranten, besonders mit Karl Marx, Kontakt aufnahm. Seine publizistische Arbeit verstand er als Mittlertätigkeit zwischen Deutschland und Frankreich. In den Beiträgen seiner 1833 erschienenen „Geschichte der neueren schönen Literatur in Deutschland" (zwei Bände, erweitert 1836: „Die Romantische Schule") und „Zur Geschichte der Religion und Philosophie in Deutschland" schilderte er den Franzosen die geistigen Spannungen und Bewegungen seines Vaterlandes; in „Französische Zustände" (1833) versuchte er deutschen Lesern einen Begriff von französischer Humanität und Liberalität zu geben. Das brachte ihn bei der deutschen Restauration in Verruf. 1835 wurden Heines Schriften zusammen mit denen der „Jungdeutschen" vom Deutschen Bundestag verboten. Nach einer Reise von Paris nach Hamburg stellte er in seinem Verspamphlet „Deutschland, ein Wintermärchen" (1844) die politische Reaktion und die Schwächen des deutschen Philisters erbarmungslos an den Pranger. Politische Tendenzliteratur verspottete er in dem literarisch-satirischen Epos „Atta Troll" (1847). Seit 1848 von einem unheilbaren Rückenmarksleiden ans Krankenlager („Die Matratzengruft") gefesselt, umsorgt von seiner letzten Liebe „Mouche" (Elise Krinitz), fand er in seinem lyrischen Spätwerk „Romanzero" (1851) und den nachgelassenen Lazarus-Gedichten lyrische Töne von starker Innerlichkeit und einer an keine Konfession gebundenen Religiosität. Heine starb am 17. Februar 1856 in Paris.

Das deutsche Bürgertum, das die Liebeslyrik Heines als sentimentale Weisen verstand, die in der Vertonung wie Volkslieder wirkten, fiel in seinem Verhältnis zu ihm, der sich einmal der „kleine deutsche Aristophanes" nannte, einem bis heute nicht überwundenen Missverständnis zum Opfer. Den Liedersänger verstand man romantisch und sentimental und übersah dabei das hohe Maß an Bewusstheit und Virtuosität, das den Lyriker Heine zum Überwinder und Verächter eben jener Empfindsamkeit werden ließ, deren Motive er in seinen Versen verwendete; Heines Lyrik zeichnet sich eben durch den vollkommenen Mangel an Naivität aus. In seinen Versen wird immer wieder das Duell zwischen der romantischen Ironie und der romantischen Attitüde ausgetragen; dabei bleibt die Ironie, die seinen artistischen Stimmungsgemälden durch einen Schlussvers eine jähe Wendung ins Sarkastisch-Boshafte geben kann, der alleinige Sieger. Die politische und journalistische Prosa des freiheitlichen Patrioten im Pariser Exil wurde nicht nur von erklärten Antisemiten als hochverräterisch und als „Nestbeschmutzung" gebrandmarkt; seine Verspottung des Nationalismus, sein soziales Engagement, aber auch die Eleganz seines publizistischen Stils galten als „undeutsch".

Heine wusste, dass er ein „Zerrissener" war, und er hat dieses Wissen schöpferisch ausgewertet. In der deutschen Dichtung des bürgerlichen Jahrhunderts war er der große Moderne, ein Dialektiker. Hinzu kommt, dass auch der Sänger Heine ein seiner Mittel und Grenzen sicherer „Sprachingenieur", also der moderne Typus des Schriftstellers, des Literaten, war. Er dichtete in Antithesen, er kalkulierte Poesie auf ihren Effekt. Wo er einen unreinen Reim durchgehen lässt oder eine rhythmische Synkope einbaut, darf man sicher sein, dass dies kein Fehler, sondern Berechnung ist. Lieber nahm er den Anschein des Seichten in Kauf, als durch die Verdunkelung eines Textes falschen Tiefsinn vorzutäuschen.

***Bild links:** Heinrich Heine (1797-1856) erlangte seinen Ruhm als Lyriker v. a. durch sein „Buch der Lieder" (1827). Bedeutend sind auch seine Reiseberichte „Harzreise" (1826) und „Reisebilder" (1826-1831, darin auch Neuabdruck der „Harzreise"). In den „Neuen Gedichten" widmete er sich den zeitgenössischen politischen Ereignissen. Eine besonders bissige Satire über die Zustände im Deutschland zur damaligen Zeit ist das Versepos „Deutschland – Ein Wintermärchen".*

***Bild rechte Seite links:** Robert Schumann, Miniatur, 1840. Der Komponist (1810-1856) setzte auch als Musikwissenschaftler neue Maßstäbe. Seinen 200. Geburtstag beging seine Geburtsstadt Zwickau im Jahr 2010 mit einem Robert-Schumann-Jahr. Sie lud ein, auf Schumanns Spuren zu wandeln und in Konzerten und anderen Veranstaltungen seiner Musik zu begegnen.*

***Bild rechte Seite rechts:** Joseph Freiherr von Eichendorff (1788-1857) war ein bedeutender Lyriker der Romantik. Heute soll mit dem Eichendorff-Literaturpreis u. a. die Aufmerksamkeit auf Schriftsteller gelenkt werden, die aus Schlesien kommen oder sich intensiv mit schlesischer Kultur beschäftigen.*

Robert Schumann

Schumann kam als Sohn eines Zwickauer Buchhändlers am 8. Juni 1810 zur Welt und schon in jungen Jahren mit bedeutender Literatur in Kontakt. Besonders die Werke Joseph von Eichendorffs und Heinrich Heines prägten sein späteres Schaffen nachhaltig. Nachdem er zunächst Jura studiert hatte, beschloss er bald, sich ganz dem Komponieren zu widmen und ein berühmter Klaviervirtuose zu werden. Schumann wurde in Leipzig Schüler von Friedrich Wieck, seinem späteren Schwiegervater. Seine Pianistenlaufbahn scheiterte an einer von ihm selbst entwickelten Apparatur, die den Ringfinger der rechten Hand gelenkiger machen sollte. Doch das Gegenteil war der Fall und der Finger blieb lebenslang gelähmt.
1834 gründete Schumann die „Neue Zeitschrift für Musik", worin er unter verschiedenen Pseudonymen schrieb (Eusebius, Florestan, Meister Raro). 1840 heiratete er nach gerichtlichen Streitigkeiten die Tochter seines früheren Lehrers, die zehn Jahre jüngere Clara Wieck, die er mit 19 Jahren zum ersten Mal gesehen hatte. 1844 übersiedelten sie nach Dresden und 1850 nach Düsseldorf, wo Schumann musikalischer Direktor der Stadt wurde. Eine fortschreitende geistige Erkrankung bedingte nach 1853 das Ende von Schumanns kompositorischer Tätigkeit. Er starb 46-jährig, am 29. Juli 1856, in der Heilanstalt Endenich bei Bonn, in die er nach einem Versuch, sich in den Rhein zu stürzen, auf eigenen Wunsch gebracht worden war.
Als Komponist und Musikschriftsteller gilt Schumann als Hauptvertreter der deutschen Romantik in der Musik; seine Werke scheinen weniger durch musikalische Formstrukturen als durch Gefühle geprägt, jedoch setzte er sich in seinem Werk spürbar mit Johann Sebastian Bach auseinander. Gerade in seinem Klaviersatz stellt Schumann ein großes Maß an Formenreichtum und Strukturideen unter Beweis. In der Symphonik zeigt sich Schumann immer wieder als gewandter Kontrapunktiker. Mit Felix Mendelssohn Bartholdy verband ihn eine enge Freundschaft. Richard Wagner sandte ihm die Partitur seines „Fliegenden Holländer", den Schumann als „zu mayerbeersch" zurückwies, was Wagner lebenslang verstimmte. Umso mehr setzte sich Schumann in seiner Musikzeitung für Johannes Brahms und Frédéric Chopin ein. Auch Werke des bereits verstorbenen Franz Schubert erfuhren durch Schumann ihre posthume Uraufführung.
Schumann schuf zahlreiche Klavierwerke („Symphonische Etüden", op. 13; „Kinderszenen", op. 15; „Kreisleriana", op. 16; „Album für die Jugend", op. 68, Sonaten, lyrische Charakterstücke). Während seiner glücklichen Ehe mit Clara Schumann schrieb Robert über 300 Lieder, deren Begleitung der Singstimme gleichberechtigt ist, und die (anders als bei Schubert) immer mit einem obligatorischen Nachspiel versehen sind.

Joseph Freiherr von Eichendorff

Der deutsche Lyriker und Erzähler kam am 10. März 1788 auf Schloss Lubowitz bei Ratibor als Sohn einer katholischen Adelsfamilie zur Welt. Nach Abschluss des katholischen Gymnasiums in Breslau studierte er 1805/1806 Jura in Halle; ab 1807 setzte er sein Studium in Heidelberg fort. 1808 reiste er nach Paris und Wien, 1809 lernte er in

Berlin unter anderem Heinrich von Kleist und Clemens Brentano kennen. Nach der Übersiedlung nach Wien (1810) schloss der sich dem Freundeskreis Friedrich Schlegels an. 1812 beendete er in Wien sein Studium. Nach der Teilnahme an den Befreiungskriegen von 1813 bis 1815 arbeitete er als Referendar in Breslau; ab 1821 als Kirchen- und Schulrat in Danzig. 1824 wurde er Oberpräsidialrat in Königsberg, 1831 zog er mit seiner Familie wieder nach Berlin und war an verschiedenen Ministerien tätig, ab 1841 als geheimer Regierungsrat. 1844 ging er in Pension und verstarb am 26. November 1857 in Neiße, Schlesien. Bedeutend sind vor allem seine volksliedhaft-schlichten Gedichte (vertont durch Schumann und Wolf), die wie seine Romane („Ahnung und Gegenwart", 1815; „Dichter und ihre Gesellen", 1834) und Novellen („Das Marmorbild", 1819; „Aus dem Leben eines Taugenichts", 1826 u. a.) einen Höhepunkt der deutschen Spätromantik bilden. Eichendorff schrieb auch literarhistorische Arbeiten („Geschichte der poetischen Literatur Deutschlands", 1857).

Der Naturforscher, Geologe und Geograf Alexander Freiherr von Humboldt (1769-1859) auf einem Gemälde von Friedrich Georg Weitsch aus dem Jahr 1806.

Georg Simon Ohm

Georg Simon Ohm, der am 16. März 1789 in armen Verhältnissen zur Welt kam, konnte keine Universitätslaufbahn einschlagen und wurde Lehrer. Da er nicht über entsprechende Mittel verfügte, musste er sich die notwendigen Geräte für seine Experimente selbst bauen. Von seiner Entdeckung des elektrischen Widerstands versprach er sich den Einstieg in eine akademische Laufbahn. Seine Veröffentlichung, in der er versuchte, seine Erkenntnisse mit mathematischen Formeln zu belegen, wurde abgelehnt. Er verlor sogar seine Stellung als Lehrer. Im Ausland wurde die bahnbrechende Entdeckung jedoch anerkannt: 1842 wurde Ohm Mitglied der Royal Society in London. Fünf Jahre vor seinem Tod, 1849, erhielt er eine Professur an der Universität München. Bei seinen Experimenten fand er 1826 eine Größe, die er elektrischen Widerstand nannte. Das von ihm formulierte Gesetz besagt, dass die Stromstärke zur Stromspannung direkt und zum Widerstand umgekehrt proportional ist. Man nennt dies heute das Ohm'sche Gesetz. Diese Entdeckung hatte große Bedeutung für die Entwicklung der Elektrizitätslehre. Durch Veränderung einer Komponente war es nun möglich, Stromkreise spezifisch zu planen. Ohm verstarb am 6. Juli 1854 in München.

Karl Adolf von Basedow

Seit der Mitte des 19. Jh. ist die Basedow-Krankheit ein festgefügter Begriff, die der Mediziner Georg Hirsch nach ihrem Entdecker benannte. Das Glotzauge als Symptom der übermäßigen Bildung des Schilddrüsensekrets war 1840 erstmals von dem am 28. März 1799 in Dessau geborenen Merseburger Amtsarzt Dr. med. Karl Adolf von Basedow in seiner Schrift „Exophthalmus durch Hypertrophie des Zellgewebes in der Augenhöhle" beschrieben worden. Basedow praktizierte als Arzt, arbeitete als Wissenschaftler und veröffentlichte eine Reihe beachtenswerter Arbeiten, besonders auf dem Gebiet der Chirurgie. Mit seiner Entdeckung der Basedow-Krankheit ging er in den Kreis der Berühmtheiten der medizinischen Wissenschaft ein. Er starb am 11. April 1854 in Merseburg.

Alexander Freiherr von Humboldt

Der bedeutende deutsche Naturforscher, Geologe und Geograf kam am 14. September 1769 in Berlin zur Welt und starb ebenda am 6. Mai 1859. Der Bruder von Wilhelm von Humboldt wurde zum Begründer der physischen Geografie. Alexander von Humboldt betrieb in Frankfurt an der Oder und in Göttingen naturwissenschaftliche und Bergbaustudien. Ein Besuch bei Georg Forster in Mainz, seinerzeit der bekannteste deutsche Forschungsreisende, fand seine Fortsetzung in einer Reise, die Forster und Humboldt 1790 den Rhein hinab nach Holland, England und Frankreich führte. Frucht dieser Fahrt war Humboldts erste Veröffentlichung „Mineralogische Beobachtungen über einige Basalte am Rhein". Die Schrift nahm vorsichtig Stellung zum Streit zwischen Plutonismus und Neptunismus. Humboldt ließ erkennen, dass er der plutonistischen Lehrmeinung zuneige, welche zu dieser Zeit weniger Renommee besaß. Die Mineralien sollten für ihn ein Hauptthema bleiben, und der Plutonismus erfuhr durch seine späteren Forschungen noch eine glänzende Aufwertung. Humboldt nahm Verbindung zu den Behörden des preußischen Berg- und Hüttenwesens auf, und es gelang ihm, einen Ausbildungsplatz an der Bergakademie in Freiberg (Erzgebirge) zu erhalten. Schon im März 1792 wurde er zum Bergassessor ernannt, und bald erhielt er den Titel eines Oberbergrates. Humboldt quittierte 1796 den Staatsdienst, um sich ganz und gar seinen Forschungen widmen zu können. Im Juni 1799 schiffte er sich zusammen mit dem französischen Botaniker Aimé Bonpland in Richtung Neue Welt ein. Sie bereisten die Gebiete der heutigen Staaten Venezuela, Kuba, Kolumbien, Ecuador, Peru, Mexiko und kehrten über Kuba und die USA im August 1804 nach Europa zurück. Humboldt verwirklichte auf dieser Reise erstmals ökologische Landschaftsforschung, führte unter anderem genaue Ortsbestimmungen und Höhenmessungen durch (z.B. die Bestimmung des Verlaufs des Río Casiquiare und eine Besteigung des Chimborazo) und maß die Temperaturen der später nach ihm benannten Meeresströmung (Humboldtstrom). Er machte zahlreiche Aufzeichnungen, Notizen, Messungen und Pflanzenbeschreibungen und sammelte eine Fülle von Gesteinsproben. In Paris schrieb er „Ideen zu einer Geographie der Pflanzen nebst einem Naturgemälde der Tropenländer“ (Erstveröffentlichung in französischer Sprache 1805) und „Ansichten der Natur“ (1808). Seit 1807 erschienen bereits in französischer Sprache die Bände seiner Reisebeschreibung, insgesamt 30, davon einige im übergroßen Folioformat, mit Karten, Zeichnungen, Tabellen. Damit wurde er zum Begründer der Pflanzengeografie und der modernen Landeskunde. Die Gesamtkosten des Werks, die Humboldt vorzuschießen hatte, beliefen sich auf 600.000 Francs für damalige Verhältnisse eine ungeheuerliche Summe und das zweitgrößte verlegerische Unternehmen seiner Zeit. Die absehbare Erschöpfung seines Vermögens und eine Verschlechterung der politischen Verhältnisse im Frankreich der späten Bourbonenzeit veranlassten Humboldt 1827, nach Berlin überzusiedeln und die gut dotierte Stellung eines Kammerherrn anzunehmen. 1827/1728 hielt er auch Vorlesungen, die den Naturwissenschaften in Deutschland einen neuen Impuls gaben. Bald folgte er einer Einladung des russischen Zaren zu einer neunmonatigen Reise nach Sibirien, die aber zur unergiebigen Tortur wurde, da er ein minuziös ausgearbeitetes und überwachtes Programm zu absolvieren hatte und der Zar zudem Vorschläge zur Ausbeutung der sibirischen Bodenschätze von ihm erwartete. Nach Berlin zurückgekehrt, begann Humboldt mit der Arbeit am „Kosmos“, dem Werk, in dem er die Summe seiner Studien zu sammeln hoffte, und das in fünf Bänden zwischen 1845 und 1862 erschien.

Bismarcks „Blut-und-Eisen-Rede“

Preußens König Wilhelm I. hatte sich in einen fast aussichtslosen Konflikt mit seinem Abgeordnetenhaus über den Haushalt verstrickt. Als letzten Versuch, den Verfassungsstreit zu überwinden, entschloss er sich, den durch besonders monarchische Reden aufgefallenen Otto von Bismarck zum Ministerpräsidenten zu bestellen. Der spätere Reichsgründer trat sofort mit kernigen Aussprüchen hervor, denen allerdings auch Taten folgen sollten. Eine seiner ersten Reden vor der Budgetkommission des Abgeordnetenhauses (1862) wurde weltberühmt. Sie enthielt die Wendung vom „Eisen und Blut“, die in der umgekehrten Reihenfolge sprichwörtlich wurde.

Der Konflikt drehe sich, sagte Bismarck, um die Grenze zwischen Kron- und Parlamentsgewalt. Die Krone habe noch andere Rechte als diejenigen, die in der Verfassung ständen. Er gebe die Hoffnung nicht auf, dass die Krisis, wie sie auch enden möge, zum Wohle des Landes ausschlagen werde. Der Konflikt werde sich wohl noch auf verfassungsmäßigem Wege erledigen oder vielmehr, man werde hoffentlich dahin kommen, die Verfassung besser dem preußischen Leibe anzupassen. Verfassungswidrigkeiten seien keine mathematischen Exempel, sondern nur mit gegenseitiger Schonung zu lösen:

„Wir haben zu heißes Blut, wir haben die Vorliebe, eine zu große Rüstung für unsern schmalen Leib zu tragen; nur sollen wir sie auch utilisieren. Nicht auf Preußens Liberalismus sicht Deutschland, sondern auf seine Macht; Bayern, Württemberg, Baden mögen dem Liberalismus indulgieren, darum wird ihnen doch keiner Preußens Rolle anweisen; Preußen muß seine Kraft zusammenfassen und zusammenhalten auf den günstigen Augenblick, der schon einige Male verpaßt ist; Preußens Grenzen nach den Wiener Verträgen sind einem gesunden Staatsleben nicht günstig; nicht durch Reden und Majoritätsbeschlüsse werden die großen Fragen der Zeit entschieden – das ist der große Fehler von 1848 und 1949 gewesen –, sondern durch Eisen und Blut.“

„Auch ein Todtentanz / aus dem Jahre 1848“, Holzschnitt von Alfred Rethel, Blatt VI („Der Tod als Sieger"). Der Maler und Zeichner Alfred Rethel (15. Mai 1816-1. Dezember 1859) erzielte mit seinen Holzschnittfolgen „Auch ein Todtentanz ...“ große Aufmerksamkeit. Dieser Zyklus war nicht, wie man annehmen könnte, vom Dresdner Maiaufstand inspiriert worden, da Alfred Rethel bereits im Winter 1848 mit der Ausarbeitung begonnen hat. Mit der aus sechs Holzschnitten bestehenden Folge knüpfte Rethel an die Totentanz-Holzschnitte Hans Holbeins an.

Arthur Schopenhauer

Schopenhauer war der Philosoph, der dem Bürgertum des späten 19. Jh. die pessimistisch-ästhetische Weltanschauung lieferte. Erst nach dem Tode des Vaters, der ihn zum Kaufmann machen wollte, konnte der am 22. Februar 1788 in Danzig geborene Schopenhauer seinen Neigungen folgen und in Göttingen Philosophie studieren. Er beschäftigte sich mit Platon und Kant. Aufgrund seines Erbes bis zu seinem Tod finanziell unabhängig, bezog er 1811 die Universität Berlin. In Jena promovierte er 1813 mit der bedeutenden Arbeit „Über die vierfache Wurzel des Satzes vom zureichenden Grunde" zum Doktor. Einer der ersten Leser der Arbeit war Goethe, mit dem Schopenhauer über seine Mutter, eine damals beliebte Reiseschriftstellerin, bekannt wurde. 1819 erschien das Hauptwerk „Die Welt als Wille und Vorstellung". Die Wirkung – berühmteste Bewunderer wurden Richard Wagner und Friedrich Nietzsche – setzte erst nach 1850 ein. Alle anderen Werke Schopenhauers, etwa „Über den Willen in der Natur" (1836) und „Parerga und Paralipomena" (1851), führen nur den Grundgedanken des Hauptwerks aus, zu dem 1844 ein zweiter Band erschien. Schopenhauers Philosophie ist formelartig bereits im Titel des Hauptwerks enthalten. Die erscheinende Welt ist, in Weiterentwicklung von Gedanken Kants, dem Subjekt als seine Vorstellung gegeben. Das ist sozusagen die Außenansicht der Dinge. In dieser Welt gilt der Satz vom Grund. Von innen her gesehen, und Schopenhauer verallgemeinerte hier Ergebnisse einer eindringlichen Selbstbeobachtung, ist das herrschende Prinzip ein blinder und unvernünftiger Wille, der nur sich selber will und seine Machtsteigerung. Er setzt sich im Lebenswillen der Pflanzen ebenso durch wie in den anscheinend zweckfreien Gebilden der Geistigkeit. Er benutzt in der Liebe die Individuen und beherrscht im Machttrieb die Geschichte. In der Musik spricht er sich selber aus. Freiwerden könne man von ihm nur in der kontemplativen, interesselosen Zuwendung zur Kunst. Dabei entziehe der Mensch sich seiner drängenden Kausalität, die ihn missbraucht. Die eigentliche Möglichkeit, sich dem blinden Wirken dieser überpersönlichen Unvernünftigkeit zu entziehen, besteht allerdings erst in der Askese. Die Ethik muss auf das Mitleid mit allen vom Willen Getriebenen gegründet werden. Schopenhauer war wohl der glänzendste Schriftsteller unter den Philosophen, der erst gegen Ende seines Lebens – er verstarb am 21. September 1860 in Frankfurt am Main – Anerkennung fand.

Ludwig Uhland

Der deutsche Schriftsteller Uhland, geboren am 26. April 1787 in Tübingen, führte den schwäbischen Dichterkreis an, der sich während der Romantik in Tübingen um ihn und seinen Freund Justinus Kerner scharte. Uhland studierte Jura und altdeutsche Poesie, über die er als Pionier der Germanistik – seit 1829 Professor für deutsche Literatur in seiner Vaterstadt – bedeutende Schriften verfasste. Von 1819 bis 1839 war Uhland liberaler Abgeordneter im württembergischen Landtag, wo er sich besonders für die Rechte des Volkes einsetzte. 1848 saß er als Oppositionsvertreter in der Frankfurter Nationalversammlung und focht für Demokratie sowie gegen das Erbkaisertum. Der Dichter starb am 13. November 1862 in Tübingen.

Uhlands dichterische Bedeutung fußt v. a. auf seinen Romanzen, Balladen sowie auf dem einfachen, sangbaren Lied. Seine Liebes- und Naturlyrik von 1815 – darunter „Schäfers Sonntagslied", „Die Kapelle", „Der gute Kamerad" – hebt sich in ihrem warmen Gefühlston deutlich von der Zerrissenheit der romantischen Vorgänger ab. Uhland verfasste aber auch zahlreiche patriotische Gedichte wie „Vorwärts" oder „Der österreichische Krieg". Die Balladen („Die Rache", „Des Sängers Fluch", „Schwäbische Kunde" u. a.) sind im Unterschied zu denen seines Vorbilds Schiller volkstümlich schlicht gehalten. Uhland schrieb die Monografie „Walther von der Vogelweide" (1822) und war Herausgeber der Sammlung „Alte hoch- und niederdeutsche Volkslieder" (1844/1845).

***Bild links:** Arthur Schopenhauer, Porträt von Ludwig Sigismund Ruhl, 1815.*
***Bild oben:** „Die klugen und törichten Jungfrauen", Detail aus einem Gemälde Wilhelm von Schadows (6. September 1788-19. März 1862), entstanden 1838-1842. Der Sohn und Schüler von Gottfried Schadow wurde 1826 in die Akademie in Düsseldorf zum Nachfolger von Peter von Cornelius berufen. Schadow brachte die Akademie zu neuer Blüte; so wurde unter seiner Leitung die „Düsseldorfer Schule" ein Begriff.*
***Bild rechte Seite:** Der Dichter Ludwig Uhland (26. April 1787- 13. November 1862) auf einem Gemälde von Christoph Friedrich Dörr.*

Schlacht bei Königgrätz

Am 3. Juli 1866 siegten beim Dorf Sadowa die Preußen unter Stabschef Moltke über die Österreicher und Sachsen unter Benedek. Es war der entscheidende Sieg im Deutschen Krieg; damit wurde Preußen Führungsmacht in Deutschland. Theodor Fontane verfasste über die verlustreiche Schlacht ein Gedicht:

„Sie höhnten uns, sie glaubten es zu dürfen;
Was Langmut war, sie nahmen's hin als Schwäche,
Sie warfen uns, zerdeutelt und zerrissen,
Versprechen und Verträge vor die Füße,
Und als in Ruh wir dann das Wort gesprochen:
‚Laßt uns, was unser sein muß, nehmt das Eure',
Da drohten sie: ‚Versucht's, wir sind am Platz;
Es kost't euch Schlesien und die Grafschaft Glatz.'
Das war zu viel. Es klang zurück die Antwort:
‚Wollt ihr den Krieg, wohlan, ihr sollt ihn haben!'
Und nieder von den Bergen Schlesiens, Sachsens,
Auf Wegen, die der Ruhm uns vorgezeichnet,
An Stätten hin, die Siegesnamen tragen,
In Böhmens Kessel stieg das Preußenheer. (...)
Noch fehlte die Entscheidung, doch sie kam.
Da, wo die Elbe, die sich nordwärts windet,
Auf kurze Strecke wieder südwärts fließt,
Auf weitem Feld, umstellt von Hügelkuppen,
Bei Festung Königgrätz entbrennt die Schlacht.
Anstürmen unter Trommelklang und Pfeifen
Von Altmark, Magdeburg die Regimenter,
Thüring'sche Bataillone, dicht geschlossen,
Sie folgen unter Hurra – all vergeblich;
Sie dringen vor, sie jubeln und sie fall'n.
Der Regen fällt in Strömen, schon ist Mittag,
‚Wo bleiben sie?' Es fragen's nicht die Lippen,
Es fragt's nur still das Herz. Da horch, von Westen
Und nun von Osten her in raschen Schlägen,
Roll'n unsre Preußendonner durch die Luft.
‚Das sind sie!' geht ein Jubel durch die Reihen,
‚Das ist das achte Korps! das sind die Garden!'
Und rechts und links des Feindes Flanke fassend,
So reichen jetzt zwei neue Preußenheere
Dem dritten übers Schlachtfeld hin die Hand.
Im Feuer hält der siebzigjähr'ge König,
Er sieht die Schale sich für Preußen neigen,
Und sieh, zum letzten Stoße, der entscheidet,
Erklingt sein Aufruf jetzt: ‚Nun, Manstein, vor!'
Ein Hurra ist die tausendstimm'ge Antwort,
Mit weh'nden Fahnen und mit kling'ndem Spiele
Anrücken all die Düppel-Bataillone,
Es fällt kein Schuß, die Glieder halten Richtung,
Und ihrem Stoß erliegt der Feind. Er flieht.
Bunt wird das Feld von aufgelösten Massen,
Geschütze, Wagenzüge und Kolonnen,
Ein wirrer Knäuel, alles häuft sich, drängt sich;
‚Jetzt ist es Zeit!' und in die flieh'nden Massen
Einhau'n die Unsern. Welch ein Spiel von Farben!
Hier schwarz und weiß die Fähnlein der Ulanen,
Hier silberfarbne Adler auf den Helmen,
Hier rot und weiß die Zietenschen Husaren –
Ein glänzend Schauspiel, glänzender der Sieg.
Ja, Sieg! Er hat die Herzen uns erhoben,
Er gab uns viel, – er hat auch viel genommen;
Ein Tag des Ruhmes, aber schwer erkauft.
'nen Schleier über Not und Tod und Wunden;
Es ziemt uns nicht, das Elend hier zu malen,
Es ziemt uns nur, zu trösten und zu lindern.
In Tod zu gehn war unsrer Brüder Pflicht –
Die unsre heißt: ‚Vergeßt zu helfen nicht!'"

Adolf Kolping

Wenn der Satz wahr ist, dass sich der Berufene gegen alle Widerstände durchsetzt, so kann als Beweis für diese Erfahrung das Leben und Werk Adolf Kolpings genannt werden. Niemand ahnte, dass dem am 8. Dezember 1813 in Kerpen bei Köln geborenen und in ärmlicher Umwelt aufgewachsenen Rheinländer bereits der entscheidende Auftrag bestimmt war, als er als Lehrling bei einem Schuhmacher eintrat. Wäre es nach seinem Bildungsdrang gegangen, so hätte schon der aufgeweckte Knabe einen seinem Wissensdurst näher gelegenen Weg gewählt. Über diese Zwischenstation in Köln lernte der junge Geselle aus unmittelbarer Beobachtung den sozialen und moralischen Tiefstand des handwerklichen Alltags kennen. Sein Wille, helfend einzugreifen, ließ in ihm den Gedanken eines entschlossenen, apostolierenden Priestertums reifen. Mit Unterstützung eines warmherzigen Förderers wurde er 1837 ins Gymnasium aufgenommen. Eine selbstlose Gönnerin ermöglichte dem ungewöhnlich Begabten schon vier Jahre später den Besuch der Universitäten München und Bonn. 1845 empfing er in Köln die Priesterweihe. Die Idee, die das Lebenssteuer Kolpings herumgeworfen hatte, ruhte damit nicht. Der junge Kaplan schloss sich zwei Schreinergesellen an und wurde der erste Präses eines katholischen Gesellenvereins. Die Gründung fand schnell begeisterte Anhänger; in vielen Städten Deutschlands und Österreichs entstanden gleiche Vereine, und überall wurden Heime gegründet, die der entwurzelten Handwerkerjugend eine Heimat boten. 1857 gab es bereits 140 Lokalvereine. Kolping starb am 4. Dezember 1865 in Köln. Das nach Adolf Kolping, der 1991 selig gesprochen wurde, benannte internationale Kolpingwerk hat es sich heute zur Aufgabe gemacht, seinen Schützlingen Bildung und praktische Lebenshilfen für einen Christen in Beruf, Familie und öffentlichem Leben zu bieten.

Ferdinand Lassalle

Der sozialistische Politiker kam am 11. April 1826 in Breslau zur Welt, durchlief eine glänzende Bildung (Verfasser eines bedeutenden philosophischen Werks über Heraklit) und wirkte als genialer Agitator. Er wurde mehrfach wegen politischer Delikte verurteilt. 1848 trat er als radikaler Demokrat auf und stand in Verbindung mit Karl Marx; im preußischen Verfassungskonflikt (1862) war Lassalle Scharfmacher der Opposition. Vom liberalen Bürgertum enttäuscht, wandte er sich der Arbeiterschaft zu und gründete 1863 in Leipzig den Allgemeinen Deutschen Arbeiterverein (ADAV). Das von ihm entworfene Programm verband politisch-demokratische Forderungen mit sozialistischen; mithilfe des allgemeinen und gleichen Wahlrechts sollte die Arbeiterfrage durch Bildung staatlich unterstützter Produktivgenossenschaften gelöst werden. Lassalle hatte mehrere Unterredungen mit Bismarck; beide sahen im bürgerlichen Liberalismus den Hauptfeind, auch sympathisierte Lassalle mit Bismarcks Politik zur Lösung der deutschen Frage. Von Marx und seinen Anhängern wurde Lassalles „Staatssozialismus" scharf abgelehnt. Lassalle fiel am 31. August 1864 bei Genf in einem Duell wegen privater Ehrenhändel. Die „Lassalleaner" vereinigten sich 1875 mit den „Eisenachern" Bebels (Sozialdemokratie).

Bild oben: *Die größte Waffenschmiede Preußens entstand im Ruhrgebiet. Der Essener Krupp-Konzern, hervorgegangen aus einer Gussstahlfabrik, entwickelte sich ab 1859 zu einem der bedeutendsten Rüstungsbetriebe Europas. Die hier abgebildete Riesenkanone wurde 1867 auf der Weltausstellung in Paris gezeigt. Friedrich Alfred Krupp (17. Februar 1854-22. Novmeber 1902) erwarb die Kieler Germania-Werft und nahm die Panzerplattenproduktion auf. Unter Krupp von Bohlen und Halbach, dem Schwiegersohn von Friedrich Alfred, wurde der Konzern zur „Waffenschmiede des Reiches" (im Ersten Weltkrieg über 100.000 Beschäftigte). Nach 1918 wurde auf Friedensproduktion umgestellt. Unter Hitler nahm der Konzern die Rüstungsproduktion wieder auf, 1940 wurde das Hauptwerk jedoch zum großen Teil zerstört. Alfried Krupp von Bohlen und Halbach (13. August 1907-30. Juli 1967) wurde 1943 alleiniger Inhaber. Anstelle seines haftunfähigen Vaters Gustav von Bohlen und Halbach (im Nürnberger Prozess zu Gefängnis und Vermögensbeschlagnahme verurteilt) ging er in Haft. Der Krupp-Konzern stand unter alliierter Kontrolle, Demontagen folgten; Krupp verzichtete auf die Rüstungsproduktion (Hüttenwerke, Hochseeschiffe, Lokomotiven u. a.). Ab 1953 war Krupp von Bohlen und Halbach wieder in führender Position und leitete den Aufbau bzw. die Umstellung der Werke.*

Bild links: *Adolf Kolping. Der katholische Theologe (1813-1865) wurde 1991 von Papst Johannes Paul II. selig gesprochen.*

Gründung der Sozialdemokratischen Arbeiterpartei

Unter Führung von August Bebel und Wilhelm Liebknecht wurde zwischen dem 7. und 9. August 1869 auf dem Eisenacher Kongress des Verbandes Deutscher Arbeitervereine die – demokratisch gegliederte – Sozialdemokratische Arbeiterpartei (SDAP) gegründet, deren Ziel „die Errichtung des freien Volksstaates" ist. Die SDAP vereinigte sich 1875 mit dem Allgemeinen deutschen Arbeiterverein zur Sozialistischen Arbeiterpartei Deutschlands (SAP), die sich ihrerseits 1890 in Sozialdemokratische Partei Deutschlands (SPD) umbenannte. Die zehn Grundsätze und Forderungen der SDAP nach dem Eisenacher Programm lauteten:

- Die heutigen politischen und sozialen Zustände sind im höchsten Grade ungerecht und daher mit der größten Energie zu bekämpfen.
- Der Kampf für die Befreiung der arbeitenden Klasse ist kein Kampf für Klassenprivilegien und Vorrechte, sondern für gleiche Rechte und gleiche Pflichten und für die Abschaffung aller Klassenherrschaft.
- Die ökonomische Abhängigkeit des Arbeiters von den Kapitalisten bildet die Grundlage der Knechtschaft in jeder Form, und deshalb erstrebt die Sozialdemokratische Arbeiterpartei unter Abschaffung der jetzigen Produktionsweise durch genossenschaftliche Arbeit den vollen Arbeitsertrag für jeden Arbeiter.
- Die politische Freiheit ist die unentbehrlichste Vorbedingung zur ökonomischen Befreiung der arbeitenden Klassen. Die soziale Frage ist mithin untrennbar von der politischen, ihre Lösung durch diese bedingt und nur möglich im demokratischen Staat.
- In Erwägung, dass die politische und ökonomische Befreiung der Arbeiterklasse nur möglich ist, wenn diese gemeinsam und einheitlich den Kampf führt, gibt sich die Sozialdemokratische Arbeiterpartei eine einheitliche Organisation, welche es aber auch jedem Einzelnen ermöglicht, seinen Einfluss für das Wohl der Gesamtheit geltend zu machen.
- In Erwägung, dass die Befreiung der Arbeiter weder eine lokale, noch eine nationale, sondern eine soziale Aufgabe ist, welche alle Länder, in denen es moderne Gesellschaft gibt, umfasst, betrachtet sich die Sozialdemokratische Arbeiterpartei, soweit es die Vereinsgesetze gestatten, als Zweig der Internationalen Arbeiterassoziation, sich deren Bestrebungen anschließend.

Forderungen:

- Erteilung des allgemeinen, gleichen, direkten und geheimen Wahlrechts an alle Männer vom 20. Lebensjahr an zur Wahl für das Parlament, die Landtage der Einzelstaaten, die Provinzial- und Gemeindevertretungen sowie alle übrigen Vertretungskörper. Den gewählten Vertretern sind genügende Diäten zu gewähren.
- Einführung der direkten Gesetzgebung durch das Volk.
- Aufhebung aller Vorrechte des Standes, des Besitzes, der Geburt und der Konfession.
- Errichtung der Volkswehr anstelle der stehenden Heere.
- Trennung der Kirche vom Staat und Trennung der Schule von der Kirche.
- Obligatorischer Unterricht in Volksschulen und unentgeltlicher Unterricht in allen öffentlichen Bildungsanstalten.
- Unabhängigkeit der Gerichte, Einführung der Geschworenen- und Fachgewerbegerichte, Einführung öffentlicher und mündlicher Gerichtsverfahrens und unentgeltlicher Rechtspflege.
- Abschaffung aller Presse-, Vereins- und Koalitionsgesetze, Einführung des Normalarbeitstages, Einschränkung der Frauen- und Verbot der Kinderarbeit.
- Abschaffung aller indirekten Steuern und Einführung einer einzigen direkten progressiven Einkommen- und Erbschaftssteuer.
- Staatliche Förderung des Genossenschaftswesens und Staatskredit für freie Produktivgenossenschaft unter demokratischen Garantien.

Ferdinand Lassalle – der Kämper gegen die Kapitalmacht. Die Durchsetzung der Menschenrechte und die Erlangung des allgemeinen direkten Wahlrechts bezeichnen weitere politische Forderungen, die Lassalle und die Sozialdemokraten auf ihre Fahnen beziehungsweise ihr Schwert geschrieben haben.

Hauptstadt Berlin

Mit dem Truppeneinzug vom 16. Juni 1871 ist die „heroische“ Epoche der deutschen Einheitsbewegung zu Ende, das Erbübel der deutschen Geschichte, die staatliche Zersplitterung, beseitigt. Wen kümmert es da schon, dass dieses heißersehnte Ziel weniger das Werk einer breiten Volksbewegung, denn das Ergebnis militärischer und diplomatischer Aktivitäten war, wen stört das noch ernsthaft angesichts des atemberaubenden Tempos, in dem die Ereignisse in den vergangenen zwölf Monaten in der Mitte Europas abgelaufen sind.

Für die Stadt Berlin kommt die neue Rolle als deutsche Reichshauptstadt denn auch eher überraschend. „Noch sehr viel später fand sich selbst im Amtsblatt des Berliner Magistrats die Ansicht, Berlin sei 1871 im Grunde als ‚Gewinner über Nacht‘ Kaiserstadt und Reichshauptstadt geworden: ‚In keinem Stadium der preußischen Geschichte hätte menschliche Voraussicht die kühne Forderung erheben können, die preußische Hauptstadt müsse sich darauf vorbereiten, einmal die Reichshauptstadt darzustellen‘“ (Hans Herzfeld, Berlin als Kaiserstadt). Und so berührt den Durchschnittsberliner denn seine neue Rolle als Hauptstädter vorerst auch wenig. Der Alltag tritt in seine Rechte, die tausend großen und kleinen Probleme des täglichen Lebens wollen bewältigt sein wie eh und je.

Berlin, die Hauptstadt des neuen Kaiserreiches, ist Ende 1871 eine Stadt von rund 826.000 Einwohnern, die größte Stadt Deutschlands, aber nicht einmal halb so groß wie Paris, und London hat um diese Zeit die 3-Millionen-Grenze längst überschritten. Aber seit den sechziger Jahren bereits ist die Residenz der preußischen Könige in raschem Wachstum begriffen. Berlin hat seine Einwohnerzahl in den zurückliegenden zwanzig Jahren fast verdoppelt und, wie man nicht ohne Stolz vermerkt, so alte Kaiserstädte wie Wien oder Petersburg hinter sich gelassen. „Berlin wird Weltstadt“, so hieß eine vielgespielte Posse von David Kalisch in den sechziger Jahren, und die Berliner glaubten schon damals fest daran. Der erste Eindruck allerdings, den der Besucher von der Stadt empfing, wenn er um 1871 auf einer der acht Eisenbahnlinien in Berlin eintraf, vermittelte keineswegs Weltstadtflair:

Der alte Potsdamer Bahnhof war, wie alle anderen Berliner Bahnhöfe, eine erbärmliche „Bude“. Einen anderen Ausdruck hat unsere reiche deutsche Sprache nicht zur Verfügung, um die baulichen Zustände der hauptstädtischen Bahnhöfe jener Zeit wahrheitsgemäß zu bezeichnen. Dem jämmerlichen Aussehen entsprachen die inneren Ein-

Mit Girlanden und Kränzen festlich geschmückt zeigt sich das Brandenburger Tor beim Einzug Kaiser Wilhelms in Berlin am 16. Juni 1871.

richtungen auf das Vollkommenste. Im Wartesaal der dritten Klasse waren an den Wänden Bänke aus Kiefernholz angebracht; ein eiserner Ofen in der Mitte desselben spendete in den Wintermonaten die nötige Wärme; für prächtige Beleuchtung sorgten ein Paar frei in die Zimmerluft hinausflackernde Gasflammen. Im Wartesaal zweiter Klasse sah es schon vornehmer aus. Hier konnte man sich auf Stühlen und Bänken mit Rohrgeflecht niederlassen; hier hatten die Gasflammen schon Glaszylinder, hier stand auch schon ein weißer Kachelofen. In dem kleinen Wartesaal erster Klasse herrschte indessen eine sinnbetörende Prachtausstattung in Gestalt von Mahagonisesseln und Sofas, deren Polster mit knallrotem Plüsch überzogen waren. Von der Decke herab hing ein fünfarmiger Beleuchtungskörper mit Milchglaskugeln. Wer sich einmal unbefugterweise in dieses Heiligtum hineinwagte, hielt förmlich den Atem an vor Staunen über diesen Luxus. Und so wie hier war's auf dem Schlesischen, dem Stettiner, dem Anhaltischen Bahnhof. Auf diesem Bahnhof hat sich's einmal zugetragen, dass sich die Gemahlin des Kaisers Alexander II. bei ihrem Gang nach dem Hofzuge in der Dunkelheit den allerhöchsten Fuß verstauchte. Ein Donnerstrahl zuckte auf die Verwaltung der Anhaltischen Eisenbahngesellschaft herab, und die Folge davon war, dass ein Ministerialbefehl erging, für die Abstellung der skandalös gewordenen Missstände schleunigst Sorge zu tragen.

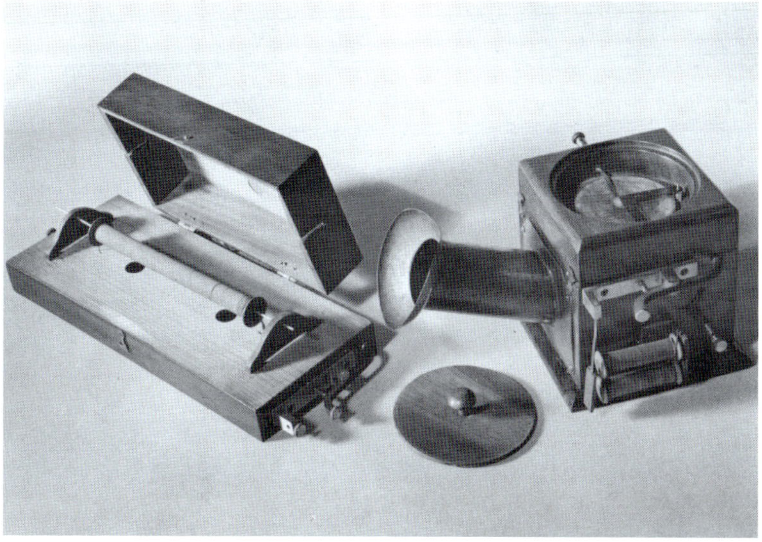

Bilder ganz oben: *Am 7. Januar 1834 in Gelnhausen geboren, starb Johann Philipp Reis am 14. Januar 1874 in Friedrichsdorf bei Homburg. Bereits seit 1850 hatte sich Reis während seiner kaufmännischen Lehre in einem Farbengeschäft nebenher mit Mathematik und Naturwissenschaft beschäftigt. Neben seiner Lehrtätigkeit (seit 1858 an einer Privatschule) konstruierte er verschiedene Telefonsysteme. Am. 26. 10. 1861 führte er sein Telefon in einer Sitzung des Physikalischen Vereins in Frankfurt/Main vor. Als Mikrophon verwandte er eine Membran, die im Rhythmus der Luftschwingungen einen Platinkontakt öffnete und schloss. Dadurch wurde ein Gleichstrom moduliert, der dann im Empfänger einen Stab aus ferromagnetischem Material stärker oder schwächer magnetisierte. Die durch die Magnetisierung hervorgerufene Längenänderung (Magnetostriktion) wurde wiederum auf eine Membran übertragen. Die Bedeutung der Erfindung wurde damals jedoch nicht erkannt. Erst 15 Jahre später verhalf ihr Graham Bell mit seiner Wiederentdeckung zum Erfolg.*
Bild oben: *Julius Schnorr von Carolsfeld, „Hagen ermordet Siegfried", 1845.*

Julius Schnorr von Carolsfeld

Julius Schnorr von Carolsfeld wurde am 26. März 1794 in Leipzig geboren und starb am 24. Mai 1872 in Dresden. Nach seiner Lehrzeit an der Wiener Akademie schloss er sich 1817 in Rom den Nazarenern an. Seine Landschaftszeichnungen aus den Albaner und Sabiner Bergen werden heute zu den großen künstlerischen Leistungen der deutschen Romantik gezählt. 1825 wurde Carolsfeld von Ludwig I. nach München gerufen, wo er die dortige Residenz mit Darstellungen aus der Nibelungensage ausstattete. In einer Folge von Sälen konnte Schnorr das deutsche Heldenlied zyklisch darstellen, und es war seine besondere Leistung, dass er dabei die einzelnen Zimmer und Wände durch ein durchgehendes ornamentales System gliederte und die größeren und kleineren Bilder, die Lünetten und Supraporten und die Hoch- und Breitformate mit unfehlbarem stilistischen Gefühl verteilte. Das Vorbild der Loggien und Stanzen übersetzte er in eine Bildsprache, die von Dürer und Cornelius beeinflusst war, und durch die er die Szenen des Heldenliedes erstmals in großem, monumentalen Maßstab bildlich vergegenwärtigte. An dramatischer Phantasie und geschmeidiger plastischer Figurenzeichnung übertraf er Cornelius. Besonders die spannungsvollen Auftritte der Ermordung Siegfrieds, der Klage der Kriemhilde, Hagen und Volker verweigern Kriemhilde den Gruß und der Gefangennahme Hagens zeigen Schnorrs Begabung für das Szenische und den heroischen Figurenstil.

Erinnerungsblatt zum Gothaer Kongress 1875.

Gothaer Programm der Sozialistischen Arbeiterpartei

Auf ihrem Einigungsparteitag in Gotha beschloss die Sozialistische Arbeiterpartei am 25. Mai 1875 folgendes Programm:
I. Die Arbeit ist die Quelle alles Reichtums und aller Kultur, und da allgemein nutzbringende Arbeit nur durch die Gesellschaft möglich ist, so gehört der Gesellschaft, das heißt allen ihren Gliedern, das gesamte Arbeitsprodukt, bei allgemeiner Arbeitspflicht, nach gleichem Recht, jedem nach seinen vernunftgemäßen Bedürfnissen.
In der heutigen Gesellschaft sind die Arbeitsmittel Monopol der Kapitalistenklasse, die hierdurch bedingte Abhängigkeit der Arbeiterklasse ist die Ursache des Elends und der Knechtschaft in allen Formen.
Die Befreiung der Arbeit erfordert die Verwandlung der Arbeitsmittel in Gemeingut der Gesellschaft und die genossenschaftliche Regelung der Gesamtarbeit mit gemeinnütziger Verwendung und gerechter Verteilung des Arbeitsertrages.
Die Befreiung der Arbeit muss das Werk der Arbeiterklasse sein, der gegenüber alle anderen Klassen nur eine reaktionäre Masse sind.
II. Von diesen Grundsätzen ausgehend, erstrebt die sozialistische Arbeiterpartei Deutschlands mit allen gesetzlichen Mitteln den freien Staat und die sozialistische Gesellschaft, die Zerbrechung des ehernen Lohngesetzes durch Abschaffung des Systems der Lohnarbeit, die Aufhebung der Ausbeutung in jeder Gestalt, die Beseitigung aller sozialen und politischen Ungleichheit.
Die sozialistische Arbeiterpartei Deutschlands, obgleich zunächst im nationalen Rahmen wirkend,

ist sich des internationalen Charakters der Arbeiterbewegung bewusst, und entschlossen, alle Pflichten, welche derselbe den Arbeitern auferlegt, zu erfüllen, um die Verbrüderung der Menschen zur Wahrheit zu machen.

Die sozialistische Arbeiterpartei Deutschlands fordert, um die Lösung der sozialen Frage anzubahnen, die Errichtung von sozialistischen Produktionsgenossenschaften mit Staatshilfe unter der demokratischen Kontrolle des arbeitenden Volkes. Die Produktivgenossenschaften sind für Industrie und Ackerbau in solchem Umfange ins Leben zu rufen, dass aus ihnen die sozialistische Organisation der Gesamtarbeit entsteht.

Die sozialistische Arbeiterpartei Deutschlands fordert als Grundlagen des Staates:

1. Allgemeines, gleiches, direktes Wahl- und Stimmrecht mit geheimer und obligatorischer Stimmabgabe aller Staatsangehörigen vom zwanzigsten Lebensjahre an für alle Wahlen und Abstimmungen in Staat und Gemeinde. Der Wahl- oder Abstimmungstag muss ein Sonntag oder Feiertag sein.
2. Direkte Gesetzgebung durch das Volk. Entscheidung über Krieg und Frieden durch das Volk.
3. Allgemeine Wehrhaftigkeit. Volkswehr an Stelle der stehenden Heere.
4. Abschaffung aller Ausnahmegesetze, namentlich der Press-, Vereins- und Versammlungsgesetze; überhaupt aller Gesetze, welche die freie Meinungsäußerung, das freie Denken und Forschen beschränken.
5. Rechtsprechung durch das Volk. Unentgeltliche Rechtspflege.
6. Allgemeine und gleiche Volkserziehung durch den Staat. Allgemeine Schulpflicht. Unentgeltlicher Unterricht in allen Bildungsanstalten. Erklärung der Religion zur Privatsache.

Die sozialistische Arbeiterpartei Deutschlands fordert innerhalb der heutigen Gesellschaft:

1. Möglichste Ausdehnung der politischen Rechte und Freiheiten im Sinne der obigen Forderungen.
2. Eine einzige progressive Einkommensteuer für Staat und Gemeinde, anstatt aller bestehenden, insbesondere der das Volk belastenden indirekten Steuern.
3. Unbeschränktes Koalitionsrecht.
4. Einen den Gesellschaftsbedürfnissen entsprechenden Normalarbeitstag. Verbot der Sonntagsarbeit.
5. Verbot der Kinderarbeit und aller die Gesundheit und Sittlichkeit schädigenden Frauenarbeit.
6. Schutzgesetze für Leben und Gesundheit der Arbeiter. Sanitätliche Kontrolle der Arbeiterwohnungen. Überwachung der Bergwerke, der Fabrik-, Werkstatt- und Hausindustrie durch von den Arbeitern gewählte Beamte. Ein wirksames Haftpflichtgesetz.
7. Regelung der Gefängnisarbeit.
8. Volle Selbstverwaltung für alle Arbeits- und Unterstützungskassen.

Attentat auf Kaiser Wilhelm I.

Der 21jährige Attentäter, ein Klempnergeselle namens Max Höldel, stammte aus Leipzig, seine Jugend verbrachte er zum Teil in einer Erziehungsanstalt, da er sich des Diebstahls, der Bettelei und der Landstreicherei bereits mit 13 Jahren schuldig gemacht hatte.

Nach seinem Eintritt in die Klempnerlehre wurde er Mitglied der SPD. Wegen seines unmäßigen und radikalen Wesens erfolgte aber schon bald sein Ausschluss aus dieser Partei, worauf er Anarchist wurde. Erfüllt von brutalsten und rabiatesten Tendenzen und hoffnungslos der Armut und Erbärmlichkeit verfallen, beschloss Hödel den zu töten, der für ihn die verhasste Klasse der Besitzenden repräsentierte. Am 11. Mai 1878 lauerte er in Berlin dem Kaiser auf. Der Monarch fuhr an diesem Tage gegen 15 Uhr, begleitet von seiner Tochter, der Großherzogin Louise von Baden, aus dem Tiergarten kommend, im offenen Wagen die Linden entlang zum Schloss. Der Schuss ging fehl; der Täter wurde verhaftet.

Der Prozess fand in der sozialdemokratischen Presse starken Widerhall: „Auf die Anklagebank nicht mit dem Verbrecher, nein, mit der Gesellschaft!" schrieb Liebknecht im „Vorwärts".

Am 23. Mai 1878 gab die sozialdemokratische Fraktion im Reichstag eine Erklärung ab, in der sie sich von dem Anschlag distanzierte:

Der Versuch, die Tat eines Wahnwitzigen, noch ehe die gerichtliche Untersuchung geschlossen ist, zur Ausführung eines lang vorbereiteten Reaktionsstreichs zu benutzen und die „moralische Urheberschaft" des noch unerwiesenen Mordattentats auf den deutschen Kaiser einer Partei aufzuwälzen, welche den Mord in jeder Form verurteilt und die wirtschaftliche und politische Entwicklung als von dem Willen einzelner Personen ganz unabhängig auffasst, richtet sich selbst so vollständig in den Augen jedes vorurteilslosen Menschen, dass wir, die Vertreter der sozialdemokratischen Wähler Deutschlands, uns zu der Erklärung gedrungen fühlen:

Wir erachten es mit unserer Würde nicht vereinbar, an der Diskussion des dem Reichstage heute vorliegenden Ausnahmegesetzes teilzunehmen und werden uns durch keine Provokationen, von welcher Seite sie auch kommen mögen, in diesem Beschluss erschüttern lassen. Wohl aber werden wir uns an der Abstimmung beteiligen, weil wir es für unsere Pflicht halten, zur Verhütung eines beispiellosen Attentats auf die Volksfreiheit das Unsrige beizutragen, indem wir unsere Stimmen in die Wagschale werfen.

Hödels Attentat auf Kaiser Wilhelm I. in Berlin am 11. Mai 1878.

Falle die Entscheidung des Reichstags aus wie sie wolle – die deutsche Sozialdemokratie, an Kampf und Verfolgungen gewöhnt, blickt weiteren Kämpfen und Verfolgungen mit jener zuversichtlichen Ruhe entgegen, die das Bewusstsein einer guten und unbesiegbaren Sache verleiht. In eigentümlichem Gegensatz zu seinen Ansichten, stand Hödels Aussage, die er vor dem Untersuchungsrichter gemacht haben soll. Danach habe ihm jede Mordabsicht ferngelegen; vielmehr habe er sich im Angesicht des Kaisers selbst töten wollen, um so der herrschenden Klasse die Erbärmlichkeit seines Daseins vor Augen zu führen. Hödel wurde wegen Hochverrats zum Tode verurteilt. Am 16. August 1878 wurde die Hinrichtung vollzogen.

Das Sozialistengesetz

Am 21. Oktober 1878 wurde das „Gesetz gegen die gemeingefährlichen Bestrebungen der Sozialdemokratie“ erlassen. Nachfolgend die zentralen Bestimmungen:

§ 1. Vereine, welche durch sozialdemokratische, sozialistische oder kommunistische Bestrebungen den Umsturz der bestehenden Staats- oder Gesellschaftsordnung bezwecken, sind zu verbieten.

Dasselbe gilt von Vereinen, in welchen sozialdemokratische, sozialistische oder kommunistische, auf den Umsturz der bestehenden Staats- oder Gesellschaftsordnung gerichtete Bestrebungen in einer den öffentlichen Frieden, insbesondere die Eintracht der Bevölkerungsklassen gefährdenden Weise zu Tage treten.

Den Vereinen stehen gleich Verbindungen jeder Art.

§ 9. Versammlungen, in denen sozialdemokratische, sozialistische oder kommunistische, auf den Umsturz der bestehenden Staats- oder Gesellschaftsordnung gerichtete Bestrebungen zu Tage treten, sind aufzulösen.

Versammlungen, von denen durch Tatsachen die Annahme gerechtfertigt ist, dass sie zur Förderung der im ersten Absatze bezeichneten Bestrebungen bestimmt sind, sind zu verbieten.

Den Versammlungen werden öffentliche Festlichkeiten und Aufzüge gleichgestellt.

§ 11. Druckschriften, in welchen sozialdemokratische, sozialistische oder kommunistische, auf den Umsturz der bestehenden Staats- oder Gesellschaftsordnung gerichtete Bestrebungen in einer den öffentlichen Frieden, insbesondere die Eintracht der Bevölkerungsklassen gefährdenden Weise zu Tage treten, sind zu verbieten.

Bei periodischen Druckschriften kann das Verbot sich auch auf das fernere Erscheinen erstrecken, sobald auf Grund dieses Gesetzes das Verbot einer einzelnen Nummer erfolgt.

§ 16. Das Einsammeln von Beiträgen zur Förderung von sozialdemokratischen, sozialistischen oder kommunistischen, auf den Umsturz der bestehenden Staats- oder Gesellschaftsordnung gerichteten Bestrebungen sowie die öffentliche Aufforderung zur Leistung solcher Beiträge sind polizeilich zu verbieten. Das Verbot ist öffentlich bekannt zu machen.

§ 17. Wer an einem verbotenen Verein als Mitglied sich beteiligt, oder eine Tätigkeit im Interesse eines solchen Vereins ausübt, wird mit Geldstrafe bis zu 500 Mark oder mit Gefängnis bis zu drei Monaten bestraft.

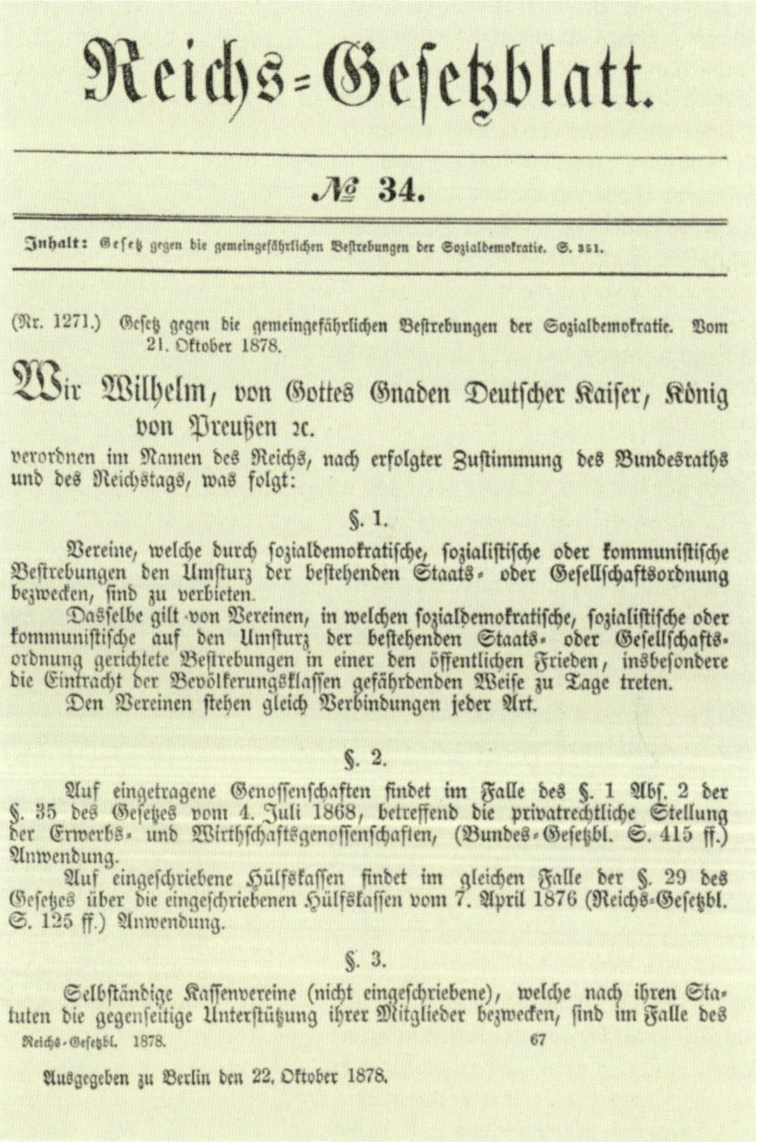

Reichs-Gesetzblatt.

№ 34.

Inhalt: Gesetz gegen die gemeingefährlichen Bestrebungen der Sozialdemokratie. S. 351.

(Nr. 1271.) Gesetz gegen die gemeingefährlichen Bestrebungen der Sozialdemokratie. Vom 21. Oktober 1878.

Wir Wilhelm, von Gottes Gnaden Deutscher Kaiser, König von Preußen rc.

verordnen im Namen des Reichs, nach erfolgter Zustimmung des Bundesraths und des Reichstags, was folgt:

§. 1.

Vereine, welche durch sozialdemokratische, sozialistische oder kommunistische Bestrebungen den Umsturz der bestehenden Staats- oder Gesellschaftsordnung bezwecken, sind zu verbieten.

Dasselbe gilt von Vereinen, in welchen sozialdemokratische, sozialistische oder kommunistische auf den Umsturz der bestehenden Staats- oder Gesellschaftsordnung gerichtete Bestrebungen in einer den öffentlichen Frieden, insbesondere die Eintracht der Bevölkerungsklassen gefährdenden Weise zu Tage treten.

Den Vereinen stehen gleich Verbindungen jeder Art.

§. 2.

Auf eingetragene Genossenschaften findet im Falle des §. 1 Abs. 2 der §. 35 des Gesetzes vom 4. Juli 1868, betreffend die privatrechtliche Stellung der Erwerbs- und Wirthschaftsgenossenschaften, (Bundes-Gesetzbl. S. 415 ff.) Anwendung.

Auf eingeschriebene Hülfskassen findet im gleichen Falle der §. 29 des Gesetzes über die eingeschriebenen Hülfskassen vom 7. April 1876 (Reichs-Gesetzbl. S. 125 ff.) Anwendung.

§. 3.

Selbständige Kassenvereine (nicht eingeschriebene), welche nach ihren Statuten die gegenseitige Unterstützung ihrer Mitglieder bezwecken, sind im Falle des

Reichs-Gesetzbl. 1878. 67

Ausgegeben zu Berlin den 22. Oktober 1878.

Mit dem „Gesetz gegen die gemeingefährlichen Bestrebungen der Sozialdemokratie vom 21. Oktober 1878, dem so genannten Sozialistengesetz, begann die Verfolgung der Sozialdemokraten im Deutschen Reich. Erst 1890, nach der Entlassung Bismarcks, wurde das Gesetz vom Reichstag nicht mehr erneuert.

Gegen diejenigen, welche sich an dem Verein oder an der Versammlung als Vorsteher, Leiter, Ordner, Agenten, Redner oder Kassierer beteiligen, oder welche zu der Versammlung auffordern, ist auf Gefängnis von einem Monat bis zu einem Jahre zu erkennen.

§ 18. Wer für einen verbotenen Verein oder für eine verbotene Versammlung Räumlichkeiten hergibt, wird mit Gefängnis von einem Monat bis zu einem Jahre bestraft.

§ 22. Gegen Personen, welche sich die Agitation für die im § 1 Abs. 2 bezeichneten Bestrebungen zum Geschäfte machen, kann im Falle einer Verurteilung wegen Zuwiderhandlungen gegen die §§ 17 bis 20 neben der Freiheitsstrafe auf die Zulässigkeit der Einschränkung ihres Aufenthalts erkannt werden. Auf Grund dieses Erkenntnisses kann dem Verurteilten der Aufenthalt in bestimmten Bezirken oder Ortschaften durch die Landespolizeibehörde versagt werden, jedoch in seinem Wohnsitz nur dann, wenn er denselben nicht bereits seit sechs Monaten innehat. Ausländer können von der Landespolizeibehörde aus dem Bundesgebiete ausgewiesen werden. Die Beschwerde findet nur an die Aufsichtsbehörden statt. Zuwiderhandlungen werden mit Gefängnis von einem Monat bis zu einem Jahre bestraft.

§ 23. Unter den in § 22 Abs. 1 bezeichneten Voraussetzungen kann gegen Gastwirte, Schankwirte, mit Branntwein oder Spiritus Kleinhandel treibende Personen, Buchdrucker, Buchhändler, Leihbibliothekare und Inhaber von Lesekabinetten neben der Freiheitsstrafe auf Untersagung ihres Gewerbebetriebes erkannt werden.

§ 28. Für Bezirke oder Ortschaften, welche durch die im § 1 Abs. 2 bezeichneten Bestrebungen mit Gefahr für die öffentliche Sicherheit bedroht sind, können von den Zentralbehörden der Bundesstaaten die folgenden Anordnungen, soweit sie nicht bereits landesgesetzlich zulässig sind, mit Genehmigung des Bundesrates für die Dauer von längstens einem Jahre getroffen werden:

1. Dass Versammlungen nur mit vorgängiger Genehmigung der Polizeibehörde stattfinden dürfen;

Die erste elektrische Lokomotive von Siemens & Halske 1879 auf der Gewerbeausstellung in Berlin.

„Socialist Jack in the box". Die „Punch"-Karikatur zeigt Reichskanzler Bismarck, wie er versucht, den sozialistischen Schachtelteufel in die Kiste zurückzudrücken.

2. dass die Verbreitung von Druckschriften auf öffentlichen Wegen, Straßen, Plätzen oder an anderen öffentlichen Orten nicht stattfinden darf;

3. dass Personen, von denen eine Gefährdung der öffentlichen Sicherheit oder Ordnung zu besorgen ist, der Aufenthalt in den Bezirken oder Ortschaften versagt werden kann.

Siemens' elektrische Eisenbahn

1879 wird in Berlin, im Dreieck zwischen Invalidenstraße, Lehrter Bahnhof und Alt-Moabit, eine Gewerbeausstellung eröffnet, die die Leistungsstärke und Wettbewerbsfähigkeit der hauptstädtischen Industrie unter Beweis stellen soll. „Noch sprach man überall von dem großen ‚Berliner Krach'", schreibt Otto Wiedfeldt in seinen „Studien zur Entwickelungsgeschichte der Berliner Industrie", „noch stand auch das urteilsfähigere Publikum unter der Wirkung jenes von Reuleaux einer amerikanischen Zeitung entnommenen ‚billig und schlecht', so dass der Ausstellung von vielen Seiten ein Fiasko prophezeit wurde. Umso überraschender war ihr äußerst günstiger Gesamteindruck. Es zeigt sich vor aller Welt, dass die Berliner Industrie trotz allem gesund und kräftig dastand; hier sah auch das Ausland, dass die übliche Gleichsetzung von ‚Made in Germany' mit ‚Berliner Schund' nicht mehr zutraf."

Die Berliner interessieren allerdings nicht in erster Linie die Maschinen, Werkzeuge, Möbel oder Handwerkserzeugnisse aller Art, die auf der Ausstellung zu sehen sind. Was sie an die Spree zieht, ist eine Attraktion ganz besonderer Art: die erste, von Siemens entwickelte elektrische Eisenbahn. Johannes Trojan hat für die Leser der „National-Zeitung" das erstaunliche Gefährt beobachtet:

In der Gewerbeausstellung ist vor einigen Tagen die elektrische Eisenbahn von Siemens & Halske eröffnet worden. Der Schienenstrang dieser Bahn schneidet das Terrain des Maschinenhofes in doppelter Windung und kehrt in sich selbst zurück. Die Abfahrtstelle oder der Bahnhof liegt in der Nähe des Strasserschen Backofens.

Dresden, Opernhaus, erbaut von Gottfried Semper.

Ein zur Abfahrt fertiger Zug gewährt einen allerliebsten Anblick. Interessant vor allem ist daran die kleine Maschine ohne Schornstein, auf welcher der Lokomotivführer rücklings sitzt. Diese Maschine birgt in ihrem Innern den bewegenden elektrischen Apparat, dessen Konstruktion zurzeit noch ein Geheimnis ist. Der Lokomotive angehängt sind drei Waggons, von denen jeder aus zwei kleinen, mit den Lehnen einander zugekehrten Bänken gebildet wird. Jeder Waggon bietet für acht Personen Raum. Klassenunterschiede finden nicht statt. Gepäckwagen sind nicht vorhanden, es kann daher nur ganz leichtes Handgepäck mitgenommen werden. Auch besteht nur eine Art von Zügen, die man nach Belieben Personen-, Schnell-, Kurier- oder Jagdzüge nennen kann. Bestimmte Abfahrtszeiten sind nicht festgesetzt; ein Zug wird stets abgelassen, sobald die Waggons sich gefüllt haben. Der Fahrpreis beträgt für die Person 20 Pfennige. Was durch den Billettverkauf eingeht, fällt einem wohltätigen Zweck zu.

Mit dieser Bahn nun kann man eine Rundreise durch den Maschinenhof von zwei bis drei Minuten machen. An landschaftlichen Schönheiten bringt eine solche Reise nicht viel vor Augen, doch bietet sie sonst manches Anziehende. Ihren Glanzpunkt bildet die Durchfahrt durch den Restaurationsgarten des kleinen Poppenberg. Jedes Mal, wenn der Zug zwischen den mit Gästen umsetzten Tischen des Restaurants hindurchgeht, erscheint auf den Gesichtern sämtlicher Passagiere ein drolliges Lächeln der Verlegenheit, wie es dem Gefühl entspringt, in ungewöhnlicher Situation beobachtet zu werden. Die Passagiere aber haben die Genugtuung, dasselbe Lächeln auf den Gesichtern der Gäste zu finden, zwischen denen sie in so großer Nähe und auf so ungewöhnliche Art hindurchfahren.

Dass das Ganze noch etwas Neues ist, macht sich wohl bemerkbar. Manchmal vergeht längere Zeit, ohne dass ein Zug abgelassen wird; obgleich eine zahlreiche Menge sich um Lokomotive und Waggons drängt, bleiben die letzteren leer. Dann kommt auf einmal von Poppenberg her ein entschlossener Mann, geht gerade auf den Bahnhof zu und setzt sich auf eines der Waggonbänkchen mit einer Miene, als sei dies der Zug, den er einer notwendigen und unaufschiebbaren Reise wegen zu benutzen genötigt ist. Kaum sitzt er da, so sind auch schon alle Waggons gefüllt; denn in dem Augenblick, in dem er sich niederlässt, wissen auch alle anderen, was sie zu tun haben. Nun besteigt der Zugführer sein elektrisches Rösslein, greift mit der Rechten lässig an einen eisernen Hebel – und der Zug rollt ab.

Gottfried Semper

Der bedeutende Architekt Gottfried Semper hat die Legende Lügen gestraft, nach der Söhne berühmter Männer zu missraten pflegen. Es mutet fast wie eine alte Sage an, dass der eine seiner Söhne das Denkmal seines Vaters schuf und es in Hamburg, der Geburtsstadt Gottfried Sempers, aufstellte, während sein anderer Sohn ein Buch über den Vater schrieb. Der dritte im Familienbunde schrieb nicht nur über das Verhältnis Gottfried Sempers zu Richard Wagner, sondern setzte auch sein baukünstlerisches Werk fort. Das Dresdner Opernhaus, das sein Vater gebaut hatte, brannte 1869 ab. Der Sohn verwandte sechs Jahre darauf, um den Neubau nach den ursprünglichen Plänen zu vollenden. Gottfried Semper, der Vater, war berühmt, gelehrt und ein bekannter Theoretiker des Stils. Er hatte Italien, Sizilien und Griechenland durchstreift und ein Buch über bemalte Architektur und Plastik bei den Alten geschrieben. Seine beiden Bände Über den Stil in den technischen und tektonischen Künsten und sein Buch über die Vier Elemente der Baukunst hatten Schule gemacht; er war nicht nur Professor in Dresden und Zürich, sondern befasste sich auch aktiv mit der Politik. Als er in Dresden eine Reihe von Renaissancevillen, das Opernhaus und die Synagoge gebaut hatte, musste er von den Gerüsten der monumentalen Gemäldegalerie herab ins Ausland fliehen, weil er sich am Maiaufstand von 1849 beteiligt hatte. In London arbeitete er an den Anlagen des South-Kensington-Museums, baute in Zürich das großartig-schlichte Polytechnikum, den Bahnhof und die Sternwarte und schuf in Wien die Pläne für den Ausbau der Hofburg, des Hofmuseums und des Burgtheaters – genug, um nicht nur drei Söhne zu begeistern, sondern auch um die große europäische Tradition fortzuführen. Gottfried Semper, am 29. November 1803 in Hamburg geboren, starb am 15. Mai 1879 in Rom.

Richard Wagner

Am 13. Februar 1883 stirbt Richard Wagner in Venedig. Die ersten Lebensjahrzehnte des bedeutendsten deutschen Musikdramatikers im 19. Jahrhundert waren durch Unstetigkeit, politische Verfolgung und materielle Not gezeichnet. Bis heute konnte nicht eindeutig geklärt werden, ob der Polizeibeamte Friedrich Wagner sein Vater war oder der Schauspieler und Theaterdichter Ludwig Geyer, der seine Mutter Johanna in zweiter Ehe kurz nach seiner Geburt heiratete und den auch Richard Wagner für seinen Vater hielt.

In Dresden besuchte der am 22. Mai 1813 geborene Wagner die Kreuzschule, in Leipzig, wohin die Mutter nach Geyers Tode wieder zog, das Nikolai-Gymnasium und die Thomasschule. Er belegte Vorlesungen an der Universität und erhielt Instrumentalunterricht bei C. G. Müller und R. Sipp.

In dieser Zeit entstanden seine ersten Kompositionen, darunter die von ihm teilweise vernichtete Oper „Die Hochzeit". Seine erste vollständig erhaltene Oper, „Die Feen", schrieb er 1833 in Würzburg, wo er als Korrepetitor tätig war, seine zweite, „Das Liebesverbot oder Die Novize von Palermo" (nach Shakespeares „Maß für Maß"), als Kapellmeister am Stadttheater Magdeburg; sie erlebte jedoch nur eine Aufführung (1836).

Mit seiner späteren Frau, der Schauspielerin Minna Planer, ging Wagner 1836 nach Königsberg. Eine Anstellung als Kapellmeister in Riga fand 1839 durch eine Intrige ein jähes Ende. Verschuldet und mit einem Manuskript für seine Oper „Rienzi, der letzte der Tribunen" im Koffer, reiste er über London nach Paris. Die Seefahrt nach London regte ihn zu der Oper „Der fliegende Holländer" an. Neben der Arbeit an beiden Werken begann er Novellen zu schreiben („Ein deutscher Musiker in Paris"; „Eine Pilgerfahrt zu Beethoven", 1840/1841). Mit der Anfertigung von Klavierauszügen brachte er sich mühselig über die Pariser Hungerjahre; vermutlich musste er auch ein paar Wochen im Schuldgefängnis verbringen.

Auf die Nachricht hin, dass „Rienzi" in Dresden aufgeführt werden sollte, kehrte er nach Deutschland zurück. Die Uraufführung (1842) war ein glänzender Erfolg, an den die Uraufführungen von „Der fliegende Holländer" (1843) und des „Tannhäuser und der Sängerkrieg auf der Wartburg" (1845) nicht heranreichten.

Inzwischen zum Königlichen Hofkapellmeister ernannt, arbeitete er in Dresden an „Lohengrin", „Die Meistersinger von Nürnberg" und „Der Ring des Nibelungen". Seine aktive Teilnahme an den Aufständen von 1848/1849 zwang ihn nach deren Niederschlagung zur Flucht aus Dresden. Mit Liszts Hilfe reiste er über Weimar und Jena nach Zürich, wo er kunstphilosophische Schriften verfasste. Die Liaison mit Mathilde Wesendonk, der Frau eines Großkaufmanns („Wesendonk-Lieder", 1857/1858), war die Ursache für seinen Fortgang aus Zürich.

Richard Wagner.

Wieder folgten unruhige Jahre, die er in Venedig, Luzern (Abschluss des „Tristan"), Paris, Brüssel, nach seiner Amnestie in Karlsruhe, Wien, Biebrich und als Dirigent auf Konzertreisen nach Petersburg, Prag und Budapest verbrachte.

Not und Unstetigkeit erschienen zu Ende, als ihn Ludwig II. von Bayern nach München holte, wo 1865 „Tristan und Isolde" uraufgeführt wurde. Aber Missgunst bei Hofe und Wankelmut des Königs vertrieben ihn noch im selben Jahr aus München. In Triebschen bei Luzern schuf er sich ein neues Heim. Dort heiratete er die Liszt-Tochter Cosima, die ehemalige Frau seines Freundes und Schülers H. von Bülow. In Triebschen brachte er „Die Meistersinger von Nürnberg" zum Abschluss. Die Uraufführung fand 1868 in München statt.

Während er noch an „Der Ring des Nibelungen" arbeitete, suchte er für die Aufführung dieses dreiteiligen Werkes mit einem Vorabend („Das Rheingold", „Die Walküre", „Siegfried" und „Götterdämmerung") nach einem geeigneten Ort. Er fand ihn in Bayreuth, wo 1872 der Grundstein für das Festspielhaus gelegt wurde. Dort fanden vom 13. bis 30. August 1876 die ersten drei geschlossenen Aufführungen des „Ringes" statt. Als letztes Werk schuf Wagner in Bayreuth die Oper „Parsifal", die ein Jahr vor seinem Tode uraufgeführt wurde.

Richard Wagner hat in der Tradition des deutschen Musikdramas von Gluck über Mozart, Beethoven bis Weber, angeregt durch die französische Revolutionsoper wie durch das italienische Opernschaffen (Bellini), seinen eigenen Stil gefunden und in Anwendung seiner dramaturgischen Prinzipien und kompositorischen Mittel (Nutzbarmachung der sinfonischen Technik für die Oper) die Entwicklung der deutschen Oper zu einem Höhepunkt und Abschluss geführt. Die Deutung, die er den von ihm verwandten Volkssagen gab, etwa in der Gestalt Siegfrieds, der furchtlos starre Gesetze bricht und sinnentleerte Lebensformen missachtet, ist häufig ideologisch verzerrt und vom Nationalsozialismus missbraucht worden. Die gegenwärtige Rezeption der Wagner-Opern lässt den Versuch erkennen, ihren Sinngehalt für das heutige Zeitverständnis zu deuten und dabei auch spieltechnisch neue Wege zu gehen. Richard Wagners Frau Cosima, sein Sohn Siegfried, seine Schwiegertochter Winifred sowie seine Enkel Wieland und Wolfgang haben als Leiter und Erneuerer der Bayreuther Wagner-Festspiele Bedeutung erlangt.

Ludwig II.

Flaggenhissung in Deutsch-Südwest

Über die amtliche deutsche Flaggenhissung in Südwestafrika und eine Expedition zum Häuptling eines Herero-Stammes heißt es in den Tagebuchaufzeichnungen des deutschen Kolonialpioniers Heinrich Vogelsang:

Was für Arbeit und zugleich Sorgen das Landen der Waren und Baumaterialen aber gemacht hat, kann kein Mensch begreifen, der nicht in ähnlicher Lage gewesen. Die Schiffsmannschaft war wohl so engagiert, dass sie am Lande mitzuarbeiten hatte, was sie ja auch wacker getan hat, aber wie mussten wir daran glauben – keiner von uns war solche Arbeit gewohnt! Den ganzen Tag in der Hitze und zuweilen schrecklichem Winde, entweder bis an die Schultern im Wasser stehend oder unter der Last der schweren Balken, Ballen und Kisten keuchend, sie an Ort und Stelle bringend. Die Nachwehen blieben aber auch nicht aus. Mit so vielem Opfermut sie auch alle im Anfange bei der Sache gewesen waren, die schwere und ungewohnte Arbeit zeitigte doch sehr bald mürrische Gesichter. Die Strapazen waren wirklich zu groß und jeder konnte wohl den Mut verlieren. Wäre ich damals nicht noch voll von Jugendübermut gewesen, ich glaube nicht, dass ich die mir gestellte Aufgabe so gelöst hätte, wie ich sie gelöst habe. Ich bin überzeugt, ich hätte nur krank zu werden brauchen oder den Mut sinken lassen, sofort wäre eine Verwirrung entstanden. Dann hatten wir keinen Koch, dazu nur sehr wenig Wasser und kein frisches Fleisch, jeder wird sich danach seine Ansicht machen können, wie unsere Küche aussah . . .

Ende Oktober (1884) kam der Generalkonsul Dr. Nachtigal. Ich machte dann die Reise nach Bethanien mit ihm und auf dieser Reise begleitete uns auch Graf Spee. Sieben Tage nach unserer Abreise von Angra erreichten wir Bethanien und es dauerte nicht lange, da kam auch schon der Häuptling von Bethanien, der Kapitän Joseph Fredericks zu dem Generalkonsul und bat um den Schutz des deutschen Reiches für sein Land. Der Schutz wurde ihm zugesagt. Jetzt wurde ein Schutz- und Trutzbündnis abgeschlossen und als Zeichen der offiziellen Unter-Schutz-Stellung die deutsche Reichsflagge gehisst. Wir begaben uns jetzt nach Angra Pequena zurück. Auf Fort Vogelsang konnten wir uns nun noch einige Tage ausruhen, die „Möwe“, welche nach Kapstadt gegangen war, war noch nicht von dort zurück, doch sollte unsere Ruhe nicht von langer Dauer sein. Nach einigen Tagen lief die „Möwe“ in Angra ein und der Generalkonsul und Graf Spee, Herr Prescher, ein

Der Bremer Kaufmann Adolf Lüderitz hisste in der Bucht von Angra Pequena die deutsche Flagge, und erwarb damit Deutsch-Südwestafrika.

junger Steiger, welchen ich zu meiner Begleitung auserwählt hatte, und ich, begaben uns an Bord, um vorerst nach Walfish Bay, dem Hafen von Damaraland zu fahren.

Ludwig II.

* Schloss Nymphenburg,
25. August 1845
† im Starnberger See,
13. Juni 1886

Bayerns „Märchenkönig“, muss wirklich „schön“ gewesen sein. Ein Zeitgenosse beschrieb ihn so: „Seine berückende Schönheit ließ Tausende von Frauenherzen mit magischer Kraft erglühen.“ Eine Dame, die am Königshof lebte, vertraute ihrem Tagebuch den Stoßseufzer an: „In zahllosen Mädchen- und Frauenköpfen, auch in meinem, spukt nur ein Gedanke herum: Wenn man ihm doch nur einmal alleine begegnen könnte!“

Aber leider war es offensichtlich so, dass Ludwig sich für Frauen nicht interessierte. Zwar verlobte sich der König mit der Prinzessin Sophie von Bayern (einer Schwester der legendären Sissi), doch schon nach wenigen Monaten wurde die Verlobung wieder gelöst, nachdem Ludwig seiner Braut gestanden hatte, sie sei ihm zwar von allen lebenden Frauen die teuerste, aber der Gott seines Lebens bliebe für ihn doch der ältere Freund. Dieser Freund war der von Ludwig kritiklos verehrte Komponist Richard Wagner, den er sofort nach seiner Krönung nach München kommen ließ und hier fürstlich entlohnte. Bereits 1865 wurde am bayerischen Nationaltheater „Tristan und Isolde“ welturaufgeführt.

Doch als die Zuwendungen an Wagner jedes vernünftige Maß überschritten, konnte dies den verantwortlichen Ministern nicht gleichgültig sein. Energisch setzten sie die Entfernung des Komponisten durch. Das war der Anfang der persönlichen Tragödie des Königs, der bis in seine letzten Tage, obwohl für eine Zwischenzeit von Wagner getrennt, der Schutzherr des Komponisten und dessen Lebenswerkes blieb. Neben die Welt Wagners trat nun eine wirklichkeitsfremde Liebe für das französische 18. Jahrhundert. 1868 begann auf dieser Linie das überhastete Bauen an mehreren Prunkschlössern im Alpenvorland. Immer neue Millionen verlangte Ludwig von der Kabinettskasse. Dem Ministerium blieb zuletzt nichts anderes übrig, als die Entmündigung des Königs einzuleiten.

Am 13. Juni 1886 unternahm Ludwig in dem ihm als Zwangsaufenthalt zugewiesenen Schloss Berg am Starnberger See mit seinem Leibarzt Dr. v. Gudden einen Abendspaziergang. Als Gudden nicht wie erwartet um acht Uhr zurückkam, wurde sein Assistent Dr. Müller unruhig und ließ den Park durchsuchen.

Um 10.30 Uhr wurden am Ufer Ludwigs Hut mit der Diamantenagraffe, sein Mantel und sein Rock gefunden, dann Guddens Hut und Regenschirm. Dr. Müller berichtet: „Nun lief ich mit Huber (dem Schlossverwalter) an den See, wir weckten einen Fischer, bestiegen ein Boot und fuhren um elf Uhr ab gegen Leoni zu. Wir waren noch nicht lange auf dem Wasser, da stieß Huber einen Schrei aus und sprang ins Wasser, das ihm bis an die Brust ging, er umklammerte einen Körper, der auf dem Wasser daherschwamm, es war der König in Hemdsärmeln, ein paar Schritte hinterher kam ein zweiter Körper – Gudden. Ich zog ihn ins Boot, und dann ruderte der Fischer gegen das Ufer zu.“ Was an jenem Abend wirklich geschah, wird, da es keine Zeugen gab, ein ewiges Geheimnis bleiben.

Jungfernfahrt des ersten „Benz“

Ohne Carl Benz wäre das Zeitalter des Automobils nicht so schnell und schon gar nicht so sicher auf Touren gekommen. Obwohl schon vor seinem 1885 patentierten „Motorwagen“ andernorts, in Frankreich zum Beispiel, kuriose Vehikel mit Hilfe von „Wärmemaschinen“ von der Stelle kamen, gilt das Benz-Gefährt als erstes funktionierendes „Auto“ der Geschichte.

Benz` Großvater war noch Dorfschmiedemeister gewesen, sein Vater hatte als Lokomotivführer den ersten Eisenbahnzug auf der Strecke Karlsruhe- Heidelberg in Bewegung gesetzt. Der Sohn wollte den Zug der Zeit nicht verpassen, besuchte das Polytechnikum und erlernte den Lokomotivbau in den Werkstätten der Maschinenbaugesellschaft Karlsruhe, deren Leitung später ein gewisser Gottlieb Daimler übernahm.

Benz` erstes Fortbewegungsmittel war ein Fahrrad, Modell „Drais“, das er sich 1867 kaufte – noch ohne Gummireifen. Mit einigen Ersparnissen gründete er 1871 in Mannheim eine Gasmotorenfabrik, in der er, um das Patent von Otto über Viertaktmotoren zu umgehen, den Zweitakter entwickelte.

Nach unermüdlichen Arbeiten und Experimenten brachte Carl Benz seinen neuen Motor am Sylvesterabend 1879 endlich zum Laufen. Jetzt konnte der inzwischen Fünfunddreißigjährige zwar den Interessenten eine betriebsfähige Maschine vorführen, doch fehlten ihm die Mittel zu deren geregelter Produktion. Es fand sich ein Geldgeber. Ab Ende 1881 baute die „Mannheimer Gasmotorenfabrik“ den ortsfesten „Zweitaktmotor System Benz“. Er bewährte und verkaufte sich gut. Doch der stets eigenwillige Kons-

Patent-Motor-Wagen von Carl Benz, 1886.

trukteur überwarf sich bald mit neu hinzugekommenen Teilhabern und schied schon Anfang 1883 aus der Firma aus.
Freilich war Carl Benz inzwischen so bekannt und angesehen, dass sich alsbald neue Geldgeber von selber einstellten. Die Kaufleute M. Rose und F. W. Eßlinger gründeten mit dem Ingenieur Carl Benz am 1. Oktober 1883 die neue Firma „Benz & Cie., Rheinische Gasmotorenfabrik in Mannheim". Von jetzt an ging es rasch aufwärts. Die Fertigung und der Verkauf der stationären Motoren – bereits innerhalb der ersten vier Monate wurden über 800 Stück ausgeliefert – sicherten ein allseits zufriedenstellendes Geschäft.
Mehr und mehr beschäftigte sich der ideenreiche Erfinder nun mit dem Gedanken, einen motorgetriebenen, selbstfahrenden Wagen zu schaffen. An sich war das nichts völlig Neues, denn vor allem in Frankreich und England gab es längst die verschiedensten Dampfautomobile.
Da diese aber zu schwer und in vieler Hinsicht unzweckmäßig waren, gelangte Carl Benz zu der Überzeugung, dass nur ein sehr leichtes Fahrzeug Aussicht habe, in großer Zahl Verbreitung zu finden. Ursprünglich hatte er an einen der vierrädrigen Pferdedroschke ähnlichen Wagen gedacht. Nachdem ihm aber bei seinen theoretischen Überlegungen keine zufriedenstellende Konstruktion für die Lenkung einfiel, entschloss er sich zu einem Dreirad-Fahrzeug.
Dabei genügte es ihm keineswegs, lediglich eines der vorhandenen Dreirad-Velocipeds mit einem Motor auszurüsten, weil er danach strebte, Fahrgestell und Antrieb zu einer organischen Einheit zu verbinden.
1885 verwirklichte Carl Benz seine inzwischen schon ganz konkreten Vorstellungen. Innerhalb erstaunlich kurzer Zeit entstand sein erster Dreirad-Motorwagen.
Dieser besaß eine Sitzbank für zwei Personen, ansonsten aber fast keinen Aufbau. Die geniale Besonderheit des völlig neuen Fahrzeugs lag darin, dass der Motor einen organischen Bestandteil des Wagens bildete und nicht etwa erst nachträglich in ein vorhandenes Gestell installiert worden war. Wichtigste Merkmale des Benz Dreirads waren der kleine, hinten eingebaute, wassergekühlte und (für damalige Begriffe) schnelllaufende Viertakt-Verbrennungsmotor, die elektrische Hochspannungszündung, das Differential und der Stahlrohrrahmen.
Bereits im Oktober 1885 fanden die ersten Fahrversuche auf dem Fabrikhof statt und am 29.1.1886 erhielt Carl Benz das Patent auf seinen Motorwagen. Allerdings dauerte es dann noch bis zum 3. Juli 1886, einem Samstag, an dem Carl Benz bei Tagesanbruch erstmals auf einer öffentlichen Straße fuhr.

„Wir Deutsche fürchten Gott, aber sonst nichts in der Welt"

„Wir liegen mitten in Europa", umreißt Bismarck bei seiner letzten großen außenpolitischen Reichstagsrede am 6. Februar 1888 die schwierige außenpolitische Lage des Deutschen Reiches. „Wir haben mindestens drei Angriffsfronten. Frankreich hat nur seine östliche Grenze, Russland nur seine westliche Grenze, auf der es angegriffen werden kann. Wir sind außerdem der Gefahr der Koalition nach der ganzen Entwicklung der Weltgeschichte, nach unserer geographischen Lage . . . im Vergleich mit anderen mehr ausgesetzt als irgendein anderes Volk. Gott hat uns in eine Situation gesetzt, in welcher wir durch unsere Nachbarn daran gehindert werden, irgendwie in Trägheit oder Versumpfung zu geraten. Er hat uns die kriegerischste und unruhigste Nation, die Franzosen, an die Seite gesetzt, und er hat in Russland kriegerische Neigungen groß werden lassen, die in früheren Jahrhunderten nicht in dem Maße vorhanden waren."
Die Rede schließt mit den Worten: „Wir können durch Liebe und Wohlwollen leicht bestochen werden – aber durch Drohungen ganz gewiss nicht. Wir Deutsche fürchten Gott, aber sonst nichts in der Welt – und die Gottesfurcht ist es schon, die uns den Frieden lieben und pflegen lässt. Wer ihn aber trotzdem bricht, der wird sich überzeugen, dass die kampfesfreudige Vaterlandsliebe, welche 1813 die gesamte Bevölkerung des damals schwachen, kleinen und ausgesogenen Preußen unter die Fahnen rief, heutzutage ein Gemeingut der ganzen deutschen Nation ist und dass derjenige, welcher die deutsche Nation irgendwie angreift, sie einheitlich gewaffnet finden wird und jeden Wehrmann mit dem festen Glauben im Herzen: Gott wird mit uns sein!"
Für den Reichsgründer lag dabei die Betonung auf dem Gottvertrauen, an Drohungen gegen Deutschlands Nachbarn hatte er nicht gedacht. „Dieser Satz", schreibt der Historiker Wilhelm Mommsen, „der für viele kleine ‚Bismarckbewunderer' jahrzehntelang zu dem Wort wurde, das sie immer wieder zitierten, steht in einer Rede, die ohne allen Zweifel, wenn nicht von Furcht, so doch von Sorge für die gesamte außenpolitische Lage erfüllt war und die Bismarck keineswegs in dem nationalistischen Sinn verstanden hat, den man diesem Worte zu geben pflegte. Als schon unmittelbar nach dieser Rede zu Bismarcks Verwunderung das Wort ‚Wir Deutsche fürchten Gott, aber sonst nichts in der Welt' sich auf Gläsern, Krawatten, Pantoffeln usw. fand, war Bismarck wenig erfreut.
Er hat gemeint, er habe sich bei diesen Worten nichts Besonderes gedacht, ‚er habe sich nicht träumen lassen, dass dadurch ein Schlagwort entstehen könne'. In der Tat schien es noch Jahrzehnte später, dass viele Deutsche von dem Reichsgründer nur dieses eine Wort kannten, das sich noch vor 1914 auf Aschenbechern und dergleichen fand. Die Art und Weise, wie dieses aus dem Zusammenhang gerissene Wort in der deutschen Öffentlichkeit eine Rolle spielen konnte, zeigte freilich zugleich, dass die außenpoli-

Nach der Rede vom 6. Februar 1888 wird Bismarck von begeisterten Anhängern gefeiert.

tische Erziehung seiner Mitbürger dem Reichskanzler nicht gelungen war. Das fragliche Schlagwort hat nicht zuletzt dazu beigetragen, dass die Außenpolitik der Wilhelminischen Zeit von dem Bild eines missverstandenen Bismarck bestimmt wurde."

Bismarcks Entlassungsgesuch

Fast dreißig Jahre hatte Bismarck den Hohenzollern als preußischer Ministerpräsident und zwei Jahrzehnte lang als Reichskanzler gedient, hatte das Reich geeint und seinem Herrn die Kaiserkrone gesichert. Als nun 1888 der noch nicht 30-jährige Wilhelm II. den Thron bestieg, war sein ganzes Bestreben, aus dem Schatten dieser übermächtigen Figur zu treten. Der Konflikt entzündete sich an sozialen Fragen, bündnispolitischen Problemen und schließlich an persönlichen Differenzen. Am 18. März 1890 bat Bismarck um seine Entlassung. Im Abschiedsgesuch formulierte der „Eiserne Kanzler" außenpolitische Warnungen, die geradezu prophetisch die Fehler beschworen, an denen das Kaiserreich scheitern sollte:

Nach früheren Besprechungen, die ich mit Eurer Majestät über die Frage hatte, ob Allerhöchstdenselben mein Verbleiben im Dienste unerwünscht sein würde, durfte ich annehmen, dass es Allerhöchstdenselben genehm sein würde, wenn ich auf meine Stellungen in Allerhöchstdero preußischen Diensten verzichte, im Reichsdienste aber bliebe. Ich habe mir nach näherer Prüfung dieser Frage erlaubt, auf einige bedenkliche Konsequenzen dieser Teilung meiner Ämter, namentlich bezüglich künftigen Auftretens des Kanzlers im Reichstage, in Ehrfurcht aufmerksam zu machen, und enthalte mich, alle Folgen, welche eine solche Scheidung zwischen Preußen und dem Reichskanzler haben würde, hier zu wiederholen.

Aber auch wenn es tunlich wäre, unsre auswärtige Politik so unabhängig von unsrer inneren und unsre Reichspolitik so unabhängig von der preußischen zu betreiben, wie es der Fall sein würde, wenn der Reichskanzler der preußischen Politik ebenso unbeteiligt gegenüberstände wie der bayrischen oder sächsischen und an der Herstellung des preußischen Votums im Bundesrate und dem Reichstage gegenüber keinen Anteil hätte, so würde ich doch, nach den jüngsten Entscheidungen Eurer Majestät über die Richtung unsrer auswärtigen Politik, wie sie in dem Allerhöchsten Handbillet (Der Kaiser beschwerte sich darüber, dass ihm von Bismarck Berichte des Konsuls in Kiew nicht rechtzeitig vorgelegt worden seien, in denen von russischen Truppenansammlungen an der österreichischen Grenze die Rede war. Er verlangte Gegenmaßnahmen und wollte einen geplanten Besuch am russischen Hofe absagen) zusammengefasst sind, mit dem Eure Majestät die Rückgabe der Berichte des Konsuls in Kiew begleiteten, in der Unmöglichkeit sein, die Ausführung der darin von Eurer Majestät vorgeschriebenen Anordnungen bezüglich der auswärtigen Politik zu übernehmen. Ich würde damit alle die für das Deutsche Reich wichtigen Erfolge infrage stellen, welche unsre auswärtige Politik seit Jahrzehnten im Sinne der beiden hochseligen Vorgänger Eurer Majestät in unseren Beziehungen zu Russland unter ungünstigen Verhältnissen erlangt hat und deren über Erwarten große Bedeutung für die Gegenwart und Zukunft Graf Schuwalow mir nach seiner Rückkehr von Petersburg soeben bestätigt hat.

„Der Lotse geht von Bord". Karikatur der englischen Zeitschrift „Punch" zu Bismarcks Entlassung.

Es ist mir bei meiner Anhänglichkeit an den Dienst des Königlichen Hauses und an Eure Majestät und bei der langjährigen Einlebung in Verhältnisse, welche ich für dauernd gehalten hatte, sehr schmerzlich, aus den gewohnten Beziehungen zu Allerhöchstdenselben und zu der Gesamtpolitik des Reichs und Preußens auszuscheiden, aber nach gewissenhafter Erwägung der Allerhöchsten Intentionen, zu deren Ausführung ich bereit sein müsste, wenn ich im Dienste bliebe, kann ich nicht anders als Eure Majestät alleruntertänigst bitten, mich aus dem Amte des Reichskanzlers, des Ministerpräsidenten und Preußischen Ministers der Auswärtigen Angelegenheiten in Gnaden und mit der gesetzlichen Pension entlassen zu wollen.

Nach meinen Eindrücken der letzten Wochen und nach den Eröffnungen, die ich gestern aus den Mitteilungen von Eurer Majestät Zivil- und Militärkabinett entnommen habe, darf ich in Ehrfurcht annehmen, dass ich mit diesem meinem Entlassungsgesuche den Wünschen Eurer Majestät entgegenkomme und also auf eine huldreiche Bewilligung meines Gesuches mit Sicherheit rechnen darf. Ich würde die Bitte um Entlassung aus meinen Ämtern schon vor Jahr und Tag Eurer Majestät unterbreitet haben, wenn ich nicht den Eindruck gehabt hätte, dass es Eurer Majestät erwünscht wäre, die Erfahrungen und Fähigkeiten eines treuen Dieners Ihrer Vorfahren zu benutzen. Nachdem ich sicher bin, dass Eure Majestät derselben nicht bedürfen, darf ich aus dem öffentlichen Leben zurücktreten, ohne zu befürchten, dass mein Entschluss von der öffentlichen Meinung als unzeitig verurteilt werde.

Wilhelminische Zeit (1890-1918)

1890, 22. März: In einem Telegramm an den Großherzog von Weimar kommentiert Kaiser Wilhelm die Entlassung Bismarcks mit den Worten: „Das Amt des wachhabenden Offiziers auf dem Staatsschiff ist Mir zugefallen. Der Kurs bleibt der alte. Volldampf voran!"

1890, 1. Mai: Der 1. Mai wird erstmals international als Kampftag der Arbeiterklasse begangen. In Deutschland kommt es zu Arbeitsniederlegungen.

1890, Mai: Nachdem die Verhandlungen über eine Verlängerung des deutsch-russischen Rückversicherungsvertrages seit Februar nur hinhaltend geführt worden sind, gibt die Reichsregierung den Vertrag endgültig auf.

1890, 22. Juni: Die in China stationierten europäischen Truppen, ca. 2000 Mann unter dem Kommando des britischen Generals Sir Edward Hubert Seymour, versuchen vergeblich, nach Peking vorzudringen, um die Boxer auszuheben. In einer kritischen Phase des Kampfes ordnet Seymour den Einsatz des deutschen Kontingents (22 Offiziere und 489 Mann unter Kapitän z. S. von Usedom) an. Sein Befehl „The Germans to the front!" wird in Deutschland zum viel zitierten Schlachtruf.

Wilhelm II. in Admiralsuniform. Gemälde von Robert Hahn. So eindeutig sich Wilhelm II. dem Ausbau der Flotte verpflichtet fühlte, so eindeutig lässt sich auch sagen, dass Deutschlands letzter Kaiser kein Kriegstreiber war. Auch wenn er mit seinen prunkenden Uniformen, seinen martialischen Reden von der „gepanzerten Faust", seiner Vorliebe für Paraden und Manöver im Ausland häufig als Inbegriff des preußisch-deutschen Militarismus galt, so war er doch – um mit Sebastian Haffner zu sprechen – „im Grunde genommen eine sensible, nervöse und friedliebende Natur".

1890, 1. Juli: Durch ein Abkommen mit England werden die Grenzen von Deutsch-Ostafrika endgültig festgelegt.

1890, 1. Aug.: Abschluss des Helgoland-Sansibar-Vertrages mit England. Das Reich tritt Sansibar und den deutschen Teil der Somaliküste an England ab und erhält dafür die Insel Helgoland sowie für Deutsch-Südwestafrika einen Zugang zum Sambesi, den sog. „Caprivi-Zipfel".

1890, 30. Sept.: Das Sozialistengesetz tritt außer Kraft.

1890, 12. – 18. Okt.: Die Sozialdemokraten treffen sich in Halle zum ersten legalen Parteitag nach dem Fall des Sozialistengesetzes. Die Partei erhält ein Organisationsstatut, ihr neuer Name lautet Sozialdemokratische Partei Deutschlands (SPD).

1890, 4. Nov.: Im „Bund deutscher Fußballspieler", der sich in Berlin konstituiert, schafft sich der deutsche Fußball eine Dachorganisation.

1890: Otto Lilienthal unternimmt die ersten Flugversuche mit einem vogelähnlichen Gleitflugzeug.

1890: Emil Hermann Fischer (Nobelpreis 1902) entwickelt die Traubenzuckersynthese.

1890: Emil Behring entdeckt die Heilbehandlung mit Blutserum.

1891, 1. Jan.: Eine neue Zeitung mit dem Titel „Vorwärts" löst den „Sozialdemokrat" als Zentralorgan der SPD ab.

1891, 1. Jan.: Deutsch-Ostafrika wird zur Reichskolonie proklamiert. Die Verwaltung des Gebietes geht von der Deutsch-Ostafrikanischen Gesellschaft auf das Reich über.

1891, 14. Jan.: In Berlin findet die erste europäische Eisenbahn-Fahrplan-Konferenz statt.

1891, 22. Jan.: Der HAPAG-Dampfer „Auguste Victoria" läuft in Cuxhaven zur ersten Luxuskreuzfahrt in der Geschichte der deutschen Passagierschifffahrt aus.

1891, 9. Febr.: Alfred Graf von Schlieffen tritt die Nachfolge Alfred Graf von Waldersees als Chef des Großen Generalstabes an.

1891, 24. Apr.: In Berlin stirbt Helmuth Graf von Moltke, Generalfeldmarschall, 1857-1888 Chef des Großen Generalstabes.

1891, 1. Juni: Inkrafttreten einer neuen Gewerbeordnung. Sie verbietet die Sonntagsarbeit sowie die Fabrikarbeit von Kindern unter 13 Jahren; die tägliche Arbeitszeit von Jugendlichen unter 16 Jahren wird auf 10, die von Frauen auf 11 Stunden begrenzt.

1891, 1. Juli: Ernst Abbe, Teilhaber und Erbe von Carl Zeiss, gründet die Carl-Zeiss-Stiftung in Jena. Finanzielle Grundlage der Stiftung bilden die Firma Carl Zeiss sowie Anteile an der Firma Jenaer Glaswerk Schott & Genossen. Die Carl-Zeiss-Stiftung fördert gemeinnützige Projekte und schafft vorbildliche Arbeitsbedingungen (bezahlter Urlaub, Achtstundentag, Gewinnbeteiligung, Pensionsanspruch).

1891, 14. – 20. Okt.: Der Parteitag der SPD in Erfurt verabschiedet das stark marxistische Erfurter Programm. Es stellt die Erlangung der politischen Macht, die Überwindung der Klassengesellschaft und die Umwandlung von Privat- in Volkseigentum als oberste Ziele heraus.

1891: Fertigstellung der Eschbach-Talsperre bei Remscheid, der ersten größeren Talsperre Deutschlands. Der Stausee fasst ca. 1 Million Kubikmeter Wasser.

1891: Gabriel Lippmann entwickelt ein Verfahren, mit dem sich Fotografien in natürlichen Farben aufnehmen lassen.

1891: Der Bielefelder Apotheker August Oetker legt mit der Einführung des Backpulvers „Backin" den Grund für den Lebensmittelkonzern „Dr. Oetker".

1891: Der „Bund Deutscher Fußballspieler" veranstaltet die erste (inoffizielle) deutsche Fußballmeisterschaft. Sieger wird die Mannschaft von Germania 1888 Berlin.

1892, 23. März: Reichskanzler Caprivi tritt von seinem Posten als preußischer Ministerpräsident zurück, nachdem seine Pläne zur Wiedereinführung der Konfessionsschule und zur Reform der Landgemeinden in den Ostprovinzen im Landtag gescheitert sind. Nachfolger wird Botho Graf von Eulenburg.

1892, 1. Apr.: Die Eisenbahnen in Bayern, Württemberg und Baden führen die einheitliche Mittel-

europäische Zeit ein. Die übrigen deutschen Bahnen folgen im nächsten Jahr.
1892, 24. Apr.: Die Krupp-Werke präsentieren ein neues Geschütz mit einer Reichweite von 20 km.
1892, 26. Juni: Der ehemalige Reichskanzler Bismarck veröffentlicht in der „Westfälischen Allgemeinen Zeitung" eine scharfe Kritik an der Außenpolitik seines Nachfolgers Caprivi.
1892, 15. Aug.: In Hamburg wird der erste Fall von asiatischer Cholera festgestellt. An der Seuche sterben bis Mitte Oktober 8500 Menschen. Hauptgründe für die Ausbreitung der Cholera sind ungesunde Wohnverhältnisse und eine unzureichende Versorgung mit sauberem Trinkwasser. Der Bakteriologe Robert Koch sagt am 24.8. nach einer Besichtigung der Arbeiterquartiere in der Innenstadt: „Ich vergesse, dass ich mich in Europa befinde."
1892, 18. Aug.: Frankreich und Russland sichern sich in einer geheimen Militärkonvention gegenseitigen Beistand im Fall eines deutschen Angriffes zu.
1892, 1. Okt.: Maximilian Harden gründet „Die Zukunft", eine politisch-kulturelle Wochenschrift, die durch beißende Kritik an der den Kaiser umgebenden „Kamarilla" von sich reden macht.
1892, 9. Nov.: Die Pazifisten Alfred Hermann Fried und Bertha von Suttner gründen in Berlin die Deutsche Friedensgesellschaft. Publikationsorgan ist die monatlich erscheinende Zeitschrift „Die Waffen nieder!"
1892, 31. Dez.: Fertigstellung des 485 km langen Teilstücks der Anatolischen Eisenbahn zwischen Ismid und Ankara unter maßgeblicher Beteiligung der „Deutschen Gesellschaft für den Bau der kleinasiatischen Bahnen" und der Deutschen Bank.
1892: Ferdinand Graf von Zeppelin beginnt sich mit dem Bau eines lenkbaren Luftschiffes zu beschäftigen.
1892: Rudolf Diesel meldet das Patent auf einen Verbrennungsmotor ohne Zündkerzen an.
1892: Gottlieb Daimler und Wilhelm Maybach konstruieren den ersten Zweitakt-Reihenmotor.

Jens Birkholm, Hunger. 1893. Über die dargestellte Wärmehalle heißt es in einem zeitgenössischen Bericht: „Während der Wintermonate geöffnet von 7 Uhr Morgens bis 7 Uhr Abends. Sitzplätze für ca. 1.300 Personen, Waschvorrichtungen. An die Besucher werden, zu einem beträchtlichen Teile unentgeltlich, sonst für 2, 5 und 10 Pf. Schrippen, Kaffee, Milch, Suppen verabreicht. Eine Anzahl Arbeitsloser werden in besonderer Werkstatt gegen Lohn und Kost mit Ausbesserung der Kleidungsstücke und des Schuhwerks der Gäste der Wärmehalle, andere mit der Anfertigung von Decken aus Flicken oder von Strohmatten beschäftigt."

1893, 15. Febr.: Die von der Deutschen Bank finanzierte „Deutsche Gesellschaft für den Bau der kleinasiatischen Bahnen" erhält von der türkischen Regierung die Konzession für den Weiterbau der Westanatolischen Bahn.
1893, 26. Febr.: Uraufführung von Gerhart Hauptmanns Schauspiel „Die Weber" als Veranstaltung des Vereins „Freie Bühne" im Berliner Neuen Theater. Das Stück wird als „Umsturzdrama" den öffentlichen Bühnen polizeilich verboten.
1893, 26. März: In Berlin wird der „Centralverein deutscher Staatsbürger jüdischen Glaubens" gegründet, der sich für die gesellschaftliche Gleichbehandlung der Juden in Deutschland einsetzt.
1893, 1. Apr.: Einführung der Mitteleuropäischen Zeit (MEZ) als Einheitszeit für das gesamte Reichsgebiet.
1893, 29. Juni: Das preußische Dreiklassenwahlrecht wird aufgrund der Steuerreform novelliert. Auch Arbeiter mit geringem Steueraufkommen können in die zweite oder erste Klasse aufsteigen.
1893, 15. Juli: Der Reichstag stimmt der Militärvorlage der Regierung zu. Das so genannte Quinquennat (gültig für 5 Jahre) erhöht die Heeresstärke um 585 000 Mann und verkürzt die Dienstzeit auf zwei Jahre.
1893, 7. Sept.: Gründung des Deutschnationalen Handlungsgehilfenverbandes (DHV) in Hamburg, der sich als Gegengewicht gegen die sozialdemokratische Agitation unter den Handlungsgehilfen (= Angestellten) versteht. Der DHV will den Zusammenschluss aller Handlungsgehilfen bewirken, lehnt jedoch Streiks ab.
1893: Gründung der Hugo Stinnes OHG, die sich in der Seereederei und in der Binnenschifffahrt engagiert. Durch Beteiligungen in der Montanindustrie, in Erdölgesellschaften, im Überseehandel und schließlich auch im Verlagswesen und in der Papierindustrie baut Hugo Stinnes die Firma zu einem Großkonzern aus.
1894, 10. März: Gegen den Widerstand deutscher Agrarkreise wird ein Handelsvertrag mit Russland geschlossen, der Getreideeinfuhren nach Deutschland begünstigt. Reichskanzler Caprivi verliert danach die Unterstützung der Konservativen.
1894, 28./29. März: 34 Frauenvereine schließen sich zum Bund deutscher Frauenvereine unter dem Vorsitz von Auguste Schmidt zusammen. Der Bund tritt für die Gleichberechtigung der Frauen, vor allem die Chancengleichheit im Bildungswesen ein.
1894, 9. Sept.: Der Aufstand der Hottentotten unter Hendrik Witboy in Deutsch-Südwestafrika wird niedergeschlagen.
1894, 22. Sept.: In seiner „Polenrede" spricht sich Kaiser Wilhelm

II. für eine härteres Vorgehen gegen die Polen in den deutschen Ostprovinzen aus.
1894, 25. Sept.: Erste öffentliche Aufführung von Gerhart Hauptmanns Drama „Die Weber" im Deutschen Theater Berlin. Das Stück war zuvor für öffentliche Aufführungen verboten.
1894, 26. Okt.: Der ehemalige bayerische Ministerpräsident Chlodwig Fürst zu Hohenlohe-Schillingsfürst wird Reichskanzler und preußischer Ministerpräsident. Er zeigt sich nachgiebiger gegenüber Wilhelms II. Vorstellungen von einem „persönlichen Regiment", das er als Kaiser ausüben will, als die Vorgänger.
1894, 6. Dez.: Erste Sitzung des Reichstags im neuen von Paul Wallot errichteten Gebäude.
1894: Beim ersten internationalen Autorennen Paris–Rouen siegt ein Wagen von Daimler.
1895, 1. Apr.: Im Deutschen Reich arbeiten insgesamt 148 Elektrizitätswerke mit einem Anschlusswert von 35.941 Kilowatt. Ans Netz angeschlossen sind 493.801 Glühlampen und 12.357 Bogenlampen.
1895, 23. Apr.: Nach dem Ende des japanisch-chinesischen Krieges fordern Deutschland und Russland von den siegreichen Japanern den Verzicht auf chinesischen Festlandbesitz. Kaiser Wilhelm II. spricht dabei von der „gelben Gefahr" (gemeint ist Japan), der das Abendland gemeinsam gegenübertreten müsse.
1895, Apr.: In Berlin erscheint das erste Heft der von Otto Julius Bierbaum und Julius Meier-Graefe herausgegebenen Kunst- und Literaturzeitschrift „Pan", die den künstlerischen Strömungen des Symbolismus und des Jugendstils verpflichtet ist.
1895, 21. Juni: Bei der zweiten Berufs- und Gewerbezählung wird u. a. ermittelt, dass nur noch 37,5 Prozent der Erwerbstätigen in der Landwirtschaft arbeiten. Berlin (1,6 Millionen Einwohner) ist die am dichtesten besiedelte Stadt der Welt.
1895, 21. Juni: Einweihung des Kaiser-Wilhelm-Kanals (heute Nord-Ostsee-Kanal) nach achtjähriger Bauzeit.
1895, 2. Sept.: Einweihung der Kaiser-Wilhelm-Gedächtniskirche in Berlin am „Sedantag", dem Tag der jährlichen Feier des Sieges über Frankreich.
1895, 1. Nov.: Geburtsstunde des deutschen Kinos: Die Brüder Skladanowsky führen im Berliner „Wintergarten" selbstgedrehte Kurzfilme mit Varietészenen vor. Max Skladanowsky hat für den Projektor, „Bioskop" genannt, Patentschutz erhalten; er selbst wird amtlicherseits als „Nebelbilddarsteller" geführt.
1895, 8. Nov.: Wilhelm Conrad Röntgen, Leiter des Instituts für Physik an der Universität Würzburg, entdeckt die „X-Strahlen" (später nach ihm Röntgenstrahlen benannt). Deren Gefährlichkeit wird dabei noch nicht erkannt.
1895, 27. Nov.: Gründung des Bundes der Industriellen (BdI). Der Unternehmerverband vereinigt als Dachorganisation besonders die mittleren und kleineren nichtmonopolisierten Betriebe und steht damit in Konkurrenz zu dem schwerindustriell orientierten Centralverband deutscher Industrieller und zum großagrarisch bestimmten Bund der Landwirte.
1895: Die Deutsche Turnerschaft führt das Frauenturnen ein.
1895: Konrad Koch schafft ein einheitliches Regelwerk für den deutschen Fußball.
1895: Gründung der katholischen Abstinenzliga gegen Alkoholmissbrauch.
1895: Carl von Linde verflüssigt Luft bei – 191° C.
1895: Wilhelm Fein erfindet die elektrische Handbohrmaschine.
1895: Die Schweinfurter Fichtel & Sachs-Werke beginnen mit der Herstellung kugelgelagerter Fahrradnaben.
1896, 1. Jan.: Die in München gegründete Zeitschrift „Jugend" setzt neue Maßstäbe in der Buchgestaltung. Nach ihr wird die neue, gegen den Historismus gerichtete Reformbewegung in der Kunst „Jugendstil" genannt.
1896, 3. Jan.: Kaiser Wilhelm II. beglückwünscht in einem Telegramm den Präsidenten der Burenrepublik Südafrika zur erfolgreichen Abwehr eines britischen Einfalls nach Transvaal („Jameson-Raid"). Die „Krüger-Depesche" erregt erhebliche Verstimmung in England.
1896, 4. Jan.: Uraufführung des Bauernkriegs-Dramas „Florian Geyer" von Gerhart Hauptmann in Berlin.
1896, 6. März: Die Arbeitszeit der Bäcker wird nach einem Beschluss des Bundesrates auf höchstens 12 Stunden täglich begrenzt.
1896, 4. Apr.: Das erste Heft der satirischen Zeitschrift „Simplicissimus" erscheint im Münchener Verlag Albert Langen. Von der Riesenauflage (480 000 Stück) bleibt ein großer Teil unverkauft liegen. Erst eine Änderung des Konzepts in Richtung stärkerer Bebilderung mit Karikaturen verhilft dem Blatt zum Erfolg.
1896, 1. Juli: Der Reichstag billigt mit 288 Ja-Stimmen, 48 Nein-Stimmen und 18 Enthaltungen das Bürgerliche Gesetzbuch (BGB), das Teile des allgemeinen Privatrechts regelt.

Zehn Jahre lang, von 1884 bis 1894 dauern die Bauarbeiten am neuen Reichstagsgebäude von Paul Wallot in Berlin.

Die ersten Olympischen Spiele der Neuzeit fanden 1896 in Athen statt. Am 11. April sorgte ein deutscher Athlet für eine große Überraschung: Carl Schuhmann, ein 27jähriger Turner aus Münster in Westfalen, siegte beim Ringen, das damals in einer Kategorie ohne Gewichtsbegrenzung ausgetragen wurde. Schuhmann, obwohl er kein Spezialist und noch dazu nur 1,63 m groß war, bezwang alle Gegner und wurde Olympiasieger. Daneben gewann er noch drei weitere Goldmedaillen: Als Einzelturner im Pferdsprung und mit der Mannschaft an Reck und Barren. Carl Schuhmann starb am 24. März 1946 in Berlin.

1896, 9. Aug.: Der Luftfahrtpionier Otto Lilienthal stürzt nach 2000 Flugversuchen ab. Er erliegt am folgenden Tag seinen Verletzungen.

1896, 16. – 29. Sept.: Beim ersten internationalen Frauenkongress in Berlin treffen sich über 17 000 Delegierte aus 14 Nationen.

1896, 25. Nov.: Der Liberale Friedrich Naumann gründet in Erfurt den „National-Socialen Verein", der ein nationales und demokratisches Kaisertum anstrebt.

1896: Der jüdisch-österreichische Journalist Theodor Herzl erhebt in seinem Buch „Der Judenstaat" die Forderung nach einer jüdischen Heimstatte in Palästina und begründet den Zionismus.

1896: Unter Mithilfe einheimischer Stämme schlägt der Landeshauptmann von Deutsch-Südwestafrika, Theodor Leutwein, Aufstände der Ost-Hereros und Kauas-Hottentotten nieder.

1896: Die ersten Olympischen Spiele der Neuzeit, zurückgehend auf eine Idee des Barons Pierre de Coubertin, finden in Athen statt. Auch deutsche Sportler sind dabei, sie gewinnen u. a. Wettbewerbe im Turnen, Ringen und Tennis.

1897, 6. Febr.: Der Streik der Hamburger Hafenarbeiter bricht nach 11 Wochen Dauer zusammen, ohne dass die Forderungen nach Lohnerhöhungen und Verbesserung der Arbeitsbedingungen erfüllt worden sind. Über 500 Arbeiter werden vor Gericht gestellt und zu Freiheits- und Geldstrafen verurteilt.

1897, 29. Mai: Ein Brief des Verlegers Samuel Fischer an den jungen Autor Thomas Mann gibt den Anstoß für die Entstehung des Romans „Buddenbrooks", einem der bedeutendsten Prosawerke des 20. Jahrhunderts.

1897, 11. Juni: Robert Bosch erhält das Patent auf die Niederspannungs-Magnetzündung für Verbrennungsmotoren.

1897, 2. Aug.: Der Chef des Großen Generalstabes, Alfred Graf von Schlieffen, legt die erste Fassung seines Planes für einen Zweifrontenkrieg gegen Russland und Frankreich vor. Der Plan geht von der Langsamkeit der russischen Mobilisierung aus. Sie soll dem deutschen Heer Gelegenheit geben, in einem raschen Feldzug unter Verletzung der belgischen und luxemburgischen Neutralität das französische Heer zu umfassen und entscheidend zu schlagen. Danach sollen alle Kräfte gegen Russland gewendet werden.

1897, 9. Nov.: In Köln wird der Caritasverband, die Dachorganisation der seit Anfang des 19. Jahrhunderts bestehenden katholischen Caritasvereine, gegründet.

1897, 6. Dez.: Der Staatssekretär des Äußeren und spätere Reichskanzler Bernhard von Bülow bringt in einer Reichstagsrede die deutsche Weltmachtpolitik auf den Punkt: „Wir wollen niemand in den Schatten stellen, aber wir verlangen auch unseren Platz an der Sonne."

1897: In Zusammenarbeit mit dem Erfinder Rudolf Diesel produzieren die Krupp-Werke und die Augsburger Maschinenfabrik die ersten Dieselmotoren.

1898, 1. März: In einer Rede vor Rekruten der Marine erklärt Kaiser Wilhelm II.: „Wo der deutsche Aar Besitz ergriffen und seine Krallen in ein Land hineingesetzt hat, das ist deutsch und wird deutsch bleiben!"

1898, 28. März: Verabschiedung des ersten Flottengesetzes durch den Reichstag. Es sieht u. a. den Bau von 16 Linienschiffen vor. Hatte bisher die deutsche Flotte nur einen Defensivauftrag (Handelsschutz, Küstenverteidigung), soll sie nunmehr auch für eine Auseinandersetzung auf hoher See gerüstet sein. Der Staatssekretär im Marineamt Großadmiral Tirpitz formuliert als Ziel: nicht so stark wie die englische Flotte, aber stark genug, um „das Anbinden mit uns" auch für England zum Risiko zu machen.

1898, 29. März: Der britische Kolonialminister Joseph Chamberlain lässt dem Deutschen Reich über den Botschafter in London, Paul Graf von Hatzfeldt, ein Bündnisangebot zukommen.

1898, 30. Apr.: Gründung des Deutschen Flottenvereins, der den Aufbau der deutschen Kriegsflotte publizistisch und politisch unterstützt. Vorsitzender wird der Fürst Wilhelm zu Wied.

Peter Behrens, der Kuss, 1898.

Tout le monde á Paris! Das spektakulärste friedliche Ereignis des Jahres 1900 war die Weltausstellung in Paris, die 50 Millionen Besucher anlockte, mehr als die Gesamtbevölkerung Frankreichs, die damals 39 Millionen zählte.

1898, 30. Juli: Der ehemalige Reichskanzler Fürst Bismarck stirbt auf seinem Gut Friedrichsruh im Alter von 83 Jahren. Band I und II seiner Memoiren („Gedanken und Erinnerungen") erscheinen noch im selben Jahr, Band III („Die Entlassung") allerdings erst 1921.

1898, 12. Dez.: Erstes (inoffizielles) Länderspiel der deutschen Fußball-Nationalmannschaft in Paris. Die deutsche Elf besiegt Frankreich mit 7:0, verliert jedoch die Revanche am folgenden Tag mit 1:2.

1898: In Hamburg finden erstmals Leichtathletikmeisterschaften statt. Paul Fischer läuft die 100 m in 12,2 sec.

1899, Jan.: Der sozialdemokratische Theoretiker Eduard Bernstein rückt in seiner Schrift „Die Voraussetzungen des Sozialismus und die Aufgaben der Sozialdemokratie" von Marx' Verelendungstheorie ab. Er löst damit in der SPD den sog. Revisionismusstreit aus.

1899, 12. Febr.: Das Deutsche Reich erweitert seinen Kolonialbesitz, indem es von Spanien die Karolinen-, Marianen- und Palauinseln erwirbt. Kaufpreis: 17 Millionen Mark.

1899, 16. März: Verabschiedung der neuen Heeresvorlage (sog. Quinquennat = für einen Zeitraum von fünf Jahren veranschlagt), durch den Reichstag. Wegen der hohen Ausgaben für die Flotte fällt der Beitrag für das Heer geringer aus. Die Truppe wird nur um 16 000 Mann aufgestockt.

1899, 10. Juli: Gründung des Deutschen Automobilclubs (DAC), dem späteren ADAC.

1899, 29. Juli: Auf der Ersten Haager Friedenskonferenz, an der 26 Staaten teilnehmen, ist auch das Deutsche Reich vertreten. Die Konferenz trifft Abkommen zur friedlichen Erledigung internationaler Streitfälle sowie zur Einhaltung bestimmter Regeln im Land- und Seekrieg.

1899, 18. Okt.: In seiner Rede zum Stapellauf des Linienschiffes „Karl der Große" in Hamburg fordert Kaiser Wilhelm die Deutschen auf, sich „einheitlich und fest, den Parteiungen entsagend" hinter ihre Herrscher zu stellen. „Es muss dazu aber unser Volk sich entschließen, Opfer zu bringen".

1899, 20. Nov.: Der Reichstag lehnt die sog. Zuchthausvorlage (nach der Streikführer strafrechtlich verfolgt werden sollten) mit den Stimmen der Sozialdemokraten, der Liberalen und des Zentrums ab.

1899, 24. Dez.: Die Deutsche Bank erhält von der türkischen Regierung den Zuschlag für die Finanzierung der Bagdadbahn.

1899: Die deutsche Kriegsflotte steht mit einer Linienschiffstonnage von 130.000 t im internationalen Vergleich an sechster Stelle hinter England (796.000 t), Frankreich (370.000 t), Russland (263.000 t), Italien (191.000 t) und den Vereinigten Staaten (136.000 t).

1899: Im Heer wird ein neues Infanteriegewehr, das Modell K 98, eingeführt.

1899: Julius Elster und Hans Friedrich Geitel erkennen den Atomzerfall als Ursache der Radioaktivität und begründen so die Kernphysik.

1899: Die Firma Friedrich Bayer & Co. in Leverkusen bringt das Schmerzmittel Aspirin auf den Markt.

1900, 1. Jan.: Mit dem Inkrafttreten des 1896 verabschiedeten Bürgerlichen Gesetzbuchs (BGB) und des Handelsgesetzbuchs verfügt das Deutsche Reich erstmals über eine einheitliche Gesetzgebung. Das Invalidenversicherungsgesetz tritt in Kraft; es regelt zugleich die Altersversicherung.

1900, 10. Jan.: Auf der Vulkanwerft in Stettin läuft in Anwesenheit von Kaiser Wilhelm II. das Handels- und Passagierschiff „Deutschland" vom Stapel. Mit 208,5 m Länge, 20,4 m Breite und 33.000 PS ist der Doppelschraubendampfer das größte und stärkste deutsche Schiff.

1900, 28. Jan.: In Leipzig wird der Deutsche Fußball Bund (DFB) gegründet. An der Gründungsversammlung nehmen 68 Vereine teil, darunter auch deutsche Vereine aus dem Ausland.

1900, 14. Apr.: In Paris wird die 13. Weltausstellung eröffnet. Deutschland ist mit der elektrischen Versorgung der gesamten Weltausstellung beauftragt. Daneben präsentieren sich Firmen wie die Allgemeinen Elektricitäts-Gesellschaft (AEG), Siemens und MAN (Maschinenfabrik Augsburg-Nürnberg AG). Trotz der Rekordbesucherzahl von 47 Millionen schließt die Veranstaltung mit einem großen finanziellen Defizit.

1900, 12. Juni: Der Reichstag nimmt mit 201 gegen 103 Stimmen das neue Flottengesetz an. Durch die deutsche Aufrüstung verschiebt sich das Kräfteverhältnis zur britischen Flotte allmählich von 1:2 auf 2:3.

1900, 20. Juni: Während des Boxeraufstands in China wird der deutsche Gesandte Klemens Freiherr von Ketteler in Peking auf offener Straße erschossen. Die Übergriffe auf ausländische Vertretungen veranlassen die Großmächte zur militärischen Intervention.

1900, 2. Juli: Graf Ferdinand von Zeppelin startet in Friedrichshafen am Bodensee seine erste Versuchsfahrt mit einem lenkbaren Luftschiff: Das „LZ1" ist 128 m lang und erreicht eine Geschwindigkeit von 32,4 km/h.

1900, 27. Juli: Bei der Verabschiedung der zur Niederschlagung des Boxeraufstands bereitstehenden deutschen Truppen ruft Wilhelm II. zu einem rücksichtslosen Rachefeldzug gegen die aufständischen Chinesen auf. Die „Hunnenrede" des Kaisers wird auch im Ausland abgelehnt.

1900, 15. Aug.: Die internationale Streitmacht zur Niederschlagung des Boxeraufstands zieht in Peking ein und befreit die belagerten ausländischen Vertretungen.

1900, 25. Aug.: In geistiger Umnachtung stirbt der Philosoph Friedrich Nietzsche in Weimar.

1900, 1. Sept.: Das erste deutsche Transatlantik-Telegraphenkabel wird mit einem Depeschenwechsel zwischen Kaiser Wilhelm II. und US-Präsident William McKinley in Betrieb genommen.

1900, 13. Sept.: Der Mediziner Hermann Hartmann gründet mit 20 weiteren Ärzten den „Verband der Ärzte Deutschlands zur Wahrung ihrer wirtschaftlichen Interessen den späteren Hartmannbund. Dem Bund gehören 1911 bereits fast 80 Prozent aller Ärzte an.

1900, 17. Okt.: Reichskanzler Chlodwig Fürst zu Hohenlohe-Schillingsfürst tritt aus Altersgründen zurück; sein Nachfolger wird Bernhard Graf von Bülow.

1900, 19. Nov.: Reichskanzler Bülow fordert vom Reichstag die nachträgliche Bewilligung der Kosten für das deutsche „Expeditionskorps" zur Niederschlagung des Boxeraufstands in Höhe von 152 Millionen Mark.

1900, 1. Dez.: Eine Volkszählung im Deutschen Reich ermittelt 56.345.014 Einwohner. Das entspricht einem Bevölkerungszuwachs von insgesamt 7,78 Prozent in den letzten fünf Jahren.

1900, 2. Dez.: Der Präsident der von Großbritannien annektierten Republik Südafrika, Paulus „Ohm" Krüger, wird in Köln von der Bevölkerung begeistert begrüßt. Ein offizieller Empfang in Berlin findet aus Rücksicht auf die Beziehungen zu Großbritannien nicht statt.

1901, 11. Jan.: Um die katastrophale Wohnsituation in der Reichshauptstadt zu verbessern, gründet die Berliner Stadtverordnetenversammlung die König-Friedrich-Stiftung und stattet sie mit 1 Million Mark aus.

1901, 8. Mai: Den Abgeordneten des Reichstags werden Anwesenheitsgelder (Diäten) bewilligt. Bismarck hatte die Zahlung von Diäten verweigert, um die Teilnahme sozialdemokratischer Abgeordneter an den Reichstagssitzungen zu erschweren. Da aber auch viele andere Abgeordnete häufig fehlten, war der Reichstag oft beschlussunfähig.

1901, 17. Juni: Auf einer Konferenz in Berlin beschließen Vertreter der deutschen Bundesstaaten und Österreich-Ungarns eine einheitliche deutsche Rechtschreibung. Grundlage ist das 1880 von Konrad Duden vorgelegte „Vollständige orthographische Wörterbuch der deutschen Sprache".

1901, 11. Aug.: Unter der Leitung des Polarforschers Erich von Drygalsky startet mit dem Dreimast-Segelschiff „Gauß" die erste deutsche Antarktis-Expedition.

1901, 7. Sept.: In Peking wird das Schlussprotokoll der Friedensverhandlungen zwischen China und den elf Interventionsmächten unterzeichnet. Das „Boxerprotokoll" beinhaltet u. a. Entschädigungszahlungen in Milliardenhöhe und gravierende Einschränkungen der Souveränität Chinas.

1901, 4. Nov.: Mit der Gründung des Wandervogel-Ausschusses für Schülerfahrten e.V. in Steglitz bei Berlin findet die „Wandervogelbewegung" in Deutschland ihren Ausgangspunkt. Sie wird zum Hauptbestandteil einer sich am Anfang des Jahrhunderts herausbil-

***Bild oben:** Infolge des ungeheueren kulturellen Aufschwungs gewinnt das wilhelminische Deutschland eine führende Stellung im internationalen Kunstleben. Modern und gewagt sind die Trümpfe auf den Bühnen, auch auf denen der „leichten Muse", des Varietes, und der Revuen. Bei den kessen Damen handelt es sich um ein Gruppenbild der Revue „Menetekel" im Berliner Olympia-Theater im Jahre 1900.*

***Bild links:** „Vor der Einschiffung nach China". „Simplicissimus"-Karikatur von Bruno Paul 1900: „,Na, ihr bayerischen Dickköppe, habt ihr ooch 'ne Ahnung, welche jroßen nationalen Aufgaben wir in Ostasien zu lösen haben?' – ,Jawohl, raffa derf ma un wer'n net g'straft.'"*

denden eigenständigen Jugendbewegung.

1901, 10. Dez.: In Stockholm und Oslo werden die ersten Nobelpreise verliehen. Zu den Preisträgern gehören die deutschen Wissenschaftler Wilhelm Conrad Röntgen (Physik) und Emil von Behring (Medizin). Einen Friedensnobelpreis erhält der Gründer des Roten Kreuzes, der Schweizer Henri Dunant.

1901, 18. Dez.: In Berlin wird das erste Pergamon-Museum im Beisein von Wilhelm II. der Öffentlichkeit übergeben. Hauptattraktion ist der 1873 von dem deutschen Ingenieur Carl Humann bei Straßenbauarbeiten im Osmanischen Reich entdeckte Zeusaltar aus dem antiken Pergamon.

1902, 1. Mai: Reichskanzler Bernhard Graf von Bülow eröffnet in Düsseldorf die rheinisch-westfälische Gewerbeausstellung. Auf 40 Hektar Ausstellungsfläche präsentieren sich die bedeutendsten Industrieunternehmen der Region, darunter die Firma Krupp aus Essen mit einer Rüstungsfabrik.

1902, 9. Juli: In Hagen wird das von Karl Ernst Osthaus gegründete Folkwang-Museum eröffnet. Es beherbergt neben Gemälden vor allem außereuropäisches Kunstgewerbe und völkerkundliche Exponate. Die von dem belgischen Architekten Henry van de Velde entworfene Innenraumgestaltung gilt als eines der Hauptwerke des Jugendstils.

1902, 5. Sept.: Tod des Arztes, Wissenschaftlers und Politikers Rudolf Virchow in Berlin.

1902, 11. Okt.: Der Deutsche Kolonialkongress in Berlin, an dem erstmals alle deutschen Kolonialgesellschaften und -vereine teilnehmen, fordert in einer Resolution von der Reichsregierung ein größeres finanzielles Engagement für Projekte in Übersee.

1902, 1. Nov.: Das neue Schauspielhaus von Frankfurt/Main wird mit der Aufführung von Friedrich Schillers „Wallensteins Lager" festlich eröffnet. Die Finanzierung des Theaterbetriebes übernimmt die „Neue Theater-Aktiengesellschaft", eine Gruppe finanzkräftiger und kulturell engagierter Bürger der Stadt.

1902, 10. Dez.: Der Historiker Theodor Mommsen erhält für seine bereits 1854-1885 herausgegebene „Römische Geschichte" den Nobelpreis für Literatur.

1903, 1. Jan.: Im Deutschen Reich, in Österreich-Ungarn und der Schweiz tritt die 1901 beschlossene Rechtschreibreform nach einheitlichen Regeln in Kraft.

1903, 17. März: Die britische Regierung beantragt im Parlament die finanziellen Mittel für den Neubau von drei Schlachtschiffen, sieben Kreuzern, vier Aufklärungsbooten, 15 Zerstörern und zehn U-Booten. Begründet wird die Forderung mit der Flottenaufrüstung anderer europäischer Mächte, insbesondere der deutschen.

1903, 1. Mai: Der britische König Eduard VII. trifft zu einem Staatsbesuch in Frankreich ein und wird dort außerordentlich freundlich empfangen. Die zunehmende Annäherung zwischen den beiden europäischen Großmächten widerspricht den deutschen außenpolitischen Zielen.

„Ist dein Freund nicht eifersüchtig?", fragt John Bull, und Marianne antwortet: „Nicht solange ich zahle." Französische Karikatur auf den Besuch des englischen Königs Eduard VII. 1903 in Paris, bei dem dieser sich nachdrücklich für einen französisch-englischen Ausgleich einsetzte. Mit dem „Freund" im Hintergrund ist Russland gemeint, das mit Frankreich bereits verbündet war und sich in starker finanzieller Abhängigkeit von ihm befand.

1903, 24. Mai: In Stuttgart wird die Deutsche Motorradfahrer-Vereinigung (DMV) gegründet. Zum Vorsitzenden des Vorläufers des Allgemeinen Deutschen Automobilclubs (ADAC) wird der Direktor der Stuttgarter Benz-Filiale gewählt.

1903, 27. Mai: Um der internationalen Konkurrenz standzuhalten, schließen sich die funktechnischen Zweige der Firmen Allgemeine Elektricitäts-Gesellschaft (AEG) und Siemens zur „Gesellschaft für drahtlose Telegraphie" zusammen. Als Telegrammadresse der neuen GmbH wird „Telefunken" gewählt.

1903, 31. Mai: Erster deutscher Fußballmeister wird der VfB Leipzig mit einem 7:2-Sieg über den Deutschen Fußball-Club Prag. Der Vorsitzende des DFB, Professor Ferdinand Hueppe, überreicht den Siegerpokal, die „Victoria".

1903, 1. Juli: Das Familienunternehmen Friedrich Krupp wird in eine Aktiengesellschaft (AG) umge-

Einen Geschwindigkeits-Weltrekord stellten 1903 auf der Militärbahn Marienfeld – Zossen bei Berlin zwei von der AEG und von Siemens gebaute Drehstromschnelltriebwagen auf. Sie erreichten für die damaligen Maßstäbe enorme Geschwindigkeiten von über 210 Stundenkilometern.

wandelt. Damit wird die testamentarische Verfügung des 1902 verstorbenen Friedrich Alfred Krupp, eines Enkels des Firmengründers, verwirklicht.

1903, 1. Sept.: Abordnungen aus 160 deutschen Städten nehmen in Dresden am ersten Deutschen Städtetag teil. Die Kommunalpolitiker diskutieren über Probleme des städtischen Lebens unter den Bedingungen der zunehmenden Industrialisierung.

1903, 29. Nov.: In Deutsch-Südwestafrika bricht ein Aufstand des Stammes der Bondelswarts (Hottentotten) gegen die Kolonialherrschaft aus, der von der deutschen Schutztruppe gemeinsam mit einheimischen Söldnern niedergeschlagen wird.

1904, 12. Jan.: In Deutsch-Südwestafrika beginnt der Aufstand der Herero. Die systematische Einschränkung tradierter Lebensformen sowie politische und soziale Diskriminierungen lösen schwere Ausschreitungen aus. Am ersten Tag kommen 123 deutsche Siedler ums Leben.

1904, 25. Jan.: Im Mittelpunkt des Allgemeinen Krankenkassenkongresses steht die Auseinandersetzung der Kassen mit der Ärzteschaft stehen. Die Mediziner fordern Honorarerhöhungen und die Einführung der freien Ärztewahl. Kurz zuvor hatten alle 233 Leipziger Kassenärzte ihre Verträge gekündigt und nur noch Privatpatienten behandelt.

1904, 8. Apr.: Großbritannien und Frankreich schließen in London ein Abkommen über die Beilegung ihrer Differenzen in Kolonialfragen und begründen damit die „Entente cordiale".

1904, 4. Mai: Gründung des Fußballvereins „Schalke 04".

1904, 21. Mai: Sieben nationale Fußball-Verbände aus Europa gründen in Paris den Weltverband Fédération Internationale de Footbal Association (FIFA). England, das „Mutterland des Fußballs", beteiligt sich nicht an der Initiative des Franzosen Robert Guérin, der zum ersten Präsidenten des Weltverbandes gewählt wird. Der Deutsche Fußball-Bund (DFB) beschließt am 29. Mai den Beitritt zur FIFA.

1904, 11. Aug.: In der „Kesselschlacht" am Waterberg bei Windhuk werden die aufständischen Herero von deutschen Kolonialtruppen vernichtend geschlagen. Die Überlebenden werden in die Wüste gedrängt. Viele von ihnen verdursten. Von den ehemals 80.000 Herero sind 1905 nur noch 12.000 am Leben.

1904, 23. Nov.: Die Chemiefirmen Friedrich Bayer & Co. und Badische Anilin- & Sodafabrik AG (BASF) schließen einen Interessengemeinschaftsvertrag, der eine Vorstufe für die I.G. Farbenindustrie AG darstellt.

1905, 31. März: Ein Besuch von Kaiser Wilhelm II. in der marokkanischen Hafenstadt Tanger führt zur ersten Marokko-Krise. Das Deutsche Reich betrachtet Marokko als unabhängigen Staat und gerät so in Konflikt mit Frankreich.

1905, 1. Apr.: Der Reichstag verabschiedet ein Gesetz über die Erhöhung der Friedenspräsenzstärke des deutschen Heeres. Innerhalb von vier Jahren soll die Landstreitmacht um 10.000 Mann auf insgesamt rund 500.000 aufgestockt werden.

1905, 7. Juni: In Dresden gründen vier Studenten der Architektur und der Malerei Ernst Ludwig Kirchner, Erich Heckel, Karl Schmidt-Rottluff und Fritz Bleyl die Künstlervereinigung „Die Brücke". In ihr finden die herausragenden Vertreter des deutschen Expressionismus ihre Heimstatt.

1905, 25. Juli: Kaiser Wilhelm II. und Zar Nikolaus II. vereinbaren bei einem Treffen auf der Insel Björkö ein Defensivbündnis zwischen dem Deutschen und dem Russischen Reich. Es verpflichtet für den Fall eines Angriffs einer europäischen Macht den jeweils anderen Vertragspartner zur Hilfeleistung. Das Abkommen wird jedoch nie ratifiziert.

1905, 1. Dez.: Im Deutschen Reich leben 60.641.278 Menschen. Das bedeutet eine Zunahme von 7,6 Prozent gegenüber der letzten Volkszählung vor fünf Jahren. In der Reichshauptstadt Berlin leben 2.040.148 Einwohner.

1905, 6. Dez.: Reichskanzler Bülow fordert in einer Grundsatzrede vor dem Reichstag eine „offene Tür" nach Marokko. Damit rückt die Marokko-Krise wieder ins Zentrum der deutschen Außenpolitik.

1906, 1. Jan.: General Helmuth von Moltke wird der Nachfolger von Al-

In den „Annalen der Physik", Band 17 vom Jahre 1905, veröffentlichte der erst 26jährige Physiker Albert Einstein, ein technischer Experte dritter Klasse auf dem Amt für geistiges Eigentum in Bern, fünf wissenschaftliche Arbeiten. Im ersten der beiden wichtigsten Aufsätze erweiterte Einstein den Ansatz von Max Planck aus dem Jahre 1900 zur Hypothese von den Lichtquanten und tat damit den entscheidenden zweiten Schritt zur dualistischen Auffassung vom Licht als Welle und Teilchen. Die weitreichendsten Folgen aber hatte die Veröffentlichung von der „Elektrodynamik bewegter Körper". Darin begründete er durch tiefschürfende Analyse der Begriffe Raum und Zeit die „Spezielle Relativitätstheorie". Unser Bild aus dem Jahre 1905 zeigt Einstein (rechts) zusammen mit seinen beiden Freunden Conrad Habicht (links) und dem Rumänen Maurice Solovine.

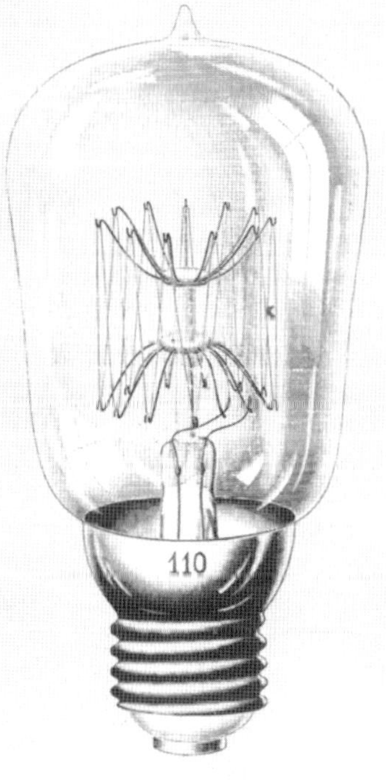

Im Labor der Firma Siemens & Halske war es dem deutschen Elektrotechniker Werner von Bolten (Bild rechts) 1903 gelungen, die erste brauchbare Metallfadenlampe, die Tantallampe, herzustellen. In der folgenden Zeit wurde die Erfindung so weit vervollkommnet, dass sie 1905 auf den Markt gebracht werden konnte. Von nun an wurde die Kohlenglühfadenlampe des amerikanischen Erfinders Thomas Alva Edison immer mehr von der Tantallampe verdrängt.

Als Nachfolger Schlieffens wurde 1906 General Helmuth von Moltke (rechts) vom Kaiser zum Chef des Großen Generalstabes ernannt.

fred von Schlieffen als Generalstabschef des deutschen Heeres.

1906, 1. Jan.: Ausnahmeregelungen des geltenden Kinderschutzgesetzes treten in Kraft. Vor allem für landwirtschaftliche Saisonarbeiten dürfen Kinder über neun Jahre eingesetzt werden.

1906, 10. Febr.: Das größte Kriegsschiff der Welt, die „Dreadnought", läuft im britischen Kriegshafen Portsmouth vom Stapel. Es gehört zu einer neuen Generation von Großkampfschiffen. Die nächste Etappe des deutsch-britischen Wettrüstens beginnt.

1906, 7. Apr.: Die internationale Konferenz von Algeciras zur Beilegung der Marokko-Krise endet mit einem Kompromiss. Die Souveränität des Sultanats Marokko bleibt erhalten, die allgemeine Handelsfreiheit wird garantiert. Zugleich wird den kolonialen Bestrebungen Frankreichs und Spaniens Rechnung getragen.

1906, 19. Mai: Der Reichstag verabschiedet die Erste Flottengesetznovelle.

1906, 19. Mai: Mit der Erbschaftssteuer wird die erste direkte Reichssteuer bewilligt. Die Tabaksteuer und Quittungsstempel werden aufgehoben. Dafür werden neue Steuern wie die Brau-, Automobil- und Zigarettensteuer eingeführt. Das Defizit im Reichsetat bleibt bestehen.

1906, 16. Juli: Die Stuttgarter Elektrotechnik-Firma Robert Bosch führt eine neue Arbeitsordnung ein, in der eine achtstündige Arbeitszeit festgeschrieben ist. Darüber hinaus wird der 1. Mai zum arbeitsfreien Tag erklärt, allerdings ohne Lohnzahlung.

1906, 16. Okt.: Die Affäre um den „Hauptmann von Köpenick" sorgt für Aufsehen und Hohn in der deutschen Öffentlichkeit. Ein arbeitsloser Schuster hatte in einer beim Trödler erworbenen Hauptmannsuniform „auf Befehl des Kaisers" den Bürgermeister von Köpenick verhaftet und die Stadtkasse „beschlagnahmt".

1906, 13. Nov.: Wilhelm II. legt in München den Grundstein für das „Deutsche Museum von Meisterwerken der Naturwissenschaft und Technik". Initiator und Gründer des größten naturwissenschaftlich-technischen Museums der Welt ist der Mitbegründer der Allgemeinen Elektricitäts-Gesellschaft (AEG), Oskar von Miller.

1906, 14. Dez.: Das erste deutsche Untersee-Boot wird in Kiel seiner Bestimmung übergeben. Die „U1" ist 42,30 m lang, 3,60 Meter breit und erreicht eine maximale Tauchtiefe von 37 m.

1907, 1. Jan.: In dem von Reichskanzler Bernhard Fürst von Bülow veröffentlichten „Silvesterbrief" ruft Kaiser Wilhelm II. zur Bekämpfung der Sozialdemokratie und der Zentrumspartei auf. Er bekennt sich zu Deutschlands imperialistischer Politik.

1907, 25. Jan.: Bei den Reichstagswahlen erhalten die Sozialdemokraten mehr Stimmen als bei der Wahl 1903. Trotzdem büßen sie aufgrund der Wahlkreisverteilung 38 ihrer vormals 81 Sitze ein. Der Wahlkampf dieser „Hottentottenwahl" war durch die Auseinandersetzung über die Weiterführung des Kolonialkriegs in Deutsch-Südwestafrika geprägt.

1907, 31. März: Wilhelm II. erklärt den Kriegszustand in Deutsch-Südwestafrika offiziell für beendet, obwohl sich noch immer einzelne Stammesgruppen der Kolonialherrschaft widersetzen. In den seit 1903 andauernden Kämpfen gegen die aufständischen Herero und Hottentotten fielen rund 90.000 Einheimische und ca. 1.500 Angehörige der deutschen Kolonialtruppen.

1907, 14. Juni: Wilhelm II. besucht das Automobilrennen um den Kaiserpreis im Taunus. Er selbst hatte diesen Preis für mindestens 1.175 kg schwere Autos ausgeschrieben.

1907, 1. Juli: Der Dreibund zwischen dem Deutschen Reich, Österreich-Ungarn und Italien verlängert sich automatisch bis ins Jahr 1914, da keine der Mächte den Vertrag fristgemäß gekündigt hat.

1907, 4. Aug.: Die erste öffentliche Badeanstalt am Wannsee bei Berlin empfängt ihre Besucher. Während der Eröffnung gibt es zahlreiche Proteste gegen diese „Unsittlichkeit".

1907, 31. Aug.: Russland und Großbritannien unterzeichnen in St. Petersburg ein Abkommen über die Abgrenzung ihrer Interessensphären in Persien, Afghanistan und Tibet. Damit wird faktisch die „Entente cordiale" zwischen Frankreich und Großbritannien durch die Einbindung Russlands zur Tripelentente erweitert.

1907, 6. Okt.: Auf Initiative des liberalen Politikers Friedrich Naumann wird in München der Deutsche Werkbund gegründet. Der Zusammenschluss von Künstlern, Kunsthandwerkern, Industriellen und Wissenschaftlern soll eine Modernisierung der handwerklichen und industriellen Produktion bewirken und den Absatz deutscher Produkte auf internationalen Märkten fördern.

1908, 10. Jan.: In Berlin demonstrieren Zehntausende vor dem Abgeordnetenhaus für die Einführung des allgemeinen Wahlrechts in Preußen. Initiator der Aktion ist die Sozialdemokratische Partei Deutschlands (SPD), die durch das in Preußen geltende Dreiklassenwahlrecht besonders benachteiligt ist.

1908, 18. Febr.: Der Staatssekretär des Reichskolonialamtes, Bernhard Dernburg, berichtet im Reichstag über den Zustand der Kolonien und verteidigt das Recht weißer

Siedler zur „Züchtigung" der einheimischen Bevölkerung.
1908, 27. März: Der deutsche Reichstag nimmt in dritter Lesung eine Novelle zum Flottengesetz an, wonach bis 1911 jährlich vier statt zwei Schlachtschiffe der „Dreadnought"-Klasse gebaut werden sollen. Damit wird das Wettrüsten zwischen dem Deutschen Reich und Großbritannien erneut verschärft.
1908, 5. Apr.: Das erste offizielle Fußball-Länderspiel einer deutschen Auswahl endet in Basel mit einer 3:5-Niederlage gegen die Schweiz.
1908, 15. Mai: Im Deutschen Reich tritt das am 8. April vom Reichstag beschlossene Vereinsgesetz in Kraft. Es erlaubt erstmals Frauen die Mitgliedschaft in politischen Parteien und Vereinen.
1908, 9. Juni: Der Besuch von König Eduard VII. bei Zar Nikolaus II. auf der Reede von Reval (heute: Tallinn) festigt die Allianz zwischen Großbritannien und dem Zarenreich. Die Monarchen bekräftigen das im August 1907 geschlossene Abkommen von St. Petersburg und verständigen sich über ihre Haltung in der Balkan-Krise.
1908, 5. Aug.: Das Luftschiff „LZ 4" wird bei einer Zwischenlandung nach 24stündiger Fahrt in Echterdingen bei Stuttgart durch einen Sturm zerstört. Das von Graf Ferdinand von Zeppelin entwickelte und gebaute „LZ 4" war mit 135 m Länge und 13 m Durchmesser das größte deutsche Luftschiff.
1908, 11. Aug.: Mit einem Besuch in Homburg demonstriert Eduard VII. seine Bereitschaft, über das Flottenwettrüsten zwischen England und Deutschland zu verhandeln. Kaiser Wilhelm II. lehnt jegliche Diskussionen ab, die Gespräche verlaufen ergebnislos.
1908, 16. Aug.: Der als „Hauptmann von Köpenick" in die Geschichte eingegangene Wilhelm Voigt wird wegen guter Führung vorzeitig aus der Haft entlassen. Er lebt fortan vom Verkauf von Postkarten, die ihn in seiner „Paraderolle" zeigen.
1908, 7. Okt.: Als letzter Bundesstaat gibt Preußen seinen Widerstand gegen das Frauenstudium auf. Mit Beginn des Wintersemesters 1908/09 sind Frauen auch in Preußen und damit erstmals im gesamten Deutschen Reich zum regulären Studium zugelassen.
1908, 13. Okt.: Ein von den deutschen Chemikern Fritz Haber und Carl Bosch entwickeltes Verfahren zur synthetischen Herstellung von Ammoniak wird zum Patent angemeldet. Es eröffnet die Möglichkeit zur industriellen Produktion von Stickstoffdünger.
1908, 28. Okt.: Interview Wilhelms II. mit der englischen Zeitung „Daily Telegraph". Vor allem seine herablassende und anmaßende Kommentierung der Strategie Großbritanniens im Burenkrieg ruft in Deutschland, aber auch im Ausland heftige Kritik hervor (Daily-Telegraph-Affäre).
1909, 2. Jan.: Im Deutschen Reich wird der bargeldlose Zahlungsverkehrs mittels Postscheck eingeführt. Zunächst stehen für Annahme und Auszahlung in 13 Städten zentrale Postscheckämter zur Verfügung. In Berlin wird der Postscheckverkehr mit 1.800 Konten aufgenommen.
1909, 9. Febr.: Die Regierungen des Deutschen Reichs und Frankreichs finden in Berlin einen Kompromiss zur Beilegung der Marokko-Krise: Deutschland erkennt die Vormachtstellung Frankreichs in Marokko an, erhält aber die Zusicherung wirtschaftlicher Gleichberechtigung in der Region. Marokko bleibt formell ein souveräner Staat.
1909, 18. März: Der Staatssekretär des Marineamts, Alfred von Tirpitz, gibt seine Pläne zur Flottenrüstung bekannt. Die Reichsmarine soll bis 1912 dreizehn moderne Panzerkreuzer, so genannte Dreadnoughts und Invincibles, erhalten.
1909, 3. Mai: Der Reichsverband Deutscher Ärzte wird in Berlin gegründet. Die Vereinigung fordert wie der „Hartmann-Bund" u. a. die Zulassung von mehr Kassenärzten und die freie Arztwahl. Im Deutschen Reich gibt es 1909 rund 30.000 Ärzte. Aus finanziel-

Bild oben: Der Deutsche Paul Ehrlich erhielt 1908 zusammen mit Ilja Metschnikow den Nobelpreis für ihre Arbeiten über die Immunität. Ehrlich, der Mitarbeiter des Bakteriologen Robert Koch und Direktor des Instituts für experimentelle Therapie in Frankfurt am Main, galt als Schöpfer der modernen Chemotherapie. – Durch neuartige Färbeverfahren an toten Geweben und durch intravenöse Injektion von Farbstoffen am lebenden Organismus hatte er die Diagnose der Blutkrankheiten bereichert. Mit einem von ihm entwickelten System ließen sich die Tuberkelbakterien rascher und zuverlässig nachweisen. Seine serologischen Untersuchungen hatten die Immunitätslehre auf eine neue theoretische Basis gestellt: Die Heilserumforschung verdankte seinen vielen Experimenten bahnbrechende Erkenntnisse.
***Bild links:** Militärische Attribute auch in Unterhaltung und Werbung. Soldatische Verhaltensformen, Uniformen, Marschmusik sind beliebt und helfen verkaufen: Marschtitel von Paul Lincke, Berlin 1908.*

len Gründen nehmen die Krankenkassen jedoch nur wenige Ärzte unter Vertrag.

1909, 14. Mai: Ein neues Reichsbankgesetz wird vom Reichstag angenommen. Banknoten werden damit als gesetzliche Zahlungsmittel anerkannt. Vorher war niemand verpflichtet, Papiergeld in Zahlung zu nehmen.

1909, 14. Juli: Theobald von Bethmann Hollweg wird neuer Reichskanzler. Er tritt damit die Nachfolge Bernhards Fürst von Bülow an, der nach dem Ende des „Bülow-Blocks" in der Auseinandersetzung um die Reichsfinanzreform im Juni um seine Entlassung aus dem Amt gebeten hatte.

1909, 26. Aug.: Als der Volksschullehrer Richard Schirrmann bei einer Wanderung mit Schülern in ein Unwetter gerät und kein Quartier findet, beschließt er, Schulräume in den Ferien als preiswerte Unterkünfte für Jugendliche bereitzustellen. Damit ist die Idee der Jugendherberge geboren.

1909, 18. Sept.: Reichskanzler Bethmann Hollweg bekräftigt bei seinem ersten Auslandsbesuch in Wien die „Nibelungentreue" des Deutschen Reichs gegenüber Österreich-Ungarn.

1909, 16. Nov.: Die erste Fluggesellschaft der Welt, die „Deutsche Luftschifffahrt-Aktiengesellschaft" (Delag), wird in Frankfurt am Main gegründet.

1909, 7. Dez.: Gustav Krupp von Bohlen und Halbach wird Vorsitzender des Aufsichtsrats der Krupp-Werke in Essen. Mit Hugenberg ist er sich einig, dass alle sozialdemokratischen und gewerkschaftlichen Bestrebungen nötigenfalls mit Polizeigewalt zu unterdrücken sind.

Bild oben: *Zu Land, zu Wasser und in der Luft, überall wo menschlicher Wagemut die Technik einsetzt im Bestreben, die Grenzen bisherigen Wissens und Könnens zu sprengen, das Neue, Unbekannte zu finden, lauert auch Gefahr. – Am 5. August 1908 wurde bei Echterdingen ein Zeppelin durch ein Unwetter zerstört. Dieses erste große Unglück in der Geschichte der deutschen Luftschifffahrt gab den Anlass zu einer spontanen Geldsammlung unter dem deutschen Volk. Sie brachte den gewaltigen Betrag von 6 Millionen Mark ein und ermöglichte dem Grafen Zeppelin die Weiterführung seiner Pionierarbeit. Bild oben: Das Luftschiff am 4. August, einen Tag vor der Katastrophe, auf dem Rhein bei Oppenheim.*

Bild unten: *Der vollständig ausgebrannte Zeppelin.*

1910, 1. Febr.: Der Ingenieur und Flugpionier August Euler erhält den ersten Flugzeugführerschein des Deutschen Reichs.

1910, 15. März: Veröffentlichung des von Reichskanzler Theobald von Bethmann Hollweg initiierten Entwurfs zur Reichsversicherungsordnung (RVO), die als Zusammenfassung der zahlreichen Einzelgesetze die von Bismarck begonnene Sozialpolitik fortsetzen soll.

1910, 27. Mai: Tod des Bakteriologen Robert Koch in Clausthal.

1910, 22. Juni: Das deutsche Luftschiff „LZ 7", das erste Passagierluftschiff der Welt, legt bei einer Probefahrt die 575 km lange Strecke zwischen Friedrichshafen am Bodensee und Düsseldorf in neun Stunden zurück. Nur eine Woche später strandet das „LZ 7" bei einer weiteren Probefahrt mit 32 Pressevertretern an Bord im Teutoburger Wald und wird schwer beschädigt.

1910, 15. Juli: Rund 100.000 Polen und Gäste aus allen europäischen Ländern feiern in Krakau den 500. Jahrestag der Schlacht bei Tannenberg/Grunwald, in der die Truppen des polnischen Königs Wladyslaw II. Jagiello das Heer des Deutschen Ordens schlugen.

1910, 13. Sept.: Der Deutsche Juristentag in Danzig lehnt einen Antrag auf Abschaffung der Todesstrafe mit 50 gegen 24 Stimmen ab.

1910, 1. Dez.: Eine Volkszählung im Deutschen Reich ergibt die Zahl von 64.925.993 Einwohnern. Das entspricht einer Steigerung von 7,1 Prozent seit 1905. Den größten Zuwachs verbuchte Hamburg mit 16,1 Prozent. Die Bevölkerungsdichte liegt bei 120 Einwohnern pro Quadratkilometer. In den letzten 15 Jahren sind 130.000 Deutsche ausgewandert.

1911, 11. Jan.: In Berlin wird die „Kaiser-Wilhelm-Gesellschaft zur Förderung der Wissenschaften" (heute: Max-Planck-Gesellschaft) gegründet. Der Aufnahmebeitrag beläuft sich auf 20.000 Mark, der Jahresbeitrag auf 1.000 Mark. Erster Präsident der Gesellschaft wird der Theologe Adolf von Harnack, zum Führungsgremium gehören der Industrielle Gustav Krupp von Bohlen und Halbach und der Bankier Ludwig Delbrück.

Das Telefonamt in München-Schwabing wurde 1909 mit einem selbsttätigen Wählersystem ausgerüstet: Das „Fräulein vom Amt", welches sonst die Verbindungen herzustellen hatte, fiel hier weg. Geliefert wurde die Anlage von der Firma Siemens & Halske: Diese hatte seit 1908 als erste Elektronikindustriefirma in Europa den Selbstwählbetrieb eingeführt.

1911, 13. März: Der britische Außenminister Edward Grey schlägt Deutschland ein Rüstungsbegrenzungsabkommen vor. Der deutsche Reichskanzler Theobald von Bethmann Hollweg lehnt im Reichstag ein solches Abkommen ab.

1911, 1. Apr.: Die ersten 85 Arbeiterfamilien beziehen ihre neuen Häuser in der Essener Siedlung Margarethenhöhe, die aus Mitteln der Margarethe-Krupp-Stiftung errichtet wurden. Die Inhaber der Stahl- und Rüstungsfirma Krupp betreiben seit Jahren eine vorbildhafte Sozialpolitik für ihre Arbeiter und Angestellten, von denen sie im Gegenzug den Verzicht auf gewerkschaftliche Betätigung erwarten.

1911, 6. Mai: In Dresden wird eine Internationale Hygieneausstellung eröffnet. Mit 325.000 Quadratmetern Ausstellungsfläche übertrifft sie die letztjährige Weltausstellung in Brüssel. Besondere Beachtung findet der Ausstellungspalast Frankreichs. Erstmals seit dem Deutsch-Französischen Krieg von 1870/71 beteiligt sich Frankreich wieder an einer Ausstellung in Deutschland.

1911, 1. Juli: Das deutsche Kanonenboot „Panther" läuft in den marokkanischen Hafen Agadir ein. Der „Panther-Sprung" manifestiert, dass das Deutsche Reich die Besitzergreifung Marokkos durch Frankreich nicht widerspruchslos hinnehmen will. Die zweite Marokko-Krise erreicht damit ihren Höhepunkt.
1911, 6. Juli: Der britische Premierminister Herbert H. Asquith betont vor dem Unterhaus die britischen Interessen in Marokko und verweist auf die Bündnisverpflichtungen gegenüber Frankreich.
1911, 1. Aug.: Tod des Begründer der einheitlichen deutschen Rechtschreibung Konrad Duden in Sonnenberg bei Wiesbaden.
1911, 7. Sept.: In Hamburg wird der Elbtunnel nach vierjähriger Bauzeit eingeweiht. Der aus zwei Röhren bestehende Tunnel mit jeweils einer Fahrspur und zwei Fußwegen ist 448,5 Meter lang und liegt 23,5 Meter unter dem Flussspiegel.
1911, 4. Nov.: Deutschland und Frankreich unterzeichnen in Berlin ein Abkommen zur Beilegung der zweiten Marokko-Krise. Deutschland erkennt darin die Vorherrschaft Frankreichs in Marokko an und erhält dafür ein 275.000 Quadratkilometer großes Gebiet von Französisch-Kongo. In beiden Ländern stößt der Kompromiss auf scharfe Kritik der Konservativen.
1911, 18. Dez.: In München wird die erste Ausstellung der von Wassily Kandinsky und Franz Marc initiierten Künstlervereinigung „Der Blaue Reiter" eröffnet. Die Ausstellung wird 1912 auch in anderen deutschen Städten gezeigt.
1912, 12. Jan.: Bei der Reichstagswahl erringt die Sozialdemokratische Partei Deutschlands (SPD) 34,8 Prozent der Stimmen und stellt nach der Stichwahl am 25. Januar mit 110 Abgeordneten erstmals die stärkste Fraktion. Die Wahlbeteiligung lag bei 84,6 Prozent. Die sog. Hungerwahl stand unter dem Einfluss steigender Lebensmittelpreise.
1912, 8. Febr.: Der britische Kriegsminister Lord Richard Burton Haldane beginnt in Berlin Gespräche mit Vertretern der deutschen Regierung. Deutschland erhofft sich eine Neutralitätserklärung Großbritanniens für den Fall eines Krieges mit Frankreich, Großbritannien fordert Abstriche am deutschen Flottenrüstungsprogramm. Es kommt zu keiner Annäherung.
1912, 14. Mai: Der Reichstag beschließt gegen die Stimmen der Sozialdemokraten eine Novelle zum Flottengesetz, die den weiteren Ausbau der Kriegsflotte bis zum Jahr 1920, allerdings in reduziertem Ausmaß, vorsieht. Der Anteil der Rüstungsausgaben am gesamten Staatsetat beträgt 75 Prozent.
1912, 20. Mai: Ein neues Schiff der Superlative läuft auf der Hamburger Vulkan-Werft vom Stapel: Der Überseedampfer „Imperator" ist 277 m lang, hat eine Maschinenleistung von 75.000 PS und kann 4.698 Passagiere aufnehmen.

***Bild oben:** „Der Brand am Balkan". „Simplicissimus"-Karikatur von Th. Th. Heine. Während der britische Löwe den Wasserschlauch mit der Axt leck schlägt und der russische Bär mit den Füßen das Austreten desLöschwassers blockiert, sind die übrigen Feuerwehrmänner, der österreichisch-ungarische Doppeladler, Frankreichs Hahn mit der Jakobinermütze und der deutsche Adler mit der Pickelhaube ebenfalls nicht gerade ernsthaft bemüht, die Balkan-Unruhen einzudämmen. Schließlich ließen es die Großmächte einfach darauf ankommen und sind, wie es der englische Staatsmann Lloyd George treffend formulierte, „alle in den Krieg hineingeschlittert".*
***Bild links:** Postkarte zur Reichstagwahl 1912. Als „roter Siegfried" wurde der Germanenheld auch für die Arbeiterbewegung zur nationalen Integrationsfigur.*

1912, 9. Aug.: Der französische Ministerpräsident Poincaré trifft an Bord eines Kreuzers im russischen Hafen von Kronstadt ein. Er führt Gespräche mit Nikolaus II. und führenden Politikern Russlands über die politische Lage in Europa. Frankreich drängt auf ein eindeutiges Bekenntnis Russlands zum Bündnis mit der Entente.
1912, 7. Dez.: Bei Ausgrabungen im altägyptischen Tell El-Amarna stoßen deutsche Archäologen auf eine 48 cm hohe bemalte Kalksteinbüste der ägyptischen Königin Nofretete, die später ihren Platz im Ägyptischen Museum in Berlin findet.
1913, 4. Jan.: Tod des preußischen Generalfeldmarschalls Alfred von Schlieffen in Berlin. Er entwickelte den Aufmarschplan für das deutsche Heer, der im Ersten Weltkrieg zur Anwendung kommt.
1913, 28. März: Das britische Unterhaus verabschiedet den Flottenetat für das Jahr 1913/14, der eine Aufstockung der Personalstärke um 8.500 Mann und den Bau von fünf Schlachtschiffen, acht Kreuzern und 16 Torpedobooten vorsieht.
1913, 20. Mai: Der britische König Georg V. und der russische Zar Nikolaus II. weilen als Gäste einer Hochzeit am deutschen Kaiserhof in Berlin. Es ist das letzte große Treffen der europäischen Monarchen.
1913, 30. Juni: Der Reichstag verabschiedet in dritter Lesung die von der Regierung eingebrachte Wehrvorlage. Sie sieht eine Erhöhung der Friedenspräsenzstärke des Heeres um 117.267 auf 661.478 Mann bis zum 31. Oktober 1915 vor.

31. Juli 1914. Ein Offizier, begleitet von Soldaten und Trommlern, macht Unter den Linden in Berlin die „Erklärung des Kriegszustandes" öffentlich bekannt.

Hitler in der Menschenmenge vor der Feldherrnhalle in München am Tag vor der Kriegserklärung 1914. Hitlers späterer Leibfotograf Heinrich Hoffmann: „Dieses Hitlerbild vervielfältigte ich in Tausenden und Abertausenden von Abzügen, die Zeitungen des In- und Auslandes publizierten es alle. Es wurde eines der begehrtesten Bilder."

1913, 1. Juli: Die Mitgliederzahl der SPD hat sich im Verlauf eines Jahres um 12.748 auf 988.820 erhöht.
1913, 12. Juli: An der Möhne im Sauerland wird die größte deutsche Talsperre eingeweiht. Dem Bau der Möhnetalsperre, die vor allem die Industrieanlagen des Ruhrgebiets mit Wasser versorgen soll, fielen mehrere Ortschaften zum Opfer. Die Staumauer ist 638 Meter lang und 40,3 Meter hoch.
1913, 18. Okt.: Das Völkerschlachtdenkmal in Leipzig wird im Beisein von Wilhelm II. und weiteren deutschen Fürsten mit einem Festakt eingeweiht. Es erinnert an die Entscheidungsschlacht von 1813 im antinapoleonischen Befreiungskampf. Das Monument ist 91 m hoch. An der Stirnseite befindet sich ein 60 m breites und 25 m hohes Relief mit einer Darstellung der Völkerschlacht.
1913, 6. Nov.: In der elsässischen Stadt Zabern kommt es zu ersten Protestaktionen gegen Übergriffe von Offizieren des dort stationierten Infanterieregiments auf die einheimische Zivilbevölkerung. Weitere Provokationen des Militärs und zunehmender Widerstand der Einheimischen rücken die „Zabern-Affäre" in den Blickpunkt der Öffentlichkeit und lösen landesweite Empörung aus.

1914, 1. Apr.: Albert Einstein beginnt in Berlin seine Tätigkeit als hauptamtliches Mitglied der Preußischen Akademie der Wissenschaften und wird Direktor des Kaiser-Wilhelm-Instituts für Physik.
1914, 19. Apr.: Der Alldeutsche Verband fordert auf seiner Jahrestagung eine offensive deutsche Militärstrategie und größtmögliche Rüstungsanstrengungen.
1914, 11. Juni: In Begleitung von Großadmiral Alfred von Tirpitz reist Kaiser Wilhelm II. zu einem sechstägigen Besuch beim öster-

reich-ungarischen Thronfolger Erzherzog Franz Ferdinand. Im Gegensatz zu diesem spricht sich Tirpitz für eine militärische Lösung der politischen Probleme Österreich-Ungarns aus.

1914, 24. Juni: Eröffnung des Kaiser-Wilhelm-Kanals (heute: Nord-Ostsee-Kanal).

1914, 28. Juni: Tödliches Attentat auf den Erzherzog Franz Ferdinand und seine Gemahlin in Sarajevo durch serbische Nationalisten. International werden starke Spannungen ausgelöst. Sie steigern sich zur „Juli-Krise" und führen zum Ersten Weltkrieg.

1914, 5./6. Juli: Deutsche Zusicherung der uneingeschränkten Bündnistreue gegenüber Österreich-Ungarn („Deutscher Blankoscheck").

1914, 23. Juli: Österreich-Ungarn richtet ein auf 48 Stunden befristetes Ultimatum an Serbien mit der Aufforderung, alle serbisch nationalistischen Aktivitäten sofort zu beenden und die Verantwortlichen des Attentats konsequent zu verfolgen.

1914, 25. Juli: Serbien geht auf das Ultimatum weitgehend ein, mobilisiert aber zugleich seine Armee. Österreich-Ungarn reagiert mit einer Teilmobilmachung und bricht die diplomatischen Beziehungen zu Serbien ab. Der russische Kronrat beschließt, Serbien zu unterstützen.

1914, 26. Juli: Österreich-Ungarn mobilisiert Truppen an der Grenze zu Russland.

1914, 27. Juli: Das Deutsche Reich lehnt den britischen Vorschlag einer Außenministerkonferenz zur Beilegung des Konflikts ab.

1914, 27. Juli: Antikriegsdemonstration im Berliner Lustgarten.

1914, 28. Juli: Kriegserklärung Österreich-Ungarns an Serbien. Die Reichsregierung versucht jetzt, mäßigend auf Österreich-Ungarn einzuwirken.

1914, 1. Aug.: Deutsche Generalmobilmachung und Kriegserklärung an Russland. Die Bevölkerung nimmt die Kriegserklärung mit „patriotischen Gefühlen" zur Kenntnis („August-Erlebnis"). Italien erklärt sich wegen seiner Verpflichtungen gegenüber Großbritannien für neutral.

1914, 3. Aug.: Deutsche Kriegserklärung an Frankreich. Einmarsch deutscher Truppen in Belgien. Italien erkennt seine Bündnispflicht aus dem Dreibund nicht an und erklärt sich für neutral.

1914, 4. Aug.: Trotz zum Teil erheblicher Vorbehalte stimmt auch die Sozialdemokratische Partei Deutschlands (SPD) im Reichstag geschlossen für einen Kriegskredit. Sie verfolgt eine Politik des „Burgfriedens". Ansprache Wilhelms II. an das deutsche Volk. Kriegseintritt Großbritanniens. Die Vereinigten Staaten erklären sich für neutral.

1914, 11. Aug.: Französische Kriegserklärung an Österreich-Ungarn.

1914, 12. Aug.: Englische Kriegserklärung an Österreich-Ungarn. Erste österreichische Offensive gegen Serbien wird abgewehrt.

1914, 13. Aug.: Gründung der Kriegsrohstoffabteilung im Preußischen Kriegsministerium (KRA) durch Walther Rathenau.

1914, 17. Aug.: Letzte Forts von Lüttich fallen nach Einsatz schwerer Artillerie. An der Ostfront beginnt die russische Großoffensive gegen Ostpreußen.

1914, 26. –30. Aug.: Schlacht bei Tannenberg unter der Leitung von Hindenburg und Ludendorff, bei der die 2. Russische Armee vernichtend geschlagen wird.

1914, 30. Aug.: Dt. Truppen dringen über die Marne vor und bedrohen Paris.

1914, 31. Aug.: Niederlage Österreichs in Galizien bei Lemberg.

1914, 3. Sept.: Angesichts vorrückender deutscher Truppen verlegt die französische Regierung ihren Sitz nach Bordeaux.

1914, 6. –12. Sept.: Die Schlacht an der Marne verdeutlicht das Scheitern des Schlieffen-Plans.

1914, 6. –15. Sept.: Schlacht an den Masurischen Seen, bei der die 1. Russische Armee von der 8. Deutschen Armee geschlagen wird.

1914, 9. Sept.: Reichskanzler Theobald von Bethmann Hollweg verkündet ein Kriegszielprogramm der deutschen Regierung („September-Programm"), in dem Annexionen und die deutsche Hegemonialstellung in Europa gefordert werden.

1914, 14. Sept.: Aufgrund des schlechten Ausgangs der Marne-Schlacht wird Helmuth von Moltke als Generalstabschef der Obersten Heeresleitung (OHL) abgesetzt und durch den preußischen Kriegsminister Erich von Falkenhayn ersetzt.

1914, 1. Nov.: Ernennung Hindenburgs zum Oberbefehlshaber Ost.

1914, 2. –5. Nov.: Kriegserklärung der Entente an das Osmanische Reich. Großbritannien erklärt die Nordsee zum Kriegsgebiet und verhängt eine Wirtschaftsblockade gegen das Deutsche Reich.

1914, 2. Dez.: Zweite Kriegskreditabstimmung: Alle Parteien stimmen den Krediten zu. Liebknecht lehnt als einziger Abgeordneter die Gewährung ab.

1914, 3. Dez.: Der Vorstand der SPD missbilligt Liebknechts Verhalten und erteilt ihm eine offizielle Rüge.

1914, 6. Dez.: Besprechung Bethmann Hollwegs mit Ludendorff und Hindenburg über Gebietserweiterungen im Osten.

1915, 10. Jan.: In einer Note an die USA betont die britische Regierung, an der Handelsblockade der Mittelmächte festhalten zu wollen.

1915, 18. –24. Jan.: „Reichswollwoche": Sammlung von warmer

In der Schlacht am Yeser-Kanal bei der belgischen Stadt Ypern kam es im Herbst 1914 zu heftigen Kämpfen zwischen englischen und deutschen Truppen. Als die Engländer bereits über den Fluss zurückgeworfen waren und ihre Einschließung drohte, öffneten die Belgier die Schleusen des Yeser-Kanals und setzten das Gelände weitgehend unter Wasser, so dass die Deutschen zurückweichen mussten und Ypern nicht einnehmen konnten.

Unterkleidung für die deutschen Truppen.
1915, 1. Febr.: Reichskanzler Theobald von Bethmann Hollweg gibt seine Zustimmung zum Einsatz von U-Booten im Handelskrieg. Die Finanzminister der Alliierten einigen sich in Paris auf gemeinsame Maßnahmen zur Kriegsfinanzierung. Russland werden zusätzliche Kredite versprochen.
1915, 4.–22. Febr.: Winterschlacht in Masuren: Die geschlagenen russischen Truppen räumen bis Ende Februar ganz Ostpreußen.
1915, 12. Febr.: Nachdem Deutschland das Seegebiet um die Britischen Inseln zum Kriegsgebiet erklärt hat, warnen die USA vor Angriffen auf amerikanische und neutrale Schiffe.
1915, 22. Febr.: Beginn des U-Boot-Kriegs gegen Handelsschiffe als Vergeltung gegen die britische Blockade der deutschen Seehäfen.
1915, 20. März: Karl Liebknecht und Otto Rühle, Abgeordnete der Sozialdemokratischen Partei Deutschlands (SPD), stimmen im Reichstag gegen weitere Kriegskredite. Zudem bleiben 30 sozialdemokratische Abgeordnete der Abstimmung fern.
1915, 22. Apr.: Beginn der zweiten Ypern-Schlacht: Deutsche Truppen verwenden erstmals Giftgas.
1915, 26. Apr.: „Londoner Geheimvertrag" der Entente mit Italien, das den Kriegseintritt gegen Zusicherung von erheblichen Territorialgewinnen zusagt (Südtirol, Istrien, große Teile Dalmatiens sowie das Protektorat über Albanien).
1915, 7. Mai: Die Versenkung des britischen Passagierschiffes „Lusitania" durch ein deutsches U-Boot fordert 1.200 Tote (darunter 139 Amerikaner).
1915, 12. Mai: Deutsche Industrielle unter Führung des Krupp-Direktors Alfred Hugenberg fordern weit reichende Annexionen im Osten und Westen.
1915, 13. Mai: Die US-Regierung verlangt in einer Protestnote die Einstellung des U-Boot-Kriegs.
1915, 23. Mai: Italienische Kriegserklärung an Österreich-Ungarn.
1915, 5. Juni: Kaiser Wilhelm II. ordnet in einem Geheimbefehl die Einschränkung des U-Boot-Kriegs an.
1915, 25. Juni: In einer Eingabe des Partei- und Fraktionsvorstands der SPD wird mit dem Hinweis auf den Wirtschaftsaufschwung des Deutschen Reichs in seinen bisherigen Grenzen der Verzicht von Annexionen gefordert.
1915, 9. Juli: Kapitulation der deutschen Schutztruppen in Deutsch-Südwestafrika.
1915, 23. Juli: Verordnung gegen Preiswucher bei Lebensmitteln. Im Vergleich zum Vorjahr haben sich die Preise verdoppelt.
1915, 4. Aug.: Der französische Präsident Raymond Poincaré betont die Entschlossenheit, den Krieg bis zum Sieg fortzuführen.
1915, 5. Aug.: Warschau wird von der deutschen 9. Armee besetzt.
1915, 19. Aug.: In einer kämpferischen Rede verkündet Reichskanzler Bethmann Hollweg Siegeszuver-

Titelillustration des „Kriegsalbums der Radwelt 1915". Bei der Mobilmachung 1914 wurden bei jedem Jägerbataillon durchschnittlich 2 Radfahrerkompanien gebildet. Während des Krieges, in dem die Entwicklung der Radfahrtruppen ihren Höhepunkt erreichte, kamen beim deutschen Heer 36 Radfahrerkompanien, 1 bayerische Kavallerie-Radfahrer-Abteilung, 10 Reserve-Radfahrerkompanien und 17 Ersatz-Radfahrertrupps zum Einsatz.

Deutsche Karikatur auf die Somme-Schlacht 1916: Fragt der eine Brite, welchen Raumgewinn können wir verbuchen, antwortet der andere, nicht genug, um unsere Toten zu begraben.

sicht und weitgehende Kriegsziele. Die Rede wird von den bürgerlichen Parteien mit großer Begeisterung aufgenommen.

1915, 25. Aug.: Die Militärverwaltung Ober-Ost unter Paul von Hindenburg und Erich Ludendorff setzt einen Generalgouverneur für das unter deutscher Verwaltung stehende nördliche Kongresspolen ein. Besetzung von Brest-Litowsk durch die Truppen der Mittelmächte.

1915, 18. Sept.: Einschränkung des U-Boot-Handelskriegs als Antwort auf den drohenden Kriegseintritt der Vereinigten Staaten.

1915, 22. Sept. –6. Nov.: Französische Offensive in der Champagne mit massivem Materialeinsatz scheitert.

1915, 15. Okt.: Die USA beschließen eine Aufstockung ihrer Armee um 100.000 Mann und die Verstärkung der Flotte.

1915, 4. Nov.: Um Wucher und Überteuerung zu beenden, beschließt der Bundesrat Höchstpreise sowie ein Verkaufsverbot von Milch und Fleisch an Dienstagen und Freitagen.

1915, 8. Nov.: Der italienische Dampfer „Ancona“ wird von einem österreich-ungarischen U-Boot versenkt, 208 Passagiere sterben.

1915, 10. Nov.: Einführung von Höchstpreisen für Gemüse, Obst und Honig.

1915, 1. Dez.: Die SPD-Fraktion beschließt, Reichskanzler Bethmann Hollweg in einer offiziellen Anfrage um die Bekanntgabe der deutschen Voraussetzungen für die Aufnahme von Friedensverhandlungen zu bitten.

1915, 3. Dez.: General Joseph Joffre übernimmt den Oberbefehl über die gesamte französische Armee.

1915, 6. –8. Dez.: Auf der Chantilly Konferenz vereinbaren die Alliierten, mit gleichzeitigen Offensiven an allen Fronten die Kriegsentscheidung zu erzwingen.

1915, 9. Dez.: Die bürgerlichen Parteien lehnen die von der SPD geforderte Aufnahme von Friedensverhandlungen ab.

1915, 12. Dez.: Jungfernflug des von Hugo Junkers entwickelten ersten Ganzmetallflugzeugs „Junkers J1“.

1916, 13. Jan.: Reichskanzler Theobald von Bethmann Hollweg kündigt bei der Eröffnung des Preußischen Landtages eine Reform des Dreiklassenwahlrechts für die Zeit nach dem Krieg an.

Mit dem populären Hindenburg wurde für die Zeichnung von Kriegsanleihen geworben. 98 Millionen Mark kamen insgesamt in die Kassen des Reiches. Die Verschuldung des Staates bei seinen Bürgern, eingegangen in der Hoffnung auf Sieg, sollte nach dem Zusammenbruch 1918 zu einer schweren Belastung der Nachkriegsregierungen werden.

1916, 13. Jan.: Liebknecht und Otto Rühle geben ihren Austritt aus der Reichstagsfraktion der SPD bekannt.

1916, 24. Jan.: In Großbritannien wird die Wehrpflicht für alle ledigen Männer zwischen 18 und 41 Jahren eingeführt.

1916, 27. Jan.: Gründung des Spartakusbunds unter Liebknecht und Rosa Luxemburg in Berlin.

1916, 21. Febr. –21. Juli: Mit massivem Materialeinsatz geführte Schlacht bei Verdun soll Frankreich „ausbluten“ lassen. Erstmaliger Einsatz von deutschen Flugzeugen in geschlossenen Kampfgeschwadern.

1916, 25. Febr.: General Henri Philippe Pétain übernimmt den Oberbefehl über die französischen Truppen bei Verdun.

1916, 29. Febr.: Beginn des verschärften U-Boot-Kriegs: Mit Geschützen bestückte Handelsschiffe werden wie feindliche Kriegsschiffe behandelt.

1916, 24. März: Hugo Haase und weitere 18 oppositionelle Abgeordnete der SPD stimmen gegen den „Not-Etat“ der Reichsregierung für die Monate April bis Juni. Haase tritt aus der SPD-Reichstagsfraktion aus und gründet die Sozialdemokratische Arbeitsgemeinschaft (SAG).

1916, 25. März: Haase tritt vom Parteivorsitz der SPD zurück. Alleiniger Parteiführer wird der 1913 mit Haase gemeinsam zum Vorsitzenden gewählte Friedrich Ebert.

1916, 10. Apr.: Auf einem Kongress der französischen Sozialisten lehnt die Mehrheit eine Wiederaufnahme der Beziehungen zu den deutschen Sozialdemokraten ab.

1916, 20. Apr.: Die USA drohen mit dem Abbruch der diplomatischen Beziehungen, falls Deutschland den U-Boot-Einsatz gegen Handelsschiffe fortsetzt.

1916, 29. Apr.: Als Anerkennung der Kriegsleistungen der Firma Krupp verleiht Wilhelm II. Gustav Krupp von Bohlen und Halbach das Eiserne Kreuz I. Klasse.

1916, 1. Mai: Verhaftung Liebknechts auf einer von ihm organisierten Anti-Kriegs-Kundgebung auf dem Potsdamer Platz in Berlin.

1916, 4. Mai: Die Reichsregierung sichert den USA zu, zu den völkerrechtlichen Regeln des Seekriegs zurückzukehren, falls auch Großbritannien sich zur Einhaltung des Völkerrechts verpflichte („Hungerblockade“).

1916, 27. Mai: In einer Rede erklärt der amerikanische Präsident Woodrow Wilson seine Vorstellung von einer künftigen Weltfriedensordnung mit Selbstbestimmungsrecht für alle Völker.

1916, 31. Mai –1. Juni: Die Seeschlacht vor dem Skagerrak zwischen der englischen und der deutschen Hochseeflotte gilt als deutscher Erfolg, erbringt aber keine Veränderung der strategischen Lage. Tod des Schriftstellers Gorch Fock (gefallen in der Seeschlacht vor dem Skagerrak).

1916, 1. Juni: In Galizien starten russische Truppen unter General Alexej A. Brussilow zur Entlastung der Alliierten in den Schlachten bei Verdun und an der Somme eine Großoffensive gegen Österreich. Sie erzielen tiefe Einbrüche.

1916, 10. Juli. Einrichtung der Großküche einer Berliner Markthalle, die 30.000 Menschen täglich mit warmem Essen versorgen kann.

1916, 12. Aug.: Bethmann Hollweg und der österreich-ungarische Außenminister Stephan Freiherr Burián von Rajezc beschließen die Gründung eines polnischen Staates, der als „Puffer“ zwischen dem Deutschen Reich sowie Österreich-Ungarn und Russland dienen soll.

Im Ersten Weltkrieg wurde der U-Bootkrieg drei Jahre lang streng nach der Prisenordnung geführt, weil man sich erhoffte, damit die USA aus dem Krieg heraushalten zu können. Im Zweiten Weltkrieg begann bereits nach sieben Wochen der uneingeschränkte U-Bootkrieg.

1916, 28. Aug.: Kriegserklärung Italiens an das Deutsche Reich.
1916, 29. Aug.: Wegen der Lage an der Westfront und des Kriegseintritts Rumäniens wird Falkenhayn als Generalstabschef abgelöst.
1916, 29. Aug.: Die neue, 3. Oberste Heeresleitung (OHL) wird von Paul von Hindenburg und Erich Ludendorff gebildet.
1916, 19. Sept.: Der französische Ministerpräsident Aristide Briand erklärt im Abgeordnetenhaus unter begeisterter Zustimmung seiner Zuhörer, dass jegliche Verhandlung mit Deutschland „entwürdigend und ehrlos" sei.
1916, 28. Sept.: Der britische Kriegsminister Lloyd George betont in einem Interview den Willen Großbritanniens zur Fortsetzung des Krieges bis zur deutschen Niederlage („knock-out").
1916, 11. Okt.: Das preußische Kriegsministerium ordnet an, alle im Heer dienenden und sämtliche ausgemusterten Juden zu erfassen („Judenzählung"). Vorausgegangen waren Vorwürfe der rechten völkischen Verbände gegen die Kriegsdienstbereitschaft von Juden.
1916, 14. Okt.: Eine neue Verordnung für die Kartoffelversorgung tritt in Kraft (750 g pro Tag).
1916, 24. Okt. –16. Dez.: Französische Angriffe führen zur Rückeroberung der verlorenen Festungswerke bei Verdun.
1916, 5. Nov.: Deutschland und Österreich proklamieren ein selbständiges Königreich Polen.
1916, 28. Nov.: Einstellung der Kämpfe an der Somme ohne strategisch bedeutsame Durchbrüche.
1916, 2. Dez.: Gegen die Stimmen der vereinigten SPD-Opposition (SAG) beschließt der Reichstag das „Vaterländische Hilfsdienstgesetz": Jeder männliche Deutsche zwischen 17 und 60 Jahren kann zum Hilfsdienst in der Kriegswirtschaft und an anderen kriegswichtigen Stellen eingezogen werden.
1916, 4. Dez.: Alle im Deutschen Reich vorhandenen Kohlrüben werden zur Sicherung der Volksernährung beschlagnahmt („Kohlrübenwinter").
1917, 10. Jan.: Die Entente-Mächte geben ihre Kriegsziele bekannt: Während Frankreich die Zerschlagung des Deutschen Reichs („écrasement") fordert, will Großbritannien dessen weltpolitische Stellung einschränken („containment"), die deutschen Kolonien aufteilen, die Flotte zerstören und den Außenhandel begrenzen. Neben der Räumung der besetzten Gebiete fordert Russland die Wiedereingliederung Polens, Frankreich will die Rückgabe von Elsass-Lothringen, Großbritannien drängt auf die Wiederherstellung der Eigenständigkeit Belgiens, Serbiens und Montenegros.
1917, 22. Jan.: In einer Rede vor dem amerikanischen Senat fordert

Unbestritten war die alliierte Kriegspropaganda der deutschen weit überlegen. Hier sprach man nur vom „deutschen Militarismus", von der „furchtbaren deutschen Kriegsmaschine", von der „Unfreiheit", in der Deutschland leben müsse, von der Bedrohung der Welt durch dieses Wilhelminische Deutschland und immer wieder von den unsäglichen Greueltaten deutscher Soldaten. Von allen Schauergeschichten hinterließen dabei die abgehackten Kinderhände, denen jeglicher realer Hintergrund fehlte, einen nachhaltigen Eindruck. Als Hitlers Leiter der Rundfunkabteilung im Propagandaministerium, Hans Fritzsche, Gerüchte über Massenmorde während des Zweiten Weltkrieges im Osten als schlecht getarnte Feindpropaganda dementierte, meinte er: „Mir ging die Geschichte des Märchens von den abgehackten Kinderhänden des Ersten Weltkrieges nicht aus dem Sinn."

Präsident Woodrow Wilson einen „Frieden ohne Sieger“.

1917, 28. Jan.: Die deutsche Regierung lehnt Wilsons Friedensbotschaft ab.

1917, 1. Febr.: Beginn des uneingeschränkten U-Boot-Kriegs in den Sperrgebieten um Großbritannien und im Mittelmeer.

1917, 3. Febr.: Die USA brechen die diplomatischen Beziehungen zu Deutschland ab.

1917, 23. Febr.: Die Mehrheitsfraktion der SPD stimmt im Reichstag der neuen Vorlage für Kriegskredite zu, „solange die Eroberungsziele der Feinde bestehen“.

1917, 24. Febr.: Wegen des Kohle- und Holzmangels werden in Berlin sämtliche Schulen geschlossen.

1917, 26. Febr.: Ein deutsches U-Boot versenkt den schnellsten britischen Passagierdampfer, die „Laconia“.

1917, 8. März: Aufgrund des erfolglosen Kriegsverlaufs und der wirtschaftlichen Zerrüttung kommt es in Petrograd zu ersten schweren Zusammenstößen zwischen streikenden Arbeitern und dem Militär.

1917, 8. März: Tod des Luftschiffpioniers Ferdinand Graf Zeppelin in Berlin.

1917, 10. März: Die Streiks in Petrograd weiten sich zum Generalstreik aus. Zar Nikolaus II. befiehlt, die Demonstranten mit allen Mitteln zu bekämpfen.

1917, 11. März: Die Abgeordneten der russischen Duma (des russischen Parlaments) weigern sich, die von Nikolaus II. verfügte Auflösung der Duma durchzuführen. Soldaten der Petrograder Garnison solidarisieren sich mit den streikenden Arbeitern. Beginn der „Februarrevolution“.

1917, 15. März: Abdankung des Zaren Nikolaus II. zugunsten seines Bruders Michail. Die russische Duma proklamiert die Bildung einer bürgerlichen Regierung unter Georgi J. Fürst Lwow.

1917, 16. März: Mit dem Thronverzicht Michails endet die über 300-jährige Herrschaft der Romanow-Dynastie.

1917, 22. – 24. März: Nachdem die neue russische Regierung die Fortführung des Kriegs versprochen hat, wird sie von den Entente-Mächten offiziell anerkannt.

Ende September 1918 mussten Hindenburg und Ludendorff die Niederlage eingestehen. Die starken Männer der OHL forderten von der kaiserlichen Regierung den sofortigen Waffenstillstand. Zwar sollten in den Waffenstillstandsbedingungen in etlichen Punkten Erleichterungen angestrebt werden, doch „Gelingt Durchsetzung dieser Punkte nicht, so wäre trotzdem abzuschließen .... Bitte Entschluss Regierung in diesem Sinne schleunigst herbeizuführen“, heißt es in Hindenburgs Stellungnahme vom 10.11.1918.

1917, 1. Apr.: Im Deutschen Reich werden die Brotrationen auf 170 g pro Tag und die Kartoffelrationen auf 2.500 g pro Woche gekürzt.

1917, 6. Apr.: Kriegserklärung der USA an das Deutsche Reich.

1917, 7. Apr.: Aufgrund der innenpolitischen Unruhe verspricht Kaiser Wilhelm II. in seiner „Osterbotschaft“ die Aufhebung des preußischen Dreiklassenwahlrechts nach Kriegsende.

1917, 9. Apr.: Mit Einverständnis und Unterstützung der deutschen Regierung durchquert Wladimir I. Lenin zusammen mit 30 Revolutionären aus der Schweiz kommend im Zug das Deutsche Reich. Man verspricht sich von Lenins Rückkehr eine Verschärfung der innenpolitischen Unruhen im Zarenreich.

1917, 6. Mai: Die französische Offensive an der Somme endet erfolglos.

1917, 15. Mai: Reichskanzler Bethmann Hollweg hält eine programmatische Rede zur gegenwärtigen Kriegspolitik, ohne jedoch auf die Frage der Kriegsziele einzugehen.

1917, 31. Mai: Dem Chemiker Franz Fischer gelingt am Kaiser-Wilhelm-Institut für Kohleforschung die Herstellung von Benzin aus Steinkohle.

1917, 25. Juni: Der Medizinprofessor Ferdinand Sauerbruch stellt in Wien ein operatives Verfahren vor, das außerordentliche Beweglichkeit der Ersatzglieder für Amputierte erlaubt.

1917, 26. Juni: Die erste US-Division landet bei St.-Nazaire in der Nähe von Nantes (Bretagne).

1917, 6. Juli: Matthias Erzberger (Zentrum) fordert eine Resolution für einen annexionslosen Frieden, da keine Aussicht auf einen Sieg mehr bestehe.

1917, 11. Juli: Generalfeldmarschall Paul von Hindenburg und Erich Ludendorff fordern die Entlassung von Reichskanzler Bethmann Hollweg wegen dessen Kriegszielpolitik.

1917, 13. Juli: Reichskanzler Bethmann Hollweg reicht seinen Rücktritt ein. Sein Nachfolger wird Georg Michaelis.

1917, 17. Juli: Der britische König Georg V. ändert den Namen seines Hauses von „Sachsen-Coburg-Gotha“ in „Windsor“.

1917, 19. Juli: Die auf Initiative von Erzberger eingebrachte Friedensresolution wird mit den Stimmen der Mehrheitsparteien Zentrum, Deutsche Fortschrittspartei und SPD angenommen, die sich zuvor im interfraktionellen Ausschuss darüber abgestimmt haben. Die Resolution fordert einen Verständigungsfrieden ohne Annexionen.

1917, 2. Sept.: Gründung der Deutschen Vaterlandspartei in Königsberg unter dem Vorsitz von Admiral Alfred von Tirpitz und dem ostpreußischen Generallandschaftsdirektor Wolfgang Kapp.

1917, 28. Sept.: Der Zentrumspolitiker Konrad Adenauer wird neuer Oberbürgermeister von Köln.

1917, 22. Okt.: Die Mehrheitsparteien entziehen Reichskanzler Michaelis wegen seiner eigenwilligen Interpretation der Friedensresolution, seines scharfen Vorgehens gegen die USPD sowie wegen seiner Ablehnung einer Reform des Dreiklassenwahlrechts das Vertrauen.

1917, 1. Nov.: Kaiser Wilhelm II. ernennt den bayerischen Ministerpräsidenten Georg Graf von Hertling zum neuen Reichskanzler.

1917, 9. Nov.: Die siegreichen Revolutionäre in Russland bilden eine Regierung der Volkskommissare unter dem Vorsitz von Lenin und

erlassen ein Dekret über einen Frieden ohne Annexionen und Kontributionen.
1917, 20. Nov.: Erster erfolgreicher Masseneinsatz von Tanks (Panzer) durch die Briten bei Cambrai.
1917, 4. Dez.: Finnland erklärt seine Unabhängigkeit von Russland.
1917, 5. Dez.: In Brest-Litowsk wird ein zehntägiger Waffenstillstand zwischen dem Deutschen Reich und Russland vereinbart.
1917, 7. Dez.: Kriegserklärung der Vereinigten Staaten an Österreich-Ungarn.
1917, 12. Dez.: Gründung des Normenausschusses der Deutschen Industrie in Berlin. Er setzt die Deutsche Industrie Norm (DIN) fest.
1917, 15. Dez.: Der Waffenstillstand zwischen Russland und dem Deutschen Reich wird bis zum 14. Januar 1918 verlängert.
1917, 18. Dez.: Gründung der Universum Film AG (Ufa) in Berlin als Propaganda-Instrument der OHL.
1918, 8. Jan.: Der amerikanische Präsident Woodrow Wilson legt ein 14-Punkte-Programm vor, das in seinen Grundzügen die Friedensordnung nach 1918 beschreibt. Die Reichsregierung lehnt das Programm ab.
1918, 9. Jan.: In Brest-Litowsk werden die Friedensverhandlungen zwischen den Mittelmächten und Sowjetrussland fortgesetzt.
1918, 3. März: Unterzeichnung des Friedens von Brest-Litowsk: Russland verliert über 25 Prozent seiner Bevölkerung und 27 Prozent seines wirtschaftlich nutzbaren Bodens. Es muss die Unabhängigkeit von Finnland, Estland, Livland, Kurland, Litauen, Polen, Georgien, der Ukraine und von Teilen Armeniens anerkennen. 1918, 21. März: An der Westfront beginnt die deutsche Frühjahrsoffensive in der Picardie auf 70 km Breite zunächst mit einem schnellen Vormarsch. Ludendorff will mit einem militärischen Erfolg die Alliierten an den Verhandlungstisch zwingen.
1918, 23. März: Der Friedensvertrag von Brest-Litowsk wird im Reichstag gegen die Stimmen der Unabhängigen Sozialdemokratischen Partei Deutschlands (USPD) ratifiziert, die Sozialdemokratische Partei Deutschlands (SPD) enthält sich der Stimme.
1918, 11. Apr.: Auf der Hauptversammlung der Bunsen-Gesellschaft rechtfertigt Fritz Haber den Einsatz von Giftgas.
1918, 21. Apr.: Tod des als „Roter Baron" bekannt gewordenen Manfred Freiherr von Richthofen.
1918, 27. Mai: Die erneute deutsche Offensive an der Westfront zwischen Soissons und Reims am Chemin des Dames beginnt mit Erfolgen.
1918, 12. Juni: Nach misslungenen Angriffen bei Noyon und Compiègne gibt Ludendorff den Befehl zur Einstellung der Offensive.
1918, 14. –25. Juni: Die letzte große Offensive der österreich-ungarischen Truppen in Italien scheitert, die Moral der Truppen verschlechtert sich erheblich.
1918, 16. Juli: Erschießung des russischen Ex-Zaren Nikolaus II. und seiner Familie in Jekaterinenburg durch Bolschewisten.
1918, 18. Juli: Beginn der alliierten Gegenoffensive unter Marschall Foch drängt die Deutschen an der Westfront wieder zurück und leitet die militärische Wende ein.
1918, 8. Aug.: Beginn der Schlacht bei Amiens: Tiefe Einbrüche der Engländer mit Panzerverbänden führen zum stetigen Rückzug des deutschen Heeres. Ludendorff spricht vom „schwarzen Tag des deutschen Heeres".
1918, 14. Aug.: Die OHL bezeichnet in einer Besprechung mit Wilhelm II. und Karl I. die Fortführung des Krieges als „aussichtslos".
1918, 28. Aug.: Die Rückverlegung deutscher Truppen in die „Siegfriedstellung" beginnt auf breiter Front.
1918, 29. Sept.: Überraschend fordert die OHL sofortige Waffenstillstandsverhandlungen, den Rücktritt des Reichskanzlers Georg Graf von Hertling sowie die Einsetzung einer parlamentarischen Regierung.

Bild oben: *Bewaffnete Revolutionäre in Berlin 1918.*
Bild links: *Reichskanzler Ebert (oben), seinen Hut schwenkend, begrüßt am 10. November 1918 „Unter den Linden" in Berlin die heimgekehrten Fronttruppen. Ein Wort aus seiner Ansprache, „im Felde unbesiegt", sollte im Mund der politischen Gegner noch verhängnisvolle Wirkung entfalten. Es nährte den Mythos eines Heeres, das, durch den vorzeitigen Friedensschluss um den Lohn aller Anstrengungen gebracht, von der Heimat hinterrücks „erdolcht" worden sei.*

1918, 29. Sept.: Waffenstillstandsvertrag zwischen den Alliierten und Bulgarien.

1918, 30. Sept.: Reichskanzler Hertling tritt zurück.

1918, 3. Okt.: Wilhelm II. ernennt den als liberal geltenden Prinz Max von Baden zum Reichskanzler. In der neuen Regierung sind auf Verlangen Ludendorffs die Mehrheitsparteien vertreten.

1918, 4. Okt.: Auf Druck der OHL richtet Max von Baden ein Waffenstillstandsersuchen auf Basis der 14 Punkte an den amerikanischen Präsidenten.

1918, 14. Okt.: In einer amerikanischen Note wird u.a. die Einstellung des U-Boot-Kriegs als Voraussetzung für einen Waffenstillstand genannt.

1918, 20. Okt.: Wilson nennt die Anerkennung der Selbständigkeitswünsche der Völker als Voraussetzung für Verhandlungen mit Österreich Ungarn.

1918, 22. Okt.: Die deutsche Hochseeflotte erhält den Befehl zu einer Großoffensive am 29. Oktober.

1918, 24. Okt.: Auf die Forderung Wilsons nach einer militärischen Kapitulation reagiert Paul von Hindenburg mit einem Armeebefehl, der die Truppe zum „Widerstand mit äußersten Kräften" auffordert.

1918, 26. Okt.: Ludendorff kritisiert gegenüber Wilhelm II. die Regierungspolitik scharf. Auf den Hinweis des Kaisers, diese Politik sei die Folge des Waffenstillstandsersuchens der OHL, verlangt Ludendorff erregt seine Entlassung. Sein Nachfolger wird Wilhelm Groener. Nach einem Appell des Kaisers an Hindenburgs Patriotismus bleibt Hindenburg im Amt.

19 Tage nach seiner Abdankung verzichtete Kaiser Wilhelm II. am 27. November 1918 auf die Krone Preußens und die damit verbundene deutsche Kaiserkrone. Die Urkunde hat folgenden Wortlaut: „Ich verzichte hierdurch für alle Zukunft auf die Rechte an der Krone Preußens und der damit verbundenen Rechte an der Deutschen Kaiserkrone. Zugleich entbinde ich alle Beamten des Deutschen Reiches und Preußens sowie alle Offiziere, Unteroffiziere und Mannschaften der Marine, des preußischen Heeres und die Truppen der Bundeskontingente des Treueides, den sie Mir als ihrem Kaiser, König und Obersten Befehlshaber geleistet haben. Ich erwarte von ihnen, dass sie bis zur Neuordnung des Deutschen Reiches den Inhabern der tatsächlichen Gewalt in Deutschland dabei helfen, das deutsche Volk gegen die drohenden Gefahren der Anarchie, der Hungersnot und der Fremdherrschaft zu, schützen."

1918, 4. Nov.: In Kiel übernehmen Arbeiter- und Soldatenräte die Macht. Der Aufstand breitet sich auf andere Städte aus.

1918, 5. Nov.: Wilson informiert die Reichsregierung, dass die deutsche Waffenstillstandskommission von General Foch empfangen werde.

1918, 7. Nov.: Revolution in München: Kurt Eisner (USPD) ruft die Volksrepublik Bayern aus; Flucht des bayerischen Königs Ludwig III.

1918, 8. Nov.: Unter Matthias Erzberger (Zentrum) beginnen in Compiègne bei Paris Waffenstillstandsverhandlungen mit Marschall Foch. Die deutschen Unterhändler können nur unwesentliche Erleichterungen der harten Bedingungen erreichen.

1918, 9. Nov.: Gegen Mittag verkündet Max von Baden eigenmächtig die Abdankung Wilhelms II. und überträgt sein Amt des Reichskanzlers auf Friedrich Ebert (SPD). Ausrufung der demokratischen Republik durch Philipp Scheidemann (SPD) um 14 Uhr und der freien sozialistischen Räterepublik durch Karl Liebknecht wenig später.

1918, 10. Nov.: Wilhelm II. begibt sich ins Exil in die Niederlande.

1918, 11. Nov.: Abschluss des Waffenstillstands. Die besetzten Gebiete in Frankreich, Belgien, Luxemburg müssen wie Elsass-Lothringen in 15 Tagen geräumt sein. Die Verträge von Brest-Litowsk und Bukarest werden annulliert. U-Boote sowie andere Waffen und Munition sind auszuliefern.

1918, 12. Nov.: Verkündung der Republik „Deutsch-Österreich" und ihres Anschlusses an Deutschland. Dieser Anschluss wird von den Alliierten strikt abgelehnt.

1918, 25. Nov.: Kapitulation der deutschen Truppen in Ostafrika.

1918, 28. Nov.: Kaiser Wilhelm II. unterzeichnet seinen Thronverzicht.

1918, 23. Dez.: Wegen ausstehender Soldzahlungen besetzen Matrosen der Volksmarinedivision das Berliner Schloss und nehmen den Stadtkommandanten Otto Wels (SPD) als Geisel.

1918, 24. Dez.: Ebert informiert Groener über die Lage und fordert Hilfe von der Armee. Das Garde-Schützenregiment greift die Matrosen während der Weihnachtskämpfe an. Es kommt zu Verhandlungen zwischen Regierung und Volksmarinedivision.

1918, 30. Dez.: Spartakusbund und Bremer Linksradikale gründen in Berlin die Kommunistische Partei Deutschlands (KPD). Gegen den Willen von Liebknecht und Rosa Luxemburg beschließt die KPD einen Boykott der Wahlen zur Nationalversammlung.

1918, 31. Dez.: Beschluss zur Demobilisierung der gesamten Armee.

Das Deutsche Reich übernimmt Deutsch-Ostafrika

Nur zögernd hatte sich Reichskanzler Bismarck auf koloniales Parkett gewagt. Zunächst ließ er den deutschen Besitzungen nur Schutzbriefe ausfertigen, um bei Konflikten mit den Briten notfalls einen Rückzieher machen zu können. Nach Bismarcks Abgang löste sich Kaiser Wilhelm II. rasch von solcher Vorsicht und ließ Deutsch-Ostafrika am 1. Januar 1891 offiziell vom Reich übernehmen. Mit welchen Methoden der koloniale Besitz damals erweitert wurde, schildert Carl Peters, der eigentliche Begründer Deutsch-Ostafrikas, in seinen Erinnerungen: Man wird nicht von mir erwarten, dass ich an dieser Stelle im Einzelnen darlege, wie es geschehen, dass die Beherrscher des Landes oft recht schnell so große Abtretungen an uns Deutsche vornahmen. Das wäre einerseits im Allgemeinen gar nicht möglich, und andererseits liegt es auch gar nicht in unserem Interesse. Zur Erklärung darf im Großen und Ganzen auf die an allen Orten herrschende Not hingewiesen werden, welche die Eingeborenen besonders geneigt machte, an weiße Männer sich anzuschmiegen. Genau wie Deutschland nach der aktiven, so ist Ostafrika kolonisationsbedürftig nach der passiven Seite hin. Die üppigen Landschaften, verödet durch jahrhundertlange Sklavenjagden, liegen da wie die Obstbäume der Frau Holle und harren der Hand, die bereit ist, den reichen Segen zu ernten. Selbst in den Schwarzen dämmert die Erkenntnis auf, dass es besser mit ihnen werden wird, wenn Weiße als Herren des Landes unter ihnen wohnen . . .

Nahten wir uns einem Kraal, wo ein Kontrakt zu machen war, so pflegte ich mit dem Dolmetscher und denjenigen von meinen Leuten zusammen zu marschieren, welche irgend etwas von dem betreffenden Herrscher, seinem Charakter, seinen Schicksalen, seinem Besitzstand mitteilen konnten. Wir hielten uns dichter zusammen als an anderen Tagen, und der Einzug in den Kraal geschah mit einer Art von Pomp. Waren Araber in der Nähe, von denen wir Gegenintrigen erwarteten, so ließ ich unsere Leute auf gut Glück ihre Büchsen abfeuern, um die „Kanaillen“ einzuschüchtern. Ich selbst hatte mir, um den Sultanen ebenbürtiger zu erscheinen, eine Reihe von Fahnen mitgenommen, die ich aufziehen ließ, wo dies am Platz schien. Außerdem waren Gerüchte von meiner Macht und meinem Einfluss in Umlauf gesetzt, und schließlich hatte ich mir meine Haare herunterscheren lassen und sah nun aus, da ich auch meinen Bart anders trug, wie ein alter, ehrwürdiger Mann.

Zogen wir in einen Kraal ein, so begaben Jühlke und ich uns zu Seiner Hoheit und fragten, was sonst nie geschah, ob er gestatte, dass auch wir unser Lager aufschlügen. In Mbusine, bei Mbuela, knüpften wir sofort ein recht kordiales Verhältnis an, indem wir den Sultan zwischen uns auf ein Lager (Kitanda) nahmen, von beiden Seiten unsere Arme um ihn schlagend. Wir tranken dann einen Trunk guten Grogs und brachten Seine Hoheit von vornherein in die vergnüglichste Stimmung. Als Graf Pfeil (Teilnehmer der Expedition) erschien, meinte er, das sei ja schon ein recht vielversprechender Anblick. Alsdann wurden die Ehrengeschenke ausgetauscht, und wir zogen uns zum Mittagessen in unser Lager zurück. Nach dem Essen machte uns der Sultan seinen Gegenbesuch, wobei wir ihn mit süßem Kaffee traktierten. Alsdann begannen auch die diplomatischen Verhandlungen und aufgrund derselben wurde der Kontrakt abgeschlossen. Als dies geschehen war, wurden die Fahnen auf einer die Umgegend beherrschenden Höhe gehisst, der Vertrag in deutschem Text von Dr. Jühlke verlesen, ich hielt eine kurze Ansprache, wodurch ich die Besitzergreifung als solche vornahm, die mit einem Hoch auf Seine Majestät den deutschen Kaiser endete, und drei Salven, von uns und den Dienern abgegeben, demonstrierten den Schwarzen ad oculos, was sie im Fall einer Kontraktbrüchigkeit zu erwarten hätten. Man wird sich nicht leicht vorstellen, welchen Eindruck der ganze Vorgang auf die Neger zu machen pflegte. In das Hoch auf den Kaiser stimmten sie kreischend und springend, die Sultane voran, mit ein, bei den Salven wichen sie scheu zurück.

Entdeckung der Röntgen-Strahlen

Wilhelm Conrad Röntgen entdeckte am 8. November 1895 die nach ihm benannten Strahlen. Seit Wochen hatte er im Physikalischen Institut der Universität Würzburg mit Kathodenstrahlröhren experimentiert. Röntgen beobachtete, dass ein auf dem Tisch liegender Fluoreszenzschirm aufleuchtete, sobald die Entladung durch die in einen schwarzen Kartonmantel gehüllte Vakuumröhre hindurchging.

Er erkannte, dass das Aufleuchten des Schirms durch unsichtba-

Eine Schautafel des Militärmalers Richard Knötel von 1899 zeigt Angehörige der deutschen Schutztruppen aus den Kolonien Deutsch-Südwestafrika, Deutsch-Ost, Kamerun und Togo.

re Strahlen hervorgerufen wurde, die von der Kathodenstrahlröhre ausgingen und durch den Karton drangen. Röntgen experimentierte noch sieben Wochen weiter und gab seine Entdeckung erst am 28. Dezember bekannt. An diesem Tag veröffentlichte er einen Aufsatz: „Über eine neue Art von Strahlen.“ Es war ihm in der Zwischenzeit gelungen, eine Hand zu fotografieren, die eine Geldbörse hielt. Auf dem Schattenbild sah man das Geld in der Lederbörse und die Knochen der Hand.

Dem Berichterstatter einer amerikanischen Zeitschrift gab Röntgen 1896 ein ausführliches Interview, in dem er erläuterte, wie er zu seiner Entdeckung gekommen war:

„Ich interessierte mich schon seit langer Zeit für die Kathodenstrahlen, wie sie von Hertz und speziell von Lenard in einer luftleeren Röhre studiert worden waren. Ich hatte die Untersuchung dieser und anderer Physiker mit großem Interesse verfolgt und mir vorgenommen, sobald ich Zeit hätte, einige selbständige Versuche in dieser Beziehung anzustellen; diese Zeit fand ich Ende Oktober 1895. Ich war noch nicht lange bei der Arbeit, als ich etwas Neues beobachtete.“

„Welches Datum war es?“

„Der 8. November.“

„Und welcher Art war die Beobachtung?“

„Ich arbeitete mit einer Hittorf-Crookeschen Röhre, welche ganz in schwarzes Papier eingehüllt war. Ein Stück Bariumplatinzyanürpapier lag daneben auf dem Tisch. Ich schickte einen Strom durch die Röhre und bemerkte quer über das Papier eine eigentümliche schwarze Linie.“

„Was war das?“

„Die Wirkung war derart, dass sie den damaligen Vorstellungen gemäß nur von einer Lichtstrahlung herrühren konnte. Es war aber ganz ausgeschlossen, dass von der Röhre Licht kam, weil das dieselbe bedeckende Papier sicherlich kein Licht hindurchließ, selbst nicht das einer elektrischen Bogenlampe.“

„Was dachten Sie sich da?“

„Ich dachte nicht, sondern ich untersuchte. Ich vermutete, dass die Wirkung von der Röhre herkommen müsse, und prüfte nach dieser Richtung hin genauer. Bald war jeder Zweifel ausgeschlossen. Es kamen Strahlen von der Röhre, welche eine lumineszierende Wirkung auf den Schirm ausübten. Ich wiederholte den Versuch mit Erfolg in immer größeren und größeren Entfernungen, fast bis zu 2 Metern. Anfangs hielt ich sie für eine neue Art von Licht. Sicher aber war es etwas Neues, noch Unbekanntes.“

„Ist es Licht?“

„Nein, denn es kann weder reflektiert noch gebrochen werden.“

„Ist es Elektrizität?“

„Nicht in der bekannten Form.“

„Was ist es dann?“

„Ich weiß es nicht. Nachdem ich die Existenz einer neuen Art von Strahlen nachgewiesen hatte, ging ich daran, ihre Eigenschaften zu untersuchen. Es zeigte sich aus den Versuchen bald, dass die Strahlen ein ungewöhnliches Durchdringungsvermögen besitzen, und zwar von einer Kraft, die bis jetzt an Strahlen unbekannt ist. Sie durchdringen Papier, Holz und Tuch mit Leichtigkeit, und innerhalb gewisser Grenzen spielt die Dicke der Substanz überhaupt keine Rolle. Die Strahlen gehen durch alle untersuchten Metalle hindurch, und zwar mit einer Leichtigkeit, die im umgekehrten Verhältnis zur Dichtigkeit des Metalls zu stehen scheint . . .

Da die Strahlen diese große Durchdringungskraft hatten, schien es selbstverständlich, dass sie auch durch Fleisch hindurch gehen konnten, und den Beweis fand ich beim Photographieren der Hand . . .“

„Wie denken Sie sich die weitere Entwicklung der Anwendung der Strahlen?“

„Ich bin kein Prophet und liebe das Prophezeien nicht. Ich setzte meine Untersuchungen fort, und sobald meine Resultate sich bestätigen, werde ich sie veröffentlichen.“

„Denken Sie, dass die Strahlen so geändert werden können, dass Sie damit die Organe des menschlichen Körpers aufnehmen könnten?“ Anstatt einer Antwort nahm er die Photographie einer Schachtel mit Gewichten.

„Hier sind schon solche Änderungen“, sagte er, indem er die verschieden starken Schatten zeigte, die durch das Aluminium, Platin und Messing der Gewichte und

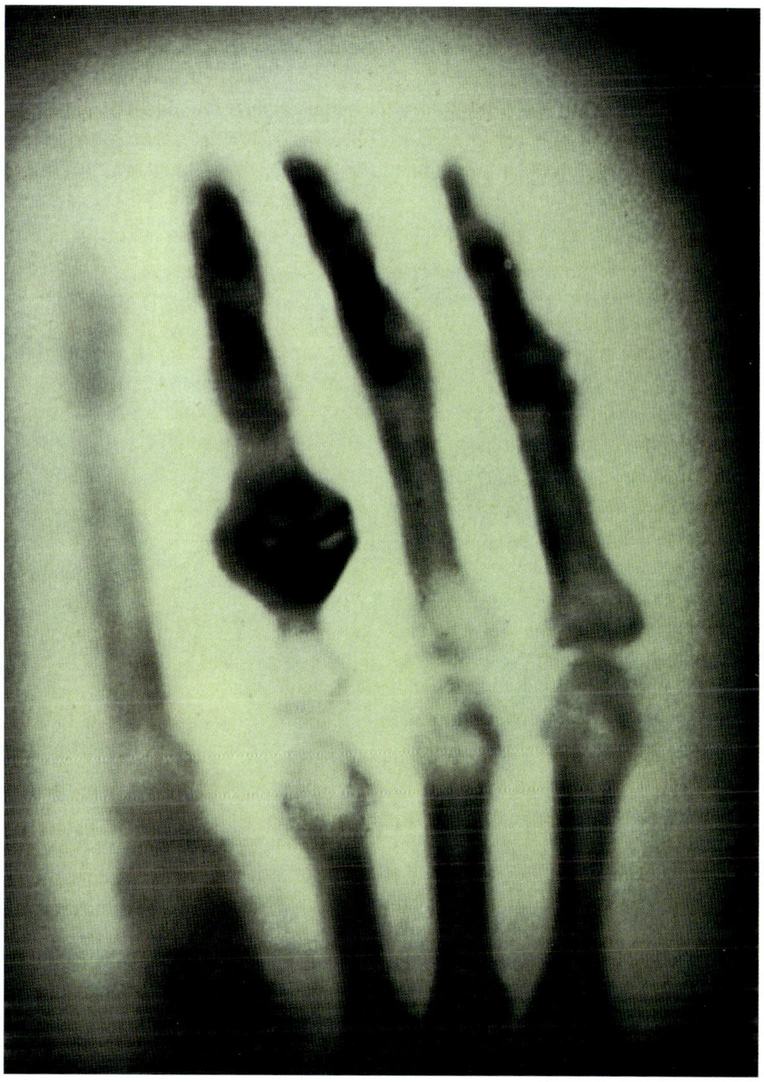

Die älteste Röntgen-Aufnahme. Die Hand der Frau des Entdeckers

Diesen Funkeninduktor verwendete Wilhelm Conrad Röntgen bei der Entdeckung der X-Strahlen im Jahre 1895. „Er ist unzweifelhaft derjenige, mit dem ich meine ersten Versuche über Strahlen ausführte“, schrieb Röntgen als dieser Hochspannungsgenerator 1906 mit einigen bei der Entdeckung benutzten Entladungsgeräte dem deutschen Museum in München überlassen wurde.

durch die Messingscharniere verursacht worden waren, und man konnte selbst die gedruckten metallunterlegten Buchstaben des Deckels der Schachtel gerade noch erkennen.

Bismarcks Tod

* Schönhausen/Mark Brandenburg, 1. April 1815.
† Friedrichsruh bei Hamburg, 30. Juli 1898.

Als am 18. Januar 1871 im Spiegelsaal von Versailles das Deutsche Kaiserreich verkündet wurde, da konnte Preußens Ministerpräsident Otto von Bismarck nicht nur den Sieg über Frankreich feiern. Er hatte endlich auch die Widerstände der deutschen Fürsten gebrochen, allen voran die seines eigenen Königs, der in der Kaiserproklamation zugleich die Grablegung seines – weit mehr geliebten – preußischen Königtums erblickte und allen Ernstes noch am Vorabend vom „unglücklichsten Tag" seines Lebens gesprochen hatte. Während so die widerstrebendsten Tendenzen nur mühsam unter dem Dach des französischen Prunkschlosses zum Ausgleich gezwungen worden waren, gab man sich in Deutschland ungehemmtem Jubel und den Gefühlen eines erfüllten Wunschtraumes hin. Hatte doch die nationale Sehnsucht das geschichtsbewusste Bürgertum seit dem Befreiungskrieg beherrscht. Für Einheit und Freiheit oder, wie Golo Mann beides zusammenfasst: für den nationalen Verfassungsstaat, hatten vor allem die Liberalen mit Geist und Hingabe lange gestritten. Die Gegenströmungen aber in der Achtundvierziger Revolution waren stärker gewesen. Zu den Gegnern hatte – paradox erscheinend auch jener Mann gehört, der das liberale Einheitsstreben 23 Jahre später dann doch, und zwar „von oben", verwirklichte, nachdem es von unten misslungen war.
Otto von Bismarck war am 1. April 1815 auf Schloss Schönhausen in der Altmark geboren worden. Die folgenden Lebensstationen: Gymnasialzeit in Berlin, Jura-Studium in Göttingen und Berlin, Referendarjahre ebenfalls in einer preußischen Hauptstadt sowie in Aachen und Potsdam, pietistisch geprägte Bildungsjahre auf den Gütern Kniephof und Schönhausen. 1847 Heirat mit Johanna v. Puttkamer, im selben Jahr Erwerb eines Abgeordnetenmandats im Vereinigten Landtag. Auf der äußersten Rechten des Parlaments verdiente er sich mit Ironie und Witz seine rhetorischen Sporen. Durch antidemokratische Aktivitäten wurde der ost-elbische Junker als ein uradeliger Bürgerschreck bei den Liberalen verhasst, was ihn umgekehrt bei König Friedrich Wilhelm IV. empfehlenswert werden ließ. Bismarcks preußische Selbstgenügsamkeit auf Kosten eines vereinigten Deutschlands war dann in der Restaurationsphase ausschlaggebend für die Ernennung zum Gesandten am Frankfurter Bundestag (1851). Die Einzeletappen in Otto von Bismarcks politischer Reifezeit: Nach knapp acht Frankfurter Jahren 1859-62 Botschafter in Petersburg, 1862 Botschafter in Paris, im selben Jahr Berufung zum preußischen Ministerpräsidenten. Bismarck blieb zwar preußischer Partikularist und lehnte den, wie er sagte, „nationalen Schwindel" ab. Aber er wollte Preußen in Deutschland stärken, und hier stand Österreich im Wege. Die Donaumonarchie war mit den ganz anders gearteten Interessen des Vielvölkerstaates aus Deutschland hinausgewachsen, führte aber dennoch den ständigen Vorsitz im Bundestag. Das war ein historisch entwickelter Widerspruch. Die politische Zentralinstanz Deutschlands in Frankfurt war ohnehin schon ein schwerfälliges bürokratisches Instrument: Nun kam noch der lähmende Dualismus hinzu, seit die Frankfurter Nationalversammlung sich für Preußen als führende Macht des künftigen Deutschen Reiches ausgesprochen hatte.
Nach Königgrätz führte von da ein gerader Weg. Nachdem Preußen 1866 gesiegt hatte und als Vormacht in Deutschland anerkannt war, kam jetzt das Eigengewicht des Zeitgeistes einheitsfördernd hinzu. Im nationalen Aufwind des Krieges 1870/71 vollendete Bismarck die „kleindeutsche" Lösung. In einer Ironie der Geschichte wird so das Schreckgespenst der Liberalen zum Vollstrecker ihres vaterländischen Willens und realisiert ihren Jahrhundert-Traum.
Fast zwanzig Jahre lang hat Bismarck nach der Reichsgründung als Kanzler an der Spitze gestanden.
Seine internationale Stellung, so schreibt sein liberaler Kritiker Erick Eyck 1955, war damals so gewaltig, dass man sie mit der Napoleons I. auf dem Erfurter Fürstentag 1808 vergleichen könne. Während aber jener weiter von Krieg zu Krieg geeilt sei, habe Bismarck nie wieder das Schwert gezogen. Diese Politik des Maßhaltens in der Zeit der größten Machtmöglichkeiten müsse ihm zu den höchsten Ruhmestiteln angerechnet werden. Der englische Historiker Taylor nennt ihn den größten Meister der Diplomatie in der modernen Geschichte. „Politik ist die Kunst des Möglichen",hat er selber seinen Landsleuten eingeschärft. In dieser Kunst hat er absolute Maßstäbe gesetzt. Wohl war die Gefahr schon angelegt: Ein so ausbalanciertes Bündnissystem, ein solches Filigranwerk der auswärtigen Beziehungen musste unter gröberen Händen zerbrechen. Doch das ist nicht Bismarcks Schuld.
Sein Maßhalten in der Außenpolitik entsprach nicht seiner Geisteshaltung, im Innern.
Im „Kulturkampf" wie in der Auseinandersetzung mit den Sozialdemokraten griff er zu zeitwidrigen Mitteln. Sicher hat Heuss recht mit der Feststellung, dass der erste Reichskanzler „ohne tiefere Vorstellung von den seelischen und organisatorischen Kraftreserven des Katholizis-

Bismarck auf dem Totenbett. Kreidezeichnung von Franz von Lenbach.

Franz Lenbach, Fürst Bismarck in der Uniform der Halberstädter Kürassiere, 1889. Otto von Bismarck führte zwischen 1862 bis 1890 die Regierung Preußens, wie auch, ab 1871, die des Deutschen Reiches. In einer Selbstcharakteristik aus den 80er Jahren schrieb er: „Ich bin als Junker geboren, aber meine Politik war keine Junkerpolitik. Ich bin Royalist in erster Linie, dann ein Preuße und ein Deutscher. Ich will meinen König, das Königtum verteidigen gegen die Revolution, die offene und die schleichende, und ich will ein gesundes, starkes Deutschland herstellen und hinterlassen“.

mus“ war und ebenso wenig „die geschichtliche Tragkraft der sich meldenden Arbeiterbewegung erfasste“.

Diese Fehleinschätzungen führten zu Niederlagen in Bismarcks Innenpolitik und weitgehend zu Erfolglosigkeit; bemerkenswert allein bleiben die ersten Schritte zu einer modernen Sozialgesetzgebung, mit der er dem ärgsten Druck von links zu steuern suchte.

Über 25 Jahre hat Otto von Bismarck Wilhelm I. gedient. Als dieser 90jährig starb und dann dem todkranken Thronfolger Friedrich III. nur eine 99Tage-Herrschaft vergönnt war, ließ sich bei dem Generationswechsel vom Großvater zum Enkel Wilhelm II. absehen, wann dessen Tatendurst die Alleinherrschaft des Kanzlers nicht mehr dulden würde. Die Entlassung im März 1890 war in der Form unwürdig, aber naturgesetzlich in ihrer Logik, und sie wurde, wie Graf Kessler schreibt, „gleichgültiger hingenommen, als erwartet werden konnte“. „Der Lotse geht von Bord“, befand Englands „Punch“.

Die „Hunnenrede“

Als der Aufstand des chinesischen Geheimbundes der „Boxer“ gegen die ausländischen Kolonialmächte im Sommer des Jahres 1900 zur Belagerung des Pekinger Gesandtschaftsviertels sowie zur Ermordung des deutschen Gesandten von Ketteler führte, wurde ein internationales Expeditionskorps zusammengestellt, das die Unruhen blutig niederschlug. Mit seiner berüchtigten „Hunnenrede“ verabschiedete Wilhelm II. das deutsche Kontingent am 27. Juli 1900 in Wilhelmshaven. Große überseeische Aufgaben sind es, die dem neu entstandenen Deutschen Reiche zugefallen sind, Aufgaben weit größer, als viele Meiner Landsleute es erwartet haben. Das Deutsche Reich hat seinem Charakter nach die Verpflichtung, seinen Bürgern, sofern diese im Ausland bedrängt werden, beizustehen.

Eine große Aufgabe harrt eurer; ihr sollt das große Unrecht, das geschehen ist, sühnen. Die Chinesen haben das Völkerrecht gebrochen, sie haben in einer in der Weltgeschichte nicht erhörten Weise der Heiligkeit des Gesandten, der Pflicht des Gastrechtes Hohn gesprochen. Es ist das umso empörender, als das Verbrechen begangen worden ist von einer Nation, die auf ihre uralte Kultur stolz ist. Bewahrt die alte preußische Tüchtigkeit, zeigt euch als Christen im freudigen Ertragen eurer Leiden, mögen Ehre und Ruhm euren Fahnen und Waffen folgen, gebt an Manneszucht und Disziplin aller Welt ein Beispiel.

Ihr wisst es wohl, ihr sollt fechten gegen einen verschlagenen, tapferen, gut bewaffneten, grausamen Feind. Kommt ihr an ihn, so wisst: Pardon wird nicht gegeben, Gefangene werden nicht gemacht. Wie vor tausend Jahren die Hunnen unter König Etzel sich einen Namen gemacht haben, der sie noch jetzt in Überlieferung und Märchen gewaltig erscheinen lässt, so muss der Name Deutscher in China auf tausend Jahre durch euch in einer Weise bestätigt werden, dass niemals wieder ein Chinese es wagt, einen Deutschen auch nur scheel anzuschauen.

Thomas Manns „Buddenbrooks“

Der Literaturwissenschaftler Hans Meyer würdigt Thomas Manns großen Familienroman „Die Buddenbrooks“ von 1901 in einem Aufsatz:

Seine spezifischen Möglichkeiten als Schriftsteller hat Thomas Mann kaum jemals wieder so rein und mühelos genutzt, wie bei diesem erstaunlichen Erzählwerk, das in der zweibändigen Erstausgabe vom Jahre 1901 mehr als 1100 Buchseiten ausfüllte, und das ein junger Mensch von 25 Jahren hatte abschließen können.

Der Fall ist einzigartig geblieben. Die Glücksfälle großer Lyrik und Musik, geschaffen von ganz jungen Menschen, sind allbekannt. Georg Büchner starb mit 23 Jahren. Aber eine epische Leistung, die an genauer Zeichnung der Ereignisse und Charaktere, an Sprachmelodie, die vor allem auch an Erfahrungsfülle mit den „Buddenbrooks“ wetteifern könnte, wo hat es dergleichen jemals bei einem anderen Schriftsteller in solchem Lebensalter gegeben?

Man hat später viel Wesens gemacht von Thomas Manns jähen und nachhaltigen Wandlungen als Erzähler, als politischer Unpolitischer, nicht zuletzt in seinem Selbstverständnis als Schriftsteller. Das Misstrauen gegen die eigene Menschlichkeit und sonderbare Spezialbegabung sind einmal in glücklicher Weise produktiv geworden: beim Schreiben der „Buddenbrooks“.

Indem der Zwanzigjährige mit zähem Fleiß und fast unerträglicher Selbstdisziplinierung ans Werk ging,

Titelblatt von Thomas Manns „Buddenbrooks“.

glaubte er vorerst bloß eine Sache abschließen zu können, die alle Kenner der Lübecker Verhältnisse interessieren mochte. Wen sonst wohl noch? Man las im Kreis der Familie vor, aus dem anschwellenden Manuskript. Große Heiterkeit und Zustimmung. Jeder wusste, woran er bei Tony Buddenbrooks Ehekrisen zu denken hatte.

Es erwies sich im Lauf der Jahrzehnte, durchaus nicht gleich beim Erscheinen des Romans, dass die „Buddenbrooks" einstehen konnten für vielerlei Bürgerwelten in vielen Ländern. Thomas Mann erfuhr später, dass sich Leser zu Bordeaux in der lübischen Welt wiederzuerkennen wussten. Entzückt hatte er sich beim Nobelpreis-Bankett in Stockholm im Jahre 1929 über den Satz seiner Nachbarin Selma Lagerlöf geäußert, die dem Tischnachbarn bekannte: Beim Schreiben des Romans vom Gösta Berling habe sie geglaubt, das sei etwas zum Lachen. Auch der junge Thomas Mann schrieb „Die Buddenbrooks", weil er annahm, das sei etwas zum Lachen.

Das ist es auch. Nicht zufällig sind manche Wendungen des Romans zum Zitat geworden, woran sich Romanleser in der Welt, vor allem natürlich die Leser deutscher Sprache, belustigen und was sie als Gemeinschaft erkennen, das Wort des Heiratsschwindlers Grünlich etwa, der allen, aus sehr gutem Grunde, nach dem Munde redet: „Oh, mein Gott, ich gestehe meine Schwäche für Blumen und für die Natur im Allgemeinen! Diese Klatschrosen dort drüben putzen ganz ungemein ..." oder das Wort, das dem Urbayern Permaneder, dem zweiten Gatten der Tony Buddenbrook, in einer schrecklichen Nacht entschlüpfte und das so gelautet hatte: „Geh zum Deifi, Saulud'r, dreckats!" Worauf der Erzähler nur mehr mitzuteilen hat: „So schloss Tony Buddenbrooks zweite Ehe." Hier brach der erste Band des Romans ab im Jahre 1901. Wenn es dann weitergeht mit dem Erzählen, zu Beginn also des Siebenten Kapitels, ist die große Wende vollzogen. Nun erst beginnt recht eigentlich der „Verfall einer Familie". Scheinbar befindet sich die hanseatische Kaufmannsfamilie auf dem Höhepunkt ihrer Prosperität und Vitalität. Senator Thomas Buddenbrook darf Kindtaufe feiern: Der Erbe kam zur Welt, Johann genannt, später Hanno gerufen. Allein Hanno überlebt die Pubertät nicht, er scheitert bereits an der Schule. Das vorletzte Romankapitel, das mit den berühmten Worten eines scheinbar objektiv-allwissenden Erzählers beginnt: „Mit dem Typhus ist es folgendermaßen bestellt", ist auch von Thomas Mann selbst nie wieder übertroffen worden.

„Verfall einer Familie": Als der Autor der „Buddenbrooks" zu Anfang der 1950er Jahre den Klappentext einer Ostberliner Ausgabe des Romans zu Gesicht bekam, wo in der üblichen Weise von Entlarvung des Bürgertums dahergeredet wurde, äußerte er sich zornig. So sei es denn doch nicht geschrieben. Der Roman ist angelegt als konsequente Gegenbewegung. Dem Verfall an Prosperität und Lebenskraft antwortet ein Aufstieg der Geistigkeit und Sensibilität. Bis der kleine Hanno, schöpferisch und vergeistigt, doch lebensuntüchtig, das Ende einer Familie markiert. Noch eine andere Gegenbewegung sollte nicht übersehen werden. Mit dem Verfall eines Bürgertums, das aufstieg in der Goethezeit, aber verfiel im deutschen Kaiserreich, korrespondiert der Aufstieg des modernen Bourgeois: der Familie Hagenström. Immer wieder erstaunlich, dass ein so junger und so gefährdeter Mensch dergleichen beschreiben und zugleich deuten konnte.

„Handel und Landwirtschaft". „Simplicissimus"-Karikatur von Th. Th Heine (1901): „Nicht drängeln Kinder! Es ist Milch genug für alle da." Germania bietet die nährenden Brüste ihren privilegierten „Kindern". Die Landwirtschaft profitiert von den Schutzzöllen und der Handel von den großen Gewinnspannen.

Bülows Regierungsprogramm

Als ein Mann des Ausgleichs präsentierte sich der neu ernannte Reichskanzler Bernhard von Bülow in seiner Antrittsrede im Preußischen Abgeordnetenhaus am 9. Januar 1901:

Meine Herren, von Seiner Majestät dem Könige zum Präsidenten des Staatsministeriums ernannt, möchte ich die erste Gelegenheit ergreifen, die sich mir bietet, um mich diesem Hohen Hause vorzustellen und das Entgegenkommen und das Wohlwollen zu erbitten, dessen ich für eine ersprießliche Leitung der Geschäfte des Landes bedarf.

Es ist nicht meine Absicht, mein Zusammenwirken mit Ihnen damit einzuleiten, dass ich hier ein Programm aufstelle. Eines aber möchte ich schon heute sagen: Nach meiner politischen Gesamtauffassung betrachte ich es als die vornehmste Aufgabe der Regierung, in dem einstweilen sich noch immer lebhafter gestaltenden Kampf der wirtschaftlichen Interessen die vorhandenen Gegensätze nach Möglichkeit zu versöhnen, zwischen den verschiedenen Interessen einen möglichst gerechten Ausgleich herbeizuführen und diejenigen zu stützen, die sich aus eigner Kraft nicht helfen können.

Ich weiß wohl, dass solche vermittelnde Politik, die keine produktive Tätigkeit einseitig auf Kosten der anderen begünstigen will, die bei wirtschaftlichen Maßnahmen für einen Berufszweig sich fragt, wie weit dadurch Lebensbedingungen des andern berührt werden, mit besonderen Schwierigkeiten verknüpft ist. Ich weiß, dass eine solche ausgleichende Politik auf Augenblickserfolge verzichten muss, um dauernde Wirkungen zu erzielen, dass sie hier und da Missdeutungen ausgesetzt sein kann. Ich weiß sehr wohl, dass sich der Gedanke der Zusammengehörigkeit der Interessen der großen erwerbstätigen Stände gegenüber Kurzsichtigkeit, gegenüber menschlicher Selbstsucht nur schwer durchringt. Ich werde mich aber dadurch nicht irremachen lassen. Ich werde festhalten an der Überzeugung, dass, wenn ein Glied des sozialen Körpers leidet, alle andern Glieder mitleiden und dass, solange namentlich ein so wichtiges Glied wie die Landwirtschaft zu leiden hat, der Gesamtorganismus sich keiner sicheren Gesundheit erfreuen kann. Ich bin davon durchdrungen, dass die großen Erwerbsstände gleichmäßigen Anspruch haben auf den Schutz der Regierung, dass die Regierung die Pflicht hat, Landwirtschaft, Handel und Industrie gleichmäßig zu schützen, und dass unsre Landwirtschaft unbedingt einer kräftigen Stützung bedarf.

Wie der Name Mercedes und der Stern entstanden

Sein Wesen war gebieterisch, seine Gestalt untersetzt, Kneifer und weißer Tropenhelm waren sein Markenzeichen – gemeint ist Emil Jellinek-Mercedes, der nach eigenem Bekunden „erste Vater, der den Namen seiner Tochter trägt". Mercedes kommt aus dem Spanischen und bedeutet „Gnade" – für den gebürtigen Leipziger Jellinek, Kaufmann im südfranzösischen Nizza kurz vor der Jahrhundertwende, war „Mercedes" gleichbedeutend mit Glück: Seit der Geburt seiner so genannten Tochter, seit 1889 also, florierten die Geschäfte des fortschrittsgläubigen Weltbürgers, der sich nach ruhelosen Jahren in Frankreich, Afrika und Österreich Anfang der 1890er Jahre an der Côte d'Azur niederließ . . .
Automobile werden ihm, dem Geschwindigkeits-Fanatiker, der als 19-Jähriger seinen Dienst bei der Nordwest-Bahn Rot-Kostelec quittieren musste, weil er einen Lokomotivführer zu einem nächtlichen Hochgeschwindigkeitsversuch überredet hatte, zur Leidenschaft. Er kauft sich ein De Dion-Bouton-Dreirad, wechselt wissbegierig auf einen dreirädrigen Léon-Bollée und landet bei einer motorisierten Benz-Kutsche.
Durch Zufall hört er von der schwäbischen Daimler-Motorengesellschaft, Sitz in Cannstatt bei Stuttgart. Nach Gesprächen mit Gottlieb Daimler und dessen technischem Direktor Wilhelm Maybach ordert er begeistert einen Daimler – und ist bitter enttäuscht: Das Mobil ist mit knapp 25 km/h Höchstgeschwindigkeit viel zu langsam für seine Bedürfnisse.
Dennoch bleibt er der Marke Daimler treu, sieht er doch im Gespräch mit den deutschen Konstrukteuren die Chance, Einfluss auf die Entwicklung des Automobils zu nehmen – Einfluss im Sinne des Fortschritts, Einfluss aber auch im Sinne eines sich abzeichnenden guten Geschäfts: Jellinek erkennt frühzeitig die profitablen Möglichkeiten des Handels mit Automobilen.
Und er stellt Forderungen an Daimler und Maybach, Forderungen nach mehr Geschwindigkeit, die den bedächtigen Cannstattern unerfüllbar, vielleicht auch verantwortungslos erscheinen. Jellinek bleibt hart: „Zerbrechen Sie sich nicht meinen Kopf, machen Sie stärkere Motoren, tun Sie, was Sie wollen, das ist Ihre Sache. Ich bestelle vier Wagen und werde sie bezahlen. Die 40 Stundenkilometer gehen mich an, und Sie riskieren nichts dabei."
Jellinek erhält seine Wunschautos und meldet triumphierend Vollzug: „Meine Herren, Sie hatten Unrecht, sich zu ereifern. Ich bin, hören Sie, mit 42 Stundenkilometern gefahren! Ihre Wagen sind nicht auseinandergefallen, ich selbst habe mich nicht verflüchtigt." Dem Triumph folgt das nächste Diktat: „Der Motor ersetzt die Pferde, darum gehört er nach vorn. Ich weiß, dass es auch so geht. Sie können sich also ersparen, mir das Gegenteil zu beweisen." Und weiter: „Ich möchte einen Vierzylinder. Gehen Sie der Sache nach, ohne sie auf die lange Bank zu schieben."
Wieder werden seine Wünsche erfüllt: 1898 liefert Daimler einen 24 PS starken Vierzylinder-Wagen mit Frontmotor, den Phönix, an seinen Großkunden in Nizza, der plant, mit „seiner" Marke den französischen Marktführern im Motorsport die Leviten zu lesen. Am 21. März 1899 setzt Jellinek bei der Rallye Nizza – Magagnon – Nizza auf seinen Daimler – und erstmals auf

Mercedes Jellinek (1889-1929).

das Glück verheißende Pseudonym „Mercedes", den Namen seiner elfjährigen Tochter.
Daimler und Mercedes sollten sich als glückliche Kombination erweisen: Jellinek gewinnt das Rennen. Doch der Phönix sorgte auch für die erste Daimler-Tragödie: Am 30. März 1900, 24 Tage nach dem Tode Gottlieb Daimlers, verunglückt Daimler-Werkmeister Wilhelm Bauer bei Testfahrten auf der französischen La Turbie-Bergrennstrecke tödlich. Jellinek und Maybach formulieren nach anfänglichen Differenzen um die Unglücksursache gemeinsam die Konsequenz: Eine völlig neue Fahrzeug-Konzeption muss her, mit längerem Radstand, breiterer Spur, niedrigerem Schwerpunkt – und mit noch mehr Leistung, nämlich mindestens 35 PS.
Emil Jellinek verleiht seiner Forderung mit goldenen Aussichten den gebührenden Nachdruck: Von dem Neuen stellt er den Kauf von 36 Exemplaren im Gesamtwert von 550.000 Goldmark in Aussicht. Und: Jellinek besteht auf dem Alleinvertrieb der Marke Daimler für Österreich-Ungarn, Frankreich und Amerika. Außerdem: Der neue Daimler soll unter einem glücklichen Namen in seinen Vertriebsländern angeboten werden, dem Namen seiner Tochter – Mercedes. Der Aufsichtsrat der Daimler-Motorengesellschaft (DMG) stimmt allen Forderungen des geschäftstüchtigen Jellinek zu und wählt ihn am 2. April 1900 gar in die eigenen Reihen.
Der erste Mercedes, zum Jahresende 1900 fertiggestellt, rechtzeitig für die Wettfahrten der Rennsai-

Der 35 PS starke „neue Daimler" eröffnete den Siegeszug der „Mercedes"-Wagen.

1905 erschien ein Buch des 47jährigen Wiener Nervenarztes Sigmund Freud (1856-1939), in dem er unbarmherzig mit den Konventionen, der Heuchelei und der doppelten Moral der Gesellschaft seiner Zeit abrechnen wollte: „Drei Abhandlungen zur Sexualtheorie.“ Darin erklärte er, „die herrschende „Unkenntnis der grundlegenden Verhältnisse des Sexuallebens“ müsse zu Verdrängungen, Neurosen und Perversionen führen„. Und weiter: „Unsere Kultur ist ganz allgemein auf Triebunterdrückung aufgebaut ... Wer dank unbeugsamer Konstitution diese ... nicht mitmachen kann, steht der Gesellschaft als Verbrecher ... gegenüber ...“ Auf der herrschenden „dritten Kulturstufe des Sexualtriebes“ verhielten sich, so behauptete Freud, die Perversion vieler Männer zu den Neurosen der Frauen „wie positiv und negativ zueinander... Dementsprechend sind in vielen Familien die Männer gesund, aber in sozial unerwünschtem Maße unmoralisch, die Frauen edel und überfeinert – aber schwer nervös.“ Auch mit seinen Erkenntnissen über die Sexualität des Kindes verletzte Freud ein Tabu, denn mit diesen „schmutzigen Dingen“ konnten, ja durften die unschuldigen Kinder doch nichts zu tun haben! Das Werk wurde vom großen Publikum gar nicht zur Kenntnis genommen, löste aber in der Fachwelt heftige Diskussionen aus, nicht zuletzt deshalb, weil der Autor neben der Sexualität keine anderen Faktoren als Ursachen für Verdrängungen und Komplexe gelten ließ.

son 1901, ist ein fantastisches Automobil, ungewöhnlich und revolutionär, mit Proportionen, die ihn als erstes modernes Automobil ausweisen. Der Motor war im gegenüber dem kopflastigen Phönix verlängerten Chassis nach hinten gerückt und sorgte so für eine gleichmäßigere Achslastverteilung. Durch die Verwendung von Leichtmetallen konnte das Gewicht des 35 PS-Vierzylinders drastisch auf nurmehr 210 Kilogramm reduziert werden. Die stehenden Ventile wurden erstmals durch je eine Nockenwelle pro Ventilreihe gesteuert.

Der Kühler bestand aus 8070 zusammengelöteten Röhrchen anstelle der herkömmlichen Rohrschlangen, wodurch das Kühlwasservolumen um die Hälfte auf gerade neun Liter Wasser reduziert werden konnte. Und das Chassis bestand aus einem gepressten Stahlrahmen mit U-Querschnitt. Daimler-Werkspilot Wilhelm Werner dominierte mit seinem Mercedes bei der Rennwoche in Nizza 1901: Er gewann mit Ausnahme einiger Kurzstreckenrennen alle Läufe.

Den fliegenden Kilometer durchraste der Schwabe mit der atemberaubenden Geschwindigkeit von 86,5 km/h.

Mit Sporterfolgen in den Folgejahren festigt sich der Mercedes-Ruf – entgegen den ursprünglichen Plänen wird der Vorname der jungen Mademoiselle Jellinek zum weltweiten Marken-Begriff, der im Jahr 1902 als Wortmarke gesetzlich geschützt wird. Und Emil Jellinek stellt 1903 bei der k.k. niederösterreichischen Statthalterei zu Wien den Antrag, seinen Familiennamen in „Jellinek Mercedes“ ändern zu dürfen – ein Wunsch, der am 7. Juli 1903 bewilligt wird. „Nous sommes entrés dans l'ère Mercédès“, schrieb 1902 Paul Meyan, Generalsekretär des Automobilclubs von Frankreich ganz unpatriotisch – die Ära Mercedes sollte sich unter einem guten Stern fortsetzen. 1900 nämlich erinnerten sich die Daimler-Söhne daran, dass ihr Vater seiner Frau einst eine Postkarte mit einem aufgemalten Stern geschickt habe. Dieser Stern, so Gottlieb Daimler damals euphorisch, werde dereinst über seinem Werk aufgehen. Die Daimler-Ahnung nahm Gestalt an: Sowohl ein Vierzack, als auch ein Dreizack-Stern wurden 1909 von der DMG als Warenzeichen angemeldet, wobei der Dreizack, Symbol für die Motorisierung zu Lande, zu Wasser und in der Luft, Bestand haben sollte. Nach dem Zusammenschluss der beiden ältesten Automobilfabriken der Welt zur Daimler-Benz AG im Jahre 1926 schmolzen die beiden Warenzeichen von Benz – der Schriftzug Benz, umrankt von einem Lorbeerkranz – und von Daimler – der Dreizack – zum heute verwendeten Markenzeichen Mercedes-Benz zusammen. Mercedes Adrienne Jellinek erlebte den Zusammenschluss noch, doch zumindest ihr brachte ihr Name kein Glück: Nach einer gescheiterten Ehe mit dem Wiener Baron Freiherr von Schlosser und dem frühen Tod ihres zweiten Mannes, des Wiener Bildhauers Baron Weigl, stirbt die Tochter des ersten Vaters, der den Namen seiner Tochter trug, am 23. Februar 1929, knapp 40-jährig, in Wien.

„Ich versichere allen“, beendet Wilhelm Voigt seine Erinnerungen, „dass ich als ein Mann von Jahren nunmehr am Ende meiner Taten angelangt bin und in Zukunft Konflikte mit den Strafgesetzen vermeiden werde.“

Der Hauptmann von Köpenick

Ganz Berlin, ja ganz Deutschland, allen voran seine Majestät der Kaiser, lachten herzlich, als das Gaunerstück des Hauptmanns von Köpenick alias Wilhelm Voigt vom 16. Oktober 1906 die Runde machte. An diesem Tag um 14.45 Uhr läuft der Vorortzug von Berlin im Bahnhof Köpenick ein. Ihm entsteigen

Plakat der Deutschen Heimarbeit-Ausstellung (Jan. / Febr. 1906). Für die Ausstellung warb ein Plakat, das nach einer Studie von Käthe Kollwitz (1867-1945), „Frauenporträt nach rechts" (1893), eine traurige, verzweifelte, vom Daseinskampf ausgemergelte Frau zeigte, als Anklage gegen die Interesselosigkeit der Herrschenden an der Lage der Heimarbeiterinnen. Die Heimarbeitausstellung wurde von bürgerlichen Sozialpolitikern, Frauenvereinen und Arbeiterorganisationen unterschiedlicher politischer Richtungen veranstaltet. Die gezeigten Erzeugnisse, die gewerkschaftliche Organisationen aus verschiedenen Hausindustrien des Deutschen Reiches ausgewählt hatten, gaben ein erschreckendes Bild der sozialen Verhältnisse der Heimarbeiter/innen wieder, so dass der Ruf nach gesetzlichen Lösungen der Probleme der Hausindustriellen aufkam, der sich in der Novelle der Gewerbeordnung von 1908 und im Hausarbeitgesetz von 1911 niederschlug.

ein Hauptmann vom 1. Garderegiment zu Fuß, ein Gefreiter und drei Mann vom Garde-Füsilier-Regiment sowie ein Gefreiter und sechs Mann vom 4. Garderegiment zu Fuß, Ablösungen der Wachen von der Schwimmanstalt und vom Schießstand Plötzensee. Der Hauptmann hat sie auf der Straße angehalten, seinem Befehl unterstellt und per Bahn nach Köpenick gebracht, hat ihnen unterwegs auch Bier und Essen ausgegeben. Begründung: Auf allerhöchsten Befehl habe er im Auftrag Seiner Majestät das Rathaus Köpenick zu besetzen und den Bürgermeister zu verhaften.
Mit vier Soldaten steigt der Hauptmann zum ersten Stock empor, wo sich das Amtszimmer des Bürgermeisters befindet. Den ihm entgegenkommenden Oberstadtsekretär Rosenberg lässt er sofort verhaften. Der Bürgermeister Dr. jur. Langerhans wird ebenfalls auf allerhöchsten Befehl verhaftet. Der Jurist und Reserveoffizier protestiert, will mit dem zuständigen Landrat telefonieren, fragt nach seinem Haftbefehl, nach seiner Legimitation. Der Hauptmann, ruhig und bestimmt: Zu telefonieren gäbe es nichts, seine Soldaten seien seine Legimitation.
Dann setzt der Hauptmann im Erdgeschoss den Stadtkämmerer von Wittberg fest, verlangt Kassenschluss und die Herausgabe der Stadtkasse. Der Kammerer möchte seinen Bürgermeister verständigen. Der Hauptmann: Dieser sei bereits verhaftet, die Stadtverwaltung habe er übernommen. Herr von Wittberg übergibt ihm die Kasse, 4000 Mark und 70 Pfennige. Der Hauptmann quittiert ordnungsgemäß und unterschreibt mit „v. Malzahn". Alle Verhafteten werden unter militärischer Bewachung in zwei Droschken nach der Neuen Wache in Berlin abtransportiert, der Hauptmann befiehlt dem Rest des Kommandos, ebenfalls dorthin abzurücken – und verschwindet mit dem Kassenbeutel. Gegen Abend wird es den Kommandostellen klar, dass man einem Schelmenstreich aufgesessen ist.

Am 26. Oktober verhaftet die Kriminalpolizei im Berliner Osten den „Hauptmann v. Malzahn". Es ist der 1849 in Tilsit geborene, mehrfach vorbestrafte Schuster Friedrich Wilhelm Voigt. Voigt stand unter Polizeiaufsicht, konnte nirgends dauerhafte Arbeit finden und hatte darum beschlossen, in einer beim Trödler entliehenen Uniform eine Dienststelle zu besetzen, um sich Papiere für die Reise ins Ausland zu beschaffen. Im Dezember 1906 verurteilte ihn die 3. Strafkammer des Landgerichts Berlin II zu vier Jahren Gefängnis. 1908 wurde er begnadigt. Voigts Pech war es gewesen, dass das Rathaus keine Passstelle besaß. Eine Zeit lang wurde er als Volksheld zum Zugstück für Varietés. 1922 starb er vergessen in Luxemburg. 1931 setzte ihm Carl Zuckmayer in seinem „Hauptmann von Köpenick" ein literarisches Denkmal.

Kaisermanöver

Auch wenn alle damaligen Höfe militärische Züge zeigten, war Preußen diesbezüglich dennoch eine Ausnahme. Militärischer Rang gestaltete die Hofordnung; der Kaiser erschien immer in Uniform – Fotos vom Kaiser in Zivil sind äußerst selten; die Hofpagen wurden aus den Kadettenanstalten rekrutiert; sogar die meisten zeremoniellen Dienste wurden von Soldaten vollzogen.
Ein Offizier von den Leibgardehusaren schrieb:
„Alle Augenblicke gab es Ehrenwachen an Bahnhöfen und Schlössern zu stellen, Vorexerzieren vor hohen und höchsten kaiserlichen Gästen, Ehrendienste bei besuchenden Monarchen und anderes mehr."
Militärische Kapellen spielten bei fast allen, auch zivilen, Angelegenheiten. Vor allem blieben die Frühlings- und Herbstparaden und die Manöver als freudige Festtage in Erinnerung. Vordergründig gelang es dem Kaiser vortrefflich, das preußische Militär mit sich selbst, aber

„Kaisermanöver. Seine Majestät erklären dem Prinzen Ludwig von Bayern die feindlichen Stellungen." Simplicissimus-Karikatur von O. Gulbranssen, 1909.

vor allen Dingen mit dem modernen nationalen Deutschland zu verschmelzen. Ein Blick hinter die Kulissen jedoch zeigt, dass es dem Kaiser auch hier vor allem um seine Selbstdarstellung, um die äußere Schau ging. Bezeichnend dafür ist der Bericht des Grafen Zedlitz, der als Augenzeuge der Kaisermanöver 1909 beobachten musste, wie selbst hohe Militärs eher das taten, was der Kaiser wünschte, als das, was für den Ernstfall militärisch sinnvoll gewesen wäre: „Ein schreckliches Gefühl beschlich mich in dem Anfang September bei Merseburg stattfindenden Kaisermanöver. Wie soll es im Ernstfall werden, wenn der Chef des Generalstabes der Armee, ein Mann wie Graf Schlieffen, keine Ansicht mehr äußert, von einer Überzeugung ganz zu schweigen. Stumm, ernst und ausdruckslos beteiligt er sich, indem er die Befehle von Allerhöchster Stelle ausführt. ›Zu Befehl, Eure Majestät!‹, das ist seine stereotype Antwort. Unwillkürlich musste ich immer an das bekannte ›Archiprêt‹ des Marschalls Leboeuf [französischer Kriegsminister 1869/70] denken. Der Marschall hatte sich gewiss seit langer Zeit daran gewöhnt, alles ›archiprêt‹ zu melden, und so tat er es natürlich auch damals, als es für Frankreich so üble Folgen haben musste. Bei uns ist das ›zu Befehl, Eure Majestät‹ gleich unheilvoll oder kann es jedenfalls werden. Im Verlauf dieser Kaisermanöver merkte man einsichtigen Generalstäblern und vielen älteren Offizieren eine gedrückte Stimmung an. Statt dass man die Führer vor wichtige Entschließungen stellte, die kriegsgemäßen Situationen entsprangen, handelte es sich lediglich um eine größere oder geringere Abhängigkeit vom Kaiserlichen Hauptquartier. ›Es darf nicht zu weit werden‹; ›Es müssen Bilder gezeigt werden‹; ›Massenangriffe sind bevorzugt‹; ›Es muss hier zum Kampfe kommen, da nur hier die Kavallerie attackieren kann‹.

Das waren mehr oder minder leitende Gesichtspunkte. Und nun die Ausführung! Wirkliche Aufklärung der Kavallerie kam kaum zur Darstellung. Auf Artilleriewirkung wurde gar keine Rücksicht genommen. Ebenso wurde auch kaum ein Infanterieangriff vorbereitet. Vom Schießen hielt man ebenso wenig. Die Führer befanden sich vor den Schützenlinien, die Kolonnen beinahe in den Schützenlinien, die Kavallerie attackierte, wenn es sicher ganz unmöglich war – kurz, man konnte hin und wieder sehen, wie man es nicht machen soll, sehr selten das Gegenteil. Und dazu die Zusammenziehung dieser Massen, diese Kosten! Nein, es war betrübend und für mich, da ich häufig in der Nähe der fremdländischen Offiziere war, auch beschämend. Dahin kommt man in Friedenszeiten mit dem ›Zu Befehl, Eure Majestät‹. Und wie wird es im Kriege sein? Warum erwähnt kein Vorgesetzter, dass dieses Exerzieren zu sehr auf Kosten des Materials gehen oder unmöglich sein würde, wenn man sich nicht auf diese Weise behilft? Diese Täuschungen sind natürlich nur eine Konsequenz unserer Verhältnisse und ein kleiner Bruchteil von dem, was nötig ist, um zu verstehen, ›es geht alles‹. – Denn bei uns geht tatsächlich alles, jede noch so späte Abänderung und wieder Änderung, so dass man mit Recht sagen kann, nichts ist stabil und wahrscheinlicher als der Wechsel."

Vor dem Hafen von Agadir in Südmarokko liegt der deutsche Kreuzer „Berlin" vor Anker. Er hatte das Kanonenboot „Panther" abgelöst, dessen Auftauchen 1911 während der zweiten Marokkokrise ganz Europa in Kriegsangst versetzte.

Der Panthersprung

Am 1. Juli 1911 entsandte die Reichsregierung das Kanonenboot „Panther" in den marokkanischen Hafen Agadir. Hintergrund war das militärische Eingreifen Frankreichs in Unruhen in Marokko, wodurch nach der Meinung der Reichsregierung auch deutsche Interessen betroffen waren. Der „Panthersprung" nach Agadir löste die zweite Marokko-Krise aus, die wie schon die erste von 1905/06 nur Deutschlands Isolation im Kreis der Weltmächte erwies. Das nachfolgende Dokument, ein „Aide-mémoire" (Denkschrift) vom 30. Juni 1911, war für den deutschen Botschafter in Paris bestimmt; es sollte der französischen Regierung den deutschen Standpunkt in der Marokko-Frage erläutern:

Weisung des Staatssekretärs des Auswärtigen Amtes von Kiderlen

Auf der Kommandobrücke im Vordergrund beobachtet Kaiser Wilhelm II. 1911 die Flottenmanöver in der Nordsee.

an den Botschafter in Paris von Schoen:

Berlin, den 30. Juni 1911

Euer pp. bitte ich dortiger Regierung mit Rücksicht auf hiesige, Sonnabend (1. Juli) vier Uhr erfolgende Presspublikation tunlichst Sonnabendmittag nachfolgendes mitzuteilen und Wortlaut als Aide-mémoire hinterlassen:

„Die deutschen im Süden von Marokko und in Sonderheit in Agadir und seiner Umgebung etablierten Häuser sind beunruhigt durch eine bestimmte Gärung unter den Stämmen dieser Landstriche, welche durch die letzten Vorgänge in andern Teilen des Landes hervorgerufen zu sein scheint. Diese Häuser haben sich an die Kaiserliche Regierung gewendet, um Schutz für ihr Leben und ihr Eigentum zu erbitten. Auf ihre Bitte hat die Regierung beschlossen, ein Kriegsschiff in den Hafen von Agadir zu entsenden, um für den Fall des Bedarfs Hilfe und Beistand für ihre Untertanen und Schutzbefohlenen wie auch die namhaften deutschen Interessen in diesen Gegenden bereitzuhalten. Sobald der Stand der Dinge in Marokko in seine alte Ruhe zurückgekehrt sein wird, wird das mit dieser Schutzaufgabe betraute Schiff den Hafen von Agadir wieder verlassen . . ."

Euer pp. wollen bei der Übergabe des Aide-mémoires hervorheben, dass Sie keinerlei weitere amtliche Mitteilungen zu machen hätten. Im Anschluss hieran wollen Sie jedoch Gespräch mit Minister über Marokko herbeiführen und hierbei bemerken: Wir hätten uns gegenüber den militärischen Maßnahmen der Pariser Regierung bislang in Würdigung der tatsächlichen Verhältnisse in Marokko durchaus abwartend verhalten. Es sei auch jetzt nicht unsere Absicht, der französischen Regierung irgendwelche Schwierigkeiten zu machen. Aber allmählich hätten die Ereignisse im Scherifenreich doch eine Wendung genommen, die den durch die Algecirasakte vorgesehenen Schutz der internationalen Interessen durch die Macht der Tatsachen in Frage gestellt erscheinen lasse. Wir hätten uns daher der von namhaften deutschen Häusern an uns gerichteten Bitte um Schutz ihrer im Süden Marokkos gelegenen Interessen nicht versagen können und uns entschlossen, ein Kriegsschiff nach Agadir zu entsenden, um Leben und Eigentum der in der dortigen Gegend sich aufhaltenden deutschen Reichsangehörigen und Schutzgenossen einstweilen sicherzustellen, so lange, bis geordnete Zustände im Scherifenreich wiedergekehrt seien.

Nach dem Gang, den die Ereignisse genommen, könnten wir uns indessen kaum noch einem Zweifel darüber hingeben, dass es den interessierten Mächten nicht möglich sein dürfte, zu dem früheren Stande der Dinge zurückzukehren. Die Ereignisse hätten gezeigt, dass die Auffassung der Algecirasakte über Souveränität des Sultans und Integrität Marokkos mit den tatsächlichen Verhältnissen unvereinbar sei. In voller Würdigung dieses Sachverhaltes seien wir bereit, uns mit der französischen Regierung freundschaftlich darüber zu unterhalten, in welcher Weise eine Lösung der Marokkofrage herbeigeführt werden könne, die sämtliche Signatarmächte befriedige und das Marokkoproblem endgültig als Reibungsfläche aus der internationalen Politik ausschalte. Von diesen Gedankengängen ausgehend würden wir jeden geeigneten Vorschlag der französischen Regierung in wohlwollendste Erwägung ziehen.

Gleiche Mitteilung ergeht nach Madrid.

Kiderlen.

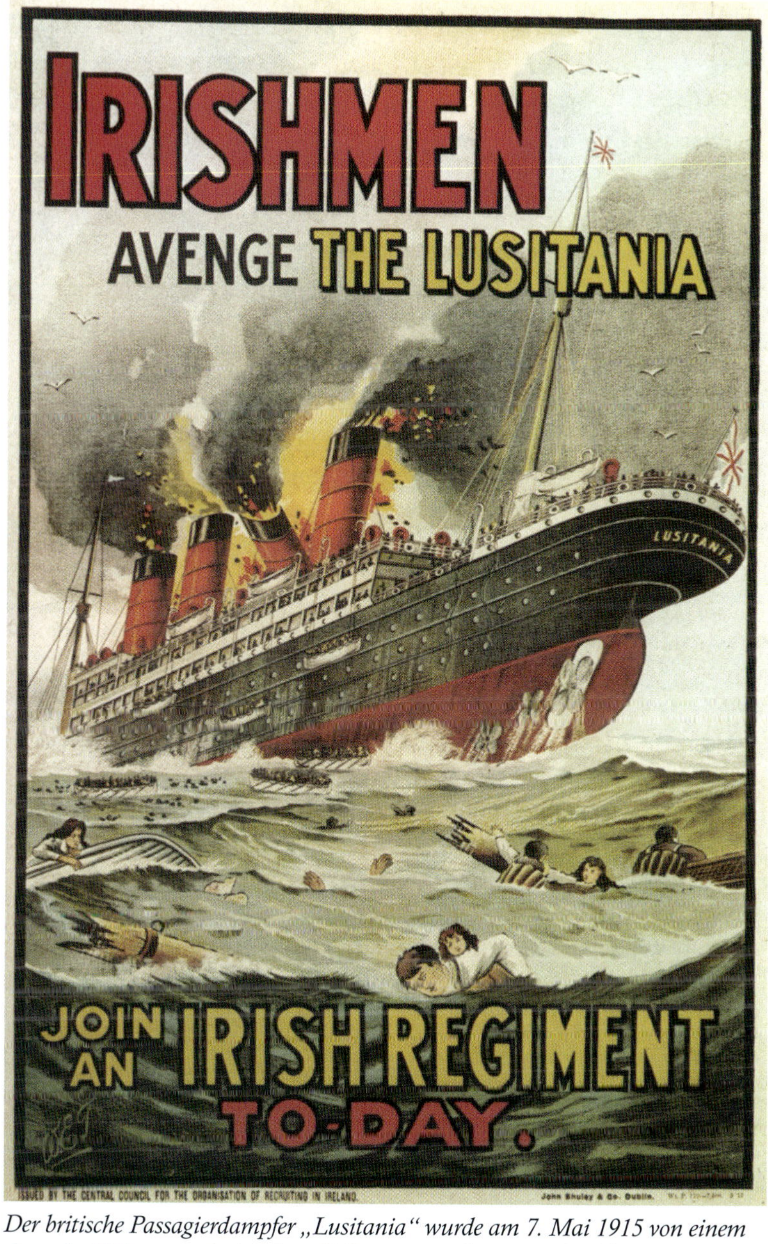

Der britische Passagierdampfer „Lusitania" wurde am 7. Mai 1915 von einem deutsche U-Boot vor der irischen Südküste torpediert. Das Schiff sank innerhalb von 18 Minuten; 1198 Menschen ertranken, darunter mindestens 118 amerikanische Staatsangehörige. Die britische Blockade gegen Deutschland war am 5. Februar 1915 mit dem uneingeschränkten U-Boot-Krieg beantwortet worden – die britischen Gewässer waren zum Kriegsgebiet erklärt worden –, den in ihnen kreuzenden Handelsschiffen wurde die warnungslose Versenkung angedroht. Die USA beharrten darauf, dass amerikanische Bürger unbehindert nach England reisen dürften. Die amerikanischen Proteste an die deutsche Regierung wegen der Versenkung der „Lusitania" führten schließlich zu einer Einschränkung des U-Boot-Krieges.

Die Hölle von Verdun

Ende 1915 beschloss die Oberste Heeresleitung (OHL), 1916 die Kriegsentscheidung im Westen herbeizuführen, wobei der Chef des Generalstabes des Feldheeres, General Erich von Falkenhayn (1861-1922), glaubte, mit relativ geringen Kräften, aber gewaltigem Artillerieeinsatz dem französischen Heer bei Verdun eine vernichtende Niederlage bereiten zu können. Er nahm an, das französische Oberkommando würde versuchen, Verdun als den nördlichen Eckpfeiler der französischen Festungsfront um jeden Preis zu halten und dafür immer neue Kräfte einsetzen. Auf diese Weise sollte das französische Feldheer nach und nach auf Verdun gezogen und dort ausgeblutet werden. Außerdem spekulierte Falkenhayn darauf, die neuaufgestellten britischen Armeen zu einer verfrühten Entlastungsoffensive zu veranlassen und danach entscheidend schlagen zu können. Zugleich sollte der uneingeschränkte U-Boot-Krieg die britische Wirtschaft abschnüren und dazu beitragen, den Hauptgegner Großbritannien zum Frieden zu zwingen. Die Offensive (Deckname „Gericht") wurde vom Oberkommando der 5. Armee vorbereitet und geleitet, das im Gegensatz zu Falkenhayn eine rasche Eroberung Verduns durch Angriffe auf beiden Maas-Ufern plante. Falkenhayn begrenzte jedoch die Offensive auf das östliche Maas-Ufer. Vorgesehen waren dafür 10 Divisionen. In der Hauptrichtung (Nordabschnitt mit Fort Douaumont), dem stärksten Abschnitt des Festungsbereichs, konzentrierte sich das AOK 5 auf 13 km Breite, 6,5 Divisionen und 858 Geschütze, davon 576 schwere und schwerste. Die maximale Artilleriedichte betrug 160 Rohre je Frontkilometer. Außerdem verfügte die 5. Armee über 202 Minenwerfer und starke Fliegerkräfte (168 Flugzeuge, mehrere Luftschiffe und zahlreiche Fesselballons). 2,5 Mill. Granaten wurden bereitgelegt, darunter ein großer Teil Gasgranaten. Das deutsche Angriffsverfahren gründete sich vor allem auf eine kürzere, massierte Artillerievorbereitung, um den Gegner zu überraschen. Zur Verstärkung des Infanterieangriffs wurden Flammenwerfer und besondere Handgranatentrupps eingesetzt. Auf französischer Seite standen anfangs nur 3 Divisionen und 263 Geschütze. Die Stärke Verduns lag in der Kombination von ständigen Befestigungsanlagen (Forts) und Feldbefestigungen, die dem hügeligen und auf dem Ostufer schluchten- und waldreichem Gelände angepasst waren. Die ständigen Befestigungen waren jedoch weitgehend desarmiert, die vorgelagerten 3 Feldstellungen unfertig. Schlechtes Wetter zwang dazu, den Angriffstermin mehrfach zu verschieben, so dass der Gegner seine Verteidigung verstärken konnte und die Überraschung teilweise verloren ging.

Mit der Offensive ergriff zunächst das deutsche Heer die strategische Initiative und störte erheblich die französisch-britischen Vorbereitungen für die Angriffsoperation an der Somme 1916.

Die Offensive begann am 21.2.1916 mit einer 8-stündigen, zeitweise zum Trommelfeuer gesteigerten Artillerievorbereitung von bis dahin unerreichter Stärke und erzielte beträchtliche Anfangserfolge. Mit der Einnahme des Forts Douaumont durch deutsche Truppen (25. 2.) erreichte die Krise auf französischer Seite ihren Höhepunkt. Doch die deutsche Angriffskraft war vorerst erschöpft, während sich die französische Verteidigung durch Reserven stabilisierte. Das französische Oberkommando hatte sich entschlossen, Verdun unbedingt zu halten und dafür alle verfügbaren Heeresreserven, insbesondere die 2. Armee, einzusetzen. Da die Eisenbahnlinie Clermont – Verdun durch deutsches Artilleriefeuer zerstört war, erfolgten die operative Umgruppierung und die Versorgung hauptsächlich durch motorisierte Kolonnen auf der Straße Bar-le-Duc – Souilly – Verdun. Das war erstmalig in der neueren Kriegsgeschichte. Vom 22. 2. bis 7. 3. wurden 190.000 Mann und 25.000 t Material mit 3.900 Kfz heran transportiert. Seit Ende Februar versuchten die deutschen Truppen, die Befestigungen von Verdun abschnittsweise zu erobern. Es entwickelte sich die erste große, sogenannte Material- oder Zermürbungsschlacht des Krieges. Sie bestand aus vielen Angriffs- und Verteidigungsgefechten und massiertem Artillerieeinsatz, der immer wieder gesteigert wurde und das Gelände in ein ödes Trichterfeld verwandelte. Die deutschen Truppen mussten den Kampf vorwiegend in kleinen Gruppen mit MG in Granattrichtern führen. Forts und Reste zertrümmerter Dörfer wurden wochen- und monatelang erbittert umkämpft. Um das französische Flankenfeuer vom West- auf das Ostufer der Maas auszuschalten, wurden die deutschen Angriffe am 6. 3. auf das westliche Maas-Ufer ausgedehnt. Bis Ende Mai lag dort das Schwergewicht der Schlacht. In wochenlangen, beiderseits verlustreichen Kämpfen eroberten die deut-

Luftaufnahme des schwer umkämpften Forts Douaumont, des stärksten Panzerwerks der Festung Verdun.

schen Truppen die Höhen Toter Mann (Ende Mai) und 304, doch das französische Flankenfeuer blieb. Ab Ende März besaß die französische Seite die allgemeine Überlegenheit an Kräften und Mitteln und im Mai auch die Luftüberlegenheit.

In der ersten Junihälfte erreichte die Schlacht ihren Höhepunkt. Am 7. 6. eroberten deutsche Truppen Fort Vaux und kamen damit bis auf 4 km an die Stadt Verdun heran. In dieser für Frankreich kritischen militärischen Situation begann sich jedoch die erfolgreiche Offensive der russischen Südwestfront (Brussilow-Offensive) auszuwirken. Die OHL musste Kräfte und Mittel aus dem Westen abziehen. Nachdem auch der vom 21. bis 23. 6. unter Einsatz des neuentwickelten sogenannten Grünkreuz-Kampfstoffes geführte deutsche Großangriff gescheitert war und die britisch-französische Offensive an der Somme (seit 24. 6.) eingesetzt hatte, musste die OHL am 12. 7. für die Verdun-Front den Übergang zur Verteidigung anordnen. In der Folgezeit wurden der dezimierten deutschen 5. Armee zunehmend Kräfte und vor allem Artillerie für die Somme-Front entzogen. Den endgültigen Abbruch der Offensive, die die französische Front nur 7-10 km zurückgedrückt hatte, befahl die OHL am 2. 9. nach Falkenhayns Sturz.

Seit Mitte Juli wurde der Verlauf der Schlacht von den französischen Truppen bestimmt. Gestützt auf ein neues, vorwiegend auf die Überraschung gegründetes Angriffsverfahren (Anwendung der sogenannten Feuerwalze), eroberten sie am 24. 10. Fort Douaumont und am 2. 11. Fort Vaux zurück. Noch erfolgreicher verlief ihr Angriff vom 15. bis 18. 12., bei dem die deutsche Abwehr zusammenbrach. Die deutschen Truppen hatten damit einen Großteil des vom Februar bis Juli unter schweren Verlusten eroberten Geländes wieder eingebüßt.

Mit Tank-Angriffen eroberten Engländer, Franzosen und Amerikaner im Sommer 1918 das während der Ludendorff-Offensive verlorene Terrain Stück um Stück zurück.

Bild oben: *Die Erde von Verdun – Symbol der mörderischen Artillerieduelle.*
Bild links: *Deutsche Soldaten bei einer Beerdigung. Nicht einmal Falkenhayns zynisches Konzept vom Ausbluten des Gegners ging vor Verdun auf. Am Ende zählten die Deutschen sogar noch mehr Gefallene als die Franzosen.*

Auf zum letzten Gefecht! Noch einmal stürmen deutsche Frontsoldaten über Granattrichter und Stacheldraht gegen den Feind. „Endlich heraus aus der Enge der Grabenwände", heißt es in einer Regimentsgeschichte. „Endlich Hammer und nicht mehr Amboß sein!" An die Frühjahrsoffensive von 1918 knüpften sich große Hoffnungen.

In der Schlacht um Verdun erlitt das deutsche Heer seine schwerste Niederlage seit der Marneschlacht 1914. Es verlor insgesamt 337.000 Mann an Toten, Vermissten, Verwundeten und Gefangenen, der Gegner 377.000 Mann. Bis zum 1. 9. wurden 47 deutsche und 80 französische Divisionen eingesetzt. Auf dem räumlich begrenzten Schlachtfeld (15-30 km Breite und bis 10 km Tiefe) gingen über 14 Mill. deutsche und 15 Mill. französische Granaten nieder. In der „Hölle von Verdun" nahmen Kriegsmüdigkeit unter den Soldaten beider Seiten rapide zu. Die Niederlage des deutschen Heeres bei Verdun war eine wesentliche Voraussetzung für den im Sommer 1916 einsetzenden grundlegenden militärischen Umschwung zugunsten der Entente.

Große Schlacht in Frankreich 1917/18

Nach dem Ausscheiden Russlands aus dem Krieg beschloss die OHL Anfang November 1917, durch eine Offensive gegen das britische Heer im Frühjahr 1918 den „Siegfrieden" herbeizuführen. Die Vorbereitungen der Offensive (Deckname „Sankt Michael") leitete der Erste Generalquartiermeister in der OHL, General Erich Ludendorff (1865-1937). Sie sollte erfolgen, bevor die Masse der amerikanischen Armee in Frankreich gefechtsbereit war. Nach dem ursprünglichen Plan der OHL hatte die 17. und die 2. Armee (Heeresgruppe Kronprinz Rupprecht) eine zweite Angriffsoperation (Deckname „Sankt Georg") in Flandern für den Fall vorbereitet, dass „Michael" scheiterte. In der Folgezeit wurden deren Ziele bedeutend erweitert. Ludendorff wollte nach gelungenem Durchbruch auch das französische Heer angreifen. Obwohl die militärische Führung auch Zweifel am Gelingen der Offensive hegte, war sie dennoch bereit, alles auf eine Karte zu setzen. Die „Michael"-Operation begann im Morgengrauen des 21. 3. mit einer mehrstündigen, sehr massierten Artillerievorbereitung (3,2 Mill. Schuss, davon ein Drittel Granaten mit chemischem Kampfstoff) auf etwa 75 km Breite zwischen Arras und La Fère. Ein neues Schießverfahren (es ermöglichte den Verzicht auf das Einschießen der Artillerie), Kräfteüberlegenheit in den Hauptrichtungen u.a. bewirkten, dass der Gegner zumeist überrascht wurde. Teilen der 2. Armee und der 18. Armee gelang es, in den ersten 3 Tagen bis zu 20 km vorzudringen und den taktischen Durchbruch zu erreichen. Die OHL überschätzte die Anfangserfolge und erweiterte mit ihren Weisungen vom 23. und 26. 3. die Operationsziele bedeutend. Die 17. Armee sollte auf Saint-Pol, die 2. Armee auf Amiens und die 18. Armee auf Noyon sowie über die Aisne vorstoßen. Das Schwergewicht der Operation wurde immer mehr auf die 18. Armee verlegt, die am weitesten vordrang und Noyon sowie Montdidier (27. 3.) eroberte. Damit aber lief die Operation strahlenförmig auseinander und verlor rasch ihre Wucht.

Ludendorff beabsichtigte, mit dem Vorstoß der deutschen Truppen beiderseits der Somme über Amiens bis an das Meer die britisch-französische Front auseinanderzureißen. Angesichts dieser Gefahr kam es am 26. 3. zur Bildung eines alliierten Oberkommandos in Frankreich unter dem französischen General Ferdinand Foch (1851-1929), das wirksamere Abwehrmaßnehmen treffen konnte. Am 27. 3. scheiterten die Angriffe der 17. Armee gegen die britische Front bei Arras und wurden vorerst eingestellt. Seit dem Einsatz der französischen Reserven kamen auch die Angriffe der 2. und der 18. Armee zum Stehen (30. 3.). Am 5. 4. musste die „Michael"-Operation, Beginn und Höhepunkt der Offensive, endgültig eingestellt werden. Ihr Scheitern wurzelte vor allem in den unzureichenden Kräften und Mitteln und dem zu geringen Angriffstempo. Die Gegner konnten deshalb die taktischen Durchbrüche immer wieder abriegeln. Der etwa 80 km breite und bis zu 60 km tiefe Frontvorsprung verschlechterte die Lage der deutschen Truppen nur. Ihre Gesamtverluste betrugen rund 240.000 Mann, die gegnerischen 220.000 Mann.

Die OHL und das Oberkommando der Heeresgruppe Kronprinz Rupprecht hofften nun, auch mit einer verkleinerten „Georg-Operation" (Deckname „Georgette") das geschwächte britische Heer entscheidend schlagen zu können. 2 Armeen mit zahlreichen schwachen Stellungsdivisionen sollten über den flandrischen Höhenrücken zur Kanalküste vorstoßen. Die Operation begann am 9. 4. nach sehr starker Artillerievorbereitung mit der 6. Armee auf etwa 29 km Breite zwischen Warneton und La Bassée. Nördlich davon griff die 4. Armee an (seit 10. 4.). Die deutschen Truppen konnten Armentières (11. 4.) und den Kemmelberg (25. 4.) erobern sowie den Frontbogen bei Ypern besetzen, insgesamt aber nur bis zu 20 km vordringen. Am 29. 4. musste die Operation abgebrochen werden. Damit war die große deutsche Frühjahrsoffensive, die den Siegfrieden bringen sollte, zusammengebrochen.

Die OHL überschätzte die Verluste und Schwierigkeiten der Alliierten. Sie spekulierte darauf, die britisch-französische Front durch weitere Angriffe so zu schwächen, bis sic schließlich zusammenbrach. Den Abschluss sollte eine entscheidende Operation in Flandern gegen das britische Heer (Deckname „Hagen") bilden. Zunächst plante die OHL eine überraschende Operation gegen die französische Front zwischen Montdidier und Reims, um die alliierten Reserven aus Flandern wegzuziehen. Der Mangel an gefechtsbereiten Kräften und Mitteln erforderte sowohl eine mehrwöchige Pause als auch die Durchführung der Operation in 2 Teilen. Die Zeit arbeitete jedoch für die Alliierten. Von März bis Juli 1918 stieg z.B. die Stärke der amerikanischen Armee in Frankreich von 329.000 auf über 1 Mill. Mann, wenngleich vorerst nur einige Divisionen gefechtsbereit waren. Der erste und Hauptteil der Operation gegen das französische Heer (Decknamen „Blücher" und „Goerz") begann am 27. 5. mit der 7. Armee und dem rechten Flügel der 1. Armee auf etwa 55 km Breite vom Chemin des Dames bis Reims. Um die tiefgegliederte französische Verteidigung rasch zu durchbrechen, wurde eine der bisher stärksten Massierungen an Artillerie geschaffen (bis 110 Geschütze je Kilometer).

Durch die gewaltige Artillerievorbereitung (3 Mill. Schuss, davon 50% Gasgranaten), die geglückte Überraschung und die Kräfteüberlegenheit gelang es, den Chemin des Dames, die Aisne und die Vesle zu überschreiten und Soissons (29. 5.) zu erobern. Daraufhin erweiterte die OHL die Operationsziele für die 7. Armee bis Compiègne und zur Marne, die am 30. 5. stellenweise überschritten wurde, und für die 1. Armee bis Reims. Die französischen Truppen hielten jedoch die Eckpfeiler ihrer Front, den Wald von Villers-Cotterêts und Reims, so dass die deutschen Verbände in dem bis zu 60 km tiefen, sackartigen Frontvorsprung in eine gefährliche Lage gerieten. Am 4. 6. kamen die Angriffe zum Stehen. Der zweite Teil der Operation (Deckname „Gneisenau") begann am 9. 6. mit der 18.

Bild oben: *„Ludendorff-Spende für Kriegsbeschädigte". Plakat vom Mai 1918 von Ludwig Hohlwein. Tod und Verwundung trugen wesentlich zur Schwächung der deutschen Truppe bei. „Restlos entscheidend ist die Ersatzlage geworden", heißt es in einem Vortrag des Majors im Generalstab von der Busche am 2.10.1918. „Das Heer ist in die große Schlacht mit schwachen Beständen gegangen. Trotz aller Maßnahmen sanken die Stärken unserer Bataillone von rund 800 im April auf rund 540 Ende September. Es besteht keine Aussicht, die Stärken auf größere Höhen zu bringen. Der laufende Ersatz, Wiedergenesene, Ausgekämmte, wird nicht einmal die Verluste eines ruhigen Winterfeldzuges decken. Nur die Einstellung des Jahrgangs 1900 wird die Bataillonsstärke einmalig zum 100 Mann erhöhen. Dann ist unsere letzte Menschenreserve verbraucht."*

Bild links: *„Der reiche Jonathan und der arme John. John: ‚Nun weiß ich wenigstens, wo mein Bauch geblieben ist?'". Karikatur des „Kladderadatschs" auf die finanzielle Abhängigkeit Großbritanniens von den Vereinigten Staaten. Selbst als Deutschland den U-BootKrieg noch nach den Regeln des Völkerrechts führte, galt die ideelle und materielle Unterstützung der USA eindeutig den Entente-Mächten. Die Schulden allein Großbritanniens an Washington beliefen sich bei Kriegsende auf über 4 Billionen Dollar.*

Friedensverhandlungen in Brest-Litowsk. Die russischen Unterhändler Joffe, Kameneff und Trotzki werden von deutschen Offizieren begrüßt. Nach längeren Verhandlungen gelang es der Obersten Heeresleitung, die Sowjets zu zwingen, am 3. März 1918 den Frieden von Brest-Litowsk zu akzeptieren.

Armee auf etwa 34 km Breite zwischen Montdidier und Noyon. Nach geringen Anfangserfolgen stießen die deutschen Truppen am 12. 6. auf starke französische Gegenangriffe. Am 14. 6. musste die Operation eingestellt werden. Es war nicht gelungen, die alliierten Reserven aus Flandern wegzuziehen. Die OHL hielt jedoch an ihrem strategischen Vabanquespiel fest. Das erneute Überschreiten der Marne und die Beschießung der französischen Hauptstadt mit dem sogenannten Paris-Geschütz wurden als Zeichen des bevorstehenden Endsieges ausgegeben.

Ende Juni erwog man in der OHL einen Angriff auf Paris. Die geplante nächste Operation gegen die französische Front (Deckname „Marneschutz-Reims") hatte zunächst das Ziel, Reims zu erobern und die Marne mit starken Kräften auf breiter Front zu überschreiten. Der Gegner wusste von den deutschen Angriffsvorbereitungen und räumte seine vorderste Stellung. Dadurch blieb die gewaltige deutsche Artillerievorbereitung (4,5 Mill. Schuss) am 15. 7. fast wirkungslos. Die auf etwa 100 km Breite vorgetragenen Angriffe der 7., 1. und 3. Armee brachen schon am 16. 7. zusammen. Tags darauf musste die OHL den Rückzug der deutschen Truppen einleiten. Am 18. 7. begann unter Einsatz starker Panzerkräfte die französische Gegenoffensive aus dem Wald von Villers-Cotterêts heraus. Sie traf die OHL völlig unerwartet und warf die deutschen Truppen weit zurück. Damit ging die strategische Initiative im Westen endgültig an die Alliierten über.

Wilsons Vierzehn Punkte

Das amerikanische Eingreifen in den Ersten Weltkrieg hatte die entscheidende Wende gebracht. Deutschland und seine Verbündeten gerieten mehr und mehr in die Defensive. Der Traum vom „Sieg-Frieden" verblasste zusehends. Nun suchte man nach Verständigungsmöglichkeiten. Die 14 Punkte, die Präsident Wilson am 8. Januar 1918 als Grundlage dafür veröffentlichte, erschienen auch vielen Deutschen annehmbar. Sie ahnten freilich nicht, dass die siegreichen Amerikaner ihr Prinzip des Selbstbestimmungsrechts der Völker gegen den schier unüberwindlichen Wunsch nach Rache bei den vom Deutschen Reich gedemütigten Völkern ihrer Verbündeten und deren Regierungen nur höchst unvollkommen würden durchsetzen können.

Kurz zusammengefasst lauteten die Wilson'schen 14 Punkte:

1) Öffentlichkeit der Friedensverträge, Ende der Geheimdiplomatie; 2) uneingeschränkte Freiheit der Schifffahrt auf den Meeren; 3) möglichst Beseitigung aller wirtschaftlichen Schranken und Herstellung gleicher Handelsbedingungen für alle Nationen; 4) volle Garantie für die Herabsetzung der nationalen Rüstungen auf das geringste, für die Sicherheit erforderliche Maß; 5) unparteilicher Ausgleich aller kolonialen Ansprüche; 6) Räumung des von den Mittelmächten besetzten russischen Gebiets; 7) Räumung und Wiederherstellung Belgiens; 8) Räumung und Wiederherstellung des von den Deutschen besetzten französischen Gebiets, Rückgabe Elsass-Lothringens an Frankreich; 9) Berichtigung der italienischen Grenzen nach den erkennbaren Nationalitätsgrenzen; 10) freieste Möglichkeit autonomer Entwicklung der Völker Österreich-Ungarns; 11) Räumung und Wiederherstellung der von den Mittelmächten besetzten Gebiete Rumäniens, Serbiens und Montenegros, Gewährung eines freien und sicheren Ausgangs zur See für Serbien; 12) Souveränität der türkischen Teile des Osmanischen Reiches, volle Möglichkeit selbstständiger Entwicklung für die übrigen, unter türkischer Herrschaft lebenden Nationalitäten, dauernde Öffnung der Dardanellen als freie Durchfahrt für die Schiffe aller Nationen; 13) Errichtung eines unabhängigen polnischen Staates unter Einschluss aller von unzweifelhaft polnischer Bevölkerung bewohnten Gebiete und unter Gewährung eines freien und sicheren Ausgangs zur See; 14) „Ein allgemeiner Verband der Nationen muss gebildet werden aufgrund besonderer Abkommen zwecks Gewährung gegenseitiger Garantien für die politische Unabhängigkeit und die territoriale Unverletzbarkeit der kleinen wie der großen Staaten."

Diese 14 Punkte sind in den weiteren Kongressreden Wilsons vom 11. Februar, 6. April, 4. Juli und 27. September 1918 noch ergänzt und erweitert worden, so dass es sich in Wirklichkeit um insgesamt 27 Grundsätze handelt, die dem Frieden der Gerechtigkeit zugrundegelegt werden sollten. Die Rede vom 11. Februar 1918 enthält den wichtigen Grundsatz: „Keine Annexionen, keine Kontributionen, kein strafrechtlicher Schadenerlass"; in der Rede vom 27. September 1918 ist die Rede von einer völlig unparteilichen Gerechtigkeit, die keine Begünstigungen und keine Abstufungen, sondern nur die gleichen Rechte aller beteiligten Völker kennen dürfte. Unter den allgemeinen Friedensgrundsätzen Wilsons war das „Selbstbestimmungsrecht der Völker" besonders wichtig. Die Punkte 1, 2, 3 und 14 schlossen die eigentlichen Kriegsziele der USA ein; die ersten dieser Punkte wurden bei den Waffenstillstands- und Friedensverhandlungen größtenteils mit den anderen Punkten zugunsten des Punktes 14 (Völkerbund), Wilsons ureigenster Idee, geopfert.

Am 3. Oktober 1918 erging die erste Note der Reichsregierung (Prinz Max von Baden) an Wilson mit dem Ersuchen um Waffenstillstands- und Friedensvermittlung auf der Grundlage der 14 Punkte ab. In der Note vom 5. November 1918 teilte der amerikanische Staatssekretär Lansing namens der Alliierten der Reichsregierung mit, dass die Alliierten bereit seien, „mit der deutschen Regierung auf Grund der Bedingungen Frieden zu schließen, die in der Botschaft des Präsidenten vom 8. Januar 1918 und in seinen späteren Kundgebungen niedergelegt sind"; nur zwei genau bestimmte Ausnahmen (Freiheit der Meere und Reparationsfrage) wurden gemacht. Die Bemühungen Wilsons, auf der Pariser Konferenz (1919) die Grundsätze der 14 Punkte durchzusetzen, blieben angesichts der nationalen Forderungen der Verbündeten unvollkommen. Sie sicherten in manchen Fällen strittiger Gebiete (Schleswig, Ostpreußen, Oberschlesien, Saar) Volksabstimmungen, konnten sich aber gegen alliierte Abreden aus dem Kriege nicht behaupten.

Im Wald von Compiègne

Den eisigen Empfang der deutschen Waffenstillstandsbevollmächtigten beim alliierten Generalissimus Ferdinand Foch und ihr Erschrecken angesichts der Tatsache, dass man mit ihnen gar nicht verhandeln will, sondern sofort die bedingungslose Kapitulation verlangt, hält ein Bericht in den 1931 erschienenen Memoiren des französischen Marschalls fest:

In Begleitung des Generals Weygand, dreier Offiziere meines Generalstabes (Major Riedinger, Hauptmann de Mierry, Dolmetscheroffizier Laperche) und der britischen Marinedelegation unter Vorsitz des Admirals Wemyss, des Ersten Seelords, verließ ich Senlis 17 Uhr und begab mich im Sonderzug an die Stelle, die für das Zusammentreffen mit den deutschen Unterhändlern ausgesucht war, einen Winkel im Walde von Compiègne, dicht nördlich der Station Rethondes. Dort wurde mein Zug auf ein Artilleriegleis geschoben.

Der folgende Bericht, den ich nach Abschluss der Unterzeichnung des Waffenstillstandes an den Ministerpräsidenten der Republik sandte, enthält in allen ihren Einzelheiten die Tatsachen, die sich in Rethondes zwischen den Unterhändlern der Verbündeten und der Deutschen abgespielt haben:

„Der Sonderzug, der die deutschen Bevollmächtigten heranfährt, trifft am 8. November 7 Uhr auf seinem Halteglcis ein. Der Marschall teilt den deutschen Delegierten mit, dass er sie von 9 Uhr ab empfangen kann. Diese bitten, um 9 Uhr empfangen zu werden. Zur genannten Zeit begeben sie sich in den Zug des Marschalls. Marschall Foch, unterstützt von Admiral Sir Rosslyn Wemyss, General Weygand und Admiral Hope, bittet, ihm ihre Vollmachten vorzulegen. Sie händigen dem Marschall ihre Vollmachten aus. Man nimmt am Konferenztisch Platz.

Marschall Foch fragt die deutschen Delegierten nach dem Zwecke ihres Kommens. Herr Erzberger antwortet, dass die deutsche Delegation gekommen sei, um die Vorschläge der verbündeten Mächte entgegenzunehmen für einen Waffenstillstand zu Lande, zu Wasser, in der Luft, an allen Fronten und in den Kolonien. Marschall Foch erwidert, dass er keine Vorschläge zu machen habe. Graf Oberndorff fragt, wie der Marschall wünsche, dass man sich ausdrücken solle. Er klammere sich nicht an Redewendungen, er könne nur sagen, dass die Delegation um die Bedingungen für den Waffenstillstand bitte. Marschall Foch erwidert, dass er keine Bedingungen zu stellen habe. Herr Erzberger verliest den Text der letzten Note des Präsidenten Wilson, der besagt, dass Marschall Foch ermächtigt sei, die Waffenstillstandsbedingungen bekanntzugeben. Marschall Foch erwidert, dass er ermächtigt sei, diese Bedingungen bekanntzugeben, wenn die Deutschen den Waffenstillstand verlangen. ›Verlangen Sie den Waffenstillstand? Wenn Sie ihn verlangen, so kann ich Ihnen die Bedingungen mitteilen, unter denen er erlangt werden kann.‹ Herr Erzberger und Graf Oberndorff erklären, dass sie den Waffenstillstand verlangen. Marschall Foch erklart dann, dass er die Waffenstillstandsbedingungen verlesen lassen wird . . .“

Sofort nach dieser Verlesung nahm Herr Erzberger das Wort, um zu bitten, dass die militärischen Operationen von jetzt ab eingestellt würden. Er berief sich hierzu auf den Zustand der Auflösung und Disziplinlosigkeit, der in dem deutschen Heere herrsche, und auf den Geist der Revolution, der infolge der Leiden überhandnehme. Er schilderte eingehend die Schwierigkeiten, die er mit seiner Delegation gehabt habe, um durch die deutschen Armeen zu kommen und ihre Linien zu überschreiten. Nur mit Mühe und Not sei sogar der Befehl zum Einstellen des Feuers durchgedrungen. Er sehe in der Gesamtheit dieser Umstände den nahe bevorstehenden Einbruch des Bolschewismus in Deutschland. Und wenn erst einmal Mitteleuropa von dieser Flut überschwemmt wäre, dann würde Westeuropa, so sagte er, die größte Schwierigkeit haben, sich gegen ihn zu wehren. Nur die Einstellung der Angriffe der Verbündeten würde es erlauben, die Manneszucht in den deutschen Armeen wiederherzustellen und mit der Ordnung das Land zu retten.

Ich antwortete ihm leichthin: In dem Augenblick, wo die Verhandlungen über den Abschluss eines Waffenstillstandes eröffnet würden, sei es unmöglich, die militärischen Operationen einzustellen, solange die deutsche Delegation nicht die Bedingungen angenommen und unterschrieben habe, die ja gerade die Folge dieser Operationen seien. Was den Zustand anbelangt, den Herr Erzberger von den deutschen Truppen schilderte, und die Gefahr des Bolschewismus in Deutschland, so sei das die Krankheit geschlagener Armeen und kriegsmüder und erschöpfter Nationen. Westeuropa werde schon Vorsorge treffen, um sich seiner zu erwehren.

Die alliierte Verhandlungsdelegation unter Leitung des Oberkommandierenden Marschalls Foch (2. von rechts) vor dem Salon-Wagen der französischen Eisenbahn im Wald von Compiègne, wo Deutschland am 11. November 1918 die Waffenstillstandsbedingungen akzeptieren musste.

Weimarer Republik (1918-1933)

1919, 1. Jan.: Gründungsparteitag der Kommunistischen Partei Deutschlands (KPD) als Zusammenschluss des Spartakusbundes mit den Bremer Linksradikalen. Der Spartakusbund erstrebt eine „Räterepublik nach russischem Muster".
1919, 5. Jan.: Gründung der antisemitischen Deutschen Arbeiterpartei (DAP) durch den Maschinenschlosser Anton Drexler und den Sportjournalisten Karl Harrer in München. Die DAP benennt sich 1920 in Nationalsozialistische Deutsche Arbeiterpartei (NSDAP) um.
1919, 6. Jan.: Ein von Vertretern der Unabhängigen Sozialistischen Partei Deutschlands (USPD), der KPD und der Revolutionären Vertrauensleute gebildeter Revolutionsausschuss erklärt die Absetzung des Rats der Volksbeauftragten und die Übernahme der Regierungsgeschäfte. Die Regierung ruft zu einer Gegendemonstration auf. Gustav Noske (SPD), Leiter des Militärressorts im Rat der Volksbeauftragten, wird mit der militärischen Niederschlagung des Aufstands beauftragt.
1919, 12. Jan.: Nachdem die wichtigsten Stützpunkte der aufständischen Revolutionäre bereits von Regierungstruppen zurückerobert sind, besiegeln frisch herangeführte Truppen das Ende des Januaraufstands. Insgesamt kommen bei den Kämpfen 165 Menschen ums Leben.
1919, 15. Jan.: Mit Karl Liebknecht und Rosa Luxemburg werden die beiden bekanntesten Führer der Spartakisten durch Angehörige der Garde-Schützen-Kavallerie-Division gefangen genommen und ermordet.
1919, 19. Jan.: 83 Prozent der Wahlberechtigten beteiligen sich an der Wahl zur Verfassunggebenden Nationalversammlung. Die KPD hat sich der Wahl nicht gestellt, die USPD erreicht lediglich 22 Mandate. Sieger der Wahl sind die Sozialdemokraten mit 165 Mandaten. Frauen sind in Deutschland erstmals wahlberechtigt.
1919, 6. Febr.: Eröffnung der Verfassunggebenden Nationalversammlung. Wegen der politisch ungesicherten Lage in Berlin tagt die Versammlung in Weimar.
1919, 11. Febr.: Die Nationalversammlung wählt Friedrich Ebert zum Reichspräsidenten, der Philipp Scheidemann mit der Regierungsbildung beauftragt.
1919, 13. Febr.: Die Regierung wird von den Parteien der „Weimarer Koalition" gebildet: der SPD, der Deutschen Demokratischen Partei (DDP) und des Zentrums.
1919, 18. Febr.: Der Staatenausschuss beschließt in Weimar die Einführung von Schwarz-Rot-Gold als Nationalfarben.
1919, 19. Febr.: Die USPD erleidet bei der Landtagswahl in Bayern eine vernichtende Niederlage. Der bayerische Ministerpräsident Kurt Eisner (USPD) äußert sich in der Öffentlichkeit kritisch über das parlamentarische System.
1919, 21. Febr.: Eisner will zurücktreten und wird auf dem Weg in den bayerischen Landtag von dem Rechtsradikalen Anton Graf von Arco auf Valley erschossen. Die Ermordung löst vor allem in München lang anhaltende Unruhen aus.
1919, 3. –13. März: Die Spartakus-Gruppe und der Arbeiterrat von Groß-Berlin proklamieren unter der Parole „Alle Macht den Räten" den Generalstreik und beginnen einen Aufstand. Der zum Reichswehrminister ernannte Noske verkündet, dass jeder bewaffnete Aufständische sofort zu erschießen sei. Bis zur militärischen Niederschlagung der „Märzunruhen" verlieren 1.200 Menschen ihr Leben.
1919, 22. März –1. Aug.: Walter Gropius gründet das Kunstinstitut Bauhaus in Weimar.
1919, 7. Apr.: Ausrufung der Räterepublik in München durch den Zentralrat der bayerischen Republik und den Revolutionären Arbeiterrat. Die gewählte Regierung unter Johannes Hoffmann, SPD, verlegt ihren Sitz nach Bamberg.
1919, 2. Mai: Nach blutigen Straßenschlachten endet die Münchner Räterepublik mit der Besetzung Münchens durch regierungstreue Verbände. Etwa 450 Aufständische und 150 Angehörige der regierungstreuen Truppen werden getötet.
1919, 7. Mai: Übergabe des Entwurfs für den Versailler Vertrag an die Delegierten des Deutschen Reichs. Die Friedensbedingungen werden in Deutschland als niederschmetternd empfunden. Die Alliierten fordern die Anerkennung der alleinigen Kriegsschuld durch Deutschland, die Aufgabe seiner Kolonien und weitgehende Gebietsabtretungen, ferner verlangen sie den Einzug des deutschen Auslandsvermögens. Außerdem wird die Auslieferung von deutschen „Kriegsverbrechern" und des Ex-Kaisers Wilhelm II. gefordert. Der Anschluss von Deutsch-Österreich an Deutschland wird untersagt. Dem Deutschen Reich wird ein Berufsheer von 100.000 Mann zugestanden, die allgemeine Wehrpflicht soll abgeschafft werden. Das linke Rheinufer soll militärisch geräumt und von den Alliierten besetzt werden. Die geforderten Reparationszahlungen übersteigen alle Befürchtungen.
1919, 13. Mai: In einem Aufruf an die amerikanische Regierung bezeichnet Reichspräsident Ebert die Versailler Friedensbedingungen als völlige „Negierung" des 14-Punkte-Programms von US-Präsident Wilson.
1919, 16. Juni: Die Alliierten stellen dem Deutschen Reich ein auf fünf Tage befristetes Ultimatum zur Annahme des Versailler Vertrags. Ei-

Auf dem Balkon des Nationaltheaters in Weimar bringt am 11. Februar 1919 der soeben gewählte Reichspräsident Ebert das Hoch auf die Republik aus.

„Unter Göttern", betitelte der „Simplicissimus" vom Juni 1919 seine Karikatur und ließ Gott fragen: Woodrow Wilson, wo sind deine 14 Punkte?" und den Präsidenten antworten: „Keine Aufregung, oh Lord, deine zehn Gebote haben wir ja auch nicht gehalten."

nen Antrag auf Revisionsverhandlungen lehnen sie ab. Die Reichsregierung erreicht einen Aufschub des Ultimatums von zwei Tagen.

1919, 23. Juni: Die Reichsregierung sieht sich zur Annahme des Versailler Vertrags gezwungen. Man fürchtet die Folgen einer militärischen Intervention.

1919, 25. Juni: Rücktritt von Generalfeldmarschall Hindenburg und Auflösung der Obersten Heeresleitung (OHL). In einem Schreiben an den Oberkommandierenden der Alliierten Streitkräfte, Marschall Ferdinand Foch, bittet Hindenburg, von der Auslieferung des Ex-Kaisers Wilhelm II. abzusehen.

1919, 28. Juni: Unterzeichnung des Friedensvertrags durch das Deutsche Reich im Spiegelsaal des Versailler Schlosses, in dem 1871 Wilhelm I. zum deutschen Kaiser proklamiert worden war. Reichsaußenminister Hermann Müller (SPD) und Verkehrsminister Johannes Bell (Zentrum) unterzeichnen. Sie werden dafür von der nationalistischen Rechten attackiert.

1919, 31. Juli: Mit 262 Ja- zu 75 Nein-Stimmen wird die „Weimarer Verfassung" von der Nationalversammlung gegen die Stimmen von USPD, Deutschnationaler Volkspartei (DNVP) und Deutscher Volkspartei (DVP) verabschiedet.

1919, 12. Sept.: Adolf Hitler besucht eine Versammlung der antisemitischen DAP und hört einen Vortrag von Gottfried Feder. Wenige Tage später tritt Hitler der DAP mit der Mitgliedsnummer 555 bei.

1919, 30. Sept.: Die Nationalversammlung tritt zu ihrer ersten Sitzung in Berlin zusammen, nachdem „Ruhe und Ordnung" in der Reichshauptstadt wiederhergestellt sind.

1919, 18. Nov.: Paul von Hindenburg und Erich Ludendorff nehmen vor dem Untersuchungsausschuss des Reichstags über die Friedensmöglichkeiten im Ersten Weltkrieg Stellung. Hindenburgs Aussage, die deutsche Armee sei nicht besiegt, sondern von hinten „erdolcht" worden, begründet die Dolchstoßlegende.

1920, 10. Jan.: Der Friedensvertrag von Versailles tritt in Kraft. Durch Gebietsabtretung wird u. a. der sog. Polnische Korridor geschaffen, der Polen den Zugang zur See eröffnet. Danzig und das Memelland werden vom Deutschen Reich abgetrennt und unter den Schutz des Völkerbunds gestellt. Im besetzten Rheinland übt die Interalliierte Hohe Kommission die Hoheitsbefugnisse aus, das Saarland wird dem Völkerbund unterstellt.

1920, 24. Febr.: Adolf Hitler, Propagandaleiter der Deutschen Arbeiterpartei (DAP), verkündet auf einer Veranstaltung in München das Parteiprogramm der DAP, die sich wenig später in Nationalsozialistische Deutsche Arbeiterpartei (NSDAP) umbenennt.

1920, 4. März: Umbenennung der Deutschen Arbeiterpartei (DAP) in Nationalsozialistische Deutsche Arbeiterpartei (NSDAP).

1920, 13. März: Unter der Führung von Lüttwitz besetzt die Marinebrigade Ehrhardt das Berliner Regierungsviertel. Sein Staatsstreich wird als Kapp-Lüttwitz-Putsch bekannt.

1920, 13. März: Mit Unterstützung von General Lüttwitz erklärt sich der Jurist und Politiker Wolfgang Kapp zum neuen Reichskanzler. Reichspräsident Ebert und die sozialdemokratischen Minister der Reichsregierung proklamieren den Generalstreik. Die USPD, die KPD, die DDP und die Gewerkschaften fordern später jeweils gesondert zum Generalstreik gegen die Putschisten auf. Die Ministerialbürokratie versperrt sich den Putschisten.

1920, 16. März: Zwölf Millionen Arbeiter beteiligen sich reichsweit am Generalstreik der Gewerkschaften.

1920, 17. März: Kapp gibt seinen Rücktritt als Reichskanzler bekannt.

1920, 22. März: USPD, KPD und der Allgemeine Deutsche Gewerkschaftsbund (ADGB) erklären den Generalstreik für beendet.

1920, 22. März: Rücktritt Noskes und des regierungstreuen General Reinhardt. Neuer Reichswehrminis-

„Das Reichskarussell". „Simplicissimus"-Karikatur von Olav Gulbransson. Nachdem am 31. Juli 1919 von der Nationalversammlung in Weimar die neue Verfassung beschlossen worden war, begannen sich die politischen Parteien zu formieren. Vorne auf dem Pferd Friedrich Ebert, der erste Reichspräsident, rechts hinter ihm mit Bart Philipp Scheidemann, der erste Ministerpräsident.

ter wird Otto Geßler (DDP), neuer Chef der Heeresleitung Seeckt.
1920, 24. März: Die Reichsregierung fordert ultimativ bis zum 30. März das Ende der Aufstände im Ruhrgebiet. Das Ultimatum wird wenig später bis zum 2. April verlängert.
1920, 25. März: Rücktritt der Reichsregierung unter Gustav Bauer (SPD) sowie der preußischen Regierung.
1920, 26. März: Reichspräsident Ebert beauftragt den SPD-Politiker Hermann Müller mit der Bildung einer neuen Reichsregierung (Koalition aus Sozialdemokratischer Partei Deutschlands (SPD), Deutscher Demokratischer Partei (DDP) und Zentrum). In Preußen kommt es unter Ministerpräsident Otto Braun (SPD) ebenfalls zu einer Regierungskoalition aus SPD, DDP und Zentrum.
1920, 6. Juni: Bei den ersten Reichstagswahlen müssen die Parteien der „Weimarer Koalition" erhebliche Verluste hinnehmen. Gewinne erzielen die DNVP, die DVP und die USPD.
1920, 8. Juni: Angesichts des schlechten Wahlergebnisses tritt Reichskanzler Müller zurück. Sein Nachfolger wird Konstantin Fehrenbach (Zentrum), der ein Minderheitskabinett mit der DVP und der DDP bildet.
1920, 16. Dez.: In München erwirbt die NSDAP für 120.000 Mark die Wochenzeitung (ab 1923: Tageszeitung) „Völkischer Beobachter".
1920, 23. Dez.: In Berlin wird 20 Jahre nach seiner Entstehung das wegen „Unsittlichkeit" heftig umstrittene Theaterstück „Der Reigen" von Arthur Schnitzler zum ersten Mal in voller Länge aufgeführt.
1921, 24.–29. Jan.: Die Alliierten einigen sich in Paris auf die Festsetzung der deutschen Reparationszahlungen in Höhe von 226 Milliarden Goldmark. Die Zahlung soll sich auf 42 Jahre erstrecken.
1921, 5. Febr.: Erste Massenveranstaltung der NSDAP im Münchner Zirkus Krone als Protestkundgebung gegen den Versailler Vertrag und die Pariser Reparationsbeschlüsse.
1921, 20. März: In Oberschlesien votieren fast 60 Prozent der Bevölkerung für den Verbleib beim Deutschen Reich. Dennoch bleibt die nationale Zugehörigkeit Oberschlesiens unklar.
1921, 11. Mai: Der Reichstag nimmt mit 220 zu 172 Stimmen den Londoner Zahlungsplan bedingungslos an. Die Reichsregierung befürchtet bei fortgesetztem Widerstand den Verlust der britischen Unterstützung in Oberschlesien. Beginn der „Erfüllungspolitik": Man will die Auflagen erfüllen, um ihre Unerfüllbarkeit zu zeigen.
1921, 29. Juli: Auf einer Mitgliederversammlung der NSDAP wird Hitler zum Parteivorsitzenden als Nachfolger von Anton Drexler gewählt. Hitler erhält diktatorische Machtbefugnisse und propagiert die revolutionäre Durchsetzung der politischen Ziele auch mit Gewalt.

Das erste offizielle „Führerbild" aus dem Jahr 1921. Unscheinbar, unbekannt und mittellos, doch mit einer großen Rednergabe ausgestattet, startete Hitler in München nach dem verlorenen Krieg seine politische Karriere.

1921, 3. Aug.: Auf Initiative Hitlers wird der NSDAP-Versammlungsschutz in eine paramilitärische Kampforganisation umgewandelt. Im November 1921 erfolgt die Umbenennung in Sturmabteilung (SA).
1921, 15. Aug.: Dramatischer Kursverfall der deutschen Mark an der Frankfurter Devisenbörse. Die Reichsbank hatte Deviseneinkäufe getätigt, die den Wert der Goldreserven des Reichs überstiegen. Der Wert des US-Dollars steigt auf 88 Mark.
1921, 26. Aug.: Tödliches Attentat auf Matthias Erzberger (Zentrum) in Bad Griesbach (Schwarzwald) durch Heinrich Schulz und Heinrich Tillessen, Angehörige der rechtsradikalen Organisation „Consul".
1922, 28. März: Aufgrund der Bestimmungen des Versailler Vertrags übergibt Deutschland den Dampfer „Bismarck" an Großbritannien. Das 291 Meter lange Schiff mit 1.000 Mann Besatzung war das erste deutsche Großkampfschiff
1922, 31. März: Albert Einstein beginnt eine Vorlesungsreihe über die Relativitätstheorie am Pariser Collège de France. Ein Jahr zuvor hatte eine britische Untersuchung während einer Sonnenfinsternis die Relativitätstheorie Einsteins bestätigt.
1922, 16. Apr.: Mit der Unterzeichnung des zeitgleich zur Konferenz von Genua ausgehandelten Vertrags von Rapallo durchbricht das Deutsche Reich seine außenpolitische Isolation. Der von Reichskanzler Wirth und Außenminister Rathenau unterschriebene Vertrag mit Sowjetrussland verzichtet auf einen Ersatz der Kriegskosten und regelt die Wiederaufnahme diplomatischer Beziehungen. Der überraschend abgeschlossene Rapallo-Vertrag wird vor allem in Frankreich kritisch beurteilt.
1922, 29. Mai: Baubeginn für den Rhein-Main-Donau-Kanal als Teil eines durchgehenden Wasserwegs von der Nordsee bis zum Schwarzen Meer. Das Projekt wird erst 1992 vollendet.
1922, 24. Juni: Ermordung von Reichsaußenminister Walther Rathenau in Berlin-Grunewald.
1922, 25. Juni: Reichskanzler Wirth übernimmt zusätzlich das Amt des Außenministers. Im Nachruf auf den ermordeten Rathenau verurteilt Wirth die republikfeindliche Hetze der nationalistischen Parteien aufs schärfste. Mit dem Satz: „Der Feind steht rechts!" unterstreicht er im Reichstag diese Auffassung. Die Rechtsparteien sehen darin eine unausgesprochene Sympathieerklärung an die Parteien der radikalen Linken.
1922, 18. Juli: Der Reichstag beschließt gegen die Stimmen von KPD, DNVP und der Bayerischen Volkspartei (BVP) das „Gesetz zum Schutz der Republik". Es ermöglicht das Verbot republikfeindlicher Vereinigungen und ihre strafrechtliche Verfolgung.
1922, 22. Juli: In Leipzig findet das erste deutsche Arbeiter-Turnfest mit über 100.000 Teilnehmern statt, von denen über 15.000 aus dem Ausland kommen.

1922, 2. Aug.: Panikstimmung an den deutschen Börsen. Der Wert des US-Dollars ist auf 860 Mark gestiegen.
1922, 6. Aug.: Das Wiederholungsspiel zur Deutschen Fußballmeisterschaft zwischen dem 1. FC Nürnberg und dem Hamburger SV endet mit 1:1 erneut unentschieden, so dass es keinen Deutschen Meister für das Jahr 1922 gibt.
1922, 15. Aug.: Die Reichsregierung erklärt ihre Unfähigkeit zur Zahlung der fälligen Reparationsrate von zwei Millionen Mark. Frankreich beharrt auf der vollen Zahlung und droht mit diplomatischen Strafmaßnahmen.
1922, 1. Sept.: In Berlin schließt der Industrielle Hugo Stinnes (DVP) mit dem Präsidenten der französischen Generalbeschaffungskommission ein Abkommen über Lieferungen deutschen Baumaterials zum Wiederaufbau der im Ersten Weltkrieg zerstörten Gebiete Nordfrankreichs.
1922, 2. Sept.: Reichspräsident Ebert erklärt das „Deutschlandlied" zur Nationalhymne.
1922, 22. Nov.: Der parteilose Politiker Wilhelm Cuno bildet eine neue Reichsregierung unter Beteiligung von Deutscher Demokratische Partei (DDP), DVP, Zentrum und BVP.
1923, 10. Jan.: Belgien und Frankreich informieren das Deutsche Reich offiziell von der beabsichtigten Ruhrbesetzung. Die Besetzung solle die Kohlelieferungen sichern und diene keinen militärischen Zwecken.
1923, 11. Jan.: Französische und belgische Truppen marschieren in das Ruhrgebiet ein.
1923, 27. –29. Jan.: Erster Parteitag der Nationalsozialistischen Deutschen Arbeiterpartei (NSDAP) in München. Innerhalb eines Jahres ist die Mitgliederzahl der Partei von 6.000 auf 55.000 gestiegen.
1923, 26. Mai: Der von einem französischen Kriegstribunal wegen Geheimbündelei und Spionage zum Tode verurteilte Schlageter wird hingerichtet
1923, 30. Juli: Der Wert des US-Dollar überschreitet die Eine-Million-Mark-Grenze.
1923, 12. Aug.: Reichskanzler Cuno verliert die parlamentarische Unterstützung für seine Politik und tritt zurück.
1923, 13. Aug.: Gustav Stresemann wird als neuer Reichskanzler und Außenminister vereidigt. Er bildet eine Große Koalition von DVP, DDP, Zentrum und SPD.
1923, 16. Sept.: In Köln-Müngersdorff wird das bislang größte Stadion Europas eingeweiht. Es fasst 80.000 Zuschauer.
1923, 17. Sept.: Der US-Dollar steht bei 200 Millionen Mark.
1923, 19. Sept.: In Leipzig hat das Theaterstück „Hinkemann" von Ernst Toller Premiere.
1923, 21. Sept.: Im besetzten Rheinland beginnt die Rheinlandkommission mit der Ausgabe von Notgeld.
1923, 24. Sept.: Angesichts der finanziellen Misere stimmen mit Ausnahme der Deutschnationalen Volkspartei (DNVP) alle großen Parteien dem Vorschlag Reichskanzler Stresemanns über die Beendigung des passiven Widerstands im Rheinland zu.
1923, 26. Sept.: In Berlin kostet ein Laib Brot 10,37 Millionen Mark; ein Kilo Rindfleisch wird für 76 Millionen Mark verkauft.
1923, 26. Sept.: Reichskanzler Stresemann gibt den Abbruch des passiven Widerstands und die Wiederaufnahme von Reparationslieferungen bekannt.
1923, 2. Okt.: Für einen US-Dollar werden 242 Millionen Mark gezahlt.

Bild oben: *„Der Bauch". Karikatur von Karl Arnold im „Simplicissimus", 1922. „Ach, wie lange habe ich meine kleinen Beinchen nicht gesehen!", beschwert sich der füllig gewordene, auf dem Sofa sitzende und Zigarren rauchende Herr des Hauses. Im Hintergrund ein üppiger Bildschmuck, eine Palme, auf dem Boden ein Schoßhündchen mit Halskrause. Ein Teegeschirr und eine Likörflasche vervollständigen die gute Stube. Anprangern wollte Arnold damit die unsozialen Praktiken der Kriegsgewinnler und Schieber, die sich auf Kosten der sozial Schwachen bereicherten.*
Bild rechts oben: *Unterstützt von seinem Landsmann Pollich baute. der Schwabe Böhler nach dem Kriege ein zweisitziges Kleinstfahrzeug, mit wassergekühltem Einzylinder - Viertakt - Heckmotor, Schwingachse vorn, Hinterfederung durch Schraubenfedern. Im Sommer 1923 erwarb die Lokomotivenfabrik Hanomag in Hannover die zwei fertiggestellten Versuchsfahrzeuge mitsamt der Konstruktion. Böhler und Pollich traten zur Hanomag über, die den kleinen Wagen in wachsender Serienproduktion baute. Als „Kommissbrot" wurde das Wägelchen ungemein populär.*

1923, 3. Okt.: Rücktritt der Regierung. Stresemann wird erneut mit der Regierungsbildung betraut.
1923, 6. Okt.: Die SPD lenkt in der Frage des Ermächtigungsgesetzes ein. Die neue Reichsregierung der bisherigen Koalitionsparteien SPD, DDP, DVP und Zentrum wird vereidigt. Hans Luther (parteilos) löst als neuer Finanzminister Rudolf Hilferding (SPD) ab.
1923, 16. Okt.: Die Reichsregierung gibt die Errichtung der Deutschen Rentenbank bekannt. Damit sind die Voraussetzungen für den Übergang zur Rentenmark geschaffen.
1923, 19. Okt.: Der US-Dollar kostet 12 Milliarden Mark.
1923, 22. Okt.: Auf Weisung von Reichswehrminister Geßler rücken Reichswehrtruppen in Sachsen ein. Die KPD hatte gemeinsam mit den linksgerichteten SPD-Landesverbänden den Widerstand gegen die Reichsregierung proklamiert.
1923, 23. Okt.: In Hamburg wird ein Aufstand der Kommunisten unter Führung von Ernst Thälmann durch die Polizei blutig niedergeschlagen.
1923, 5. Nov.: Reichswehrtruppen rücken in Thüringen ein. Wie in Sachsen hatte die KPD zum Widerstand gegen die Reichsregierung aufgerufen.
1923, 8./9. Nov.: Hitler-Putsch: Adolf Hitler verkündet im Münchener Bürgerbräukeller die „nationale Revolution", erklärt die bayerische Regierung für abgesetzt und proklamiert den „Marsch auf Berlin". Die Landespolizei schlägt an der Münchener Feldherrnhalle den Putsch gewaltsam nieder. Die NSDAP wird verboten.
1923, 16. Nov.: Die Deutsche Rentenbank beginnt mit der Ausgabe der neuen Rentenmark (Währungsreform). Für eine Billion Mark wird eine Rentenmark ausgezahlt.
1923, 20. Nov.: Für alle Börsen wird ein Kurs von 4,2 Rentenmark für einen US-Dollar festgelegt.
1923, 28. Nov.: Wilhelm Marx (Zentrum) bildet die neue Regierung als bürgerliches Minderheitskabinett von Zentrum, DVP und DDP. Stresemann bleibt Außenminister.
1923, 22. Dez.: Der Reichskommissar für Währungsangelegenheiten Schacht wird zum Nachfolger des verstorbenen Reichsbankpräsidenten Rudolf Havenstein ernannt.
1923, 23. Dez.: Durch die von Reichsarbeitsminister Heinrich Brauns erlassene Verordnung zur Arbeitszeit wird der Achtstundenarbeitstag faktisch außer Kraft gesetzt. Durch zahlreiche Ausnahmebestimmungen zur Verlängerung der Arbeitszeit soll die wirtschaftliche Krise überwunden werden.
1924, 10. Jan.: Die alliierte Militärkontrollkommission nimmt ihre nach der Ruhrbesetzung unterbrochene Tätigkeit wieder auf. Sie kontrolliert die Einhaltung der Versailler Abrüstungsbestimmungen.
1924, 22. Jan.: Der Oberbürgermeister von Köln, Konrad Adenauer (Zentrum), wird zum Präsidenten des Preußischen Staatsrats gewählt.
1924, 22. Febr.: In Magdeburg gründet sich der sozialdemokratische Kampfverband Reichsbanner Schwarz-Rot-Gold. Das Reichsbanner will die Republik und ihre Institutionen gegen die Kampfbünde

Bild oben: *„Und so lasset uns getrost in die Zukunft blicken, denn es ist keine leichtfertige Liebesehe, nein, es ist eine Heirat aus Pflicht!" Karikatur von Karl Arnold auf die von Gustav Stresemann am 18. August 1923 gebildete Große Koalition aus SPD, Zentrum, Deutscher Demokratischer Partei und Deutscher Volkspartei.*
Bild links: *Ob beim Essen oder beim Kochen, ob im Bett oder in der Badewanne, ob beim Telefonieren oder auf der Toilette – von Oma und Opa bis zum Kleinkind, alles fragt sich: „Wie steht der Dollar?" Karikatur von Karl Arnold 1923. Der Dollar, der 1914 mit 4,20 RM bewertet wurde, kostete im Juli 1919 schon 14,00 RM, im Juli 1921 76,70 RM, im Juli 1922 500-RM, im Frühjahr 1923 etwa 353-000-RM und erreichte mit 4,2-Billionen-RM am 15. November 1923 den Gipfel.*

Während der „galoppierenden Inflation" ließ die Reichsbank im Sommer 1923 in 50 Großdruckereien in Tag- und Nachtschicht Banknoten drucken. Außerdem wurde in 100 weiteren Druckereien Notgeld hergestellt. Doch auch das reichte nicht aus, um mit der rasenden Geldentwertung Schritt zu halten. Die Kassenboten der Banken mußten die Papierflut mit Waschkörben, Koffern, Säcken, Handwagen und Droschken abholen.

der politischen Rechten und Linken schützen.

1924, 1. Apr.: Im Hitlerprozess verkündet das Münchner Volksgericht milde Urteile: Hitler und drei weitere Angeklagte werden zu einer Mindeststrafe von je fünf Jahren Festungshaft verurteilt. Ludendorff wird freigesprochen. Die verhängten Haftstrafen werden vorzeitig erlassen.

1924, 4. Mai: Bei den Reichstagswahlen müssen die bürgerlichen Parteien der Mitte - Deutsche Volkspartei (DVP), Zentrum, Deutsche Demokratische Partei (DDP) - und die SPD schwere Verluste hinnehmen. Die Sozialdemokraten werden wieder stärkste Fraktion. Da die bisherige Regierung aus DDP, DVP und Zentrum nur noch über 30 Prozent der Mandate verfügt, nimmt sie Koalitionsverhandlungen mit der DNVP auf.

1924, 26. Mai: Die Koalitionsverhandlungen mit der DNVP scheitern an der ablehnenden Haltung der Deutschnationalen zum Dawes-Plan. Das Kabinett Marx tritt zurück.

1924, 3. Juni: Der Zentrumspolitiker Marx bildet eine neue Reichsregierung in gleicher Besetzung wie vor den Reichstagswahlen.

1924, 23. Juni: In Hannover wird der Massenmörder Fritz Haarmann verhaftet. Er hat in den Nachkriegsjahren 24 junge Männer in seine Wohnung gelockt und ermordet. Der als Polizeispitzel und Detektiv arbeitende Haarmann ist geständig.

1924, 2. Juli: Heinrich Held wird neuer bayerischer Ministerpräsident. Damit amtiert in Bayern wieder eine reguläre parlamentarische Regierung.

1924, 18. Juli: Mit dem „Roten Frontkampferbund" gründet die Kommunistische Partei Deutschlands (KPD) einen eigenen Kampfverband.

1925, 27. Febr.: Neugründung der NSDAP durch Adolf Hitler in München.

1925, 28. Febr.: Reichspräsident Friedrich Ebert stirbt an einem Blinddarmdurchbruch. Ebert, ausgleichende Kraft in der Republik, hatte wegen eines laufenden Beleidigungsprozesses gegen sich die Behandlung verschleppt.

1925, 9. März: Die bayerische Regierung erteilt Hitler Redeverbot in der Öffentlichkeit. Hitler hatte in Versammlungen zu Gewalttätigkeiten aufgerufen. Die meisten anderen Länder des Reichs schließen sich dem Verbot an.

1925, 1. Apr.: Das Bauhaus in Weimar löst sich aufgrund eines Beschlusses der konservativen Landesregierung in Thüringen auf und siedelt nach Dessau über. Vorausgegangen sind Anfeindungen der Rechtspresse, die das Bauhaus als „kommunistische Zentrale sowjetischer Aufmachung" diffamierten.

1925, 8. Apr.: DNVP, BVP, DVP und der Bayerische Bauernbund schließen sich zu einem „Reichsblock" zusammen und stellen Generalfeldmarschall Paul von Hindenburg als gemeinsamen Kandidaten für den zweiten Wahlgang zur Reichspräsidentenwahl auf.

1925, 9. Apr.: Die Parteien der „Weimarer Koalition" nominieren Marx als Kandidaten für das Amt des Reichspräsidenten.

1925, 26. Apr.: Wahl Hindenburgs zum neuen Reichspräsidenten. Er siegt mit 48,3 Prozent knapp vor Marx mit 45,3 Prozent. Thälmann erreicht 6,4 Prozent.

1925, 7. Mai: In München wird das Deutsche Museum eröffnet, zu dem Wilhelm II. bereits 1906 den Grundstein gelegt hatte.

1925, 4. Juni: Gründung des „Österreichisch-deutschen Volksbunds Wien", der den Anschluss Österreichs an das Deutsche Reich aufgrund des Selbstbestimmungsrechts erwirken will.

1925, 4. Juni: Die Botschafter von Großbritannien, Frankreich, Italien, Japan und Belgien weisen die Reichsregierung erneut auf Verstöße gegen die Entwaffnungsbestimmungen hin. Sie kritisieren die Fortführung des Generalstabs, die Kasernierung von Schutzpolizei und die Ausbildung von Zeitfreiwilligen.

1925, 7. Juni: Das Endspiel der Deutschen Fußballmeisterschaft endet mit einem 1:0-Sieg des 1. FC Nürnberg über den FSV Frankfurt.

1925, 14. Juni: Eröffnung der Ausstellung „Neue Sachlichkeit" in der Kunsthalle Mannheim.

1925, 18. Juli: Der Münchener Franz-Eher-Verlag veröffentlicht den ersten Teil von Hitlers Schrift „Mein Kampf".

1925, 31. Juli: Franzosen und Belgier haben das Ruhrgebiet geräumt.

1925, 9. Sept.: In einem Brief an den ehemaligen Kronprinzen Wilhelm bezeichnet Außenminister Stresemann die Revision der deutschen Ostgrenze, die Rückgewinnung Danzigs und Oberschlesiens sowie den Anschluss Österreichs als Ziel seiner Außenpolitik.

1925, 13.–18. Sept.: Parteitag der SPD in Heidelberg: Die Delegierten beschließen ein neues Parteiprogramm, das dem marxistischen Ansatz des Erfurter Programms von 1891 folgt.

1925, 5.–16. Okt.: Internationale Konferenz von Locarno über ein Sicherheitsabkommen in Europa. Deutschland, Frankreich und Belgien verzichten auf eine gewaltsame Veränderung ihrer gemeinsamen Grenzen. Die deutsche Ostgrenze ist davon nicht berührt. Ferner wer-

den Deutschland die Aufnahme in den Völkerbund sowie ein ständiger Ratssitz zugesichert.
1925, 9. Nov.: Hitler verfügt die Gründung der Schutzstaffel (SS), die seinen persönlichen Schutz übernehmen soll. Die SS steht damit in der Tradition der 1923 gegründeten „Stoßtruppe Hitlers". Sie ist dem jeweiligen Obersten Führer der Sturmabteilung (SA) unterstellt.
1925, 25. Nov.: KPD und SPD bringen im Reichstag einen Antrag auf entschädigungslose Fürstenenteignung ein. Anlass sind Gerichtsurteile, die einigen früheren Herrscherfamilien ihren während der Revolution von 1918/19 enteigneten Besitz zurückerstatten wollen.
1925, 27. Nov.: Der Reichstag billigt mit 300 gegen 174 Stimmen die Verträge von Locarno. Eröffnung der Dortmunder
1925, 2. Dez.: Die Firmen BASF, Bayer, Hoechst und Agfa schließen sich zum Chemiekonzern I.G. Farben zusammen. Vorsitzender des Aufsichtsrats wird Carl Duisberg.
1925, 5. Dez.: Nach der durch den Austritt der DNVP-Minister verursachten Regierungskrise tritt Reichskanzler Luther zurück.
1926, 6. Jan.: Gründung der Deutschen Lufthansa AG durch den Zusammenschluss von Junkers Luftverkehr und Aero Lloyd.
1926, 19. Jan.: Der im Dezember 1925 zurückgetretene Reichskanzler Hans Luther (parteilos) bildet ein neues Kabinett aus Deutscher Demokratischer Partei (DDP), Zentrum und Deutscher Volkspartei (DVP).
1926, 19. Jan.: Der Vorstand der Sozialdemokratischen Partei Deutschland (SPD) beschließt, das Volksbegehren gegen die Fürstenenteignung zu unterstützen.
1926, 1. Febr.: Nach dem Abzug der Besatzungstruppen finden in Köln, Bonn und anderen Orten Deutschlands „Befreiungsfeiern" statt.
1926, 14. Febr.: Auf einer Führertagung der Nationalsozialistischen Deutschen Arbeiterpartei (NSDAP) in Bamberg setzt sich Adolf Hitler gegen den linken Parteiflügel um Gregor Strasser durch.
1926, 15. Febr.: Die Zahl der Arbeitslosen in Deutschland erreicht mit 2,4 Millionen einen neuen Höchststand seit März 1924.
1926, 21. März: An der offiziellen „Befreiungsfeier" im Rheinland nehmen auch Reichspräsident Paul von Hindenburg und der Kölner Oberbürgermeister Konrad Adenauer teil.
1926, 23. März: Der Präsident der Reichsbank, Hjalmar Schacht, spricht sich für eine neue Kolonialpolitik aus. Kolonien würden eine Währungsstabilisierung und einen Wirtschaftsaufschwung einleiten. Es könnten neue Rohstoffquellen erschlossen und das Problem der Überbevölkerung gelöst werden.
1926, 31. März: Verstöße gegen das Republikschutzgesetz werden in Zukunft nicht mehr vor dem Staatsgerichtshof, sondern vor ordentlichen Gerichten verhandelt.
1926, 24. Apr.: Abschluss des deutschen Freundschafts- und Neutralitätsvertrags mit der Sowjetunion auf fünf Jahre („Berliner Vertrag"). Die deutsch-sowjetischen Wirtschaftsbeziehungen werden belebt, die militärische Zusammenarbeit zwischen Reichswehr und Roter Armee wird intensiviert.
1926, 1. Mai: Die Deutsche Lufthansa AG nimmt auf der Strecke Berlin-Königsberg die erste Nachtfluglinie auf. Der Pilot orientiert sich an Signalfeuern.
1926, 5. Mai: Reichspräsident Hindenburg erlässt eine neue Flaggenverordnung, die es deutschen Auslandsvertretungen erlaubt, neben der schwarz-rot-goldenen Reichsflagge die deutsche schwarz-weiß-rote Handelsflagge zu hissen.
1926, 4. Juli: Die NSDAP hält in Weimar den ersten Parteitag nach ihrer Neugründung ab. Thüringen ist eines der Länder, in denen Hitler kein Redeverbot hat.
1926, 1. Sept.: Die I.G. Farben übernimmt die Erdöl- und Kohleverwertung AG und wird damit zur größten deutschen Aktiengesellschaft.
1926, 3. Sept.: In Berlin wird anlässlich der dritten Deutschen Funkausstellung der 138 Meter hohe Funkturm eingeweiht.
1926, 8. Sept.: Einstimmige Aufnahme Deutschlands in den Völkerbund mit einem ständigen Ratssitz. Das Deutsche Reich lehnt es ab, einen militärischen Beitrag gegen die Sowjetunion zu leisten.
1926, 17. Sept.: Außenminister Gustav Stresemann und sein französischer Kollege Briand konferieren unter Ausschluss der Presse in Thoiry über die deutsch-französischen Beziehungen. Erörtert werden die Räumung des Rheinlands, die Freigabe der Kohlegruben im Saargebiet und die Möglichkeit der Überweisung von Reichsbahnobligationen zur Linderung der französischen Finanzkrise.
1926, 1. Okt.: In Berlin werden an mehreren Kreuzungen die ersten Verkehrsampeln in Betrieb genommen.
1926, 15. Okt.: Durch das Arbeitsbeschaffungsprogramm ist es der Reichsregierung gelungen, die Arbeitslosenzahl von 2,4 Millionen im Februar auf 1,24 Millionen zu senken.
1926, 1. Nov.: Joseph Goebbels wird Gauleiter der NSDAP in Berlin-Brandenburg. Er soll das „rote Berlin" für die Nationalsozialisten gewinnen.
1926, 21. Nov.: Das Gesetz über die Erhöhung der Arbeitslosenfürsorge tritt in Kraft. Es verpflichtet die Gemeinden zur Unterstützung von Arbeitslosen, die kein Arbeitslosengeld erhalten.
1926, 3. Dez.: Der Reichstag nimmt mit 248 gegen 158 Stimmen das Gesetz zur Bewahrung der Jugend vor Schund- und Schmutzschriften an, das Jugendliche vor pornographischen Schriften schützen soll. Die Gegner lehnen das Gesetz als Eingriff in die Freiheit der Kunst ab.
1926, 4. Dez.: Das neuerrichtete Bauhaus von Gropius in Dessau wird eingeweiht. Neben dem Neubau der Hochschule ist auch eine Mustersiedlung entstanden.
1926, 6. Dez.: Im Münchner Franz Eher Verlag erscheint der zweite Band von Hitlers Schrift „Mein Kampf".

Zur Befreiungsfeier des Rheinlandes 1926 kommt Hindenburg nach Köln. Auf dem Weg zum Festakt begleiten ihn (von links): Kardinal Schulte, Ministerpräsident Braun und Kölns Oberbürgermeister Konrad Adenauer.

1926, 10. Dez.: Die Außenminister Deutschlands und Frankreichs, Stresemann und Briand, erhalten den Friedensnobelpreis als Auszeichnung für ihre Bemühungen um die Verständigung zwischen beiden Ländern.
1926, 17. Dez.: Ein Misstrauensantrag der SPD wird im Reichstag mit 249 gegen 171 Stimmen angenommen. Das Kabinett Marx tritt zurück.
1927, 29. Jan.: Reichskanzler Marx stellt sein neues Kabinett aus Zentrum, DVP, DNVP und Bayerischer Volkspartei (BVP) vor. Mit der sog. Bürgerblock-Regierung wird ein weiterer Schritt nach rechts vollzogen.
1927, 31. Jan.: Die Alliierte Militärkommission beendet ihre Tätigkeit im Deutschen Reich.
1927, 5. März: In Bayern wird das Redeverbot für den Führer der Nationalsozialistischen Deutschen Arbeiterpartei (NSDAP), Adolf Hitler, aufgehoben. Es wurde nach seiner Freilassung aus der Festungshaft verhängt.
1927, 7. März: In Genf wird die Frühjahrssitzung des Völkerbundrats eröffnet. Den Vorsitz führt erstmals Reichsaußenminister Gustav Stresemann (DVP).
1927, 19. März: Kampfverbände der Nationalsozialisten und Kommunisten liefern sich in Berlin blutige Straßenschlachten.
1927, 6. Apr.: Der Reichstag billigt den Etat für 1927. Mit Hinweis auf die Rüstungsausgaben in Höhe von 700 Millionen Mark lehnt die Sozialdemokratische Partei Deutschlands (SPD) den Etat ab.
1927, 8. Apr.: Die Deutsche Bauernschaft wird als Reichsspitzenverband gegründet.

Bild oben: *Schon 1927 beklagte Th. Th Heine den Mangel an tatkräftigen und überzeugten Demokraten: „Sie tragen die Buchstaben der Firma – aber wer trägt den Geist?"*

Bild links: *„Münchner Zirkus – August und Adolf", Karikatur des „Simplicissimus" von 1927. Als der gescheiterte Putschist Hitler aus der Haft entlassen worden war, hatte er nicht gleich seine Agitation wieder aufnehmen können. Zwischen Hitler und dem bayerischen Innenministerium hatten Gespräche stattgefunden, unter welchen Bedingungen es Hitler erlaubt werde, wieder in Kundgebungen der NSDAP aufzutreten. Dabei wurde von Hitler die Zusage verlangt, die neugeschaffene „Selbstschutzorganisation" der NSDAP wieder aufzulösen. Am 5. März 1927 wurde dann das 1925 über Hitler verhängte Redeverbot aufgehoben. Bereits am 9. März sprach Hitler im Münchner Zirkus Krone auf einer Kundgebung. An die Besucher wurden Flugblätter verteilt, in denen davor gewarnt wurde, Ausschreitungen anzuzetteln und Demonstrationen und Aufzüge vorzunehmen. Die bayerische Regierung habe das Redeverbot zwar aufgehoben, behalte sich aber jederzeit vor, im Interesse der öffentlichen Sicherheit und Ordnung alle erforderlichen Maßnahmen zu treffen.*

1927, 4. –23. Mai: Wirtschaftskonferenz des Völkerbunds in Genf. Die 47 Teilnehmerstaaten verabschieden mehrere Resolutionen zur Senkung der Zölle und zum Abbau der Handelsschranken.
1927, 6. Mai: Die NSDAP und alle ihre Unterorganisationen werden nach Ausschreitungen in Berlin-Brandenburg verboten und für aufgelöst erklärt. Bei einer Versammlung mit rund 2.000 Teilnehmern wurden in Berlin mehrere politische Gegner niedergeschlagen.
1927, 15. Aug.: Reichswehrminister Otto Geßler gibt einen Flaggenerlass bekannt, in dem die Reichsfarben Schwarz-Rot-Gold im militärischen Bereich den Farben Schwarz-Weiß-Rot der Reichskriegsflagge gleichgestellt werden. Der Erlass wird von der Linken und der Rechten kritisiert.
1927, 18. Sept.: Einweihung des Tannenberg-Denkmals in Hohenstein (Ostpreußen). In seiner Eröffnungsrede vor 70.000 Teilnehmern streitet Hindenburg die Kriegsschuld des Deutschen Reiches ab: „Nicht Neid, Hass oder Eroberungslust gaben uns die Waffen in die Hand. Der Krieg war uns vielmehr das äußerste (...) Mittel der Selbstbehauptung einer Welt von Feinden gegenüber."

1928, 20. Mai: Bei den Reichstagswahlen erleiden die gemäßigten bürgerlichen Parteien sowie die rechtsgerichtete DNVP zum Teil erhebliche Verluste. Die SPD gewinnt 22 Mandate hinzu, die KPD neun.
1928, 12. Juni: Nach der Wahlniederlage tritt Reichskanzler Wilhelm Marx (Zentrum) mit seiner Regierung zurück. Reichspräsident Hindenburg beauftragt Hermann Müller (SPD) mit der Bildung einer neuen Regierung.
1928, 17. Juli -1. Sept.: Auf dem VI. Weltkongress der Kommunistischen Internationale (Komintern) wird eine ultralinke Taktik als Generallinie ausgegeben. Der Kampf der Komintern soll sich in erster Linie gegen die „sozialfaschistischen“ Sozialdemokraten richten.
1928, 28. Sept.: Aufhebung des Redeverbots für Adolf Hitler in Preußen. Es wurde nach seiner vorzeitigen Entlassung aus der Haft Ende 1924 erteilt.
1928, 20. Okt.: Der Verleger Alfred Hugenberg wird zum Vorsitzenden der DNVP gewählt. Hugenberg ist scharfer Gegner der parlamentarisch-demokratischen Republik.
1929, 6. Jan.: Der stellvertretende Propagandaleiter der NSDAP, Heinrich Himmler, wird zum Reichsführer der Schutzstaffel (SS) ernannt.
1929, 15. Jan.: Die Arbeitslosenzahl in Deutschland übersteigt die Zwei-Millionen-Grenze.
1929, 6. Febr.: Mit 288 zu 127 Stimmen ratifiziert der Reichstag den Briand-Kellogg-Pakt zur Ächtung von Angriffskriegen.
1929, 1. März: Generalmajor Kurt von Schleicher wird Chef des neu gegründeten „Ministeramts“ im Reichswehrministerium. Mit dieser Erweiterung seiner Vollmachten wird General Schleicher engster Mitarbeiter von Reichswehrminister Wilhelm Groener (parteilos).
1929, 6. März: Außenminister Stresemann hält vor dem Völkerbundrat eine vielbeachtete Rede zum Schutz von nationalen Minderheiten.
1929, 17. März: Verkauf der Opel-Werke in Rüsselsheim an den amerikanischen Automobilkonzern General Motors.
1929, 7. Juni: In Paris wird der Young-Plan unterzeichnet. Er sieht für den Zeitraum von 58 Jahren jährliche Zahlungen in Höhe von rund 2 Milliarden Goldmark vor. Zugleich verzichten die Gläubigerstaaten auf wirtschaftliche Kontrollmöglichkeiten, die ihnen der Dawes-Plan von 1924 noch zugestand.
1929, 21. Juni: Eröffnung des neuen Karstadt-Gebäudes am Hermannplatz in Berlin. Es ist das größte Warenhaus im Deutschen Reich.
1929, 27. Juni: Der Reichstag billigt den Wehretat. Da sie den Fortbestand der „Großen Koalition“ nicht gefährden wollen, stimmen der Reichskanzler und die SPD-Minister gegen ihre Fraktion für die Bewilligung des Rüstungshaushalts.
1929, 28. Juni: Die Deutsche Physikalische Gesellschaft vergibt die ersten Max-Planck-Medaillen. Sie gehen an Max Planck sowie an Albert Einstein.
1929, 9. Juli: Der DNVP-Vorsitzende Hugenberg bildet gemeinsam mit Theodor Duesterberg, Franz Seldte (beide „Stahlhelm“), Heinrich Claß (Alldeutscher Verband) und Hitler (NSDAP) den „Reichsausschuss für das deutsche Volksbegehren gegen den Young-Plan“. Sie fordern ein „Gesetz gegen die Versklavung

Bild oben: *Weltwirtschaftskrise. Schwarzer Freitag an der New Yorker Börse, 1929.*
Bild rechts: *Die „Große Koalition“ zerbricht an der Frage der Erwerbslosenunterstützung. Die SPD scheidet aus der Regierung aus. An die Stelle von Hermann Müller tritt der Zentrumspolitiker Heinrich Brüning. Der neue Kanzler regiert mit Notverordnungen. Das Parlament wird durch die neue Form der parlamentarisch tolerierten Präsidialregierung und die Obstruktion der radikalen Parteien entmachtet. Die Karikatur von Karl Arnold zeigt, wie Brüning den antidemokratischen Parteien, Kommunisten, Nationalsozialisten und Deutschnationalen den Zutritt zum Parlament verwehrt, während der „Deutsche Michel“ vergrämt eine Notverordnung studiert.*

des deutschen Volkes" mit Zuchthausstrafen für Unterzeichner des Young-Plans.
1929, 30. Aug.: Am Ende der ersten Konferenz in Den Haag wird dem Deutschen Reich die Räumung des gesamten Rheinlands bis zum 30. Juni 1930 zugesichert. Damit werden die Gebiete fünf Jahre früher als im Versailler Vertrag vereinbart geräumt.
1929, 27. Sept.: Der Gauleiter der NSDAP für Berlin-Brandenburg, Joseph Goebbels, bezeichnet das Volksbegehren gegen den Young-Plan als Anfang einer „Volksrevolution".
1929, 30. Sept.: Die DVP lehnt das Volksbegehren gegen den Young-Plan ab, da Großbritannien und Frankreich ohne den Young-Plan der vorzeitigen Räumung des Rheinlands nicht zugestimmt hätten.
1929, 3. Okt.: Außenminister Gustav Stresemann stirbt an den Folgen eines Schlaganfalls.
1929, 25. Okt.: Der „Schwarze Freitag" an der New-Yorker Börse leitet die Weltwirtschaftskrise ein. Der Crash an der Wallstreet hat vor allem für die deutsche Wirtschaft gravierende Folgen. Die kurzfristigen Auslandskredite werden aus Deutschland zurückgezogen. Die Konkurse häufen sich, Arbeitslosenzahl und die Kurzarbeit steigen sprunghaft an.
1929, 8. Dez.: Bei den Landtagswahlen in Thüringen gewinnt die NSDAP sechs der 53 Sitze. Durch eine Koalition mit der DNVP, der DVP und dem Landbund beteiligt sich die NSDAP erstmals auf Landesebene an einer Regierung.
1929, 10. Dez.: Thomas Mann wird mit dem Literaturnobelpreis für sein Werk „Buddenbrooks" ausgezeichnet.
1929, 14. Dez.: Die Regierung erhält im Reichstag nur eine knappe Mehrheit für ein Finanzprogramm zur Überbrückung des Haushaltsdefizits. Das Defizit entstand vor allem durch Zahlungen an die „Reichsanstalt für Arbeitsvermittlung und Arbeitslosenversicherung".
1929, 21. Dez.: Der Reichstag verabschiedet ein Sofortprogramm zur Beilegung der Finanzkrise. Es beinhaltet auch eine Erhöhung der Beiträge zur Arbeitslosenversicherung und der Tabaksteuer.

Schlangen vor einem Pfandhaus, wo die Menschen ihre Habe versetzen wollen – eine Aufnahme aus Berlin vom Sommer 1930

1929, 22. Dez.: Der von der nationalistischen Rechten initiierte Volksentscheid über das „Gesetz gegen die Versklavung des deutschen Volkes" scheitert. Dennoch profitiert insbesondere die NSDAP von dem Propagandafeldzug. Ihre Mitgliederzahl steigt weiter an.

1930, 3. –20. Jan.: In Den Haag findet die zweite Konferenz über den Young-Plan statt. Die Reparationen werden auf 112 Milliarden Reichsmark festgesetzt und sollen in jährlichen Raten bis 1988 gezahlt werden.
1930, 14. Jan.: In seiner Wohnung in Berlin-Friedrichshain wird der SA-Sturmführer Horst Wessel beim Überfall eines kommunistischen Kommandos niedergeschossen. Die Nationalsozialistische Deutsche Arbeiterpartei (NSDAP) stilisiert ihn als Verfasser des „Horst-Wessel-Lieds" („Die Fahne hoch") zum Märtyrer.
1930, 7. März: Mit seinem Rücktritt zieht Reichsbankpräsident Hjalmar Schacht die Konsequenzen aus seinen Meinungsverschiedenheiten mit der Reichsregierung über den Young-Plan, den er für eine zu große Konzession an die Siegermächte hält. Sein Nachfolger wird der ehemalige Reichskanzler und Finanzminister Hans Luther von der Deutschen Volkspartei (DVP).
1930, 12. März: Mit 270 zu 192 Stimmen billigt der Reichstag in dritter Lesung den Young-Plan.
1930, 18. März: Der Reichstag nimmt mit großer Mehrheit ein neues Gesetz zum Schutz der Republik an. Es soll ein wirksameres Vorgehen gegen links- und rechtsradikale Kräfte gewährleisten.
1930, 27. März: Rücktritt der Reichsregierung unter Reichskanzler Hermann Müller (SPD). Während die DVP auf Leistungsminderung der Arbeitslosenversicherung bestand, beharrte die SPD auf ihrer Forderung nach weiteren Beitragserhöhungen und Solidarzahlungen des Reichs.
1930, 29. März: Reichspräsident Hindenburg beauftragt Heinrich Brüning (Zentrum) mit der Kabinettsbildung. Unter Brüning beginnt der Übergang zu den Präsidialkabinetten, die nicht mehr von der Mehrheit des Reichstags abhängig sind, sondern sich auf das Notverordnungsrecht des Reichspräsidenten stützen.
1930, 11. Juni: Um Provokationen zu vermeiden, verbietet das preußische Innenministerium der nationalsozialistischen Sturmabteilung (SA) das Tragen von Uniformen bei Versammlungen unter freiem Himmel. Die SA marschiert daraufhin in weißen statt in braunen Hemden.
1930, 12. Juni: In New York wird Max Schmeling als erster Europäer Boxweltmeister aller Klassen.
1930, 22. Juni: Bei den Landtagswahlen in Sachsen wird die NSDAP mit 14 Sitzen zweitstärkste Fraktion hinter der SPD mit 33 Sitzen.
1930, 30. Juni: Die letzten französischen Truppen verlassen das Rheinland. Der Abzug wird von der deutschen Bevölkerung begeistert gefeiert.
1930, 5. Juli: In München erwirbt die NSDAP das ehemalige Barlow-Palais, das zum Sitz der Reichsparteileitung, dem sog. Braunen Haus, umgebaut wird. Den Kauf des Hauses ermöglichten Spenden

19. Jahrgang

Abend-Ausgabe

Einzelnummer 10 Pfennig.

Berliner Tageblatt

Nr. 435
Chefredakteur Theodor Wolff in Berlin.

und Handels-Zeitung

Montag, 15. September 1930
Druck und Verlag von Rudolf Mosse in Berlin.

Radikalisierter Reichstag.

Regierungsfähige Mehrheit nur mit Sozialdemokratie möglich.

Das neue Parlament.

Die Verteilung der 575 Mandate.

Nach der vorläufigen amtlichen Zählung wurden bei Reichstagswahl am 14. September 34 943 460 (30 738 381

Die insgesamt 575 (491) Mandate verteilen sich nach der vorläufigen Zusammenstellung des Reichswahlleiters

Brüning hat das Wort.

Von
Dr. ERNST FEDER.

Als „Erdrutsch" ging die Septemberwahl 1930 in die Geschichte des Parlamentarismus in Deutschland ein. Die Kommunisten steigerten ihre Mandate von 45 auf 77, die Nationalsozialisten von 12 auf 107.

von Großindustriellen wie Fritz Thyssen.
1930, 16. Juli: Der Reichstag lehnt mit den Stimmen von KPD, SPD, DNVP und NSDAP die von der Reichsregierung eingebrachte Vorlage zur Deckung des Defizits des Reichshaushalts ab. Die Staatsausgaben sollten gekürzt, die Steuern erhöht werden. Reichspräsident Hindenburg wandelt daraufhin mit dem Artikel 48 der Reichsverfassung erstmals einen vom Reichstag abgelehnten Gesetzentwurf in eine Notverordnung um.
1930, 18. Juli: Die Mehrheit der Reichstagsabgeordneten stimmt dem SPD-Antrag zur Aufhebung der von Hindenburg erlassenen Notverordnung zu. Daraufhin löst Hindenburg den Reichstag auf und setzt am 26. Juli die vom Parlament aufgehobene Verordnung per Notverordnung wieder in Kraft. Die Wahlen zum neuen Reichstag werden für den 14. September anberaumt.
1930, 1. Sept.: Die Reichsregierung erhebt eine „Reichshilfe zur finanziellen Sanierung der Arbeitslosenversicherung": Alle festangestellten Arbeitnehmer müssen bis Ende März 1931 2,5 Prozent ihres Gehalts abführen. Wegen der sprunghaft gestiegenen Arbeitslosenzahl verfügt die Arbeitslosenversicherung bereits seit Winter 1929 nicht mehr über ausreichende Mittel.
1930, 1. Sept.: Das Statistische Reichsamt gibt bekannt, dass die Spareinlagen der Deutschen mit rund zehn Milliarden Reichsmark den höchsten Stand seit 1923 erlangt haben. Damit ist der Vorkriegsstand noch lange nicht erreicht.
1930, 14. Sept.: Bei den Reichstagswahlen steigert die NSDAP ihre Mandatszahl von 12 auf 107 Sitze. Die KPD erhält 77, die SPD 143 Sitze. Damit ist der NSDAP der Durchbruch gelungen. Sie profitiert von der allgemeinen Wirtschaftskrise und der gestiegenen Wahlbeteiligung. Unterstützt von Hindenburg, hält Brüning am System der Minderheitsregierung fest.
1930, 25. Sept.: In einem Hochverratsprozess gegen drei Reichswehroffiziere erklärt der als Zeuge vorgeladene Hitler, die Verfassung schreibe „nur den Boden des Kampfes vor, nicht aber das Ziel". Die Nationalsozialisten würden „den Staat in die Form gießen", die sie „als die richtige ansehen".
1930, 2. Okt.: Auf der Berliner Museumsinsel wird das neu erbaute Pergamonmuseum eröffnet.
1930, 5. Okt.: Reichskanzler Brüning empfängt Hitler, Frick und Hermann Göring. Brüning will die Nationalsozialisten zu einer Mitarbeit in der Regierung bewegen.
1930, 5. Okt.: Eröffnung des modernisierten Strandbads in Berlin-Wannsee. Es fasst über 60.000 Besucher.
1930, 5. Okt.: In Koblenz feiern etwa 140.000 Mitglieder des „Stahlhelm" den „Reichsfrontsoldatentag" und fordern die deutsche Wiederaufrüstung.
1930, 17. Okt.: Rechtsradikale Demonstranten unterbrechen Thomas Manns „Appell an die Vernunft" im Berliner Beethovensaal. Mann warnte in seiner Rede vor der Ausbreitung des Rechtsradikalismus in Deutschland.
1930, 1. Dez.: Reichskanzler Brüning erlässt die Notverordnung zur „Sicherung der Wirtschafts- und Finanzlage", um den Haushalt für 1931 sicherzustellen. Damit umgeht Brüning die parlamentarische Beratung seiner Sanierungspläne.
1930, 5. Dez.: Anlässlich der deutschen Erstaufführung des Films „Im Westen nicht Neues" in Berlin stören Nationalsozialisten unter der Führung von Goebbels die Vorstellung.
1930, 6. Dez.: Mit den Stimmen der SPD lehnt der Reichstag einen Antrag der KPD zur Aufhebung der Notverordnung vom 1. Dezember ab. Die SPD befürchtet eine erneute Auflösung des Reichstags und ein weiteres Erstarken der radikalen Parteien.
1931, 5. Jan.: Der ehemalige Hauptmann Ernst Röhm wird von Adolf Hitler zum Leiter der paramilitärischen, 70.000 Mitglieder zählenden Sturmabteilung (SA) ernannt. Röhm war von dieser Position im April 1925 wegen seiner Differenzen mit Hitler über die Rolle der SA zurückgetreten.
1931, 15. Jan.: Die NSDAP gründet Betriebszellen, um Einfluss auf die Arbeiter in Großbetrieben zu gewinnen.
1931, 10. Febr.: Im Reichstag erklären 151 Abgeordnete der NSDAP,

der Deutschnationalen Volkspartei (DNVP) und des Christlichen Landvolks ihren Auszug aus dem Parlament. Anlass ist eine Änderung der Geschäftsordnung, mit der den Parteien vor allem die permanente Behinderung der parlamentarischen Arbeit durch das wiederholte Einbringen von Misstrauensanträgen erschwert werden soll.

1931, 19. Febr.: Uraufführung des Films „Die Dreigroschenoper" von Georg Wilhelm Pabst in Berlin.

1931, 15. März: Die Zahl der Arbeitslosen in Deutschland beträgt fast fünf Millionen. Nur die Hälfte von ihnen ist durch die Arbeitslosenversicherung abgesichert. 19 Prozent erhalten Mittel aus der Krisenunterstützung, der Rest ist auf die Wohlfahrt angewiesen. Die wirtschaftlichen und psychologischen Folgen der Weltwirtschaftskrise erzeugen eine allgemeine Katastrophenstimmung und bringen den radikalen Parteien Zulauf.

1931, 20. März: Der Reichstag billigt – bei Stimmenthaltung der Abgeordneten der SPD - die dritte Rate für den Bau des Panzerkreuzers A sowie die erste Rate für den des Panzerkreuzers B. Die SPD fürchtet bei Ablehnung des Etats eine Auflösung des Reichstags und die Stärkung der radikalen Parteien.

1931, 28. März: Reichspräsident Paul von Hindenburg schränkt mit einer Notverordnung zur Bekämpfung politischer Ausschreitungen das Versammlungsrecht und die Pressefreiheit ein.

1931, 2. Apr.: Der stellvertretende SA-Führer Walther Stennes wird von Hitler abgesetzt. Stennes forderte die sofortige Regierungsübernahme durch einen Staatsstreich, während Hitler offiziell auf strikter Legalität besteht. Hitler beauftragt Goebbels mit dem Parteiausschluss aller Sympathisanten von Stennes.

1931, 5. Juni: Reichspräsident Hindenburg erlässt die Notverordnung „Zur Sicherung von Wirtschaft und Finanzen", die weit reichende Sparmaßnahmen vorsieht. In einem Aufruf an die Gläubigerstaaten Deutschlands fordert die Reichsregierung ein Ende der Reparationen.

1931, 20. Juni: In Reaktion auf die wirtschaftliche Krise in Deutschland schlägt der amerikanische Präsident Herbert Hoover ein einjähriges Moratorium für alle Reparationen und Kriegsschulden vor.

1931, 23. Juni: Reichskanzler Brüning würdigt den Moratoriumsvorschlag Hoovers und schlägt eine deutsch-französische Aussprache über den Aufschub vor.

1931, 13. Juli: Zusammenbruch des drittgrößten Geldinstituts des Deutschen Reichs, der Darmstädter und Nationalbank (Danat-Bank) aufgrund des Abzugs ausländischer Kredite.

1931, 14. Juli: Der Konkurs der Danat-Bank führt zu einem Ansturm auf die Kreditinstitute. Hindenburg lässt per Notverordnung die Schalter zwei Tage schließen und den Zahlungsverkehr einschränken. Das Börsengeschäft wird erst am 11. April 1932 wieder aufgenommen.

1931, 11. Aug.: In London wird auf einer Sachverständigenkonferenz ein Protokoll über das Hoover-Moratorium unterzeichnet. Die Reparationenzahlungen des Deutschen Reichs werden für ein Jahr ausgesetzt.

1931, 27. Aug.: Die „Do X", das derzeit weltweit größte Flugzeug, landet in New York. Beim Flug von Lissabon nach Rio de Janeiro hat das von Claude Dornier entwickelte Flugboot eine Geschwindigkeit von 176 km/h erreicht.

1931, 11. Sept.: In Berlin trifft Hitler mit mehreren Industriellen zusammen, um ihnen seine wirtschaftspolitischen Ziele vorzustellen. Zu den Gästen gehören Fritz Thyssen, Emil Kirdorf und Albert Vögler.

1931, 1. Okt.: Die Höchstdauer der Arbeitslosenunterstützung wird von 26 auf 20 Wochen gekürzt.

Zwei von Millionen. Die Arbeitslosigkeit war das große Problem der Regierungen in den letzten Jahren der Weimarer Republik. Keiner von ihnen gelang ein spürbarer Erfolg in der Beschäftigungspolitik. Ein Heer von Arbeitslosen, deren Zahl schließlich auf sechs Millionen anwuchs, demonstrierte augenfällig die Krise der parlamentarischen Demokratie.

1931, 3. Okt.: Wegen des Scheiterns der Zollunion mit Österreich tritt Außenminister Curtius zurück. Der Internationale Gerichtshof in Den Haag beurteilte die Zollunion als unvereinbar mit dem Friedensvertrag von Saint-Germain.

1931, 7. Okt.: Aus Anlass der Demission von Reichsaußenminister Curtius tritt das Kabinett Brüning zurück. Hindenburg verlangt eine stärkere Rechtsorientierung der neuen Regierung.

1931, 9. Okt.: Reichspräsident Hindenburg beauftragt Brüning erneut mit der Regierungsbildung.

1931, 10. Nov.: Hindenburg und Brüning empfangen Hitler zu einer Unterredung. Brüning hofft, durch eine Kooperation mit Hitler den politischen Druck der „Nationalen Opposition" zu schwächen; Hitler seinerseits sieht in einer Zusammenarbeit die Möglichkeit, dem legalen Zugang zur Macht näher zukommen.

1931, 11. Nov.: Harzburger Front: Auf Initiative Hugenbergs treffen sich in Bad Harzburg die Vertreter der „Nationalen Opposition" (NSDAP, DNVP, „Stahlhelm" und die „Vereinigung Vaterländischer Verbände") zu einer Veranstaltung. Umrahmt von umfangreichen Aufmärschen ihrer paramilitärischen Verbände, betonen die Führer der äußersten Rechten ihren gemeinsamen Willen zum Sturz der Regierung.

1931, 8. Dez.: Reichspräsident Hindenburg erlässt eine weitere Notverordnung zur „Sicherung von Wirtschaft und Finanzen". Sie friert die Löhne auf dem Stand von Januar 1927 ein und sieht eine Senkung der Mieten vor.

1931, 16. Dez.: Auf einer gemeinsamen Tagung proklamieren Vertreter der SPD, des Allgemeinen Deutschen Gewerkschaftsbunds (ADGB), der Arbeitersportverbände und des Reichsbanners Schwarz-Rot-Gold die „Eiserne Front" zur „Abwendung der faschistischen Gefahr".

1931, 24. Dez.: Hitler lässt auf einer Pressekonferenz vor Auslandsjournalisten in Berlin verlauten, die NSDAP wolle nur auf legalem Wege an die Macht gelangen.

1931, 31. Dez.: Die Arbeitslosenzahl erreicht die Höhe von 5,6 Millionen.
1932, 6. Jan.: Reichskanzler Heinrich Brüning (Zentrum) erklärt gegenüber den Botschaftern Frankreichs und Großbritanniens, dass Deutschland auch nach Ablauf des „Hoover-Moratoriums“ keine Reparationszahlungen mehr leisten könne.
1932, 27. Jan.: Vor dem Düsseldorfer Industrieclub erklärt Adolf Hitler (NSDAP), die Überwindung des parlamentarischen Systems sei die wichtigste Voraussetzung zur Beseitigung der wirtschaftlichen Krise. Die Mehrheit der anwesenden Wirtschaftsführer nimmt die Rede mit Zustimmung auf.
1932, 29. Jan.: Reichswehrminister Wilhelm Groener (parteilos) erlässt eine Verordnung, die Nationalsozialisten, nicht aber Kommunisten, den Eintritt in die Reichswehr erlaubt.
1932, 15. Febr.: Nach Angaben des Reichsarbeitsministeriums sind in Deutschland 6,127 Millionen Menschen arbeitslos. Jeder dritte Arbeitnehmer ist ohne Beschäftigung. Die katastrophale wirtschaftliche Lage der meisten Arbeitslosen und Kurzarbeiter führt zu zunehmender Unzufriedenheit mit der Republik.
1932, 25. Febr.: Die Regierung von Braunschweig ernennt Hitler zum Regierungsrat ihrer Gesandtschaft in Berlin. Dadurch erhält er die deutsche Staatsbürgerschaft. Sie ist für die Kandidatur zur Reichspräsidentenwahl notwendig.
1932, 26. Febr.: Im Reichstag scheitert ein von der NSDAP, der Deutschnationalen Volkspartei (DNVP) sowie der Deutschen Volkspartei (DVP) eingebrachtes Misstrauensvotum gegen die Wirtschaftspolitik Brünings.
1932, 27. Febr.: Die SPD ruft ihre Mitglieder auf, bei der Reichspräsidentenwahl für Hindenburg zu stimmen.
1932, 13. März: Beim ersten Wahlgang zur Reichspräsidentenwahl kann keiner der Kandidaten die erforderliche absolute Mehrheit der Stimmen auf sich vereinen. Der amtierende Reichspräsident Hindenburg erhält 49,6 Prozent, Hitler 30,1 Prozent und Ernst Thälmann (KPD) 4,98 Prozent der Stimmen. Der zweite Wahlgang wird auf den 10. April festgesetzt.
1932, 10. Apr.: Bei der Reichspräsidentenwahl erhält Hindenburg im zweiten Wahlgang 53 Prozent der Stimmen und ist damit neuer Reichspräsident. Hitler kommt auf 36,8 Prozent, Thälmann auf 10,2 Prozent der Stimmen.

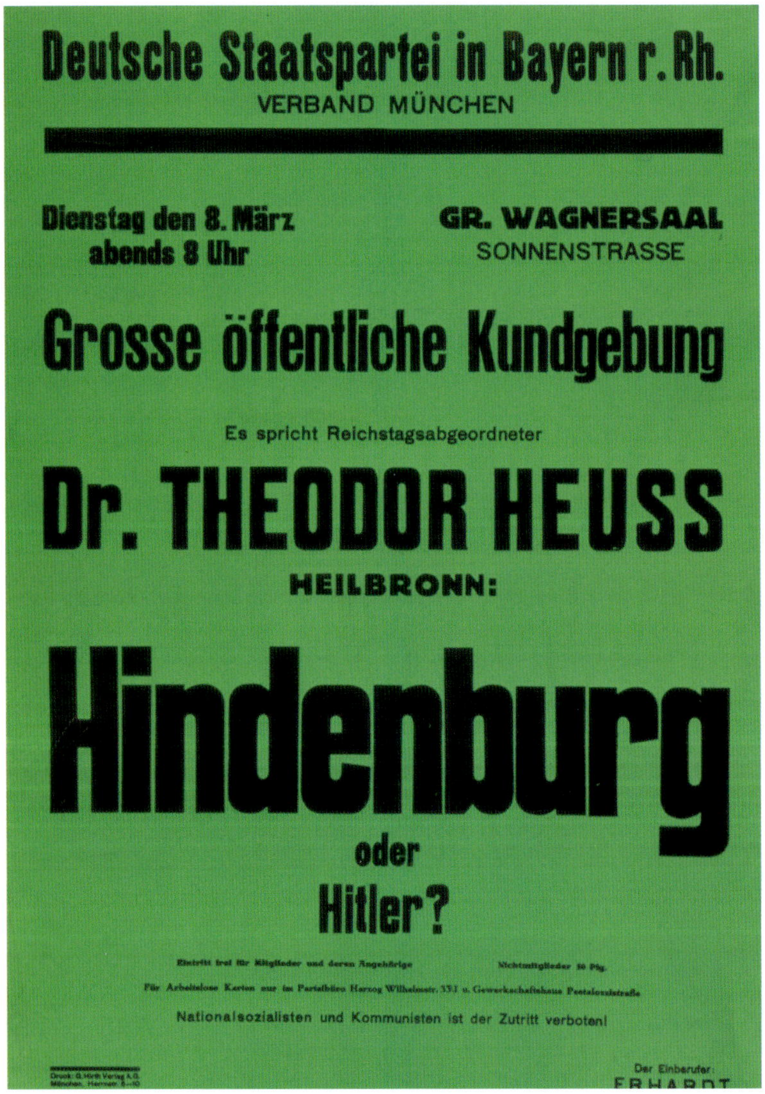

„Hindenurg oder Hitler?“ Wahlplakat der deutschen Staatspartei zur Reichspräsidentenwahl 1932. Schon aus der Größe der Schrift ist zu ersehen, wem die Sympathien des angekündigten Redners Dr. Theodor Heuss und seiner Partei gehören. Wie der SPD erschien auch ihnen Hindenburg im Vergleich zu Hitler als das kleinere Übel. Anzumerken ist, dass auf dem Plakat drei Politiker aufgeführt sind, die nacheinander deutsche Staatsoberhäupter waren: Hindenburg, Hitler und Heuss.

Neben seiner rednerischen Begabung verfügte Hitler auch über ein beachtliches Organisationstalent, das sich in der SA besonders bemerkbar machte. „Sie war“, so Sebastian Haffner, „bis in die kleinsten Gliederungen hinunter voller Kampfeifer, eine dampfende und stampfende Wahlkampfmaschine.“

1932, 13. Apr.: Auf Grundlage der von Hindenburg erlassenen Notverordnung „zur Sicherung der Staatsautorität“ verbietet Brüning SA und Schutzstaffel (SS). Die Regierung befürchtet einen Putschversuch der rechtsradikalen Organisationen.
1932, 10. Mai: Reichswehrminister Groener verteidigt im Reichstag das Verbot von SA und SS. Die NSDAP-Fraktion antwortet mit wüsten Beschimpfungen. Groeners engster Mitarbeiter Generalmajor Kurt von Schleicher erklärt, Groener sei für die Führung der Reichswehr untragbar geworden. Bereits seit Anfang Mai plant Schleicher den Sturz von Brüning und Groener.
1932, 11. Mai: Nach Angaben des Statistischen Reichsamts ist die industrielle Weltproduktion auf den Stand von 1913 gesunken.
1932, 31. Mai: Auf Vorschlag Schleichers beauftragt Hindenburg Franz von Papen (Zentrum) mit der Regierungsbildung. Papen bildet ein Präsidialkabinett. In diesem „Kabinett der Barone“ werden sieben der elf Ressorts von überwiegend deutschnationalen Adligen geleitet. Schleicher übernimmt das Reichswehrministerium.
1932, 4. Juni: Das Kabinett Papens wird nur von den Deutschnationalen (DNVP) unterstützt, die NSDAP sagt die Tolerierung nach Rücknahme des SA- und SS-Verbots zu. Auf Antrag Papens löst der Reichspräsident den Reichstag auf und schreibt Neuwahlen für den 31. Juli aus.
1932, 16. Juni - 9. Juli: Internationale Konferenz zur Regelung der Reparationen in Lausanne. Das Deutsche Reich wird verpflichtet, nur noch eine Abschlusszahlung in Höhe von drei Milliarden Reichsmark zu zahlen. Restzahlungen sowie die Tilgung der Dawes- und der Young-Anleihe bleiben dagegen bestehen.
1932, 17. Juli: In mehreren Städten kommt es zu Zusammenstößen zwischen Kommunisten und Nationalsozialisten. Den ersten Höhepunkt der bürgerkriegsähnlichen Kämpfe nach Wiederzulassung der SA bildet der „Altonaer Blutsonntag“: Die SA provoziert gezielt Straßenkämpfe mit Kommunisten. Bei den Schießereien sterben 18 Menschen.
1932, 31. Juli: Bei der Reichstagswahl wird die NSDAP mit 37,4 Prozent stärkste Fraktion vor der SPD

„Wir erreichen alles, wenn wir Hunger, Verzweiflung und Opfer für unsere Ziele in Marsch setzen...“, bekannte Joseph Goebbels im Jahr 1926. In den Jahren von 1929 bis 1933 war es soweit. Die Zahl der Arbeitslosen stieg in eine bis dahin nie geahnte Höhe. Das deutsche Volk war in der Tat verzweifelt über einen Zustand, den die bisherigen Parteien anscheinend nicht zu ändern vermochten. Jetzt zeigte es sich, dass die Idee der Demokratie im deutschen Volke nicht allzu fest verankert war. „Unsere letzte Hoffnung: Adolf Hitler“, das lasen 1932 die verzweifelten Menschen an den Litfaßsäulen.

mit 21,6 Prozent. Die Wahl ergibt keinerlei regierungsfähige Mehrheiten. Die NSDAP stellt mit Hermann Göring den Reichstagspräsidenten.
1932, 13. Aug.: Hitler und Papen zum Gespräch bei Hindenburg: Hitler lehnt eine Ernennung zum Vizekanzler ab. Durch Einbindung der NSDAP in die Regierungsverantwortung sollte das radikale Potential der Partei entschärft werden. Hitler fordert das Amt des Reichskanzlers.
1932, 12. Sept.: Bei einem von der KPD eingebrachten Misstrauensantrag gegen die Wirtschaftspolitik Papens sprechen sich 512 der 554 Abgeordneten gegen die Regierung aus. Papen und Hindenburg reagieren mit der Auflösung des Reichstags. Die Neuwahlen werden auf den 6. November festgesetzt.
1932, 30. Sept.: Auf Beschluss des Stadtrats von Dessau (Anhalt) muss das Bauhaus seinen Lehr- und Forschungsbetrieb einstellen. Anhalt wird von einer Koalition von NSDAP, DNVP und DVP regiert. Konservative und nationalsozialistische Gegner des Bauhauses haben in einer Hetzkampagne die funktionalistische Formgebung des Bauhauses kritisiert.
1932, 1. Okt.: Die NSDAP veranstaltet in Potsdam einen „Reichsjugendtag“, an dem rund 110.000 Menschen teilnehmen.
1932, 6. Nov.: Bei der Reichstagswahl verliert die NSDAP gegenüber der Wahl im Juli 4,3 Prozent. Dennoch bleibt sie mit 33,1 Prozent der Stimmen stärkste Partei. Zweitstärkste Partei bleibt die SPD mit 20,4 Prozent. Die KPD, DNVP und DVP verbessern sich um einige Mandate.
1932, 7. Nov.: Hindenburg ordnet per Notverordnung einen „politischen Burgfrieden“ an und untersagt alle politischen Kundgebungen. Die bis zum 19. November begrenzte Verordnung wird nach Ablauf der Frist bis zum 2. Januar verlängert.
1932, 17. Nov.: Bis auf die DNVP entziehen alle im Reichstag vertretenen Parteien dem Reichskanzler Papen das Vertrauen. Papen tritt zurück.
1932, 28. Nov.: Reichswehrminister Schleicher spricht mit Vertretern der Gewerkschaften über die Regierungsbildung. Er möchte auch den NS-Reichsorganisationsleiter Gregor Strasser in eine Regierung einbinden.
1932, 3. Dez.: Hindenburg lässt Papen fallen und beauftragt den bisherigen Reichswehrminister Schleicher mit der Regierungsbildung. Schleicher beabsichtigt den Aufbau einer Gewerkschaftsfront mit Mitgliedern aus allen Parteien. Vor allem die NSDAP soll durch Einbeziehung ihres linken Flügels unter Gregor Strasser gespalten werden. Die NSDAP steht dadurch vor einer Zerreißprobe.
1932, 10. Dez.: Auf der Fünfmächtekonferenz in Genf wird das Deutsche Reich als gleichberechtigter Staat anerkannt.
1932, 28. Dez.: Hindenburg erlässt eine Notverordnung, die deutsche Margarineproduzenten zwingt, inländische Rohstoffe zu benutzen.
1932, 28. Dez.: Die Auflösungserscheinungen des parlamentarischen Systems spiegeln sich auch in der Anzahl der 1932 erlassenen Notverordnungen: Den 66 Verordnungen stehen nur fünf vom Reichstag beschlossene Gesetze gegenüber. 1930 ergingen lediglich fünf Notverordnungen, während noch 98 Gesetze vom Reichstag beschlossen wurden.

Spartakus-Aufstand

Mit dem militärischen Zusammenbruch des deutschen Kaiserreiches kam auch der politische. Das Volk, das den Krieg satt hatte, fegte die alten Gewalten weg. Es hatte nur keine klaren Vorstellungen, was an ihre Stelle zu setzen wäre.

Die Sozialdemokratie, bei den Wahlen vor dem Krieg längst stärkste Partei, sollte und musste die Führung bei der Neugestaltung der Dinge haben. Dementsprechend wurde ihr Vorsitzender Friedrich Ebert vom letzten Reichskanzler des Kaiserreiches , Prinz Max von Baden, mit der Übernahme der Regierung betraut.

Aber die Sozialdemokratie war gespalten. Neben der Mehrheit, die in den gewohnten Bahnen des Parlamentarismus bleiben wollte, gab es eine Minderheit, den sogenannten Spartakusbund unter Führung von Liebknecht und Rosa Luxemburg, die den revolutionären Kampf fortzusetzen gedachte. Als die Spartakisten im Januar 1919 zu Massenaktionen gegen die neue Regierung aufriefen, ließ diese den Aufstand von Freiwilligenverbänden niederschlagen. Das Kommando auf Regierungsseite führte der Sozialdemokrat Gustav Noske. Über die Umstände seiner Ernennung zum Oberbefehlshaber berichtet er in seinen Lebenserinnerungen „Von Kiel bis Kapp“:

Montag, den 6. Januar, war ich gegen acht Uhr in der Reichskanzlei. Eine Menge Menschen gingen schon aus und ein. Namhafte Berliner Sozialdemokraten äußerten sich zu mir in den heftigsten Ausdrücken darüber, dass meine Kollegen viel zu lange gezögert hätten, dem Treiben der Liebknecht und Genossen entschlossenen Widerstand zu leisten. Sie erwarteten von mir, dass jetzt mannhaft gehandelt werde. In der Wilhelmstraße sammelten sich zu vielen Tausenden unsere Parteigenossen an, die aus den Betrieben dorthin geschickt worden waren, um eine Besetzung des Reichskanzlerhauses durch die Spartakusleute zu verhindern. Die Straße wurde von der Menge ge-

Mit Panzern vorgehende Regierungstruppen zur Niederschlagung des Spartakusaufstandes in Berlin.

Gustav Noske beim Abschreiten der Front einer Marinebrigade.

füllt, damit kein Demonstrationszug hineinkomme.
Zu den Mitgliedern der Regierung gesellte sich der Zentralrat, um die Lage zu besprechen. Fast alle Zeitungen waren von den Spartakusleuten und Unabhängigen besetzt, ebenso Wolffs Telegraphisches Büro. Dagegen war im Augenblick nichts zu unternehmen. Die Eichhorn'sche Sicherheitswehr war selbstverständlich nicht zu haben. Die Kommandantur erklärte, dass auch sie nicht in der Lage sei, mit der republikanischen Soldatenwehr zu helfen. Diese Leute machten nicht mit. Von den Soldaten in den Kasernen redete man gar nicht. Meiner Meinung, dass nun versucht werden müsse, mit Waffengewalt Ordnung zu schaffen, wurde nicht widersprochen. Der Kriegsminister, Oberst Reinhardt, formulierte einen Befehl, durch den die Regierung und der Zentralrat den Generalleutnant von Hoffmann, der mit einigen Formationen nicht weit von Berlin war, zum Oberbefehlshaber ernannte. Dagegen wurde eingewendet, dass die Arbeiter gegen einen General die größten Bedenken hegen würden.
In ziemlicher Aufregung, denn die Zeit drängte, auf der Straße riefen unsere Leute nach Waffen, stand man im Arbeitszimmer Eberts umher. Ich forderte, dass ein Entschluss gefasst werde. Darauf sagte jemand: „Dann mach' du doch die Sache!" Worauf ich kurz entschlossen erwiderte: „Meinetwegen! Einer muss der Bluthund werden, ich scheue die Verantwortung nicht!" Reinhardt meinte, auf den Vorschlag habe er eigentlich immer gehofft. Ein Beschluss wurde mündlich so formuliert, dass Regierung und Zentralrat mir weitgehendste Vollmachten zum Zweck der Wiederherstellung geordneter Verhältnisse in Berlin übertrugen. Reinhardt durchstrich den Namen Hoffmann und schrieb dafür den meinen nieder. Meine Ernennung zum Oberbefehlshaber war vollzogen. Den Wortlaut der mir erteilten Vollmachten habe ich nie gelesen und die Bestallung als Oberbefehlshaber nie in der Hand gehabt. Zeit war nicht zu verlieren. Mit einem jungen Hauptmann in Zivil sollte ich nach dem Generalstabsgebäude gehen, um dort mit einigen Offizieren die erforderlichen Maßnahmen zu besprechen. Auf der Straße wurde ich stürmisch begrüßt. Man hob mich hoch, und ich teilte kurz mit, dass ich zum Befehlshaber ernannt sei. Wie es gemacht werden sollte, wusste ich noch nicht, doch erklärte ich voller Zutrauen: „Verlasst euch darauf, ich bringe euch Berlin in Ordnung."
Als wir die Massen, mit denen die Wilhelmstraße gefüllt war, hinter uns hatten, stießen wir Unter den Linden auf das Aufgebot der Unabhängigen und Spartakusleute . . . Am Brandenburger Tor, im Tiergarten und vor dem Generalstabsgebäude musste ich den Zug durchschreiten. Zahlreiche Bewaffnete marschierten mit. Einige Lastautomobile mit Maschinengewehren standen an der Siegessäule. Höflich bat ich wiederholt darum, mich durchzulassen, denn ich hätte eine dringende Besorgung. Es wurde mir bereitwillig der Weg freigegeben. Wenn die Scharen entschlossene, zielklare Führer gehabt hätten, an Stelle von Schwadroneuren, hätten sie am Mittag dieses Tages Berlin in der Hand gehabt.

Revolution ohne Führung

Der Spartakus-Aufstand war schlecht vorbereitet und fand auch keinen Rückhalt bei den Massen. Nicht einmal seine Initiatoren waren von seinem Gelingen restlos überzeugt. Das kommt in Rosa Luxemburgs Aufruf vom 7. Januar 1919 zum Ausdruck:
Die Masse muss eben im Kampfe selbst zu kämpfen, zu handeln lernen. Und man spürt heute: Die Arbeiterschaft Berlins hat in hohem Maße zu handeln gelernt, sie dürstet nach entschlossenen Taten, nach klaren Situationen, nach durchgreifenden Maßnahmen. Sie ist nicht mehr dieselbe wie am 9. November, sie weiß, was sie will und was sie soll.
Sind aber ihre Führer, die ausführenden Organe ihres Willens, auf der Höhe? Sind die revolutionären Obleute und Vertrauensmänner der Großbetriebe, sind die radikalen Elemente der USP inzwischen an Tatkraft, Entschlossenheit gewachsen? Hat ihre Aktionsfähigkeit mit der wachsenden Energie der Massen Schritt gehalten? . . .
24 Stunden sind seit dem Anschlag der Ebert-Regierung gegen Eichhorn verflossen. Die Massen sind dem Appell ihrer Führer mit Ungestüm gefolgt, sie haben die Wiedereinsetzung Eichhorns aus eigenen Kräften spontan durchgeführt, sie haben aus eigener Initiative spontan den „Vorwärts" besetzt, sich der bürgerlichen Redaktionen und des WTB (Wolffschen Telegraphen-Büros) bemächtigt, sie haben sich, soweit es ging, bewaffnet. Sie warten auf weitere Weisungen und Handlungen ihrer Führer.

Aus den Kämpfen der Großen Frankfurter Straße in Berlin. Spartakisten benutzen eine umgestürzte Litfasssäule als Barrikade.

Was haben diese inzwischen getan, was beschlossen? . . . Wir sehen und hören nichts!
Mag sein, dass die Vertrauensmänner der Arbeiterschaft gründlich und ausgiebig beraten. Jetzt gilt es aber zu handeln. Die Ebert-Scheidemann verzetteln ihre Zeit nicht mit Beratungen . . . Sie bereiten im Stillen mit der üblichen Energie und Umsicht der Konterrevolutionäre ihre Zettelungen vor, sie schleifen ihr Schwert, um die Revolution zu überrumpeln, zu meucheln . . .
Da ist keine Zeit zu verlieren. Da müssen sofort durchgreifende Maßnahmen vorgenommen werden. Den Massen, den revolutionstreuen Soldaten müssen klare und rasch Direktiven gegeben, ihrer Energie, ihrer Kampflust müssen die richtigen Ziele gewiesen werden. Die schwankenden Elemente unter den Truppen können nur durch entschlossenes, klares Handeln der revolutionären Körperschaften für die heilige Sache des Proletariats gewonnen werden.
Handeln! Handeln! Mutig, entschlossen, konsequent – das ist die verdammte Pflicht und Schuldigkeit der revolutionären Obleute und der ehrlichsozialistischen Parteiführer. Die Gegenrevolution entwaffnen, die Massen bewaffnen, alle Machtpositionen besetzen. Rasch handeln! Die Revolution verpflichtet!

Sonderblatt.
№ 53. München, 15. Mai 1919.
Bayerisches Polizeiblatt.
Herausgegeben von der Polizeidirektion München.

3040.

10000 Mark Belohnung.

Wegen Hochverrats

nach § 81 Ziff. 2 des RStGB. ist Haftbefehl erlassen gegen den hier abgebildeten Studenten der Rechte und der Philosophie

Ernst Toller.

Er ist geboren am 1. Dezember 1893 in Samotschin in Posen, Reg.-Bez. Bromberg, Kreis Kolmar, Amtsger. Margonin, als Sohn der Kaufmannseheleute Max u. Ida Toller, geb. Kohn.

Toller ist von schmächtiger Statur und lungenkrank; er ist etwa 1,65—1,68 m groß, hat mageres, blasses Gesicht, trägt keinen Bart, hat große braune Augen, scharfen Blick, schließt beim Nachdenken die Augen, hat dunkle, beinahe schwarze wellige Haare, spricht schriftdeutsch.

Für seine Ergreifung und für Mitteilungen, die zu seiner Ergreifung führen, ist eine Belohnung von

zehntausend Mark

ausgesetzt.

Wenden!

Ausschreibung Ernst Tollers im Bayerischen Polizeiblatt vom 15. Mai 1919.

Die Ermordung Karl Liebknechts und Rosa Luxemburgs

Nach der Niederschlagung des Spartakus-Aufstandes durch Regierungstruppen werden Rosa Luxemburg und Karl Liebknecht am 15. Januar 1919 gefangengenommen und ermordet. Ein Zeitgenosse berichtet:
Am Vormittag des 16. Januar ging ich, wie gewohnt, zunächst gegen 9 Uhr nach unserem Parteibüro. Bartels [SPD-Vorstandsmitglied] erzählte mir dort, dass eben ein Soldat dagewesen sei, der mitgeteilt habe, dass Karl Liebknecht in der Nacht getötet worden sei. . . Ich fuhr mit der Elektrischen nach der Prinz-Albrecht-Straße. Niemand sprach von Liebknecht. Auch im Abgeordnetenhause nicht. Da bat mich Ebert telephonisch sofort nach der Reichskanzlei. Dort sollte ich aus seinem Munde die Bestätigung der schauerlichen Mordtat empfangen, die in der Nacht zuvor nicht nur an Karl Liebknecht, sondern auch an Rosa Luxemburg verübt worden war.
Beide waren von Angehörigen der Bürgerwehr in der Wohnung des Genossen Marcussohn in Wilmersdorf, Mannheimer Straße 43, verhaftet und dann im Eden-Hotel, am Zoo, beim Stabe der Gardeschützenkavallerie eingeliefert worden. Nach kurzem Verhör war die Überführung nach dem Untersuchungsgefängnis Moabit angeordnet worden. Liebknecht und Rosa Luxemburg wurden getrennt abtransportiert. Schon beim Verlassen des Hotels wurde Liebknecht von dem postenstehenden Jäger Otto Runge mit dem Gewehrkolben so über den Kopf geschlagen, dass das Blut lief. Im Tiergarten wurde Liebknecht aufgefordert, das Auto, angeblich wegen einer Panne, zu verlassen. Bei dieser Gelegenheit soll er versucht haben, zu fliehen. Da er auf Anruf nicht Halt gemacht haben soll, wurde nach militärischer Regel auf ihn geschossen. Von mehreren Schüssen getroffen, fiel er tot nieder. Der die Eskorte führende Kapitänleutnant Pflugk-Hartung meldete den Vorfall amtlich, ließ aber die Leiche als die eines angeblich unbekannten Mannes 11.20 nachts in der Rettungswache am Kurfürstendamm abliefern, angeblich um so Aufsehen zu vermeiden.
Noch schlimmer verfuhr die entmenschte Soldateska mit Rosa Luxemburg, die, durch Misshandlungen bereits ohnmächtig geworden, im Auto durch einen Schuss getötet wurde. Der Oberleutnant Kurt Vogel lieferte die Leiche nicht aus, sondern ließ sie in der Nähe der Corneliusbrücke in den Landwehrkanal versenken, wo sie erst nach Wochen gehoben wurde.
Das ist der Sachverhalt, der aber erst allmählich festgestellt wurde. Die erste amtliche Darstellung, nach der eine über die Spartakisten erbitterte Menge die Hauptschuld an den Misshandlungen getragen haben sollte, enthielt bewusst falsche Angaben der schuldigen Militärs.
Die angestellte Untersuchung gegen die schuldigen Militärs – Zivilpersonen kamen, wie sich bald ergab, für die Tat nicht in Betracht – fand vor dem Gericht der Gardekavalleriedivision statt. Ein Sondergericht konnte nach Auffassung der Volksbeauftragten nicht eingesetzt werden. Jedem Angeschuldigten war das Recht zugesichert, von seinem ordentlichen Richter abgeurteilt zu werden.
Als Gerichtsherr fungierte General Hoffmann, als Untersuchungsrichter Kriegsgerichtsrat Jörns.
... Die Volksbeauftragten hielten ... die rasche Aburteilung der Schuldigen durch das Gericht wegen der Erregung weiter Kreise der Bevölkerung für nötig. Wenn der Untersuchungsrichter aber, wie gesche-

Rosa Luxemburg.

hen, Anträge ablehnte, in denen Zeugenaussagen über wesentliche Punkte der Anklage angeboten worden waren, so vermehrte das die Erregung. Er hätte jedem sachlichen Antrag nachgehen müssen, um das vorhandene starke Misstrauen zu beseitigen. Was nützte nachher eine noch so energische Haltung des Anklagevertreters, wenn es in der Voruntersuchung an der notwendigen Aufhellung des Tatbestandes gefehlt hatte! Und hier setzten die Zweifel ein. Die Gerichtsverhandlung brachte keine volle Aufklärung. Für eine gemeinsame Verschwörung der angeschuldigten Offiziere konnte der Beweis nicht erbracht werden. Eine solche hatte wohl auch kaum stattgefunden. Inwieweit die Vorgänge im Tiergarten auf Verabredung der verantwortlichen Offiziere beruhten, konnte in der gerichtlichen Verhandlung nicht nachgewiesen werden. Dass Mord vorlag, gab der Anklagevertreter zu. Jörns beantragte gegen die vier Offiziere, die geschossen hatten, die Todesstrafe wegen Mordes. Das Gericht sprach aber die Angeklagten frei. Die Indizien für eine Verabredung zur Ermordung Karl Liebknechts schienen dem Gericht für eine Verurteilung nicht auszureichen. Der Oberjäger Runge, der mit dem Kolben die beiden Opfer misshandelt hatte, erhielt zwei Jahre Gefängnis, Oberleutnant Vogel wegen Beiseiteschaffung einer Leiche und wissentlich falscher Dienstmeldung zwei Jahre vier Monate Gefängnis. Vogel gelang es, mit Hilfe eines falschen Passes nach Holland zu entfliehen.

Revolutionäres München

Der Sozialdemokrat Kurt Eisner hatte als bayerischer Ministerpräsident nach der Ausrufung der Republik die Macht in München übernommen. Doch seine Regierung litt unter dem Streit zwischen gemäßigten und radikalen Kräften. Das wird deutlich in einer Rede, die er am 20. Januar 1919 auf dem Münchener Rätekongress hielt:

Vor wenigen Tagen sagte ich im Landtag, dass wir vor einer entscheidenden Wendung der Ereignisse stehen und dass wir entschlossen sein müssten, unsere Macht geltend zu machen. Ein Blatt, das eine ebenso zärtliche Liebe zu meiner Person hat wie ein tiefgründiges Verständnis für meine Politik, fragte mich danach, ob ich nun eine zweite Revolution machen wollte. Vermutlich eine zweite Revolution gegen mich selbst! Das ist meine Antwort. ... Bei uns ist es noch nicht zum Bürgerkrieg gekommen, und es soll und wird auch nicht zum Bürgerkrieg kommen. Aber ebenso wenig wird es zur Konterrevolution kommen. Was hat man denn in Weimar erreicht? Die Waffenstillstandsbedingungen sind schärfer geworden, und niemand glaubt uns. Dagegen sieht man mit großer Spannung auf die Entwicklung in Bayern. Es gibt ausländische Blätter, die sich mit Bayern mehr beschäftigen als mit den anderen Ländern, weil man hier neue Gedanken und ein wirklich neues Deutschland zu erkennen glaubt. Wir sind mit der Revolution am 7. November vorangegangen. Es gibt keine Revolution der Weltgeschichte, die so ohne Blutvergießen ewige Ergebnisse gezeitigt hat. Diese Ergebnisse sind nicht mehr zu beseitigen. Aber in dieser Stunde, wo ich vielleicht am tiefsten von der Sehnsucht erfüllt bin, dass ich wieder in die Massen gehen und dort arbeiten kann als freier Mann, in dieser Stunde möchte ich Sie bitten, dass wir den Stolz auf Bayern und auf die bayerische Revolution und auf die großen Ergebnisse nicht verlieren. Wir müssen uns gegen den Militarismus und gegen eine Kompromisspolitik wenden. Was diese anlangt, so weiß ich nicht, wie man entscheiden wird, ob man es auch hier so machen wird wie im übrigen Reich. Sie sehen im übrigen Reich eine ungeheuere Gärung und Unruhe. Überall flackert es auf. Bürgerblut fließt, die Wirtschaft geht zugrunde, und alles das hat man damit erreicht, dass kein neuer Gedanke, keine große Idee die Massen begeistert und kein Ziel voranleuchtet. Geben Sie den Massen ein Ziel!

Was werden wir in Bayern machen? Wir haben zwei Aufgaben, die wir lösen können: Die eine ist Kulturpolitik zu treiben. Können wir das mit dem Zentrum? Wir können das nur gegen das Zentrum. Also ist es ausgeschlossen, dass ein Sozialdemokrat, der noch des Namens wert ist, in einem Ministerium sitzt, in dem ein Zentrumsmann ist. Die zweite Aufgabe, die wir lösen könnten, wäre die Sozialisierung. Wir können die Demokratie in den Betrieben einführen, wir können verstaatlichen, wir können gegen den Großgrundbesitz vorgehen, das alles können wir tun. Glauben Sie aber, dass wir das mit dem Kapitalismus zusammen tun können? Die kapitalistischen Vertreter sind die Liberalen, die sich heute Demokraten nennen. Also können wir auch die zweite Aufgabe nicht erfüllen, wenn wir mit den Bürgerlichen zusammengehen.

Dagegen können wir mit den Bauern, die vor dem Kriege doch nur die Arbeiter zur Zinszahlung an das Kapital waren und die das in der kommenden schweren Zeit wieder sein werden, jene Einheit zwischen Stadt und Land herstellen, jene neue Demokratie, die uns zum Sozialismus führt. Die zweite Revolution, vor der man Grauen machen will, das ist keine Revolution mit Plünderung und Straßenkämpfen, das ist die Sammlung der Massen in Stadt und Land, die ausführen, was die erste Revolution gewonnen hat. Keine Unbesonnenheit in diesen Tagen, ich beschwöre Sie, sondern die Sammlung der Massen! Unwiderstehbar müssen die Massen zusammenstehen und entschlossen sein, das Werk der Revolution zu vollenden. Das bayerische Volk hat sich den Landtag zusammengewählt, der nun einmal da ist. Es haben ja auch Kretinenanstalten mitgewählt. Die Mehrheit ist bürgerlich. Sollen sie also auch bürgerliche Politik treiben! Wir werden sehen, ob sie regierungsfähig

Kurt Eisner.

sind. Inzwischen müssen die Räte ihr Werk tun, die neue Demokratie aufbauen, die lebendige, unzerstörbare Demokratie, dann kommt vielleicht, wie auch von Bayern die Revolution ausgegangen ist, auch der neue Geist, dass es sich wahrlich nicht darum handelt, Ministerposten zu besetzen, zu kuhhandeln und Koalitionsregierungen zu schaffen, sondern dass es sich darum handelt, dass die Regierung demokratische und sozialistische Politik treibt und einheitlich, ohne nach links oder rechts zu schauen, vorwärts schreitet.
Lassen Sie die Schwarz-Rot-Goldenen regieren; sie sollen ihre Art von Demokratie haben! Aber gehen wir nun einen anderen Weg! Glauben wir, dass wir durch Ausgleich, durch Kompromisse und Koalitionsregierung etwas erreichen? Was hat eine Koalitionsregierung für einen Sinn? Da sitzen Leute drin, die voreinander Angst haben und am meisten vor den Massen, und die darum eine Versicherung auf Gegenseitigkeit abschließen. Aber inzwischen wachsen das Elend und die Leidenschaft der Massen. Und dann kommt das Chaos. Entweder sind die Sozialisten Regierung und Vertreter der proletarischen Interessen, oder sie sind in Opposition. Und dann wachsen wir wieder zusammen, und es ist eine Lust zu kämpfen, um die Revolution siegreich zu Ende zu führen, nicht mit Maschinengewehren und Handgranaten – das überlassen wir den Lotterbuben –, sondern durch die Masse. Morgen beginnt der Landtag; morgen soll auch die Arbeit der Räte aufs Neue beginnen. Man hat Angst gehabt, dass wir die Leute in der Prannerstraße nicht arbeiten lassen wollen. Ich bin ja auch gezwungen, in der Prannerstraße zu arbeiten, wenn auch nicht am Ministertisch, dann unter den Abgeordneten. Also lassen Sie auch mich arbeiten! Ich weiß, dass dieser Landtag arbeitsunfähig ist, der gewählt ist von einem Volk, das noch nicht zur Aktion reif ist. Wir müssen das Volk aufklären; dann wird es reif, und dann kommt die ganze Macht des Sozialismus!

Die Friedensbedingungen der Alliierten

Die Republik von Weimar stand sofort unter einer schweren Belastung: dem Friedensvertrag, den die Sieger des Ersten Weltkrieges dem Deutschen Reich diktierten.
Der Delegation, die den Waffenstillstand im November 1918 hatte abschließen müssen, war von den Siegermächten schon kein Spielraum gewährt worden – mit dem Ergeniss, dass die Unterzeichner in der Heimat bereits „Novemberverbrecher" hießen. Die Friedensverhandlungen, die in Versailles geführt wurden, ohne dass Deutschland daran beteiligt war, fielen nicht besser aus. Reichsministerpräsident Scheidemann gab am 8. Mai 1919 im Friedensausschuss der Nationalversammlung ein schwarzes Bild der Lage:
Der heutige Tag, der uns endlich nach dem sechsmonatigen Martyrium des Waffenstillstandes die Kenntnis der Hauptteile der feindlichen Friedensbedingungen gebracht hat, bedeutet die tiefste Stufe des deutschen Niederganges. Ja, vielleicht noch nicht einmal. Sowohl ein Ja als auch ein Nein können

Verhaftete Kommunisten werden von einem Regierungssoldaten über den Max-Joseph-Platz in München geführt. Bei ihren Greueltaten stand sich beide Seiten in nichts nach.

uns noch tiefer, noch hoffnungsloser in die staatliche und nationale Vernichtung hinunterstoßen.
Und all die Nebenbedingungen, die uns bis jetzt noch nicht übermittelt worden sind, die aber aus zahlreichen Nachträgen zu den ersten Depeschen sich schon ankündeten, werden das Wiederaufkommen durch tausend kleinere und größere Fesseln unmöglich machen.
Meine Herren, wir stehen am Grabe des deutschen Volkes, wenn all das, was sich hier Friedensbedingungen nennt, zur vertraglichen Tatsache wird.
Ich kann Ihnen, schon angesichts der noch nicht vollständigen Übermittlung der Bedingungen, keine restlose Darlegung von der Stellungnahme der Regierung geben. Aber was ich tun kann und will, ist, zu vergleichen: die Grundlagen, auf denen wir den Waffenstillstand abgeschlossen haben, die von beiden Teilen, von unseren Gegnern und uns, als rechtsverbindlich anerkannt worden sind, und die hauptsächlichsten Bedingungen, so wie sie jetzt vorliegen. (Es folgt ein Vergleich der 14 Punkte Wilsons mit den Friedensbedingungen.)
Meine Damen und Herren, jedes weitere Wort würde die Unmöglichkeit und Unbarmherzigkeit dieser Bedingungen abschwächen, die nichts anderes sind als ein befristetes Todesurteil!
Meine Damen und Herren, die Reichsregierung muss auch dieses, jedes Gefühl aufwühlende Dokument des Hasses und der Verblendung politisch nüchtern behandeln. Sie würde ihre Pflicht aufs schärfste verletzen, wenn sie sich Empfindungen überlassen wollte, die – das dürfen Sie mir glauben – ihr ebenso naheliegen wie sicherlich Ihnen allen. Sie kann sich allerdings nur schwer zu dem Glauben verstehen, dass unsere Gegner in dieser ernstesten Stunde der Welt eine Art Abhandlungsprogramm vorgelegt haben, um das nun der Schacher losgehen kann.
Sie erhofft daher eine Einigung nicht vom Handeln, sondern vom Verhandeln. Und in diesem Sinne hat sie die Delegation in Versailles angewiesen, all das, was ich vor Ihnen auszuführen die Ehre hatte, den feindlichen Regierungen in einer Note darzulegen, gleichzeitig die gewünschten Gegenvorschläge innerhalb der vorgesehenen Frist in Aussicht zu stellen und schließlich um die Anbahnung mündlicher Aussprache zu ersuchen, in der vor allem Auskunft über die Gründe zu erteilen wäre, welche zur Aufstellung dieser oder jener Forderung geführt haben. Die Reichsregierung will zu Verhandlungen, will zum Frieden kommen. Ein gemartertes Volk und Land wie das unsere vertragen keine heroischen Gesten.
Was Graf Rantzau im Namen der Delegation sagte – „Wir werden das uns übergebene Dokument mit gutem Willen und in der Hoffnung prüfen, dass das Endergebnis unserer Zusammenkunft von uns allen gezeichnet werden kann“ – hat er ganz im Sinne der Reichsregierung gesagt. Wir werden diesen Jakobskampf mit dem Engel des Friedens mit allen Kräften führen, mit unsern, ich darf sagen: auch mit Ihren und hoffentlich mit allen Kräften unseres gesamten Volkes.

„Warte nur, wenn wir die hundert Milliarden abgelehnt haben, dann gibt es wieder zu essen“, tröstet in dieser zeitgenössischen deutschen Karikatur auf die alliierte Hungerblockade eine verhärmte Mutter ihr hungriges Kind. Als Kriegsmittel während des Ersten Weltkrieges eingesetzt, wurde die Blockade auch nach dem Waffenstillstand bis zum endgültigen Friedensschluss gegen Deutschland aufrechterhalten. Diese als inhuman empfundene Maßnahme hatte den Tod von vielen Tausenden durch Hunger und Entkräftung zur Folge.

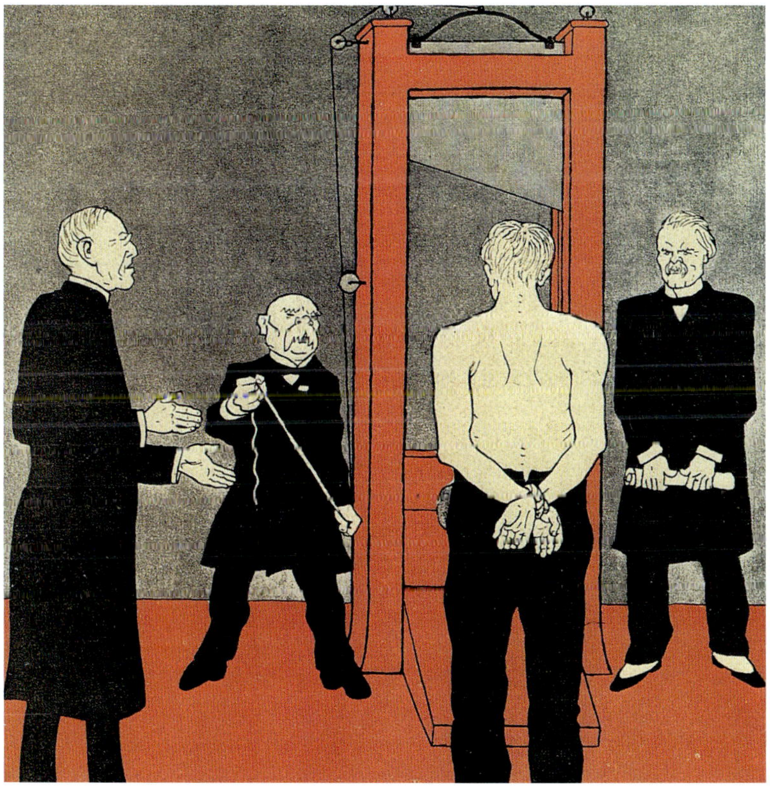

„Versailles“. Karikatur von Th. Th. Heine im „Simplicissimus“. „Auch Sie haben noch ein Selbstbestimmungsrecht: Wünschen Sie, dass Ihnen die Taschen vor oder nach dem Tode ausgeleert werden?“, fragen im Terzett (von links): der amerikanische Präsident Woodrow Wilson, der französische Ministerpräsident Georges Clemenceau und der britische Premierminister David Lloyd George.

Annahme des Versailler Vertrages

Deutschland, der Verlierer des Ersten Weltkrieges, hatte gehofft, einen Frieden auf der Basis der 14-Punkte-Erklärung des amerikanischen Präsidenten zu erreichen. Darin nämlich war wenigstens das Selbstbestimmungsrecht der Völker festgeschrieben, das den Erhalt des Staatsgebiets gesichert hätte. Doch die Siegermächte kümmerten sich nicht um solch hehre Erklärungen, sondern wollten das Deutsche Reich ein für allemal als Machtfaktor ausschalten. Die im Versailler Vertrag festgelegten Friedensbedingungen waren denn auch so hart, dass nicht wenige erwogen, den bewaffneten Kampf wiederaufzunehmen. Doch das war Illusion. Unter dem übermächtigen Druck der Westmächte nahm daher das Parlament der Weimarer Republik am 22. Juni 1919 mit 237 gegen 138 Stimmen den Vertrag an. Die Regierung formulierte dazu aber eine Protestnote, in der sie die Verantwortung für alle Folgen des ungerechten Diktats ablehnte:

... Die Regierung der deutschen Republik verpflichtet sich, die Deutschland auferlegten Friedensbedingungen zu erfüllen. Sie will sich jedoch in diesem feierlichen Augenblick mit rückhaltloser Klarheit äußern, um jeden Vorwurf einer Unwahrhaftigkeit, der Deutschland jetzt oder später gemacht werden könnte, von vornherein entgegenzutreten.

Die auferlegten Bedingungen übersteigen das Maß dessen, was Deutschland tatsächlich leisten kann. Die Regierung der deutschen Republik fühlt sich daher zu der Erklärung verpflichtet, dass sie alle Vorbehalte macht und jede Verantwortung ablehnt gegenüber den Folgen, die über Deutschland verhängt werden, könnten, wenn die Undurchführbarkeit der Bedingungen auch bei schärfster Anspannung des deutschen Leistungsvermögens in Erscheinung treten muss.

Deutschland legt weiterhin den größten Nachdruck auf die Erklärung, dass es den Artikel 231 des Friedensvertrags, der von Deutschland fordert, sich als alleinigen Urheber des Krieges zu bekennen, nicht annehmen kann und durch seine Unterschrift nicht deckt. Daraus folgt ohne weiteres, dass Deutschland es auch ablehnen muss, die Übernahme der ihm aufgebürdeten Belastung aus der ihm zu Unrecht zugeschobenen Urheberschaft am Kriege anzuerkennen. Ebenso wenig kann es ein Deutscher mit seiner Würde und Ehre vereinbaren, die Artikel 227 bis 230 anzunehmen und auszuführen, in denen Deutschland zugemutet wird, Angehörige des deutschen Volkes, die von den alliierten und assoziierten Mächten der Verletzung internationaler Gesetze und der Vornahme von Handlungen gegen die Gebräuche des Krieges bezichtigt werden, den alliierten und assoziierten Mächten zur Aburteilung auszuliefern. Weiter legt die Regierung der deutschen Republik entschieden Verwahrung ein gegen die Wegnahme des deutschen Kolonialbesitzes und die hierfür gegebene Begründung, die Deutschland die Befähigung zur kolonialen Betätigung dauernd abspricht ...

Am 10. Januar 1920 trat der Versailler Vertrag in Kraft. Er enthält in 15 Teilen mit insgesamt 440 Artikeln:

1. Die Satzung des Völkerbunds.
2. Territoriale Regelungen: Das Deutsche Reich musste abtreten: ohne Volksabstimmung Elsass-Lothringen an Frankreich, Posen und Westpreußen an Polen, das Hultschiner Ländchen an die Tschechoslowakei, das Memelland an die Alliierten (1923 an Litauen übergeben), Danzig (das zur Freien Stadt erklärt wurde) und alle Kolonien (als Mandatsgebiete der Aufsicht des Völkerbunds unterstellt); aufgrund von Volksabstimmungen das östliche Oberschlesien an Polen, Eupen-Malmedy an Belgien und Nordschleswig an Dänemark. Das Saarland wurde bis zu einer Volksabstimmung (nach 15 Jahren) der Verwaltung des Völkerbunds unterstellt; Elbe, Oder, Memel, Donau, Rhein und Mosel wurden internationalisiert; Österreich wurde der Anschluss an das Deutsche Reich verboten. Deutsche Gesamtverluste: 73.845 km² mit rund 7,3 Millionen Einwohnern.
3. Militärische Bestimmungen: Besetzung des linken Rheinufers mit den rechtsrheinischen Brückenköpfen Kehl, Köln, Koblenz und Mainz durch alliierte Truppen, die etappenweise (in fünf, zehn und 15 Jahren) wieder aufgehoben werden sollte; Bildung einer entmilitarisierten Zone auf dem linken und in einem 50 km breiten Streifen auf dem rechten Rheinufer; Abschaffung der allgemeinen Wehrpflicht und Beschränkung des deutschen Heers auf maximal 100.000, der deutschen Marine auf 15.000 (Berufs-)Soldaten; Auflösung der deutschen Luft- und Luftseestreitkräfte; Verbot der Herstellung und Verwendung „schwerer" Waffen (z.B. Flugzeuge und Panzer); Auslieferung des deutschen Kriegsmaterials und Kontrolle der deutschen Rüstung und Rüstungsproduktion durch die Alliierten; Auflösung des deutschen Generalstabs und militärischer Schulen.
4. Wirtschaftliche Bestimmungen: Verpflichtung Deutschlands zur Leistung von Reparationen sowie zur Lieferung von Sachgütern (u.a. von Kohle, Maschinen, Fabrikeinrichtungen, Untersee-Kabeln) und von Tieren (z.B. 140.000 Milchkühe) an die Alliierten; Auslieferung fast der gesamten Handelsflotte; Konfiskation des deutschen Auslandsvermögens (auch des privaten). Die Erhebung von Reparationen wurde begründet mit der alleinigen Schuld des Deutschen Reichs und seiner Verbündeten am Krieg, die in Artikel 231 festgestellt und von Deutschland anerkannt werden musste.

„Kamerad! Hilf mir! – gegen Bolschewismus, Polengefahr und Hungersnot." Plakat von 1919 mit dem Aufruf zur Mobilisierung einer deutschen Schutzdivision. Der historische Hintergrund: Zwischen dem Waffenstillstand im November 1918 und dem Versailler Friedensvertrag im Juni 1919 versuchten die Polen noch vor einer rechtswirksamen Grenzregelung durch Handstreich-Aktionen in den Provinzen Posen, Westpreußen und besonders Oberschlesien vollendete Tatsachen zu schaffen.

Verkehrschaos auf dem Potsdamer Platz in Berlin. Ein Generalstreik, wie er in dieser Wucht noch niemals in Deutschland stattgefunden hatte (und sich so auch nie wiederholen sollte), legte die Putschregierung bereits am zweiten Tag ihrer Existenz vollkommen lahm. Am 17. März gab dann Kapp endgültig auf.

5. Anklage des (ehemaligen) deutschen Kaisers Wilhelm II. und anderer Personen, die gegen das Kriegsvölkerrecht verstoßen hätten, vor einem (zu bildenden) Gerichtshof und deren Auslieferung. Der in Deutschland fast einhellig als „Diktatfrieden" oder „Schanddiktat von Versailles" abgelehnte Versailler Vertrag stellte eine starke und dauerhafte Belastung für die Weimarer Republik dar und bot den antidemokratischen Kräften, v.a. auch der NSDAP, einen Ansatzpunkt zum Kampf gegen die Republik. Auch unter den Alliierten fand der Versailler Vertrag nicht nur Zustimmung; so ratifizierten ihn z.B. die USA nicht und schlossen 1921 einen Sonderfrieden mit dem Deutschen Reich.

Der Kapp-Putsch

Eine der vielen Bestimmungen des Versailler Vertrages lautete, dass Deutschland seine Militärmacht zu verkleinern habe. Die Regierung verfügte deswegen die Auflösung der Freiwilligenverbände. Diese waren sowieso zur Plage geworden. Söldner- und Landsknechttypen, die sich im Zivilleben nicht zurechtfanden, hatten hier ihre Heimat gefunden. Sie waren ursprünglich engagiert worden, um kommunistische Aufstände niederzuschlagen oder die strittigen Grenzen im Osten zu sichern. Aber sie träumten längst davon, ihre Auftraggeber fortzujagen und die militärische Herrlichkeit des Kaiserreichs wiederherzustellen. Eines der gefährlichsten dieser Freikorps war die Brigade Ehrhardt. Als sie im März 1920 aufgelöst werden sollte, verabredete ihr Führer, der Marineoffizier Hermann Ehrhardt (1881-1971) mit dem Befehlshaber des Reichswehrkommandos Berlin, General Lüttwitz, einen Staatsstreich. Der konservative Politiker Wolfgang Kapp (1858-1922) sollte neuer Regierungschef werden. Am 13. März marschierte die Brigade Ehrhardt nach Berlin ein. Die Regierung wich nach Dresden aus und organisierte von dort den Widerstand. Ein Generalstreik der Gewerkschaften legte das öffentliche Leben lahm, auch die Beamtenschaft weigerte sich, Anordnungen der Putschisten Folge zu leisten. Da auch die Reichswehr sich distanzierte, brach der Putsch nach wenigen Tagen zusammen. Kapp starb in der Untersuchungshaft; von seinen Helfern erhielt nur der als Innenminister vorgesehene Berliner Polizeipräsident von Jagow eine Strafe. Den übrigen geschah nichts – ein Zeichen dafür, wie vorsichtig die Republik mit ihren erklärten Feinden umging.

Aus den Tagen des Kapp-Putsches stammen die nachfolgenden Dokumente. Der „Reichskanzler" Kapp wandte sich am 13. März 1920 mit einer Proklamation an das deutsche Volk:

Die ohne Mandat weiterregierende Nationalversammlung erklärte sich in Permanenz, verfassungswidrig schiebt sie die Wahlen bis in den Herbst hinaus. Statt die Verfassung zu hüten, die sie erst feierlich beschlossen hat, will eine herrschsüchtige Parteiregierung schon heute dem Volk das wichtige Grundrecht der Präsidentenwahl entziehen.

Die Stunde der Rettung Deutschlands geht verloren. Darum bleibt kein anderes Mittel übrig, als eine Regierung der Tat. Welches sind die Aufgaben, welche sich die deutsche Regierung stellt?
Die Regierung wird den Friedensvertrag unter Wahrung der Ehre des deutschen Volkes und seiner Lebens- und Arbeitsfähigkeit ausführen, soweit es möglich ist und nicht Selbstvernichtung bedeutet.
Die Regierung wird die Finanz- und Steuerhoheit der Bundesstaaten, die sie zur selbständigen Erfüllung ihrer Kulturaufgaben nötig haben, auf verfassungsmäßig föderativer Grundlage wiederherstellen.
Die Regierung wird die Kriegsanleihen als gerechte Gegenleistung für treuerfüllte vaterländische Pflicht sicherstellen und ihre demnächstige Rückzahlung einleiten.
Die Regierung wird zur Wiederaufrichtung des Staates den ländlichen und städtischen Grundbesitz zu entsprechender Steuerleistung heranziehen. Nach schweren staatlichen Zusammenbrüchen ist es immer der Grundbesitz gewesen, der die Opfer der Wiederaufrichtung tragen musste. Die Regierung erwartet, dass er auch jetzt seiner vaterländischen Ehrenpflicht genügt. Die Regierung wird aber dem Grundbesitz, damit er in den Stand gesetzt wird, solche Opfer zu tragen, die wirtschaftliche Freiheit zurückgeben. Hieraus allein wird eine Hebung der Produktion und der Staatsfinanzen erwachsen. Zugleich wird es ihre Hauptsorge sein, Minderbemittelte und Festbesoldete mit Nahrungsmitteln zu erträglichen Preisen zu versorgen.
Die Regierung wird Streiks und Sabotage rücksichtslos unterdrücken. Gehe jeder friedlich seiner Arbeit nach. Jede arbeitsfreudige Hand ist unseres nachdrücklichen Schutzes sicher. Streik ist Verrat am Volk, an Vaterland und Zukunft.
Die Regierung wird die Arbeiterschaft zum Zwecke der wirtschaftlichen Neuordnung in hervorragendem Maße zur Vorbereitung und zur tätigen Mitarbeit neben den andern Berufs- und Erwerbsständen heranziehen. Sie wird nicht eine Regierung des einseitigen Kapitalismus sein, sie will vielmehr die deutsche Arbeit vor dem harten Schicksal der internationalen Verknechtung unter das Großkapital behüten und hofft durch diese Maßnahme der Staatsfeindschaft der arbeitenden Klassen ein Ende zu bereiten.
Die Regierung wird die bestehende Versicherungsgesetzgebung mit einem freiheitlichen Selbstverwaltungsrecht der Arbeiter ausstatten.
Die Regierung wird die Freiheit der Kirche gewährleisten und die nationale und religiöse Erziehung wiederherstellen. Absplitterungsversuche vom Reich werden als Hoch- und Landesverrat standrechtlich erledigt. Wir sind stark genug, unsere Regierung nicht mit Verhaftungen und anderen Gewaltmaßregeln zu beginnen. Aber wir werden jede Auflehnung gegen die neue Ordnung mit schonungsloser Entschlossenheit niederschlagen.
Wir werden regieren, nicht nach Theorien, sondern nach den praktischen Bedürfnissen des Staates und des Volkes in seiner Gesamtheit. Nach bester deutscher Überlieferung hat der Staat über allem Kampf der Berufsstände und der Parteien zu stehen. Er ist der unparteiische Richter in dem gegenwärtigen Kampf zwischen Kapital und Arbeit. Jede Klassenbevorzugung, sei es nach rechts oder nach links, lehnen wir ab. Wir kennen nur deutsche Staatsbürger. Doch jeder deutsche Staatsbürger, der in dieser schweren Stunde dem Vaterlande gibt, was des Vaterlandes ist, kann auf uns bauen!
Tue jeder seine Pflicht! Heute ist Arbeit die vornehmste Pflicht für jedermann. Deutschland soll sein eine sittliche Arbeitsgemeinschaft!
Die Farben der deutschen Republik sind schwarz-weiß-rot!

Der Reichskanzler
Kapp.

Wolfgang Kapp, ostpreußischer Generallandschaftsdirektor, spielte in dem Drama dieser Märztage eine Nebenrolle, obwohl der Putsch unter seinem Namen in die Geschichte eingegangen ist. Kapp wurde von Lüttwitz erst informiert, als die Brigade Ehrhardt bereits zum Marsch auf Berlin bereitstand.

Als Antwort auf den Putsch veröffentlichte die Reichsregierung einen Aufruf an das deutsche Volk:

Dresden, 13. März 1920
Durch einen wahnwitzigen Handstreich sind die Regierungsgebäude in die Hände von Aufrührern gelangt. Keine politische Partei, kein Mann von besonnener Denkungsart steht hinter diesen Vorgängen. Nachdem sich die in Döberitz einquartierten, zur Entlassung bestimmten Truppen, namentlich aus dem Baltikum, hinter diesen Akt der Tollheit gestellt haben, hat die Regierung, um ein Blutbad zu vermeiden und das Leben der an Zahl geringen, in Berlin befindlichen regulären Truppen zu schonen, Berlin verlassen. Blut ist seit 1914 genug geflossen, und das Abenteuer wird in wenigen Tagen an seiner inneren Unmöglichkeit zusammenfallen.
Die Regierung hat ihren Sitz nach Dresden verlegt. Jeder bleibt an den Gehorsam gegen die verfassungsmäßige Regierung gebunden. Nur sie kann Befehle erteilen und Zahlungsanweisungen ausstellen. Jede Anordnung einer anderen Stelle ist nichtig. Die Soldaten der Reichswehr haben die Verfassung zu schützen, dem Reichspräsidenten und der Regierung zu dienen und gehorsam zu sein. Den Eidbruch einer Anzahl Offiziere nachzuahmen, verbietet ihnen Pflicht und Recht.
Die Auflösung der Nationalversammlung ist verfassungswidrig. Der Präsident der Nationalversammlung ist ersucht, die Nationalversammlung alsbald wieder einzuberufen. Nur eine auf der Verfassung begründete Regierung vermag Deutschland davor zu bewahren, dass es in Nacht und Blut versinkt. Wenn Deutschland von einem Putsch zum anderen geführt wird, so ist es verloren. Eine auf dem Gewaltakt weniger beruhende Regierung entbehrt der Autorität im Inlande und im Auslande.
Das Volk wird verhungern, wenn neue Wirren die Wirtschaft und den Verkehr unterbinden, das Vertrauen des Auslandes, das sich nur eine verfassungsmäßige Regierung erwirbt, untergraben. Ungeheure Gefahren nach innen und außen stehen bevor, wenn das Volk die Besonnenheit verliert.
Deutsches Volk, schare dich um deine verfassungsmäßige Regierung!
Der Reichspräsident
Ebert
Die Reichsregierung
Bauer – Noske – Giesberts – Müller – Koch – Geßler

Gewerkschaften und Angestelltenverbände riefen den Generalstreik aus: Die deutsche Republik ist in Gefahr. Der Absolutismus sowohl im Staat als auch im Betrieb soll wiederhergestellt werden. Das Koalitionsrecht, jene unerlässliche Voraussetzung alles sozialen Aufstiegs, wird beseitigt, jede Meinungsfreiheit unterdrückt. Damit kehren auch alle reaktionären Zustände zurück, mit denen das deutsche Volk im November 1918 glücklich aufgeräumt hatte. Der Achtstundentag, die gesetzlichen Betriebs- und Beamtenvertretungen, die Besoldungsreform für die Beamten, der Ausbau des Arbeiter- und Beamtenrechts, der Reichslohntarif für die Eisenbahnarbeiter, das soziale und wirtschaftliche Mitbestimmungsrecht aller Arbeitnehmer wie der gesamte Arbeiterschutz sind bedroht.
Lasse sich kein denkender Arbeiter, Angestellter und Beamter durch zweifelhafte Versprechungen der Putschregierung betören. Es gilt, alle Kräfte des Volkes zum Widerstand zusammenzufassen. Das Volk wäre nicht wert der Freiheiten und Rechte, die es sich erkämpft hat, wenn es sie nicht bis zum äußersten verteidigen würde. Wir fordern daher alle Arbeiter, Angestellten und Beamten zum einmütigen Protest gegen die Ge-

waltherrschaft auf, überall sofort in den Generalstreik einzutreten. Alle Betriebe müssen stillgelegt werden. Ausgenommen sind nur die Wasserwerke, Krankenhäuser und Krankenkassen. Die örtlichen zuständigen Vertretungen der Arbeitnehmerschaft werden darüber entscheiden, in welchen sonstigen lebensnotwendigen Betrieben die Arbeit fortgesetzt werden darf. Der Abwehrkampf der Arbeitnehmerschaft muss ein gewaltiger und erdrückender werden. Deshalb darf sich kein Beruf und keine Gruppe davon ausschließen. Jeder Einzelne tue seine Pflicht. An dem geschlossenen Widerstand des Volkes muss die Reaktion scheitern. Ihre Machtmittel werden in Kürze versagen. Der Sieg wird auf Seiten des arbeitenden Volkes sein.

Abstimmung in Schleswig

Die Siegermächte des Ersten Weltkriegs hatten sich vorgenommen, das Deutsche Reich auch territorial zu schwächen. Ein problematisches Verfahren sollte dabei den Schein des Rechts aufrechterhalten. Am 14. März 1920 fand in der sogenannten Südzone Schleswigs eine Abstimmung über den Verbleib dieses Gebietes im Deutschen Reich statt. Im Versailler Friedensvertrag war in den Artikeln 109 bis 114 bestimmt worden, dass die Bevölkerung Nordschleswigs in einer Volksabstimmung entscheiden sollte, ob sie bei Deutschland bleiben oder sich an Dänemark anschließen wolle. Das Abstimmungsgebiet war in eine Zone I (nördlicher Teil) und in eine Zone II (südlicher Teil) getrennt. In Zone I wurde am 10. Februar 1920 abgestimmt. 75.431 Stimmberechtigte, das waren 74,2 Prozent, stimmten für den Anschluss an Dänemark, 25.329 (24,9 Prozent) für den Verbleib bei Deutschland; 882 Stimmen (0,9 Prozent) waren ungültig. Die Abstimmung in der Zone II am 14. März brachte eine Umkehrung des Ergebnisses. 51.724 Schleswiger (80 Prozent) stimmten für den Verbleib bei Deutschland, 12.800 (20 Prozent) wünschten den Anschluss an Dänemark.

Die Zone I, deren Grenze auf einer Linie ungefähr 13 Kilometer nördlich von Flensburg an der Ostsee bis südlich von Tondern nahe der Nordsee verlief, wurde Dänemark angegliedert. In diesem Gebiet hatte es in 41 Gemeinden eine deutsche Mehrheit gegeben, vor allem im Kreis Tondern. Die Zone II wies nur in vier Gemeinden eine dänische Mehrheit auf. In der Stadt Flensburg stimmten 27.058 Bürger für Deutschland, 8.935 für Dänemark.

Entscheidung für Deutschland

Bersaglieri, die berühmten italienischen Leichten Infanteristen, patrouillierten am Sonntag, dem 11. Juli 1920, in den Straßen von Marienburg (Westpreußen) mit ihren Federbüschen und aufgepflanztem Bajonett. Der Tag der Volksabstimmung über den Verbleib beim Deutschen Reich oder die Zugehörigkeit zum 1918 wiederauferstandenen Polen war angebrochen. Dafür gab es zwei Abstimmungsgebiete: Marienwerder mit dem Restkreis Marienburg, den Kreisen Marienwerder, Rosenberg und Stuhm, und Allenstein mit zehn Landkreisen im gleichnamigen Regierungsbezirk und dem Kreis Oletzko (Gumbinnen). Ohne Volksbefragung war von den Siegermächten in Versailles 1919 die Abtretung des Großteiles der preußischen Provinz Posen und des verkehrsstrategisch bedeutsamen Soldauer Gebietes im südwestlichen Ostpreußen an Polen verfügt worden.

Danzig war „Freie Stadt“ mit polnischen Vorzugsrechten geworden.

Für offensichtlich überwiegend deutsche Bereiche in West- und Ostpreußen und Oberschlesien, die Polen darüber hinaus für sich reklamierte, waren auf Drängen des US-Präsidenten Wilson und des britischen Premierministers Lloyd George nach dem Selbstbestimmungsrecht der Völker Abstimmungen vorgesehen worden, ein Novum in der europäischen Staatengeschichte.

Mit dem 12. Februar 1920 hatte daher eine Interalliierte Abstimmungskommission für die Gebiete Allenstein und Marienwerder im Allensteiner Regierungspräsidium die Verwaltung und Polizeihoheit für die Abstimmungsperiode übernommen. Sie bestand aus je einem britischen, französischen, italienischen und japanischen Berufsdiplomaten

Hermann Ehrhardt (Bild oben in der Mitte), Führer des nach ihm benannten Freikorps, das als militärische Eliteeinheit galt und entscheidenden Anteil an der Niederschlagung der Revolution von 1918 gehabt hatte, wurde neben Walter Freiherr von Lüttwitz zur entscheidenden Schlüsselfigur der Ereignisse vom März 1920.

im Gesandtenrang. Präsident war der britische Gesandte Sir Ernest A. Rennie. Symbolisch waren ihr für den Fall von Unruhen auch Truppen zugeteilt, britische Verbände für Allenstein, italienische Einheiten für den Kreis Lyck und Marienwerder.
Die Abstimmung vom 11. Juli 1920 hatte folgendes Ergebnis: Im Bezirk Südliches Ostpreußen stimmten 97,8 Prozent (354.000) für den Verbleib beim Deutschen Reich, in Westpreußen östlich der Weichsel 92,3 Prozent (97.000). Bis auf kleinere Teile am rechten Weichselufer blieben danach beide Gebiete bei Deutschland.

Programm der NSDAP

Aus dem Ersten Wekltkrieg heimgekehrt, fand Hitler in München ein kärgliches Unterkommen als Spitzel in den Kasernen der Reichswehr. Dabei bekam er Kontakt zu einer Splittergruppe namens „Deutsche Arbeiter-Partei“ und ließ sich als Werbe-Obmann anheuern. Dank seiner Rednergabe machte er den winzigen Verein bald überall bekannt. Umbenannt in „Nationalsozialistische Deutsche Arbeiterpartei“ (NSDAP), schwoll die Partei bald auf beachtliche Größe an. Für die Auseinandersetzungen mit politischen Gegnern legte sie sich eine Privatarmee, die „Sturmabteilung“ (SA) zu und als eine Art Leibwache für Hitler die „Schutzstaffel“ (SS). Am 24. Februar 1920 gab die NSDAP ihr Programm bekannt:
Das Programm der Deutschen Arbeiter-Partei ist ein Zeitprogramm. Die Führer lehnen es ab, nach Erreichung der im Programm aufgestellten Ziele neue aufzustellen, nur zu dem Zweck, um durch künstlich gesteigerte Unzufriedenheit der Massen das Fortbestehen der Partei zu ermöglichen.

Der am 6. Juni gewählte Reichstag trat am 24. Juni 1920 in Berlin zu seiner ersten Sitzung zusammen. Stärkste Fraktion waren die Sozialdemokraten mit 113 Sitzen. Die von ihr abgespaltene Unabhängige Sozialdemokratische Partei (USPD) stellte 81 Abgeordnete (sie schloss sich später mit den zwei kommunistischen Abgeordneten zusammen). Das katholische Zentrum hatte 69, die Deutsche Volkspartei 62, die Deutsche Demokratische Partei 45, die Bayerische Volkspartei 20 Sitze; auf die Wirtschaftspartei und die Deutsche Bauernparei entfielen je vier Mandate. Obwohl die SPD die stärkste Fraktion stellte, wurde sie nicht an der Regierung beteiligt. Das Zentrum, die Demokratische Partei und die Deutsche Volkspartei bildeten unter Konstantin Fehrenbach (Zentrum) ein Minderheitskabinett.

1. Wir fordern den Zusammenschluss aller Deutschen aufgrund des Selbstbestimmungsrechtes der Völker zu einem Groß-Deutschland.
2. Wir fordern die Gleichberechtigung des deutschen Volkes gegenüber den anderen Nationen, Aufhebung der Friedensverträge von Versailles und St. Germain.
3. Wir fordern Land und Boden (Kolonien) zur Ernährung unseres Volkes und Ansiedlung unseres Bevölkerungsüberschusses.
4. Staatsbürger kann nur sein, wer Volksgenosse ist. Volksgenosse kann nur sein, wer deutschen Blutes ist, ohne Rücksichtnahme auf Konfession. Kein Jude kann daher Volksgenosse sein.
5. Wer nicht Staatsbürger ist, soll nur als Gast in Deutschland leben können und muss unter Fremdengesetzgebung stehen.
6. Das Recht, über Führung und Gesetze des Staates zu bestimmen, darf nur dem Staatsbürger zustehen. Daher fordern wir, dass jedes öffentliche Amt, gleichgültig welcher Art, gleich ob im Reich, Land oder Gemeinde, nur durch Staatsbürger bekleidet werden darf. Wir bekämpfen die korrumpierende Parlamentswirtschaft einer Stellenbesetzung nur nach Parteigesichtspunkten ohne Rücksichten auf Charakter und Fähigkeiten.
7. Wir fordern, dass sich der Staat verpflichtet, in erster Linie für die Erwerbs- und Lebensmöglichkeit der Staatsbürger zu sorgen.
Wenn es nicht möglich ist, die Gesamtbevölkerung des Staates zu ernähren, so sind die Angehörigen fremder Nationen (Nicht-Staatsbürger) aus dem Reiche auszuweisen.
8. Jede weitere Einwanderung Nichtdeutscher ist zu verhindern. Wir fordern, dass alle Nichtdeutschen, die seit 2. August 1914 in Deutschland eingewandert sind, sofort zum Verlassen des Reiches gezwungen werden.
9. Alle Staatsbürger müssen gleiche Rechte und Pflichten besitzen.
10. Erste Pflicht jedes Staatsbürgers muss sein, geistig oder körperlich zu schaffen. Die Tätigkeit des Einzelnen darf nicht gegen die Interessen der Allgemeinheit verstoßen, sondern muss im Rahmen des Ge-

„An die deutschen Mütter! 12.000 Juden fielen im Kampf!" Plakat des Reichsbundes jüdischer Frontsoldaten, 1920. Bei Kriegsausbruch 1914 haben sich mehr als 100.000 Juden freiwillig zur Armee gemeldet, während des Krieges sind über 2.000 zu Offizieren ernannt und fast 30. 000 dekoriert worden, eindeutige Zahlen, die den Antisemitismus dennoch nicht aufhalten konnten.

samten und zum Nutzen Aller erfolgen.

11. Daher fordern wir: Abschaffung des arbeits- und mühelosen Einkommens.

12. Brechung der Zinsknechtschaft. Im Hinblick auf die ungeheuren Opfer an Gut und Blut, die jeder Krieg vom Volke fordert, muss die persönliche Bereicherung durch den Krieg als Verbrechen am Volke bezeichnet werden. Wir fordern daher restlose Einziehung aller Kriegsgewinne.

13. Wir fordern die Verstaatlichung aller (bisher) bereits vergesellschafteten (Trusts) Betriebe.

14. Wir fordern Gewinnbeteiligung an Großbetrieben.

15. Wir fordern einen großzügigen Ausbau der Altersversorgung.

16. Wir fordern die Schaffung eines gesunden Mittelstandes und seine Erhaltung. Sofortige Kommunalisierung der Groß-Warenhäuser und ihre Vermietung zu billigen Preisen an kleine Gewerbetreibende, schärfste Berücksichtigung aller kleinen Gewerbetreibenden bei Lieferung an den Staat, die Länder oder Gemeinden.

17. Wir fordern eine unseren nationalen Bedürfnissen angepasste Bodenreform, Schaffung eines Gesetzes zur unentgeltlichen Enteignung von Boden für gemeinnützige Zwecke. Abschaffung des Bodenzinses und Verhinderung jeder Bodenspekulation.

18. Wir fordern den rücksichtslosesten Kampf gegen diejenigen, die durch ihre Tätigkeit das Gemeininteresse schädigen. Gemeine Volksverbrecher, Wucherer, Schieber usw. sind mit dem Tode zu bestrafen, ohne Rücksichtnahme auf Konfession und Rasse.

19. Wir fordern Ersatz für das der materialistischen Weltordnung dienende römische Recht durch ein deutsches Gemeinrecht.

20. Um jedem fähigen und fleißigen Deutschen das Erreichen höherer Bildung und damit das Einrücken in führende Stellungen zu ermöglichen, hat der Staat für einen gründlichen Ausbau unseres gesamten Volksbildungswesens Sorge zu tragen. Die Lehrpläne aller Bildungsanstalten sind den Erfordernissen des praktischen Lebens anzupassen. Das Erfassen des Staatsgedankens muss bereits mit dem Beginn des Verständnisses durch die Schule (Staatsbürgerkunde) erzielt werden. Wir fordern die Ausbildung geistig besonders veranlagter Kinder armer Eltern ohne Rücksicht auf deren Stand oder Beruf auf Staatskosten.

21. Der Staat hat für die Hebung der Volksgesundheit zu sorgen durch den Schutz der Mutter und des Kindes, durch Verbot der Jugendarbeit, durch Herbeiführung der körperlichen Ertüchtigung mittels gesetzlicher Festlegung einer Turn- und Sportpflicht, durch größte Unterstützung aller sich mit körperlicher Jugendausbildung beschäftigenden Vereine.

22. Wir fordern die Abschaffung der Söldnertruppe und die Bildung eines Volksheeres.

23. Wir fordern den gesetzlichen Kampf gegen die bewusste politische Lüge und ihre Verbreitung durch die Presse. Um die Schaffung einer deutschen Presse zu ermöglichen, fordern wir, dass:

a) Sämtliche Schriftleiter und Mitarbeiter von Zeitungen, die in deutscher Sprache erscheinen, Volksgenossen sein müssen.

b) Nichtdeutsche Zeitungen zu ihrem Erscheinen der ausdrücklichen Genehmigung des Staats bedürfen. Sie dürfen nicht in deutscher Sprache gedruckt werden.

c) Jede finanzielle Beteiligung an deutschen Zeitungen oder deren Beeinflussung durch Nichtdeutsche gesetzlich verboten wird, und fordern als Strafe für Übertretungen die Schließung einer solchen Zeitung sowie die sofortige Ausweisung der daran beteiligten Nichtdeutschen aus dem Reich.

Zeitungen, die gegen das Gemeinwohl verstoßen, sind zu verbieten. Wir fordern den gesetzlichen Kampf gegen eine Kunst- und Literaturrichtung, die einen zersetzenden Einfluss auf unser Volksleben ausübt, und die Schließung von Veranstaltungen, die gegen vorstehende Forderung verstoßen.

24. Wir fordern die Freiheit aller religiösen Bekenntnisse im Staat, soweit sie nicht dessen Bestand gefährden oder gegen das Sittlichkeits- und Moralgefühl der germanischen Rasse verstoßen. Die Partei als solche vertritt den Standpunkt eines positiven Christentums, ohne sich konfessionell an ein bestimmtes Bekenntnis zu binden. Sie bekämpft den jüdisch-materialistischen Geist in und außer uns und ist überzeugt, dass eine dauernde Genesung unseres Volkes nur erfolgen kann von

Die in Deutschland emotional am heftigsten empfundene Demütigung des Versailler Vertrages war die alliierte Behauptung von der deutschen „Alleinschuld" am Ausbruch des (Ersten) Weltkrieges. „Simplicissimus"-Karikatur von Emil Schilling, „Im Storchenteich", 1920. „Du Boche bist auch am Weltkrieg schuld, wenn du erst einmal geboren bist!", brüllt das französische Soldatenkind das ins Abseits gedrängte deutsche Baby an.

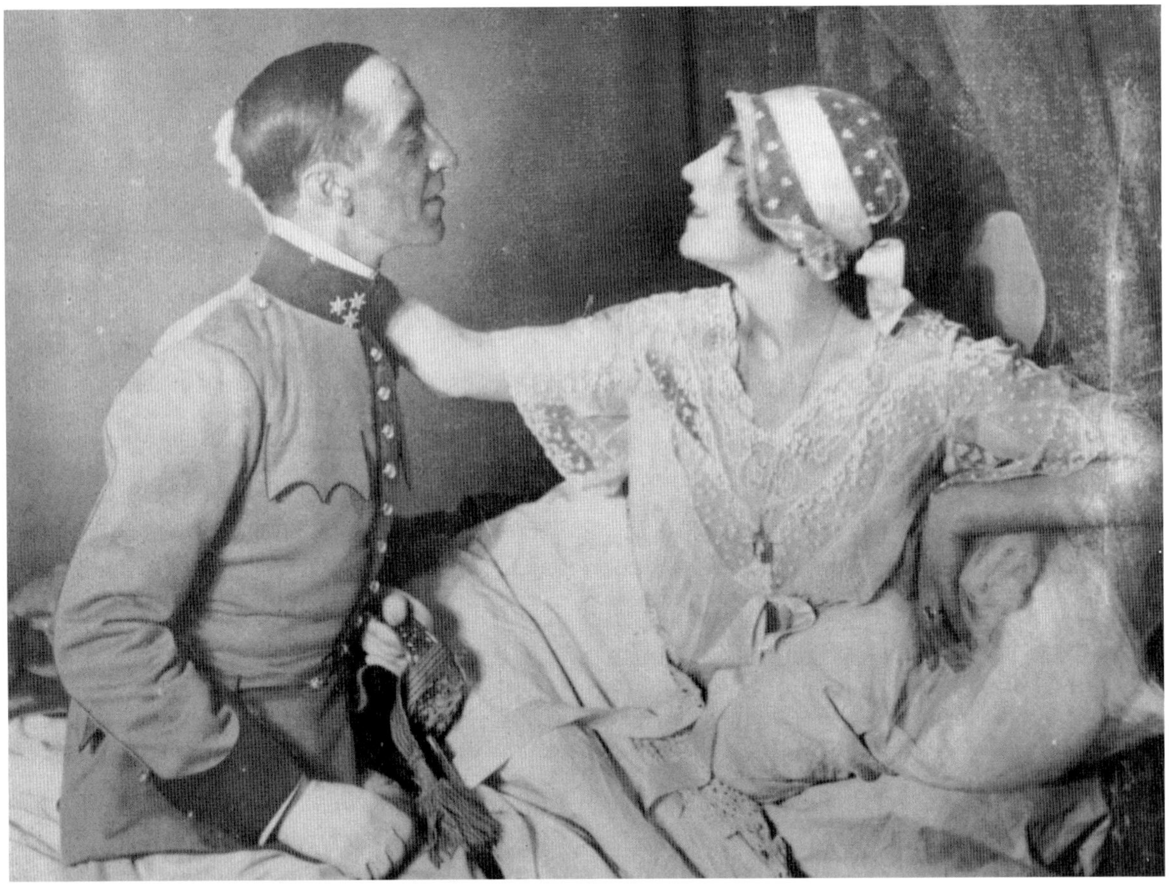

Der Graf am Bett der Schauspielerin. Szene aus Arthur Schnitzlers „Reigen", der am 21 Dezember 1920 in Berlin uraufgeführte wurde.

innen heraus auf der Grundlage: Gemeinnutz vor Eigennutz.

25. Zur Durchführung alles dessen fordern wir die Schaffung einer starken Zentralgewalt des Reiches; unbedingte Autorität des politischen Zentralparlaments über das gesamte Reich und seine Organisationen im Allgemeinen; die Bildung von Stände- und Berufskammern zur Durchführung der vom Reich erlassenen Rahmengesetze in den einzelnen Bundesstaaten.

Die Führer der Partei versprechen, wenn nötig unter Einsatz des eigenen Lebens, für die Durchführung der vorstehenden Punkte rücksichtslos einzutreten.

Eröffnung der Salzburger Festspiele

„Jetzt habet allesamt Achtung, Leut,/ Und hört, was wir vorstellen heut." Mit diesen Worten des Spielansagers wird am 22. August 1920 vor dem Salzburger Dom die Aufführung von Hugo von Hofmannsthals „Jedermann", werden die Salzburger Festspiele eröffnet, in denen, was im Laufe der Jahre auch an Programmerweiterungen hinzukam, das Mysterienspiel vom Sterben des reichen Mannes nach wie vor seinen festen Platz behauptet.

Die erste „Jedermann"-Aufführung ist eine Wohltätigkeitsveranstaltung zugunsten der Kriegsinvaliden. Die Darsteller – hochkarätige Mimen wie Alexander Moissi, Heinrich George, Hedwig Bleibtreu und Helene Thimig sind dabei, Regie führt Max Reinhardt – spielen ohne Gage. Der Erfolg übertrifft alle Erwartungen. Die Salzburger sind noch in Sorge gewesen, ob man die vielen Fremden, die die Festspiele besuchen, auch beköstigen könne, schließlich herrscht noch die Not der Nachkriegszeit. Aber es kommen genügend gutbetuchte Leute, die sich alles leisten können. Das zeigt sich schon am Kartenverkauf. 300 Kronen kostet der Eintritt regulär. Binnen kurzem erzielen Schwarzhändler das Zehnfache dafür.

Arthur Schnitzler: „Der Reigen – zehn Dialoge"

Arthur Schnitzlers (1862-1931) Bühnenstück „Der Reigen – zehn Dialoge" zählt zu den großen Werken der Weltliteratur. In genialer, zeitkritischer Weise zeigt Schnitzler, dass das Gespräch über Moral und Sitte oftmals ein hohles Gerede ist, eine philisterhafte Phraseologie, um platte Geilheit zu verbrämen. Deshalb stieß das Stück auch auf heftigsten Widerstand, und hinter der Angst um die „gesunde Volksmoral" lauerte purer Antisemitismus dem Juden Schnitzler gegenüber. Bereits 1896/97 entstanden, konnte der „Reigen" daher erst am 23. Dezember 1920 in Berlin vollständig uraufgeführt werden.

Das Stück beschreibt einen Reigen der Liebe: Jeweils ein Partner jeder Dialogszene wechselt in der folgenden Szene zum nächsten Partner, bis sich der letzte zum ersten gesellt.

Die Dirne möchte den Soldaten, den sie nachts anspricht, gern zum festen Freund; aber er nimmt sie nur schnell, ganz nebenbei, weil sie von ihm kein Geld nimmt. Am Ende gibt er ihr nicht einmal das Sechserl, um das sie ihn (für den Hausmeister, sagt sie) bittet.

Auch das Stubenmädchen, das der Soldat in einer Tanzpause verführt, bedeutet ihm nicht mehr. Seine Zigarre wieder in Brand zu bringen ist ihm wichtiger, als ihr aus dem Gras aufzuhelfen. Aber ganz so spröde und unerfahren, wie sie sich dem Soldaten gibt, ist das Stubenmädchen nicht: Mit dem „jungen Herrn" allein zu Hause, weiß sie schon, ihm zu gefallen. Dem „jungen Herrn" ist es nachher ein wenig peinlich. Für ihn war das Stubenmädchen eine Vorübung: Jetzt spielt er mit der verheirateten Frau eine große Liebesszene voll Pathos und Philosophie, mit Treueschwüren und Tränen. Eine kleine körperliche Hemmung an sich versucht er anhand literarischer Vorbilder als zwangsläufig zu erklären, während die Frau sie rasch und mit Geschick beseitigt. Der Gatte der jungen Frau, der die Ehe in ständig einander ablösende Freundschafts- und Liebesperioden einteilt (der Mann „muss auch zuweilen hinaus ins feindliche Leben"), macht ihr im Bett klar, wie unglücklich Frauen sind, die neben der Ehe ein Verhältnis haben, und wie verachtenswert die Geschöpfe, die sich mit verheirateten Männern einlassen. Draußen „im feindlichen Leben" hat der Gatte ein „süßes Mädel" erobert, das ihm unter der Beteuerung ihrer Unschuld in ein Chambre séparée folgt. Er macht sie für die Zeit, die er ab und zu „in Wien" weilt, zu seiner Geliebten. Während der Gatte „nicht in Wien" ist, lässt sich das „süße Mädel" von einem Dichter verführen, der sich an der „göttlichen Dummheit" berauscht. Er möchte mit ihr, die seinen Namen nie gehört hat, zusammenbleiben und „in der Einsamkeit draußen“ leben. In die Einsamkeit ist der Dichter aber mit der Schauspielerin gefahren. In einem Landgasthof verbringen sie eine Nacht miteinander. Sie ist seine „heilige Einfalt“. Wenn er dichterische Anwandlungen bekommt, findet sie seine Redeweise „märchenhaft blöd“. Aber sie „stirbt vor Liebe“ zu ihm. Als die Schauspielerin mit etwas Fieber darniederliegt, empfängt sie vormittags den „Anstandsbesuch“ des degenerierten jungen Grafen, der ihr seine Lebensphilosophie darlegt. Sie aber zieht ihn, obgleich er eigentlich „in der Früh die Liebe grässlich“ findet, zu sich. Aus einem tiefen Rausch, ohne klare Erinnerung an das Geschehene, erwacht der Graf morgens im Zimmer der Dirne. Dass er bei einer Dirne war und sie nur auf die Augen geküsst hat (weil sie ihn „an wen erinnert hat“), erscheint ihm als großes Abenteuer, so ist er tief enttäuscht, als er erfährt, dass da „doch etwas gewesen“ sei.

Caligari

Am 27. Februar 1920 hatte im Berliner Marmorhaus „Das Cabinet des Dr. Caligari“ premiere, ein Meisterwerk des expressionistischen Stummfilms.
Caligari ist ein Hypnotiseur, der sein somnambules Medium Cesare den Freund des Helden töten und dessen Mädchen entführen lässt. Nachdem der Held Caligaris Machenschaften enthüllt hat, erweist er sich als Insasse einer Nervenheilanstalt, deren Direktor Caligari ist.

„Sein Ideal“. „Simplicissimus“-Karikatur von Eduard Thöny, eine Anspielung auf den Kapp-Putsch von 1920: „Jnädigste wirken auf mich wie ein Putsch von rechts.“

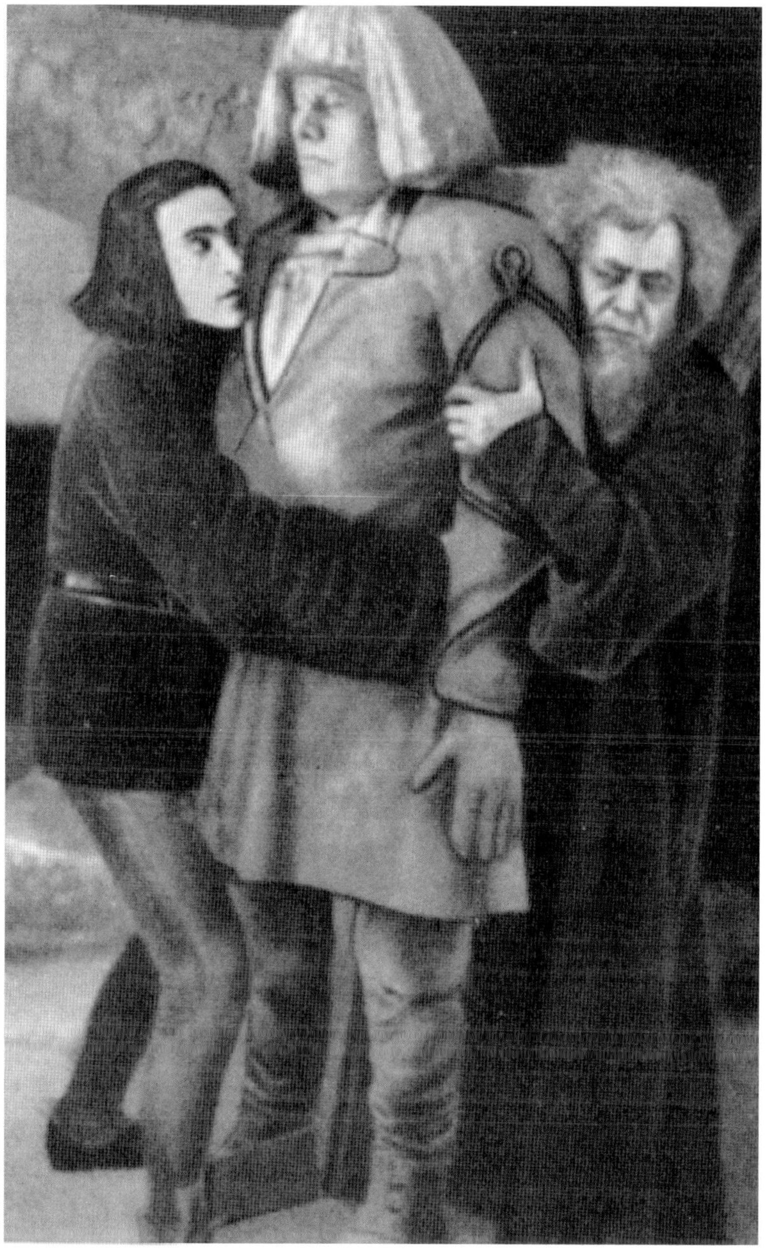

„Der Golem, wie er in die Welt kam“, uraufgeführt am 29. Oktober 1920. Mit diesem Film wandte sich Wegener der Erschaffung des „Golem“ durch Rabbi Loew und dem siegreichen Widerstand gegen die Vertreibung der Juden aus dem Prager Ghetto durch den Kaiser zu. Die expressionistischen Dekorationen – enge Straßen, bizarr geformte Dachfirste, Effektbeleuchtung – tragen sehr zu einem überzeugenden Porträt der mittelalterlichen Zauberwelt bei. Wegeners „Golem“ diente der Mehrzahl künftiger Filmmonster als Modell.

„Caligaris“ Ruhm beruht auf seiner Bedeutung für die Entwicklung des Expressionismus im deutschen Film. Vor allem die Ausstattung, die fast ausschließlich aus flachen, in verzerrter Perspektive gemalten Hintergrundflächen besteht, und die grotesk verkippte Beleuchtung führten zu einem Stil, der allgemein als „Caligarismus“ bekannt wurde und großen Einfluss auf den deutschen Film der nächsten Dekade ausübte, obwohl seine Wirkung auf lange Sicht oft überschätzt wurde. Der originale Entwurf von Mayer und Janowitz stellte Caligari bis zuletzt als den Schurken dar. Die Rahmenhandlung, die die Intentionen der Autoren verkehrte, indem sie den Helden als wahnsinnig entlarvt, stammte vom Produzenten Erich Pommer. Sowohl Fritz Lang, der den Film ursprünglich inszenieren sollte, als auch Robert Wiene akzeptierten diese Änderung gegen den bitteren Protest der Autoren.

Attentat auf Erzberger

Der Zentrumspolitiker Matthias Erzberger wurde am 26. August 1921 auf einem Spaziergang in der Nähe von Bad Griesbach im Schwarzwald von den ehemaligen Offizieren Heinrich Tillessen und Heinrich Schulz, Mitgliedern des rechtsradikalen Geheimbundes „Organisation Consul“, durch zwölf Schüsse ermordet.

Erzberger, am 20. September 1875 geboren, war schon mit 28 Jahren Reichstagsabgeordneter geworden. Als Staatssekretär im Kabinett des Prinzen Max von Baden war er im November 1918 mit der Führung der Waffenstillstandsverhandlungen in Compiègne betraut worden. Im Juni 1919 wurde er Finanzminister. Erzberger war bald zur bevorzugten Zielscheibe rechtsradikaler Angriffe und Schmähungen geworden. In einem Beleidigungsprozess wehrte er sich gegen den Vorwurf der Korruption. Der Beleidiger, der frühere kaiserliche Staatssekretär Helfferich, wurde zwar zu einer Geldstrafe von 300 Mark verurteilt, doch ließ das Gericht die Anschuldigungen gelten.

Erzberger trat zurück und betrieb seine Rehabilitierung. Als sie erfolgreich verlief, kündigte er seine Rückkehr in die Politik an. Kurz darauf ermordeten ihn Tillessen und Schulz. Die Täter flohen nach Ungarn; nach 1933 kehrten sie nach Deutschland zurück. Sie wurden 1945 verhaftet und zu hohen Zuchthausstrafen verurteilt. Durch einen Gnadenakt, den auch die Witwe Erzbergers befürwortete, wurde ihnen 1952 bedingte Strafaussetzung gewährt.

„Mord Erzberger!“ Steckbrief der Badischen Staatsanwaltschaft vom 13. September 1921.

Die Teilung Oberschlesiens

Die Volksabstimmung in Oberschlesien am 20. März 1921 erbrachte kein eindeutiges Ergebnis: 59,9 Prozent (717.000) hatten sich für den Verbleib beim Deutschen Reich entschieden, 40,4 Prozent (434.000) verlangten den Anschluss an Polen. Daraufhin schlug die interalliierte Botschafterkonferenz eine Teilung des Landes vor. In einer Note wurde dies dem Botschafter in Paris am 20. Oktober 1921 mitgeteilt:

Herr Botschafter! Ich habe die Ehre, Ihnen anbei den Text der Entscheidung zu übermitteln, die die Botschafterkonferenz am 20. Oktober des Jahres namens und in ausdrücklicher Vollmacht der Regierung des Britischen Reiches, Frankreichs, Italiens und Japans getroffen hat, die mit den Vereinigten Staaten von Amerika als alliierte und assoziierte Hauptmächte den Friedensvertrag von Versailles unterzeichnet haben.

Die genannten Mächte haben gemäß dem Friedensvertrag eine Lösung gesucht, die dem Wunsch der Bevölkerung, wie er in der gemeindeweisen Abstimmung zum Ausdruck gekommen ist, entspricht und die geographische und wirtschaftliche Lage der Ortschaften berücksichtigt. Sie haben sich deshalb nach Einholung des Gutachtens des Völkerbundsrates veranlasst gesehen, den Industriebezirk Oberschlesiens zu teilen. In Anbetracht der Tatsache, dass die verschiedenen Volksteile geographisch zerstreut liegen, andererseits aber stark untereinander vermengt sind, musste jede Teilung dieses Gebietes dazu führen, dass auf beiden Seiten der Grenzlinie ziemlich beträchtliche Minderheiten verblieben und dass wichtige Interessengebiete auseinandergerissen wurden. In Berücksichtigung dieser Umstände enthält die getroffene Entscheidung Maßregeln, um im Interesse der Allgemeinheit die Fortdauer des Wirtschaftslebens ebenso wie den Schutz der Minderheiten in Oberschlesien zu gewährleisten. Die deutsche Regierung muss sich auch wohl dessen bewusst werden, dass die alliierten Mächte ihre Entscheidung als ein einheitliches Ganzes betrachten und dass sie fest entschlossen sind, seinen verschiedenen Teilen Geltung zu verschaffen.

In dem Falle, dass die beteiligten Regierungen oder eine von ihnen sich aus irgendeinem Grunde weigern sollte, die Entscheidung insgesamt oder zu einem Teile anzunehmen, oder durch ihre Haltung zu erkennen geben würde, dass sie der loyalen Durchführung der Entscheidung Hindernisse in den Weg zu legen bestrebt ist, behalten sich die alliierten Mächte, in der Erwägung, dass es im Interesse des allgemeinen Friedens notwendig ist, die vorgesehene Regelung so schnell wie möglich durchzuführen, solche Maßregeln vor, die sie für geeignet halten, um die völlige Durchführung ihrer Entscheidung sicherzustellen.

Genehmigen Sie den Ausdruck meiner ausgezeichneten Hochachtung.

A. Briand.

Vertrag von Rapallo

Im April 1922 geht eine Welle der Verblüffung, der Furcht und des Zorns durch die französische und englische Presse. Am Rande der Weltwirtschaftskonferenz von Genua schließen das Deutsche Reich und die Union der Sozialistischen Sowjetrepubliken am 16. April 1922 in Rapallo einen Freundschaftsvertrag ab.

Deutsches Reich wie Sowjetunion waren seit 1918/19 verfemt und ausgeschlossen aus der Weltpolitik, sie gehörten auch nicht dem Völkerbund in Genf an. In Genua

verlangten die einstigen Verbündeten des 1917 von den Bolschewiki Lenins gestürzten Zarentums Entschädigung für die vor allem von Frankreich dem Zarenreich gewährten Anleihen und die Verluste westlicher Firmen durch die Enteignung aller Industriebetriebe im Sowjetstaat. Die Sowjets präsentierten darauf eine Gegenrechnung, Reparationsforderungen an England und Frankreich in Höhe von 20 Milliarden Rubel für „Interventionsschäden", die durch das Eingreifen alliierter Truppen und Militärmissionen auf Seiten der „weißen Armeen" im Bürgerkrieg von 1918 bis 1920 entstanden sein sollen.
Die Gespräche fahren sich fest. Da gewinnt der Leiter der Ostabteilung im Auswärtigen Amt, Freiherr von Maltzan, seinen Minister Rathenau für den Gedanken, mit den Sowjets ein Arrangement zu erzielen. So kommt der Vertrag von Rapallo zustande: kein Bündnis, sondern ein Freundschaftsvertrag, ganz ohne Zusammenhang mit den bereits zwischen der Reichswehrführung

Der Psychoanalytiker Dr. Mabuse betreibt in den 20er Jahren unter Einsatz hypnotischer Fähigkeiten die Vergrößerung seines Reichtums und die Erweiterung seiner Macht. Bis ihm ein Staatsanwalt das Handwerk legt, hat er Unheil über viele Menschen gebracht. Fritz Langs zweiteiliger Stummfilm (1921/1922) erweist sich über seine melodramatische Kriminalgeschichte hinaus als präzise dramaturgische und formale Konstruktion, die in beinahe dokumentarischer Weise nicht nur die Lebenshaltung verschiedener Gesellschaftsschichten und die Vergnügungssucht und Dekadenz von Großbürgertum und Kleinadel attackiert, sondern auch die Bedingungen aufzeigt, unter denen eine Gesellschaft zwischen Chaos und Tyrannei einem „Übermenschen" verfallen kann. Filmhistorisch belegt der Film die Übergänge vom Expressionismus zur Neuen Sachlichkeit.

Die Vertragspartner von Rapallo: Reichskanzler Joseph Wirth(links) im Gespräch mit den russischen Emissären Krassin, Tschitscherin und Joffe.

und der Roten Armee angeknüpften Verhandlungen.
In der Sowjetunion gilt die Weisheit Lenins, dass man den Kapitalismus mit Hilfe der Kapitalisten einholen und darauf überholen müsse. Die sich rasch entwickelnden Wirtschaftsbeziehungen zwischen den Sowjets und der deutschen Industrie ergeben eine wertvolle Hilfe für den Neuaufbau einer eigenen sowjetrussischen Industrie, aber sie öffnen auch den riesigen russischen Exportmarkt für deutsche Industrieprodukte. 1922 erhält die Flugzeugfirma von Professor Hugo Junkers in Dessau eine Konzession zum Aufbau eines Zweigwerkes in Fili bei Moskau, nachdem Deutschland auch der Bau von Zivilflugzeugen untersagt worden war. Hugo Junkers legt den Grund für die Organisation eines künftigen sowjetrussischen Verkehrsluftnetzes. 1923 erwirbt die Friedrich Krupp AG in Essen eine große Landkonzession am Manytsch zur Erprobung moderner Agrarmethoden und landwirtschaftlicher Maschinen. Bereits im Oktober 1923 gewährt die Reichsregierung, obwohl sie noch um die Überwindung der Inflation ringt, der Sowjetunion einen kurzfristigen Handelskredit in Höhe von 75 Millionen Goldmark. Zwischen 1924 und 1928 klettert der Export deutscher Industrieerzeugnisse aller Art in die Sowjetunion von 89 auf 403,4 Millionen Mark. Im Anschluss an den Berliner Freundschafts- und Wirtschaftsvertrag von 1924 mit Moskau gewährt die Reichsregierung einen neuen Warenkredit in Höhe von 300 Millionen Mark.
Für die deutsche Maschinen-, Elektro-, Motoren- und Lokomotivenindustrie wird das Russlandgeschäft zu einem höchst gewichtigen Faktor. 1931 steigt die Ausfuhr deutscher Industrieprodukte auf 762,2 Millionen Mark. Mehrere gemischte deutsch-russische Gesellschaften entstehen für die Abwicklung von Transporten, für den Luftverkehr, für die Bewirtschaftung und Nutzung der Krupp-Konzession am Manytsch im fernen Kuban-Gebiet. Die Sowjetunion liefert ihrerseits Getreide, Öl und Ölerzeugnisse, Erze.
Tausende deutscher Ingenieure und Facharbeiter arbeiten in sowjetischen Werken als Instrukteure. Der von Stalin seit 1928 vorangetrie-

bene Aufbau einer eigenen Schwerindustrie wäre ohne derartige Auslandshilfe kaum denkbar gewesen. Das alles ändert sich freilich nach der Machtübernahme Hitlers am 30. Januar 1933. Bislang hatte das blühende Russlandgeschäft immer ein Doppelgesicht gehabt: Bei guten Beziehungen zwischen der Wilhelmstraße und dem Kreml existierte eine äußerst starke Kommunistische Partei in Deutschland, die allerdings seit 1923 auf gewaltsame Umsturzversuche verzichtet hatte. Jetzt beginnt die Jagd auf Kommunisten in Deutschland.

Hitler-Prozess in München

Schon bald nach seinem gescheiterten Putsch fand Hitler zu seiner alten Form zurück: Beim Prozess vor dem bayerischen Volksgericht, angeklagt immerhin des Hochverrats, redete er die Richter in Grund und Boden – und die ließen ihn reden. Mit großem Pathos verkündete Hitler seinen Anspruch auf einen Ruhmesplatz in der deutschen Geschichte:

Und nun, meine hohen Herren, was wollten wir nun denn tatsächlich an disem Abend? Mir wird besonders von rechter Seite ja ununterbrochen eines vorgeworfen, nämlich: Ich bin kein Monarchist, sondern ich bin letzten Endes auch Republikaner und würde auch mit einer Republik gehen. Herr Präsident Pöhner ist Monarchist und ist treu ergeben dem bayerischen Königshaus. Exzellenz Ludendorff ist Royalist und ist treu ergeben seinem Hohenzollernhause. Und sehen Sie nun, wir alle, die wir so verschieden eingestellt sind, wir standen da beisammen. Konnten wir hier eine Verfassungsänderung im Sinne des Sturzes der Republik wollen? Was hätten wir dann eigentlich wollen sollen? Nein! Wenn wir, die wir so heterogen in dieser Beziehung sind, beisammenstehen, dann nur deshalb, weil für uns Deutschlands Schicksal, wahrhaftiger Gott, nicht in der Republik oder Monarchie liegt, sondern in dem Inhalt, den die Republik oder Monarchie besitzt. Was wir bekämpfen und was ich bekämpfe, ist nicht die Staatsform als solche. Was wir bekämpfen, ist jener schmachvolle Inhalt, mit dem eine Staatsform, die einst das alte Rom geziert hat, so unerhört kompromittiert wurde. Was haben wir gewollt? Was die Herren hier erklärten mit allen Beimengungen usw., es ist letzten Endes eines: Wir wollten, dass in Deutschland die Voraussetzungen geschaffen werden, die eines Tages allein gestatten, dass die eiserne Fessel des äußeren Feindes von uns genommen wird. Ordnung sollte geschaffen werden im Staatshaushalt. Das Drohnenunwesen sollte gebrochen werden. Die Währung sollte organisiert und in Ordnung gebracht werden. Der Kampf gegen die internationale Börsenversklavung sollte aufgenommen werden. Der Kampf gegen die Vertrustung unserer ganzen Wirtschaft sollte durchgeführt werden. Der Kampf gegen die Politisierung der Gewerkschaften sollte aufgenommen werden, und vor allem sollte wieder eingeführt werden die höchste Ehrenpflicht, die wir als Deutsche einst gekannt haben: Eingeführt sollte wieder werden die Pflicht zur Waffe, die Wehrpflicht. Und da frage ich Sie: Ist das alles Hochverrat, was wir da gewollt haben?

Und endlich: Wir wollten, dass unser Volk zum Aufbäumen gebracht wird gegen diese dauernde Versklavung. Wir wollten, dass endlich wieder einmal die Zeit kommt, da wir nicht in ewiger Schafsgeduld Ohrfeige um Ohrfeige hinnehmen, sondern auf jeden französischen Befehl wieder das deutsche Knirschen zurückertönt. Zweitens bitte ich Sie um etwas, auch nicht für mich, sondern ich bitte Sie um etwas, das in meinen Augen für das deutsche Volk dereinst schmachvoll und schändlich sein würde: Die Anklageschrift empfiehlt auch die Anwendung des § 9 des Republikschutzgesetzes. Hier bitte ich Sie: Wenden Sie diesen Paragraphen nicht an, und zwar aus folgendem Grunde: Meine hohen Herren! Sie haben auch einst als Knaben alle deutsche Geschichte studiert, und ich glaube, dass auch Sie manchmal an eine Seite gekommen sind, die Sie mit schamerfüllter Wange umgeblättert haben; es ist die Seite, die von Zeit zu Zeit auftaucht, da die Besten unseres Volkes dann, wenn sie den Ministern unbequem wurden, ausgewiesen wurden. Glauben Sie mir, ich flehe hier nicht für etwas oder um etwas vielleicht für mich. Ich war 4 Jahre außerhalb des Bodens, den ich als meinen Vaterboden, wahrhaftig als meine Heimat heute bezeichnen muss, und in diesen 4 Jahren habe ich mit glühender Liebe die Stunden gezählt, die mir gestatten würden, von Frankreich zurückzukommen.

Wenn es notwendig wäre – ich ginge auch heute wieder hinaus, auch als Ausgewiesener, und würde nicht eine Sekunde anders denken und nicht eine Sekunde anders handeln. Aber um eines bitte ich Sie: Sorgen Sie dafür, dass diese größte Schmach der deutschen Nation in Zukunft sich nicht ewig wiederholt! Erinnern Sie sich, dass die Größten und Besten unseres Volkes fast alle einst als Flüchtlinge im Auslande bitter traurig leiden mussten, erinnern Sie sich der Worte, die Richard Wagner ausrief, als er zum erstenmal wieder an den Rhein kam, erinnern Sie sich endlich der Tatsache, dass es nur das Zeichen von minderwertigen Völkern ist, wenn sie nicht einmal sich gegenseitig in sich so sehr achten, dass sie die politische Betätigung gestatten, ohne dem eisernen Mann, wenn er vielleicht wider der Öffentlichkeit Meinung sich betätigt, die Grenzen des Vaterlandes zu weisen. Das, was man hier in den letzten Monaten tut, dass man Deutsche ausweist, die nichts als das Größte für ihr Vaterland gewollt haben, das wird dereinst Hunderttausenden deutschen Knaben bittere Schamröte ins Gesicht hineintreiben, wenn sie das lesen, und sie werden alle das Gefühl haben: Wie schmachvoll sind wir doch daran gegenüber anderen Völkern!

Und nun möchte ich auf etwas eingehen, was die Anklagebehörde er-

Nach dem gescheiterten Putsch vom 9. November 1923 schreibt Adolf Hitler als Vorzugshäftling auf der Festung Landsberg 1924 den ersten Band seines Buches „Mein Kampf".

klärte, nämlich: Wir sind der Strafe verfallen, da die Tat des 8. November (1923) misslungen ist.
Meine hohen Herren! Die Tat des 8. November ist nicht misslungen. Sie wäre misslungen dann, wenn auch nur eine Mutter gekommen wäre und mir gesagt hätte, Herr Hitler, Sie haben auch mein Kind am Gewissen, auch mein Kind ist dabei gefallen. Aber das darf ich Ihnen versichern, es ist keine Mutter gekommen. Im Gegenteil, zehn – und zehn – und zehntausend weitere sind gekommen und haben sich in unsere Reihen gestellt. Was seit dem Jahre 1918 nimmermehr der Fall war, das ist zum erstenmal wieder eingetroffen: Freudig sind junge Leute in den Tod hineingegangen, in einen Tod, von dem es auch einst heißen wird wie am Obelisk: „Auch sie starben für des Vaterlandes Befreiung." Das ist das sichtbarste Zeichen des Gelingens dieses 8. November, dass in seiner Folge das deutsche Volk nicht etwa gedrückter ist, sondern dass wie eine Sturmflut das junge Deutschland sich erhebt und überall zusammenschließt und in machtvollen Organisationen seinen Willen bekundet. Darin sehen wir den größten Gewinn dieses 8. November, dass er nicht zu einer Depression geführt hat, sondern dass er mit ein Mittel war, unser Volk zum Allerhöchsten und Äußersten zu begeistern, und das glaube ich nun, dass einmal die Stunde kommen wird, da diese Massen, die heute mit unserem Kreuze, mit unserer Kreuzesfahne auf den Straßen wandern, sich vereinigen mit denen, die am 8. November gegen sie Front machten.
Ich glaube daran, dass das Blut, das damals geflossen ist, uns nicht ewig trennen wird. Als ich am dritten Tage erfuhr, dass es grüne Polizei war, die gegen uns schoss, da stieg mir im Innern plötzlich ein Glücksgefühl auf, dass es wenigstens nicht das Reichsheer gewesen ist, das uns niedergeschossen hat, dass wenigstens das Reichsheer sich nicht besudelt hat, sondern dass wenigstens das Reichsheer noch so dasteht wie früher und, von Ausnahmen abgesehen, wir die Überzeugung hegen können, dass einmal die Stunde kommt, da die Reichswehrsoldaten an unserer Seite gehen werden, Offizier und Mann, und der alte Generalquartiermeister des Weltkrieges wieder in der Armee stehen wird.
Die Armee, die wir herangebildet haben, wächst und wächst von Tag zu Tag und von Stunde zu Stunde schneller, und da hegen wir gerade in diesen Tagen die stolze Hoffnung, dass einmal diese wilden Scharen zu Bataillonen werden und die Bataillone wieder zu Regimentern und die Regimenter zu Divisionen, dass die alte Kokarde aus dem Schmutz wieder herausgeholt wird und die alten Fahnen flattern und dann die Versöhnung kommen wird bei jenem letzten Gottesgericht, zu dem anzutreten wir bereit und willig sind. Und dann, meine hohen Herren, dann wird aus unseren Gräbern und aus unseren Knochen heraus der Gerichtshof entstehen, der über uns zu Gericht sitzen wird. Denn nicht Sie sprechen hier das letzte Urteil, sondern das Urteil spricht jene Göttin des letzten Gerichtes, die sich aus unseren und Ihren Gräbern als „Geschichte" einst erheben wird. Und wenn wir vor sie hintreten, dann kenne ich ihr Urteil von vornherein. Sie wird uns dann nicht fragen: Habt ihr Hochverrat getrieben?, sondern in ihren Augen wird der Generalquartiermeister des Weltkrieges und seine Offiziere als Deutsche gelten, die das Beste gewollt haben, als Deutsche, die für ihr Vaterland kämpfen wollten. Mögen Sie tausendmal Ihr „schuldig" sprechen, diese ewige Göttin des ewigen Gerichts wird lächelnd den Antrag des Staatsanwalts zerreißen und lächelnd zerreißen das Urteil des Gerichts, denn die spricht uns frei.

Als Angeklagte vor dem bayerischen Volksgericht 1924 in München: General Ludendorff, Adolf Hitler, Oberleutnant Wilhelm Brückner und Hauptmann Ernst Röhm (von links nach rechts). Zu fünf Jahren Festungshaft verurteilt, wurde Hitler „wegen guter Führung" bereits nach neun Monaten Ende 1924 aus der Haft entlassen.

Tod Friedrich Eberts

Einem Sozialdemokraten sollte es vorbehalten sein, das von Deutschland zu retten, was nach dem Bankrott des Kaiserreiches noch übriggeblieben war: Friedrich Ebert, letzter Kanzler des „Zweiten Reiches" und erster Präsident der ersten deutschen Demokratie. In den schweren Jahren nach 1918, als Krisen, Putsche und Terror von links wie rechts die junge Republik erschütterten, steuerte er erfolgreich auf Stabilisierungskurs. Als er am 28. Februar 1925 starb, hatte sein Land scheinbar das rettende Ufer erreicht. Es ging wieder aufwärts, der Radikalismus nahm sichtlich ab. Nur wenige versagten daher Ebert den Respekt. Den meisten sprach wohl die Reichsregierung aus der Seele, als sie den Verstorbenen würdigte:

... Mit Friedrich Ebert ist ein Mann dahingegangen, der unter Einsatz seiner starken Persönlichkeit erreichte, dass in den Wirren der Revolution die Einberufung der Nationalversammlung aus freier Wahl des deutschen Volkes beschlossen und durchgeführt und damit dem deutschen Staatsleben wieder eine gesetzliche Grundlage gegeben wurde. In schwerster Zeit hat er das Amt eines deutschen Reichspräsidenten mit vorbildlicher Gewissenhaftigkeit und staatsmännischer Klugheit verwaltet und sich dabei in der Heimat wie im Ausland reiche Anerkennung erworben. In den außenpolitischen Wirrungen, die nach dem Kriegsende dem Deutschen Reiche erwuchsen, nahm er die Verantwortung für die Entscheidung, die nach vielen Misserfolgen endlich den Weg zum Wiederanstieg anbahnte, auf sich. Unparteilichkeit und Gesetzlichkeit waren die Richtlinien seiner Amtsführung. Die Charaktereigenschaften des Menschen Friedrich Ebert und die hervorragende Begabung des Staatsmannes, der an der Spitze des Deutschen Reiches gestanden hat, haben ihm bei all denen, die den Mann und sein Wirken kannten, Wertschätzung und Verehrung erworben. Er hat dem deutschen Volke und dem deutschen Vaterlande in schwerster Zeit als aufrechter Mann gedient. Unter den Männern, die in den letzten sechs Jahren in die Geschicke unseres Vaterlandes zu seinem Heile eingegriffen haben, tritt die Gestalt des ersten Reichspräsidenten vor allen anderen hervor.

In allen Schichten und in allen Parteien bricht sich immer mehr die Überzeugung Bahn, dass er zu den Männern gezählt werden muss, die sich die größten Verdienste um das deutsche Volk erworben haben.

Friedrich Ebert war ein Staatsmann. Zwei Taten vor allem wird ihm die unparteiische Geschichtsschreibung als große Taten buchen! Ihm vornehmlich ist es zu danken, dass schon so bald nach der Revolution Deutschland den Boden des Rechts und des Gesetzes wiederfand, und er war es, der der Institution des Reichspräsidenten Leben und Inhalt gegeben hat.

Reichspäsident Friedrich Ebert (1871-1925).

Am 9. November 1918 vollzog sich der Zusammenbruch der alten Ordnung, am 10. November wurde Friedrich Ebert Vorsitzender des Rats der Volksbeauftragten, und bereits am 25. November 1918 drängte er in einer Reichskonferenz der Minister der Einzelstaaten mit aller Macht auf die baldige Einberufung einer konstituierenden Nationalversammlung; auf seinen Vorschlag hin wurde als Ergebnis der Reichskonferenz festgelegt: Aufrechterhaltung der Einheit Deutschlands und Berufung einer konstituierenden Nationalversammlung.

Am 30. November 1918 schon erging die Verordnung über die Wahlen zur verfassunggebenden deutschen Nationalversammlung. Am 19. Januar 1919 erfolgte die Wahl, am 6. Februar 1919 trat die Nationalversammlung in Weimar zusammen, am 10. Februar 1919 erging das Gesetz über die vorläufige Reichsgewalt, das mit großer Stimmenmehrheit angenommen wurde: Deutschland, das deutsche Volk hatte den Rechtsboden wiedergefunden!

In welch furchtbarer Gefahr wir damals geschwebt haben, das erkennen wir mit Entsetzen und Schrecken, wenn wir das Geschick Russlands betrachten.

Es ist eine wahrhaft große, eine historische Tat, Deutschland vor diesem Schicksal bewahrt, den Boden des Rechts und des Gesetzes wiederhergestellt zu haben. Ohne diese Tat wäre das Reich verloren gewesen, es wäre zerfallen, weite Teile wären dem Aufruhr und der Plünderung, Brand und Mord zur Beute geworden. In der Fülle der sich überstürzenden Geschehnisse haben wir zu bald vergessen, was damals auf dem Spiele stand, wie nahe wir alle am Rand des Abgrundes gewesen sind. In dieser Stunde wollen wir uns alles dessen wieder erinnern und voll tiefer Dankbarkeit des Mannes gedenken, dessen Weitblick und Vaterlandsliebe, des-

sen Starkmut und Gerechtigkeitsgefühl das deutsche Volk mit an erster Stelle seine Rettung verdankt.
Die zweite große Tat Friedrich Eberts ist die Ausprägung, die er dem Amte des Reichspräsidenten gegeben hat:
Was aus der Stellung des Reichspräsidenten in diesen sechs Jahren geworden ist, ist sein Werk; er hat dem Amte Seele und Leben, dem Schemen Fleisch und Blut gegeben. Die Paragraphen der Reichsverfassung konnten nur den Boden geben, auf dem eine Einrichtung wie die des Reichspräsidenten entstehen und sich entwickeln konnte. Leben konnte ihr verleihen nicht der Verfassungsparagraph, Inhalt und Leben konnte ihr nur geben der erste Träger dieser hohen Würde.
Das hat Friedrich Ebert getan, und so hat er das Amt des Reichspräsidenten in Wirklichkeit geschaffen. Auch hier muss man an seinem geistigen Auge die vergangenen Jahre vorüberziehen lassen, um die ganze Bedeutung dieser Tat zu erfassen. Der Reichspräsident hat das Reich völkerrechtlich zu vertreten, er ist nach innen und nach außen der Repräsentant des deutschen Volkes, er hat den Oberbefehl über die gesamte Wehrmacht des Reiches, ihm vertraute die Verfassung die wichtigsten Entscheidungen in den kritischsten Augenblicken an. Friedrich Ebert war der erste Träger dieses Amtes, es fehlte die Überlieferung, und aus der Vergangenheit strahlte herüber die Kaiserkrone, deren Glanz nur zu leicht den Blick für das Gegenwärtige, für gegebene Notwendigkeiten blenden konnte. Wenn der erste Träger dieses Amtes versagt hätte, wäre schwerster Schaden für Deutschland eingetreten. Aber er hat nicht versagt, er hat dem Amte Würde und Ansehen gegeben im Inneren und nach außen, er hat sich das Vertrauen der Wehrmacht gewonnen. Durch die vorbildliche Art, mit der er es bekleidet hat, hat er unendlich viel beigetragen zur inneren Beruhigung und Festigung der Verhältnisse, zur Wiederherstellung und Stütze des für die Wohlfahrt des Einzelnen und des ganzen Volkes unentbehrlichen Autoritätsgedankens.
Von den politischen Möglichkeiten, die das Amt gibt, hat er in maßvoller und kluger Weise, sich stets innerhalb der verfassungsmäßigen Grenzen haltend, Gebrauch gemacht. Wenn er auch seine festgewurzelten Grundsätze hatte, so hat er doch nie sein Amt parteipolitisch missbraucht; er hat das Amt herausgehoben aus der Niederung der Parteipolitik, eingedenk seiner Pflicht, Diener des ganzen Volkes zu sein. Nicht seine Klugheit allein war es, die den Chor der höhnenden Stimmen, der den Präsidenten bei seinem Amtsantritt begrüßte, zum Verstummen brachte, die ihm ein stetig wachsendes Ansehen, eine stetig wachsende Autorität gab. Nein, zu dieser Klugheit gesellte sich noch Anderes, Höheres, das den Staatsmann zum großen Menschen machte, das ihm in den weitesten Kreisen der Bevölkerung die Verehrung eintrug, die wir in so ergreifender Weise bei seinem Begräbnis geschaut haben: strengste Rechtlichkeit und Lauterkeit in der Lebensführung.
So ist sein Hinscheiden ein herber Verlust für unser deutsches Vaterland geworden, dem er auch nach Ablauf seiner Wahlzeit ein treuer Diener sein wollte. Ein schwerer Verlust ist sein Tod besonders auch für uns Rheinländer, denn er hat immer erkannt, dass Rheinlands Schicksal Deutschlands Schicksal ist, er ist dem besetzten Gebiet immer ein treuer Freund gewesen. Die Reichsverfassung legt dem Reichspräsidenten bei seinem Amtsantritt den Schwur auf, seine Kraft dem deutschen Volke zu widmen, seinen Nutzen zu mehren, Schaden von ihm zu wenden, die Verfassung und die Gesetze des Reichs zu wahren, seine Pflichten gewissenhaft zu erfüllen und Gerechtigkeit gegen jedermann zu üben.
Wahrhaftig, diesen Schwur hat der erste Reichspräsident erfüllt, sein Name, der Name Friedrich Ebert, wird ehrenvoll genannt werden in der Geschichte des deutschen Volkes.

Beitritt Deutschlands zum Völkerbund

Zum Friedensvertrag von Versailles, der unter schwerster Demütigung Deutschlands den Ersten Weltkrieg beendete, gehörte auch eine Absichtserklärung der Siegermächte, einen Völkerbund zu schaffen, der ein kollektives Sicherheitssystem begründen sollte. Kriege wie der, in den die Welt 1914 hineingeschlittert war, sollten so ausgeschlossen werden. Das Instrument aber trug schon bei der Gründung den Keim des Scheiterns in sich, denn weder das revolutionäre Sowjet-Russland noch die Verliererstaaten, allen voran Deutschland, sollten Sitz und Stimme in diesem Gremium haben.
Hinzu kam, dass die USA, von denen die Initiative zum Völkerbund ausgegangen war, ihm fernblieben, weil sie den ungerechten Friedensvertrag nicht bereitwaren zu ratifizieren. Deutschland bemühte sich

Gustav Stresemann vor dem Völkerbund am 10. September 1926. Nach seiner mit großem Beifall aufgenommenen Rede antwortete ihm sichtlich bewegt Aristide Briand: „Es ist ein ergreifendes Schauspiel, dass einige Jahre nach dem grauenvollsten Krieg, der jemals die Welt durchrast hat, während die Schlachtfelder noch feucht sind vom Blut der Völker, die gleichen Völker in dieser friedlichen Versammlung die Beteuerung ihres gemeinsamen Willens austauschen, miteinander am Werk des Weltfriedens zu arbeiten!“

lange vergeblich, in den Völkerbund aufgenommen zu werden, um seine diplomatische Isolation zu überwinden. Als am 10. September 1926 endlich die Schranken fielen und Reichsaußenminister Stresemann seine Antrittsrede in Genf halten konnte, hofften die Delegierten, damit den entscheidenden Geburtsfehler des Völkerbundes gutgemacht zu haben. Das erwies sich zwar als Illusion, doch die Demonstration des guten Willens machte diesen Tag zu einem der denkwürdigsten in der Geschichte der Bemühungen um einen stabilen Weltfrieden. Der Dolmetscher Paul Schmidt erlebte ihn im Zentrum des Geschehens und berichtete darüber in seinen Memoiren:

Ich sah noch, wie Stresemann sich plötzlich aufrichtete und dann als erster Deutscher im wahrsten Sinne des Wortes über die Schwelle der kleinen Tür hinweg in den Völkerbund eintrat. Bei seinem Erscheinen setzte im ganzen Saal ein wahrer Beifallssturm nach der vorher herrschenden erwartungsvollen Stille ein. Recht schwer hatte es der Präsident inmitten dieser Begeisterungsstürme, sich für seine Begrüßungsworte Gehör zu verschaffen. Aber es wurde ganz still, als er Stresemann das Wort erteilte und dieser sich unter atemloser Spannung langsam auf die Rednertribüne begab. Stresemann passte seine Stimme den technischen Vorrichtungen, je länger er sprach, immer besser an. Nur einige Male zuckte er noch etwas nervös wegen der Blitzlichter der Photographen oder blickte unwillig auf, wenn ein Filmoperateur mit seiner surrenden Kamera ihm allzu nahe kam. Nach einigen Minuten aber fühlte er sich völlig zu Hause und verlas seine Rede, ohne sich auch nur ein einziges Mal zu versprechen.

„Es kann nicht der Sinn einer göttlichen Weltordnung sein, dass die Menschen ihre nationalen Höchstleistungen gegeneinander kehren und damit die allgemeine Kulturentwicklung immer wieder zurückwerfen"; mit diesen wenigen Worten umriss Stresemann sein gesamtes politisches Wollen und wies an anderer Stelle auf die Gründe hin, die ihn zu dieser Politik geführt hatten. „Wir sehen nach den grundstürzenden Ereignissen eines furchtbaren Krieges in vielen Staaten den Niederbruch wertvollster, für den Staat unentbehrlicher geistiger und wirtschaftlicher Schichten."

Dann betrat der französische Außenminister Briand die Tribüne, leicht gebeugt, mit etwas struppigem Haar und herabhängendem Schnurrbart, ein kleiner, unscheinbarer Mann.

Aber schon nach den ersten Worten wurde er ein anderer. Als Redner war Briand ein vollendeter Meister. Er sprach völlig ungekünstelt, er kannte keine Rednerpose, jeder im Saal hatte zunächst das Gefühl, als wenn sich Briand mit ihm persönlich unterhielte.

„Nun, meine Herren Spötter", so apostrophierte der Spötter Briand sarkastisch die Kritiker des Völkerbundes in allen Ländern, „was sagen Sie jetzt, wo Sie an dieser Sitzung teilnehmen? Müssen Sie nicht selbst zugeben, dass das, was wir heute hier erlebt haben, wenige Jahre nach dem furchtbarsten Krieg, der jemals die Welt durcheinandergebracht hat, während das Blut auf den Schlachtfeldern noch nicht trocken geworden ist, ein wahrhaft erschütterndes Erlebnis darstellt? Hier sehen Sie die gleichen Völker, die sich vordem so hart aneinander gestoßen haben, friedlich zusammensitzen zur gemeinsamen Arbeit am Weltfrieden."

Mit einer Junkers W33, die am 28. April auf „Greely Island", zwölf Kilometer von Neufundland entfernt, notlanden musste gelang 1928 die erste Atlantiküberquerung von Ost nach West. Von Präsident Coolidge (ganz links) nehmen im Weißen Haus (von rechts nach links) der Ire James Fitzmaurice, und die beiden Deutschen v. Hünefeld und Köhl das Fliegerkreuz in Empfang.

„Die Dreigroschenoper"

Der junge Bertolt Brecht (1898-1956) verdankte dem triumphalen Erfolg dieses Stückes seinen Ruhm. Uraufgeführt am 31. August 1928 in Berlin, hat die „Dreigroschenoper" inzwischen Weltgeltung erlangt. Durch die raffiniert zündende Musik von Kurt Weill (1900-1950) und die zweideutig-witzige Fabel läuft das Stück Gefahr, quasi als Musical nur kulinarisch genossen zu werden. Übersehen wird dabei gerne die Radikalität der revolutionären Gesellschaftstheorie, die in dem berühmten Satz gipfelt: „Erst kommt das Fressen, dann kommt die Moral."

Jonathan Jeremiah Peachum unterhält in London ein Geschäft, das sich mit der Erweckung und Ausbeutung menschlichen Mitleids befasst. Seine Firma „Bettlers Freund" verleiht gegen eine hohe Provision an Bettler Kostüme und Requisiten, die geeignet sind, das Herz zu rühren und die Hand zum Geben anzuregen. Sie kontrolliert das gesamte Londoner Bettelhandwerk. Zu seinem Entsetzen muss der Geschäftsmann Peachum erfahren, dass sich seine Tochter Polly mit dem berüchtigtem Gangster Macheath, genannt Mackie Messer, eingelassen hat.

Er befürchtet, ein solcher Schwiegersohn wird die Firma ruinieren. Sein Protest kommt zu spät. In einem Pferdestall feiert Macheath seine Hochzeit mit der Tochter des Bettlerkönigs.

Die Mitglieder seiner Bande haben für eine würdige Ausgestaltung der Feierlichkeit gesorgt: Möbel, Geschirr, Delikatessen; Abendtoiletten wurden eilig zusammengestohlen, ein Pfarrer ist herbeordert, und auch an stimmungsvollen Liedern fehlt es nicht. Als besonders teurer Gast stellt sich Londons oberster Sheriff, Tiger-Brown genannt, mit seinen Glückwünschen ein. Er ist Mackie Messers Freund aus der gemeinsamen Soldatenzeit in Indien. Peachum zeigt sich allerdings über die gelungene Feier wenig entzückt. Polly rühmt MacHeath vergeblich als weitblickenden Einbrecher mit einem seriösen Bankkonto, der mit dem obersten Sheriff befreundet ist. Der unerbittliche Vater beschließt, den unstandesgemäßen Schwiegersohn zur Strecke zu bringen.

Mackie Messer nimmt Abschied von seiner Frau, denn sein Schwiegervater hat seinen Freund Tiger-Brown unter Druck gesetzt, der nun nichts mehr für MacHeath tun kann. Polly übernimmt die Leitung des Geschäftes, bis MacHeath nach vier Wochen ins Bankfach überwechseln kann, einen bürgerlichen Erwerbszweig mit einem anderen vertauschend, und er die Bande der Polizei ausliefern wird.

Plakat zur „Dreigroschenoper", von Caspar Neher, Berlin 1928.

Doch statt zu fliehen begibt sich MacHeath, wie jeden Donnerstag um diese Zeit, ins Hurenhaus von Turnbridge. Hier wird er von seinem Mädchen Jenny, das von seiner Schwiegermutter bestochen ist, an die Polizei verraten.
Aber die Tochter Tiger-Browns, eine von Mackie Messers Geliebten, verhilft dem Gangster zur Flucht aus dem Gefängnis. Als Peachum eintrifft, um sich die Belohnung für die Dingfestmachung des MacHeath zu holen, findet er den Sheriff in der Zelle. Er droht ihm, die Feierlichkeiten zur Krönung der Königin durch einen großen Aufmarsch aller Bettler Londons zu stören. Der Sheriff alarmiert seine Polizei, um MacHeath wieder einzufangen.
Die Vorbereitungen zur Demonstration des Elends sind in vollem Gange. Brown will sich gegen die Erpressung schützen und seinen Freund retten. Er kommt zu Peachum, um dessen Leute zu verhaften. Aber Peachum ist stärker. Die professionellen Bettler kann man zwar einsperren, aber was geschieht, wenn die wirklichen Armen von London in riesigen Zügen aufmarschieren und der jungen Königin das Gesicht des Elends zeigen? Brown gibt sich geschlagen. Peachum schickt die Polizei ins Hurenhaus, wohin Macheath nach Jennys Angaben abermals gegangen ist. So gelangt Mackie Messer in die Todeszelle. Er soll nunmehr gehängt werden. Die Bande treibt die erforderliche Bestechungssumme nicht auf. Polly hat alles Geld auf die Bank überwiesen, und so bleibt Macheath nichts mehr, als Abschied zu nehmen. Er fasst noch einmal zusammen, was ihn zu Fall gebracht hat: „Wir kleinen bürgerlichen Handwerker, die wir mit dem biederen Brecheisen an den Nickelkassen der kleinen Ladenbesitzer arbeiten, werden von den Großunternehmern verschlungen, hinter denen die Banken stehen." Danach geht er zum Galgen. Aber die Hinrichtung findet nicht statt. Hoch zu Ross erscheint Brown als Bote der Königin. Er verliest Mackie Messers Begnadigung und seine Erhebung in den Adelsstand, „damit ihr wenigstens in der Oper seht / Wie einmal Gnade vor Recht ergeht."

Mit 169 Passagiern an Bord startete die von Claudius Dornier konstruierte „DO-X" am 20. Oktober 1929 auf dem Bodensee. Das Flugboot mit drei Decks, Gesellschaftsraum, Bar und Rauchsalon erreichte eine Reisegeschwindigkeit von 175 km/h.

Gustav Stresemann

* Berlin, 10. Mai 1878
† ebd., 3. Oktober 1929

Gustav Stresemann, hundert Tage Reichskanzler der Weimarer Republik und sechs Jahre ihr Außenminister, ist es zu verdanken, dass sich Deutschland nach dem Ersten Weltkrieg wirtschaftlich erholen und politisch wieder Anerkennung verschaffen konnte. Er wurde zugleich bewundert und gefürchtet. Mit rhetorischer Begabung und diplomatischem Geschick hat er konsequent und oft im Alleingang für die Durchsetzung seiner Idee, Deutschland erneut als gleichberechtigte Macht neben den Alliierten zu etablieren, gekämpft. Er starb früh, 1929, mit einundfünfzig Jahren. Eine angemessene Würdigung seiner Verdienste setzte sich nur zögernd durch, denn seine geistige Wendigkeit hatte ihm viele zum Feind gemacht. 1923 wurde er von Friedrich Ebert als Reichs-

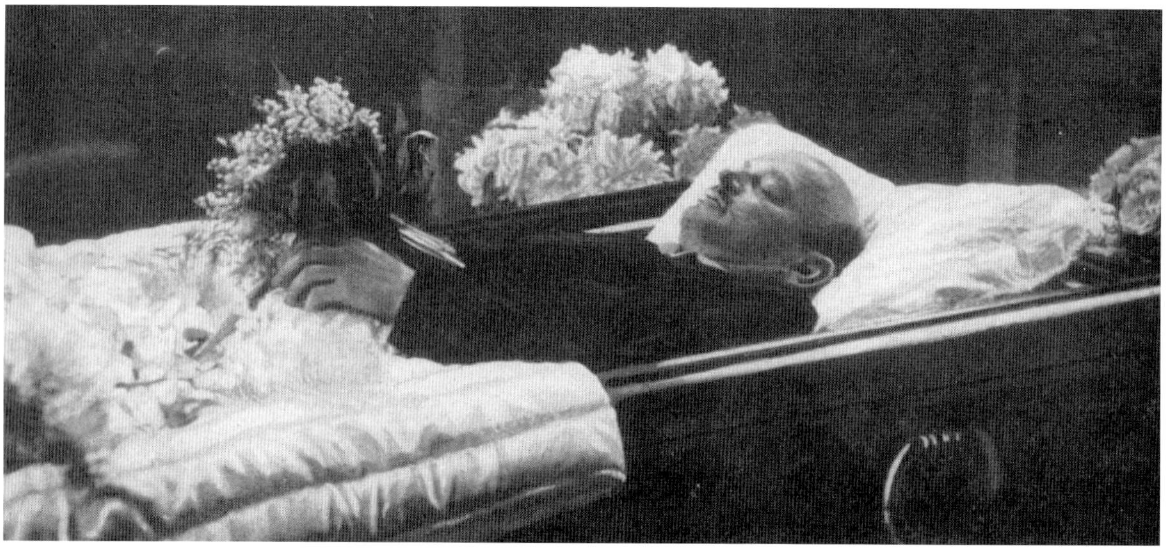

Erst 51 Jahre alt, starb Gustav Stresemann am 3. Oktober 1929.

kanzler berufen. Vier Jahre war die junge Republik alt; jetzt machte sie ihr krisenbelastetstes Jahr durch. Frankreich und Belgien hielten das Ruhrgebiet besetzt, da Deutschland nur zögernd die in Versailles ausgehandelten Reparationen bezahlte. Es wurde passiver Widerstand geleistet, die Produktion boykottiert, erste Hungerrevolten brachen aus. Der Ruhrkampf verschlang 3,5 Milliarden Goldmark, forderte 132 Tote; 150.000 Deutsche wurden ausgewiesen. Die Inflation schnellte in die Höhe und ruinierte unaufhaltsam Tausende von Menschen. Keiner außer Gustav Stresemann schien ein regierungsfähiges Kabinett zusammenstellen zu können. Am 12. August übertrug man ihm das Reichskanzleramt. Gustav Stresemann stammte, wie viele Politiker der Weimarer Republik, aus kleinbürgerlichen Verhältnissen; dem Sohn eines Berliner Gastwirts stand die Arbeiterschaft näher als bürgerliche Kreise. Nach dem Studium der Nationalökonomie promovierte er über die Struktur des Flaschenbierbetriebs in Berlin. Er begann als Assistent eines Schokoladenfabrikanten und gründete bald den Verband sächsischer Industrieller. Mit achtundzwanzig Jahren wurde er als Abgeordneter der Nationalliberalen in den Reichstag gewählt.

Wie diese bürgerlich-liberale Partei der Mitte stand Stresemann in der Tradition der bismarckschen Politik. Im Ersten Weltkrieg war er überzeugter Anhänger imperialistischer Ziele, glaubte an einen „Siegfrieden“ und wollte gleichzeitig innerpolitische Reformen durchsetzen. Der militärische Zusammenbruch 1917 und die Auflösung des Kaiserreichs 1918 trafen ihn schwer. Aus den Resten der Nationalliberalen Partei gründete er die Volkspartei.

Er verstand es wie kein anderer Politiker in dieser Zeit, seine Partei zu führen. In den Jahren bis zur Übernahme des Amtes als Reichskanzler machte er sich durch seinen Fleiß, schlagkräftige Reden und politische Weitsicht schnell einen Namen. Viele Kritiker sagten ihm später überzogenen Nationalismus nach; andere sahen in ihm einen Europäer, der aus den Kriegserlebnissen gelernt hatte und auf dem Wege von Verhandlungen die Sicherung der nationalen Grenzen erreichen wollte.

Die Amtsübernahme im August 1923 beanspruchte die Kräfte des schon lange kranken Mannes über alle Maßen. An der Frage, wie und ob der Ruhrkampf weitergeführt werden sollte, entzündeten sich Unruhen im ganzen Reich. Seine Entscheidung, den Ruhrkampf gegen den Willen der Bevölkerung abzubrechen, zog Aufstände von links in Thüringen und Sachsen, separatistische Bestrebungen im Rheinland und in der Pfalz und Revolten von Rechtsradikalen in Bayern

Marlene Dietrich als Chansonette Lola in dem Filmkunstwerk „Der blaue Engel“, das 1930 nach dem Roman „Professor Unrat“ von Heinrich Mann unter der Regie von Joseph von Sternberg gedreht wurde. In dieser Rolle wurde die Berlinerin mit dem bürgerlichen Namen Maria Magdalena von Losch mehr durch ihre Stimme als durch ihre schönen Beine über Nacht berühmt. Ihr Song „Ich bin von Kopf bis Fuß auf Liebe eingestellt“ verzauberte nicht nur den Professor, dargestellt von Emil Jannings, sondern die ganze Welt. Die Dietrich folgte nach der Premiere 1931 ihrem Regisseur nach Hollywood und war trotz verlockender Angebote, so auch noch nach 1933 von Joseph Goebbels, nicht dazu zu bewegen, nach Deutschland zurückzukehren.

nach sich. In Thüringen und Sachsen griff die Reichswehr ein, in Bayern zögerte Stresemann. Der Hitlerputsch in München vom 8. November 1923 brach einen Tag später zusammen. Aber die Sozialdemokraten im Reichstag verziehen ihm die ungleiche Behandlung von Sachsen und Bayern nicht. „Ich bin dieses Hundeleben satt", sagte Stresemann kurz bevor das Misstrauensvotum gegen ihn gestellt wurde: Nach einhundertdrei Tagen Amtszeit trat Stresemann zurück. Dennoch hatte er als Reichskanzler eine Basis geschaffen, auf der die Weimarer Republik sich für kurze Zeit erholen konnte und auf der er als Außenminister weiterarbeiten konnte.

Durch Gründung der Rentenbank und Einführung der Rentenmark am 15. November 1923 wurde die Inflation eingedämmt. Mit dem Dawes-Plan brachte er neue Verhandlungen über veränderte Bedingungen der Reparationszahlungen in Fluss. 1925 handelte er mit England und Frankreich im Vertrag von Locarno die Sicherung der Westgrenze aus, mit dem Gegenversprechen, die deutsch-polnische Grenze nicht gewaltsam zu verändern. Kurz vor der Unterzeichnung des Vertrags erreichte er den Abzug französischer Truppen aus dem Ruhrgebiet. Stresemann wollte durch „Frieden und Verständigung ebensolche Siege erringen, wie durch Schlachten und Krieg". Seinem Verhandlungsgeschick kam sicherlich die Freundschaft mit Aristide Briand zugute. Gemeinsam erhielten sie 1926 den Friedensnobelpreis. Als Deutschland in den Völkerbund aufgenommen wurde, kommentierte Briand diesen Erfolg Stresemanns: „Wenn es nach ihm ginge, könnten wir den ganzen Vertrag von Versailles wegwerfen."

Stresemann hatte nicht mehr viel Zeit, den Frieden auf diplomatischem Wege zu sichern. Am Abend vor seinem Tod versuchte er seine eigene Partei zur Zustimmung des Young-Plans, einer Erweiterung des Dawes-Plans, zu bewegen. Stresemann erlag am 3. Oktober 1929 einem Schlaganfall. Sein plötzlicher Tod löste große Erschütterung aus. Ob er den Nationalsozialismus, dessen Protagonisten bereits lauthals zum Mord an Stresemann aufgerufen hatten, hätte aufhalten können, bleibt unbeantwortet. Unter der Hitler-Diktatur wurde er jedenfalls als antinationaler und undeutscher Politiker geschmäht. In Frankreich trauerte man um ihn wie um einen französischen Staatsmann. Lord D'Abernon, der englische Botschafter in Berlin, fasste Stresemanns Verdienste zusammen: „Stresemann kann für sich in Anspruch nehmen, dass er Deutschland aus der Lage eines besiegten und entwaffneten Feindes in die eines diplomatisch ebenbürtigen Volkes hob, ihm alle Rücksichten, die einer Großmacht zukommen, sicherte und eine internationale Garantie zum Schutz seiner Grenzen verschaffte. Dies in den wenigen Jahren, in denen er im Amt war, vollbracht zu haben, ohne Unterstützung einer Waffenmacht, ist eine Leistung, würdig der besten Namen, die in dem großen Buch des Ruhmes verzeichnet sind. Stresemann ließ Deutschland unendlich viel stärker und Europa unverhältnismäßig viel friedlicher zurück als es im Jahre 1923 war, zu der Zeit, als er das Steuer in seine Hände nahm."

Wahlpropaganda der NSDAP

Solange es der Weimarer Republik leidlich gut ging, fristete die rechtsradikale NSDAP ein kümmerliches Dasein. Das änderte sich mit der Weltwirtschaftskrise. Nun erhielt Hitlers Partei massenhaft Zulauf. Das folgende „Manifest an das deutsche Volk" stammt aus dem Wahlkampf zur Reichstagswahl im September 1930, die der NSDAP gewaltige Gewinne bescherte:

Die nationalsozialistische Bewegung wird mit ihrem Sieg den alten Klassen- und Kastengeist überwinden.

Sie wird aus Standeswahn und Klassenirrsinn wieder ein Volk erstehen lassen.

Sie wird dieses Volk zu eiserner Entschlossenheit erziehen.

Sie wird die Demokratie überwinden und die Autorität der Persönlichkeit in ihre Rechte setzen.

Sie wird das verletzte Recht wieder dem deutschen Volke zurückgeben durch die brutale Verfechtung des Grundsatzes, dass man so lange kein Recht zum Hängen des Kleinen besitzt, solange die größten Verbrecher ungestraft und ungeschoren bleiben.

Die anderen Parteien mögen sich mit der Inflationsdieberei abgefunden haben, mögen den Revolutionsbetrug anerkennen: Der Nationalsozialismus wird die Diebe und Landesverräter zur Verantwortung ziehen; der Nationalsozialismus kämpft für den deutschen Arbeiter, indem er ihn aus den Händen seiner Betrüger nimmt, die Schutztruppe des internationalen Bank- und Börsenkapitals aber vernichtet.

Die nationalsozialistische Bewegung wird bei ihrem Siege die deutsche Verwaltung säubern von den Parasiten, die, ohne Recht und ohne alle Kenntnisse, nur aufgrund ihres Parteibuchs die Nation belasten. Wer von neuen Steuern redet, soll erst die Verwaltung von den in zwölf Jahren hineingeströmten Revolutionsparasiten befreien. Man schützt den ehrlichen Beam-

Das Kabinett Hermann Müller, die letzte arbeitsfähige Regierung der Weimarer Republik trat am 27. März 1930 zurück. Von links: Hermann Dietrich, Ernährung (Demokrat), Rudolf Hilferding, Finanzen (SPD), Julius Curtius, Auswärtiges (DVP), Karl Severing, Inneres (SPD), Theodor von Guerard, Verkehr und besetzte Gebiete (Zentrum), Georg Schätzel, Post (BVP), Erich Koch-Weser, Justiz (Demokrat), Hermann Müller, Reichskanzler (SPD), Wilhelm Groener, Reichswehr (parteilos), Rudolf Wissel, Arbeit (SPD).

ten nur, indem man seiner Leistung und seiner redlichen Arbeit den Weg frei macht, den parlamentarischen Schieber aber aus der Beamten-Bahn entfernt.
Die nationalsozialistische Bewegung wird bei ihrem Siege den Schutz des deutschen Menschen auch wirtschaftlich bis zum äußersten zu garantieren suchen. Solange Börse und Warenhäuser nicht genügend besteuert sind, ist jede weitere Steuererhöhung im Kleinen ein Verbrechen.
Die nationalsozialistische Bewegung wird bei ihrem Siege den Bauern schützen durch rücksichtslose Erziehung unseres Volkes zur Verwendung unserer eigenen Produkte.
Auch unsere oberen Zehntausende werden lernen müssen, schwarzes Brot zu essen, andernfalls unser Roggen verkommt und Weizen eingeführt werden muss!
Wir werden die nationale Ehre und den nationalen Stolz darein setzen, alles Fremde, wenn irgend möglich, zu meiden und den Ergebnissen des eigenen Fleißes den Vorzug zu geben.
Wir werden dafür sorgen, dass an die Spitze aller Reformen die Reform unseres Wehrwillens gestellt wird und die Änderung unserer auswärtigen Politik.
Die nationalsozialistische Bewegung wird nach ihrem Siege nicht mehr die Politik des ewigen Buhlens um Frankreichs Gunst fortsetzen.

Die Reichstagswahl von 1930 machte die NSDAP zur zweitstärksten Partei. Zu den Sitzungen pflegten deren Abgeordnete im Braunhemd zu erscheinen – unmißverständlich dokumentierten sie damit die Uniformität ihrer Fraktion wie auch Verachtung gegenüber dem Parlamentarismus, der Meinungen und Gewissen des einzelnen Abgeordneten als hohes Gut betrachtet. Das Bild zeigt eine Versammlung der 197 Mann starken NSDAP-Reichstagsfraktion in Hitlers Berliner Residenz, dem Hotel „Kaiserhof", Hitler am oberen Tafelende zwischen Gregor Strasser und Wilhelm Frick. Stehend, von rechts nach links: General Franz von Epp (in Zivilkleidung!); Alfred Rosenberg, der Partei-Philosoph und Herausgeber des „Völkischen Beobachters", und Hans Frank.

„Liste 1, SPD": Stolz kämpft der Arbeiter mit der „1" für die SPD gegen „Bürgerblock und Hakenkreuz". Wahlplakat der SPD zur Reichstagswahl am 14 September 1930.

Jede Hand, die sich uns in Europa aus gleicher Not und gleicher Gesinnung heraus bietet, wird einst von uns dankbar ergriffen werden.
Wir wollen dafür sorgen, dass die Bedeutung unseres Volkes in der Zukunft wieder seinem natürlichen Wert entspricht, und nicht der jammervollen Vertretung unserer letzten 15 Jahre.
Die nationalsozialistische Bewegung kämpft keinen Kampf von heute auf morgen. Der Weg, den sie geht, ist vielleicht ein langer, aber an ihrem Ende steht der Sieg.
Wenn unsere Gegner heute zu den wahnwitzigsten Mitteln der Verfolgung greifen, wenn die sogenannte freie Republik ihre Bürger bei jeder Gelegenheit mit dem Gummiknüppel schlagen lässt, so wie man früher vielleicht Hunde prügelte, dann mag unser Volk nicht vergessen, dass heute die Unterdrückung uns Nationalsozialisten nur trifft, weil wir uns des unterdrückten Volkes annehmen …

Der „Erdrutsch"

Im März 1930 trat das Kabinett Hermann Müller zurück. Stabil war diese Regierung, in der Mitglieder der SPD, des Zentrums und der Volkspartei, kurz: Arbeitgeber und Arbeitnehmer beieinander saßen, nie gewesen. Ständig hatten schwere Konflikte die Handlungsfähigkeit der Koalition gelähmt. Schon seit einiger Zeit hatten die Industriellen der Deutschen Volkspartei zur Trennung gedrängt und der Gewerkschaftsflügel der SPD ebenfalls. Dann war im Herbst 1929 die Weltwirtschaft in die Krise geraten, amerikanisches Kapital in Massen aus Deutschland abgezogen worden; in der darauf einsetzenden allgemeinen Wirtschaftsflaute (Rückgang der Industrieproduktion bis 1932 um 38 Prozent) hatte sich die Zahl der Arbeitslosen rapide vermehrt. Als man sich auch über die Erhöhung der Beiträge für die Arbeitslosenversicherung nicht einigen konnte, zerbrach die Koalition vollends. Keine Partei bekam fortan eine Mehrheit bei den Wahlen, keine war zur Koalition mit anderen bereit. Nach mehreren Misstrauensanträgen besorgte sich Müllers Nachfolger, der Fraktionsführer des Zentrums Heinrich Brüning, vom Reichspräsidenten Hindenburg ein Auflösungsdekret für den Reichstag. Die Neuwahlen wurden auf den 14. September festgesetzt. Das Wahlergebnis sah folgendermaßen aus: SPD 24,5 Prozent, NSDAP 18,3 Prozent, KPD 13,1 Prozent, Zentrum 11,7 Prozent, DNVP 7,0 Prozent, DVP 4,5 Prozent, die übrigen 22 Parteien zusammen 20,9 Prozent. Verlierer dieser Wahl, darüber gab es keinen Zweifel, waren die bürgerlichen Parteien. Sozialdemokratie und Zentrum hatten die Wahl unbeschädigt über-

standen. Der Stimmengewinn der KPD war beträchtlich, aber er verblasste vollkommen gegen den der NSDAP, deren Aufstieg (von 12 auf 107 Mandate) nun wirklich in der deutschen Parlamentsgeschichte einzig dastand.
Die Septemberwahlen von 1930 sind als die Wahlen des politischen „Erdrutsches" in die Geschichte eingegangen. Reichstagswahl gewissermaßen als Plebiszit: Nachdem die letzte parlamentarische Regierung abgedankt hat und ein autoritäres Regime eingesetzt ist, kehrt sich auch das Volk von den Parteien ab, die die parlamentarischen Regierungen gestellt haben, und wendet sich denen zu, die radikale Erneuerung ohne demokratischen Firlefanz versprechen.
Radikalismus hatte die Entwicklung der Weimarer Republik von Anfang an begleitet, in Zeiten wirtschaftlicher Not, 1919 bis 1920, 1923, hatte er sie sogar ernstlich zu gefährden vermocht. So auch jetzt. Noch zwei Jahre zuvor war ein Volksbegehren der Kommunisten gegen den „Panzerkreuzer A" mit einer Million Stimmen (d.h. 3 Prozent der Wahlberechtigten) kläglich gescheitert; und am 22. Dezember 1929, beim Volksbegehren der Rechtsparteien gegen den Young-Plan, als nun wirklich alle nationalen Ressentiments, autoritären Sehnsüchte und Hassgefühle gegen Verzichtpolitik und Judenrepublik sich hätten äußern können, hatten kaum 6 Millionen Stimmen in den Urnen gelegen, (21 Millionen wären erforderlich gewesen). Die Weltwirtschaftkrise jedoch sorgte dafür, dass der Radikalismus, und dabei vor allem der Rechtsradikalismus, wieder eine Massenbasis bekam.
Nicht nur die Arbeiterschaft wurde durch die Krise betroffen, sondern auch die ländlichen und städtischen Mittelschichten. Beide sanken, objektiv gesehen, ins Proletariat ab, ein Vorgang, der nach marxistischer Auffassung unvermeidlich war und als Anzeichen für die kommende proletarische Revolution gewertet wurde. Diese Rechnung ließ jedoch die subjektive Seite außer acht. Der Bauer auf eigener Scholle, der kleine Gewerbetreibende, der Angestellte, der Handwerker, der Selbständige in freien Berufen – sie alle wollten nicht deklassiert werden. Sie waren unerreichbar für die kommunistische Propaganda, die ihnen ja in voller Ehrlichkeit sagte, dass ihre Selbständigkeit schon längst Illusion geworden sei und dass zum Proletariat nicht mehr der geringste Unterschied bestünde.
Da hielten sie es schon lieber mit dem Nationalsozialismus, der jedem die Wiederherstellung seiner alten Herrlichkeit versprach und im Übrigen die Schuld am gegenwärtigen Wirtschaftselend nicht dem gegenwärtig herrschenden – und jedermanns Existenz bestimmenden – Wirtschaftssystem des Kapitalismus gab (wenn auch einige antikapitalistische Töne in der Propaganda mit unterkamen), sondern einer jüdischen Weltverschwörung, einer Macht also, die weder deutsch war, noch irgend etwas mit der gegenwärtigen Gesellschaft zu tun hatte, und zu deren Bekämpfung und Beseitigung kein schmerzhafter Eingriff in die eigene Gesellschaftsordnung nötig sein würde. Und die Propagandamaschine der NSDAP lief auf vollen Touren, gespeist inzwischen mit großzügigen Spenden von Großgrundbesitzern und Industriellen, die erkannt hatten, wie nützlich diese Partei war, die durch die Wirtschaftskrise in Bewegung geratenen Massen zur selben Zeit zu organisieren und von einem Umsturz der bestehenden Eigentumsverhältnisse abzuhalten.

Die Illusionen der KPD

In völliger Verkennung der politischen Situation glaubten die deutschen Kommunisten in der Endphase der Weimarer Republik, dass ein allgemeiner Zusammenbruch bevorstehe, von dem nur einer, nämlich die KPD, profitieren könne. Das kommt zum Ausdruck in einem Dokument vom 17. Oktober 1932, der Resolution der Parteikonferenz der KPD über das 12. Plenum des Exekutivkomitees der Kommunistischen Internationale (EKKI) und die Aufgaben der KPD:
Der fortdauernde, langsame Niedergang des Masseneinflusses der Sozialdemokratie, die wachsende Unzufriedenheit der Gewerkschaftsmitglieder mit der offiziellen Politik des ADGB und der beginnende Rückgang der Hitlerbewegung geben der KPD die größten Möglichkeiten für die erfolgreiche Durchführung der Aufgabe: die Mehrheit des Proletariats für den Kampf um die politische Macht zu erobern, die übrigen werktätigen Mittelschichten teils als Verbündete für die Arbeiterklasse zu gewinnen, teils zu neutralisieren.
Die Lösung dieser Aufgabe, die in der Heranführung der breitesten Massen aufgrund ihrer eigenen Erfahrungen in den wirtschaftlichen und politischen Tageskämpfen an die Positionen des Kampfes um die Macht besteht, erfordert von der Partei vor allem die Fortführung und Steigerung der begonnenen Streikkampagne, unter breitester Anwendung der revolutionären Einheitsfronttaktik von unten.
Die ganze Kraft der Partei, insbesondere der Betriebszellen, und die ganze Arbeit der Kommunisten in der RGO, in den roten Verbänden und allen revolutionären Massenorganisationen, in den reformistischen, christlichen und sonstigen Gewerkschaften und Organisationen, muss darauf gerichtet werden, alle Formen des Widerstandes und Kampfes gegen die Kapitalsoffensive, den Faschismus und die imperialistische Kriegspolitik zur Anwendung zu bringen und zu steigern.
Teilstreiks, Streiks ganzer Betriebe und Industriegruppen, wirtschaftliche Massenstreiks, politische Massen- und Proteststreiks müssen ausgelöst und verbunden werden mit mächtigen Massendemonstrationen und Kampfbewegungen der Erwerbslosen für ihre Winterhilfsforderungen, für die Erhöhung der Unterstützungen und für Arbeitsbeschaffung, mit dem Kampf für die sozialpolitischen Rechte der Arbeiter sowie dem Massenkampf aller übrigen werktätigen Schichten (Aktionen der Kleinbauern, Mieterkampf usw.).
Es ist die Hauptaufgabe der Partei, durch die Erfahrungen der Tageskämpfe die Massen der organisierten und unorganisierten Arbeiter für den politischen Kampf gegen die faschistische Diktatur vorzubereiten, zu schulen und zu mobilisieren. Angesichts der bevorstehenden weiteren faschistischen Anschläge und kapitalistischen Provokationen der deutschen Bourgeoisie gegen das Proletariat muss die Partei die Arbeiterschaft instandsetzen, auf jeden neuen Vorstoß des Klassenfeindes unverzüglich mit größter Entschlossenheit und lebendiger Masseninitiative zu reagieren.

Beim Berliner Verkehrsstreik Anfang November 1932 kämpften Kommunisten und Nationalsozialisten gemeinsam gegen die „Kapitalistenrepublik": Während der KPD-Abgeordnete Walter Ulbricht auf einer Kundgebung in Friedrichshain spricht, sitzt NSDAP-Gauleiter Joseph Goebbels links mit am Rednertisch. Das Bündnis verschreckte die Bürger und brachte der NSDAP keine Arbeiterstimmen: Bei den Reichstagswahlen am 6. November verlor sie 34 Sitze, während die Kommunisten 11 und die konservativen Deutschnationalen 15 dazugewannen.

Drittes Reich (1933-1945)

1933, 30. Jan.: Hindenburg ernennt Hitler zum Reichskanzler. Im neu gebildeten Kabinett wird Papen Vizekanzler und Reichskommissar für Preußen, Hugenberg erhält das Wirtschaftsministerium. Von der NSDAP treten Hermann Göring und Wilhelm Frick in die Regierung ein.
1933, 22. Febr.: Göring bildet in Preußen eine Hilfspolizei, deren Mitglieder aus SA, SS und „Stahlhelm“ rekrutiert werden, und ermuntert sie zum „fleißigen Gebrauch der Schusswaffe“.
1933, 23. Febr.: Auf der letzten KPD-Kundgebung in Berlin fordert Wilhelm Pieck eine Einheitsfront gegen die Regierung Hitler.
1933, 27. Febr.: Abends bricht im Reichstagsgebäude ein Brand aus, der fast den gesamten Mittelteil des Gebäudes und den Plenarsaal zerstört.
1933, 28. Febr.: Hindenburg unterzeichnet Notverordnungen, die mit sofortiger Kraft die Meinungs-, Presse- und Versammlungsfreiheit noch weiter einschränken und der Polizei weit reichende Befugnisse einräumen. Der „Vorwärts“, die Parteizeitung der Sozialdemokratischen Partei Deutschlands (SPD), wird vorläufig verboten.
1933, 5. März: Bei den Reichstagswahlen erreicht die NSDAP trotz massiver Propaganda und Terrors 43,9 Prozent der Stimmen und verfehlt die für sicher gehaltene absolute Mehrheit. Die SPD erhält 18,3 Prozent, die KPD 12,3 Prozent, das Zentrum 11,2 Prozent und die als Kampffront Schwarz-Weiß-Rot angetretene DNVP 8 Prozent. Die gleichzeitigen Wahlen zum preußischen Landtag haben ein ähnliches Ergebnis.
1933, 8. März: Auf Basis der Notverordnungen werden die KPD-Sitze im Reichstag annulliert.
1933, 13. März: Einrichtung des „Ministeriums für Volksaufklärung und Propaganda“ unter Joseph Goebbels.
1933, 16. März: Die Deutsche Reichsbank wählt Schacht erneut zum Präsidenten.
1933, 20./21. März: In Dachau und Sachsenhausen werden die ersten Konzentrationslager unter Aufsicht von Polizei und SA zur Internierung von politischen Gegnern der Nationalsozialisten eingerichtet.
1933, 21. März: Zur Eröffnung des neuen Reichstags inszenieren die Nationalsozialisten den „Tag von Potsdam“, auf dem sich Hitler in die Kontinuität der preußischen Könige zu stellen versucht. Die Teilnahme Hindenburgs soll die Verbindung vom „alten und neuen Deutschland“ symbolisieren und so das Ansehen der Regierung Hitler erhöhen.
1933, 23. März: Der Reichstag billigt in namentlicher Abstimmung mit 441 Stimmen das Ermächtigungsgesetz und verzichtet damit auf seine Gesetzgebungskompetenz. Nur 94 Abgeordnete der SPD stimmen dagegen. Der SPD-Fraktionsvorsitzende Otto Wels begründet die Ablehnung der Sozialdemokraten.
1933, 31. März: Mit dem Gesetz zur „Gleichschaltung der Länder mit dem Reich“ werden außer dem preußischen Landtag alle Länderparlamente aufgelöst. Ihre neue Zusammensetzung richtet sich nach der des Reichstags.
1933, 1. Apr.: In Deutschland beginnt ein Boykott jüdischer Geschäfte, Ärzte und Rechtsanwälte. SA-Angehörige gehen gewalttätig gegen Juden und gegen solche Personen vor, die den Boykott ablehnen.
1933, 7. Apr.: Die Reichsregierung verhängt mit dem „Gesetz zur Wiederherstellung des Berufsbeamtentums“ ein Berufsverbot für jüdische und regimekritische Beamte. Nach einer Intervention des Reichspräsidenten Hindenburg werden Juden, die am Ersten Weltkrieg teilnahmen, vom Berufsverbot ausgenommen.
1933, 2. Mai: Polizei, SA und SS besetzen die Einrichtungen des Allgemeinen Deutschen Gewerkschaftsbunds (ADGB) und der Einzelgewerkschaften. Die Gewerkschaften werden zerschlagen.
1933, 10. Mai: Die Deutsche Studentenschaft organisiert Bücherverbrennungen von Werken oppositioneller und jüdischer Autoren. Wie in Berlin werden in den folgenden Tagen vor allem in den Universitätsstädten zahlreiche Bibliotheken „gesäubert“.
1933, 22. Juni: Die SPD wird verboten, ihr gesamtes Vermögen und das ihrer Organisationen wird beschlagnahmt. Für SPD-Mitglieder ergeht ein Berufsverbot.

Mit einem großen Fackelzug durch Berlin feierten die Nationalsozialisten die Ernennung Adolf Hitlers zum Reichskanzler. Fünf Stunden lang, bis tief in die Nacht des 30. Januar hinein, marschierten durch Berlin die braunen Bataillone, dröhnten die martialischen Gesänge der SA.

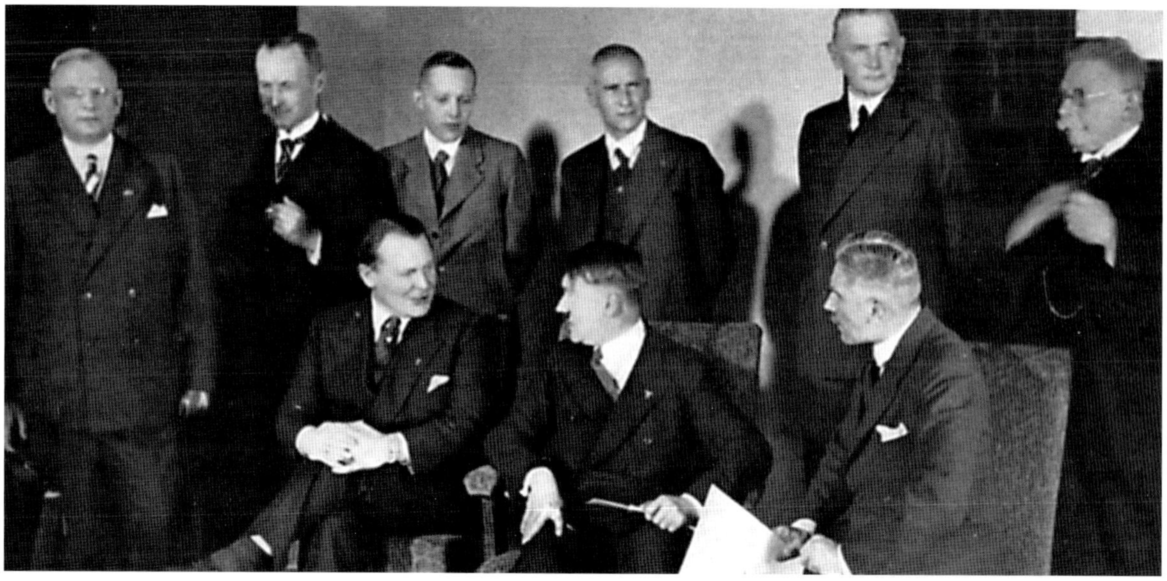

Die erste Aufnahme von Hitlers „Kabinett der nationalen Einigung“, 30. Januar 1933. Stehend, von links: Franz Seldte (Arbeit), Günter Gereke (Ostsiedlung), Lutz Graf Schwerin von Krosigk (Finanzen), Wilhelm Frick (Inneres), Werner von Blomberg (Reichswehr), Alfred Hugenberg (Wirtschaft und Ernährung): sitzend, von links: Hermann Göring (ohne Geschäftsbereich), Hitler, Vizekanzler Franz von Papen. Das Kontingent der Nationalsozialisten in der neuen Regierung nahm sich mathematisch eher bescheiden aus: außer Hitler nur Göring und Frick. Papen: „Hitler an der Macht? Nein, dieser Herr wurde von uns nur engagiert.“

1933, 1. Juli: An der Dresdner Staatsoper wird „Arabella“ von Richard Strauss und Hugo von Hofmannsthal uraufgeführt.

1933, 3. Juli: Hitler erklärt auf einer Tagung von höheren SA- und SS-Führern, dass die SA keine Konkurrenz für die Wehrmacht darstelle.

1933, 4./5. Juli: Die Deutsche Volkspartei (DVP) und das Zentrum lösen sich auf. Damit ist die NSDAP die einzige Partei in Deutschland.

1933, 14. Juli: Die Reichsregierung verbietet die Bildung von Parteien.

1933, 20. Juli: Im Vatikan wird zwischen Deutschland und dem Heiligen Stuhl ein Konkordat geschlossen. Es regelt das Verhältnis von Katholischer Kirche und NS-Staat. Der Vertrag mit dem Vatikan erscheint als Überwindung der nationalsozialistischen Kirchenfeindlichkeit.

1933, 1. Sept.: Den Reichsparteitag in Nürnberg nutzt die NSDAP zur propagandistisch effektvollen Machtinszenierung. Leni Riefenstahl dreht darüber den Dokumentarfilm.

1933, 13. Sept.: Mit der Einrichtung des Reichsnährstands wird die Landwirtschaft in Deutschland der staatlichen Kontrolle unterstellt.

1933, 21. Sept.: Gegen die Dominanz der Deutschen Christen in der Evangelischen Kirche gründen Martin Niemöller und Dietrich Bonhoeffer den Pfarrernotbund, der bald 1.300 Mitglieder zählt

1933, 23. Sept.: Bei Frankfurt (Main) wird mit einer Großveranstaltung der Reichsautobahnbau offiziell begonnen. Die Planungen gehen auf das Jahr 1924 zurück.

1933, 4. Okt.: Mit dem Schriftleitergesetz wird die gesamte Presse in Deutschland „gleichgeschaltet“.

1933, 14. Okt.: Goebbels verkündet den geplanten Austritt des Deutschen Reichs aus dem Völkerbund und den Verzicht auf weitere Abrüstungsgespräche.

1933, 12. Nov.: Beim Referendum über den Völkerbundaustritt stimmen über 90 Prozent für die NSDAP und die Politik Hitlers. Die Einheitswahlliste für den Reichstag, über die nur mit „Ja“ oder „Nein“ entschieden werden kann, erhält ebenfalls über 90 Prozent der Stimmen.

1933, 15. Nov.: Gründung der Reichskulturkammer unter Goebbels‘ Führung. Damit werden alle Kulturschaffenden der Aufsicht des Reichspropagandaministers unterstellt.

1933, 27. Nov.: Auf einer Kundgebung der DAF wird die Gründung des Kultur- und Freizeitwerks „Kraft durch Freude“ bekannt gegeben. Nach italienischem Vorbild soll es die Freizeitaktivitäten der Arbeitnehmer lenken.

1933, 1. Dez.: Die Regierung Hitler sichert mit einem Gesetz, das die NSDAP zu einer Körperschaft öffentlichen Rechts macht, die Einheit von Partei und Staat.

1934, 3. Jan.: Auf Vorschlag von Reichswehrminister Werner von Blomberg wird Generalleutnant Werner Freiherr von Fritsch neuer Chef der Heeresleitung.

1934, 26. Jan.: Das Deutsche Reich und Polen schließen einen Nichtangriffspakt.

1934, 30. Jan.: Mit dem „Gesetz zum Neuaufbau des Reiches“ verlieren die deutschen Länder ihre Hoheitsrechte und ihre Volksvertretungen. An die Spitze der „gleichgeschalteten“ Länder werden Reichsstatthalter gestellt.

1934, 20. Febr.: Der britische Lordsiegelbewahrer Robert Anthony Eden kommt zu Abrüstungsgesprächen mit Reichskanzler Adolf Hitler nach Berlin.

1934, 28. Febr.: Propagandaminister Joseph Goebbels empfängt in Berlin zahlreiche ausländische Pressevertreter und wirbt um Verständnis für die nationalsozialistische Regierung.

1934, 8. März: Hitler eröffnet die Internationale Automobil- und Motorrad-Ausstellung in Berlin. Er setzt sich für die Förderung des Automobilwesens ein.

1934, 12. März: Minister Werner von Blomberg verkündet den Ausschluss von Juden aus der Reichswehr.

1934, 13. März: Die gewerbliche Wirtschaft wird in Fachgruppen eingeteilt und dem Führerprinzip unterworfen.

1934, 21. März: Hitler ruft anlässlich einer Baustelleneröffnung der Reichsautobahn bei München vor 10.000 Anwesenden zur „Arbeitsschlacht“ auf.

1934, 28. März: Die Rundfunkanstalten der Länder werden „gleichgeschaltet“ und dem Propagandaministerium angeschlossen. Der „Stahlhelm“ wird als Nationalsozialistischer Deutscher Frontkämpferbund (NSDFB) neu gegründet.

1934, 29. März: Albert Einstein wird aus dem Deutschen Reich ausgebürgert.

1934, 31. März: Die „Vossische Zeitung“, eines der ältesten deutschen Tagesblätter, stellt ihr Erscheinen ein.

1934, 17. Apr.: Zur Kontrolle der ins Massenhafte angestiegenen nationalsozialistischen Schriften richtet Rudolf Heß eine parteiamtliche Prüfungskommission ein.

1934, 20. Apr.: Heinrich Himmler wird Leiter des Geheimen Staatspolizeiamts in Preußen.

1934, 24. Apr.: Für politische Straftaten wird als einzig zuständige juristische Instanz der Volksgerichtshof geschaffen.

1934, 30. Apr.: Mit der Annahme der Notverordnungen der Regierung Dollfuß durch das Parlament endet die parlamentarische Republik in Österreich, das nun ein ständisch gegliederter Staat wird.

1934, 1. Mai: Die deutsche Regierung nutzt den von ihr 1933 eingeführten Feiertag zu einer gigantischen Propagandaschau, bei der Hitler in Berlin-Tempelhof vor einem Millionenpublikum spricht.

1934, 2. Mai: Ankündigung eines obligatorischen Haushaltsjahrs für Schulabgängerinnen. Sie sollen ein Jahr unbezahlt bei einer Familie die Hauswirtschaft erlernen.

1934, 21. Mai: Gründung einer „Arbeitsgemeinschaft der Deutschen Glaubensbewegung", die einen vorchristlichen „deutschen Glauben" propagiert.
1934, 26. Mai: Das Luftschiff „Graf Zeppelin" startet in Friedrichshafen zum ersten Flug nach Rio de Janeiro.
1934, 27. Mai: In Dresden eröffnet Hitler die erste deutsche Theaterwoche mit der Wagner-Oper „Tristan und Isolde". Zwölf Tage zuvor wurden alle Theater dem Propagandaministerium unterstellt.
1934, 29. Mai: Auf ihrer ersten Synode konstituiert sich innerhalb der Evangelischen Kirche die Bekennende Kirche, die aus dem Pfarrernotbund von Martin Niemöller hervorgeht. In einer Erklärung wendet sie sich offen gegen den Totalitätsanspruch des nationalsozialistischen Staats gegenüber der Kirche.
1934, 14. Juni: Treffen von Hitler und Mussolini in Venedig. Trotz einer gemeinsamen Massenkundgebung auf dem Markusplatz mit über 70.000 Menschen bleibt das Verhältnis von Misstrauen bestimmt.
1934, 29. Juni: Der Vatikan setzt Alfred Rosenbergs „Der Mythus des 20. Jahrhunderts" auf den Index der verbotenen Bücher.
1934, 30. Juni: Hitler lässt seinen SA-Stabschef und langjährigen Freund Ernst Röhm sowie andere hoch stehende SA-Führer in einer vorbereiteten Aktion verhaften und ermorden. Als Vorwand für die Liquidierung der Führung der Sturmabteilung (SA), die auf eine „zweite Revolution" drängt, wird eine geplante Revolte genannt, der „Röhm-Putsch". Im Zusammenhang mit dem „Röhm-Putsch" werden insgesamt etwa 200 Oppositionelle ermordet, unter ihnen Gregor Strasser, Gustav Ritter von Kahr und General Kurt von Schleicher. Die SA verliert an Bedeutung, die Reichswehrführung unterlässt Proteste gegen die Ermordung von zwei Generalen.
1934, 9. Juli: Die Konzentrationslager (KZ) werden Himmler unterstellt und mit Schutzstaffel (SS)-Wachmannschaften besetzt.
1934, 10. Juli: Der Dichter Erich Mühsam stirbt nach Misshandlungen im KZ Oranienburg.
1934, 20. Juli: Hitler erhebt die bisher der SA unterstehende SS zur selbständigen Organisation.
1934, 25. Juli: In Wien wird Bundeskanzler Dollfuß bei einem Putsch von Nationalsozialisten ermordet. Der Aufstand wird vom Unterrichtsminister Kurt Schuschnigg niedergeschlagen, der fünf Tage später neuer Bundeskanzler wird.
1934, 26. Juli: Hitler entlässt von Papen aus dem Kabinett und schickt ihn als Sondergesandten nach Wien. Das Amt des Vizekanzlers bleibt unbesetzt.
1934, 1. Aug.: Für Mitglieder der Hitler-Jugend (HJ) wird der Samstag als schulfreier Tag eingeführt.
1934, 2. Aug.: Hindenburg stirbt mit 86 Jahren auf seinem Gut Neudeck. Hitler übernimmt nun auch das Amt des Reichspräsidenten. Er nennt sich fortan „Führer und Reichskanzler". Die Reichswehr wird von nun an nicht mehr auf die Verfassung, sondern auf die Person Hitlers vereidigt.
1934, 5. Aug.: In einem Interview mit der „Daily Mail" schließt Hitler einen Krieg gegen Großbritannien als „Verbrechen gegen die eigene Rasse" aus.
1934, 26. Aug.: Auf einer „Treuekundgebung" bezeichnet Hitler das unter französischer Verwaltung stehende Saargebiet als „einzige Territorialfrage zwischen Frankreich und Deutschland".
1934, 1. Sept.: Reichsbankpräsident Schacht fordert einen internationalen Zahlungsaufschub für die Schulden des Deutschen Reichs. Außerdem spricht er sich für die Beschränkung von Rohstoffimporten aus.
1934, 4. –10. Sept.: Auf dem VI. Reichsparteitag erklärt Hitler den Abschluss der „nationalsozialistischen Revolution". Neues Ziel der NSDAP sei die Schaffung einer Führerelite.
1934, 16. Okt.: Die Bezeichnung „Führer" wird ausschließlich auf die Person Hitlers festgelegt.
1934, 20. Okt.: Die Bekennende Kirche verkündet das Notrecht und

Bild oben: *Vereidigung des Berliner Wachregiments auf Adolf Hitler am 2. August 1934. Nur wenige Stunden nach Hindenburgs Tod ließ Hitler, der mit dem Amt des Reichspräsidenten auch den Oberbefehl über die Wehrmacht erhielt, die Armee auf seine Person vereidigen.*
Bild rechts: *Plakat zum Reichsparteitag der NSDAP im Herbst 1934. Zu diesem Zeitpunkt war die „Gleichschaltung" bereits vollzogen, war der „Röhm-Putsch" schon Geschichte. Nachdem der neue Staat und seine Einheitspartei ihre Macht gefestigt hatten, sollte nun vor Deutschland und der Welt unter dem Motto „Triumph des Willens" die einigende Kraft der erwachten Nation dargestellt werden: der Wille des „Führers".*

will sich durch Schaffung eigener Organe der Einordnung in den NS-Staat entziehen.

1934, 31. Okt.: Der österreichische Bundeskanzler Schuschnigg erklärt den autoritären Ständestaat als notwendig zur Überwindung des Parteienstreits.

1934, 3. Nov.: Die deutsche Regierung lässt weitere Kritiker ausbürgern, unter ihnen das ehemalige NSDAP-Mitglied Otto Strasser und den Kommunisten Erich Weinert.

1934, 25. Nov.: Der Dirigent Wilhelm Furtwängler, Direktor der Berliner Staatsoper, setzt sich in einem offenen Brief für den von den Nationalsozialisten verfemten Komponisten Paul Hindemith ein.

1934, 3. Dez.: In Rom werden die internationalen Verhandlungen zur Volksabstimmung im Saargebiet abgeschlossen.

1934, 4. Dez.: Furtwängler legt seine Ämter als Leiter der Berliner Philharmoniker und Direktor der Staatsoper wegen der Auseinandersetzungen mit den NS-Kulturbehörden nieder.

1935, 13. Jan.: Die Volksabstimmung im Saargebiet ergibt über 90 Prozent Zustimmung für eine Wiederangliederung an das Deutsche Reich

1935, 15. Jan.: Für alle Schulen wird die NS-Erziehungspolitik als verbindlich festgelegt, die „Rasse- und Vererbungslehre“ soll fester Bestandteil des Unterrichts werden.

1935, 21. Febr.: Die Bekennende Kirche warnt vor dem von den Nationalsozialisten geförderten „Neuheidentum“

1935, 26. Febr.: Adolf Hitler beschließt den Aufbau einer Luftwaffe als dritte Waffengattung der künftigen Wehrmacht und verstößt damit gegen die Bestimmungen von Versailles.

1935, 28. Febr.: Nach einer Aussprache mit Propagandaminister Joseph Goebbels wird der Dirigent Wilhelm Furtwängler rehabilitiert.

1935, 1. März: Das Saargebiet wird vom Völkerbund an das Deutsche Reich übergeben.

1935, 11. März: Der Völkerbund veröffentlicht einen Bericht über die etwa 750 emigrierten deutschen Wissenschaftler und betont deren Bedeutung für die Wissenschaft in den Exilländern.

Vor ihrem Film „Triumph des Willens“ erläutert Adolf Hitler Leni Riefenstahl den Aufmarschplan für den Reichsparteitag 1934. Goebbels bezeichnete das von Hitler persönlich in Auftrag gegebene Propagandawerk als „große filmische Vision des Führers, der hier zum ersten Male bildlich in nie gesehener Eindringlichkeit in die Erscheinung tritt“. „Triumph des Willens“, der auch im Ausland, u. a. beim Filmfestival in Venedig, zahlreiche Auszeichnungen erhielt, wurde mit 30 Kameraleuten und einem Heer von Komparsen verwirklicht. Wie der Parteitag war auch der Film gänzlich auf Hitler zugeschnitten, dessen „befreiende Tat“ bei der vorangegangenen Röhm-Affäre besonders herausgehoben und zur Demonstration der Geschlossenheit genutzt wurde. Hitlers Ankunft in Nürnberg per Flugzeug erschien als Epiphanie eines höheren Wesens. Was aus der Perspektive der Parteitagsteilnehmer fern und klein erschien, wuchs im Film zum übermächtigen, verehrungsheischenden Vordergrund: Der „Führer“ Heerschau haltend vor unübersehbaren Marschsäulen, umweht von Fahnen, getaucht in Fackelschein und Flutlicht. „Triumph des Willens“ wurde damit zu einem eindrucksvollen Dokument des Führerkults

1935, 16. März: Hitler verkündet die Wiedereinführung der Wehrpflicht und den Aufbau der Wehrmacht mit einer Stärke von 580.000 Mann.

1935, 17. März: Mehr als 700 Pfarrer der Bekennenden Kirche werden verhaftet, darunter auch Martin Niemöller.

1935, 22. März: Eugen Hadamovsky eröffnet in Berlin das erste regelmäßige Fernsehprogramm der Welt: Ein fahrbarer Sender überträgt dreimal wöchentlich eine 90minütige Sendung in öffentliche Fernsehstuben.

1935, 23. März: In Berlin wird die groß angelegte Ausstellung „Das Wunder des Lebens“ eröffnet, in der die NS-Rassentheorie dargestellt wird.

1935, 31. März: Für die Konzentrationslager (KZ) werden spezielle Verbände der Schutzstaffel (SS), die sog. Totenkopfverbände, gebildet.

1935, 31. März: Gegen die Lehrstuhlvergabe der Universität München an den Physiktheoretiker Werner Heisenberg protestieren Vertreter der „deutschen Physik“. Sie lehnen die von Albert Einstein mitbegründete theoretische Physik ab. Jüdischen Musikern wird die öffentliche Berufsausübung verboten.

1935, 11. Apr.: Im oberitalienischen Stresa schließen die Ministerpräsidenten Flandin, MacDonald und Mussolini ein Bündnis gegen die deutsche Aufrüstung und für den Erhalt der Eigenstaatlichkeit Österreichs.

1935, 21. Apr.: Walter Ulbricht und Franz Dahlem übernehmen in Prag die Leitung für Aktionen der Kommunistischen Partei Deutschlands (KPD).

1935, 24. Apr.: Die Enteignung und Auflösung privater Verlage wird legalisiert.

1935, 2. Mai: In Paris schließen Frankreich und die Sowjetunion einen Beistandspakt.

1935, 3. Mai: Der Rüstungswirtschaft wird von Wirtschaftsminister Schacht absolute Priorität eingeräumt.

1935, 19. Mai: Eröffnung des ersten Autobahnteilstücks zwischen Frankfurt (Main) und Darmstadt. Die Sudetendeutsche Partei von Konrad Henlein erringt bei den Wahlen zum tschechoslowakischen Parlament 44 der 300 Mandate und wird damit stärkste deutsche Fraktion.

1935, 21. Mai: In einer Rede nimmt Hitler Bezug auf die gegen Deutschlands Aufrüstung gerichteten Bündnisse von Stresa und Paris. Er spricht vom Friedenswillen des Deutschen Reichs.

1935, 8. Juni: Im Zuge weiterer Ausbürgerungen verlieren auch Bertolt Brecht und Rudolf Hilferding die deutsche Staatsangehörigkeit.

1935, 18. Juni: Das Deutsche Reich und Großbritannien schließen ein Flottenabkommen zur Begrenzung des Kriegsflottenbaus. Damit werden zwar weitere Beschränkungen des Versailler Vertrags überschritten. Großbritannien hofft aber, mit dem Flottenabkommen eine Kontrolle über die deutsche Aufrüstung zu erzielen.

1935, 26. Juni: Das „Reichsarbeitsdienstgesetz“ tritt in Kraft, mit dem für alle Frauen und Männer zwischen 18 und 25 Jahren ein halbjähriger Arbeitsdienst zur Pflicht wird.

1935, 5. Juli: Mit der Änderung des Strafgesetzbuchs wird die Beliebigkeit von Strafurteilen festgesetzt, da diese nun auch ohne entsprechende Gesetze nach dem „gesunden Volksempfinden“ gefällt werden können.

„Seit Versailles haben wir auf die Abrüstung gewartet. Nun, da alle Staaten in Waffen starren, sind auch wir so frei, unsere Heimat zu schützen!" Karikatur des „Simplicissimus" auf die Wiederherstellung der deutschen Wehrhoheit am 16. März 1935.

1935, 15. Juli: Auf dem Berliner Kurfürstendamm kommt es zu gewalttätigen Ausschreitungen von SA-Mitgliedern gegen Juden. Am folgenden Tag verhängt das Polizeipräsidium ein Demonstrationsverbot gegen die SA.
1935, 2. Aug.: Hitler verleiht München den Titel „Hauptstadt der Bewegung". Diese Auszeichnung geht mit dem Bau von repräsentativen Gebäuden wie dem Führerhaus und dem Parteihaus einher.
1935, 10. Aug.: Die Standesämter in Deutschland dürfen keine Ehen mehr zwischen Juden und Nichtjuden schließen.
1935, 31. Aug.: Mit dem Neutralitätsgesetz verpflichten sich die USA zu einem Waffenembargo gegen alle kriegführenden Staaten.
1935, 1. Sept.: In einem Hirtenbrief wenden sich die katholischen Bischöfe scharf gegen die nationalsozialistische Kirchenpolitik.
1935, 10. Sept.: Auf dem Reichsparteitag verkündet Hitler die „Nürnberger Gesetze". Die Diskriminierung von Juden wird auf eine rechtliche Grundlage nach biologistischen Kriterien gestellt.
1935, 14. Sept.: In Nürnberg hält Hitler eine Rede zur NS-Erziehungspolitik, in der er die Schulung der Jugend zu körperlicher und kämpferischer Tüchtigkeit in den Mittelpunkt stellt.
1935, 27. Sept.: Unter dem Kommando von Karl Dönitz wird in Kiel der erste deutsche U-Boot-Verband nach dem Ersten Weltkrieg in Dienst gestellt.
1935, 3. Okt.: Italienische Truppen aus den Kolonien Eritrea und Somaliland marschieren in Abessinien ein. Damit beginnt der italienische Eroberungskrieg in Ostafrika.
1935, 3. Okt.: In Moskau beginnt eine Konferenz der emigrierten KPD-Mitglieder, bei der die Politik einer gegen den Faschismus gerichteten Volksfront beschlossen wird. Wilhelm Pieck wird anstelle des in Deutschland inhaftierten Ernst Thälmann zum Parteivorsitzenden gewählt.
1935, 8. Okt.: Auf Druck der NSDAP löst sich die „Deutsche Burschenschaft" auf. Die einzelnen Verbindungen werden in den Nationalsozialistischen Deutschen Studentenbund (NSDStB) eingegliedert.
1935, 11. Okt.: Die Reaktionen des Völkerbunds auf den Einmarsch Italiens in Abessinien bleiben gemäßigt und beschränken sich auf eine Kredit- und Rohstoffsperre.
1935, 27. Okt.: Die Nobelpreisträger Thomas Mann und Albert Einstein setzen sich für die Verleihung des Friedensnobelpreises an den im KZ inhaftierten Carl von Ossietzky ein.
1935, 1. Nov.: Der erste Rekrutenjahrgang tritt zur Ableistung seines einjährigen Militärdienstes an. Die gleichgeschaltete Presse feiert dies als großen Erfolg.
1935, 29. Nov.: In Berlin wird die neu errichtete Deutschlandhalle mit Platz für 20.000 Personen eingeweiht.
1935, 19. Dez.: Die Hochschullehrer im NS-Juristenbund unter Leitung von Carl Schmitt fordern die Ersetzung des Rechtsbegriffs „Mensch" durch völkische Kategorien.
1935, 21. Dez.: Der Publizist Kurt Tucholsky begeht in seinem schwedischen Exil Selbstmord.
1936, 17. Jan.: Propagandaminister Joseph Goebbels erklärt die Lebensmittelknappheit im Deutschen Reich für belanglos, weil „man zur Not auch einmal ohne Butter, nie aber ohne Kanonen auskommen" könne.
1936, 4. Febr.: Der Führer der schweizerischen Landesgruppe der Nationalsozialistischen Deutschen Arbeiterpartei (NSDAP), Wilhelm Gustloff, wird in Davos (Schweiz) von Gegnern des NS-Regimes erschossen.
1936, 6. Febr.: In Garmisch-Partenkirchen werden die IV. Olympischen Winterspiele von Reichskanzler Adolf Hitler eröffnet. Es nehmen 755 Sportler aus 28 Nationen teil.
1936, 22. Febr.: Die Bekennende Kirche spaltet sich über die Frage einer bedingten Kooperation mit dem nationalsozialistischen Kirchenausschuss. Martin Niemöller lehnt eine Zusammenarbeit ab.
1936, 27. Febr.: Der erste für Transatlantikflüge gebaute Großzeppelin LZ 129 „Hindenburg" wird fertig gestellt. Es ist das größte Luftschiff der Welt.
1936, 7. März: Entgegen den Bestimmungen in den Verträgen von Versailles und Locarno marschieren deutsche Truppen in das entmilitarisierte Rheinland ein und beginnen mit dem Bau von Befestigungsanlagen an der Westgrenze. Eine militärische Gegenmaßnahme der Westmächte bleibt aus.

Lordsiegelbewahrer Sir Anthony Eden (links) und der britische Außenminister Sir John Simon zu Besuch bei Hitler in Berlin. Das Gespräch bereitete das deutsch-englische Flottenabkommen vom 18. Juni 1935 vor, das unter eindeutigem Verstoß gegen den Versailler Vertrag der deutschen Kriegsmarine eine Stärke von 35 Prozent der britischen Seestreitkräfte einräumte.

Sonderheft der „Berliner Illustrirten Zeitung“ über die Olympischen Sommerspiele 1936.

1936, 29. März: Bei einer Reichstagswahl erhält die Einheitsliste der NSDAP nach offiziellem Ergebnis 99 Prozent der Stimmen.

1936, 1. Apr.: Der Oberbefehlshaber des Heers Werner Freiherr von Fritsch fordert eine weitere Vergrößerung der Truppen. Seit 1933 hat sich die Heeresgröße verfünffacht.

1936, 4. Apr.: Hermann Göring wird Beauftragter für Rohstoff- und Devisenfragen. Er soll mit Hilfe eines Vierjahresplans die Abhängigkeit von ausländischen Rohstoffen verringern.

1936, 24. Apr.: Robert Ley, Führer der Deutschen Arbeitsfront (DAF) und Reichsorganisationsleiter der NSDAP, eröffnet drei sog. Ordensburgen, in denen eine Eliteschulung stattfinden soll.

1936, 1. Mai: Den Maifeiertag begehen viele deutsche Städte mit propagandistischen Massenkundgebungen. Alle Brautpaare erhalten ab sofort eine Ausgabe von Hitlers „Mein Kampf“.

1936, 5. Mai: Mit der Eroberung der Hauptstadt Addis Abeba erklärt Benito Mussolini den Krieg in Abessinien für beendet. Er ruft das „neue italienische Imperium“ aus.

1936, 24. Mai: In Paris rufen emigrierte Politiker von Kommunisten, Sozialdemokraten und Bürgerlichen, unter ihnen Rudolf Breitscheid, Willy Brandt und Walter Ulbricht, zu einer Volksfront gegen das NS-Regime auf.

1936, 17. Juni: Der Reichsführer der Schutzstaffel (SS), Heinrich Himmler, wird zum Chef der Polizei ernannt, die damit noch stärker an die NSDAP gekoppelt wird.

1936, 17. Juni: Alfred Rosenberg spricht sich in einer Rede vor der Nationalsozialistischen Kulturgemeinde für die Überwindung alter Werte und die Schaffung eines neuen Lebensstils aus.

1936, 19. Juni: Max Schmeling besiegt in New York Joe Louis durch k. o. in der zwölften Runde.

1936, 8. Juli: In Frankfurt (Main) wird der Flug- und Luftschiffhafen Rhein-Main eröffnet.

1936, 9. Juli: Wirtschaftsminister Hjalmar Schacht ruft die Industrie dazu auf, ihre hohen Gewinne für Reichsanleihen zu benutzen.

1936, 11. Juli: In Wien wird das Verständigungsabkommen zwischen Österreich und Deutschland unterzeichnet, mit dem der österreichische Bundeskanzler Kurt Schuschnigg hofft, Zeit zu gewinnen.

1936, 17. Juli: Mit einem Aufstand in Spanisch-Marokko beginnt der Putsch faschistischer Militärs unter General Francisco Franco. In den folgenden Tagen brechen überall in Spanien rechte Aufstände aus.

1936, 1. Aug.: Hitler eröffnet vor 100.000 Zuschauern im Berliner Olympiastadion die Olympischen Spiele, an denen Sportler aus 49 Nationen teilnehmen. Mit enormem Aufwand werden die Spiele zu einer Propagandaschau für das nationalsozialistische Deutschland.

1936, 1. Aug.: Leni Riefenstahl beginnt die Dreharbeiten zu ihren Olympia-Dokumentarfilmen.

1936, 25. Nov.: Deutschland und Japan schließen den gegen die Sowjetunion gerichteten Antikominternpakt.

1936, 27. Nov.: In einem Erlass verbietet Goebbels jede Form von „Kunstkritik“ und fordert eine reine „Kunstberichterstattung“.

1936, 1. Dez.: Die Mitgliedschaft in der Hitler-Jugend (HJ) ab dem zehnten Lebensjahr wird für Jungen Pflicht.

1936, 2. Dez.: Thomas Mann wird die deutsche Staatsbürgerschaft aberkannt.

1936, 4. Dez.: Die Schulzeit wird wegen der Verlängerung der Wehrpflicht und des Nachwuchsbedarfs in der Wirtschaft auf zwölf Jahre verkürzt.

1936, 24. Dez.: Die deutschen katholischen Bischöfe erklären ihre Unterstützung Hitlers im Kampf gegen den Kommunismus.

1937, 15. Jan.: Zur weiteren „Eliteförderung“ wird die Einrichtung einer Adolf-Hitler-Schule in jedem deutschen Reichsgau beschlossen.

1937, 15. Jan.: Polizeichef Heinrich Himmler nennt den Kampf gegen Verkehrsunfälle sowie gegen Homosexuelle und Abtreibungen als vorrangige Aufgaben der Polizei.

1937, 30. Jan.: Wegen der Verleihung des Friedensnobelpreises an den Pazifisten Carl von Ossietzky wird allen Deutschen die Annahme eines Nobelpreises verboten.

1937, 30. Jan.: Adolf Hitler ernennt den Architekten Albert Speer

Hitler Bei der Eröffnung der Olympischen Spiele am 1. August 1936 im Berliner Olympiastadion.

zum Generalbauinspekteur für Berlin, das mit zahlreichen Monumentalbauten völlig umgestaltet werden soll.

1937, 22. Febr.: Der deutsche Außenminister Konstantin Freiherr von Neurath drängt in Gesprächen den österreichischen Bundeskanzler Kurt Schuschnigg zu einer Legalisierung und Regierungsbeteiligung der NSDAP in Österreich.

1937, 23. Febr.: Die Reichsregierung legt neue Anleihen auf, um staatliche Rüstungsaufträge finanzieren zu können.

1937, 14. März: In der Enzyklika „Mit brennender Sorge", einem öffentlichen Rundschreiben an die katholischen Bischöfe in Deutschland, wendet sich Papst Pius XI. scharf gegen das NS-Regime und verurteilt dessen Kirchen- und Rassenpolitik.

1937, 11. Apr.: Die Verhandlungen zur Bildung einer antifaschistischen Volksfront werden von der Sozialdemokratischen Partei Deutschlands (SPD) und der Kommunistischen Partei Deutschlands (KPD) in Paris ergebnislos beendet.

1937, 19. Apr.: General Francisco Franco, Führer der aufständischen Truppen in Spanien, bildet die faschistische Einheitspartei Falange Española.

1937, 19. Apr.: Reichsjugendführer Baldur von Schirach verkündet bei einer Kundgebung in Westpreußen, dass nach einem siebenwöchigen Propagandafeldzug über 1 Million Jungen und Mädchen in die Hitler-Jugend aufgenommen worden seien.

1937, 22. Apr.: Benito Mussolini fordert die österreichische Regierung zu einer Regierungsbeteiligung der NSDAP auf, um den inneren Frieden wiederherzustellen.

1937, 26. Apr.: Das deutsche Flugzeuggeschwader der „Legion Condor" zerstört in einem dreistündigen Bombenangriff die nordspanische Kleinstadt Guernica.

1937, 26. Apr.: Bei einem Treffen mit Mussolini zur „Österreichfrage" erklärt Göring den Verzicht auf Südtirol.

1937, 4. Mai: Alfred Hugenberg muss auf Druck der Nationalsozialisten die Aktienmehrheit an der Universum-Film AG (Ufa) an ein Konsortium unter staatlicher Aufsicht veräußern.

1937, 6. Mai: Das Großluftschiff LZ 129 „Hindenburg" explodiert kurz vor seiner Landung in Lakehurst (New Jersey / USA). 36 Menschen kommen ums Leben. Diese Katastrophe bedeutet das Ende der Zeppelinepoche.

1937, 24. Mai: Himmler erhält volle ministerielle Weisungsbefugnis und erlangt damit nun offiziell die gleiche Machtbefugnis für die Polizei wie Innenminister Wilhelm Frick.

1937, 24. Mai: In Paris wird die Weltausstellung eröffnet.

1937, 29. Mai: Der deutsche Panzerkreuzer „Admiral Scheer" beschießt die südspanische Stadt Almería, die auf republikanischem Gebiet liegt.

1937, 15. Juli: Gegen den Nobelpreisträger Werner Heisenberg wird eine Kampagne eröffnet: Er wird wegen seiner Unterstützung der Relativitätstheorie von Albert Einstein angegriffen.

1937, 18. Juli: Mit der „Großen Deutschen Kunstausstellung" weiht

Zunächst am Landemast in Brand geraten, explodierte das Luftschiff „Hindenburg" am 6. Mai 1937 auf dem Flugplatz Lakehurst bei New York.

Plakat zur Volksabstimmung und Wahl des Großdeutschen Reichstages am 10. April 1938. Hitlers Erfolgsbilanz konnte sich sehen lassen: Das „Ja" in Deutschland und Österreich war überwältigend.

Hitler in München das von Paul Ludwig Troost erbaute Haus der Deutschen Kunst ein.

1937, 19. Juli: In München wird die Propagandaausstellung „Entartete Kunst" eröffnet, auf der Werke von verfemten Künstlern gezeigt werden.

1937, 19. Juli: Die Errichtung des Konzentrationslagers (KZ) in Buchenwald beginnt. Damit wird zugleich eine Neuorganisation der Lager in Deutschland in Angriff genommen.

1937, 18. Aug.: In Berlin beginnt die Aufstellung von Straßenbänken mit dem Vermerk „Nur für Arier".

1937, 26. Aug.: In einer Studie wird veröffentlicht, dass deutsche Familien 50 bis 70 Prozent ihres Einkommens für die Ernährung ausgeben.

1937, 3. Sept.: Nach Angaben der Buchhändler hat in der Belletristik der Roman „Die Biene Maja und ihre Abenteuer" die höchste Auflage in diesem Jahr erreicht.

1937, 6. Sept.: In Nürnberg beginnt der „Reichsparteitag der Arbeit".

1937, 9. Sept.: In einem Bericht des Völkerbunds wird die Lage von etwa 20.000 deutschen Emigranten in Europa als „elend" beschrieben.

1937, 12. Sept.: Der Rennfahrer Rudolf Carraciola wird durch einen Sieg im letzten Grand Prix der Saison Europameister.

1937, 19. Sept.: Im Osten des Deutschen Reichs beginnen erstmals seit dem Ersten Weltkrieg große Manöver aller drei Waffengattungen.

1937, 20. Sept.: In Berlin wird im Rahmen der Manöver eine Luftschutzwoche mit zahlreichen Übungen abgehalten.

1937, 25. Sept.: Mussolini trifft zu einem fünftägigen Staatsbesuch in München ein.

1937, 30. Sept.: Der Komponist Paul Hindemith legt sein Amt als Lehrer der Staatlichen Musikhochschule in Berlin wegen der ständigen Angriffe von Nationalsozialisten nieder.

1937, 2. Nov.: In Berlin wird der erste Hubschrauber vorgestellt, der von Heinrich Focke entworfen ist.

1937, 5. Nov.: Hitler legt vor der Wehrmachtsführung seine Annexionspläne für Österreich und die Tschechoslowakei dar. Werner von Blomberg und Werner Freiherr von Fritsch weisen dabei auf die Risiken eines Kriegs hin, für den das Deutsche Reich noch nicht gerüstet sei.

„Der Bannerträger". Dieses Gemälde des Tiroler Malers Hubert Lanzinger wurde von Hitler persönlich als repräsentatives Führerbild für die große deutsche Kunstausstellung 1938 im Haus der Deutschen Kunst ausgewählt.

1937, 6. Nov.: Italien tritt dem Antikominternpakt von Deutschland und Japan bei.

1937, 8. Nov.: Goebbels eröffnet in München die Propagandaausstellung „Der ewige Jude".

1937, 8. Nov.: Ein neues Gesetz verbietet Ausgebürgerten die Annahme von Erbschaften und Schenkungen.

1937, 19. Nov.: In einem Treffen mit Hitler erklärt ein Gesandter Chamberlains in Bezug auf die deutschen Expansionsabsichten, dass Großbritannien eine Veränderung der Grenzen in Europa auf friedlicher Basis tolerieren werde.

1937, 26. Nov.: Wegen Differenzen mit Göring, dem Verantwortlichen für den Vierjahresplan zur Rohstoffversorgung, tritt Wirtschaftsminister Hjalmar Schacht zurück. Er bleibt jedoch Reichsbankpräsident.

1937, 1. Dez.: Der ungarische Reichsverweser Miklós Horthy betont, dass er einen „Anschluss" Österreichs an das Deutsche Reich für unausweichlich halte.

1937, 18. Dez.: In Rom wird ein Abkommen über wirtschaftliche Zusammenarbeit von Italien und Deutschland unterzeichnet, das auch die wirtschaftliche Hilfe für den Kriegsfall vorsieht.

1937, 31. Dez.: Nach Angaben des Justizministeriums wurden 1937 etwa 500.000 Menschen in Deutschland verurteilt. Die Sondergerichte wie der Volksgerichtshof sind hierbei nicht beachtet.

1937, 31. Dez.: Die Exilredaktion des „Vorwärts" verlegt aus Sicherheitsgründen ihren Sitz von Prag nach Paris.

1938, 1. Jan.: Den jüdischen Kulturvereinigungen wird der Status von Körperschaften öffentlichen Rechts aberkannt.

1938, 12. Jan.: Mit neuen Zulassungsordnungen werden jüdische Zahnärzte aus den Krankenkassen ausgeschlossen. Die Zulassung kann auch Dentisten entzogen werden, die keine „Gewähr rückhaltlosen Eintretens für den nationalsozialistischen Staat" bieten.

1938, 25. Jan.: Im Deutschen Reich werden neue Schutzhaftbestimmungen eingeführt: „Alle volks- und staatsfeindlichen Personen" können sofort inhaftiert und in Konzentrationslager (KZ) verbracht werden. Dies ermöglicht die willkürliche Verhaftung von Personen durch die Geheime Staatspolizei (Gestapo).

1938, 4. Febr.: Im Rahmen einer zielgerichteten Kriegsvorbereitung bildet Adolf Hitler die Regierung und Militärführung um. Joachim von Ribbentrop wird neuer Außenminister. Gleichzeitig werden verschiedene Botschafter abberufen, unter ihnen der ehemalige Reichskanzler Franz von Papen. Walther Funk wird neuer Wirtschaftsminister. Der Kriegsminister und Oberbefehlshaber der Wehrmacht, Werner von Blomberg, und der Oberbefehlshaber des Heers, Werner Freiherr von Fritsch, müssen zurücktreten. Das Kriegsministerium wird in das Oberkommando der Wehrmacht (OKW) umgewandelt, dessen Leitung General Wilhelm Keitel übernimmt. Hitler selbst wird Oberbefehlshaber der Wehrmacht.

1938, 27. Febr.: In Berlin wird die Ausstellung „Entartete Kunst" eröffnet, die in anderer Form bereits in München zu sehen war.

1938, 12. März: Die deutsche Wehrmacht marschiert in Österreich ein, dessen Truppen von der Bundesregierung den Befehl erhalten haben, keinen Widerstand zu leisten. Hitler fährt in seine Geburtsstadt Braunau am Inn. Abends spricht er auf einer Großkundgebung in Linz. In ganz Österreich setzt eine Verhaftungswelle gegenüber politischen Gegnern ein.

1938, 13. März: Hitler lässt ein Gesetz zum „Anschluss" Österreichs an das Deutsche Reich verkünden. Die staatlichen Einrichtungen Österreichs werden durch deutsche Behörden übernommen.

1938, 25. März: Hitler beginnt eine Reise durch Österreich, bei der er für eine Volksabstimmung zugunsten des Anschlusses an das Deutsche Reich plädiert.

1938, 7. Apr.: Hitler eröffnet den Bau einer Autobahn zwischen Wien und Salzburg.

1938, 10. Apr.: Nach offiziellen Angaben stimmen in der Volksabstimmung in Österreich und

Deutschland 99 Prozent für den Anschluss.

1938, 24. Apr.: Auf einer Tagung der Sudetendeutschen Partei stellt ihr Vorsitzender Henlein ein Programm mit Autonomieforderungen an die tschechoslowakische Regierung vor.

1938, 29. Apr.: Auf einer gemeinsamen Konferenz erklären Daladier und der britische Ministerpräsident Chamberlain, dass die tschechische Regierung Zugeständnisse an die Sudetendeutschen machen müsse.

1938, 3. Mai: Hitler trifft zu einem Staatsbesuch in Rom ein, wo er von Mussolini und König Viktor Emanuel III. empfangen wird. Mussolini erklärt die Alpen zur natürlichen Grenze der beiden Interessensphären. Hitler akzeptiert den Verbleib Südtirols bei Italien.

1938, 11. Mai: In Rom verurteilt Papst Pius XI. die Rassenlehre. Während des Hitler-Besuchs hat er Rom verlassen.

1938, 21. Mai: Wegen deutscher Truppenbewegungen an der Grenze mobilisiert die tschechoslowakische Regierung Teile ihrer Armee. Als sich Frankreich, Großbritannien und Polen in die Krise einschalten, dementiert Ribbentrop einen Truppenaufmarsch.

1938, 26. Mai: Vor einem Massenaufgebot von 70.000 Menschen legt Hitler den Grundstein für den Bau des Volkswagenwerks in der Nähe des Dorfs Wolfsburg. Hier soll das größte Automobilwerk der Welt entstehen und ein Auto für die NS-Organisation „Kraft durch Freude", der von Ferdinand Porsche entwickelte KdF-Wagen, produziert werden.

1938, 3. Juni: Martin Bormann wird von Hitler zu seinem Adjutanten und Leiter seiner Privatkanzlei ernannt.

1938, 12. Juni: Mit Reichsjugendführer Baldur von Schirach und Innenminister Wilhelm Frick wird in Schlochau (Westpreußen) die Grundsteinlegung für das erste von über 550 neuen Heimen für die Hitler-Jugend (HJ) gefeiert.

1938, 17. Juni: Die IG Farben, die eng in die wirtschaftliche Planung des NS-Staats einbezogen ist, steigert nach Angaben des Aufsichtsratsvorsitzenden Carl Bosch weiterhin ihr Wachstum.

1938, 22. Juni: In einem Weltmeisterschaftskampf schlägt Joe Louis seinen Herausforderer Max Schmeling schon in der ersten Runde k.o.

1938, 25. Juli: Alle jüdischen Ärzte verlieren ihre Approbation und damit die Möglichkeit, weiter als zugelassene Ärzte zu arbeiten. Einigen wenigen bleibt lediglich die Versorgung jüdischer Patienten als „Krankenbehandler" gestattet.

1938, 1. Aug.: Mit einem neuen Eherecht wird die Ehe an bevölkerungspolitische Ziele gekoppelt. Demnach ist Kinderlosigkeit ein Scheidungsgrund.

1938, 2. Aug.: In der Berliner Deutschlandhalle wird eine Propagandakundgebung anlässlich des Richtfests für den monumentalen Bau der „Neuen Reichskanzlei" begangen.

1938, 19. Aug.: Die katholischen Bischöfe verabschieden in Fulda einen Hirtenbrief gegen die scharfe Antikirchenpolitik des NS-Regimes.

1938, 24. Sept.: Wegen der Krise in der Tschechoslowakei reist der britische Ministerpräsident Chamberlain zum zweiten Mal innerhalb von zehn Tagen nach Deutschland. Hitler fordert die Abtretung des Sudetengebiets bis Ende des Monats.

1938, 28. –30. Sept.: Münchner Konferenz: Ein Krisentreffen von Hitler, Mussolini, Daladier und Chamberlain versucht den drohenden Krieg des Deutschen Reichs gegen die Tschechoslowakei abzuwenden. Die Beteiligung der tschechoslowakischen Delegation an den Beratungen wird von Hitler strikt abgelehnt. Die Westmächte geben nach und stimmen der Abtretung des Sudetengebiets zum 1. Oktober zu. Für die Regierung in Prag ist das Münchener Abkommen die „Wahl zwischen Ermordung und Selbstmord."

Am 23. August 1939 unterzeichnete Ribbentrop in Moskau den Nichtangriffspakt zwischen Deutschland und der Sowjetunion. Ein geheimes Zusatzprotokoll des Vertrages legte die Aufteilung Polens fest. Der Weg für den Angriff auf Polen war frei. Hinter Ribbentrop Stalin (rechts) und Molotow.

1938, 1. Okt.: Die Wehrmacht marschiert in das Sudetengebiet ein. Damit setzt die Auflösung der Tschechoslowakei ein: Einen Tag später wird einem polnischen Ultimatum entsprechend das Olsagebiet an Polen abgetreten. Kurz darauf tritt Präsident Beneš zurück. Die Slowaken ernennen eine eigene Teilregierung.

1938, 7. Nov.: In Paris erschießt der 17-jährige Herschel Grynszpan den deutschen Legationssekretär Ernst vom Rath. Er reagiert damit auf die Ausweisung seiner Eltern aus Deutschland nach Polen.

1938, 9. Nov.: Kampftruppen der Sturmabteilung (SA) und der SS veranstalten in der sog. Reichskristallnacht ein Pogrom gegen die jüdische Bevölkerung in ganz Deutschland. Mit systematischen Misshandlungen werden Juden terrorisiert, über 25.000 werden in Konzentrationslager gebracht. Zahlreiche Synagogen, Friedhöfe und jüdische Geschäfte werden zerstört.

1938, 12. Nov.: Die Reichsregierung beschließt die vollständige Verdrängung der Juden aus dem Wirtschaftsleben und weitere Beschränkungen ihres Alltagslebens. Außerdem werden sie zu einer sog. Entschädigungszahlung in Höhe von 1 Milliarde Reichsmark für die Judenpogrome drei Tage zuvor verurteilt.

1938, 15. Dez.: Über 3.000 km des Reichsautobahnnetzes sind fertig gestellt. Auch die Strecke Berlin-München ist fertig.

1938, 16. Dez.: Für die Geburt von vier Kindern erhalten Frauen ab sofort das Mutterkreuz.

1938, 22. Dez.: Dem Chemiker Otto Hahn gelingt in Berlin erstmals ein experimenteller Nachweis für die Kernspaltung.

1939, 6. Jan.: Polen lehnt den von der deutschen Regierung geforderten Anschluss der Freien Stadt Danzig an das Deutsche Reich ab.

1939, 9. Jan.: Die Neue Reichskanzlei für Adolf Hitler wird eingeweiht. Mit ihren über 400 Räumen nimmt sie einen kompletten Straßenzug im Berliner Regierungsviertel ein.
1939, 14. Jan.: Der Presse wird mitgeteilt, dass Hitler nur noch als „Führer" statt als „Führer und Reichskanzler" zu bezeichnen sei.
1939, 14. Febr.: In Hamburg läuft das Schlachtschiff „Bismarck" vom Stapel. Eine Woche später stellt Großbritannien das Schlachtschiff „King George V" in Dienst.
1939, 24. Febr.: Ungarn tritt dem antisowjetischen Antikominternpakt von Deutschland, Italien und Japan bei.
1939, 27. Febr.: Mit der Flucht des republikanischen Präsidenten und der diplomatischen Anerkennung des Franco-Staats durch die Westmächte ist der Bürgerkrieg in Spanien beendet.
1939, 1. März: Nur Mitglieder der Nationalsozialistischen Deutschen Arbeiterpartei (NSDAP) können ab sofort noch Beamte werden.
1939, 2. März: Im Vatikan wird Kardinal Eugenio Pacelli, der den Namen Pius XII. annimmt, zum neuen Papst gewählt.
1939, 15. März: Durch direkte Drohungen und unter Ausnutzung des tschechisch-slowakischen Gegensatzes gelingt Hitler die kampflose Besetzung der „Rest-Tschechei". Einen Tag zuvor war die Slowakei als selbständige Republik ausgerufen worden.
1939, 16. März: Außenminister Joachim von Ribbentrop erklärt das neu gebildete „Reichsprotektorat Böhmen und Mähren" zum Bestandteil des „Großdeutschen Reichs". Konstantin Freiherr von Neurath wird zum Protektor ernannt.
1939, 17. März: Der britische Ministerpräsident Arthur Neville Chamberlain kündigt aufgrund des andauernden Expansionsstrebens das Ende der Appeasement-Politik gegenüber Hitler an.
1939, 24. März: Großbritannien und Frankreich einigen sich auf gemeinsamen Widerstand gegen jede weitere Aggressionspolitik des Deutschen Reichs.
1939, 31. März: Chamberlain garantiert Polen Waffenhilfe und militärischen Beistand im Falle eines deutschen Angriffs.
1939, 28. Apr.: In einer Rundfunkrede kündigt Hitler den Nichtangriffspakt mit Polen und das Flottenbegrenzungsabkommen mit Großbritannien auf.
1939, 17. Mai: Eine Volkszählung im Deutschen Reich ergibt ohne Österreich eine Bevölkerungszahl von knapp 70 Millionen.
1939, 19. Mai: Frankreich schließt mit Polen einen geheimen Beistandspakt.
1939, 22. Mai: Mit dem „Stahlpakt" erneuern das Deutsche Reich und Italien die „ Achse Berlin-Rom". Künftige Expansionen sollen aufeinander abgestimmt werden. Für den Kriegsfall sichern sich beide Staaten Waffenhilfe zu.
1939, 26. Mai: Die Westmächte Frankreich und Großbritannien bieten der Sowjetunion erstmals einen Pakt gegen Hitler an.
1939, 4. Juli: Alle Juden im Deutschen Reich werden mit einer Verordnung zum „Reichsbürgergesetz" zwangsweise zur „Reichsvereinigung der Juden in Deutschland" zusammengeschlossen. Die Reichsvereinigung soll Träger des jüdischen Schulwesens sowie der Wohlfahrtspflege sein. Zugleich soll so die Kontrolle über die Juden und ihre Auswanderung verstärkt werden.
1939, 12. Juli: Walther von Brauchitsch gibt als Oberbefehlshaber des Heers die Bildung von „Schnellen Truppen" bekannt, die vor allem aus Panzerabteilungen gebildet werden.

Als vor dem Reichstag am 1. September 1939 Hitlers historische Worte fielen: „Seit 5 Uhr 45 wird nun mehr zurückgeschossen" und damit der Angriff auf Polen begann, zögerten England und Frankreich nicht, ihren Bündnisverpflichtungen nachzukommen.

1939, 21. Aug.: Die Verhandlungen der Westmächte mit der Sowjetunion werden ergebnislos abgebrochen. Polen weigert sich trotz westlichen Drucks, der Sowjetarmee im Falle eines Kriegs den Durchmarsch zu gestatten.
1939, 22. Aug.: Nach Bekanntgabe eines Abkommens mit der Sowjetunion erklärt Hitler den Oberbefehlshabern der Wehrmacht, dass der Krieg gegen Polen unmittelbar bevorstehe.
1939, 23. Aug.: In Moskau unterzeichnen die Außenminister von Ribbentrop und Molotow einen deutsch-sowjetischen Nichtangriffspakt, der in einem Geheimen Zusatzabkommen die Interessengebiete in Osteuropa aufteilt.
1939, 29. Aug.: Der britische Botschafter Neville Henderson bricht ein Vermittlungsgespräch mit Hitler erregt ab, da Hitler sich verhandlungsunwillig zeigt und unnachgiebig am Krieg gegen Polen festhält.
1939, 31. Aug.: Zur Schaffung eines Vorwandes für den Krieg gegen Polen überfallen als polnische Soldaten verkleidete Angehörige des deutschen Sicherheitsdienstes (SD) den Rundfunksender Gleiwitz (Oberschlesien). Über den Rundfunk behaupten sie, Gleiwitz sei von Polen besetzt worden.
1939, 1. Sept.: Mit der Beschießung von polnischen Munitionslagern auf der Westerplatte bei Danzig durch das deutsche Linienschiff „Schleswig-Holstein" beginnt der Überfall auf Polen und damit der Zweite Weltkrieg.
1939, 1. Sept.: Hitler ordnet unter dem Begriff „Euthanasie" die organisierte Ermordung von Kranken in Pflege- und Heilanstalten an.
1939, 3. Sept.: Großbritannien und Frankreich erklären Deutschland den Krieg, nachdem ein letzter Vermittlungsversuch Mussolinis von Hitler nicht beantwortet wird. Die USA, Italien und Spanien erklären sich neutral.
1939, 7. Sept.: Französische Truppen rücken in das Saarland ein. Die im Beistandspakt mit Polen vereinbarten Offensiven gegen die deutsche Westfront werden jedoch nicht durchgeführt. Dies erleichtert den deutschen Blitzkrieg gegen Polen.

1939, 13. Sept.: Warschau ist von den deutschen Truppen komplett eingeschlossen.
1939, 28. Sept.: Die Sowjetunion und Deutschland einigen sich auf eine neue gemeinsame Grenze in Polen. Als Staat besteht Polen nicht mehr.
1939, 1. Okt.: Als Zusammenfassung der Sicherheitsämter wird das Reichssicherheitshauptamt (RSHA) gebildet. Es steht unter der Leitung von Reinhard Heydrich.
1939, 6. Okt.: In einer Rede vor dem Reichstag bietet Hitler den Westmächten einen Frieden an, der eine Revision des Versailler Vertrags vorsieht. Dies lehnen Frankreich und Großbritannien ab.
1939, 12. Okt.: Der besetzte und nicht dem Deutschen Reich angegliederte Teil Polens wird zum Generalgouvernement unter Leitung von Hans Frank erklärt.
1939, 14. Okt.: Ein deutsches U-Boot versenkt im Hafen von Scapa Flow (Orkney-Inseln) das britische Schlachtschiff „Royal Oak". Diese Versenkung wird häufiges Motiv der deutschen Kriegspropaganda.
1939, 17. Okt.: Angehörige der SS und der Polizei werden der allgemeinen Gerichtsbarkeit entzogen.
1939, 26. Okt.: Als Reichsgaue Posen (ab 2.11.1939: Wartheland) und Westpreußen (ab Januar 1940: Danzig-Westpreußen) werden Teile Polens dem Deutschen Reich angegliedert. Im besetzten Teil Polens werden alle Männer zwischen 18 und 60 Jahren zum Arbeitsdienst gezwungen.
1939, 8. Nov.: Hitler entgeht knapp einem Bombenattentat im Bürgerbräukeller in München. Der Schreiner Johann Georg Elser hatte dort eine selbstgebaute Bombe versteckt.
1939, 12. Nov.: Generalgouverneur Frank erklärt das besetzte Polen zum „ersten Kolonialgebiet der deutschen Nation".
1939, 1. Dez.: In Posen beginnt die Umsiedlung von 150.000 Polen in das Generalgouvernement.
1939, 11. Dez.: Zahlreiche Kaiser-Wilhelm-Institute werden zu wehrwichtigen Betrieben ernannt.
1939, 14. Dez.: Hitler befiehlt die Planung für eine Eroberung Norwegens, um nicht von den schwedischen Erzlieferungen durch Norwegen abgeschnitten zu werden.
1939, 17. Dez.: In der Mündung des Río de la Plata versenkt sich das deutsche Panzerschiff „Admiral Graf Spee" wegen Schlachtschäden selbst.

Die Panzerwaffe, hier ein Kampfwagen vom Typ Panzer IV, war das Rückgrat der deutschen Blitzkrieg-Strategie. Ihr massierter Einsatz führte zu den entscheidenden Durchbrüchen.

1940, 11. Jan.: Nach einem neuen Plan soll das Reichsautobahnnetz auf die annektierten Gebiete ausgedehnt werden. Trotz dieser Planung kommt der Autobahnbau völlig zum Erliegen.
1940, 23. Jan.: Juden in Deutschland wird der Bezug von Schuhen und Leder verboten.
1940, 26. Jan.: Die vereinbarte Umsiedlung von Deutschen aus dem sowjetisch besetzten Polen in das Deutsche Reich wird abgeschlossen. Zehntausende von Umsiedlern sind in den letzten beiden Monaten aus Polen und aus den baltischen Staaten in das Reichsgebiet gekommen.
1940, 27. Jan.: Die deutsche Regierung fordert für die Kriegswirtschaft die Bereitstellung von mindestens 1 Million Arbeitern aus dem Generalgouvernement.
1940, 2. Febr.: Propagandaminister Joseph Goebbels erklärt den Film zu einem wichtigen Instrument der Moralsteigerung während des Kriegs. Deshalb dürften Filme nicht intellektuell sein.
1940, 8. März: Mit den sog. Polenerlassen wird das Leben von polnischen Arbeitern im Deutschen Reich stark eingeschränkt. Kontakte mit Deutschen sind ihnen untersagt.
1940, 14. März: Göring ruft zu einer Metallspendensammlung für die Kriegswirtschaft auf. Die Evangelische Kirche im Reichsgau Wartheland verliert ihre staatliche Anerkennung und hat nur noch Vereinscharakter.
1940, 9. Apr.: Ohne Kriegserklärung marschiert die deutsche Wehrmacht in Dänemark und Norwegen ein. Dänemark kapituliert nach einem Tag, ohne ernsthaften Widerstand leisten zu können. Der norwegische König flieht aus Oslo in den Norden des Landes. Schweden erklärt seine Neutralität gegenüber dem deutschen Überfall.
1940, 14. Apr.: Alliierte Truppen landen bei Narvik auf den norwegischen Lofoten-Inseln.
1940, 3. Mai: Das Reichsluftfahrtministerium ordnet eine einheitliche und allgemeine Verdunkelung für ganz Deutschland zwischen Sonnenuntergang und -aufgang an.
1940, 10. Mai: Die Westoffensive der deutschen Truppen beginnt

Gefreiter Herbert Brinkforth, der erste Ritterkreuzträger aus dem Mannschaftsstand. Die hohe Auszeichnung bekam er, nachdem er am 27. Mai 1940 mit seiner „Pak" innerhalb von 20 Minuten elf englische Panzer abgeschossen hatte. Herbert Brinkforth fiel am 5. Juni 1942 als Unteroffizier an der Ostfront.

mit dem Einmarsch in die neutralen Länder Niederlande, Belgien und Luxemburg.

1940, 10. Mai: Vor allem wegen des Scheiterns seiner Appeasement-Politik gegenüber Hitler muss der britische Ministerpräsident Arthur Neville Chamberlain zurücktreten. Sein Nachfolger wird Winston Churchill.

1940, 11. Mai: Die neue britische Regierung genehmigt die Bombardierung deutscher Städte.

1940, 14. Mai: Der Wehrmacht gelingt mit dem Durchbrechen der französischen Front bei Sedan die Abspaltung der französischen Truppen von Briten, Belgiern und Niederländern. Damit ist die Einkesselung der alliierten Truppen an der Nordseeküste möglich. Hitlers Planung einer offensiven Kriegführung im Westen (Operation „Sichelschnitt") hat sich als erfolgreich erwiesen. Die Wehrmachtsführung unter Walther von Brauchitsch hatte Hitlers Planungen ursprünglich abgelehnt.

1940, 26. Mai: Das britische Expeditionskorps zieht sich in die Küstenstadt Dünkirchen zurück. Die deutschen Panzerverbände erhielten vor der Einkesselung von Hitler den Haltebefehl. Die von Göring geplante Einschließung von der Seeseite aus durch die deutsche Luftwaffe erwies sich als undurchführbar. Von dort beginnt die Evakuierung von über 300.000 alliierten Soldaten über den Ärmelkanal. Neben dem Einsatz aller verfügbaren Boote und Schiffe durch die Briten gelingt die

1940, 5. Juni: Die Großoffensive der deutschen Truppen in Frankreich beginnt mit Durchbrüchen an der französischen Nordwestfront.

1940, 8. Juni: Die deutschen Truppen dringen weiter in Richtung auf die untere Seine vor.

1940, 10. Juni: Italien erklärt Großbritannien und Frankreich den Krieg. Die letzten norwegischen Truppen kapitulieren.

1940, 14. Juni: Die Wehrmacht rückt in das zur „offenen Stadt" erklärte Paris ein.

1940, 22. Juni: Zur Inszenierung der französischen Kapitulation wird in Compiègne der Eisenbahnwagen benutzt, in dem 1918 die Waffenstillstandsverhandlungen geführt worden sind.

1940, 9. Juli: Mit einer Denkschrift an Hitler beginnt der Protest der Kirchen gegen die „Euthanasie"-Maßnahmen. Im Zuge der „Euthanasie" werden mindestens 70.000 Bewohner von Pflege- und Heilanstalten ermordet.

1940, 13. Aug.: Mit dem „Adlertag" beginnt der Großangriff der Luftwaffe gegen die britischen Inseln. Da kein entscheidender Erfolg erzielt werden kann, konzentrieren sich die Angriffe auf Südengland.

1940, 2. Sept.: Für die Lieferung von 50 alten Zerstörern an Großbritannien erhalten die USA militärische Stützpunkte auf britischen Karibikinseln.

1940, 5. Sept.: Im Rahmen einer Filmwoche wird in Venedig der antisemitische Film „Jud Süß" von Veit Harlan uraufgeführt.

1940, 15. Sept.: Die schweren Verluste der Luftwaffe bei der „Battle of Britain" genannten Luftschlacht bedeuten praktisch die deutsche Niederlage im Kampf um die Luftherrschaft über England. Kurz darauf wird die geplante Invasion ohne neuen Termin verschoben.

1940, 27. Sept.: In Berlin unterzeichnen Deutschland, Italien und Japan das Dreimächteabkommen, das allen drei eine umfassende Expansion ermöglichen soll. Zugleich soll damit ein Kriegseintritt der USA verhindert werden.

1940, 28. Okt.: Italien erklärt Griechenland den Krieg und eröffnet von Albanien aus eine Offensive.

1940, 14. Nov.: Durch einen deutschen Luftangriff werden das Stadtzentrum und die Kathedrale von Coventry (Mittelengland) zerstört.

1940, 15. Nov.: Die deutsche Polizei in Warschau riegelt das jüdische Ghetto mit 400.000 Juden von der Außenwelt ab.

1940, 20. Nov.: Ungarn tritt dem Dreimächtepakt bei.

1940, 21. Nov.: Die bisher von vier Gesellschaften produzierten Wochenschauen werden zur „Deutschen Wochenschau" unter der

In einem Eisenbahnwagen im Wald von Compiègne wurde am 11. November 1918 der Waffenstillstand unterzeichnet (Bild unten). 22 Jahre später wurden die Waffenstillstandsverhandlungen mit umgekehrten Vorzeichen inszeniert (Bild oben). Hitler selbst hatte als Ort dieses historischen Aktes jenen Salonwagen befohlen, in dem 1918 der Verlierer des Ersten Weltkrieges das Diktat der Sieger annehmen musste.

Kontrolle von Goebbels zusammengefasst.
1940, 17. Dez.: Roosevelt legt ein Leih-Pacht-Gesetz vor, mit dem die britische Kriegswirtschaft durch amerikanische Kredite gestärkt werden soll.
1940, 18. Dez.: Hitler gibt die Weisung für den „Fall Barbarossa" aus. Damit wird der deutsche Angriff auf die Sowjetunion für Mai 1941 vorbereitet.
1940, 19. Dez.: Italien bittet wegen der britischen Offensive in Libyen um Entsendung einer deutschen Panzerdivision.
1941, 10. Jan.: Die deutsche und die sowjetische Regierung schließen ein Abkommen über Wirtschaftsaustausch und die Umsiedlung von Deutschen aus den baltischen Republiken.
1941, 11. Jan.: Adolf Hitler befiehlt die Entsendung deutscher Truppen zur Unterstützung der italienischen Armee in Nordafrika.
1941, 24. März: Das deutsche Afrika-Korps unter Rommel erobert die libysche Stadt El Agheila.
1941, 27. März: Hitler befiehlt die Besetzung Jugoslawiens zusammen mit der geplanten Offensive gegen Griechenland.
1941, 30. März: Hitler kündigt in einer Rede vor 200 Befehlshabern der Wehrmacht einen rassenideologischen Vernichtungskrieg gegen die Sowjetunion an.
1941, 2. Apr.: Die Heinkel HE 280, das erste mit Düsentriebwerken ausgestattete Flugzeug, unternimmt ihren Jungfernflug.
1941, 6. Apr.: Die deutschen Truppen in Ungarn, Rumänien und Bulgarien beginnen den Überfall auf Griechenland und Jugoslawien. Himmler lässt alle Tanzveranstaltungen im Deutschen Reich verbieten.
1941, 12. Apr.: Deutsche Einheiten nehmen die jugoslawische Hauptstadt Belgrad ein.
1941, 13. Apr.: Japan und die Sowjetunion schließen ein Neutralitätsabkommen.
1941, 30. Apr.: Nachdem die deutschen Truppen das gesamte griechische Festland erobert haben, legt Hitler den Überfall auf die Sowjetunion auf den 22. Juni fest.
1941, 10. Mai: Heß, Stellvertreter Hitlers in der NSDAP, fliegt nach Schottland, um mit der britischen Regierung über einen Friedensschluss zu verhandeln. Er wird als Kriegsgefangener interniert und kurz darauf von Hitler aus allen Parteiämtern entlassen.
1941, 10. Mai: Die deutsche Luftwaffe fliegt mit 500 Maschinen einen letzten Großangriff auf London. Danach wird ein Großteil der Flotte nach Osten verlegt.
1941, 6. Juni: Das Oberkommando der Wehrmacht (OKW) ordnet im „Kommissarbefehl" die sofortige Liquidierung von gefangen genommenen politischen Kommissaren der Roten Armee an.
1941, 14. Juni: Die amerikanische Regierung friert alle deutschen Guthaben in den USA ein und verfügt kurz darauf die Schließung der deutschen Konsulate.
1941, 22. Juni: Ohne Kriegserklärung beginnen die deutschen Truppen auf einer Linie zwischen der Ostsee und den Karpaten mit dem Einmarsch in die Sowjetunion. Den Truppen folgen Einsatzgruppen zur Liquidation der jüdischen Bevölkerung. Italien und Rumänien erklären der Sowjetunion den Krieg.
1941, 29. Juni: Die sowjetische Regierung ruft den „Großen Vaterländischen Krieg" zur Verteidigung des Landes aus.
1941, 4. Juli: Die Kommunistische Partei Jugoslawiens unter Führung von Josip Broz Tito beschließt einen Partisanenkrieg gegen die faschistische Besatzung.
1941, 9. Juli: In zwei erfolgreichen Kesselschlachten bei Bialystok und Minsk bricht ein Teil der sowjetischen Front zusammen. Über 300.000 Soldaten gehen in deutsche Kriegsgefangenschaft.
1941, 31. Juli: Der SS-Gruppenführer Reinhard Heydrich wird beauftragt, die Vernichtung der Juden in West- und Mitteleuropa vorzubereiten.
1941, 3. Aug.: Der Münsteraner Bischof Clemens August Graf von Galen bezeichnet in einer Predigt die von der NSDAP angeordnete Massentötung von Geisteskranken als „Ermordung Unschuldiger".
1941, 4. Aug.: Der Reichsarbeitsdienst für Mädchen wird um sechs Monate Kriegshilfsdienst verlängert.
1941, 14. Aug.: US-Präsident Roosevelt und der britische Ministerpräsident Churchill verkünden die „Atlantik-Charta" mit Prinzipien für eine Nachkriegsordnung.
1941, 1. Sept.: Im Deutschen Reich wird Juden das Verlassen ihres Wohnorts verboten.

Deutsche Truppen mit Panzerwagen in einem jugoslawischen Dorf 1941. Im Zusammenwirken von Luft- und Panzerwaffe wurde der Vielvölkerstaat in zwölf Tagen überrannt. Griechenland, obwohl von britischen Truppen unterstützt, brach nach wenigen Wochen zusammen.

In seiner Reichstagsrede am 11. Dezember 1941 gibt Hitler die Kriegserklärung an die USA bekannt.

Die Vorausabteilung der 3. Panzerdivision südlich Brest-Litowsk auf dem Vormarsch. Das weiße G auf den Fahrzeugen ist das Kennzeichen der Panzergruppe Guderian. Die Sowjetunion war auf den deutschen Überraschungsangriff am 22. Juni 1941 militärisch nicht vorbereitet. Sechs Stunden dauerte es, bis Stalin Befehl zum Zurückschießen gab. Am zweiten Tag standen Panzer der Heeresgruppe Mitte 200 km tief in Russland. In den ersten fünf Tagen hatte die sowjetische Luftwaffe 90 % ihrer Flugzeuge eingebüßt, und in den ersten drei Wochen gingen in den westlichen Militärbezirken Russlands 90 % der Panzer und mehr als die Hälfte ihrer Besatzungen verloren.

1941, 8. Sept.: Leningrad (heute: St. Petersburg) ist von der deutschen Armee eingekesselt und von allen Landwegen abgeschnitten. Damit beginnt die mehrjährige Belagerung der Stadt.

1941, 15. Sept.: Der Entwicklung von Lenkraketen in Peenemünde unter der Leitung Wernher Freiherr von Brauns wird von der deutschen Regierung die Sonderdringlichkeitsstufe zugeteilt.

1941, 16. Sept.: OKW-Chef Wilhelm Keitel ordnet an, dass in den besetzten Gebieten für jeden getöteten deutschen Soldaten „die Todesstrafe für 50-100 Kommunisten als angemessen gelten“ müsse.

1941, 19. Sept.: Die Polizeiverordnung zum Tragen eines „Judensterns“ tritt in Kraft. Fortan müssen alle Juden über sechs Jahre in der Öffentlichkeit auf der linken Brustseite der Kleidung einen gelben Stern tragen.

1941, 28. Sept.: In Babi Jar bei Kiew kommt es nach der deutschen Besetzung zu Massakern an Juden, bei denen 33.000 Menschen ermordet werden.

1941, 24. Nov.: In Theresienstadt wird ein KZ eingerichtet.

1941, 2. Dez.: Deutsche Truppen erreichen die Moskauer Vorstädte, werden von starken sowjetischen Verteidigungseinheiten jedoch am weiteren Vordringen gehindert.

1941, 4. Dez.: Für die dem Deutschen Reich eingegliederten Ostgebiete wird ein Sonderstrafrecht für Polen und Juden mit der Möglichkeit von Standgerichten eingeführt.

1941, 7. Dez.: Japan greift ohne Vorwarnung den US-Militärstützpunkt Pearl Harbor auf Hawaii an und versenkt mehrere Schlachtschiffe. Einen Tag darauf folgt die gegenseitige Kriegserklärung.

1941, 11. Dez.: Hitler verkündet in einer Rede vor dem Reichstag die deutsche Kriegserklärung an die USA.

1942, 3. Jan.: Um der deutschen Wehrmacht Skier zur Verfügung zu stellen, werden alle Wintersportveranstaltungen einschließlich der Skiweltmeisterschaften in Garmisch-Partenkirchen abgesagt.

1942, 9. Jan.: Mit einer Offensive gelingt es der Roten Armee, die deutschen Heeresgruppen Nord und Mitte voneinander zu trennen.

1942, 20. Jan.: Auf der Wannsee-Konferenz in Berlin wird unter Vorsitz von Reinhard Heydrich über organisatorische Fragen der „fabrikmäßigen“ Ermordung der europäischen Juden beraten.

1942, 29. Jan.: Das deutsche Kontingent in Nordafrika unter Erwin Rommel erobert mit einer Gegenoffensive die Stadt Bengasi.

1942, 8. Febr.: Fritz Todt, Reichsminister für Munition und Bewaffnung, kommt bei einem Flugzeugabsturz ums Leben. Zu seinem Nachfolger wird der Architekt Albert Speer ernannt.

1942, 9. Febr.: Um Treibstoff für den Krieg zu sparen, verbietet das Reichsverkehrsministerium private Fahrten mit dem Auto.

1942, 11. Febr.: Fünfzehnjährige Schüler der höheren Schulen werden in Deutschland als Luftwaffenhelfer für den Kriegsdienst rekrutiert.

1942, 22. Febr.: Josef W. Stalin erklärt anlässlich des Gründungsjubiläums der Roten Armee, dass „die ‚Hitler‘ kommen und gehen, aber das deutsche Volk, der deutsche Staat bleibt“.

1942, 17. März: Mit dem ersten Deportationszug nach Belzec beginnt in Polen die systematische Ermordung der Juden („Aktion Reinhardt“).

1942, 21. März: Mit der Ernennung von Fritz Sauckel zum Generalbevollmächtigten für den Arbeitseinsatz wird die Zwangsarbeitsverpflichtung für Menschen in den besetzten Ostgebieten vorangetrieben.

1942, 26. März: Mit Ankunft der ersten Deportationszüge beginnt im Vernichtungslager Auschwitz die massenweise Ermordung von Juden aus ganz Europa.

1942, 28. März: Beim ersten Flächenbombardement auf eine deutsche Großstadt wird die Innenstadt

von Lübeck von der britischen Luftwaffe zerstört.
1942, 6. Apr.: In Deutschland wird die wöchentliche Brot- und Fleischration verringert. In Großbritannien wird das Backen eines Einheitsbrots angeordnet, um Weizen zu sparen.
1942, 18. Apr.: Mit Beginn der Tauwetterperiode kommen die Kampfhandlungen in Russland weitgehend zum Erliegen. Der deutsche Nachschub bricht fast völlig zusammen.
1942, 20. Apr.: Frauen werden in Deutschland zur Arbeit in Rüstungsbetrieben verpflichtet.
1942, 24. Apr.: Juden wird im Deutschen Reich die Benutzung öffentlicher Verkehrsmittel untersagt.
1942, 26. Apr.: Der Reichstag spricht der Person Hitlers die höchste Rechtsprechung zu. Damit ist jeder „Führerbefehl" im NS-Herrschaftsbereich unumstößliches Recht.
1942, 12. Mai: Im Vernichtungslager Auschwitz-Birkenau werden 1.500 Juden vergast. Es ist dort die erste datierte Massenvergasung.
1942, 27. Mai: Zwei Tschechen verüben in Prag ein Attentat auf den stellvertretenden Reichsprotektor Heydrich und verletzen ihn dabei schwer.
1942, 30. Mai: Mit dem Einsatz von 1.000 Bombern zerstört die britische Luftwaffe die gesamte Kölner Innenstadt.
1942, 4. Juni: Heydrich stirbt an den Folgen des auf ihn verübten Attentats. Neuer stellvertretender Reichsprotektor wird der Schutzstaffel (SS)-Oberführer Kurt Daluege.
1942, 10. Juni: Als Vergeltungsakt für die Ermordung Heydrichs wird der tschechische Ort Lidice (bei Prag) zerstört. Alle männlichen Einwohner über 15 Jahre werden ermordet.
1942, 12. Juni: Der Reichsführer SS Heinrich Himmler genehmigt den sog. Generalplan Ost, der eine zwangsweise Umsiedlung der slawischen Bevölkerung Osteuropas nach Sibirien vorsieht.
1942, 23. Juni: Benito Mussolini stimmt dem Angriffsplan von Rommel zu, der mit deutschen und italienischen Einheiten in das britische Ägypten einrücken will. Mussolini reist nach Libyen, um sich auf seinen triumphalen Einzug in Kairo vorzubereiten.
1942, 30. Juni: Der amerikanische Kongress verabschiedet mit über 42 Milliarden Dollar den bisher größten Rüstungshaushalt der amerikanischen Geschichte.
1942, 1. Juli: Unter dem Oberbefehl von Generaloberst Erich von Manstein erobern deutsche Truppen mit der Festung Sewastopol die letzte sowjetische Bastion auf der Krim.
1942, 15. Juli: In Amsterdam beginnt die Deportation von Juden in das Vernichtungslager Auschwitz-Birkenau.
1942, 18. Juli: Das erste serienmäßige Düsenflugzeug Messerschmitt Me 262 unternimmt seinen ersten Testflug.
1942, 22. Juli: Die Deportation der Juden aus dem Warschauer Ghetto in das Vernichtungslager Treblinka beginnt.
1942, 6. Aug.: US-Präsident Roosevelt ernennt General Eisenhower zum

Das Motorrad erwies sich im Wüstenkrieg als bewegliches und vielseitig verwendbares Kampfmittel. Krad-Schützenbataillone und Aufklärungsabteilungen wurden für überraschende Erkundungsvorstöße und Kampfaufträge eingesetzt.

Oberbefehlshaber für die geplante alliierte Landung in Nordafrika.
1942, 19. Aug.: Auf Druck Stalins versuchen die Alliierten einen Landungsversuch bei Dieppe an der französischen Kanalküste, den die Wehrmacht abwehren kann.
1942, 20. Aug.: Otto Georg Thierack wird neuer Reichsjustizminister. Sein bisheriges Amt als Präsident des Volksgerichtshofs übernimmt Roland Freisler.
1942, 30. Aug.: Bei Al Alamain startet das deutsche Afrikakorps eine letzte vergebliche Offensive.
1942, 7. Sept.: Über die Kriegführung an der Kaukasusfront kommt es zwischen Hitler und dem deutschen Generalstab zu einem schweren Zerwürfnis. Kurz darauf übernimmt Hitler selbst den Oberbefehl über die deutschen Truppen im Kaukasus.
1942, 13. Sept.: Der bisher größte alliierte Nachschubkonvoi für die Sowjetunion mit über 40 Frachtschiffen wird im Nordmeer von deutschen Verbänden angegriffen und erleidet schwere Verluste.
1942, 3. Okt.: In Peenemünde auf der Ostseeinsel Usedom gelingt der erste Start einer A4-Rakete. Die „Vergeltungswaffe" erhält später den Propagandanamen V2. Es handelt sich um die erste Fernrakete der Welt.
1942, 4. Nov.: Rommel ordnet gegen den Befehl Hitlers zum Halten den Rückzug aus Al Alamain an.
1942, 8. Nov.: In Französisch-Nordwestafrika beginnt die Landung alliierter Truppen unter dem Oberbefehl Eisenhowers.
1942, 10. Nov.: Nach schweren Kämpfen ist der deutschen 6. Armee unter Generalmajor Friedrich Paulus die Einnahme Stalingrads gelungen.
1942, 11. Nov.: Die Wehrmacht marschiert in das bisher unbesetzte Südfrankreich der Vichy-Regierung ein.
1942, 13. Nov.: Tobruk wird von der britischen Armee erobert.
1942, 22. Nov.: Die Rote Armee schließt die deutsche 6. Armee mit insgesamt 284.000 Soldaten in Stalingrad ein.
1942, 1. Dez.: Mussolini fordert von Hitler die Beendigung des Krieges gegen die Sowjetunion.
1942, 2. Dez.: In Chicago gelingt es dem italienischen Physiker Enrico Fermi als erstem, eine nukleare Kettenreaktion auszulösen.
1942, 6. Dez.: Als Mitglied des Exilvorstands der Sozialdemokratischen Partei Deutschlands (SPD) fordert Erich Ollenhauer die Emigranten zur Planung der Zeit nach dem NS-Regime auf.
1942, 7. Dez.: Die Gestapo verhaftet im Ruhrgebiet zahlreiche Jugendliche der „Edelweißpiraten", die sich bewusst den NS-Organisationen entziehen.
1942, 12. Dez.: Die Wehrmacht beginnt einen Entlastungsangriff gegen die sowjetische Einkreisung von Stalingrad.
1942, 21. Dez.: Der Entsatzversuch der deutschen Truppen scheitert 50 Kilometer vor Stalingrad.
1942, 27. Dez.: Der gefangene sowjetische General Andrej A. Wlassow beginnt die Ausbildung sowjetischer Kriegsgefangener für eine antikommunistische Armee.

In den besetzten Ölgebieten fanden die deutschen Truppen nur brennende Lager und zerstörte Förderungseinrichtungen vor. Bewusst hatte Stalin das Land den Flammen preisgegeben, als die Wehrmacht einrückte. Nichts sollte den Eroberern in die Hände fallen. In gleicher Weise ruinierten die deutschen Truppen das Land, als sie von den russischen Gegenoffensiven zurückgedrängt wurden.

1943, 10. Jan.: Da Generaloberst Friedrich Paulus die Kapitulation der eingeschlossenen deutschen 6. Armee ablehnt, beginnt die Rote Armee die Eroberung von Stalingrad.
1943, 14. –24. Jan.: Auf der Konferenz von Casablanca beraten US-Präsident Franklin D. Roosevelt und der britische Ministerpräsident Winston Churchill über die Fortführung des Kriegs. Sie fordern eine bedingungslose Kapitulation Deutschlands.
1943, 31. Jan.: Gegen den ausdrücklichen Befehl Hitlers kapituliert der südliche Kessel von Stalingrad unter Generaloberst Paulus. Zuvor hatte Paulus auf Anweisung Hitlers jeglichen Versuch unterlassen, aus dem Kessel auszubrechen.
1943, 2. Febr.: Mit der Kapitulation der letzten Wehrmachtstruppen in Stalingrad gehen über 100.000 Soldaten in sowjetische Gefangenschaft.
1943, 11. Febr.: Im Deutschen Reich beginnt die zwangsweise Rekrutierung von Fünfzehnjährigen als Luftwaffenhelfer.
1943, 14. Febr.: Um der Roten Armee nur „verbrannte Erde" zu hinterlassen, ordnet Hitler für den Rückzug der Wehrmacht im Osten die völlige Zerstörung an.
1943, 18. Febr.: In einer Rede im Berliner Sportpalast verkündet Propagandaminister Joseph Goebbels den „Totalen Krieg". Seine Rede findet Beifall. Beim Verteilen von Flugblättern in der Münchener Universität werden die Geschwister Hans Scholl und Sophie Scholl von der Gestapo verhaftet und kurz darauf zum Tod verurteilt.
1943, 5. März: Die Alliierten beginnen mit schweren Bombenangriffen auf das Ruhrgebiet.
1943, 9. März: Der inzwischen erfolglos kämpfende Rommel wird von seinem Kommando über die Heeresgruppe Afrika entbunden. Sein Nachfolger wird Generaloberst Hans-Jürgen von Arnim.
1943, 20. März: Im Atlantik versenken deutsche U-Boote bei der größten Geleitzugschlacht des Kriegs 21 Schiffe der Alliierten.
1943, 7. Apr.: Mit dem Zusammentreffen britischer und amerikanischer Verbände beginnt die Einkesselung der deutsch-italienischen Truppen in Tunesien.
1943, 13. Apr.: In Katyn (bei Smolensk) werden die Leichen von 4.000 polnischen Offizieren entdeckt, die 1940 von Sowjets ermordet worden sind. Zunächst hielt man deutsche Einheiten für das Massaker verantwortlich.
1943, 19. Apr.: Im Warschauer Ghetto, aus dem bereits 300.000 Juden deportiert worden sind, beginnt ein Aufstand, der bis zur kompletten Auflösung des Ghettos am 16. Mai andauert.
1943, 29. Apr.: Hitler empfängt den französischen Ministerpräsidenten Pierre Laval und fordert von ihm mehr Arbeitskräfte.
1943, 7. Mai: Mit der Einnahme von Tunis durch alliierte Truppen wird die deutsch-italienische Heeresgruppe Afrika in zwei Teile gespalten.
1943, 13. Mai: Die letzten deutschen Einheiten in Nordafrika kapitulieren.
1943, 16. Mai: Mit der Zerstörung der Synagoge ist der Aufstand im Warschauer Ghetto endgültig niedergeschlagen. Mehr als 50.000 Juden sind dabei ums Leben gekommen.
1943, 17. Mai: Durch britische Bombenangriffe werden die Möhne- und die Edertalsperre zerstört. Bei der dadurch ausgelösten Überflutung sterben 1.200 Menschen.

Paulus wird in Beketowka bei Stalingrad am 31. Januar 1943 gefangengenommen. Rechts neben ihm seine Adjutanten Schmidt und Adam. Kurz zuvor hatte ihn Hitler noch zum Generalfeldmarschall befördert, in der Überzeugung, ein deutscher Generalfeldmarschall würde statt der Gefangenschaft den Freitod wählen. Als dies nicht geschah, zürnte er im Führerhauptquartier: „Wie kann ein Mann sehen, wie seine Soldaten sterben und mit Tapferkeit bis zum Letzten sich verteidigen – wie kann er sich da den Bolschewiken ergeben? Mir tut das darum so weh, weil das Heldentum von so vielen Soldaten von einem einzigen charakterlosen Schwächling ausgelöscht wird. In diesem Krieg wird niemand mehr Feldmarschall."

Der Maat im Bugraum meldet, dass der „Torpedo los ist". Doch über Wasser lockte nicht nur Beute, sondern lauert auch der Feind. Die Revolutionierung der Radar-Technik durch das von britischen Wissenschaftlern entwickelte Magnetron, eine leistungsstarke Senderöhre für scharfgebündelte Zentimeterwellen, bescherte den Angloamerikanern die siegreiche Wende in der „Schlacht im Atlantik". Die deutschen U-Boote konnten jetzt zielgenau geortet werden. Alle Opfer waren jedoch vergebens. Zwar versenkten die deutschen U-Boote im Zweiten Weltkrieg 14 Millionen Tonnen, aber den Alliierten standen, vor allem gestützt auf das amerikanische Potential, am Ende des Krieges wieder rund 44 Millionen Tonnen neuen Schiffsraums zur Verfügung.

1943, 24. Mai: Großadmiral Dönitz beendet aufgrund der hohen Verluste den Einsatz von U-Booten gegen Geleitzüge der Alliierten im Nordatlantik.
1943, 7. Juni: Der Reichsführer SS Heinrich Himmler wird über die Ergebnisse von medizinischen Experimenten mit Menschen informiert: Im KZ Ravensbrück wurden Frauen zur Untersuchung von Sterilisationsmethoden missbraucht.
1943, 10. Juni: Die Westalliierten beginnen mit ihrer kombinierten Bomberoffensive gegen Deutschland. Die Briten bombardieren nachts, die Amerikaner tagsüber.
1943, 21. Juni: Himmler befiehlt die Auflösung aller jüdischen Ghettos in Polen. Der Weg der Juden führt über die Vernichtungslager in den Tod. Hitler ordnet ein zentrales Standgericht für Wehrmachtssoldaten an.
1943, 1. Juli: Die Juden im Deutschen Reich verlieren sämtlichen Rechtsschutz und werden unter Polizeirecht gestellt.
1943, 5. Juli: An der Ostfront beginnt die letzte große Offensive der Wehrmacht. Sie muss bald darauf abgebrochen werden.
1943, 24. Juli: Mussolini wird vom „Großen Faschistischen Rat" abgesetzt und einen Tag später auf Befehl von König Viktor Emanuel III. verhaftet.
1943, 17. Aug.: Die letzten Truppen der Achsenmächte räumen Sizilien. Die Raketenversuchseinrichtungen in Peenemünde werden durch Luftangriffe stark beschädigt.
1943, 23. Aug.: Die Rote Armee erobert während ihrer Sommeroffensive die Stadt Charkow (Ukraine) zurück.
1943, 3. Sept.: Italien und die Alliierten einigen sich auf einen zunächst geheim gehaltenen Waffenstillstand. Britische Truppen betreten in Kalabrien das italienische Festland.
1943, 13. Okt.: Die italienische Regierung unter Marschall Badoglio erklärt dem Deutschen Reich den Krieg. Die Westmächte erkennen Italien als Verbündeten an.
1943, 23. Okt.: Die schwedische Regierung erklärt, dieses Jahr keine Nobelpreise zu vergeben.
1943, 28. Okt.: Hitler stoppt die bereits eingeleitete Räumung der Halbinsel Krim.
1943, 1. Nov.: Ein sowjetischer Vorstoß zum Dnepr schneidet die deutschen Einheiten auf der Krim von den Landverbindungen ab.
1943, 3. Nov.: In seiner letzten strategischen Weisung an das Oberkommando der Wehrmacht (OKW) ordnet Hitler die Konzentration auf die Verteidigung im Westen an. Auf Befehl Himmlers werden nach der Schließung von fünf SS-Betrieben in Lublin 17.000 jüdische Zwangsarbeiter ermordet.
1943, 6. Nov.: Die Rote Armee erobert die ukrainische Hauptstadt Kiew.
1943, 8. Nov.: In seiner letzten Rundfunkansprache fordert Hitler ein rigoroses Vorgehen gegen Defaitisten und Kriegsgegner.
1943, 28. Nov. –1. Dez.: Auf der Konferenz von Teheran beschließen Stalin, Roosevelt und Churchill entscheidende Grundlagen einer europäischen Nachkriegsordnung.
1943, 5. Dez.: Hitler befiehlt den vordringlichen Bau des Düsenjägers Me 262 zum Bombereinsatz.
1943, 10. Dez.: Privater Weihnachtsreiseverkehr im Deutschen Reich wird verboten.
1943, 14. Dez.: Bei einer Tagung der Reichspropagandaämter erklärt Goebbels, dass der alliierte Bombenkrieg die Widerstandskraft der deutschen Bevölkerung nur stärke.
1943, 23. Dez.: Hitler beauftragt Albert Speer mit Planungen zum Wiederaufbau der deutschen Städte.
1943, 24. Dez.: General Eisenhower wird Oberbefehlshaber für die geplante Invasion in Frankreich.
1943, 26. Dez.: Bei einem Angriff auf einen Geleitzug wird das deutsche Schlachtschiff „Scharnhorst" im Nordmeer versenkt.
1944, 1. Jan.: Generalfeldmarschall Erwin Rommel übernimmt den Oberbefehl über die deutsche Heeresgruppe in Nordfrankreich.
1944, 14. Jan.: Die Rote Armee beginnt eine Offensive gegen die deutsche Heeresgruppe in Nordrussland.

In seiner letzten Lagemeldung vom 31. Januar 1943 funkte Paulus aus Stalingrad: „Die 6. Armee hat getreu ihrem Fahneneid für Deutschland bis zum letzten Mann und bis zur letzten Patrone, eingedenk ihres hohen und wichtigen Auftrages, die Position für Führer und Vaterland bis zuletzt gehalten." Erschöpft, apathisch und ausgelaugt gerieten 90.000 deutsche Soldaten in russische Gefangenschaft. Nur 6.000 von ihnen sollten die Heimat wiedersehen.

1944, 19. Jan.: Mit der Verhaftung von Helmuth James Graf von Moltke wird die Widerstandsgruppe „Kreisauer Kreis“ zerschlagen.
1944, 20. Jan.: Die vorrückenden sowjetischen Truppen erobern Nowgorod (Nordrussland).
1944, 22. Jan.: Alliierte Truppen landen in Anzio südlich von Rom und bilden einen Brückenkopf im Rücken der deutschen Verteidigungslinie.
1944, 28. Jan.: Die über 900 Tage andauernde deutsche Belagerung von Leningrad (heute: St. Petersburg) wird beendet.
1944, 15. Febr.: In Montecassino (Süditalien) wird das weltberühmte Benediktinerkloster aus dem 6. Jahrhundert durch einen Bombenangriff der Alliierten völlig zerstört.
1944, 17. Febr.: Gegen den Befehl Hitlers beginnt auf Anweisung von Generalfeldmarschall Manstein der Ausbruch der deutschen Truppen aus dem Kessel von Tscherkassy (Südrussland). Von den 50.000 Soldaten gelingt 30.000 der Durchbruch nach Westen.
1944, 20. Febr.: Die groß angelegte Luftoffensive („Big Week“) der Alliierten gegen deutsche Industrie- und Rüstungseinrichtungen beginnt.
1944, 4. März: Die sowjetische Frühjahrsoffensive beginnt. Sie führt zum Rückzug der Wehrmacht aus der Ukraine.
1944, 15. März: Als Leiter des „Judenreferats“ im Reichssicherheitshauptamt (RSHA) ordnet Adolf Eichmann die systematische Erfassung der griechischen Juden zur Deportation an.
1944, 19. März: Einheiten der Wehrmacht und der Schutzstaffel (SS) besetzen Ungarn. Damit beginnt auch dort die Verfolgung und Deportation der Juden.
1944, 20. März: Die Rote Armee erobert die ukrainische Stadt Winniza mit Hitlers ehemaligem Hauptquartier.
1944, 30. März: Generalfeldmarschall Manstein wird als Oberbefehlshaber der deutschen Heeresgruppe Süd abgelöst. Er versuchte, Hitler zu einem Rückzug der Wehrmacht im Osten zu bewegen.
1944, 3. Apr.: Das letzte große Schlachtschiff der deutschen Marine, die „Tirpitz“, wird im nördli-

Was die Hungerblockade im Ersten Weltkrieg bewirkte, war dem strategischen Bombenkrieg im Zweiten Weltkrieg nicht zugedacht. Churchill: „Die Hungerblockade ist heute unwirksam geworden, aber es gibt etwas, das den Gegner ebenso niederzuwerfen vermag: Das ist ein alles vernichtender und alles ausrottender Luftkrieg mit ganz schweren Bombern von England aus gegen das Nazi-Heimatland. Wir müssen den Feind mit diesem Mittel überwältigen, sonst sehe ich keinen Ausweg.“ Doch dieser Ausweg führte nicht zum Erfolg. „So wie wir kämpfen, arbeite Du für den Sieg!“ Auch dem Bombenkrieg gelang es nicht, Front und Heimat, Volk und Führung auseinanderzudividieren.

„Nach fünfjährigem schwersten Kampf steht infolge des Versagens aller unserer europäischen Verbündeten der Feind an einigen Fronten in der Nähe oder an den deutschen Grenzen. Er strengt seine Kräfte an, um unser Reich zu zerschlagen, das deutsche Volk und seine soziale Ordnung zu vernichten, sein letztes Ziel ist die Ausrottung des deutschen Menschen.“ Mit diesen Sätzen begann der „Erlass über die Bildung des deutschen Volkssturms“, mit dem im September 1944 „alle waffenfähigen Männer im Alter von 16 bis 60 Jahren“ einberufen wurden.

__Bild oben:__ Abgeschossener „Tiger"-Panzer im zerstörten Caen. Schwer hatten es die Alliierten vor allem bei der Eroberung der Städte, wo sie ihre Luftüberlegenheit nicht so ungehindert entfalten konnten und wo die deutschen Panzer ihnen schwere Abwehrgefechte lieferten. Trümmerwüsten blieben zurück.

__Bild rechts:__ Immer wieder hatte die deutsche Kriegspropaganda nach der alliierten Invasion in Frankreich mit ihren Durchhalteparolen der Heimat und den Soldaten an der Front einen unmittelbar bevorstehenden Umschwung versprochen. Im Dezember 1944 sah es einige Tage lang tatsächlich so aus, als könne das Blatt mit der Ardennenoffensive noch einmal gewendet werden.

chen Norwegen durch einen britischen Angriff schwer beschädigt.

1944, 19. Apr.: Mit 125 Flugzeugen unternimmt die deutsche Luftwaffe den letzten großen Bomberangriff auf London.

1944, 18. Mai: Die Truppen der Westmächte durchbrechen mit der Eroberung von Montecassino die deutsche Verteidigungslinie in Unteritalien und beginnen ihren Vormarsch auf Rom.

1944, 4. Juni: Die Alliierten marschieren in Rom ein. Sie hatten sich mit dem deutschen Oberbefehlshaber Albert Kesselring verständigt, auf Kampfhandlungen zu verzichten.

1944, 6. Juni: Mit 6.000 Schiffen beginnt in der Normandie die Invasion der Alliierten in Westeuropa. Mit der Landung von 150.000 Soldaten werden mehrere Brückenköpfe gebildet. Auch wegen der Lufthoheit der 14.000 alliierten Bomber können die deutschen Einheiten keine entscheidende Abwehr leisten. Der deutsche Nachschub wird unterbunden.

1944, 8. Juni: Die alliierten Truppen in der Normandie beginnen mit ihrem Vormarsch. Die Wehrmacht räumt auf ihrem Rückzug in Italien die Toskana.

1944, 30. Juni: An den Brückenköpfen in der Normandie sind bereits 850.000 Soldaten und 148.000 Fahrzeuge der Alliierten gelandet.

1944, 3. Juli: Die Kesselschlacht von Minsk endet mit der Eroberung der Stadt durch sowjetische Truppen.

1944, 9. Juli: Die Stadt Caen in der Normandie wird nach schweren Kämpfen von Truppen der Westmächte eingenommen.

1944, 20. Juli: Das Bombenattentat der Widerstandsgruppe um Oberst Claus Graf Schenk von Stauffenberg auf Hitler scheitert. Die im Besprechungszimmer der „Wolfsschanze" platzierte Bombe verletzt Hitler nur leicht. Der Staatsstreich in Berlin schlägt fehl, Stauffenberg und drei weitere Offiziere werden erschossen. Dem ehemaligen Generaloberst Ludwig Beck wird Gelegenheit zum Selbstmord gegeben, der jedoch zweimal scheitert. Daraufhin wird er von einem Feldwebel erschossen.

1944, 31. Juli: Bei Avranches gelingt den alliierten Kräften in der Normandie der Durchbruch durch den deutschen Verteidigungsring.

1944, 2. Aug.: Die Rote Armee überquert auf ihrem Vormarsch in Polen die Weichsel.

1944, 15. Aug.: Das Arbeitsdienstalter für Frauen in Deutschland wird von 45 auf 50 Jahre angehoben. Alliierte Truppen landen in Südfrankreich zwischen Cannes und Toulon.

1944, 18. Aug.: Nach elfjähriger Einzelhaft wird der ehemalige Vorsitzende der Kommunistischen Partei Deutschlands (KPD), Ernst Thälmann, im KZ Buchenwald ermordet.

1944, 25. Aug.: Truppen de Gaulles und alliierte Verbände marschieren in Paris ein. Kurz darauf nimmt die provisorische Regierung unter de Gaulle ihre Arbeit auf.

1944, 2. Sept.: Um den Vormarsch der alliierten Truppen zu stoppen, werden große Gebiete Belgiens und der Niederlande von den Deutschen überflutet.

1944, 11. Sept.: Alliierte Truppen erreichen bei Trier das Reichsgebiet.

1944, 11. Sept.: Churchill und Roosevelt verständigen sich auf den sog. Morgenthauplan, der eine Umwandlung Deutschlands zum Agrarstaat vorsieht.

1944, 17. Sept.: Mit der größten Luftlandeaktion des Weltkriegs setzen die Alliierten 35.000 Mann hinter der deutschen Westfront in den Niederlanden ab. Die geplante Besetzung von Rheinübergängen durch die Alliierten schlägt jedoch fehl.

1944, 25. Sept.: Hitler ordnet die Erfassung aller wehrfähigen Männer zwischen 16 und 60 Jahren für den „Volkssturm" an.

1944, 28. Sept.: Im KZ Theresienstadt beginnt die Deportation von 18.000 Juden in das Vernichtungs-

lager Auschwitz-Birkenau.
1944, 3. Okt.: Hitler befiehlt den Rückzug der Wehrmacht aus Griechenland.
1944, 14. Okt.: Generalfeldmarschall Rommel begeht unter Androhung eines Hochverratsprozesses Selbstmord.
1944, 16. Okt.: Verbände der Roten Armee rücken in Ostpreußen ein.
1944, 17. Okt.: Im Deutschen Reich wird für Jugendliche der „soldatische Haarschnitt" obligatorisch.
1944, 18. Okt.: Die Gauleiter der NSDAP organisieren die Aufstellung der ersten „Volkssturm"-Einheiten.
1944, 20. Okt.: Die jugoslawische Hauptstadt Belgrad wird von sowjetischen und von Partisaneneinheiten erobert.
1944, 10. Nov.: In Köln werden 13 Mitglieder der Jugendorganisation „Edelweißpiraten" hingerichtet.
1944, 12. Nov.: Das letzte große deutsche Schlachtschiff „Tirpitz" wird in Norwegen versenkt.
1944, 23. Nov.: Amerikanische Truppen erobern Straßburg und erreichen damit den Rhein.
1944, 26. Nov.: Himmler ordnet die Einstellung der Vergasung und deren Spurenbeseitigung in Auschwitz an. Die Häftlinge sollen in die KZ Dachau und Bergen-Belsen gebracht werden.
1944, 16. Dez.: Mit der Ardennenoffensive beginnt der letzte vergebliche Defensivangriff der deutschen Wehrmacht.
1944, 25. Dez.: Generalfeldmarschall Gerd von Rundstedt erklärt die Ardennenoffensive für gescheitert. Hitler befiehlt jedoch deren Fortsetzung.
1945, 6. Jan.: Im Deutschen Reich wird zum „Volksopfer" aufgerufen, um für die Ausrüstung des „Volkssturm" zu sammeln.
1945, 12. Jan.: Südlich von Warschau beginnt die Winteroffensive der Roten Armee gegen die deutschen Truppen.
1945, 23. Jan.: Die Kriegsmarine beginnt die Evakuierung der deutschen Bevölkerung aus Ostpreußen auf dem Seeweg. Damit soll möglichst vielen Deutschen die Flucht vor der auf Berlin vorrückenden Roten Armee ermöglicht werden. Zwei bis drei Millionen Menschen gelangen auf diese Weise in den Westen.
1945, 27. Jan.: Die Rote Armee befreit das Vernichtungslager Auschwitz, in dem noch 7.600 Häftlinge sind.
1945, 30. Jan.: Die Versenkung des Passagierdampfers „Wilhelm Gustloff" in der Ostsee fordert den Tod von 9.000 Flüchtlingen.
1945, 30. Jan.: Adolf Hitler ruft in einer Rundfunkansprache zum „Endsieg" auf und verweist auf den Einsatz von „Wunderwaffen".
1945, 4. –11. Febr.: Der sowjetische Partei- und Regierungschef Josef W. Stalin, der britische Premierminister Winston Churchill und US-Präsident Roosevelt treffen sich auf der Konferenz von Jalta, auf der Frankreich als gleichberechtigte Besatzungsmacht anerkannt wird.
1945, 13./14. Febr.: Britische und amerikanische Flächenbombardements zerstören Dresden fast völlig.

Fast magische Gewalt über Menschen schien Hitler zu haben. Bis hin zu den letzten Tagen im Bunker unter der Reichskanzlei blieb er unangefochten der „Chef", wie er bei seinen Angestellten genannt wurde. Ein müder, körperlich hinfälliger Greis, der, so sein Biograph Werner Maser, „wie sein Reich total am Ende" war, beherrschte mühelos höchste Militärs und politische Machtmenschen, die er alle mit in den Untergang riss.

1945, 5. März: Die Wehrmacht beruft alle Jungen des Jahrgangs 1929 zum Kriegsdienst ein. Nach kurzer Grundausbildung werden sie an die Front geschickt.
1945, 18. März: Der Reichsminister für Rüstung und Kriegsproduktion, Albert Speer, warnt vor dem baldigen Zusammenbruch der deutschen Wirtschaft.
1945, 19. März: Mit dem „Verbrannte-Erde-Befehl" ordnet Hitler nun auch für die Westfront die Zerstörung aller Industrie- und Versorgungseinrichtungen beim Rückzug an, um nur „verbrannte Erde" zurückzulassen.
1945, 31. März: Als Oberbefehlshaber stoppt General Dwight D. Eisenhower den Vormarsch der alliierten Truppen in Richtung Berlin, um die Eroberung Berlins der Roten Armee zu überlassen. Der britische Ministerpräsident Churchill kritisiert diese Entscheidung. Er sieht in der Eroberung Berlins ein Faustpfand für die Nachkriegszeit.
1945, 3. Apr.: Himmler befiehlt die Erschießung aller männlichen Bewohner in Häusern, an denen weiße Kapitulationsflaggen gezeigt werden.
1945, 9. Apr.: Im KZ Flossenbürg (Oberpfalz) werden die inhaftierten Dietrich Bonhoeffer und Wilhelm Canaris hingerichtet.
1945, 12. Apr.: US-Präsident Roosevelt stirbt in Warm Springs (Georgia/USA) an einer Gehirnblutung. Als sein Nachfolger wird am gleichen Tag Harry S. Truman vereidigt.

Unterzeichnung der Kapitulation im sowjetischen Hauptquartier Karlshorst durch Generalfeldmarschall Keitel, Generaloberst Stumpff und Generaladmiral von Friedeburg: „Wir, die hier Unterzeichneten, handelnd in Vollmacht für und im Namen des Oberkommandos der deutschen Wehrmacht, erklären hiermit die bedingungslose Kapitulation aller am gegenwärtigen Zeitpunkt unter deutschem Befehl stehenden oder von Deutschland beherrschten Streitkräfte auf dem Lande, auf der See und in der Luft, gleichzeitig gegenüber dem Obersten Befehlshaber der alliierten Expeditionsstreitkräfte und dem Oberkommando der Roten Armee."

1945, 15. Apr.: 50.000 Häftlinge aus den KZ Ravensbrück und Sachsenhausen werden von der SS zu einem Todesmarsch nach Westen gezwungen.
1945, 16. Apr.: Sowjetischen Einheiten gelingt der Durchbruch durch die deutsche Verteidigungslinie an der Oder.
1945, 17. Apr.: Die letzten Wehrmachtstruppen im eingekesselten Ruhrgebiet ergeben sich. Insgesamt gehen dort 320.000 Soldaten in Kriegsgefangenschaft.
1945, 25. Apr.: Bei Torgau an der Elbe treffen sich erstmals sowjetische und amerikanische Einheiten in Deutschland.
1945, 26. Apr.: Die Direktive JCS 1067 des amerikanischen Generalstabs an Eisenhower weist die amerikanischen Truppen an, Deutschland als besetztes Land zu betrachten. Jegliche Fraternisierung wird untersagt.
1945, 29. Apr.: Hitler verfasst sein Testament und bestimmt Großadmiral Karl Dönitz zu seinem Nachfolger als Reichspräsident.
1945, 30. Apr.: Hitler begeht in seinem Berliner Führerbunker Selbstmord. Auch Eva Braun, die er einen Tag zuvor heiratete, nimmt sich mit einer Giftkapsel das Leben.
1945, 30. Apr.: Eine Exilgruppe der Kommunistischen Partei Deutschlands (KPD) unter Walter Ulbricht kommt nach Deutschland, um die politischen Ziele der KPD beim Neuaufbau durchzusetzen.
1945, 1. Mai: Im Führerbunker beauftragt Joseph Goebbels gemeinsam mit seiner Frau einen Arzt mit der Ermordung ihrer sechs Kinder, die dieser durchführt. Anschließend begehen er und seine Frau Marga Selbstmord.
1945, 1. Mai: Großadmiral Dönitz erklärt sich in einer Rundfunkansprache zum Reichspräsidenten und ruft zur Fortsetzung des Kriegs an der Ostfront auf.
1945, 7. Mai: In Reims (Westfrankreich) unterzeichnen Generaloberst Alfred Jodl, Generaladmiral Hans-Georg von Friedeburg und General Wilhelm Oxenius die bedingungslose Kapitulation aller deutschen Streitkräfte. Die Kapitulation tritt am 9. Mai um 0 Uhr 01 in Kraft.
1945, 8./9. Mai: Wiederholung des Kapitulationsaktes durch den Chef des Oberkommandos der Wehrmacht, Generalfeldmarschall Wilhelm Keitel, im Beisein des sowjetischen Marschalls Georgi K. Schukow im sowjetischen Hauptquartier in Berlin-Karlshorst.

Programm der „nationalen Regierung“

Die am 30. Januar 1933 gebildete Regierung des Reichskanzlers Adolf Hitler beruhte auf einer Koalition verschiedener Gruppen der politischen Rechten. In diesem Kabinett bildeten die Nationalsozialisten noch eine Minderheit, und viele Zeitgenossen meinten, diese seien von den Führern der konservativen Rechtsgruppen wie v. Papen und Hugenberg „engagiert“ und würden nun durch die Belastung mit der Regierungsverantwortung „gezähmt“. Der Aufruf der neuen Regierung, den Hitler am 1. Februar über den Rundfunk verkündete, leistete diesem Missverständnis Vorschub, weil er die gemeinsamen Auffassungen der „nationalen“ (aber noch nicht „nationalsozialistischen“) Regierung vertrat und damit Hitlers eigentliche Ziele nicht erkennen ließ:

Über 14 Jahre sind vergangen seit dem unseligen Tage, da, von inneren und äußeren Versprechungen verblendet, das deutsche Volk der höchsten Güter unserer Vergangenheit, des Reiches, seiner Ehre und seiner Freiheit vergaß und dabei alles verlor. Seit diesen Tagen des Verrats hat der Allmächtige unserem Volk seinen Segen entzogen. Zwietracht und Hass hielten ihren Einzug.

In tiefster Bekümmernis sehen Millionen bester deutscher Männer und Frauen aus allen Lebensständen die Einheit der Nation dahinsinken und sich auflösen in ein Gewirr politisch-egoistischer Meinungen, wirtschaftlicher Interessen und weltanschaulicher Gegensätze. Wie so oft in unserer Geschichte, bietet Deutschland seit diesem Tage der Revolution das Bild einer herzzerbrechenden Zerrissenheit. Die versprochene Gleichheit und Brüderlichkeit erhielten wir nicht, aber die Freiheit haben wir verloren. Denn dem Verfall der geistigen und willensmäßigen Einheit unseres Volkes im Innern folgte der Verfall seiner politischen Stellung in der Welt. ...

Die Wahnidee vom Sieger und Besiegten zerstört das Vertrauen von Nation zu Nation und damit auch die Wirtschaft der Welt. Das Elend unseres Volkes aber ist entsetzlich! Dem arbeitslos gewordenen, hungernden Millionen-Proletariat der Industrie folgt die Verelendung des gesamten Mittel- und Handwerksstandes. Wenn sich dieser Verfall auch im deutschen Bauern endgültig vollendet, stehen wir in einer Katastrophe von unübersehbarem Ausmaß. Denn nicht nur ein Reich zerfällt dann, sondern eine zweitausendjährige Erbmasse an hohen und höchsten Gütern menschlicher Kultur und Zivilisation. ...

Vierzehn Jahre Marxismus haben Deutschland ruiniert. Ein Jahr Bolschewismus würde Deutschland vernichten. Die heute reichsten und schönsten Kulturgebiete der Welt würden in ein Chaos und Trümmerfeld verwandelt:

Selbst das Leid er letzten anderthalb Jahrzehnte könnte nicht verglichen werden mit dem Jammer eines Europas, in dessen Herzen die rote Fahne der Vernichtung aufgezogen würde. Die Tausende von Verletzten, die unzähligen Toten, die dieser innere Krieg schon heute kostet, mögen ein Wetterleuchten sein der Warnung vor dem Sturme. In diesen Stunden der übermächtig hereinbrechenden Sorgen um das Dasein und die Zukunft der deutschen Nation rief uns Männer nationaler Parteien und Verbände der greise Führer des Weltkrieges auf, noch einmal wie einst an den Fronten nunmehr in der Heimat in Einigkeit und Treue für des Reiches Rettung unter ihm zu kämpfen. Indem der ehrwürdige Herr Reichspräsident uns in diesem großherzigen Sinne die Hände zum gemeinsamen Bunde schloss, wollen wir als nationale Führer Gott, unserem Gewissen und unserem Volke geloben, die uns damit übertragene Mission als nationale Regierung entschlossen und beharrlich zu erfüllen.

Das Erbe, das wir übernehmen, ist ein furchtbares. Die Aufgabe, die wir lösen müssen, ist die schwerste, die seit Menschengedenken deutschen Staatsmännern gestellt wurde.

Das Vertrauen in uns allen aber ist unbegrenzt, denn wir glauben an unser Volk und seine unvergänglichen Werte. Bauern, Arbeiter und Bürger, sie müssen gemeinsam die Bausteine liefern zum neuen Reich. So wird es die nationale Regierung

Hitler am 30. Januar 1933, kurz nach seiner Ernennung zum Reichskanzler, im Kreise seiner Mitarbeiter, die binnen kurzem an den Regierungsmitgliedern des „Kabinetts der nationalen Einigung“ vorbei zu den wahren Machthabern des Dritten Reiches aufsteigen sollten. Von links: Kube, Frick (sitzend), Kerrl, Goebbels, Hitler, Röhm, Göring, Darré, Himmler und Heß.

als ihre oberste und erste Aufgabe ansehen, die geistige und willensmäßige Einheit unseres Volkes wiederherzustellen. Sie wird die Fundamente wahren und verteidigen, auf denen die Kraft unserer Nation beruht. Sie wird das Christentum als Basis unserer gesamten Moral, die Familie als Keimzelle unseres Volks- und Staatskörpers in ihren festen Schutz nehmen. Sie wird über Stände und Klassen hinweg unser Volk wieder zum Bewusstsein seiner volklichen und politischen Einheit und der daraus entspringenden Pflichten bringen. Sie will die Ehrfurcht vor unserer großen Vergangenheit, den Stolz auf unsere alten Traditionen zur Grundlage machen für die Erziehung der deutschen Jugend. Sie wird damit der geistigen, politischen und kulturellen Nihilisierung einen unbarmherzigen Krieg ansagen. Deutschland darf und wird nicht im anarchischen Kommunismus versinken. Sie wird anstelle turbulenter Instinkte wieder die nationale Disziplin zum Regenten unseres Lebens erheben. Sie wird dabei all der Einrichtungen in höchster Sorgfalt gedenken, die die wahren Bürgen der Kraft und Stärke unserer Nation sind. ...

Der Reichspräsident Generalfeldmarschall v. Hindenburg hat uns berufen mit dem Befehl, durch unsere Einmütigkeit der Nation die Möglichkeit des Wiederaufstiegs zu bringen. Wir appellieren deshalb nunmehr an das deutsche Volk, diesen Akt der Versöhnung selbst mitzuunterzeichnen. Die Regierung der nationalen Erhebung will arbeiten, und sie wird arbeiten. Sie hat nicht 14 Jahre lang die deutsche Nation zugrundegerichtet, sondern will sie wieder nach oben führen. Sie ist entschlossen, in vier Jahren die Schuld von 14 Jahren wiedergutzumachen. Allein sie kann nicht die Arbeit des Wiederaufbaues der Genehmigung derer unterstellen, die den Zusammenbruch verschuldeten.

Die Parteien des Marxismus und seiner Mitläufer haben 14 Jahre lang Zeit gehabt, ihr Können zu beweisen. Das Ergebnis ist ein Trümmerfeld. Nun, deutsches Volk, gib uns die Zeit von vier Jahren, und dann urteile selbst und richte uns! Getreu dem Befehl des Generalfeldmarschalls wollen wir beginnen. Möge der allmächtige Gott unsere Arbeit in seine Gnade nehmen, unseren Willen recht gestalten, unsere Einsicht segnen und uns mit dem Vertrauen unseres Volkes beglücken. Denn wir wollen nicht kämpfen für uns, sondern für Deutschland! Adolf Hitler; v. Papen; Frhr. v. Neurath; Dr. Frick; Graf Schwerin v. Krosigk, Dr. Hugenberg; Seldte; Dr. Gürtner; v. Blomberg; Eltz v. Rübenach; Göring; Dr. Gereke.

Häftlinge im Konzentrationslager Dachau, 1933.

Konzentrationslager Dachau

Die Nationalsozialisten hatten in den ersten Wochen nach der Berufung Hitlers zum Reichskanzler oftmals ihre politischen Gegner ohne jede richterliche Ermächtigung in provisorischen Unterkünften gefangengesetzt und misshandelt. Der „Reichsführer SS" Heinrich Himmler, der schrittweise die gesamte Polizei unter seinen Befehl brachte, begann als kommissarischer Polizeipräsident von München mit dem systematischen Aufbau von Lagern, wo „Schutzhäftlinge" nach politischem Ermessen, ohne richterlichen Nachweis einer Verfehlung, gefangengehalten, ausgebeutet und misshandelt wurden. Formale Grundlage für dieses Verfahren war die „Reichstagsbrandverordnung". Unter SS-Regie wurden die „wilden" Lager aufgelöst; an ihre Stelle traten durchgeplante Anlagen. Das erste dieser Art war das KZ Dachau, das am 22. März 1933 eröffnet wurde. Das „Dachauer Volksblatt" berichtet am 6. April über den Bau des Konzentrationslagers, das auf dem Gelände einer ehemaligen Munitionsfabrik entstand:

Bei den Gefangenen-Unterkünften handelt es sich um 20 ein- bis zweistöckige Steinbauten, die jeweils 200 bis 250 Mann aufnehmen können. Die Besetzung des Lagers wird zunächst langsam auf 2.500 Mann gesteigert, um später eventuell auch auf 5.000 Mann erweitert zu werden. Die Baracke für die ersten 200 Mann wurde in den letzten Tagen von einem Arbeitsdienstkommando hergerichtet und zunächst einmal mit einem dreifachen Stacheldrahtverhau gesichert. Erste Arbeit der Lagerinsassen wird sein, die weiteren Steinbauten, die sich in recht heruntergekommenem Zustand befinden, selber wieder herzurichten.

Ist dies einmal geschehen, dann wird man sie in kleineren Trupps von vielleicht je 50 Mann ins Moos hinausführen, wo umfangreiche Kultivierungsarbeiten der Durchführung harren. Hier wird sich später vielleicht einem Teil der Lagerinsassen die Möglichkeit eigenen Siedelns bieten. Die Bewachungsmannschaft des Lagers besteht zunächst aus einer Hundertschaft Landespolizei, die durch SA-Hilfspolizei-Posten noch weiter verstärkt werden soll. Das Essen wird im großen Speisesaal der früheren Munitionsfabrik, der bis zu 1.500 Mann fassen kann, eingenommen. Gekocht aber wird in Feldküchen. Das Konzentrationslager in Dachau darf nicht besucht werden.

Hitlers politische Ziele

Um den neuen Reichskanzler mit den Führern der Reichswehr bekanntzumachen, gab der Chef der Heeresleitung Hitler Gelegenheit, sich bei einem Essen am 3. Februar 1933 in kleinerem Kreise über die Grundzüge seiner Politik zu äußern. Einer der Gäste, Generalleutnant Liebmann, hat in seiner Niederschrift die ihm wichtig erscheinenden Punkte aus Hitlers Rede zusammengefasst: Ziel der Gesamtpolitik allein: Wiedergewinnung der politischen Macht. Hierauf muss gesamte Staatsführung eingestellt werden (alle Ressorts!).

1. Im Innern. Völlige Umkehrung der gegenwärtigen innenpolitischen Zustände in Deutschland. Keine Duldung der Betätigung irgendeiner Gesinnung, die dem Ziel entgegensteht (Pazifismus!) Wer sich nicht bekehren lässt, muss gebeugt werden. Ausrottung des Marxismus mit Stumpf und Stiel. Einstellung der Jugend und des ganzen Volkes auf den Gedanken, dass nur der Kampf uns retten kann und diesem Gedanken gegenüber alles zurückzutreten hat. (Verwirklicht in den Millionen der Nazi-Bewegung. Sie wird wachsen.) Ertüchtigung der Jugend und Stärkung des Wehrwillens mit allen Mitteln. Todesstrafe für Landes- und Volksverrat. Straffste autoritäre Staatsführung. Beseitigung des Krebsschadens der Demokratie!

2. Nach außen. Kampf gegen Versailles. Gleichberechtigung in Genf; aber zwecklos, wenn Volk nicht auf Wehrwillen eingestellt. Sorge für Bundesgenossen.

3. Wirtschaft! Der Bauer muss gerettet werden! Siedlungspolitik! Künftige Steigerung der Ausfuhr zwecklos. Aufnahmefähigkeit der Welt ist begrenzt, und Produktion ist überall übersteigert. Im Siedeln liegt einzige Möglichkeit, Arbeitslosenheer zum Teil wieder einzuspannen. Aber braucht Zeit, und radikale Änderung nicht zu erwarten, da Lebensraum für deutsches Volk zu klein.

4. Aufbau der Wehrmacht, wichtigste Voraussetzung für Erreichung des Ziels Wiedererringung der politischen Macht. Allgemeine Wehrpflicht muss wieder kommen. Zuvor aber muss Staatsführung dafür sorgen, dass die Wehrpflichtigen vor Eintritt nicht schon durch Pazifismus, Marxismus, Bolschewismus vergiftet werden oder nach Dienstzeit diesem Gifte verfallen.

Wie soll politische Macht, wenn sie gewonnen ist, gebraucht werden? Jetzt noch nicht zu sagen. Vielleicht Erkämpfung neuer Export-Möglichkeiten, vielleicht – und wohl besser – Eroberung neuen Lebensraums im Osten und dessen rücksichtslose Germanisierung. Sicher, dass erst mit politischer Macht und Kampf jetzige wirtschaftliche Zustände geändert werden können. Alles, was jetzt geschehen kann – Siedlung – Aushilfsmittel. Wehrmacht wichtigste und sozialistischste Einrichtung des Staates. Sie soll unpolitisch und überparteilich bleiben. Der Kampf im Innern nicht ihre Sache, sondern der Nazi-Organisationen. Anders als in Italien keine Verquickung von Heer und SA beabsichtigt. – Gefährlichste Zeit ist die des Aufbaus der Wehrmacht. Da wird sich zeigen, ob Frankreich Staatsmänner hat; wenn ja, wird es uns Zeit nicht lassen, sondern über uns herfallen (vermutlich mit Ost-Trabanten).

Hitlers „Friedensrede"

Jahrelang sei er gezwungen gewesen, vom Frieden zu reden, beklagte Hitler kurz vor Beginn des Zweiten Weltkriegs. Nur so hätte er die Atempause gewinnen können, die er zur Wehrhaftmachung Deutschlands brauchte, das seit dem Versailler Vertrag von 1919 fast völlig entwaffnet war. Wer Hitlers Buch „Mein Kampf" und seine Wahlreden vor der Machtergreifung kannte, musste am 17. Mai 1933 entweder am eigenen Verstand zweifeln oder aber wirklich glauben, dass die Macht, die Hitler nun schon seit vier Monaten ausübte, ihn völlig gewandelt habe. An diesem Tage hielt der „Führer" und Reichskanzler vor dem Reichstag eine Friedensrede, die sogar die feindliche SPD zur Zustimmung nötigte. Wie scheinbar ehrlich der kommende Eroberer seine Friedensliebe beteuerte und geschickt seine wahren kriegerischen Ziele tarnte, mag ein Auszug zeigen:

... Wenn ich in diesem Augenblicke bewusst als deutscher Nationalsozialist spreche, so möchte ich namens der nationalen Regierung sowie der gesamten nationalen Erhebung bekunden, dass gerade uns dieses junge Deutschland das tiefste Verständnis beseelt für die gleichen Gefühle ... sowie für die begründeten Lebensansprüche der anderen Völker.

Die Generation dieses jungen Deutschlands, die in ihrem bisherigen Leben nur die Not, das Elend und den Jammer des eigenen Volkes kennenlernte, hat zu sehr unter dem Wahnsinn gelitten, als dass sie beabsichtigen könnte, das Gleiche anderen zuzufügen. Unser Nationalismus ist ein Prinzip, das uns als Weltanschauung grundsätzlich allgemein verpflichtet. Indem wir in grenzenloser Liebe und Treue an unserem eigenen Volkstum hängen, respektieren wir die nationalen Rechte auch der anderen Völker aus dieser selben Gesinnung heraus und möchten aus tiefinnerstem Herzen mit ihnen in Frieden und Freundschaft leben ...

Wir haben aber keinen sehnlicheren Wunsch als den, beizutragen, dass die Wunden des Krieges und des Versailler Vertrages nun endgültig geheilt werden, und Deutschland will dabei keinen anderen Weg gehen als den, der durch die Verträge selbst als berechtigt anerkannt wird. Die deutsche Regierung wünscht, sich über alle schwierigen Fragen politischer und wirtschaftlicher Natur mit den anderen Nationen friedlich und vertraglich auseinanderzusetzen. Sie weiß, dass jeder militärische Akt in Europa auch im Falle seines vollständigen Gelingens, gemessen an seinen Opfern, in keinem Verhältnis steht zum möglichen endgültigen Gewinn ...

Karikatur der New Yorker Zeitung „Nations" auf Hitlers Friedensrede vom 17. Mai 1933.

SA-Stabschef Ernst Röhm (links im Bild) und Hermann Göring als Trauzeugen bei der Hochzeit des SA-Gruppenführes Karl Ernst im September 1933. Die Flitterwochen des jungen Paares wurden durch den inszenierten „Röhm-Putsch" jäh unterbrochen: Ein SS-Kommando holte Karl Ernst zurück nach Berlin und erschoss ihn dort.

Der „Röhm-Putsch"

In großen Aufmärschen, in Straßen- und Saalschlachten hatten die Braunhemden entscheidend dazu beigetragen, Hitlers Sieg zu ermöglichen. Jetzt, nach der Machtergreifung, erwarteten sie ihren berechtigten Lohn. Wäre es nach ihrem Stabschef Ernst Röhm gegangen, so wäre die SA jetzt unter seiner Führung zu einem großen Volksheer verschmolzen worden. Doch genau das lehnte die Reichswehrführung entschieden ab. Sie sei und bleibe der einzige Waffentrager der Nation, und wenn die Streitkräfte vergrößert werden sollten, dann selbstverständlich nur unter ihrer alleinigen Führung.

In diesem Konflikt konnte und wollte sich Hitler zunächst nicht entscheiden. Auf der einen Seite stand Röhm mit seinen zwei Millionen SA-Männern, auf der anderen Seite das hochqualifizierte Hunderttausendmann-Heer der Reichswehr.

Doch als die Unruhe innerhalb der SA zunahm und die Stimmen nach einer „zweiten Revolution" unüberhörbar wurden und jetzt auch noch die Reichswehr energisch drängte, das Problem Röhm endlich zu lösen, machte Hitler, nachdem alle Bemühungen, Röhm zum Nachgeben zu bewegen, gescheitert waren, kurzen Prozess. Von Himmler – er hatte am 6. Januar 1929 die Führung der aus der SA hervorgegangenen SS übernommen –, Göring und Goebbels unterrichtet, Röhm könnte wirklich einen Putsch gegen ihn unternehmen, befahl Hitler allen SA-Führern, am 30. Juni 1934 zu einem Treffen nach Bad Wiessee zu kommen.

Hitler selbst hatte sich vorgenommen, das „Verräternest" auszuheben. Mit ihm ergebenen Männern fuhr Hitler gegen 7 Uhr morgens in Röhms Pension in Bad Wiessee vor. Mit gezogener Pistole stürzte Hitler in Röhms Schlafzimmer und erklärte ihn unter Beschimpfungen als Hochverräter für verhaftet. Röhm, der überhaupt keinen Putsch geplant hatte, war völlig überrascht. „Was ist denn los, Adolf? Bist du verrückt geworden?"

Röhm und die mit ihm verhafteten SA-Männer wurden zunächst nach München ins Gefängnis gebracht. Außer Röhm wurden alle sofort erschossen. Der SA-Chef erhielt die Wahl, sich selbst zu töten. Als er ablehnte, wurde auch er, der bis zuletzt fassungslos fragte, was er denn verbrochen habe, liquidiert.

Drei Tage dauerte nun die „Nacht der langen Messer". Unter den Opfern befanden sich neben übelsten Elementen der SA, berüchtigten Folterknechten und Sadisten auch ehemalige politische Gegner, an denen blutige Rache geübt wurde. General von Schleicher, der Hitlers NSDAP hatte spalten wollen, wurde erschossen; seine Frau fiel ebenfalls den Kugeln des Mordkommandos zum Opfer. Das gleiche Schicksal ereilte Gregor Strasser und den ehemaligen Staatskommissar von Kahr, dem Hitler seinen „Verrat" vom 9. November 1923 nie verziehen hatte. Papens Mitarbeiter Jung und Bose gehörten gleichfalls zu den Opfern. Er selbst kam mit Hausarrest davon. Insgesamt sollen in diesen Tagen ungefähr 200 Menschen umgebracht worden sein. Nachweisbar sind 83 Fälle. Hitler selbst rechtfertigte sein Vorgehen mit dem unmittelbar bevorstehenden Staatsstreich. Einmal mehr sei er es gewesen, der durch sein selbstloses Eingreifen die Nation vor schwe-

Röhms schärfste Kontrahenten waren auch die größten Nutznießer seiner „Ausschaltung": Links Heinrich Himmler, der seine SS aus der Vormundschaft der SA befreien wollte, rechts Reichswehrminister Werner von Blomberg, dem die paramilitärische Konkurrenz der braunen Kolonnen nicht behagte.

rem Schaden gerettet habe. Die Erschießungen wurden nachträglich per Gesetz als „Staatsnotwehr" für rechtens erklärt.
Die Reichswehr jedenfalls war zufrieden. Hindenburg, ihr oberster Befehlshaber, schickte Hitler ein Danktelegramm dafür, „dass Sie durch Ihr entschlossenes Vorgehen alle hochverräterischen Umtriebe im Keim erstickt haben".

Welch kurzen Prozess die Mordkommandos auch mit Schleicher gemacht hatten, belegt der Augenzeugenbericht seiner Haushälterin Marie Güntel, der zwei Tage danach aufgenommen wurde:
Am Sonnabend, dem 30. Juni, mittags 12.30 Uhr, befand ich mich im Arbeitszimmer des Herrn Generals ... Im Zimmer waren anwesend Herr General, der am Schreibtisch saß, und Frau von Schleicher, die mit einer Handarbeit neben dem Schreibtisch im Sessel saß. Die Klingel der Gartentür läutete in diesem Augenblick auffallend lange und stürmisch. Ich ging zur Haustür, fragte durchs Fenster, wer da sei, und erhielt die Antwort von einer männlichen Stimme: „Wir müssen zu Herrn General." Darauf betätigte ich die elektrische Öffnung der Gartentür und öffnete dann auch die Haustür. Es erschienen fünf Männer, von denen einer auch fragte, wo Herr General sei ... Ich antwortete erst, Herr General sei nicht zu Hause, dann, er sei spazieren gegangen ... Als ich merkte, dass ich das weitere Eindringen der Männer doch nicht verhüten konnte, sagte ich: „Ich werde mal nachsehen." ...
Während ich dann das Arbeitszimmer betrat, muss mindestens einer – vielleicht waren es auch zwei oder mehrere – mir auf dem Fuß gefolgt sein. Bevor ich noch etwas sagen konnte, hörte ich unmittelbar hinter mir eine Stimme: „Sind Sie der General von Schleicher?" Herr General drehte sich, immer noch am Schreibtisch sitzend, halb nach rechts hinten um und sagte. „Jawohl!", in diesem Bruchteil der Sekunde fielen fast gleichzeitig drei Schüsse. Ich weiß mit größter Bestimmtheit, dass Herr General, bevor die Schüsse fielen, außer der Halbrechtswendung mit dem Oberkörper, keinerlei Bewegungen gemacht hat ... In meiner Erinnerung stellt sich der Vorgang so dar, als ob das „Jawohl" des Generals mit den Schüssen sozusagen gleichzeitig war.
Bei alledem stand ich mitten im Zimmer. Im Augenblick der Schüsse saß Frau von Schleicher noch ebenso ruhig wie ihr Mann neben dem Schreibtisch. Während ich zu Tode entsetzt schreiend aus dem Zimmer stürzte, hörte ich auch Frau von Schleicher aufschreien und weitere Schüsse fallen ...

Das Reichskabinett verabschiedete am 30. November 1936 das »Gesetz über die Hitler-Jugend«. Die Jugendorganisation der NSDAP war schon 1926 gegründet worden. Nach der Machtübernahme der Nationalsozialisten wurden die im »Reichsausschuss deutscher Jugendverbände« zusammengeschlossenen Jugendorganisationen aufgelöst. Der Kernsatz des neuen Gesetzes lautete: »Die gesamte deutsche Jugend innerhalb des Reichsgebietes ist in der Hitlerjugend zusammengefasst. -Die gesamte deutsche Jugend ist außer im Elternhaus und in der Schule in der Hitlerjugend körperlich, geistig und sittlich im Geiste des Nationalsozialismus zum Dienst am Volk und zur Volksgemeinschaft zu erziehen.« Die Mitgliedschaft in der HJ war für alle 10- bis 18jährigen Pflicht. Reichsjugendführer Baldur von Schirach hatte sein Ziel erreicht: Alle Jugendverbände, seien es kirchliche oder ständische, waren nun in der HJ gleichgeschaltet. Dass er die Jugend »für einen millionenfachen Mörder« erzog, wurde ihm erst nach dem Kriege vor dem Nürnberger Militärtribunal klar.

Ausbürgerung Thomas Manns

Hitler, seit 1933 im Deutschen Reich ander Macht, ließ keinen Zweifel daran, dass in seinem Herrschaftsbereich nur geduldet würde, wer vorbehaltlos das „nationale Aufbauwerk" unterstützte. „Jüdische Intellektuelle, Zersetzer, Asphaltliteraten, marxistische Volksschädlinge" gehörten jedenfalls nicht dazu, also auch nicht Thomas Mann, Deutschlands wohl bekanntester Dichter und Nobelpreisträger. Seine Bücher wurden wie die zahlloser Kollegen symbolisch verbrannt, und ihm selber entzog man am 2. Dezember 1936 die deutsche Staatsbürgerschaft. Noch im selben Monat teilte ihm dann die Universität Bonn mit, er sei der Ehrendoktorwürde nicht würdig, die man ihm in der „Systemzeit" verliehen habe. Die Geistfeindschaft des Nationalsozialismus fand in ihm wohl ihr prominentestes Opfer. Seine Stimme wurde auch im Ausland gehört, und so traf seine prophetische Antwort auf den NS-Fluch eher seine Urheber, die er vor aller Welt entlarvte. Thomas Mann schrieb unter anderem: ... Ich hätte nicht leben, nicht arbeiten können, ich wäre erstickt ..., ohne von Zeit zu Zeit meinem unergründlichen Abscheu vor dem, was zu Hause in elenden Worten und elenderen Taten geschah, unverhohlen Ausdruck zu geben ... Ein deutscher Schriftsteller, an Verantwortung gewöhnt durch die Sprache ... sollte schweigen, ganz schweigen zu all dem unsühnbar Schlechten, was in meinem Land an Körpern, Seelen und Geistern, an Wahrheit und Recht, an Menschen und an dem Menschen täglich begangen wurde und wird? Zu der furchtbaren Gefahr, die dies menschenverderberische Regime für den Erdteil bedeutet? Es war nicht möglich. – Der einfache Gedanke daran, wer die Menschen sind, denen die erbärmlich-äußerliche Zufallsmacht gegeben ist, mir mein Deutschtum abzusprechen, reicht hin, diesen Akt in seiner ganzen Lächerlichkeit erscheinen zu lassen. Das Reich, Deutschland, soll ich beschimpft haben, indem ich mich gegen sie bekannte! Sie haben die unglaubwürdige Kühnheit, sich mit Deutschland zu verwechseln! Wo doch vielleicht der Augenblick nicht fern ist, da dem deutschen Volke das Letzte daran gelegen sein wird, nicht mit ihnen verwechselt zu werden. – Gott helfe unserem verdüsterten und missbrauchten Lande und lehre es, seinen Frieden zu machen mit der Welt und sich selbst.

Die Enzyklika „Mit brennender Sorge“

Wie die anderen Gruppen der Gesellschaft hatte die katholische Kirche anfangs versucht, sich mit dem Nationalsozialismus zu arrangieren. Ja, sie hatte durch ein Konkordat mit Hitler im Sommer 1933 die braunen Herren über Deutschland erst richtig salonfähig gemacht. Mit diesem Vertrag hoffte sie, gegen den Verzicht auf politische Betätigung die Freiheit des religiösen Bekenntnisses und des katholischen Unterrichts zu erkaufen. Doch während sie sich strikt an die Buchstaben des Vertrages hielt, sabotierten die Nationalsozialisten über den dehnbaren Begriff „politisch“ das Abkommen, schalteten die Jugendverbände gleich, überwachten Versammlungen, ja, Gottesdienste, verfolgten Priester wegen angeblicher Devisenvergehen oder sexueller Verfehlungen – kurz: Sie entfesselten einen regelrechten Kirchenkampf. Ihr Absolutheitsanspruch duldete keine Macht, noch dazu eine internationale wie die Kirche, in Deutschland neben sich. Am 14. März 1937 endlich schlug Rom zurück: Die Enzyklika „Mit brennender Sorge“ von Papst Pius XI. verurteilte flammend das Neuheidentum der Hitlerbewegung und rief zum Widerstand auf.

... Jeder, dessen Geist sich noch einen Rest von Wahrheitsempfinden, dessen Herz sich noch einen Schatten von Gerechtigkeitsgefühl bewahrt hat, wird dann zugeben müssen, dass in diesen schweren und ereignisvollen Jahren der Nachkonkordatszeit jedes unserer Worte und jede unserer Handlungen unter dem Gesetze der Vereinbarungstreue standen. Er wird aber auch mit Befremden und innerster Ablehnung feststellen müssen, wie von der anderen Seite die Vertragsumdeutung, die Vertragsumdrehung, die Vertragsaushöhlung, schließlich die mehr oder minder öffentliche Vertragsverletzung zum ungeschriebenen Gesetz des Handelns gemacht wurden ...

Wer in pantheistischer Verschwommenheit Gott mit dem Weltall gleichsetzt, Gott in der Welt verweltlicht und die Welt in Gott vergöttlicht, gehört nicht zu den Gottgläubigen.

Wer nach angeblich altgermanisch-vorchristlicher Vorstellung das düstere unpersönliche Schicksal an die Stelle des persönlichen Gottes rückt, leugnet Gottes Weisheit und Vorsehung, die „kraftvoll und gütig von einem Ende der Welt bis zum andern waltet“ (Weisheit 8,1) und alles zum guten Ende leitet. Ein solcher kann nicht beanspruchen, zu den Gottgläubigen gerechnet zu werden.

Wer die Rasse oder das Volk oder den Staat oder die Staatsform, die Träger der Staatsgewalt oder andere Grundwerte menschlicher Gemeinschaftsgestaltung – die innerhalb der irdischen Ordnung einen wesentlichen und ehrengebietenden Platz behaupten aus dieser ihrer irdischen Werteskala herauslöst, sie zur höchsten Norm aller, auch der religiösen Werte macht und sie mit Götzenkult vergöttert, der verkehrt und fälscht die gottgeschaffene und gottbefohlene Ordnung der Dinge. Ein solcher ist weit von wahrem Gottesglauben und einer solchem Glauben entsprechenden Lebensauffassung entfernt. Nur oberflächliche Geister können der Irrlehre verfallen, von einem nationalen Gott, von einer nationalen Religion zu sprechen, können den Wahnversuch unternehmen, Gott, den Schöpfer aller Welt, den König und Gesetzgeber aller Völker, vor dessen Größe die Nationen klein sind wie Tropfen am Wassereimer (Js. 40, 15), in die Grenzen eines einzelnen Volkes, in die blutmäßige Enge einer einzelnen Rasse einkerkern zu wollen ...

Kein Gottesglaube wird sich auf die Dauer rein und unverfälscht erhalten, wenn er nicht gestützt wird vom Glauben an Christus ...

Papst Pius XI. erließ im März 1937 die Enzyklika „Mit brennender Sorge“.

In Jesus Christus, dem menschgewordenen Gottessohn, ist die Fülle der göttlichen Offenbarung erschienen. Die heiligen Bücher des Alten Bundes sind ganz Gottes Wort, ein organischer Teil Seiner Offenbarung ...

Der im Evangelium Jesu Christi erreichte Höhepunkt der Offenbarung ist verpflichtend für immer. Diese Offenbarung kennt keine Nachträge durch Menschenhand, kennt erst recht keinen Ersatz und keine Ablösung durch die willkürlichen „Offenbarungen“, die gewisse Wortführer der Gegenwart aus dem sogenannten Mythus von Blut und Rasse herleiten wollen.

Wer in sakrilegischer Verkennung der zwischen Gott und Geschöpf, zwischen dem Gottmenschen und den Menschenkindern klaffenden Wesensunterschiede irgendeinen Sterblichen, und wäre er der Größte aller Zeiten, neben Christus zu stellen wagt, oder gar über ihn und gegen ihn, der muss sich sagen lassen, dass er ein Wahnprophet ist, auf den das Sprichwort erschütternde Anwendung findet: „Der im Himmel wohnt, lachet ihrer" (Ps. 2, 4) ... Offenbarung im christlichen Sinn ist das Wort Gottes an die Menschen. Dieses gleiche Wort zu gebrauchen für die „Einflüsterungen von Blut und Rasse, für die Ausstrahlungen der Geschichte eines Volkes" ist in jedem Fall verwirrend. Solch falsche Münze verdient nicht, in den Sprachschatz eines gläubigen Christen überzugehen.

Glaube ist das sichere Fürwahrhalten dessen, was Gott geoffenbart hat und durch die Kirche zu glauben vorstellt: „die feste Überzeugung vom Unsichtbaren" (Hebr. 11, 1). Das freudige und stolze Vertrauen auf die Zukunft seines Volkes, das jedem teuer ist, bedeutet etwas ganz anderes als der Glaube im religiösen Sinne. Unsterblichkeit im christlichen Sinn ist das Fortleben des Menschen nach dem irdischen Tode als persönliches Einzelwesen – zum ewigen Lohn oder zur ewigen Strafe.

Wer mit dem Worte Unsterblichkeit nichts anderes bezeichnen will als das kollektive Mitfortleben im Weiterbestand seines Volkes für eine unbestimmt lange Zukunft im Diesseits, der verkehrt und verfälscht eine der Grundwahrheiten christlichen Glaubens, rührt an die Fundamente jeder religiösen, eine sittliche Weltordnung fordernden Weltanschauung.

Demut im Geist des Evangeliums und Gebet um Gottes Gnadenhilfe sind mit Selbstachtung, Selbstvertrauen und heldischem Sinn wohl vereinbar. In seinem seichten Gerede über christliche Demut als Selbstentwürdigung und unheldische Haltung spottet der widerliche Hochmut dieser Neuerer seiner selbst ...

Auf dem wahren und rein bewahrten Gottesglauben ruht die Sittlichkeit der Menschheit. Alle Versuche, die Sittenlehre und die sittliche Ordnung vom Felsenboden des Glaubens abzuheben und auf dem wehenden Flugsand menschlicher Normen aufzubauen, führen früher oder später Einzelne und Gemeinschaften in moralischen Niedergang.

Die Auslieferung der Sittenlehre an subjektive, mit den Zeitströmungen wechselnde Menschenmeinung, statt ihrer Verankerung im heiligen Willen des ewigen Gottes, in Seinen Geboten, öffnet zersetzenden Kräften Tür und Tor ...

Münchener Ausgabe

56. Ausg. · 51. Jahrg. · Einzelpreis 15 Pf. 20 Pf.

Münchener Ausgabe

München, Samstag, 5. Februar 1938

VÖLKISCHER BEOBACHTER

Kampfblatt der national-sozialistischen Bewegung Großdeutschlands

Der Führer übernimmt den Oberbefehl über die gesamte Wehrmacht

Stärkste Konzentration aller Kräfte in der Hand des Obersten Führers

Im Zuge der Blomberg-Fritsch-Krise übernahm Hitler selbst den unmittelbaren Oberbefehl über die gesamte Wehrmacht. Des weiteren enthob er 60 Generäle ihres Kommandos und verdrängte darüber hinaus auch konservative Opponenten wie Außenminister von Neurath und Wirtschaftsminister Schacht aus ihren einflußreichen Positionen. Die gleichgeschaltete Presse wußte von Intrigen nichts zu berichten. Der „Völkische Beobachter" vom 5. Februar 1938 fasste das Resultat der Blomberg-Fritsch-Affäre in der markigen Schlagzeile zusammen: „Stärkste Konzentration aller Kräfte in der obersten Hand des Obersten Führers".

Die Blomberg-Fritsch-Krise

„Wir Nationalsozialisten müssen unverrückbar an unserem außenpolitischen Ziel festhalten, nämlich dem deutschen Volk den ihm gebührenden Grund und Boden auf dieser Erde zu sichern ... Deutschland wird entweder Weltmacht oder gar nicht sein." So lautete Hitlers Maxime, niedergelegt in „Mein Kampf".

Als Instrument zur Durchsetzung der nationalsozialistischen Expansionspolitik war die Wehrmacht ausersehen. Laut Versailler Vertrag durfte Deutschland nur ein Heer von 100.000 Mann unterhalten, Panzerwaffen, Schwere Artillerie, Luftwaffe und Generalstab waren verboten. Da sich das außenpolitische Klima 15 Jahre nach dem Ende des Ersten Weltkrieges gewandelt hatte, konnte Hitler nach seinem Machtantritt 1933 ungehindert daran gehen, Deutschlands „Wehrhoheit" wiederherzustellen.

Erster öffentlich sichtbarer Markstein wurde die Wiedereinführung der allgemeinen Wehrpflicht am 16. März 1935. Aus der Reichswehr der Weimarerer Republik wurde die Wehrmacht. Die in § 2 des dazu erlassenen Gesetzes genannte Heeresstärke von 36 Divisionen wurde 1936 erreicht. 1939 umfasste das Friedensheer 52 Divisionen, darunter 5 Panzerdivisionen. Die rasanten Umwälzungen der Kriegstechnik stießen bei der konservativen Generalität auf Widerstand. Im Streit zwischen Traditionalisten und Modernisierern nahm Hitler für letztere Partei. Die Blitzkriegsarmee, die Panzergeneral Guderian und andere schaffen wollten, entsprach genau der Ungeduld des Diktators, der glaubte, nur noch wenig Zeit für die Durchführung seiner großen Pläne zu haben.

Bis 1938 standen mit Werner von Blomberg (1878-1946) als Reichskriegsminister, Werner Freiherr von Fritsch (1880-1939) als Heeresoberbefehlshaber und Ludwig

Ein Bild aus ungetrübten Tagen: Blomberg und Fritsch (Mitte) im Gespräch mit ihrem Führer. Als SS und Gestapo eine Intrige gegen die beiden Generäle einfädelten, weigerte sich Hitler zunächst, den Einflüsterungen zu glauben. Der alte Respekt vor der Wehrmacht war noch nicht ganz geschwunden.

Beck (1880-1944) als Heeresgeneralstabschef drei Männer an der Sitze der Wehrmacht, die sich darin einig waren, das Tempo der Aufrüstung nicht zu überhitzen und das Reich nicht in außenpolitische Abenteuer zu verwickeln. Da ergab sich in den letzten Januartagen 1938 die Möglichkeit, die lästigen Bremser loszuwerden: Berliner Kripoleute und Mitarbeiter von Reinhard Heydrichs SD hatten „Beweismaterial" sowohl über eine anrüchige Vergangenheit der Kriegsministersgattin als auch über eine angebliche homosexuelle Affäre des Heeresoberbefehlshabers beigebracht. Hitler entließ Blomberg und Fritsch und benutzte die Gelegenheit zu einer grundlegenden Änderung der Befehlsstrukturen. Per Erlass vom 4. Februar 1938 machte Hitler sich selbst zum Oberbefehlshaber der Wehrmacht. Das bisherige Wehrmachtamt im Reichskriegsministerium trat als Oberkommando der Wehrmacht (OKW) und damit militärischer Stab Hitlers unmittelbar unter dessen Befehl. Chef des OKW wurde der General Keitel (bald wegen seiner Willfährigkeit als „Lakeitel" verspottet), neuer Oberbefehlshaber des Heeres Generaloberst von Brauchitsch.

Beck hielt noch bis zum August die Stellung und nahm dann resigniert seinen Abschied, sammelte aber sofort einen Kreis gleichgesinnter Offiziere um sich und nahm Kontakt zur bürgerlichen Opposition auf. Neben dem ehemaligen Leipziger Bürgermeister Gordeler wurde er zur Seele des deutschen Widerstandes gegen Hitler.

Reichskristallnacht 1938. Die brennende Synagoge in der Oranienburger Straße in Berlin.

Reichskristallnacht

Die Verfolgung der Juden durch die nationalsozialistischen Machthaber bekam im November 1938 einen kräftigen Schub: Erstmals wurden Menschen getötet und massiv Sachwerte zerstört.

Nach Verabschiedung der Nürnberger Rassengesetze (September 1935) durfte es keine Ehen mehr zwischen Juden und „Deutschblütigen" geben. Die Politik der Berufsbehinderungen und -verbote wurde fortgesetzt, man schaltete die Juden immer weiter aus dem Wirtschaftsleben aus. Sie wurden gezwungen, ihre Firmen zu verkaufen, die dann „arisiert", d.h. von Deutschen für wenig Geld übernommen wurden („Arier" war die Bezeichnung für den Angehörigen der nordischen Rasse). Dazu kamen Schikanen aller Art, die die Juden in der Öffentlichkeit erleiden mussten.

Einige zogen es unter diesen Umständen vor, auszuwandern. Aber es erwies sich, dass nur wenige Länder bereit waren, Juden aufzunehmen. Der nationalsozialistische Staat erhob außerdem von Auswanderern eine „Reichsfluchtsteuer". So blieb ein Großteil der Juden vorerst noch im Land und tröstete sich damit, dass es schlimmer wohl nicht kommen könne.

Aber es kam schlimmer. Am 7. November 1938 erschoss ein junger Jude namens Herschel Grynszpan einen Beamten in der Deutschen Botschaft in Paris – aus Empörung darüber, dass seine Familie nach Polen abgeschoben worden war. Die nationalsozialistische Führung nahm das Attentat zum Anlass, am 9./10. November eine Aktion gegen die Juden im Reich zu inszenieren. Sie sollte wie spontaner Volkszorn aussehen, dabei war klar, dass es SA-Männer waren, die auf Kommando agierten. Jüdischen Ladenbesitzern wurden die Scheiben eingeworfen, Läden und Wohnungen wurden geplündert und verwüstet, Synagogen gingen in Flammen auf. Tausende Juden wurden festgenommen und in KZs eingeliefert, 91 wurden getötet. Zynisch verharmlosend bezeichnete die gleichgeschaltete Presse den Pogrom wegen des Scherbenmeeres in den Städten als „Kristallnacht". Der Sachschaden betrug mehrere 100 Millionen RM, doch die Versicherungen durften das Geld nicht auszahlen, es wurde von der Reichsregierung beschlagnahmt, und zusätzlich erhob diese von den deutschen Juden noch eine „Kontribution" in Höhe vom 1 Milliarde RM.

Ein Augenzeugenbericht schildert den Judenpogrom in der Nacht zum 10. November 1938:

Am 9. November hatten wir Besuch zum Abendessen: einen deutschen Nichtjuden, der mit einer Amerikanerin verheiratet war. Er verabschiedete sich ungefähr um elf Uhr. Als wir ihn zur Haustür begleiteten, sahen wir, dass die Straße sehr belebt war. Es fuhren viele Lastwagen mit Männern in Naziuniform vorüber, und gegenüber, im Haus der Presse, war ein ständiges Kommen und Gehen. Unser Freund bot sich an, bei uns zu bleiben, für den Fall, dass wir Schutz brauchten, aber mein Mann hielt dies nicht für notwendig. Wir gingen nach oben zurück und räumten Obst und Zigaretten vom Tisch. Da hörten wir in der Nähe Schüsse fallen und sahen in der Entfernung Feuer brennen.

Um dreiviertel zwölf schellte es an unserer Wohnungstür. Es war Frau B., die Frau des Besitzers eines jüdischen Restaurants, das sich einige Häuser von dem unsrigen entfernt befand. Sie suchte Behandlung und Zuflucht. In unklaren Sätzen berichtete sie, dass Nazihorden in ihr Haus eingedrungen waren. Ihr Mann hatte die Flucht ergriffen.

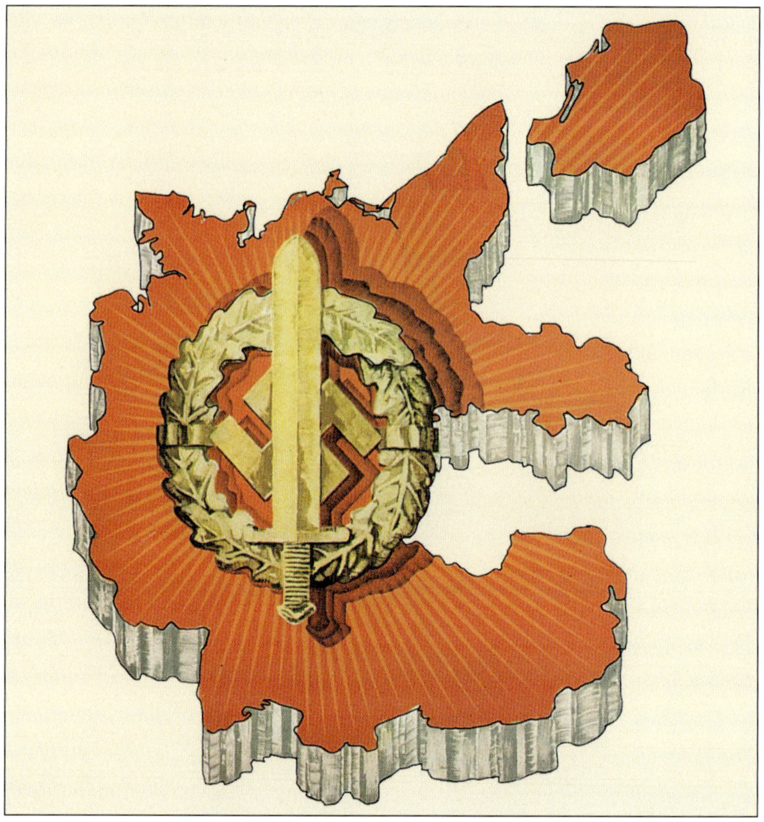

Umrisskarte von „Großdeutschland" aus dem Jahr 1938. Den „Korridor", jenen 1919 geschaffenen polnischen Landstreifen zwischen Pommern und Ostpreußen (am oberen Bildrand rechts) zu überbrücken, war Hitlers Ziel im Frühjahr 1939. Dahinter verbarg sich aber mehr: Auseinandersetzung mit dem polnischen Staat, die tödlich für diesen werden sollte.

Weinend vor Wut und Trauer mit erhobenen Fäusten „begrüßt" die tschechische Bevölkerung den deutschen Einmarsch in die „Rest-Tschechei" im März 1939.

Die uniformierten Männer hatten ihre große Kaffeemaschine umgestürzt; diese war auf sie gefallen, und sie war für einen Augenblick unter der Maschine zusammengebrochen. Als es ihr mit Hilfe ihrer Angestellten gelungen war aufzustehen, hatte sie Wunden auf der Stirn, und mehrere Zähne waren ausgebrochen.

Mit ihr kamen ihre Köche, ein altes jüdisches Ehepaar, das irgendwo nahebei in einem dritten Stock wohnte. Nachdem mein Mann ihre Wunden verbunden hatte, erbot er sich, Frau B. zum Übernachten in die Wohnung dieser Leute zu bringen. Sie flehte uns jedoch an, sie bei uns zu behalten, und obgleich ich der Ansicht war, dass sie bei den anderen sicherer wären, stimmte ich zu.

Wir bereiteten ihr ein Lager auf einem Diwan in dem im Erdgeschoss befindlichen Sprechzimmer meines Mannes, stellten ihr etwas Obst und Wasser hin, zeigten ihr, wie sie uns im zweiten Stock am Haustelefon erreichen könnte, und begaben uns nach oben.

Kaum waren wir dort angelangt, als es heftig an unserer Haustür schellte. Ein Blick durch die Fenstergardinen zeigte uns, dass sich eine große Anzahl schwarz-uniformierter Männer vor unserem Haus ansammelte. Wir beschlossen, nicht zu öffnen. Kurz darauf wurde die schwere Haustür mit Schaftstiefeln eingetreten. Wir gingen daraufhin hinunter, um möglichst zu verhindern, dass sie alles beschädigten ...

Sie gingen wieder nach unten, aber ein Mann kam zurück und forderte uns auf, sie in die Arbeitsräume meines Mannes zu begleiten. Ich sehe noch das verängstigte Gesicht der Frau B. vor mir, als wir mit all den SS-Männern in das Sprechzimmer kamen. Sie gingen jedoch wieder hinaus, ohne etwas anzurühren. Inzwischen – es war kurz vor eins – war Frau B. sehr ängstlich über das Verbleiben ihres Mannes geworden, und obgleich ich dringend riet, bis zum frühen Morgen zu warten, bestand sie darauf, dass mein Mann bei ihrem Schwager anrief, um nachzufragen. Ihre Vermutung war richtig: ihr Mann war dort und wollte dort über Nacht bleiben, aber obwohl sie nicht selbst ans Telefon ging, konnte er hören, wie sie weinte und bat, er möge sofort kommen. Er ging also zu Fuß den ganzen Weg vom Rande der Stadt und kam gegen halb zwei Uhr früh bei uns an. Wir machten auch ihm ein Bett auf einem zweiten Diwan und gingen wieder nach oben. Da sahen wir, dass der Himmel ganz rot war – die Synagoge brannte. Wir legten uns auf die Betten, ohne uns auszuziehen. Es war natürlich ausgeschlossen, dass wir auch nur für einen Augenblick einschliefen. Das nächste Mal kamen sie um halb vier in der Frühe. Diesmal waren es nur fünf Männer in SS-Uniform, zwei in Zivil. Niemals sonst sind mir menschliche Wesen vorgekommen, die so aussahen: Ihre Augen waren weit offen, das Haar stand in die Höhe – der Ausdruck von Männern in Raserei. Sie kamen mit uns ins Wohnzimmer, der Führer der Gruppe nahm eine Pistole aus dem Gürtel, richtete sie auf meinen Mann und kommandierte: „Raus aus dem Zimmer." Sofort trat ich zwischen ihn und meinen Mann, so dass die Pistole auf mich gerichtet war, und sagte: „Sie können mit dem Mann da nicht allein sprechen, er ist schwerhörig; aber ich werde ihm weitergeben, was Sie zu sagen haben." Es folgte eine Minute ängstlicher Spannung. Er hätte uns beide auf der Stelle erschießen können, aber langsam, sehr langsam ließ er seinen Arm und die Pistole sinken. Unsere sechzehnjährige Tochter musste aufstehen und aus ihrem Schlafzimmer kommen. Dann machten sie sich daran, die Küchenschränke umzuwerfen und alles zu zerbrechen oder zu zerreißen, was in ihre Finger kam. Ehe sie fortgingen, wandte sich der Führer an mich: „Was auch immer Sie diese Nacht hören werden: Gehen Sie nicht hinunter – es würde Sie das Leben kosten."

Ende der Appeasement-Politik

Wie seine innenpolitischen Gegner übertölpelte Hitler auch die außenpolitischen Kontrahenten. Er lockte sie von Zugeständnis zu Zugeständnis, bis er die Maske fallen lassen konnte, weil seine Position kaum noch zu erschüttern war. So erging es vor allem dem britischen Premierminister Chamberlain, der mit allen Mitteln versuchte, einen militärischen Konflikt in Europa zu vermeiden. Seine „appeasement" (Befriedung) genannte Politik scheiterte an der Doppelzüngigkeit des deutschen Diktators und an der Fehleinschätzung seiner Bereitschaft, jeden Vertrag, jedes Recht zu brechen, wenn das in seine Eroberungspläne passte. Im September 1938 noch hatte Chamberlain gemeint, mit dem Münchner Abkommen, das Deutschland das Sudetenland zusprach, den „Frieden für unsere Zeit" gerettet zu haben. Ein halbes Jahr darauf zwang Hitler die „Resttschechei" zum Anschluss an das Reich. Er hatte nun aber seine Karte überreizt. Zwar blieb es wieder nur bei Protesten der Westmächte, die Hitler nur belächelte, doch der Ton hatte sich entscheidend verändert. Am 17. März 1939, nur zwei Tage nach dem deutschen Einmarsch, trat Chamberlain vor das Unterhaus und verkündete das Ende der Appeasement-Politik:

... Der gestern in Prag erlassenen Proklamation zufolge sind Böhmen und Mähren dem Deutschen Reich angeschlossen worden. Nichtdeutsche Einwohner, zu denen natürlich die Tschechen gehören, werden dem deutschen Protektor im Deutschen Protektorat unterstellt. Sie haben sich den politischen, militärischen und wirtschaftlichen Bedürfnissen des Reiches zu unterwerfen. Sie werden Staaten mit Selbstverwaltung genannt, aber das Reich übernimmt ihre Außenpolitik, ihre Zölle und Akzisen, ihre Bankreserven und die Ausrüstung der entwaffneten tschechischen Armee. Und vielleicht das Unheimlichste: Wir hören wieder vom Auftauchen der Gestapo, der Geheimen Staatspolizei, und von der gewohnten Geschichte der Massenverhaftungen prominenter Persönlichkeiten mit den grausigen Folgen, die uns allen vertraut sind.

Jeder Mann und jede Frau in unserem Land, die sich an das Schicksal der Juden und der politischen Gefangenen in Österreich erinnern, müssen heute mit Kummer und Sorge erfüllt sein. Wer kann hindern, dass sich sein Herz in Sympathie dem stolzen und tapferen Volk zuwendet, das so plötzlich ein Opfer dieser Invasion wurde, dessen Freiheiten beschnitten sind und dessen nationale Unabhängigkeit dahin ist? Was ist aus der Erklärung „keine territorialen Ansprüche mehr" geworden? Was ist aus der Versicherung „Wir wollen keine Tschechen im Reich" geworden? Wie viel Rücksicht hat man genommen auf den Grundsatz der Selbstbestimmung, worüber Herr Hitler in Berchtesgaden mit mir so heftig diskutierte, als er die Trennung des Sudetengebietes von der Tschechoslowakei und dessen Einverleibung in das Reich forderte? ...

Es sind erst sechs Wochen her, dass ich in dieser Stadt sprach und auf Gerüchte und Zweifel anspielte, welche, wie ich sagte, hinweggefegt werden müssten. Ich wies darauf hin, dass jeder Anspruch auf Weltherrschaft durch Gewalt den Widerstand der Demokratien finden müsse, und ich fügte hinzu, ich könne nicht glauben, dass eine solche Herausforderung geplant sei, weil keine Regierung, der die Interessen ihres Volkes am Herzen liegen, eines solchen Anspruches wegen dieses Volk den Schrecken des Weltkrieges aussetzen könne. Und es erscheint in der Tat, mit den Lehren der Geschichte vor aller Augen, unglaublich, dass es eine solche Herausforderung geben könne. Ich fühle mich verpflichtet, zu wiederholen, dass ich zwar nicht bereit bin, unser Land durch neue, nicht spezifizierte und unter nicht voraussehbaren Bedingungen funktionierende Verpflichtungen zu binden, dass aber kein größerer Fehler begangen werden könnte als der zu glauben, unsere Nation habe, weil sie den Krieg für eine sinnlose und grausame Sache hält, so sehr ihr Mark verloren, dass sie nicht bis zur Erschöpfung ihrer Kraft einer solchen Herausforderung entgegentreten werde, sollte sie jemals erfolgen. Für diese Erklärung habe ich – davon bin ich überzeugt, nicht nur die Unterstützung, die Sympathie und das Vertrauen meiner Mitbürger und Mitbürgerinnen, sondern ich werde auch die Zustimmung des gesamten britischen Weltreiches und aller andern Nationen haben, die zwar den Frieden hoch schätzen, aber die Freiheit noch höher.

Winston Churchill war für die deutsche Presse Kriegstreiber Nr. 1 gegen Deuschland. Hier karikieren ihn die Berliner „Lustigen Blätter" als Shakespeareschen Totengräber, der dem Hamlet Chamberlain beim Jonglieren mit der Weltkugel zusieht: Sein oder Nichtsein ...

Hellste Begeisterung

Auszüge aus den Geheimberichten des SS-Sicherheitsdienstes zeigen, mit weicher Anteilnahme das deutsche Volk die Siege seiner Soldaten im Westen verfolgte

30. Mai 1940

Die Nachricht von der Kapitulation Belgiens, die sich am 28. 5. wie ein Lauffeuer in der Bevölkerung verbreitete, löste überall hellste Begeisterung aus und hat einen tiefen Eindruck auf das ganze deutsche Volk gemacht. Die Tatsache, dass eine halbe Million feindlicher Soldaten die Waffen gestreckt hat, verstärkt die allgemeine Zuversicht, dass die Schlacht in Flandern und Artois in kürzester Zeit siegreich beendet sein wird.

17. Juni 1940

Die Nachricht vom Einmarsch deutscher Truppen in die kampflos übergebene französische Hauptstadt versetzte die Bevölkerung in allen Teilen des Reiches in eine bisher in diesem Maße noch nicht erlebte Begeisterung. Auf vielen Plätzen und Straßen kam es zu lauten Freudenkundgebungen...

20. Juni 1940

Das überraschende Tempo der militärischen und politischen Entwicklung der letzten Tage beherrscht das Stimmungsbild der Bevölkerung nach wie vor vollständig. Die Erörterung nichtmilitärischer Dinge ist seit Wochen schon in den Hintergrund getreten.

Überall werden die Leistungen der deutschen Soldaten als geradezu un-

„Der deutsche Sieg im Westen". Propaganda-Broschüre des Zentralverlages der NSDAP. Der schnelle Erfolg über die führende Militärmacht Europas ließ sich ohne Übertreibungen bestens vermarkten. „Was die kaiserlichen deutschen Armeen vordem in einem langen verheerenden Krieg vergeblich versucht und mit über 1,8 Millionen Gefallenen bezahlt hatten, war den Armeen Hitlers in nur sechs Wochen und mit 27.000 Gefallenen gelungen" (Alan Bullock). Nicht nur Albert Speer war nach diesem Sieg über Frankreich davon überzeugt, „dass Hitler nun bereits zu einer der großen Gestalten der deutschen Geschichte geworden" sei.

fasslich bezeichnet. Die Begeisterung der letzten Zeit erweckte jedesmal den Eindruck, als ob eine weitere Steigerung nicht mehr möglich wäre, und doch gibt die Bevölkerung mit jedem neuen Ereignis ihrer Freude noch intensiver Ausdruck. Wiederholt lösten in der letzten Zeit die politischen Ereignisse spontane. Kundgebungen aus. So fanden sich am Abend der Erklärung Pétains auf vielen Plätzen deutscher Städte die Menschen von selbst zu Dankeskundgebungen für Führer und Wehrmacht zusammen.

24. Juni 1940

Unter dem Eindruck der großen politischen Ereignisse und im Banne der militärischen Erfolge hat sich im gesamten deutschen Volke eine bisher noch nicht erreichte innere Geschlossenheit und enge Verbundenheit von Front zu Heimat herausgebildet. Der Tätigkeit der Gegnergruppen ist überall der aufnahmefähige Boden entzogen. Alles schaut dankbar und mit Vertrauen auf den Führer und seine von Sieg zu Sieg eilende Wehrmacht.

26. Juni 1940

Die stürmische Begeisterung der letzten Wochen hat sich angesichts der Waffenstillstandsverhandlungen und der jetzt eingetretenen Waffenruhe in eine mit stiller, stolzer Freude und Dankbarkeit für Führer und Wehrmacht gezeichnete Feierstimmung gewandelt.

Wollt ihr den totalen Krieg?

Nach der Katastrophe von Stalingrad hielt Reichspropagandaminister Dr. Goebbels am 18. Februar 1943 im Berliner Sportpalast seine demagogische Durchhalte-Rede, die im Folgenden nach dem Text der „Deutschen Allgemeinen Zeitung" ausschnittweise wiedergegeben ist:

Ich gebe meiner tiefen Überzeugung Ausdruck, dass das deutsche Volk durch den tragischen Schicksalsschlag von Stalingrad innerlich auf das tiefste geläutert worden ist. Es hat dem Krieg in sein hartes und erbarmungsloses Antlitz hineingeschaut. Es weiß nun die grausame Wahrheit und ist entschlossen, mit dem Führer durch dick und dünn zu gehen. [Wie ein Meer erhebt sich die begeisterte Menge, und nicht endenwollende Sprechchöre „Führer befiehl, wir folgen dir!", „Heil unserm Führer!" hindern den Minister minutenlang am Weiterreden.] ...

Was kann uns geschehen, wenn wir uns den harten Proben dieses Krieges mit fester Entschlossenheit unterziehen! An der Sicherheit unseres Sieges gibt es bei uns keinen Zweifel. [Dröhnendes Getrampel von allen Rängen bekundet die Zuversicht, die die Worte des Ministers bei den Massen hervorrufen.] Während unsere Fronten im Osten ihre gigantischen Abwehrschlachten gegen den Ansturm der Steppe schlagen, rast der Krieg unserer U-Boote über die Weltmeere. Der feindliche Tonnageraum erleidet Einbußen, die auch durch künstlich noch so hochgeschraubte Ersatz- und Neubauten bei weitem nicht wieder wettgemacht werden können. Im übrigen aber wird der Feind uns im kommenden Sommer wieder in alter Offensivkraft kennenlernen! Das deutsche Volk ist entschlossen, dem Führer dazu unter Aufbietung all seiner Energien die nötige Möglichkeit zu verschaffen.

In diesen Tagen hat sich die englische und amerikanische Presse sehr ausgiebig mit der Haltung des deutschen Volkes in der gegenwärtigen Krise befaßt. Die Engländer kennen das deutsche Volk nach ihren Angebereien bekanntlich viel besser als wir, seine eigene Führung. Sie geben uns scheinheilig Ratschläge, was wir zu tun und zu lassen hätten, immer in der irrigen Ansicht, das deutsche Volk von heute gleiche dem deutschen Volk vom November 1918, das auf ihre Verführungskünste hereinfiel. Ich habe es nicht nötig, gegen diese Annahme den Gegenbeweis zu führen. Der Gegenbeweis wird vom kämpfenden und arbeitenden deutschen Volk jeden Tag aufs neue erhärtet.

Ihr also, meine Zuhörer, repräsentiert in diesem Augenblick die Nation. Und an Euch möchte ich zehn Fragen richten, die Ihr mir mit dem deutschen Volk vor der ganzen Welt, insbesondere aber vor unseren Feinden, die uns auch an ihrem

Goebbels' Sportpalast-Auftritt geriet zur „Sternstunde" der Demagogie. Die Zuhörer tobten vor Begeisterung, als er ihnen zuschrie: „Wollt Ihr den totalen Krieg?"

Rundfunk zuhören, beantworten sollt [Nur mit Mühe kann sich der Minister für die nun folgenden Fragen Gehör verschaffen. Die Masse befindet sich in einem Zustand äußerster Hochstimmung. Messerscharf fallen die einzelnen Fragen. Jeder einzelne fühlt sich persönlich angesprochen. Mit letzter Anteilnahme und Begeisterung gibt die Masse auf jede einzelne Frage die Antwort. Der Sportpalast hallt wider von einem einzigen Schrei der Zustimmung.]:

Die Engländer behaupten, das deutsche Volk habe den Glauben an den Sieg verloren. Ich frage Euch: Glaubt Ihr mit dem Führer und mit uns an den endgültigen, totalen Sieg des deutschen Volkes? Ich frage Euch: Seid Ihr entschlossen, dem Führer in der Erkämpfung des Sieges durch dick und dünn und unter Aufnahme auch der schwersten persönlichen Belastungen zu folgen?

Zweitens: Die Engländer behaupten, das deutsche Volk ist des Kampfes müde.

Ich frage Euch: Seid Ihr bereit, mit dem Führer als Phalanx der Heimat hinter der kämpfenden Wehrmacht stehend diesen Kampf mit wilder Entschlossenheit und unbeirrt durch alle Schicksalsfügungen fortzusetzen, bis der Sieg in unseren Händen ist?

Drittens: Die Engländer behaupten, das deutsche Volk hat keine Lust mehr, sich der überhand nehmenden Kriegsarbeit, die die Regierung von ihm fordert, zu unterziehen.

Ich frage Euch: Seid Ihr und ist das deutsche Volk entschlossen, wenn der Führer es befiehlt, zehn, zwölf, und, wenn nötig, 14 und 16 Stunden täglich zu arbeiten und das Letzte herzugeben für den Sieg?

Viertens: Die Engländer behaupten, das deutsche Volk wehrt sich gegen die totalen Kriegsmaßnahmen der Regierung. Es will nicht den totalen Krieg, sondern die Kapitulation. [Zurufe: Niemals! Niemals! Niemals!]

Ich frage euch: Wollt Ihr den totalen Krieg? Wollt Ihr ihn, wenn nötig, totaler und radikaler, als wir ihn uns heute überhaupt noch vorstellen können?

Fünftens: Die Engländer behaupten, das deutsche Volk hat sein

Jüdische Widerstandskämpferinnen in Warschau. In einem Kampfaufruf auf Flugblättern hieß es: „Jede Mutter werde zu einer Löwin, die ihre Jungen verteidigt! Kein Vater sehe mehr ruhig auf den Tod seiner Kinder!"

Vertrauen zum Führer verloren. Ich frage Euch. Ist Euer Vertrauen zum Führer heute größer, gläubiger und unerschütterlicher denn je? [Die Menge erhebt sich wie ein Mann. Die Begeisterung der Masse entlädt sich in einer Kundgebung nicht dagewesenen Ausmaßes. Vieltausendstimmige Sprechchöre brausen durch die Halle: „Führer befiehl, wir folgen!" Eine nicht abebbende Woge von Heilrufen auf den Führer braust auf.

Wie auf ein Kommando erheben sich nun die Fahnen und Standarten, höchster Ausdruck des weihevollen Augenblicks, in dem die Massen dem Führer huldigen.] Ist Eure Bereitschaft, ihm auf allen seinen Wegen zu folgen und alles zu tun, was nötig ist, um den Krieg zum siegreichen Ende zu folgen, eine absolute und uneingeschränkte?

Ich frage Euch als sechstes: Seid Ihr bereit, von nun ab Eure ganze Kraft einzusetzen und der Ostfront die Menschen und Waffen zur Verfügung zu stellen, die sie braucht, um dem Bolschewismus den tödlichen Schlag zu versetzen?

Ich frage Euch siebentens: Gelobt ihr mit heiligem Eid der Front, dass die Heimat mit starker Moral hinter ihr steht und ihr alles geben wird, was sie nötig hat, um den Sieg zu erkämpfen? Ich frage Euch achtens: Wollt Ihr, insbesondere Ihr Frauen selbst, dass die Regierung dafür sorgt, dass auch die deutsche Frau ihre ganze Kraft der Kriegführung zur Verfügung stellt und überall da, wo es nur möglich ist, einspringt, um Männer für die Front frei zu machen und damit ihren Männern an der Front zu helfen?

Ich frage Euch neuntens: Billigt Ihr, wenn nötig, die radikalsten Maßnahmen gegen einen kleinen Kreis von Drückebergern und Schiebern, die mitten im Kriege Frieden spielen und die Not des Volkes zu eigensüchtigen Zwecken ausnutzen wollen? Seid ihr damit einverstanden, dass, wer sich am Krieg vergeht, den Kopf verliert?

Ich frage euch zehntens und zuletzt: Wollt ihr, dass, wie das nationalsozialistische Parteiprogramm es gebietet, gerade im Kriege gleiche Rechte und gleiche Pflichten vorherrschen, dass die Heimat die schweren Belastungen des Krieges solidarisch auf ihre Schultern nimmt und dass sie für Hoch und Niedrig und Arm und Reich in gleicher Weise verteilt werden?

[Die letzten Worte des Ministers gehen in nicht endenwollenden, stürmischen Beifallskundgebungen unter.]

Warschauer Getto-Aufstand

Nachdem von Ende Juli bis Anfang Oktober 1942 über 310.000 Juden durchweg in das Vernichtungslager Treblinka „umgesiedelt" worden waren, beschlossen die im Getto vertretenen jüdischen Parteien, sich weiteren Deportationen gewaltsam zu widersetzen. Unter dem so genannten „Koordinierungskomitee" (KK) wurde eine Kampforganisation (ZOB) aufgestellt. Ihre insgesamt 22 Einheiten in Stärke von etwa 1500 Männern und Frauen befehligte der 24-jährige Mordechai Anielewicz. Die nationalistischen Juden der Revisionistischen Partei schlossen sich der „ZOB" nicht an. Ihre Militärorganisation, der Irgun Zwai Leumi, hatte drei eigene Kampfgruppen. Unter dem Vorwand, Luftschutzunterstände zu errichten, wurden einige hundert Bunker gebaut, die zum Teil mit dem Kanalisationssystem verbunden waren. Hauptsächlich die polnische „Heimatarmee" stellte Waffen und Sprengstoff zur Verfügung. Von den noch im Getto lebenden etwa 75.000 Juden wurden im Januar 43 überraschend 6 500 deportiert. Bei der Aktion kam es zu Widerstandshandlungen; ein Polizeihauptmann wurde schwer verletzt und 1 171 Juden im Zuge von Gegenmaßnahmen erschossen. Nach dem Zwischenfall ordnete Himmler die Auflösung und Zerstörung des Gettos an. Am 19. 4. 1943, 3 Uhr morgens, befahl der SS- und Polizeiführer von Warschau, Ferdinand von Sammern-Frankenegg, die Räumung des Gettos innerhalb von drei Tagen. Beim Einrücken in das Getto um 6 Uhr wurden die ihm unterstellten Einheiten von den Kampfgruppen der „ZOB" mit konzentriertem Feuer empfangen und mussten sich unter Verlusten zurückziehen. Gegen 8 Uhr wurde Sammern-Frankenegg von dem SS-Brigadeführer Stroop abgelöst, der neue Angriffe befahl. Seine Einheiten wurden immer wieder gezwungen, sich zurückzuziehen. Am 23. 4. ließ er die Häuser in Brand setzen. Das Getto wurde ein Flammenmeer. Zahlreiche Juden flüchteten in das Kanalisationssystem. Durch Flutung und Sprengungen von Teilen der Kanalisation erlitten sie schwere Verluste. Stroop ließ schließlich die noch bestehenden Bunker systematisch durch Stoßtrupps ausräuchern. Die Reihen der kämpfenden Juden lichteten sich rapide. Am 8. 5. 1943 fiel Anielewicz.

Mitte Mai 43 war der Widerstand der „ZOB" gebrochen. Als Zeichen für die Niederlage der Juden ließ Stroop am 16. 5. 43 die im „arischen" Teil Warschaus gelegene große Tlomacki-Synagoge sprengen und berichtete seinem Vorgesetzten, dem Höheren SS- und Polizeiführer im Generalgouvernement Friedrich Wilhelm Krüger: „Es gibt keinen jüdischen Wohnbezirk in Warschau mehr" (so genannter Stroop-Bericht). Von den bei Beginn der Aktion noch im Getto befindlichen 70.000 Juden waren rund 56.000 in Gefangenschaft geraten. 7.000 hiervon wurden erschossen, weitere rund 7.000 nach Treblinka „umgesiedelt" und 15.000 kamen ins Vernichtungslager (Lublin-) Maidanek. Der Rest wurde in Arbeitslager eingewiesen. Die Verluste der Deutschen und der mit ihnen eingesetzten Hilfswilligen (ein Bataillon Ukrainer und polnische Polizei) betrugen 16 Tote und 90 Verwundete.

Invasion

Eine Invasion in Nordfrankreich wurde auf deutscher Seite seit langem erwartet, doch gingen die Vermutungen eher Richtung Pas de Calais als Normandie. Die Verteidiger wurden daher am 6.6.44 (D-Day) fast völlig überrascht, als im ersten Morgenlicht Fallschirmjäger im normannischen Hinterland niedergingen und wenig später ein dichter Bombenhagel die Küstenbefestigungen umpflügte. Ihm folgte um 5.50 Uhr ein Feuerschlag aus über 1000 Rohren der Deckungsflotte, bestehend aus 7 Schlachtschiffen, 2 Monitoren, 23 Kreuzern, 105 Zerstörern und 1076 kleineren Einheiten, ehe um 6.30 Uhr die erste Welle der Landungstruppen das Ufer erreichte. Unter dem Schutz von 5112 Bombern und 5409 Jägern folgten pausenlos weitere Truppen in 4126 Landungsfahrzeugen und 2316 Transportflugzeugen, sodass in 5 Tagen mit Hilfe der künstlichen „Mulberry"-Häfen 326.000 alliierte Soldaten mit 104.000 t Nachschub und 54.000 Fahrzeugen angelandet waren.

Die Alliierten hatten 5 Küstenabschnitte zur Bildung von Landeköpfen vorgesehen: „Utah" nördlich Carentan auf der Halbinsel Cotentin für das VIII. US-Korps (Collins), „Omaha" 15 km östlich davon für das V. US-Korps (Gerow), „Gold" nordöstlich Bayeux für das britische XXX. Korps (Bucknall), „Juno" direkt östlich anschließend für die kanadischen Verbände des britischen Invasionskorps (Crocker) und „Sword" nördlich Caen für dessen britische Einheiten. Dank absoluter Luftherrschaft , 14 674 Einsätzen alliierter Flugzeuge standen am ersten Tag nur 319 deutsche gegenüber, stabilisierten sich die Landeköpfe rasch, doch wurden die Tagesziele nirgendwo erreicht, da Gegenmaßnahmen der verteidigenden deutschen 7. (Dollmann) und 15. Armee (Salmuth) allmählich griffen, obwohl Hitler lange die Zuführung von Verstärkungen verweigerte, weil er weiter an eine „Hauptlandung" bei Calais glaubte.

Nach Plan sollte Cherbourg mit dem wichtigen Hafen noch am Invasionstag genommen werden; das gelang jedoch erst drei Wochen später. Der Durchbruch ins französische Hinterland war für den 27.6. vorgesehen, glückte aber erst am 1.8. bei Avranches. Die Invasionsschlacht hatte bis dahin auf deutscher Seite 114.000 Gefallene und 41.000 Gefangene gekostet, die Alliierten hatten 122.000 Mann verloren.

Nach der erheblichen Verzögerung beim Ausbruch aus der Halbinsel Cotentin kam dann der alliierte Vormarsch unter dem dichten Luftschirm rasch voran und mit dem Fall von Paris (25.8.) war man im Osten wieder im Plan (D-Day plus 90), während sich die Eroberung der Bretagne bis 18.9. hinzog und einige Atlantikfestungen sogar bis Kriegsende hielten. Mit einer weiteren Landung in Südfrankreich („Dragoon") flankierten die Alliierten am 15.8. die Invasion, sodass die deutschen Truppen im Westen des Landes in Gefahr gerieten, abgeschnitten zu werden, und sich nach Osten zurückziehen mussten. Am 11.9. trafen sich die beiden Invasionsarme bei Dijon, am gleichen Tage erreichten amerikanische Truppen bei Trier erstmals die Reichsgrenze. Die Zahl der bis dahin in Gefangenschaft geratenen deutschen Soldaten hatte sich auf 360.000 erhöht.

Aus den brennenden Häusern des Warschauer Gettos stürzen Menschen als lebende Fackeln in den Tod.

„Ich habe dem Hause mitzuteilen, dass wir im Laufe der heutigen Nacht und der frühen Morgenstunden die erste einer Reihe von Großlandungen auf dem europäischen Festland vorgenommen haben“, verkündete Premierminister Churchill am 6. Juni 1944 vor dem Unterhaus. Die erste Welle alliierter Truppen stürmt aus den Landungsbooten an Land.

Zwanzigster Juli

Der militärische Widerstand konzentrierte sich seit dem Beginn des Rußlandfeldzugs an drei Stellen: beim Oberkommando des Ersatzheeres in Berlin um General Olbricht, Chef des Allgemeinen Heeresamtes (der Befehlshaber Generaloberst Fromm gehörte nicht zum Widerstand, obwohl er dessen Aktivitäten kannte); bei der Abwehr um Oster (der aber im April 1943 amtsenthoben wurde, knapp ein Jahr, bevor das gleiche Canaris geschah); beim 1. Generalstabsoffizier („Ia“) der Heeresgruppe Mitte, von Tresckow, seit November 1943 Chef des Stabes der 2. Armee im selben Operationsgebiet. An Tresckows Dienstsitz bei Smolensk wurde das erste militärische Attentat gegen Hitler geplant (die Tat im Bürgerbräukeller 1939 war der zivile Anschlag des Einzeltäters Georg Elser gewesen). Es gelang Tresckow, Generalfeldmarschall von Kluge zu einer Einladung Hitlers bei der Heeresgruppe Mitte zu überreden. Hitler erschien am 13. März 1943. Die Verschwörer plazierten eine Bombe im Flugzeug, deklariert als „zwei Flaschen Cognac“ für (den Mitverschworenen) Oberst Stieff im Führerhauptquartier. Die Cognac-Bombe sollte während des Fluges explodieren, doch der Zünder versagte. Es gelang Tresckow, die Übergabe des „Geschenks“ telefonisch aufzuhalten; es sei eine Verwechslung passiert. Schlabrendorff flog ins Hauptquartier und tauschte das fatale Paket gegen zwei echte Flaschen aus. Der Anschlag blieb unerkannt. Acht Tage später besichtigte Hitler russische Beutestücke im Berliner Zeughaus. Oberst von Gersdorff fand sich zu dem Selbstopfer bereit, sich mit Hitler zusammen in die Luft zu sprengen. Hitler beendete jedoch den Rundgang so rasch, dass der Sprengkörper mit dem kürzest möglichen Zündzeitpunkt von 10 Minuten nicht mehr zur Auslösung kam. Gersdorff gelang es, die Bombe unmittelbar vor der Detonation unschädlich zu machen. Auch dieser Versuch fand keine ungelegenen Mitwisser.

Die militärische Opposition, die bei diesen Versuchen in Kauf nahm, dass eigentlich Unschuldige mitgeopfert wurden, und ihre Planungen auch weiterhin durch diese moralische Erschwernis nicht behindern ließ, stieß im Sommer 1943 auf einen entschiedenen Hitler-Gegner und Befürworter von dessen gewaltsamer Beseitigung: Claus Graf Schenk von Stauffenberg, 35 Jahre alt, in Afrika schwer verwundet (Verlust eines Auges, der rechten Hand, zweier Finger der linken). Genesen, wurde er Olbrichts Stabschef (1. Oktober 1943) und zu einer Schlüsselfigur aller Planungen, bei denen Attentat und Staatsstreich koordiniert werden mussten. Olbricht entwickelte eine Möglichkeit, den Umsturz „legal“ einzuleiten: dadurch, dass nach gelungenem Anschlag auf Hitler der Alarm für innere Unruhen (Codebezeichnung „Walküre“), gedacht zum Beispiel bei theoretisch möglicher, praktisch kaum vorstellbarer Rebellion von Zwangsarbeitern, ausgelöst und die dadurch mobilisierte Truppenmacht in den Dienst des militärischen Widerstands gestellt werden sollte. Dazu mussten ergebene Truppenführer in die Schaltstellen lanciert werden. Die Vorbereitungen waren weit gediehen, als Stauffenberg am 1. Juli 1944 Stabschef beim Befehlshaber des Ersatzheeres (Fromm) wurde und damit Zugang zum Führerhauptquartier erhielt. In dieser Position konnte und wollte er persönlich handeln. Die Zeit drängte, weil immer mehr einzelne aus dem (vor allem zivilen) Widerstand heraus verhaftet wurden und die Gestapo noch vor dem entscheidenden Schlag ins Zentrum des Widerstands vordringen könnte. Beim Versuch, oberste Frontkommandeure zu gewinnen, war eindeutiger Erfolg nur bei Generalfeldmarschall Rommel an der Invasionsfront erzielt worden; der Oberbefehlshaber West, Generalfeldmarschall von Kluge, sympathisierte ohne feste Zusage. Rommel aber wurde am 17. Juli 1944 schwer verwundet und fiel aus. Am 20. Juli unternahm Stauffenberg binnen drei Wochen den dritten Versuch, eine Bombe in Hitlers unmittelbarer Nähe zu platzieren (beim ersten Mal hatten Himmler und Göring gefehlt, beim zweiten Mal hatte Hitler die Lagebesprechung noch vor Zündung der Bombe beendet). Aufgrund unerträglicher Nervenanspannung und der übrigen Gefahren wollte Stauffenberg nicht länger warten, obwohl die äußere Situation ungünstig war: Wegen Reparaturarbeiten fand die „Lage“ nicht im Bunker, sondern in einer Holzbaracke statt, wo der Explosionsdruck leicht entweichen konnte. Auch fehlten Himmler und Göring abermals.

Unmittelbar nach Beginn der „Mittagslage“ um 12.30 Uhr setzte Stauffenberg mit Hilfe einer eigens für ihn konstruierten Flachzange in einem der Gästequartiere den Zeitzünder des Sprengkörpers in Gang. Die Laufzeit betrug etwa 10 Minuten. Stauffenberg deponierte die Aktentasche mit der Bombe an der Innenseite des rechten Tischsockels und verließ unter einem Vorwand

Anfangs ein Anhänger Hitlers und des Nationalsozialismus, kam Claus Graf Schenk von Stauffenberg (1907-1944) zu der Erkenntnis: „Wir haben uns vor Gott und unserem Gewissen geprüft, es muss geschehen, denn dieser Mann ist das Böse an sich."

Nach dem Attentat (von links): Mussolini, Bormann, Dönitz, Hitler, Göring, SS-Gruppenführer Fegelein und Generaloberst Loerzer.

den Raum, während General Heusinger über die Lage im Osten referierte. Ein Teilnehmer stellte die störende Tasche auf die Außenseite des Sockels. Als gleich danach die Bombe detonierte, ging der Hauptdruck zu jener, von Hitler abgelegenen Außenseite: Von den 8 Schwerverletzten (4 starben) befanden sich sieben dort. Hitler erlitt nur leichte Verletzungen, die Baracke war weitgehend zerstört.

Stauffenberg hörte den Donnerschlag in der Nähe des Tatortes und hielt Hitler für tot. Mit List und Glück gelangte er durch die drei sofort geschlossenen Sperrkreise, fuhr nach Rastenburg und flog kurz nach 13 Uhr zurück nach Berlin, um dort die Leitung des Staatsstreichs zu übernehmen. War diese Doppelaufgabe, bei zweieinhalb Stunden Flugdauer, schon an sich bedenklich, so verstrich diese kostbare Zeit obendrein ungenutzt: Die Verschwörer in der Bendlerstraße um Olbricht lösten das Codewort „Walküre" nicht aus, weil die erwartete Erfolgsnachricht von verbündeter Seite im Führerhauptquartier (General Fellgiebel) ausblieb. Erst Stauffenberg, zurück aus Ostpreußen, veranlasste „Walküre", wobei er sich von der gerade empfangenen Mitteilung Fromms, dass das Attentat mißlungen sei, nicht beirren ließ; Generalfeldmarschall Keitel lüge „wie immer". Fromm, der unter den unklaren Umständen das Stichwort „Walküre" auszugeben verweigerte, wurde mit der Tatsache konfrontiert, dass dies bereits geschehen sei. Als er die Tatbeteiligten festnehmen wollte, wurde er selber inhaftiert. Die Widerstandsbewegung gab der Auslösung des legalen Stichworts inhaltliche Begründungen bei, die lange vorbereitet waren: Hitler sei tot, „eine gewissenlose Clique frontfremder Parteiführer" habe die Macht übernehmen wollen. Daher habe die Regierung dem Unterzeichnenden – Generalfeldmarschall von Witzleben, der 1942 von Hitler entlassen worden war – die Wehrmacht und die vollziehende Gewalt im Staat unterstellt. Als die sich häufenden „Walküre"-Befehle infolge dringlicher Rückfragen der Empfänger im Führerhauptquartier bekannt wurden, ergingen von dort Gegenbefehle, so dass stundenlang eine Schlacht der Fernschreiber tobte. Das Regime siegte vor allem durch Hitlers Überleben, welches den Absprung in die Illoyalität äußerst erschwerte. Im äußerlichen Ablauf waren darüber hinaus zwei Umstände maßgeblich: Der zentrale Rundfunksender wurde nicht rechtzeitig besetzt und konnte die Nachricht vom Misslingen des Attentats verbreiten; Goebbels ließ den bei ihm erschienenen Kommandeur des Wachbataillons, Major Remer, mit Hitler verbinden, der Remer befahl, den Putsch niederzuschlagen.

Im Lauf des späten Abends kehrten sich die Kräfteverhältnisse in Berlin um. Fromm wurde befreit und ließ Stauffenberg, Olbricht, dessen Stabschef Merz von Quirnheim sowie Stauffenbergs Adjutanten von Haeften erschießen, wohl um sich der Zeugen seiner Mitwisserschaft zu entledigen. (Dennoch wurde Fromm verhaftet, verurteilt und hingerichtet.) Beck schied an Ort und Stelle freiwillig aus dem Leben (er war als neues Staatsoberhaupt vorgesehen gewesen). Tresckow tat in Rußland das gleiche. In Paris, dem einzigen Ort, wo der Umsturz wirklich gelungen und die gesamte Gestapo im Gefängnis gelandet war, musste der Militärbefehlshaber General Karl-Heinrich von Stülpnagel den errungenen Sieg resignierend wieder aus der Hand geben.

Noch in der Nacht sprach Hitler über alle Sender und verkündete: „Diesmal wird nun so abgerechnet, wie wir das als Nationalsozialisten gewohnt sind."

Die verbreitete Empörung im Volk über das Attentat gegen Hitler, dessen Magie auch im fünften Kriegsjahr nicht erloschen war, wurde vom Volksgerichtshof unter seinem Präsidenten Freisler zu einem enthemmten Rachefeldzug, zugleich in würdelosen Formen äußerer Erniedrigung, genutzt. Unter den führenden Militärs im Widerstand fielen die meisten den verbissenen Verfolgungen des Regimes kurz vor dessen eigenem Untergang zum Opfer, darunter die Marschälle Rommel und von Witzleben, ferner Canaris, Fellgiebel, von Hase, Oster, von Stülpnagel und zahlreiche weitere Offiziere. Die Tragik des deutschen Widerstands, militärisch und

Unter Vorsitz von Gerichtspräsident Roland Freisler (vor der Hitlerbüste) machte ein „Volksgerichtshof" kurzen Prozess mit den Verschwörern. In einem hastig und brutal geführten Verfahren ergingen zahlreiche Todesurteile.

zivil, lag in seiner doppelten Vergeblichkeit. Selbst ein gelungener Umsturz am 20. Juli hätte nichts mehr an den furchtbaren Verbrechen, die inzwischen geschehen waren, geändert und die wankenden Fronten nicht stärker machen können, als sie waren. Dem Patriotismus der Widerständler wäre also, wenn nicht durch Hitler, dann durch die alliierte Kriegszielpolitik Bitternis widerfahren. Die Größe liegt im Dennoch des Umsturzversuches aus grundsätzlichen sittlichen Erwägungen. Dass eine Elite selbstloser Charaktere versucht hat, auf dem Tiefpunkt unserer Geschichte moralische Grundnormen wiederherzustellen, wurde zur unentbehrlichen geistigen Vorbedingung für den demokratischen Wiederaufbau nach 1945.

Für Mädchen und Frauen begann die furchtbarste Zeit

Der Ansturm der Roten Armee leitete für die Zivilbevölkerung die letzte und entsetzlichste Phase des Krieges ein. Der im folgenden auszugsweise wiedergegebene Erlebnisbericht lässt das unendliche Grauen nur erahnen.
Es mochte so gegen acht Uhr früh des tragischen 27. März gewesen sein. Wir begannen gerade, befreit aufzuatmen, als die ersten Panjewagen in unserer Straße hielten. Und ehe wir recht begriffen, gingen zehn, zwanzig, dreißig plündernde Russen durch Haus und Keller. Alle Einwohner flüchteten aus ihren Wohnungen wieder zurück in die Keller. Was sich nun unseren Augen auftat, lässt sich kaum beschreiben. Unzählige Horden von Russen zogen raubend, plündernd, singend durch die Keller, alle waren sie betrunken, sinnlos warfen sie Eingemachtes von den Regalen herunter, zerschnitten sie Betten, Wäsche, Kleider, zerschlugen sie Kisten, Koffer und Schränke. Was ihnen gefiel, schleppten sie auf ihre Wagen, alles andere wurde zertreten, zerrissen, verwüstet. Koffer, Taschen und Rucksäcke wurden uns aus den Händen gerissen; Uhren, Ringe und Schmuck hatte längst keiner mehr. Verzweifelt, hilflos, verloren sahen wir dem Werk der Zerstörung zu.
Und dann begann für die Mädchen und Frauen die furchtbarste Zeit. Ich war damals 19 Jahre alt. Als ich sah, wie unter Schreien und Weinen die Frauen in einen Keller gezerrt wurden, flüchtete ich auf den Hof. Hier wimmelte es von Russen, Pferden und Wagen. Die Garagen waren erbrochen, Fahrräder und Autos herausgeholt, jede Ecke, jeder Winkel wurde durchstöbert, alles wurde zerschlagen und zerbrochen oder weggeschleppt. Im Nu war ich umringt von diesen Horden, ich sah keinen Ausweg, es gab einfach nirgends ein Versteck für mich. Hilflos jagte ich hin und her, überall verfolgt. Und dann sah ich eine der Grauen Schwestern, die im Nachbarhaus eine kleine Kapelle und ein Altersheim hatten. Sie nahm mich mit, versah mich mit einem alten langen Mantel und versteckte mich bei den Alten aus dem Heim. Nur selten drangen in diesen Keller Russen ein, mit Lampen leuchteten sie die Alten an und gingen dann meist. Wir beteten hier laut und inbrünstig, stundenlang. Vielleicht würde ein Wunder geschehen, und wir würden befreit werden!
Als es Nacht geworden war, mussten wir den Keller verlassen und uns im Kellergang aufhalten. Meine Mutter hatte mich inzwischen dort gefunden. Sie hatte mich mit alten Decken und Kisten zugedeckt, und sich schützend vor mich gestellt. Es kam eine grausame Nacht. Stundenlang hörte ich aus dem Keller die Hilfeschreie der Frauen, Mädchen und Grauen Schwestern. Unentwegt schoben sich die Russen den Kellergang entlang, immer neue Opfer suchend. Meine Mutter wich nicht von mir, obgleich sie gestoßen und geschlagen wurde. Nur ihr habe ich zu verdanken, dass ich nicht gefunden wurde.
Gegen fünf Uhr früh wurde es endlich ruhiger. Die Russen waren schlafen gegangen, und ich wagte mich aus meinem Versteck. Die stickige Kellerluft trieb uns ins Freie. Ein unvergessliches Bild bot (sich) uns: Unser Haus war ein Feuermeer! Ergriffen, verstört, ja, verständnislos sahen wir in die Glut. Nur Augenblicke, dann begannen wir vor Kälte zu zittern trotz der ungeheuren Hitze, die uns entgegen strahlte. Wir gingen zurück in den Keller.
Später begann auch das Schwesternhaus zu brennen, die Russen vertrieben uns aus der kleinen Kapelle, in der wir auf unser Ende warten wollten. Im Nu waren wir ein endloser Menschenzug, der sich vorwärts wälzte, begleitet von Russen, die mit Schießen und Brüllen zur Eile antrieben. Alle Männer wurden aus dem Zug herausgesucht, sie wurden gesammelt und später in Lager gebracht. So waren wir nur noch Frauen, Kinder und Greise. Ich hatte weder einen Rucksack noch eine Tasche oder irgendwelches Gepäck, so wie ich aus unserer Wohnung davongeeilt war, über dem Kleid eine Schürze und dann den alten Mantel, den mir die Schwester gegeben hatte, so zog ich mit meiner Mutter in diesem Elendszug mit. Viele der Flüchtenden schleppten noch einige

Die tatsächlichen Greueltaten sowjetischer Soldaten machten es der deutschen Propaganda leicht, den Widerstand gegen die „roten Bestien" zu stimulieren.

„Unter den Ausschreitungen der einziehenden russischen Truppen hatten ganz besonders die Frauen zu leiden. Unter den zahlreichen Erlebnisberichten, die vom Einzug der Roten Armee handeln, gibt es kaum einen, der nicht von Vergewaltigungen deutscher Frauen und Mädchen zu berichten weiß, in vielen wird sogar in aller Offenheit von selbsterlittenen Vergewaltigungen erzählt. Es kann auch bei kritischster Prüfung dieser Berichte kein Zweifel sein, dass es sich bei den Vergewaltigungen deutscher Frauen und Mädchen durch russische Soldaten und Offiziere um ein Massenvergehen im wahren Sinne des Wortes handelt, keineswegs um bloße Einzelfälle" (Dokumentation der Vertreibung der Deutschen aus Ost-Mitteleuropa).

Habseligkeiten mit, welche sie aber von Zeit zu Zeit fortwarfen, weil sie zu schwer wurden. Je länger wir gingen, desto mehr schrien die Kinder und blieben Greise liegen, von den Russen getreten und geschlagen. Wir zogen oft nur durch brennende Straßen, es sah so aus, als ob manche Straßenzüge gewaltsam angesteckt worden waren, denn die Häuser brannten gleichmäßig und zur gleichen Zeit. Ich sah auch Kabelschnüre, die von Haus zu Haus gezogen waren.

Wir kamen bis Oliva, dann gings nicht weiter, und es hieß: Zurück. Es kamen immer mehr Menschen hinzu, Tausende waren wir. Bis zur Dunkelheit wanderten wir auf unbekannten Pfaden, durch Wälder. An uns vorbei rollten Geschütze, Panzer. Es fing an zu regnen, vielleicht war es 23 Uhr, keiner von uns hatte ja eine Uhr. Wir mussten uns auf der Stelle niederlegen. Der Waldboden war nass und kalt, jedoch keiner widersetzte sich. Dann kamen unzählige Russen, unsere Begleitposten. Sie traten über unsere Körper und suchten sich mit Lampen ihre Opfer aus. Schreie gellten durch die Nacht, wenn die Frauen zum Lagerfeuer gezerrt wurden. Zwischendurch schossen die Russen durch die Luft, wenn sie sich wehrten. Ich wurde wie ein Wunder wieder nicht entdeckt, obgleich die Stiefel der Russen auf Kopf und Arme drückten. Ich weiß nicht, wieviel Tage dieser Marsch gedauert hat, uns schien er eine Ewigkeit. Immer mehr Frauen, Kinder und Alte blieben liegen, immer wieder kamen Lastautos, in welche junge Mädchen hineingestoßen wurden, um sie für Sibirien zu sammeln. Grausam die hilflosen Schreie dieser Mädchen. Hätte ich nicht von einer Nachbarin ein ganz kleines, zwei Wochen altes Kind getragen, wäre ich sicherlich auch dabeigewesen.

Unvergesslich, wie wir uns vor einer Reihe Stalin-Orgeln aufstellen mussten und diese dann plötzlich losdonnerten. Man quälte und peinigte uns, wo es nur ging.

Und eines Tages wurden wir ohne Bewachung weitergeschickt. Es hieß: „Nach Hause"! Bis zum Dunkelwerden wanderten wir, in einer Scheune legten wir uns nieder. Aber auch hier fanden wir keine Ruhe, Russen kamen und suchten Frauen und Mädchen heraus, unsere Hilfeschreie erstarben in der endlosen Verlassenheit, es gab nirgends Schutz oder Rettung.

Auschwitz

Am 27. Januar 1945 stießen Soldaten der 60. Sowjetarmee bei ihrem Vormarsch auf das Lager Auschwitz-Birkenau. „Wir haben den Draht durchgeschnitten und sind hinein gegangen", erinnert sich Jakow Winnitschenko, Schütze der Roten Armee. Doch auf das, was sie hinter dem Eingangstor erwartete, waren die Soldaten nicht vorbereitet.

„Uns bot sich ein schreckliches Bild. Gefangene in gestreifter Kleidung kamen auf uns zu", so Winnitschenko. „Sie waren nur noch Skelette mit dünnen Beinen und Armen. Sie konnten weder lächeln noch weinen und waren völlig erschöpft."

Der Name Auschwitz steht heute nicht nur für den Mord an den europäischen Juden, sondern für die NS-Verbrechen schlechthin. Weit über eine Million Menschen aus Deutschland und allen von der Wehrmacht besetzten Ländern Europas starben hier in den Gaskammern, durch Zwangsarbeit oder wurden auf andere Weise umgebracht: Juden, Sinti und Roma, sowjetische Kriegsgefangene und viele andere Häftlinge.

„Der Vernichtungsvorgang", gab Rudolf Höss zu Protokoll, „verlief in Auschwitz wie folgt. Die zur Vernichtung bestimmten Juden wurden möglichst ruhig – Männer und Frauen getrennt – zu den Krematorien geführt. Im Auskleideraum wurde ihnen durch die dort beschäftigten Häftlinge des Sonderkommandos in ihrer Sprache gesagt, dass sie hier nun zum Baden und zur Entlausung kämen, dass sie ihre Kleider ordentlich zusammenlegen sollten und sich vor allem den Platz zu merken hätten, damit sie nach der Entlausung ihre Sachen schnell wiederfinden könnten. Die Häftlinge des Sonderkommandos hatten selbst das größte Interesse daran, dass der Vorgang sich schnell, ruhig und reibungslos abwickelte. Nach der Entkleidung gingen die Juden in die Gaskammer, die mit Brausen und Wasserleitungsrohren versehen, völlig den Eindruck eines Baderaumes machte. Zuerst kamen die Frauen mit den Kindern hinein, hernach die Männer, die ja immer nur die (an Zahl) Wenigeren waren. Dies ging fast immer ganz ruhig, da die Ängstlichen und das Verhängnis vielleicht Ahnenden von den Häftlingen des Sonderkommandos beruhigt wurden. Auch blieben die Häftlinge und ein SS-Mann bis zum letzten Moment in der Kammer.

Die Tür wurde nun schnell zugeschraubt und das Gas sofort durch die bereitstehenden Desinfektoren in die Einwurfluken durch die Decke der Gaskammer in einen Luftschacht bis zum Boden geworfen. Dies bewirkte die sofortige Entwicklung des Gases. Durch das Beobachtungsloch in der Tür konnte man sehen, dass die dem Einwurfschacht am nächsten Stehenden sofort tot umfielen. Man kann sagen, dass ungefähr ein Drittel sofort tot war. Die andern fingen an zu taumeln, zu schreien und nach Luft zu ringen. Das Schreien ging aber bald in ein Röcheln über und in wenigen Minuten lagen alle. Nach spätestens 20 Minuten regte sich keiner mehr.

Eine körperliche Veränderung konnte man nicht feststellen, weder Verkrampfung noch Verfärbung, erst nach längerem Liegen, also nach mehreren Stunden, zeigten sich an den Liegestellen die üblichen Totenflecken. Auch waren Verunreinigungen durch Kot selten.

Den Leichen wurden nun durch das Sonderkommando die Goldzähne entfernt und den Frauen die Haare abgeschnitten. Hiernach (wurden sie) durch den Aufzug nach oben gebracht vor die inzwischen angeheizten Öfen."

Erst Ende 1944 befahl Himmler, die Vergasungen zu beenden und die Spuren so gut wie möglich zu beseitigen.

Inzwischen waren Nachrichten über das Unvorstellbare ins Ausland gedrungen. Zuerst wollte man es nicht glauben. Auch Aussagen entwichener Opfer wurden mit Skepsis betrachtet. Es erschien auch hartgesottenen Menschen, die nicht zum Bannkreis der Nazis gehörten, unfaßbar, dass außerhalb von Irrenanstalten menschliche Wesen existieren sollten, deren Hirnen der Plan entspringen konnte, planmäßig ein ganzes Volk auszulöschen. Auch als das Entsetzliche schon Gewissheit war, weigerten sich noch manche, das ganze Ausmaß zu glauben. Nach vorsichtigen Schätzungen sind 5.100.000 Juden von den Nazis umgebracht worden, die meisten davon durch Massenvergasung, fast eine Million durch Erschießen, einige hunderttausend durch Hunger, Zwangsarbeit und Quälerei. Aus Deutschland, Österreich und dem „Reichsprotektorat" (dem tschechischen Teil der späteren CSR) wurden 250.000 Juden ermordet, aus der Slowakei 60.000, aus den Benelux-Ländern 130.000, aus Frankreich und Italien 70.000, aus der Sowjetunion einschließlich der baltischen Staaten 900.000, aus Polen 3 Millionen, aus Jugoslawien 60.000, aus Griechenland 60.000, aus Rumänien 270.000, aus Ungarn 300.000. Hinzu kommen etwa 800 aus Norwegen.

Im Namen des deutschen Volkes ist etwas geschehen, das nichts in der Welt ungeschehen machen kann, weder Reue noch Scham, auch nicht

Einfahrt zum Vernichtungslager Auschwitz-Birkenau. Wenn nicht sofort, folgte nach härtestem Arbeitseinsatz, nach unmenschlichen Strapazen und Torturen die Vernichtung.

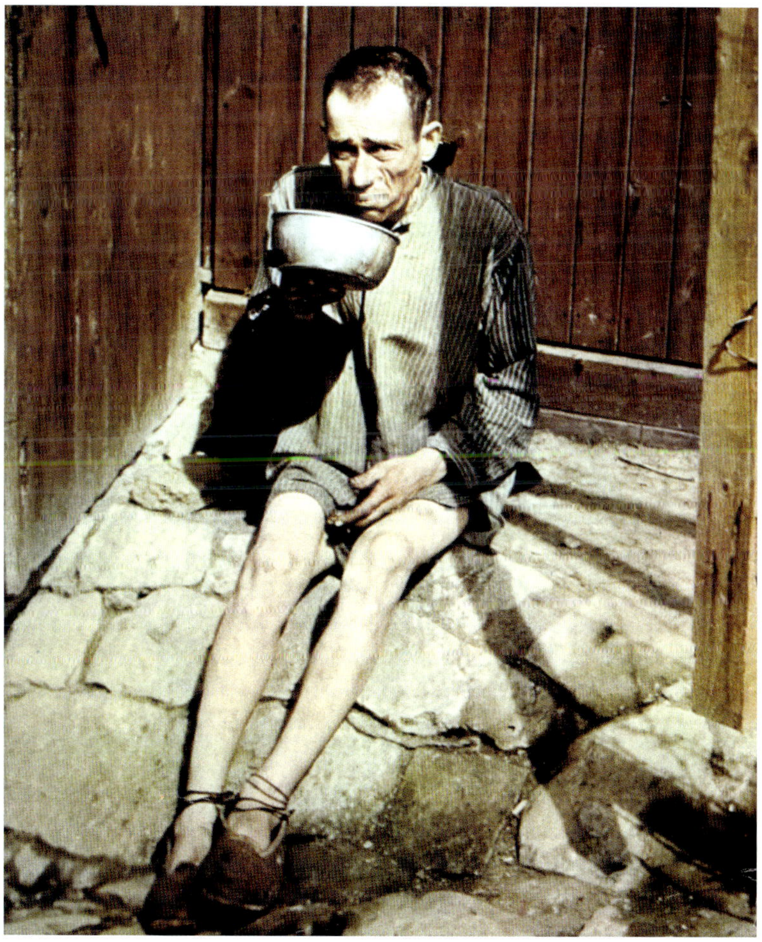

Er hat überlebt. KZ-Häftling am Tag der Befreiung. Erst jetzt, als die Alliierten die Konzentrations- und Vernichtungslager erreichten, wurde den Deutschen wie der Weltöffentlichkeit das ganze Ausmaß der mörderischen NS-Politik deutlich.

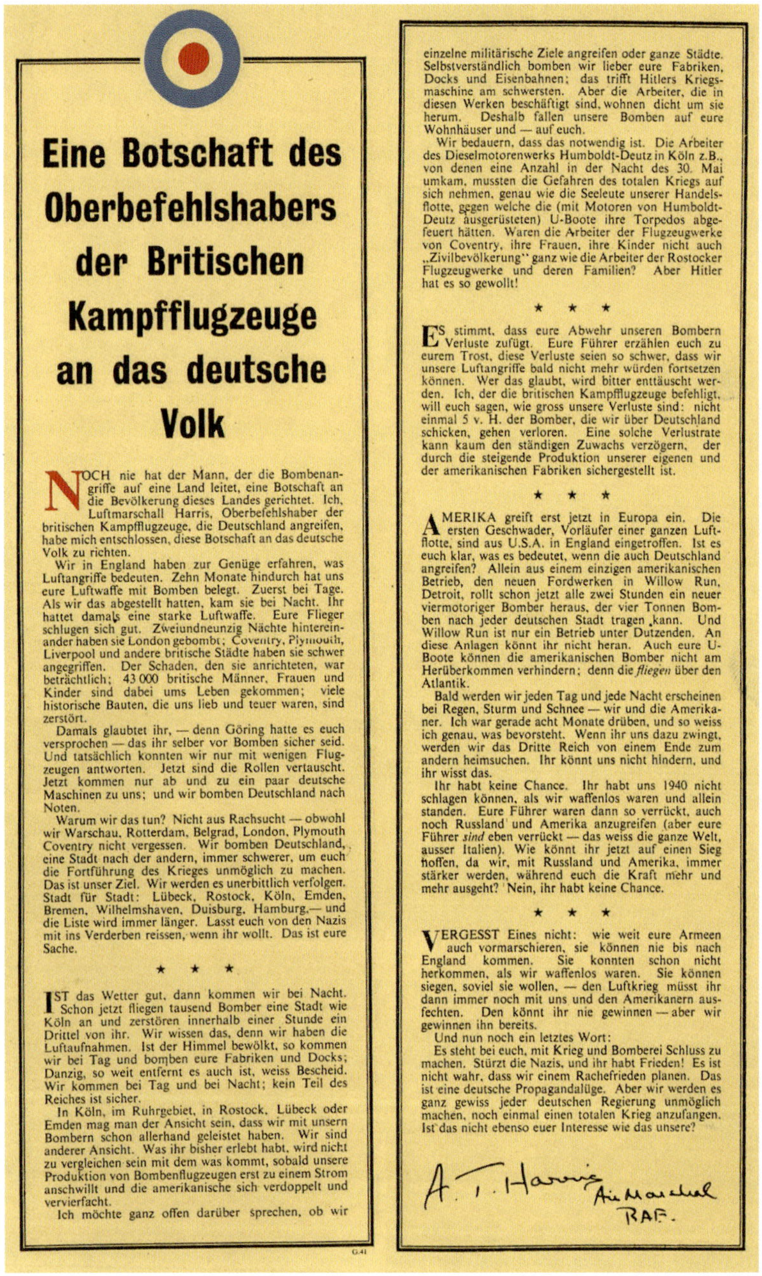

Eine Botschaft des Oberbefehlshabers der Britischen Kampfflugzeuge an das deutsche Volk

NOCH nie hat der Mann, der die Bombenangriffe auf eine Land leitet, eine Botschaft an die Bevölkerung dieses Landes gerichtet. Ich, Luftmarschall Harris, Oberbefehlshaber der britischen Kampfflugzeuge, die Deutschland angreifen, habe mich entschlossen, diese Botschaft an das deutsche Volk zu richten.

Wir in England haben zur Genüge erfahren, was Luftangriffe bedeuten. Zehn Monate hindurch hat uns eure Luftwaffe mit Bomben belegt. Zuerst bei Tage. Als wir das abgestellt hatten, kam sie bei Nacht. Ihr hattet damals eine starke Luftwaffe. Eure Flieger schlugen sich gut. Zweiundneunzig Nächte hintereinander haben sie London gebombt; Coventry, Plymouth, Liverpool und andere britische Städte haben sie schwer angegriffen. Der Schaden, den sie anrichteten, war beträchtlich; 43 000 britische Männer, Frauen und Kinder sind dabei ums Leben gekommen; viele historische Bauten, die uns lieb und teuer waren, sind zerstört.

Damals glaubtet ihr, — denn Göring hatte es euch versprochen — das ihr selber vor Bomben sicher seid. Und tatsächlich konnten wir nur mit wenigen Flugzeugen antworten. Jetzt sind die Rollen vertauscht. Jetzt kommen nur ab und zu ein paar deutsche Maschinen zu uns; und wir bomben Deutschland nach Noten.

Warum wir das tun? Nicht aus Rachsucht — obwohl wir Warschau, Rotterdam, Belgrad, London, Plymouth Coventry nicht vergessen. Wir bomben Deutschland, eine Stadt nach der andern, immer schwerer, um euch die Fortführung des Krieges unmöglich zu machen. Das ist unser Ziel. Wir werden es unerbittlich verfolgen. Stadt für Stadt: Lübeck, Rostock, Köln, Emden, Bremen, Wilhelmshaven, Duisburg, Hamburg,— und die Liste wird immer länger. Lasst euch von den Nazis mit ins Verderben reissen, wenn ihr wollt. Das ist eure Sache.

* * *

IST das Wetter gut, dann kommen wir bei Nacht. Schon jetzt fliegen tausend Bomber eine Stadt wie Köln an und zerstören innerhalb einer Stunde ein Drittel von ihr. Wir wissen das, denn wir haben die Luftaufnahmen. Ist der Himmel bewölkt, so kommen wir bei Tag und bomben eure Fabriken und Docks; Danzig, so weit entfernt es auch ist, weiss Bescheid. Wir kommen bei Tag und bei Nacht; kein Teil des Reiches ist sicher.

In Köln, im Ruhrgebiet, in Rostock, Lübeck oder Emden mag man der Ansicht sein, dass wir mit unsern Bombern schon allerhand geleistet haben. Wir sind anderer Ansicht. Was ihr bisher erlebt habt, wird nicht zu vergleichen sein mit dem was kommt, sobald unsere Produktion von Bombenflugzeugen erst zu einem Strom anschwillt und die amerikanische sich verdoppelt und vervierfacht.

Ich möchte ganz offen darüber sprechen, ob wir einzelne militärische Ziele angreifen oder ganze Städte. Selbstverständlich bomben wir lieber eure Fabriken, Docks und Eisenbahnen; das trifft Hitlers Kriegsmaschine am schwersten. Aber die Arbeiter, die in diesen Werken beschäftigt sind, wohnen dicht um sie herum. Deshalb fallen unsere Bomben auf eure Wohnhäuser und — auf euch.

Wir bedauern, dass das notwendig ist. Die Arbeiter des Dieselmotorenwerks Humboldt-Deutz in Köln z.B., von denen eine Anzahl in der Nacht des 30. Mai umkam, mussten die Gefahren des totalen Kriegs auf sich nehmen, genau wie die Seeleute unserer Handelsflotte, gegen welche die (mit Motoren von Humboldt-Deutz ausgerüsteten) U-Boote ihre Torpedos abgefeuert hätten. Waren die Arbeiter der Flugzeugwerke von Coventry, ihre Frauen, ihre Kinder nicht auch „Zivilbevölkerung" ganz wie die Arbeiter der Rostocker Flugzeugwerke und deren Familien? Aber Hitler hat es so gewollt!

* * *

ES stimmt, dass eure Abwehr unseren Bombern Verluste zufügt. Eure Führer erzählen euch zu eurem Trost, diese Verluste seien so schwer, dass wir unsere Luftangriffe bald nicht mehr würden fortsetzen können. Wer das glaubt, wird bitter enttäuscht werden. Ich, der die britischen Kampfflugzeuge befehligt, will euch sagen, wie gross unsere Verluste sind: nicht einmal 5 v. H. der Bomber, die wir über Deutschland schicken, gehen verloren. Eine solche Verlustrate kann kaum den ständigen Zuwachs verzögern, der durch die steigende Produktion unserer eigenen und der amerikanischen Fabriken sichergestellt ist.

* * *

AMERIKA greift erst jetzt in Europa ein. Die ersten Geschwader, Vorläufer einer ganzen Luftflotte, sind aus U.S.A. in England eingetroffen. Ist es euch klar, was es bedeutet, wenn die auch Deutschland angreifen? Allein aus einem einzigen amerikanischen Betrieb, den neuen Fordwerken in Willow Run, Detroit, rollt schon jetzt alle zwei Stunden ein neuer viermotoriger Bomber heraus, der vier Tonnen Bomben nach jeder deutschen Stadt tragen kann. Und Willow Run ist nur ein Betrieb unter Dutzenden. An diese Anlagen könnt ihr nicht heran. Auch eure U-Boote können die amerikanischen Bomber nicht am Herüberkommen verhindern; denn die *fliegen* über den Atlantik.

Bald werden wir jeden Tag und jede Nacht erscheinen bei Regen, Sturm und Schnee — wir und die Amerikaner. Ich war gerade acht Monate drüben, und so weiss ich genau, was bevorsteht. Wenn ihr uns dazu zwingt, werden wir das Dritte Reich von einem Ende zum andern heimsuchen. Ihr könnt uns nicht hindern, und ihr wisst das.

Ihr habt keine Chance. Ihr habt uns 1940 nicht schlagen können, als wir waffenlos waren und allein standen. Eure Führer waren dann so verrückt, auch noch Russland und Amerika anzugreifen (aber eure Führer *sind* eben verrückt — das weiss die ganze Welt, ausser Italien). Wie könnt ihr jetzt auf einen Sieg hoffen, da wir, mit Russland und Amerika, immer stärker werden, während euch die Kraft mehr und mehr ausgeht? Nein, ihr habt keine Chance.

* * *

VERGESST Eines nicht: wie weit eure Armeen auch vormarschieren, sie können nie bis nach England kommen. Sie konnten schon nicht herkommen, als wir waffenlos waren. Sie können siegen, soviel sie wollen, — den Luftkrieg müsst ihr dann immer noch mit uns und den Amerikanern ausfechten. Den könnt ihr nie gewinnen — aber wir gewinnen ihn bereits.

Und nun noch ein letztes Wort:

Es steht bei euch, mit Krieg und Bomberei Schluss zu machen. Stürzt die Nazis, und ihr habt Frieden! Es ist nicht wahr, dass wir einem Rachefrieden planen. Das ist eine deutsche Propagandalüge. Aber wir werden es ganz gewiss jeder deutschen Regierung unmöglich machen, noch einmal einen totalen Krieg anzufangen. Ist das nicht ebenso euer Interesse wie das unsere?

A. T. Harris
Air Marshal
RAF.

G.41

Auch in seinen Flugblättern war Harris bei seiner „Antwort an Hitler" um harte Worte nicht verlegen: „Bomben, immer größere Bomben! In diesen Orkan führt euch Adolf Hitler. Was ihr diese Nacht erlebt habt, waren nur die ersten Tropfen, die den kommenden Sturm ankündigen. Noch waren sie klein. Aber immer wuchtiger, immer vernichtender wird es auf euch herabprasseln, bis ihr der Urgewalt des Orkans nicht mehr standhalten könnt." Aber selbst Harris kam nach dem Kriege zu dem Fazit: „Der Gedanke, die Hauptwirkung gegen die Moral zu erwarten, erwies sich als völlig verfehlt. Als wir fast alle Industriestädte zerstört hatten, blieb die Bevölkerung unberührt." „Es wurde festgestellt", so ein US-Experten-Team, „dass Angst und Terror der Bombardierungen in keiner Beziehung zu der praktisch wichtigeren Seite der Moral standen, nämlich der Bereitschaft zur Kapitulation."

der Versuch materieller Wiedergutmachung. Die Geschichte Deutschlands wird für alle Zeiten befleckt bleiben mit den scheußlichsten Untaten, die Menschen jemals an ihren Mitmenschen begangen haben. Auch wenn die meisten der heute lebenden Deutschen keine Schuld mehr trifft, mit der Geschichte unseres Landes wird der größte Judenmord aller Zeiten immer verbunden bleiben. Für Juden und Deutsche, die einmal eine so vielversprechende gemeinsame Geschichte hatten, bleibt nur Trauer. Der große deutsche Rabbiner Leo Baeck, der das Massaker in Theresienstadt überlebte, hat dieser Trauer Ausdruck gegeben: „Für uns Juden aus Deutschland ist eine Geschichtsepoche zu Ende gegangen. Eine solche geht zu Ende, wann immer eine Hoffnung, ein Glaube, eine Zuversicht endgültig zu Grabe getragen werden muss. Unser Glaube war es, dass deutscher und jüdischer Geist auf deutschem Boden sich treffen und durch ihre Vermählung zum Segen werden könnten. Dies war eine Illusion – die Epoche der Juden in Deutschland ist ein für allemal vorbei."

Militärisch uninteressant

Die einstige sächsische Residenzstadt, wegen ihrer Schönheit und reichen Kunstschätze als „Elb-Florenz" gerühmt, wurde am 13./14.2.45 Opfer eines kombinierten Großangriffs der britischen und amerikanischen Luftwaffen, 13 km² Fläche, darunter die historische Altstadt mit architektonischen Kostbarkeiten wie Zwinger, Schloss oder Hofkirche wurden total zerstört. Die genaue Zahl der Opfer konnte nie ermittelt werden, da Dresden zum Zeitpunkt des Angriffs mit Flüchtlingen aus Schlesien überfüllt war; mindestens 1,25 Millionen Menschen hielten sich in der Stadt auf.

Die Leichen unzähliger namenloser Opfer wurden auf riesigen Rosten verbrannt oder in Massengräbern beigesetzt. Bis zum 6.5.45 waren 39 773 Tote identifiziert; amtliche Schätzungen sprachen von

Der Engel auf der Rathausbalustrade blickt hinab auf das Ruinenfeld Dresden.

Tagelang verbrannten russische Hilfswillige auf Schienenrosten die Leichen der Opfer.

135.000 Toten, inzwischen jedoch wurden die abschließenden Zahlen auf 40.000 bis 60.000 Opfer korrigiert.

Mit Ausnahme zweier US-Tagesangriffe, die 911 Menschenleben gefordert hatten, waren Dresden bis ins sechste Kriegsjahr schwere Bombenschäden erspart geblieben. Es hieß im Volksmund neidisch „Reichsluftschutzkeller“. Viele Einwohner gaben sich daher der trügerischen Hoffnung hin, die alliierten Luftkriegsstrategen würden ihre Stadt als einen Hort der Kultur und der schönen Künste verschonen. Der britische Luftmarschall Harris drängte jedoch bereits seit November 44 auf eine systematische Zerstörung der letzten noch unversehrten deutschen Großstädte, darunter auch Dresdens. Zu jener Zeit standen aber Angriffe gegen Industrie- und Verkehrsziele im Vordergrund der Stabsplanungen. Den Anstoß zur Vernichtung Dresdens gab schließlich Churchill. Angesichts des sowjetischen Durchbruchs in Schlesien forderte er am 26.1.45 vor seiner Abreise zur Konferenz von Jalta Zerstörungsangriffe gegen die großen Städte Ostdeutschlands.

Als militärisches Ziel war Dresden uninteressant. Es beherbergte zahlreiche Lazarette; in Lagern am Stadtrand waren rund 26.000 Kriegsgefangene untergebracht; die Flak war an die Ostfront abgezogen worden, Schutzbunker für die Zivilbevölkerung fehlten weitgehend; Industriebetriebe von einiger strategischer Bedeutung waren auf den Zielkarten nicht verzeichnet. Der Angriff auf die überfüllte Flüchtlingsstadt sollte in erster Linie die Moral der Zivilbevölkerung treffen und zudem den Sowjets die Schlagkraft des RAF-Bomberkommandos demonstrieren.

Die RAF flog ihren verheerenden Flächenangriff nach dem Muster des Unternehmens „Gomorrha“ gegen Hamburg Ende Juli 43: Eine erste Welle von 244 Lancaster überschüttete die Innenstadt mit Sprengbomben, die möglichst viele Dächer abdecken und Gebäude zerstören sollten. Zwei Stunden später erschien die Hauptstreitmacht von 529 Lancaster über dem Ziel. Ein Hagel von 650.000 Brandbomben entfachte einen Feuersturm, der mit Temperaturen bis zu tausend Grad durch die Straßen raste. Insgesamt warf die RAF innerhalb von drei Stunden 2978 t Bomben.

Die Amerikaner stießen am nächsten Tag mit rund 450 Flying Fortress nach. Offizielles Ziel waren Verschiebebahnhöfe, doch wurde Dresden wegen tiefer Wolkendecke blind bombardiert. Die Berichte von regelrechten Jagden auf schutzlose Flüchtlinge auf den Elbwiesen, unternommen angeblich von US-Begleitjägern mit Bordwaffen, blieben umstritten und betreffen vermutlich nur Einzelfälle.

Die Stadt brannte drei Tage lang, die Aufräumungsarbeiten und die Bergung der Leichen zogen sich wochenlang hin. Die Schreckensnachrichten aus Dresden lösten nicht nur in Deutschland einen Schock aus, Korrespondenten aus den neutralen Ländern berichteten erschüttert über das Inferno, das alle bekannten Schrecken des Luftkriegs übertraf. Goebbels schlachtete die Tragödie der Stadt als Beweis für die blindwütige Rachsucht der Alliierten für seine Durchhaltepropaganda aus; in England regte sich öffentliche Kritik an der Strategie von Harris.

Dresden wurde am 15.2., 2.3. und 17.4. erneut von der US-Luftwaffe angegriffen, ehe die sowjetische 5. Gardearmee (Schadow) die Stadt am 8.5.45 einnahm. Auch nach dem Wiederaufbau seiner weltbekannten Kulturstätten wird Dresden immer zu den Namen gehören, die, beginnend mit Guernica, über Warschau, Rotterdam, Coventry bis hin zu Hiroshima, den sinnlosen Luftterror anklagen.

Neuanfang (1945-1949)

1945, 5. Juni: Mit der Berliner Deklaration „in Anbetracht der Niederlage" übernehmen die Regierungen der vier Siegermächte die „Oberste Regierungsgewalt in Deutschland". Sie teilen Deutschland entsprechend den Grenzen von 1937 in vier Besatzungszonen auf, Berlin unter einer Militärkommandantur in vier Sektoren.

1945, 1.–4. Juli: Sowjetische Truppen besetzen die von den Amerikanern geräumten Gebiete in Sachsen und Thüringen sowie die von den Briten geräumte Küste Mecklenburgs.

1945, 4. Juli: Wiederherstellung Österreichs in den Grenzen von 1937 und Aufteilung in vier Zonen.

1945, 17. Juli:-2. Aug.: Potsdamer Konferenz der „Großen Drei": Harry S. Truman, Winston S. Churchill bzw. ab 28. Juli Clement R. Attlee und Josef W. Stalin. Das sog. Potsdamer Abkommen regelt die künftige Politik der Alliierten für das Deutsche Reich.

1945, 28. Juli: Attlee löst Churchill nach dem Wahlsieg der Labour Party als englischer Premierminister auf der Potsdamer Konferenz ab.

1945, 6./9. Aug.: Abwurf US-amerikanischer Atombomben auf Hiroshima und Nagasaki in Japan.

1945, 8. Aug.: Abkommen der Vier Mächte in London über die Strafverfolgung der Hauptkriegsverbrecher und Einsetzung eines Internationalen Militärgerichtshofes in Nürnberg.

1945, 27. Aug.: Zulassung demokratischer Parteien in den amerikanischen Besatzungszonen.

1945, 30. Aug.: Unterstellung des Saarlandes unter eine französische Kommission mit dem Ziel der Abtrennung von den übrigen Ländern der französischen Besatzungszone.

1945, 2. Sept.: Unterzeichnung der Kapitulation Japans; Ende des Zweiten Weltkriegs.

1945, 7. Sept.: Wiedereröffnung des Deutschen Theaters in Berlin mit dem während der NS-Zeit verbotenen Drama „Nathan der Weise" von Gotthold Ephraim Lessing.

1945, 25. Sept.: Beginn der Demontage von Industriebetrieben in den westlichen Besatzungszonen.

Die drei Sieger 1945 in Potsdam: Attlee, Truman, Stalin (von links). Der Mann in der weißen Jacke sollte der Gewinner der hier verhandelten Neuordnung Europas werden. Einst Komplize Hitlers beim Überfall auf Polen 1939, brauchte er jetzt nichts von seiner damaligen Beute herauszugeben: Er verschob Polen einfach nach Westen. Schlesier, Pommern und Ostpreußen wurden aus ihrer Heimat vertrieben.

Auf den „Straßen des Führers" ziehen deutsche Soldaten in die Gefangenschaft. Nach 6 Jahren Krieg erwartet die Gefangenen erneut ein bitteres Schicksal: Entbehrung, Zwangsarbeit, Krankheit und Tod. Viele von ihnen sollten nie und viele erst nach langen Jahren aus der Fremde zurückkehren.

1945, 5.–7. Okt.: Schumacher wird auf der überregionalen SPD-Konferenz in Wennigsen/Deister zum Treuhänder für die Partei der westlichen Besatzungszonen gewählt.

1945, 18. Okt.: Veröffentlichung des Schuldbekenntnisses der Evangelischen Kirche in Deutschland.

1945, 18. Okt.: Das Deutsche Rote Kreuz richtet einen Suchdienst zur Auffindung vermisster Personen ein.

1945, 18. Okt.: 1,75 Millionen deutsche Kriegsgefangene sollen gemäß amerikanisch-französischen Abkommen aus amerikanischem Gewahrsam zur Arbeit nach Frankreich überführt werden.

1946, 12. Jan.: Der Alliierte Kontrollrat einigt sich auf eine gemeinsame Entnazifizierungsdirektive, dennoch wird die Entnazifizierung in den Besatzungszonen mit unterschiedlicher Strenge durchgeführt.

1946, 14. Jan.: Im Pariser Abkommen einigen sich Vertreter von 18 Staaten über die Reparationsleistungen Deutschlands an die Siegermächte.

1946, 20. Jan.: Erste freie deutsche Wahlen seit 1933 in der amerikanischen Besatzungszone (Gemeindewahlen). Wiederaufnahme der Lehrtätigkeit an Berliner Universitäten.

1946, 23. Jan.: Eröffnung der Leistungsschau „Berlin baut auf" im früheren Zeughaus in Berlin.

1946, 28. Jan.: Erste Konferenz bildender Künstler in Ost-Berlin.

1946, 31. Jan.: In Düsseldorf wird die Staatliche Kunstakademie unter Leitung von Werner Heuser wiedereröffnet.

1946, 1. Febr.: In Stuttgart erscheint die erste Ausgabe der von Erich Kästner herausgegebenen Jugendzeitschrift „Der Pinguin".

1946, 9. –11. Febr.: Erster Bundeskongress des Freien Deutschen Gewerkschaftsbundes (FDGB) in Berlin.

1946, 26. Febr. –1. März: Konrad Adenauer wird zum Vorsitzenden der CDU der britischen Besatzungszone gewählt.

1946, 5. März: Das „Gesetz zur Befreiung von Nationalsozialismus und Militarismus" in der amerikanischen Besatzungszone überträgt die Entnazifizierung deutschen Spruchkammern.

1946, 7. März: Gründung der Freien Deutschen Jugend (FDJ) in Berlin unter Vorsitz Erich Honeckers. Die FDJ war zuvor als „überparteiliche, demokratische und einheitliche" Jugendorganisation von der SMAD zugelassen worden.

1946, 26. März: Der Industrieplan des Alliierten Kontrollrates beschränkt die Kapazität der ge-

samtdeutschen Rohstoff- und Fertigungsindustrie – den Bausektor ausgenommen – auf etwa die Hälfte der Vorkriegsproduktion.
1946, 16. Apr.: Der 1000. Personenkraftwagen seit Kriegsende läuft im Wolfsburger Volkswagenwerk vom Band.
1946, 18. Apr.: Beschluss der Auflösung des Völkerbundes. Übertragung der Aufgaben an die Vereinten Nationen (UNO). Eröffnung des Internationalen Gerichtshofes in Den Haag.
1946, 21./22. Apr.: Vereinigungsparteitag der KPD und SPD der sowjetischen Besatzungszone zur Gründung der SED in Berlin.
1946, 9. – 11. Mai: Auf dem ersten Parteitag der SPD der drei westlichen Besatzungszonen wird Kurt Schumacher zum Vorsitzenden gewählt.
1946, 13. Mai: Befehl der alliierten Militärregierung, nationalsozialistische Denkmaler zu zerstören beziehungsweise Museen aufzulösen und Bücher mit nationalsozialistischem Gedankengut aus öffentlichen Bibliotheken sowie Buchhandlungen abzuliefern.
1946, 15. Mai: Eröffnung einer Kunstausstellung in Hamburg mit während des Nationalsozialismus verbotenen Werken von Emil Nolde, Karl Schmidt-Rottluff, Käthe Kollwitz und Max Beckmann.
1946, 1. Juni: In Konstanz am Bodensee beginnen internationale Kulturwochen, Höhepunkt der Veranstaltung wird die deutsche Erstaufführung des Schauspiels „Mutter Courage und ihre Kinder“ von Bertolt Brecht.
1946, 6. Juni: Die US-amerikanische Militärregierung unterzeichnet einen Vertrag mit der US- Hilfsorganisation „Cooperative for American Remittances to Europe“ (CARE) zur Unterstützung der deutschen Zivilbevölkerung.
1946, 11. Juli: In Hamburg beginnen die Arbeiten für die Hochhausanlagen am Grindelberg, der ersten deutschen Hochhaussiedlung.
1946, 22. Juli: Die ersten deutschen Soldaten kehren aus sowjetischer Kriegsgefangenschaft zurück.
1946, 29. Juli: Der internationale Fußballverband (FIFA) schließt Deutschland und Japan aus.
1946, 3. Aug.: Eröffnung der ersten Exportschau der bayerischen Wirtschaft seit Kriegsende in München.
1946, 23. Aug.: Bildung der Länder Nordrhein-Westfalen und Schleswig-Holstein durch die britische Militärregierung.
1946, 30. Aug.: Bildung des Landes Rheinland-Pfalz aus dem Zusammenschluss der Pfalz, Teilen der Provinz Hessen-Nassau und dem linksrheinischen Teil Hessens durch die französische Besatzungsmacht.
1946, 6. Sept.: US-Außenminister James Francis Byrnes legt in seiner „Stuttgarter Rede“ die Grundsätze der Besatzungspolitik der Vereinigten Staaten in Deutschland dar und leitet damit eine positive Wende in den deutsch-amerikanischen Beziehungen ein.
1946, 1. Okt.: Urteilsverkündung in den Nürnberger Hauptkriegsverbrecherprozessen.
1946, 1. Okt.: Unter dem Direktor Hermann Henselmann wird in Weimar die Hochschule für Baukunst und Bildende Kunst wiedereröffnet.
1946, 1. Okt.: Wiedereröffnung der Hochschule für Musik in Leipzig (seit 4. November 1968 Hochschule für Musik „Felix Mendelssohn Bartholdy“ Leipzig).
1946, 4. Okt.: Eröffnung der wiederaufgebauten Kammerspiele des Deutschen Theaters in Berlin mit dem Stück „Kapitän Brassbounds Bekehrung“ von George Bernard Shaw (Regie: Gustaf Gründgens; Hauptdarsteller: Käthe Dorsch).
1946, 15. Okt.: Uraufführung des ersten deutschen Nachkriegsfilms „Die Mörder sind unter uns“ von Wolfgang Staudte.
1946, 29. Okt.: Erste Nachkriegs-Volkszählung in den vier Besatzungszonen Deutschlands. Dabei werden 65,9 Millionen Einwohner erfasst, darunter 36,6 Millionen Frauen und 29,3 Millionen Männer einschließlich 9,7 Millionen Vertriebene.
1946, 1. Nov.: Bildung des Landes Niedersachsen durch Zusammenschluss der Länder Hannover, Schaumburg-Lippe, Oldenburg und Braunschweig.
1946, 10. Dez.: Hermann Hesse erhält den Literaturnobelpreis. Rückwirkende Verleihung des Nobelpreises für Chemie 1944 an Otto Hahn.
1946, 12. Dez.: Uraufführung des Dramas „Des Teufels General“ von Carl Zuckmayer in Zürich.
1946, 13. Dez.: In München wird der „Allgemeine Deutsche Automobil-Club e.V.“ (ADAC), der 1933 von den Nationalsozialisten aufgelöst worden war, wiedergegründet.
1947, 1. Jan.: Wirtschaftliche Vereinigung der amerikanischen und der britischen Besatzungszone zur Bizone.
1947, 4. Jan.: In Hannover erscheint erstmalig das Nachrichtenmagazin „Der Spiegel“

Berlin 1945 - ein Sowjet-Soldat will einer Frau das Fahrrad entreißen. Als der Journalistin Margret Boveri das gleiche passierte, verteidigte sie ihr Fahrrad mit Händen und Füßen: „Mich hatte heute schon einer am Arm gepackt, um mein Rad zu nehmen. Ich schrie 'Njet, njet, Kommandant!', gab ihm einen Puff und fuhr weiter.“ Boveri konstatiert auch, dass nicht alle Russen, vor allem nach dem ersten Siegesrausch, sich Übergriffe leisteten. Dennoch wird die Zahl der Frauen, die in der Nachkriegszeit vergewaltigt wurden, auf über zwei Millionen geschätzt, die Zahl der deutsch-russischen Vergewaltigungskinder auf ungefähr 200.000.

Deutschland 1945, in der „Stunde Null“. Buchstäblich „bis alles in Scherben fällt“, hatte das Reich gekämpft. Wiederaufbau schien ein absurder Gedanke. Allein in der Vier-Millionen-Stadt Berlin waren mehr Häuser zerstört als es z.B. in München je gegeben hatte. Der Trümmerschutt, der in der deutschen Hauptstadt wegzuräumen war, wurde auf 80 Millionen Kubikmeter geschätzt.

1947, 15. Jan.: Der Oberbefehlshaber der sowjetischen Besatzungskräfte Wassilij D. Sokolowski gibt das Ende der Demontagen in der SBZ bekannt.
1947, 1. – 3. Febr.: In Ahlen wird vom Zonenausschuss der CDU der britischen Besatzungszone ein umfangreiches Sozial- und Wirtschaftsprogramm, das sog. Ahlener Programm, verabschiedet, in dem unter anderem die Verstaatlichung der Schlüsselindustrien verlangt wird.
1947, 25. Febr.: Formelle Auflösung des Landes Preußen als „Träger des Militarismus und der Reaktion" durch das Kontrollratsgesetz Nr. 46.
1947, 4. März: Gründung der Nachrichtenagentur ADN (Allgemeiner Deutscher Nachrichtendienst) in der sowjetischen Besatzungszone.
1947, 12. März: Verkündung der „Truman-Doktrin" zur Eindämmung (Containment) der kommunistischen Gefahr.
1947, 26. März: Der ehemalige US-Präsident Hoover tritt nach einer Reise durch Deutschland für eine Aufhebung der wirtschaftlichen Einschränkungen und für eine Neuorientierung der Deutschlandpolitik ein.
1947, 27. März: In fast allen größeren Städten Nordrhein-Westfalens beginnen Streiks und Massenkundgebungen hungernder Arbeiter.
1947, 29. März: Gründung des Kabaretts „Kom(m)ödchen" von Lore Lorentz in Düsseldorf.
1947, 16. Apr.: Der am 2. April in Warschau zum Tode verurteilte ehemalige Kommandant des Konzentrationslagers Auschwitz, Rudolf Höß, wird hingerichtet.
1947, 18. Apr.: Britische Marineeinheiten sprengen militärische Befestigungsanlagen und den Hafen der Insel Helgoland. Die erwartete vollständige Zerstörung der Insel findet jedoch nicht statt.
1947, 20. Apr.: Erste Landtagswahlen in der britischen Besatzungszone: In Schleswig-Holstein und Niedersachsen erreicht die SPD die höchste Stimmenzahl, in Nordrhein-Westfalen die CDU.
1947, 22. –25. Apr.: Gründungskongress des „Deutschen Gewerkschaftsbundes" (DGB) der britischen Besatzungszone in Bielefeld.
1947, 3. Juni: Der internationale Kongress des PEN-Clubs in Zürich beschließt die Wiederaufnahme einer deutschen Vertretung in den Schriftstellerverband.
1947, 5. Juni: US-Außenminister George C. Marshall fordert in einer Rede an der Harvard-University ein wirtschaftliches Aufbauprogramm für Europa und die Einbeziehung Deutschlands auf der Basis gegenseitiger Hilfe und der Hilfestellung durch die USA. Dieses European Recovery Program (ERP) wird als sog. Marshallplan bekannt.
1947, 6. Juni: Im Durchgangslager Friedland (Kreis Göttingen) trifft der erste Transport ehemaliger Rotkreuzschwestern ein, die sich in sowjetischer Kriegsgefangenschaft befunden hatten.
1947, 6. – Aug.: Juni: Ministerpräsidentenkonferenz in München. Vorzeitige Abreise der Ministerprä-

Vor allem die Sowjetunion forderte Entschädigung für die Kriegsschäden. Am 29. August 1945 wurde daher in Potsdam die Demontage zahlreicher deutscher Industriebetriebe beschlossen. Das Photo zeigt einen US-Offizier mit seinem Sowjet-Kollegen beim Überwachen des Abbaus eines Kraftwerks. Je länger die Demontagen dauerten, desto deutlicher wurde ihr wirtschaftlicher Widersinn. Mit einer ausgeraubten Nation handelte man sich einen Almosenempfänger auf Dauer ein. Als erste stellten die Amerikaner im Mai 1946 die Demontage-Aktionen ein. In den anderen Besatzungszonen gingen sie jedoch noch jahrelang weiter.

„Der Schwarzhandel blühte in einer Nation ohne Nahrung und Rohstoffe, ohne funktionierendes Verkehrssystem oder gültige Währung" schreibt der Volkswirtschaftler Gustav Stolper in seinem Bericht „Die deutsche Wirklichkeit" 1947.

sidenten-Delegation aus der SBZ.

1947, 10. Juni: Einrichtung des Wirtschaftsrats der Bizone und Schaffung einer Zentralverwaltung mit Sitz in Frankfurt/Main.

1947, 23. Juli: Das ehemalige Konzentrationslager Auschwitz wird von den polnischen Behörden in eine Gedenkstätte umgewandelt.

1947, 23. Juli: Die Zahl der noch vermissten deutschen Wehrmachtsangehörigen wird von der Wiesbadener Zentralstelle auf 1,7 Millionen geschätzt.

1947, 30. Juli: In Berlin wird die Suchdienst-Verbindungsstelle des Deutschen Roten Kreuzes gegründet.

1947, 20. Aug.: Im Nürnberger Prozess gegen nationalsozialistische Ärzte werden sieben Angeklagte zum Tode verurteilt.

1947, 28. Aug.: Die drei westlichen Besatzungsmächte einigen sich auf ein revidiertes Industrieniveau für ihre Besatzungszonen, das eine Erhöhung der Produktion auf 90 % des Standes von 1936 zulässt.

1947, 8. Sept.: In Hamburg werden 4.500 jüdische Flüchtlinge, die sich auf dem Schiff „Exodus" befinden, auf Anweisung der britischen Behörden zwangsweise an Land gebracht.

1947, 20. Sept. –24. Sept.: 2. Parteitag der SED in Berlin: Der stellvertretende Parteivorsitzende Walter Ulbricht fordert die Einführung der Planwirtschaft in der SBZ und die Umwandlung der SED in eine „Partei neuen Typus" nach dem Vorbild der sowjetischen KPdSU.

1947, 6. Nov.: Grundung des Gewerkschaftsrates der Bizone unter Vorsitz von Hans Böckler.

1947, 8. Nov.: Verabschiedung der saarländischen Verfassung, die den wirtschaftlichen Anschluss des Saarlandes an Frankreich und die politische Autonomie vorsieht.

1947, 25. Nov. 15. Dez.: Sechste Konferenz des Außenministerrats der vier Siegermächte in London: Im Mittelpunkt steht die Erörterung der Deutschen Frage. Die Konferenz steht von Beginn an im Zeichen des sich verschärfenden Ost-West-Konflikts.

1948, 23. Febr. –6. März: Erste Sitzungsperiode der Londoner Sechsmächtekonferenz, zu der die Sowjetunion nicht eingeladen wird: Die drei Westalliierten und die Benelux-Staaten empfehlen die Schaffung eines bundesstaatlichen Systems in Westdeutschland sowie dessen Einbeziehung in den Marshallplan und die Ruhrkontrolle.

Die Trümmerfrauen wurden in den ersten Nachkriegsjahren zum Symbol des beginnenden Wiederaufbaus. Sie klopften den alten Mörtel von den Ziegelsteinen, um verwendbares Baumaterial zu schaffen. Die Tätigkeit ging auf einen Beschluß des Alliierten Kontrollrats vom Oktober 1945 zurück. Er verfügte die „Arbeitspflicht" für alle Männer und Frauen.

1948, 24. Febr.: Gründung der „Arbeitsgemeinschaft Eisen und Metall" als Vorstufe zum „Bundesverband der Deutschen Industrie" (BDI).

1948, 25. Febr.: Gründung der Max-Planck-Gesellschaft zur Förderung der Wissenschaften als Rechtsnachfolgerin der 1911 gegründeten Kaiser-Wilhelm-Gesellschaft.

1948, 1. März: Gründung der „Bank Deutscher Lander", der späteren „Bundesbank" in Frankfurt/Main.

1948, 2. März: Ludwig Erhard wird vom Wirtschaftsrat zum Direktor der Wirtschaftsverwaltung der Bizone gewählt.

1948, 20. März: Der sowjetische Militärgouverneur Sokolowski verlässt den Alliierten Kontrollrat aus Protest gegen die Empfehlungen der Londoner Sechsmächtekonferenz vom 23.2. bis 6.3. und die Gründung der „West-Union" vom 17.3.1948. Damit endet die gemeinsame Verwaltung Deutschlands durch die vier Siegermächte.

1948, 1. Apr.: Beginn der „kleinen" Berlin-Blockade: Behinderung des Verkehrs durch sowjetische Inspektionen und Behinderungen westalliierter Militärreisender; später werden die Maßnahmen der SMAD auch auf den zivilen Personen- und Güterverkehr zu Wasser und zu Lande ausgedehnt.

1948, 16. Apr.: 16 Mitgliedsstaaten des Rates für Wirtschaftliche Zusammenarbeit in Europa einigen sich auf die Inanspruchnahme der Wiederaufbauhilfe durch den Marshallplan und gründen die „Organization for European Economic Cooperation" (OEEC).

1948, 20. Apr. -2. Juni: Zweite Sitzungsperiode der Londoner Sechsmächtekonferenz der drei westlichen Siegermächte und der Benelux-Staaten: Beschluss, dem deutschen Volk zu ermöglichen „auf der Basis einer freien und demokratischen Regierungsform" seine Einheit wiederherzustellen und allmählich „volle Regierungsverantwortung" zu übernehmen. Ermächtigung der westdeutschen Ministerpräsidenten, eine „verfassunggebende Versammlung" einzuberufen.

1948, 20. Juni: Währungsreform durch Einführung der D-Mark in den westlichen Besatzungszonen.

1948, 23. Juni: Währungsreform in der SBZ.

1948, 23./24. Juni: Als Reaktion auf die Londoner Sechsmächtekonferenz tritt die Warschauer Achtmachtekonferenz, bestehend aus der Sowjetunion, Albanien, Bulgarien, Jugoslawien, Polen, Rumänien, Tschechoslowakei und Ungarn, zusammen: Sie kritisiert die Versuche der Westmächte zur „Spaltung Deutschlands", die Gefährdung der „Oder-Neiße-Friedensgrenze" und pocht auf die Einhaltung der Potsdamer Beschlüsse bezüglich der Errichtung einer gesamtdeutschen Regierung und der Abschließung eines Friedensvertrages.

1948, 24. Juni: Die SMAD beginnt die Großblockade der Berliner Westsektoren zu Lande und zu Wasser als Reaktion auf den gescheiterten Versuch, ihre Währungsreform auf Gesamtberlin auszudehnen; die Westmächte führen in ihren Sektoren die D-Mark ein.
1948, 24. Juni: Die Sowjetunion erklärt die Vier-Mächte-Verwaltung Groß-Berlins für „praktisch beendet“.
1948, 26. Juni: Beginn der britisch-amerikanischen Luftbrücke zur Versorgung West-Berlins mit Waren und Lebensmitteln.
1948, 1. Juli: Die drei westalliierten Militärgouverneure übergeben die „Frankfurter Dokumente“ an die Regierungschefs der elf Länder in den drei westlichen Besatzungszonen. Sie sehen die Einberufung einer verfassunggebenden Versammlung bis zum 1.9.1949 mit dem Ziel der Bildung eines föderalen Staates, die Neugliederung der Länder und den Erlass eines alliierten Besatzungsstatuts vor.
1948, 10. –23. Aug.: Verfassungskonvent auf der Insel Herrenchiemsee zur vorbereitenden Beratung des Grundgesetzes.
1948, 15. –30. Aug.: Wahl der Delegierten für den Parlamentarischen Rat in den Landtagen.
1948, 1. Sept.: Konstituierung des Parlamentarischen Rates in Bonn. Einschränkung der Demontagen in den westlichen Besatzungszonen. Auflösung des Zonenbeirats in der britischen und des Länderrats in der amerikanischen Besatzungszone.
1948, 5. Sept.: Erster Deutscher Katholikentag seit 1932 in Mainz.
1948, 15. Sept.: Wahl Konrad Adenauers zum Präsidenten des Parlamentarischen Rats.
1948, 22. Sept.: Gründung der „Freien Universität“ in West-Berlin.
1948, 9. Okt.: Gesetz des Wirtschaftsrates zur Einführung des „Notopfers Berlin“.
1948, 28. Okt.: Die Berliner Philharmoniker unter Leitung von Wilhelm Furtwängler beginnen ihre erste Auslandstournee seit Kriegsende.
1948, 9. Dez.: Die Vollversammlung der Vereinten Nationen verabschiedet die 30 Artikel umfassende Deklaration der Menschenrechte.
1948, 11. Dez.: Zusammenschluss der liberalen Parteien der westlichen Besatzungszonen zur FDP in Heppenheim. Theodor Heuss wird zum Parteivorsitzenden gewählt.
1948, 13. Dez.: Gründung der Jugendorganisation „Junge Pioniere“ in Ost-Berlin.
1948, 28. Dez.: Londoner Sechsmächteabkommen über die Einrichtung einer Internationalen Ruhrbehörde. Die Sowjetunion wird von der Ruhrkontrolle ausgeschlossen.

1949, 3. Jan.: Der West-Berliner Oberbürgermeister Ernst Reuter verlangt die Einbeziehung West-

Mit einer großen Mehrheit verabschiedete der amerikanische Kongress am 3. April 1948 das „European Recovery Program“, den „Marshallplan“. Eine Dollar-Spritze sollte Europas darbender Wirtschaft wieder auf die Beine helfen. Seinem Resultat nach war das „European Recovery Program“ die erfolgreichste Entwicklungshilfe der Geschichte.

Die Abendzeitung

UNABHÄNGIGES MÜNCHENER NACHRICHTENBLATT

Währungsreform in Kraft getreten

Am Sonntag Auszahlung des neuen Geldes

60 Mark Kopfquote in 2 Raten

München, 18. Juni, 20 Uhr

Das erste Gesetz zur Neuordnung des Deutschen Geldwesens ist von den Militärregierungen Großbritanniens, der Vereinigten Staaten und Frankreichs verkündet worden und tritt am 20. Juni in Kraft. Die bisher gültige deutsche Währung wird durch dies Gesetz aus dem Verkehr gezogen. Das neue Geld heißt die Deutsche Mark; jede Deutsche Mark hat hundert deutsche Pfennig.

Das alte Geld, die Reichsmark, die Rentenmark und die Alliierte Militärmark, ist vom 21. Juni an ungültig. Die einzige Ausnahme sind Altgeldnoten und Münzen mit einem Nennwert von höchstens 1 Mark. Diese Noten und Münzen werden bis zum Ersatz durch neues Kleingeld im Umlauf bleiben, und zwar werden sie ein Zehntel ihres bisherigen Nennwertes wert sein. Niemand braucht jedoch mehr als höchstens fünfzig Einzelstücke dieses alten Kleingelds in Zahlung zu nehmen. Briefmarken bleiben ebenfalls zu einem Zehntel ihres Nennwertes gültig.

Als erste Maßnahme erhält jeder Einwohner der Westzonen eine bestimmte Summe in neuen Deutschen Mark. Dieser Kopfbetrag beläuft sich auf 60 Mark, die gegen den gleichen Betrag von Altgeld ausgezahlt werden. Hiervon werden 40 Mark diesen Sonntag ausgezahlt und die restlichen 20 Mark einen Monat später. Für eine Familie von 4 Personen können also zum Beispiel 240 Mark Altgeld eingezahlt werden, wofür die Familie sofort 160 Deutsche Mark und nach einem Monat weitere 80 Mark erhält.

Andere Geldbeträge in Händen des deutschen Publikums ebenso wie Guthaben bei Banken, Sparkassen, Postsparkassen und Postscheckämtern werden zu einem späteren Zeitpunkt in Deutsche Mark umgetauscht werden. Das Umtauschverhältnis, das den Geldumlauf drastisch reduzieren wird, sowie weitere Einzelheiten über den Umtausch dieser Beträge werden in Kürze in weiteren Gesetzen bekanntgegeben. Bei diesem späteren Umtausch von Altgeld wird der bereits erhaltene Kopfbetrag von den zur Auszahlung oder zur Gutschreibung gelangenden Beträgen Deutscher Mark abgezogen. Wer also zum Beispiel ein Bankguthaben hat, das durch den späteren Umtausch auf 200 Mark zusammenschrumpft, bekommt davon die sechzig Mark abgezogen, die er ja bereits als Kopfgeld in der neuen Währung erhalten hat.

Kartenstellen übernehmen Auszahlung

Die Auszahlung des Kopfbetrages erfolgt durch dieselben Stellen, die für die Verteilung der Lebensmittelkarten zuständig sind, und zwar jetzt am kommenden Sonntag. Für die Auszahlung gelten die folgenden Anweisungen, die jeder zu befolgen hat, um sofort neues Geld zu erhalten:

Einzelpersonen müssen ihre Lebensmittelkarten und ihre Kennkarten vorweisen und 60 Mark Altgeld zum Umtausch einhändigen. Für Familien erfolgt die Auszahlung an den Familienvorstand gegen Vorlegung der Lebensmittelkarten und Kennkarten aller Familienmitglieder und Einzahlung von je 60 Mark Altgeld für jedes einzelne Familienmitglied. Personen, die durch Krankheit oder anderweitig körperlich verhindert sind, können einen Vertreter entsenden, der jedoch durch einen Brief mit Angabe des Verhinderungsgrundes bevollmächtigt sein muß. Wenn ein Familienoberhaupt durch Krankheit oder anderweitig körperlich verhindert ist, kann ein anderes Familienmitglied die Kopfbeträge für die Familie erhalten, wobei ebenfalls eine Vollmacht vorzulegen ist. Für Reisende gelten besondere Bestimmungen, die sie bei der nächsten Ausgabestelle des Neugeldes erfahren.

Löhne und Gehälter sind in der neuen Währung in gleicher Höhe wie bisher zahlbar. Sie werden ab Sonntag in der neuen Währung ausgezahlt. Lohn- und Gehaltsempfänger, die handelsüblich halbmonatlich oder monatlich im voraus bezahlt werden, erhalten für die Zeitspanne vom zehnten Tag nach Inkrafttreten der neuen Währung bis zum nächsten Zahltag eine Nachzahlung in Höhe von siebzig Prozent des in diesen Tagen verdienten Geldes, das sie ja vor der Währungsreform im voraus in Altgeld erhalten haben.

Moratorium für Schulden

Für alle Reichsmarkverpflichtungen wird ein Moratorium von einer Woche, also bis zum 26. Juni, gewährt. Das heißt, daß während dieser Woche keine Schulden zu bezahlen sind. Preise werden von der Neuordnung der Währung nicht berührt. In Gesetzen, Verordnungen, Verwaltungsakten, Kontrakten und andern rechtsgeschäftlichen Erklärungen tritt die neue Währung einfach an die Stelle der alten.

Einmalige Ablieferung von Altgeld

Neuordnung ohne Berlin

Die Währungsneuordnung erstreckt sich zunächst nicht auf Berlin, da Berlin von den vier Besatzungsmächten gemeinsam verwaltet wird. Die drei Militärregierungen werden jedoch dafür Sorge tragen, daß die wirtschaftlichen Verbindungen Berlins zum Westen, die für die Wohlfahrt der Stadt unentbehrlich sind, aufrechterhalten und verstärkt werden. Auch Berlin soll an den Vorteilen des europäischen Wiederaufbauprogramms teilhaben, das hinter der neuen deutschen Währung steht. Die Lebensmittellieferungen für Berlin werden von den westlichen Besatzungsmächten selbstverständlich fortgesetzt werden und der Verkauf der Lebensmittel in Berlin wird weiter in der bisher gültigen Währung erfolgen.

Was jeder wissen muß

Die wichtigsten Punkte der Währungsneuordnung für die drei westlichen Besatzungszonen:

Alles Altgeld mit Ausnahme von Kleingeld tritt am Montag außer Kraft. Münzen und Noten bis zu einer Mark bleiben in Umlauf, sind aber nur noch ein Zehntel des Nennwertes wert. Die neue Währung, allein gültig vom 21. Juni an, heißt die Deutsche Mark.

Die Geldinstitute waren bereits geschlossen, als am Freitag, den 18. Juni 1948, durch Rundfunk und Extrablätter die ersten Gesetze der drei Militärgouverneure der westlichen Besatzungszonen über die Durchführung der Währungsreform am 20. Juni 1948 bekannt gemacht wurden.

Bild links: *Verkündung des Grundgesetzes am 23. Mai 1949 durch Konrad Adenauer. Von links: Helene Weber, Hermann Rudolph Schäfer, Konrad Adenauer, Adolph Schönfelder und Jean Stock.*

Berlins in den zukünftigen Bundesstaat.
1949, 24. Jan.: Konstituierung eines gemeinsamen Vorbereitungsausschusses aus Vertretern des Parlamentarischen Rats und der Ministerpräsidenten der westdeutschen Länder. Der Ausschuss koordiniert die politischen- und Verwaltungsaufgaben Westdeutschlands bis zur Bildung der ersten Bundesregierung.
1949, 25. Jan.: Gründung des osteuropäischen Rats für gegenseitige Wirtschaftshilfe (RGW/COMECON) als Reaktion auf die Einrichtung der OEEC und des Marshallplanes.
1949, 19. März: Verabschiedung der Verfassung der künftigen DDR durch den Volksrat der Länder der Sowjetischen Besatzungszone (SBZ).
1949, 4. Apr.: Gründung der Nordatlantischen Verteidigungsgemeinschaft (NATO) in Washington.
1949, 8. Apr.: Deutschlandkonferenz der drei Westmächte in Washington: Die Außenminister Frankreichs, Großbritanniens und der USA beschließen eine endgültige Fassung des Besatzungsstatuts. Außerdem soll die Bizone durch Fusion mit dem französischen Besatzungsgebiet zur Trizone erweitert werden. Die Militärregierung soll beendet werden, indem Alliierte Hohe Kommissare politische Kontrollbefugnisse und die Oberbefehlshaber nur noch militärische Funktionen wahrnehmen. Des Weiteren wird vereinbart, das Demontageprogramm zu reduzieren und die Industrieproduktion zu steigern.
1949, 22. Apr.: Das Ruhrstatut, das die internationale Kontrolle der Kohle- und Stahlproduktion des Ruhrgebietes durch die westlichen Besatzungsmächte und die Beneluxstaaten regelt, tritt in Kraft.
1949, 1. Mai: In den westlichen Besatzungszonen wird der Lizenzierungszwang für Druckschriften aufgehoben.
1949, 5. Mai: Gründung des Europarates durch zehn europäische Staaten.
1949, 8. Mai: Das Grundgesetz wird in dritter Lesung vom Parlamentarischen Rat angenommen.
1949, 10. Mai: Bonn wird vom Parlamentarischen Rat zur vorläufigen Bundeshauptstadt gewählt. Von 62 gültigen Stimmen entfallen 33 auf Bonn und 29 auf Frankfurt/Main.
1949, 12. Mai: Die Sowjetunion hebt die Berlin-Blockade auf. Die westalliierten Militärgouverneure Clay, Robertson und Koenig billigen das vom Parlamentarischen Rat verabschiedete Grundgesetz vorbehaltlich der Bestimmungen des Besatzungsstatuts und der Anerkennung West-Berlins als zwölftes Bundesland.
1949, 23. Mai: Feierliche Verkündung des Grundgesetzes für die Bundesrepublik Deutschland in Bonn. Das Grundgesetz tritt damit in Kraft.
1949, 7. Okt.: Auf Betreiben den Sowjetunion erfolgt auf dem Gebiet der Sowjetischen Besatzungszone die Gründung der DDR. Fortan gibt es 40 Jahre lang zwei Staaten auf deutschem Boden.

Auf Vorschlag aller Fraktionen wählten die Provisorische Volkskammer und die Provisorische Länderkammer den Vorsitzenden der SED, Wilhelm Pieck, zum Präsidenten der DDR. Die jüngste Abgeordnete der Volkskammer, Margot Feist, die spätere Frau Honecker, beglückwünscht Wilhelm Pieck zu seiner Wahl als Staatspräsident am 11. Oktober 1949.

Hinrichtungen in Nürnberg

Im Prozess gegen die Hauptkriegsverbrecher vor dem Internationalen Militärtribunal in Nürnberg ergingen am 1. Oktober 1946 die Urteile: zwölfmal Todesstrafe (Göring, Ribbentrop, Keitel, Kaltenbrunner, Rosenberg, Frank, Frick, Streicher, Sauckel, Jodl, Seyß-Inquart, Bormann in Abwesenheit), dreimal lebenslängliche Haftstrafe (Heß, Funk, Raeder) und vier zeitige Haftstrafen (Dönitz, Schirach, Speer, von Neurath), drei Freisprüche (von Papen, Fritzsche, Schacht). Ein Angeklagter (Ley) hatte zu Prozessbeginn Selbstmord begangen, ein weiterer (Krupp von Bohlen und Halbach) galt als verhandlungsunfähig. Außer Göring (Giftselbstmord) und Bormann (verschollen) wurden alle zum Tode verurteilten Täter am 16. Oktober 1946 hingerichtet. Der damalige bayerische Ministerpräsident Wilhelm Hoegner war als Augenzeuge dabei, als der Henker in Aktion trat:
Wir standen links von der Eingangstür im Hintergrund der Halle. Die Türe wurde verschlossen. Kurz nach ein Uhr pochte es an die Tür. Ein amerikanischer Soldat drehte den Schlüssel zurück und öffnete. Herein kam zwischen zwei amerikanischen Soldaten, bleich und verfallen, Joachim von Ribbentrop, Hitlers Außenminister, von einem Geistlichen geleitet. Er wurde an die Stufen herangeführt. Ein Amerikaner fragte: „What is your name?" Der Dolmetscher übersetzte es ins Deutsche. Der Gefangene gab seinen Namen an. Nun wurde er die dreizehn Stufen hinaufgeführt. Der Fragesteller und der Dolmetscher gingen mit. Oben auf der Plattform fragte der Amerikaner, und der Dolmetscher übersetzte: „Haben Sie noch etwas zu bemerken?" Ribbentrop sagte: „Gott schütze Deutschland! Gott sei meiner Seele gnädig! Mein letzter Wunsch ist, dass Deutschland seine Einheit wiederfindet, dass eine Verständigung zwischen Ost und West kommt für den Frieden der Welt!"
Der Henker, ein untersetzter amerikanischer Soldat mit rotem, brutalem Gesicht, zog nun dem Verurteilten einen schwarzen Sack über den Kopf, band den Sack zu und legte seinem Opfer den Strick um den Hals. Dann trat er etwas zurück und machte sich im Hintergrund zu schaffen. Im gleichen Augenblick gab die Falltüre mit lautem Krachen nach, der Verurteilte stürzte in die Tiefe. Das Geräusch war wie ein Knacken, es ging aufs Herz.
Nach etwa zehn Minuten begab sich der russische Arzt mit zwei amerikanischen Kollegen hinter das schwarze Tuch am Gerüst. Er hielt ein Hörrohr in der Hand. Nach einiger Zeit tauchte er wieder auf, sein Gesichtsausdruck war noch trauriger als vorher. Er ging langsam auf die Generäle zu und meldete den Tod des Gehenkten.
Gegen ein Uhr zwanzig wurde Generalfeldmarschall Wilhelm Keitel hereingeführt. Er trug eine Gene-

„Die Millionen Toten des Krieges warten auf die Urteilsverkündung und die Sühne der ungeheuren Verbrechen", kommentiert David Low im „Evening Standard" vom 24. Oktober 1946 die Verhandlungen des Nürnberger Prozesses.

Auf der Anklagebank im Nürnberger Kriegsverbrecher-Prozess. Untere Reihe von links: Göring, Heß, Ribbentrop, Keitel, Kaltenbrunner, Rosenberg, Frank, Frick, Streicher, Funk, Schacht. Obere Reihe: Raeder, Schirach, Sauckel, Jodl, Papen, Seyß-Inquart, Speer, Neurath, Fritzsche.

ralshose mit roten Streifen. Sein Gesicht war fahl und verstört. Seine letzten Worte waren: „Ich rufe den Allmächtigen an, er möge sich des deutschen Volkes erbarmen. Über zwei Millionen deutscher Soldaten sind vor mir für ihr Vaterland in den Tod gegangen. Ich folge meinen Söhnen nach. Alles für Deutschland!“

Die Hinrichtungen fanden abwechselnd an zwei Galgen statt, der dritte wurde nicht verwendet.

Nach halb zwei Uhr stand Ernst Kaltenbrunner unter dem Galgen. Auf die Frage, ob er noch etwas zu sagen habe, erwiderte er: „Ich bitte darum. Ich habe meinem Volk und meinem Vaterland mit heißem Herzen gedient. Ich habe meine Pflicht nach den Gesetzen meines Vaterlandes getan. Ich bedaure, dass mein Volk in dieser schweren Zeit nicht ausschließlich von soldatischen Menschen geführt worden ist. Ich bedaure, dass Verbrechen begangen worden sind, ich hatte keinen Anteil an ihnen. Deutschland Glück auf!“

Nachher wurde Alfred Rosenberg hereingeführt. Auf die Frage, ob er noch etwas zu bemerken habe, erwiderte er kurz: „Nein.“ Seine Hinrichtung ging blitzschnell vor sich.

Gegen zwei Uhr früh stand Dr. Hans Frank in der Halle. Er hatte schon bei der Verlesung des Todesurteils in der Zelle ganz irre Augen gehabt und schien nun völlig gebrochen. Ein Franziskanerpater begleitete ihn. Franks Stimme war mehr ein Flüstern: „Ich danke für die gütige Behandlung, die mir während der Gefangenschaft zuteil geworden ist. Ich bitte den Herrgott, dass er mich gnädig aufnehmen möge.“

Dann ging alles sehr rasch.

Ihm folgte Dr. Wilhelm Frick, zwei Uhr fünf Minuten. Er trat fest, beinahe brutal auf. Mit lauter Stimme schrie er: „Es lebe das ewige Deutschland!“

Als Julius Streicher vor den dreizehn Stufen stand, rief er laut: „Heil Hitler!“ Auf die Frage nach seinem Namen antwortete er barsch: „Den kennen Sie!“ Die Frage wurde ruhig wiederholt. Er erwiderte: „Nun gut, Julius Streicher.“ Von einem Geistlichen begleitet, wurde er die Stufen hinaufgeführt. Oben rief er: „Purimfest 1946 – und jetzt zu Gott!“ Dann fiel ihm noch etwas ein und er schrie: „Die Bolschewisten werden euch einmal hängen.“ Zu dem Geistlichen gewandt setzte er hinzu: „Ich bin bei Gott, Herr Pater!“ Als ihm schon der schwarze Sack über den Kopf gestülpt war, rief er noch einmal: „Adele, meine liebe Frau.“ Nach dem Niedersausen seines Körpers in die Versenkung vernahm man in der Totenstille ein leises Ächzen. Der Zuschauer bemächtigte sich Unruhe und Schrecken, doch die Ärzte sagten, es sei nichts. Dieses leise Ächzen war mit dem Krachen der Falltüre das schrecklichste Erlebnis dieser nächtlichen Hinrichtungen. Wir vernahmen das Ächzen später noch einmal. Gegen halb drei Uhr früh wurde Fritz Sauckel hereingeführt. Er war sehr aufgeregt und rief: „Ich sterbe unschuldig. Das Urteil ist falsch. Gott schütze Deutschland und mache Deutschland wieder groß! Es lebe Deutschland! Gott schütze meine Familie!“

Nach ihm kam Generaloberst Alfred Jodl im Waffenrock. Seine letzten Worte lauteten: „Ich grüße dich, mein Deutschland!“

Als letzter wurde gegen dreiviertel drei Uhr Artur Seyß-Inquart hingerichtet. Er trug Augengläser, hinkte und kam nur mühsam die Stufen hinauf. Er sprach: „Ich hoffe, dass diese Vollstreckung der letzte Akt der Tragödie des Zweiten Weltkrieges ist und dass die Lehre aus diesem Weltkrieg daraus gezogen wird, dass Friede und Verständigung zwischen den Völkern erfolgt. Ich glaube an Deutschland.“

Zwischen den Hinrichtungen wurde geraucht. Einmal hatte ich noch die Zigarette in der Hand, als ein Verurteilter hereingeführt wurde. Ein Amerikaner schrie mich an: „Zigarette weg, German!“ Ich hatte bei diesem hässlichen Zuruf ein Gefühl tiefster Erniedrigung. Ich sah auch, wie zwischen den Hinrichtungen mehrere Leichname hinausgetragen wurden. Die Gesichter waren schwarz vermummt, das Hemd war offen, weil die Ärzte das Herz abgehorcht hatten.

Zum Schlusse wurde die Leiche Görings hereingetragen und vor uns zur Schau gestellt. Auch das Gesicht war jetzt schon bläulich ver-

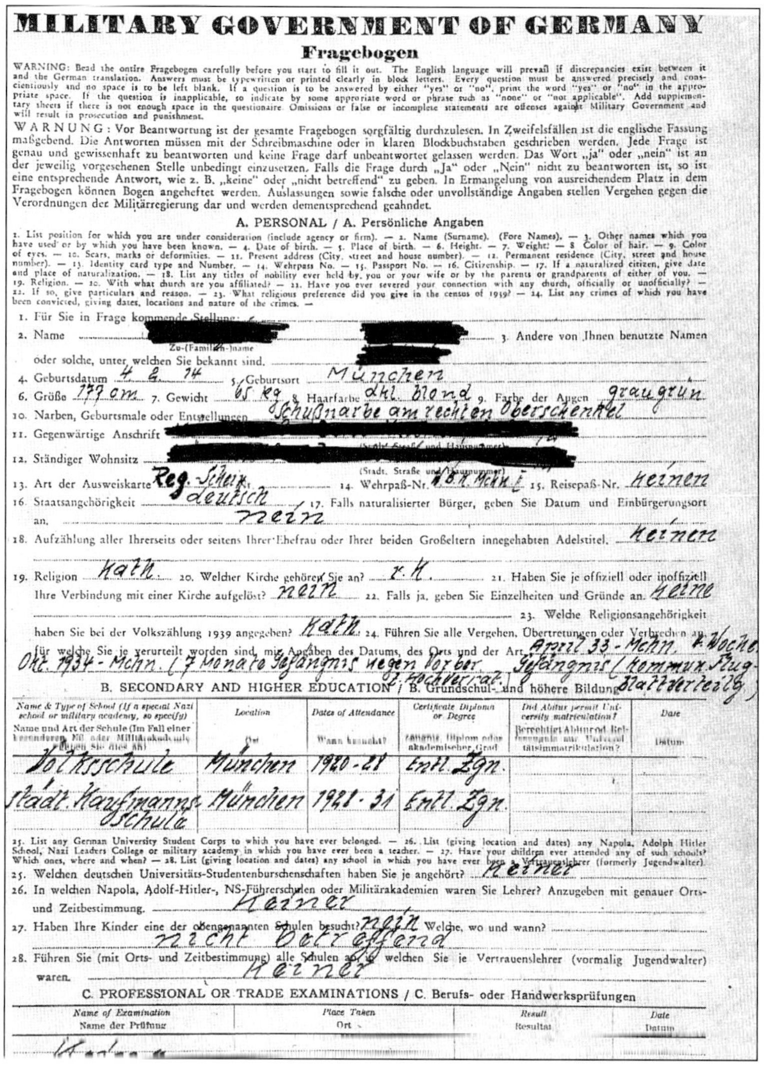

MILITARY GOVERNMENT OF GERMANY

Fragebogen

WARNING: Read the entire Fragebogen carefully before you start to fill it out. The English language will prevail if discrepancies exist between it and the German translation. Answers must be typewritten or printed clearly in block letters. Every question must be answered precisely and conscientiously and no space is to be left blank. If a question is to be answered by either "yes" or "no", print the word "yes" or "no" in the appropriate space. If the question is inapplicable, so indicate by some approriate word or phrase such as "none" or "not applicable". Add supplementary sheets if there is not enough space in the questionaire. Omissions or false or incomplete statements are offenses against Military Government and will result in prosecution and punishment.

WARNUNG: Vor Beantwortung ist der gesamte Fragebogen sorgfältig durchzulesen. In Zweifelsfällen ist die englische Fassung maßgebend. Die Antworten müssen mit der Schreibmaschine oder in klaren Blockbuchstaben geschrieben werden. Jede Frage ist genau und gewissenhaft zu beantworten und keine Frage darf unbeantwortet gelassen werden. Das Wort „ja“ oder „nein“ ist an der jeweilig vorgesehenen Stelle unbedingt einzusetzen. Falls die Frage durch „Ja“ oder „Nein“ nicht zu beantworten ist, so ist eine entsprechende Antwort, wie z. B. „keine“ oder „nicht betreffend“ zu geben. In Ermangelung von ausreichendem Platz in dem Fragebogen können Bogen angeheftet werden. Auslassungen sowie falsche oder unvollständige Angaben stellen Vergehen gegen die Verordnungen der Militärregierung dar und werden dementsprechend geahndet.

A. PERSONAL / A. Persönliche Angaben

1. List position for which you are under consideration (include agency or firm). — 2. Name (Surname). (Fore Names). — 3. Other names which you have used or by which you have been known. — 4. Date of birth. — 5. Place of birth. — 6. Height. — 7. Weight. — 8. Color of hair. — 9. Color of eyes. — 10. Scars, marks or deformities. — 11. Present address (City, street and house number). — 12. Permanent residence (City, street and house number). — 13. Identity card type and Number. — 14. Wehrpass No. — 15. Passport No. — 16. Citizenship. — 17. If a naturalized citizen, give date and place of naturalization. — 18. List any titles of nobility ever held by you or your wife or by the parents or grandparents of either of you. — 19. Religion. — 20. With what church are you affiliated? — 21. Have you ever severed your connection with any church, officially or unofficially? — 22. If so, give particulars and reason. — 23. What religious preference did you give in the census of 1939? — 24. List any crimes of which you have been convicted, giving dates, locations and nature of the crimes. —

1. Für Sie in Frage kommende Stellung:
2. Name [redacted] Zu-(Familien-)name [redacted] 3. Andere von Ihnen benutzte Namen oder solche, unter welchen Sie bekannt sind.
4. Geburtsdatum 4. 2. 14 5. Geburtsort München
6. Größe 177 cm 7. Gewicht 65 kg 8. Haarfarbe dkl. blond 9. Farbe der Augen graugrün
10. Narben, Geburtsmale oder Entstellungen Schußnarbe am rechten Oberschenkel
11. Gegenwärtige Anschrift [redacted] (Stadt, Straße und Hausnummer)
12. Ständiger Wohnsitz [redacted] (Stadt, Straße und Hausnummer)
13. Art der Ausweiskarte Reg.-Schein 14. Wehrpaß-Nr. 15. Reisepaß-Nr. keinen
16. Staatsangehörigkeit deutsch 17. Falls naturalisierter Bürger, geben Sie Datum und Einbürgerungsort an. nein
18. Aufzählung aller Ihrerseits oder seitens Ihrer Ehefrau oder Ihrer beiden Großeltern innegehabten Adelstitel. keinen
19. Religion kath. 20. Welcher Kirche gehören Sie an? r. k. 21. Haben Sie je offiziell oder inoffiziell Ihre Verbindung mit einer Kirche aufgelöst? nein 22. Falls ja, geben Sie Einzelheiten und Gründe an. keine
23. Welche Religionsangehörigkeit haben Sie bei der Volkszählung 1939 angegeben? kath. 24. Führen Sie alle Vergehen, Übertretungen oder Verbrechen an, für welche Sie je verurteilt worden sind, mit Angaben des Datums, des Orts und der Art. April 33 - Mchn. 4 Wochen Gefängnis (kommun. Flugblattverteilg.) Okt. 1934 - Mchn. (7 Monate Gefängnis wegen Vorber. z. Hochverrat.)

B. SECONDARY AND HIGHER EDUCATION / B. Grundschul- und höhere Bildung

Name & Type of School (If a special Nazi school or military academy, so specify) / Name und Art der Schule (Im Fall einer besonderen NS oder Militärakademie führen Sie dies an)	Location / Ort	Dates of Attendance / Wann besucht?	Certificate Diploma or Degree / Zeugnis, Diplom oder akademischer Grad	Did Abitur permit University matriculation? / Berechtigt Abitur od. Reifezeugnis zur Universitätsimmatrikulation?	Date / Datum
Volksschule	München	1920-28	Entl. Zgn.		
Städt. Kaufmanns-Schule	München	1928-31	Entl. Zgn.		

25. List any German University Student Corps to which you have ever belonged. — 26. List (giving location and dates) any Napola, Adolph Hitler School, Nazi Leaders College or military academy in which you have ever been a teacher. — 27. Have your children ever attended any of such schools? Which ones, where and when? — 28. List (giving location and dates) any school in which you have ever been a Vertrauenslehrer (formerly Jugendwalter).

25. Welchen deutschen Universitäts-Studentenburschenschaften haben Sie je angehört? keiner
26. In welchen Napola, Adolf-Hitler-, NS-Führerschulen oder Militärakademien waren Sie Lehrer? Anzugeben mit genauer Orts- und Zeitbestimmung. keiner
27. Haben Ihre Kinder eine der obengenannten Schulen besucht? nein Welche, wo und wann? nicht betreffend
28. Führen Sie (mit Orts- und Zeitbestimmung) alle Schulen an, in welchen Sie je Vertrauenslehrer (vormalig Jugendwalter) waren. keiner

C. PROFESSIONAL OR TRADE EXAMINATIONS / C. Berufs- oder Handwerksprüfungen

Name of Examination / Name der Prüfung	Place Taken / Ort	Result / Resultat	Date / Datum

Inquisition auf dem Papier: Fast eineinhalb Millionen Fragebögen wurden bis zum März 1946 allein von den Deutschen in der US-Zone aufgrund der Entnazifizierungsbestimmungen zur Überprüfung ihrer politischen Gesinnung ausgefüllt. Lebensmittelkarten und Arbeitsbewilligungen erhielt nur derjenige, der den Fragebogen vollständig beantwortet hatte.

Das Carepaket hat mehr zur Verständigung zwischen Nationen und Völkern beigetragen als alle Re Education und tausend gute Reden von Ministern und Präsidenten. Die CARE-Organisation hat einen echten Kreuzzug gekämpft und gewonnen: den Kampf gegen Elend, Hunger und Not.

färbt. Offenbar sollten wir nochmals überzeugt werden, dass er tot war. Nach den Hinrichtungen begaben wir uns mit den Journalisten in ihre Zimmer zurück. Dort kam es in den nächsten Stunden zu einer heftigen Auseinandersetzung zwischen Russen und Amerikanern, weil die russischen Journalisten den Selbstmord Görings veröffentlicht hatten.
In dieser Nacht schliefen wir nicht. Gegen halb acht Uhr früh überreichte uns Oberst Andrus die Veröffentlichung über die Hinrichtungen. Sie lautete:
„Viererausschuss für die Gefangenhaltung bedeutender Kriegsverbrecher. Die am 1. Oktober 1946 vom Internationalen Militärtribunal in Nürnberg verhängten Todesurteile über die unten erwähnten Kriegsverbrecher wurden am heutigen Tage in unserer Gegenwart vollstreckt: Joachim von Ribbentrop, Wilhelm Keitel, Ernst Kaltenbrunner, Alfred Rosenberg, Hans Frank, Wilhelm Frick, Julius Streicher, Fritz Saucke1, Alfred Jodl, Artur Seyß-Inquart. Hermann Göring beging am 15. Oktober um 22.45 Uhr Selbstmord.
Der bayerische Ministerpräsident Dr. Wilhelm Hoegner und der Generalstaatsanwalt von Nürnberg, Dr. Friedrich Leistner, wohnten den Hinrichtungen in ihrer amtlichen Eigenschaft als Zeugen für das deutsche Volk bei und sahen den Leichnam von Hermann Wilhelm Göring.

Historischer Händedruck in Berlin

Sozialdemokratie und Kommunismus reichen sich die Hände, die unselige Spaltung der deutschen Arbeiterbewegung erscheint zu Ende. Fotos von dieser Szene schmückten in der DDR jede Publikation zur Geschichte des Staates: Im Admiralitätspalast in Berlin besiegeln am 22. April 1946 die Vorsitzenden Wilhelm Pieck (KPD) und Otto Grotewohl (SPD) mit einem Händedruck die Vereinigung ihrer Parteien zur Sozialistischen Einheitspartei Deutschlands (SED). Aber der Zusammenschluss galt nur in der sowjetischen Besatzungszone; die SPD in den Westzonen und in den Westsektoren Berlins versagte sich der Umarmung durch die Kommunisten, zu sehr hatten sich bereits die politischen Verhältnisse im Nachkriegsdeutschland unter dem Einfluss der jeweiligen Besatzungsmächte auseinanderdividiert. Die Versammlung im Admiralitätspalast bestimmte als „Grundsätze und Ziele der Einheitspartei“: Zwölf Jahre faschistischer Diktatur, sechs Jahre Hitlerkrieg schleuderten das deutsche Volk in die furchtbarste wirtschaftliche, politische und sittliche Katastrophe seiner Geschichte. Deutschland wurde in ein Trümmerfeld verwandelt. Der Hitlerfaschismus war das Herrschaftsinstrument des Finanzkapitals, der Herren der Rüstungskonzerne, der Großbanken und des Großgrundbesitzes. Durch die Spaltung der Arbeiterklasse gelangte der Faschismus zur Macht ...
Gegenwartsforderungen
1. Bestrafung aller Kriegsschuldigen und Kriegsverbrecher. Beseitigung der Überreste des Hitlerregimes in Gesetzgebung und Verwaltung. Völlige Säuberung des gesamten öffentlichen Lebens, aller Ämter und Wirtschaftsleitungen von Faschisten und Reaktionären.
2. Beseitigung der kapitalistischen Monopole, Übergabe der Unternehmungen der Kriegsschuldigen, Faschisten und Kriegsinteressenten in die Hände der Selbstverwaltungsorgane.
3. Vernichtung des reaktionären Militarismus, Entmachtung der Großgrundbesitzer und Durchführung der demokratischen Bodenreform.
4. Ausbau der Selbstverwaltung auf der Grundlage demokratisch durchgeführter Wahlen ...
5. Überführung aller öffentlichen Beriebe, der Bodenschätze und Bergwerke, der Banken, Sparkassen und Versicherungsunternehmungen in die Hände der Gemeinden, Provinzen und Länder oder der gesamtdeutschen Regierung ...
6. Aufbau der Wirtschaft und Sicherung der Währung aufgrund von Wirtschaftsplänen ...
7. Demokratische Steuer-Reform
8. Sicherung der demokratischen Volksrechte ...
9. Sicherung des Koalitions-, Streik- und Tarifrechtes ...
10. Achtstundentag als gesetzlicher Normalarbeitstag ...
11. Demokratische Reform des gesamten Bildungs- und Erziehungswesens, Aufbau der Einheitsschule ...
12. Herstellung der Einheit Deutschlands als antifaschistische, parlamentarisch-demokratische Republik, Bildung einer Zentralregierung durch die antifaschistisch-demokratischen Parteien.
13. Anerkennung der Pflicht zur Wiedergutmachung der durch das Hitlerregime den anderen Völkern zugefügten Schäden ...
14. Schärfster Kampf gegen Rassenhetze und jedwede Hetze gegen andere Völker ...
Das Ziel der Sozialistischen Einheitspartei Deutschlands ist die Be-

Der historische Händedruck zwischen Wilhelm Piek (links) und Otto Grotewohl im Berliner Admiralspalast am 22. April 1946. Neben ihnen sitzend Walter Ulbricht.

26. Oktober 1946: Erste DEFA-Filmpremiere mit Wolfgang Staudtes (Regie) „Die Mörder sind unter uns". Unser Bild zeigt eine Szene mit Hildegard Knef und Wilhelm Borchert.

freiung von jeder Ausbeutung und Unterdrückung, von Wirtschaftskrisen, Armut, Arbeitslosigkeit und imperialistischer Kriegsdrohung. Dieses Ziel, die Lösung der nationalen und sozialen Lebensfragen unseres Volkes, kann nur durch den Sozialismus erreicht werden. Die Sozialistische Einheitspartei Deutschlands kämpft für die Verwandlung des kapitalistischen Eigentums an den Produktionsmitteln in gesellschaftliches Eigentum, für die Verwandlung der kapitalistischen Warenproduktion in eine sozialistische, für und durch die Gesellschaft betriebene Produktion.

In der bürgerlichen Gesellschaft ist die Arbeiterklasse die ausgebeutete und unterdrückte Klasse. Sie kann sich von Ausbeutung und Unterdrückung nur befreien, indem sie zugleich die ganze Gesellschaft für immer von Ausbeutung und Unterdrückung befreit und die sozialistische Gesellschaft errichtet.

Der Sozialismus sichert allen Nationen, allen Menschen die freie Ausübung ihrer Rechte und die Entfaltung ihrer Fähigkeiten. Erst mit dem Sozialismus tritt die Menschheit in das Reich der Freiheit und des allgemeinen Wohlergehens ein.

Flüchtlingsproblematik

Im Rahmen der Gespräche zum Potsdamer Abkommen hatte Stalin gefordert, die deutsche Bevölkerung in der Tschechoslowakei und in Ungarn auf deutsches Gebiet zu bringen, ebenso wie die Deutschen aus den jetzt unter polnische Verwaltung gestellten ehemals deutschen Territorien. Die Westalliierten versuchten wohl, diese Austreibung in geordnete Bahnen zu lenken, mussten sich letztlich jedoch mit der Verpflichtung dieser Staaten begnügen, die Abwicklung der Vertreibung „in humaner Weise" durchzuführen. Diese Verpflichtung wurde nicht eingehalten. Die Verbrechen, die die Deutschen während des Krieges an der Zivilbevölkerung jener Staaten begangen hatten, wurden mit Verbrechen gegen die deutsche Zivilbevölkerung nunmehr vergolten. Die Vertriebenen aus den Gebieten jenseits von Oder und Neiße mussten froh sein, mit dem Leben davongekommen zu sein. Die Flüchtlingsströme des Frühjahrs und Frühsommers 1945 wurden notdürftig in Massenquartieren an den Grenzen aufgefangen und in die ländlichen Gebiete vor allem Schleswig-Holsteins und Mecklenburgs umgeleitet, die beide bis zum Jahr 1946 einen Bevölkerungszuwachs von über 80 Prozent zu verzeichnen hatten. Aber auch Niedersachsen und Bayern, deren ländliche Gegenden weitgehend unzerbombt waren, mussten Flüchtlinge aufnehmen. Es waren vor allem Trecks aus der Tschechoslowakei, die in Bayern untergebracht werden mussten.

Der folgende Bericht des Flüchtlingsvertrauensmannes der bayerischen Gemeinde Erling / Andechs über das Jahr 1946 vom 20. Januar 1947 benennt die alltäglichen Probleme der Versorgung und Unterbringung sowie das schwierige Verhältnis zwischen einheimischer Bevölkerung und Vertriebenen.

Unterbringung der Flüchtlinge:

(1) Beschlagnahme: Die Wohnungsbeschlagnahme durch den ersten örtlichen Flüchtlingskommissar (Name) war umfassend und allgemein, mit wenigen ausgenommenen Fällen. Nach seinem Abgang wurde durch den zweiten örtlichen Flüchtlings- und Wohnungskommissar nichts Wesentliches mehr erfasst, aber auch nichts unternommen, um die Unterbringungsverhältnisse einzelner krasser Fälle zu verbessern. Bei 958 Einheimischen betragen die Flüchtlinge mit 410 Köpfen 43 Prozent der Ortsansässigen ... Die Belegungsdichte in der eigentlichen Ortschaft Erling mit 43 Prozent ist als sehr stark zu bezeichnen, und es ist bis auf wenige Einzelfälle jeder nur irgendwie mögliche Wohnraum erfasst.

Aus Flüchtlingskreisen wurde jedoch darauf hingewiesen, dass manche Gehöfte, ohne dass die Besitzer politisch belastet sind, sehr stark belegt sind, so z.B. das Gehöft (Name) mit 17 Personen, während für das Gehöft (Name) ... keine Belegung erfolgte. Auf der anderen Seite stehen sehr krasse Unterbringungsverhältnisse z.B. in der alten Apotheke, wo 2 Familien bis zu 13 Personen in jedem der 4 Räume untergebracht sind ...

Alle Quartiere konnten mit Öfen versehen werden, zum Teil Flüchtlingsöfen, zum anderen Öfen aus der örtlichen Erzeugung eines sudetendeutschen Spenglers, der bei der Firma (Name) angestellt ist und in seiner Freizeit Küchenherde aus Eisenschrott für seine Schicksalsgefährten macht ...

(3) Wohnungsbau: Es bestehen in der Gemeinde eine Reihe von Wohnungsausbaumöglichkeiten, die mit geringem Kostenaufwand

Was der alliierte Besatzungssoldat wegwarf, konnte der deutsche Zivilist immer noch brauchen: Zigarettenkippen waren ein begehrtes Gut.

***Bild links:** Heimatlos, entwurzelt waren viele deutsche nach dem Feuersturm des Krieges, allen voran die Vertrieben, die nicht gerade mit offenen Armen empfangen wurden. Die sich neu formierenden politischen Parteien (SPD-Plakat, 1947) bemühten sich alle um die Neubürger.*

gute Wohnräume ergeben würden; dadurch könnten Elendsquartiere in der Gemeinde aufgehoben werden. Ein diesbezüglicher Antrag in der Gemeinde Mitte vergangenen Jahres betreffend den Speicher des Lehrerhauses (Gemeindebesitz) wurde abgelehnt. Ein Gemeinderat hatte sich geäußert: Da kriegen wir noch mehr G'schwerl her ...

Ernährungsschwierigkeiten

Da die Einheimischen Fische nicht lieben, waren besondere Vorstellungen der Flüchtlinge notwendig, um auch Erling in den Genuss von Fischzuteilungen zu setzen. In der Übergangszeit zur neuen Ernte gab es eine ausgesprochene Hungersnot unter den Flüchtlingen, die 3 Wochen lang ohne Kartoffeln waren, weil die (Name-)Lagerhäuser keine heranbrachten und die Bauern von ihren Futterkartoffeln keine hergaben. Die Flüchtlinge waren gezwungen, um nicht zu verhungern, Felddiebstahl zu betreiben, der natürlich für die Einheimischen ein willkommener Anlass war, auf die Flüchtlinge loszuziehen ... Unter den Flüchtlingen gab es in dieser Zeit große Erregung, weil Bauern kein Verständnis für die Notlage zeigten und vor den Augen hungernder Flüchtlinge ihre Dampfnudeln verzehrten und den um Kartoffeln nachfragenden Flüchtlingen erklärten: „Die jetzigen Kartoffeln essen Sie sowieso nicht, die geben wir nur den Schweinen!" Oder Flüchtlinge, die Kartoffeln kaufen wollten, als Bettelvolk von der Türe wiesen. Die Flüchtlinge buken sich eine Art Brot aus gemahlenen, gerösteten Kartoffelschalen. Flüchtlingskinder wurden wiederholt bei Feld- und Gemüsediebstahl ertappt!

Flüchtlinge zur einheimischen Bevölkerung

Wie schon im vorstehenden Absatz geschildert, wird das Verhältnis der Flüchtlinge zu den Einheimischen hauptsächlich bestimmt durch die Ernährungsspanne. Die einheimischen Bauern und die anderen Einheimischen durch ihre Beziehungen leben viel besser als die Flüchtlinge ... Dazu kommt die allgemein ablehnende Haltung der Einheimischen gegenüber den Flüchtlingen, weil sie sich in ihrem Lebensraum beeinträchtigt und beobachtet fühlen. Auch konfessionelle Gegensätze spielen eine Rolle ...

Hamsterfahrten über Land sind ebenso alltäglich wie schärfste polizeiliche Kontrollen.

Bild oben: „Der Schwarze Markt verschwand urplötzlich", schrieb ein französischer Beobachter. „Die Auslagen waren zum Bersten voll von Waren, die Fabrikschornsteine rauchten, und auf den Straßen wimmelte es von Lastkraftwagen. Wo es auch sei, überall statt der Totenstille der Ruinen das Gerassel der Baustellen. Aber war schon der Umfang dieses Wiederaufstiegs erstaunlich, so noch mehr seine Plötzlichkeit. Er setzte auf allen Gebieten des Wirtschaftslebens auf den Glockenschlag mit dem Tage der Währungsreform ein ..."

Ludwig Erhard, Direktor für Wirtschaft der Bizone, legt am 21. April 1948 vor der 14. Vollversammlung des Wirtschaftsrates sein Programm dar und verweist die Abgeordneten auf die „völlig neuen Perspektiven, die sich für das deutsche Wirtschaftsleben abzuzeichnen beginnen". Nur die Klarheit der wirtschaftlichen Zielsetzung könne Erfolg verbürgen, wenn der Wirtschaftsrat bald vor schwere und verantwortungsvolle Entscheidungen gestellt werde: „Wenn je seit dem Zusammenbruch die schon so viel und oft getäuschte Hoffnung auf einen neuen Beginn unseres gesellschaftswirtschaftlichen Lebens berechtigt war, dann gilt das für den Augenblick, da wir selbst bei nüchterner politischer Betrachtung darauf vertrauen dürfen, dass unsere nach einer sorgfältig abgewogenen Währungsreform wieder rechenhaft werdende Wirtschaft durch die ihr aus der Marshall-Plan-Hilfe zufließenden Mittel und deren ökonomisch richtigen Einsatz eine nachhaltige und stetige Belebung erfahren wird."

Verhältnis zur Gemeindebehörde

Der Bürgermeister (Name) tritt den Flüchtlingen im Allgemeinen wohlwollend gegenüber und ist bemüht, den Flüchtlingen zu helfen. Es wird durch einige Gemeinderatsmitglieder und durch seine eigene Gemeindesekretärin schwer gemacht. Die Gemeindesekretärin (Name) ist bekannt durch ihr abweisendes Verhalten gegen Flüchtlinge und auch Einheimische. Ihr ist es zu verdanken, dass Fürsorgeanträge arbeitsunfähiger Flüchtlinge ein halbes Jahr und noch mehr unbeantwortet bleiben ...

Gerügt wird von den Flüchtlingen die vollkommen unzureichende Versorgung mit Textilien, hauptsächlich für Erwachsene und aus Kriegsgefangenschaft heimkehrende Soldaten, Schuhwerk für Erwachsene, vor allem Arbeitsschuhe, Kochtöpfe und der Mangel an Mobiliar ...

Die Währungsreform

40 Mark auf die Hand, was konnte man damit anstellen? Im Juni 1948 eine Menge. Mit 40 Mark pro Person stiegen die Bürger Westdeutschlands ein in die Wirtschaftswunderzeit.

Die Siegermächte hatten eine Zentralregierung für Deutschland eingesetzt, den Allliierten Kontrollrat. Gleichzeitig aber wirtschafteten sie selbständig in ihren jeweiligen Besatzungszonen, natürlich so wie es ihren heimischen Verfassungen entsprach. Das hieß demokratisch-marktwirtschaftlich in den westlichen Zonen, bolschewistisch-planwirtschaftlich in der sowjetischen Zone. Da blieb es dann auch nicht aus, dass die westlichen Zonen enger zusammenrückten und gemeinsam Front machten gegen den Osten. Als der US-Außenminister George Marshall im Juni 1947 ein Programm zum Wiederaufbau Europas vorlegte, nahmen nur die Staaten Westeuropas und die drei westlichen Besatzungszonen die Milliardenkredite aus den Vereinigten Staaten an. Die mittlerweile von Moskau abhängigen Staaten Osteuropas und die sowjetische Besatzungszone mussten sich auf Stalins Geheiß der Hilfe verweigern.

Um den Marshall-Plan in Deutschland umzusetzen, wurde die gänzlich zerrüttete Reichsmark abgeschafft und durch die D-Mark ersetzt. Am 20. Juni 1948 erhielt jeder Westzonen-Bewohner ein Kopfgeld von 40 DM, Guthaben wurden im Verhältnis 100 RM = 6,50 DM umgestellt. Die Währungsreform hatte durchschlagenden Erfolg: Plötzlich waren die Läden gefüllt, der Schwarzmarkt löste sich auf.

Die Ära Adenauer (1949-1963)

1949, 14. Aug.: Wahlen zum 1. Deutschen Bundestag. Die Wahlbeteiligung liegt bei 78,5 %. Die Stimmen für die Parteien verteilen sich wie folgt: SPD (Sozialdemokratische Partei Deutschlands) 29,2 %, CDU (Christlich Demokratische Union) 25,2 %, CSU (Christlich Soziale Union) 5,8 %, FDP (Freie Demokratische Partei) 11,9 %, BP (Bayernpartei) 4,2 %, DKP/DRP (Deutsche Konservative Partei/ Deutsche Reichspartei) 1,8 %, DP (Deutsche Partei) 4,0 %, Zentrum 3,1 %, EVD (Europäische Volksbewegung Deutschlands) 0,1 %, KPD (Kommunistische Partei Deutschlands) 5,7 %, Parteilose 4,8 %, RSF (Radikal-Soziale Freiheitspartei) 0,9 %, RWVP (Rheinisch-Westfälische Volkspartei) 0,1 %, SSW (Südschleswigscher Wählerverband) 0,3 %, WAV (Wirtschaftliche Aufbauvereinigung) 2,9%.

1949, 18. Aug.: Die Nachrichtenagenturen der drei westdeutschen Besatzungszonen – die Deutsche Nachrichtenagentur (dena), der Deutsche Pressedienst (dpd) und die Süddeutsche Nachrichtenagentur (südena) – schließen sich zur Deutschen Presse-Agentur (dpa) zusammen.

1949, 28. Aug.: Gründung der Deutschen Akademie für Sprache und Dichtung in Darmstadt.

1949, 12. Sept.: Die Bundesversammlung wählt in Bonn den Bundespräsidenten: Im zweiten Wahlgang setzt sich Theodor Heuss (FDP) gegen Kurt Schumacher (SPD) durch.

1949, 15. Sept.: Wahl Konrad Adenauers (CDU) zum Bundeskanzler.

1949, 17. Sept.: Eröffnung des ersten Oktoberfestes in München seit elf Jahren.

1949, 18. Sept.: Eröffnung der ersten bundesdeutschen Buchmesse in Frankfurt/Main.

1949, 20. Sept.: Bildung des ersten Kabinetts Adenauer aus CDU/ CSU, FDP und DP.

1949, 21. Sept.: Das Besatzungsstatut tritt in Kraft, Amtsantritt der Alliierten Hohen Kommissare.

1949, 24. Sept.: In Bonn wird das deutsche Nationale Olympische Komitee (NOK) wiederbegründet.

1949, 30. Sept.: Die Alliierten stellen nach über 277.000 Hilfsflügen die Luftbrücke nach West-Berlin ein.

1949, 7. Okt.: Gründung der Deutschen Demokratischen Republik (DDR). Die Provisorische Volkskammer (bisher 2. Deutscher Volksrat) setzt die Verfassung in Kraft.

1949, 10. Okt.: Wahl der Provisorischen Länderkammer durch die fünf Landtage der DDR.

1949, 11. Okt.: Die Provisorische Volkskammer und die Provisorische Länderkammer wählen einstimmig den SED-Vorsitzenden Wilhelm Pieck zum Präsidenten der DDR.

1949, 12. Okt.: Die Provisorische Volkskammer bestätigt die Provisorische Regierung aus Vertretern der SED (Sozialistische Einheitspartei Deutschlands), LDP (Liberal-Demokratische Partei), CDU (Christlich Demokratische Union), NDPD (National-Demokratische Partei Deutschlands) und DBD (Demokratische Bauernpartei Deutschlands). Otto Grotewohl wird Ministerpräsident der DDR.

Wahlplakat zum ersten Bundestag am 14. August 1949.

1949, 12. – 14. Okt.: Gründungskongress des Deutschen Gewerkschaftsbundes (DGB) in München. Erster Vorsitzender wird Hans Böckler.

1949, 19. Okt.: Der „Bundesverband der Deutschen Industrie" (BDI) wird gegründet.

1949, 22. Nov.: Die Alliierten Hohen Kommissare und Bundeskanzler Adenauer unterzeichnen das Petersberger Abkommen. Es berechtigt die Bundesrepublik unter anderem, konsularische Beziehungen zu westlichen Staaten aufzunehmen und internationalen Organisationen beizutreten.

1950, 8. Febr.: Die Volkskammer billigt das Gesetz zur Bildung des Ministeriums für Staatssicherheit (MfS) in der DDR.

1950, 3. März: Unterzeichnung der Saar-Konventionen in Paris. Das Abkommen garantiert die politische Autonomie des Saargebiets und legt dessen wirtschaftlichen Anschluss an Frankreich fest.

1950, 7. März: Bundeskanzler Konrad Adenauer spricht sich in einem Interview mit dem Journalisten Kingsbury-Smith vom „International News Service" (INS) für eine deutsch-französische Union mit einem gemeinsamen Parlament aus.

1950, 6. – 14. Mai: Auf Initiative des Präsidenten des Fotoverbandes, Bruno Uhl, findet in Köln die erste „photokina" statt. Für die künstlerische und organisatorische Konzeption der „Bilderschauen", die sich zu einem international bedeutenden Forum der Fotografie entwickeln, zeichnet L. Fritz Gruber verantwortlich.

1950, 1. Juni: Inkrafttreten des Gesetzes der Alliierten Hohen Kommission vom 30.3.1950 zur Verhinderung einer deutschen Wiederaufrüstung.

1950, 3. Juni: Den erstmals vergebenen Friedenspreis des Deutschen Buchhandels erhält der jüdische Erzähler Max Tau.

1950, 6. Juni: Polen und die DDR erklären in Warschau die Oder-Neiße-Linie zur endgültigen deutsch-polnischen Grenze.

1950, 10. Juni: Die bundesdeutschen Radiostationen schließen sich in München zur Arbeitsgemeinschaft der Rundfunkanstal-

Bundeskanzler Konrad Adenauer nach der Unterzeichnung des Petersberger Abkommens am 22. November 1949. Durch die Zugeständnisse der Alliierten Hohen Kommission wird das Petersberger Abkommen als erster Schritt der Bundesrepublik Deutschland zu einem eigenen Staat gewertet.

ten Deutschlands (ARD) zusammen. Sie soll die gemeinsamen Interessen der Sender wahrnehmen und die Programme aufeinander abstimmen.

1950, 25. Juni: Nordkoreanische Streitkräfte rücken in Südkorea ein: Beginn des Koreakrieges.

1950, 6. Juli: Unterzeichnung des Görlitzer Abkommens über die Oder-Neiße-Grenze zwischen Polen und der DDR. Gründung des „Deutschen Schriftstellerverbandes" (DSV) in Hannover.

1950, 8. Juli: Die Bundesrepublik tritt dem Europarat als assoziiertes Mitglied bei.

1950, 19. Juli: In Frankfurt am Main wird der Zentralrat der Juden in Deutschland gegründet.

1950, 1. Sept.: Die Firma Henkel bringt mit einer großen Werbekampagne erstmals seit elf Jahren das Waschmittel „Persil" wieder auf den Markt.

1950, 29. Sept.: Aufnahme der DDR in den osteuropäischen Rat für Gegenseitige Wirtschaftshilfe (RGW/COMECON).

1950, 9. Okt.: Rücktritt des Bundesinnenministers Gustav Heinemann aus Protest gegen die Haltung der Regierungsmehrheit zur westdeutschen Wiederbewaffnung und gegen den Führungsstil Konrad Adenauers.

1950, 15. Okt.: Wahlen zur Volkskammer, zu Land-, Kreistagen und Gemeindevertretungen der DDR. 99,7 % der Wähler votieren für die Abgeordneten der Nationalen Front.

1950, 26. Okt.: Der CDU-Abgeordnete Theodor Blank wird zum Beauftragten des Bundeskanzlers für die mit der Unterbringung der alliierten Truppen zusammenhängenden Fragen ernannt.

1950, 4. Nov.: Unterzeichnung der Europäischen Konvention der Menschenrechte und Grundfreiheiten in Straßburg.

1950, 11. Dez.: Gründung des Deutschen Sportbundes (DSB) in Hannover als Dachorganisation des Sportes in der Bundesrepublik Deutschland.

1950, 22. Dez.: Bundeskanzler Adenauer beruft einen Sachverständigenrat ein, der militärisch-technische Fragen eines bundesdeutschen Wehrbeitrages klären soll. Leiter des Gremiums wird Theodor Blank. Dem Rat gehören außerdem die ehemaligen Wehrmachtsgeneräle Adolf Heusinger und Hans Speidel an.

1951, 18. Jan.: Premiere des Films „Die Sünderin" in Frankfurt/Main. Der Film wird wegen einer kurzen Nacktszene mit Hildegard Knef zu einem Skandal.

1951, 20. – 22. Jan.: 3. Kongress der Gesellschaft für Deutsch-Sowjetische Freundschaft (DSF) in Berlin (Ost); Wahl von Friedrich Ebert (SED) zum Präsidenten.

1951, 25. Jan.: Grundsätzliche Einigung zwischen Bundeskanzler Adenauer und dem Vorsitzenden des Deutschen Gewerkschaftsbundes (DGB) Hans Böckler über die Mitbestimmung im Montanbereich.

1951, 15. Febr.: Der Bundestag verabschiedet das Gesetz über die Errichtung des Bundesgrenzschutzes (BGS). Mit dem BGS wird eine dem Bundesinnenministerium unterstellte Sonderpolizei des Bundes geschaffen.

1951, 6. März: Erste Revision des Besatzungsstatuts. Danach erhält die Bundesrepublik begrenzte Souveränität in außenpolitischen und wirtschaftlichen Bereichen.

1951, 15. März: Errichtung des Auswärtigen Amtes der Bundesrepublik Deutschland. Bundeskanzler Adenauer übernimmt zusätzlich das Amt des Außenministers.

1951, 10. Apr.: Der Deutsche Bundestag verabschiedet das Gesetz über die Montan-Mitbestimmung.

1951, 18. Apr.: Die Außenminister der Benelux-Staaten, Frankreichs, Italiens und der Bundesrepublik unterzeichnen in Paris den Vertrag über die Gründung einer Europäischen Gemeinschaft für Kohle und Stahl (EGKS), der sog. Montanunion.

1951, 2. Mai: Das Ministerkomitee des Europarates billigt die Aufnahme der Bundesrepublik als vollberechtigtes Mitglied des Rates. Das Saarland bleibt assoziiertes Mitglied.

1951, 21. Mai: Das Gesetz über die Mitbestimmung der Arbeitnehmer in der Montanindustrie tritt in Kraft.

1951, 14. – 18. Juni: Adenauer unternimmt seinen ersten offiziellen Staatsbesuch ins Ausland nach Italien.

1951, 21. Juni: Die Vollkonferenz der UNESCO in Paris beschließt die Aufnahme der Bundesrepublik Deutschland.

1951, 26. Juni: Die Bundesregierung verbietet die sozialistische „Freie Deutsche Jugend" (FDJ) und begründet dies damit, dass diese verfassungswidrig sei.

1951, 1. Juli: Auf der Berliner Avus wird zum ersten Mal seit Kriegsende wieder ein Autorennen ausgetragen.

1951, 9. Juli: Großbritannien erklärt als erste der drei Westmächte die Beendigung des Kriegszustandes mit Deutschland, Frankreich folgt am 13.7. und die USA am 19.10.1951.

1951, 1. Sept.: Einführung der „Zehnjahresschule" in der DDR.

1951, 10. – 14. Sept.: Außenministerkonferenz der drei Westmächte in Washington zur Deutschlandpolitik. Die drei Westmächte beschließen, die Bundesrepublik „auf der Grundlage der Gleichberechtigung in eine kontinental-europäische Gemeinschaft" zu integrieren. Die Bundesrepublik soll ferner an der westlichen Verteidigung beteiligt und das Besatzungsstatut durch einen Deutschlandvertrag so lange ersetzt werden, bis eine Friedensregelung mit einem geeinten Deutschland folgt.

1951, 20. Sept.: In Berlin wird das Interzonenhandelsabkommen zwischen der Bundesrepublik Deutschland und der DDR (Berliner Abkommen) unterzeichnet.

1951, 1. Okt.: Die Bundesrepublik tritt dem „Allgemeinen Zoll- und Handelsabkommen" (GATT) bei.

1951, 8. Okt.: In der DDR werden die Rationierung aller Produkte bis auf Fleisch, Fett und Zucker aufgehoben und Preissenkungen für Textilien und Backwaren eingeleitet.

1951, 24. Okt.: Auf der Jahreshauptversammlung des Deutschen PEN-Zentrums spaltet sich die bisher gesamtdeutsche Schriftstellervereinigung. Die Gründung des westdeutschen PEN-Zentrums findet am 4.12. in Darmstadt statt.

1951, 20. – 22. Nov.: Pariser Konferenz der drei Westmächte mit dem deutschen Bundeskanzler: Verabschiedung des Entwurfs des Deutschlandvertrages.

1951, 3. Dez.: Bundeskanzler Adenauer trifft zum Staatsbesuch in London ein, dem ersten offiziellen Besuch eines deutschen Regierungschefs in Großbritannien seit 1931.

1951, 4. Dez.: Gründung des westdeutschen PEN-Zentrums in Darmstadt. Präsident wird Erich Kästner.

1951, 9. Dez.: Volksentscheid in Baden, Württemberg-Baden und Württemberg-Hohenzollern zugunsten der Bildung des gemeinsamen Bundeslandes Baden-Württemberg.

1952, 3. Jan.: Das Gesetz zum Schutz der Jugend in der Öffentlichkeit tritt in der Bundesrepublik in Kraft. Es verbietet unter anderem Jugendlichen unter 18 Jahren den Alkoholgenuss und Jugendlichen unter 16 Jahren das Rauchen.

1952, 8. Jan.: Wilhelm Furtwängler übernimmt auf Lebenszeit die Leitung des Berliner Philharmonischen Orchesters.

1952, 15. Jan.: Die Bundesregierung leistet erstmals Entwicklungshilfe, indem sie sich mit einer halben Million DM an einem UN-Programm zur wirtschaftlichen Entwicklung der sog. Dritten Welt beteiligt.

1952, 24. Jan.: In der Bundesrepublik tritt das Mutterschutzgesetz in Kraft. Danach werden der Kündigungsschutz, die Verdienstsicherung und die Bestimmungen am Arbeitsplatz für werdende und stillende Mütter verbessert.

Andreas Kupfer aus Schweinfurt (oben, links) führte die deutsche Nationalmannschaft am 22. November 1950 zum ersten Länderspiel nach dem Zweiten Weltkrieg als Kapitän in das Stuttgarter Neckarstadion. 115.000 Zuschauer sahen den 1:0-Erfolg über die Schweiz.

1952, 2. Febr.: Wiedereröffnung der Dortmunder Westfalenhallen, des größten Sport- und Veranstaltungszentrums Europas.

1952, 6. Febr.: Der Bundestag billigt das Wahlgesetz für eine verfassunggebende gesamtdeutsche Nationalversammlung.

1952, 1. März: Rückgabe der Insel Helgoland unter deutsche Verwaltung.

1952, 17. März: Das Wohnungsbauprämiengesetz, eine der Maßnahmen zur Bekämpfung der Wohnungsnot, begründet die Bausparförderung in der Bundesrepublik.

1952, 9. Apr.: In der zweiten sog. Stalin-Note an die Westmächte erklärt sich die UdSSR zu freien gesamtdeutschen Wahlen bereit, wenn diese unter Viermächte- und nicht unter UN-Kontrolle stattfinden.

1952, 18. Apr.: Aufnahme diplomatischer Beziehungen zwischen der Bundesrepublik Deutschland und Japan.

1952, 19. Apr.: Ausstellung von Werken des von den Nationalsozialisten mit Malverbot belegten Künstlers Emil Nolde in Mannheim.

1952, 25. Apr.: Bildung des Landes Baden-Württemberg.

1952, 1. Mai: Errichtung der „Bundesanstalt für Arbeitsvermittlung und Arbeitslosenversicherung" in Nürnberg.

1952, 2. Mai: Bundespräsident Heuss und Bundeskanzler Adenauer einigen sich auf das Deutschlandlied als Nationalhymne. Bei staatlichen Anlässen soll künftig die dritte Strophe gesungen werden.

1952, 26. Mai: In Bonn wird der „Vertrag über die Beziehungen zwischen der Bundesrepublik Deutschland und den drei Westmächten" unterzeichnet. Der sog. Deutschland- oder Generalvertrag sieht die Gleichberechtigung der Bundesrepublik innerhalb der westeuropäischen Gemeinschaft vor.

1952, 26. Mai: Der Ministerrat der DDR beschließt die Errichtung einer 5 km breiten Sperrzone entlang der Demarkationslinie zur Bundesrepublik.

1952, 27. Mai: Unterzeichnung

des Vertrages über die Europäische Verteidigungsgemeinschaft (EVG) in Paris.
1952, 24. Juni: Die erste Ausgabe der Bild-Zeitung des Verlegers Axel Springer umfasst 250.000 Exemplare.
1952, 23. Juli: Inkrafttreten des Vertrages über die Montanunion.
1952, 23. Juli: In der DDR tritt das Gesetz über die „Demokratisierung des Aufbaus und der Arbeitsweise der staatlichen Organe" sowie die Aufhebung der Länder und die Neugliederung der DDR in 14 Bezirke und 217 Kreise in Kraft.

ken an die Opfer des Nationalsozialismus enthüllt.
1952, 11. Okt.: Verkündung des Betriebsverfassungsgesetzes in der Bundesrepublik, in dem die Mitwirkung und Mitbestimmung der Arbeitnehmer in sozialen, personellen und wirtschaftlichen Angelegenheiten in privatwirtschaftlichen Betrieben festgelegt wird.
1952, 23. Okt.: Das Bundesverfassungsgericht verbietet die neonazistische „Sozialistische Reichspartei" (SRP). Gründung des „Deutschen Roten Kreuzes" (DRK) der DDR in Dresden.

1953, 25. März: Der Bundestag verabschiedet das Bundesvertriebenengesetz, das die Eingliederung von Vertriebenen und Flüchtlingen aus den früheren deutschen Ostgebieten und der DDR bundesweit einheitlich regelt.
1953, 27. März: Das deutsch-israelische Wiedergutmachungsabkommen tritt in Kraft.
1953, 6. – 17. Apr.: Bundeskanzler Konrad Adenauer besucht zum ersten Mal die USA.
1953, 1. Mai: Im erstmals seit 1943 ausgetragenen Endspiel um den DFB-Pokal besiegt Rot-Weiß Essen im Düsseldorfer Rheinstadion Alemannia Aachen 2:1.
1953, 2. Juni: Krönung Elizabeth II. von Großbritannien. Die auch im deutschen Fernsehen ausgestrahlte Direktübertragung der Krönungsfeierlichkeiten ist die erste Sendung im Rahmen der Eurovision.
1953, 17. Juni: Der Streik gegen die Normenerhöhung in Ost-Berlin weitet sich auf 72 Städte und zahlreiche Ortschaften in der DDR zum Aufstand gegen das kommunistische Regime aus. Die Demonstrationen werden von sowjetischen Soldaten und DDR-Volkspolizisten

FAHNDUNG GROSSE DREI FUNKER BANDITEN

30000-DM-Bild-Wettbewerb

Grenze bei Helmstedt wird gesichert!

10 Pfg Bild ZEITUNG

Dienstag, 24. Juni 1952 · Hamburg · Nr. 1

Ist Churchill zu alt? Englische Presse diskutiert den Rücktritt des britischen Premierministers

Erstausgabe der Bildzeitung vom 24. Juni 1952.

1952, 25. Juli: Die Kultusministerkonferenz der Bundesländer einigt sich auf eine neunjährige Schulpflicht.
1952, 7. Aug.: Gründung der „Gesellschaft für Sport und Technik" (GST) zur paramilitärischen und wehrsportlichen Erziehung und Ausbildung von Jugendlichen in der DDR.
1952, 1. Sept.: Das Gesetz über den Lastenausgleich in der Bundesrepublik tritt in Kraft. Darin werden Sonderleistungen für Kriegsbeschädigte, Heimatvertriebene und Flüchtlinge geregelt.
1952, 10. Sept.: Unterzeichnung des Wiedergutmachungsabkommens, des so genannten Luxemburger Abkommens, mit Israel in Luxemburg.
1952, 14. Sept.: An der ehemaligen Hinrichtungsstätte der Haftanstalt Plötzensee in West-Berlin wird ein Mahnmal zum Geden-

1952, 10. Dez.: In Stockholm und Oslo werden die Nobelpreise übergeben. Der deutsche Theologe und Missionsarzt Albert Schweitzer erhält den Friedensnobelpreis.
1953, 27. Febr.: Unterzeichnung des Londoner Abkommens über die Regelung der deutschen Auslandsschulden. Die Bundesrepublik Deutschland erklärt sich darin bereit, die Auslandsschulden des Deutschen Reiches seit dem Ersten Weltkrieg zu übernehmen.
1953, 1. März: Eröffnung der dritten „Deutschen Kunstausstellung" in Dresden, auf der ein Querschnitt des „sozialistischen Realismus" gezeigt wird.
1953, 5. März: Der 73-jährige sowjetische Partei- und Regierungschef Josef Stalin stirbt in Moskau an den Folgen eines Schlaganfalls.
1953, 19. März: Der Bundestag ratifiziert den Deutschland- und den EVG-Vertrag.

Karikatur zum Lastenausgleich. Der Bundestag billigte am 16. Mai 1952 nach einer zweiwöchigen Debatte das Gesetz über den Lastenausgleich. Die Verabschiedung war lange Zeit fraglich, weil nicht nur die Opposition (SPD und KPD) den Gesetzentwurf heftig kritisierte, sondern auch die Vertriebenen-Abgeordneten der Koalition (CDU/CSU, FDP und DP) viele Einwände machten. Erst als die Regierung die Forderungen der Heimatvertriebenen bezüglich der Eingliederungshilfe nahezu erfüllt hatte, gab der CDU-Abgeordnete Linus Kather die Zustimmung auch der Vertriebenen-Abgeordneten bekannt. Das Lastenausgleichsgesetz wurde mit 209 gegen 145 Stimmen (SPD, KPD sowie einige Abgeordnete kleinerer Gruppen) bei elf Enthaltungen angenommen. Die SPD begründete ihre Ablehnung damit, dass nicht von einem echten Lastenausgleich gesprochen werden könne, weil ein Teil des Lastenausgleichs durch direkte oder indirekte Leistungen der Steuerzahler aufgebracht werden müsse. Der CDU-Abgeordnete Kunze nannte das Gesetz einen „Baustein zur Neugestaltung der sozialen Ordnung".

gewaltsam zerschlagen. Über insgesamt 167 Städte und Landkreise wird der Ausnahmezustand verhängt.
1953, 21. Juni: Das ZK der SED beschließt eine Kurskorrektur. Die Normenerhöhung wird zurückgenommen, Fahrpreisermäßigung, Erhöhung der Mindestrenten und Forcierung des Wohnungsbauprogramms werden beschlossen.
1953, 25. Juni: Der Bundestag verabschiedet ein neues Wahlgesetz, mit der so genannten 5-Prozent-Hürde. Danach dürfen Parteien nur noch in den Bundestag einziehen, wenn sie mindestens 5 % der abgegebenen Stimmen erhalten oder in einem Wahlkreis mindestens ein Direktmandat gewinnen. Des Weiteren erhält der Wähler zwei Stimmen für die Wahl. Mit der Erststimme wird der Kandidat in einem Wahlkreis direkt gewählt und mit der Zweitstimme die Partei.
1953, 4. Aug.: Der 17. Juni wird durch Bundesgesetz zum „Tag der deutschen Einheit“ bestimmt.
1953, 20. Aug.: Bekanntgabe der Zündung der ersten sowjetischen Wasserstoffbombe.
1953, 25. Aug.: Gründung des Technischen Hilfswerkes als Katastrophenschutzorganisation des Bundes.
1953, 7. Okt.: Einstimmige Wiederwahl Wilhelm Piecks zum Präsidenten der DDR.
1953, 9. – 20. Okt.: Wiederwahl Adenauers zum Bundeskanzler. Bildung seiner zweiten Regierung aus CDU, CSU, FDP, Deutsche Partei (DP), und Gesamtdeutscher Block/ Bund der Heimatvertriebenen und Entrechteten (GB/BHE).
1953, 10. Dez.: Verleihung der Nobelpreise in Stockholmund Oslo: Hermann Staudinger erhält für die Erfindung der Makromoleküle, die Voraussetzung für die Herstellung von Kunstfasern und Kunststoffen sind, den Nobelpreis für Chemie, Winston S. Churchill erhält den Literatur- und George C. Marshall den Friedensnobelpreis.
1953, 27. Dez.: Ruth Leuwerik und O.W. Fischer werden als beliebteste Schauspieler des bundesdeutschen Films in Hamburg mit dem „Bambi“ ausgezeichnet.
1954, 26. Febr.: Der Bundestag beschließt die erste Wehrergänzung zum Grundgesetz. Am 19.3. wird sie vom Bundesrat angenommen und am 25.3. von der Alliierten Hochkommission mit dem Zusatz genehmigt, dass sie erst in Kraft tritt, wenn die EVG gegründet ist. Dieses erste Wehrverfassungsgesetz regelt die Zuständigkeit des Bundes in Verteidigungs-, Wehrpflicht- und Zivilschutzangelegenheiten und gibt damit dem Bund das Recht zur Gesetzgebung über die Verteidigung einschließlich der Einführung einer allgemeinen Wehrpflicht.
1954, 9. März: Uraufführung des Films „Ernst Thälmann - Sohn seiner Klasse“ in der DDR. 1955 folgt der zweite Teil „Ernst Thälmann - Führer seiner Klasse“. Für Schulen und Betriebe gilt Besuchspflicht.

Adenauer auf den Treppen des Kapitols in Washington im April 1953. Der erste Besuch eines deutschen Regierungschefs in den USA war ein Zeichen für das wieder gewonnene Internationale Ansehen der Bundesrepublik.

1954, 7. Apr.: Die Bundesregierung und der Bundestag lehnen die Anerkennung der DDR ab und stellen den Alleinvertretungsanspruch der Bundesrepublik fest.
1954, 21. Mai: Als Gedenkstätte für die Opfer der beiden Weltkriege wird in Köln das Mahnmal der „Trauernden Eltern“ nach Entwürfen von Käthe Kollwitz aufgestellt.
1954, 1. Juni: Gründung der „Deutschen Lufthansa“ in der DDR (1958 in „Interflug“ umbenannt).
1954, 9. Juni: Einrichtung einer Bundesprüfstelle zur Beachtung des Gesetzes über die Verbreitung jugendgefährdender Schriften.
1954, 14. Juni: Konstituierung des Kuratoriums „Unteilbares Deutschland, Volksbewegung für die Wiedervereinigung“ aus 128 führenden Vertretern aller Gebiete des öffentlichen Lebens.
1954, 17. Juni: Erstmals wird in der Bundesrepublik Deutschland der „Tag der deutschen Einheit“ als gesetzlicher Feiertag begangen.
1954, 4. Juli: Mit einem 3:2 Sieg über Ungarn wird die Bundesrepublik in Bern Fußballweltmeister.
1954, 7. – 11. Juli: In Leipzig findet zum ersten Mal der Evangelische Kirchentag statt.
1954, 17. Juli: Theodor Heuss wird in West-Berlin erneut zum Bundespräsidenten gewählt.
1954, 30. Aug.: Die französische Nationalversammlung lehnt den EVG-Vertrag ab; damit ist die Gründung einer Europäischen Verteidigungsgemeinschaft gescheitert.
1954, 29. Sept.: Als erste deutsche Familienserie im Fernsehen geht „Unsere Nachbarn heute Abend: Familie Schölermann“ auf Sendung.
1954, 13. Nov.: Aufruf des neugegründeten „Zentralen Ausschusses für Jugendweihe“ an Eltern und Erzieher zur Einführung der Jugendweihe in der DDR.
1954, 13. Dez.: Der Rechtsausschuss des Bundestages lehnt es ab, unverheirateten Frauen die Anrede „Frau“ für den Umgang mit Behörden zuzugestehen. Damit bleibt die Bezeichnung „Fräulein“ im amtlichen Sprachgebrauch gültig.
1954, 21. Dez.: In der Bundesrepublik tritt das Wohnungsbauprämiengesetz in Kraft.
1955, 25. Jan.: Die Sowjetunion erklärt den Kriegszustand mit Deutschland für beendet.
1955, 17. Febr.: Die Kultusminister der Länder, außer Bayern, einigen sich auf ein Abkommen zur Vereinheitlichung des Schulwesens in der Bundesrepublik. Das Schuljahr soll einheitlich zu Ostern beginnen, die verschiedenen Bundesländer erkennen die Abschlüsse gegenseitig an. Die Schulabschlüsse und die Lehrmittel werden angeglichen.
1955, 27. Febr.: Der Bundestag ratifiziert die „Pariser Verträge“ trotz einer großen parlamentarischen und außerparlamentarischen Opposition.
1955, 1. März: Nachdem die Bundesrepublik die Lufthoheit erhalten hat,

nimmt die Deutsche Lufthansa AG den planmäßigen Luftverkehr auf.
1955, 1. Mai: Erstes öffentliches Auftreten bewaffneter Verbände der Kampfgruppen der DDR-Betriebe („Kampfgruppen der Arbeiterklasse") bei den Mai-Demonstrationen in Ost-Berlin.
1955, 5. Mai: Die „Pariser Verträge" treten in Kraft. Abgesehen von einigen alliierten Sonderrechten wie Truppenstationierung, Berlin-Status, Wiedervereinigungs- und Friedensvertragsfrage erlischt das Besatzungsstatut, die Bundesrepublik wird bedingt souverän.
1955, 7. Mai: Beitritt der Bundesrepublik zur Westeuropäischen Union (WEU).
1955, 8. Mai: Einführung des Europapokalwettbewerbes für Fußball-Vereinsmannschaften.
1955, 9. Mai: Beitritt der Bundesrepublik zur NATO.
1955, 14. Mai: Regierungsvertreter der DDR, Albaniens, Bulgariens, Polens, Rumäniens, Ungarns, der Tschechoslowakei und der Sowjetunion unterzeichnen in Warschau den „Vertrag über Freundschaft, Zusammenarbeit und gegenseitigen Beistand". Der Warschauer Pakt ist als Gegengewicht zur NATO gedacht, sichert der Sowjetunion das Recht zur Stationierung ihrer Truppen in Ost- und Mitteleuropa und schließt die kommunistischen Staaten unter sowjetischer Führung stärker zusammen.
1955, 15. Mai: Die vier Siegermächte und Österreich unterzeichnen den Staatsvertrag, mit dem Österreich die volle Souveränität wiedererhält.
1955, 23. Juli: Das „Freiwilligen-Gesetz" der Bundesrepublik tritt in Kraft, das zunächst nur eine Rekrutierung von Freiwilligen für die zukünftige Bundeswehr vorsieht.
1955, 26. Juli: Der Generalsekretär der KPdSU, Nikita S. Chruschtschow, verkündet auf einer Kundgebung in Ost-Berlin die sowjetische Zweistaatentheorie, die von einer Teilung Deutschlands ausgeht. Sie besagt, dass die Wiedervereinigung Sache der Deutschen selbst sei und eine Beseitigung der „sozialen Errungenschaften" der DDR nicht in Frage komme.
1955, 27. Aug.: Das NOK der DDR und das der Bundesrepublik beschließen die Entsendung einer gesamtdeutschen Olympiamannschaft zu den Olympischen Spielen nach Melbourne.
1955, 8. – 14. Sept.: Bundeskanzler Adenauer reist mit einer Regierungsdelegation nach Moskau. Am 12.9. unterzeichnen der sowjetische Ministerpräsident Nikolai A. Bulganin (1895-1975) und Adenauer eine Vereinbarung über die Aufnahme diplomatischer Beziehungen und über die Rückführung der letzten deutschen Kriegsgefangenen.
1955, 22./23. Sept.: Der Bundestag billigt die Moskauer Vereinbarungen über die Aufnahme diplomatischer Beziehungen.
1955, 22. Sept.: Bundeskanzler Adenauer verkündet vor dem Bundestag die sog. Hallstein-Doktrin, nach der die Bundesregierung keine diplomatischen Beziehungen mit Staaten unterhalten könne, die die DDR anerkennen (mit Ausnahme der Sowjetunion).
1955, 7. Okt.: Die ersten Spätheimkehrer aus der sowjetischen Kriegsgefangenschaft treffen im Lager Friedland/Kreis Göttingen ein.
1955, 23. Okt.: Die Bevölkerung des Saarlandes lehnt in einer Volksabstimmung mit 67,71 % der Stimmen das Saarstatut ab, das die politi-

Das Spiel ist aus. Deutschland ist Weltmeister. Stehend von links: Bundestrainer Josef („Jupp") Herberger, Fritz Walter, Helmuth Rahn, Joseph („Jupp") Posipal, Horst Eckel, Werner Liebrich, Otmar Walter, Hans Schäfer und Max Morlock. Kniend von Links: Karl May, Toni Turek und Werner Kohlmeyer. „Die Helden von Bern" gewannen das WM-Finale am 4. Juli 1954 gegen den hohen Favoriten Ungarn mit 3:2 Toren.

sche Autonomie und die wirtschaftliche Angliederung des Saarlandes an Frankreich vorsah. Rücktritt der Landesregierung Hoffmann.
1955, 1. Nov.: Das „Gesetz über Staatswappen und die Staatsflagge der DDR" vom 26. September tritt in Kraft. Danach hat die offizielle Fahne die Farben Schwarz-Rot-Gold; das Wappen besteht aus Hammer und Zirkel, von einem Ährenkranz umgeben.
1955, 20. Dez.: Der italienische Außenminister Gaetano Martino (1900-1967) und Bundesarbeitsminister Anton Storch (1892-1975) unterzeichnen in Rom ein Abkommen, das die Beschäftigung von zunächst 100.000 italienischen Arbeitern in der Bundesrepublik vorsieht.
1955, 23. Dez.: Uraufführung des österreichischen Spielfilms „Sissi" in München mit Romy Schneider und Karlheinz Böhm in den Hauptrollen. Der zweite Teil, „Sissi, die junge Kaiserin", kommt im nächsten Jahr und der letzte Teil, „Sissi, Schicksalsjahre einer Kaiserin", 1957 in die Kinos.

Dass der Film herzlich wenig mit den geschichtlichen Tatsachen übereinstimmte – das Premierenpublikum störte sich am 21. Dezember 1955 kaum daran. Der Film wurde ein großer Erfolg, dank einer höchst populären Besetzung: Karlheinz Böhm als Kaiser Franz Josef, der sich nicht für die von seiner Mutter ausgesuchte Braut, sondern für deren jüngere Schwester Elisabeth, genannt Sissi, entscheidet, Magda Schneider, Gustav Knuth, Peter Weck, Josef Meinrad u.a. Für die Hauptdarstellerin Romy Schneider aber wurde Sissi ein „Markenzeichen", von dem Romy Schneider sich eigentlich erst nach ihrer Übersiedelung nach Frankreich hat lösen können.

1956, 24. – 30. März: Auf der III. Parteikonferenz der SED wird die Direktive für den nächsten Fünfjahresplan festgelegt. Die Zielsetzung lautet „Modernisierung, Mechanisierung und Automatisierung" und sieht eine Leistungssteigerung von 50 % bis 1960 vor.
1956, 1. Apr.: Der Bundesnachrichtendienst (BND) nimmt in Pullach bei München offiziell seine Tätigkeit auf.
1956, 1. Mai: Vor dem Rathaus Schöneberg in West-Berlin demonstrieren 100.000 Menschen für die Wiedervereinigung Deutschlands.
1956, 8. Mai: In München wird der größte Computer Europas in Betrieb genommen.
1956, 7. Juli: Der Bundestag verabschiedet das Wehrpflichtgesetz. Damit wird die künftige Bundeswehr eine Wehrpflichtarmee. Im September wird die Dauer des Wehrdienstes auf 12 Monate festgelegt. Außerdem wird ein ziviler Ersatzdienst für Kriegsdienstverweigerer eingerichtet.
1956, 25. Juli: Der Bundesminister für Atomfragen Franz-Josef Strauß gibt das erste deutsche Programm zur Nutzung der Kernenergie bekannt.
1956, 17. Aug.: Das Bundesverfassungsgericht erklärt die KPD für verfassungswidrig und verfügt ihre Auflösung. Noch am selben Tag werden die Parteibüros geschlossen und die Druckereien beschlagnahmt.
1956, 2. Okt.: Deutsche Erstaufführung des Theaterstückes „Das Tagebuch der Anne Frank" im Rahmen der Berliner Festwochen.
1956, 11. Okt.: Der Bundestag beschließt die Einführung einer zentralen „Verkehrssünderkartei" mit Sitz in Flensburg.
1957, 1. Jan.: Das Saarland wird zehntes Bundesland der Bundesrepublik Deutschland. Erster Ministerpräsident wird Hubert Ney (1892-1984).
1957, 21. Jan.: Der Bundestag verabschiedet das Gesetz über die Rentenreform und führt damit die Dynamische Rente ein.
1957, 1. März: In mehreren Betrieben der Bundesrepublik Deutschland wird die 45-Stunden-Woche eingeführt.
1957, 23. März: Das Bundesarbeitsgericht in Kassel stellt fest, dass das Gleichberechtigungsgesetz auch beim Abschluss von Tarifverträgen gilt. Dementsprechend sind tarifliche Bestimmungen, die für Frauen bei gleicher Tätigkeit einen geringeren Lohn vorsehen als für Männer, nichtig.
1957, 25. März: Vertreter der Benelux-Staaten, Frankreichs, Italiens und der Bundesrepublik Deutschland unterzeichnen die sog. Römischen Verträge über die Schaffung der Europäischen Wirtschaftsgemeinschaft (EWG) und der Europäischen Atomgemeinschaft (EURATOM).
1957, 21. Mai: Das Bundesverfassungsgericht stellt fest, dass West-Berlin ein Land der Bundesrepublik ist und demnach dort auch das Grundgesetz gilt.
1957, 18. Juni: Verkündung des Gesetzes über die Gleichberechtigung von Mann und Frau auf dem Gebiet des bürgerlichen Rechts in der Bundesrepublik.
1957, 1. Juli: Die ersten drei Divisionen der Bundeswehr werden der NATO unterstellt.
1957, 4. Juli: Der Bundestag verabschiedet das Kartellgesetz gegen Wettbewerbsbeschränkungen. Der Aufbau des Bundeskartellamtes zur Sicherung des freien Wettbewerbes stellt eine der Grundlagen der freien Marktwirtschaft dar.
1957, 29. Juli: Die drei Westmächte und die Bundesrepublik veröffentlichen die „Berlin-Erklärung" zur deutschen Einheit. Darin wird die Forderung nach Viermächte-Verhandlungen und Abschluss eines Friedensvertrages mit einer freigewählten gesamtdeutschen Regierung gestellt.
1957, 1. Aug.: Aufgrund des Bundesbankgesetzes vom 26.7. wird die Deutsche Bundesbank als zentrale Notenbank der Bundesrepublik und West-Berlins gegründet.
1957, 15. Sept.: Wahlen zum 3. Deutschen Bundestag. Die CDU/CSU erreicht mit 50,2 % der gültigen Stimmen die absolute Mehrheit.
1957, 21. Sept.: Das deutsche Segelschulschiff „Pamir" sinkt südwestlich der Azoren. Nur sechs der 86 Besatzungsmitglieder können gerettet werden.

„Der Hauptmann von Köpenick". Nach dem gleichnamigen Bühnenstück von Carl Zuckmayer wurde der Film von Helmut Käutner gedreht und am 16. August 1956 uraufgeführt. In der Rolle des Schuhmachers Wilhelm Voigt feierte Heinz Rühmann wahrhafte Triumphe. Selbst das Ausland registrierte die Glanzleistung des deutschen Schauspielers. „Der Film", so die amerikanische Zeitschrift „Daily News", „ist einer der besten, die seit dem Kriege aus Deutschland gekommen sind."

1957, 3. Okt.: Willy Brandt wird zum Regierenden Bürgermeister von West-Berlin gewählt.
1957, 19. Okt.: Im Fall Jugoslawiens wird erstmals die Hallstein-Doktrin angewandt und die diplomatischen Beziehungen zwischen der Bundesrepublik und Jugoslawien abgebrochen.
1957, 22. Okt.: Konrad Adenauer wird erneut zum Bundeskanzler gewählt. Die Regierung besteht aus CDU, CSU und DP.
1957, 31. Okt.: In Garching bei München geht als erstes bundesdeutsches Kernkraftwerk ein Forschungsreaktor in Betrieb.
1957, 1. Nov.: Die 24-jährige Prostituierte Rosemarie Nitribitt (1933-1957), die offensichtlich Kontakte zu hohen Persönlichkeiten aus Industrie, Politik und Wirtschaft hatte, wird erwürgt in ihrer Wohnung in Frankfurt/Main aufgefunden. Ihr Leben und der nichtaufgeklär-

te Mord entwickeln sich zur meistdiskutierten Affäre der Nachkriegszeit und werden 1958 verfilmt.

1958, 1. Jan.: Die „Römischen Verträge“ über die Europäische Wirtschaftsgemeinschaft (EWG) und die Europäische Atomgemeinschaft (EURATOM) treten in Kraft.

1958, 27. Jan.: Die Pionierorganisation Ernst Thälmann wird sozialistische Massenorganisation für Kinder in der DDR.

1958, 24. Febr.: Der Physiker Werner Heisenberg hält in Göttingen einen Vortrag über seine „Einheitliche Theorie der Elementarteilchen“, die als „Weltformel“ bekannt wird.

1958, 7. März: Gründung des Arbeitsausschusses „Kampf dem Atomtod“ durch namhafte Atomkraftgegner aus dem politischen, kulturellen und kirchlichem Leben der Bundesrepublik.

1958, 19. – 21. März: Konstituierende Sitzung des Europäischen Parlaments in Straßburg, als gemeinsames Organ von Montanunion, Europäischer Wirtschaftsgemeinschaft und Europäischer Atomgemeinschaft.

1958, 12. Juni: In der deutsch-niederländischen Handelskammer wird ein Gutachten vorgelegt, das die Verschmutzung des Rheins als „an der Grenze des Erträglichen“ bezeichnet.

1958, 1. Juli: In der Bundesrepublik Deutschland tritt das 1957 verabschiedete Gesetz über die Gleichberechtigung von Mann und Frau in Kraft.

1958, 23. Aug.: In Hamburg läuft das erste Segelschulschiff der Bundesmarine, „Gorch Fock“, vom Stapel.

1958, 14./15. Sept.: Erstes Treffen zwischen Bundeskanzler Adenauer und dem französischen Ministerpräsidenten de Gaulle.

1958, 23. Sept.: Der amerikanische Film „Der große Diktator“ von und mit Charlie Chaplin aus dem Jahre 1940, der eine Parodie auf Adolf Hitler darstellt, wird erstmals in der Bundesrepublik gezeigt.

1958, 1. Okt.: Der amerikanische Rock 'n' Roll Sänger Elvis Presley trifft als Wehrpflichtiger zu seinem Dienst in der Bundesrepublik ein und wird von vielen hundert Fans jubelnd empfangen.

1958, 27. Nov.: Die Sowjetunion kündigt das Besatzungsstatut für Groß-Berlin auf und fordert eine entmilitarisierte Freie Stadt West-Berlin innerhalb von sechs Monaten. Im Fall der Nichterfüllung würden die sowjetischen Berlin-Rechte an die DDR übertragen werden. (Erstes Berlin-Ultimatum)

1958, 1. Dez.: Gründung der Ludwigsburger Zentralstelle zur Verfolgung nationalsozialistischer Gewaltverbrechen.

1959, 1. Jan.: Die UdSSR verzichtet auf die Zahlung der Stationierungskosten für ihre in der DDR befindlichen Truppen durch die DDR.

1959, 19. März: In einer Presseerklärung erkennt der sowjetische Partei- und Regierungschef Nikita S. Chruschtschow die Berlin-Rechte der früheren westalliierten Besatzungsmächte an und nimmt das Berlin-Ultimatum von 1958 zurück.

Nach einem beispiellosen wirtschaftlichen Aufstieg unter der Führung Adenauers und der CDU/CSU entsprach der Slogan „Keine Experimente“ zu den Bundestagswahlen 1957 genau der Stimmungslage des Volkes.

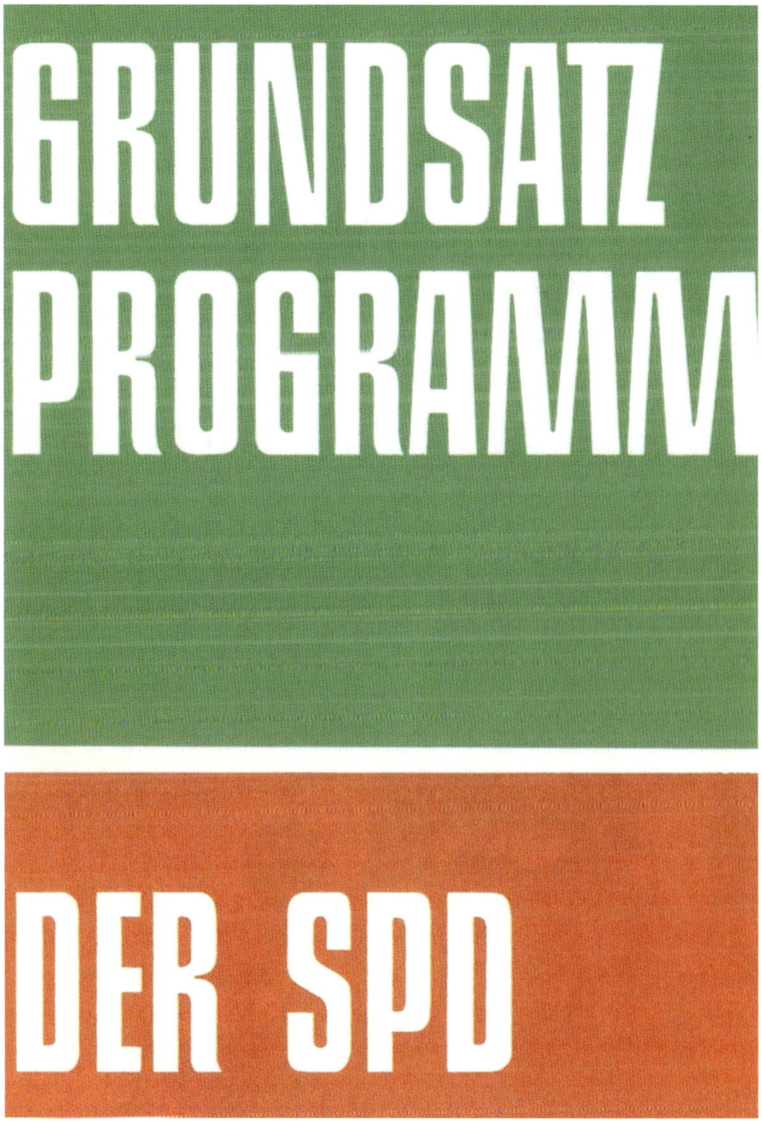

Mit dem Godesberger Programm vollzog die SPD 1959 den Abschied von den marxistischen Grundlagen einer Klassenpartei.

1959, 7. Apr.: Premiere des bundesdeutschen Spielfilms „Hunde, wollt ihr ewig leben!" von Frank Wisbar (1902-1967), der eine Aufarbeitung der Schlacht um Stalingrad 1942/43 zum Inhalt hat.
1959, 15. Apr.: In Dresden werden fünf Studenten, die gegen die politischen Verhältnisse in der DDR protestiert haben, zu Zuchthausstrafen bis zu zehn Jahren verurteilt.
1959, 9. Mai: In West-Berlin wird der Grundstein zu einer neuen Kaiser-Wilhelm-Gedächtniskirche gelegt. Sie soll das Wahrzeichen der Stadt werden. Die alte Gedächtniskirche war 1943 weitgehend zerstört worden.
1959, 3. Juni: Die Volkskammer beschließt ein Gesetz über die Einrichtung von Landwirtschaftlichen Produktionsgenossenschaften (LPG) und den Beginn der endgültigen Vergesellschaftung der Landwirtschaft.
1959, 18. Juni: Bundespräsident Theodor Heuss weiht in West-Berlin das Schloss Bellevue als seinen zweiten Amtssitz ein.
1959, 1. Juli: In West-Berlin wird Heinrich Lübke zum neuen Bundespräsidenten gewählt.
1959, 5. Juli: Nach der bundesstaatlichen Eingliederung folgt nun die wirtschaftliche Eingliederung des Saarlandes in die Bundesrepublik.
1959, 17. Aug.: Der Bayerische Rundfunk sendet erstmals den „Komödienstadel" im Fernsehen.
1959, 26./27. Aug.: Als erster US-Präsident besucht Dwight D. Eisenhower die Bundesrepublik. Dabei bekräftigt er die Garantie der westlichen Verbündeten zum Schutz West-Berlins.
1959, 26. Sept.: In West-Berlin wird an der Stelle der 1938 zerstörten Synagoge in der Fasanenstraße das neuerrichtete jüdische Gemeindezentrum eingeweiht.
1959, 5. Okt.: Die Erstausstrahlung der Krimiserie von Francis Durbridge (1912-1998) „Der Andere" wird in der Bundesrepublik zu einem großen Erfolg. Während der sechs Folgen sind die bundesdeutschen Straßen fast menschenleer.
1959, 22. Okt.: Premiere des Antikriegsfilms „Die Brücke" von Bernhard Wicki (1919-2000). Sieben sechzehnjährige Jungen werden Ende des Krieges zur sinnlosen Verteidigung einer Brücke gegen amerikanische Panzer eingesetzt, sechs von ihnen kommen dabei um. Die sensible und realistische Darstellung erhält internationale Anerkennung.
1959, 13. – 15. Nov.: Auf dem Parteitag der SPD wird das "Godesberger Programm" verabschiedet. Mit ihrem fünften Parteiprogramm vollzieht die SPD einen programmatischen Wandel zur Volkspartei und distanziert sich vom Marxismus. Wesentliche Inhalte sind das Bekenntnis zur Landesverteidigung, die grundsätzliche Bejahung der freien Marktwirtschaft bei öffentlicher Kontrolle wirtschaftlicher Machtkonzentration, die Einführung einer staatlichen Mindestrente und die Gleichstellung der Frau.
1960, 18. Jan.: Bundeskanzler Konrad Adenauer trifft sich in Bonn mit dem Präsidenten des Jüdischen Weltkongresses, um über die jüngsten antisemitischen Ausschreitungen zu beraten.
1960, 29. Jan.: Erich Mende wird zum neuen Bundesvorsitzenden der FDP gewählt.
1960, 11. März: Der Bundestag beschließt, zur Wiedergutmachung an den Opfern des Nationalsozialismus an Norwegen 60 Millionen und an Dänemark 16 Millionen DM zu zahlen.
1960, 12. – 24. März: Bei seinem USA-Besuch trifft Bundeskanzler Adenauer am 14. März erstmals auf den israelischen Ministerpräsidenten David Ben Gurion (1886-1973).
1960, 14. Apr.: Die Kollektivierung der Landwirtschaft in der DDR wird abgeschlossen und als „endgültiger Sieg der sozialistischen Produktionsverhältnisse auf dem Lande" bewertet.
1960, 3. Mai: Der Bundesvertriebenenminister Theodor Oberländer (1905-1998) tritt wegen der gegen ihn erhobenen Vorwürfe, an Kriegsverbrechen im Zweiten Weltkrieg beteiligt gewesen zu sein, von seinem Amt zurück.
1960, 23. Mai: Der israelische Ministerpräsident Ben Gurion gibt bekannt, dass der israelische Geheimdienst den ehemaligen SS-Obersturmbannführer Adolf Eichmann verhaftetet hat.
1960, 21. Juni: Der Deutsche Armin Hary läuft bei einem internationalen Leichtathletiksportfest in Zürich als erster Mensch die 100-Meter-Strecke in 10,0 Sekunden.
1960, 30. Juni: Herbert Wehner gibt die neuen außenpolitischen Ziele der SPD in einer Grundsatzrede vor dem Bundestag bekannt. Danach bekennt sich die SPD zur westeuropäischen Integrations- und Bündnispolitik.
1960, 18. Aug.: Unter dem Namen „Enovid" bietet eine US-amerikanische Firma die erste Antibabypille zur Empfängnisverhütung an.
1960, 18. Aug.: In einem Nachtclub in Hamburg tritt die britische Rockgruppe „The Beatles" erstmals außerhalb Großbritanniens auf.

Bild oben: *Trotz eines von ihm verursachten Fehlstarts gelang es Armin Hary 1960 bei den Olympischen Spielen in Rom, als erster und bislang einziger Deutscher Gold über 100 m zu ersprinten.*
Bild links: *„Ende der Einheit." Karikatur auf die Olympischen Spiele 1960, bei denen eine gesamtdeutsche Mannschaft an den Start ging. Ulbricht zu Adenauer: „Nu machmer nadierlich widder jeder hibbsch für sich alleene!"*

Drei Tage nach der Grenzenabriegelung in Berlin am 13. August 1961 muss Willy Brandt rund eine viertel Million Berliner auf dem Rudolf-Wilde-Platz beruhigen, die über die Maßnahmen der Volkspolizei und über das Stillhalten der westlichen Alliierten in Berlin empört sind. Brandt ruft unter großem Beifall: „Berlin erwartet mehr als Worte, Berlin erwartet politische Aktion."

Berlin 17. August 1961. Der tödlich getroffene Peter Fechter wird von Vopos und Soldaten Abtransportiert. Das Potsdamer Zentrum für Zeithistorische Forschung gibt für den Zeitraum 1961 bis 1989 an der innerdeutschen Grenze die Anzahl von 270 bis 780 Toten an.

1960, 12. Sept.: Nach dem Tod von Wilhelm Pieck am 7.9. wird das Amt des Staatspräsidenten abgeschafft und durch ein kollektives Staatsoberhaupt, den „Staatsrat der DDR" ersetzt. Erster „Staatsratsvorsitzender" wird Walter Ulbricht.
1960, 25. Nov.: Die SPD nominiert Willy Brandt zu ihrem Kanzlerkandidaten für die Bundestagswahlen 1961.
1960, 29. Nov.: Das Gesetz zur Einrichtung der Rundfunksender „Deutsche Welle" und „Deutschlandfunk" als Anstalten des Bundes tritt in Kraft. Der Sendebeginn ist der 1.1.1962.
1961, 4. Jan.: Der letzte Band des Deutschen Wörterbuches der Brüder Jacob (1785-1863) und Wilhelm Grimm (1786-1859), die vor 123 Jahren mit der Arbeit begonnen hatten, wird fertig gestellt.
1961, 18. März: Franz-Josef Strauß wird zum neuen Vorsitzenden der Christlich-Sozialen Union (CSU) gewählt.
1961, 30. März: Atomwaffengegner nehmen in zahlreichen Städten der Bundesrepublik an Ostermarschen gegen die Aufrüstung teil.
1961, 3. Apr.: Die ersten Zivildienstleistenden nehmen in der Bundesrepublik ihren Dienst in sozialen Einrichtungen auf.
1961, 23. Apr.: Herbert Wehner gibt die Koalitionsbereitschaft der SPD mit der CDU bekannt. In Sachsenhausen wird eine Gedenkstätte für die Opfer des Nationalsozialismus eingeweiht.
1961, 25. Apr.: Konrad Adenauer lehnt eine Zusammenarbeit mit der SPD ab.
1961, 4. Mai: Der Bundestag billigt den im August 1959 unterzeichneten Truppenvertrag zwischen der Bundesrepublik und den NATO-Mitgliedsstaaten. Der neue Truppenvertrag enthält wesentliche Verbesserungen für die deutsche Seite gegenüber den bisherigen Regelungen. Unter anderem werden die alliierten Manöverrechte eingeschränkt und die Zuständigkeiten der deutschen Gerichtsbarkeit erweitert.
1961, 19. Mai: Gründung der „Stiftung Volkswagenwerk" zur Förderung von Wissenschaft und Technik in Forschung und Lehre.
1961, 6. Juni: Gründung des „Zweiten Deutschen Fernsehens" (ZDF) mit Sitz in Mainz durch einen Staatsvertrag der Länder der Bundesrepublik als gemeinnützige Anstalt des öffentlichen Rechtes.
1961, 15. Juni: Der DDR Staats- und Parteichef Walter Ulbricht erklärt in einer internationalen Pressekonferenz zu innerdeutschen Absperrmaßnahmen: „Niemand hat die Absicht, eine Mauer zu errichten".
1961, 13. Aug.: Bewaffnete Volkspolizisten der DDR riegeln Ost-Berlin gegen West-Berlin ab. Der Mauerbau beginnt.
1961, 14. Aug.: Das Brandenburger Tor, zunächst Grenzübergang, wird seitens der DDR zum Westen hin geschlossen. Die Telefonverbindungen zwischen der Bundesrepublik und der DDR werden vorübergehend unterbrochen. Auch West Berlin ist von dieser Sperre betroffen.
1961, 16. Aug.: Für alle Bewohner der DDR und Ost Berlins wird die Grenze zur Bundesrepublik Deutschland gesperrt.
1961, 19. – 21. Aug.: Besuch des US-Vizepräsidenten Lyndon B. Johnson (1908-1973) in Bonn und Berlin. Johnson bekräftigt in einer Rede vor dem Schöneberger Rathaus die US-amerikanischen Sicherheitsgarantien.
1961, 7. Sept.: Ost-Berlin wird als Hauptstadt der DDR zum 15. Bezirk der DDR erklärt.

1961, 17. Sept.: Wahlen zum 4. Deutschen Bundestag. Die CDU/CSU verliert mit 45,3 % die absolute Mehrheit, bleibt aber führende politische Kraft in der Bundesrepublik. Die SPD erringt 36,2 % und die FDP 12,8 % der Stimmen.

1961, 27. Okt.: Am Berliner Sektorengrenzübergang „Checkpoint Charlie" stehen sich erstmals amerikanische und sowjetische Panzer gegenüber.

1961, 30. Okt.: Anwerbevereinbarungen für Gastarbeiter zwischen der Bundesregierung und der Türkei.

1961, 7. Nov.: Konrad Adenauer wird zum vierten Mal zum Bundeskanzler gewählt.

1961, 14. Nov.: Die neue Bundesregierung wird aus der Regierungskoalition von CDU, CSU und FDP gebildet. Erstmals in der Bundesrepublik übernimmt eine Frau einen Ministerposten: Elisabeth Schwarzhaupt (1901-1986) übernimmt das neugeschaffene Ressort für Gesundheit.

1961, 24. Nov.: Das Bundesministerium für wirtschaftliche Zusammenarbeit, das für die Entwicklungspolitik zuständig ist, wird gegründet.

1961, 10. Dez.: Verleihung der Nobelpreise in Stockholm. Den Physiknobelpreis erhält der deutsche Rudolf Ludwig Mößbauer zusammen mit dem US-Amerikaner Robert Hofstadter (1915-1990). Mößbauer erforscht die Gammastrahlen. Der von ihm formulierte Mößbauer-Effekt ermöglicht feinste Energiedifferenz- und Frequenzmessungen, mit denen Teile von Albert Einsteins Relativitätstheorie nachgewiesen werden können. Hofstadter hat den Schalenaufbau der Atomkerne erkannt und 1953 bewiesen, dass die Elementarteilchen aus sog. Quarks aufgebaut sind.

Am 15. Oktober 1963 verabschiedete der Bundestag den Kanzler. Bundestagspräsident Eugen Gerstenmaier: „Konrad Adenauer hat sich um das Vaterland verdient gemacht." „In dem Augenblick, in dem Sie gemäß der von Ihnen getroffenen Entscheidung Ihr Amt als deutscher Bundeskanzler verlassen", schrieb de Gaulle dem zurückgetretenen Adenauer, „möchte ich Ihnen sagen, welch gute Erinnerung und welch guten Eindruck ich von den persönlichen Beziehungen zwischen uns bewahren werde. Ich füge hinzu, dass unter Berücksichtigung einiger unvermeidlicher Unterschiede in der jeweiligen Politik unserer Beiden Regierungen, ich in Ihnen immer einen aufrichtigen und aktiven Befürworter der herzlichen Zusammenarbeit zwischen Deutschland und Frankreich gesehen habe und dadurch selbst in dieser Hinsicht ermutigt worden bin ... In der Erwartung, die Ehre zu haben, Sie wiederzusehen, bitte ich Sie, lieber Herr Bundeskanzler, den Ausdruck meiner freundschaftlichen Hochachtung entgegennehmen zu wollen."

Keine Berührungsängste hatten die Karikaturisten in den 60er Jahren vor der deutschen Geschichte. Nach Abschluss des Vertrages über die deutsch-französische Zusammenarbeit am 22. Januar 1963 ist man sich in Walhall einig: „Der Kerl soll uns nur hier heraufkommen". Von links: Otto von Bismarck, Kaiser Wilhelm II., Adolf Hitler, Friedrich der Große und Marschall Blücher.

1962, 24. Jan.: Die Volkskammer beschließt das „Gesetz über die allgemeine Wehrpflicht" in der DDR und in Ost- Berlin.

1962, 17. Febr.: In der Nacht vom 16. auf den 17. Februar wird Norddeutschland von der schwersten Flutkatastrophe seit 1855 heimgesucht; 330 Menschen sterben.

1962, 9. Apr.: Das „Komitee zum Studium der gesellschaftlichen Verhältnisse in Westdeutschland und ihrer Veränderungen" wird beim Nationalrat der Nationalen Front der DDR gebildet.

1962, 13. Apr.: Die britische Band „The Beatles" tritt im Hamburger „Star-Club" erstmals in neuer Besetzung mit Ringo Starr am Schlagzeug auf.

1962, 31. Mai: Der ehemalige SS-Obersturmbannführer Adolf Eichmann wird nach seiner Verurteilung durch ein israelisches Gericht im Gefängnis Ramla nahe Tel Aviv hingerichtet.

1962, 4. Juni: Im spektakulärsten deutschen Indizienprozess der Nachkriegszeit werden Vera Brühne und ihr Bekannter Johann Ferbach des Doppelmordes für schuldig erkannt und zu lebenslanger Haft verurteilt.

1962, 2. – 8. Juli: Der Staatsbesuch von Bundeskanzler Konrad Adenauer in Frankreich verhilft der deutsch-französischen Aussöhnung zum Durchbruch.

1962, 17. Aug.: Bei einem Fluchtversuch über die Berliner Mauer wird der 18-jährige Ost-Berliner Bauarbeiter Peter Fechter von DDR-Volkspolizisten angeschossen. Fechter verblutet im Niemandsland zwischen Stacheldraht und Panzersperren, ohne dass ihm DDR-Soldaten oder amerikanisches Militär zu Hilfe kommen. In den folgenden Tagen kommt es in West-Berlin zu Demonstrationen, die teilweise nur mit Polizeigewalt von einem Vordringen auf die Mauer abgehalten werden können.

1962, 4. – 9. Sept.: Der Staatsbesuch des französischen Präsidenten Charles de Gaulles in der Bundesrepublik wird von großen Sympathiebekundungen seitens der Bevölkerung begleitet.

1962, 8. Sept.: In einer Rede in Leipzig bezeichnet der Staatsratsvorsitzende Walter Ulbricht die Berliner Mauer als „antifaschistischen Schutzwall".

1962, 11. Dez.: Nachdem Verhandlungen zur Bildung einer Großen Koalition zwischen CDU und SPD gescheitert sind, wird die 5. Regierung Adenauer erneut aus einer CDU/CSU-FDP Koalition gebildet.

1963, 14. Jan.: Die Bundesrepublik bricht entsprechend der Hallstein-Doktrin ihre diplomatischen Beziehungen zu Kuba ab, nachdem der Inselstaat die DDR anerkannt und die Einrichtung einer Botschaft angekündigt hat.

1963, 22. Jan.: Der französische Staatspräsident Charles de Gaulle und Bundeskanzler Konrad Adenauer unterzeichnen im Elysée-Palast den Vertrag über die deutsch-französische Zusammenarbeit. Der sog. Elysée-Vertrag sieht eine weit reichende Zusammenarbeit beider Länder in politischen, wirtschaftlichen und kulturellen Fragen vor. Der Vertrag wird als Akt der Versöhnung beider Völker gewertet.

1963, 6. Febr.: In der DDR wird das Landwirtschaftsministerium aufgelöst und durch Landwirtschaftsräte beim Ministerrat ersetzt.

1963, 20. Febr.: In der Freien Volksbühne in West-Berlin wird das Drama „Der Stellvertreter" unter der Regie von Erwin Piscator uraufgeführt. In dem Werk von Rolf Hochhuth wird die passive Haltung des Vatikans gegenüber der Judenverfolgung im nationalsozialistischen Deutschland kritisiert.

1963, 1. Apr.: Das Zweite Deutsche Fernsehen (ZDF) nimmt seinen Sendebetrieb auf. Gleichzeitig werden in der Bundesrepublik erstmals Einschaltquoten gemessen.

1963, 10. Apr.: In dem Defa-Film „Nackt unter Wölfen" von Frank Beyer wird erstmals in einem deutschen Film das Leben in einem Konzentrationslager thematisiert.

1963, 10. Mai: In West-Berlin wird Joghurt erstmals in einer Kunststoffpackung verkauft, die nach dem Verzehr des Joghurts weggeworfen werden kann.

1963, 17. Juni: Anlässlich des 10. Jahrestages des Volksaufstandes in Ost-Berlin und der DDR erklärt Bundespräsident Heinrich Lübke den 17. Juni zum nationalen Gedenktag des deutschen Volkes.

1963, 23. – 26. Juni: Staatsbesuch des amerikanischen Präsidenten John F. Kennedy in der Bundesrepublik und in West-Berlin. Besonders bei seinem Besuch in der geteilten Stadt wird Kennedy als Symbolfigur der alliierten Garantie für die Freiheit West-Berlins begeistert gefeiert. Seine Rede vor dem Schöneberger Rathaus, in der Kennedy betont, dass alle freien Menschen, wo immer sie leben mögen, Bürger Berlins seien, beendet er auf deutsch mit den Worten: „Ich bin ein Berliner".

1963, 5. Juli: Gründung des deutsch-französischen Jugendwerkes.

1963, 15. Juli: Der SPD-Politiker Egon Bahr formuliert in einer Rede in der Evangelische Akademie Tutzingen eine neue Konzeption der deutschen Ostpolitik unter der Devise „Wandel durch Annäherung".

1963, 7. Okt.: Der Schauspieler und Regisseur Gustaf Gründgens stirbt in Manila auf den Philippinen.

1963, 13. Okt.: Der Physiker und Philosoph Carl Friedrich von Weizsäcker erhält den Friedenspreis des Deutschen Buchhandels.

1963, 15. Okt.: Rücktritt Bundeskanzler Adenauers und feierliche Verabschiedung im Deutschen Bundestag.

Abschiedsbesuch Adenauers bei de Gaulle am 21. September 1963 in Rambouillet.

Der 17. Juni

Spontan und ohne Führung brach der Aufstand gegen die SED-Herrschaft los. Die Besatzungsmacht, obwohl sie anderes vorhatte, ließ ihre Schützlinge nicht im Stich: Panzer walzten die Erhebung nieder.
Anfang der 1950er Jahre hatte sich in der DDR die Diktatur der SED weitgehend durchgesetzt. Vor diesem Hintergrund beschloss die 2. Parteikonferenz der SED im Juli 1952 den „planmäßigen Aufbau des Sozialismus". Im Mittelpunkt stand die Schwerindustrie – die viel dringlichere Herstellung von Konsumgütern wurde vernachlässigt. Stattdessen wurde den Arbeitern immer mehr abverlangt. Was sie zu leisten hatten, wurde in Form von „Normen" festgesetzt, und diese wurden ständig erhöht, ohne dass sich am kümmerlichen Lebensstandard der Werktätigen etwas änderte. Am 5. März 1953 starb der Sowjetdiktator Josef Stalin. Bald schon setzte in Moskau das „Tauwetter" ein; die Nachfolger ließen die Zügel locker und empfahlen ihren Verbündeten im Ostblock, ein Gleiches zu tun. Die Machthaber in der DDR verschliefen die Hinweise, sie paukten gnadenlos ihre Industriepläne voran.
Da platzte der Bevölkerung der Kragen. Am 16. Juni begannen die Demonstrationen, am 17. Juni wurde überall in der DDR marschiert. Zuerst hieß die Losung noch: „Nieder mit den Normen!" Bald aber ertönten andere Parolen: „Wir fordern freie, geheime Wahlen!" Und eilig herbeigeschaffte schwarz-rot-goldene Fahnen wehten über der Menge. Man stürmte die Gefängnisse und befreite politische Häftlinge und demolierte die Büros der SED. Sowjetische Panzer fuhren in den Straßen auf, sie erstickten die Revolte in Blut. Nach offiziellen Angaben kamen dabei 25 Menschen ums Leben, vermutlich waren es jedoch 300 bis 400. Die DDR-Führung, die sich während des Aufstands unsichtbar gemacht hatte, veranstaltete, kaum dass sie wieder im Sattel saß, Strafprozesse gegen 1.152 Beteiligte. Die Urteile lauteten auf insgesamt 4000 Jahre Haft.
In der Bundesrepublik wurde der 17. Juni zum Nationalfeiertag erklärt und bis 1990 als „Tag der deutschen Einheit" begangen.
Im „Archiv der Gegenwart" ist der Volksaufstand in der DDR dokumentiert:
Am 16. Juni fanden in Ostberlin Protestdemonstrationen der Arbeiterschaft gegen die Erhöhung der Arbeitsnormen um 10 Prozent statt, wobei gleichzeitig die Forderung nach freien geheimen Wahlen und nach einem Regimewechsel geäußert wurde.
Die Demonstrationen wurden durch die Arbeitsniederlegung der Bauarbeiter in der Stalin-Allee (Frankfurter Allee) ausgelöst, die in geschlossenen Zügen zum Stadtzentrum marschierten und andere Arbeiter, aber auch sonstige Passanten aufforderten, sich anzuschließen. Als sich vor dem früheren Reichsluftfahrtministerium die Massen stauten, zeigten sich der stellvertretende Ministerpräsident Heinrich Rau (SED) und Bergbauminister Fritz Selbmann (SED) am Fenster. Selbmann, der eine Ansprache hielt, wurde durch Rufe nach Ulbricht und Grotewohl unterbrochen. Auf seine Feststellung, dass er auch ein Arbeiter sei, wurde ihm erwidert: „Das hast Du aber vergessen!" In Sprechchören wurden freie Wahlen und der Rücktritt der Regierung gefordert sowie die Generalstreikparole ausgegeben.

Mit schwarz-rot-goldenen Fahnen marschieren am 17. Juni 1953 Arbeiter des Berliner Ostsektors durch das Brandenburger Tor.

Das Politbüro des ZK der SED veröffentlichte laut ADN am 16. Juni folgende Erklärung:
„1. Der Aufbau eines neuen Lebens und die Verbesserung der Lebensbedingungen der Arbeiter sowie der gesamten Bevölkerung sind einzig und allein auf der Grundlage der Erhöhung der Arbeitsproduktivität und der Steigerung der Produktion möglich. Nur die Verwirklichung der alten Losung unserer Partei ›Mehr produzieren – besser leben!‹ hat zur Wiederherstellung und zur schnellen Entwicklung der Volkswirtschaft der DDR nach dem Kriege geführt. Dieser Weg war und bleibt der einzig richtige Weg. Deshalb ist das Politbüro der Auffassung, dass die Initiative der fortgeschrittensten Arbeiter, die freiwillig zur Erhöhung der Arbeitsnormen übergegangen sind, ein wichtiger Schritt auf dem Wege zum Aufbau eines neuen Lebens ist, der dem gesamten Volk den Ausweg aus den bestehenden Schwierigkeiten weist.
Am 17. Juni entwickelten sich die Ereignisse in Ostberlin wie folgt:
Die Arbeiter und Angestellten zahlreicher Betriebe befolgten die am Vorabend ausgegebene Generalstreikparole und erschienen nicht

In ohnmächtiger Wut bewerfen aufgebrachte Jugendliche am 17. Juni 1953 heranrollende sowjetische Panzer mit Pflastersteinen. Nach der Niederschlagung des Volksaufstandes schrieb Bertold Brecht, sonst verwöhntes Aushängeschild der DDR-Kultur: „Wäre es nicht besser, die Regierung löste das Volk auf und wählte ein neues?“

an ihren Arbeitsplätzen. Schon in den frühen Morgenstunden formierten sich Demonstrationszüge, die zum Stadtzentrum marschierten. Im Laufe des Vormittags mussten Straßen und U-Bahnen im Sowjetsektor ihren Verkehr einstellen; gleichzeitig wurde die von Ostberlin geleitete S-Bahn im gesamten Berliner Stadtgebiet stillgelegt. Gegen Mittag fielen vor dem Ostberliner Regierungsgebäude in der Leipziger Straße die ersten Schüsse sowjetischer Soldaten und Volkspolizisten. Nach 12 Uhr hatten sowjetische Truppen mit Hilfe von mindestens 20 Panzern vom Typ T 34 und zahlreichen Panzerspähwagen sowie anderen, mit Maschinengewehren und Pak-Geschützen bestückten, vollbesetzten Mannschaftswagen begonnen, die Straßen um das Regierungsgebäude östlich des Potsdamer Platzes zu räumen. Hinter den Panzern, die gegen die Demonstranten anfuhren, marschierten in Schützenkette Volkspolizisten, die wiederholt mit Karabinern in die Menge schossen. Augenzeugen berichten, dass die sowjetischen Soldaten im Allgemeinen, soweit man beobachten konnte, bei ihrem allgeordneten Vorgehen in die Luft schossen. Die Demonstranten setzten trotzdem am Potsdamer Platz einen T 34 außer Gefecht, indem sie Balken zwischen die Kettenglieder steckten und die Ketten brachen. Andere Demonstranten steckten Holzpfähle in die Rohre der Geschütze oder versuchten, große Steine zwischen die Ketten zu werfen. Zwei Jugendliche holten vom Brandenburger Tor die Rote Fahne herunter. Der Befehl des sowjetischen Stadtkommandanten Generalmajor Dibrowa über die Verhängung des Ausnahmezustandes, der um 13 Uhr 30 verkündet und ständig wiederholt wurde, lautete: „Für die Herbeiführung einer besseren öffentlichen Ordnung im sowjetischen Sektor von Berlin wird befohlen:
1. Ab 13 Uhr des 17. Juni wird im sowjetischen Sektor von Berlin der Ausnahmezustand verhängt.
2. Alle Demonstrationen, Versammlungen, Kundgebungen und sonstige Menschenansammlungen von über drei Personen werden auf Straßen und Plätzen wie auch in öffentlichen Gebäuden verboten.
3. Jeglicher Verkehr von Fußgängern und der Verkehr von Kraftfahrzeugen und Fahrzeugen wird von 21 Uhr abends bis 5 Uhr morgens verboten.
4. Diejenigen, die gegen dieses Verbot verstoßen, werden nach den Kriegsgesetzen bestraft.“

Am 18. Juni entwickelte sich die Lage wie folgt:
Sowjetische Truppen in mindestens Divisionsstärke sowie kasernierte Volkspolizei-Einheiten, die zum Teil aus der Zone herangeführt wurden, haben den östlichen Teil Berlins hermetisch abgeriegelt. An den Sektorengrenzen patrouillieren Panzer und feldmarschmäßig ausgerüstete Sowjetsoldaten und Volkspolizisten. Die Demonstrationen der Berliner Arbeiter haben inzwischen auch auf die Zone übergegriffen. Aus zahlreichen Gebieten, so aus Gera, Leipzig, Dessau, Dresden, Chemnitz und Stralsund, werden Arbeitsniederlegungen und Protestkundgebungen gemeldet. Interzonenreisende berichteten, dass in Magdeburg die Demonstranten das Gefängnis gestürmt und zahlreiche Gefangene befreit hätten. Die Zahl der Toten in Ostberlin wurde mit mindestens 16 angegeben; in den Westberliner Krankenhäusern liegen 200 Verwundete. Der sowjetische Militärkommandant Dibrowa gab bekannt, dass der Westberliner Bürger Willi Göttling zum Tode durch Erschießen verurteilt worden ist. Das Urteil sei vollstreckt. Göttling habe in ausländischem Auftrag gehandelt; er sei einer der Provokateure der banditenhaften Ausschreitungen. Der stellvertretende Ministerpräsident der DDR Otto Nuschke, der am 17. Juni von Demonstranten in den Westsektor abgedrängt und auf das Polizeipräsidium gebracht worden war, wurde am 19. Juni in den Ostsektor entlassen.

Bundeskanzler Dr. Konrad Adenauer gab am 17. Juni vor dem Bundestag folgende Regierungserklärung zu den Ereignissen in Berlin ab:
„Die Ereignisse in Berlin haben in der deutschen Öffentlichkeit und darüber hinaus in der Welt starken Widerhall gefunden. Die Bundesregierung erklärt zu den Vorgängen: Wie auch die Demonstrationen der Ostberliner Arbeiter in ihren Anfängen beurteilt werden mögen, sie sind zu einer großen Bekundung des Freiheitswillens des deutschen Volkes in der Sowjetzone und Berlin geworden. Die Bundesregierung empfindet mit den Männern und Frauen, die heute in Berlin Befreiung von Unterdrückung und Not verlangen.
Wir versichern ihnen, dass wir in innerster Verbundenheit zu ihnen stehen. Wir hoffen, dass sie sich nicht durch Provokationen zu unbedachten Handlungen hinreißen lassen, die ihr Leben und die Freiheit gefährden könnten. Eine wirkliche Änderung des Lebens der Deutschen in der Sowjetzone und in Berlin kann nur durch die Wiederherstellung der deutschen Einheit in Freiheit erreicht werden, wie der Bundestag in seinem Beschluss vom 10. Juni erneut bekräftigt hat.“

Eröffnung der Neun-Mächte-Konferenz am 19. Oktober 1954 in Paris Von links: Paul-Henri Spaak (Belgien), Lester Pearson (Kanada), Pierre Mendès-France (Frankreich), Konrad Adenauer (Deutschland) Gaetano Martino (Italien), Joseph Bech (Luxemburg), J. w. Beyen (Niederlande), Anthony Eden (Großbritannien) und John Foster Dulles (USA).

Pariser Verträge

Die Eingliederung der Bundesrepublik in das Bündnissystem des Westens geriet durch das Scheitern der Europäischen Verteidigungsgemeinschaft (EVG) ins Stocken. Als Ausweg wurde aufgrund der Londoner Schlussakte ein Bündel von Abkommen beschlossen, die gemeinsam als Pariser Verträge am 24. Oktober 1954 unterzeichnet wurden: zwischen der Bundesrepublik und den Westmächten ausgehandeltes Protokoll über die Beendigung des Besatzungsregimes in Deutschland, mit dem der Deutschlandvertrag modifiziert wurde; Truppenvertrag über die Stationierung und Finanzierung alliierter Streitkräfte in Deutschland; deutsch-französisches Abkommen über die Saar (nicht ratifiziert); Protokolle zur Gründung der Westeuropäischen Union (WEU), mit denen die Voraussetzungen für den NATO-Beitritt der Bundesrepublik geschaffen wurden. Mit Inkrafttreten der Pariser Verträge erlangte die Bundesrepublik ihre Souveränität, die freilich bis 1990 durch alliierte Vorbehaltsrechte, v.a. bezüglich Berlin, Wiedervereinigung und Friedensvertrag, eingeschränkt blieb.

Heimkehr der Kriegsgefangenen

Während sich die überlebenden Deutschen in der Heimat an den Wiederaufbau machten, mussten viele Kriegsgefangene noch Jahre auf ihre Entlassung warten. Die Westmächte behandelten ihre Gefangenen (ca. 7,75 Mio.) in der Regel korrekt gemäß Genfer Konvention vom 27. Juli 1929, nur in der Phase unmittelbar vor der Kapitulation der Wehrmacht, als die Greuel in den deutschen KZn ans Licht kamen, gab es Übergriffe. Nach Kriegsende bereitete die Masse der Kapitulationsgefangenen Probleme bei ihrer Versorgung. Zeitweise mussten Hunderttausende deutscher Gefangener unter freiem Himmel bei kargen Rationen kampieren, wie etwa in den Rheinwiesenlagern der Amerikaner zwischen Ludwigshafen und Andernach, in denen mindestens 5.300, vermutlich aber über 10.000 Landser ums Leben kamen. Die Lage wurde durch Korruption in der deutschen und alliierten Lagerleitung noch verschlimmert. Während die meisten Westgefangenen rasch freikamen, mussten ca. 700.000 von den USA an Frankreich übergebene deutsche Soldaten noch viele Monate v.a. im Bergbau und beim Minenräumen arbeiten; 21.886 Todesfälle sind registiert, wahrscheinlich aber kamen über 30.000 Gefangene um.

Weit härter, wenn auch nicht ganz so hart wie die Russen in deutscher Gefangenschaft während des Krieges, traf das Schicksal die deutschen Soldaten in sowjetischem Gewahrsam. Die UdSSR hatte die Genfer Konvention nicht ratifiziert, bot aber am 17. Juli 1941, also drei Wochen nach dem deutschen Überfall, ihre Beachtung auf Gegenseitigkeit an. Da Berlin nicht reagierte und bald bekannt wurde, dass gefangene Rotarmisten in deutscher Hand zu Hundertausenden verhungerten, an Seuchen starben oder summarisch erschossen wurden, sah sich auch Moskau nicht an das Angebot gebunden. Von den in den ers-

Der historische Händedruck der „Troika" Nikolai Bulganin, Ministerpräsident der UdSSR (links), Bundeskanzler Adenauer und KPdSU-Generalsekretär Nikita Chruschtschow im September 1955.

Die Mutter eines Kriegsgefangenen küsst Konrad Adenauer – hinter ihm Carlo Schmid, ganz rechts Außenminister Heinrich von Brentano – dankbar die Hand, als er aus Moskau zurückkommt. Noch 1967, also zwölf Jahre danach, nannten bei Meinungsumfragen drei Viertel der Befragten als Adenauers größte Leistung die Heimführung der Kriegsgefangenen.

Titelblatt des Programmheftes „Illustrierte Film-Bühne" zu dem Spielfilm „08/15". Dieser dreiteilige, nach einem Roman von Hans Hellmut Kirst gedreht Kasernenhof- und Kriegsfilm (1954 und 1955) verfolgt in seiner Handlung den Gefreiten Asch (Joachim Fuchsberger) – einen gewitzten deutschen Durchschnittssoldaten des Zweiten Weltkriegs – von der Ausbildungszeit über verschiedene Kriegsschauplätze bis an die Heimatfront und zum Kriegsende. Obwohl von der Kritik nicht immer wohlwollend bedacht – „Von verklemmter Strumpfband-Erotik bis zum Lied vom Guten Kameraden werden alle Register der Kino-Orgel gezogen" – kam der Film in geschickter Weise der Unterhaltungserwartung des Publikums entgegen und wurde zu einem der größten Kassenerfolge der fünfziger Jahre.

ten beiden Jahren des Russlandfeldzugs gefangenen deutschen Soldaten kamen über 90 Prozent um; von den in Stalingrad gefangenen 90.000 Deutschen sahen nur 6.000 die Heimat wieder. In den Lagern starben bei entsetzlichen Zuständen insgesamt 1.094.250 deutsche Gefangene (von 3,35 Mio.), viele davon als willkürlich verurteilte „Kriegsverbrecher" bei der Zwangsarbeit in Sibirien. Die hohe Todesrate lag auch an der Dauer der Gefangenschaft: Erst beim Besuch Adenauers in Moskau im September 1955 konnte die Freilassung der letzten Gefangenen gegen die Aufnahme diplomatischer Beziehungen zwischen der UdSSR und der Bundesrepublik ausgehandelt werden. Sie kehrten bereits in das Westdeutschland des Wirtschaftswunders zurück.

Am 9. September, in der ersten Sitzung der Konferenz im Spiridonowka-Palais in Moskau, gab der Vorsitzende des Ministerrates der UdSSR, N.A. Bulganin, eine Grundsatzerklärung ab, die laut TASS folgenden Wortlaut hat:

„Herr Bundeskanzler! Meine Herren! Im Namen der Sowjetregierung begrüße ich Sie, Herr Bundeskanzler, und die Regierungsdelegation der Bundesrepublik Deutschland in der Hauptstadt der Sowjetunion, Moskau.

Die letzten zwei Weltkriege haben die Völker der Sowjetunion und Deutschlands die größten Opfer und materiellen Verluste gekostet. Die Folgen der ungeheuren Zerstörungen, die durch den letzten Weltkrieg verursacht wurden, sind auch heute noch nicht ganz behoben. Noch schwerer sind die Verluste, die Millionen sowjetischer Familien erlitten haben, denen ihre Nächsten durch das verbrecherische Kriegsabenteuer der Hitler'schen Eindringlinge entrissen wurden. Auch Millionen deutscher Familien wurden durch dieses Abenteuer betroffen. Diese Verluste sind unersetzlich. Die Geschichte beweist überzeugend, dass die Zeiten der Feindschaft und Entfremdung in den Beziehungen zwischen den beiden Völkern ihnen lediglich Entbehrungen und Unheil brachte.

Hingegen zogen die Völker der Sowjetunion und Deutschlands beständig großen Nutzen aus den guten gegenseitigen Beziehungen und der Zusammenarbeit zwischen ihnen.

An der Herstellung normaler Beziehungen zwischen der Sowjetunion und der Bundesrepublik Deutschland sind auch andere Völker Europas interessiert. Sie haben allen Grund zur Besorgnis angesichts der Pläne gewisser Kreise, eine Verbesserung der Beziehungen zwischen unseren Ländern zu verhindern,

das Fehlen normaler Beziehungen zu benutzen, um Feindschaft zwischen der Sowjetunion und Westdeutschland zu säen.
Diese Pläne, die die Gefahr eines neuen, noch verheerenderen Krieges in Europa in sich bergen, bedrohen die Sicherheit der Völker Europas. Darum muss derjenige, der die Festigung des Friedens in Europa anstrebt, eine Normalisierung der Beziehungen zwischen der Sowjetunion und der Bundesrepublik Deutschland wünschen."
Bundeskanzler Dr. Konrad Adenauer antwortete laut Bulletin mit folgender Grundsätzerklärung:
„Herr Ministerpräsident! Ich erfülle zunächst eine gern geübte Pflicht des Gastes, in dem ich Ihnen meinen und meiner Begleitung aufrichtigen Dank ausspreche für die Einladung, die Sie an uns gerichtet haben, und für die Gastlichkeit, mit der Sie uns hier empfangen. Die Bundesregierung und ich selbst sind uns der Bedeutung dieses Besuches wohl bewusst. Es ist eine erste offizielle Begegnung zwischen den Repräsentanten der Sowjetunion und des deutschen Volkes – ein erster Kontakt nicht nur nach vielen Jahren, in denen keine offiziellen Beziehungen zwischen beiden bestanden haben, sondern auch, nachdem Vieles sich ereignet hat, was das Gefühl der Trennung und der Fremdheit erzeugt und wachgehalten hat. Ich bin mir deshalb auch bewusst, wie schwer dieser Anfang eines Gesprächs für uns alle sein muss. Aber das ändert nichts daran, dass dieses Gespräch notwendig ist. Wir sind Nachbarn, wenn auch nicht in einem streng geographischen Sinne. Es gibt viele Dinge, für die Ihre Regierung und die meinige Verantwortung tragen, Dinge die nicht nur für das Schicksal unserer eigenen Völker von einer vitalen Bedeutung sind, sondern auch – es ist keine Anmaßung, das zu sagen – für die Lage in der Welt überhaupt. Es gibt in einer solchen Situation nur eine Haltung, in der dieses Gespräch begonnen und geführt werden kann, das ist eine rückhaltlose Freimütigkeit. Ich bitte Sie, mir zu glauben, Herr Ministerpräsident, meine Herren, dass ich hierher gekommen bin mit dem ehrlichen Willen, dieses Gespräch offen zu führen. Wenn es also auch nur ein Anfang sein kann – hoffentlich ein Anfang eines fruchtbaren und dauernden Austausches – so lassen sie uns doch versuchen, den Dingen sogleich auf den Grund zu gehen. Meine erste Aufgabe sehe ich darin, Ihnen ein Bild von der Grundhaltung zu machen, die das politische Verhalten des deutschen Volkes und seiner Regierung bestimmt, von den Triebkräften und Motiven, von den letzten Zielen, die uns leiten.
„Das oberste Gut, das es für alle Deutschen zu wahren gilt, ist Friede. Wir wissen nur zu gut, wie sehr insbesondere das sowjetische und deutsche Volk unter dem letzten Krieg gelitten haben, und ich glaube deshalb, dass ich Verständnis finde, wenn ich sage, dass das Grauen vor den Zerstörungen eines modernen Krieges, vor den millionenfachen Menschenopfern, vor der Vernichtung der Häuser und Arbeitsstätten, vor der Verwüstung von Städten und Landschaften sich allen tief eingeprägt hat. Auch in Deutschland weiß man zudem, dass die naturwissenschaftlichen und technischen Fortschritte, die seit dem letzten Krieg auf dem Gebiet der Atomspaltung und verwandten Gebieten gemacht worden sind, den Menschen Möglichkeiten der Vernichtung in die Hand geben, an die wir nur mit Schaudern denken können. Schließlich weiß jedermann in Deutschland, dass die geographische Lage unseres Landes uns im Falle eines bewaffneten Konflikts besonders gefährden würde. Sie werden deshalb niemanden in Deutschland finden, nicht nur unter den verantwortlichen Politikern, sondern auch in der gesamten Bevölkerung, der auch nur von ferne mit dem Gedanken spielt, irgendeines der großen politischen Probleme, die der Lösung harren, könne durch das Mittel des Krieges gelöst werden.

Unterzeichnung der Römischen Verträge (EWG und EURATOM) am 25. März 1957. Rechts neben Adenauer Staatssekretär Walter Hallstein.

Die Römischen Verträge

Auf dem Weg zur heutigen Europäischen Union waren die Römischen Verträge von 1957 zur Bildung einer Europäischen Wirtschaftsgemeinschaft (EWG) mit Wirkung vom 1. Januar 1958 ein erster bedeutender Schritt. Mit Belgien, der Bundesrepublik Deutschland, Frankreich, Italien, Luxemburg und den Niederlanden vereinbarten sechs ökonomisch starke, in der Montanunion verbundene westeuropäische Länder die schrittweise Integration ihrer Volkswirtschaften: Abschaffung der Binnenzölle und der Mengenbeschränkungen; einheitliche Außenzölle und gemeinsame Handelspolitik; Abbau der Hemmnisse im Personen-, Dienstleistungs- und Kapitalverkehr; gemeinsame Verkehrs- und Agrarpolitik; Vereinheitlichung des Patentrechts; Harmonisierung der Wirtschaftspolitik; Einrichtung eines Europäischen Sozialfonds; Schaffung einer gemeinsamen Investitionsbank; Assoziierung überseeischer Länder; Erweiterbarkeit der EWG. Münden sollte dies alles schließlich in einem „grenzenlosen" Binnenmarkt und einer Währungsunion. Die im römischen Quirinalpalast am 25. März 1957 unterzeichneten Verträge sahen im Einzelnen vor:

a) Aufgabe der Gemeinschaft

Aufgabe der Gemeinschaft ist es, durch die Einrichtung eines „Gemeinsamen Marktes" und „die schrittweise Annäherung der Wirtschaftspolitik der Mitgliedstaaten" eine harmonische Entwicklung der Wirtschaft innerhalb der gesamten Gemeinschaft, eine beständige und ausgeglichene Wirtschaftsausweitung, eine erhöhte Stabilität, eine beschleunigte Hebung des Lebensstandards und engere Beziehungen zwischen den Staaten zu fördern, die in dieser Gemeinschaft zusammengeschlossen sind.

b) Organe der Gemeinschaft

Die Erfüllung der Aufgaben der Gemeinschaft obliegt
einer Versammlung,
einem Ministerrat,
einer Kommission,
einem Gerichtshof.

Der Rat und die Kommission werden von einem Wirtschafts- und Sozialausschuss unterstützt, der beratende Funktionen ausübt. Die Regelung für die Organe (ihre Zusammensetzung, Verfahren für die Abstimmung usw.) wird im fünften Teil des Vertrags näher bestimmt.

c) Schrittweise Errichtung des Gemeinsamen Marktes

Der Vertrag wird auf unbegrenzte Zeit geschlossen.

Um die erforderliche Anpassung der einzelnen Volkswirtschaften an die neuen Wettbewerbsbedingungen zu ermöglichen, wird der Gemeinsame Markt im Laufe einer Übergangszeit von zwölf Jahren schrittweise errichtet. Diese Übergangszeit kann bis zu einer Gesamtdauer von fünfzehn Jahren verlängert werden. Die Übergangszeit besteht aus drei Stufen von vier Jahren. Jede Stufe entspricht einer Gesamtheit von Maßnahmen, die zusammen eingeleitet und durchgeführt werden müssen.

Eines der wesentlichsten Merkmale des Verfahrens für die Errichtung des Gemeinsamen Marktes ist sein unumstößlicher Charakter. Ist der Mechanismus für die Verwirklichung dieses Marktes inganggesetzt, so muss sein Ziel in jedem Falle erreicht werden. Es handelt sich hierbei um eine bedeutungsvolle Gewähr dafür, dass die von den Mitgliedstaaten in Anpassung an die neuen Bedingungen erbrachten Opfer nicht umsonst sein werden und nicht mit dem Risiko eines vollkommenen Stillstands und einer anschließenden Rückkehr zur früheren Lage nach einer Reihe von Jahren verbunden sind. Der Übergang von einer Stufe zur nächsten erfolgt also grundsätzlich automatisch ...

d) Dieser Teil des Vertrags enthält ferner einige grundlegende Prinzipien, die für die Anwendung des gesamten Vertrags maßgebend sind. Darin wird insbesondere Folgendes bestimmt: Die Mitgliedstaaten koordinieren ihre jeweilige Wirtschaftspolitik in dem für die Erreichung der Ziele des Vertrags erforderlichen Umfang.

Die Organe der Gemeinschaft sorgen dafür, dass die innere und äußere finanzielle Stabilität der Mitgliedstaaten nicht gefährdet wird. Unbeschadet der in den einzelnen Kapiteln des Vertrags vorgesehenen besonderen Bestimmungen ist jede auf die Staatsangehörigkeit gegründete Diskriminierung verboten ...

Ihr schwarzer Mercedes 190 SL Roadster mit roten Ledersitzen war Stadtbekannt. Doch erst nachdem die Polizei die Edelprostituierte am 1. November 1957 in ihrer Frankfurter Luxuswohnung ermordet aufgefunden hatte, wurde Rosemarie Nitribitt zur Legende. Zwar konnte ihr Fall nie aufgeklärt werden, doch der spekulativen Phantasie setze dies keine Grenzen. Da sie nachweislich Kontakte zu bedeutenden Persönlichkeiten hatte, wurde in den Medien immer wieder der Eindruck erweckt, dass bestimmte Kreise aus Wirtschaft und Politik die Aufklärung zu verhindern suchten. Immerhin, den zweifelhaften Ruhm, für den ersten Gesellschaftsskandal der Bundesrepublik gesorgt zu haben, wird dem „Mädchen Rosemarie" niemand nehmen können.

„Die Brücke"

Nach dem Roman von Manfred Gregor drehte Bernhard Wicki diesen Film, der am 22. Oktober uraufgeführt wurde.

April 1945: eine Kleinstadt in Deutschland. Acht Sechzehnjährige, sieben Jungen und ein Mädchen, Schüler eines Oberrealgymnasiums, spüren den Krieg näherkommen. Sie sind der letzte Jahrgang, der noch zur Schule geht. Die älteren hat man schon eingezogen. Die Jungen heißen Sigi Bernhard, Karl Horber, Jürgen Boichert, Walter Forst, Klaus Hager, Albert Mutz und Hans Scholten. Bei einem Fliegeralarm geht eine verirrte Bombe bei der Brücke am Fluss nieder. Nach Schulschluss besichtigen die Jungen die Sensation; Schaden hat die Bombe nicht angerichtet. Die Jungen bekommen ihre sofortige Einberufung.

Auf dem Kasernenhof beginnt die Ausbildung. Ihr Klassenlehrer Stern geht zu dem Kompaniechef, Hauptmann Fröhlich, und bittet ihn, etwas für seine Jungen zu tun; er sieht keinen Sinn darin, dass zum Schluss noch diese Kinder geopfert werden. Er verlässt resigniert den Hauptmann, ohne etwas erreicht zu haben.

Szene aus dem Spielfilm „Die Brücke", der am 22. Oktober 1959 uraufgeführt wurde. Von links: Frank Glaubrecht, Volker Lechtenbrink und Michael Hinz.

In der Nacht ist Alarm. Die Amerikaner sind durchgebrochen. Der Oberstleutnant hält an das Ersatzbataillon eine flammende Ansprache. Hauptmann Fröhlich hat inzwischen die Jungen näher kennengelernt und ist jetzt entschlossen, sie von der Front fernzuhalten. Er setzt sie vor der Stadt an der kleinen Brücke als Sicherung ein und gibt dem Unteroffizier Heilmann den Befehl, dafür zu sorgen, dass ihnen nichts passiert. Die Jungen sind enttäuscht, dass sie nicht an die Front kommen. Unteroffizier Heilmann geht in die Stadt, die Lage sondieren. Er hat eine Auseinandersetzung mit zwei Feldgendarmen und wird von ihnen erschossen. Die Jungen sitzen gelangweilt an der Brücke in ihren Stellungen. Bei einem Fliegerangriff kommt der kleine Sigi um. Dann nähern sich die amerikanischen Panzer. Die Jungen werfen sich fanatisch dem Feind entgegen. Sie erledigen zwei Panzer mit Panzerfäusten. Die restlichen Amerikaner drehen ab, um Verstärkung zu holen. Bei diesem Kampf sind vier der Jungen gefallen. Mutz und Scholten, die Übriggebliebenen, wollen nach Hause gehen. Da erscheint ein deutsches Sprengkommando, um die strategisch unwichtige Brücke zu sprengen. Als es Mutz klar wird, dass die fünf Kameraden völlig sinnlos gefallen sind, schießt er einen Mann des Sprengkommandos nieder. Die anderen Pioniere schießen zurück; Scholten wird getroffen. Mutz taumelt in die Stadt zurück.

Die SPD befürwortet die Integration in NATO und EWG

Mit dem Godesberger Programm hatte sich die SPD 1959 von Marxismus und Klassenkampf verabschiedet. Mit Herbert Wehners Rede im Bundestag am 30. Juni 1960 trennte sie sich von ihrer bisherigen außenpolitischen Doktrin, die Wiedervereinigung durch Bündnisfreiheit und ein europäisches Sicherheitssystem zu erreichen:

Herr Präsident! Meine Damen und Herren! Gleichviel, was auf den verschiedenen Seiten unseres Hauses von dieser Debatte erwartet wird, ich glaube, diese Debatte kann eigentlich nichts anderes sein als eine hoffentlich im Positiven bemerkenswerte Etappe im Ringen um das höchsterreichbare Maß an Übereinstimmung bei der Bewältigung der deutschen Lebensfragen. Mir ist es verständlich, dass dabei noch sehr stark Gefühle und Gedanken mitschwingen, die geprägt worden sind durch die jahrelangen Auseinandersetzungen über Abschnitte des Weges, den wir alle haben gehen müssen. Wie sehr das der Fall ist, zeigt sogar die Regierungserklärung des Herrn Bundesministers des Auswärtigen.

Die Frage – wechselseitig gestellt –: Werden die auf der anderen Seite des Hauses nun endlich einsehen, dass wir Recht gehabt haben? Diese Frage wird immer wieder aufkommen. Unserem Klima entsprechend – da braucht man keine Angst zu haben – wird sie auch künftig noch oft die Form einer Forderung, je nach Temperament einer sehr barsch ausgesprochenen Forderung, annehmen.

So will ich mich angesichts dessen auch gar nicht damit aufhalten, das, was in dieser Beziehung vor der heutigen Bundestagsdebatte gesagt oder geschrieben worden ist, nochmals aufzugreifen, nicht deswegen – ich bitte alle um Entschuldigung –, weil ich es missachten möchte; es waren sehr viele Anregungen und bemerkenswerte Gedanken auch in dieser Vordebatte. Aber ich meine, die Ereignisse nötigen uns, den Blick nach vorn zu richten. Allerdings muss ich auf eine Vermutung, die bei manchem auch als eine Behauptung vertreten wird, eingehen. Der Herr Bundesminister für Verteidigung, Strauß, hat den Wunsch der Sozialdemokraten nach einer gemeinsamen Außenpolitik als einen bemerkenswerten Schachzug im Ringen um die Stimmen für die Bundestagswahl im kommenden Jahr bezeichnet. Das hat er am 24. Juni getan. Aber die CDU selbst nimmt für sich in Anspruch, alles, was sie selbst tut und noch tun wird, um diese Wahl zu gewinnen, sei – und hier zitiere ich sie – von entscheidender Bedeutung für das nationale Schicksal.

So am 22. Juni im „Deutschland-Union-Dienst". – Sie bestätigen es, es entspricht Ihren Empfindungen!

Da haben Sie in der gleichen Demokratie und vor dem gleichen Grundgesetz die unterschiedliche Bewertung des Strebens demokratischer Parteien nach der Mehrheit.

In manchen Kommentaren und darunter auch in einigen Kommentaren bedeutender Auslandszeitungen ist um diese Debatte und um die ganze öffentliche Diskussion schließlich gerade das geschrieben worden, es handle sich eigentlich um bloße Taktik auf beiden Seiten. Das meine ich, und deswegen habe ich dieses Element aus dieser Vordiskussion doch aufgegriffen.

Ich meine, es kann nicht gut sein, die Volksvertreter, die Parteien und das Parlament selbst in den Geruch zu bringen, es werde von denen eigentlich gar nicht um die Sache selbst gerungen, sondern um etwas, das ganz parteiegoistischen Erwägungen entspringe.

Der Herr Bundeskanzler hat – und an diese Episode werde ich manchmal erinnert, auch in diesem Zusammenhang – im vergangenen Jahr – es muss genau vor einem Jahr gewesen sein – in einem Disput mit meinem Freund Fritz Erler gesagt, er, der Herr Bundeskanzler, sei genauso gut Demokrat wie jener, Fritz Erler nämlich, denn auch er wolle ihm ja so viel wie möglich Stimmen abjagen.

Wir stimmen wohl darin überein, dass unsere Verpflichtung auf das Grundgesetz als Wesentliches dazugehört. Jede demokratische Partei hat das Recht und ist bestrebt, die Mehrheit der Wähler zu gewinnen. Wenn aber im politischen Kampf dieses Streben als Selbstzweck verdächtigt wird, statt den Kampf, soweit das überhaupt menschenmöglich ist – da gibt es wohl gewisse Grenzen –, um die sachlichen Streitfragen selbst zu führen, so kann es nicht ausbleiben, dass die Demokratie und die zur Demokratie gehörenden Parteien und Institutionen schließlich in den Verdacht geraten, der Sache selbst gar nicht zu dienen, sondern sich ihrer nur zu bedienen. Und ich denke: Eigentlich kann das keiner wollen. So möchte ich meinen, Sie mögen immerhin auf dieser Seite, auf der großen Seite unseres Hauses, argwöhnen – ja, sicher, meine Reverenz! –, was denn die Sozialdemokratische Partei eigentlich im Sinne habe und was sie vielleicht im Schilde führe, wenn sie dazu auffordere, ernstlich zu versuchen, herauszufinden, ob die demokratischen Kräfte in der Bundesrepublik nicht zu gemeinsamen Bemühungen um die Lösung der gesamtdeutschen Fragen imstande und fähig sind. Aber was Sie auch dahinter vermuten, meine Damen und Herren, schlagen Sie bitte Unsere Mahnungen nicht einfach in den Wind!

Bundeskanzler Adenauer im Gespräch mit dem israelischen Ministerpräsidenten Ben Gurion im Hotel Waldorf Astoria am 14. März 1960.

Begegnung im Astoria-Hotel

Acht Jahre nach dem Abschluss des deutsch-israelischen Wiedergutmachungsabkommens trafen sich dessen Initiatoren, Bundeskanzler Adenauer und der israelische Ministerpräsident David Ben Gurion, am 14. März 1960 im New Yorker Hotel Waldorf Astoria.

Nach dem Gespräch gab Adenauer folgende Erklärung ab: „Ich bin tief bewegt über diese Zusammenkunft mit Ministerpräsident Ben Gurion. Seit langem bewundere ich seine Qualitäten als Staatsmann und seine Ausdauer als erster Architekt eines modernen Israels und dessen bemerkenswerter Entwicklung. Das deutsche Volk zieht eine große Befriedigung aus der Tatsache, dass es dank den Entschädigungen an die Opfer des Nazismus einen Beitrag an den Aufbau Israels leisten konnte. Ich bin sicher, dass das deutsche Volk, gleich wie seine Regierung, überzeugt ist, dass die gegenseitige Zusammenarbeit und Unterstützung auch künftig Früchte tragen wird."

Ben Gurion sagte: „Es hat mich mit Genugtuung erfüllt, Bundeskanzler Adenauer zu treffen. Ich gehöre zu einem Volk, das seine Vergangenheit nicht vergessen kann. Wir erinnern uns aber daran, um eine Wiederholung zu verhindern. Letzten Sommer habe ich im israelischen Parlament erklärt, dass das Deutschland von heute nicht das Deutschland von gestern ist. Nach dem Treffen mit Bundeskanzler Adenauer habe ich die Gewissheit, dass mein Urteil richtig ist. Ich wünsche dem Kanzler vollen Erfolg in seinen Bemühungen, Deutschland auf dem Weg der Demokratie und der internationalen Zusammenarbeit zu führen."

Im Bundestag bekennt sich Herbert Wehner am 30. Juni 1960 in einer Aufsehen erregenden Rede zu den außenpolitischen Grundsätzen der Regierung Adenauer.

Der Bau der Berliner Mauer

Als die Staatliche Plankommission der DDR dem SED-Chef Ulbricht im Februar 1961 die Fluchtbilanz des Vorjahres vorlegte, war ihm klar, dass es so nicht weitergehen könne. Zweihunderttausend Bewohner des Ersten deutschen Arbeiter- und Bauernstaates hatten 1960 mit den Füßen abgestimmt, da sie anders nicht konnten. Die Recherchen der Plankommission hatten ergeben, dass jeder fünfte Flüchtling ein Facharbeiter war. Die Mehrheit der Durchgebrannten war jung und leistungsfähig: 49 Prozent jünger als 25 Jahre, weitere 23 Prozent unter 45.

Auf einer Konferenz der Staaten des Warschauer Pakts im Kreml am 29. März 1961 konnte Ulbricht schon mit neuen besorgniserregenden Zahlen für Januar und Februar aufwarten. 30.273 Einwohner waren dem Paradies des Sozialismus entlaufen, davon 21.112 über Westberlin.

Am 15. Juni kam es in dem Zusammenhang zu einem Frage- und Antwortspiel, das im Rückblick einige Berühmtheit erlangte. Auf einer Pressekonferenz fragte ihn die Korrespondentin Annemarie Doherr von der „Frankfurter Rundschau": „Bedeutet die Bildung einer ›freien Stadt‹ Ihrer Meinung nach, dass die Staatsgrenze am Brandenburger Tor errichtet wird?" Ungerührt erwiderte der SED-Vorsitzende: „Ich verstehe Ihre Frage so, dass es Leute gibt, die wünschen, dass wir die Bauarbeiter der Hauptstadt der DDR dazu mobilisieren, eine Mauer aufzurichten. Mir ist nicht bekannt, dass solch eine Absicht besteht. Die Bauarbeiter unserer Hauptstadt beschäftigen sich hauptsächlich mit Wohnungsbau, und ihre Arbeitskraft wird voll dafür eingesetzt. Niemand hat die Absicht, eine Mauer zu errichten."

Außenpolitisch leidlich abgesichert, militärisch gepanzert im Sinne des Wortes, ging der Herrscher aller Reußen daran, seinem treuesten Vasallen unter die Arme zu greifen. Seit Jahresbeginn 1961 waren 150.000 DDR-Bürger ausgerissen. Das gelobte Land der Werktätigen verlor im ideologischen Schlagabtausch mit dem degenerierten Monopolkapitalismus eine Runde nach der anderen. Noch ein Jahrzehnt in diesem Stil, und die Wiedervereinigung fände in Westdeutschland statt.

Am 3. August 1961 saßen die Partner des Warschauer Pakts erneut in Moskau beisammen. Alle Partnerstaaten gaben Ulbricht grünes Licht für „Maßnahmen zur Sperrung der Sektorengrenze in Berlin". Die Baugenehmigung für die Mauer lag vor. Bald würden die Bauarbeiter der „Hauptstadt der DDR" Lebenswichtigeres zu tun bekommen, als sich hauptsächlich mit Wohnungsbau zu befassen.

6. August: Vier Divisionen der Volksarmee werden nach Berlin in Marsch gesetzt. Westberliner Industriebetriebe, die das Ausbleiben bestellter Leerwagen bei der Reichsbahn reklamieren, werden „für kurze Zeit" um Geduld gebeten. „Wir haben leider in diesen Tagen einen Engpass an Lokomotiv-Kapazität ..." 2.305 Flüchtlinge ersuchen in Westberlin um Asyl.

7. August: Ulbricht informiert den Ministerrat über die Moskauer-Beschlüsse. Die Politbüro-Mitglieder wissen schon seit dem 5. August genau Bescheid. Staatssicherheitschef Mielke instruiert seine Hauptabteilungsleiter und ermahnt sie unter Androhung standrechtlicher Exekution zum Schweigen, selbst gegenüber den Abteilungsleitern. Nicht einmal Befehlshaber der Wehrbezirke und die Kommandeure der nach Berlin beorderten Divisionen werden über den Grund der Verlegung aufgeklärt. Konjew trifft in der DDR ein.

8. August: Westlichen Beobachtern entgeht nicht, dass sich irgendein Unheil zusammenbraut. Die Geheimdienste melden starke Truppenbewegung in der ganzen DDR, vor allem im Raum Berlin. Der NATO-Rat beschließt engere Konsultationen. Westberlin-Marienfelde registriert 1.741 Flüchtlinge.

9. August: Das Politbüro der SED tagt ganztägig auf Ulbrichts Landsitz in der Schorfheide, nicht weit von Görings einstiger Prunkvilla Karinhall. Im Haus des Staatsratsvorsitzenden wohnt der Sowjetmarschall. 1.926 DDR-Bewohner melden sich als Flüchtlinge in West-Berlin.

10. August: Erneute Sitzung des Politbüros, diesmal im SSD-Ministerium in Berlin-Lichtenberg. Ulbricht gibt den „Tag X" bekannt, nachdem er den Termin bisher auch vor dem engsten Gremium geheimgehalten hatte. Pionier-Einheiten in der Gegend Halle-Merseburg verladen Betonpfähle und Stacheldraht in Richtung Berlin.

11. August: Als alle Weichen gestellt sind, holt sich die DDR-Exekutive wenigstens formell eine Pauschalerlaubnis der Volkskammer, nachdem der stellvertretende Ministerpräsident Stoph ausführlich über die alarmierende Fluchtbewegung referiert hat. Beflissen beauftragt das Parlament den Ministerrat, „alle Maßnahmen durchzuführen, die sich ... als notwendig erweisen". Die Berliner Flüchtlingszahl des Tages: 1.573.

12. August: Ulbricht unterzeichnet die Einsatzbefehle für die Volksarmee. Die Sowjettruppen werden in Gefechtsbereitschaft versetzt. Die Polizeikontrollen auf den Ostberliner S-Bahn-Grenzstationen nach Westberlin werden verschärft. Ein Westberliner Polizeiposten am Grenzübergang Düppel-Kleinmachnow im Südwesten der Stadt erfährt vertraulich, dass der Übergang in der Nacht gesperrt wird. Beim Bundesnachrichtendienst in München-Pullach flattert eine Meldung mit genauen Einzelheiten über die bevorstehenden Sperrmaßnahmen auf den Schreibtisch des zuständigen Referenten. Der Referent ist in Urlaub. Die Meldung bleibt liegen. Bevor die Falle zuschnappt, schlüpfen noch einmal 2.400 Flüchtlinge heraus.

Und dann geht es auf Mitternacht, und der westliche Teil der 3,4 Millionen-Stadt begibt sich allmählich zur Ruhe. Im Osten aber wird es lebendig. Panzerspähwagen der Volksarmee fahren auf, Postenketten formieren sich, Spitzhacken misshandeln das Pflaster, Stacheldraht wird ausgerollt. Im Schein der nächtlichen Beleuchtung entwickelt sich wilde Betriebsamkeit an der 46 km langen Sektorengrenze ...

Für die Bevölkerung beider Teile Deutschlands war es der größte Schock der Nachkriegszeit. Für die Sachkenner im Westen und für aufmerksame Zeitgenossen war es keine allzu große Überraschung: Am 13. August 1961 wurden die Grundsteine zum hässlichsten Bauwerk der Welt gelegt: Eine Mauer trennte die beiden Teile der ehemaligen Reichshauptstadt voneinander. „Die auf das Herz der DDR

Conrad Schuhmanns spektakuläre Flucht über die Sektorengrenze am 15. August 1961.

gerichtete Lanzenspitze ist umgebogen", triumphierte der Ostberliner Chefkommentator Karl-Eduard von Schnitzler und log sich damit aus der eklatanten moralischen Niederlage des SED-Regimes heraus.

Eichmann-Prozess

An Eichmann wurde der Begriff des Schreibtischtäters entwickelt, des Bürokraten, der kein Verbrechen persönlich begeht, aber mit schlichter Verwaltungstätigkeit der Organisator millionenfachen Mordes wird: Adolf Eichmann, in Österreich aufgewachsen, Mitglied der SS seit 1932, trat 1934 als SS-Scharführer ins „Judenreferat" im SS-Hauptamt ein. Im August 1938 wurde er Leiter der „Zentralstelle für jüdische Auswanderung in Wien, Oktober 1939 der „Reichszentrale für die jüdische Auswanderung" in Berlin. Seit Dezember 1939 war Eichmann im Referat IVD4 des Reichssicherheitshauptamts für „Auswanderung und Räumung" zuständig, dann im Referat IVB4 für „Judenangelegenheiten und Räumung". Aus der „Auswanderung" (z.B. nach Palästina) wurde jedoch bald Deportation in die im Osten eroberten Gebiete und schließlich in der äußersten Konsequenz der nationalsozialistischen Judenverfolgung die Ermordung der jüdischen Bürger im deutschen Machtbereich. Eichmanns Dienststelle organisierte die Verschleppung von insgesamt etwa 3 Millionen Menschen in die Vernichtungslager.

Nach dem Krieg nach Argentinien geflohen, wurde Eichmann dort vom israelischen Geheimdienst aufgespürt und im Mai 1960 nach Israel entführt. Das Bezirksgericht Jerusalem verurteilte ihn nach einem Prozess, an dem die Weltöffentlichkeit lebhaft Anteil nahm, am 11. Dezember 1961 zum Tode.
Die Anklageschrift hatte insgesamt 15 Verbrechen aufgezählt, und das Gericht hatte in seinem Wahrspruch Eichmann in allen 15 Anklagepunkten für schuldig erklärt. Im Urteil blieb Eichmann in 3 Punkten, und zwar der Mitgliedschaft zur Gestapo, zur SS und zum SD, straffrei. Der Vorsitzende des Gerichtshofes, Moshe Landau, der das Urteil verlas, verwies darauf, dass die ausgesprochene Todesstrafe nicht – wie der Anklagevertreter Gideon Hausner erklärt hatte – zwingend sei, sondern dem Urteil des Gerichts überlassen bleibe. Landau hob hervor, dass Eichmann durch die Beorderung jedes Zuges von 1000 menschlichen Wesen nach Auschwitz oder anderen Vernichtungslagern an 1000 Morden vorbedachter Art mitgewirkt habe. Seine rechtliche und moralische Verantwortlichkeit für diese Morde sei nicht geringer als die Verantwortlichkeit jener, welche diese menschlichen Wesen in die Gaskammern stießen. Selbst wenn man annehmen würde, dass Eichmann aus blindem Gehorsam gehandelt habe, wie er dies vorgebe, so müsse man feststellen, dass jemand, der an Verbrechen dieses Ausmaßes Jahre hindurch teilgenommen habe, die größte Strafe verdient habe und dass kein ihm erteilter Befehl ein Milderungsgrund sein könnte.

„13. August 1961. Sicherung der Staatsgrenze. FDJler des Berliner Stadtbezirks Mitte besuchten am 15. August 1961 Soldaten einer Panzereinheit, die in der Mittelstraße auf Friedenswacht stehen. Sie überreichten ihnen Blumen und kleine Geschenke." (Originalunterschrift)

Die „Spiegel"-Affäre

Vierzehn Jahre währte die Ära Adenauer. Ausgerechnet das letzte Jahr wurde überschattet von der schwersten innenpolitischen Krise seiner Kanzlerzeit. Mitte Oktober 1962 war im Nachrichtenmagazin „Der Spiegel" eine Titelgeschichte über die militärischen Schwächen der NATO und das Herbstmanöver „Fallex 62" mit der Schlagzeile „Bedingt abwehrbereit" erschienen. Die darin veröffentlichten Details erfüllten nach Ansicht der Bundesanwaltschaft und des Verteidigungsministeriums den Tatbestand des Landesverrats. Am 27. Oktober wurde „Spiegel"-Herausgeber Rudolf Augstein verhaftet; den stellvertretenden Chefredakteur Ahlers holten spanische Beamte aus seinem Ferienbett. Die Wogen gingen hoch. Protestdemonstrationen für Pressefreiheit und gegen Behördenwillkür waren die Folgen.

Die Durchsuchung der Redaktionsräume, die Verhaftung von sechs Journalisten, Adenauers voreilige Äußerung im Bundestag: „Ein Abgrund von Landesverrat" – die ganze Affäre spaltete die politischen Repräsentanten wie kein inneres Ereignis zuvor. Verteidigungsminister Strauß verwickelte sich in Widersprüche, Innenminister Höcherl musste zugeben, dass die Verhaftung des Artikel-Verfassers Conrad Ahlers im spanischen Malaga „etwas außerhalb der Legalität" verlaufen sei; seine Beamten könnten „nicht den ganzen Tag mit dem Grundgesetz unter dem Arm herumlaufen". Damit stiftete Höcherl zwei geflügelte Worte auf einmal, aber das war auch die einzige erheiternde Note in dem Trauerspiel. Justizminister Stammberger (FDP) fühlte sich übergangen, und die FDP

Nachdem er im Mai 1960 von Angehörigen des israelischen Geheimdienstes aus Argentinien entführt worden war, begann am 11. April 1961 vor dem Distriktgericht in Jerusalem der Prozess gegen den früheren Obersturmbannführer Adolf Eichmann.

Der Orkan hat den Namen einer Frau: Vincinette, die Siegreiche. In der Nacht zum 17. Februar 1962 peitscht er Böen mit 130 Stundenkilometern über Hamburg und Norddeutschland. Er entwurzelt Bäume, zertrümmert Dächer und lässt den Wasserstand der Elbe steigen, bis die Deiche brechen. Während die meisten Menschen schlafen, wälzt sich die Flut gurgelnd und schäumend wie Wildwasser durch die Straßen hinter den Deichen. Sie verschlingt Autos, lässt Güterzüge entgleisen, ertränkt Vieh, überschwemmt 20 Prozent des Hamburger Stadtgebiets. 312 Hamburger ertrinken oder erfrieren in dieser Nacht. Im Stadtteil Wilhelmsburg sind 60 000 Menschen vom Wasser eingeschlossen. Eine gewaltige Rettungsaktion beginnt. Sie wird von Innensenator Helmut Schmidt (43, SPD) geleitet, dem späteren Bundeskanzler. Die Katastrophe schafft sich ihre Helden. In der Dunkelheit fährt Binnenschiffer Walter Großmann mit seinem Beiboot in einen überfluteten Kleingartenverein, Hilferufen entgegen. Er rettet mehr als 50 Menschen. Sein Bericht: „Ich sah eine Frau tot auf dem Dach ihrer Hütte. Ihr Mann saß starr daneben. In den Sträuchern hingen Leichen. Ich holte einen Taxifahrer und seinen Fahrgast aus einem Baum. Ihr Taxi war versunken. In einem Gartenhaus, auf dem Wohnzimmertisch, stand ein Ehepaar. Das Wasser reichte den beiden bis zum Hals." Nach der Flut organisiert die Hamburger Landesregierung einen besseren Katastrophenschutz. Die Deiche werden für eine Milliarde Mark verstärkt und erhöht.

zog ihre fünf Minister aus dem Kabinett zurück. Damit war aus der „Spiegel"-Affäre eine Regierungskrise geworden.
In der folgenden Verwirrung im Regierungslager tat sich zum ersten Mal die Möglichkeit einer Großen Koalition auf. Adenauer zeigte sich zu einem solchen Bündnis bereit, Wehner förderte es in den eigenen Reihen. Der Widerstand in der SPD-Fraktion nach so langen Jahren der Konfrontation war aber trotz der Kurskorrektur vom Jahr 1960 noch zu groß. So sah sich der Kanzler erneut auf Verhandlungen mit der FDP verwiesen, denn die absolute Mehrheit, um allein regieren zu können, besaß die CDU/CSU nicht mehr. Die FDP war ein unbequemer, widerborstiger Partner geworden. Schon bei der letzten Bundestagswahl 1961, nach fünf Jahren Opposition, hatte Erich Mende die Parole ausgegeben: „mit der CDU, aber ohne Adenauer". Er war dann „umgefallen" (das Wort hing den Freien Demokraten lange nach, brannte auf ihnen wie ein NessusHemd), hatte aber dem Kanzler das Versprechen abgenommen, in der Mitte der Legislaturperiode zurückzutreten. Diese Zusage ließen sich die Liberalen nun bestätigen und forderten obendrein den Kopf von Verteidigungsminister Strauß, der das Parlament belogen habe. Als er ihnen vor die Füße gelegt, Strauß zurückgetreten war, wurde die vierte Kanzlerschaft nach einer Kabinettsumbildung fortgesetzt, aber ihr Ende war nun abzusehen. Viel später, im Mai 1965, endete die „Spiegel"-Affäre mit einem Sieg des Magazins. Das Bundesverfassungsgericht lehnte die Eröffnung des Verfahrens gegen Augstein und Ahlers ab und bescheinigte damit den verantwortlichen Ministern, Beamten, Militärs und Staatsanwälten nachträglich, dass sie die Presseleute zu Unrecht des Landesverrats verdächtigt hatten.
In dem alten Reizspiel Macht gegen Presse, das auch in parlamentarischen Demokratien dauernd im Gange ist und in dem die Presse und die anderen Medien oft genug ihrerseits mit Mitteln „etwas außerhalb der Legalität" arbeiten, hatte die Unionsregierung eine Niederlage erlitten. Beachtenswert war, über die eigentliche Affäre hinaus: das Erstarken einer geistig-politischen Strömung, die aus den Gleisen der eher konservativen Denkart, der restaurativen Gesellschaft, hinüberlenkte in eine andere innenpolitische Klimazone. Die intellektuelle Linkstendenz der späteren 1960er Jahre kündigte sich an.

Besuch Kennedys in der Bundesrepublik

Im Juni 1963 besuchte US-Präsident John F. Kennedy die Bundesrepublik Deutschland. Unvergesslich blieb sein Auftritt in Berlin, wo er die „Vitalität, Stärke und Entschlossenheit" der Bevölkerung beschwor und der begeisterten Menge den späterhin vielzitierten Satz zurief: „Ich bin ein Berliner!"
Bundeskanzler Adenauer führte bei der Begrüßung des amerikanischen Präsidenten in Berlin am 26. Juni u.a. aus:
„Ihr Besuch, Herr Präsident, ist eine politische Tat. Am 10. Juni erklärten Sie vor der Universität von Washington, dass die Vereinigten Staaten zu ihrer Verpflichtung stehen, Westeuropa und West-Berlin zu verteidigen. In derselben Rede sagten Sie, dass sich die Vereinigten Staaten mit der Sowjetunion nicht auf Kosten anderer Nationen und anderer Völker arrangieren würden. Sie sagten auch, dass Amerika mit seinen Verbündeten nicht nur in der Interessenlage überein-

stimme, sondern auch in den Zielen, nämlich der Verteidigung der Freiheit und des Strebens nach Frieden. Wie hätten Sie, Herr Präsident, diese Entschlossenheit besser bekunden können als durch den Besuch der Bundesrepublik, anderer Länder in Westeuropa und den Besuch Berlins. Sie hätten, Herr Präsident, für den Zusammenhalt der Allianz nichts Wirkungsvolleres tun können."

Präsident Kennedy hielt anschließend vor dem Schöneberger Rathaus folgende Ansprache an die Berliner: „Ich bin stolz, heute in Ihre Stadt zu kommen als Gast Ihres hervorragenden Regierenden Bürgermeisters, der in allen Teilen der Welt als Symbol für den Kampf und den Widerstandsgeist West-Berlins gilt.

Ich bin stolz, auf dieser Reise die Bundesrepublik Deutschland zusammen mit ihrem hervorragenden Herrn Bundeskanzler besucht zu haben, der während so langer Jahre die Politik bestimmt hat nach den Richtlinien der Demokratie, der Freiheit und des Fortschritts.

Ich bin stolz darauf, heute in Ihre Stadt in der Gesellschaft eines amerikanischen Mitbürgers gekommen zu sein, des Generals Clay, der hier tätig war in der Zeit der schwersten Krise, durch die diese Stadt gegangen ist, und der wieder nach Berlin kommen wird, wenn es notwendig werden sollte. Vor zweitausend Jahren war der stolzeste Satz, den ein Mensch sagen konnte, der: Ich bin ein Bürger Roms! Heute ist der stolzeste Satz, den jemand in der freien Welt sagen kann: Ich bin ein Berliner!

Auf dem Balkon des Schöneberger Rathauses beendet Kennedy vor 300.000 Menschen seine umjubelte Rede am 26. Juni 1963 mit den historischen Worten: „Ich bin ein Berliner".

Schweres Bergwerks-Unglück in Lengede. Im Schacht „Mathilde" einer Erzgrube der Ilseder Hütte in Lengede ereignete sich am 24. Oktober 1963 ein schweres Unglück: Der Untergrund eines Schlammteichs brach, und 500.000 Kubikmeter Schlamm und Wasser ergossen sich in den 100 Meter tiefen Schacht. Zur Zeit der Katastrophe befanden sich 129 Bergleute vor Ort; 79 konnten sich aus eigener Kraft retten. Sieben Eingeschlossene arbeiteten sich aus der Tiefe bis auf 38 Meter unter der Erdoberfläche herauf und wurden nach 23 Stunden befreit. Für die anderen 13 Kumpel schien es keine Hilfe mehr zu geben. Doch wenige Stunden später stiegen Luftperlen auf, ein Zeichen, dass noch Bergleute am Leben waren.

Nach 28 Stunden war die Verbindung zu drei Eingeschlossenen hergestellt. Durch einen Schacht wurden sie zunächst mit Lebensmitteln versorgt. Dann begann die Bergungsbohrung. Am 1. November um 3.15 Uhr – acht Tage nach der Katastrophe – erreichte der Bohrer bei 77 Meter Tiefe die Eingeschlossenen. Noch fast neun Stunden dauerte es, bis sie mit der „Rettungsbombe" heraufgeholt werden konnten. Am 2. November morgens 3.30 Uhr hörte man Klopfzeichen; 27 Stunden später war die Verbindung mit elf Überlebenden 60 Meter unter der Erde hergestellt. Ein Gesteinseinbruch erschwerte und verzögerte die Rettungsarbeiten. Am 7. November um 6 Uhr morgens erreichte der Bohrer die Verschütteten. Um 14.19 Uhr war der letzte der elf Bergleute gerettet – vierzehn Tage, nachdem er eingefahren war.

Von Erhard zu Schmidt (1963-1982)

1963, 16. Okt.: Ludwig Erhard wird zum neuen Bundeskanzler gewählt. Die Regierungskoalition besteht weiterhin aus CDU, CSU und FDP.
1963, 7. Nov.: In Lengede/Niedersachsen werden elf Bergleute, die zwei Wochen unter Tage eingeschlossen waren, lebend geborgen. Das „Wunder von Lengede" ist die bisher spektakulärste Rettungsaktion in der Geschichte des Bergbaus.
1963, 8. Dez.: Der DDR-Staatsratsvorsitzende Walter Ulbricht erklärt sich zu Verhandlungen mit der Bundesregierung unter Ludwig Erhard bereit.
1963, 11. Dez.: Premiere des Films „Winnetou (I)" nach dem gleichnamigen Roman von Karl May in den westdeutschen Kinos.
1963, 12. Dez.: Der ehemalige Bundespräsident Theodor Heuss stirbt in Stuttgart.
1963, 14. Dez.: Der SPD-Vorsitzende Erich Ollenhauer stirbt in Bonn.
1963, 17. Dez.: Unterzeichnung des 1. Passierscheinabkommens zwischen der DDR und dem Senat und West-Berlin, das den Besuch von West-Berlinern in Ost-Berlin über die Weihnachtstage und Sylvester regelt. Damit öffnen sich erstmals seit dem Mauerbau wieder die Sektorenübergänge.
1963, 20. Dez.: Gegen 21 Aufseher des Konzentrationslagers Auschwitz beginnt in Frankfurt/Main der Auschwitz-Prozess, der bis zum 19.8.1965 dauert.
1964, 2. Jan.: In der DDR werden neue Personalausweise mit dem zusätzlichen Vermerk „Bürger der Deutschen Demokratischen Republik" ausgegeben.
1964, 11. Jan.: Nominierung der letzten gesamtdeutschen Olympiamannschaft für die Olympischen Spiele in Innsbruck und Tokio.
1964, 4. Apr.: Der West-Berliner Boxer Gustav „Bubi" Scholz wird neuer Europameister im Halbschwergewicht.
1964, 24./25. Apr.: Die zweite Bitterfelder Konferenz für sozialistische Nationalkultur in der DDR räumt ein, dass die Erwartungen in das Kulturprogramm von 1959 nicht erfüllt worden sind.
1964, 3. Mai: Die erste direkte Flugverbindung zwischen der Bundesrepublik und der Sowjetunion wird eröffnet.
1964, 1. Juli: Heinrich Lübke wird in Berlin erneut zum Bundespräsidenten gewählt.
1964, 1. Aug.: In der DDR werden neue Banknoten mit der Bezeichnung „Mark der deutschen Notenbank" ausgegeben.
1964, 31. Aug.: In Genf beginnt die dritte internationale Konferenz über die friedliche Nutzung der Atomenergie.
1964, 7. Sept.: In der DDR wird der Wehrdienst ohne Waffe unter der Bezeichnung „Bausoldat" eingeführt.
1964, 10. Sept.: In Köln trifft der millionste Gastarbeiter ein: Der Portugiese Armando Rodriguez (1926-1981) erhält bei seiner Ankunft ein Moped als Geschenk.
1964, 16. Sept.: Die Bundesregierung beschließt die Gründung einer „Stiftung Warentest" mit Sitz in West-Berlin. Die Institution zum Schutz der Verbraucher wird durch

Aus 1000 Spaniern und Portugiesen, die am 10. September 1964 mit einem Sonderzug in Köln-Deutz eintrafen, ermittelte das Los den millionsten Gastarbeiter in der Bundesrepublik. Der 38jährige Zimmermann Armando Sa' Rodrigues aus einem kleinen Dorf in Portugal erhielt als Willkommensgeschenk von der Bundesvereinigung der Arbeitgeberverbände ein Moped.

Auf dem Empfang zum Abschluss ihres dreitägigen Staatsbesuches vom 18. bis 20. Mai 1964 in der Bundesrepublik werden Königin Elisabeth II. auf Schloss Augustenburg auch der Regierende Bürgermeister von Berlin Willy Brandt und seine Gattin Rut vorgestellt.

Beglückwünscht von Rainer Barzel, Fraktionsvorsitzender der CDU/CSU und Altkanzler Konrad Adenauer, nimmt Ludwig Erhard nach seinem Sieg bei den Wahlen zum fünften Deutschen Bundestag am 19. September 1965 den Applaus seiner Anhänger entgegen.

Am 28. Juni 1965 gab Königin Juliane der Niederlande die Verlobung ihrer ältesten Tochter Kronprinzessin Beatrix, mit dem deutschen Diplomaten Claus von Amsberg bekannt. „Die beiden jungen Menschen waren sich ebenso wie mein Mann und ich der Widerstände bewusst, die ihre Verlobung bei manchen auslösen könnte", sagte die Monarchin, „aber diese Bedenken dürften nicht schwerer wiegen als ihre Liebe."

den Bundeshaushalt finanziert und nimmt ihre Tätigkeit am 16. Dezember auf.

1964, 21. Sept.: Der Ministerratsvorsitzende und Stellvertretende Staatsratsvorsitzende Otto Grotewohl stirbt in Ost-Berlin. Zu seinem Nachfolger wird am 24.9. der bisherige Verteidigungsminister Willi Stoph ernannt.

1964, 24. Sept.: Das 2. Passierscheinabkommen zwischen der DDR und dem Senat von West-Berlin sieht erweiterte Besuchszeiten für West-Berliner in Ost-Berlin vor.

1964, 31. Okt.: Der Rationalisierungsverband Ruhrbergbau meldet 31 Großzechen im Ruhrgebiet zur Stillegung an. Daraufhin gehen Tausende von Bergleuten in den folgenden Wochen auf die Straße und demonstrieren für den Erhalt ihrer Arbeitsplätze.

1964, 2. Nov.: Zum ersten Mal seit dem Mauerbau öffnet sich die innerdeutsche Grenze für Bürger der DDR. Laut dem Gesetz vom 9. September des Jahres dürfen Rentner mit einer Besuchserlaubnis ausreisen.

1964, 28. Nov.: Gründung der rechtsextremen Nationaldemokratischen Partei Deutschlands (NPD) in Hannover.

1964, 1. Dez.: Die DDR-Regierung führt für alle Besucher aus dem westlichen Ausland eine Mindestumtauschpflicht ein: Es müssen mindestens 5 DM pro Person und Tag bei einem 1:1-Wechselkurs von West- in Ostmark getauscht werden. Von der Regelung werden Rentner und Kinder ausgenommen.

1964: Im deutschen Fernsehen wird erstmals zu Spenden für geistig und körperlich behinderte Kinder aufgerufen. Die sog. Aktion Sorgenkind wird zu einem großen Erfolg.

1965, 12. Febr.: Der Bundestag verabschiedet ein neues Ausländergesetz, das den in der Bundesrepublik lebenden Ausländern alle Grundrechte zusichert, soweit sie nicht nach dem Grundgesetz den Deutschen vorbehalten sind. Damit reagiert das Parlament auf den stark ansteigenden Ausländerzuzug in das Bundesgebiet.

1965, 23. März: Der Deutsche Gewerkschaftsbund verabschiedet sein zweites Aktionsprogramm. Unter anderem wird das 13. Monatsgehalt, ein Mindesturlaub von vier Wochen, die Herabsetzung der Altersgrenze in der Rentenversicherung, die Einführung eines zehnten Schuljahres und bezahlter Bildungsurlaub gefordert.

1965, 25. März: Nach heftigen Debatten über die Verlängerung der Verjährungsfrist beschließt der Bundestag eine Kompromisslösung. Damit beginnt die Verjährungsfrist für nationalsozialistische Verbrechen erst mit Ende der Besatzungszeit und dauert demnach bis 1969.

1965, 8. Apr.: Vertrag über die Fusion der Exekutivbehörden von EGKS, EURATOM und EWG zur Europäischen Gemeinschaft (EG) unterzeichnet.

1965, 2. Mai: In Hannover endet die 19. Wirtschaftsmesse, an der erstmals auch die Sowjetunion mit einem Stand vertreten ist.

1965, 5. Mai: Der Bundestag verabschiedet das „624-DM-Gesetz" (2. Gesetz zur Förderung der Vermögensbildung der Arbeitnehmer). Danach können Arbeitnehmer nach tarifvertraglicher Vereinbarung jährlich bis zu 624 DM steuerbegünstigt mit Unterstützung des Arbeitgebers sparen.

1965, 18. 28. Mai: Die britische Königin Elizabeth II. besucht für elf Tage die Bundesrepublik.

1965, 11./12. Juni: Besuch des französischen Staatspräsidenten Charles de Gaulle in Bonn. Die deutsch-französischen Konsultationen sind von Meinungsverschiedenheiten über die Fortführung der europäischen Einigung überschattet.

1965, 19. Juni: Eltern von 4.000 „Contergan-Kindern" treffen sich in Köln zum ersten internationalen Kongress körpergeschädigter Kinder. Das Schlaf- und Beruhigungsmittel Contergan, das zwischen 1957 und 1961 in der Bundesrepublik ausgegeben wurde, hatte besonders bei Neugeborenen zu Missbildungen geführt, wenn die Mutter es während der Schwangerschaft eingenommen hatte.

1965, 30. Juni: Die Ruhr-Universität Bochum wird als erste Universität im Ruhrgebiet eröffnet. Die Universität soll der Bevölkerung der traditionellen Industrieregion

den Weg zur akademischen Bildung erleichtern.
1965, 9. Aug.: Der deutsche Fahrradeinzelhandel teilt mit, dass die Nachfrage nach den erst seit wenigen Wochen im Handel befindlichen Motorfahrrädern, den sog. „Mofas", die ohne Führerschein gefahren werden dürfen, so groß ist, dass sie nicht befriedigt werden kann.
1965, 15. Sept.: Bei einem Konzert der britischen Rockgruppe „Rolling Stones" kommt es in West-Berlin zu Auseinandersetzungen zwischen Fans und der Polizei, bei denen die Waldbühne fast vollständig zerstört wird.
1965, 19. Sept.: Wahlen zum 5. Deutschen Bundestag. Die CDU/CSU erhalten 47,6 %, die SPD 39,3 % und die FDP 9,5 % der abgegebenen Stimmen.
1965, 30. Sept.: Bundesverteidigungsminister Kai Uwe von Hassel tauft den ersten serienmäßig produzierten Panzer der Bundeswehr auf den Namen „Leopard".
1965, 7./8. Okt.: Anwerbevereinbarung für Gastarbeiter zwischen der Bundesregierung und Tunesien.
1965, 8. Okt.: Das Internationale Olympische Komitee (IOC) beschließt die Zulassung von zwei deutschen Mannschaften zu den Olympischen Spielen von 1968 und erkennt das Nationale Olympische Komitee (NOK) der DDR an.
1965, 20. Okt.: Ludwig Erhard wird zum Bundeskanzler gewählt. Das 2. Kabinett Erhard setzt sich aus CDU, CSU und FDP zusammen.

Auch als Vizeweltmeister wird die deutsche Mannschaft begeistert empfangen. Der triumphale Autokorso am 31. Juli 1966 durch Franfurt wird von Bundestrainer Helmut Schön und Mannschaftsführer Uwe Seeler angeführt.

Als allein 1965 beim Absturz von 26 Flugzeugen des Typs „Starfighter" 15 Piloten ihr Leben verloren, kam es am 24. März 1965 im Bundestag zu einer heftigen Auseinandersetzung zwischen Regierung und Opposition. Während Franz Josef Strauß seine vor acht Jahren getroffene Entscheidung für das amerikanische Starfighter-System verteidigte, versuchte der Wehrexperte der SPD Helmut Schmidt nachzuweisen, dass eine der Hauptursachen für die Starfighter-Abstürze in der mangelhaften Organisation des Verteidigungsministeriums zu suchen sei.

1965, 30. Okt.: Der Hauptausschuss des Deutschen Sportbundes beschließt die Wiederaufnahme des Sportverkehrs zwischen der Bundesrepublik und der DDR, der 1961 kurz nach dem Mauerbau abgebrochen worden war.

1965, 7. Nov.: Auf dem Gelände des ehemaligen Konzentrationslagers Neuengamme bei Hamburg wird eine Gedenkstätte für die Opfer der NS-Gewaltherrschaft eingeweiht.

1965, 25. Nov.: Vertreter West-Berlins und der DDR unterzeichnen das dritte Passierscheinabkommen seit dem Mauerbau.

1966, 12. Jan.: Der Inspekteur der Bundesluftwaffe berichtet vor dem Verteidigungsausschuss des Bundestages, dass 1965 insgesamt 26 Starfighter-Kampfflugzeuge abgestürzt sind und 15 Piloten dabei ums Leben kamen. Der Ausschuss leitet daraufhin ein Untersuchungsverfahren über die Sicherheit des Flugzeuges ein. In der Öffentlichkeit wird gegen den weiteren Einsatz des Starfighters protestiert.

1966, 22. Febr.: An der Heidelberger Universität wird mit der Chemieprofessorin Margot Becke erstmals in der Bundesrepublik eine Frau zur Rektorin einer Universität gewählt.

1966, 1. Apr.: In der Hamburger Universität werden die Preise für den erstmalig ausgetragenen Wettbewerb „Jugend forscht" vergeben.

1966, 18. Apr.: In Frankfurt/Main wird die erste jüdische Schule der Bundesrepublik eröffnet. Die Lehranstalt wurde bereits 1864 gegründet, jedoch 1941 von den Nationalsozialisten geschlossen. Die Schule steht traditionell auch Kindern christlichen Glaubens offen.

1966, 5. Mai: Borussia Dortmund (BVB) gewinnt mit einem 2:1-Sieg über FC Liverpool den Europa-Pokal der Pokalsieger. Damit ist der BVB die erste deutsche Mannschaft, die einen europäischen Fußball-Pokal erringt.

1966, 15. Juni: In Ost-Berlin wird der Film „Spur der Steine" mit Manfred Krug in einer der Hauptrollen uraufgeführt. Der Film schildert freimütig die Konflikte auf einer Großbaustelle in der DDR. Kurz nach der Premiere wird der Film aus den DDR-Kinoprogrammen genommen und erst 1990 wiederaufgeführt.

1966, 21. Juni: In Düsseldorf wird der 19-jährige Jürgen Bartsch (1946-1976) wegen vierfachen Mordes verhaftet. Seit 1962 hat er vier Jungen zwischen acht und dreizehn Jahren gefesselt, vergewaltigt und zerstückelt. Der Fall Bartsch bewegt die Öffentlichkeit und leitet eine erneute Diskussion um die Wiedereinführung der Todesstrafe ein.

1966, 24. – 31. Juli: In Ost-Berlin findet die erste Kinder- und Jugendspartakiade, eine große Sportveranstaltung, statt.

1966, 30. Juli: Im Wembley-Stadion/London unterliegt die deutsche Nationalmannschaft im Finale der Fußball-Weltmeisterschaft dem Gastgeber mit 4:2.

1966, 9. Aug.: Auf dem fünften Jüdischen Weltkongress in Brüssel kommt es zum ersten Mal in der 30-jährigen Geschichte des Kongresses zu einem deutsch-jüdischen Dialog.

1966, 13. Aug.: In Ost-Berlin wird eine Truppenparade anlässlich des 5. Jahrestages der Errichtung der Berliner Mauer abgehalten.

1966, 10. Sept.: Der deutsche Boxeuropameister Karl Mildenberger unterliegt dem Weltmeister im Schwergewicht Muhammad Ali im Frankfurter Waldstadion.

1966, 1. Okt.: Der frühere NS-Reichsminister für Rüstung und Kriegsproduktion Albert Speer und der frühere NS-Reichsjugendführer Baldur von Schirach werden nach zwanzigjähriger Haft aus dem Kriegsverbrechergefängnis Berlin-Spandau entlassen.

1966, 10. Okt.: Eröffnung der Passierscheinstelle für dringende Familienangelegenheiten in West-Berlin.

1966, 6. Nov.: Bei den Landtagswahlen in Hessen erreicht die Nationaldemokratische Partei Deutschlands (NPD) 7,9 % der Stimmen. Damit zieht die rechtsextreme Partei erstmals in ein Landesparlament ein.

1966, 30. Nov.: Nachdem die Koalitionsverhandlungen zwischen CDU, CSU und FDP gescheitert sind und die Unionsparteien sich mit der SPD geeinigt haben, tritt Bundeskanzler Erhard von seinem Amt zurück.

1966, 1. Dez.: Kurt Georg Kiesinger wird zum Bundeskanzler einer Regierung der Großen Koalition aus CDU/CSU und SPD gewählt. Vizekanzler und Außenminister wird Willy Brandt.

1966, 14. Dez.: Der neue Bundesminister für gesamtdeutsche Fragen, Herbert Wehner, erklärt, dass eine diplomatische Anerkennung der DDR erst nach deren demokratischer Legitimation möglich sei.

1967, 1. Jan.: In West-Berlin wird die sog. Kommune 1 gegründet. Aus dem Sozialistischen Deutschen Studentenbund (SDS) entstanden, versteht sich die Kommune 1 als eine in das Alltagsleben umgesetzte Form der Außerparlamentarischen Opposition. Außerdem streben die Mitglieder der Kommune 1 mit ihrer gemeinsamen Lebensform eine „Revolutionierung des Alltags" an, in der die bürgerlichen Beziehungen zwischen den Geschlechtern und zu den Kindern aufgehoben werden sollen.

1967, 14. Febr.: Auf Initiative des Bundeswirtschaftsministers Karl Schiller kommen Vertreter von Arbeitnehmer- und Unternehmerverbänden sowie des volkswirtschaftlichen Sachverständigenrates und der Bundesregierung zu informellen Gesprächen über eine „Konzertierte Aktion" zusammen, mit der die Rezession bekämpft werden soll.

1967, 4. Apr.: Im früheren Salzbergwerk Asse im Landkreis Wolfenbüttel werden zum ersten Mal in der Bundesrepublik radioaktive Abfälle „entsorgt".

Mit einem Knopfdruck eröffnete Bundesaußenminister Willy Brandt am 25. August 1967 auf der 25. Großen Deutschen Funkausstellung in Berlin die Ära des Farbfernsehens.

1967, 19. Apr.: Altbundeskanzler Konrad Adenauer stirbt im Alter von 91 Jahren in Rhöndorf.
1967, 9. Mai: Die Verteidigungsminister von 14 NATO-Mitgliedsstaaten (ohne Frankreich) legen neue Leitlinien für das strategische Konzept des Bündnisses bis 1972 fest. Die wichtigste Neuerung liegt in der Aufgabe der bisher geltenden Politik der „massiven Vergeltung" zugunsten der „flexiblen Verteidigung" (flexible response).
1967, 26. Mai: Der Deutsche Sportbund und die Deutsche Olympische Gesellschaft gründen die Stiftung Deutsche Sporthilfe, deren Ziel in der materiellen Unterstützung der Sportler liegt.
1967, 2. Juni: In West-Berlin kommt es zu Ausschreitungen bei einer Demonstration gegen den Besuch des Schahs von Persien. Auf den Befehl des Berliner Polizeipräsidenten „Knüppel frei, räumen" schlagen Polizisten wahllos auf Demonstranten und Schaulustige vor der Deutschen Oper ein. In dem Tumult wird der 26-jährige Student Benno Ohnesorg von einem Polizisten erschossen.
1967, 25. Aug.: ARD und ZDF treten in das Farbfernseh-Zeitalter ein. Die Live-Fernsehshow „Der Goldene Schuss" ist die erste Farbsendung, die das ZDF ausstrahlt.
1967, 28. Aug.: In der DDR wird die 5-Tage-Arbeitswoche bei einer wöchentlichen Arbeitszeit von 43¾ Stunden eingeführt.
1967, 20. Okt.: Die erste Folge der neuen Serie „Aktenzeichen XY ungelöst..." wird im ZDF ausgestrahlt. In der Sendung werden unaufgeklärte Kriminalfälle präsentiert und die Zuschauer um Mithilfe gebeten.
1967, 29. Okt.: In Ost-Berlin findet die bisher größte gemeinsame Truppenparade von DDR- und sowjetischem Militär anlässlich des 50. Jahrestages der russischen Oktoberrevolution statt.
1967: Margarete und Alexander Mitscherlich: „Die Unfähigkeit zu trauern" (gesellschaftsanalytisches Werk)
1967: In der Bundesrepublik wird eine Gemeindereform durchgeführt. Die bisher rund 24.357 Gemeinden werden zu rund 8.500 Verwaltungseinheiten zusammengefasst und neu gegliedert.
1967: Seit 1965 ist die Geburtenziffer in der Bundesrepublik rückläufig und nimmt weiterhin ab. Die Erklärung, die Einführung der Anti-Baby-Pille sei für die abnehmende Geburtenzahl verantwortlich („Pillenknick"), ist nicht haltbar, da Ende der 60er Jahre erst 20 % der Frauen das hormonale Verhütungsmittel benutzen. Die Gründe liegen eher in langfristigem sozialen Wandel, gestiegenem Wohlstand und veränderten Werten.
1968, 1. Jan.: In der Bundesrepublik wird die Bruttoumsatzsteuer durch die Mehrwertsteuer ersetzt. Außerdem wird die Versicherungspflichtgrenze für Angestellte aufgehoben, womit deren Rentenversicherung der geltenden Regelung für Arbeiter angeglichen wird.
1968, 1. Jan.: Premiere des Sexualaufklärungsfilms „Das Wunder der Liebe" von Oswalt Kolle in der Bundesrepublik.
1968, 15. Jan.: Deutsche Kreditinstitute geben erstmals Scheckkarten für den deutschen Zahlungsraum aus.
1968, 27. März: Die Wissenschaftlichen Hochschulen in der Bundesrepublik beschließen, eine Studienzugangsbeschränkung nach Abitur-Durchschnittsnoten, den sog. Numerus Clausus, einzuführen.
1968, 2. Apr.: Aus Protest gegen die politischen und gesellschaftlichen Verhältnisse in der Bundesrepublik Deutschland setzen vier radikalisierte Anhänger der APO zwei Frankfurter Kaufhäuser in Brand. Zwei Tage später werden die Brandstifter gefasst, unter ihnen Andreas Baader und Gudrun Ensslin, und am 31. Oktober zu drei Jahren Haft verurteilt.
1968, 11. Apr.: Rudi Dutschke, Vorstandsmitglied des Sozialistischen Studentenbundes (SDS), wird in West-Berlin von einem 23-jährigen Arbeiter niedergeschossen und schwer verletzt.
1968, 4. Mai: Eröffnung der Ausstellung „50 Jahre Bauhaus" im Beisein des Bauhausgründers Walter Gropius in Stuttgart.
1968, 30. Mai: Der Bundestag beschließt eine Ergänzung des Grundgesetzes durch die Notstandsverfassung. Sie genehmigt unter anderem den Einsatz der Bundeswehr bei inneren Unruhen. Die Diskussion im Bundestag wird von zahlreichen Protestveranstaltungen, zu denen der SDS und andere Mitglieder der APO aufgerufen haben, begleitet.
1968, 30. Mai: Trotz heftiger Proteste der Bevölkerung wird in Leipzig die völlig intakte Universitäts-

Am 11.April 1968 wurde Rudi Dutschke durch drei Schüsse des Attentäters Josef Bachmann schwer verletzt. Am 7. März 1940 geboren, starb der Studentenführer am 24 Dezember 1979 an den Spätfolgen seiner Schussverletzung.

Erst im Dritten Wahlgang konnte sich Gustav Heinemann bei den Bundespräsidentenwahlen am 5. März gegen seinen Konkurrenten Gerhard Schröder durchsetzten. Die Spannung vor diesem dritten Wahlgang ist auf den Gesichtern führender Sozialdemokraten abzulesen. Von links: Willy Brandt, Herbert Wehner, Helmut Schmidt und Gustav Heinemann.

kirche St. Pauli (1240-1968) gesprengt. Nach Ansicht der Leipziger SED-Bezirksleitung ist die alte Kirche nicht mit einem modernen Universitätskomplex vereinbar. Nur wenige Kunstschätze können gerettet werden.
1968, 1. Juli: Die Zollunion der Europäischen Wirtschaftsgemeinschaft (EWG) tritt in Kraft. Die Atommächte USA, UdSSR und Großbritannien unterzeichnen den Vertrag über die Nichtverbreitung von Kernwaffen, den sog. Atomwaffensperrvertrag.
1968, 20./21. Aug.: Einheiten der NVA der DDR beteiligen sich an der Besetzung der CSSR durch fünf Warschauer Pakt-Staaten. Damit wird der Prager Frühling, das Experiment einer Demokratisierung von Partei, Staat und Wirtschaft in einem Ostblockland, gewaltsam beendet.
1968, 15. Sept.: Die von Ludwig Mies van der Rohe entworfene Neue Nationalgalerie in West-Berlin wird eröffnet.
1968, 17. Sept.: Die Großbanken in der Bundesrepublik beschließen, dass künftig auch Inhabern von Lohn- und Gehaltskonten Überziehungskredite gewährt werden.
1968, 12. – 27. Okt.: Olympische Spiele 1968 in Mexico City. Erstmals nehmen zwei deutsche Mannschaften an den Spielen teil.
1968, 28. Okt.: Willy Brandt erklärt die Bereitschaft, von der Existenz der DDR als eines zweiten deutschen Staates auszugehen und der Regierung der DDR auf gleichberechtigter Basis zu begegnen.
1968, 4. Nov.: In West-Berlin kommt es zu blutigen Auseinandersetzungen zwischen Studenten und der Polizei. Auslöser ist das Berufsverbot für den APO-Anwalt Horst Mahler.
1968, 27. Nov.: Gründung der Ruhrkohle AG als Zusammenschluss von 23 Bergwerksunternehmen, auf die rund 85 % der gesamten Steinkohleförderung im Ruhrgebiet entfallen.
1968: Die Krimiserie „Der Kommissar" mit Erik Ode (1910-1983) in der Hauptrolle startet im ZDF.
1968: Eine Bremer Bierbrauerei erfindet den Sechserträger mit Mehr- oder Einwegflaschen. Die Idee setzt sich in der Folgezeit auch für andere Getränke durch und wird unter dem Begriff „Sixpack" zu einem „Klassiker".

„Damit Sie auch morgen in Frieden leben können". Wahlplakat der SPD zu den Bundestagswahlen vom 28. September 1969.

1969, 9. Febr.: Das bisher größte Verkehrsflugzeug, die Boeing 747 „Jumbo Jet", mit der 385 Passagiere befördert werden können, absolviert seinen ersten Versuchsflug.
1969, 13. Febr.: In München findet die erste Herztransplantation in der Bundesrepublik statt.
1969, 5. März: In West-Berlin wird der SPD-Politiker Gustav Heinemann im dritten Wahlgang mit 512 Stimmen zum Bundespräsidenten der Bundesrepublik Deutschland gewählt. Auf den Kandidaten der CDU/CSU Gerhard Schröder entfallen 506 Stimmen.
1969, 26. März: Der Bundestag billigt die Einfuhr von Zeitungen und Zeitschriften aus der DDR für weitere zwei Jahre.
1969, 18. Apr.: Der Zentralbankrat der Deutschen Bundesbank beschließt die Erhöhung des Diskontsatzes von 3 auf 4 %. Damit soll der konjunkturelle Anspannung in der Bundesrepublik begegnet werden.
1969, 9. Mai: Der Bundestag verabschiedet einige rechtliche Neuerungen, die als erster Schritt zu einer großen Strafrechtsreform gesehen werden. Unter anderem wird ab dem 1. April 1970 die Zuchthausstrafe abgeschafft, und ab dem 1. September werden Ehebruch und Homosexualität straffrei.
1969, 15. Mai: Der Bundestag billigt die Reform des Nichtehelichenrechts. Danach werden uneheliche Kinder den ehelichen rechtlich gleichgestellt.
1969, 16. Mai: Durch den Zusammenschluss der Münchner Messerschmidt-Bölkow GmbH mit der Hamburger Flugzeugwerke GmbH entsteht der Luft- und Raumfahrtkonzern Messerschmitt-Bölkow-Blohm GmbH (MBB).
1969, 30. Mai: Die Bundesregierung erklärt die sog. modifizierte Hallstein-Doktrin, nach der jede Anerkennung der DDR vorläufig weiter als unfreundlicher Akt gewertet wird.
1969, Juni: Auf den Berliner Filmfestspielen präsentiert Rainer Werner Fassbinder seinen Debütfilm „Liebe ist kälter als der Tod".
1969, 12. Juni: Verabschiedung des Gesetzes über die Lohnfortzahlung im Krankheitsfall im Bundestag. Danach sind die Arbeitgeber verpflichtet, den Arbeitern (ebenso wie bisher den Angestellten) den vollen Bruttolohnausgleich während der ersten sechs Krankheitswochen zu zahlen. Das Gesetz tritt am 1. Januar 1970 in Kraft.
1969, 26. Juni: Der Bundestag hebt die Verjährungsfrist für Völkermord gänzlich auf.
1969, 27. Juni: Während der Sommerferien gilt erstmals in der Bundesrepublik ein Wochenendfahrverbot für LKW, damit besonders die Autobahnen zugunsten des Ferienverkehrs entlastet werden.
1969, 18. Juli: Bundeswirtschaftsminister Karl Schiller und 18 Bergbauunternehmen unterzeichnen in Essen den Gründungsvertrag der Gesamtgesellschaft Ruhrkohle-AG (RAG). Die Zechen verpflichten sich, ihr Vermögen in die Gesellschaft einzubringen, und die Bundesrepublik sowie das Land Nordrhein Westfalen verbürgen sich im Gegenzug für die Schulden der alten Unternehmen.
1969, 3. Sept.: In Frankfurt/Main nimmt die Bundesstelle für Entwicklungshilfe ihre Arbeit auf. Die neue Bundesbehörde ist für die sog. Technische Hilfe bei Entwicklungshilfeprojekten zuständig.
1969, 28. Sept.: Wahlen zum 6. Deutschen Bundestag. Die CDU/CSU erhalten 46,1 %, die SPD 42,7 % und die F.D.P. 5,8 % der Stimmen. Die NPD scheitert mit 4,3 % an der Fünfprozent-Hürde.
1969, 29. Sept. – 15. Okt.: Koalitionsverhandlungen zwischen SPD und F.D.P. sowie zwischen CDU/CSU und F.D.P. Am 3.10. stimmt

die F.D.P. einer Koalition mit der SPD zu.
1969, 21. Okt.: Willy Brandt wird zum Bundeskanzler gewählt. Die neue Regierung besteht aus einer sozial-liberalen Koalition. Walter Scheel wird Vizekanzler.
1969, 28. Nov.: Die Bundesrepublik Deutschland unterzeichnet den Atomwaffensperrvertrag.
1969, 1./2. Dez.: Auf der Konferenz der Staats- und Regierungschefs der Europäischen Gemeinschaft (EG) in Den Haag wird Einigkeit über einen gemeinsamen Markt erzielt. Frankreich stimmt einer Erweiterung der EG zu.
1969: Mit der Einrichtung des Institutes für Informatik an der Universität Karlsruhe wird in der Bundesrepublik die Computerwissenschaft zu einem neuen Lehrfach.
1970, 22. Febr.: Der israelische Außenminister Abba S. Eban trifft zu einem dreitägigen offiziellen Besuch in der Bundesrepublik ein. Er ist das erste israelische Regierungsmitglied, das die Bundesrepublik besucht.
1970, 19. März: Bundeskanzler Brandt und der Vorsitzende des Ministerrates der DDR Willi Stoph treffen sich in Erfurt zum ersten innerdeutschen Gipfelgespräch. Obgleich keine nennenswerten Ergebnisse erzielt werden können, macht die stürmische Begrüßung des Bundeskanzlers seitens der DDR-Bürger das Treffen zu einem politisch bedeutsamen Ereignis.
1970, 29. März: Die Fernsehsender ARD und ZDF benutzen für die Wettervorhersage erstmals eine Karte Europas ohne Grenzen. Bisher zeigten die Sender auf ihren Wetterkarten die Grenzen des Deutschen Reiches von 1937.
1970, 5. – 11. Apr.: Während des Staatsbesuches von Bundeskanzler Brandt in den USA sichert Präsident Nixon der Neuen Ostpolitik seine Unterstützung zu.
1970, 20. Apr.: Veröffentlichung des ersten Sozialberichtes der Bundesregierung. Damit stellt erstmals eine Bundesregierung eine mittelfristige Planung ihrer sozialpolitischen Ziele und Vorhaben vor.
1970, 12. – 22. Mai: Egon Bahr führt in Moskau abschließende Gespräche über ein Gewaltverzichtsabkommen zwischen beiden Ländern, die Ergebnisse seiner Bemühungen sind im sog. Bahr-Papier festgehalten.
1970, 14. Mai: Der im Oktober 1968 wegen Kaufhaus-Brandstiftung verurteilte Andreas Baader wird unter Mitwirkung von Ulrike Meinhof befreit. Dabei wird ein Justizbeamter lebensgefährlich verletzt. Die Gewalttat gilt als Geburtsstunde der terroristischen Bewegung Rote Armee Fraktion (RAF).
1970, 21. Mai: Bundeskanzler Brandt und der Vorsitzende des DDR-Ministerrates Willi Stoph treffen in Kassel zu weiteren innerdeutschen Gesprächen zusammen.
1970, 28. Juli: Mit der Zustimmung der Aktionärsversammlung der Bremer Reederei Norddeutscher Lloyd AG und der Hamburger Hapag-Reederei ist die Fusion der beiden Reedereien zur Hapag-Lloyd AG perfekt.
1970, 31. Juli: Durch eine Grundgesetzänderung wird in der Bundesrepublik das aktive Wahlalter auf 18 Jahre herabgesetzt.
1970, 11. – 13. Aug.: Bundeskanzler Brandt besucht die Sowjetunion und unterzeichnet am 12. August in Moskau den deutsch-sowjetischen Vertrag über Gewaltverzicht

Ein Bild, das um die Welt ging und die Herzen von Millionen Menschen bewegte: Willy Brandt kniet am 7. Dezember 1970 vor dem Denkmal des 1943 von SS-Einheiten „aufgelösten“ (d.h. vernichteten) jüdischen Ghettos in Warschau. „Immer wieder bin ich gefragt worden, was es mit dieser Geste auf sich gehabt habe. Ich hatte nichts geplant. Am Abgrund der deutschen Geschichte und unter der Last der Millionen Ermordeten tat ich, was Menschen tun, wenn die Sprache versagt.“

und Anerkennung der in Europa bestehenden Grenzen, den sog. Moskauer-Vertrag.
1970, 23. Nov.: Der parlamentarische Strafrechtssonderausschuss des Bundestages veranstaltet ein Hearing zur geplanten Reform des Sexualstrafrechtes. Besonders umstritten ist die Neufassung des §184 des Strafgesetzbuches zur bisher als „unzüchtiges Schrifttum" bezeichneten Pornographie. Künftig soll nur noch strafbar sein, wer Pornographie Kindern und Jugendlichen zugänglich macht. Außerdem bleibt die Herstellung, Verbreitung und Einfuhr sog. „harter" Darstellungen, wie Gewalttätigkeit oder Kindesmissbrauch verboten.
1970, 7. Dez.: Bundeskanzler Brandt und der polnische Ministerpräsident Jozef Cyrankiewicz sowie die beiderseitigen Außenminister unterzeichnen den Warschauer-Vertrag. Der Vertrag bildet die Grundlage der Normalisierung der Beziehungen zwischen der Bundesrepublik und Polen bei gleichzeitiger Anerkennung der Oder-Neiße-Linie. Vor der Unterzeichnung des Vertrages legt Brandt am Denkmal des Unbekannten Soldaten sowie am Denkmal für die Opfer des Warschauer Ghettos einen Kranz nieder.
1971, 21. Jan.: Der Bundesgrenzschutz berichtet, dass die DDR die deutsch-deutsche Grenze mit neuen Maßnahmen, wie der Verlegung von mehr als zwei Millionen Minen und über 80.000 km Stacheldraht, abgesichert habe.
1971, 16. Febr.: Bundesinnenminister Hans Dietrich Genscher ordnet an, dass alle unverheirateten weiblichen Berufstätigen in verantwortungsvoller Stellung mit „Frau" anstelle von „Fräulein" anzureden sind.
1971, 6. Mai: Auf einem Versuchsgelände bei München stellt der Luft- und Raumfahrtkonzern Messerschmitt-Bölkow-Blohm (MBB) die weltweit erste Magnetschnellbahn vor.
1971, 6. Juni: 374 Frauen aus der Bundesrepublik geben in der Hamburger Illustrierten „stern" bekannt: „Wir haben abgetrieben". Die Selbstbezichtigungskampagne erregt großes Aufsehen.
1971, 6. Juni: Einen Tag nach Beendigung der Fußballsaison 1970/71 enthüllt der Vereinspräsident des Absteigers Kickers Offenbach, dass durch Geldzuwendungen Spiele der Bundesliga manipuliert wurden.
1971, 16. Juni: In Bonn schließen sich die sieben deutschen Spitzenverbände des Tierschutzes mit rund 600.000 eingetragenen Mitgliedern zur Dachorganisation „Deutscher Tierschutz e.V." zusammen.
1971, 24. Juni: Die Volkskammer wählt Erich Honecker als Nachfolger von Walter Ulbricht zum Vorsitzenden des Nationalen Verteidigungsrates.
1971, 15. Juli: Bei der Fahndung nach Mitgliedern der Baader-Meinhof-Gruppe wird in Hamburg die zwanzigjährige mutmaßliche Terroristin Petra Schelm (1950-1971) von einem Polizisten erschossen.
1971, 26. Aug.: Der Bundestag verabschiedet für alle Zweige schulischer Ausbildung einschließlich der Hochschulen das Bundesausbildungsförderungsgesetz (BAföG), das staatliche Beihilfen gewährt und damit zur Chancengleichheit im Bildungswesen beitragen soll.
1971, 13. Sept.: Auf dem 38. Kongress des internationalen PEN-Clubs wird der Schriftsteller Heinrich Böll als erster Deutscher zum Präsidenten gewählt.
1971, 3. Okt.: Unter dem Motto „Du machst Dich kaputt, der Dealer macht Kasse" startet die Kriminalpolizei in der Bundesrepublik eine Aufklärungsaktion gegen den internationalen Rauschgifthandel.
1971, 4./5. Okt.: Rainer Barzel wird neuer CDU-Vorsitzender. Zu seinem Stellvertreter wird Helmut Kohl gewählt.
1971, 20. Okt.: In Israel wird an der Universität von Tel Aviv das Institut für deutsche Geschichte eröffnet.
1971, 25. Okt.: In Kassel wird die erste Gesamthochschule der Bundesrepublik eröffnet. Sie soll die traditionelle Universität, technische und pädagogische Hochschulen sowie Kunst-, Musik- und Ingenieurfachhochschulen unter einem Dach vereinen.
1971, 3. Nov.: Die Gesundheitsbehörde Hamburgs beginnt mit der Ausgabe von Organspendeausweisen an spendewillige Personen. Der

Machtwechsel in Ostberlin. Auf der 16. Tagung des ZK der SPD wird Erich Honecker (unten) anstelle des aus Altersgründen zurückgetreten Walter Ulbricht (oben) am 3. Mai 1971 zum Ersten Sekretär des ZK der SED gewählt. Ulbricht erhält das eigens für ihn geschaffene Amt des „Vorsitzenden der SED".

Bedarf für Organtransplantationen in der Bundesrepublik wurde bisher aus dem Ausland gedeckt.
1971, 23. Nov.: Der Hamburger Senat trifft eine Grundsatzentscheidung über die Unzulässigkeit der Ernennung von Rechts- und Linksradikalen zu Beamten auf Lebenszeit.
1971, 29. Nov.: Rainer Barzel wird von der CDU/CSU zum Kanzlerkandidaten nominiert.
1971, 4. Dez.: In West-Berlin wird der zur Terroristen-Szene zählende Student Georg von Rauch bei einem Schusswechsel zwischen Polizisten und Mitgliedern der Baader-Meinhof-Gruppe erschossen.
1971, 10. Dez.: Bundeskanzler Willy Brandt wird in Oslo mit dem Friedensnobelpreis ausgezeichnet. Die Ostpolitik des Bundeskanzlers wird als Beitrag zur Überwindung der Konfrontation zwischen den Machtblöcken in Europa betrachtet. Brandt ist damit der erste Deutsche, der nach dem Zweiten Weltkrieg den Friedensnobelpreis erhält.
1971, 17. Dez.: Der Staatssekretär im Bundeskanzleramt, Egon Bahr, und der Staatssekretär beim Ministerrat der DDR, Michael Kohl, unterzeichnen in Bonn das von ihnen ausgehandelte Abkommen über den Transitverkehr zwischen der Bundesrepublik und West-Berlin.
1972; 6. Jan.: In einer Rede vor Soldaten der Nationalen Volksarmee (NVA) bezeichnet DDR-Staats- und Parteichef Erich Honecker die Bundesrepublik als „imperialistisches Ausland".
1972; 23. Jan.: Erstmals wird im WDR die „Sendung mit der Maus" ausgestrahlt. Kurze Filmsequenzen sollen den kleinen Zuschauern interessante Einblicke in den Alltag gewähren.
1972; 6. Apr.: Der frühere Bundespräsident Heinrich Lübke stirbt im Alter von 77 Jahren in Bonn.
1972; 10. Apr.: In Washington, London und Moskau unterzeichnen Vertreter der USA, der Sowjetunion, der Bundesrepublik und der DDR sowie von insgesamt über 70 Staaten die UN-Konvention über das Verbot der Entwicklung, Produktion und Lagerung bakteriologischer (biologischer) und toxischer (chemischer) Waffen sowie über deren Vernichtung.
1972; 27. Apr.: Im Bundestag scheitert das angestrebte Konstruktive Misstrauensvotum der CDU/CSU gegen Bundeskanzler Willy Brandt. Der Antrag verfehlt um zwei Stimmen die notwendige absolute Mehrheit.
1972; 17. Mai: Die CDU/CSU-Fraktion entscheidet sich bei der Abstimmung über die Ostverträge für Enthaltung. Der Bundestag beschließt die Ratifizierung des Moskauer und des Warschauer Vertrages. Am 3. Juni treten beide Verträge zusammen mit dem Berlin-Abkommen in Kraft.
1972; 19. Mai: Bombenanschlag auf das Hamburger Springer-Hochhaus. Der Anschlag wird der Baader-Meinhof-Gruppe zugeschrieben.
1972; 24. Mai: Bombenanschlag auf das europäische Hauptquartier der US-Armee in Heidelberg, drei Soldaten kommen ums Leben. Ein Kommando der RAF übernimmt die Verantwortung.
1972; 26. Mai: Die Staatssekretäre Egon Bahr und Michael Kohl unterzeichnen in Ost-Berlin einen Verkehrsvertrag zwischen der Bundesrepublik und der DDR.
1972; 1. Juni: Die RAF-Terroristen Andreas Baader, Holger Meins und Jan Carl Raspe werden nach einem längeren Schusswechsel mit der Polizei, bei dem Baader verletzt wird, in Frankfurt/Main festgenommen.
1972; 7. Juni: Die RAF-Terroristin Gudrun Ensslin wird in Hamburg verhaftet.
1972; 1. Sept.: An der „Staatsgrenze West" der DDR werden Schutzstreifen und Sperrzonen festgelegt. Die Anwendung der Schusswaffe durch die DDR-Grenztruppen ist gemäß den Bestimmungen des Ministeriums für Nationale Verteidigung zulässig.
1972; 5./6. Sept.: Mitglieder der arabischen Organisation „Schwarzer September" verüben im Olympischen Dorf in München ein Attentat auf die israelische Olympiamannschaft. Bei dem Anschlag sowie bei dem polizeilichen Versuch, die von den Terroristen als Geiseln genommenen Israelis zu befreien, werden elf Israelis, ein deutscher Polizist und fünf Terroristen getötet.
1972; 16. Okt.: DDR-Bürgern, die vor dem 1. Januar 1972 die DDR verließen, wird die DDR-Staatsbürgerschaft aberkannt. Sie werden strafrechtlich nicht mehr verfolgt.
1972; 29. Okt.: Arabische Terroristen entführen eine Lufthansa-Maschine mit 20 Insassen nach Libyen. Die an Bord befindlichen Passagiere und Besatzungsmitglieder werden gegen drei an dem Anschlag auf die israelische Olympiamannschaft beteiligte Attentäter, die sich in deutscher Haft befinden, ausgetauscht. In Israel kommt es daraufhin zu heftigen antideutschen Reaktionen.
1972; 19. Nov.: Bei den Bundestagswahlen wird die Sozialdemokrati-

6. September 1972. Trauerfeier im Münchener Olympiastadion nach dem Attentat auf die israelische Mannschaft.

Als Schlussläuferin der deutschen 4x100.m-Staffel geht Heide Rosendahl (links) nach einem spannenden Zweikampf mit Renate Stecher aus der DDR als erste durchs Ziel.

sche Partei Deutschlands (SPD) erstmals stimmstärkste Partei.
1972; 10. Dez.: Heinrich Böll wird in Stockholm mit dem Literaturnobelpreis ausgezeichnet. Der Friedensnobelpreis wird in diesem Jahr nicht vergeben.
1972; 14. Dez.: Willy Brandt wird erneut Bundeskanzler einer SPD/ F.D.P.-Koalition. Walter Scheel bleibt Vizekanzler und Außenminister.
1972; 21. Dez.: Der Bundesminister Egon Bahr und der Staatssekretär der DDR, Michael Kohl unterzeichnen den Grundlagenvertrag: Darin wird die Anerkennung der Vier-Mächte-Verantwortung, die Unverletzlichkeit der Grenzen, die Beschränkung der Hoheitsgewalt auf das jeweilige Staatsgebiet, der Austausch „ständiger Vertreter“, die Beibehaltung des innerdeutschen Handels und der Antrag beider Staaten auf Aufnahme in die UNO festgeschrieben.
1972: Erstmals werden in der Bundesrepublik übers Jahr mehr als 100 Drogentote gezählt. Die Zahl der heroinabhängigen Fixer wird auf 10.000 geschätzt.

In Bonn wurde am 8. November 1972 der Grundvertrag zwischen der Bundesrepublik und der DDR paraphiert. Die Zeremonie fand im Gobelin-Saal des Palais Schaumburg statt. Die Staatssekretäre Egon Bahr (Bundesrepublik) und Michael Kohl (DDR) setzten unter das Vertragswerk ihre Paraphe (ihr Namenszeichen, nicht ihre Unterschrift). Vorher war von beiden Seiten ein genauer Textvergleich der beiden Dokumente vorgenommen worden. Die Verhandlungen zwischen Bahr und Kohl über den Grundvertrag zur „Herstellung normaler, gutnachbarlicher Beziehungen zwischen der Bundesrepublik und der DDR, wie sie zwischen voneinander unabhängigen Staaten üblich sind“, hatten am 15. Juni 1972 begonnen. Sie waren am 6. November mit einer fünfstündigen Sitzung in Ostberlin beendet worden. Die Regierungen in Bonn und Ostberlin überprüften den ausgehandelten Text und billigten ihn dann. Am 21. Dezember 1972 geschlossen, am 1. Mai 1973 ratifiziert, trat der Grundvertrag am 21. Juni 1973 in Kraft.

1973, 8. Jan.: Das 1. Programm der ARD sowie das 3. Programm der Sender NDR, BR und SFB beginnen mit der Ausstrahlung der amerikanischen Vorschul- und Kinderserie „Sesamstraße“ in deutscher Sprache.
1973, 3. Febr.: Das „Aktuelle Sportstudio“ im ZDF wird erstmals von einer Frau moderiert. Die Journalistin Carmen Thomas dringt damit in ein bislang von Männern besetztes Fernsehressort vor.
1973, 29. Apr.: Der DEFA-Film „Die Legende von Paul und Paula“ nach dem Roman von Ulrich Plenzdorf läuft in der DDR an. Der Erfolgsfilm ist eine Moritat über individuelle Glücksansprüche.
1973, 1. Mai: In Dortmund wird die „Zentralstelle für die Vergabe von Studienplätzen“ (ZVS) eingerichtet.
1973, 18. – 22. Mai: Der sowjetische Parteichef Leonid I. Breschnew besucht die Bundesrepublik Deutschland. Es ist der erste offizielle Besuch des sowjetischen Staatsmannes in der Bundesrepublik.
1973, 7. Juni: Bundeskanzler Willy Brandt trifft zu einem bis zum 11. Juni andauernden Staatsbesuch in Israel ein. Er ist der erste deutsche Bundeskanzler, der Israel einen offiziellen Besuch abstattet.
1973, 1. Aug.: Der frühere Staats- und Parteichef der DDR, Walter Ulbricht, stirbt im Alter von 80 Jahren in Ost-Berlin.
1973, 1. Sept.: Die zur Bekämpfung schwerster Gewaltstraftaten aufgestellte Spezialeinheit des Bundesgrenzschutzes, die Grenzschutzgruppe 9 (GSG 9), ist einsatzbereit.
1973, 18. Sept.: Die Bundesrepublik Deutschland und die DDR werden in die Vereinten Nationen (UNO) aufgenommen. Der Verwaltungsrat der London School of Economics beruft den Wissenschaftler Ralf Dahrendorf als ersten Ausländer zum Direktor.
1973, 26. Sept.: Willy Brandt spricht als erster deutscher Bundeskanzler vor der Generalversammlung der Vereinten Nationen in New York.
1973, 17. Okt.: Die Schriftstellerin Ingeborg Bachmann stirbt in Rom an den Folgen schwerer Brandverletzungen.
1973, 24. Okt.: Im Achtelfinale des Europapokals der Landesmeister trifft erstmals eine bundesdeutsche Fußballmannschaft auf ein DDR-Team. Bayern München gewinnt im heimischen Olympiastadion gegen Dynamo Dresden 4:3.
1973, 23. Nov.: Die Bundesrepublik verhängt einen Anwerbestopp für Gastarbeiter, die nicht aus den EG-Ländern kommen. Begründet wird die Entscheidung mit den „Beschäftigungskrisen im Zusammenhang mit der Ölkrise“.
1973, 25. Nov.: Im Zuge des Energiesicherungsgesetzes tritt eine Verordnung über Fahrverbote an Sonntagen und über Geschwindigkeitsbegrenzungen in Kraft.
1973, 11. Dez.: Unterzeichnung des Prager Vertrags über die Normalisierung der wechselseitigen Beziehungen zwischen der Bundesrepublik und der Tschechoslowakei. Das Münchner Abkommen vom 29. September 1938 wird durch den Vertrag annulliert.
1973: Die Bauarbeiten für den „Schnellen Brüter“, ein Atomkraftwerk, das mit einem sog. Brutreaktor ausgerüstet werden soll, beginnen in Kalkar am Niederrhein.
1974, 1. Jan.: Einführung des Autokennzeichens „DDR“ statt „D“. In der Bundesrepublik wird die Preisbindung für Markenartikel aufgehoben. Die Hersteller gehen ab sofort zu unverbindlichen Preisempfehlungen über.
1974, 10. Jan.: In Ost-Berlin wählt der Zentralrat der „Freien Deutschen Jugend“ (FDJ) Egon Krenz zum neuen Vorsitzenden.
1974, 28. Jan.: In der ARD wird die erste Folge der Fernsehserie „Ein Herz und eine Seele“ von Wolfgang Menge ausgestrahlt. Die Serie persifliert die sonst häufig im Fernsehen dargestellte Familienidylle.
1974, 24. Apr.: Der persönlich Referent von Bundeskanzler Brandt, Günter Guillaume, wird unter dem Verdacht der Spionage für die DDR festgenommen.
1974, 1. Mai: Um Verstöße gegen die Straßenverkehrsordnung besser kontrollieren zu können, beginnt das Kraftfahrtbundesamt in Flensburg, in der „Verkehrssünderkartei“ Strafpunkte aufzuzeichnen.

1974, 2. Mai: Die jeweiligen „Ständigen Vertretungen" beider deutscher Staaten nehmen in Bonn und Ost-Berlin die Arbeit auf.
1974, 6. Mai: Bundeskanzler Willy Brandt tritt im Verlauf der Agentenaffäre um den DDR-Spion Günter Guillaume überraschend zurück. In seinem Rücktrittsschreiben erklärt Brandt, er übernehme damit die Verantwortung „für Fahrlässigkeiten" im Zusammenhang mit der Affäre und betont, dass ein Kanzler nicht „erpressbar" sein dürfe.
1974, 15. Mai: Walter Scheel wird als Nachfolger von Gustav Heinemann von der Bundesversammlung im 1. Wahlgang mit 530 Stimmen bei 5 Stimmenthaltungen zum Bundespräsidenten gewählt. Auf den Kandidaten der CDU/CSU, Richard von Weizsäcker, entfallen 498 Stimmen.
1974, 16. Mai: Der Deutsche Bundestag wählt Helmut Schmidt zum Bundeskanzler. Die sozial-liberale Koalition wird fortgesetzt. Neuer Vizekanzler wird Hans-Dietrich Genscher.
1974, 7. Juli: Die Fußballmannschaft der Bundesrepublik Deutschland wird durch einen 2:1-Sieg über die Niederlande in München Fußballweltmeister.
1974, 26. Juli: Etwa 35.000 Sparer erhalten nach dem Zusammenbruch der Herstatt-Bank ihr Geld aus dem von deutschen Banken in Höhe von 130 Milliarden DM angelegten „Feuerwehrfonds" zurück.
1974, 13. Sept.: RAF-Häftlinge in verschiedenen Haftanstalten der Bundesrepublik treten aus Protest gegen die Haftbedingungen in den Hungerstreik.
1974, 25. Sept.: Auf Initiative der deutschen Präsidentengattin Mildred Scheel konstituiert sich in Bonn der Verein der „Deutschen Krebshilfe".
1974, 27. Sept.: Die Volkskammer beschließt eine Änderung der DDR-Verfassung; danach wird der Begriff „deutsche Nation" aus dem Text getilgt.
1974, 1. Okt.: Hans-Dietrich Genscher wird auf dem Bundesparteitag in Hamburg als Nachfolger von Walter Scheel zum neuen F.D.P.-Vorsitzenden gewählt.
1974, 2. Okt.: Zwischen der Bundesrepublik und der Sowjetunion wird ein Liefervertrag für Schwerlastkraftwagen in Höhe von einer Milliarde DM an die Sowjetunion unterzeichnet.
1974, 14. Okt.: Der schwedische Möbelkonzern Ikea eröffnet in Eching bei München seine erste Geschäftsniederlassung in der Bundesrepublik.
1974, 9. Nov.: Holger Meins, einer der RAF-Häftlinge, stirbt an den Folgen seines seit September andauernden Hungerstreiks. Daraufhin kommt es in mehreren bundesdeutschen Städten zu Protestdemonstrationen und Anschlägen.
1974, 10. Nov.: In West-Berlin wird der Kammergerichtspräsident Günter von Drenkmann ermordet. Die Polizei verdächtigt die Untergrundorganisation „Bewegung 2. Juni" der Täterschaft.
1974, 29. Nov.: Horst Mahler und Ulrike Meinhof werden in West-Berlin wegen Mordversuchs bei der Baader-Befreiung zu 14 beziehungsweise 8 Jahren Freiheitsstrafe verurteilt.
1974, 4. Dez.: Der franz. Schriftsteller und Philosoph Jean Paul Sartre besucht Andreas Baader im Gefängnis Stuttgart-Stammheim und kritisiert die dortigen Haftbedingungen.
1974, 9. Dez.: Die DDR gibt offiziell die Befreiung der Rentner vom verbindlichen Mindestumtausch bei Einreise in die DDR und Ost-Berlin bekannt. Die Regelung tritt am 20.12.1974 in Kraft.
1975, 16. Jan.: Der CSU-Vorsitzende Franz-Josef Strauß wird als erster Politiker der Bundesrepublik von Mao Tse-tung empfangen.
1975, 27. Febr.: Der Vorsitzende der West-Berliner CDU, Peter Lorenz, wird von Terroristen der „Bewegung 2. Juni" entführt, die inhaftierte Gesinnungsgenossen freipressen wollen.
1975, 5. März: Der von Terroristen entführte CDU-Politiker Peter Lorenz wird freigelassen, nachdem die Forderungen seiner Entführer erfüllt wurden. So hat die Bundesregierung unter anderem am 3. März fünf inhaftierte Mitglieder der „Bewegung 2. Juni" in die Volksrepublik Jemen ausfliegen lassen.

Der Kaiser und der Pokal, Fußballweltmeisterschaft 1974.

Nach seinem 1:0 Siegtreffer gegen die BRD am 22. Juni 1974 im Volksparkstadion in Hamburg dreht Jürgen Sparwasser jubelnd ab. Berti Vogts und Sepp Maier sind geschlagen. Die DDR hat das einzige „innerdeutsche" Duell verdient gewonnen.

1975, 15. Apr.: Das Kernkraftwerk Biblis am Rhein, die weltweit größte Anlage dieser Art, nimmt den Betrieb auf.
1975, 24. Apr.: Die deutsche Botschaft in Stockholm wird durch Terroristen des „Kommando Holger Meins" überfallen. Mit der Aktion soll die Freilassung von 26 Häftlingen der Rote Armee Fraktion erpresst werden. Die Bundesregierung verweigert die Erfüllung der Forderungen. Kurz darauf werden zwei Mitglieder der Auslandsvertretung getötet. Die restlichen Geiseln können von der Polizei befreit und die Terroristen festgenommen werden.
1975, 8. – 12. Juli: Als erster israelischer Regierungschef besucht Ministerpräsident Yitzhak Rabin die Bundesrepublik Deutschland und West-Berlin.
1975, 1. Aug.: Nach zweijährigen Verhandlungen in Genf und Helsinki wird die KSZE-Schlussakte (Konferenz über Sicherheit und Zusammenarbeit in Europa) unterzeichnet. Am Rande der KSZE finden Gespräche zwischen Bundeskanzler Helmut Schmidt und DDR-Staats- und Parteichef Erich Honecker statt.
1975, 3. Sept.: Der in Bochum tagende Kongress für Industrie-Archäologie spricht sich für die Erhaltung technischer Denkmäler aus.
1975, 17. Sept.: Der Bundestag debattiert über das Steuer- und Sparprogramm der Regierung. Bundeskanzler Helmut Schmidt bezeichnet die aktuelle Wirtschaftskrise dabei als Teil einer weltweiten Rezession. Der Ministerpräsident von Rheinland-Pfalz Helmut Kohl (CDU) hingegen gibt der SPD/F.D.P.-Koalition die Schuld an der „hausgemachten Rezession".
1975, 28. Okt. – 2. Nov.: Helmut Schmidt besucht als erster Bundeskanzler die Volksrepublik China und trifft mit Parteichef Mao Tsetung zusammen.
1975, 10. – 15. Nov.: Als erster Bundespräsident besucht Walter Scheel die Sowjetunion.
1975, 4. Dez.: In New York stirbt die aus Deutschland stammende US-amerikanische Soziologin und Politologin Hannah Arendt.
1976, 1. Jan.: In der Bundesrepublik tritt eine Verordnung in Kraft, die Autofahrer zum Anlegen des Sicherheitsgurtes verpflichtet. Außerdem wird eine Richtgeschwindigkeit von 130 km/h auf Autobahnen empfohlen.
1976, 26. Jan.: Das Hochschulrahmengesetz regelt erstmals einheitlich für das Bundesgebiet Grundsätze für die zeitgemäße Hochschule. Leitziel ist unter anderem die Gesamthochschule und die studentische Mitbestimmung.
1976, 1. Febr.: Der Physiker Werner Heisenberg stirbt in München.
1976, 12. Febr.: Der Bundestag verabschiedet ein Reformgesetz zum Paragraphen 218. Danach wird bei einem Schwangerschaftsabbruch in den ersten drei Monaten nach der Empfängnis bei ethischer, medizinischer oder sozialer Notlage der Frau Straffreiheit gewährt.
1976, 1. Apr.: Der Maler und Bildhauer Max Ernst, einer der bedeutendsten Vertreter des Surrealismus, stirbt in Paris.
1976, 7. Apr.: Das Bundeskabinett beschließt in Bonn, gemeinsam mit Großbritannien und Italien die Produktion des Kampfflugzeuges „Tornado" aufzunehmen, das den „Starfighter" ablösen soll. Der „Starfighter" war besonders wegen seiner hohen Absturzrate umstritten.
1976, 23. Apr.: Auf dem Platz des ehemaligen Berliner Stadtschlosses in Ost-Berlin wird der „Palast der Republik" eingeweiht. Das Gebäude ist unter anderem als künftiger Sitz der Volkskammer vorgesehen.
1976, 9. Mai: Die RAF-Terroristin Ulrike Meinhof wird erhängt in ihrer Zelle aufgefunden. Laut Angaben der Gefängnisleitung beging sie Selbstmord. Nach bekannt werden ihres Todes kommt es im In- und Ausland zu Gewalttätigkeiten und Protestkundgebungen. Es wird der Verdacht geäußert, dass es sich nicht um Selbstmord gehandelt habe, und die Frage nach der Mitschuld der Polizei beziehungsweise des Staates gestellt.
1976, 26. Mai: Der Philosoph Martin Heidegger stirbt in Freiburg.
1976, 14. Juni: Der Bundestag verabschiedet das neue Eherecht. Danach werden Scheidungen nicht mehr mit der Schuld eines Partners, sondern mit dem Scheitern der Ehe begründet (Zerrüttungsprinzip). Auch wird der Unterhaltsanspruch neu geregelt, der bisher an die Schuldfrage geknüpft war.
1976, 19. Juni: König Karl XVI. Gustav von Schweden heiratet in Stockholm die deutsche Stewardess Silvia Sommerlath.
1976, 1. Juli: In der Bundesrepublik tritt ein neues Namensrecht in Kraft. Ehepaare können künftig selbst entscheiden, ob sie den Familiennamen des Mannes, der Frau oder einen Doppelnamen annehmen.
1976, 7. Juli: Der ehemalige Bundespräsident Gustav Heinemann stirbt im Alter von 76 Jahren in Essen.
1976, 18. Aug.: Der Pfarrer Oskar Brüsewitz setzt sich auf dem Marktplatz der Stadt Zeitz/DDR aus Protest gegen die DDR-Regierung selbst in Brand. Vier Tage später erliegt er seinen Verletzungen.
1976, 3. Okt.: Wahl zum 8. Deutschen Bundestag. Trotz erheblicher Stimmengewinne der CDU/CSU, die 48,6 % der Stimmen erhält, geht die sozial-liberale Koalition mit 42,6 % für die SPD und 7,9 % für die F.D.P. als Sieger aus der Wahl hervor.
1976, 7. Okt.: Der bisherige Ministerpräsident von Rheinland-Pfalz, Helmut Kohl, legt sein Amt nieder und wird Oppositionsführer im Bundestag.
1976, 21. Okt.: Die Bundesrepublik wird für zwei Jahre als Mitglied in den UN-Sicherheitsrat gewählt.
1976, 30. Okt.: Bei Brokdorf finden erste Demonstrationen gegen den Bau eines Kernkraftwerkes statt. Dabei kommt es zu Zusammenstößen zwischen der Polizei und rund 400 militanten Kernkraftgegnern, die den Bauplatz besetzen wollen. Die Polizei setzt Tränengas sowie Wasserwerfer ein und geht mit

Mit der Unterzeichnung der Schlussakte in Helsinki ging am 1. August 1975 die „Konferenz zur Sicherheit und Zusammenarbeit in Europa" (KSZE) zu Ende. Von links: Bundeskanzler Schmidt, SED-Chef Honecker, US-Präsident Ford, Österreichs Kanzler Kreisky und der belgische Premier Tindemans.

Schlagstöcken gegen die Besetzer vor. Im Laufe des Novembers nehmen die Auseinandersetzungen immer heftigere Ausmaße an.

1976, 26. Nov.: Willy Brandt wird Vorsitzender der Sozialistischen Internationale.

1976, 29. Nov.: Der Karstadt-Konzern übernimmt das in finanzielle Bedrängnis geratene Großversandhaus Neckermann.

1976, 14. Dez.: Der Industriellensohn Richard Oetker wird entführt. Nachdem die Zahlung von 21 Millionen DM Lösegeld erfolgt ist, wird Oetker am 16. Dezember wieder freigelassen.

1976, 15. Dez.: Der Bundestag wählt Helmut Schmidt erneut zum Bundeskanzler einer sozial-liberalen Koalition.

1977, 13. Jan.: Erstmals nimmt der UNO-Botschafter der Bundesrepublik Deutschland, Rüdiger von Wechmar, in New York an einer Sitzung des UNO-Sicherheitsrates teil.

1977, 1. Febr.: Die erste Ausgabe der Zeitschrift „Emma. Eine Zeitschrift für Frauen von Frauen“, herausgegeben von der feministischen Journalistin Alice Schwarzer, erscheint in der Bundesrepublik. Schwerpunkte der Berichterstattung sind Probleme von Frauen in der Arbeitswelt, Gewalt in der Familie, die Behandlung von Vergewaltigungen durch die Justiz sowie die Auseinandersetzungen um den § 218.

1977, 8. März: In der Bundesrepublik läuft der Film „Stunde Null“ von Edgar Reitz an. Der Film schildert die Geschehnisse in einem kleinen Dorf bei Leipzig in der kurzen Zeitspanne zwischen dem Abzug der amerikanischen Soldaten und dem Eintreffen der russischen Besatzungstruppen im Jahre 1945.

1977, 5. Apr.: Die Mitgliedsstaaten der Europäischen Gemeinschaft (EG) verpflichten sich in einer gemeinsamen Erklärung, die Entscheidungen des Europäischen Gerichtshofs in Menschenrechtsangelegenheiten als verbindlich anzuerkennen.

1977, 7. Apr.: Generalbundesanwalt Siegfried Buback wird zusammen mit seinem Fahrer in Karlsruhe auf offener Straße von RAF-Terroristen erschossen. Die Täter bezeichnen in einem Bekennerschreiben Buback als „Akteur des Systems“, der unter anderem die „Ermordung“ Ulrike Meinhofs „inszeniert und geleitet“ habe, und daher „hingerichtet“ worden sei.

1977, 28. Apr.: Das Stuttgarter Oberlandesgericht verurteilt die Terroristen Andreas Baader, Gudrun Ensslin und Jan Carl Raspe zu lebenslanger Haftstrafe. Das Gericht sieht es als erwiesen an, dass die Angeklagten sich des Mordes in vier und des Mordversuches in 34 Fällen sowie der Bildung einer kriminellen Vereinigung schuldig gemacht haben.

1977, 28. Apr.: Der ehemalige Trainer der deutschen Fußball-Nationalmannschaft, Sepp Herberger, stirbt im Alter von 80 Jahren in Mannheim.

1977, 5. Mai: Der frühere Bundeswirtschaftsminister und Bundeskanzler Ludwig Erhard stirbt im Alter von 80 Jahren in Bonn.

1977, 25. Juni: Mit einer feierlichen Grundsteinlegung beginnt in Dresden der Wiederaufbau der im Zweiten Weltkrieg fast völlig zerstörten, weltberühmten Semper-Oper.

1977, 30. Juli: Der Vorstandsvorsitzende der Dresdner Bank, Jürgen Ponto, wird in seiner Villa im Taunus bei einem Entführungsversuch von den Terroristen Christian Klar und Brigitte Mohnhaupt erschossen.

1977, 5. Sept.: Der Präsident der Bundesvereinigung der Deutschen Arbeitgeberverbände (BDA) und Präsident des Bundesverbands der Deutschen Industrie (BDI), Hanns Martin Schleyer, wird in Köln von Terroristen entführt. Dabei werden Schleyers Fahrer und drei Sicherheitsbeamte erschossen. Die Entführer fordern die Freilassung von elf inhaftierten Terroristen, darunter Andreas Baader, Gudrun Ensslin und Jan Carl Raspe.

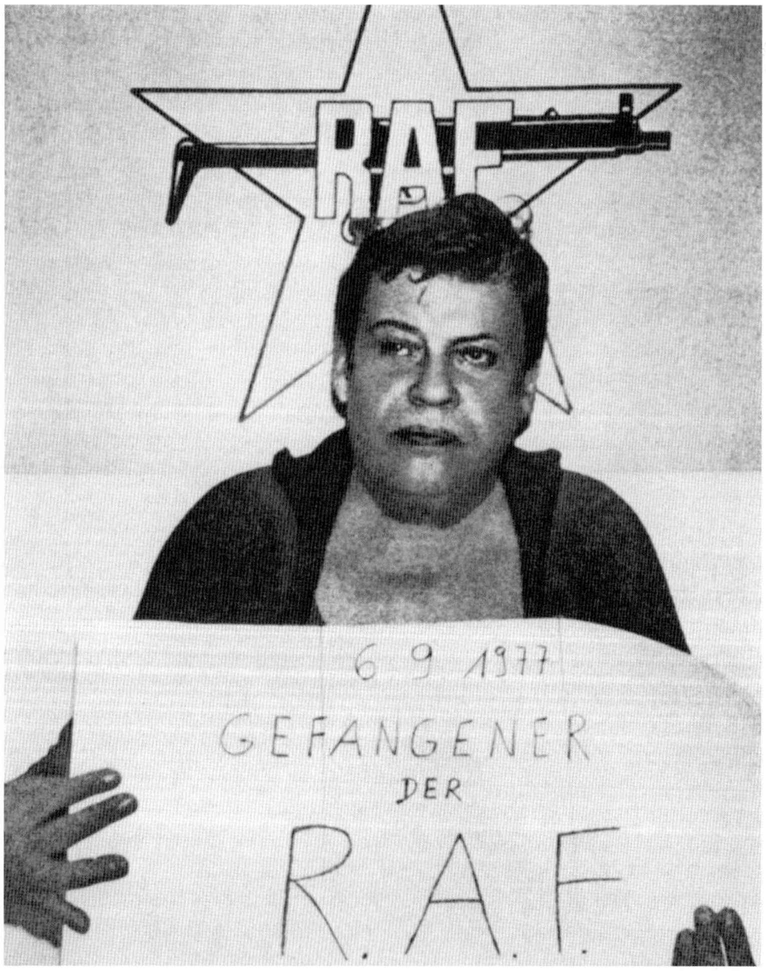

Hanns Martin Schleyer als Gefangener der RAF. Erpresserfoto vom 6.9.1977. Als Vorstandsmitglied der Daimler-Benz AG (seit 1963) und als Präsident der Deutschen Arbeitgeberverbände (seit 1973) sowie des Bundesverbandes der Deutschen Industrie (seit Anfang 1997) war Schleyer einer der bekanntesten Vertreter der deutschen Wirtschaft. Im September 1977 von Terroristen entführt, hielten diese ihn mehr als sechs Wochen in ihrer Gewalt. Als sie ihr Ziel, die Freipressung von inhaftierten Gesinnungsgenossen, nicht erreichten, ermordeten sie ihn.

1977, 13. Okt.: Palästinensische Terroristen entführen die Lufthansa-Maschine „Landshut“ nach Mogadischu/Somalia und wollen damit die Forderung der Schleyer-Entführer nach der Entlassung inhaftierter RAF-Häftlinge unterstützen.

1977, 18. Okt.: Der 1973 aufgestellten Spezialeinheit des Bundesgrenzschutzes, GSG 9 (Grenzschutzgruppe 9), gelingt es, die entführte Lufthansa-Maschine „Landshut“ in Mogadischu zu stürmen und die Geiseln zu befreien. Am selben Tag begehen die zu lebenslanger Haft verurteilten Terroristen Baader, Ensslin und Raspe in Stuttgart-Stammheim Selbstmord.

1977, 19. Okt.: Der am 5. September entführte Hanns Martin Schleyer wird im Kofferraum eines Autos in Mülhausen/Elsass tot aufgefunden.

1978, 1. Jan.: Das Bundesdatenschutzgesetz tritt in Kraft. Erster Bundesbeauftragter für den Datenschutz wird im Februar Hans Peter Bull .

1978, 19. Jan.: Der letzte in Deutschland gefertigte VW-"Käfer" läuft in Emden vom Band.

1978, 12. Febr.: In Hofheim/Taunus wählen die Jungsozialisten (Jusos) den 33-jährigen Rechtsanwalt Gerhard Schröder aus Hannover zum neuen Vorsitzenden.

1978, 3. März: In der Bundesrepublik läuft der Film „Deutschland im Herbst“ an. Die Gemeinschaftsarbeit von Alexander Kluge, Volker Schlöndorff, Rainer Werner Fassbinder, Alf Brustellin, Bernhard Sinkel, Katja Rupé, Edgar Reitz, und anderen stellt die politische Stimmung im September/Oktober 1977 um die Schleyer-Entführung, die Geiselbefreiung in Mogadischu und den Tod der RAF-Terroristen im Gefängnis Stuttgart-Stammheim dar.

1978, 30. März: Als erster westlicher Regierungschef seit der internationalen Anerkennung der DDR trifft Österreichs Bundeskanzler Bruno Kreisky in Ost-Berlin zu einem Staatsbesuch in der DDR ein.

1978, 4. – 7. Mai: Der sowjetische Staats- und Parteichef Leonid I. Breschnew besucht die Bundesrepublik. Dabei wird ein langfristiges Abkommen über enge Zusammenarbeit bei Großprojekten der Energieentwicklung, im Transportwesen und im Maschinenbau unterzeichnet.
1978, 25. Juni: In Buenos Aires gewinnt der Gastgeber Argentinien das Endspiel der Fußballweltmeisterschaft. Titelverteidiger Deutschland kam nach einer 2:3-Niederlage gegen Österreich nicht unter die letzten vier.
1978, 7. Aug.: Der baden-württembergische Ministerpräsident Hans Filbinger (CDU) tritt auf Drängen seiner Parteifreunde zurück. Gegen Filbinger waren Vorwürfe wegen seiner Tätigkeit als Jurist in der NS-Zeit laut geworden. Sein Nachfolger wird Lothar Späth.
1978, 26. Aug. – 3. Sept.: Als erster Deutscher nimmt der DDR-Kosmonaut Sigmund Jähn an einem Weltraumflug teil.
1978, 16. Okt.: Der polnische Kardinal Karol Wojtyla, Erzbischof von Krakau, wird zum neuen Papst gewählt. Papst Johannes Paul II. ist seit 455 Jahren der erste nicht-italienische Papst.
1978, 22. Okt.: Die schwedische Schriftstellerin Astrid Lindgren wird in der Frankfurter Paulskirche mit dem Friedenspreis des Deutschen Buchhandels ausgezeichnet.
1978, 16. Nov.: Im DDR-Außenministerium in Ost-Berlin unterzeichnen Vertreter der Bundesrepublik und der DDR das Verkehrsabkommen zwischen beiden Ländern. Darin werden der Bau einer neuen Transitautobahn zwischen Berlin und Hamburg, die Wiedereröffnung des Teltowkanals für die Binnenschifffahrt und die Neuregelung der Transitpauschale an die DDR vereinbart.
1978: In Düsseldorf bieten erstmals in der Bundesrepublik Frauen fernmündliche Sex-Dienste, den sog. Telefon-Sex an. Zunehmenden Zulauf verzeichnen auch die ersten „Peep-Shows" in westdeutschen Großstädten, in denen sich unbekleidete Frauen nach Einwurf einer Münze kurzzeitig den Betrachtern darbieten.
1979, 22. Jan.: Die Dritten Programme des Deutschen Fernsehens

Stoff für die Boulevard-Presse lieferte die bekannte Schauspielerin Ingrid van Bergen, als sie im Februar 1977 in einem Anfall von Eifersucht ihren Freund Klaus Knaths erschoss. In allen Details wurden Tat und Vorgeschichte ausgewalzt und weidlich auf die Tränendrüsen gedrückt. Die Richter aber ließen sich davon nicht beeindrucken und verurteilten die einstige Leinwandschönheit am 27. Juli 1977 zu sieben Jahren Haft.

ARD beginnen mit der Ausstrahlung der vierteiligen US-Fernsehserie „Holocaust" über die Verfolgung und den Mord an den Juden in der NS-Zeit. Die Reihe löst bundesweit Betroffenheit und eine neue Debatte über den Umgang mit der NS-Vergangenheit aus.
1979, 20. Febr.: In der Bundesrepublik läuft der Film „Die Ehe der Maria Braun" von Rainer Werner Fassbinder an. Das Melodrama über die Emanzipation der Maria Braun wird der erste Teil eines Zyklus über die Bundesrepublik und der erfolgreichste Film des Regisseurs.
1979, 17. März: In Frankfurt/Main beginnt ein zweitägiges Treffen von Parteien, Bürgerinitiativen und Umweltschutzorganisationen, bei dem die politische Vereinigung Die Grünen gegründet wird.
1979, 19. März: Im Nachrichtenmagazin „Der Spiegel" berichtet die 1977 in die Bundesrepublik geflohene frühere DDR-Sprinterin Renate Neufeld über Doping im DDR-Sport.
1979, 17. Apr.: In West-Berlin erscheint die erste Ausgabe der überregionalen alternativen „Tageszeitung" („taz"). Als linke Tageszeitung will die „taz" das „Meinungsbildungsmonopol" der so genannten bürgerlichen Presse brechen.
1979, 2. – 4. Mai: Als erster Regierungschef der Bundesrepublik besucht Bundeskanzler Helmut Schmidt die Volksrepublik Bulgarien.
1979, 3. Mai: In der Bundesrepublik läuft der Film „Die Blechtrommel" von Volker Schlöndorff nach dem Roman von Günter Grass an.
1979, 8./9. Mai: In Castrop-Rauxel kündigt die nordrhein-westfälische Landesregierung ein Fünfjahresprogramm für das Ruhrgebiet an: Mit insgesamt 5 Milliarden DM sollen bis 1985 Strukturprobleme und Arbeitslosigkeit im Revier überwunden werden.
1979, 23. Mai: Der bisherige Bundestagspräsident, Karl Carstens (CDU), wird zum fünften Bundespräsidenten der Bundesrepublik Deutschland gewählt.
1979, 29. Juli: Der Philosoph Herbert Marcuse stirbt während eines Deutschlandbesuchs in Starnberg.
1979, 23. Aug.: Erstmals seit zehn Jahren wenden sich die evangelischen Kirchen der Bundesrepublik und der DDR mit einem „Wort zum Frieden" in einer gemeinsamen Erklärung an die Öffentlichkeit. Anlass ist der Ausbruch des Zweiten Weltkrieges vor 40 Jahren am 1. September 1939.
1979, 16. Sept.: Zwei Familien gelingt in einem selbstgebastelten Heißluftballon die Flucht aus der DDR in die Bundesrepublik. Die abenteuerliche Fahrt der beiden Familien sorgt weltweit für Schlagzeilen.
1979, 18. Sept.: Der Bundesgerichtshof entscheidet, dass eine Leugnung der Judenvernichtung („Auschwitz-Lüge") im Nationalsozialismus einen Beleidigungstatbestand bildet.
1979, 19. Nov.: Das von dem Österreicher Eckart Witzigmann gegründete Schlemmerlokal „Aubergine" erhält als erstes deutsches Restaurant im renommierten Gourmet-Reiseführer „Michelin" drei Sterne. Diese höchste kulinarische Ehrung wurde in Frankreich bislang 19 und in Belgien zwei Köchen zuteil.
1979, 12. Dez.: 14 Außen- und Verteidigungsminister der NATO vereinbaren den Nato-Doppelbeschluss, der die Modernisierung der NATO-Mittelstreckenraketen in Westeuropa durch Raketen vom Typ Pershing II und Cruise-Missile vorsieht. Alternativ bieten sie der sowjetischen Regierung Verhandlungen über eine kontrollierte Begrenzung der strategischen Waffen in Ost und West an.
1979, 24. Dez.: Der frühere Anführer der Studentenbewegung Rudi Dutschke stirbt in Aarhus/Dänemark an den Spätfolgen des im Jahr 1968 auf ihn verübten Attentats.
1980, 11. Jan.: An der Technischen Hochschule in West-Berlin wird ein Zentrum für Antisemitismusforschung eingerichtet.
1980, 13. Jan.: Die Partei Die Grünen konstituiert sich auf ihrem Kongress in Karlsruhe als Bundespartei. Am 23. März legt sie in Saarbrücken mit den Schlagworten „öko-

David Bennent als Oskar Matzerath in „Die Blechtrommel", 1979. Ein Jahr später erhielt Regisseur Volker Schlöndorff für diesen Film den „Oscar", womit erstmals als bester ausländischer Film ein deutscher Beitrag von der amerikanischen „Akademie für Filmkunst" mit dieser Trophäe ausgezeichnet wurde.

logisch, basisdemokratisch, sozial, gewaltfrei" die Grundzüge ihrer Politik fest. Erstes Führungstrio sind Petra Kelly, August Haußleiter und Norbert Mann.

1980, 12. Febr.: Der Vorsitzende der 1977 gegründeten Nord-Süd-Kommission, Willy Brandt, übergibt UN-Generalsekretär Kurt Waldheim in New York den Bericht der Nord-Süd-Kommission. Darin werden Vorschläge zur angestrebten Neuordnung und Verbesserung der Beziehungen zwischen Industrie- und Entwicklungsländern gemacht.

1980, 14. Apr.: Der Film „Die Blechtrommel" von Volker Schlöndorff, nach dem Roman von Günter Grass, wird als bester ausländischer Film in Hollywood mit dem Oscar ausgezeichnet.

1980, 23. Apr.: In Dortmund schließen Vertreter des Steinkohlebergbaus und der Elektrizitätswirtschaft den so genannten Jahrhundertvertrag. Darin verpflichten sich die bundesdeutschen Stromerzeuger zur Abnahme von jährlich steigenden Mengen heimischer Steinkohle bis 1995.

1980, 30. Juni – 1. Juli: Bundeskanzler Helmut Schmidt und Außenminister Hans-Dietrich Genscher reisen zu Gesprächen nach Moskau. Die sowjetische Führung erklärt sich bereit, über die vom NATO-Doppelbeschluss Mittelstreckenwaffen (Intermediate Nuclear Forces/INF) mit den USA zu verhandeln.

1980, 2. Juli: In der Bundesrepublik wird eine Neuregelung für Asylverfahren verabschiedet. Vor allem die Bearbeitungszeit für Asylanträge soll drastisch verkürzt werden.

1980, 9. Juli: Der Jüdische Weltkongress zeichnet in Amsterdam Bundeskanzler Schmidt für seine Verdienste um Frieden und Menschenrechte mit der Goldmann-Medaille aus.

1980, 19. Juli – 3. Aug.: Die XXII. Olympischen Sommerspiele finden in Moskau /UdSSR statt. Aus Protest gegen den Einmarsch sowjetischer Truppen in Afghanistan verzichten 30 Staaten, darunter die USA und die Bundesrepublik Deutschland, auf eine Teilnahme.

1980, 26. Sept.: Auf dem Münchner Oktoberfest werden bei einem Bombenanschlag 13 Menschen getötet und 219 verletzt. Der mutmaßliche Attentäter, der als Rechtsextremist bekannte Gundolf Köhler, kommt ebenfalls ums Leben.

1980, 5. Okt.: Bei den Wahlen zum 9. Deutschen Bundestag erhalten die CDU/CSU 44,5 % der Stimmen, die SPD 42,9 % und die F.D.P. 10,6 %.

1980, 5. Nov.: Helmut Schmidt wird erneut zum Bundeskanzler einer sozial-liberalen Koalition gewählt.

1980, 15. – 19. Nov.: Papst Johannes Paul II. besucht die Bundesrepublik Deutschland.

1981, 1. Jan.: Griechenland tritt als 10. Staat der Europäischen Gemeinschaft bei.

1981, 14. Jan.: Der Film „Lili Marleen" von Rainer Werner Fassbinder wird in West-Berlin uraufgeführt. Er zeichnet den Lebensweg der Sängerin Lale Andersen nach, die in der NS-Zeit durch ihr Lied „Lili Marleen" berühmt wurde.

1981, 29. Jan.: In West-Berlin kommt es zu schweren Straßenschlachten zwischen der Polizei und Mitgliedern der Hausbesetzer-Szene. Anlass ist ein Hausbesetzer-Prozess, in dem ein Student wegen Beteiligung an Ausschreitungen im Dezember 1980 zu 14 Monaten Freiheitsstrafe verurteilt wurde.

1981, 6. März: Bei dem Prozess gegen den mutmaßlichen Mörder ihrer siebenjährigen Tochter erschießt Marianne Bachmeier den Angeklagten Klaus Grabowski im Saal des Lübecker Schwurgerichts.

1981, 24. März: Das Bundesverfassungsgericht in Karlsruhe spricht das Sorgerecht für nichteheliche Kinder allein der Mutter zu. Mit dem Urteil wird die Verfassungsklage von drei Vätern abgewiesen.

1981, 11. Mai: Der hessische Wirtschaftsminister Heinz Herbert Karry (F.D.P.) wird von Terroristen erschossen.

1981, 16./17. Mai: Bundeskanzler Helmut Schmidt verknüpft sein politisches Schicksal mit der Zustimmung der SPD zum NATO-Doppelbeschluss. Vor SPD-Funktionären in Recklinghausen spricht er eine indirekte Rücktrittsdrohung aus, indem er sagt, er „stehe oder falle" mit dem NATO-Doppelbeschluss. Schmidt erhält daraufhin die Unterstützung seiner Partei.

1981, 28. Juni: Die ARD zeigt den ersten „Tatort"-Krimi mit Hauptkommissar Horst Schimanski, gespielt von Götz George.

Die Wahlverlierer Helmut Kohl und Franz Josef Strauß nach der Bundestagswahl vom 5. Oktober 1980.

Der letzte Mercedes 600 verlässt nach 18 Jahren am 10. Juni 1981 das Daimler-Benz-Werk in Sindelfingen.

1981, 30. Juni: Nach fünfeinhalbjähriger Dauer endet am Landgericht Düsseldorf der sog. Majdanek- Prozess. Die 61-jährige ehemalige SS-Aufseherin Hermine Braunsteiner-Ryan wird zu lebenslanger Haft verurteilt. Die übrigen Angeklagten erhalten lediglich Freiheitsstrafen zwischen zwei und zwölf Jahren, weil die von der Anklage vorgebrachten Mordfälle nach Auffassung des Gerichts nicht präzise beweisbar sind. Nach der Urteilsverkündung kommt es zu Protestkundgebungen, da die Urteile als zu milde gewertet werden.

1981, 9. Juli: Nach einem Grundsatzurteil des Bundesgerichtshofs muss bei Mord in Zukunft nicht mehr eine lebenslange Haftstrafe ausgesprochen werden.

1981, 18. Sept.: In den Kinos der Bundesrepublik läuft der Film „Das Boot" von Wolfgang Petersen an. Der mit 25 Millionen DM Produktionskosten bisher teuerste deutsche Film schildert das Leben in einem deutschen Unterseeboot während des Zweiten Weltkriegs und basiert auf dem gleichnamigen Welt-Bestseller von Lothar-Gunther Buchheim.

1981, 22. Sept.: Nach der polizeilichen Räumung von acht besetzten Häusern in West-Berlin stirbt bei anschließenden Auseinandersetzungen zwischen zahlreichen Hausbesetzern und der Polizei der Demonstrant Klaus-Jürgen Rattay.

1981, 1. Okt.: Der frühere Referent des Bundeskanzlers Willy Brandt, Günter Guillaume, der 1975 wegen DDR-Spionage zu dreizehn Jahren Freiheitsstrafe verurteilt worden war, wird im Zuge eines Agentenaustausches in die DDR entlassen.

1981, 11. – 13. Dez.: Bundeskanzler Helmut Schmidt reist zum dritten innerdeutschen Gipfeltreffen in die DDR. Die Gespräche mit Staats- und Parteichef Erich Honecker finden am Werbellinsee und am Döllnsee statt.

1981: Die ersten digital arbeitenden Plattenspieler und die dazu gehörende Compact Disc (CD) kommen auf den Markt.

1982, 17. Jan.: Etwa 2.000 Menschen begleiten Bundespräsident Karl Carstens auf seiner Wanderung in einem Waldgebiet zwischen Hattingen und Essen. Seit Beginn seiner Amtszeit 1979 hat Carstens die Bundesrepublik bereits von der Ostsee bis zu den Alpen zu Fuß durchquert.

1982, 5. Febr.: Alle SPD- und F.D.P.-Bundestagsabgeordneten sprechen Bundeskanzler Schmidt das Vertrauen aus. Schmidt hatte am 3. Februar im Bundestag die Vertrauensfrage gestellt hat, um sich Klarheit über den weiteren politischen Kurs zu verschaffen.

1982, 14. Febr.: In der Kreuzkirche in Dresden findet mit etwa 5.000 meist jugendlichen Teilnehmern aus den Reihen der christlichen Friedensbewegung ein Friedensforum statt.

1982, 29. März: Im Alter von 86 Jahren stirbt in München der Komponist Carl Orff, der besonders durch zahlreiche Opern und sein musikalisches Schulwerk bekannt wurde.

1982, 9. Apr.: In Grünheide bei Berlin stirbt 72-jährig der Philosoph und Naturwissenschaftler Robert Havemann. Der überzeugte Kommunist zählte zu den bekanntesten Regimekritikern der DDR, die er trotz Lehrverbots und Hausarrests nicht verlassen wollte.

1982, 16. Apr.: Das erste deutsche „Retortenbaby" kommt in Erlangen zur Welt. Das Kind wurde außerhalb des Mutterleibes gezeugt. Die Befruchtung wurde im Reagenzglas vorgenommen und das Ei kurze Zeit später in die Gebärmutter eingepflanzt.

1982, 24. Apr.: Mit dem Titel „Ein bisschen Frieden" gewinnt die Sängerin Nicole, eigentlich Nicole Hohloch aus Neunkirchen, den „Grand Prix Eurovision de la Chanson".

1982, 29. Apr.: In Paris stirbt die Filmschauspielerin Romy Schneider im Alter von 43 Jahren. Ihre frühe Berühmtheit beruht auf der Darstellung der österreichischen Kaiserin „Sissi". Später machte sie sich vor allem in französischen Filmen einen Namen als Charakterdarstellerin.

1982, 9. – 11. Juni: US-Präsident Reagan besucht im Rahmen einer zehntägigen Europareise die Bundesrepublik und West-Berlin.

1982, 14. Juli: Das Bundeskabinett beschließt, durch finanzielle Anreize ausländischen Gastarbeitern die Rückkehr in die Heimat zu erleichtern.

1982, 9. Aug.: Wegen Zahlungsunfähigkeit beantragt in Frankfurt/Main der zweitgrößte bundesdeutsche Elektrokonzern, die AEG-Telefunken, das gerichtliche Vergleichsverfahren. Es ist bis dahin der größte Firmenzusammenbruch in der deutschen Nachkriegsgeschichte.

1982, 9. Sept.: Bundeskanzler Helmut Schmidt verlangt im Bundestag in seinem Bericht zur Lage der Nation von der F.D.P. ein eindeutiges Bekenntnis zur Koalition.

1982, 17. Sept.: Der Bundeskanzler kündigt die Koalition mit der F.D.P. auf, deren vier Minister, Hans-Dietrich Genscher, Gerhart Baum, Otto Graf Lambsdorff und Josef Ertl, treten aus dem Kabinett Schmidt aus. Dieser bildet eine SPD-Minderheitsregierung und schlägt vorgezogene Neuwahlen vor.

Auch bei seinem Staatsbesuch bei Ronald Reagan im Mai 1981 ging es Bundeskanzler Helmut Schmidt um den „NATO-Doppelbeschluss", mit dem er „stehe und falle".

Die Große Koalition

Ausgerechnet Erhard, der „Vater des Wirtschaftswunders“, geriet als Kanzler nach seinem Wahlsieg 1965 in ökonomische Schwierigkeiten und in Konflikt mit dem Koalitionspartner FDP. Als diese das Regierungsbündnis verließ, kam es rasch zu einer Einigung von CDU/CSU und SPD auf eine Große Koalition zur Überwindung der Rezession; die neue Regierung nahm am 1. Dezember 1966 die Amtsgeschäfte auf. Die SPD, seit dem Godesberger Programm im Aufwind („Genosse Trend“) sah darin eine Chance, Regierungsfähigkeit zu beweisen; die CDU/CSU wollte den Machterhalt. Sie stellte als größerer Partner mit Kurt Georg Kiesinger den Bundeskanzler, während für die SPD Willy Brandt das Außenamt übernahm, der hier bereits seine spätere Ostpolitik konzipierte. Weitere herausragende Politiker der Großen Koalition wurden Karl Schiller (SPD) als Wirtschaftsminister und Franz Josef Strauß (CSU) als Finanzminister, wegen ihres guten Harmonierens nach Figuren von Wilhelm Busch „Plisch und Plum“ genannt. Ihnen gelang binnen Jahresfrist die wirtschaftliche Wiederbelebung, wobei erstmals das Instrument der konzertierten Aktion aller am Wirtschaftprozess maßgeblich Beteiligten Anwendung fand.

Die politischen Grundsätze der Goßen Koalition erläuterte Bundeskanzler Kiesinger in einer Regierungserklärung im Bundestag am 13. Dezember 1966:

Alle unsere Bemühungen um die innere Ordnung, um wirtschaftliches Wachstum und um soziale Gerechtigkeit haben freilich nur Sinn und Bestand, wenn es gelingt, den Frieden und eine freiheitliche Lebensordnung zu bewahren. Dass der Friede bewahrt werde, ist die Hoffnung aller Völker, und das deutsche Volk wünscht dies nicht weniger als die anderen. Darum ist der Wille zum Frieden und zur Verständigung der Völker das erste Wort und das Grundanliegen der Außenpolitik dieser Regierung. Zwar dient jede Außenpolitik unmittelbar den Interessen des eigenen Volkes, aber in einer Welt, in welcher die Schicksale der Völker so eng miteinander verknüpft sind, darf sich niemand der Mitverantwortung für diese Welt und für den Frieden in dieser Welt entziehen. Die deutsche Regierung tritt daher für eine konsequente und wirksame Friedenspolitik ein, durch die politische Spannungen beseitigt und das Wettrüsten eingedämmt werden. Wir werden an Vorschlägen zur Rüstungskontrolle, Rüstungsminderung und Abrüstung mitarbeiten.

Die Bundesrepublik hat gegenüber ihren Bündnispartnern auf die Herstellung von Atomwaffen verzichtet und sich entsprechenden internationalen Kontrollen unterworfen. Wir streben keine nationale Verfügungsgewalt über Atomwaffen und keinen nationalen Besitz an solchen Waffen an. Wir sind entschlossen, mit allen Völkern Beziehungen zu unterhalten, die auf Verständigung, auf gegenseitiges Vertrauen und auf den Willen der Zusammenarbeit gegründet sind. – Dies gilt auch für unser Verhältnis zur Sowjetunion, obwohl unsere Beziehungen immer noch durch das ungelöste Problem der Wiedervereinigung unseres Volkes belastet sind.

Ich gehörte im Jahre 1955 bei unserem Besuch in Moskau – erlauben Sie mir diese persönliche Erinnerung – zu denjenigen, die mit Nachdruck für die Aufnahme diplomatischer Beziehungen zwischen der Bundesrepublik und der Sowjetunion eintraten. Sicherlich hat die Entwicklung dieser Beziehungen die Erwartungen auf beiden Seiten enttäuscht. Das soll für uns kein Anlass sein, unsere Bemühungen um eine Verständigung Schritt für Schritt und um zu nehmendes, gegenseitiges Vertrauen zu verringern.

In meiner letzten Rede im Deutschen Bundestag am 1. Oktober 1958 in Berlin, habe ich gesagt, das deutsche Volk hege weder Feindschaft noch Hass gegen die Völker der Sowjetunion, es möchte mit ihnen im Gegenteil in guter, friedlicher Nachbarschaft leben, und es

Das Kabinett der Großen Koalition von CDU/CSU und SPD löste im Dezember 1966 die Regierung Erhard ab. Erste Reihe von links: Lücke, Höcherl, Strobel, Bundespräsident Lübke, Kiesinger, Brandt, Leber. 2. Reihe von links: Heck, Schmid, Dollinger, Schmücker, v. Hassel, Schiller, Katzer, Schröder. 3. Reihe von links: Wehner, Heinemann, Wischnewski, Lauritzen, Strauß und Stoltenberg.

denke auch nicht daran, sich in die inneren Verhältnisse der Sowjetunion einzumischen.
In weiten Schichten des deutschen Volkes besteht der lebhafte Wunsch nach einer Aussöhnung mit Polen, dessen leidvolle Geschichte wir nicht vergessen haben und dessen Verlangen, endlich in einem Staatsgebiet mit gesicherten Grenzen zu leben, wir im Blick auf das gegenwärtige Schicksal unseres eigenen geteilten Volkes besser als in früheren Zeiten begreifen. Aber die Grenzen eines wiedervereinigten Deutschlands können nur in einer frei vereinbarten Regelung mit einer gesamtdeutschen Regierung festgelegt werden, einer Regelung, die die Voraussetzungen für ein von beiden Völkern gebilligtes, dauerhaftes und friedliches Verhältnis guter Nachbarschaft, schaffen soll. Auch mit der Tschechoslowakei möchte sich das deutsche Volk verständigen. Die Bundesregierung verurteilt die Politik Hitlers, die auf die Zerstörung des tschechoslowakischen Staatsverbands gerichtet war. Sie stimmt der Auffassung zu, dass das unter Androhung von Gewalt zustandegekommene Münchener Abkommen nicht mehr gültig ist. Gleichwohl bestehen noch Probleme, die einer Lösung bedürfen, wie zum Beispiel das des Staatsangehörigkeitsrechts. Wir sind uns unserer Obhutpflicht gegenüber den sudetendeutschen Landsleuten wie gegenüber allen anderen Vertriebenen und Flüchtlingen bewusst und nehmen sie ernst. Diese Vertriebenen haben, wie das tschechoslowakische Volk zuvor, bitteres Leid und Unrecht erfahren. Der Bundesregierung liegt daran, dieses trübe Kapitel der Geschichte unserer Völker zu beenden und ein Verhältnis vertrauensvoller Nachbarschaft herzustellen.
Mit den Vereinigten Staaten von Amerika sind wir durch vielfache, freundschaftliche Beziehungen und im Nordatlantischen Pakt eng verbunden, dessen Festigung und zeitgerechte Fortentwicklung uns ein wichtiges Anliegen ist. Diese Regierung wird keine der großen Hilfen vergessen, die uns die Vereinigten Staaten in den vergangenen beiden Jahrzehnten geleistet haben. Sie weiß, dass das Bündnis mit den Vereinigten Staaten und den übrigen Partnern des Nordatlantischen Pakts auch heute und in der Zukunft, die wir zu überblicken vermögen, für uns lebenswichtig ist. Jedes Bündnis ist nur soviel wert und hat nur soviel Festigkeit wie das Vertrauen der Bündnispartner zueinander, dass ihre vitalen Interessen vom Partner verstanden und berücksichtigt werden. Das gilt auch für die Beziehungen zwischen den Vereinigten Staaten und uns.
Vielleicht haben wir in den vergangenen Jahren im Verhältnis zu den Vereinigten Staaten manchmal zu sehr unsere eigenen Sorgen, Nöte und Anliegen betont, was ja bei einem schwächeren und bedrängten Partner naheliegt, und darüber übersehen, dass auch eine große Macht wie die Vereinigten Staaten ihre Sorgen und Probleme hat, für die sie bei ihren Verbündeten Verständnis und, wo dies möglich ist, Unterstützung erwartet. Fast wider Willen ist diese mächtige Nation nach dem letzten Krieg in eine Lage geraten, die sie in allen Kontinenten engagiert.
Wir sollten dies nicht vergessen und uns überlegen, wie wir zu unserem Teil an der Bewahrung des Weltfriedens entschiedener als bisher Mitverantwortung übernehmen können. Freilich muss sich jedes europäische Land, das dazu entschlossen ist, eingestehen, dass seine eigenen Kräfte begrenzt sind und dass die europäischen Völker einen viel stärkeren Beitrag für den Frieden in der Welt und die Wohlfahrt der Völker leisten könnten, wenn sie ihre Kräfte miteinander verbänden.
Wir sind daher davon überzeugt, dass die wirtschaftliche und politische Einigung Europas ebenso im Interesse der europäischen Völker wie in dem der Vereinigten Staaten liegt. Und ich wage die Hoffnung auszusprechen, dass eines Tages auch die Sowjetunion in einem solchen einigen Europa ein wesentliches Element der Friedensordnung in unserer Welt erblicken wird. Das mag manchem als eine zu kühne Hoffnung erscheinen, aber die Größe der Aufgabe verlangt von uns, dass wir den Mut haben, über die aktuellen Sorgen und Probleme hinaus eine zukünftige Friedensordnung auf diesem Planeten vorauszudenken.

Konrad Adenauer

* Köln, 5. Januar 1876
† Bad Honnef, 19. April 1967

Als im April 1945 die Schlacht um Berlin entbrannte, wurde Köln schon von amerikanischen Militärbehörden verwaltet. Der ehemalige Oberbürgermeister der zertrümmerten Stadt stand Siegern und Besiegten mit Rat und Tat zur Seite, ließ Notunterkünfte errichten, Nahrung verteilen, Brücken passierbar machen. Der alte Herr hatte die Pensionsgrenze längst erreicht, doch die entscheidenden Daten seines politischen Lebens lagen noch vor ihm. Hinter ihm lagen sieben Jahrzehnte deutscher Geschichte.
Konrad Adenauer, Sohn eines Kanzleirats, hatte sich nach dem Studium der Rechte und Volkswirtschaft der Zentrumspartei angeschlossen und der Kommunalpolitik verschrieben. Im Septem-

Konrad Adenauer (1876-1967)

Abschied von Dr. Konrad Adenauer am 25. April 1967. Nach dem Pontifikalrequiem tragen Bundeswehrsoldaten den Sarg mit den sterblichen Überresten des Altbundeskanzlers aus dem Hohen Dom zu Köln. In ihrem weißen Mänteln folgen die Ritter des Ordens vom Heiligen Grab. Vor den Rittern schreiten der Kölner Erzbischof Kardinal Frings, Mitglieder seines Domkapitels, Kurienkardinal Testa und der Münchner Erzbischof Kardinal Döpfner.

25. April 1967: Nach dem Trauergottesdienst für Konrad Adenauer verlassen Frankreichs Staatspräsident Charles de Gaulle, Bundespräsident Heinrich Lübke und US-Staatspräsident Lyndon Johnson, gefolgt von der übrigen politischen Prominenz, den Kölner Dom, der mit 8000 weißen Nelken und 2000 Lilien geschmückt war.

ber 1917 trat er das Amt des Oberbürgermeisters von Köln an, als das Kaiserreich noch zu siegen hoffte; im März 1933 schied er aus dem Amt, als die Weimarer Republik schon zugrundegegangen war. In dieser Zeit wurde Adenauer eine weit über den Rhein hinaus populäre Person, der man über die Parteigrenzen hinaus das Zeug zum Reichskanzler bescheinigte. Aber der katholische Zwangspreuße, der von 1920 bis 1933 auch als Präsident des Preußischen Staatsrates (einer Art Länderkammer) fungierte, sollte die deutschen Geschicke erst lenken, als Preußen von der Landkarte verschwunden war. Im März 1945 zitierten ihn die Amerikaner ins Kölner Rathaus, im Mai hieß Kölns Oberbürgermeister wieder Konrad Adenauer – für fünf Monate. Der britischen Besatzungsmacht, die die Amerikaner am Rhein abgelöst hatte, war der kantige Kölner mit dem Indianerprofil etwas zu selbstbewusst aufgetreten: Er wurde „wegen Unfähigkeit“ entlassen. Eine andere Wertung nahm Jahre später Englands Weltkriegspremier Churchill vor: „der größte Deutsche seit Bismarck.“ Adenauer nutzte seine zweite Zwangspensionierung, um die CDU Rheinland ins Leben zu rufen und wenig später den Vorsitz der Union in der britischen Besatzungszone zu übernehmen. Die eigentliche Karriere des „Alten von Rhöndorf“ begann.

Am 1. September 1948 wählte der Parlamentarische Rat Adenauer zu seinem Präsidenten und damit zum federführenden Vater des Grundgesetzes, mit dessen Verkündigung am 23. Mai 1949 die Bundesrepublik Deutschland aus der Taufe gehoben wurde. Am 15. September wählte der erste Bundestag Adenauer mit nur einer (seiner eigenen) Stimme Mehrheit zum ersten Kanzler. Was fand der Dreiundsiebzigjährige vor? Ein zerrissenes Land, zerbombte Städte, Millionen Flüchtlinge, eine demontierte Wirtschaft, ein Volk, das ganz von vorn beginnen musste.

In langwierigen Verhandlungen mit den alliierten Hochkommissaren erreichte Adenauer Milderungen des Besatzungsstatuts. Marksteine auf seinem unbeirrbaren Westkurs waren die Vereinigung der europäi-

schen Montanindustrie und das Angebot eines deutschen Wehrbeitrages, um das es zur ersten innenpolitischen Zerreißprobe kam. An sowjetischen Planspielen zur Wiedervereinigung und der Neutralisierung Deutschlands beteiligte sich der experimentierfeindliche Bundeskanzler nicht. Spekulationen um eine „verpasste Chance" sind müßig. Im Zuge des Kalten Krieges wurde aus der Zonengrenze die Grenze zweier deutscher Staaten, die Vorpostenlinie zweier Machtblöcke.
Die Westmächte honorierten Adenauers Politik, entließen die Bundesrepublik 1955 in die Souveränität und nahmen sie als Vollmitglied in die NATO auf. Im selben Jahr reiste der Bundeskanzler nach Moskau und erwirkte gegen die Aufnahme diplomatischer Beziehungen die Heimkehr der letzten Kriegsgefangenen. Adenauers Popularität wuchs rapide, zumal sich die Wiedergeburt der deutschen Wirtschaft dank den Leistungen seines Wirtschaftsministers Erhard und dem Marshallplan zu einem wahren „Wirtschaftswunder" ausgewachsen hatte. Aus den 45,2 Prozent der Wählerstimmen im Jahre 1953 wurden 1957 50,2 Prozent: Die Union errang die absolute Mehrheit, Adenauer stand auf dem Gipfel seines Ansehens. Inzwischen war das Saarland als 10. Bundesland wieder deutsch, die Bundeswehr etabliert, die Eingliederung der Vertriebenen gelungen; und das Bemühen des Kanzlers um eine wenigstens materielle Wiedergutmachung der NS-Verbrechen an den Juden, das zu einem Vertrag mit Israel führte, hatte die vorsichtige Perspektive für einen Dialog eröffnet, der auf unabsehbare Zeit unmöglich erschien.
Als Krönung seines Lebenswerks brachte Adenauer die Aussöhnung mit Frankreich und die europäische Einigung auf den Weg: 1958 bildete sich durch die Römischen Verträge die Europäische Wirtschaftsgemeinschaft (EWG), und 1963 unterzeichneten Adenauer und de Gaulle den deutsch-französischen Freundschaftsvertrag; eine jahrhundertealte „Erbfeindschaft" landete in den Akten der Geschichte.
Nach dem Bau der Berliner Mauer am 13. August 1961 kreidete der Wähler dem Kanzler an, dass er nicht sofort in die Stadt gereist war, und verweigerte der Union bei den Herbstwahlen die absolute Mehrheit. Die FDP fand sich nur zur Koalition, weil Adenauer versprach, 1963 zurückzutreten. Die „Spiegel"-Affäre im Jahre 1962 machte erneut deutlich, dass ein Wachwechsel überfällig war. Im Oktober 1963 räumte der fast 88-jährige Herr den Kanzlerstuhl. Den Parteivorsitz gab er erst nach dem 90. Geburtstag an seinen Nachfolger Erhard ab. Als Konrad Adenauer nach langer Krankheit starb, erwiesen über 100.000 Deutsche und Staatsmänner aus aller Welt dem im Kölner Dom aufgebahrten ersten Bundeskanzler die letzte Ehre. Die zweite deutsche Demokratie, die er auf die Beine stellen half, schuldet ihm immerwährenden Dank.

SPD und FDP bilden die Kleine Koalition

Im Wahlkampf zum 6. Deutschen Bundestag agitierten die großen Parteien, obwohl in der Regierung vereint, ungehemmt gegeneinander. „Herr Brandt kann Deutschland nicht führen", verkündete ein CSU-Plakat und diskreditierte damit den Außenminister, mit dem Strauß doch zusammen im Kabinett saß. Die SPD wiederum trieb Starkult mit ihrer Primadonna Schiller und ließ den Wähler wissen, Kiesinger und Strauß hätten in den letzten Monaten „nichts für die Stabilität der Preise getan". Die Union habe „restlos versagt".
Am Abend des 28. September 1969 und in der Nacht erlebt Bonn Wech-

Am 1. Oktober 1969 wurden sich Willy Brandt und Walter Scheel handelseinig über die Bildung einer sozialliberalen Koalition. Das war für beide ein gewagter Schritt: „Zwölf Sitze waren nicht gerade eine Mehrheit, auf der man es sich bequem machen konnte" (Scheel). Doch Willy Brandt ließ sich nicht beirren. Für ihn gab es keinen Weg zurück zur großen Koalition: „Ich ließ niemand im Zweifel darüber, daß ich Bundeskanzler werden wollte." Am 22. Oktober legte Brandt den Amtseid ab: Erstmals seit 1930 war wieder ein Sozialdemokrat deutscher Regierungschef.

selduschen von Siegeszuversicht und Niedergeschlagenheit in beiden Lagern. Zuerst sagen die Hochrechnungen, bei denen es noch recht an der Vorhersagegenauigkeit fehlt, eine absolute Mehrheit der CDU/CSU voraus. Siegesgewiss tritt Kiesinger vor die Journalisten. Professor Schiller stellt wenig später öffentlich fest, dass die SPD die einzige Partei sei, die zugenommen habe. Hans-Dietrich Genscher erklärt für die FDP, für sie sei angesichts des Wahlergebnisses Zurückhaltung ratsam; die anderen Parteien müssten erst mal ihre Positionen klären. Mit 5,8 Prozent steht die FDP schlechter da als je zuvor in der Geschichte der Bundesrepublik.

Dennoch reichen diese 5,8 Prozent für eine linksliberale Allianz, weil die SPD mit 42,7 Prozent die magische Hürde genommen hat und beide zusammen mit 48,5 Prozent die zurückgefallene Union (46,1) deutlich übertroffen haben. Der Fünf-Mandate-Vorsprung ist bedenklich knapp, aber auch in anderen westlichen Demokratien wird neuerdings mit hauchdünnen Mehrheiten regiert, weil im Zeichen der bedrängenden sozialen und wirtschaftlichen Probleme keine Partei Zaubermittel anzubieten hat und Erdrutsche bei Wahlen selten geworden sind.

Wer ist Wahlsieger? Wer trotz Verlusten die meisten Stimmen auf sich vereinigt oder wer als einziger Zuwachsraten verzeichnet? In dieser dramatischen Nacht ist Wahlsieger, wer am schnellsten zupackt. Ehe Kiesinger aus dem Siegesirrtum auf die nüchterne Erde der Prozente und Mandate zurückgefunden hat, haben die Parteichefs von SPD und FDP beschlossen, künftig zusammenzugehen. Der Kanzler ist endgültig zum Übergangskanzler geworden wie Erhard, wenngleich mit besserer Bilanz. Die Dreijahres-Bilanz zählt nicht nur nach Indexzahlen und Studienplätzen, sondern mehr noch nach Bewusstseinsveränderungen. Es ist etwas in Bewegung gekommen. 75 Prozent der Bundesbürger wollen die Brandt'sche Außenpolitik fortgesetzt sehen. Brandt nimmt also einen demoskopisch abgestimmten Wählerauftrag mit, der den verfassungsmäßigen der 42,7 Prozent bei weitem übertrifft.

Neujahrsempfang bei Bundespräsident Gustav Heinemann mit Willy Brandt und Walter Scheel, den Partnern der 1. sozialliberalen Koalition am 22. Januar 1974 in der Villa Hammerschmidt. Zu diesem Zeitpunkt schien die Welt in Bonn noch in Ordnung, Brandt war auf dem Zenit seines politischen Lebens angelangt. Scheel in der „Welt am Sonntag" vom 11. Oktober 1973: „Er hatte ein blendendes Ergebnis seiner Regierungsarbeit vorzuweisen. In der Innen- und Rechtspolitik waren große Reformen in Gang gekommen ... In der Außenpolitik war das Erfolgsregister lang..."

Guillaume-Affäre

Dem DDR-Geheimdienst gelang es immer wieder, Agenten in hohe und höchste Positionen in der Bundesrepublik zu schleusen. Prominentester Fall wurde 1974 der des Günter Guillaume (1927-1995), des persönlichen Referenten von Bundeskanzler Brandt. Der Top-Agent hatte sich über Jahre ins Machtzentrum vorgearbeitet und den Kanzler auf Dienst- und oft auch auf Privatreisen begleitet, ehe Guillaume und seine Ehefrau Christel, Angestellte beim Beauftragten des Landes Hessen in Bonn, in der Nacht vom 23./24. April 1974 verhaftet wurden. Der Verdacht gegen sie bestätigte sich, der von Wahlniederlagen seiner Partei auf Länderebene angeschlagene Kanzler übernahm die politische Verantwortung für „Fahrlässigkeiten" im Zusammenhang mit der Affäre und trat am 6. Mai 1974 zurück. Die Guillaumes wurden Ende 1975 wegen Landesverrats zu langjährigen Haftstrafen verurteilt, 1981 begnadigt und in die DDR abgeschoben. Die DDR hatte mit dem Fall Guillaume der Entspannungspolitik und Brandts Ostpolitik empfindlich geschadet.

Die Lücken in der Spionageabwehr der Bundesrepublik, die es Günter Guillaume ermöglichten, in der Umgebung des Kanzlers Fuß zu fassen, beleuchtet eine zeitgenössische Dokumentation:

Das Presse- und Informationsamt der Bundesregierung veröffentlichte am 7. Mai Material für die Presse zur Einstellung von Günter Guillaume in das Bundeskanzleramt. In der Dokumentation wird zunächst über die Zuständigkeit und Verfahrensfragen bei der Sicherheitsüberprüfung berichtet. Zur Einstellung Guillaumes ins Bundeskanzleramt wird sodann festgestellt, dass beabsichtigt war, Guillaume am 1. Januar 1970 einzustellen und in der wirtschaftspolitischen Abteilung zu verwenden. Daher habe der Sicherheitsreferent mit Schreiben vom 3. 12. 1969 am selben Tage dem Bundesamt für Verfassungsschutz (BfV) und zusätzlich der Sicherungsgruppe des Bundeskriminalamts (SG) und dem Bundesnachrichtendienst (BND) die erforderlichen Unterlagen mit der Bitte um baldige Karteiüberprüfung und Mitteilung des Ergebnisses übersandt. Als Ergebnis der einfachen Karteiüberprüfung habe der Karteiführer des BfV am 11. 12. 1969 fernmündlich mitgeteilt, es lägen keine Erkenntnisse vor. Die SG habe auf die Anfrage etwa am 15. 12. 1969 ein Fernschreiben des Polizeipräsidenten in Berlin vom selben Tage übersandt, in dem es hieß, dass Guillaume vor seiner Flucht in die BRD beim Ostberliner Verlag „Volk und Wissen" beschäftigt gewesen sei und der Agententätigkeit in Berlin (West) und der BRD verdächtigt werde.

Auf Aufforderung Ehmkes habe Guillaume am 12. 1. 1970 dem Sicherheitsreferenten noch eine ergänzende Stellungnahme abgegeben, in der er über seine Tätigkeit in der DDR Angaben machte. Am

13. 1. 1970 habe der damalige Leiter der für Sicherheitsüberprüfungen zuständigen Abteilung des BfV beim Mitarbeiter des Sicherheitsreferenten einen Vermerk vom selben Tage mit all den vorstehend angeführten Texten abgeholt. Diese Unterlagen habe die Geheimschutzabteilung des BfV in die Ermittlungen einbezogen, habe die vorgeschriebene, einfache Karteiüberprüfung eingeleitet und sich an das Landesamt für Verfassungsschutz in Berlin und an das Gesamtdeutsche Institut gewandt, das die Unterlagen des früheren Untersuchungsausschusses Freiheitlicher Juristen besitzt; sie habe die Abteilung Linksradikalismus des BfV gebeten, Auskunftspersonen ausfindig zu machen, die den Überprüften aus der Zeit seines Aufenthaltes in der DDR kennen und beurteilen könnten.
Auf Ersuchen Ehmkes habe Bundesminister Georg Leber, der Guillaume empfohlen hatte, am 22. 1. 1970 in einem Schreiben dessen Zuverlässigkeit und Vertrauenswürdigkeit bestätigt. Diese Auskunft sei den Sicherheitsakten beigefügt worden. Am 27. 1. 1970 habe ein Beamter des BfV dem Sicherheitsreferenten ein Schreiben des BfV vom 26. 1. 1970 mit dem Ergebnis der umfassenden Karteiüberprüfung überbracht. Darin habe es geheißen, dass die Überprüfung keine Erkenntnisse erbracht habe, die einer Ermächtigung Guillaumes zum Umgang mit Verschlusssachen bis „Geheim" entgegenstehen. Die Befragung der angegebenen Referenzen habe keine Anhaltspunkte für eine nachrichtendienstliche Bestätigung Guillaumes und darüber hinaus keinerlei charakterliche Sicherheitsrisiken erbracht. Da Guillaume bei Reisen in Ostblockstaaten einer besonderen Gefährdung durch Kontaktversuche kommunistischer Nachrichtendienste ausgesetzt würde, solle man Guillaume eine Reiseverzichtserklärung unterzeichnen lassen. Bei einer Unterredung vom 27. 1. 1970 zwischen dem Sicherheitsreferenten Ministerialdirigent Schlichter und dem Beamten des BfV Dr. Otto sei gemäß einem Aktenvermerk Schlichter mitgeteilt worden, dass die Möglichkeit bestehe, geflüchtete Personen ausfindig zu machen, die in den Jahren 1949 bis 1954 beim Verlag „Volk und Wissen" gearbeitet haben.
Sie könnten noch zusätzlich über das politische Verhalten von Guillaume in der DDR gefragt werden. Schlichter habe aufgrund dieser Aktennotiz gebeten, vorerst von einer solchen Befragung Abstand zu nehmen. Sollten jedoch Erkenntnisse politischer Art über Guillaume anfallen, dann müssten derartige Befragungen noch zusätzlich durchgeführt und das Ergebnis dem Bundeskanzleramt mitgeteilt werden. Vorerst sehe er die Überprüfung als abgeschlossen an. Schlichter habe nachträglich erklärt, dass dieser Aktenvermerk mit ihm nicht abgestimmt worden sei. Er habe bei der Unterredung tatsächlich erklärt, dass die Suche nach weiteren Auskunftspersonen fortgesetzt werden sollte; etwa gewonnene negative Erkenntnisse politischer Art über Guillaume sollten ihm sofort mitgeteilt werden. Die Abteilung Linksradikalismus des BfV habe auch tatsächlich am 2. 3. 1970 der Abteilung Geheimschutz berichtet, mehrere Versuche, ehemalige Bewohner der Straße in Berlin, in der Guillaume gewohnt hatte, zu befragen, seien ergebnislos verlaufen. Der Sicherheitsreferent habe Ehmke vom vorerwähnten Schreiben des BfV vom 26. 1. 1970 unterrichtet und am folgenden Tage mit Ehmkes Einverständnis dem Personalreferenten schriftlich mitgeteilt, dass die durchgeführte Karteiüberprüfung keine Erkenntnisse erbracht habe, die der beabsichtigten Beschäftigung Guillaumes im Bundeskanzleramt entgegenstünden.
Guillaume habe am 28. 1. 1970 seinen Dienst angetreten. Am 12. 5. 1970 sei er zum Umgang mit Verschlusssachen bis zum Geheimhaltungsgrad „Geheim" ermächtigt worden. Mit Schreiben vom 8. 9. 1970 habe das BfV den Abschluss einer neuerlichen Überprüfung bekanntgegeben und mitgeteilt, dass gegen eine Ermächtigung Guillaumes zum Umgang mit Verschlusssachen bis einschließlich „streng Geheim" keine Bedenken erhoben würden. Seitens des Personalrats seien nur Bedenken wegen nicht genügender Qualifikation Guillaumes, da er kein abgeschlossenes Hochschulstudium absolviert hatte, gegen seine Einstellung erhoben worden, die aber vom Chef des Bundeskanzleramtes zurückgewiesen wurden. Die FAZ schrieb in einem Kommentar zu dieser Dokumentation des Bundespresseamtes, die sie als lückenhaft bezeichnete, u.a.: „Insgesamt ergeben sich mindestens zwei wesentliche Versäumnisse des Bundeskanzleramts: Es hat entgegen dem Ratschlag des Präsidenten des Bundesnachrichtendienstes bei der Sicherheitsüberprüfung Guillaumes nicht auf eingehender Hintergrundüberprüfung bestanden – ganz zu schweigen von der Missachtung des Ratschlags, ihn in einer anderen Behörde zu verwenden und seinen unklaren Lebenslauf sorgfältig zu überprüfen. Außerdem ist die mündliche Anregung des Bundesamtes für Verfassungsschutz missachtet worden,

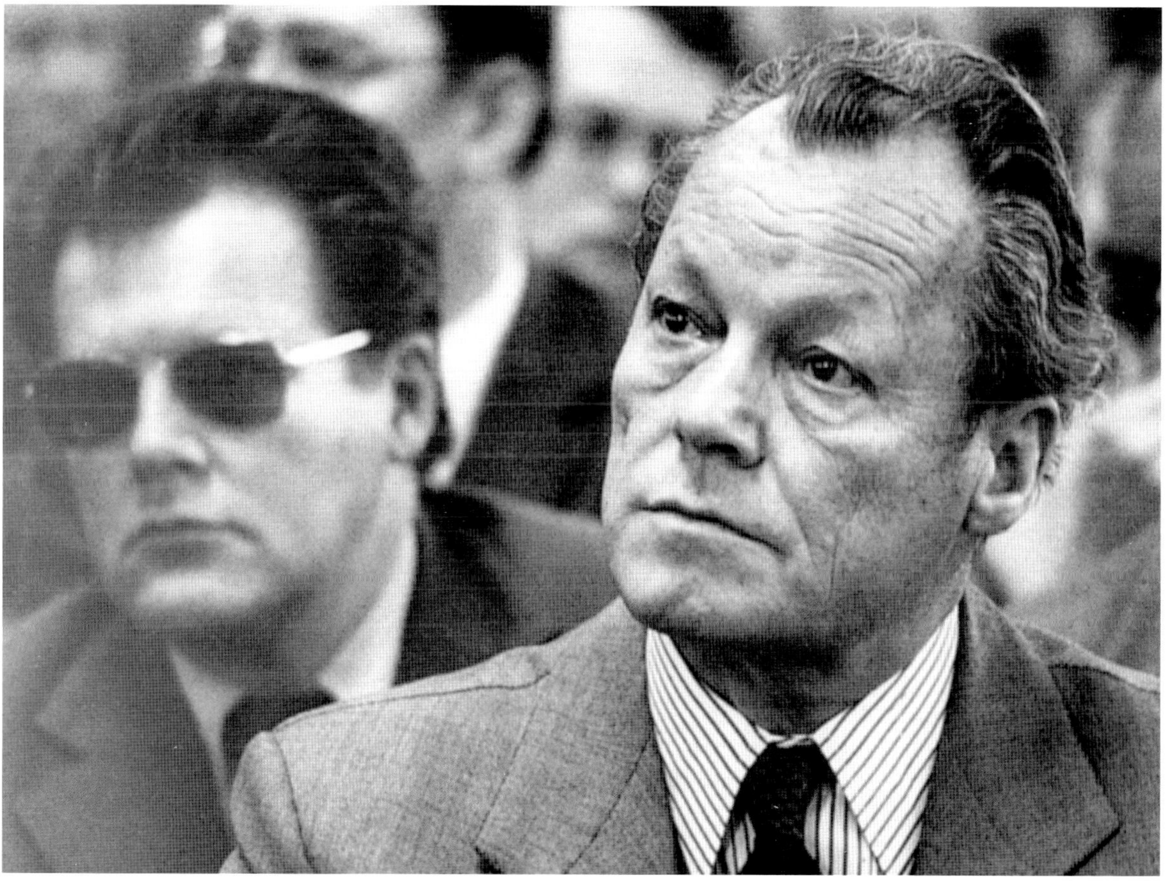

Günter Guillaume, Spion im Dienst der DDR, hatte als persönlicher Referent des Bundeskanzlers Einblick in die Entscheidungsstrukturen der Regierung. Nach Guillaumes Verhaftung am 24. April 1974, die erst elf Monate nach seiner Enttarnung durch den Bundesnachrichtendienst angeordnet worden war, übernahm Brandt die „politische Verantwortung für Fahrlässigkeiten im Zusammenhang mit der Agentenaffäre" und trat am 7. Mai zurück.

dass ehemalige Mitarbeiter des Ostberliner Verlages „Volk und Wissen" in der Bundesrepublik befragt werden sollten. Beide Versäumnisse zusammen genommen erwecken den Eindruck von Nachlässigkeit und Eile und zeigen das Bestreben, die Sicherheitsüberprüfung Guillaumes rasch abzuschließen."

Laut Magazin „Der Spiegel" habe der Chef des Bundesamtes für Verfassungsschutz Günter Nollau sich am 29. Mai 1973 bei seinem Dienstvorgesetzten, dem Bundesinnenminister Genscher, melden lassen und habe Verdachtsmomente gegen Guillaume geäußert. Diese Verdachtsmomente seien von Genscher und Nollau Bundeskanzler Brandt vorgetragen worden. Über dieses entscheidende Gespräch hätten aber Kanzler, Innenminister und Abwehrchef nachträglich völlig unterschiedlich geurteilt: Nollau erinnert sich: „Die Indizien waren dermaßen überwältigend, dass ich wusste: Das muss man dem Kanzler sagen." – Genscher will einen mehr als vagen Verdacht gehabt haben, der aber keinesfalls ausreichte, einen dringenden Tatverdacht zu begründen. – Der Kanzler schließlich weiß heute noch genau, der Vortrag der Herren Genscher und Nollau sei ziemlich vage gewesen, er habe ihn deshalb nicht recht ernstnehmen können.

Er verstand nur die Formel: „Da könne unter Umständen etwas sein." Ans Phantastische grenze es aber laut „Spiegel", dass Nollau, obwohl er Guillaume schon für nahezu überführt hielt, dem Kanzler geraten habe, Guillaume weiter an seiner Seite zu lassen, um noch fehlendes Beweismaterial gegen Guillaume zu finden und Abschöpfquellen von Guillaume im Kanzleramt auszumachen.

Erst am 26. Februar 1974, also knapp 2 Monate vor Guillaumes Verhaftung, sei Brandt laut „Der Stern" von Nollau und Genscher über die volle Tragweite des Falles unterrichtet worden.

Am 8. Mai hieß es in einem Korrespondentenbericht von Neues Deutschland aus Bonn: „Man ist sich hier durchaus darüber im Klaren, dass die Regierung Brandt an den inneren Widersprüchen gescheitert ist, die in der BRD während der letzten Monate immer schärfer hervorgetreten sind. Die Krisenerscheinungen, über die man täglich auf den ersten Seiten der Zeitungen lesen kann, werden von der Masse der Bevölkerung als schwere Last empfunden. Beobachter in der BRD-Hauptstadt sind sich darüber einig, dass dies und nicht die zu einem Riesenballon aufgeblasene Spionageangelegenheit im Bundeskanzleramt der Grund zum Rücktritt Brandts war. Die Spionageangelegenheit wird allgemein als Vorwand gewertet ..."

Schmidt zur Lage der Nation

Am 16. Mai 1974 war Helmut Schmidt als Nachfolger des zurückgetretenen Willy Brandt zum Bundeskanzler gewählt worden. Am 30. Januar 1975 trug er zum ersten Mal den jährlichen „Bericht zur Lage der deutschen Nation" vor:

... Die Bundesregierung setzt mit ihrer Politik den heute einzig gangbaren Weg fort, in Deutschland zu einem geregelten Miteinander zu kommen. Zu diesem Wege stelle ich mit großem Respekt fest: Es ist eine geschichtliche Leistung meines Amtsvorgängers Willy Brandt, dass er – gemeinsam mit Walter Scheel – gerade noch rechtzeitig –, als nämlich die beiden Weltmächte schon dabei waren, sich auf einen bis dahin ungeahnt weitreichenden Abbau ihrer langjährigen Konflikte und Konfrontationen zu verständigen – verhindert hat, dass die Weltpolitik der siebziger Jahre über uns Deutsche als Nation einfach zu ihrer eigenen, zu einer anderen Tagesordnung überging.

Wir Deutschen haben auch durch die Jahrhunderte immer ein schwieriges Verhältnis zu unserer Nation gehabt. Wir haben am Schluss andere Völker um die Selbstverständlichkeit beneidet, mit der sie sich zu ihrer Nation zusammenschlossen; denn wir selbst hatten eben nur selten die Neigung zum Bruderzwist überwinden können. Machtstreit der Herrscherhäuser, regionaler Partikularismus und religiöse Gegensätze haben das Reich, das in seinem Namen den Anspruch erhob, die deutsche Nation zu repräsentieren, oft genug zum Kampfplatz Deutscher gegen Deutsche werden lassen, unter – zum Teil entscheidender – Mitwirkung ausländischer Mächte. Andere Nationen erlebten zwar auch Revolutionen, Bürgerkriege und Staatsstreiche, aber in Deutschland kämpften deutsche Staaten gegeneinander – so im 17. Jahrhundert, so im 18. Jahrhundert. Im 19. Jahrhundert stand der machtpolitische Gegensatz Preußen – Österreich der nationalen Einheit im Wege, für welche die Frankfurter Nationalversammlung manche Hoffnung geweckt hatte. Allzu häufig war den streitenden deutschen Parteien die Durchsetzung ihrer partikularen machtpolitischen Interessen wichtiger als das gemeinsame Schicksal der Nation.

Nach 1945 befanden wir Deutschen uns lange Zeit erneut in gleicher Geisteshaltung; sie ist hüben und drüben noch nicht in allen Köpfen endgültig ausgeräumt. Aber es mag nötig sein, sich des geschichtlichen deutschen Bruderzwistes bewusst zu bleiben – eines Erbes, das wir eben nicht pflegen, sondern vielmehr überwinden müssen. Die in unseren sittlichen Überzeugungen wurzelnden weltanschaulichen Gegensätze darüber, wie eine Gesellschaft, wie ein Staat, wie eine Demokratie, wie die persönliche Freiheit beschaffen sein sollen, wollen wir nicht verkleistern oder verkleinern.

Aber sowohl in der DDR als auch bei uns sollte man sich bewusst bleiben: Karl Marx wurde in Trier geboren, Friedrich Engels in Barmen, Hegel kam aus Stuttgart. Ich füge hinzu: Luther wurde in Eisleben geboren, Kant war Königsberger, Ferdinand Lassalle kam aus Breslau, Johann Sebastian Bach aus Eisenach. Gerhart Hauptmann kam aus Schlesien, Caspar David Friedrich

In den Redeschlachten des Bundestags hatte er sich als „Schmidt-Schnauze" einen Namen gemacht, in Hamburg während der Flutkatastrophe 1962 den Ruf des Krisenmanagers erworben. Die „politische Allzweckwaffe", wie Schmidt sich selbst nannte, profilierte sich als Verteidigungs- Wirtschafts- und Finanzminister, bis 1974 die Bestallung zum Kanzler kam. Da hieß er nur noch der „Macher".

aus Greifswald; aber Bert Brecht kam in Augsburg zur Welt, Schiller am Neckar und Goethe am Main. Sie alle gehören zusammen! Und wollte man drüben vergessen, dass Erich Honecker an der Saar geboren und aufgewachsen ist und Ernst Thälmann in Hamburg? Oder dass unser Kollege Barzel aus Ostpreußen kommt, unsere Kollegen Wehner und Mischnick aus Dresden und unser Kollege Genscher aus Halle? Dies sind nur wenige der Namen, die als Zeugen für gemeinsames Schicksal genannt werden könnten, das ja gar nicht wegdiskutiert oder wegbeschlossen oder wegdekretiert werden kann! Ich bin für meine Person überzeugt, dass die Nation sich auch in Zukunft als ein starkes Element erweisen wird. Aber wir müssen das Unsere dazu tun.

Bei seinem dreitägigen Besuch vom 11. bis 13. Dezember 1981 in der DDR machten Bundeskanzler Helmut Schmidt und Gastgeber Erich Honecker auch einem mehrstündigen winterlichen Waldspaziergang.

Treffen Schmidt – Honecker

Bundeskanzler Helmut Schmidt weilte auf Einladung des Generalsekretärs des ZK der SED und Staatsratsvorsitzenden der DDR Erich Honecker vom 11. bis 13. Dezember zu einem Besuch in der DDR. Es war dies die dritte Begegnung zwischen Schmidt und Honecker; sie waren zuvor 1975 in Helsinki und 1980 in Belgrad zu Gesprächen zusammengetroffen. Im Januar 1980 war ein Arbeitsbesuch Schmidts in der DDR, angesichts des sowjetischen Einmarsches in Afghanistan, im August 1980 wegen der Entwicklung in Polen abgesagt worden. Bei einem Mittagessen im Gästehaus Döllnsee des DDR Staatsrats am 12. Dezember sagte Honecker in einer Tischrede u.a.: „Die DDR und die Bundesrepublik Deutschland, im Zentrum Europas und an der Trennlinie der beiden Weltsysteme und der beiden militärischen Koalitionen gelegen, brauchen den Frieden und die Entspannung in besonderem Maße. Zugleich tragen sie, eingedenk der geschichtlichen Lehren, eine hohe Verantwortung dafür, dass von deutschem Boden nie wieder ein Krieg ausgeht. Beide Staaten haben alle Veranlassung, mit ganzer Kraft dafür zu wirken, dass die weltpolitische Lage gesundet und die Abrüstung, die Fortführung der Entspannung zur bestimmenden Tendenz der 80er Jahre wird. Welche Unterschiede zwischen unseren Staaten in politischer und gesellschaftlicher Hinsicht auch bestehen – dieser Verantwortung vor den Völkern Europas und vor der Geschichte können und dürfen wir uns nicht entziehen. Durch zahlreiche Erklärungen von Ihnen, Herr Bundeskanzler, und durch unsere jetzigen Gespräche fühle ich mich in der Überzeugung bestärkt, dass Sie diese Auffassung teilen ... Wenn die politische Entspannung durch die militärische untermauert wird, dann ist vieles möglich. Wir sind entschlossen, unsere auf die Prinzipien der friedlichen Koexistenz begründete Politik zur Normalisierung der Beziehungen zwischen der DDR und der Bundesrepublik Deutschland konsequent fortzusetzen ..."

Schmidt erwiderte u.a.: „Was wir, zumal seit der Unterzeichnung des Vertrages über die Grundlagen unserer Beziehungen zueinander, haben schaffen können, das erscheint vielen als selbstverständlich – aber es ist doch – gemessen an den Hindernissen, die damals zu überwinden waren – etwas ungemein Positives. Diese Politik, die zugleich ein wichtiger Beitrag zu konkreter europäischer Friedenspolitik ist, war nur zustandezubringen, weil sich beide deutsche Staaten um einen Ausgleich ihrer Interessen bemühten. So wird es auch künftig sein. Keiner wird den anderen überfordern dürfen. Jeder wird sich zu jeder Zeit bewusst sein müssen, dass es zwischen der politischen, der wirtschaftlichen und der staatlichen Ordnung in der DDR und der Ordnung in der Bundesrepublik Deutschland Gegensätze gibt. Hier kann nichts und soll nichts verwischt und harmonisiert werden.

Unter dem doppelten Dach des Grundlagenvertrages einerseits und der Schlussakte von Helsinki andererseits ist und bleibt es für die kommende Zeit eine Herausforderung an die Regierungen der beiden deutschen Staaten, mehr und neue Gemeinsamkeiten, mehr Begegnungen zu ermöglichen. Das gilt für alle Europäer! Deshalb dürfen die Deutschen hier und die Deutschen bei uns nicht abseits stehen! Wir vermögen die Grenze, die uns trennt, heute nicht zu überwinden. Am 18. Dezember 1981 gab Bundeskanzler Schmidt im Deutschen Bundestag eine Regierungserklärung über seine Reise in die DDR ab. Er bekannte sich zunächst zur aktiven Solidarität mit dem polnischen Volk und sagte zum Verhältnis beider deutscher Staaten, „dieses habe nach einer Phase der Rückschläge den Anlauf zu neuen Fortschritten nötig". Er hoffe, dass sich die Beziehungen verbessern würden. Es bleibe allerdings das Spannungsverhältnis zwischen der Realität zweier deutscher Staaten und der Aufforderung des Grundgesetzes erhalten, die Einheit Deutschlands in freier Selbstbestimmung zu vollenden.

Die Ära Kohl (1982-1998)

1982, 1. Okt.: Der Bundestag wählt mit der neuen CDU/CSU-F.D.P. Mehrheit durch ein konstruktives Misstrauensvotum Helmut Kohl zum 6. Bundeskanzler der Bundesrepublik Deutschland.
1982, 10. Okt.: Der amerikanische Diplomat und Historiker George F. Kennan wird in Frankfurt/Main mit dem Friedenspreis des Deutschen Buchhandels ausgezeichnet.
1982, 13. Okt.: Bundeskanzler Kohl gibt seine Regierungserklärung ab. Darin bekennt er sich zum NATO-Nachrüstungsbeschluss und zur Fortführung guter Beziehungen zur DDR bei entsprechenden Gegenleistungen.
1982, 17. Okt.: Bundespräsident Carstens beendet einen einwöchigen Staatsbesuch in der Volksrepublik China, den ersten eines deutschen Staatsoberhaupts.
1982, 26. Okt.: Helmut Schmidt verzichtet aus gesundheitlichen Gründen auf eine weitere Kanzlerkandidatur.
1982, 3. Dez.: Der Bundestag hebt den seit Ende 1978 bestehenden Vorbehalt gegen die Inbetriebnahme des so genannten Schnellen Brüters in Kalkar auf und ebnet damit den Weg für einen möglichen Betrieb des Atomreaktors.

Am Nachmittag des 1. Oktober 1982 verkündete Bundestagspräsident Richard Stücklen (CSU) das Ergebnis des konstruktiven Misstrauensvotums: „Ich stelle fest, der Abgeordnete Dr. Helmut Kohl ist zum Bundeskanzler der Bundesrepublik Deutschland gewählt." Im Bild oben nimmt Kohl, der trotz mancher Rückschläge nie den Glauben an sich selbst aufgegeben hatte, die Glückwünsche seiner Parteifreunde entgegen.

Helmut Kohl und sein Vizekanzler und Außenminister Hans-Dietrich Genscher.

1982, 17. Dez.: In einer verfassungsrechtlich bedenklichen Abstimmung über die von Bundeskanzler Kohl gestellte Vertrauensfrage im Bundestag erreicht diese, gemäß vorheriger Absprache innerhalb der Koalition, keine Mehrheit. Damit wird der Weg zu Neuwahlen am 6. März 1983 geebnet.
1983, 20./21. Jan.: In Bonn und Paris finden aus Anlass des 20-jährigen Bestehens des deutsch-französischen Freundschaftsvertrages Feiern statt. Der französische Staatspräsident François Mitterrand spricht vor dem Bundestag; am Tag darauf nimmt Bundeskanzler Helmut Kohl an einer Feierstunde im Pariser Elysée-Palast teil.
1983, 21. Jan.: Uraufführung des Theaterstückes „Bruder Eichmann" von Heinar Kipphardt in München. Das Stück schildert den SS-Führer Adolf Eichmann als Typ des funktionalen Menschen, der im 20. Jahrhundert zum „Normalfall" geworden sei.
1983, 6. März: Bei den vorgezogenen Neuwahlen zum 10. Bundestag erreicht die CDU/CSU 48,8 % der Stimmen und die F.D.P. erzielt trotz innerparteilicher Auseinandersetzungen um ihren Wechsel von der sozial-liberalen Koalition zur christlich-liberalen Koalition noch 6,9 %. Die SPD fällt mit 38,2 % erstmals seit 1965 unter die 40 %-Marke. Erstmals ziehen die Grünen mit 5,6 % der Stimmen in den Bundestag ein.
1983, 21. März: Franz-Josef Strauß erklärt, dass er nicht als Minister nach Bonn gehe, sondern bayerischer Ministerpräsident bleibe.
1983, 29. März: Mit der Wahl des CDU-Politikers Rainer Barzel zum neuen Bundestagspräsidenten nimmt der 10. Deutsche Bundestag seine Arbeit auf.
1983, 21. März: Bei den Feierlichkeiten zum 500. Geburtstag von Martin Luther wird die restaurierte Wartburg in Thüringen wiedereröffnet.
1983, 25. März: Das Magazin „stern" kündigt auf einer Presse-

konferenz die Entdeckung und Veröffentlichung von Tagebüchern Adolf Hitlers an und beginnt mit deren auszugsweisem Abdruck. Am 6. Juni werden die Tagebücher als Fälschung entlarvt.
1983, 27. Apr.: Mit dem Hirtenwort „Gerechtigkeit schafft Frieden" wenden sich die katholischen Bischöfe der Bundesrepublik gegen das Wettrüsten. Sie erklären, dass nukleare Abschreckung auf Dauer kein verlässliches Instrument der Kriegsverhütung sei.
1983, 4. Mai: Bundeskanzler Kohl bezeichnet in seiner Regierungserklärung den Abbau der Arbeitslosigkeit, die Wiedergewinnung wirtschaftlichen Wachstums und die Sanierung der Bundesfinanzen als Schwerpunkte der Regierungstätigkeit.
1983, 14. Mai: Der Militaria-Händler Konrad Kujau, der dem Magazin „stern" die gefalschten Hitler-Tagebücher verkauft haben soll, wird festgenommen. Am 26. Mai gesteht Kujau, dass er die an den „stern" verkauften Hitler-Tagebücher selbst geschrieben hat.
1983, 28. –30. Mai: Der neunte Weltwirtschaftsgipfel der führenden Industrienationen findet in Williamsburg/USA statt.
1983, 4. Juni: In Hannover findet der erste Bundeskongress der Grünen statt. Behandelt werden insbesondere die Themen Umwelt, Friedensbewegung, Deutschlandpolitik und Arbeitslosigkeit.
1983, 13. Juni: Zur Erforschung der Immunschwäche AIDS (Acquired Immune Deficiency Syndrome/Erworbene Immunschwäche-Krankheit) setzt das Bundesgesundheitsamt in West-Berlin eine Expertengruppe von 15 Professoren ein.
1983, 19. Juni: Die Regierungschefs der zehn EG-Mitgliedstaaten unterzeichnen zum Abschluss ihres dreitägigen Treffens in Stuttgart die „Feierliche Deklaration zur Europäischen Union".
1983, 29. Juni: Durch Kabinettsbeschluss übernimmt die Bundesregierung die Bürgschaft für einen Bankenkredit in Höhe von einer Milliarde DM an die DDR. Die Hilfe des bayerischen Ministerpräsidenten Franz-Josef Strauß bei der Vermittlung des Kredits stößt auf Kritik auch in der eigenen Partei.
1983, 4. –7. Juli: Bundeskanzler Kohl und Außenminister Hans-Dietrich Genscher statten der Sowjetunion einen offiziellen Besuch ab, der eine neue und bessere Qualität der gegenseitigen Beziehungen begründen soll.
1983, 22. Juli: Die Bundesrepublik unterzeichnet das Übereinkommen der UNO gegen jegliche Diskriminierung der Frau.
1983, 24. Juli: Im Rahmen einer als privat bezeichneten Reise in die Tschechoslowakei, Polen und in die DDR trifft der bayerische Ministerpräsident Franz-Josef Strauß mit dem Staats- und Parteichef der DDR, Erich Honecker, im Schloss Hubertusstock am Werbellinsee zusammen.
1983, 1. Sept.: Die Bundespost beginnt mit der bundesweiten Einführung von Bildschirmtext (Btx). Eine Blockade des US-Militärdepots in Mutlangen durch prominente Rüstungsgegner bildet den Auftakt zu Protesten gegen die Stationierung der Pershing-II-Raketen in der Bundesrepublik.
1983, 15. Sept.: Erster Empfang eines Regierenden Bürgermeisters von West-Berlin, Richard von Weizsäcker, durch den Staats- und Parteichef der DDR, Erich Honecker, in Ost-Berlin.
1983, 1. Okt.: Die EG-Richtlinie zum Verbot der Einfuhr von Jungrobbenfellen tritt in Kraft.
1983, 18. Okt.: Eine Erhebung der Bundesregierung ergibt, dass ein Drittel des deutschen Waldes erkrankt ist. Bundeslandwirtschaftsminister Ignaz Kiechle konstatiert, dass sich die Schäden gegenüber 1982 vervierfacht haben. Er fordert private Initiativen gegen das Waldsterben, der Staat sei überfordert.
1983, 22. Okt.: Den Höhepunkt der „Aktionswoche" der Friedensbewegung gegen die NATO-Nachrüstung bilden eine 108 km lange „Menschenkette" zwischen Neu-Ulm und Stuttgart sowie eine Großkundgebung in Bonn.
1983, 25. Okt.: Der Rockmusiker Udo Lindenberg gibt mit seinem Panikorchester ein Konzert in Ost-Berlin.
1983, 16. Nov.: Die Ruhrkohle AG in Essen gibt bekannt, dass sie die Zahl ihrer Beschäftigten und ihre Förderkapazität bis 1988 um rund ein Achtel verringern wird. Durch diese Maßnahmen gehen 14.000 Arbeitsplätze verloren. Die Ruhrkohle AG ist das mit Abstand größte Bergbau-Unternehmen in der Bundesrepublik.
1983, 22. Nov.: Gegen die Stimmen von SPD und Grünen beschließt der Bundestag, am NATO-Doppelbeschluss festzuhalten.
1983, 25. Nov.: In der Bundesrepublik treffen die ersten Pershing-II-Raketen ein. Sie werden zum US-

***Bild oben:** Zum 20. Jahrestag des deutsch-französischen Freundschaftsvertrages hält Staatspräsident Mitterand im Januar 1983 im deutschen Bundestag eine Rede.*
***Bild rechts:** Mit der Amtseinführung Wolfgang Altenburgs (links neben Verteidigungsminister Wörner) als Generalinspektor der Bundeswehr am 1. April 1983 rückte an die Spitze der westdeutschen Armee erstmals ein Mann, der nicht mehr in Hitlers Wehrmacht gedient hatte, sondern laut Truppenjargon, ein „Selbstgestrickter" war.*

Militärdepot Mutlangen gebracht.
1983, 15. Dez.: Wegen Beeinträchtigung des Datenschutzes verwirft das Bundesverfassungsgericht in der Hauptverhandlung Teile des Volkszählungsgesetzes.
1983, 30. Dez.: Zwischen dem Senat von West-Berlin und der DDR-Reichsbahn wird die Übernahme der S-Bahn auf West-Berliner Gebiet durch den Berliner Senat vereinbart.
1983: Christa Wolf: „Kassandra" (Roman)
1984, 2. Jan.: Radio Luxemburg geht mit „RTL plus" (Radio Télé Luxembourg) in der Bundesrepublik auf Sendung.
1984, 4. Jan.: Das Bonner Verteidigungsministerium bestätigt Meldungen von Presseagenturen, wonach der stellvertretende NATO-Oberbefehlshaber, General Günter Kießling, von Bundesverteidigungsminister Manfred Wörner (CDU) mit Wirkung vom 31. Dezember 1983 in den vorzeitigen Ruhestand versetzt worden ist. Am 12. Januar teilt Wörner mit, der Vier-Sterne-General sei wegen seiner Homosexualität zu einem Sicherheitsrisiko geworden. Dabei beruft sich Wörner auf einen Bericht des Militärischen Abwehrdienstes (MAD), in dem Kontakte Kießlings zur Homosexuellen-Szene behauptet werden. Kießling weist die Behauptungen zurück, wird wieder in den Dienst aufgenommen und am 26. März mit allen militärischen Ehren verabschiedet.
1984, 1. Febr.: In Stuttgart-Stammheim beginnt der Prozess gegen die RAF-Terroristen Christian Klar und Brigitte Mohnhaupt. Ihnen wird unter anderem die Ermordung des Vorstandssprechers der Dresdner Bank, Jürgen Ponto, im Jahre 1977 vorgeworfen.
1984, 8. Febr.: Nachdem während des Besuchs von Bundeskanzler Kohl im Januar in Israel bereits die deutsche Nationalhymne öffentlich gespielt worden war, hebt der israelische Rundfunk nun auch den Boykott der Werke der deutschen Komponisten Richard Strauss und Richard Wagner auf.
1984, 23. Febr.: Im Volkswagenwerk in Wolfsburg wird der Öffentlichkeit eine vollautomatische Fertigungsstrecke für die Golfproduktion vorgeführt.
1984, 24. Febr.: Die Ministerpräsidenten der Bundesländer kommen überein, am künftigen Satellitenfernsehen auch private Programmanbieter zu beteiligen.
1984, 9. März: Die von dem schottischen Architekten James Stirling konzipierte Neue Staatsgalerie Stuttgart wird eröffnet.
1984, 22. März: Das Bundeskabinett stimmt dem „Programm Umweltforschung und Umwelttechnologie 1984-1987" zu, nach dem umweltrelevante Forschungs- und Entwicklungsvorhaben mit insgesamt 2 Milliarden DM gefördert werden sollen.
1984, 5. Apr.: Als erstes Land der Bundesrepublik verankert Bayern den Umweltschutz in der Verfassung.
1984, 10. Apr.: Auf Antrag von drei Klägerinnen aus der Bundesrepublik Deutschland legt der Europäische Gerichtshof fest, dass Frauen, die im Beruf Männern gegenüber diskriminiert werden, Anspruch auf Schadensersatz haben.
1984, 12. Apr.: Die umstrittene Startbahn-West des Frankfurter Flughafens wird in Betrieb genommen. Am 14. April kommt es am Flughafen und in der Frankfurter Innenstadt erneut zu schweren Ausschreitungen zwischen Demonstranten und der Polizei.
1984, 18. Apr.: Durch den Selbstmord einer Patientin des Arztes Julius Hackethal wird in der Bundesrepublik die Diskussion um humanes Sterben erneut entfacht. Hackethal hatte der Frau das notwendige Gift überlassen.
1984, 7. Mai: Das Oberlandesgericht Stuttgart spricht mit dreimal lebenslanger Haft für den ehemaligen RAF-Angehörigen Peter Jürgen Boock das bislang härteste Urteil in einem Terroristen-Prozess.
1984, 23. Mai: Der über die Parteigrenzen hinweg populäre Richard von Weizsäcker wird mit großer Mehrheit zum sechsten Bundespräsidenten gewählt.
1984, 22. Sept.: Bundeskanzler Helmut Kohl und der französische Staatspräsident François Mitterrand gedenken in Verdun gemeinsam der Toten beider Weltkriege. Dabei kommt es zu einer international vielbeachteten Szene: Während die Nationalhymnen erklingen, stehen beide Politiker minutenlang Hand in Hand nebeneinander und demonstrieren so die Verbundenheit beider Völker.
1984, 1. Okt.: In Ost-Berlin wird das 1945 zerstörte Schauspielhaus am Gendarmenmarkt als Konzerthaus wiedereröffnet.
1984, 7. Okt.: In Begleitung zahlreicher Vertreter der deutschen Wirtschaft kommt Bundeskanzler Helmut Kohl zu einem sechstägigen Besuch der Volksrepublik China nach Peking. Im Verlauf der Visite werden eine Reihe von Vereinbarungen über eine intensivere Zusammenarbeit auf ökonomischem Gebiet getroffen.
1984, 20. Nov.: Die hessische Landesgruppe der Grünen gibt in Wiesbaden bekannt, dass sie nicht länger zu einer Zusammenarbeit mit der SPD-Landesregierung unter Holger Börner bereit sei. Damit ist das rotgrüne Bündnis in Hessen zunächst gescheitert.
1984, 30. Nov.: Die DDR baut die letzten Selbstschussanlagen an der innerdeutschen Grenze ab.
1984, 3./4. Dez.: Tagung der Außenminister der Warschauer-Pakt-Staaten in Ost-Berlin.

Verdun, 22. September 1984. Ein symbolischer Händedruck über Kriegsgräbern. Bundeskanzler Helmut Kohl und der Präsident der französischen Republik, François Mitterand, bekräftigten damit die Freundschaft zwischen beiden Ländern, die 1963 mit der Umarmung von Konrad Adenauer und Charles de Gaulle in Paris begonnen hatte. Der Ort des gemeinsamen Gedenkens an die Opfer zweier Weltkriege war nicht ohne Bedacht ausgewählt. In Verdun tobten während des Ersten Weltkrieges die blutigsten Schlachten zwischen Deutschen und Franzosen, in denen Hunderttausende den Tod fanden.

Als erster Deutscher und jüngster Spieler gewinnt Boris Becker mit 17 Jahren am 7. Juli 1985 das Finale in Wimbledon.

Als erster Deutscher gewinnt Bernhard Langer am 15. April 1985 das bedeutenste Golf-Turnier der Welt in Augusta (Georgia/USA).

1984, 18. Dez.: Das Bundesverfassungsgericht erklärt die Zustimmung der Bundesregierung zur NATO-Nachrüstung für verfassungskonform. Bundesaußenminister Hans-Dietrich Genscher besucht die Tschechoslowakei. Dabei spricht er auch mit den DDR-Flüchtlingen in der deutschen Botschaft in Prag.
1985, 1. Jan.: In der Bundesrepublik startet das erste private Satelliten-Fernsehprogramm „SAT 1“. Das Programm finanziert sich ausschließlich aus Werbung.
1985, 23. Jan.: In der Bundesrepublik erbringt der von 18 Hilfswerken unterstützte „Tag für Afrika“ Spenden in Höhe von rund 100 Millionen DM zur Linderung der Hungersnot.
1985, 25. Jan.: Das Saarland nimmt als erstes Bundesland Umwelt- und Datenschutz in die Landesverfassung auf. Der Bundestag erklärt alle Urteile des früheren NS-Volksgerichtshofs für nichtig.
1985, 1. Febr.: Der Vorstandsvorsitzende der Motoren- und Turbinen-Union, Ernst Zimmermann, wird in Gauting bei München von Terroristen erschossen.
1985, 4. Febr.: Die Deutsche Gesellschaft für Wiederaufbereitung von Kernbrennstoffen (DWK) entscheidet sich für das bayerische Wackersdorf als Standort für die erste kommerzielle Wiederaufbereitungsanlage (WAA) in der Bundesrepublik Deutschland.
1985, 13. Febr.: Mit einer Aufführung des „Freischütz“ von Carl Maria von Weber wird in Anwesenheit von Staats- und Parteichef Erich Honecker und Altbundeskanzler Helmut Schmidt die wiederaufgebaute Semper-Oper eröffnet.
1985, 8. März: Das ZDF gibt bekannt, es werde ab dem 1. April allabendlich zum Sendeschluss die Nationalhymne ausstrahlen. Die ARD schließt sich ab 23. Mai an.
1985, 18. März: Anlässlich des 40. Jahrestags der Beendigung des Zweiten Weltkrieges am 8. Mai 1945 veröffentlichen der Rat der Evangelischen Kirche Deutschlands und der Bund der Evangelischen Kirchen der DDR ein gemeinsames „Wort zum Frieden“.
1985, 26. März: Die Bundesregierung beschließt die steuerliche Förderung neuer, energiesparender Technologien.
1985, 2. Apr.: In Stuttgart-Stammheim werden Christian Klar und Brigitte Mohnhaupt wegen ihrer Mitgliedschaft in der RAF und ihrer Beteiligung an mehreren Morden und Mordversuchen zu lebenslanger Haft verurteilt.
1985, 15. Apr.: Als erster Deutscher und vierter Nicht-Amerikaner gewinnt der 27 Jahre alte Golfprofi Bernhard Langer aus der Bundesrepublik das bedeutende Masters-Golfturnier in Augusta/USA.
1985, 16. Apr.: Die Regierung der DDR erlaubt dem Nachrichtenmagazin „Der Spiegel“ die Wiedereröffnung eines Büros in der DDR. Das erste Ost-Berliner „Spiegel“-Büro war Anfang 1978 von den Behörden wegen des Abdrucks eines regimekritischen „Manifests“ geschlossen worden.
1985, 1. Mai: US-Präsident Ronald Reagan trifft zu einem sechstägigen Besuch in der Bundesrepublik Deutschland ein.
1985, 5. Mai: Am vorletzten Tag seines Aufenthaltes in der Bundesrepublik legt US-Präsident Ronald Reagan gemeinsam mit Bundeskanzler Helmut Kohl Kränze an der Gedenkstätte Bergen-Belsen und auf dem Soldatenfriedhof Bitburg nieder. Letzteres stößt in der Öffentlichkeit auf Kritik, weil in Bitburg auch Angehörige der ehemaligen Waffen-SS beerdigt sind.
1985, 8. Mai: Bundespräsident Richard von Weizsäcker hält auf einer gemeinsamen Veranstaltung von Bundestag und Bundesrat eine auch international viel beachtete Gedenkrede anlässlich des 40. Jahrestags der deutschen Kapitulation.
1985, 11. Juni: Auf der Glienicker Brücke in Berlin findet der größte Agentenaustausch seit 1945 statt. 25 Westagenten werden gegen vier Ostagenten ausgetauscht.
1985, 16. Juni: Bundeskanzler Kohl bekräftigt auf dem Schlesiertreffen in Hannover die Unverletzlichkeit der Grenzen.
1985, 28. Juni: Der Bundestag verschärft das Demonstrationsstrafrecht durch Verbot der „Vermummung“ und des Tragens von „Schutzwaffen“.
1985, 1. Juli: Eine Hausfrau in Niedersachsen gewinnt 6,97 Millionen DM im Lotto, den höchsten Betrag, der bis dahin in Europa einer Einzelperson zufiel.
1985, 7. Juli: Boris Becker gewinnt als bislang jüngster Tennisspieler und als erster Deutscher das Tennisturnier in Wimbledon/England.
1985, 16. Okt.: Nach mehr als dreiwöchigen Koalitionsverhandlungen kommt es in Hessen zu einer Einigung zwischen SPD und Grünen. Joschka Fischer (Die Grünen) wird am 12. Dezember als hessischer Minister für Umwelt und Energie vereidigt.
1986, 26. Apr.: In dem Kernkraftwerk von Tschernobyl nördlich von Kiew/UdSSR schmilzt der Reaktorkern und verursacht die bisher größte Katastrophe in der Geschichte der friedlichen Nutzung von Atomenergie. Nach offiziellen Angaben wird eine Strahlung von insgesamt 50 Millionen Curie freigesetzt, was

ungefähr 40 bis 50mal soviel Radioaktivität wie bei der Atombombenexplosion über Hiroshima im August 1945 ausmacht. Auch in der Bundesrepublik werden erhöhte Strahlungswerte gemessen.

1986, 9. Juli: Der Siemens-Manager Karl Heinz Beckurts und sein Fahrer werden von einem ferngezündeten Sprengkörper in Straßlach bei München getötet. Zu dem Mordanschlag bekennt sich ein Kommando der RAF.

1986, 7. Okt.: Trotz zahlreicher Proteste wird das Kernkraftwerk Brokdorf an der Unterelbe als erstes deutsches Kernkraftwerk nach der Reaktorkatastrophe von Tschernobyl in Betrieb genommen.

1987, 25. Jan.: Bei der Wahl zum 11. Deutschen Bundestag erhalten CDU/CSU 44,3 %, SPD 37 %, F.D.P. 9,1 % und die Grünen 8,3 % der Stimmen. Die CDU/CSU erzielt damit ihr bis dahin schlechtestes Ergebnis seit 1949, die SPD seit 1961. Dennoch kann sich die christlich-liberale Koalition mit einer klaren Mehrheit behaupten.

1987, 11. März: Der Bundestag wählt Helmut Kohl erneut zum Bundeskanzler einer christlich-liberalen Koalition.

1987, 17. Aug.: Der ehemalige Stellvertreter Adolf Hitlers, Rudolf Heß, stirbt im Alter von 93 Jahren im britischen Militärhospital in West-Berlin durch Selbstmord.

1987, 7. –11. Sept.: Zum ersten Mal in der Geschichte der beiden deutschen Staaten besucht mit Erich Honecker ein Staats- und Parteichef der DDR die Bundesrepublik. Es werden Abkommen zum Umwelt- und Strahlenschutz sowie über die Zusammenarbeit in Wissenschaft und Technik vereinbart.

Als sich Günter Schabowksi, für die Medien zuständig, am 9. November 1989 zur internationalen Pressekonferenz begibt, bekommt er nur eine kurze Note in die Hand gedrückt, auf der steht, dass Ausreisen bewilligt werden. Was ihm nicht bekannt ist: Diese Ausreisen müssen auch weiter beantragt werden. So also gibt Schabowski der Presse um 18.53 Uhr bekannt, dass es eine neue Ausreiseregelung gebe. Auf die Frage eines Journalisten, ab wann diese gelte, sagt Schabowski: „Das ist ab sofort. Unverzüglich.“

Die 40-Jahr-Feier des SED-Staates am 7. Oktober 1989 war schon mehr ein Requiem als ein Jubelakt. Abertausende Bürger der ungeliebten DDR waren aus dem Urlaub in Ungarn, Polen und der ČSSR nicht heimgekehrt und in die bundesdeutschen Botschaften geflüchtet. Vergeblich versuchte Geburtstagsgast Gorbatschow mit seinen geflügelt gewordenen, mahnenden Worten „Wer zu spät kommt, den bestraft das Leben“, die DDR-Führung auf Reformkurs zu bringen.

1987, 28. Okt.: Bundeskanzler Kohl und der Regierende Bürgermeister von West-Berlin, Eberhard Diepgen, unterzeichnen im Reichstagsgebäude in Berlin die Vereinbarung über die Gründung des Deutschen Historischen Museums.

1987, 10. Nov.: Im Ruhrgebiet treten mehr als 100.000 Stahlarbeiter in den Streik. Sie protestieren damit gegen die geplante Schließung des Krupp-Hüttenwerks in Duisburg-Rheinhausen.

1987, 18. Nov.: In Petershagen bei Minden wird auf Anordnung des nordrhein-westfälischen Umweltministers Klaus Matthiesen (SPD) das modernste Steinkohlekraftwerk der Bundesrepublik wegen überhöhten Stickoxidausstoßes nach nur einem halben Jahr Betriebsdauer stillgelegt.

1988, 10. Jan.: Jürgen Sparwasser, einer der prominentesten Fußballspieler der DDR, setzt sich in die Bundesrepublik ab.

1988, 14. Jan.: Bundesumweltminister Klaus Töpfer (CDU) lässt der Brennelemente-Firma Nukem bei Hanau/Hessen die Betriebsgenehmigung entziehen, nachdem schwerwiegende Unregelmäßigkeiten bei der Nuklearfabrik bekannt geworden sind.

1988, 17. Jan.: Am Rande der traditionellen Demonstration zum Jahrestag der Ermordung von Rosa Luxemburg und Karl Liebknecht verhaftet der DDR-Staatssicherheitsdienst rund 120 Menschen. Davon werden 54 zur Ausreise in die Bundesrepublik genötigt.

1988, 1. Mai: Der Hochgeschwindigkeitszug der Deutschen Bundesbahn, der „InterCity Express“ (ICE), stellt auf der Strecke Fulda-Würzburg mit einer Spitzengeschwindigkeit von 406,9 km/h einen Weltrekord für Schienenfahrzeuge auf.

1988, 13. Juni: In Stuttgart kündigt der Daimler-Benz-Konzern die Zahlung von insgesamt 20 Millionen DM als Entschädigung für Personen an, die während des NS-Regimes als Zwangsarbeiter in den Daimler-Benz-Werken arbeiten mussten.

1988, 19. Juni: Der Pop-Superstar Michael Jackson gibt vor dem Reichstagsgebäude in West-Berlin ein Konzert. Im Ostteil der Stadt versammeln sich einige Jugendliche in der Nähe der Mauer, um akustisch an dem Spektakel teilzunehmen. Dabei kommt es zu Auseinandersetzungen mit der Volkspolizei.

1988, 2. Juli: Steffi Graf besiegt in Wimbledon/England die achtmalige Wimbledonsiegerin Martina Navratilova und gewinnt das Tennisturnier.

1988, 15. Juli: In Köln wird die Bauhaus-Ausstellung eröffnet. Gezeigt werden bis zum 4. September Exponate aus den Bereichen Architektur, Kunst und Design.

1988, 10. Aug.: Mit der Beschlagnahme von 29.000 Kälbern bei Großmästern in Nordrhein-Westfalen wird der bisher größte Hormonskandal bei der Fleischproduktion in der Bundesrepublik bekannt.

1988, 28. Aug.: Bei einer Flugschau auf dem amerikanischen Luftwaffenstützpunkt Ramstein in der Pfalz kommen durch den Absturz dreier Flugzeuge einer italienischen Kunstflugstaffel 70 Menschen ums Leben. Mehr als 300 Zuschauer werden verletzt. Das Unglück löst eine heftige politische Diskussion über die Durchführung derartiger Veranstaltungen aus.

1988, 3. Okt.: Der CSU-Vorsitzende und bayerische Ministerpräsident Franz-Josef Strauß stirbt an einem Herz-Kreislauf-Versagen. Der bisherige Finanzminister Max Streibl wird neuer bayerischer Ministerpräsident, Theo Waigel übernimmt den Parteivorsitz.

1988, 8. Okt.: Die F.D.P. wählt den früheren Bundeswirtschaftsminister Otto Graf Lambsdorff auf ihrem Parteitag in Wiesbaden zum neuen Bundesvorsitzenden. Die bei der Abstimmung unterlegene Staatsministerin im Auswärtigen Amt, Irmgard Adam-Schwaetzer, wird seine Stellvertreterin.

1988, 1. Nov.: Bundeskanzler Helmut Kohl und der französische Staatspräsident François Mitterrand werden für ihre Verdienste um die europäische Einigung mit dem Internationalen Karlspreis der Stadt Aachen ausgezeichnet.

1988, 2. Dez.: Die Bundesdelegierten des Sonderparteitags der Grünen in Karlsruhe entziehen dem Parteivorstand wegen finanzieller Unregelmäßigkeiten das Vertrauen.

1988, 2. Dez.: DDR-Staats- und Parteichef Erich Honecker bekräftigt in Ost-Berlin auf einer Tagung des Zentralkomitees der SED die Ablehnung der sowjetischen Reformpolitik von Michail Gorbatschow.

1989, 4. Sept.: In Leipzig findet die erste Montagsdemonstration im Anschluss an das traditionelle Friedensgebet in der Nikolaikirche statt. Es wird mehr Reisefreiheit und die Abschaffung des Ministeriums für Staatssicherheit (MfS) gefordert. Von nun an finden wöchentlich Montagsdemonstrationen statt.

1989, 19. Sept.: Die west-deutsche Botschaft in Warschau muss wegen Überfüllung mit ausreisewilligen Bürgern der DDR den Publikumsverkehr vorübergehend einstellen.

1989, 19. Sept.: In Düsseldorf wird der Weltverband des Behindertensports, das „Internationale Paralympische Komitee“, gegründet.

1989, 30. Sept.: Bundesaußenminister Hans-Dietrich Genscher verkündet am Abend auf dem Balkon der bundesdeutschen Botschaft in Prag, dass alle DDR-Flüchtlinge, die sich in den deutschen Botschaften in Prag und Warschau befinden, ausreisen dürfen.

Die Öffnung der Berliner Mauer im November 1989. Jubelnde Menschen aus Ost und West vor dem Brandenburger Tor. 28 Jahre, 2 Monate und 27 Tage hatte die DDR ihre Bürger mit dem „Bollwerk gegen westliche Militaristen, Revanchisten und Monopolkapitalisten“ gefangen gehalten. Auf 150 Kilometern gab es 302 Wachttürme, 295 Hundelaufanlagen und 20 Erdbunker. Bei dem Versuch, über diese „moderne Friedensgrenze“ zu fliehen, wurden 255 Menschen getötet, der letzte im Februar 1989.

1989, 7. Okt.: Der 40. Jahrestag der DDR-Gründung wird mit Militärparaden und Aufmärschen gefeiert. In Ost-Berlin nimmt der sowjetische Staats- und Parteichef Gorbatschow an den Festveranstaltungen teil. Er betont vor der Presse die Notwendigkeit von Reformen und äußert die berühmten Worte: „Wer zu spät kommt, den bestraft das Leben“.

1989, 9. Okt.: Erstmals demonstrieren in Leipzig über 70.000 Menschen für eine demokratische Erneuerung der DDR. Der Ruf „Wir sind das Volk – keine Gewalt“ setzt sich durch.

1989, 18. Okt.: Auf der 9. Tagung des Zentralkomitees (ZK) der SED wird Erich Honecker „auf eigenen Wunsch“ von allen Ämtern entbunden.

1989, 24. Okt.: Die Volkskammer wählt Egon Krenz zum Staatsratsvorsitzenden und zum Vorsitzenden des Nationalen Verteidigungsrates. Damit sind wiederum die höchsten Ämter der DDR in einer Person vereinigt.

1989, 9. Nov.: Auf einer vom Fernsehen direkt übertragenen, internationalen Pressekonferenz verliest das SED-Politbüromitglied Günter Schabowski um 18.57 Uhr auf eine Anfrage zur neuen Ausreiseregelung beiläufig einen Beschluss des amtierenden Ministerrates, den ihm angeblich der SED-Generalsekretär Egon Krenz kurz vorher zugesteckt ließ. „Privatreisen nach dem Ausland können ohne Vorliegen von Voraussetzungen (Reiseanlässe und Verwandtschaftsverhältnisse) beantragt werden. Die Genehmigungen werden kurzfristig erteilt.“ Auf eine Nachfrage erklärt Schabowski, das trete nach seiner Kenntnis „sofort, unverzüglich“ in Kraft. Geplant gewesen ist dies erst später und nur auf Antrag. Daraufhin drängen noch am selben Abend Tausende von Ost-Berlinern nach West-Berlin. Kurz vor Mitternacht öffnen sich die ersten Schlagbäume an der Mauer.

1989, 10. Nov.: Nach Öffnung der innerdeutschen Grenzen besuchen Millionen von Bürgern der DDR die grenznahen Städte der Bundesrepublik und West-Berlin. Es kommt zu

Der Teamchef der deutschen Fußball-Nationalmannschaft, Franz Beckenbauer, am 8. Juli 1990 im Olympiastadion von Rom. Nach dem Sieg gegen Argentinien trat Beckenbauer als Teamchef zurück. Unter ihm holte sich Deutschland nach 1954 und 1974 den dritten WM-Titel.

überschwänglichen Freudenszenen; fremde Menschen umarmen sich, singen, tanzen und jubeln. Bundeskanzler Helmut Kohl bricht seinen Polen-Besuch ab, um am Abend vor dem Schöneberger Rathaus in West-Berlin auf einer Kundgebung zu sprechen. Der SPD-Ehrenvorsitzende Willy Brandt prägt dort den Satz „Jetzt wächst zusammen, was zusammengehört".

1989, 30. Nov.: Der Vorstandssprecher der Deutschen Bank, Alfred Herrhausen, wird in Bad Homburg von Terroristen der Roten Armee Fraktion durch einen Bombenanschlag ermordet.

1989, 22. Dez.: In Berlin wird das Brandenburger Tor wieder geöffnet, vorerst allerdings nur für Fußgänger.

1989, 24. Dez.: Erstmals können Bundesbürger und West-Berliner ohne Visum und Zwangsumtausch in die DDR reisen.

1990, 15. Jan.: In Erfurt erscheint die erste unabhängige Tageszeitung der DDR, die „Thüringer Allgemeine". Damit endet das SED-Medienmonopol.

1990, 10. März: Erstmals seit Kriegsende fliegt eine Lufthansa-Maschine wieder direkt von Frankfurt/Main nach Leipzig.

1990, 12. März: In Leipzig findet die letzte Montagsdemonstration statt, an der 30.000 bis 50.000 Menschen teilnehmen.

1990, 13. Apr.: Die Sowjetunion bekennt anlässlich des Staatsbesuchs des polnischen Präsidenten in Moskau, während des Zweiten Weltkriegs für die Ermordung von 15.000 polnischen Offizieren in Katyn verantwortlich gewesen zu sein.

11990, 25. Apr.: Auf den saarländischen Ministerpräsidenten und SPD-Kanzlerkandidaten, Oskar Lafontaine, wird auf einer Wahlveranstaltung in Köln-Mühlheim ein Attentat verübt, bei dem er lebensgefährlich verletzt wird.

1990, 28. Apr.: Die Staats- und Regierungschefs der EG-Mitgliedstaaten stimmen in Dublin der Vereinigung Deutschlands vorbehaltlos zu.

1990, 2. Mai: Die beiden deutschen Regierungen vereinbaren die Umtauschkurse für die Währungsunion. Danach werden die Löhne, Gehälter, Mieten, Stipendien und Renten im Verhältnis 1:1 umgestellt. Sparguthaben und Bargeld werden gestaffelt umgetauscht: Kinder bis 14 Jahre können 2.000 Mark, 15- bis 59-jährige 4.000 Mark und über 60-jährige 6.000 Mark im Verhältnis 1:1 einwechseln. Darüber hinausgehende Beträge werden im Verhältnis 2:1 eingetauscht.

1990, 19. Juni: In Schengen/Luxemburg werden von Regierungsvertretern der Bundesrepublik Deutschland, Frankreichs und der Benelux-Staaten Zusatzvereinbarungen zum Schengener Abkommen unterzeichnet. Danach werden ab 1992 die Personenkontrollen an den gemeinsamen Binnengrenzen abgeschafft.

1990, 8. Juli: Die Mannschaft der Bundesrepublik Deutschland wird nach einem 1:0-Sieg über Argentinien Fußballweltmeister.

1990, 14. –16. Juli: Bundeskanzler Kohl trifft in der Sowjetunion mit Präsident Gorbatschow zu Gesprächen zusammen. Gorbatschow billigt einem vereinten Deutschland die volle Souveränität und die freie Wahl der Bündniszugehörigkeit zu.

1990, 22. Juli: Die DDR-Volkskammer verabschiedet mit Wirkung vom 14.10.1990 das Ländereinführungsgesetz und das Gesetz zur Wahl der Landtage. Es wandelt die seit Juli 1952 zentralistische DDR in einen föderativen Staat mit fünf neuen Ländern um. Damit werden die Länder Mecklenburg-Vorpommern, Brandenburg, Sachsen-Anhalt, Sachsen und Thüringen wieder eingerichtet.

Der französische Staatspräsident Francois Mitterand (sitzend) bei seinem ersten offiziellen Staatsbesuch nach der deutschen Vereinigung in den fünf neuen Bundesländern - hier in Weimar, wo er sich vor dem Goethe/Schiller-Denkmal am 20. September 1991 in das Goldene Buch der Stadt einträgt. Begleitet wurde der Staatsgast von Bundespräsident Richard von Weizsäcker (2. v. rechts) und Ministerpräsident Josef Duchac (links).

Nachdem Bundeskanzler Helmut Kohl am 10. Mai 1991 vor dem Stadthaus in Halle von einem Demonstranten mit Eiern beworfen worden ist, versucht der in Wut geratene Kanzler sich mit eibeschmierter Jacke einen Weg durch die ihm ansonsten zujubelnde Menge zu bahnen, um den Täter ausfindig zu machen.

1990, 23. Aug.: Die Volkskammer beschließt mit der erforderlichen Zweidrittelmehrheit „den Beitritt der DDR zum Geltungsbereich des Grundgesetzes der Bundesrepublik Deutschland gemäß Artikel 23 des Grundgesetzes mit Wirkung vom 3.10.1990“.

1990, 12. Sept.: Mit dem Abschluss der „Zwei-plus-Vier-Gespräche“ durch Unterzeichnung des „Vertrags über die abschließende Regelung in Bezug auf Deutschland“ von Seiten der Außenminister der vier ehemaligen Siegermächte der beiden deutschen Staaten in Moskau erhält das geeinte Deutschland die volle Souveränität und faktisch einen Friedensvertrag. Die alliierten Hoheitsrechte werden mit Wirkung vom 3. Oktober 1990 ausgesetzt.

1990, 3. Okt.: Die DDR tritt dem Geltungsbereich des Grundgesetzes bei. Die Bundesrepublik verfügt von nun an über die volle Souveränität. Bundespräsident Richard von Weizsäcker ernennt auf Vorschlag des Bundeskanzlers fünf ehemalige DDR-Politiker zu Ministern ohne Geschäftsbereich.

1990, 12. Okt.: Bundesinnenminister Wolfgang Schäuble erleidet bei einem Attentat im südbadischen Oppenau lebensgefährliche Verletzungen, die zu einer Querschnittslähmung führen.

1990, 24. Okt.: Der Bundestag verabschiedet das Gesetz zum Schutz von Embryonen. Danach werden alle Veränderungen am menschlichen Erbgut untersagt und die Leihmutterschaft sowie die Forschung an und der Handel mit Embryonen verboten.

1990, 14. Nov.: In Warschau unterzeichnen der deutsche Außenminister Genscher und sein polnischer Amtskollege Krzysztof Skubiszewski den deutsch-polnischen Grenzvertrag über die Festlegung der Oder-Neiße-Linie als polnische Westgrenze.

1990, 2. Dez.: Erste freie gesamtdeutsche Wahlen seit 1933: Die CDU/CSU erreicht 43,8 %, die SPD 33,5 % und die FDP 11 % der Stimmen. Die Grünen der Bundesrepublik (Wahlgebiet West) scheitern mit 4,8 % an der Fünfprozent-Hürde. Im Wahlgebiet Ost (ehemals DDR) erreichen Bündnis 90/Grüne 6 % und die PDS 11,1 %. Aufgrund der separaten Fünfprozentklausel im geänderten Bundeswahlgesetz sind sie damit im Bundestag vertreten.

1990, 20. Dez.: Konstituierung des ersten frei gewählten gesamtdeutschen Parlaments seit 1933 im Berliner Reichstagsgebäude.

1991, 1. Jan.: Die neuen Bundesländer der Bundesrepublik Deutschland übernehmen das Steuerrecht und große Teile der Sozialgesetzgebung der „alten“ Bundesrepublik.

1991, 2. Jan.: Die ersten Wehrpflichtigen aus den neuen Bundesländern treten ihren Dienst in der Bundeswehr an.

1991, 13. Jan.: Der baden-württembergische Ministerpräsident Lothar Späth (CDU) tritt wegen der „Traumschiff-Affäre“ zurück. Späth weist die Vorwürfe, auf Kosten der Industrie Ferienreisen und Dienstflüge unternommen zu haben, jedoch von sich.

1991, 17. Jan.: Helmut Kohl (CDU) wird vom Deutschen Bundestag mit 378 von 644 abgegebenen Stimmen erneut zum Bundeskanzler gewählt.

1991, 27. Jan.: Der deutsche Tennisspieler Boris Becker wird durch seinen Sieg über den Tschechoslowaken Ivan Lendl Gewinner der internationalen Tennismeisterschaften von Australien und Nummer eins der Weltrangliste.

1991, 15. Febr.: Im Montagewerk der Volkswagen Sachsen GmbH in Mosel bei Zwickau wird mit der Fertigung des VW-Golf begonnen.

1991, 4. März: Als letzter Vertragspartner ratifiziert der Oberste Sowjet der UdSSR in nichtöffentlicher Sitzung das Zwei-plus-Vier-Abkommen über die volle Souveränität Deutschlands. Gleichzeitig werden die im Zweiten Weltkrieg entstandenen Grenzen für unabänderlich erklärt.

1991, 1. März: Der Präsident der Treuhandanstalt, Detlev Karsten Rohwedder, wird in seinem Haus bei Düsseldorf Opfer eines Mordanschlages, zu dem sich die RAF bekennt.

1991, 23. März: Das Bundesverfassungsgericht erklärt die im deutsch-deutschen Einigungsvertrag erfolgte Anerkennung der Bodenreform in der damaligen Sowjetischen Besatzungszone für verfassungsgemäß. Opfer dieser Enteignungen haben demnach keinen Anspruch auf Rückgabe ihres ehemaligen Besitzes.

1991, 30. März: In Zwickau läuft nach fast 35 Jahren der letzte Trabant vom Band. Insgesamt wurden 3 Millionen Personenwagen dieses Typs gebaut.

1991, 30. März: Die Bundesregierung beschließt, die Verwendung des „Ozonkillers“ FCKW (Fluorchlorkohlenwasserstoff) als Treib- und Lösungsmittel ab 1995 zu verbieten.

1991, 14. Mai: In seiner ersten Arbeitssitzung im Berliner Reichstagsgebäude beschließt der Deutsche Bundestag Steuererhöhungen, u. a. den Solidaritätszuschlag für den Aufbau der neuen Bundesländer, zum 1. Juli.

1991, 29. Mai: Der schleswig-holsteinische Ministerpräsident Björn Engholm wird zum neuen Parteivorsitzenden der SPD gewählt.

1991, 12. Juni: Der frühere baden-württembergische Ministerpräsident Lothar Späth wird Vorstandsvorsitzender der Jenoptik in Thüringen.

1991, 20. Juni: Mit 338 gegen 320 Stimmen entscheiden sich die Abgeordneten des Deutschen Bundestags für Berlin als künftigen Regierungssitz.

1991, 5. Juli: Mit 38 gegen 30 Stimmen spricht sich der Bundesrat für

Bonn als Sitz der Länderkammer aus.

1991, 17. Aug.: Die Sarkophage der Preußenkönige Friedrich Wilhelm I. und Friedrich II. werden gemäß testamentarischem Wunsch Friedrichs II. nach Potsdam überführt.

1991, 26. Aug.: In Leipzig wird der erste gesamtdeutsche Duden seit 40 Jahren vorgestellt.

1991, 31. Aug.: Die Ministerpräsidenten der 16 Bundesländer unterzeichnen in Bonn den ersten gesamtdeutschen Rundfunkstaatsvertrag.

1991, 10. Sept.: Wegen schwerer Sicherheitsbedenken verfügt Bundesumweltminister Klaus Töpfer den Abriss aller Reaktorblöcke des ostdeutschen Kernkraftwerks Greifswald.

1991, 20. Sept.: Der Überfall von Rechtsextremisten auf vietnamesische Gastarbeiter und das Eingreifen der Polizei lösen im sächsischen Hoyerswerda schwere Ausschreitungen Rechtsradikaler gegen Ausländer und Asylbewerber aus, in deren Verlauf unter dem Beifall vieler Zuschauer auch ein Asylbewerberwohnheim angegriffen wird. In den folgenden Wochen kommt es im gesamten Bundesgebiet zu Anschlägen gegen Asylbewerberunterkünfte.

1991, 21. Sept.: Die Bürgerrechtsgruppen der ehemaligen DDR, Demokratie Jetzt, Initiative Frieden und Menschenrechte sowie Teile des Neuen Forums, gründen auf ihrer zweitägigen Zusammenkunft die bundesweit antretende Partei Bündnis 90.

1991, 7. Okt.: Die NATO verabschiedet auf ihrer zweitägigen Gipfelkonferenz in Rom eine neue Strategie, die nach dem Ende der militärischen Ost-West-Konfrontation auf Zusammenarbeit, Friedensbewahrung und Krisenmanagement statt auf atomare Abschreckung ausgerichtet ist.

1991, 8. Okt. –7. Febr. 1992: Das Lenin-Denkmal auf dem Platz der Vereinten Nationen in Berlin-Friedrichshain wird abgebaut.

1991, 11. Nov.: Die Kohlerunde mit Bundeswirtschaftsminister Jürgen Möllemann einigt sich in Bonn auf eine Verringerung der jährlichen Steinkohleförderung von 70 auf 50 Millionen Tonnen bis zum Jahre 2005.

1991, 14. Nov.: Der Bundestag verabschiedet das Stasi-Unterlagengesetz. Damit erhalten alle bespitzelten Bürger das Recht, ab dem 1. Januar 1992 Einsicht in die von der DDR-Staatssicherheit (Stasi) über sie geführten Akten zu nehmen.

1991, 9. Dez.: Die Staats- und Regierungschefs der zwölf EG-Staaten beschließen auf einem Gipfeltreffen im niederländischen Maastricht die Gründung der Europäischen Union. Kernstück des Maastrichter Vertrages ist die Errichtung einer Wirtschafts- und Währungsunion mit der Einführung einer europäischen Währung (ECU) bis spätestens 1999.

1992, 1. Jan.: Die neugegründeten Sendeanstalten im Gebiet der ehemaligen DDR, der Ostdeutsche Rundfunk Brandenburg (ORB) und der Mitteldeutsche Rundfunk, der für Thüringen, Sachsen und Sachsen-Anhalt produziert, starten ihre Programme.

1992, 19. Jan.: In Berlin wird die erste zentrale deutsche Gedenkstätte zur Erinnerung an den Holocaust in der Villa am Wannsee eröffnet. Die Villa war im Januar 1942 Schauplatz der berüchtigten „Wannsee-Konferenz“, auf der SS-Obergruppenführer Reinhard Heydrich, der Chef des Reichssicherheitshauptamtes, mit Staatssekretären und hohen Parteifunktionären die verwaltungsmäßige Umsetzung der „Endlösung der Judenfrage“ besprochen hatte.

1992, 20. Jan.: Im ersten Mauerschützenprozess gegen ehemalige Grenzsoldaten der DDR werden zwei der vier Angeklagten wegen bedingt vorsätzlichen Totschlags zu einer Freiheitsstrafe von dreieinhalb bzw. zwei Jahren mit Bewährung verurteilt. Weitere Prozesse gegen Mauerschützen folgen. Im August werden Mauerschützen erstmals des Mordes angeklagt.

1992, 7. Febr.: Die Außen- und Finanzminister der EG-Mitgliedsstaaten unterzeichnen den 1991 vereinbarten Vertrag von Maastricht über den Ausbau der Gemeinschaft zu einer europäischen Union mit einheitlicher Währung sowie Gemeinsamer Außen- und Sicherheitspolitik (GASP).

1992, 2. –22. Febr.: Im französischen Albertville finden die 16. Olympischen Winterspiele statt.

1992, 4. März –31. Mai: Das Alte Museum in Berlin zeigt die Ausstellung „Entartete Kunst - Das Schicksal der Avantgarde im Nazi-Deutschland“.

1992, 23. März: Bundespräsident Richard von Weizsäcker eröffnet in Speyer die große Ausstellung „Das Reich der Salier“.

1992, 27. März: Trotz Kritik des Jüdischen Weltkongresses trifft Bundeskanzler Helmut Kohl in München den österreichischen Bundespräsidenten Kurt Waldheim,

Bundeskanzler Helmut Kohl (links) und ČSFR-Staatspräsident Václav Havel unterzeichnen am 27. Februar 1992 in der Prager Burg den in beiden Ländern nicht unumstrittenen deutsch-tschechoslowakischen Nachbarschaftsvertrag. Hinter Kohl Bundesaußenminister Hans-Dietrich Genscher, hinter Havel sein tschechoslowakischer Amtskollege Jiri Dienstbier (4. v. rechts). Fünf Monate später (20. Juli 1992) tritt Havel von seinem Amt wegen der bevorstehenden Teilung seines Landes in eine tschechische und eine slowakische Republik zurück.

der wegen seiner Vergangenheit als Wehrmachtsoffizier international isoliert ist.

1992, 3. Mai: Auf ihrem ersten Bundesparteitag entscheiden sich die Delegierten von Bündnis 90 für ein Zusammengehen mit den Grünen.

1992, 6. Mai: Im Alter von 90 Jahren stirbt in Paris die Schauspielerin Marlene Dietrich.

1992, 11. Mai: In München verabschiedet Bundesverteidigungsminister Volker Rühe die ersten deutschen Soldaten, die sich an einer Friedensmission der UNO beteiligen. Die Sanitätssoldaten sollen im Rahmen der UNO-Aktion in Kambodscha die medizinische Versorgung der „Blauhelm-Soldaten“ unterstützen. Auch die SPD stimmt diesem Einsatz von deutschen Soldaten außerhalb des NATO-Gebietes zu.

1992, 4. Juni: Bei ihrer Frühjahrstagung in Oslo beschließen die Außenminister der NATO-Staaten, die Truppen des Militärbündnisses künftig auch „out of area“, das heißt außerhalb des NATO-Territoriums einzusetzen, falls die KSZE einen Einsatzauftrag hierzu erteilt.

1992, 5. Juni: Helmut Dietls Komödie „Schtonk“, die Verfilmung des Skandals um die Veröffentlichung der gefälschten Hitlertagebücher durch die Zeitschrift „stern“ im Jahre 1983, erhält den begehrten Deutschen Filmpreis in Gold 1992.

1992, 30. Juni: Die Bonner Regierungskoalition beschließt die Einführung der Pflegeversicherung ab 1. Januar 1995 bzw. 1. Januar 1996.

1992, 4. Juli: An der Luftbrücke für die bosnische Stadt Sarajewo beteiligen sich erstmals auch Flugzeuge der Bundeswehr. Die SPD stimmt diesen Hilfsmaßnahmen im Bundestag ausdrücklich zu.

1992, 14. Aug.: Der ehemalige DDR-Ministerpräsident Willi Stoph wird vom Berliner Kammergericht aus gesundheitlichen Gründen aus der Untersuchungshaft entlassen.

1992, 24. Aug.: In Rostock kommt es zu den bisher schwersten Gewalttaten gegen Ausländer in Deutschland. Rechtsextreme Jugendliche zünden unter dem Beifall erwachsender Sympathisanten und ungehindert von der Polizei einen Wohnblock an, in dem vor allem Vietnamesen leben.

1992, 20. Sept.: Ignatz Bubis wird in Bonn als Nachfolger des verstorbenen Heinz Galinski zum Vorsitzenden des Zentralrats der Juden in Deutschland gewählt.

1992, 8. Okt.: Der frühere Bundeskanzler und SPD-Vorsitzende Willy Brandt stirbt in seinem Wohnort Unkel bei Bonn im Alter von 78 Jahren.

1992, 17. Okt.: Nach einem Staatsakt im Reichstagsgebäude wird der frühere Bundeskanzler und ehemalige SPD-Vorsitzende Willy Brandt auf dem Zehlendorfer Waldfriedhof in Berlin beigesetzt.

1992, 19. Okt.: Die Politiker der Grünen Petra Kelly und Gert Bastian werden in ihrem Wohnhaus in Bonn-Tannenbusch tot aufgefunden. Polizeiermittlungen legen die Möglichkeit nahe, dass Gert Bastian zunächst seine Lebensgefährtin und anschließend sich selbst erschossen hat. Das Motiv der Tat bleibt ungeklärt, ein Abschiedsbrief wird nicht gefunden.

1992, 22. Okt.: Die britische Königin Elizabeth II. besucht das im Februar 1944 von britischen Bomben weitgehend zerstörte Dresden. Trotz des kühlen Empfangs durch die Bevölkerung gilt die Reise der Königin, die sie auch nach Leipzig und Potsdam führt, als positives Signal für die seit dem Austritt Großbritanniens aus dem Europäischen Währungssystem belasteten deutsch-britischen Beziehungen.

Beim feierlichen Eröffnungszeremoniell der Olympischen Sommerspiele in Barcelona haben sich die teilnehmenden Mannschaften am 25. Juli 1992 auf dem Rasen des Olympiastadions versammelt. In der Bildmitte ist das blau eingekleidete deutsche Team zu erkennen. Erstmals nach 1964 geht ein vereinigtes deutsches Team bei Sommerspielen an den Start.

1992, 14. Nov.: Mehr als 100.000 Menschen demonstrieren in Bonn unter dem Motto „Grundrechte verteidigen, Flüchtlinge schützen, Rassismus bekämpfen" gegen den wachsenden Fremdenhass.

1992, 23. Nov.: Die Parteien Die Grünen und Bündnis 90 unterzeichnen in Bonn einen Vertrag über die Vereinigung beider Gruppierungen.

1993, 13. Jan.: Nachdem das Berliner Verfassungsgericht die Fortsetzung des Prozesses und der Haft als Verletzung der Menschenwürde des todkranken Erich Honecker gewertet und das Berliner Landgericht das Verfahren gegen ihn eingestellt hat, wird der inhaftierte frühere Staats- und Parteichef der DDR aus dem Gefängnis entlassen. Honecker reist nach Chile aus, wo seine Tochter und seine Frau Margot Honecker leben.

1993, 19. Mai: In Schleswig-Holstein wird die bisherige Finanzministerin Heide Simonis (SPD) als Nachfolgerin des am 3. Mai zurückgetretenen Ministerpräsidenten Björn Engholm als erste Frau zur Regierungschefin eines deutschen Bundeslandes gewählt.

1993, 26. Mai: Mit 521 gegen 132 Stimmen beschließt der Deutsche Bundestag eine Gesetzesänderung zum Asylrecht. Zukünftig sollen Asylbewerber, die über ein Land der Europäischen Gemeinschaft oder aus einem anderen sog. sicheren Drittland kommen, zurückgewiesen werden. Dazu zählen neben den EG-Ländern alle an die Bundesrepublik angrenzenden Staaten. Das in der Öffentlichkeit teilweise stark kritisierte Gesetz tritt am 1. Juli 1993 in Kraft.

1993, 23. Juni: In Bonn verabschiedet das Bundeskabinett ein Gesetzespaket zur Einführung der Pflegeversicherung, die das finanzielle Risiko einer Pflegebedürftigkeit im Alter absichern soll.

1993, 27. Juni: Bei einer von Pannen begleiteten Verhaftungsaktion des Bundesgrenzschutzes werden auf dem Bahnhof der mecklenburgischen Kleinstadt Bad Kleinen das mutmaßliche Mitglied der Roten Armee Fraktion (RAF), Wolfgang Grams, und ein Beamter der Bundesgrenzschutztruppe GSG-9 erschossen.

1993, 8. Juli: In Torgau wird eine neue Elbbrücke dem Verkehr übergeben. Sie ersetzt die historische Brücke, auf der am 25. April 1945 Soldaten der US-Armee und sowjetische Truppen im Kampf gegen das nationalsozialistische Deutsche Reich erstmals zusammentrafen.

1993, 1. Aug.: Nach dem Konkursantrag entlässt die Saarstahl AG in Völklingen, eines der traditionsreichsten Unternehmen der deutschen Stahlbranche, 2.150 der noch verbliebenen 7.200 Mitarbeiter.

1993, 6. Aug.: In Berlin wird das erste jüdische Gymnasium seit dem Zweiten Weltkrieg eröffnet.

1993, 17. Aug.: Das Landgericht Berlin stellt das Verfahren gegen den früheren Ministerpräsidenten der DDR, Willi Stoph, aus Gesundheitsgründen ein.

1993, 27. Aug.: Der deutsche Verteidigungsminister Volker Rühe (CDU) und sein französischer Amtskollege François Léotard verabschieden in Rastatt das Oberkommando der in Deutschland stationierten französischen Truppen. Gleichzeitig zieht das II. Französische Korps aus Deutschland ab.

1993, 16. Sept.: Das Berliner Landgericht verurteilt den ehemaligen Verteidigungsminister der DDR, Heinz Keßler, dessen Stellvertreter und den früheren DDR-Bezirkschef von Suhl, Hans Albrecht, wegen der Todesschüsse an der innerdeutschen Grenze zu mehrjährigen Haftstrafen.

1993, 1. Okt.: Der Bundestag verabschiedet mit den Stimmen von CDU, CSU und F.D.P. das so genannte Entgeltfortzahlungsgesetz, nach dem der Arbeitgeberanteil bei der Finanzierung der Pflegeversicherung durch Lohnkürzungen um 20 Prozent an bundeseinheitlichen Feiertagen ausgeglichen werden soll.

1993, 12. Okt.: Das Bundesverfassungsgericht billigt den Maastrichter Vertrag zur Schaffung einer Europäischen Union. Der deutsche Bundestag ratifiziert daraufhin als letztes Parlament der EG- Mitgliedsstaaten das europäische Vertragswerk.

1993, 26. Okt.: Das Landgericht Berlin verurteilt den ehemaligen Minister für Staatssicherheit der DDR, Erich Mielke, wegen eines Doppelmordes im Jahr 1931 zu sechs Jahren Haft.

1993, 28. Okt.: Der deutsche Bundestag beschließt eine Neuregelung des Namensrechtes, das die Pflicht von Eheleuten abschafft, einen gemeinsamen Familiennamen zu führen.

1993, 8. Nov.: Rund 200 Mitglieder der Umweltorganisation Greenpeace besetzen das Atommüll-Endlager in Morsleben/Sachsen-Anhalt und fordern seine Schließung wegen angeblicher akuter Sicherheitsmängel.

1993, 14. Nov.: In Berlin wird die umgestaltete Neue Wache des preußischen Baumeisters Karl Friedrich Schinkel als „Zentrale Gedenkstätte der Bundesrepublik Deutschland für die Opfer von Krieg und Gewaltherrschaft" eingeweiht.

1993, 29. Nov.: In der Bundesrepublik Deutschland tritt ein Gesetz gegen sog. Geldwäsche in Kraft, mit

Paul Kirchhof, die Senatsvorsitzende Jutta Limbach, Hans Hugo Klein, Konrad Kruis und Berthold Sommer. Der Zweite Senat des Bundesverfassungsgerichts in Karlsruhe wies am 12. Juli 1994 die Klagen der SPD-Bundestagsfraktion in wesentlichen Teilen ab und entschied, dass Auslandseinsätze der Bundeswehr im Rahmen von Aktionen der Nato und der Westeuropäischen Union (WEU) verfassungsgemäß sind, wenn es sich um die Umsetzung von Beschlüssen des UN-Sicherheitsrats handelt. Der Bundestag muss jede Entsendung der Soldaten mit einfacher Mehrheit billigen.

Berlin: Das US-Sternenbanner wird am 7. September 1994 eingezogen – die „Berlin Brigade" bereitet sich auf ihre Heimreise vor. Im Hauptquartier der US-Streitkräfte in Berlin sind die Koffer schon fast gepackt. Mit der Verabschiedung der Westalliierten endet auch die Präsenz der „U.S. Army Berlin Brigade", die am 1. Dezember 1961 im Zuge der Mauer-Krise zusammengestellt worden war.

Rund um den verhüllten Reichstag drängen sich zahlreiche Besucher, um das Werk des amerikanischen Verpackungskünstlers Christo und seiner Frau Jeanne-Claude zu sehen. Zwischen dem 24. Juni und dem 7. Juli 1995 war „Wrapped Reichstag" eine internationale Attraktion.

dem durch die verschärfte Kontrolle des Bargeschäfts bei Kreditinstituten anonyme Bargeldeinzahlungen z.B. aus Waffen- und Drogengeschäften erschwert werden sollen.

1993, 6. Dez.: Das Oberlandesgericht Düsseldorf verurteilt den früheren Spionagechef der DDR, Markus Wolf, wegen Landesverrats und Bestechung von Amtsträgern zu sechs Jahren Gefängnis. Markus Wolf bleibt jedoch auf freiem Fuß, da der Haftbefehl nicht vollstreckt wird.

1993, 17. Dez.: Der Bundesrat billigt die Zusammenlegung der westdeutschen Bundesbahn und der ostdeutschen Reichsbahn sowie deren privatwirtschaftliche Neuorganisation als Deutsche Bahn AG. Die geplante Bahnreform tritt am 1. Januar 1994 in Kraft.

1994, 1. Jan.: Die Deutsche Bundesbahn (West) und die Deutsche Reichsbahn (Ost) werden mit Wirkung vom 1. Januar 1994 privatisiert. Sie bilden die Deutsche Bahn AG (DBAG), die organisatorisch und finanziell in die drei Sparten Personenverkehr, Güterverkehr und Schienennetz aufgeteilt werden soll.

1994, 1. Apr.: In Deutschland tritt das neue Namensrecht in Kraft, nach dem Eheleute nicht mehr einen gemeinsamen Ehenamen führen müssen.

1994, 23. Mai: Die Bundesversammlung wählt im Berliner Reichstagsgebäude den Unionskandidaten und bisherigen Präsidenten des Bundesverfassungsgerichts Roman Herzog zum neuen Bundespräsidenten.

1994, 29. Mai: In Santiago de Chile stirbt der ehemalige Staats- und Parteichef der DDR, Erich Honecker, im Alter von 81 Jahren an einem Krebsleiden.

1994, 18. Juni: Auf der Straße des 17. Juni in Berlin findet die letzte gemeinsame Parade von Truppen der westlichen Alliierten statt.

1994, 10. Juli: US-Präsident Bill Clinton trifft zu einem Staatsbesuch in der Bundesrepublik ein. In seiner Rede in Berlin bindet Clinton ähnlich wie John F. Kennedy 1963 deutsche Worte ein: „Amerika steht an Ihrer Seite - jetzt und für immer".

1994, 8. Sept.: Eine Abschiedsfeier beendet offiziell die seit 1945 während Präsenz der Westalliierten USA, Großbritannien und Frankreich in Berlin. Als Gäste begrüßt Bundeskanzler Helmut Kohl den französischen Staatspräsidenten François Mitterrand, den britischen Premier John Major und US-Außenminister Warren Christopher.

1994, 16. Okt.: Bei den Wahlen zum 13. Deutschen Bundestag behauptet die christlich-liberale Koalition knapp ihre Mehrheit. Die CDU/CSU erreicht mit 41,5 % der Stimmen ihr bisher schlechtestes Ergebnis seit 1949. Die SPD verzeichnet 36,4 %, Bündnis 90/Grüne 7,3 % und die F.D.P. 6,9 % der Stimmen. Die PDS zieht mit 4,4 % in den Bundestag ein, indem sie im Ostteil Berlins vier Direktmandate erringt.

1994, 15. Nov.: Der Bundestag wählt Helmut Kohl zum fünften Mal zum Bundeskanzler. Die von der Gemeinsamen Verfassungskommission (GVK) vorgeschlagenen Grundgesetzänderungen, die zu heftigen Kontroversen zwischen Bundestag, Bundesrat und Vermittlungsausschuss geführt hatten, treten in Kraft. Dabei wird unter anderem eine verstärkte Durchsetzung der Gleichberechtigung von Männern und Frauen festgeschrieben, die Benachteiligung von Behinderten verboten und der Umweltschutz als Staatsziel aufgenommen.

1995, 26. März: Zehn Jahre nach der Unterzeichnung tritt in sieben EU-Staaten das Schengener Abkommen in Kraft, mit dem die systematischen Personenkontrollen an den Binnengrenzen zwischen Deutschland, Frankreich, den Benelux-Staaten, Spanien und Portugal wegfallen. Zugleich werden schärfere Überprüfungen an den Außengrenzen eingeführt.

1995, 25. Apr.: Der erste CASTOR-Behälter mit Atommüll wird aus dem Kernkraftwerk Philippsburg/Baden- Württemberg ins Zwischenlager nach Gorleben/Niedersachsen gebracht. Ein Großaufgebot an Sicherheitskräften geht mit Wasserwerfern und teilweise auch Schlagstöcken gegen die Kernkraftgegner vor, die den Transport zu verhindern suchen.

1995, 27. Apr.: Brandenburgs Ministerpräsident Manfred Stolpe und der Berliner Regierende Bürgermeister Eberhard Diepgen unterzeichnen den Staatsvertrag über die Gründung eines gemeinsamen Bundeslandes.

1995, 28. Apr.: In einer gemeinsamen Gedenkstunde erinnern Bundesrat und Bundestag an das Kriegsende vor 50 Jahren. Hauptredner ist der polnische Außenminister Wladyslaw Bartoszewsk, der deutliche Zeichen der Versöhnung setzt.

1995, 7. Mai: In Berlin wird das Centrum Judaicum in der Neuen Synagoge eingeweiht. Es soll als Ort jüdischen Lebens und Lehrens nicht nur den Gemeindemitgliedern, sondern auch der Öffentlichkeit zur Verfügung stehen.

1995, 18. Mai: Der seit 1994 an unbekanntem Ort lebende Immobilienmakler Jürgen Schneider wird in Miami/Florida festgenommen. Die Frankfurter Staatsanwaltschaft ermittelt gegen Schneider wegen des Verdachts des schweren Kreditbetrugs und des betrügerischen Bankrotts. Schneider soll kurz vor dem Zusammenbruch seines Unternehmens 245 Millionen DM beiseite geschafft haben.

1995, 12. Juni: In Deutschland beginnt ein Boykott von Shell-Tankstellen. Am 13. und 16. Juni kommt es zu Anschlägen auf Shell-Tankstellen in Mörfelden-Walldorf, Hamburg und Essen. Die Aktionen richten sich gegen die geplante Versenkung der Ölplattform „Brent Spar" im Atlantik.

1995, 20. Juni: Der Erdölkonzern Shell beugt sich dem Druck von Politik und Verbrauchern und gibt bekannt, dass die ausgediente Ölplattform „Brent Spar" nicht in der Nordsee versenkt, sondern an Land entsorgt wird.

1995, 23. Juni: Das Reichstagsgebäude in Berlin wird nach den Plänen der Künstler Christo und Jeanne Claude verhüllt. Die Kunstaktion, die bis zum 6. Juli dauert, entwickelt sich zu einer Publikumsattraktion und wird von etwa 5 Millionen Menschen besucht.

1995, 29. Juni: Der Bundestag billigt eine Neuregelung des Abtreibungsrechts. Entsprechend dem Bundesverfassungsgerichtsurteil von 1993 ist eine Fristenregelung mit Beratungspflicht vorgesehen. Danach bleibt Abtreibung grundsätzlich ein Verbrechen. In bestimmten Fällen wird jedoch ein Abbruch nicht bestraft.

1995, 1. Aug.: Der frühere Leiter des Ministeriums für Staatssicherheit, Erich Mielke, wird aus gesundheitlichen Gründen vorzeitig aus der Haftanstalt Moabit in Berlin entlassen. Wegen eines 1931 begangenen Mordes an zwei Polizisten war Mielke 1993 zu sechs Jahren Freiheitsstrafe verurteilt worden.

1995, 5. –7. Aug.: In Hannover finden die „Chaostage '95" statt, an denen Punker aus dem gesamten Bundesgebiet teilnehmen. Es kommt zu Straßenschlachten mit der Polizei, bei denen ganze Straßenzüge durch brennende Barrikaden verwüstet werden.

Zum ersten Mal ist einer deutschen Frau der Nobelpreis zuerkannt worden: Prof. Christiane Nüsslein-Vollhard, Direktorin am Max-Planck-Institut Tübingen, erhält den Medizin-Nobelpreis gemeinsam mit ihren US-Kollegen Edward B. Lewis und Eric Wieschaus. Die Entwicklungsbiologen hatten mit ihren „epochemachenden Entdeckungen, wie die Gene die frühe Embryonalentwicklung steuern, den Grundstein für neue Erkenntnisse gelegt", begründete das Karolinische Institut Stockholm seine Entscheidung. Die Auszeichnung ist mit 1,5 Mio. DM dotiert.

1995, 31. Aug.: SPD-Chef Rudolf Scharping entzieht dem niedersächsischen Ministerpräsidenten Gerhard Schröder das Amt des wirtschaftspolitischen Sprechers der Partei, nachdem dieser die SPD-Spitze kritisiert und erklärt hatte, es gehe nicht mehr um sozialdemokratische, sondern um moderne Wirtschaftspolitik. Zuvor hatte Schröder bereits Scharpings Anwartschaft auf die Kanzlerkandidatur bestritten und Zweifel an dessen Führungsqualitäten geäußert.

1995, 17. Okt.: Der Europäische Gerichtshof erklärt die Frauenquote im öffentlichen Dienst, wie sie in mehreren deutschen Bundesländern zur Anwendung kommt, für unvereinbar mit dem EU-Recht. Im November 1997 wird dieses Urteil durch eine entgegengesetzte Entscheidung ersetzt.

1995, 27. Okt.: Der Bundestag verkürzt den Grundwehrdienst von zwölf auf zehn Monate.

1995, 16. Nov.: Der SPD Parteitag in Mannheim wählt Oskar Lafontaine in einer Kampfabstimmung zum neuen Parteivorsitzenden.

1995, 19. Nov.: Nach Mitteilung der Initiative „Wir sind die Kirche" haben fast 1,5 Millionen katholische Gläubige in Deutschland das Kirchen-Volks-Begehren, dessen Ziel eine Reform der katholischen Kirche ist, unterzeichnet. Die Amtskirche lehnt die Initiative ab.

1995, 1. Dez.: Die Kultusminister der deutschen Bundesländer billigen eine Rechtschreibreform, die vom 1. August 1998 an gelten soll. Die Rechtschreib- und Kommaregeln werden stark vereinfacht, verzichtet wird jedoch weitgehend auf das umstrittene Eindeutschen von Fremdwörtern.

1995, 6. Dez.: Der Bundestag billigt die Entsendung von 4.000 deutschen Soldaten in das ehemalige Jugoslawien. Sie sollen der 60.000 Mann starken internationalen Friedenstruppe für Bosnien angehören. Die ersten Bundeswehrsoldaten werden am 22. Dezember an die kroatische Adriaküste geflogen.

In Anwesenheit von Israels Ministerpräsident Izchak Rabin (links) und Jordaniens König Hussein (rechts) spricht Bundeskanzler Helmut Kohl an der israelisch-jordanischen Grenze vor Journalisten. Mit einem historischen Treffen zwischen Kohl, Rabin und Hussein hatte die Bundesrepublik den Versuch unternommen, dem Friedensprozess im Nahen Osten neue Impulse zu verleihen

1995, 16. Dez.: In Madrid/Spanien endet ein zweitägiger Gipfel der Staats- und Regierungschefs der Europäischen Union. Die künftige europäische Währungseinheit soll die Bezeichnung Euro erhalten.

1996, 17. Jan.: Der AEG-Aufsichtsrat beschließt die Auflösung des 113 Jahre alten Unternehmens, das in den 70er Jahren in die roten Zahlen geraten war. Der Bereich Energieverteilung und Automatisierungstechnik wird an einen französischen Großkonzern verkauft, die übrigen Unternehmensbereiche werden von der Konzernmutter Daimler-Benz weitergeführt.

1996, 18. Jan.: In Lübeck sterben zehn Menschen bei einem Brand in einem Asylbewerberheim. Die Polizei stellt Brandstiftung fest, die Hintergründe der Tat bleiben jedoch unklar.

1996, 21. Febr.: Der vom Konkurs bedrohte Bremer Vulkan Verbund AG stellt einen Vergleichsantrag beim Amtsgericht Bremen. 22.500 Arbeitsplätze sind beim größten deutschen Schiffbauunternehmen in Gefahr (Konkurs 1. Mai 1996).

1996, 28. Febr.: Der Iffland Ring, eine der bedeutendsten Auszeichnungen für deutschsprachige Schauspieler, geht nach dem Tod des Schauspielers Josef Meinrad an den Schweizer Bruno Ganz. Der Fingerring mit dem Portrait des Schauspielers August Wilhelm Iffland wird entsprechend der Tradition auf Lebenszeit verliehen und postum weitergegeben.

1996, 14. März: In Bonn fusionieren die Asko Deutsche Kaufhaus AG, die Deutsche SB Kauf AG und die Kaufhof Holding mit der Metro AG zu dem Großunternehmen Metro AG mit rund 175.000 Beschäftigten.

1996, 11. Apr.: Im Flughafengebäude von Düsseldorf bricht ein Großfeuer aus, bei dem 17 Menschen sterben und 62 verletzt werden.

1996, 26. Apr.: Der am 25. März in Hamburg entführte Multimillionär Jan Philipp Reemtsma wird gegen ein Lösegeld von 30 Millionen DM freigelassen. Drei Tage nach seiner Entführung begann eine in der deutschen Pressegeschichte einzigartige Kooperation: Mit täglichen Kleinanzeigen in der „Hamburger Morgenpost" hielt die Polizei mit den Kidnappern Kontakt. Obwohl immer mehr Journalisten Bescheid wussten, veröffentlichten die Medien ihre Informationen nicht, um Reemtsmas Leben nicht zu gefährden. Bereits Ende Mai können drei mutmaßliche Entführer festgenommen werden, von den weiteren Tätern sowie dem Lösegeld fehlt jedoch jede Spur.

1996, 5. Mai: Bei einer Volksabstimmung der Berliner und Brandenburger Bürger entscheiden sich die Brandenburger mit Mehrheit gegen den geplanten Zusammen-

schluss der Bundesländer Brandenburg und Berlin.
1996, 8. Mai: Der größte Einsatz von Polizeikräften in der Geschichte der Bundesrepublik mit rund 19.000 Polizisten und Angehörigen des Bundesgrenzschutzes sichert den Transport von CASTOR-Behältern mit hochradioaktivem Abfall aus der Wiederaufbereitungsanlage in La Hague/Frankreich in das niedersächsische Zwischenlager Gorleben.
1996, 6. Juni: Beim Absturz eines Helikopters der Bundeswehr in Dortmund kommen 13 der 14 Insassen ums Leben. Der Unfall ist auf das Verschulden des Piloten zurückzuführen, der riskante Flugmanöver ausführen wollte.
1996, 29. Juni: In Bottrop im Ruhrgebiet wird der Freizeitpark „Movie World" des US-Filmkonzerns Warner Brothers eröffnet.
1996, 30. Juni: Die deutsche Fußballmannschaft wird nach einem 2:1-Sieg über die Mannschaft der Tschechischen Republik in London Fußball-Europameister.
1996, 31. Juli: Die bayerische Landesregierung verabschiedet eine eigene Abtreibungsregelung. Danach muss in Bayern eine Schwangere, die eine Abtreibung wünscht, in der Beratungsstelle die Gründe für ihren Entschluss nennen. Außerdem dürfen Ärzte künftig nicht mehr als 25 % ihrer Jahreseinkünfte aus Schwangerschaftsabbrüchen erzielen. Das zweite Gesetz richtet sich vor allem gegen Kliniken, die auf Abtreibungen spezialisiert sind.
1996, 3. Aug.: In Hannover unterbinden 6.000 Polizisten die sog. Chaostage. 1995 war es bei dem Punker-Treffen zu viertägigen Straßenschlachten gekommen.
1996, 28. Aug.: In Hannover wird die erste CeBIT Home Electronic-Messe eröffnet. Für die Zukunft werden multimediale Maschinen in Aussicht gestellt, die TV-Geräte, Audio- und Video-Komponenten ersetzen sollen.
1996, 10. Sept.: Das Landgericht Berlin verurteilt erstmals sechs ehemalige Kommandeure der DDR-Grenztruppen wegen der Todesschüsse auf Flüchtlinge an der innerdeutschen Grenze.
1996, 12. Sept.: In Oberhausen wird das „Centro" eröffnet, das größte Einkaufszentrum Europas.
1996, 22. Sept.: In Epfach/Bayern wird ein siebenjähriges Mädchen zwei Tage nach seiner Entführung tot aufgefunden. Das Mädchen war sexuell missbraucht und anschließend in die Lech geworfen worden, wo es ertrank. Als Mörder wird ein vorbestrafter Sexualverbrecher festgenommen. Die Tat löst eine Diskussion über verstärkte Strafmaßnahmen gegen Sexualverbrecher aus.
1996, 2. Okt.: In Berlin wird der Deutsche Dom am Gendarmenmarkt wieder eröffnet. Hier wird künftig die historische Dauerausstellung des Bundestags „Fragen an die deutsche Geschichte" zu sehen sein.
1996, 26. Okt.: Auf Europas größter innerstädtischen Baustelle am Potsdamer Platz in Berlin wird mit einem „Kranballett" das Richtfest für das 85 m hohe künftige Gebäude der Daimler-Benz-Tochtergesellschaft Debis gefeiert: 19 Kräne „tanzen" zu den Klängen der „Ode an die Freude" aus Ludwig van Beethovens Neunter Sinfonie.
1996, 31. Okt.: Auf seiner Asienreise feiert Bundeskanzler Helmut Kohl sein Amtsjubiläum: Mit 5145 Tagen ist er länger im Amt als jeder seiner Vorgänger.
1996, 15. Nov.: Vor dem Gebäude der deutschen Botschaft in Teheran/Iran demonstrieren rund 500 Menschen gegen den Vorwurf, der Iran betreibe „Staatsterrorismus". Drei Tage zuvor hatten die Bundesanwälte bei ihrem Plädoyer im „Mykonos"-Prozess vor dem Kammergericht in Berlin dem Iran die Verantwortung für den Mordanschlag auf vier iranische Kurdenpolitiker im Berliner Restaurant Mykonos am 17. September 1992 zugewiesen. Das Urteil wird am 10. April 1997 verkündet.
1996, 18. Nov.: Die Aktien der Deutschen Telekom werden erstmals an allen acht deutschen Wertpapierbörsen sowie in den USA und Japan gehandelt.

Israels Staatspräsident Ezer Weizman legt am 14. Januar 1996 an der Genickschussanlage des ehemaligen KZ Sachsenhausen einen Kranz nieder, rechts neben ihm Bundespräsident Roman Herzog. Israels Staatspräsident Ezer Weizman ist zu einem viertägigen Staatsbesuch in Deutschland eingetroffen. Zu Beginn seiner Visite ehrte er gemeinsam mit Bundespräsident Herzog im ehemaligen KZ Sachsenhausen die Opfer des Naziterrors. Mit einer Kranzniederlegung und einem Kaddisch, dem jüdischen Totengebet, gedachte er der Ermordeten. Weizman ist der erste israelische Staatspräsident, der dem vereinten Deutschland einen Besuch abstattet.

1996, 9. Dez.: Bundeskanzler Helmut Kohl und der französische Staatspräsident Jacques Chirac beschließen eine gemeinsame deutsch-französische Konzeption zur Sicherheits- und Verteidigungspolitik.
1996, 11. Dez.: Der zweitgrößte deutsche Kaffeeproduzent Tchibo übernimmt den Bremer Konkurrenten Eduscho, die bisherige Nummer vier der Branche.
1996, 13. Dez.: Der Bundestag billigt die Beteiligung der Bundeswehr bei der „SFOR" (Stabilization Force), der neuen internationalen Friedenstruppe in Bosnien unter NATO-Oberbefehl, deren Einsatz bis Juni 1998 geplant ist.
1997, 15. Jan.: Kinder aus der Türkei, Marokko, Tunesien und den Nachfolgestaaten des früheren Jugoslawien benötigen künftig ein Einreisevisum für Deutschland. Mit dieser Maßnahme will die Bundesregierung eine missbräuchliche dauerhafte Einreise von Kindern aus diesen Staaten stoppen.
1997, 21. Jan.: Bundeskanzler Helmut Kohl und der tschechische Regierungschef Václav Klaus unterzeichnen in Prag die deutsch-tschechische Aussöhnungserklärung.
1997, 24. Febr.: Im Münchner Rathaus wird die Ausstellung „Vernichtungskrieg. Verbrechen der Wehrmacht 1941 bis 1944" eröffnet, die schon von 120.000 Menschen an 15 Orten in Deutschland und Österreich besucht wurde. Die Eröffnung wird vom Protest der CSU sowie von Angehörigen der rechtsextremen Szene begleitet. Höhepunkt des Streits ist am 1. März ein Aufmarsch von rund 4.000 Gegnern und etwa 8.000 Befürwortern der Ausstellung in München.
1997, 25. März: Nach Beendigung des Krieges in Bosnien werden bei der ersten größeren Sammelabschiebung von Bosniern aus Deutschland von München aus 41 Männer und Frauen in ihre Heimat geflogen.
1997, 3. Apr.: Bundeskanzler Helmut Kohl kündigt in Bad Hofgastein/Österreich seine Kandidatur auch für die Bundestagswahl 1998 an.
1997, 16. Apr.: Der russische Präsident Boris Jelzin trifft zu einem zweitägigen Deutschland-Besuch ein.
1997, 17. Apr.: Der Deutsche Bundestag fordert in einer einmütigen

Erklärung die Regierung des Iran auf, staatlich gesteuerte Terroraktionen zu beenden und das Völkerrecht und die Menschenrechte zu achten.

1997, 8. Mai: Im Rahmen des 808. Hafengeburtstags der Stadt Hamburg beginnt die bisher weltweit größte Ausstellung mit Fundstücken aus dem Wrack des 1912 untergegangenen Luxusliners „Titanic“ in der Hamburger Speicherstadt.

1997, 13. Mai: In Bremen taucht erstmals seit 1945 ein Kunstwerk auf, das vermutlich aus dem legendären Bernsteinzimmer des Zarenpalastes in Zarskoje Selo stammt.

1997, 14. Mai: Der Neubau der Deutschen Bibliothek wird in Frankfurt/Main eröffnet.

1997, 15. Mai: In der Europäischen Union werden gentechnisch veränderte Lebensmittel kennzeichnungspflichtig. Nach mehr als 25 Jahren politischer Diskussion billigt der Bundestag ein Gesetz, das Vergewaltigung in der Ehe als Verbrechen ahndet.

1997, 27. Mai: In Düsseldorf wird der frühere DDR-Spionagechef Markus Wolf wegen Freiheitsberaubung zu zwei Jahren Haft auf Bewährung verurteilt.

1997, 6. Juni: Die Innenminister von Bund und Ländern beschließen, die Scientology-Sekte wegen des Verdachts auf demokratiefeindliche Bestrebungen und totalitäre Grundprinzipien vom Verfassungsschutz beobachten zu lassen.

1997, 24. Juni: Die ARD zeigt den ersten Teil des vielgelobten zweiteiligen Fernsehfilms „Todesspiel“ von Heinrich Breloer über die Entführung und Ermordung von Hanns Martin Schleyer im Herbst 1977.

1997, 25. Juni: Der Bundestag billigt ein Transplantationsgesetz als rechtliche Grundlage der Organentnahme. Danach ist die Organentnahme bei hirntoten Menschen künftig auch ohne deren vorherige Einwilligung möglich; es reicht die Zustimmung eines Angehörigen, sofern diese nicht dem mutmaßlichen Willen des Verstorbenen zuwiderläuft.

1997, 17. Juli: Bundeskanzler Helmut Kohl, der italienische Ministerpräsident Romano Prodi und Österreichs Regierungschef Viktor Klima vereinbaren in Innsbruck/Österreich die Abschaffung der Grenzkontrollen zwischen den drei Staaten zum 1. April 1998.

1997, 23. Juli: Das Hochwasser der Oder, das nach tagelangen Regenfällen am 17. Juli das Land Brandenburg erreicht hat, den ersten Deich brechen. In den folgenden Tagen kommt es auch an weiteren Stellen zu Rissen und Durchbrüchen. Am 27. Juli erreicht der Oderpegel in Frankfurt/Oder seinen historischen Höchststand von 6,57 m. Drei Wochen lang kämpfen Bevölkerung, Soldaten der Bundeswehr, Bundesgrenzschutz und Technisches Hilfswerk ununterbrochen um die Abwehr der Oderfluten. Die erfolgreiche Aktion stellt den größten zivilen Katastropheneinsatz in Deutschland seit Kriegsende dar.

1997, 27. Juli: Als erster deutscher Radprofi gewinnt Jan Ullrich die Tour de France.

1997, 23. Aug.: In Berlin wird unweit des Brandenburger Tors das neue Luxushotel „Adlon“ eingeweiht. Das 1907 an derselben Stelle eröffnete Hotel war fast vier Jahrzehnte lang Anlaufpunkt für illustre Gäste aus aller Welt, bis es 1945 durch ein Feuer zerstört wurde.

1997, 25. Aug.: Im sog. Politbüro-Prozess verurteilt das Berliner Landgericht den letzten Staats- und Parteichef der DDR, Egon Krenz, wegen der Todesschüsse an der früheren deutsch-deutschen Grenze zu sechseinhalb Jahren Haft. Die beiden Mitangeklagten Günter Schabowski und Günther Kleiber erhalten je drei Jahre Haft.

1997, 1. Sept.: Zu den Höhepunkten des fünftägigen Staatsbesuchs von Bundespräsident Roman Herzog in Russland zählt die erste Rede eines deutschen Staatsoberhaupts im russischen Fernsehen. Der Bundespräsident wirbt für eine enge Kooperation mit Deutschland.

1997, 29. Okt. –1. März 1998: Die umstrittene Ausstellung „Körperwelten - Einblicke in den menschlichen Körper“ im Mannheimer Landesmuseum für Technik und Arbeit wird ein großer Publikumserfolg.

1997, 14. Nov.: Durch eine Änderung des Straßenverkehrsgesetzes haben Autofahrer künftig bereits bei 0,5 Promille Alkohol im Blut mit einem Bußgeld und einer Eintragung in das Verkehrszentralregister in Flensburg zu rechnen.

1997, 4. Dez.: Die Gesundheitsminister der Europäischen Union

Jan Ullrich (Mitte) im Gelben Trikot des Gesamtsiegers der 84. Tour de France dreht mit seinen Mitstreitern vom Team Deutsche Telekom am 27. Juli 1997 auf den Champs-Elysées in Paris vor begeisterten Zuschauern eine Ehrenrunde. Im Hintergrund der Triumphbogen. Als erster Deutscher in der 94jährigen Geschichte des schwersten Radrennens der Welt gewann der gebürtige Rostocker Ullrich die Tour, die in 21 Etappen über 3950 km führte. Der 23 Jahre alte Telekom-Fahrer behauptete auf der Schlußetappe seinen Vorsprung von neun Minuten auf den Franzosen Richard Virenque. Dritter wurde der Italiener Marco Pantani.

Mehr als 50 Jahre nach Ende des Zweiten Weltkriegs haben Deutsche und Tschechen einander die Hand zur Aussöhnung gereicht. Bundeskanzler Helmut Kohl (2. v. links) und der tschechische Ministerpräsident Vaclav Klaus (2. v. rechts) stellen sich am 21.1.1997 im Liechtenstein-Palais in Prag nach der Unterzeichnung der deutsch-tschechischen Erklärung der Presse. Vorn Bundesaußenminister Klaus Kinkel, ganz rechts der tschechische Außenminister Josef Zieleniec. Beide Regierungschefs würdigten im Anschluss an die Unterzeichnung den Inhalt der Vereinbarung als zukunftsweisend. Kohl betonte zugleich, dass Eigentumsansprüche der Sudetendeutschen weiterhin offen blieben. Nach Ansicht von Zieleniec ist die Frage deutscher Vermögensansprüche ein für allemal abgeschlossen.

beschließen gegen den Widerstand von Deutschland und Österreich, die Tabakwerbung zu verbieten. Bis zum Jahr 2006 sollen die Mitgliedsstaaten die direkte und indirekte Tabakwerbung untersagen.

1997, 11. Dez.: Die UNO-Klimaschutzkonferenz in Kyoto/Japan einigt sich auf ein Abkommen zur Reduzierung der Treibhausgase. Spätestens bis zum Jahr 2012 soll der Ausstoß der klimaschädlichen Gase unter das Niveau von 1990 gesenkt werden.

1997, 23. Dez.: Das Landgericht Frankfurt/Main verurteilt den Immobilienspekulanten Jürgen Schneider (geb. 1934) wegen Betrugs und Kreditbetrugs zu sechs Jahren und neun Monaten Haft.

1998, 1. Jan.: In Deutschland endet das staatliche Postmonopol. Fernsprechteilnehmer, die im Festnetz telefonieren wollen, können künftig zwischen dem Ex-Monopolisten Telekom und zahlreichen neuen Anbietern frei wählen.

1998, 27. Jan.: Die deutschen Bischöfe entsprechen dem Wunsch von Papst Johannes Paul II., in kirchlichen Beratungsstellen die für eine straffreie Abtreibung notwendigen Beratungsscheine künftig nicht mehr auszustellen.

1998, 31. Jan. –26. Apr.: Das Kunstmuseum Düsseldorf zeigt die Ausstellung „68er – Design und Alltag zwischen Konsum und Konflikt".

1998, 2. März: Einen Tag, nach dem die SPD die Landtagswahl in Niedersachsen gewonnen hat, wird der niedersächsische Ministerpräsident Gerhard Schröder vom Parteipräsidium zum Kanzlerkandidaten der SPD nominiert (Parteitagsbeschluss 17. April).

1998, 7. März: Die Grünen plädieren in ihrem Wahlprogramm für eine Anhebung des Benzinpreises auf fünf DM pro Liter im Verlauf der nächsten zehn Jahre.

1998, 10. März: Durch einen Wutausbruch bei einer Pressekonferenz wird der italienische Trainer des FC Bayern München, Giovanni Trapattoni (geb. 1939), zu einer Kultfigur. Die Beurteilung seiner Profispieler als „schwach wie eine Flasche leer" und der Abschluss seiner Rede mit „Ich habe fertig" werden zu geflügelten Worten in Deutschland.

Das Wrack des am 3. Juni 1998 in Eschede bei Celle verunglückten ICE 884 liegt direkt vor einem Einfamilienhaus an der Bahnlinie. Im Vordergrund sind Rettungsfahrzeuge der rund 300 Helfer zu sehen. Der Intercity-Express „Wilhelm Conrad Röntgen" von München nach Hamburg war mit etwa Tempo 200 gegen eine Brücke geprallt, die dabei zerfetzt wurde.

1998, 20. März: Der größte Atommülltransport mit CASTOR-Behältern in der Geschichte Deutschlands rollt unter Polizeischutz in Richtung Ahaus.

1998, 26. März: Die Potenzpille „Viagra" der US-Pharmafirma Pfizer erhält in den USA die Zulassung. In den Medien überschlagen sich Berichte über das Wundermittel, das impotenten Männern in zwei von drei Fällen wieder aufhilft. In der Bundesrepublik kommt die Pille ab 1. Oktober auf den Markt. Sie wird nicht von der Krankenkasse finanziert, sondern muss privat bezahlt werden.

1998, 1. Apr.: Als Folge des Schengener Abkommens entfallen die Kontrollen an den Grenzen zwischen Deutschland, Österreich und Italien.

1998, 1. Apr.: Das Germanische Nationalmuseum in Nürnberg eröffnet anlässlich der Feiern zum Abschluss des Westfälischen Friedens, der vor 350 Jahren den Dreißigjährigen Krieg beendete, die Ausstellung „Von teutscher Not zu höfischer Pracht, 1648-1701".

1998, 20. Apr.: Die terroristische Rote Armee Fraktion (RAF) erklärt fast 28 Jahre nach ihrer Gründung in einem Schreiben an die britische Nachrichtenagentur Reuters ihre Auflösung.

1998, 23. Apr.: Der Bundestag stimmt mit großer Mehrheit für die Teilnahme Deutschlands an der Europäischen Währungsunion, mit der am 1. Januar 1999 der Euro eingeführt werden soll.

1998, 2./3. Mai: Die Staats- und Regierungschefs der EU wählen den Niederländer Wim Duisenberg zum ersten Präsidenten der Europäischen Zentralbank.

1998, 3. Juni: In Niedersachsen kommt es zur größten Zugkatastrophe in Deutschland seit mehr als 30 Jahren. Ein aus München kommender ICE entgleist bei Eschede und zerschellt an einer Brücke, dabei kommen 101 Menschen ums Leben.

1998, 19. Juni: Der Bundestag billigt die Verlängerung des Bundeswehreinsatzes in Bosnien. Deutschland wird damit der SFOR-Friedenstruppe (Stabilization Force) ohne zeitliche Begrenzung weiterhin 3.000 Soldaten zur Verfügung stellen.

1998, 12. Aug.: Erstmals wird in vier deutschen Bundesländern gleichzeitig wegen zu hohen Ozongehalts der Luft für 24 Stunden ein Kfz-Fahrverbot verhängt. Die Anti-Smog-Maßnahmen bleiben allerdings nahezu wirkungslos, da es zu viele Ausnahmeregelungen gibt, die das generelle Fahrverbot durchlöchern.

1998, 13. Aug.: Am 37. Jahrestag des Mauerbaus wird an der Bernauer Straße in Berlin eine Gedenkstätte zur Erinnerung an die Teilung Deutschlands und an die Opfer des DDR-Regimes eingeweiht.

1998, 10. Sept.: Der amerikanische Regisseur und Produzent Steven Spielberg erhält in Berlin für die Gründung und den Aufbau der „Shoah Foundation" den Großen Bundesverdienstorden mit Stern. Die „Shoah Foundation" hat sich die Aufgabe gestellt, die Aussagen von Überlebenden des Holocaust filmisch zu dokumentieren und zugänglich zu machen.

1998, 15. Sept.: Mit dem ICE-Sonderzug „Claus Graf Stauffenberg" von Berlin nach Hannover rollt erstmals ein ICE auf einer Hochgeschwindigkeitsstrecke durch die neuen Bundesländer.

Regierung Kohl

Bei den Bundestagswahlen im März 1983, die nach dem Ende der sozialliberalen Koalition notwendig geworden waren, errang die christlich-liberale Koalition einen glänzenden Wahlsieg und sicherte sich damit die Zustimmung der Mehrheit der Bundesbürger für ihre begonnene Politikwende. Mit 48,8 Prozent wurde Helmut Kohl als Bundeskanzler klar bestätigt, Franz-Josef Strauß erzielte mit seiner CSU in Bayern exotische 59,5 Prozent, Hans-Dietrich Genscher und Otto Graf Lambsdorff stabilisierten die Liberalen bei stattlichen 7,0 Prozent.

Für die SPD wurde das Wahlergebnis zum Debakel. Mit ihrem Spitzenkandidaten Hans-Jochen Vogel (Altkanzler Schmidt hatte auf eine Kandidatur verzichtet) rutschte sie unter die 40-Prozent-Marke und erreichte mit ihrem „denkbar schlechtesten Ergebnis", so der stellvertretende Fraktionsvorsitzende Horst Ehmke, magere 38,2 Prozent. Es gab aber auch eine Überraschung. Erstmals seit 1957 zog neben CDU, CSU, SPD und FDP eine fünfte Partei in den Bundestag ein: Mit 5,6 Prozent der Stimmen besetzten die Abgeordneten der Grünen 27 Sitze im Bundestag.

Kohls Regierungserklärung vom 4. Mai 1983 stand unter dem Titel „Programm der Erneuerung: Freiheit, Mitmenschlichkeit, Verantwortung". Über die sich daran anschließende Debatte berichtet das „Archiv der Gegenwart":

Der SPD-Fraktionsvorsitzende Hans-Jochen Vogel erklärte, Kohls Regierungserklärung sei eine Erklärung guten Willens, die für die Probleme der 80er Jahre die Lösungen der 50er und der frühen 60er Jahre empfiehlt. Die Koalition der Mitte erliege schon jetzt immer wieder dem ständigen Druck von rechts. Das deutsch-deutsche Verhältnis sei angesprochen worden, ohne dass Kohl darauf hingewiesen habe, dass Herr Strauss soeben eine der wichtigsten Gesprächsebenen – nämlich die zwischen Ihnen und dem ersten Mann der DDR – blockiert hat, die Abrüstungsproblematik ohne den Hinweis auf den Hirtenbrief der US-Bischöfe. Die SPD werde in den nächsten vier Jahren Opposition treiben, nicht Obstruktion. „In diesem Rahmen sind wir auch zur Zusammenarbeit bereit, aber nicht als Ihre parlamentarische Reservearmee." Drei Tatsachen hätten die Wirklichkeit und das Lebensgefühl der heute lebenden Menschen tiefgreifend verändert:

1. Die Menschheit ist erstmals in ihrer Geschichte in der Lage, sich selbst zu vernichten.
2. Nicht allein der Schutz der Menschen vor der Naturgewalt, sondern mehr und mehr auch der Schutz der Natur vor der Menschengewalt wirft Probleme von bisher nicht gekannter Tragweite auf.
3. Die Verflechtung aller Lebensbeziehungen – nicht nur der wirtschaftlichen – ist heute über den gesamten Globus hinweg in einem noch vor kurzem unvorstellbaren Maße fortgeschritten.

Niemand habe auf diese Fragen bereits fertige Antworten, auch die SPD nicht; sie setze sich jedoch mit ihnen, selbst um den Preis innerer Spannungen und Kontroversen, auseinander. Die Einschätzung des Staates durch den Kanzler sei widersprüchlich. „Da, wo er gestaltet, auf sozialen Ausgleich bedacht ist, gesellschaftspolitische Aufgaben erfüllt, bringen Sie ihm ein tiefwurzelndes Misstrauen entgegen und verlangen seinen Rückzug. Da wollen Sie weniger Staat. Aber Ihr Vertrauen in den selben Staat ist nahezu grenzenlos, soweit er den Status quo gewährleisten und notfalls sogar im Wege der Gesinnungsprüfung verteidigen soll. Da wollen Sie mehr Staat. Und fällt Ihnen nicht auf, dass der Staat, dessen Stärke sie propagieren, oftmals geradezu zum Gespött wird, wenn er sich wirtschaftlicher Macht konfrontiert sieht? Das spurlose Verschwinden der Fässer von Seveso ist ein Musterbeispiel dafür! Das war eine Niederlage des Staates, nicht die Verschiebung der Volkszählung."

Die Regierung fordere mehr „Selber-Tun", schweige aber über die Mitbestimmung der Arbeitnehmer, die dazu gehöre. Bei der Bekämpfung der Arbeitslosigkeit vertraue sie auf die sogenannten Selbstheilungskräfte der Wirtschaft und des Marktes, in der Hoffnung, dass bei einer Verbesserung der Angebotsbedingungen der Aufschwung kommen werde. „Das ist eine nostalgische Illusion. Das greift zu kurz ... Es müssen Strukturen verändert werden. Und der Staat muss handeln, um dies zu erreichen."

Mit 48,8 Prozent konnte Helmut Kohl bei den Bundestagswahlen am 6. März 1983 einen überzeugenden Wahlsieg feiern.

Weizsäckers Rede zum 40. Jahrestag des Kriegsendes

Am 8. Mai 1985 gedachten die meisten europäischen Staaten des Kriegsendes vor 40 Jahren. Bundespräsident Richard von Weizsäcker hielt auf einer gemeinsamen Gedenkstunde von Bundestag und Bundesrat in Bonn eine vielbeachtete Rede, in der er vor allem an die junge Generation appellierte, aus den Fehlern der Vergangenheit zu lernen.

Viele Völker gedenken heute des Tages, an dem der Zweite Weltkrieg in Europa zu Ende ging. Seinem Schicksal gemäß hat jedes Volk dabei seine eigenen Gefühle. Sieg oder Niederlage, Befreiung von Unrecht und Fremdherrschaft oder Übergang zu neuer Abhängigkeit, Teilung, neue Bündnisse, gewaltige Machtverschiebungen – der 8. Mai 1945 ist ein Datum von entscheidender historischer Bedeutung für Europa.

Wir Deutsche begehen den Tag unter uns, und das ist notwendig. Wir müssen die Maßstäbe allein finden. Schonung unserer Gefühle durch uns selbst oder durch andere hilft nicht weiter. Wir brauchen und wir haben die Kraft, der Wahrheit, so gut wir es können, ins Auge zu sehen, ohne Beschönigung und ohne Einseitigkeit. Der 8. Mai ist für uns vor allem ein Tag der Erinnerung an das, was Menschen erleiden mussten ... Je ehrlicher wir ihn begehen, desto freier sind wir, uns seinen Folgen verantwortlich zu stellen.

Der 8. Mai war ein Tag der Befreiung. Er hat uns alle befreit von dem menschenverachtenden System der nationalsozialistischen Gewaltherrschaft. Niemand wird um dieser Befreiung willen vergessen, welche schweren Leiden für viele Menschen mit dem 8. Mai erst begannen und danach folgten. Aber wir dürfen nicht im Ende des Krieges die Ursache für Flucht, Vertreibung und Unfreiheit sehen. Sie liegt vielmehr in seinem Anfang und im Beginn jener Gewaltherrschaft, die zum Krieg führte. Wir dürfen den 8. Mai 1945 nicht vom 30. Januar 1933 trennen. Wir haben wahrlich keinen Grund, uns am heutigen Tag an Siegesfesten zu beteiligen. Aber wir haben allen Grund, den 8. Mai 1945 als das Ende eines Irrweges deutscher Geschichte zu erkennen, das den Keim der Hoffnung auf eine bessere Zukunft barg ...

Wir gedenken heute in Trauer aller Toten des Krieges und der Gewaltherrschaft. Wir gedenken insbesondere der 6 Millionen Juden, die in deutschen Konzentrationslagern ermordet wurden. Wir gedenken aller Völker, die im Krieg gelitten haben, vor allem der unsäglich vielen Bürger der Sowjetunion und der Polen, die ihr Leben verloren haben. Als Deutsche gedenken wir in Trauer der eigenen Landsleute, die als Soldaten bei den Fliegerangriffen in der Heimat, in Gefangenschaft und bei der Vertreibung ums Leben gekommen sind. Wir gedenken der ermordeten Sinti und Roma, der getöteten Homosexuellen, der umgebrachten Geisteskranken, der Menschen, die um ihrer religiösen oder politischen Überzeugung willen sterben mussten. Wir gedenken der erschossenen Geiseln. Wir denken an die Opfer des Widerstandes in allen von uns besetzten Staaten. Als Deutsche ehren wir das Andenken der Opfer des deutschen Widerstandes, des bürgerlichen, des militärischen und des glaubensbegründeten, des Widerstandes in der Arbeiterschaft und bei Gewerkschaften, des Widerstandes bei Kommunisten. Wir gedenken derer, die nicht aktiv Widerstand leisteten, aber eher den Tod hinnahmen, als ihr Gewissen zu beugen ...

Der 8. Mai ist ein tiefer historischer Einschnitt, nicht nur in der deutschen, sondern auch in der europäischen Geschichte. Der europäische Bürgerkrieg war an sein Ende gelangt, die alte europäische Welt zu Bruch gegangen ... Die Begegnung amerikanischer und sowjetrussischer Soldaten an der Elbe wurde zu einem Symbol für das vorläufige Ende einer europäischen Ära ... Über 100 Jahre lang hatte Europa unter dem Zusammenprall nationalistischer Übersteigerungen gelitten. Am Ende des Ersten Weltkrieges war es zu Friedensverträgen gekommen. Aber ihnen hatte die Kraft gefehlt, Frieden zu stiften. Erneut waren nationalistische Leidenschaften aufgeflammt und hatten sich mit sozialen Notlagen verknüpft. Auf dem Weg ins Unheil wurde Hitler die treibende Kraft. Er erzeugte und er nutzte Massenwahn. Eine schwache Demokratie war unfähig, ihm Einhalt zu gebieten. Und auch die europäischen Westmächte ... trugen durch Schwäche zur verhängnisvollen Entwicklung bei. Amerika hatte sich nach dem Ersten Weltkrieg wieder zurückgezogen und war in den 30er Jahren ohne Einfluss auf Europa. Hitler wollte die Herrschaft über Europa, und zwar durch Krieg. Den Anlass dafür suchte und fand er in Polen ... Am 23. August 1939 wurde der deutsch-sowjetische Nichtangriffspakt geschlossen. Das geheime Zusatzprotokoll regelte die bevorstehende Aufteilung Polens. Der Vertrag wurde geschlossen, um Hitler den Einmarsch in Polen zu ermöglichen. Das war der damaligen Führung der Sowjetunion voll bewusst ...

Die Bitte an die jungen Menschen lautet: Lassen Sie sich nicht hineintreiben in Feindschaft und Hass gegen andere Menschen, gegen Russen oder Amerikaner, gegen Juden oder Türken, gegen Alternative oder Konservative, gegen Schwarz oder Weiß. Lernen Sie, miteinander zu leben, nicht gegeneinander! Lassen Sie auch uns als demokratisch gewählte Politiker dies immer wieder beherzigen und ein Beispiel geben! Ehren wir die Freiheit! Arbeiten wir für den Frieden! Halten wir uns an das Recht! Dienen wir unseren inneren Maßstäben der Gerechtigkeit! Schauen wir am heutigen 8. Mai, so gut wir es können, der Wahrheit ins Auge!

Richard von Weizsäcker bei seiner Rede am 8. Mai 1985.

Honecker in Bonn

In den 1980er Jahren geriet die DDR gegenüber ihrer Bevölkerung zunehmend in Rechtfertigungszwang. Die Lockerungen im Reiseverkehr boten immer mehr DDR-Bürgern die Chance, ihr politisches und wirtschaftliches System mit dem der Bundesrepublik zu vergleichen. Und sie erkannten: Die Brüder und Schwestern im kapitalistischen Teil Deutschlands lebten, gemessen an DDR-Maßstäben, in einer Gesellschaft, die ein hohes Maß an Freizügigkeit bot und einen unvorstellbaren Wohlstand. Das Angebot an Gütern und Waren schien überwältigend, alles gerade so, wie sie es heimlich im Westfernsehen über Jahre hatten beobachten können.

Unter diesen Bedingungen kam es vom 7. bis zum 11. September 1987 zum mehrfach verschobenen Besuch des DDR-Staatsratsvorsitzenden Erich Honecker in der Bundesrepublik. Die erste Bonner Staatsvisite des höchsten DDR-Repräsentanten erfolgte mit allen protokollarischen Ehren. Honecker badete sichtlich in dem Hochgefühl, sein Traumziel endlich erreicht zu haben: die DDR als real existierenden deutschen Staat, wenn nicht völkerrechtlich, so doch vor den Augen der Weltöffentlichkeit immerhin „optisch" anerkannt zu sehen.

Bundeskanzler Kohl sagte in seiner Tischrede:

Auf Ihren Besuch in der Bundesrepublik Deutschland und auf unsere Begegnung richten sich die Blicke Millionen Deutscher zwischen Stralsund und Konstanz, zwischen Flensburg und Dresden – und in Berlin. Viele befinden sich in einem Zwiespalt widerstreitender Gefühle: Die Menschen in Deutschland wissen, dass hier zwei Staaten bestehen, die viele praktische Fragen miteinander regeln müssen. Aber sie wissen auch: Dieser Besuch hat eine besondere menschliche und politische Dimension. Er unterscheidet sich von den üblichen Begegnungen in Ost und West.

Das Bewusstsein für die Einheit der Nation ist wach wie eh und je, und ungebrochen ist der Wille, sie zu bewahren. Diese Einheit findet Ausdruck in gemeinsamer Sprache, im gemeinsamen kulturellen Erbe, in einer langen fortdauernden gemeinsamen Geschichte. So tut sich heute mancher schwer mit seinen Empfindungen und mit der Überlegung, wie sich dieses Treffen in die Kontinuität deutscher Geschichte einfüge. Unser Zusammentreffen in Bonn ist aber weder Schlussstrich noch Neubeginn. Es ist ein Schritt auf dem Weg einer schon lange währenden Entwicklung. Sie ist gekennzeichnet durch das Bemühen um ein geregeltes Miteinander.

Vor fast 15 Jahren haben die Bundesrepublik Deutschland und die Deutsche Demokratische Republik den Vertrag über die Grundlagen ihrer Beziehungen unterzeichnet. Der Vertrag zeigt Möglichkeiten und Grenzen auf. Möglichkeiten eröffnen sich dort, wo praktische Fragen zum Wohle der Menschen in beiden Staaten gelöst werden können, damit es zu einem Verhältnis guter Nachbarschaft kommt. Im Rahmen dieses Vertrages steht auch Ihr Besuch, Herr Generalsekretär.

Vor fast sechs Jahren, im Dezember 1981, sind Sie mit meinem Amtsvorgänger, Bundeskanzler Helmut Schmidt, am Werbellinsee zusammengekommen. Damals haben Sie seine Einladung in die Bundesrepublik angenommen. Ich habe diese Einladung nach meiner Amtsübernahme aufrechterhalten und bekräftigt. In der Zwischenzeit haben wir bei mehreren Gelegenheiten lange miteinander gesprochen. So wissen wir beide, wo die Chancen dieses Besuchs liegen und bei welchen Fragen wir uns nicht näherkommen werden. Dazu gibt es ja auch im Grundlagenvertrag deutliche Hinweise.

An den unterschiedlichen Auffassungen der beiden Staaten zu grundsätzlichen Fragen, darunter zur nationalen Frage, kann und wird dieser Besuch nichts ändern. Für die Bundesregierung wiederhole ich: Die Präambel unseres Grundgesetzes steht nicht zur Disposition, weil sie unserer Überzeugung entspricht. Sie will das vereinte Europa, und sie fordert das gesamte deutsche Volk auf, in freier Selbstbestimmung die Einheit und Freiheit Deutschlands zu vollenden.

Das ist unser Ziel. Wir stehen zu diesem Verfassungsauftrag, und wir haben keinen Zweifel, dass dies dem Wunsch und Willen, ja: der Sehnsucht der Menschen in Deutschland entspricht ...

Honecker antwortete mit folgender Ansprache: Ich danke Ihnen, Herr Bundeskanzler, für die Einladung

Am 7. September 1987 wurde Erich Honecker von Bundeskanzler Helmut Kohl in Bonn wie der oberste Repräsentant eines souveränen Staates empfangen. Beide schreiten eine Ehrenformation der Marine ab.

Kurz vor der Landtagswahl am 13. September 1987 weist Uwe Barschel mit seinem Ehrenwort die vom „Spiegel" gegen ihn erhobenen Vorwürfe zurück.

in die Bundesrepublik Deutschland und für den freundlichen Empfang. Die Gespräche, die wir begonnen haben, bestätigen den positiven Einfluss unserer unmittelbaren Kontakte auf die Entwicklung der Beziehungen zwischen beiden deutschen Staaten, die nicht zufällig große internationale Beachtung findet. Angesichts der Lage der Deutschen Demokratischen Republik und der Bundesrepublik Deutschland im Zentrum Europas und der Lehren der Geschichte reicht die Bedeutung ihres Verhältnisses über ihre Grenzen weit hinaus. Die Entwicklung unserer Beziehungen, der Beziehungen zwischen der Deutschen Demokratischen Republik und der Bundesrepublik Deutschland, dessen sind wir uns bewusst, ist von den Realitäten dieser Welt gekennzeichnet, und sie bedeuten, dass Sozialismus und Kapitalismus sich ebenso wenig vereinigen lassen wie Feuer und Wasser. Bei alledem gehen wir davon aus, dass beiden deutschen Staaten, fest eingefügt in die mächtigsten Militärkoalitionen dieser Zeit, die Verpflichtung zukommt, besonders aktiv zu Frieden, Abrüstung und Entspannung beizutragen. Wir stimmen, trotz aller Unterschiede in der Bewertung aktueller politischer Fragen, darin überein, dass es in einem nuklearen Krieg weder Sieger noch Besiegte geben würde ... Ausgehend vom abgeschlossenen Vertragswerk wollen wir nichts unversucht lassen, um weitere Schritte in den Beziehungen zwischen der Deutschen Demokratischen Republik und der Bundesrepublik Deutschland zu tun, die den Interessen des Friedens, der Entspannung, einer gegenseitigen vorteilhaften Zusammenarbeit und damit den Menschen dienen.

Barschel-Affäre

Im Sommer 1987 bestand für die CDU-Regierung in Schleswig-Holstein die Gefahr des Machtverlusts an die SPD unter dem populären Björn Engholm. Ministerpräsident Uwe Barschel ließ daher im Vorfeld der Wahl zum Landtag (13. 9.) durch seinen Medienreferenten Reiner Pfeiffer eine anonyme Steueranzeige gegen Engholm, Lauschangriffe und eine Detektivüberwachung veranlassen mit dem Ziel, belastendes Material über das Privatleben des politischen Gegners zu erhalten. Ein vorab veröffentlichter Bericht des „Spiegel" brachte diese Intrigen am Vortag der Wahl an die Öffentlichkeit. Selbst ein „Ehrenwort" Barschels, er habe von allem nichts gewusst, hielt nur wenige Tage stand. Am 2. 10. trat er zurück, am 11. 10. wurde er in einem Genfer Hotel tot aufgefunden. Die These der Genfer Ermittler vom Selbstmord wurde angezweifelt und der Fall von der Lübecker Staatsanwaltschaft 1994 neu aufgerollt. Aber auch Engholm, Opfer der Affäre, stolperte über sie: 1992 wurde offenbar, dass er schon früher als vor dem Untersuchungsausschuss zugegeben von Barschels Machenschaften unterrichtet war. Der inzwischen zum Bundesvorsitzenden der SPD und Ministerpräsidenten von Schleswig-Holstein aufgestiegene Engholm musste am 3. Mai 1993 zurücktreten. Sein einstiger Sozialminister Günter Janssen, der Pfeiffer heimlich – angeblich aus eigener Schublade und aus Mitleid 40.000 Mark gezahlt hatte, verlor 1993 wegen dieser „Schubladenaffäre" ebenfalls alle Ämter.

Franz Josef Strauß

* München, 6. September 1915
† Regensburg, 3. Oktober 1988

Als Sohn eines Metzgermeisters in München geboren, machte Strauß 1935 ein glänzendes Abitur (ein Jahr zuvor war er als „Radler" süddeutscher Straßenmeister geworden). Es folgten der obligate Reichsarbeitsdienst, ein intensives Studium (Geschichte, Germanistik, Latein, Griechisch, Archäologie und Volkswirtschaft) und gleich nach Kriegsbeginn 1939 die Einberufung zur Wehrmacht. Nachdem Strauß sich als Artillerist im Winter 1943 an der Ostfront schwere Erfrierungen zugezogen hatte, diente er bis Kriegsende als Lehroffizier im Range eines Oberleutnants als Flak-Ausbilder.

Gleich nach dem Krieg tauchte Strauß dann in der deutschen Politik auf. 1945 gehörte er zu den Gründern der Christlich-Sozialen Union (CSU), für die er 1949 in den Bundestag einzog. Schon als Bundesminister für besondere Aufgaben (1953 bis 1955) und Atomminister (1955/56) enger Berater Adenauers, wurde er von diesem 1956 zum Nachfolger des glücklosen Verteidigungsministers Theodor Blank berufen. Wegen seines massiven Eintretens für eine Politik der Stärke und wegen undurchsichtiger Affären („Onkel Aloys", „Panzerketten-", „Fibag-Affäre") zog er sich die Kritik der liberalen Presse zu und musste nach der „Spiegel"-Affäre 1962 zurücktreten. Seit 1961 Vorsitzender der CSU, konnte Strauß sein Comeback schon in der Großen Koalition (1966 bis 1969) einfädeln, der er als Finanzminister diente und in der er mit dem SPD-Kollegen Schiller ein populäres Gespann bildete. In der Zeit der sozialliberalen Koalition (1969 bis 1982) war Strauß der schärfste Kritiker der Reform- und der Ostpolitik. 1978 zum Bayerischen Ministerpräsidenten aufgestiegen, setzte er sich 1980 als Kanzlerkandidat der CDU /CSU gegen Kohl durch, unterlag aber bei den Bundestagswahlen am 5. Oktober deutlich gegen Bundeskanzler Schmidt. In die Regierung Kohl trat Strauß 1982 nicht ein. Er zog es vor, in München zu bleiben und von hier aus als Bayerischer Ministerpräsident seinen politischen Einfluss auch in Bonn zur Geltung zu bringen.

Franz Josef Strauß (1915-1988).

Im Sonderheft der Illustrierten „Stern", das anlässlich seines Todes erschien, schreibt der renommierte Journalist Heinrich Jaenecke:
Es war ein unverstellter Mensch, sein Inneres lag jederzeit offen zutage.
Die ihn kannten, waren von seinem Charme hingerissen. Er war ein Mannsbild, ein Kerl. Er liebte das Leben, und er hatte Format. Er war auf eine erfrischende Weise ungeniert, auch wenn es zuweilen für ihn selbst peinlich war. Das hob ihn ab von der Welt der grauen Mäuse, zu der die politische Landschaft bei uns degeneriert ist. Und er war souverän genug, politische Positionen zu räumen, wenn sie nicht mehr zu halten waren. Er bekämpfte Willy Brandt bis aufs Messer, aber als die Verträge unterzeichnet waren und er mit einem Viertelsieg von Karlsruhe zurückkehrte, sprach er sein „Pacta sunt servanda" – Verträge sind zu halten –, den Bonner Sprachschatz damit um ein Quentchen Altrömisch bereichernd.
Je älter er wurde, desto mehr liebte er die Überraschungseffekte. Seinen größten Coup landete er, als er der DDR, gestern noch das Böse schlechthin, jenen Milliardenkredit vermittelte, der den Freunden die Sprache verschlug. Und wie genoss er es, von Gorbatschow, den er in richtiger Witterung als Jahrhundertfigur erkannte, im Kreml empfangen zu werden. Der 72-Jährige, am Steuer der eigenen Düsenmaschine in Moskau landend – wer in Deutschland, wer in der Welt hätte ihm das nachgemacht.
Er starb, wie er lebte – dramatisch, extravagant, in Jagdkleidung, wie es sich für einen Renaissance-Menschen gehörte.
Es wird nun stiller werden in Deutschland, und wir werden uns erst daran gewöhnen müssen.

Deutsche Einigung

Anfang Dezember 1989 hatte sich in Ost-Berlin der sogenannte „Runde Tisch" für freie Volkskammerwahlen am 6. Mai 1990 ausgesprochen. Der „Runde Tisch", der sich am polnischen und ungarischen Vorbild orientierte, entwickelte sich zum Forum der verschiedenen gesellschaftlichen Kräfte, die zunehmend Einfluss auf die Regierungspolitik der DDR gewannen. Ihm gehörten Vertreter der fünf ehemaligen Blockparteien und Abgesandte der führenden Oppositionsgruppen an. Aufgrund des rechtlichen Schwebezustands der DDR und der wachsenden Anarchie wurde der Wahltermin zwei Monate später auf den 18. März 1990 vorverlegt. Unter Zeitdruck mussten sich die neuen Parteien organisieren und Bündnisse bilden. In Anwesenheit des Bundeskanzlers vereinbarten die DDR-Parteivorsitzenden Lothar de Maizière von der CDU, Hans-Wilhelm Ebeling von der Deutschen Sozialen Union (DSU) und Wolfgang Schnur vom Demokratischen Aufbruch (DA) das konservative Wahlbündnis „Allianz für Deutschland".
Um eine grundlegende Erneuerung zu demonstrieren, hatte die in Misskredit geratene SED bereits im Dezember 1989 mit ihrer stalinistischen Vergangenheit gebrochen, den Ost-Berliner Rechtsanwalt Gregor Gysi zum neuen Vorsitzenden gewählt und ihren Namen auf „Partei des demokratischen Sozialismus", SED-PDS, erweitert. Die Bürgerbewegungen „Neues Forum", „Demokratie Jetzt" und die „Initiative Frieden und Menschenrechte" schlossen sich am 7. Februar 1990 zum „Bündnis 90" zusammen. Vier Tage später einigten sich in Anwesenheit des FDP-Vorsitzenden Otto Graf Lambsdorff die drei liberalen Parteien der DDR, die ehemalige Blockpartei LDPD, die kurz zuvor gegründete Freie Demokratische Partei der DDR und die Deutsche Forumspartei, auf ein gemeinsames Wahlbündnis.
Die ersten freien Wahlen zur Volkskammer, an deren Wahlkampf sich auch Bonner Spitzenpolitiker beteiligten, endeten mit einem überraschenden Ergebnis. Bei einer Wahlbeteiligung von 93,2 Prozent erreichte die CDU unerwartete 40,9 Prozent der Stimmen, die SPD, deren Sieg von vielen vorausgesagt worden war, bekam nur 21,8 Prozent, gefolgt von der PDS mit 16,3 Prozent. Die DSU, von der bayerischen CSU unterstützt, kam auf 6,3 Prozent, die Liberalen vom Bund Freier Demokraten auf 5,3 Prozent.
Enttäuschung rief das Wahlergebnis bei den Mitgliedern vom „Bündnis 90" hervor. Ihr Anteil an der Wende wurde bei den Bürgern nicht gewürdigt. Sie erhielten lediglich 2,9 Prozent der abgegebenen Stimmen.
Zum (letzten) Ministerpräsidenten der DDR wählte die Volkskammer den Vorsitzenden der Ost-CDU, Lothar de Maizière, der eine Große Koalition aus CDU, DSU, DA, SPD und Liberalen bilden konnte. Umgehend verständigten sich die neue DDR-Regierung und die Bundesregierung auf die Herbeiführung einer Wirtschafts-, Währungs- und Sozialunion. Starke Bedenken hinsichtlich der Einführung der D-Mark meldeten die Bundesbank und insbesondere der Kanzlerkandidat der SPD, Oskar Lafontaine, an.
Doch bereits zwei Monate später, am 18. Mai 1990, unterzeichneten Finanzminister Theo Waigel und Walter Romberg in Anwesenheit von DDR-Ministerpräsident de Maizière und Bundeskanzler Kohl auf dem Schreibtisch Konrad Adenauers im Palais Schaumburg den Staatsvertrag über die „Schaffung

Ein seltener Anblick: Steffi Graf mit Gold vor den Olympischen Ringen. Seoul 1988 war die Krönung des erfolgreichsten Jahres ihrer einmaligen Karriere. Neben dem Gewinn der Goldmedaille gelang ihr als dritte Spielerin der „Grand Slam" (Sieg in Melbourne, Paris, Wimbledon und New York).

„1. März 1988. Die bisher erfolgreichste Mannschaft der DDR bei Olympischen Winterspielen ist in der Heimat eingetroffen. An der Gangway der Sondermaschine wurden die Sportler, hier die Goldmedalliengewinnerin Katharina Witt (Eiskunstlauf, vom Mitglied des Politbüros und Sekretär des ZK der SED, Egon Krenz, begrüßt." (Originalunterschrift)

einer Währungs-, Wirtschafts- und Sozialunion zwischen der Bundesrepublik Deutschland und der Deutschen Demokratischen Republik". Bundeskanzler Kohl bezeichnete in seiner kurzen Ansprache den feierlichen deutsch-deutschen Unterzeichnungsakt als die „Geburtsstunde des freien und einigen Deutschland".
Am 1. Juli 1990 trat der Staatsvertrag in Kraft. Mit diesem Tag übertrug die DDR ihre Finanzhoheit an die Bundesrepublik Deutschland. Der Zahlungsverkehr, Löhne, Gehälter, Renten und Sparkonten bis zu 4000 Mark wurden im Verhältnis 1:1 umgestellt, Guthaben darüber hinaus im Verhältnis 1:2. Der währungspolitische Anschluss ließ zugleich die innerdeutsche Grenze verschwinden, an der sich über vierzig Jahre die beiden mächtigsten Militärblöcke der Welt hochgerüstet gegenübergestanden hatten. Faktisch bedeutete dieser Tag die Wiedervereinigung beider deutscher Staaten.
Um die Voraussetzung zur politischen Vereinigung zu schaffen, stimmte die Volkskammer am 23. August 1990 mit der nötigen Zwei-Drittel-Mehrheit dem Beitritt der DDR am 3. Oktober 1990 zum Geltungsbereich des Grundgesetzes nach Artikel 23 zu. Danach stellte der PDS-Abgeordnete Gysi lakonisch fest: „Das Parlament hat soeben nicht mehr und nicht weniger als den Untergang der Deutschen Demokratischen Republik beschlossen."
Acht Tage später, am 31. August 1990, unterzeichneten die Verhandlungspartner Bundesinnenminister Wolfgang Schäuble und DDR-Staatssekretär Günter Krause den über tausend Seiten starken Einigungsvertrag (Vertrag zwischen der Bundesrepublik Deutschland und der Deutschen Demokratischen Republik über die Herstellung der Einheit Deutschlands) in Ost-Berlin. Der Vertrag regelte die rechtlichen Anschlussmodalitäten des Übergangs der am 22. Juli 1990 nach Volkskammerbeschluss wiederhergestellten Länder der DDR Mecklenburg-Vorpommern, Brandenburg, Sachsen-Anhalt, Thüringen und Sachsen und bestimmte Berlin zur Hauptstadt des vereinten Deutschland.
Bevor es am 3. Oktober 1990 zum Beitritt der fünf neuen Bundesländer kam, mussten noch die außenpolitischen Hemmnisse aus dem Weg geräumt werden. Um die Ablösung der Rechte der vier Siegermächte des Zweiten Weltkriegs zu beraten, begannen Anfang Mai die sogenannten Zwei-plus-Vier-Gespräche. Die Verhandlungen unter Beteiligung der Bundesrepublik, der DDR sowie der ehemaligen Alliierten USA, Großbritannien, Frankreich und Sowjetunion sollten die „auswärtigen Aspekte der deutschen Einheit, einschließlich der Fragen der Sicherheit der Nachbarstaaten", klären.
Um Gorbatschows Einwände gegen den Verbleib Deutschlands im westlichen Verteidigungsbündnis auszuräumen, flogen Bundeskanzler Kohl und Außenminister Genscher am 15. und 16. Juli 1990 in die UdSSR. Das Ergebnis der Gespräche übertraf alle Erwartungen. Die Deutschen erhielten von Gorbatschow die Zustimmung zur vollen und uneingeschränkten Souveränität und die Zusage, frei und unabhängig entscheiden zu können, welchem Bündnis sie angehören wollen. Im Gegenzug verpflichtete sich die Bundesregierung, nach dem Abzug der sowjetischen Truppen keine Atomwaffen auf dem Gebiet der ehemaligen DDR zu stationieren, weiterhin auf ABC-Waffen zu verzichten und die Gesamtstärke der Streitkräfte innerhalb von vier Jahren auf 370.000 Mann zu reduzieren.
Jetzt war der Weg zur Einigung frei. Auf ihrer letzten Sitzung am 12. September 1990 unterzeichneten die Außenminister der Sowjetunion, der USA, Großbritanniens, Frankreichs, der Bundesrepublik und der DDR in Moskau das Abschluss-

Bei dem Treffen Michail Gorbatschows mit Bundeskanzler Kohl (rechts) und Außenminister Genscher (links) im Kaukasus am 15. und 16. Juli 1990 wurden die letzten außenpolitischen Hürden auf dem Weg zur deutschen Einheit genommen, die am 3. Oktober desselben Jahres Wirklichkeit wurde. Bundespräsident Richard v. Weizsäcker bei seiner Ansprache in der Berliner Philharmonie: „In freier Selbstbestimmung vollenden wir die Einheit und Freiheit Deutschlands. Wir wollen in einem vereinten Europa dem Frieden der Welt dienen. Für unsere Aufgabe sind wir uns der Verantwortung vor Gott und den Menschen bewusst."

dokument der Zwei-plus-Vier-Verhandlungen. Der „Vertrag über die abschließende Regelung in Bezug auf Deutschland" gab der Bundesrepublik die volle Souveränität und beendete die Rechte der Alliierten. Gleichzeitig schrieb er die Endgültigkeit der Grenzen fest und damit die Anerkennung des Verlustes der Gebiete östlich von Oder und Neiße. Die Wiedervereinigung Deutschlands am 3. Oktober 1990 zog einen offiziellen Schlussstrich unter die Geschichte der Nachkriegszeit.

Deklaration von Weimar

Die Außenminister der Bundesrepublik Deutschland, Frankreichs und Polens trafen sich am 28. und 29. August 1991 in . Dabei verabschiedeten Hans-Dietrich Genscher, Roland Dumas und Krzysztof Skubiszewski eine Zehn-Punkte-Erklärung, die die weitere Entwicklung auf dem Kontinent nach den tiefgreifenden Veränderungen der beiden vergangenen Jahre, damit in Verbindung stehende neue Herausforderungen für die Regierungen und Völker Europas sowie die Schaffung einer neuen europäischen Friedensordnung zum Inhalt hatte. Die Deklaration hat folgenden Wortlaut:

1. Europa steht an einem historischen Wendepunkt seiner Geschichte. Seine Völker und Staaten haben den Weg zu neuen Formen des Zusammenlebens beschritten. Wir sind uns bewusst, dass für das Gelingen zukunftsfähiger Strukturen europäischer Nachbarschaft Polen, Deutsche und Franzosen maßgebliche Verantwortung tragen.

2. Wir haben jetzt die einmalige Chance, das neue Europa in gemeinsamer Verantwortung im Geist menschlicher Solidarität, im Bewusstsein der Schicksalsverbundenheit und auf der ererbten Grundlage gemeinsamer Werte zu entwickeln. Der natürliche Wunsch aller Völker, Demokratie, Wohlstand und Sicherheit zu verwirklichen, kann auf Dauer nur durch vereinte Kräfte des ganzen Europa Erfüllung finden.

3. Es gilt jetzt, die Netze der Kooperation immer dichter zu knüpfen, die die Völker und Staaten über einst trennende Grenzen hinweg auf allen Ebenen und in der ganzen Breite des Lebens miteinander verbinden. Wir brauchen eine Vielfalt von Beziehungen in Europa und zwischen seinen Regionen. Insbesondere durch grenzüberschreitende regionale Zusammenarbeit wird das Zusammenwachsen Europas für die Bürger erfahrbar. Sie ist zwischen Deutschland und Frankreich selbstverständlich geworden, an der Grenze zwischen Deutschland und Polen ist sie ein Schlüssel für die künftige Gemeinsamkeit der Staaten und ihrer Bürger. Es werden immer mehr gesamteuropäische konföderale Strukturen entstehen.

Alt-Bundeskanzler Willy Brandt (1913-1992).

4. Die Stärke des neuen Europa liegt in der vielfältigen Vitalität seiner Institutionen. Die Europäische Gemeinschaft ist ihr Kern. Sie muss ihre Integration fortsetzen. Als Garant für Menschenrechte, Demokratie und Rechtsstaatlichkeit gewinnt der Europarat weiterhin an Bedeutung. Wir verstehen Stabilität in Europa in einem umfassenden Sinn, einschließlich politischer, sicherheitspolitischer, wirtschaftlicher, sozialer und ökologischer Aspekte. Jede der in diesen Bereichen tätigen Organisationen trägt auch für diese Stabilität einen Teil der Verantwortung.

5. Nordatlantische Allianz und WEU werden auch in Zukunft eine wichtige Rolle für die Stabilität in Europa spielen. Für die Sicherheit Europas wird auch zukünftig die transatlantische Dimension, das heißt die enge Zusammenarbeit mit den USA und Kanada, unerlässlich sein.

6. Polen, Deutsche und Franzosen haben gemeinsam mit ihren Partnern im KSZE-Prozess das große Grundwerk der Charta von Paris geschaffen. Auf dieser Basis soll sich die europäische Friedensordnung entwickeln. In diesem Zusammenhang sind die politischen Verträge, die unsere Staaten untereinander abgeschlossen haben, von besonderer Bedeutung. Hierunter fallen insbesondere die Verträge, die Polen in jüngster Zeit mit Frankreich und mit Deutschland unterzeichnet hat.

7. Den Reformländern in Mittel- und Osteuropa, einschließlich der Sowjetunion, muss umfassend geholfen werden. Europa darf nicht durch neue Grenzen zwischen Arm und Reich zerschnitten werden. Frankreich und Deutschland unterstützen alle Anstrengungen, Polen und die neuen Demokratien an die Europäische Gemeinschaft heranzuführen. Sie drängen auf einen raschen Abschluss von Assoziierungsabkommen mit den Demokratien Mittel- und Südosteuropas und fördern den Ausbau des politischen Dialogs. Es entspricht den Zielen der Europäischen Gemeinschaft, diesen neuen Demokratien den Weg zur Mitgliedschaft zu eröffnen.

8. Die Herausforderungen des Industriezeitalters verlangen Antworten, die im europäischen Raum nur gemeinsam zu finden sind. In einem gemeinsamen Wirtschaftsraum Europa wollen wir vielfältige Zusammenarbeit. Es gilt, gemeinsam konkrete und nützliche Projekte anzufassen, die den Menschen unmittelbar zugutekommen. Dies schließt die Bereiche der Umwelt, der Technologie, der Infrastruktur, der Kommunikation, der Energie und der Kultur ein, in denen sich für die Zukunft Europas wichtige Entwicklungen vollziehen, die ein Handeln in europäischen Dimensionen erfordern.

9. In gemeinsamer Anstrengung müssen wir alles tun, um menschenwürdige Existenz da zu schaffen, wo die Menschen leben. Nur so können wir ihnen das Schicksal der

Flucht und der Wanderbewegungen in und nach Europa ersparen.
10. Heute, am Geburtstag Goethes, wird uns hier in Weimar in hohem Maße bewusst, dass die kulturelle Vielfalt Europas und die Kreativität seiner Menschen unser wertvollstes Gemeingut sind. Das kulturelle Leben und das Wohlergehen der Völker Europas sind eng miteinander verknüpft. Die Pflege des reichen europäischen Kulturerbes ist unser gemeinsames Ziel. Das KSZE-Symposium in Krakau hat hierzu wichtige Grundlagen erarbeitet. Wir wollen eine umfassende Politik der Zusammenarbeit in den Bereichen der Kultur, der Bildung, der Wissenschaft, der Medien und der Austauschprogramme. Es bleibt unser Bestreben, menschliche Begegnungen über Länder und Sprachgrenzen hinweg, wo immer möglich, zu fördern.
Die Minister beschlossen, zukünftig einmal im Jahr – oder wenn es die Lage in Europa erfordert – zu einem zusätzlichen Treffen zusammenzukommen. Das nächste Treffen wird in Paris stattfinden.

Zum Ableben von Willy Brandt fand am 17. Oktober 1992 im Berliner Reichstagsgebäude ein Staatsakt statt. Nach der Feierstunde wird der Sarg aus dem Plenarsaal getragen. Dahinter von links: Marianne Weizsäcker, Brigitte Seebacher-Brandt, Bundespräsident Richard von Weizsäcker, Bundeskanzler Kohl.

Willy Brandt

* Lübeck, 18. Dezember 1913
† Unkel, 8. Oktober 1992

Der „Große Vorsitzende“, als unehelicher Sohn einer Verkäuferin und Enkel eines Knechts geboren, trat der SPD mit 16 Jahren bei. Im April 1933 floh der 19-jährige sozialistische Jugendfunktionär und Mitarbeiter des Lübecker „Volksboten“, dessen Chefredakteur Julius Leber einer der Köpfe des Widerstands gegen Hitler wurde, im Motorkutter nach Skandinavien – seinen Geburtsnamen Herbert Frahm ließ er für immer zurück.
1945 kehrte Brandt mit norwegischem Pass und schwedischem Presseausweis in die verwüstete Heimat zurück. Drei Jahre später schickte die SPD ihren wiedereingebürgerten Genossen auf Vorschlag Schumachers als Parteivertreter in die alte Reichshauptstadt. Während der Blockade wurde Brandt mit Kopf und Herz Berliner.
Am 31. Oktober 1957 zog Brandt als Regierender Bürgermeister ins Schöneberger Rathaus ein. Geographie und Geschichte der Stadt, die ihm anvertraut war, wiesen ihm von selbst eine weltpolitische Rolle zu: Berlin wurde zum Brennpunkt des Ost-West-Konflikts. Nach dem Chruschtschow-Ultimatum klagte Brandt in Washington, London und Paris die Solidarität der westlichen Schutzmächte ein und erwarb sich und seiner Sache große Sympathien; als sich die DDR im August 1961 einmauerte, erklärte ihn die Weltpresse zum Freiheitssymbol. Was nützte es? Kennedys zündende Berliner Rede konnte nicht darüber hinwegtäuschen, dass der Westen nur den Status quo halten wollte und auf die „deutsche Frage“ keine Antwort wusste. Diese Erfahrung drückte sich Brandt wie ein Stempel auf; in jener Zeit entwickelte er den Gedanken des „Wandels durch Annäherung“, der „Politik der kleinen Schritte“. Nicht Spitzhacken reißen Mauern ein, sondern Menschen; sie und die Zeit dafür reifer zu machen, sah er fortan als seinen Auftrag.
Bei den Wahlen im Herbst 1961 trat Brandt erstmals als Kanzlerkandidat an. Der vertrauenerweckende, im Vergleich mit dem alten Herrn in Bonn jugendliche Politiker holte einige Prozente, aber der SPD hatte der Wähler noch nicht so ganz getraut – sie hatte sich erst zwei Jahre zuvor im Godesberger Programm vom Klassenkampf verabschiedet und dem bürgerlichen Lager geöffnet. 1965 gewann Brandt erneut Punkte, 1966 nahm er Abschied von Berlin, trat als Vizekanzler und Außenminister in die Große Koalition ein und führte den Nachweis, dass seine Partei auch in Bonn regierungsfähig war.
Brandts dritter Anlauf brachte den Erfolg: Am 28. September übersprang die SPD die magische 40-Prozent-Hürde und errang mit der FDP, die ihre Kursrichtung schon bei der Wahl Heinemanns zum Bundespräsidenten deutlich gemacht hatte, eine hauchdünne Mehrheit. Nach der Kanzlerwahl am 21. Oktober saß erstmals nach 40 Jahren wieder ein Sozialdemokrat an der Spitze der Regierung.
Mit dem Stichwort „mehr Demokratie wagen“ stellte Brandt die innere Reform in den Vordergrund, aber Schlagzeilen machte die mit großem Elan verfolgte Entspannungs- und Ostpolitik: die Treffen mit dem DDR-Ministerpräsidenten Willi Stoph in Erfurt und Kassel („Williade“), der Moskauer Gewaltverzichtsvertrag und der Warschauer Vertrag, der die von Hitler zu verantwortende Realität der deutschen Ostgrenze besiegelte.
Des Kanzlers Kniefall am Ehrenmal des Warschauer Ghetto-Aufstands bewegte die Welt und bedeutete dem eigenen Volk, dass die Zukunft nicht gewinnt, wer die Vergangenheit verdrängt. Eine der Anforderungen Brandts an die Entspannung, die Sicherung Berlins, wurde im September 1971 mit Unterzeichnung des Viermächteabkommens eingelöst. Starker Rückenwind kam auch fünf Wochen später aus Oslo: Willy Brandt wurde als viertem Deutschen der Friedensnobelpreis verliehen.
Nach der Verabschiedung des Grundvertrages, der die beiden deutschen Staaten in ein geregeltes Verhältnis brachte und grünes Licht für die Aufnahme in die UNO gab, nach dem Breschnew-Besuch in Bonn, dem Brandt-Besuch in Israel und der Normalisierung der Beziehungen zu Prag war Ende 1973 der außenpolitische Schwung dahin.
Im Innern kündigten Preisauftrieb, Rezession, Energiekrise und anarchischer Terror dornige Zeiten an. In einer Serie von Landtagswahlen schwenkte der Wähler nach rechts. In diesem Tief traf Brandt die Enttarnung des DDR-Spions Guillau-

me, seines Referenten; ausgerechnet der Verkörperung des guten Willens hatte Ost-Berlin einen Kuckuck ins Nest gelegt. Der Kanzler übernahm die Verantwortung für „Fahrlässigkeiten" der bundesdeutschen Dienste und erklärte am 6. Mai 1974 seinen Rücktritt. Helmut Schmidt übernahm das Steuer des Staatsschiffs.

Als Vorsitzender der SPD, in diesem Amt 23 Jahre, hielt Brandt seine Partei offen für Menschen, die so allgemeinmenschliche Fragen wie die nach Frieden und Lebenqualität bewegte. Auf die Frage eines englischen Journalisten, wie er sein politisches Leben rückblickend beurteile, antwortete Willy Brandt: „Ich wäre glücklich, wenn man fände, dass ich für einige das Leben etwas leichter und mein Land zu einem guten Nachbarn gemacht hätte." Bei der Trauerfeier anlässlich seines Todes sprach sein spanischer Parteifreund Felipe Gonzalez aus, was auch vielen Millionen Deutschen auf dem Herzen gelegen hatte: „Adios, Freund Willy! Und vielen Dank für alles!"

Verabschiedung der westalliierten Truppen in Berlin

Am 8. September 1994 fand in Berlin ein Festakt aus Anlass der Verabschiedung der alliierten Truppenverbände statt, an dem neben Bundeskanzler Kohl der französische Staatspräsident François Mitterrand, der britische Premierminister John Major und US-Außenminister Warren Christopher teilnahmen. Die Truppen waren zuvor, am 6. September, formell vom Berliner Abgeordnetenhaus verabschiedet worden. In seiner Ansprache führte Kohl aus:

Fast ein halbes Jahrhundert lang haben die drei westlichen Alliierten, die Vereinigten Staaten von Amerika, das Vereinigte Königreich und Frankreich, die Freiheit hier in Berlin und damit mitten in Deutschland und in Europa geschützt und verteidigt. Wir Deutschen haben vor allem Grund zum Danken. Und wir danken unseren alliierten Freunden von Herzen für diese Freundschaft, für diese Partnerschaft in schwierigen Zeiten. Wir danken vor allem den Soldaten und ihren Familien für ihren jahrzehntelangen Einsatz, ihre Leistungen und ihre Hilfe für diese Stadt Berlin. Danken wollen wir ebenso den Verantwortlichen in der Politik in diesen Jahrzehnten, den Präsidenten der Vereinigten Staaten, den Präsidenten Frankreichs, den Premierministern Großbritanniens – all denen, die politische Verantwortung getragen haben ...

Vor einer Woche haben wir in Anwesenheit von Präsident Jelzin die letzten russischen Truppen aus Deutschland verabschiedet. Die Russen haben Wort gehalten. Das ist ein Signal für eine gute gemeinsame Zukunft auf unserem europäischen Kontinent. Weltweit steht die Außenpolitik vor großen Herausforderungen. Angesichts fortdauernder oder neuer Krisen und Konflikte, auch in Europa, ist unser entschiedener Einsatz für Frieden und Freiheit immer wieder gefordert. Der heutige Tag aber gehört der Erinnerung und dem Dank an einen der großen politischen und diplomatischen Erfolge in der modernen Geschichte internationaler Beziehungen. Die jahrzehntelange Präsenz der drei Mächte in Berlin dokumentierte vor aller Welt, dass wir uns mit der Teilung Deutschlands und Europas niemals abfinden würden. Niemand wird vergessen, weshalb die Alliierten nach Deutschland und hierher nach Berlin kamen. Sie kamen am Ende eines Krieges, der von einer verbrecherischen deutschen Diktatur entfesselt worden war. Sie kamen als Sieger über Gewalt und Unrecht. Was wäre aus Deutschland und Europa geworden, hätten sie dem Tyrannen nicht militärische Gewalt entgegengesetzt?

Der mittlerweile Geschichte gewordene Deutschlandvertrag zwischen der Bundesrepublik Deutschland und den Drei Mächten hatte schon 1954 die friedliche Verwirklichung eines wiedervereinigten, in die Europäische Gemeinschaft integrierten Deutschland mit freiheitlich-demokratischer Verfassung zum gemeinsamen Ziel erklärt. Der Auftrag ist erfüllt. Die Atlantische Allianz hat die Freiheit Berlins durch die Jahrzehnte beschworen. Wir danken unseren amerikanischen, britischen und französischen Freunden. Wir werden uns immer daran erinnern, dass die Anwesenheit Ihrer Soldaten es überhaupt erst ermöglicht hat, in Berlin frei zu atmen. Wir werden auch nie vergessen, dass diese jungen Menschen ganz persönlich Opfer brachten, da sie fern ihrer Heimat, oft fern ihrer Familien, hier ihren Dienst taten. Sie haben diesen Dienst für die Freiheit Berlins und damit für die Freiheit ganz Deutschlands geleistet. Dafür verdienen sie unseren bleibenden Dank. Heute, bei Ihrem Abschied aus Berlin, können wir endgültig der ganzen Welt, den Menschen überall, zurufen: Die Freiheit hat gewonnen!

Bundeswehrsoldaten halten brennende Fackeln, während Angehörige der französischen Berlin-Brigade (r) vor dem nächtlichen Brandenburger Tor feierlich verabschiedet werden. Am 8. September 1994 werden die Streitkräfte der drei westlichen Alliierten offiziell aus der Stadt Berlin verabschiedet. Bundesregierung, Bundespräsident und die Stadt Berlin bedankten sich bei den Soldaten für deren 49 Jahre währendes Engagement in der einst geteilten Stadt.

Erich Honecker

* Neunkirchen/Saar, 25. August 1912,
† Santiago de Chile, 29. Mai 1994

Die politische Karriere des gelernten Dachdeckers Honecker brachte ihn zunächst in Todesgefahr, führte dann in höchste Höhen und endete mit seinem und dem Sturz des

Ideologisch ungebrochen, verlassen Erich Honecker und Ehefrau Margot am 29. Juli 1992 in Begleitung von Chiles Sonderbotschafter James Holger die chilenische Botschaft in Moskau.

von ihm um jeden Preis verfochtenen Systems.
1929 in die KPD eingetreten, ging Honecker 1933 in den Untergrund, wurde 1937 zu 10 Jahren Zuchthaus verurteilt, 1945 von der Roten Armee befreit und im Jahr darauf in der „SBZ“ Vorsitzender der Freien Deutschen Jugend (FDJ), die er bis 1955 führte. 1949 war Honecker in die Volkskammer gewählt worden, stieg 1956 zum Sekretär des ZK der SED und 1958 in ihr Politbüro auf. 1971 löste er Ulbricht als 1. Sekretär (1976 Generalsekretär) des ZKs der SED ab und wurde 1976 Staatsratsvorsitzender, also Staatsoberhaupt der DDR.
In Honeckers Ära fiel die internationale Anerkennung der DDR, die 1973 in die Vereinten Nationen aufgenommen wurde; auch gelang ihm ein gewisser Ausgleich mit der Bundesrepublik im Grundlagenvertrag. Höhepunkt der außenpolitischen Erfolge wurde der Staatsbesuch in Bonn 1987. Nach innen aber hielt Honecker eisern am repressiven SED-System fest, baute den Spitzelapparat der „Stasi“ immer weiter aus, beharrte auf dem „Schießbefehl“ an der innerdeutschen Grenze und lehnte die Reformpolitik des sowjetischen Parteichefs Gorbatschow nach 1985 ab. Damit führte er die DDR in die Isolierung. Da er den Eisernen Vorhang nicht um den gesamten Staat verlängern konnte, flohen die Menschen 1989 in Massen in einstige „Bruderländer“, die sich nun öffneten, v.a. nach Ungarn. Honecker sah sich im Herbst 1989 beim 40. Jahrestag der Staatsgründung Massenprotesten und erneuten Mahnungen Gorbatschows gegenüber. Am 18. Oktober trat er auf Druck der Parteiführung von allen Ämtern zurück und wurde am 3. Dezember aus der SED ausgeschlossen.
Im Zuge der Wiedervereinigung musste er nun mit einer Anklage wegen Anstiftung zum Mord rechnen und setzte sich nach Moskau ab, wo er in die chilenische Botschaft floh. 1991 kehrte er nach Deutschland zurück. Das 1992 gegen ihn eröffnete Verfahren aber musste wegen seines schlechten Gesundheitszustands eingestellt werden: Honecker wurde die Ausreise nach Chile zu seiner Tochter gestattet.
Er starb am Morgen des 29. Mai im Alter von 81 Jahren in Santiago de Chile.
In einem Nachruf schrieb die „Süddeutsche Zeitung“:
Bis zuletzt ist er der Kommunist geblieben, der er immer war. Unbeeindruckt vom Zusammenbruch des Sowjetsystems, seiner eigenen Partei und der DDR hat er darauf beharrt, alle Zeit im historischen Recht gewesen und schließlich ein Opfer der Konterrevolution geworden zu sein. Bis zuletzt bekundete er seinen Glauben an die Ideologie und an die lichte Zukunft des Sozialismus, als dessen Sachwalter er sich zeitlebens gefühlt hat. Seinen Sturz im Herbst 1989 verstand er als Komplott finsterer Weltmächte, darunter auch der Sowjetunion Gorbatschows. Seine erzwungene Abdankung, die folgende Isolierung, die spätere Haft und den Totschlagsprozess hat der greise und kranke Mann als Unrecht und Entwürdigung empfunden. In Chile schrieb er noch an seinem politischen Vermächtnis. Die Schrift sollte auch ein Enthüllungsbuch über die „wahre Geschichte der DDR“ sein, „wer sie gestürzt hat und wie sie gestürzt worden ist“.

Oskar Lafontaine neuer Parteivorsitzender der SPD

Die Sozialdemokraten mussten im Verlauf des Jahres 1995 eine nachhaltige Schwächung ihrer Position als Folge heftiger interner Kontroversen und Personaldiskussionen hinnehmen, wobei die Tätigkeit des Partei- und Fraktionsvorsitzenden Rudolf Scharping mit scharfen Worten und insbesondere von Niedersachsens Ministerpräsident Gerhard Schröder kritisiert wurde. Der zunehmend isolierte Politiker, dem Führungsschwäche und nicht zuletzt das schlechte Abschneiden der SPD bei der Abgeordnetenhauswahl in Berlin im Oktober zum Vorwurf gemacht wurde, verlor das Amt des Parteivorsitzenden am 16. November im Verlauf des Bundesparteitags in Mannheim und im Zuge einer Kampfabstimmung an den saarländischen Ministerpräsidenten Oskar Lafontaine. Die Kritik an Scharping konzentrierte sich insbesondere auf die in den Augen seiner Gegner erkennbare unzureichende Kommunikationsfähigkeit des früheren rheinland-pfälzischen Ministerpräsidenten, der im Juni 1993 auf der Grundlage des Ergebnisses einer Urwahl zum SPD-Bundesvorsitzenden berufen worden war und im Oktober 1994 als Kanzlerkandidat den Wahlsieg seiner Partei nur knapp verfehlt hatte. Zu den heftigsten Kritikern zählte Niedersachsens Ministerpräsident Gerhard Schröder, der bei Scharping Mängel im ökonomischen Denken und Planen erkannte; von Heide Simonis, der Regierungschefin von Schleswig-Holstein, stammte die im Sommer geäußerte Interpretation, Scharping müsse wegen seiner geringen Kommunikationsfähigkeit als „Autist“ betrachtet werden, wofür sie sich jedoch bei ihrem Parteivorsitzenden entschuldigte. Auch Bundestagsvizepräsident Hans-Ulrich Klose schloss sich der wachsenden Zahl der innerparteilichen Kritiker an, unterstrich Schröders wirtschaftspolitische Kompetenz und betonte im August in einem Zeitungsinterview, die SPD-Troika Scharping / Schröder / Lafontaine existiere faktisch nicht mehr.
Ende August trat der zunehmend in Bedrängnis geratene Parteichef seinen Widersachern entgegen und betonte in einem Gespräch mit der „Süddeutschen Zeitung“, für ihn stehe außer Frage, dass er die Sozialdemokraten auch 1998 als Kanzlerkandidat in die Bundestagswahl führen werde. Gleichzeitig dementierte er Berichte, wonach er beabsichtige, Schröder als wirtschaftspolitischen Sprecher der Partei abzusetzen, und unterstrich, sein Gegner heiße „Helmut Kohl, nicht Schröder“. Am 28. August bestätigte das

SPD-Präsidium Scharping einstimmig als Kanzlerkandidaten und bemühte sich damit, Einigkeit in der Parteiführung zu demonstrieren, doch griff Schröder den Vorsitzenden bereits am 30. August mit Kritik an der Planung des Mannheimer Parteitags von neuem scharf an; wirtschaftspolitischen Themen wolle man auf dem Kongress nicht die angemessene Bedeutung zugestehen. Am 31. August reagierte Scharping auf die ständigen Angriffe seines Widersachers und entzog Schröder das Amt des wirtschaftspolitischen Sprechers der SPD, womit der Machtkampf einen neuen Höhepunkt erreichte.

Am 15. November hielt der saarländische Ministerpräsident Oskar Lafontaine eine von den Delegierten begeistert aufgenommene und mehrfach von Beifall unterbrochene Rede, in der er die Sozialdemokraten an ihre Grundwerte und ihre gesellschaftliche Verantwortung erinnerte, und am Morgen des 16. November entschied er sich in Absprache mit Rudolf Scharping und auf Drängen vieler Delegierter und mehrerer Landesverbände zur Kandidatur für den Parteivorsitz. Er präsentierte sich dem Plenum als personelle Alternative zu dem Amtsinhaber, erhielt bei der folgenden Kampfabstimmung die Stimmen von 321 der 515 Delegierten (62,6 Prozent der Voten) und wurde so mit überraschend deutlicher Mehrheit zum neuen SPD-Bundesvorsitzenden gewählt, während Scharping 190 Stimmen auf sich vereinigen konnte; es wurden je zwei Enthaltungen bzw. ungültige Voten gezählt. Trotz der politischen und persönlichen Niederlage erklärte sich der abgewählte Parteivorsitzende bereit, für die Position von Lafontaines Stellvertreter zu kandidieren, und erhielt für dieses Amt 482 der 518 abgegebenen Voten. Lafontaine machte deutlich, dass er Scharping als Vorsitzenden der Bundestagsfraktion bestätigen werde.

Der 52-jährige Lafontaine rief die Sozialdemokraten zur Geschlossenheit und zur vertrauensvollen Zusammenarbeit in der Parteispitze auf und betonte, über die Frage des SPD-Kanzlerkandidaten für 1998 werde zu einem späteren Zeitpunkt entschieden. „Ich weiß um die Schwere der Verantwortung und dass ich darauf angewiesen bin, dass alle hier vorn mich unterstützen ... Ich stehe für das Programm, das ich mit vielen zusammen in den letzten Jahren erarbeitet habe, und ich bitte euch alle um Unterstützung“, betonte der neue Parteichef.

Scharping erhielt bei seiner letzten kurzen Rede als SPD-Vorsitzender – nach der Abwahl – stehenden Applaus und verabschiedete sich mit den Worten: „Ich war der Auffassung, wir brauchen Klarheit. Zu dieser Klarheit gehört, dass die ganze Partei, dass jeder, der für sie Verantwortung trägt, Oskar Lafontaine in seinem Amt uneingeschränkt unterstützt. Es wird ganz entscheidend darauf ankommen, dass wir auf diesem Parteitag nicht nur personelle Entscheidungen treffen, sondern die Kraft behalten, den vielen Menschen, die uns beobachten und die uns vertrauen, auch zu sagen, wie wir die wirtschaftliche, die soziale, wie wir uns die Zukunft des Landes überhaupt vorstellen. Nicht nur Personalentscheidungen, sondern auch in der Sache Klarheit schaffen, damit wir Orientierung geben können. Oskar, manches hat bitter wehgetan – aber wir müssen jetzt die Kraft finden, Schmerzen der Vergangenheit hinter uns zu lassen, denn wir haben eine Aufgabe, die wichtiger ist als wir selbst.“

Zum Abschluss des Parteitags kündigte Lafontaine, der das Amt des Ministerpräsidenten des Saarlandes weiterhin bekleidet, das Wiedererstarken der SPD an und riet den politischen Gegnern der Sozialdemokratie, sie sollten sich nunmehr „warm anziehen“. In den Reihen der Sozialdemokraten wurde teils mit Erleichterung, teils mit Bestürzung auf den letztlich überraschenden Führungswechsel reagiert; die Meinungen reichten von der Interpretation eines „Befreiungsschlages“ bis zum Vorwurf des innerparteilichen „Putsches“. Das Nachrichtenmagazin „Der Spiegel“ schrieb:

„Die (in Mannheim) versammelten Sozialdemokraten waren erlöst und zugleich auch wieder erschrocken über die Dynamik der Ereignisse. Denn nie zuvor hat die älteste Partei Deutschlands einen Vorsitzenden so gnadenlos beiseitegeschoben wie Rudolf Scharping nach nur 28 Monaten Amtszeit ... Seit dem Sommer war Lafontaine mit dem – weitverbreiteten – Gedanken schwanger gegangen, dass Rudolf Scharping als Solist in Dreifachfunktion (Partei- und Fraktionsvorsitzender sowie Kanzlerkandidat) maßlos überfordert sei und der Machtwechsel in weite Ferne rücke ... Für Helmut Kohl wird das Regieren schwieriger, denn Lafontaine ist ein ernstzunehmender Kontrahent, weil er sich – anders als Scharping – vom Kanzler unterscheiden will, anstatt ihn zu imitieren.“

Der SPD-Parteitag beschloss in der strittigen Frage der Bundeswehreinsätze in Bosnien, dass Sanitäter, Pioniereinheiten, Logistiktruppen, Transport- und Aufklärungs-

Der neugewählte SPD-Vorsitzende Oskar Lafontaine (rechts) zollt seinem Vorgänger Rudolf Scharping stehend Beifall. Oskar Lafontaine ist neuer SPD-Vorsitzender. Der 52jährige setzte sich am 16.November 1995 auf dem Parteitag in Mannheim sensationell deutlich gegen Rudolf Scharping durch, der als erster Parteichef der Nachkriegszeit abgewählt wurde. Auf den saarländischen Ministerpräsidenten, der sich erst nach seiner mit Begeisterung aufgenommenen Rede auf Druck vieler Delegierter zur Kandidatur entschlossen hatte, entfielen im ersten Wahlgang 321 der 513 Stimmen (62,6 %).

flugzeuge zur Verfügung gestellt, die Entsendung von Tornado-Kampfflugzeugen jedoch ausgeschlossen werden und dass die Bundestagsfraktion der Entsendung von Einheiten mit Kampfauftrag nicht zustimmen soll. Franz Müntefering wurde als Bundesgeschäftsführer der Partei bestätigt. Die SPD-Fraktion im Deutschen Bundestag bestätigte ihren Vorsitzenden Rudolf Scharping am 21. November mit 206 Ja-Stimmen bei 17 Gegenstimmen und fünf Enthaltungen.

Von rechts: Berlins regierender Bürgermeister Eberhard Diepgen, Bundeskanzler Helmut Kohl, Papst Johannes Paul II. und Kardinal Karl Lehmann, der Vorsitzende der Deutschen Bischofskonferenz. Helmut Kohl erinnert sich: „Am Abend des 23. Juni 1996 fand eine Kundgebung auf der Ostseite des Brandenburger Tors statt. Auf dem Weg dorthin gingen der Papst und ich zusammen durch das Brandenburger Tor. Bei dieser Gelegenheit fasste er mich bei der Hand und sagte: 'Herr Bundeskanzler, das ist ein großer Augenblick in meinem Leben. Ich stehe mit Ihnen am Brandenburger Tor, und das Tor ist offen. Die Mauer ist gefallen, Berlin und Deutschland sind nicht mehr geteilt. Und Polen ist frei.' Nicht nur für mich, auch für den Papst hatte sich eine Hoffnung, ja ein Traum, erfüllt."

Berliner Rede des Bundespräsidenten

Bundespräsident Roman Herzog rief am 26. April 1997 in einer vielbeachteten Rede im Berliner Hotel Adlon zur Überwindung von Resignation, Reformunwillen und wirtschaftlicher Erstarrung auf und forderte „einen Ruck", der durch Deutschland gehen müsse:

... Ich will heute Abend kein Blatt vor den Mund nehmen, sondern die Probleme beim Namen nennen.

Was ist los mit unserem Land? Im Klartext: Der Verlust wirtschaftlicher Dynamik, die Erstarrung der Gesellschaft, eine unglaubliche mentale Depression – das sind die Stichworte der Krise. Sie bilden einen allgegenwärtigen Dreiklang, aber einen Dreiklang in Moll. In der Tat: Verglichen mit den Staaten in Asien oder – seit einigen Jahren wieder – auch den USA ist das Wachstum der deutschen Wirtschaft ohne Schwung. Und: in Amerika und Asien werden die Produktzyklen immer kürzer, wird das Tempo der Veränderung immer größer. Es geht auch nicht nur um technische Innovation und um die Fähigkeit, Forschungsergebnisse schneller in neue Produkte umzusetzen; es geht um nichts Geringeres als um eine neue industrielle Revolution, um die Entwicklung zu einer neuen, globalen Gesellschaft des Informationszeitalters. Der Vergleich mit Amerika und seinem leergefegten Arbeitsmarkt zeigt: Deutschland droht tatsächlich zurückzufallen.

Wer Initiative zeigt, wer vor allem neue Wege gehen will, droht unter einem Wust von wohlmeinenden Vorschriften zu ersticken. Um deutsche Regulierungswut kennenzulernen, reicht schon der Versuch, ein simples Einfamilienhaus zu bauen. Kein Wunder, dass es – trotz ähnlicher Löhne – soviel billiger ist, das gleiche Haus in Holland zu bauen. Und dieser Bürokratismus trifft nicht nur den kleinen Häuslebauer – er trifft auch die großen und kleinen Unternehmer, und er trifft ganz besonders den, der auf die verwegene Idee kommt, in Deutschland ein Unternehmen zu gründen. Bill Gates (Gründer und Chef des US-Software-Konzerns Microsoft) fing in einer Garage an und hatte als junger Mann schon ein Weltunternehmen; manche sagen mit bitterem Spott, dass sein Garagenbetrieb bei uns schon an der Gewerbeaufsicht gescheitert wäre.

Und der Verlust der wirtschaftlichen Dynamik geht Hand in Hand mit der Erstarrung unserer Gesellschaft. Die Menschen bei uns spüren, dass die gewohnten Zuwächse ausbleiben, und sie reagieren darauf verständlicherweise mit Verunsicherung. Zum ersten Mal werden auch diejenigen, die bisher noch nie von Arbeitslosigkeit bedroht waren, von Existenzangst für sich und ihre Familien geplagt. Das amerikanische Nachrichtenmagazin „Newsweek" sprach schon von der „deutschen Krankheit". Das ist gewiss übertrieben, aber so viel ist doch richtig: Wer heute in unsere Medien schaut, der gewinnt den Eindruck, dass Pessimismus das allgemeine Lebensgefühl bei uns geworden ist ...

Ich vermisse bei unseren Eliten in Politik, Wirtschaft, Medien und ge-

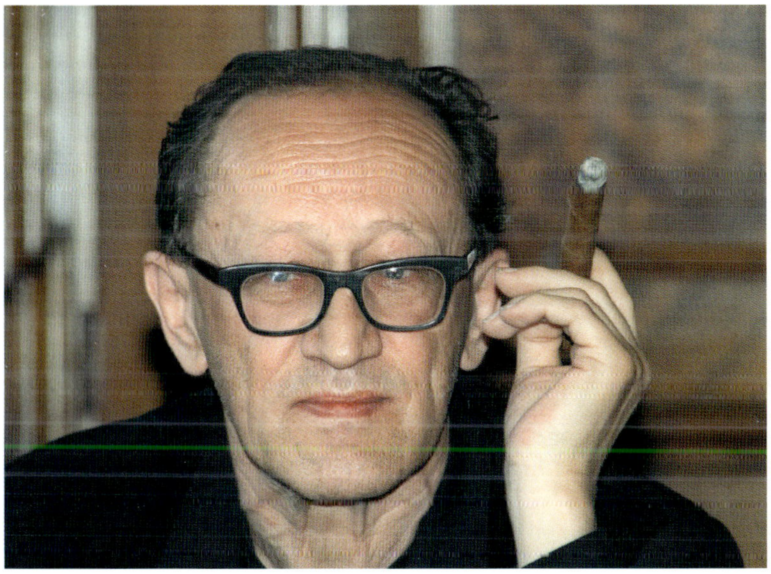

Heiner Müller wurde am 9. Januar 1929 in Eppendorf in Sachsen geboren und blieb in der DDR, auch nachdem seine Eltern 1951 in die Bundesrepublik geflüchtet waren. In seinem Werk setzte er sich für sozialistische und humanistische Ideen ein, kritisierte aber auch die sozialen und politischen Verhältnisse in der DDR. Klassische Stoffe und Shakespeare-Dramen dienten ihm als Modelle für aktuelle politische Themen. Müller schockierte in seinen Arbeiten mit Furcht und Schrecken, weil er so die Menschen zum Lernen anregen wollte. Er inszenierte bereits vor der Wiedervereinigung an vielen Bühnen in Ost- und Westdeutschland. Kurz nachdem er die Leitung des renommierten Berliner Ensembles übernommen hatte, starb Heiner Müller am 30. Dezember 1995 in Berlin an Krebs. Er wohnte zuletzt mit Ehefrau Brigitte und Tochter Anna in einer umgebauten Fabriketage in Berlin-Kreuzberg. Die Menschen in seiner Nachbarschaft kannten ihn als bescheidenen, witzigen Mann. Sein Grab befindet sich auf dem Dorotheenstädtischen Friedhof in Berlin-Mitte. Dem begeisterten Zigarrenraucher wurde eine Kiste Montecristo-Havannas in sein Grab mitgegeben.

sellschaftlichen Gruppen die Fähigkeit und den Willen, das als richtig Erkannte auch durchzustehen. Es kann ja sein, dass einem einmal der Wind der öffentlichen Meinung ins Gesicht bläst; unser Land befindet sich aber in einer Lage, in der wir es uns nicht mehr leisten können, immer nur den Weg des geringsten Widerstands zu gehen.

Ich glaube sogar, in Zeiten existentieller Herausforderung wird nur der gewinnen, der wirklich zu führen bereit ist, dem es um Überzeugung geht und nicht um politische, wirtschaftliche und mediale Macht, ihren Erhalt oder auch ihren Gewinn. Wir sollten die Vernunft- und Einsichtsfähigkeit der Bürger nicht unterschätzen – wenn es um die großen Fragen geht, honorieren sie einen klaren Kurs. Unsere Eliten dürfen den notwendigen Reformen nicht hinterherlaufen, sie müssen an ihrer Spitze stehen!

Eliten müssen sich durch Leistung, Entscheidungswillen und ihre Rolle als Vorbild rechtfertigen. Ich erwarte auch eine klare Sprache! Wer – wo auch immer – führt, muss den Menschen, die ihm anvertraut sind, reinen Wein einschenken, auch wenn das unangenehm ist. Ich mache den 35-jährigen Kohlekumpeln, die in Bonn für den Erhalt ihres Arbeitsplatzes demonstriert haben, keinen Vorwurf; ich weiß, dass den Bergleuten jetzt viel abverlangt wird, und ich fühle mit ihnen.

Mein Vorwurf gilt aber denjenigen, die vor 20 Jahren die damals 15-Jährigen ermutigt haben, diesen Beruf zu ergreifen, indem sie ihnen wider besseres Wissen erzählt haben, er habe uneingeschränkt eine Zukunft. Die einfache Wahrheit ist heute doch: Niemand darf sich darauf einrichten, in seinem Leben nur einen Beruf zu haben. Ich rufe auf zu mehr Flexibilität! In der Wissensgesellschaft des 21. Jahrhunderts werden wir alle lebenslang lernen, neue Techniken und Fertigkeiten erwerben und uns an den Gedanken gewöhnen müssen, später einmal in zwei, drei oder sogar vier verschiedenen Berufen zu arbeiten …

Was muss geschehen?

Ich meine, wir brauchen einen neuen Gesellschaftsvertrag zugunsten der Zukunft. Alle, wirklich alle Besitzstände müssen auf den Prüfstand. Alle müssen sich bewegen. Wer nur etwas vom anderen fordert – je nach Standort von den Arbeitgebern, den Gewerkschaften, dem Staat, den Parteien, der Regierung, der Opposition –, der bewegt gar nichts. Zuerst müssen wir uns darüber klar werden, in welcher Gesellschaft wir im 21. Jahrhundert leben wollen. Wir brauchen wieder eine Vision. Visionen sind nichts anderes als Strategien des Handelns. Das ist es, was sie von Utopien unterscheidet.

Visionen können ungeahnte Kräfte mobilisieren. Ich erinnere an die Vitalität des „American dream“, an die Vision der Perestroika, an die Kraft der Freiheitsidee im Herbst 1989 in Deutschland. Auch die Westdeutschen hatten einmal eine Vision, die sie aus den Trümmern des Zweiten Weltkriegs emporführte: die Vision der Sozialen Marktwirtschaft, die Wohlstand für alle versprach und dieses Versprechen gehalten hat; die Vision, das im Krieg geschlagene und moralisch diskreditierte Deutschland in die Gemeinschaft demokratischer Staaten und nach Europa zurückzuführen; und schließlich die Vision der Vereinigung des geteilten Deutschlands.

Niemand darf von mir Patentrezepte erwarten, aber wenn ich versuche, mir Deutschland im Jahre 2020 vorzustellen, dann denke ich an ein Land, das sich von dem heutigen doch wesentlich unterscheidet …

Wenn ich von der Zukunft unserer Gesellschaft rede, spreche ich – wie schon gesagt – zwangsläufig von der Jugend. Unsere Jugend ist das größte Kapital, das wir haben; wir müssen ihr nur Perspektiven geben. Dazu gehört nicht nur, dass wir keine Schuldenpolitik zu ihren Lasten betreiben, mit der wir ihr alle Spielräume verbauen.

ch frage weiter: Warum gibt es so wenige Angebote für Jugendliche zu einem freiwilligen sozialen Engagement? Es gibt sie doch wieder, die Jugendlichen, die dazu bereit sind. Ich erlebe es in persönlichen Begegnungen, und ich sehe durch die Umfragen bestätigt, dass wir längst eine Trendwende in diesem Land haben: Die Pflichtwer-

Bundespräsident Roman Herzog hebt am 26. April 1997 während seiner Grundsatzrede im Berliner Hotel „Adlon“ den Zeigefinger. Das Staatsoberhaupt warf den Eliten in Politik und Wirtschaft Versagen bei dringenden Reformen vor und rief gleichzeitig zur Entwicklung von Visionen für das nächste Jahrtausend auf. „Durch Deutschland muss ein Ruck gehen“, sagte Herzog vor rund 200 geladenen Gästen aus Politik, Wirtschaft und Kultur. Angesichts von vier Millionen Arbeitslosen müsse von liebgewonnenen Besitzständen Abschied genommen werden. Er zeigte sich aber gleichzeitig davon überzeugt, dass ein neuer Aufbruch in das 21. Jahrhundert gelingen könne. Die Deutschen hätten „die Kraft und den Leistungswillen, sich am eigenen Schopf aus der Krise herauszuziehen – wenn sie es sich nur zutrauen“.

te gewinnen wieder an Bedeutung gegenüber dem, was die Soziologen so schön die „Selbstverwirklichungswerte“ nennen.
Man könnte vermutlich auch einfach sagen: Egoismus allein ist nicht mehr „in“, gerade unsere Jugend ist wieder bereit, sich für die Gemeinschaft einzusetzen. Wir müssen sie dann aber auch gewähren lassen, ihr Spielräume geben, Erfahrungen jenseits der materiellen Werte zu gewinnen. Wir müssen unserer Jugend zu mehr Selbständigkeit, zu mehr Bildungsfähigkeit, zu mehr Unternehmensgeist und mehr Verantwortungsbereitschaft Mut machen. Wir sollten ihr sagen: Ihr müsst etwas leisten, sonst fallt ihr zurück. Aber: Ihr könnt auch etwas leisten. Es gibt genug Aufgaben in unserer Gesellschaft, an denen junge Menschen ihre Verantwortung für sich und das Ganze beweisen können.
Wir Älteren aber müssen uns die Frage stellen: Was leben wir den jungen Menschen vor? Welche Leitbilder geben wir ihnen? Das Leitbild des ewig irritierten, ewig verzweifelten Versorgungsbürgers kann es doch wahrhaftig nicht sein! Die Jungen beobachten uns Alte sehr genau; wirklich überzeugen werden wir sie nur, wenn wir ihnen unsere eigene Verantwortung glaubhaft vorleben. Und schließlich: Wir müssen von dem hohen Ross herunter, dass Lösungen für unsere Probleme nur in Deutschland gefunden werden können. Der Blick auf den eigenen Bauchnabel verrät nur wenig Neues. Jeder weiß, dass wir eine lernende Gesellschaft sein müssen, also müssen wir Teil einer lernenden Weltgesellschaft werden, einer Gesellschaft, die rund um den Globus nach den besten Ideen, den besten Lösungen sucht.

Teilnehmer in historischen Kostümen schwenken am 3. Oktober 1997 während des Festumzuges zum Tag der Deutschen Einheit am Brandenburger Tor in Berlin die Deutsche Fahne. Rund 250.000 Menschen begleiteten den drei Kilometer langen Umzug, mit dem sich die 16 Bundesländer am 3. Oktober schon traditionell in der Hauptstadt präsentieren.

Der modernste Hauptbahnhof Europas wurde am 12. November 1997 in Leipzig eröffnet. Das Herzstück des innen neugestalteten historischen Kopfbahnhofs ist ein Einkaufs- und Dienstleistungszentrum mit etwa 140 Geschäften des Einzelhandels und der Gastronomie. Auf etwa 30.000 Quadratmeter Fläche entstanden auf mehreren Ebenen die mehrgeschossigen „Promenaden Leipziger Hauptbahnhof“.

Auch wir müssen rein in die Zukunftstechnologien, rein in die Biotechnik, die Informationstechnologie. Ein großes, globales Rennen hat begonnen: Die Weltmärkte werden neu verteilt, ebenso die Chancen auf Wohlstand im 21. Jahrhundert. Wir müssen jetzt eine Aufholjagd starten, bei der wir uns Technologie- und Leistungsfeindlichkeit einfach nicht leisten können. Die Aufgaben, vor denen wir stehen, sind gewaltig. Die Menschen fühlen sich durch die Fülle der gleichzeitig notwendigen Veränderungen überlastet. Das ist verständlich, denn der Nachholbedarf an Reformen hat sich bei uns geradezu aufgestaut. Es wird Kraft und Anstrengung kosten, die Erneuerung voranzutreiben, und es ist bereits viel Zeit verlorengegangen. Niemand darf aber vergessen: In hochtechnisierten Gesellschaften ist permanente Innovation eine Daueraufgabe! Die Welt ist im Aufbruch, sie wartet nicht auf Deutschland. Aber es ist auch noch nicht zu spät. Durch Deutschland muss ein Ruck gehen; wir müssen Abstand nehmen von liebgewordenen Besitzständen ...
Die Bürger erwarten, dass jetzt gehandelt wird. Wenn alle die vor uns liegenden Aufgaben als große, gemeinschaftliche Herausforderung begreifen, werden wir es schaffen ...

Von Kohl zu Merkel (1998 bis heute)

1998, 27. Sept.: Bei der Bundestagswahl wird erstmals in der Geschichte der Bundesrepublik eine amtierende Regierung faktisch abgelöst. Die SPD erreicht 40,9 % der Stimmen und Bündnis 90/Grüne 6,7 %, damit erringen sie zusammen die absolute Mehrheit der Parlamentsmandate. Die CDU/CSU kommt auf 35,1 %, die F.D.P. auf 6,2 % und die PDS auf 5,1 % der Stimmen.
1998, 16. Okt.: Der Bundestag billigt in seiner alten Zusammensetzung eine Beteiligung der Bundeswehr an einem möglichen Militärschlag der NATO gegen Rest-Jugoslawien (BRJ) aufgrund der Kosovo-Krise.
1998, 24. Okt.: Staatsoberhäupter aus 20 europäischen Ländern feiern in Münster und Osnabrück den 350. Jahrestag des Westfälischen Friedens. Gleichzeitig wird die Europaratsausstellung „1648 - Krieg und Frieden in Europa" eröffnet.
1998, 27. Okt.: Der bisherige niedersächsische Ministerpräsident Gerhard Schröder (SPD) wird vom Bundestag zum siebten deutschen Bundeskanzler gewählt. Am Nachmittag wird das neue Kabinett der rot-grünen Koalition vereidigt. Vizekanzler und Außenminister wird Joschka Fischer (Grüne).
1998, 7. Nov.: Der Unions-Fraktionschef Wolfgang Schäuble wird als Nachfolger von Helmut Kohl vom Parteitag in Bonn zum neuen Parteivorsitzenden der CDU gewählt.
1999, 1. Jan.: In elf Ländern der EU wird der Euro eingeführt, die Europäische Währungsunion tritt damit in Kraft.
1999, 22. Jan.: Nach sechsjähriger Bauzeit wird in Berlin das Jüdische Museum eröffnet. Das Gebäude ist von dem amerikanischen Architekten Daniel Libeskind als labyrinthisch verzweigter Zickzack-Bau konzipiert, dessen Grundriss einem geborstenen Davidstern gleicht.
1999, 26. Jan.: Die Bundesregierung und die Stromindustrie beginnen Konsensgespräche zur Atompolitik. Sie beschließen, die Wiederaufbereitung abgebrannter Kernbrennstäbe vorerst nicht zu verbieten.
1999, 19. Febr.: Mit einem Festakt wird Weimar zur diesjährigen europäischen Kulturhauptstadt ernannt.
1999, 8. März: Nach einem Treffen des tschechischen Ministerpräsidenten Milos Zeman mit Bundeskanzler Schröder können die Unstimmigkeiten über die nach 1945 erfolgte Vertreibung und Enteignung der Deutschen und die Entschädigungsforderungen der Tschechen für die deutsche Herrschaft (1938-1945) beigelegt werden.
1999, 11. März: Bundesfinanzminister Oskar Lafontaine gibt schriftlich und ohne Angabe von Gründen seinen Rücktritt als Finanzminister, als SPD-Vorsitzender und als Bundestagsmitglied bekannt.
1999, 26. März: Die EU-Staats- und Regierungschefs verabschieden auf dem Berliner Gipfel mit Abstrichen die „Agenda 2000", mit der die Agrar- und die Strukturpolitik sowie die Finanzierung des Haushalts der Gemeinschaft reformiert werden sollen.
1999, 1. Apr.: Die Neuregelung des 630-Mark-Gesetzes tritt in Kraft. Arbeitgeber müssen ab sofort auch für Beschäftigte mit einem Monatslohn von höchstens 630 Mark Sozialabgaben abführen, so dass auch diese Beschäftigten zum Beispiel Rentenansprüche erwerben.
1999, 13. Apr.: Der ehemalige Ministerpräsident der DDR, Willi Stoph, stirbt in Berlin.
1999, 22. Apr.: In der bislang größten Spendenaktion in der Geschichte der Bundesrepublik sind über 150 Millionen Mark zur Linderung des Elends der Kosovo-Flüchtlinge zusammengetragen worden.
1999, 7. Mai: Der Bundestag verabschiedet das neue Staatsbürgerschaftsrecht: In der Bundesrepublik geborene Kinder ausländischer Eltern erhalten künftig die doppelte Staatsangehörigkeit, wenn ein Elternteil seit acht Jahren rechtmäßig in Deutschland lebt, und müssen sich bis zum 23. Lebensjahr für eine der beiden Staatsangehörigkeiten entscheiden.
1999, 23. Mai: Die Bundesversammlung wählt Johannes Rau im zweiten Wahlgang zum achten Bundespräsidenten der Bundesrepublik Deutschland. Rau setzt sich damit gegen die Mitbewerberinnen Dagmar Schipanski und Uta Ranke-Heinemann durch.
1999, 11. Juni: Der Bundestag stimmt dem Einsatz der Bundeswehr in der internationalen Friedenstruppe für das Kosovo zu.
1999, 25. Juni: Der Bundestag beschließt, den Stelenwald-Entwurf des amerikanischen Architekten Peter Eisenman als Holocaust-Mahnmal in Berlin zu realisieren.
1999, 6. Juli: Das Bundesinstitut für Arzneimittel und Medizinprodukte in Berlin gibt die Zulassung der „Abtreibungspille" RU 486 (Mifegyne) bekannt. Das Medikament wird allerdings nicht über Apotheken vertrieben, sondern darf nur von bestimmten Gynäkologen verschrieben werden.
1999, 18. Juli: Das russische Verfassungsgericht erklärt die aus Deutschland stammende „Beu-

Mit doppeltem Victory-Zeichen stellt sich SPD-Kanzlerkandidat Gerhard Schröder in der Bonner Parteizentrale am 27. September 1998 seinen Anhängern.

tekunst" aus dem Zweiten Weltkrieg überwiegend zum Eigentum Russlands. Damit werden die deutschen Rückgabeforderungen abgewiesen.

1999, 20. Juli: Zum 55. Jahrestag des gescheiterten Staatsstreichs gegen Adolf Hitler nehmen Bundeskanzler Schröder und Verteidigungsminister Rudolf Scharping an der Vereidigung von Rekruten der Bundeswehr auf dem Gelände des sog. Bendlerblocks in Berlin teil. Die Gelöbnisfeier wird von Pfiffen einer Gegenkundgebung gestört. Der Bendlerblock war während des Nationalsozialismus seit 1935 Sitz des Reichskriegsministeriums und dient seit 1953 als Gedenkstätte für die Opfer des 20. Juli 1944.

1999, 1. Aug.: Alle deutschen Nachrichtenagenturen und mit ihnen die meisten Tageszeitungen stellen ihre Texte auf die lange umstrittene Rechtschreibreform um.

1999, 11. Aug.: In ganz Europa beobachten Millionen Menschen die letzte totale Sonnenfinsternis dieses Jahrtausends. In Deutschland sich das Naturschauspiel am besten in Karlsruhe, Saarbrücken und Stuttgart beobachten.

1999, 13. Aug.: Der Vorsitzende des Zentralrats der Juden in Deutschland, Ignatz Bubis, stirbt im Alter von 72 Jahren in Frankfurt/Main.

1999, 7. Okt.: Der Bundestag beschließt den Einsatz von Sanitätssoldaten der Bundeswehr in Ost-Timor.

1999, 1. Nov.: Beim Amoklauf eines 16-jährigen Jungen werden im oberbayerischen Bad Reichenhall vier Menschen getötet und weitere Personen zum Teil lebensgefährlich verletzt, darunter der Schauspieler Günter Lamprecht.

1999, 6. Nov.: Der ehemalige CDU-Parteivorsitzende Helmut Kohl versichert, er habe keine Kenntnis von einer Spende, wie sie der frühere Schatzmeister am Vortag der Justiz beschrieben hat.

1999, 15. Nov.: Der Vorstand des Baukonzerns Holzmann verkündet, dass Milliardenverluste aus Altgeschäften drohen und die Firma daher überschuldet sei. Als sich die Banken nicht auf Finanzhilfen einigen können, meldet das Unternehmen Konkurs an.

Mit den Worten „Hallo Berlin" betritt Bundespräsident Johannes Rau in Begleitung seiner Frau Christina am 2. Juli 1999 den Park vor Schloss Bellevue in Berlin. Einen Tag nach der Vereidigung bezog das Staatsoberhaupt seinen Amtssitz in der Hauptstadt und begrüßte dort seine Mitarbeiter. Anschließend wollte Rau erste Büroarbeiten erledigen, wie er vor Journalisten sagte. Auf die Frage, ob er seine alte Heimat vermissen werde, meinte er, ein Stück von ihm bleibe in Wuppertal und Nordrhein-Westfalen. „Aber die Neugier ist so groß, dass sie das Heimweh übersteigt", sagte Rau.

1999, 30. Nov.: Der frühere CDU-Parteivorsitzende und Bundeskanzler Helmut Kohl räumt öffentlich die Führung verdeckter CDU-Partei Konten ein. Er entschuldigt sich für mangelnde Transparenz der Spenden, fehlende Kontrolle und mögliche Verstöße gegen das Parteiengesetz.

1999, 10. Dez.: Der Schriftsteller Günter Grass wird in Stockholm mit dem Nobelpreis für Literatur ausgezeichnet. Der Nobelpreis für Medizin wird dem Deutschamerikaner Günter Blobel verliehen. Der Friedensnobelpreis geht an die Organisation „Ärzte ohne Grenzen".

1999, 16. Dez.: Der frühere CDU-Parteivorsitzende Helmut Kohl gesteht während eines Fernsehauftritts im ZDF ein, zwischen 1993 und 1998 Spenden von 1,5 bis 2 Millionen Mark angenommen und nicht ordnungsgemäß verbucht zu haben. Die Namen der anonymen Spender will er nicht nennen.

1999, 17. Dez.: Die Bundes- und die US-Regierung sowie die deutsche Wirtschaft und Interessenvertreter der Zwangsarbeiter aus der Zeit des Nationalsozialismus einigen sich auf eine Bundesstiftung. Von den zehn Milliarden Mark sollen je die Hälfte von der Bundesregierung und von der deutschen Wirtschaft aufgebracht werden.

2000, 4. Jan.: Die Bundesregierung erklärt, künftig bei der Vergabe öffentlicher Aufträge Unternehmen zu bevorzugen, die ein spezielles Förderprogramm für Frauen aufweisen.

2000, 9. Jan.: Paul Spiegel wird als Nachfolger von Ignaz Bubis zum neuen Präsidenten des Zentralrats der Juden in Deutschland gewählt.

2000, 11. Jan.: Der Europäische Gerichtshof erklärt die bisherigen Einschränkungen für Frauen in der Bundeswehr für EU-rechtswidrig. Danach dürfen Frauen in Zukunft in Deutschland auch Dienst an der Waffe leisten.

2000, 18. Jan.: Der CDU-Bundesvorstand spricht Wolfgang Schäuble das Vertrauen aus und fordert Alt-Bundeskanzler Helmut Kohl auf, die Namen seiner Geldgeber zu nennen oder aber den CDU-Ehrenvorsitz ruhen zu lassen. Kohl gibt daraufhin sein Ehrenamt zurück.

2000, 20. Jan.: Schäuble entschuldigt sich im Deutschen Bundestag dafür, dass er die 100.000-DM-Spende von Schreiber am 2. Dezember 1999 im Parlament verschwiegen hat.

2000, 28. Jan.: Am Gründungsort Leipzig feiert der Deutsche Fußball-Bund (DFB) sein 100-jähriges Bestehen.

2000, 3. Febr.: Mannesmann und Vodafone Airtouch einigen sich nach einem spektakulären Übernahmeverfahren auf eine Fusion.

2000, 13. Febr.: Zum 55. Jahrestag der Zerstörung Dresdens durch alliierte Bomber im Zweiten Weltkrieg übergibt der Herzog von Kent dem Dresdner Landesbischof ein neues Kuppelkreuz für die Frauenkirche. Für das Kreuz hatte die britische Bevölkerung rund eine Million DM gespendet.

2000, 16. Febr.: Bundespräsident Johannes Rau hält als erstes deutsches Staatsoberhaupt eine Rede in deutscher Sprache vor dem israelischen Parlament, der Knesset, in Jerusalem. Er entschuldigt sich für die Verfolgung der Juden während des Nationalsozialismus in Deutschland.

2000, 29. Febr.: Friedrich Merz wird als Nachfolger von Schäuble zum neuen Vorsitzenden der CDU/CSU-Bundestagsfraktion gewählt.

2000, 6. März: Joschka Fischer trifft als erster deutscher Außenminister seit neun Jahren in Teheran/Iran zu Gesprächen mit der iranischen Führung ein.

2000, 18. März: Auf dem Parteitag der Grünen wird die vorgeschlagene Lockerung der strikten Trennung von Amt und Mandat abgelehnt. Die Delegierten unterstützen den Atomausstiegskurs von Bundesumweltminister Jürgen Trittin.

2000, 28. März: Die Gauck-Behörde bestätigt, dass das Ministerium für Staatssicherheit jahrelang die früheren Finanzberater der CDU abgehört hat. Es entsteht ein öffentlicher Streit darüber, ob dieser Dokumentenfund im Untersuchungsausschuss des Bundestages um die CDU-Spenden verwendet werden soll.

2000, 10. Apr.: Auf dem Bundesparteitag der CDU in Essen wird Angela Merkel mit 96 Prozent der Stimmen zur neuen Vorsitzenden gewählt.

2000, 21. Mai: Der frühere Chef des Ministeriums für Staatssicherheit Erich Mielke, stirbt im Alter von 92 Jahren in einem Altenpflegeheim in Berlin.

2000, 1. Juni: Bundespräsident Rau eröffnet in Hannover die „EXPO 2000". Die erste Weltausstellung auf deutschem Boden steht unter dem Motto „Mensch - Natur - Technik".

2000, 2. Juni: US-Präsident Bill Clinton wird in Aachen mit dem Internationalen Karlspreis ausgezeichnet. Die Laudatio hält Bundeskanzler Schröder.

2000, 27. Juni: Als erster ausländischer Staatschef spricht Frankreichs Präsident Jacques Chirac im umgebauten Reichstag in Berlin.

2000, 1. Aug.: Die „Frankfurter Allgemeine Zeitung" kehrt zur alten Rechtschreibung zurück. Ein Jahr nach Übernahme der neuen Rechtschreibung begründet das Blatt seinen vielbeachteten Schritt damit, dass die wesentlichen Ziele der von den Kultusministern verordneten Reform nicht erreicht worden seien. Andere große Zeitungen und Zeitschriften folgen der FAZ nicht.

2000, 17. Aug.: In Deutschland endet die Versteigerung der UMTS-Mobilfunklizenzen (Universal Mobile Telecommunications System) mit dem Rekorderlös von 98,8 Milliarden DM.

2000, 26. Sept.: In Berlin findet eine Demonstration mit knapp 7.000 Lastwagen statt, die den Verkehr zum Erliegen bringt. Bundesverkehrsminister Reinhard Klimmt lehnt trotz steigender Benzinpreise Steuerhilfen für Speditionen ab.

2000, 3. Okt.: Deutschlands Spitzenpolitiker feiern in der Dresdner Semperoper den zehnten Jahrestag der deutschen Einheit.

2000, 11. Okt.: Die frühere DDR-Bürgerrechtlerin und Grünen-Politikerin Marianne Birthler übernimmt das Amt der „Bundesbeauftragten für die Unterlagen des Staatssicherheitsdienstes der ehemaligen DDR". Sie tritt die Nachfolge von Joachim Gauck an.

2000, 18. Okt.: Unions-Fraktionschef Friedrich Merz fordert in einem Zeitungsgespräch, dass sich Zuwanderer, die auf Dauer in der Bundesrepublik leben wollen, „einer gewachsenen freiheitlichen deutschen Leitkultur anpassen" müssten. Mit dieser Äußerung löst Merz eine breite Debatte über die Zuwanderungspolitik aus.

2000, 31. Okt.: Nach 153 Tagen schließt die Expo in Hannover. Die erste Weltausstellung auf deutschem Boden liegt mit 18 Millionen Besuchern weit unter den Erwartungen von 40 Millionen Gästen.

2000, 13. Nov.: Im Prozess um die tödliche Hetzjagd mehrerer Jugendlicher auf einen Afrikaner in Guben/Brandenburg werden drei Jugendliche zu Jugendstrafen von ein bis drei Jahren verurteilt.

2000, 25. Nov.: Ende des Klimagipfels der Vereinten Nationen in Den Haag. Konkrete Maßnahmen zur Reduzierung der Treibhausgase werden nicht festgelegt. Der Gipfel gilt als gescheitert.

2000, 2. Dez.: In der Bundesrepublik tritt das Gesetz zum völligen Verbot der Verfütterung von Tiermehl in Kraft. Damit reagiert die Bundesregierung auf die „BSE-Krise" in Deutschland.

2000, 6. Dez.: Bundeskanzler Schröder besucht 30 Jahre nach dem historischen Kniefall des damaligen Bundeskanzlers Willy Brandt das Warschauer Ghetto-Denkmal.

2001, 2. Jan.: Zum ersten Mal dürfen Frauen in der Bundeswehr Dienst an der Waffe tun. Die Elektronikerin Tanja Kreil hatte vor dem Europäischen Gerichtshof das Recht der Frauen auf Teilnahme an Kampfeinsätzen erstritten. Der Bundestag änderte daraufhin mit der erforderlichen Zweidrittelmehrheit das Grundgesetz.

2001, 24. Jan.: Fernsehübertragungen aus Gerichtssälen bleiben in Deutschland verboten. Das Bundesverfassungsgericht weist eine Klage des privaten Nachrichtensenders n-tv ab.

2001, 31. Jan.: Die Arbeitslosenzahlen übersteigen erstmals seit dem Frühjahr 2000 wieder die Vier-Millionen-Marke.

2001, 1. Febr.: Bundeskanzler Gerhard Schröder und Frankreichs Premierminister Lionel Jospin vereinbaren, dass künftig zweimal jährlich deutscher Atommüll aus der Wiederaufarbeitungsanlage La Hague nach Gorleben gebracht wird.

2001, 2. März: In der CDU-Parteispendenaffäre wird das Ermittlungsverfahren gegen Ex-Bundeskanzler Helmut Kohl gegen Zahlung von 300 000 DM eingestellt.

2001, 25. März: Die Ministerpräsidenten Erwin Teufel (CDU; 44,8 %) und Kurt Beck (SPD; 44,7 %) werden durch die Landtagswahlen in Baden-Württemberg und Rheinland-Pfalz im Amt bestätigt. In beiden Ländern kann die bestehende Koalition mit der FDP fortgesetzt werden.

2001, 28. März: Das Bundeskabinett beschließt den Gesetzentwurf zur Errichtung der „Stiftung Jüdisches Museum Berlin". Das Jüdische Museum Berlin wird in eine Bundeseinrichtung umgewandelt.

2001, 2. Mai: Knapp zwei Jahre nach dem Umzug der Bundesregierung von Bonn nach Berlin wird das

Steffi Graf bejubelt und genießt am 5. Juni 1999 in Paris ihren Erfolg gegen Martina Hingis (Schweiz). Graf hat im Finale der French Open der 18 Jahre alten Martina Hingis eine Tennis-Lektion erteilt und in beinahe schon unglaublicher Manier ihren sechsten French-Open-Titel geholt. Wenige Tage vor ihrem 30. Geburtstag am 14. Juni gewann die Weltranglisten-Sechste im Stade Roland Garros einen Tennis-Thriller der besonderen Art gegen die Weltranglisten-Erste aus der Schweiz mit 4:6, 7:5, 6:2. Anschließend gab sie den Rücktritt ihrer aktiven Laufbahn bekannt.

König Carl XVI. Gustaf von Schweden (rechts) überreicht am 10. Dezember 1999 bei einer feierlichen Zeremonie im Konzerthaus in Stockholm den Nobelpreis für Literatur an den deutschen Schriftsteller Günter Grass (links). Der 72jährige Schriftsteller aus Lübeck erhielt die Auszeichnung zusammen mit sechs weiteren Nobelpreisträgern. Grass ist der erste deutsche Autor seit Heinrich Böll 1972, der mit dem berühmtesten Preis der Welt ausgezeichnet wird.

neue Bundeskanzleramt eröffnet.
2001, 8. Mai: Der Benzinpreis erreicht Rekordhöhe: 2,23 DM zahlt man für den Liter Superbenzin, Diesel kostet 1,69 DM.
2001, 11. Mai: Der Bundestag beschließt die Reform des Rentensystems. Benannt nach Arbeitsminister Walter Riester (SPD) sieht die „Riester-Rente" eine Ergänzung des bestehenden Rentensystems durch eine staatlich geförderte private Altersvorsorge vor.
2001, 23. Mai: Bayerns Ministerpräsident Edmund Stoiber (CSU) eröffnet am Starnberger See das „Museum der Phantasie", in dem die Kunstsammlung Lothar-Günther Buchheims, Autor von „Das Boot", ausgestellt wird.
2001, 16. Juni: SPD und Bündnis 90/Die Grünen stürzen mit Hilfe der PDS den Regierenden Bürgermeister Eberhard Diepgen durch ein konstruktives Misstrauensvotum. Klaus Wowereit wird sein Nachfolger.
2001, 26. Juni: Der baden-württembergische Gerichtshof entscheidet gegen die Klage der muslimischen Lehrerin Fereshta Ludin, die auf das Tragen eines Kopftuches an einer staatlichen Schule beharrt. Das Kopftuch sei ein politisches Symbol und mit der staatlichen Neutralitätspflicht nicht vereinbar.
2001, 4. Juli: Hannelore Kohl setzt ihrem Leben freiwillig ein Ende. Sie litt an einer Lichtallergie, die 1993 durch eine Penicillin-Behandlung ausgelöst worden war.
2001, 8. Aug.: Der Bayer-Konzern muss das Produkt Lipobay vom Markt nehmen. Gefährliche Nebenwirkungen des Medikaments zur Blutfettsenkung hatten weltweit 52 Todesfälle verursacht.
2001, 13. Aug.: In Gelsenkirchen wird die Mehrzweck-Arena „Arena auf Schalke" eingeweiht. Der Bau, der als eines der modernsten Stadien der Welt gilt, kostete 358 Millionen Mark.
2001, 9. Sept.: Das Jüdische Museum in Berlin, ein Bau des Architekten Daniel Libeskind, wird eröffnet. Es zeigt in seiner ständigen Ausstellung zweitausend Jahre jüdischen Lebens in Deutschland.

Havelberg (Sachsen-Anhalt): Bundeswehrsoldatinnen mit Tarnfarbe im Gesicht bei der Übung am 24. Januar 2001 auf dem Truppenübungsplatz der Elb-Havel-Kaserne in Havelberg (Landkreis Stendal). Zusammen mit 87 männlichen Kameraden vom schweren Pionierbataillon 803 sind 15 weibliche Rekruten aus Havelberg zu ihrer ersten Geländeübung ausgerückt. Seit Januar 2001 können Frauen bei der Bundeswehr auch Dienst an der Waffe leisten.

Franz Beckenbauer (r), der Chef des Bewerbungskomitees für die Fußball-Weltmeisterschaft 2006 und der FIFA-Präsident Joseph Blatter (l) präsentieren am 6.7.2000 in der Messe in Zürich (Schweiz) nach der Bekanntgabe die Urkunde und den Pokal für die Fußball-Weltmeisterschaft 2006. Zum zweiten Mal in ihrer Geschichte wird die Fußball-Weltmeisterschaft 2006 in Deutschland stattfinden. Deutschland konnte sich erst im dritten Wahlgang gegen den übrig gebliebenen Mitbewerber Südafrika knapp mit 12:11 Stimmen durchsetzen. Deutschland werde ein großartiger Gastgeber sein, versprach Franz Beckenbauer.

2001, 19. Okt.: Der Bundestag beschließt, dass die „gewerbsmäßige Unzucht" eine legale Beschäftigung ist. Prostituierte können nun auch sozialversichert ihrem Beruf nachgehen.
2001, 25. Okt.: Soraya, erste Gemahlin des Schahs von Persien, stirbt im Alter von 69 Jahren in Paris.
2001, 1. Nov.: Die Staatsanwaltschaft stellt das Ermittlungsverfahren gegen den früheren CDU-Vorsitzenden Wolfgang Schäuble und die ehemalige Schatzmeisterin Brigitte Baumeister wegen uneidlicher Falschaussage über die genauen Umstände der Übergabe einer 100.000 DM-Spende durch den Rüstungs-Lobbyisten Karlheinz Schreiber ein.
2001, 4. Nov.: Auf dem ehemaligen Reichsparteitagsgelände in Nürnberg wird ein Dokumentationszentrum eröffnet.
2001, 16. Nov.: Die Abstimmung im Bundestag über den Bundeswehreinsatz in Afghanistan wird von Bundeskanzler Gerhard Schröder mit der Vertrauensfrage verknüpft. Für den Einsatz stimmen 336 von 666 Abgeordneten.
2001, 3. Dez.: 250.000 Schüler aus 32 Staaten stellen ihr Wissen bei der Schulstudie „Pisa" unter Beweis. Die deutschen Schüler schaffen es in der Gesamtbewertung nur auf Platz 25.
2001, 31. Dez.: Die Deutsche Mark ist zum letzten Mal in der Bundesrepublik alleiniges Zahlungsmittel.
2002, 1. Jan.: Mit der Ausgabe der Euro-Banknoten und Euro-Münzen in zwölf europäischen Ländern wird die 1999 begonnene Währungsunion vollendet.
2002, 21. Jan.: Bündnis 90/Die Grünen treten bei den Bundestagswahlen erstmals mit einem Spitzenkandidaten an. Der Parteirat nominiert Joschka Fischer.
2002, 30. Jan.: Der Bundestag erlaubt deutschen Forschern, unter Auflagen mit embryonalen Stammzellen zu arbeiten.
2002, 31. Jan.: In einem Gespräch mit George W. Bush sichert Bundeskanzler Gerhard Schröder (SPD) einen längerfristigen Einsatz deutscher Soldaten und Experten in Afghanistan zu.
2002, 1. Febr.: Der Bundesrat beschließt den Ausstieg aus der Atomenergie. Der sog. Atomkonsens sieht vor, dass das letzte der 19 deutschen Kernkraftwerke 2021 vom Netz geht. Hildegard Knef, Schauspielerin und Chansonniere, stirbt im Alter von 76 Jahren an einer Lungenentzündung.
2002, 8. Febr.: George W. Bush eröffnet in Salt Lake City die XIX. Olympischen Winterspiele.

2002, 23. Febr.: Bundesverkehrsminister Kurt Bodewig (SPD) gibt die Verteilung der Bundesmittel für die geplanten Magnetbahnstrecken bekannt: Für die Transrapid-Verbindung Dortmund-Düsseldorf in NRW wird ein Zuschuss in Höhe von 1,7 Milliarden Euro zugesagt. Bayern werden 550 Millionen Euro für die Flughafenanbindung des Münchner Hauptbahnhofs in Aussicht gestellt.

2002, 25. Febr.: Bei einem Überfall auf einen Geldtransporter erbeuten drei Männer 8,5 Millionen Euro. Das ist die höchste Summe, die jemals bei einem Raubüberfall in Deutschland entwendet wurde.

2002, 10. März: Sven Hannawald gewinnt nach der Vierschanzentournee und dem Mannschaftsgold bei den olympischen Spielen in Salt Lake City auch die Skiflug-WM in Harrachov/Tschechien.

2002, 11. März: Marion Gräfin Dönhoff stirbt im Alter von 92 Jahren auf Schloss Crottorf im Siegerland.

2002, 20. März: Das Bundeskabinett beschließt die Einführung des Dosenpfands: Ab 2003 werden mindestens 25 Cent auf jede Einwegflasche und jede Dose erhoben.

2002, 26. Apr.: Ein 19-jähriger ehemaliger Schüler des Erfurter Gutenberg-Gymnasiums erschießt in einem Amoklauf 14 Lehrer und zwei Schüler. Zuletzt richtet er sich selbst.

2002, 12. Mai: Die FDP nominiert mit Guido Westerwelle zum ersten Mal in ihrer Geschichte einen eigenen Kanzlerkandidaten.

2002, 16. Mai: Der nordrhein-westfälische FDP-Landesvorsitzende Jürgen Möllemann löst mit seiner Kritik am stellvertretenden Vorsitzenden des Zentralrats der Juden in Deutschland, Michel Friedmann, eine Debatte über Antisemitismus in Deutschland aus.

2002, 23. Mai: In einer Rede vor dem deutschen Bundestag ruft US-Präsident George W. Bush die Europäer zum gemeinsamen Kampf gegen den Terrorismus und die Feinde der Freiheit auf.

2002, 1. Juli: Ein russisches Passagierflugzeug kollidiert über dem Bodensee in 11.300 Meter Höhe mit einer Frachtmaschine. Alle 69 Insassen kommen ums Leben, darunter 45 Kinder.

2002, 4. Juli: Der Bundestag entscheidet mit klarer Mehrheit, das 1950 auf Anordnung Walter Ulbrichts gesprengte Hohenzollernschloss in der Mitte Berlins wieder aufzubauen.

2002, 18. Juli: Bundeskanzler Gerhard Schröder ernennt Rudolf Scharping als Verteidigungsminister, nachdem Honorarzahlungen des PR-Unternehmers Moritz Hunzinger an ihn bekannt werden.

2002, 19. Juli: Der bisherige SPD-Fraktionsvorsitzende im Bundestag, Peter Struck, wird neuer Verteidigungsminister.

2002, 3. Aug.: Bundeskanzler Gerhard Schröder schließt eine deutsche Beteiligung an einem eventuellen Krieg gegen den Irak aus.

2002, 7. Aug.: Die Bundesanstalt für Arbeit meldet erstmals seit Monaten wieder über vier Millionen Arbeitslose.

2002, 11. Aug.: Die Jahrhundertflut erreicht die sächsische Landeshauptstadt Dresden. Die Elbe und ihre Nebenflüsse verwandeln sich in reißende Ströme.

2002, 17. Aug.: Die zweite Flutwelle der Elbe erreicht Dresden. Der Wasserstand steigt auf die Rekordmarke von 9,40 Meter. Bis zum 26. August fordert die Katastrophe in der Elbregion 20 Todesopfer. Tausende Wohnhäuser werden zerstört. Der Schaden wird auf mehr als 20 Milliarden Euro geschätzt.

2002, 25. Aug.: Das erste TV-Duell der Kanzlerkandidaten Gerhard Schröder (SPD) und Edmund Stoiber (CSU) wird zeitgleich auf RTL und Sat.1 ausgestrahlt.

2002, 26. Aug.: Zur Aufbauhilfe für die von der Flut betroffenen Gebiete stellt die Bundesregierung über sieben Milliarden Euro zur Verfügung. Aus diesem Grund wird die für 2003 vorgesehene Steuerreform verschoben.

2002, 8. Sept.: Mehr als 15 Millionen Zuschauer erleben das zweite TV-Duell der Kanzlerkandidaten Schröder und Stoiber.

2002, 22. Sept.: Bei der Bundestagswahl bleibt die SPD stärkste Partei. Dank der starken Gewinne von Bündnis 90/Die Grünen behält die rot-grüne Koalition ihre Mehrheit im Parlament. Die PDS erhält weniger als 5 Prozent der Stimmen und ist nur noch mit zwei direkt gewählten Abgeordneten vertreten.

2002, 23. Sept.: Justizministerin Herta Däubler-Gmelin gehört dem neuen Kabinett von Gerhard Schröder nicht mehr an. Sie hatte in einer Diskussion US-Präsident Bush mit Adolf Hitler verglichen.

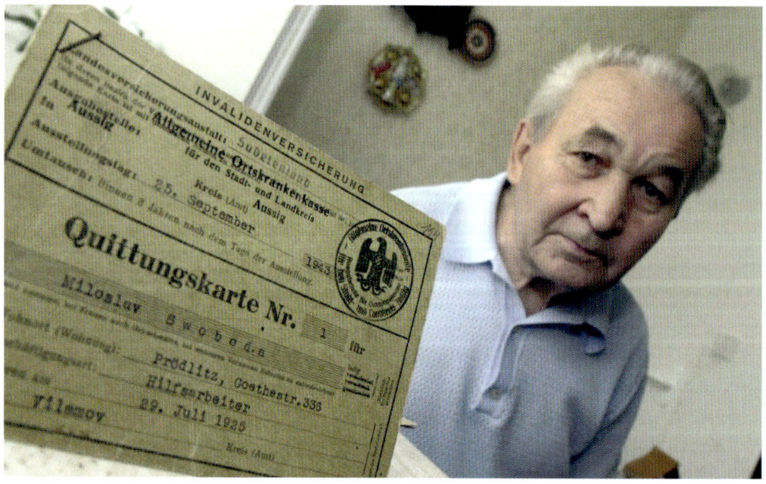

Der Tscheche Miroslav Svoboda (75) zeigt am 6. Juni 2001 in der nordböhmischen Stadt Usti Nad Labem (Aussig) ein Dokument, das belegt, dass er früher als NS-Zwangsarbeiter in Deutschland arbeiten musste, und zwar vom 21. Juli 1941 bis zum Ende des Zweiten Weltkrieges. Dabei wurde er zunächst bei der W. Dieck Metallwarenfabrik Aussig-Türmitz eingesetzt, die Flugzeugcockpits produzierte. Später arbeitete er bei der Josef Honig Leder Fabrik, die Kleider für die Armee herstellte. Als erstes Land hat Tschechien am 19. Juni mit der Auszahlung von Entschädigungen an 10000 ehemalige NS-Zwangsarbeiter begonnen. Je nach Zugehörigkeit zu einer Opfergruppe erhalten die ehemaligen Zwangsarbeiter aus dem von Staat und Wirtschaft gespeisten 10-Milliarden-Mark-Fonds 5000 bis 15000 Mark.

2002, 24. Sept.: CDU-Chefin Angela Merkel wird zur neuen Fraktionsvorsitzenden der Union gewählt und löst dadurch Friedrich Merz ab. Für die SPD übernimmt der bisherige Generalsekretär Franz Müntefering das Amt des Fraktionschefs.

2002, 3. Okt.: Nach zweijähriger Restaurierung wird das Brandenburger Tor in einer aufwändigen Zeremonie wieder enthüllt.

2002, 22. Okt.: Der 15. Deutsche Bundestag wählt Gerhard Schröder (SPD) mit 305 der 599 abgegebenen Stimmen ein zweites Mal zum Bundeskanzler.

2002, 29. Okt.: Kanzler Gerhard Schröder (SPD) verteidigt in seiner ersten Regierungserklärung nach der Wahl den Sparkurs der Regierung.

2002, 5. Nov.: Der Bundestag verlängert den Einsatz der Bundeswehr in Mazedonien bis Mitte Juni 2003 und reduziert das Kontingent der Soldaten von 200 auf 70.

2002, 17. Nov.: Im Vermittlungsausschuss von Bundestag und Bundesrat einigen sich Regierung und Opposition auf eine Regelung zu den „Minijobs" des sog. Hartz-Konzepts. Danach müssen Arbeitnehmer mit einem Verdienst bis 400 Euro monatlich ab April 2003 keine Steuern und Sozialabgaben zahlen.

2003, 1. Jan.: Deutschland wird für zwei Jahre Mitglied des UN-Sicherheitsrates.

2003, 10. Jan.: Das Bundeskriminalamt nimmt die Al-Qaida-Mitglieder Said Mohammed Moshen und Scheich El Mojad fest, der als Finanzchef Osama Bin Ladens gilt.

2003, 27. Jan.: Gerhard Schröder und Paul Spiegel, Vorsitzender des Zentralrats der Juden in Deutschland, unterschreiben einen Staatsvertrag zwischen Bund und Zentralrat, der jährlich drei Millionen Euro erhalten wird. Die Unterstützung gilt dem Erhalt des deutsch-jüdischen Kulturerbes und der Integration jüdischer Zuwanderer aus der ehemaligen Sowjetunion in die jüdischen Gemeinden.

2003, 22. Febr.: Ein Erdbeben der Stärke 5,5 erschüttert die Region entlang des Rheins zwischen Ba-

Für das traditionsreiche deutsche Skispringen ist der 6. Februar 2002 ein einzigartiger Tag, der Tag des Sven Hannawald. Der 27-Jährige, der seine sportliche Laufbahn noch in der ehemaligen DDR begann, siegte auch beim letzten Springen auf der Paul-Auerleitner-Schanze in Bischofshofen. Erstmals in der 50-jährigen Geschichte der deutsch-österreichischen Springertournee hatte ein Athlet auf allen vier Schanzen gewonnen. In Bischofshofen siegte Hannawald mit Schanzenrekord von 139 sowie 131,5 m und lag mit 282,9 Punkten vor dem Finnen Matti Hautamäki und Martin Hollwarth aus Österreich. Nach den vorangegangenen Siegen in Oberstdorf, Garmisch-Partenkirchen und Innsbruck lag Hannawald mit der höchsten je erreichten Zahl von 1077,6 Punkten überlegen vor Hautamäki und Hollwarth sowie dem im Weltcup führenden Polen Adam Malysz. Hannawald ist der zehnte deutsche Gewinner der Vierschanzentournee. Zuletzt hatte 1996 Jens Weißflog gesiegt, der damit nach 1984, 1985 und 1991 als Einziger zum vierten Mal den Gesamtsieg feiern konnte. Seit 1953 haben Skisprungasse aus aller Welt den Vierfach-Triumph angepeilt. Insgesamt 15 Springer schafften immerhin je drei Siege bei einer Tournee. Österreichs Cheftrainer Toni Innauer – selbst ein erfolgreicher Skispringer – ordnet das Ereignis so ein: „Er hat etwas Einzigartiges geschafft, woran 50 Jahre die weltbesten Skispringer gescheitert sind. Damit ist er zur lebenden Legende geworden.“

sel und Freiburg, verursacht aber nur geringe Schäden. Das Epizentrum liegt bei Straßburg.

2003, 4. März: Mit 105 Stimmen wählt der niedersächsische Landtag Christian Wulff (CDU) zum Ministerpräsidenten.

2003, 14. März: Unter dem Titel „Agenda 2010“ präsentiert Gerhard Schröder im Bundestag ein Reformprogramm, das mit einer umfassenden Reform des Arbeitsmarktes und einem tief greifenden Umbau der Sozialsysteme dazu beitragen soll, den Wirtschaftsstandort Deutschland zu sichern.

2003, 3. Apr.: Rund 500.000 Menschen protestieren in Berlin, Stuttgart und Köln gegen die im Rahmen der „Agenda 2010“ beschlossenen Sozialreformen der Bundesregierung.

2003, 16. Apr.: Die Europäische Gemeinschaft (bislang 15 Staaten) besiegelt in Athen die größte Erweiterungsrunde ihrer Geschichte. Die zehn neuen Mitglieder sind: Estland, Lettland, Litauen, Tschechien, Polen, Slowakei, Ungarn, Slowenien, Malta und Zypern.

2003, 4. Mai: In einem Festgottesdienst mit 25.000 Teilnehmern werden in der Dresdener Frauenkirche die sieben neu eingebrachten Glocken geweiht.

2003, 27. Mai: Der als „Kalif von Köln“ bekannte Islamistenführer Metin Kaplan wird nach einer Entscheidung des Oberlandesgerichts auf freien Fuß gesetzt. Eine Auslieferung an die Türkei ist laut Gericht wegen der dort drohenden politischen Verfolgung nicht möglich.

2003, 1. Juni: Mit einer Zustimmung von 90 Prozent der Delegierten billigt der SPD-Sonderparteitag das Reformpaket der Agenda 2010.

2003, 5. Juni: Der frühere FDP-Politiker Jürgen Möllemann stirbt bei einem Fallschirmsprung. Es wird vermutet, dass Möllemann, der politisch stark angeschlagen war und dessen Immunität wenige Stunden zuvor aufgehoben worden war, Selbstmord begangen hat.

2003, 8. Juli: Michel Friedman, der Vizepräsident des Zentralrats der Juden in Deutschland, akzeptiert einen Strafbefehl über 17.400 Euro wegen Kokainbesitzes und tritt von allen Ämtern zurück.

2003, 14. Aug.: Helmut Rahn, deutscher Fußballspieler und einer der „Helden von Bern“, stirbt im Alter von 74 Jahren in Essen.

2003, 1. Sept.: Bundeskanzler Gerhard Schröder (SPD) kündigt an, dass er gemeinsam mit Bundesaußenminister Joschka Fischer (Bündnis 90/Die Grünen) bei der Bundestagswahl 2006 noch einmal antreten möchte.

2003, 4. Sept.: Bundespräsident Johannes Rau (SPD) verzichtet auf eine Bewerbung für eine zweite Amtszeit.

2003, 10. Sept.: Die Polizei vereitelt einen von Neonazis geplanten Anschlag auf die Baustelle des Jüdischen Zentrums in der Stadtmitte Münchens.

2003, 21. Sept.: Bei der Landtagswahl in Bayern erringt die CSU mit 60,7 Prozent der Stimmen eine Zweidrittelmehrheit der Mandate.

2003, 12. Okt.: Durch ein „Golden Goal“ gewinnen die deutschen Fußball-Damen mit einem 2:1 gegen Schweden den Weltmeistertitel.

2003, 26. Okt.: Bei den Kommunalwahlen in Brandenburg wird erstmals die CDU mit 27,8 Prozent landesweit stärkste Kraft. Die SPD erhält 23,6, die Partei des Demokratischen Sozialismus (PDS) 21,3, die FDP 6,3 und Bündnis 90/Die Grünen 4,2 Prozent der Stimmen.

2003, 4. Nov.: Bundesverteidigungsminister Peter Struck (SPD) entlässt den Kommandeur des Kommandos Spezialkräfte (KSK) der Bundeswehr, Brigadegeneral Reinhard Günzel. Dieser hatte in einem Brief an den CDU-Abgeordneten Martin Hohmann dessen

Bundeskanzler Gerhard Schröder (links, SPD) und Bundesaußenminister Joschka Fischer (Bündnis 90/Die Grünen) umarmen sich nach der Unterzeichnung des Koalitionsvertrages, der in rot-grüne Mappen eingebunden ist, am 16. Oktober 2002 in Berlin. In einer feierlichen Zeremonie in der Neuen Nationalgalerie hatten die Spitzenpolitiker von SPD und Bündnis 90/Die Grünen ihre Unterschriften unter das 88 Seiten umfassende Dokument gesetzt. Als wichtigste Aufgaben nennt die Vereinbarung den Abbau der Arbeitslosigkeit und der Staatsverschuldung.

umstrittene antisemitische Aussagen aus einer Rede zum 3. Oktober 2003 verteidigt.

2003, 14. Nov.: Nach fast 32 Jahren Betriebszeit wird der niedersächsische Atomreaktor in Stade stillgelegt. Nun sind bundesweit noch 18 Atommeiler in Betrieb.

2003, 17. Nov.: Auf dem SPD-Bundesparteitag in Bochum wird Bundeskanzler Gerhard Schröder (SPD) mit 80,8 Prozent der Stimmen als Parteivorsitzender bestätigt.

2003, 18. Dez.: Der im August 1997 wegen der Todesschüsse an der innerdeutschen Grenze zu sechseinhalb Jahren Haft verurteilte letzte DDR-Staats- und Parteichef Egon Krenz wird vorzeitig auf Bewährung entlassen. Er hatte die Haft Anfang 2000 angetreten.

2004, 24. Jan.: Nach einem Misstrauensvotum des Verwaltungsrates der Bundesagentur für Arbeit gegen den Vorstandsvorsitzenden Florian Gerster (SPD) kündigt Bundeswirtschaftsminister Wolfgang Clement dessen Entlassung an.

2004, 24. Jan.: Eine Frau aus Baden-Württemberg erzielt mit 20,2 Millionen Euro den bisher höchsten Einzelgewinn der deutschen Lottogeschichte.

2004, 27. Febr.: Bundeskanzler Schröder und US-Präsident Bush beschließen bei ihrer ersten Begegnung im Weißen Haus seit zwei Jahren ein „deutsch- amerikanisches Bündnis für das 21. Jahrhundert" und verpflichten sich zu einer „echten Partnerschaft".

2004, 3. März: Der „Große Lauschangriff" wird deutlich entschärft. Das Bundesverfassungsgericht erklärt die akustische Wohnraumüberwachung für teilweise grundgesetzwidrig und verlangt eine Änderung der gesetzlichen Regeln bis Mitte 2005.

2004, 24. März: Für seinen Beitrag zum friedlichen Zusammenbruch der kommunistischen Regime in Europa erhält Papst Johannes Paul II. den „Außerordentlichen Internationalen Karlspreis" der Stadt Aachen.

2004, 1. Apr.: Als erstes Landesparlament beschließt der baden-württembergische Landtag ein Kopftuchverbot für muslimische Lehrerinnen an öffentlichen Schulen.

2004, 7. Apr.: Zwei GSG 9-Beamte werden im Irak von Aufständischen erschossen.

2004, 22. Apr.: Bundespräsident Johannes Rau beendet in Budapest den letzten Staatsbesuch seiner Amtszeit.

2004, 29. Apr.: Gegen die Stimmen von CDU/CSU und FDP billigt der Deutsche Bundestag das Gesetz zur Rentenbesteuerung, die bis 2040 schrittweise eingeführt wird.

2004, 4. Mai: Der Ölpreis steigt mit mehr als 35 US-Dollar pro Barrel (159 Liter) auf den höchsten Stand seit Ende September 1990. Damals lag er bei 38,94 Dollar.

2004, 19. Mai: Im Hamburger Elbtunnel können erstmals alle vier Röhren gleichzeitig befahren werden. Damit ist eines der größten deutschen Straßenbauprojekte mit Gesamtkosten von 760 Millionen Euro abgeschlossen.

Die Kandidatin von SPD und Grünen für das Amt des Bundespräsidenten, Gesine Schwan (links), gratuliert dem neuen Bundespräsidenten Horst Köhler (rechts) am 23. Mai 2004 im Reichstagsgebäude in Berlin zu seiner Wahl. In der Mitte steht die CDU-Vorsitzende Angela Merkel. Köhler, der Kandidat von Unionsparteien und FDP, erhielt bereits im ersten Wahlgang die absolute Mehrheit der Stimmen.

2004, 23. Mai: Horst Köhler wird von der Bundesversammlung in Berlin mit 604 Stimmen zum neuen Bundespräsidenten gewählt. Er setzt sich damit gegen die Politikwissenschaftlerin Gesine Schwan durch, die 589 Stimmen erhält.

2004, 27. Mai: Der Bundestag verlängert das Mandat für den Bundeswehreinsatz im Kosovo wegen der explosiven Lage in der Region um ein Jahr.

2004, 2. Juni: In Afghanistan werden fünf Mitarbeiter von „Ärzte ohne Grenzen" von Taliban-Anhängern getötet. Die Organisation beschließt, alle Mitarbeiter bis Ende Juli aus dem Land abzuziehen.

2004, 3. Juni: Die Kultusminister der Bundesländer bestätigen einstimmig die fünf Jahre zuvor eingeführte Rechtschreibreform und nehmen marginale Änderungen vor.

2004, 6. Juni: Zum 60. Jahrestag der alliierten Landung versammeln sich in der Normandie Staats- und Regierungschefs aus 16 Ländern. Gerhard Schröder nimmt als erster deutscher Bundeskanzler an den Feierlichkeiten zum „D-Day" teil.

2004, 22. Juni: Eine 28 Tonnen schwere Turmhaube mit vergoldetem Strahlenkranz wird unter Anteilnahme von 60.000 Menschen auf die wieder errichtete Dresdner Frauenkirche gehoben. Das Wahrzeichen Dresdens war bei alliierten Bombenangriffen im Februar 1945 zerstört worden.

2004, 1. Juli: Der Bundestag verabschiedet das neue Zuwanderungsgesetz. Es regelt unter anderem die Zuwanderung von Fachkräften aus Nicht-EU-Staaten und soll die Integration von Ausländern verbessern.

2004, 2. Juli: Der Bundestag beschließt mit deutlicher Mehrheit die Zusammenlegung von Arbeitslosen- und Sozialhilfe (Hartz IV) zum Januar 2005.

2004, 2. Juli: Der Fürst-Pückler-Park bei Bad Muskau, das Dresdner Elbtal sowie das historische Rathaus und die steinerne Roland-Statue von Bremen werden in die Weltkulturerbe-Liste der UNESCO aufgenommen.

2004, 4. Juli: Griechenland gewinnt mit dem deutschen Trainer Otto Rehagel („Rehakles") gegen Portugal mit 1:0 das Finale der Fußball-Europameisterschaft.

2004, 10. Juli: Die Schauspielerin Inge Meysel stirbt im Alter von 94 Jahren in ihrem Haus in der Nähe von Hamburg.
2004, 1. Aug.: Bundeskanzler Gerhard Schröder nimmt als erster deutscher Regierungschef an den Gedenkfeiern für den Warschauer Aufstand teil. Entschädigungsforderungen von Vertriebenen an Polen lehnt er strikt ab.
2004, 4. Aug.: Die Zahl der Arbeitslosen war mit 4.359.900 auf dem höchsten Stand im Monat Juli seit der Wiedervereinigung.
2004, 6. Aug.: Im letzten Mauerschützenprozess verurteilt das Berliner Landgericht die ehemaligen DDR-Spitzenfunktionäre Siegfried Lorenz und Hans-Joachim Böhme wegen Beihilfe zum Mord zu jeweils 15 Monaten auf Bewährung.
2004, 22. Sept.: Der Solidarpakt II der Bundesregierung bietet mit einem Volumen von 156 Milliarden Euro die Grundlage für die Fortsetzung des Aufbaus Ost in den nächsten 15 Jahren.
2004, 30. Sept.: Der Bundestag votiert für die Verlängerung des Bundeswehreinsatzes in Afghanistan für ein weiteres Jahr.
2004, 2. Okt.: Claudia Roth wird als Nachfolgerin von Angelika Beer zur Bundesvorsitzenden von Bündnis 90/Die Grünen gewählt; Reinhard Bütikofer wird in seinem Amt als Bundesvorsitzender bestätigt.
2004, 12. Okt.: Der Islamistenführer Metin Kaplan wird nach jahrelangem Rechtsstreit in Köln festgenommen und in die Türkei abgeschoben.
2004, 15. Okt.: Bei einem Besuch des Bundeskanzlers in Libyen vereinbaren Gerhard Schröder und Revolutionsführer Muammar El-Gaddafi den Ausbau politischer und wirtschaftlicher Beziehungen.
2004, 25. Okt.: Nach innerparteilichen Kämpfen kündigt der baden-württembergische Ministerpräsident Erwin Teufel seinen vorzeitigen Rücktritt an.
2004, 3. Nov.: Der Tarifkonflikt bei Volkswagen endet mit einem Kompromiss. Die 105.000 Arbeitsplätze in den sechs westdeutschen VW-Werken werden bis 2011 gesichert.
2004, 5. Nov.: Nach zahlreichen Protesten nimmt die Bundesregierung ihre Pläne zurück, den Tag der deutschen Einheit als gesetzlichen Feiertag abzuschaffen. Die Maßnahme sollte der Ankurbelung des Wirtschaftswachstums dienen.

***Bild oben:** Der weltweit letzte VW-Käfer läuft am 30. Juli 2003 im Volkswagenwerk bei Puebla (Mexiko) vom Band. Auf der Kofferraumhaube prangt aus Blumen die mexikanische Nationalfarbe in den Fraben grün, weiß und rot. Damit ging in dem Werk ein fast 70-jähriges Kapitel Automobilgeschichte zu Ende. Vom Käfer, der in den dreißiger Jahren von Ferdinand Porsche entwickelt worden war, wurden insgesamt mehr als 21 Millionen Stück gebaut.*

***Bild links:** Erstmals seit dem Zweiten Weltkrieg nahm am 6. Juni 2004 ein deutscher Bundeskanzler an der Feier zum Gedenken an die Landung der Westalliierten in der Normandie teil. Am 60. Jahrestag der Invasion ehrte Schröder zunächst die Gefallenen aus Großbritannien und anderen Staaten des Commonwealth. Er ging dann an das Grab eines unbekannten deutschen Soldaten. Der französische Staatspräsident Chirac hatte vorher vor über 20 Staats- und Regierungschefs in Arromanches gesagt, die deutsch-französische Aussöhnung nach dem Krieg sei Vorbild für die Völker der Welt.*

2004, 21. Nov.: In Köln demonstrieren überwiegend muslimische Demonstranten für Frieden und gegen islamischen Terrorismus.
2004, 21. Nov.: Bei der zweiten PISA-Schulstudie landet Deutschland erneut im unteren Teil der Leistungstabelle.
2004, 23. Nov.: Das AIDS-Virus hat sich 2004 schneller verbreitet als je zuvor. Weltweit leben laut Weltaidsbericht fast 40 Millionen AIDS-Kranke.
2004, 6. Dez.: Bundeskanzler Gerhard Schröder trifft zu Beginn seiner Asienreise in China ein. Im Mittelpunkt der Gespräche steht der Ausbau der Wirtschaftsbeziehungen. Eine weitere Station der Reise ist Japan.
2004, 6. Dez.: Auf dem Bundesparteitag der CDU wird Angela Merkel mit 88,4 Prozent der Stimmen in ihrem Amt als Parteivorsitzende bestätigt.
2004, 10. Dez.: Der Begriff „Hartz IV" wird von der Gesellschaft für deutsche Sprache zum Wort des Jahres gewählt.
2004, 16. Dez.: Der höchste Jackpot in der deutschen Lottogeschichte (26,7 Millionen Euro) geht an zwei Lottospieler aus Nordrhein-Westfalen.
2004, 20. Dez.: Der frühere stellvertretende Frankfurter Polizeipräsident Wolfgang Daschner wird vom Landgericht Frankfurt wegen Folterandrohungen in einem polizeilichen Verhör im Entführungsfall Jakob von Metzler schuldig gesprochen. Er wird zu einer Geldstrafe auf Bewährung verurteilt.
2005, 2. Jan.: Nach dem aufgrund von Pannen und politischen Querelen um 16 Monate verschobenen Start bei der Lkw-Maut in Deutschland glückt die Premiere des satellitengestützten Gebührensystems – entgegen aller Befürchtungen – reibungslos.
2005, 12. Jan.: Das Europa-Parlament billigt in Straßburg mit großer Mehrheit die neue EU-Verfassung. 500 Abgeordnete votieren für das Vertragswerk, 137 dagegen.
2005, 18. Jan.: Der europäische Flugzeugbauer Airbus stellt in Toulouse den A380 vor, das größte zivile Verkehrsflugzeug der Welt. Deutschland, Frankreich, Großbritannien und Spanien unterstützen das Projekt mit Milliardenkrediten.
2005, 19. Jan.: Das Bundeskabinett beschließt die Umbenennung des Bundesgrenzschutzes in „Bundespolizei". Die Uniform wird blau, die Aufgaben – Sicherung der Grenzen, des Bahn- und Luftverkehrs – bleiben.
2005, 1. Febr.: Zum 40-jährigen Bestehen der diplomatischen Beziehungen besucht Bundespräsident Horst Köhler Israel. Am 2.2. spricht er vor der Knesset. Er betont, dass die Verantwortung für den Holocaust Teil der deutschen Identität sei.
2005, 3. März: Das Management des Autoherstellers Opel und die Beschäftigten einigen sich auf einen „Zukunftsvertrag", der die Existenz der westdeutschen Werke bis zum Jahr 2010 sichern soll.
2005, 11. März: Mit den Stimmen von SPD, Union und Grünen beschließt der Bundestag ein schärferes Versammlungsrecht. Auf diese Weise sollen Neonazi-Aufmärsche, etwa vor dem Holocaust-Denkmal in Berlin, künftig leichter verboten werden können.
2005, 17. März: In vier Wahlgängen misslingt die Wahl von Heide Simonis (SPD) zur Ministerpräsidentin von Schleswig-Holstein. Simonis und ihr Gegenkandidat Peter Harry Carstensen (CDU) erhalten je 34 Stimmen. Es fehlt offenbar eine Stimme aus der SPD-Fraktion. Am Tag darauf erklärt Simonis, nicht weiter für das Amt zu kandidieren.
2005, 13. Apr.: Bei einer Veranstaltung zum neuen Grundsatz-

Die CDU-Vorsitzende und Kanzlerkandidatin Angela Merkel, der bayerische Ministerpräsident Edmund Stoiber (links) und CDU-Generalsekretär Volker Kauder nach der Bundestagswahl am 18. September 2005.

programm geißelt SPD-Chef Franz Müntefering die „Macht des Kapitals" und beklagt ein Diktat der Wirtschaft. Außerdem vergleicht Müntefering Finanzinvestoren mit Heuschrecken.

2005, 19. Apr.: Der deutsche Kardinal Joseph Ratzinger wird vom Konklave zum neuen Papst gewählt. Er gibt sich den Namen Benedikt XVI.

2005, 9. Mai: Als erster deutscher Bundeskanzler nimmt Gerhard Schröder in Moskau zusammen mit mehr als weiteren 50 Staats- und Regierungschefs an Feiern zum Ende des Zweiten Weltkriegs teil. Beim Gedenken des Bundestags zum 60. Jahrestag der Kapitulation am 8.5. sagt Bundespräsident Horst Köhler, es gebe „keinen Schlussstrich".

2005, 10. Mai: Das Holocaust-Mahnmal in Berlin wird eröffnet. Die Gedenkstätte in der Nähe des Brandenburger Tors erinnert an die Ermordung von sechs Millionen Juden während der NS-Zeit.

2005, 12. Mai: Mit großer Mehrheit billigt der Bundestag die Europäische Verfassung. 23 Abgeordnete, meist aus der CDU/CSU, sind gegen die Vorlage. Am 27.5. stimmt auch der Bundesrat zu. Deutschland hat somit als neuntes EU-Land das Vertragswerk ratifiziert.

2005, 22. Mai: Nach der Niederlage bei der Landtagswahl in Nordrhein-Westfalen plädieren SPD-Vorsitzender Franz Müntefering und Bundeskanzler Gerhard Schröder überraschend für eine vorgezogene Neuwahl zum Bundestag.

2005, 24. Mai: Der ehemalige Bundesvorsitzende Oskar Lafontaine erklärt seinen Austritt aus der SPD. Er will nun mit der Wahlalternative Arbeit und Soziale Gerechtigkeit (WASG) und der PDS in einem Linksbündnis bei der vorgezogenen Bundestagswahl antreten.

2005, 30. Mai: Die CDU-Vorsitzende Angela Merkel wird von den Präsidien der CDU und CSU zur Kanzlerkandidatin für die angekündigte vorgezogene Neuwahl ernannt. Die 50-Jährige ist die erste Kanzlerkandidatin in der BRD.

2005, 22. Juni: Der CDU-Politiker Jürgen Rüttgers wird zum Ministerpräsidenten von Nordrhein-Westfalen gewählt. Zuvor hatten sich CDU und FDP auf eine Koalition verständigt.

Nach dem Feuersturm des 13./14. Februars 1945, vor über 60 Jahren, war die Dresdener Frauenkirche ein rauchender Trümmerhaufen. Dass sie wiederauferstehen könnte, konnte sich niemand vorstellen, und in den DDR-Zeiten wäre das auch kaum möglich gewesen. Schon bald nach der Wende aber fanden sich energische Organisatoren, die eine weltweite Sammlung von Mitteln in Gang brachten: 130 Millionen Euro kamen zusammen, darunter viele Spenden auch aus England und aus den USA, deren Luftwaffen damals das Zerstörungswerk angerichtet und über 30.000 Zivilisten in der von Flüchtlingen überfüllten Stadt den Tod gebracht hatten. In anderthalb Jahrzehnten konnte die Frauenkirche originalgetreu wiedererrichtet werden. Am 30. Oktober 2005 fanden sich 1700 geladene Gäste im Gotteshaus zusammen zur Feier dieser Wiedergeburt. Auf Großleinwänden verfolgte im Freien weitere 60.000 Zuschauer die Einweihung.

2005, 23. Juni: Kanzler Gerhard Schröder und die Ministerpräsidenten unterzeichnen ein Förderprogramm für den Aufbau deutscher Spitzen-Universitäten. Mit zusätzlich 1,9 Milliarden Euro soll die Forschung international wettbewerbsfähiger werden.

2005, 1. Juli: Der Bundestag spricht Bundeskanzler Gerhard Schröder (SPD) wunschgemäß das Misstrauen aus. Von den 595 Abgeordneten, die ihre Stimmen abgeben, sprechen dem Kanzler 151 das Vertrauen aus, 148 enthalten sich. 296 Parlamentarier stimmen mit Nein, unter ihnen die kompletten CDU/CSU- und FDP-Fraktionen.

2005, 17. Juli: Der PDS-Parteitag in Berlin billigt die Umbenennung in „Die Linkspartei".

2005, 16. Aug.: Der XX. katholische Weltjugendtag in Köln wird eröffnet. Etwa 400 000 Dauerteilnehmer sind für die sechstägige Veranstaltung angemeldet. Papst Benedikt XVI. feiert am 21.8. einen Gottesdienst vor knapp einer Million Menschen auf dem Marienfeld.

2005, 4. Sept.: Zwei Wochen vor der Bundestagswahl treten Kanzler Gerhard Schröder und Unions-Kanzlerkandidatin Angela Merkel zu ihrem einzigen TV-Duell an. 20 Millionen Fernsehzuschauer sind live dabei.

2005, 8. Sept.: Bundeskanzler Gerhard Schröder und der russische Präsident Wladimir Putin unterzeichnen ein Abkommen über den Bau einer neuen Gaspipeline von St. Petersburg bis Greifswald.

2005, 18. Sept.: Bei der vorgezogenen Bundestagswahl wird die Union nur mit knappem Vorsprung stärkste Kraft. CDU/CSU erreichen – inklusive der Nachwahl in Dresden am 2.10. – 35,2 Prozent der Stimmen und stellen 226 Mandate, die SPD erzielt 34,2 Prozent (222 Sitze). Es folgt die FDP mit 9,8 Prozent (61), dann die Linkspartei mit 8,7 Prozent (54) und die Grünen mit 8,1 Prozent (51). Sowohl Unions-Kandidatin Angela Merkel als auch Gerhard Schröder erheben Anspruch auf das Kanzleramt.

2005, 9. Okt.: Papst Benedikt XVI. spricht in Rom den früheren Bischof von Münster und Nazi-Gegner, Clemens August von Galen, selig.

2005, 18. Okt.: Bei einem Großbrand in einem Nürnberger Depot der Deutschen Bahn werden 24 historische Lokomotiven zerstört. Der Schaden wird auf bis zu 40 Millionen Euro geschätzt.

2005, 26. Okt.: Die Bundeswehr feiert vor dem Reichstag mit einem großen Zapfenstreich ihr 50-jähriges Bestehen.

2005, 30. Okt.: In Dresden wird 60 Jahre nach der Zerstörung im Zweiten Weltkrieg die wiedererrichtete Frauenkirche feierlich geweiht.

2005, 1. Nov.: Der CSU-Vorsitzende Edmund Stoiber gibt bekannt, dass er nicht als Wirtschaftsminister nach Berlin wechseln wolle. Er werde in München Ministerpräsident bleiben.

2005, 11. Nov.: In Berlin einigen sich CDU, CSU und SPD auf einen Koalitionsvertrag. Am 14.11. stimmen die Parteitage von CDU (Berlin), CSU (München) und SPD (Karlsruhe) jeweils mit großer Mehrheit zu. Am 18.11. wird der Vertrag unterzeichnet.

2005, 22. Nov.: Die Abgeordneten des Bundestags wählen Angela Merkel (CDU) mit 397 von 612 Stimmen zur Bundeskanzlerin einer großen Koalition. Es fehlen mindestens 51 Stimmen aus dem schwarzroten Lager.

2006, 2. Jan.: Beim Einsturz einer Eissporthalle in Bad Reichenhall kommen 15 Menschen ums Leben, 34 werden verletzt.

2006, 8. Jan.: Die Zahl der Asylbewerber ist im Jahr 2005 um 19 Prozent zurückgegangen.

2006, 18. Jan.: Bundesweit protestieren Ärzte mit Schließung ihrer Praxen gegen sinkende Einkommen und zu hohen Verwaltungsaufwand.

2006, 25. Jan.: Der Vatikan veröffentlicht die erste Enzyklika von Papst Benedikt XVI.. Sie ist der Liebe gewidmet, die nicht auf Sex reduziert werden dürfe.

2006, 27. Jan.: In Berlin stirbt der ehemalige Bundespräsident und langjährige Ministerpräsident von Nordrhein-Westfalen Johannes Rau.

2006, 31. Jan.: Die Große Koalition beendet den Streit um die Familienpolitik. Union und SPD verständigen sich auf ein neues Konzept für die steuerliche Förderung der Kinderbetreuung, von der auch Familien mit nur einem berufstätigen Elternteil profitieren sollen.

2006, 10. Febr.: Der Autobauer Volkswagen gibt Pläne für einen massiven Stellenabbau bekannt.

2006, 15. Febr.: Die Vogelgrippe erreicht Deutschland: Auf der Insel Rügen wird an mehreren verendeten Schwänen das auch für Menschen gefährliche Virus H5N1 festgestellt.

2006, 15. Febr.: Das Bundesverfassungsgericht entscheidet, dass von Terroristen gekaperte Passagierflugzeuge nicht abgeschossen werden dürfen.

2006, 21. Febr.: Ein Sonderberichterstatter der Vereinten Nationen kritisiert das deutsche Schulsystem und die Benachteiligung, die Ausländerkinder im Bildungswesen erfahren.

2006, 5. März: Durch 48-stündige Schneefälle kommt es in Bayern und Baden-Württemberg zu chaotischen Verhältnissen auf den Straßen.

Feiern wie die Weltmeister: Deutschland wurde Dritter bei der WM und feierte dies wie den Pokalgewinn. Später wurden die Deutschen oft „Weltmeister der Herzen" genannt, der Begriff klingt ein wenig abgegriffen – für die deutsche Nationalmannschaft 2006 aber hätte es keine treffendere Umschreibung geben können.

2006, 10. März: Die Opposition im Bundestag (Linksfraktion, Grüne, FDP) einigt sich darauf, die Tätigkeit des BND im Irak und die Verstrickung des deutschen Geheimdienstes in Aktionen der CIA von einen Parlamentarischen Untersuchungsausschuss klären zu lassen.

2006, 16. März: Ein Entscheid des Bundesverwaltungsgerichtes gibt grünes Licht für den Bau des Hauptstadtflughafens Berlin Brandenburg International.

2006, 17. März: Der Bundestag billigt das 25-Milliarden-Euro-Paket zur Wachstums- und Beschäftigungsförderung.

2006, 30. März: Die Ministerpräsidenten der Länder stimmen den vom Rat für deutsche Rechtschreibung an der umstrittene Rechtschreibreform vorgenommenen Änderungen zu.

2006, 5. Apr.: Erstmals wird im sächsischen Wermsdorf das gefährliche Vogelgrippe-Virus H5N1 auch bei Nutztieren festgestellt.

2006, 7. Apr.: Das Hochwasser an der Elbe übersteigt in einigen Gemeinden den Pegelstand der Jahrhundertflut von 2002.

2006, 10. Apr.: SPD-Parteichef Matthias Platzeck gibt aus gesundheitlichen Gründen den Parteivorsitz auf.

2006, 11. Apr.: Die Ruhrmetropole Essen setzt sich mit ihrer Bewerbung „Wandel durch Kultur – Kultur durch Wandel" bei der Wahl zur europäischen Kulturhauptstadt 2010 durch.

2006, 20. Apr.: Familienministerin Ursula von der Leyen (CDU) geht mit der katholischen und der evangelischen Kirche ein „Bündnis für Erziehung" ein.

2006, 30. Apr.: In Düsseldorf stirbt der Präsident des Zentralrats der Juden in Deutschland, Paul Spiegel im Alter von 68 Jahren.

2006, 11. Mai: In das deutsche Strafrecht wird der neue Paragraf 238 aufgenommen, der die Opfer von Belästigungen („Stalking") besser schützen soll.

2006, 12. Mai: Bei den Berliner Filmfestspielen geht der Deutsche Filmpreis an das Stasi-Melodram „Das Leben der Anderen" von Florian Henckel von Donnersmarck.

2006, 14. Mai: Mit 95 Prozent der Stimmen wird der rheinland-pfälzische Ministerpräsident Kurt Beck zum Nachfolger des zurückgetretenen Matthias Platzeck als Vorsitzender der SPD gewählt.

2006, 17. Mai: Auf Bitten der EU beschließt das Bundeskabinett die Entsendung von 780 Bundeswehr-Soldaten zur Sicherung der Wahlen im Kongo.

2006, 19. Mai: Der Bundestag beschließt die Anhebung der Mehrwertsteuer um drei Punkte von 16 auf 19 Prozent. Es handelt sich um die größte Steuererhöhung in der Geschichte der Bundesrepublik.

2006, 21. Mai: Bundeskanzlerin Merkel tritt ihre erste China-Reise an. Zu ihrer Begleitung gehören rd. 40 deutsche Spitzenmanager.

2006, 22. Mai: Der Verfassungsschutzbericht 2005 konstatiert eine deutliche Zunahme der Bedrohung durch rechtsextremistische Gewalttäter.

2006, 24. Mai: Die EU-Kommission macht den Weg frei für eine Übernahme des Berliner Pharmaunternehmens Schering durch den Leverkusener Bayer-Konzern.

2006, 26. Mai: Eröffnung des Hauptstadtbahnhofes in Berlin.

2006, 30. Mai: Der deutsche Konzern BASF übernimmt für 5,1 Mrd. Dollar den amerikanischen Spezialchemie- und Katalysatorenhersteller Engelhard.

2006, 1. Juni: Die Bundeswehr übernimmt das Kommando über die internationale Schutztruppe in Nordafghanistan.

2006, 6. Juni: Der vom Statistischen Bundesamt erhobene Mikrozensus stellt u.a. fest, dass in Deutschland 15,3 Mio. Menschen mit einem „Migrationshintergrund" leben.

2006, 7. Juni: Als Nachfolgerin des verstorbenen Paul Spiegel wird die Münchenerin Charlotte Knobloch an die Spitze des Zentralrats der Juden in Deutschland gewählt.

2006, 16. Juni: Nach monatelangen Streiks einigen sich die Ärztegewerkschaft Marburger Bund und die Tarifgemeinschaft der Länder auf einen neuen Tarifvertrag für die 22.000 Ärzte an Universitätskliniken.
2006, 19. Juni: Siemens und das finnische Unternehmen Nokia vereinbaren eine Zusammenlegung ihrer Netzwerkgeschäfte. Durch die Fusion entsteht der drittgrößte Telekommunikationsausrüster der Welt.
2006, 20. Juni: Bei den Beratungen über den Haushalt 2006 bezeichnet Bundeskanzlerin Merkel Deutschland als einen „Sanierungsfall".
2006, 23. Juni: Der Bundestag verabschiedet den Haushalt 2006, der Gesamtausgaben von 262 Mrd. Euro und eine Neuverschuldung von 38 Mrd. Euro vorsieht.
2006, 26. Juni: Nachdem alle Versuche ihn einzufangen fehlgeschlagen sind, wird der seit Wochen in Tirol und Bayern wildernde Braunbär „Bruno" im Spitzingsee-Gebiet von bayerischen Jägern erschossen.
2006, 27. Juni: Ex-Außenminister Joschka Fischer verabschiedet sich im Bundestag von der Grünen-Fraktion. Er tritt eine Professur an der Universität in Princeton (USA) an.
2006, 3. Juli: Die Spitzen von CDU, CSU und SPD verständigen sich auf die Eckpunkte der Gesundheitsreform. Vorgesehen ist die Erhöhung der Krankenkassenbeiträge um 0,5 Prozent.
2006, 7. Juli: Nach dem Bundestag stimmt auch der Bundesrat der Föderalismusreform zu, für die das Grundgesetz erheblich geändert werden muss.
2006, 9. Juli: In Berlin nehmen am Mittag 500.000 Fans Abschied von der deutschen Fußball-Nationalmannschaft, die am Vortag beim Spiel um Platz drei Portugal mit 3:1 besiegt hat. Das Endspiel am Abend im Olympiastadion gewinnt Italien mit 6:4 im Elfmeterschießen gegen Frankreich.
2006, 12. Juli: Bundestrainer Jürgen Klinsmann erklärt seinen Abschied von der Fußball-Nationalmannschaft. Der bisherige Assistenztrainer Joachim Löw wird sein Nachfolger.
2006, 13. Juli: Bundeskanzlerin Angela Merkel und tausend ausgewählte Gäste empfangen US-Präsident Bush auf dem Marktplatz in Stralsund.
2007, 15. Jan.: Im Streit um das Kopftuchverbot für muslimische Lehrerinnen in Bayern weist der Verfassungsgerichtshof eine Klage der islamischen Religionsgemeinschaft ab.
2007, 17. Jan.: EU-Ratspräsidentin Angela Merkel hält eine künftige Erweiterung der Europäischen Union erst dann für möglich, wenn Europa sich eine Verfassung gegeben hat.
2007, 18. Jan.: Bayerns Ministerpräsident Edmund Stoiber kündigt an, seine Regierungs- und Parteiposten im September aufzugeben.
2007, 21. Jan.: Russlands Präsident Wladimir Putin sichert bei einem Treffen mit Angela Merkel zu, sein Land werde die Öl- und Gasversorgung sicherer machen und in Krisen besser kommunizieren.
2007, 25. Jan.: Das Landgericht Braunschweig verurteilt den ehemaligen VW-Personalmanager Peter Hartz wegen Untreue zu zwei Jahren Haft auf Bewährung sowie einer Geldstrafe von 576.000 Euro.
2007, 2. Febr.: Nach monatelangen Koalitionsauseinandersetzungen verabschiedet der Bundestag die umstrittene Gesundheitsreform.
2007, 4. Febr.: Deutschland ist zum dritten Mal nach 1938 und 1978 Handballweltmeister. Im Finale besiegt die Mannschaft von Bundestrainer Heiner Brand Polen mit 29:24.
2007, 7. Febr.: Das Bundeskabinett beschließt die Entsendung von sechs „Tornado"-Kampfjets und bis zu 500 zusätzlichen Soldaten nach Afghanistan.
2007, 12. Febr.: Das Oberlandesgericht Stuttgart entscheidet, dass die frühere RAF-Terroristin Brigitte Mohnhaupt nach 24 Jahren Haft das Gefängnis verlassen darf.
2007, 23. Febr.: Politiker von Bund und Ländern einigen sich grundsätzlich auf ein Rauchverbot in Gaststätten und öffentlichen Gebäuden.
2007, 26. Febr.: Das deutsche Stasi-Drama „Das Leben der Anderen" wird in Hollywood mit dem Oscar als bester fremdsprachiger Film ausgezeichnet.
2007, 2. März: Die Deutsche Bahn stellt ein milliardenschweres Sanierungsprogramm für ihr Schienennetz vor. Insgesamt soll es 3000 Großbaustellen geben.
2007, 9. März: Der EU-Gipfel einigt sich auf Maßnahmen zum Klimaschutz. Europa verpflichtet sich, bis 2020 den CO2-Ausstoß um ein Fünftel zu verringern und den Anteil erneuerbarer Energien von 6 auf 20 Prozent auszubauen.

Angetrieben von 19.000 begeisterten Zuschauern holten sich die deutschen Handballer unter Trainer Heiner Brand am4. Februar 1907 den Weltmeistertitel. Unser Bild zeigt von links: Heiner Brand, Michael Kraus, Henning Fritz und Markus Baur mit dem WM-Pokal.

2007, 14. März: Das Deutsche Institut für Wirtschaftsforschung präsentiert Daten, wonach die globale Erwärmung die Deutschen bis 2050 insgesamt 800 Milliarden Euro kosten werde.
2007, 28. März: Das Bundeskabinett einig sich auf eine Regelung beim Bleiberecht, die bis zu 100.000 bisher geduldeten Ausländern eine längerfristige Aufenthaltserlaubnis ermöglicht.
2007, 2. Apr.: Familienministerin Ursula von der Leyen setzt durch, dass bis zum Jahr 2013 für jedes dritte Kleinkind in Deutschland ein Betreuungsplatz zur Verfügung stehen soll.
2007, 23. Apr.: In Deutschland lebt nah einer Expertenberechnung fast jedes sechste Kind von staatlicher Hilfe. 2006 gehörten 1,89 Millionen Kinder unter 15 Jahren zu Hartz-IV-Bedarfsgemeinschaften – zehn Prozent mehr als im Jahr zuvor.
2007, 8. Mai: Die CDU präsentiert ihr neues Grundsatzprogramm. Sie fordert eine „Leitkultur", neue Akzente in der Familienpolitik und bezeichnet Deutschland als „Integrationsland".
2007, 14. Mai: Der Autokonzern Daimler-Chrysler verkauft die Mehrheit seiner kriselnden US-Sparte an den amerikanischen Finanzinvestor Cerberus.
2007, 19. Mai: Bei einem Selbstmordattentat in Kundus in Afghanistan sind drei Soldaten der Bundeswehr getötet und fünf verletzt worden.
2007, 7. Juni: Beim Weltwirtschaftsgipfel der G-8-Staaten in Heiligendamm einigen sich die Staats- und Regierungschefs auf gemeinsame Ziele beim Klimaschutz. Bis zum Jahr 2050 soll der Ausstoß an Treibhausgasen möglichst halbiert werden.
2007, 11. Juni: Die Entschädigung ehemaliger Zwangsarbeiter des NS-Regimes ist offiziell abgeschlossen. Seit dem Jahr 2000 haben mehr als 6 Millionen Männer und Frauen rund 1,4 Milliarden Euro erhalten.
2007, 16. Juni: In Berlin bildet sich aus WASG und Linkspartei die neue Partei „Die Linke". Die Delegierten wählen Oskar Lafontaine und Lothar Bisky zu ihren Vorsitzenden.

In Lissabon unterzeichnen am 23. Dezember 2007 die 27 Staats- und Regierungschefs der EU-Mitgliedstaaten den EU-Reformvertrag. Mit der Unterzeichnung des „Vertrages von Lissabon" wird eine jahrelange Auseinandersetzung beendet und die gescheiterte EU-Verfassung ersetzt, die im Jahr 2005 in Volksabstimmungen in Frankreich und den Niederlanden abgelehnt worden war. Für Deutschland unterzeichnen Bundeskanzlerin Angela Merkel und Außenminister Frank-Walter Steinmeier, die während der deutschen EU-Ratspräsidentschaft beim Durchbruch in den Vertragsverhandlungen daran wichtigen Anteil hatten.

2007, 27. Juni: Bundeskanzlerin Angela Merkel übergibt in Brüssel die EU-Ratspräsidentschaft an Portugal und warnt vor einem „Europa der zwei Geschwindigkeiten".

2007, 13. Juli: Das Naturkundemuseum in Berlin zeigt erstmals das größte montierte Dinosaurierskelett der Welt – einen rund 15 Meter lang und 13 Meter hohen Brachiosaurus.

2007, 1. Aug.: Die Rechtsschreibreform wird nach Ende der Übergangsfrist an allen deutschen Schulen verbindlich.

2007, 31. Aug.: Die 1904 erbaute größte Synagoge Deutschlands wird nach zweijähriger Renovierung in Berlin-Prenzlauer Berg wiedereröffnet.

2007, 19. Sept.: Die Bundesregierung richtet einen mit 100 Millionen Euro ausgestatteten Fonds für jüdische Opfer des NS-Regimes ein, die im Ghetto Zwangsarbeit listen mussten.

2007, 23. Sept.: Bundeskanzlerin Angela Merkel empfängt in Berlin als erste deutsche Regierungschefin den Dalai Lama, das geistliche Oberhaupt Tibets, und provoziert damit scharfe Proteste der chinesischen Regierung.

2007, 5. Nov.: Das von der Koalition beschlossene neue Unterhaltsrecht sieht vor, dass künftig Kinder beim Unterhalt Vorrang haben. Bei der Dauer der Zahlung sollen Verheiratete und unverheiratete Väter und Mütter, die ihr Kind betreuen, gleich behandelt werden.

2008, 21. Jan.: Der Deutsche Aktienindex (DAX) stürzt im Laufe des Tages vor dem Hintergrund der Banken- und Immobilienkrise sowie wegen Rezessionsängsten in den USA um bis zu 7,6 Prozent ab. Das ist der größte Verlust an einem Tag seit den Terror-Anschlägen vom 11. September 2001.

2008, 6. Febr.: Der deutsche Verteidigungsminister Franz Josef Jung gibt bekannt, dass die Bundeswehr ab dem Frühsommer die Schnelle Eingreiftruppe in Nordafghanistan stellen wird. Dafür werden 200 Soldaten entsandt, die eine norwegische Einheit ablösen werden.

2008, 25. Febr.: Das Statistische Bundesamt berichtet, dass im Jahr 2007 in Deutschland erstmals seit Einführung der Statistik vor 55 Jahren weniger als 5.000 Menschen bei Verkehrsunfällen ums Leben kamen. Bei rund 2,3 Mio. von der Polizei aufgenommenen Unfällen wurden 4.970 Personen getötet und 431.500 verletzt.

2008, 19. März: Das deutsche Bundeskabinett beschließt die Errichtung eines Dokumentationszentrums zu Flucht und Vertreibung im 20. Jh.

2008, 24. Apr.: Der Deutsche Bundestag billigt mit 515 Stimmen der 574 Abgeordneten den EU-Reformvertrag (Vertrag von Lissabon). Abgelehnt wird der Vertrag von den 50 Abgeordneten der Linksfraktion, die den darin offenbarten „neoliberalen Geist" und die „Militarisierung" kritisieren.

2008, 27. Mai: In Berlin wird ein Mahnmal zum Gedenken an die vom NS-Regime verfolgten Homosexuellen eingeweiht.

2008, 6. Juni: Der Bundestag billigt den ersten Teil eines Klimaschutzpakets. Dazu zählen vier Gesetze, die für erneuerbare Energien sowie für Kraft-Wärme-Kopplung höhere Vergütungen oder Subventionen festschreiben, zudem besteht für Neubauten künftig eine Nutzungspflicht für Öko-Wärme. Bundesumweltminister Sigmar Gabriel (SPD) wehrt sich gegen Vorwürfe eines teuren Klimaschutzes und betont, es handele sich um eine „Investition in die Zukunft".

2008, 18. Juni: Die deutsche Bundesregierung verabschiedet den zweiten Teil des Energie- und Klimaprogramms, mit dem der CO2-Ausstoß bis 2020 um bis zu 40 Prozent reduziert werden soll. Schwerpunkte sind Energieeinsparungen in Gebäuden, im Straßenverkehr und ein Ausbau der Stromleitungsnet-

Der vielleicht emotionalste Moment der Olympischen Spiele 2008 in Peking: Matthias Steiner stemmt im Stoßen unmenschliche 258 Kilogramm, übertrumpft den Russen Jewgeni Tschigischew um ein Kilo und gilt fortan als stärkster Mann der Welt – die Goldmedaille für einen Mann, dessen Lebensgeschichte so traurig ist, dass der Sieg umso unglaublicher wirkt. Der gebürtige Österreicher war erst Anfang 2008 eingebürgert worden. Er hatte sich mit seinem Verband überworfen und eine deutsche Frau geheiratet – die ein Jahr vor den Spielen nach einem Autounfall verstarb. Ein Foto von ihr hielt Steiner dann bei der Siegerehrung hoch, denn eigentlich sollte sie dabei sein. Mit welch großer Disziplin sich der 26-Jährige auf dieses Ereignis vorbereitet hatte, lässt sich nur erahnen: Steiner ist obendrein noch Diabetiker.

ze, um den Transport von Strom aus erneuerbaren Energien zu erleichtern.

2008, 7. Juli: Die UNESCO spricht sechs Berliner Wohnsiedlungen aus dem frühen 20. Jh., die auf Architekten wie Bruno Taut, Hans Scharoun und Walter Gropius zurückgehen, den Status als Weltkulturerbe zu.

2008, 1. Sept.: Nach langen Debatten wird ein bundesweit gültiger Einbürgerungstest eingeführt, in dem Einbürgerungswillige Fragen zum politischen System der Bundesrepublik sowie zu Geschichte und Kultur beantworten müssen. Aus den 300 Fragen werden für den Test jeweils 33 ausgewählt, von denen 17 innerhalb von 60 Minuten durch Ankreuzen richtig beantwortet werden müssen. Der Test wird auch deshalb kritisiert, weil zahlreiche gebürtige Deutsche Schwierigkeiten bei der Beantwortung der Fragen haben.

2008, 26. Sept.: Der Bundestag beschließt den bisher umfangreichsten Ausbau der Kleinkindbetreuung. Er soll sicherstellen, dass ab 2013 für mindestens jedes dritte Kind unter drei Jahren ein Platz in einer Kindertagesstätte (Kita) oder bei einer Tagesmutter zur Verfügung steht.

2008, 4. Nov.: Der Bundestag verabschiedet mit großer Mehrheit einen von CDU/CSU, SPD, FDP und Grünen eingebrachten Antrag gegen Antisemitismus. Auf dieser Grundlage soll der Kampf gegen Antisemitismus in Deutschland verstärkt werden; ein von der Regierung eingesetztes Expertengremium wird künftig in regelmäßigen Abständen einen Bericht darüber erstellen.

2008, 24. Nov.: Das Oberlandesgericht Stuttgart beschließt die Entlassung auf Bewahrung des ehemaligen RAF-Terroristen Christian Klar im Januar 2009 nach 26 Jahren Haft. Gegen die Entscheidung gibt es Proteste von Opfern der RAF und von Politikern.

2008, 2. Dez.: Der Bundesgerichtshof in Karlsruhe fällt ein Grundsatzurteil zur Höhe der Strafen bei Steuerhinterziehung, in welchem diese deutlich schärfer bestraft werden. Anlass hatte der Fall eines Bauunternehmers gegeben, der über Jahre Schwarzarbeiter beschäftigt und dadurch Steuern und Sozialabgaben in Millionenhöhe hinterzogen hatte. Die Bundesrichter legen fest, dass bei Steuerhinterziehung von über einer Millionen Euro in der Regel eine Gefängnisstrafe ohne Bewährung droht.

Trümmer des am 3. März 2009 eingestürzten Kölner Stadtarchivs.

2008, 4. Dez.: Der Bundestag billigt mit den Stimmen der großen Koalition ein 15-Punkte-Paket zur Konjunkturförderung im Umfang von 12 Milliarden Euro. Der Bundestag billigt auch die Erhöhung des Kindergeldes und des Kinderfreibetrages ab 2009 sowie das Schulstartpaket für bedürftige Kinder, einen finanziellen Zuschuss für die Kinder von Hartz-IV-Empfängern.

2009, 13. Jan.: Die Spitzen der großen Koalition aus CDU/CSU und SPD einigen sich vor dem Hintergrund der Finanz- und Wirtschaftskrise auf ein zweites Konjunkturpaket mit einem Gesamtumfang von 50 Mrd. Euro für die Jahre 2009 und 2010. Das Paket setzt sich aus einer Mischung von öffentlichen Investitionen, Steuererleichterungen und einer Senkung der Sozialabgaben zusammen. Konkret sind eine Verschrottungsprämie für Altautos und eine Einmalzahlung von 100 Euro pro Kind vorgesehen. Die „Abwrackprämie“ (korrekt: Umweltprämie) in Höhe von 2500 Euro für Autos, die mindestens neun Jahre alt sind, soll auch die Umwelt schonen, da ältere Autos oft keinen Katalysator besitzen. Der Umweltaspekt sowie der Nutzen für die Stützung der Automobilhersteller in Deutschland sind umstritten.

2009, 26. Jan.: Klaus Zumwinkel wird wegen Steuerhinterziehung zu 24 Monaten Haft auf Bewährung verurteilt. Außerdem muss der frühere Vorstandsvorsitzende der Deutschen Post eine Geldbuße von einer Million Euro zahlen. Zumwinkel hatte gleich zu Prozessbeginn ein Geständnis abgelegt und zugegeben, in den Jahren 2002 bis 2007 knapp 970.000 Euro am Fiskus vorbeigeschleust zu haben, was sich strafmildernd auf das Urteil auswirkte.

2009, 3. Febr.: Bundeskanzlerin Angela Merkel fordert von Papst Benedikt XVI. eine Klarstellung, dass der Vatikan eine Leugnung des Völkermords an den Juden im Zweiten Weltkrieg strikt ablehnt und dagegen vorgeht. Anlass ist die Debatte über die Rücknahme der Exkommunikation für vier Bischöfe der Piusbruderschaft, darunter der Holocaust-Leugner Richard Williamson.

2009, 5. Febr.: Die Föderalismuskommission hat sich auf eine schärfere Schuldenbremse im Grundgesetz geeinigt. Ab 2020 sollen Bund und Länder keine neuen Schulden mehr aufnehmen dürfen.

2009, 18. Febr.: Die Bundesregierung hat das Rettungsübernahmegesetz gebilligt, das eine Verstaatlichung maroder Banken als letzte Option vorsieht. Das Gesetz ist auf die Rettung der schwer angeschlagenen Hypo Real Estate (HRE) zugeschnitten.

2009, 20. Febr.: Das größte staatliche Konjunkturprogramm in der Geschichte der Bundesrepublik, das sog. Konjunkturpaket II, passiert den Bundesrat.

2009, 3. März: Das Gebäude des Historischen Stadtarchivs in Köln stürzt ein; zwei Menschen kommen ums Leben. In dem vierstöckigen Gebäude lagerten wertvolle Dokumente der Stadt- und Kulturgeschichte, die größtenteils vernichtet wurden. Ursache für das Unglück sind nach Expertenmeinungen vermutlich Fehler beim Bau einer U-Bahn-Trasse unter dem Archiv.

2009, 10. März: Die deutsche Marine liefert neun somalische Piraten, die am 3. März beim Versuch, im Golf von Aden den deutschen Frachter „MV Courier" zu entern, festgenommen worden waren, an die Behörden in Kenia aus.

2009, 18. März: Nach einem Urteil des Bundesgerichtshofes müssen Väter ihren Ex-Partnerinnen nach der Scheidung nicht mehr generell bis zum achten Lebensjahr des Kindes Unterhalt zahlen. Die Richter befanden, es müsse in jedem Einzelfall geprüft werden, ob für den betreuenden Elternteil eine Teil- oder Vollzeitarbeit zumutbar sei.

2009, 23. März: Das Emirat Abu Dhabi wird neuer Großaktionär bei Daimler. Der Golfstaat investiert fast zwei Milliarden Euro in den Autokonzern und erwirbt damit neun Prozent der Anteile. Gemeinsam mit Abu Dhabi sollen in den nächsten Jahren Elektro-Autos und alternative Antriebe entwickelt werden.

2009, 6. Apr.: Bundeskanzlerin Angela Merkel und Bundesverteidigungsminister Franz Jung statteten den in Afghanistan stationierten deutschen Truppen einen nicht öffentlich angekündigten Besuch ab. Sie werben dabei für die deutsche Strategie, sich verstärkt um den zivilen Wiederaufbau des Landes und den Aufbau afghanischer Sicherheitskräfte zu kümmern.

2009, 21. Apr.: Bundeskanzlerin Angela Merkel legt in der Nähe der brandenburgischen Stadt Prenzlau den Grundstein für das weltweit erste industrielle Hybrid-Kraftwerk. Die 21 Mio. Euro teuere Anlage der Firma Enertrag soll Windkraft, Biogas und Wasserstoff zur Stromgewinnung kombinieren und ab dem Frühjahr 2010 Strom für 2000 Haushalte und Wärme für 300 Haushalte erzeugen.

2009, 27. Apr.: Der Aufsichtsrat der Deutschen Bank verlängerte den Vertrag mit Bank-Chef Josef Ackermann bis zum Mai 2013. Die Bank ist mit einem überraschenden Milliardengewinn in die schwarzen Zahlen zurückgekehrt.

2009, 29. Apr.: Bei zwei Anschlägen nahe der Stadt Kundus in Afghanistan wird ein deutscher Soldat getötet und neun weitere Soldaten leicht verletzt. Außenminister Frank-Walter Steinmeier, der sich zu diesem Zeitpunkt in Afghanistan aufhält, besucht sieben der Verletzten in einem Feldkrankenhaus. Insgesamt kamen bei dem Einsatz am Hindukusch seit 2002 bisher 32 deutsche Soldaten ums Leben.

2009, 23. Mai: Die 13. deutsche Bundesversammlung wählt als deutschen Bundespräsidenten Horst Köhler (CDU) in seine zweite Amtszeit. Die Gegenkandidatin, Gesine Schwan (SPD), unterliegt mit 41,1 zu 50,1 Prozent der Stimmen.

Bundeskanzlerin Angela Merkel und Verteidigungsminister Karl-Theodor zu Guttenberg wohnen der Trauerfeier für in Afghanistan getötete Bundeswehrsoldaten bei. Die Soldaten starben bei einem Angriff am Karfreitag 2010 in Kundus. Der Verteidigungsminister fand bei dieser Gelegenheit deutliche Worte und bezeichnete den Afghanistankonflikt erstmals als „Krieg".

Wunschpartner mit Anlaufschwierigkeiten: Bundeskanzlerin Angela Merkel und Außenminister Guido Westerwelle führen seit September 2009 die Regierungskoalition aus CDU/CSU und FDP.

2009, 9. Juni: Der deutsche Warenhauskonzern Arcandor, zu dem die Traditionskaufhäuser von Karstadt sowie der Quelle-Versand gehören, muss nach umfangreicher Restrukturierung Insolvenz anmelden. Der Vorstandsvorsitzende Thomas Middelhoff gerät in der Folge in die Kritik wegen der erfolglosen Rettungsmaßnahmen.

2009, 25. Juni: Dem Dresdner Elbtal wird vom World Heritage Committee der Titel des Weltkulturerbes, der 2004 verliehen wurde, wieder aberkannt. Grund hierfür ist der Bau einer unter natur- und kulturschützerischen Gesichtspunkten kritisch zu beurteilenden Brücke (Waldschlösschenbrücke). Das Elbtal war wegen des Brückenbaus seit 2006 auf der Roten Liste des gefährdeten Welterbes gestanden.

2009, 26. Juni: Das Wattenmeer, das zu den Bundesländern Niedersachsen und Schleswig-Holstein sowie zu den Niederlanden gehört, wird zum Weltnaturerbe ernannt.

2009, 4. Sept.: Die deutsche Bundeswehr ordnet einen Luftangriff auf von Taliban entführte und liegen gebliebene Tanklastzüge im afghanischen Kunduz an. Bei der Bombardierung sterben 142 Menschen. Der heftig umstrittene Angriffsbefehl führt zum Rücktritt mehrerer führender Bundeswehrmitglieder und einer politischen Affäre in Deutschland. Kritisiert werden auch damalige Verteidigungsminister Franz Josef Jung sowie die Informationspolitik seines Nachfolgers von Guttenberg.

2009, 27. Sept.: Aus der Wahl zum 17. Deutschen Bundestag geht eine Koalition aus CDU/CSU und FDP unter der Führung von Angela Merkel und Guido Westerwelle als Sieger hervor. Die Parteien der bis dahin regierenden Großen Koalition verlieren in diesen Wahlen massiv Wählerstimmen, die Oppositionsparteien profitieren davon.

2009, 9. Nov.: Deutschland feiert das 20-jährige Jubiläum des Mauerfalls mit zahlreichen Aktionen, Veranstaltungen und Ausstellungen.

2009, 7.-18. Dez.: UN-Klimakonferenz in Kopenhagen („Welt-Klimagipfel"). Bundeskanzlerin Merkel spricht nach der heftig kritisierten Konferenz von „einem ersten Schritt hin zu einer neuen Weltklimaordnung".

2010, 29. Mai: Nach 28 Jahren siegt erneut eine deutsche Sängerin beim Eurovision Song Contest: Die 19-jährige Lena Meyer-Landrut gewinnt mit dem Lied „Satellite" in Oslo.

2010, 31. Mai: Horst Köhler erklärt seinen sofortigen Rücktritt vom Amt des Bundespräsidenten. Grund dafür ist die scharfe Kritik an einer Äußerung Köhlers, die die Auslandseinsätze der Bundeswehr in Verbindung mit den wirtschaftlichen Interessen brachte.

2010, 30. Juni: Als Nachfolger Horst Köhlers wird Christian Wulff (CDU; geb. 19. Juni 1959), bis dahin Ministerpräsident Niedersachsens, zum Bundespräsidenten gewählt. Sein Gegner war der ehemalige Pfarrer und Parteilose Joachim Gauck. Wulff gibt als eines seiner Ziele die Förderung der inneren Einheit Deutschlands an; er wünsche sich, dass die Deutschen „aufeinander zugehen statt aneinander vorbei zu leben."
2010, 24. Juli: Bei einer der weltweit größten Techno-Veranstaltungen, der Loveparade, kommt es aufgrund einer Massenpanik zu Hunderten Verletzten, 21 Menschen sterben. Die Loveparade war Ende der 1990er-Jahre gegründet worden und hatte sich bereits an ihrem ursprünglichen Austragungsort, dem Berliner Tiergarten, zu einem Massen-Event entwickelt. Seit 2007 fand die Veranstaltung im Ruhrgebiet statt. Gegen den Betreiber und die Stadtverwaltung Duisburg, wo die Loveparade 2010 ausgerichtet wurde, werden schwere Vorwürfe erhoben.
2010, 3. Okt.: Die Bundesrepublik Deutschland feiert 20 Jahre Wiedervereinigung, nachdem im Vorjahr bereits das Jubiläum des Mauerfalls begangen worden war. Am 3. Oktober 1990 traten 1990 die fünf neuen Bundesländer dem Geltungsbereich der Bundesrepublik bei.
2011, 5. Febr:: Bei der Verleihung der Goldenen Kamera werden u. a. der Fernsehfilm Zivilcourage und die beiden Schauspieler Anna Loos und Ulrich Tukur ausgezeichnet. Ehrenpreise erhalten der verstorbene Filmproduzent Bernd Eichinger, die Sportjournalistin Monica Lierhaus und der Schauspieler Armin Mueller-Stahl.
2011, 1. März: Karl-Theodor zu Guttenberg tritt wegen der Plagiatsaffäre um seine Dissertation als Bundesverteidigungsminister und von allen weiteren politischen Ämtern zurück. Einen Tag später wird Thomas de Maizière zu seinem Nachfolger bestimmt; Hans-Peter Friedrich wird dessen Nachfolger als Bundesinnenminister.
2011, 27. März: Landtagswahl in Baden- Württemberg. Bei einer Wahlbeteiligung von 66,3% erreichten die CDU 39,0% (60 Sitze), die Grünen 24,2% (36), die SPD 23,1% (35) und die FDP 5,3% (7). Obwohl stärkste Fraktion, musste die CDU in der Folge nach 58 Jahren die Regierungsverantwortung an eine Koalition aus Grünen und SPD abgeben; mit Winfried Kretschmann wurde erstmals ein Grünen-Politiker zum Regierungschef eines deutschen Bundeslandes gewählt.

Winfried Kretschmann

2011, 3. Apr.: Der Parteichef der FDP, Guido Westerwelle, gibt seinen Verzicht auf das Amt zum kommenden Parteitag bekannt. Zudem verzichtet er auf sein Amt als Vizekanzler, bleibt aber weiterhin Bundesaußenminister. Zum neuen Bundesvorsitzenden wird am 13, Mai Wirtschaftsminister und Vizekanzler Philipp Rösler gewählt. .
2011, 1. Mai: Für EU-Bürger aus den 2004 beigetretenen osteuropäischen Mitgliedstaaten Estland, Lettland, Litauen, Polen, Slowakei, Slowenien, Tschechien und Ungarn beginnt nach einer siebenjährigen Übergangsfrist die Arbeitnehmerfreizügigkeit.
2011, 30. Juni: Der Deutsche Bundestag beschließt mit 513 Stimmen der 600 Abgeordneten den schrittweisen Ausstieg Deutschlands aus der Atomkraft bis 2022 und eine Energiewende hin zu erneuerbaren Energiequellen. Bundesumweltminister Norbert Röttgen (CDU) bezeichnet die Energiewende als „nationales Gemeinschaftsprojekt" und betont, dass damit eine 30-jährige „unversöhnliche Debatte" zu einem Ende gekommen sei.
2011, 25. Juli: Die Deutsche Bank gibt bekannt, dass der bisherige Leiter des Investmentbankings Anshu Jain und der Leiter der Deutschen Bank Deutschland Jürgen Fitschen ab Mai 2012 gemeinsam den Vorsitz des Vorstandes übernehmen und somit Nachfolger von Josef Ackermann werden.
2011, 29. Juli: Unter Vorsitz von Schlichter Heiner Geißler stellen Fachleute der Schweizer Firma SMA die Ergebnisse des sogenannten Stresstests für das Verkehrsprojekt „Stuttgart 21" vor. Darin wird dem geplanten unterirdischen Bahnhof das Prädikat „wirtschaftlich optimal" zugesprochen, was die zweitbeste von vier Stufen darstellt. Ein Tag später gibt die Bahn bekannt, dass sie unmittelbar nach der Präsentation des Stresstests Bauaufträge für das Projekt im Umfang von 700 Millionen Euro vergeben habe.

Sebastian Vettel wurde vorzeitig Formel-1-Weltmeister. Der Deutsche kann nach 15 von 19 Saisonrennen Rennen nicht mehr eingeholt werden, obwohl er beim Großen Preis von Japan am 9. Oktober 2011 erst hinter Jenson Button und Fernando Alonso im Ziel ankam. Vettel, 24, ist damit der jüngste Fahrer, dem es glückte , den Titel zweimal zu gewinnen.

2011, 16. Aug.: Gipfeltreffen zur Eurokrise zwischen der deutschen Bundeskanzlerin Angela Merkel und Staatspräsident Nicolas Sarkozy in Paris. Beide erklären, zur dauerhaften Stabilisierung des Euros eine europäische Wirtschaftsregierung mit weitreichenden Kompetenzen einrichten zu wollen.
2011, 22. Aug.: Am 12. November 1923 in Brandenburg an der Havel geboren, stirbt Loriot, bürgerlich Bernhard-Victor Christoph Carl von Bülow, kurz Vicco von Bülow in Ammerland am Starnberger See.Loriot etablierte sich seit den 1950er Jahren in Literatur, Fernsehen, Theater und Film als einer der vielseitigsten deutschen Humoristen. Loriot betätigte sich auch als Karikaturist, Regisseur, Schauspieler, Bühnen- und Kostümbildner und wurde 2003 von der Universität der Künste Berlin zum Professor für Theaterkunst ernannt.
2011, 18. Sept.: Bei der Wahl zum Berliner Abgeordnetenhaus bleibt die SPD von Bürgermeister Klaus Wowereit mit 28,3 % stärkste Kraft vor der CDU mit 23,4 %. Bündnis 90/Die Grünen werden mit 17,6 % drittstärkste Partei vor der Linken mit 11,7 %. Die Piratenpartei schafft mit 8,9 % erstmals den Einzug in ein Landesparlament.
2011, 29. Sept.: Zustimmung des Bundestages zur Aufstockung des Euro-Rettungsschirms EFSF. Deutschland würde dadurch mit bis zu 211 Milliarden Euro haften, sollte ein Euro-Staat pleitegehen.
2011, 5. Okt.: Scheitern der Koalitionsverhandlungen zwischen SPD und Grünen in Berlin. Beim Ausbau der Stadtautobahn A 100 seien die Die Positionen nicht in Einklang zu bringen, sagte der Regierende Bürgermeister Klaus Wowereit.

Regierungserklärung des Bundeskanzlers

Mit einer Grundsatzrede vor dem Bundestag gab der neugewählte Kanzler Gerhard Schröder am 10. November 1998 die Ziele seiner künftigen Politik bekannt. Sie werde angesichts einer enormen finanzielle Erblast, die in 16 Jahren der Kanzlerschaft von Helmut Kohl angehäuft worden sei, vor allem in einem „entschlossenen Konsolidierungskurs“ bestehen und sich um eine Senkung der Massenarbeitslosigkeit bemühen. Die Schaffung von Arbeitsplätzen sei oberstes Ziel und nur durch wirtschaftliches Wachstum zu erreichen, das seine Regierung ankurbeln wolle. Als weitere Eckpunkte seiner Politik nannte der Regierungschef eine nachhaltig Sicherung der Energieversorgung und eine Neuregelung des Staatsangehörigkeitsrechts, das angesichts der unverminderten Zuwanderung nach Deutschland überfällig sei. Außenpolitisch werde die Verlässlichkeit Deutschlands als Partner weiter gestärkt und seine Friedenswilligkeit unterstrichen. Hier Auszüge aus der Rede Schröders:

Herr Präsident,
meine sehr verehrten Damen und Herren,
erstmals in der Geschichte der Bundesrepublik Deutschland haben die Wählerinnen und Wähler durch ihr unmittelbares Votum einen Regierungswechsel herbeigeführt. Sie haben Sozialdemokraten und Bündnis 90/Die Grünen beauftragt, Deutschland in das nächste Jahrtausend zu führen. Dieser Wechsel ist Ausdruck demokratischer Normalität und Ausdruck eines gewachsenen demokratischen Selbstbewusstseins. Ich denke, meine sehr verehrten Damen und Herren, wir können alle stolz darauf sein, dass die Menschen in Deutschland rechtsradikalen und fremdenfeindlichen Tendenzen eine deutliche Abfuhr erteilt haben. An dieser Stelle möchte ich noch einmal meinem Vorgänger im Amt, Herrn Dr. Helmut Kohl, für seine Arbeit und für seine noble Haltung bei der Amtsübergabe danken.

Die Fraktionssprecher von Bündnis 90/Grüne, Joschka Fischer (links) und Kerstin Müller sowie Vorstandssprecher Jürgen Trittin feiern mit erhobenen Händen am 27. September 1998 in Bonn das gute Ergebnis für ihre Partei.

Vor uns liegen gewaltige Aufgaben. Die Menschen erwarten, dass eine bessere Politik für Deutschland gemacht wird. Wir wissen: Ökonomische Leistungsfähigkeit ist der Anfang von allem. Wir müssen Staat und Wirtschaft modernisieren, soziale Gerechtigkeit wiederherstellen und sie sichern, das europäische Haus wirtschaftlich, sozial und politisch so ausbauen, dass die gemeinsame Währung ein Erfolg werden kann. Wir müssen die innere Einheit Deutschlands vorantreiben; und vor allem und bei allem: Wir müssen dafür sorgen, dass die Arbeitslosigkeit zurückgedrängt wird, dass bestehende Arbeitsplätze erhalten bleiben und neue Beschäftigung entsteht.

Dafür brauchen wir neue Unternehmen, neue Produkte, neue Märkte und vor allen Dingen schnellere Innovation. Wir brauchen eine bessere Ausbildung und eine Steuer- und Abgabenpolitik, die vor allem die Kosten der Arbeit entlastet. Diese Bundesregierung wird die Probleme schultern, und sie wird die schöpferischen Kräfte, die es in unserem Land überreich gibt, mobilisieren. Die Bedingungen, unter denen wir an den Start gehen, sind alles andere als günstig. Entgegen dem, was gelegentlich von der Opposition im Haus verbreitet wird, hat uns die alte Bundesregierung keineswegs ein bestelltes Haus hinterlassen. Das Ergebnis unseres vorläufigen Kassensturzes zeigt den Ernst der finanzpolitischen Lage. Die Verschuldung des Bundes ist auf weit über eine Billion D-Mark getrieben worden.

Nach seiner Wahl zum Bundeskanzler wird Gerhard Schröder am 27. Oktober 1998 im Bundestag von Bonn vom SPD-Vorsitzenden Oskar Lafontaine (mitte) umarmt, links applaudiert Rudolf Scharping, vorne rechts klatschen Peter Struck und Anke Fuchs (verdeckt). 351 von 666 anwesenden Abgeordneten stimmten in geheimer Wahl für ihn, 287 Parlamentarier votierten gegen ihn, 27 enthielten sich. Eine Stimme war ungültig. Damit bekam Schröder sechs Stimmen mehr als SPD und Grüne Abgeordnete stellen.

Der laufende Bundeshaushalt ist mit Zinsverpflichtungen von mehr als 80 Milliarden D-Mark belastet. Das heißt, jede vierte Mark, die der Bund an Steuern und Abgaben einnimmt, muss für diese gewaltigen Zinslasten ausgegeben werden. Hinzu kommt - ich muss das sagen, auch wenn es Ihnen nicht passt -: Milliardenschwere Haushaltsrisiken wurden ignoriert; Einnahmen wurden zu hoch veranschlagt; Ausgaben wurden zu niedrig veranschlagt: Jahrelang hat man den Haushalt nur durch Einmaleffekte ausgeglichen. Deren Wirkung ist gleich wieder verpufft. Die großen Haushaltslasten aber, die schwerwiegenden strukturellen Probleme des Bundeshaushaltes, hat man einfach in die Zukunft verlagert.
Wir haben gesagt: Wir wollen nicht alles anders, aber vieles besser machen. Daran werden wir uns halten. Das sagen wir denen, die heute die Schlachten des Wahlkampfes noch einmal schlagen wollen. Das scheint auch auf der rechten Seite des Hauses so zu sein. Nur, besonders erfolgreich sind Sie nicht gewesen. Das werden Sie zugeben müssen. Da gibt es diejenigen, die schon wieder Schwarzmalerei betreiben und diesen lähmenden Pessimismus verbreiten, der unser Land lange genug gehindert hat, die nötigen Schritte zur Anpassung an die Wirklichkeit zu tun. Aber das rufen wir auch denjenigen zu, die meinen, das jetzt Beschlossene gehe nicht weit genug.
Dieser Regierungswechsel ist auch ein Generationswechsel im Leben unserer Nation. Mehr und mehr wird unser Land heute gestaltet von einer Generation, die den Zweiten Weltkrieg nicht mehr unmittelbar erlebt hat. Es wäre nun gefährlich, dies als einen Ausstieg aus unserer historischen Verantwortung misszuverstehen. Jede Generation hinterlässt der ihr nachkommenden Hypotheken, und niemand kann sich mit der „Gnade" einer „späten Geburt" herausreden.
Für manche ist dieser Generationswechsel eine große Herausforderung. Schon ein Blick auf die Regierungsbank oder auch in dieses Parlament zeigt, was die große Mehrheit unter uns politisch geprägt hat. Es sind die Biographien gelebter Demokratie. Wir haben den kulturellen Aufbruch aus der Zeit der Restauration miterlebt und mitgemacht.
Viele von uns waren in den Bürgerbewegungen der siebziger und achtziger Jahre engagiert. Die ehemaligen Bürgerrechtsgruppen aus der DDR, die gemeinsam mit den ostdeutschen Sozialdemokraten die friedliche Revolution mitgestaltet haben, sind an dieser Regierung beteiligt.
Diese Generation steht in der Tradition von Bürgersinn und Zivilcourage. Sie ist aufgewachsen im Aufbegehren gegen autoritäre Strukturen und im Ausprobieren neuer gesellschaftlicher und politischer Modelle.
Jetzt ist sie – und mit ihr die Nation – aufgerufen, einen neuen Pakt zu schließen, gründlich aufzuräumen mit Stagnation und Sprachlosigkeit, in die die vorherige Regierung unser Land geführt hat. An ihre Stelle setzen wir eine Politik, die die Eigenverantwortlichkeit der Menschen fördert und sie stärkt. Das verstehen wir unter der Politik der Neuen Mitte.
Diesen Weg werden wir partnerschaftlich beschreiten. Jeder im In- und Ausland kann sich darauf verlassen, dass diese Regierung zu ihrer politischen, aber eben auch zu ihrer sozialen Verantwortung steht. Die Hoffnungen, die auf uns ruhen, sind fast übermächtig. Aber eine Regierung allein kann das Land nicht verbessern. Daran müssen alle mittun. Je mehr Menschen sich mit ihrer Initiative und ihrer Leistungsbereitschaft an der Reform unserer Gesellschaft beteiligen, desto größer werden die Erfolge sein.
Den Menschen in Deutschland mangelt es nicht an schöpferischen Kräften. Wir werden helfen, sie zur Entfaltung zu bringen.
Meine Damen und Herren, es ist kein Zweifel: Unser drängendstes und auch schmerzhaftestes Problem bleibt die Massenarbeitslosigkeit. Sie führt zu psychischen Zerstörungen, zum Zusammenbruch von Sozialstrukturen. Den einen nimmt sie die Hoffnung, und den anderen macht sie angst. Sie belastet unser Gemeinwesen derzeit mit Kosten von jährlich 170 Milliarden D-Mark. Die Bundesregierung ist sich völlig im klaren darüber, dass sie ihre Wahl wesentlich der Erwartung verdankt, die Arbeitslosigkeit wirksam zurückdrängen zu können. Genau dieser Herausforderung werden wir uns stellen. Jede Maßnahme, jedes Instrument kommt auf den Prüfstand, um festzustellen, ob es vorhandene Arbeit sichert oder neue Arbeit schafft. Wir wollen uns jederzeit – nicht erst in vier Jahren – daran messen lassen, in welchem Maße wir zur Bekämpfung der Arbeitslosigkeit beitragen...
Meine Damen und Herren, wir werden mit der Energiewirtschaft und den Umweltverbänden neue Wege der Energieversorgung beschreiten.
Die Nutzung der Kernenergie ist gesellschaftlich nicht akzeptiert. Sie ist mithin auch volkswirtschaftlich nicht vernünftig. Das ist der Grund, warum wir sie geregelt auslaufen lassen werden.
Für die Bundesregierung steht dabei nicht ein Ausstieg im Mittelpunkt. Es geht vielmehr um den Einstieg in eine zukunftsfähige Energieversorgung. Der Anteil der Kernenergie wird schrittweise reduziert und schließlich ganz ersetzt. Dies, meine Damen und Herren, ist ein gewaltiges Investitionsprogramm, das auch und gerade neue Arbeitsplätze in diesen Bereichen schaffen wird. Dabei setzen wir vor allem auf die Innovations- und Entwicklungspotentiale bei den erneuerbaren Energien. Wir setzen auf eine konsequente Nutzung der Einsparmöglichkeiten: bei der Stromerzeugung, bei elektrischen Geräten, bei den Gebäuden, aber auch im Straßenverkehr. Mit der Energiewirtschaft werden wir auskömmliche Lösungen zu einer Zukunft ohne Atomkraftwerke vereinbaren.
Helmut Schmidt hat vor diesem Haus in seiner Regierungserklärung 1976 in vergleichbar schwieriger Wirtschaftslage gesagt. Die Bundesregierung setzt bei ihren Bemühungen zuallererst - ich zitiere ihn - auf den Fleiß, die Intelligenz und das Verantwortungsbewusstsein der Deutschen. Daran knüpfe ich bewusst an, und ich bin sicher, meine Damen und Herren, wir werden es schaffen, weil wir Deutschlands Kraft vertrauen. Ich danke Ihnen für die Aufmerksamkeit.

Bundeskanzler Helmut Kohl zieht im Bonner Konrad-Adenauer-Haus am 27. September 1998 die Bilanz aus den ersten Hochrechnungen. Kohl gestand die Wahlniederlage „ohne Wenn und Aber" ein und zeigte sich später als fairer Verlierer.

Bundeswehreinsatz auf dem Balkan

Systematischen Völkermord betrieb im Frühjahr 1999 die serbische Armee in der weit überwiegend von Albanern bewohnten ehemaligen jugoslawischen Provinz Kosovo. In zähen Verhandlungen versuchte die NATO in Rambouillet bei Paris einen Kompromiss zwischen den verfeindeten Gruppen zu finden und auf diplomatischem Weg Frieden zu sichern. Am 18. März schien eine tragfähige Einigung gefunden. Die Kosovo-Albaner und ihre Untergrundarmee UCK jedenfalls unterschrieben den Vorschlag der Balkan-Kontaktgruppe. Die Belgrader Führung unter Präsident Slobodan Milosevic jedoch blieb unnachgiebig und ließ die Angriffe im Kosovo unvermindert fortsetzen. Die NATO beschloss daher, nunmehr zu militärischen Zwangsmitteln zu greifen und zunächst mit Luftschlägen Belgrad zum Nachgeben zu bewegen. Der Beschluss band auch die Bundeswehr ein. Die politischen Debatten über ihren Einsatz in einer Region, die im Zweiten Weltkrieg besonders unter dem Besatzungsterror der deutschen Wehrmacht gelitten hatte, wurden erbittert geführt, doch konnte die Rot-Grüne Regierung den Beschluss zum Einsatz deutscher Soldaten durchsetzen. Bundeskanzler Schröder erläuterte dieses Vorgehen am 24. März 1999 in einer Fernsehansprache der Öffentlichkeit:

Heute Abend hat die NATO mit Luftschlägen gegen militärische Ziele in Jugoslawien begonnen. Damit will das Bündnis weitere schwere und systematische Verletzungen der Menschenrechte unterbinden und eine humanitäre Katastrophe im Kosovo verhindern. Der jugoslawische Präsident Milosevic führt dort einen erbarmungslosen Krieg. Die jugoslawischen Sicherheitskräfte haben ihren Terror gegen die albanische Bevölkerungsmehrheit im Kosovo allen Warnungen zum Trotz verschärft. Die internationale Staatengemeinschaft kann der dadurch verursachten menschlichen Tragödie in diesem Teil Europas nicht tatenlos zusehen. Wir führen keinen Krieg, aber wir sind aufgerufen, eine friedliche Lösung im Kosovo auch mit militärischen Mitteln durchzusetzen.

Die Militäraktion richtet sich nicht gegen das serbische Volk. Dies möchte ich gerade auch unseren jugoslawischen Mitbürgern sagen. Wir werden alles tun, um Verluste unter der Zivilbevölkerung zu vermeiden.

Noch Ende letzter Woche hat die jugoslawische Delegation auf der Pariser Konferenz selbst minimale Zugeständnisse abgelehnt. Dies ist um so weniger verständlich, als das ausgehandelte Friedensabkommen den Bestand Jugoslawiens nicht in Frage stellt. Vielmehr hat die Europäische Union Belgrad eine Rückkehr in die internationalen Organisationen und eine schrittweise Aufhebung der Sanktionen für den Fall einer Friedenslösung in Aussicht gestellt. Die Antwort Belgrads war der Bruch von Verträgen und die Entsendung weiterer Truppen in den Kosovo. Deshalb blieb als letztes Mittel nur die Anwendung von Gewalt.

Dagegen haben die Vertreter der albanischen Bevölkerungsmehrheit das Pariser Friedensabkommen unterzeichnet und damit ihre Bereitschaft zu einer friedlichen Lösung vor aller Welt dokumentiert.

Mit der gemeinsam von allen Bündnispartnern getragenen Aktion verteidigen wir auch unseren gemeinsamen grundlegenden Werte von Freiheit, Demokratie und Menschenrechten. Wir dürfen nicht zulassen, dass diese Werte, nur eine Flugstunde von uns entfernt, mit Füßen getreten werden.

An dem Einsatz der NATO sind auch Soldaten der Bundeswehr beteiligt. So haben es Bundesregierung und der Deutsche Bundestag beschlossen – in Übereinstimmung mit dem Willen der großen Mehrheit des Deutschen Volkes.

Die Bundesregierung hat sich ihre Entscheidung nicht leicht gemacht, schließlich stehen zum ersten Mal nach Ende des Zweiten Weltkrieges deutsche Soldaten im Kampfeinsatz.

Ich rufe von dieser Stelle aus alle Mitbürgerinnen und Mitbürger auf, in dieser Stunde zu unseren Soldaten zu stehen. Sie und ihre Familien sollen wissen, dass wir das Menschenmögliche tun für den Schutz unserer Soldaten bei diesem schwierigen und gefahrvollen Einsatz. Gleichwohl können wir Gefahren für Leib und Leben unserer Soldaten nicht ausschließen.

Ich fordere von dieser Stelle aus Präsident Milosevic auf, die Kämpfe im Kosovo sofort zu beenden. Die NATO und die internationale Gemeinschaft sind unverändert bereit, mit Zustimmung der Streitparteien mitzuhelfen, das Friedensabkommen umzusetzen. Für eine militärische Absicherung eines notwendigen Waffenstillstandes stehen erste NATO-Einheiten, darunter 3000 deutsche Soldaten, bereit.

Auf dem Gipfel in Berlin hat Europa seine Verantwortung für eine friedliche Entwicklung auf dem Kontinent bekräftigt. Auch mit Blick auf die schwierige Mission im Kosovo spricht Europa mit einer Stimme. An unserer Entschlossenheit, das Morden im Kosovo zu beenden, besteht kein Zweifel. Die Belgrader Führung hat es allein in der Hand, den NATO-Einsatz zu beenden, indem sie sich für den Frieden entscheidet.

Ein alter Mann hebt die Arme, als er nach einem Nato-Luftangriff an einer in eine Decke gewickelten Leiche vor einem zerstörten Haus in der zentralserbischen Stadt Cacak vorbeigeht.

DFB feiert hundertsten Geburtstag

Auf den Tag genau hundert Jahre nach Gründung des Deutschen Fußball-Bundes feierte der weltweit größte Einzel-Sportverband seinen Festakt am 28. Januar im Leipziger Gewandhaus. 1200 geladene Gästen aus Politik, Wirtschaft, Gesellschaft, Kultur und Sport machten dem DFB ihre Aufwartung.
In seiner Eröffnungsrede richtete DFB-Präsident Egidius Braun einen eindringlichen Appell an die Zuhörer im Saal und am TV-Bildschirm: „Fußball muss Volkssport bleiben, er darf nie von Geschäftemachern missbraucht werden, die nur eines im Auge haben: den grenzenlosen Profit um jeden Preis. Wir können das Rad der Geschichte nicht anhalten oder gar zurückdrehen. Wer aber glaubt, Fußball sei nur noch ein Millionenspiel, der irrt. Fußball ist vielmehr ein Spiel für Millionen, die er auch in Zukunft in seinen Bann ziehen wird, davon bin ich überzeugt."
Die Festrede hielt Bundespräsident Johannes Rau. In seiner Laudatio dankte das Staatsoberhaupt den vielen tausend ehrenamtlichen Trainern und Verantwortlichen: „Das ehrenamtliche Engagement ist und bleibt die Seele des DFB, die Seele des Fußballs in Deutschland." Zudem hob Rau die gesellschaftliche Bedeutung des DFB hervor: „Fußball ist eines der bedeutendsten Massen-Phänomene des zwanzigsten Jahrhunderts geworden." Mit einem Wunsch sprach der Bundespräsident den DFB-Verantwortlichen aus der Seele: „Im Jahre 2006 findet die übernächste Fußball-Weltmeisterschaft statt. Ich wünsche mir mit allen Fußball-Freunden in unserem Land, dass diese Weltmeisterschaft in Deutschland stattfinden wird."
Auch Bundeskanzler Gerhard Schröder ging in seinem Grußwort auf die deutsche WM-Bewerbung ein: „Wir alle würden uns sehr freuen, wenn die Fußball-Weltmeisterschaft 2006 in Deutschland – und damit im Herzen Europas – stattfindet. Die Bundesregierung unterstützt die Bewerbung des DFB uneingeschränkt und aus voller Überzeugung." Schröder erinnerte aber auch an die dunklen Stunden der DFB-Geschichte. „Der deutsche Fußball hatte zwischen 1933 und 1945 nicht die Kraft, der Instrumentalisierung und Vereinnahmung durch ein verbrecherisches System zu widerstehen. Wir alle – und das heißt auch: die Verbände als Teilsystem der Gesellschaft – sind aufgerufen, die Erinnerungen an die Verbrechen des Nationalsozialismus wach zu halten und insbesondere den jungen Menschen Beispiele für Toleranz und Weltoffenheit zu geben", sagte der Regierungs-Chef.
Weitere Grußadressen gab es von Leipzigs Oberbürgermeister Wolfgang Tiefensee, vom Präsidenten des Internationalen Fußball-Verbandes (FIFA), Joseph Blatter, und dem Chef der Europäischen Fußball-Union (UEFA), Lennart Johansson. Der Schwede bezeichnete den DFB nicht nur wegen seiner auf internationaler Ebene errungenen Erfolge, sondern vor allem „dank der Kontinuität und Stabilität, die sich in der täglichen Verbandsarbeit auszeichnen, als Musterverband".
Auch die deutsche WM-Bewerbung für 2006 unterstützt der UEFA-Boss „mit all meiner Kraft und auch mit meinen Freunden aus dem Exekutiv-Komitee der UEFA".
Umrahmt wurde der Festakt im weltberühmten Gewandhaus von musikalischen Beiträgen des Gewandhaus-Orchesters, des MDR-Rundfunk-Chors, von Musical-Star Anna Maria Kaufmann und von Schlagersänger Udo Jürgens.

DFB-Präsident Egidius Braun spricht am 28. Januar 2000 im Leipziger Gewandhaus auf der Festveranstaltung zum 100jährigen Bestehen des Deutschen Fußball-Bundes.

Regierungserklärung zum 11. September

Die Schockwellen erfassten die ganze Welt, als am Morgen des 11. September 2001 die Türme des World Trade Centers (WTC) in New York durch das Hineinsteuern von entführten Passagierflugzeugen zum Einsturz gebracht wurden. Eine weitere Maschine stürzte ins Pentagon, eine vierte zerschellte auf einem Feld bei Pittsburgh. Schnell war klar, dass hinter den Anschlägen die islamistische Terror-Organisation Al Qaida des saudischen Millionärs Bin Laden steckte. Bundeskanzler Schröder sicherte noch am Abend desselben Tages den Vereinigten Staaten „uneingeschränkte Solidarität" beim Kampf gegen den Terror zu und sah in den Taten eine „Kriegserklärung an die gesamte zivilisierte Welt". Am 19. September 2001 sagte er zudem in einer Regierungserklärung:
Es geht nicht um den „Kampf der Kulturen", sondern es geht um den Kampf um die Kultur in dieser einen Welt. Dabei wissen wir um die Verschiedenheiten der Kulturen. Und wir respektieren sie. Aber wir bestehen darauf, dass die Verheißungen der amerikanischen Unabhängigkeitserklärung universell gelten... Diese Verheißungen, auch wenn sie Erbe des christlichen Abendlandes sind, das sich auch nicht ohne verhängnisvolle Irrungen zu diesen Werten entwickelt hat, stehen nicht im Widerspruch zu einer Interpretation des Islam ohne fundamentalistischen Wahnsinn. Jener gesichtslose, barbarische Terrorismus ist gegen all das gerichtet, was unsere eine Welt im Innersten zusammenhält: die Achtung vor dem menschlichen Leben und der Menschenwürde, die Werte von Freiheit, Toleranz, Demokratie und friedlichem Interessenausgleich.
Deutschland steht angesichts dieses beispiellosen Angriffs uneingeschränkt an der Seite der Vereinigten Staaten von Amerika. Unser Bekenntnis zur politischen und moralischen Solidarität mit den USA ist

in diesen Tagen mehr als eine bloße Selbstverständlichkeit. Gerade hier in Berlin werden wir Deutschen niemals vergessen, was die Vereinigten Staaten für uns getan haben...
Der Sicherheitsrat der Vereinten Nationen hat in seiner grundlegenden Resolution 1368 einmütig festgestellt, dass die terroristischen Anschläge von New York und Washington eine Bedrohung des Weltfriedens und der internationalen Sicherheit darstellen. Mit dieser Resolution sind die völkerrechtlichen Voraussetzungen für ein entschiedenes Vorgehen gegen den Terrorismus geschaffen. Der Nato-Rat hat den Vereinigten Staaten seine volle Solidarität auf der Grundlage von Artikel 5 des Nato-Vertrages erklärt...
Die Vereinigten Staaten können auf der Grundlage der Entscheidung des Sicherheitsrates Maßnahmen gegen die Urheber und Hintermänner, gegen Auftraggeber und Drahtzieher der Attentate ergreifen. Und sie können und dürfen, durch diese Weiterentwicklung des Völkerrechts gedeckt, ebenso entschieden gegen Staaten vorgehen, die den Verbrechern Hilfe oder Unterschlupf gewähren... Wir wissen heute noch nicht, ob und welche Unterstützung die Vereinigten Staaten von den NATO-Partnern erwarten und einfordern. Das könnte auch militärischer Beistand sein. Ausgeschlossen werden kann und darf er nicht...
Natürlich: Jedes Recht korrespondiert mit Pflicht. Aber umgekehrt gilt: Auch einer Bündnispflicht korrespondiert ein Recht. Und das heißt: Information und Konsultation. Was wollen wir als Deutsche und Europäer erreichen: Uneingeschränkte Solidarität mit den USA bei allen notwendigen Maßnahmen. Zu Risiken, auch im Militärischen ist Deutschland bereit, zu Abenteuern nicht. Diese werden von uns dank der besonnenen Haltung der amerikanischen Regierung auch nicht verlangt und sicher auch nicht verlangt werden. Diese Form der Solidarität ist die Lehre, die wir aus unserer Geschichte gezogen haben. Eine Lehre, die für die zivilisierte Welt bitter genug war. Eine Fixierung auf ausschließlich militärische Maßnahmen wäre fatal.
Wir Europäer müssen unsere Zusammenarbeit im Kampf gegen den Terrorismus weiter verstärken. Gerade jetzt muss Europa mit einer Stimme sprechen... Vor allem müssen wir jetzt mit vereinten Anstrengungen alles daran setzen, den Durchbruch zum Frieden im Nahen Osten zu erreichen... In diesem Sinne müssen wir den Dialog mit den gemäßigten Führern der arabischen Welt fortsetzen... Man kann es nicht oft genug betonen: Wir befinden uns nicht im Krieg gegen einen Staat. Und wir befinden uns auch nicht im Krieg gegen die islamische Welt insgesamt.
Die Anschläge von New York und Washington haben nichts mit Religion zu tun. Sie sind Ausdruck einer verbrecherischen Gesinnung. Die erschreckende Missachtung menschlichen Lebens ist eine Kampfansage an jede Zivilisation.
Viele Menschen in unserem Land fragen nach den möglichen Auswirkungen der terroristischen Verbrechen. Die Bundesregierung weiß um diese Sorgen. Und wir nehmen sie sehr ernst. Aber wir sagen auch: Es gibt nach derzeitiger Einschätzung keinen Anlass zu Furcht oder gar zur Panik. Die Bundesregierung und die Sicherheitsbehörden haben entschlossen reagiert und sind weiterhin wachsam. Wir befinden uns nicht in einem nationalen Notstand. Unmittelbare Konsequenzen, die wir aus den tragischen Ereignissen ziehen müssen, wurden und werden gezogen...
Zu Beginn dieses neuen Jahrhunderts steht Deutschland auf der richtigen Seite. Auf der Seite der unveräußerlichen Rechte aller Menschen. Diese Menschenrechte sind die große Errungenschaft und das Erbe der europäischen Aufklärung. Diese Werte der Menschenwürde, der freiheitlichen Demokratie und der Toleranz sind unsere große Stärke im Kampf gegen den Terrorismus. Sie sind das, was unsere Völker- und Staatengemeinschaft zusammenhält - und was die Terroristen zerstören wollten. Diese Werte sind unsere Identität. Wir werden sie verteidigen. Mit Nachdruck und Entschlossenheit.

Bergungstrupps haben ein sieben Stockwerke hohes Reststück des World Trade Center für ein künftiges Mahnmal gesichert.

Jahrhundertflut

Lange anhaltender Starkregen brachte im August 2002 die Flüsse in Bayern, Österreich, Tschechien und vor allem die Elbe von Sachsen bis Niedersachsen zum Überlaufen. Ortsteile wurde weggeschwemmt, Gebäude stürzten ein, Brücken barsten, Straßen rutschten ab, manche Menschen verloren ihre gesamte Habe, Todesopfer waren zu beklagen, unersetzliche Kulturgüter wurden beschädigt oder sogar zerstört. Es kam zu Pegelständen, wie sie noch nie gemessen worden waren. Bilder gingen um die Welt, wie man sie sonst nur aus dem fernen Osten kannte. Sie lösten eine Welle der Hilfsbereitschaft aus, die Spenden sprudelten wie die Fluten. Die Behörden konnten sich auf zahllose freiwillige Helfer stützen, die Bundeswehr war rund um die Uhr im Einsatz, Technisches Hilfswerk und Feuerwehren leisteten Übermenschliches. Die Bundesregierung handelte schnell. Nachdem sich Kanzler Schröder vor Ort ein Bild von den Verwüstungen gemacht hatte, legte

Zu einer Trauerminute haben sich die Mitglieder der Bundesregierung am 12. September 2001 zu Beginn der Bundestagssitzung im Berliner Reichstagsgebäude erhoben. Der Bundestag hatte als einzigen Tagesordnungspunkt die Regierungserklärung des Bundeskanzlers zu den Terroranschlägen in den USA. Die mit großer Präzision ausgeführten Selbstmordangriffe auf Macht- und Finanzzentren in New York und Washington mit entführten Passagierflugzeugen als fliegende Bomben kosteten am 11. September 3478 Menschenleben.

er ein umfassendes Hilfsprogramm für die betroffenen Regionen auf. Im Bundestag führte er dazu am 19. Auguste aus:

Die verheerende Hochwasserkatastrophe, die in den vergangenen Wochen Sachsen, Sachsen-Anhalt, Brandenburg und Mecklenburg-Vorpommern, aber eben auch Bayern, Niedersachsen und Schleswig-Holstein heimgesucht hat, hinterlässt die schwersten Schäden, die unser Land in seiner Nachkriegsgeschichte erlitten hat.

Trotz dieser schrecklichen Ereignisse haben wir Grund, stolz und auch zuversichtlich zu sein; denn durch Deutschland ist nicht nur eine katastrophale Flut gegangen, sondern auch eine unglaubliche Welle der Solidarität. (Beifall im ganzen Hause)

Man kann es überall spüren: Die Menschen packen zu. Nachbarn helfen Nachbarn. Jeder tut das, was er kann. Sehr viele haben großzügig gespendet – bis zum heutigen Tag bereits mehr als 130 Millionen Euro. (Beifall im ganzen Hause) Das zeigt, welche Hilfsbereitschaft und welcher Wille zum Gemeinsinn in unserem Volk vorhanden sind. Niemals zuvor hat es eine größere Spendenbereitschaft gegeben. Ich denke, dafür können wir allen Bürgerinnen und Bürgern nur dankbar sein. Weil wir das Geld der Privatleute dringend benötigen, bitte ich darum, in der Unterstützung derer, die alles verloren haben, nicht nachzulassen. Das Geld ist willkommen und wird dringend gebraucht.

Im Bundeshaushalt mobilisieren wir weiter 1 Milliarde Euro durch Umschichtungen im Etat des Bundesverkehrsministeriums. Zudem wollen wir 1,2 Milliarden Euro aus der Effizienzreserve des EU-Strukturfonds in Anspruch nehmen. Ich habe Nachrichten gelesen, nach denen das Geld freigegeben ist. Auf diese Weise können wir Aufbauhilfe in einem Gesamtumfang von etwa 10 Milliarden Euro zur Verfügung stellen, und zwar ohne unsere international eingegangenen Verpflichtungen zu verletzen... Meine Damen und Herren, ebenso wichtig wie die Fürsorge für die Opfer des Hochwassers ist uns, der Bundesregierung, die Vorsorge. Wir brauchen - dieses

Völlig überflutet zeigt sich im August 2002 die historische Altstadt in Dresden mit der Semperoper und dem Zwinger im Vordergrund.

Ziel verfolgen wir seit Amtsantritt - einen vorbeugenden Hochwasserschutz, der sich nicht nur auf den Bau und den Ausbau von Deichen und Dämmen beschränkt. Keine Frage: Solche Schutzmaßnahmen sind wichtig. Aber selbst wenn wir das ganze Land eindeichen, bleibt es dabei: Elbe, Donau und andere Flüsse sind eben nicht nur Wasserstraßen, sondern Teile der Natur. (Beifall bei der SPD und dem BÜNDNIS 90/ DIE GRÜNEN sowie bei Abgeordneten der PDS) Das haben wir alle miteinander, die einen mehr, die anderen weniger, gelegentlich diskutiert. Das ist so gewesen; warum soll man das dann nicht auch sagen? In Dresden beispielsweise war sichtbar - Herr Ministerpräsident, wir haben darüber geredet -, dass sich die Weißeritz ein Flussbett zurückerobert hatte, aus dem sie vor 100 Jahren gleichsam vertrieben worden ist. Solche Ereignisse müssen dann doch Nachdenklichkeit auslösen. Die Konsequenz ist: Wir werden, was die flussnahen Gebiete angeht, nicht nur umdenken, sondern auch anders handeln müssen. (Beifall bei der SPD und dem BÜNDNIS 90/ DIE GRÜNEN sowie bei Abgeordneten der PDS) Ich bin mit dem Bundesverkehrsminister völlig einig, dass das zuerst für die Elbe gilt. Wir müssen Schluss machen mit der weiteren Versiegelung von Landschaften und erst recht mit der weiteren Begradigung von Flussläufen... (Beifall bei der SPD, dem BÜNDNIS 90/DIE GRÜNEN und der PDS)

Die gute Nachricht der letzten Tage ist, dass die Pegelstände der Flüsse nunmehr überall zurückgehen. Eine mindestens ebenso gute Nachricht ist, dass wir in den vergangenen Wochen eine außergewöhnliche Demonstration des Gemeinsinns erlebt haben, eine Demonstration, die in diesem Ausmaß und in dieser Tiefe vielleicht doch viele im Land überrascht hat.

Die Bundesregierung hat mit schneller und effizienter Soforthilfe sowie mit dem umfassenden Hilfs- und Aufbauprogramm, das wir Ihnen heute vorlegen und zu dem wir um Ihre Zustimmung bitten, die Bereitschaft zur Solidarität bei den Menschen nicht etwa geweckt. Sie war schon vorhanden. Wir haben sie vielmehr aufgegriffen und ihr einen angemessenen Rahmen gegeben. Ich denke, der Deutsche Bundestag - da bin ich ganz sicher - wird hinter diesem Willen und dieser ausgedrückten Kraft zum Gemeinsinn nicht zurückstehen und deswegen alles tun, damit wir die materielle Basis dafür bekommen, um den Opfern schnell, unbürokratisch und durchgreifend helfen zu können. Darum geht es.

Fritz Walter (1920-2002) und Bundestrainer Sepp Herberger (1897-1977) in den 50er-Jahren.

Fritz Walter gestorben

Er gehörte zu den ganz Großen des deutschen Fußballs: Fritz Walter, am 31. Oktober 1920 in Kaiserslautern geboren und dort am 17. Juni 2002 gestorben, spielte zeit seines Lebens für seinen Heimatverein, den 1. FC Kaiserslautern, der mit ihm und seinem Bruder Ottmar sowie den Brüdern Werner und Ernst Liebrich seine glanzvollste Zeit erlebte, 1951 und 1953 zweimal deutscher Meister wurde und 1948, 1954 sowie 1955 erst im Endspiel scheiterte. Man sprach damals nur von der „Walter-Elf". 23-mal stand Walter ununterbrochen in der Nationalmannschaft, bis der Zweite Weltkrieg seine Karriere zwangsläufig unterbrach. Aber auch damals schon behielt ihn der Reichs- und spätere Bundestrainer Herberger im Auge. „Halten Sie sich zurück, machen Sie sich selten und sorgen Sie dafür, dass Ihr Name in den nächsten Wochen nicht genannt wird", schrieb er seinem Schützling Weihnachten 1942 nach Italien, wo dieser stationiert war.

Im nächsten Jahr diente der Infanterist Walter in der Etappe und spielte bei den „Roten Jägern", einer Fußball-Einheit des Jagdfliegeridols Hermann Graf, der die halbe deutsche Nationalmannschaft um sich versammelt hatte. Fast neun Jahre, die besten eines Fußballerlebens, musste Fritz Walter ohne Nationaltrikot auskommen.

Im Jahr 1951, als Deutschland wieder international spielen durfte, war Fritz Walter wieder am Ball. Der „große Fritz" war aber nicht nur ein Ballkünstler auf dem Spielfeld und ein idealer Mannschaftskapitän, sondern auch der ideale Vermittler der Ideen von Sepp Herberger an die Nationalspieler. 1954 führte das Erfolgsduo die deutsche Nationalmannschaft bei der Fußballweltmeisterschaft in der Schweiz zum sensationellen Titelgewinn – die favorisierten Ungarn mussten sich im Endspiel 2:3 geschlagen geben.

Das „Wunder von Bern" gab den tief gefallenen Deutschen wieder Mut und Hoffnung, dass sie den Weg zurückfinden würden in den Kreis der geachteten Nationen.

Der Ball nämlich ist nicht nur rund, wie Sepp Herberger in seiner Vorliebe für verblüffende Banalitäten zu sagen pflegte, sondern er entwickelt eine ganz eigene, auch politische Magie, vor allem wenn ihn Zauberer wie der „alte Fritz" tanzen lassen.

Noch bei der WM 1958 in Schweden zählte der bereits 38-jährige Stürmer zu den überragenden Erscheinungen des Turniers, bei dem der Stern eines Pelé und eines Uwe Seeler aufging. Das Silberne Lorbeerblatt, die höchste deutsche Sportauszeichnung, die bis 1964 noch mehrmals verliehen werden konnte, erhielt Fritz Walter insgesamt dreimal: 1951 für die deutsche Meisterschaft mit Kaiserslautern, 1954 als Spielführer der Nationalmannschaft und nochmals 1954 für den Gewinn der Weltmeisterschaft mit der deutschen Elf. Fritz Walter, der 1970 das Große Bundesverdienstkreuz erhielt und nach dem das Stadion in Kaiserslautern benannt ist, war mit Uwe Seeler und Franz Beckenbauer Ehrenspielführer der deutschen Nationalmannschaft.

Staatsvertrag mit dem Zentralrat der Juden in Deutschland

Die Zusammenarbeit zwischen jüdischen Organisationen und den deutschen Behörden war zwar schon lange gut, doch erst am 27. Januar 2003, dem Holocaust-Gedenktag, wurde sie auf eine gesetzliche Grundlage gestellt. Bundeskanzler Schröder und Paul Spiegel, der Vorsitzende des Zentralrats der Juden in Deutschland, unterzeichneten einen Staatsvertrag mit dem folgenden Wortlaut:

Vertrag
zwischen der Bundesrepublik
Deutschland,
vertreten durch den Bundeskanzler,
und
dem Zentralrat der Juden in
Deutschland - Körperschaft des
öffentlichen Rechts -,
vertreten durch
den Präsidenten
und die Vizepräsidenten

Präambel

Im Bewusstsein der besonderen geschichtlichen Verantwortung des deutschen Volkes für das jüdische Leben in Deutschland, angesichts des unermesslichen Leides, das die jüdische Bevölkerung in den Jahren 1933 bis 1945 erdulden musste, geleitet von dem Wunsch, den Wiederaufbau jüdischen Lebens in Deutschland zu fördern und das freundschaftliche Verhältnis zu der jüdischen Glaubensgemeinschaft zu verfestigen und zu vertiefen, schließt die Bundesrepublik Deutschland mit dem Zentralrat der Juden in Deutschland folgenden Vertrag:

Artikel 1
Zusammenwirken
Die Bundesregierung und der Zentralrat der Juden in Deutschland, Körperschaft des öffentlichen Rechts, der nach seinem Selbstverständnis für alle Richtungen innerhalb des Judentums offen ist, vereinbaren eine kontinuierliche und partnerschaftliche Zusammenarbeit in den Bereichen, die die gemeinsamen Interessen berühren und in der Zuständigkeit der Bundesregierung liegen. Die Bundesregierung wird zur Erhaltung und Pflege des deutsch-jüdischen Kulturerbes, zum Aufbau einer jüdischen Gemeinschaft und zu den integrationspolitischen und sozialen Aufgaben des Zentralrats in Deutschland beitragen. Dazu wird sie den Zentralrat der Juden in Deutschland bei der Erfüllung seiner überregionalen Aufgaben sowie den Kosten seiner Verwaltung finanziell unterstützen.

Artikel 2
Staatsleistung
(1) Zu den in Artikel 1 genannten Zwecken zahlt die Bundesrepublik Deutschland an den Zentralrat der Juden in Deutschland jährlich einen Betrag von
3.000.000 €,
beginnend - unabhängig vom Inkrafttreten des Vertrages - mit dem Haushaltsjahr 2003.
(2) Die Vertragsschließenden werden sich nach Ablauf von jeweils fünf Jahren - beginnend im Jahr 2008 - hinsichtlich einer Anpassung der Leistung nach Absatz 1 verständigen. Sie sind sich darüber einig, dass die Entwicklung der Zahl der vom Zentralrat repräsentierten Gemeindemitglieder ein wichtiges Kriterium bei der Berechnung der Leistungsanpassung darstellt.

Artikel 3
Zahlungsmodalitäten
Die Leistung wird 2003 in einer Summe, ab 2004 mit je einem Viertel des Jahresbetrages jeweils zum 15. Februar, 15. Mai, 15. August und 15. November gezahlt.

Artikel 4
Prüfung der Verwendung der Mittel
Der Zentralrat der Juden in Deutschland weist die Verwendung der Zahlung jährlich durch eine von einem unabhängigen vereidigten Wirtschaftsprüfer geprüfte Rechnung nach. Die Rechnung und der Bericht des Wirtschaftsprüfers sind der Bundesregierung vorzulegen.

Artikel 7
Vertragsanpassung
Die Vertragsschließenden sind sich bewusst, dass die Festlegung der finanziellen Leistungen dieses Vertrages auf der Grundlage der derzeitigen Verhältnisse erfolgt. Bei einer wesentlichen Veränderung der Verhältnisse werden sich die Vertragsschließenden um eine angemessene Anpassung bemühen.

Artikel 8
Freundschaftsklausel
Die Vertragsschließenden werden etwa in Zukunft auftretende Meinungsverschiedenheiten über die Auslegung dieses Vertrages in freundschaftlicher Weise beseitigen.

Artikel 9
Zustimmung des Deutschen Bundestages, Inkrafttreten
(1) Der Vertrag bedarf der Zustimmung des Deutschen Bundestages durch ein Bundesgesetz. (2) Er tritt am Tag des Inkrafttretens des Gesetzes, mit dem diesem Vertrag zugestimmt wird, in Kraft.

Bundeskanzler Gerhard Schröder (rechts) und der Präsident des Zentralrates der Juden in Deutschland, Paul Spiegel, unterschreiben am 27. Januar 2003 in Berlin die Urkunden des Staatsvertrags. Mit dem Vertrag soll der Zentralrat für seine sozialen und religiösen Aufgaben drei Millionen Euro im Jahr erhalten. Im Mittelpunkt steht dabei die Integration jüdischer Einwanderer aus der ehemaligen Sowjetunion. In Deutschland leben mittlerweile rund 100 000 Juden. Paul Spiegel sprach von einem „historischen Tag".

Berlin, den 27. Januar 2003
Am 11. Juli 2003 trat dieser Vertrag in Kraft, nachdem ihn Bundestag und Bundesrat einstimmig angenommen hatten. In einer Presseerklärung des Zentralrats hieß es dazu:
Mit dem heutigen Beschluss des Bundesrates kann der Vertrag vom 27. Januar 2003 zwischen der Bundesrepublik Deutschland und dem Zentralrat der Juden in Deutschland – Körperschaft des öffentlichen Rechts in Kraft treten. Nachdem das Gesetz zum Staatsvertrag im Deutschen Bundestag einstimmig angenommen wurde, hat nun auch der Bundesrat ein klares Votum für das Vertragswerk gegeben, durch das die Bundesrepublik sich zu kontinuierlicher und partnerschaftlicher Zusammenarbeit mit dem Zentralrat der Juden in Deutschland verpflichtet.
„Nach 1945 hat sich niemand vorstellen können, dass Juden in Deutschland wieder heimisch werden könnten. Als der Zentralrat 1950 gegründet wurde, lebten in Deutschland lediglich noch 25.000 Jüdinnen und Juden. Heute haben die 83 Jüdischen Gemeinden wieder 100 000 Mitglieder, eine wachsende Zahl davon Zuwanderer aus Osteuropa. Der Staatsvertrag ist ein großer Vertrauensbeweis der in Deutschland lebenden Juden in die Gesellschaft und Demokratie. Die materielle und ideelle Unterstützung durch die Bundesregierung ist ein wichtiges Signal in einer Zeit, in der die Herausforderungen und Probleme für uns als jüdische Gemeinschaft in Deutschland und auch weltweit gewachsen sind. Dazu gehören insbesondere der Ausbau und die Konsolidierung der bestehenden Gemeindestrukturen, die Integration der Neuzuwanderer, sowie der Kampf gegen Fremdenfeindlichkeit, Antisemitismus und Antiisraelismus," so der Präsident des Zentralrats der Juden in Deutschland, Paul Spiegel.
Mit dem Staatsvertrag verpflichtet sich die Bundesrepublik, zur Erhaltung und Pflege des deutsch-jüdischen Kulturerbes, zum Aufbau einer jüdischen Gemeinschaft und den integrationspolitischen und sozialen Aufgaben des Zentralrats in Deutschland beizutragen. Die Bundesrepublik zahlt jährlich 3 Mio. EUR an den Zentralrat der Juden in Deutschland, den Dachverband der jüdischen Gemeinden, für dessen Unterstützung der jüdischen Gemeinden bei der Erfüllung dieser Aufgaben.
In den letzten 10 Jahren hat sich die jüdische Bevölkerung verdreifacht. In der Mehrzahl kommen die Zuwanderer aus der ehemaligen Sowjetunion. Viele von ihnen müssen wieder mit dem Judentum vertraut gemacht werden. Für die Zukunft und Entwicklung jüdischen Lebens in Deutschland ist daher die Ausbildung von Rabbinern von großer Bedeutung.

Bruno Ganz als Adolf Hitler in „Der Untergang", der mit 4,5 Millionen deutschen Zuschauern als einer der erfolgreichsten deutschen Filme aller Zeiten gilt.

Der Untergang

Der Film „Der Untergang" des Regisseurs Oliver Hirschbiegel, der am 16. September 2004 uraufgeführt wurde, handelt vom Untergang des „Dritten Reiches". Dargestellt werden, beginnend mit einem Prolog in der Wolfsschanze, der die Einstellung Traudl Junges als Hitlers Sekretärin zeigt, die letzten zwölf Tage vom Geburtstag Adolf Hitlers am 20. April 1945 bis zur faktischen Kapitulation der Reichshauptstadt am 2. Mai. Während die sowjetischen Truppen Berlin Meter für Meter erobern und von den letzten Soldaten des Volkssturms nicht aufgehalten werden können, verschanzt sich Adolf Hitler mit seinen letzten Getreuen im Führerbunker. Obwohl der Krieg sicher verloren ist, prophezeit Hitler weiterhin abwechselnd den „Endsieg" oder den „verdienten Untergang" des deutschen Volkes, das es sich seiner Führung als nicht würdig erwiesen habe. Auf die Zivilbevölkerung nimmt er keine Rücksicht, und alle, die kapitulieren wollen, beschimpft er als Verräter, unter anderem auch Göring und Himmler. In der beklemmenden Enge des Bunkers präsentiert er sich immer noch als der Alleinherrscher. Da er jeglichen Sinn für die Realität verloren hat, erteilt er vollkommen sinnlose Befehle.
Einen Tag vor dem gemeinsamen Suizid heiratet Hitler seine Geliebte Eva Braun. Da er den Feinden nicht als Trophäe in die Hände fallen und mit Farbe beschmiert werden will wie zuvor Mussolini, weist er seinen Adjutanten Otto Günsche an, die Leichen restlos zu verbrennen. Nach dem Tod Hitlers herrscht Ratlosigkeit im Bunker. Einige wollen kapitulieren oder fliehen, andere fühlen sich jedoch nach wie vor ihrem Eid verpflichtet. Der hitlertreue Propagandaminister Joseph Goebbels versucht, die Führung zu übernehmen. Als dem Nationalsozialismus besonders verpflichtet erweist sich auch dessen Frau Magda Goebbels. Da sie ein Leben nach dem Zusammenbruch des Nationalsozialismus als nicht lebenswert erachtet, lässt sie ihre sechs vier bis zwölf Jahre alten Kinder einen Schlaftrunk einnehmen. Nur die älteste Tochter, die zwölfjährige Helga, ahnt, dass sie und ihre Geschwister sterben sollen und weigert sich in der Hoffnung, ihre Mutter würde sie alle doch noch verschonen, das „Medikament" zu trinken. Sie wird von der Mutter festgehalten, damit der Arzt ihr das Mittel einflößen kann. Als alle Kinder schlafen, vergiftet Magda Goebbels sie eigenhändig mit Zyankali-Kapseln. Danach lässt sie sich von ihrem Mann erschießen, bevor dieser sich selbst tötet.

Holocaust-Mahnmal eröffnet

Ja, nicht bloß eingeweiht, sondern eröffnet wurde am 10. Mai 2005 ein Mahnmal für die ermordeten Juden Europas in Berlin nahe beim Brandenburger Tor. Es ist kein üblicher Gedenkstein oder ein Denkmal, sondern ein zweimal fußballplatzgroßes Feld mit 2711 Granitstelen, von denen manche nur wenige Zentimeter Höhe erreichen, während andere bis über vier Meter hoch aufragen. Aus halbhoher Perspektive wirkt das Feld wie ein Meer aus versteinerten Wogen. Zwischen den Stelen verlaufen Wege, in denen sich die Besucher verlieren können. Es ist ein begehbares, empfindbares, offenes Denkmal, dem ein unterirdisches Dokumentationszentrum angeschlossen ist. Die Rede zur Eröffnung hielt Bundestagspräsident Wolfgang Thierse. Er sagte: Die Entscheidung für das Denkmal in Berlin war eine der letzten, die der Bundestag in Bonn vor seinem Umzug fasste. Es war die Entscheidung für ein erstes gemeinsames Erinnerungsprojekt des wiedervereinten Deutschland und das Bekenntnis, dass sich dieses geeinte Deutschland zu seiner Geschichte bekennt und zwar indem es in seiner Hauptstadt, in ihrem Zentrum, an das größte Verbrechen seiner Geschichte erinnert. Im Zentrum jener Stadt, die zwar nicht der Ort des Massenmordes war, von der aus aber die systematische millionenfache Tötung von Menschen erdacht, geplant, organisiert, verwaltet wurde. Keine andere Nation habe je den Versuch unternommen, so schrieb der amerikanische Judaist James E. Young, „sich auf dem steinigen Untergrund der Erinnerung an ihre Verbrechen wiederzuvereinigen oder das Erinnern an diese Verbrechen in den geographischen Mittelpunkt ihrer Hauptstadt zu rücken“. - Eine Aufgabe also an der Grenze dessen, was einer sozialen Gemeinschaft möglich ist. Das mag die Heftigkeit der Debatte um das Denkmal, auch manchen Widerstand erklären und rechtfertigen. Widerspruch und Debatte werden das Denkmal wohl auch weiter begleiten, was gewiss nicht das Schlechteste sein muss.

Der Holocaust berührt die „Grenze unseres Verstehens“, so ist zutreffend gesagt worden. Dieses Denkmal agiert an dieser Grenze. Es ist der Ausdruck für die Schwierigkeit, eine künstlerische Form zu finden, die dem Unfassbaren, der Monstrosität der nationalsozialistischen Verbrechen, dem Genozid an den europäischen Juden überhaupt irgend angemessen sein könnte. Es verwischt die Grenze nicht zwischen einer Erinnerung, die auf keinerlei Weise „bewältigt“ werden kann, und jener Erinnerung, die für Gegenwart und Zukunft Bedeutung haben muss. Dies soll ein Ort des Gedenkens sein, soll also die Grenze überschreiten, die zwischen kognitiver Information, historischem Wissen einerseits und Empathie mit den Opfern, Trauer um die Toten anderseits liegt - so sehr beides gewiss zusammengehört. Dieses Denkmal - mit dem Ort der Information - kann uns Heutigen und den nachfolgenden Generationen ermöglichen, mit dem Kopf und mit dem Herzen sich dem unbegreiflich Geschehenen zu stellen.

Besucher laufen durch das Stelenfeld des Holocaust-Mahnmals, das am 10. Mai 2005 in Berlin eröffnet wurde.

Der neu gewählte Papst Benedikt XVI. grüßt am 19. April 2005 vom Balkon des Petersdoms die Menschen auf dem Petersplatz in Rom.

Ratzinger zum Papst gewählt

„Wer als Papst ins Konklave geht, kommt als Kardinal wieder heraus“, sagt ein hintersinniger Spruch über die vielen Papstwahlen, bei denen die Favoriten leer ausgingen. Dieses Mal war es anders: Schon vor der Wahl lief alles auf den Deutschen Joseph Kardinal Ratzinger zu, der seit vielen Jahren die rechte Hand der polnischen Papstes Johannes Paul II. gewesen war. Nach dessen Tod am 2. April 2005 war Ratzinger, obwohl nur sieben Jahre jünger als der 85-jährig verstorbene Vorgänger, der logische Erbe. Am 19. April 2005 ereilte ihn der Ruf auf den Heiligen Stuhl.

Fast das gesamte Pontifikat von Johannes Paul II. begleitete der bayerische Theologe Joseph Ratzinger, geboren am 16. April 1927 in Marktl am Inn, als dessen engster Berater. Seit 1981 war er Chef der Glaubenskongregation und damit in der Nachfolge der berüchtigten Inquisition oberster Hüter der reinen Lehre. Manche hart erscheinende Maßnahme des Papstes aus dem Osten gegen zu selbständig denkende und agierende Theologen oder Gliedkirchen ging auf den „Panzerkardinal“ zurück, wie Ratzinger aufgrund seiner Unbeugsamkeit manchmal erbittert genannt wurde.

Dabei hatte er zunächst als einer der jüngsten Teilnehmer des Konzils in den 1960-er Jahren als aufmüpfiger Liberaler gegolten, den ein so kritischer Geist wie der Tübinger Theologe Hans Küng zum Kollegen be-

Gruppenbild mit Dame. Nach der Unterzeichnung der „Berliner Erklärung" stellen sich die Staats- und Regierungschefs der EU-Staaten vor den Brandenburger Tor den Fotografen. Gastgeberin Merkel drängte nachhaltig darauf, die EU bis 2009 auf eine „erneuerte gemeinsame Grundlage zu stellen. Alles andere wäre ein „historisches Versäumnis."

rief. Und auch die Studenten des 1951 zum Priester geweihten und 1957 habilitierten Ratzinger schätzten den druckreif und fesselnd lehrenden Professor in Bonn, Münster, Tübingen und Regensburg; die größten Hörsäle konnten kaum die Zuhörerschaft fassen. Er füllte Kirchen als einfacher Priester, und er begeisterte die Gläubigen als 1977 zum Erzbischof von München-Freising ernannter Prediger ebenso wie als Kardinal.

Das rührte wohl auch daher, dass er bei allen geistlichen Höhenflügen nie den einfachen Boden unter den Füßen verloren hat, aus dem er stammt: Aufgewachsen war der Polizistensohn in kleinen bayerischen Gemeinden.

Immer hielt er engen Kontakt zur Familie, zu den Eltern, zu seinem Bruder und Mitpriester Georg und zu seiner Schwester Maria, die ihm bis zu ihrem Tod 1991 den Haushalt führte. Das förderte zugleich seinen Aufstieg in Rom, denn es verlieh ihm Glaubwürdigkeit und natürliche Autorität. Sie überzeugte wohl auch die Kardinalskollegen, als sie ihn in einem mit 26 Stunden Dauer extrem kurzen Konklave zum Papst wählten.

Die „Berliner Erklärung"

Anlässlich des 50. Jahrestages der Römischen Verträge haben Europas Staats- und Regierungschefs am 25. März 2007 die Berliner Erklärung unterzeichnet.

„Europa war über Jahrhunderte eine Idee, eine Hoffnung auf Frieden und Verständigung. Diese Hoffnung hat sich erfüllt. Die europäische Einigung hat uns Frieden und Wohlstand ermöglicht. Sie hat Gemeinsamkeit gestiftet und Gegensätze überwunden. Jedes Mitglied hat geholfen, Europa zu einigen und Demokratie und Rechtsstaatlichkeit zu stärken. Der Freiheitsliebe der Menschen in Mittel- und Osteuropa verdanken wir, dass heute Europas unnatürliche Teilung endgültig überwunden ist. Wir haben mit der europäischen Einigung unsere Lehren aus blutigen Auseinandersetzungen und leidvoller Geschichte gezogen. Wir leben heute miteinander, wie es nie zuvor möglich war. Wir Bürgerinnen und Bürger der Europäischen Union sind zu unserem Glück vereint. I. Wir verwirklichen in der Europäischen Union unsere gemeinsamen Ideale: Für uns steht der Mensch im Mittelpunkt. Seine Würde ist unantastbar. Seine Rechte sind unveräußerlich. Frauen und Männer sind gleichberechtigt. Wir streben nach Frieden und Freiheit, nach Demokratie und Rechtstaatlichkeit, nach gegenseitigem Respekt und Verantwortung, nach Wohlstand und Sicherheit, nach Toleranz und Teilhabe, Gerechtigkeit und Solidarität. Wir leben und wirken in der Europäischen Union auf eine einzigartige Weise zusammen. Dies drückt sich aus in dem demokratischen Miteinander von Mitgliedstaaten und europäischen Institutionen. Die Europäische Union gründet sich auf Gleichberechtigung und solidarisches Miteinander. So ermöglichen wir einen fairen Ausgleich der Interessen zwischen den Mitgliedstaaten. Wir wahren in der Europäischen Union die Eigenständigkeit und die vielfältigen Traditionen ihrer Mitglieder. Die offenen Grenzen und die lebendige Vielfalt der Sprachen, Kulturen und Regionen bereichern uns. Viele Ziele können wir nicht einzeln, sondern nur gemeinsam erreichen. Die Europäische Union, die Mitgliedstaaten und ihre Regionen und Kommunen teilen sich die Aufgaben. II. Wir stehen vor großen Herausforderungen, die nicht an nationalen Grenzen Halt machen. Die Europäische Union ist unsere Antwort darauf. Nur gemeinsam können wir unser europäisches Gesellschaftsideal auch in Zukunft bewahren zum Wohl aller Bürgerinnen und Bürger der Europäischen Union. Dieses europäische Modell vereint wirtschaftlichen Erfolg und soziale Verantwortung. Der Gemeinsame Markt und der Euro machen uns stark. So können wir die zunehmende weltweite Verflechtung der Wirtschaft und immer weiter wachsenden Wettbewerb auf den internationalen Märkten nach unseren Wertvorstellungen gestalten. Europas Reichtum liegt im Wissen und Können seiner Menschen: dies ist der Schlüssel zu Wachstum, Beschäftigung und sozialem Zusammenhalt. Wir werden den Terrorismus und die organisierte Kriminalität gemeinsam bekämpfen. Die Freiheits- und Bürgerrechte werden wir dabei auch im Kampf gegen ihre Gegner verteidigen. Rassismus und Fremdenfeindlichkeit dürfen nie wieder eine Chance haben. Wir setzen uns dafür ein, dass Konflikte in der Welt friedlich gelöst und Menschen nicht Opfer von Krieg, Terrorismus oder Gewalt werden. Die Europäische Union will Freiheit und Entwicklung in der Welt fordern. Wir wollen Armut, Hunger und Krankheiten zurückdrängen. Dabei wollen wir auch weiter eine führende Rolle einnehmen. Wir wollen in der Energiepolitik und beim Klimaschutz gemeinsam vorangehen und unseren Beitrag leisten, um die globale Bedrohung des Klimawandels abzuwenden. III. Die Europäische Union lebt auch in Zukunft von ihrer Offenheit und dem Willen ihrer Mitglieder, zugleich gemeinsam die innere Entwicklung der Europäischen Union zu festigen. Die Europäische Union wird auch weiterhin Demokratie, Stabilität und Wohlstand jenseits ihrer Grenzen fördern. Mit der europäischen Einigung ist ein Traum früherer Generationen Wirklichkeit geworden. Unsere Geschichte mahnt uns, dieses Glück für künftige Generationen zu schützen. Dafür müssen wir die politische Gestalt

Europas immer wieder zeitgemäß erneuern. Deshalb sind wir heute, 50 Jahre nach der Unterzeichnung der Römischen Verträge, in dem Ziel geeint, die Europäische Union bis zu den Wahlen zum Europäischen Parlament 2009 auf eine erneuerte gemeinsame Grundlage zu stellen. Denn wir wissen: Europa ist unsere gemeinsame Zukunft."

Merkel besucht Israel

Die deutsche Bundeskanzlerin Angela Merkel trifft in Begleitung von sieben Ministern zu einem dreitägigen Besuch in Israel ein und wird von Premierminister Ehud Olmert empfangen. Olmert bezeichnet die Bundesrepublik als „treuen Partner", der Werte und Zielvorstellungen mit Israel teile. Aus Anlass der Feiern zum 60. Jahrestag der Staatsgründung Israels finden zum ersten Mal auch deutsch-israelische Regierungskonsultationen statt. Am 18. 3. hält die deutsche Bundeskanzlerin als erste ausländische Regierungschefin eine Rede (in deutscher Sprache) vor der Knesset, dem israelischen Parlament. Als Merkel jedoch verspricht, Israel „nie alleine" zu lassen, und dann die Rede auf Hebräisch beendet, klatschen einige Abgeordnete entgegen der Hausordnung spontan Beifall. Andere hatten allerdings die Knesset schon vor Beginn der Rede verlassen und Merkel zudem einen zu schwachen Umgang mit dem Iran vorgeworfen.

In der Rede Merkels heißt es:

Meine Damen und Herren,
Deutschland und Israel sind und bleiben, und zwar für immer, auf besondere Weise durch die Erinnerung an die Shoah verbunden.

Genau deshalb haben wir die ersten deutsch-israelischen Regierungskonsultationen gestern mit dem Gedenken in Yad Vashem begonnen. Der im deutschen Namen verübte Massenmord an sechs Millionen Juden hat unbeschreibliches Leid über das jüdische Volk, über Europa und die Welt gebracht.

Die Shoah erfüllt uns Deutsche mit Scham. Ich verneige mich vor den Opfern. Ich verneige mich vor den Überlebenden und vor all denen, die ihnen geholfen haben, dass sie überleben konnten.

Der Zivilisationsbruch durch die Shoah ist beispiellos. Er hat Wunden bis heute hinterlassen. Er schien Beziehungen zwischen Israel und Deutschland zunächst geradezu unmöglich zu machen.

In den israelischen Pässen stand lange Zeit der Satz: „Gilt für alle Länder mit Ausnahme Deutschlands."

Umgekehrt habe ich selbst die ersten 35 Jahre meines Lebens in einem Teil Deutschlands – in der DDR – gelebt, die den Nationalsozialismus als westdeutsches Problem betrachtete. Auch den Staat Israel hat die DDR bis kurz vor ihrem Ende nicht anerkannt. Es dauerte über 40 Jahre, bis sich nach der Wiedervereinigung ganz Deutschland sowohl zu seiner historischen Verantwortung als auch zum Staat Israel bekennen konnte.

Angela Merkel am 18. März bei der Plenarsitzung der Knesset.

Meine Damen und Herren,
ich bin zutiefst davon überzeugt: Nur wenn Deutschland sich zu seiner immerwährenden Verantwortung für die moralische Katastrophe in der deutschen Geschichte bekennt, können wir die Zukunft menschlich gestalten. Oder anders gesagt: Menschlichkeit erwächst aus der Verantwortung für die Vergangenheit.

Wir sagen oft: Deutschland und Israel verbinden besondere, einzigartige Beziehungen. Was aber ist genau damit gemeint – einzigartige Beziehungen? Ist sich gerade mein Land dieser Worte bewusst – und zwar nicht nur in Reden und Festveranstaltungen, sondern dann, wenn es darauf ankommt?

Wie gehen wir zum Beispiel ganz konkret damit um, wenn die Gräueltaten des Nationalsozialismus relativiert werden? Hierauf kann es nur eine Antwort geben: Jedem Versuch dazu muss im Ansatz entgegen getreten werden. Antisemitismus, Rassismus und Fremdenfeindlichkeit dürfen in Deutschland und in Europa nie wieder Fuß fassen.

Und zwar weil alles Andere uns insgesamt - die deutsche Gesellschaft, das europäische Gemeinwesen, die demokratische Grundordnung unserer Länder - gefährden würde.

Oder wie gehen wir damit um, wenn in Umfragen eine deutliche Mehrheit der Befragten in Europa sagt, die größere Bedrohung für die Welt gehe von Israel aus und nicht etwa vom Iran?

Schrecken wir Politiker in Europa dann aus Furcht vor dieser öffentlichen Meinung davor zurück, den Iran mit weiteren und schärferen Sanktionen zum Stopp seines Nuklearprogramms zu bewegen?

Nein, wie unbequem es auch sein mag, genau das dürfen wir nicht. Denn täten wir das, dann hätten wir weder unsere historische Verantwortung verstanden noch ein Bewusstsein für die Herausforderungen unserer Zeit entwickelt. Beides wäre fatal.

Genauso wie es fatal wäre, wenn wir die Frage ausblenden würden, wie wir die Erinnerung an die Shoah wach halten können, wenn eines Tages keine Zeitzeugen der Shoah mehr am Leben sein werden.

Ja, es ist wahr: Orte des Gedenkens sind wichtig. Orte wie das Holocaust-Mahnmal in Berlin oder Yad Vashem. Sie halten die Erinnerung wach.

Aus der Erfahrung, dass das Unmögliche möglich werden kann, können wir die Entschlossenheit und die Zuversicht schöpfen, dass es auch jede Anstrengung lohnt, die den Nahen Osten einen großen Schritt näher zu einem friedlichen Miteinander bringt.

Oder um es mit den bekannten Worten von David Ben Gurion zu sagen – ich zitiere ihn: „Wer nicht an Wunder glaubt, der ist kein Realist." – Ende des Zitats

Wenn wir heute – zum 60. Jahrestag der Gründung des Staates Israel – auf die deutsch-israelischen Beziehungen schauen, dann wissen wir: Sein Satz hat sich als ebenso realistisch wie richtig erwiesen.

Ja, es sind besondere, einzigartige Beziehungen: Mit immer währen-

der Verantwortung für die Vergangenheit,
mit gemeinsamen Werten,
mit gegenseitigem Vertrauen,
mit großer Solidarität füreinander,
und mit vereinter Zuversicht.
In diesem Geist feiern wir das heutige Jubiläum. In diesem Geist wird Deutschland Israel nie allein lassen, sondern treuer Partner und Freund sein.
Herzlichen Glückwunsch zu 60 Jahre Staat Israel! Shalom!

60 Jahre Bundesrepublik

Am Vorabend seiner Wiederwahl zum Bundespräsidenten hielt Horst Köhler beim Staatsakt zum 60-jährigen Bestehen der Bundesrepublik Deutschland in Berlin die Festansprache:
Stellen wir uns für einen Moment ein Familienfest vor, irgendwo in Deutschland:
Die Großmutter plaudert mit ihrem jüngsten Enkel. Der ist Mitte 20 – ein wenig jünger als seine Großmutter 1949 war, bei Gründung der Bundesrepublik. Die beiden haben sich schon eine Weile nicht mehr gesehen. Der junge Mann erzählt, dass er gerade sein Studium abgeschlossen hat. Er berichtet von den zwei Semestern im Ausland, von vielen Reisen und von Freunden in aller Welt, mit denen er Kontakt hält per E-Mail und Internet. Und davon, dass er in ein paar Wochen seine erste Stelle antreten wird, in einer Stadt, die zum Zeitpunkt seiner Geburt nahezu unerreichbar im anderen Teil Deutschlands lag.
Die Großmutter freut sich. Und sie erzählt von ihrer eigenen Geschichte. Wie froh sie war, als Ungelernte eine Arbeit zu finden, nach der Weltwirtschaftskrise. Von den falschen Erwartungen, die Nationalsozialismus und Kommunismus bei vielen ihrer Altersgenossen weckten, und von den schrecklichen Enttäuschungen, die darauf folgten.
Von ihrer Hochzeit trotz Krieg und Ungewissheit. Von ihrem Mann, der ganz zum Schluss noch fiel. Von der Flucht mit dem kleinen Kind und von wenig Hoffnung. Wie hart die Jahre des Wiederaufbaus waren. Wie schwer sie es hatte als Kriegerwitwe. Wie glücklich sie war, als ihr Sohn nach der Lehre noch die Meisterschule besuchte, obwohl man seinen Lohn zu Hause eigentlich dringend gebraucht hätte. Wie stolz es sie machte, als seine Kinder, ihre Enkel, dann als erste in der Familie aufs Gymnasium gingen.
Und vielleicht erwähnt sie auch, wie sie vor kurzem problemlos zum ersten Mal wieder in ihre Geburtsstadt nach Schlesien gefahren ist. Dass sie ihn – den Enkel – gerne dorthin mitgenommen und ihm vieles gezeigt hätte. Und dann sagt sie womöglich: „Aber Du hast ja sowieso kaum Zeit und bist selbst so viel unterwegs. Überhaupt: Denkst du eigentlich schon an eine eigene Familie und Kinder?“

Es gibt in unserem Land ungezählte Geschichten wie diese. Sie gehören uns allen. Sie handeln von Not und Entbehrung, von Fleiß und Zuversicht. Sie zeigen uns, was die Älteren geschaffen haben, und worauf die Jüngeren heute aufbauen können. Sie zeigen, wie viel wir alle voneinander lernen können.
Die Deutschen in Ost und West wollten nach 1945 fast alle ein besseres Deutschland schaffen; friedlich, demokratisch, gerecht.
40 Jahre lang mussten sie getrennte Wege gehen. Die im Westen hatten Glück: Sie konnten ein demokratisches Gemeinwesen aufbauen. Und sie wurden dabei von den Westmächten unterstützt, ermutigt, manchmal auch angetrieben. Anders in Ostdeutschland: Den Deutschen dort wurde das Staats- und Gesellschaftsmodell der sowjetischen Besatzungsmacht aufgezwungen. Viele konnten und wollten so nicht leben und gingen in den Westen – so wie meine Eltern 1953, mit uns kleineren Kindern. Meine großen Geschwister blieben: Sie hatten schon eigene Familien. So blieben viele, auch weil sie keine andere Perspektive hatten, weil sie auf Besserung der Verhältnisse hofften, und manche auch, weil sie ehrlich an die DDR glaubten.
Aber im Osten entstand eine neue Diktatur. Ihre Herrschaft konnte sie nur durch Stacheldraht, Schießbefehl und Unterdrückung aufrecht erhalten. Freiheit fehlte. Fleiß, Kreativität und Anstrengung blieb. Die meisten in der DDR haben ihr Leben mit Anstand gemeistert. Gutes Miteinander, Nachbarschaftshilfe, das Streben nach privatem Glück – all das gab es. Vielleicht war es in der DDR sogar besonders ausgeprägt, weil viele Engpässe nur durch praktische Solidarität im Alltag überbrückt werden konnten und auch weil die Menschen bewusst den Rückzug in private Nischen suchten. Das spricht nicht gegen die Menschen. Es spricht gegen das Regime.
Die Deutschen in der DDR mussten mit ansehen, wie ideologische Vorgaben und Planwirtschaft sie immer wieder um die Früchte ihrer Arbeit brachten. Viel von dem, was sie geleistet haben, wurde vergeudet in diesem System. Und die Umwelt wurde geschunden bis zuletzt.
Viele sind an dieser Herrschaft zerbrochen. Viele wurden getötet, als sie zu fliehen versuchten. Auch an sie denken wir heute.
„Die Würde des Menschen ist unantastbar.“ Das ist der Hauptsatz unseres Grundgesetzes. Die Väter und Mütter unserer Verfassung nahmen das Gute aus Jahrhunderten deutscher Rechts- und Freiheitsgeschichte und zogen Lehren aus dem Scheitern der Weimarer Republik und den Verbrechen der Nazis. Die Eltern des Grundgesetzes schufen eine solide Ordnung dafür, wie freie Bürgerinnen und Bürger sich ein Leben in einer gerechten Gesellschaft erarbeiten können. Und mit dem Bundesverfassungsgericht gaben sie dieser freiheitlichen Ordnung einen starken Hüter.
Die Bürgerinnen und Bürger haben das Grundgesetz mit Leben erfüllt. Unsere Verfassungsordnung ist ein Leuchtfeuer der Freiheit geworden.

Horst Köhler bei seiner Festansprache am 22. Mai im Berliner Konzerthaus am Gendarmenmarkt.

Vor 60 Jahren haben sich die Deutschen im Westen unseres Landes ein Versprechen gegeben. Und sie taten das auch für die Landsleute, die damals nicht frei sprechen konnten. Mit dem Grundgesetz legten sie das Versprechen ab, dass sie Deutschland auf der Grundlage von Freiheit und Menschenwürde wieder aufbauen wollten; dass sie eine Demokratie errichten und ihr Land in die Familie der freien Völker zurückführen wollten.
Wie wäre es, wenn wir dafür das Versprechen von vor 60 Jahren heute erneuern würden? Wenn wir uns einige Ziele setzen, die wir in den kommenden Jahren gemeinsam erreichen wollen?
Wir wollen uns versprechen, dass wir das Gute, das wir erfahren und erarbeitet haben, als Verpflichtung für die Zukunft begreifen. Wir wollen eine Gesellschaft sein, die nicht wegschaut, wenn Menschen in Not sind, und die keinen zurücklässt.
Wir wollen weiterarbeiten an der Einheit unseres Landes – zwischen Alt und Jung, zwischen Menschen mit Behinderung und Menschen ohne Behinderung, zwischen Einheimischen und Zugewanderten, zwischen Arm und Reich.
Wir wollen, dass in unserem Land jedes Kind einen Schulabschluss erreicht. Wir wollen die bestmögliche Bildung für alle.
Wir blicken zurück und erkennen: Wir haben viel gelernt und viel geleistet. Wir können stolz sein auf das Erreichte. Wir sind uns der neuen großen Herausforderungen bewusst. Wir stellen uns ihnen mit Selbstvertrauen. Wir werden uns bewähren.
Gott segne unser Land!

Nachdem überraschenden Rücktritt von Horst Köhler wurde Christian Wulff nach siebenjähriger Amtszeit als Ministerpräsident des Landes Niedersachsen am 30. Juni 2010 zum zehnten Bundespräsidenten der Bundesrepublik Deutschland gewählt.

Großartige Chance für Deutschland

„Das vereinte Deutschland“, heißt es in der Ansprache von Christian Wulff vor dem Bundestag nach seiner Vereidigung zum Bundespräsidenten am 2. Juli 2010, „ ist mit seinen Nachbarn in Europa und den anderen Erdteilen so eng vernetzt wie niemals zuvor in unserer Geschichte. Unsere Wirtschaft agiert global, unsere Bürger haben weltweite gesellschaftliche und kulturelle Kontakte, viele Menschen aus anderen Ländern kommen vorübergehend oder auf Dauer zu uns. Ich sage für mich ausdrücklich: Diese Globalisierung bietet für Deutschland großartige Chancen. 82 Millionen Menschen mitten in Europa und angesehen in der Welt - das ist eine gute Grundlage dafür, dass unsere Wirtschaft profitiert vom europäischen Binnenmarkt, vom Euro, von weltweiten Absatzmärkten und vom Handel. Unsere Bürger reisen in alle Welt, und wir haben gerne die Welt zu Gast.
Gleichzeitig stehen wir vor gigantischen globalen Problemen, die Deutschland nicht alleine wird lösen können, wie dem Klimawandel, der Wirtschafts- und Finanzkrise, der Migration, der Bedrohungen unserer Sicherheit durch Terrorismus und organisierte Kriminalität und andere Fragen, und wir müssen auf ständige Änderungen im internationalen Umfeld eingestellt sein.
Die Bevölkerungszahl steigt in weiten Teilen der Welt an, in Europa und gerade in Deutschland ist sie rückläufig. Es wäre auch darüber intensiver zu reden, was wir daran ändern können. Schwellenländer wie Brasilien, China und Indien wachsen dynamisch. Viele Länder entwickeln ihr demokratisches System, ihren Rechtsstaat und heben den Lebensstandard ihrer Bevölkerungen, aber es gibt eben auch in weiten Teilen der Welt Armut, Unterentwicklung, fragile Staaten, Ressourcenknappheit, Naturkatastrophen und Krisen.
Für die Gestaltung des Globalisierungsprozesses brauchen wir einen festen Ankerpunkt, und das kann aus meiner Sicht nur die Europäische Union sein. Sie ist ein einzigartiges Friedens-, Werte- und Wohlstandsprojekt, mit dem die Völker unseres Kontinents eindrucksvoll die Konsequenzen aus Jahrhunderten von Kriegen und Zerstörung gezogen haben. Wir dürfen hier im Reichstag, in unserer Hauptstadt, niemals vergessen, welche Lehren Europa machen musste und welche Konsequenzen es aus diesen Lehren gezogen hat. Es ist ein großes Friedens-, Werte- und Wohlstandsprojekt. Dieses europäische Projekt sollte Deutschland weiterhin als fairen Partner und Unterstützer erleben.
Auch wenn in der augenblicklichen Finanz- und Schuldenkrise großer Anpassungsbedarf sichtbar wird, so steht außer Zweifel, dass wir mit dem Lissabon-Vertrag eine politische und wirtschaftliche Integration erreicht haben, die jedenfalls uns Europäern erlaubt, kraftvoll und gemeinsam zu handeln, um den Herausforderungen des 21. Jahrhunderts zu begegnen. Wir Deutsche sind offen für die Kooperation mit allen anderen Teilen der Welt auf der Grundlage gegenseitigen Verständnisses und Vertrauens. Dazu müssen wir andere Kulturen besser kennen- und verstehen lernen. Wir müssen auch hier auf andere zugehen und den Austausch verstärken. Wir müssen unser Land weiter internationalisieren. Das können wir schon hier bei uns einüben in unserer Bundesrepublik, in unserer bunten Republik Deutschland. Unsere Vielfalt ist zwar manchmal auch anstrengend, aber sie ist letztlich Quelle der Kraft und der Ideen und eine Möglichkeit, die Welt mit anderen Augen zu sehen und aus unterschiedlichen Blickwinkeln kennenzulernen.
Wir sollten neugierig sein und ins Gespräch kommen. Besonders dazu will ich in den kommenden Jahren beitragen. Wenn viele sich dafür begeistern, dann werden wir unser Land und was in ihm steckt ganz neu entdecken. Ich bin überzeugt: Dann wird es uns auch in Zukunft gelingen, häufig zu erleben, so fröhlich und so staunend auf das zu blicken, was Ihnen, was uns gemeinsam gelungen ist - ganz wie damals vor dem hier vor 15 Jahren verhüllten Reichstag.

Personenindex

T

U

V

W

Z

Bildquellen: AP; 120 Jahre Deutsche Arbeiterbewegung in Bildern und Dokumenten, Berlin; Aktueller Bilderdienst J.J. Weber, Leipzig; Archiv Daimler-Benz AG; Aufstieg aus dem Nichts, Frankfurt; Bauen im neuen Reich, Berlin; Berliner Illustrirte, Berlin; Bildbuch Deutscher Geschichte, Baden Baden; Bilder schreiben Geschichte; Bildersaal deutscher Geschichte , Stuttgart, Berlin, Leipzig; Bundesarchiv, Koblenz; Bundeskanzleramt, Berlin; Das Autobuch, Offenburg; Das gabs nur einmal, Hamburg; Das große Buch der Olympischen Spiele, München; Das große Weltgeschehen, Bern; Das Kaiserreich, München; Deutsches Museum, München; Deutschland 1870 bis heute, München 1971; Deutschland erwacht, Altona-Bahrenfeld; Deutschland unter den Besatzungsmächten, München; Deutschlands Fußballländerspiele, Hürth; Die Amerikafahrt des „Grad Zeppelin", Berlin; Die Ära Adenauer, München; Die Bundesrepublik 1949-1963, München; Die Dame, Berlin; Die ersten Fünfzig Jahre des XX. Jahrhunderts, Offenburg; Die Olympischen Spiele 1936, Berlin; Die studentischen Verbindungen, München; Die Wehrmacht, Berlin; Die Weimarer Republik, München; dpa picture-alliance, Frankfurt; Eine ganze Welt gegen uns, Berlin; Erich Andres; Fliegende Blätter, München; Flucht und Vertreibung, St. Gallen; Fragen an die deutsche Geschichte, Berlin; Generalfeldmarschall Rommel, Stuttgart; Geschichte des großen vaterländischen Krieges der Sowjetunion, Berlin; Hanns Hubmann; Hans Schaller; Helden der Wüste, Berlin; Illustrierter Beobachter, München; Imperial War Museum, London; Jugend, München; Kladderadatsch, Berlin; Leben und Arbeiten im Industriezeitalter, Stuttgart; Leipziger Illustrirte, Leipzig; Lorenz Baader, München; Lothar Rübelt; Low's Kleine Weltgeschichte, Berlin; Lustige Blätter, Berlin; Münchner Stadtmuseum, München; Nebelspalter, Zürich; Presse- und Informationsamt der Bundesregierung (Bundesbildstelle), Berlin; Punch, London; Schwerer als Luft – Die Frühzeit der Flugtechnik in Deutschland, Koblenz; Siemens AG, München; Simplicissimus, München; SVEN SIMON, Mühlheim an der Ruhr; ThyssenKrupp Transrapid, Kassel; Walter Ulbricht – Ein Leben für Deutschland, Leipzig; Werek, München; Archiv des Herausgebers.
Da einige Vorlagen nicht eindeutig zugeordnet werden können, werden berechtigte Honoraransprüche selbstverständlich abgegolten.

Inhalt

Lieferbare Titel aus dem Otus Verlag: **www.otus.ch**

Herstellung und Organisation: Dr. Christian Zentner, München
Mitarbeiter: Dr. Reinhard Barth, Daniela Kronseder, Claudia Richter, Kay Szantyr
Umschlaggestaltung und Layout: Petra Sarow, München

ISBN 978-3-03793-338-1